KB119327

광기의 역사

나남
nanam

지은이

미셸 푸코(Michel Foucault) 1926년 프랑스 푸아티에에서 태어났다. 철학, 심리학, 정신병리학을 연구하여 1984년 사망할 때까지 콜레주 드 프랑스 등 세계 여러 대학에서 강의했다. 저서로는 《고전주의 시대의 광기의 역사》, 《병원의 탄생》, 《말과 사물》, 《지식의 고고학》, 《감시와 처벌: 감옥의 탄생》, 《성의 역사》(총 4권)가 있다.

옮긴이

이규현 서울대 불어불문학과를 졸업하고, 동 대학원에서 석사와 박사학위를 받았으며, 프랑스 부르고뉴 대학에서 1년간 수학(철학 DEA 취득)했다. 서울대, 덕성여대에서 강의했으며, 현재 서울대 강사이다. 역서로는 《광기의 역사》, 《기호의 정치경제학 비판》, 《알코올》, 《삼총사》, 《꼬마 푸세의 가출》, 《프로이트와 문학의 이해》, 《헤르메스》, 《사랑의 역사》 등이 있다.

나남신서 900

광기의 역사

2003년 7월 5일 초판 발행
2019년 4월 5일 초판 17쇄
2020년 10월 5일 재판 발행
2023년 6월 15일 재판 2쇄

지은이_ 미셸 푸코
옮긴이_ 이규현
발행자_ 趙相浩
발행처_ (주) 나남
주소_ 10881 경기도 파주시 회동길 193
전화_ (031) 955-4601 (代)
FAX_ (031) 955-4555
등록_ 제 1-71호(1979. 5. 12)
홈페이지_ http://www.nanam.net
전자우편_ post@nanam.net

ISBN 978-89-300-4051-8
ISBN 978-89-300-8655-4 (세트)

책값은 뒤표지에 있습니다.

나남신서 900

광기의 역사

미셸 푸코 지음
이규현 옮김 | 오생근 감수

Histoire de la folie à l'âge classique

la folie

à l'âge classique

나남
nanam

Histoire de

Histoire de la folie à l'âge classique

by Michel Foucault

차례

옮긴이 서문   7
저자 서문   17

제 1 부   21
1. "광인들의 배"   23
2. 대감호(大監護)   103
3. 비행(非行)의 세계   159
4. 광기의 경험   207
5. 정신이상자들   245

제 2 부   287
서 론   289
1. 종(種)들의 정원에서의 광인   307
2. 정신착란의 선험성   355
3. 광기의 형상들   421
4. 의사와 환자   491

제 3 부   557
서 론   559
1. 대공포   575
2. 새로운 분할   617
3. 자유의 선용(善用)   675
4. 정신병원의 탄생   737
5. 인간학의 악순환   807

보 유(補遺)   855

후주(後註)   857

해제: 푸코의 《광기의 역사》, 혹은 침묵의 고고학 ― 오생근   879

참고문헌   894

찾아보기   905

자료사진

제롬 보슈, 〈광인들의 배〉   57

제롬 보슈, 〈성 안토니우스의 유혹〉   58

제롬 보슈, 〈지상 열락의 동산〉   60

피터 브뤼겔, 〈광녀 마르고〉   62

윌리엄 호가스, 〈탕아의 편력: 정신병원에서〉   375

프란치스코 고야, 〈광인들의 안마당〉   837

프란치스코 고야, 〈이제야 제대로 앉는군〉   838

프란치스코 고야, 〈수도사〉   839

프란치스코 고야, 〈이성의 잠〉   840

프란치스코 고야, 〈공중을 나는 방법〉   841

프란치스코 고야, 〈마녀들의 집회〉, 〈산 이시드로의 순례〉   842

빈센트 반 고흐, 〈자화상〉   844

옮긴이 서문

얇지 않은 《광기의 역사》를 완역하고 나니 배움이 진일보進一步한 듯하다. 무언가 굉장한 교육적 광맥 같은 것의 끝자락을 붙잡았다는 느낌이 들었다면 과장일까? 그것을 언어화하기가 어려웠다. 그러나 창조적 지성의 진작振作과 깊이 연관된 것이라는 느낌은 확실했다. 그것을 무엇이라 해야 할까를 고심하다가 혹시 다른 사람들도 그것을 발견하지 않았을까 하여 몇 가지 자료를 읽어 나갔다. 이제 그 느낌의 정체를 어설프게나마 정리하여 소개하고자 한다.

미셸 푸코의 본격적인 지적知的 행로는 《광기의 역사》로 시작된다. 1950년대 후반기에 발표된 글들이 있기는 하지만, 푸코의 사유는 이 책에서 비로소 하나의 온전한 언어가 된다. 그러므로 이 책에는 '푸코적' 사유의 씨앗 또는 지형地形이 고스란히 들어 있다. 《사설 병원의 탄생》, 《말과 사물》, 《지식의 고고학》, 《감시와 처벌》, 《성의 역사》 등 나중의 저서들은 이 책에서 싹튼 사유가 더욱 세련되게 활짝 피어난 결과임이 틀림없다. 즉, 연구의 대상이 광기에서 지식, 권력, 성性으로, 또한 보호시설에서 병원, 재판소, 감옥, 성적 욕망의 장치로 바뀌어 나가면서도 근본적으로는 사유의 방식에 거의 변화가 없는 것으로 보인다.

이러한 일관성을 흔히들 '고고학考古學'이라고 하는데, 푸코의 고고학은 우선 서양의 현재에 대한 비판적 시각에서 비롯된 것이다. 그는 현대의 서양인들에게서 여전히 발견되는 사유와 행동의 방식들, 지금 그들을 암암리에 사로잡아 꼼짝달싹 못하게 하는 제도들, 그들이 모르는 상태로 실행하는 배제 또는 축출의 체제들, 요컨대 현대 서양인의 '문화적 무의식'을 문제로 의식하고 명백히 보여주고자 한다.

그러나 푸코는 현재의 서양에서 구체적으로 무엇이 문제인가를 직접적으로 말하지 않는다. 현재에 대한 그의 문제의식은 다분히 막연하다. 그저 참을 수 없다거나 수긍할 수 없다는 느낌에 바탕을 두고 있는 듯하다. 그의 고고학에서 현재는 견디기 힘든 소외의 경험을 내포하는 명증하지만 아직 결정되지 않은 듯한 것으로서 그의 저서들을 감싸고돌고, 그의 저서들은 이 어렴풋한 현재를 은밀하고도 줄기차게 가리킨다. 즉, 현재의 핵심을 말하고자 하되 현재를 직접적으로 겨냥하지는 않는다.

다음으로 푸코의 고고학은 당연하게도 과거를 향한다. 현재에 대한 어렴풋하면서도 확실한 문제의식 속에서, 왜 현재가 이 모양인가를 파헤치기 위해 과거의 역사를 탐색하는 것이다. 그러나 푸코의 역사 탐구는 과거를 재구성하거나 과거의 모습을 있었던 그대로 보여주려는 것이 아니라, 기존의 기억에서 배제된 망각의 영역을 뒤져서, 이미 썩어진 것에 의해 감추어져 있으면서 동시에 그것을 통해 접근할 수 있는(또는 추론하거나 만들어낼 수 있는) 담론 구성체 또는 그가 '담론의 축적된 실재'라고 부르는 것, 즉 비가시적 '고문서'를 찾아내 분석하고 서로 다른 담론 영역들을 유기적으로 결합시키려는 것이다. 따라서 그가 서술하는 역사는 그저 하나의 역사 텍스트에 머무르지 않고 담론에 관한 담론의 성격을 띠는 경향이 있으며 해당 시대의 경험을 생생하게 되살려내는 듯싶다. 푸코 자신이 그 무엇의 이름으로도 어느 누구의 이름으로도 말하지 않고 사라진다는 인상을 그의 글이 주는 것은 아마 이러한 이유, 다시 말하자면 그의 글이 사료史料나 사료의 해석과 실제의 경험이나 경험의 이야기 사이의 절대적 중립지대에 머물러 있기 때문일 것이다. 게다가 푸코는 이러한 비가시적 고문서에 관한 자신의 담론을 비담론적 영역이나 비담론 구성체와 연관시키려고 하지 않고, 오히려 시간의 흐름 속에서 제도나 실천의 형태로 침전된 일단의 자료를 도출하여 분석의 대상으로 삼으며 담론 영역들 사이의 유기적 결합을 가능하게 하는 '조건'을 찾아 나선다. 실제로 푸코의 역사서술은 엄밀한 의미에서 사료 편찬의 바깥에서 수행되는 것이고, 다분히 '소설적' 성격을 띤다고까지 말할 수 있을 정도로 기존의 역사기술記述에서 벗어난 새로운 방식을 보여주고 있다.

푸코에 의하면 이러한 작업은 이른바 '바깥의 경험'과 깊은 관계가 있다. 여기에서 '바깥' 또는 외부는 작품의 언어가 태어나는 기원의 공간이자 '죽음'이 입을 벌리고 있는 침묵의 공백이다. 푸코는 이 개념을 매우 비유적으로만 규정하고 있을 뿐인데, 일례一例로 블랑쇼에 관한 〈바깥의 사유〉에서 '바깥'은 오디세우스가 돛대에 자신을 묶게 하고서 세이레노스의 유혹적인 노래를 들으면서 지나가는 공간이자, 오르페우스가 뒤돌아봄으로써 유리디케를 어둠 속으로 사라지게 만들어버리는 그러한 광경의 장소이다. 전자에서는 책략을 써서 죽음을 무사히 통과한 오디세우스의 모험담, 즉 《오디세이》가 탄생하고 후자에서는 아내를 영원히 상실한 오르페우스의 비가悲歌가 기원한다.

푸코는 반성과 내면성의 신화를 거부함으로써 이러한 '바깥'의 공간을 경험하고 이른바 '바깥의 사유'를 언어로 구현한 작가로 사드, 횔덜린, 니체, 아르토, 바타이유, 클로소프스키, 블랑쇼를 든다. 그렇지만 어찌 그들뿐이겠는가. 가령 아폴리네르의 경우에도 〈문자-대양〉이라는 상형시에서 주변부는 유의미한 낱말이나 문장으로 구체적 형태를 취하고 있는 반면에 중심부는 뜻 없는 문자들이 혼돈처럼 소용돌이치는 형상을 이루고 있으며, 또 다른 시 〈사랑에 생명을 걸고〉에서는 노래-시가 "소리와 의미 사이에서 머뭇거린다"라고 시와 침묵의 뒤얽힌 공간을 암시할 뿐만 아니라, 랭보의 〈모음들〉에서는 "아, 으, 이, 위, 오" 소리들이 처음의 형태적 상상력을 훌쩍 뛰어넘어 드넓은 우주이자 인체-소우주인 공간에서 울려나오고, 보들레르의 경우에도 〈저녁의 어스름푸레함〉 속에서 "두 친구"가 광기와 우울증에 빠져드는 반면에 화자話者는 서서히 다가오는 밤을 "자유의 여신"으로, 죽음과 환락의 여인으로, "금빛 은빛의 깜빡이는 별들" 또는 "검은 상복 밑에서만 켜지는 환상의 등불들"이 "촘촘히 장식된 (검은색) 스커트"로 묘사하면서 "고통의 해방"을 느끼고 "내면의 축제"(시 쓰기, 즉 탄생하는 시의 리듬)에 빠져드는데, 이러한 사례들은 모두 푸코가 말하는 바깥의 사유를 언어화하고 있는 것이라고 단언할 수 있다. 이 점에서 바깥의 사유는 기실 문학적 사유의 다른 이름이라고까지 말할 수 있지 않을까 한다.

이처럼 푸코의 저서들은 기본적으로 역사서이자 철학서인데도 문학에 고유한 특성을 한결같이 내보이고 있다. 1969년의 한 대담에서 푸코는 "내 책은 그저 '허구'일 뿐이다"라고, 작품이란 "영원한 바깥의 흐름"이라고 말하는데, 그의 이 발언은 푸코 저서의 특이한 문학성을 증언하는 것이 아닌가. 특히 《광기狂氣의 역사》는 이 작품이 탄생하는 순간 침묵과 말의 분기점을 가장 분명하게 암시하는 만큼 문학성의 대표적 증언이 된다. 즉, 이 책의 "작업공간"은 "작품이 잠겨드는 광기"이고, 광기는 "작품의 부재" 또는 "작품의 절대적 단절"이라는 것이다. 이것은 이 작품의 탄생 장소가 침묵으로서의 광기에 바로 인접한 지점이라는 사실을 말해 준다. 이 지점은 한걸음만 더 나아가면 광기에 휩싸이고 침묵의 상태로 떨어질 위험이 있는 곳, 블랑쇼의 표현을 빌리자면 "착란錯亂과 창조가 교차하는 지점"이자, 앞서 말한 세이레노스의 둥지 또는 지옥의 입구처럼 삶과 죽음(적어도 철학자로서의 삶과 죽음)이 교차하는 강렬한 유혹과 위기의 지점이다.

이 지점 너머로 "광기의 지평에 머물러 있는" 자유가 어둠 속의 찬란한 빛처럼 "순간적으로" 반짝인다. 바로 이 순간에, '미쳐버리고 싶은, 미쳐버리면 안 되는' 상황 속에서 푸코는 광기에 휩싸임과 하나가 되어 있는 자유의 모습을 언뜻 엿본다. 그 모습은 또한 인간의 진실로서, 그가 그토록 갈망하던 것이다. 그러나 그것은 죽음과 같은 것을 무릅써야 손에 넣을 수 있는 것인데다가 순간적인 것일 뿐이다. 이 점을 푸코는 너무나 잘 알고 있었을 것이다. 그렇지만 자신이 매달려 있는 끈을 놓아버리고 싶을 정도로 너무나 유혹적인 것이기도 했을 것이다. 이 아름답고 숭고한 광기!

이 순간의 경험, 이 '바깥의 경험'은 오디세우스와 오르페우스의 경험이자, 찬란한 순간의 자유를 위해 "과오, 범죄, 우스꽝스러운 행동의 위험 속으로 뛰어들기 직전의 경험"이며, 침묵으로 내몰린 비이성과 광기에 말과 언어를 돌려주기 위해 "자유의 질식"을 감수하는 경험이다. 푸코는 이처럼 언뜻 엿보이고는 모습을 감추는 광기의 진실, 붙잡을 수 없을뿐더러 "임박한 소멸의 형태로만 현존하고 실재할 수 있는" 순간적이고 절대적인 자유를 포기하고, 철학자로서 침묵과 자유의 공간을 '무사히' 통과하여, 《광기의 역사》로 돌아선다. 즉, 광기의 진실을, "광기가 스스로에 관해 말할 수 있는 극단의 영역"에서 언뜻 엿본 광기의 언어를 말하기 위해 역사의 우회로라는 금욕의 길로 접어든다.

그렇지만 이 경험의 무게는 《광기의 역사》 전체와 맞먹는다. 푸코의 이러한 경험은 《광기의 역사》 곳곳에서, 예컨대 중세의 그림(브뤼겔과 보슈), 끝나가는 시대의 증언이라고 하는 세르반테스의 《돈키호테》와 셰익스피어의 《리어왕》, 고전주의 시대의 광인의 자유, "순간적 섬광閃光에 의한 서정적 귀환의 언어"가 새어나오는 낭만주의(횔덜린과 네르발), 고야와 반 고흐의 그림, 그리고 사드, 니체, 아르토의 작품, 또 다시 블랑쇼의 말을 빌리자면 "문학과 예술의 위대하고 어두운 작품"을 언급하는 대목에서 은밀하나 분명히 비춰보인다. 요컨대 푸코의 광기의 경험은 이 작품의 온전한 토대로서 이 작품을 현대의 "광기의 예찬"으로 만든다. 《광기의 역사》는 푸코 자신에게는 존재를 건 모험으로서 바로 광기 자체이고(광기의 역사가 광기를 드러낸다), 독자에게는 지식을 넘어 타자他者의 실존적 경험 또는 알테르 에고alter ego에 대한 공감과 카타르시스를 주는 작품이며, 저자에게나 독자에게나 다 같이 "작품 부재의 심연深淵으로 내려가는 급경사면急傾斜面"의 위험한 공간이다.

끝으로 푸코의 고고학은 이와 같은 과거의 탐색을 통해 애초의 출발점인 현재에 대한 비판 또는 "현재의 심장을 겨냥하기"(푸코에 관한 하버마스의 글 제목)를 자연스럽게(독자로 하여금 현재의 억압적 면모가 어떻게 형성된 것인지를 저절로 알아차리도록 해준다는 점에서) 구성한다. 그렇다고 해서 현재의 모순이나 문제에 대해 양자택일兩者擇一을 제시한다거나 전반적 해결책을 제안하는 것은 결코 아니다. 예컨대 지식-권력의 결탁이 그의 작업을 통해 드러난다고 해서, 그가 지식이나 권력을 추구하지 말라거나 지식과 권력에 대항해 싸우라고 부추기는 것은 결코 아니며, 입원入院이나 실업자 구제의 제도 또는 공중보건에 대한 통제적 행정 등의 어두운 인간소외적 이면裏面을 밝힌다고 해서, 이것이 당장 병원을 없애버린다거나 빈민구제 또는 공중보건의 관리를 중단하라는 말이 되는 것도 아니다. 그는 다만 독자가 책과의 대화를 통해 스스로 현재의 문제점을 알아보도록 할 뿐이다. 만약 그가 하나의 체계를 세우려고 했다면, 그가 원용하는 바깥의 사유는 비판의 대상인 현재의 일부분에 지나지 않게 되었을지 모른다.

이와 같이 푸코의 고고학적 작업은 문제시된 현재에서 출발하여 새로운 미래를 전망할 수 있는 장소로 이른다. 역사의 연구가 미래의 문을 열어놓게 됨으로써 현재에 대한 비판의 제안이 저절로 이루어지는 셈인데, 이러한 비판의 거점은 바로 그가 《쾌락의 활용》에서 역설한 "다르게 사유할" 새로운 가능성이다. 그러므로 '현재를 말하기'와 '다르게 사유하기'는 동전의 양면처럼 결부되어, 누구나 당연시하는 것, 이를테면 정상적이라고 두루 인정되는 억압적인 것에 대한 투쟁의 공간을 만들어낸다. 이 점에서 푸코의 저서들은 현재의 일반적 견해에 따른 말하기의 규범성으로부터 거리를 둔 발언, 즉 일반적으로 사람들이 말하는 것이나 말해야 한다고 생각하는 것을 비스듬히(삐딱하게) 거스른 발언의 장소가 된다. 들뢰즈의 《푸코》에 의하면 푸코는 과거를 사유하면서 현재에 저항하지만, 이는 "현재로 되돌아오기 위한 것이 아니라 다가올 시대를 위한" 것이고, "사유는 자체의 역사(과거)를 사유하지만, 이는 사유하는 것(현재)으로부터 해방되고 마침내 '다르게 사유할'(미래) 수 있기 위해서이다".

그리고 푸코의 언어, 달리 말하자면 푸코가 서술하는 역사는 현대의 유럽인이 교묘하게(또는 의도적으로) 망각의 영역으로 몰아낸 것을 집요하게 들추어냄으로써 현재의 정상적인 것 내지는 규범적인 것의 토대(예컨대 광기에 대한 통상적인 인식, 심리학이나 의학 또는 정신분석 등 이러한 인식을 뒷받침하는 담론, 그리고 보호시설이나 병원 등 이러한 인식이 구체화되는 제도)에 이의異議를 제기하는 전략의 모습을 띤다. 이 점에서 《광기의 역사》에서 《성性의 역사》까지 푸코의 저서는 현대 서양인의 기억을 바꿀 가능성 자체, 다르게 사유하기의 가능성 자체이다. 역사의 담론이 문제일 때 그의 사유는 사유되지 않은 것을 중심으로, 미겔 모레에 의하면 "반反기억의 체제에 따라 작동하는" 것이다.

이상이 《광기의 역사》를 번역하고 나서 강박관념처럼 맴돌던 그 느낌의 개요이다. 나보다 앞서 그러한 느낌을 받았다고 짐작되는 푸코 연구자들과 더불어 나는 이상의 내용이 푸코적 사유의 기본 골격이라고 생각한다. 그런데 이것은 바로 창조적 지성의 전형典型이 아니겠는가. 실제의 푸코를 보더라도 이 점은 명백해 보인다. 그는 자신의 정체성에 관한 질문을 받으면 늘 얼굴 없는 사람 또는 다면적 얼굴의 작가라고, 한 사람의 독자라고 대답했다. 정체성은 질서에 부응하는 것으로서 사유하기의 유연성을 빼앗아가기 때문이었을 것이다. 그리고 그는 어디에서건 눈에 띄지 않은 채로 숨어 있는 낯선 것을 정확한 주의력으로 재빠르게 감지했다. 미셸 드 세르토에 의하면 "다름의 표지는 그에게 사유되지 않은 것의 소환장이었다". 그는 상황의 아이러니에 어김없이 호기심과 놀람을 내보였고, 이처럼 그에게 '다르게 사유하기'의 가능성을 열어주는 것은 대개의 경우 엉뚱함과 우스꽝스러움의 양상으로 다가왔으며, 그러한 것을 그는 호방하고 유쾌한 웃음으로 맞이했는데, 이러한 일련의 반응은 곧바로 두꺼운 저서의 출간으로 이어졌다. 이것의 대표적인 사례는 보르헤스의 어느 책에 소개되었다고 하는 중국 백과사전의 동물 분류가 《말과 사물》을 탄생시켰다는 사실이다. 그는 이와 같은 우연한 '사유의 사건'을 놓치지 않을뿐더러, 거기에서 일반적 추정을 뒤엎고 앎의 이미 구성된 영역을(가장 권위적인 것, 예컨대 맑스나 프로이트까지도) 혼란시키는 착상을 얻으며, 더 나아가 포정해우庖丁解牛의 고사를 연상시킬 만큼 정밀하기 짝이 없는 분석, 세르토가 말하듯이 "분석자의 개인적 아이디어"가 아니라 "역사에 의해 가시적이게 되는 것을 토대로 한다"는 인상, "푸코 자신이 아니라 역사가 앎의 영역과 예견이나 선입견을 비웃는다"는 인상을 주기에 이를 정도의 철저한 분석을 실행한다. 《광기의 역사》가 텍스트로 귀착되지 않고 담론으로 남아 있기를 바란 그는 "여전히 텍스트의 무덤에서 벗어나는 생생한 목소리"이다.

이렇게 미셸 드 세르토의 〈푸코의 웃음〉에 기대어 어설프게 그려본 푸코의 지적 초상에 비추어서도 푸코적 사유의 기본과정은 창조적 지성의 빛나는 본보기가 될 것임이 틀림없다. 따라서 교육적 가치가 충분하고 널리 전파할 만하다고 하겠다. 그러나 새로운 미래를 예비할 수 있다는 이러한 장점은 철이 없다는 단점, 말하자면 정상적인 것, 규범적인 것을 마구잡이로 위태롭게 만들지 모른다는 단점의 그림자일 것이다. 행동이나 사회생활에는, 심지어 학문에도, 규범이 없을 수 없고 절실하게 필요한 것이기도 하다. 다른 사유방식의 열림을 위해, 창조적 지성의 함양을 위해 질서와 '규격화 권력'에 시비를 거는 푸코적 사유는 널리 퍼졌을 때 굉장한 무질서를 초래하지 않을까? 그러므로 이것을 우리의 것으로 하고자 할 때 전반적인 무질서로 기울지 않도록 균형을 유지하는 것이 중요하리라는 생각이 든다. 그렇게 하지 않는다면 지금까지와는 정반대되는 방향으로지만 동일한 시행착오를 되풀이하는 모양새가 될 것이다.

《광기의 역사》는 '이야기' 책으로 읽을 수 있다. 그만큼 읽기에 지루하지가 않을뿐더러 지적 재미의 불꽃을 선사한다. 박학 博學과 통렬한 비꼼에 현기증이 날 정도로 유혹적인 책이다. 그렇지만 몇몇 대목에서 (특히 역사 담론에서 정교한 분석의 철학 담론으로 넘어가거나 해석이 극단적으로 세밀해지는 대목에서) 어려워지기도 하고 독자의 마음속에 저항을 야기하기도 할 것이다. 이 서문이 그러한 난관을 돌파하는 데 도움이 되었으면 한다. 그리고 독일의 해석학자 가다머는 독자가 텍스트의 인도를 받아 작품의 세계를 자기 것으로 할 때 "텍스트의 제자"가 된다고 말했는데, 나는 이제야 푸코의 호방한 웃음과 치밀하고도 즐거운 사유를 맛보면서 이 책의 제자가 될 수 있다는 기분에 젖어드는 한 사람의 미련한 독자로서, 이 책이 제안하는 세계를 아무쪼록 많은 독자가 자기 것으로 만들면 좋겠다는 마음뿐이다.

길다면 길고 짧다면 짧은 기간 동안 경제적 한계와 번역 능력의 한계를 부여안고 이 책을 번역하느라 혹시 광기에 사로잡히는 것이 아닐까 두려워한 적도 있었다. 비록 어줍지 않은 번역일 뿐이었지만, 그래도 평촌도서관에서 집으로 혼자 걸어가면서 어둠 속에서 〈새벽 한 시〉의 보들레르처럼 "내가 형편없는 인간이 아니"고 "경멸하는 사람들보다 내가 못하지 않다는 것을 내 자신에게 증명해 줄" 이 번역을 끝까지 완수하도록 해달라고 기원하기도(누구에게?) 했다는 기억이 어렴풋이 떠오른다. 그렇게 절박했을까 생각하니 부끄럽다. 이제 무사히 종착점에 이른 지금 무엇보다도 먼저, 원망했던 《광기의 역사》에 감사를 드리고 싶다.

돌이켜보면 오래 전 오생근 선생님의 우연찮은 권유로 《성의 역사》 제 1권의 번역을 통해 "앎의 의지"에 개안開眼하게 된 것은 나에게 중요한 '사유의 사건'이 아니었나 하는 생각이 든다. 그때부터 이 기념비적 작품의 번역까지 푸코의 정글 속에서 알게 모르게 방향을 잡아주신 데다가, 이번 작업에서는 어수선하기 이를 데 없는 초벌 원고를 꼼꼼히 읽고 고쳐주셨을 뿐만 아니라, 거대 산맥과도 같은 이 저서에 대한 독자의 이해를 돕기 위하여 자세한 지도地圖와 같은 명쾌한 해제를 써주신 선생님께 어떻게 감사의 마음을 전할 수 있을까. 삶처럼 고달픈 번역과정에서의 구체적인 지적들, 본받아 고쳤을 때 유장悠長하면서도 의미가 분명해지는 문장들을 통해 유익하고 올바른 지도를 받았다. 그래도 워낙 명민하지 못한 탓에 어색한 데가 없지 않을 것이다. 독자들의 질정叱正을 바랄 뿐이다.

끝으로 푸코의 이 책에 지극한 애정을 보이시고 번역작업을 격려해주신 나남출판의 조상호 대표님께 마음속 깊이 감사를 표한다.

번역 대본으로는 1972년 프랑스 갈리마르 출판사에서 펴낸 재판본 《Histoire de la folie à l'âge classique》을 사용했다.

2003년 5월

이 규 현

이미 오래된 이 책에 대해 새로운 서문을 써야 하다니, 솔직히 말해서 마음이 안 내킨다. 어떻게 쓰건, 틀림없이 이 책의 과거를 정당화하고 이 책을 가능한 한 오늘날의 상황에 재편입시키려고 할 터이기 때문이다. 이것은 가능하건 불가능하건, 능숙하게 행해지건 서투르게 이루어지건, 정직한 일이 아닐 것이다. 무엇보다도 한 권의 책과 관련하여 저자가 갖추어야 할 조심성이라는 덕목과 부합하지 않을 것이다. 매우 사소한 사건이고 다루기 쉬운 하찮은 대상으로 책이 한 권 나온 것일 뿐이다. 이 책도 끊임없는 반복의 궤도 속에 놓게 마련이다. 책 주위에서, 그리고 책으로부터 아주 멀리 떨어진 곳에서 책의 분신分身들이 득실거리기 시작한다. 책이 읽혀질 때마다 만져지지 않는 독특한 육체가 한순간 책에 부여된다. 책 자체에 관한 단장斷章들이 떠돌아다닌다. 책보다 이것들이 돋보이게 되고 이것들이 책 전체를 내포하는 것으로 통하며 급기야는 이것들에서 책이 피난처를 찾아내기에 이른다. 책에 해설이 붙기도 하고, 책이 마침내 본모습을 보여야 하고 스스로 말하기를 거부한 것을 고백해야 하며 떠들썩하게 가장한 모습에서 해방되어야 한

다고 주장하는 담론들도 생겨난다. 다른 시기에 다른 장소에서 찍어낼 재판再版도 이러한 분신의 하나이다. 이것은 완전히 터무니없는 것도 아니고 완전히 동일한 것도 아니다.

책을 쓰는 사람에게는 이 반짝거리는 모사물模寫物 전체에 대해 형식을 규정하고 동일성을 마련해 주며 변함 없는 가치를 함축할 표지標識를 부과해서 전체를 지배하고 싶은 큰 유혹이 일게 마련이다.

"내가 저자요. 내 얼굴이나 내 프로필을 보시오. 내 이름 아래 돌아다닐 그 모든 중복重複형상은 바로 이것을 닮아야 할 것이오. 이것에서 멀어지는 것은 아무런 가치가 없을 것이오. 바로 이러한 닮음의 정도에 따라 다른 형상들의 가치를 평가할 수 있을 것이오. 나는 그 모든 분신의 이름, 법, 비밀, 저울이라오."

이렇게 서문이 씌어지게 마련이다. 이 근본적 행위에 의해 저자의 왕정이 확립되기 시작하고 다음과 같이 전제군주적 선언이 따르게 된다. '나의 의도가 당신들의 규범이어야 하오. 당신들의 독서, 당신들의 분석, 당신들의 비판을 내가 의도한 바에 맞추시오. 나의 겸손을 올바로 이해하시오. 나는 당신들의 자유를 제한할 생각에서 내 기획企劃의 한계에 관해 말하는 것이오. 그리고 내가 나의 일을 감당하지 못했다는 소감을 피력하는 것은 내 책과 아주 비슷하나 내 책의 현재 모습보다 더 훌륭한 다른 책의 환상을 내세워 내 책에 반대할 특권을 당신들에게 남기고 싶지 않기 때문이라오. 나는 내가 말한 내용의 군주君主이고 그 내용에 대해 특별한 절대적 권력을 간직하고 있소. 그것은 내 의도와 내가 그 내용에 부여하고자 한 의미의 절대성이오.'

나는 한 권의 책이 적어도 저자에게는 책을 구성하는 문장들 이외의 다른 어떤 것도 아니기를 바란다. 서문이라는 책 자체의 이 첫 번째 모사물, 앞으로 책으로 인해 형성될지 모르는 모든 모사물의 기준이 되기를 바라는 이 모사물로 인해 책이 둘로 분열되지 않기를 바란다. 그토록 많은 대상-사건들 사이에서 거의 눈에 띄지 않는 이 대상-사건이 다시 베껴지고 파편화되고 되풀이되고 모사되고 분열되다가, 이 대상-사건을 일으킨 사람이 결코 이 대상-사건의 주인일 권리, 자신이 말하고자 한 것을 강요할 권리, 이 대상-사건이 과연 무엇이었을까에 대해 말할 권리를 요구할 수 없는 가운데, 마침내 사라지기를 바란다. 요컨대 한 권의 책이 교수법이나 비평에 의해 결국 글의 지위를 갖게 될지 모르지만 스스로는 그러한 지위에 오르지 않고 경쾌하게 담론의 지위에 머무르기를, 이를테면 전투와 동시에 무기, 전략과 동시에 충격, 투쟁과 동시에 전리품戰利品 또는 상처, 실제 상황과 동시에 흔적, 변칙적인 접전接戰과 동시에 되풀이될 수 있는 장면으로 나타나기를 바란다.

그래서 이 책의 재판을 위해 새로운 서문을 쓰라고 한 요청에 나는 이전의 서문을 없애자는 한 가지 대답밖에 할 수 없었다. 이것이 정직한 태도일 것이다. 이 오래된 책을 정당화하려고도, 오늘날에 재편입시키려고도 하지 말자. 이 책이 속해 있고 진정한 기준이 될 사건들의 계열은 완전히 종결된 것이 아니다. 그러니 비밀스런 비축물備蓄物 같은 것, 처음에는 주의를 끌지 못한 보물 같은 것을 마치 새로운 것이라도 되는 듯이 발견하는 척하지 말자. 새로움은 이 책에 관해 말해지는 이야기들, 그리고 이 책이 끼어들어가 있는 사건들로만 형성되어 왔을 뿐이다.

—— 그러면서 어느 새 당신은 서문을 하나 쓴 셈이로군요.

—— 그렇지만 이것은 아주 짧은 것인데요.

미셸 푸코

일러두기

1. 저자의 원주는 1, 2, 3… 으로 표시하였다. 원서에서는 매 면마다 새 번호를 매겼으나 이 책에서는 장을 단위로 일련번호를 매겼다. 역주는 원주와 함께 일련번호를 매기되 ' * ' 표시를 하여 구분하였다.

2. 이 책에서 작은따옴표(' ')가 달려 있는 부분은 원서에 이탤릭체로 표기된 부분이다. 원서의 '« »'는 이 책에서 큰따옴표(" ")로 표기하였다.

3. 본문 중간에 삽입된 그림들은 원서에는 없는 것이다.

제1부

1장 "광인들의 배"
2장 대감호(大監護)
3장 비행(非行)의 세계
4장 광기의 경험
5장 정신이상자들

Histoire de la folie à l'âge classique

la folie

classique

1

"광인들의 배"

중세 말에 나병癩病(한센병)이 서양 세계에서 사라진다. 이에 따라 마을의 변두리나 도시의 성문 근처에는 넓은 빈터가 생겨나는데, 이곳은 이제 역병疫病이 엄습하지는 않았지만, 예전에 만연했던 역병으로 인해 오랫동안 사람이 살 수 없는 장소가 되었다. 여러 세기가 지나는 동안이 장소들은 비인간적 공간으로 되어 있다가 14세기에서 17세기까지이 장소들에서 새로운 악의 화신化身, 또 다른 괴기스런 공포, 정화淨化와 축출의 주술呪術이 마치 야릇한 요술처럼 되살아난다.

중세 초기부터 십자군 전쟁 말기까지 유럽 전역에서 저주스런 나환자癩患者 격리공간은 무수히 늘어났다. 매튜 패리스[1]에 의하면 기독교세계 전체에 이런 장소는 1만 9천 개소가 있었을 것이라고 한다.[2] 어쨌든 루이 8세가 프랑스를 대상으로 나환자 격리시설에 관한 규칙을 정한

---

1 *Matthew Paris. 영국의 사료(史料) 편찬관, 삽화공(插畵工)으로 1217년 Saint Albans에서 수도사가 되며 1235년에는 Wendover의 Roger를 이어 사료 편찬관이 된다.

2 Collet, *Vie de saint Vincent de Paul*, I, Paris, 1818, p. 293에서 인용.

1266년경에는 2천여 개소가 집계되었다. 파리 대교구에만 그 수가 43 개소나 되었다. 여기에는 부르라렌, 3 코르베이유, 생-발레르, 그리고 을씨년스런 샹-푸리와 샤랑통4도 포함되었다. 가장 큰 두 곳은 바로 파리 근교에 위치한 생-제르맹과 생-라자르5였는데, 6 이 두 지명은 다른 질병의 역사에서 다시 등장한다.

15세기부터는 어디에서나 나환자 격리시설이 텅텅 비게 된다. 16세기부터 생-제르맹은 나이 어린 경범죄자들을 수용하기 위한 시설로 전용되며, 생-라자르에는 성 뱅상 이전에7 이미 단 한 명의 나병 환자, "세속 재판소의 법률가 랑글루아 나리"만이 남는다. 마리 드 메디시스8의 섭정기에 이르면 유럽에서 가장 큰 규모인 낭시의 나환자 격리시설에 단 4명의 환자만이 머무르게 된다. 카텔의 《회고록》에 따르면 중세 말경 툴루즈9에 29개소의 구빈원救貧院10이 있었는데 그 중에서 7개소

---

3 *Bourg-la-Reine. 파리 남쪽으로 5킬로미터 떨어진 도시.

4 *Charenton. Charenton-le-Pont과 Charenton-Saint-Maurice(1642년부터 생-모리스라 불림)라는 두 마을로 이루어진 부락으로, 구빈원은 생-모리스 지역에 있다.

5 *Saint-Germain과 Saint-Lazare는 현재 파리 시의 일부이다.

6 J. Lebeuf, *Histoire de la ville et de tout le diocèse de Paris*, Paris, 1754~1758 참조.

7 *프랑스의 사제 saint Vincent de Paul(1581~1660)이 1625년 농촌 선교를 위해 Société des Prêtres de la Mission, 일명 성 라자로 회를 창설하기 이전 시기를 말한다.

8 *Marie de Médicis. 앙리 4세와 결혼하여 루이 13세를 낳았는데, 1610년 앙리 4세가 라바야크의 암살로 숨지자 1617년까지 섭정을 맡았다.

9 *Toulouse. 프랑스 남부 가론 강 북안의 도시.

10 *hôpital. '병원'이라는 오늘날의 의미가 아니다. 우선 헐벗고 가난한 이들을 받아들이는 종교기관을 가리키다가(이때는 시립병원과 동일한 개념이다), 유사한 세속기관으로 의미가 확대되어 자선시설, 구제원, 구빈원의 뜻을 갖게 된다. 가령 hôpital des orphelins은 고아원(orphelinat)이고, hôpital général은 모든 극빈자를 위한 자선시설이다. 17세기부터 질병을 치료하는 곳이라는 의미가 추가되지만, 의료기관의 의미를 분명하게 띠게 되는 것은 18세기부터이며, '병원'이라는 의미는 19세기 초부

가 나환자 수용시설이었다고 한다. 그러나 17세기 초에는 생-시프리엥,11 아르노-베르나르, 생-미셸12이라는 3곳만이 언급된다. 13 나병의 소멸을 경축하려는 움직임도 일어난다. 가령 1635년에 랭스14 주민들은 자신들의 도시를 나병의 재앙에서 구원해준 것에 대해 하느님에게 감사드리기 위해 장엄한 행진을 한다. 15

이미 한 세기 전부터 왕권은 나환자 격리시설이라는 막대한 재산의 재편성 작업을 시도하였다. 1543년 12월 19일의 칙령을 통해 프랑수아 1세16는 "당시 나환자 수용소에 관련된 엄청난 비리를 바로잡기 위해" 이 부동산의 목록을 작성토록 했다. 다음 번에는 앙리 4세가 1606년에 칙령을 내려 회계 재조정을 지시하고 "이렇게 하여 찾아낼 자금을 가난한 귀족과 상이傷痍병사의 부양"에 충당하도록 한다. 1612년 10월 24일에도 동일한 정리작업의 요구가 있었지만, 이제는 사람들의 생각이 과도한 수입을 가난한 사람의 먹거리 공급에 활용하려는 방향으로 변화하게 된다. 17

사실 프랑스에서는 나환자 수용소 문제가 17세기 말 이전에는 해결되지 않아, 이 문제의 경제적 중요성 때문에 적지 않은 갈등이 야기되

터 일반화된다. 이 책에서는 시기에 관계없이 '구빈원'이란 역어(譯語)로 통일한다.

11 *Saint-Cyprien. 프랑스 남서부에 위치한 아키텐 지방의 소도시.

12 *Saint-Michel. 피카르디 지방의 엔느(Aisne) 도(道)에 위치한 소도시.

13 H. M. Fay, *Lépreux et cagots du Sud-Ouest*, Paris, 1910, p. 285에서 인용.

14 *Reims. 파리에서 동북쪽으로 142킬로미터 떨어진 도시.

15 P. -A. Hildenfinger, *La Léproserie de Reims du XIIe au XVIIe siècle*, Reims, 1906, p. 233.

16 *1515년 1월 1일 루이 12세의 뒤를 이어 왕위에 오른 프랑수아 1세(1494~1547)는 루이 12세 및 앙리 2세와 더불어 프랑스를 근대 국가로 건설한 사람의 하나이다. 그의 치세는 번영과 성장의 시기였다.

17 Delamare, *Traité de Police*, Paris, 1738, t. I, pp. 637~639.

기도 했다. 1677년에도 여전히 도피네[18] 지방에만 44개소가 있지 않았던가?[19] 1672년 2월 20일에는 루이 14세가 모든 구호단체 및 군사협회의 재산을 생-라자르 수도회와 몽-카르멜 수도회에 귀속시킴에 따라, 이 두 수도회가 프랑스 왕국의 나환자 수용소를 관리하게 된다.[20] 약 20년 후에는 1672년의 칙령이 철회되고, 1693년 3월에서 1695년 7월까지 일정한 간격을 두고 발표된 일련의 조치를 통해 나병 요양소들의 재산이 이제 다른 의료기관과 구호기관에 할당될 수밖에 없게 된다. 여전히 남아 있는 1,200군데의 수용시설에 되는대로 흩어진 몇몇 나환자는 오를레앙 근처의 생-메스맹에 집결할 것이다.[21]

이와 같은 규정들이 먼저 시행되는 곳은 파리이다. 파리 고등법원은 문제의 소득을 구빈원[22]의 여러 기관에 양도하라는 판결을 내린다. 지방법원들에서도 이를 본받아 유사한 판결을 내린다. 예컨대 툴루즈의 나환자 수용시설은 폐질자廢疾者 구빈원으로 넘어가고(1696), 노르망디에 위치한 보리외의 수용시설은 캉의 시립병원으로 이전되며, 볼레의 수용시설은 생트-프와[23]의 구빈원에 귀속된다.[24] 보르도 근처에 위치한 가네의 묘지만이 생-메스맹과 함께 나환자 수용소의 존재 사실에

---

18 *Dauphiné. 알프스에서 론 강까지의 지방.

19 Valvonnais, *Histoire du Dauphiné*, t. II, p. 171.

20 L. Cibrario, *Précis historique des ordres religieux de Saint-Lazare et de Saint-Maurice*, Lyon, 1860.

21 Rocher, *Notice historique sur la maladrerie de Saint-Hilaire-Saint-Mesmin*, Orléans, 1866.

22 *hôpital général. 오늘날의 의미로는 종합병원이지만, 17세기에 처음 생겨났을 때에는 무일푼인 사람들을 수용하여 돌봐주는 기관을 가리켰는데, 거기에 빈민뿐 아니라 성병환자나 광인 또는 범죄자도 수용되었다. 이 용어도 역시 '구빈원'으로 옮겼다.

23 *지롱드 지방의 도시 Sainte-Foy-La-Grande를 말한다.

24 J.-A. Ulysse Chevalier, *Notice historique sur la maladrerie de Voley près Romans*, Romans, 1870, p. 61.

대한 증거로서 남아 있게 된다.

12세기에 인구가 150만이었던 잉글랜드와 스코틀랜드에는 이미 220개소의 나환자 수용소가 개설되어 있었다. 그러나 14세기에 벌써 빈 곳이 늘어나기 시작한다. 리처드 3세**25**가 라이펀**26** 자선시설에 대한 조사명령을 내린 시기, 즉 1342년에는 나환자가 한 사람도 없었다. 그는 이 자선기관의 재산을 빈민구제에 활용토록 조치하였다. 12세기 말에 퓨젤의 대주교가 설립한 구빈원에서는 1434년에 오직 2개의 방만을 만약의 경우에 대비한 나환자용으로 남겨두었다.**27** 1348년 세인트 엘번스**28**의 커다란 나환자 수용소에는 단지 3명의 환자밖에 없었다. 24년 후 켄트 지방의 롬놀 구빈원은 나환자가 없어서 문을 닫는다. 1078년 채텀**29**에 세워진 성 바돌로매 나환자 요양소는 잉글랜드에서 가장 규모가 큰 편이었는데, 엘리자베스 여왕**30**의 치세治世시에 수용된 사람은 두 사람뿐이었고, 그러다가 결국 1627년에 폐쇄되어 버린다.**31**

독일에서도 아마 속도는 좀더 느렸지만 나병이 물러나기는 마찬가지였다. 나병 요양소의 전용轉用 역시 동일한 현상이었다. 이는 영국의 경우와 유사하게 종교개혁에 힘입어 앞당겨진다. 종교개혁을 통해 자선활동의 성과와 구호시설에 대한 관리가 시당국에 일임된 것이다. 라이프치히, 뮌헨, 함부르크에서도 이러한 일이 발생한다. 1542년에 슐레

---

25 *영국 요크 왕조의 마지막 왕(1452∼1485). 재위 기간은 단 2년(1483∼1485)이다. 그러므로 재위 기간이 1327∼1377년인 에드워드 3세를 푸코가 리처드 3세로 착각한 것이다.

26 *Ripon. 요크 북서쪽의 도시.

27 John Morrisson Hobson, *Some early and later Houses of Pity*, pp. 12∼13.

28 *Saint Albans. 런던 북서부의 도시.

29 *Chatham. 영국 켄트 지방의 메드웨이 강 우안 항구.

30 *1558∼1603년 동안 영국과 아일랜드를 통치한 여왕(1523∼1603).

31 Ch. A. Mercier, *Leper Houses and Medieval Hospitals*, p. 19.

스비히-홀스타인32의 나병 요양소들은 구빈원으로 넘어간다. 슈투트가르트의 한 사법관이 1589년에 작성한 보고서에 의하면 이미 50년 전부터 나환자용 요양시설에 더 이상 나환자가 없다는 것을 알 수 있다. 리플링엔의 나병 요양소는 매우 일찍부터 폐질자와 광인狂人으로 채워진다.33

나병의 기이한 소멸은 아마 오랫동안 시행된 모호한 의료행위의 결과가 아니라, 오히려 격리로 인한 자연스런 결과, 그리고 십자군 전쟁이 끝나 감염의 근원지인 근동지방과의 교류가 단절됨에 따라 나타난 결과였을 것이다. 나병을 없애기 위해서가 아니라 나병을 신성 불가침의 영역 안에 존속시키고 나병을 어떤 전도된 열광상태 속에 붙들어 놓기 위해 마련된 비천한 장소와 의례儀禮는 그대로 남긴 채, 나병이 물러난 것이다. 아마도 나병보다 더 오랫동안 남아 있고, 또한 나병 요양소들이 이미 여러 해 전부터 텅텅 비게 되는 시대에도 존속하는 것은 바로 나환자라는 인물에 달라붙은 가치와 이미지이고, 사람들이 이 인물의 주변에 신성 불가침의 원圓을 그린 후에야 비로소 떨쳐버릴 수 있는 것은 바로 이러한 축출의 의미, 이 인물이 사회집단에서 차지하는 중요성이다.

나환자가 세계에서, 그리고 가시적인 교회 공동체에서 사라진다 해도, 나환자의 존재는 전적으로 신의 노여움을 가리키고 신의 선의善意를 표시하므로, 변함 없이 신神을 드러낸다. 빈 교회의 전례서典禮書에는 "나의 친구여, 그대가 이 질병에 걸림은 주님의 뜻이니, 그대가 이 세상에서 저지른 죄악으로 인해 주님이 그대를 징벌하시려 할 때, 주님

---

32 *Schleswig-Holstein. 독일의 주. 킬이 주도(州都)이다.
33 Virchow, *Archiv zur Geschichte des Aussatzes*, t. XIX, p. 71 및 p. 80; t. XX, p. 511.

은 그대에게 큰 은총을 베푸시니라"고 기록되어 있다. 그가 사제와 사제보司祭補들에 의해 교회 밖으로 "뒷걸음질치며" 끌려나갈 순간에도, 이것 역시 신을 위한 증언이라는 확신이 그에게 주입된다.

"그대가 교회와 건강한 무리에서 떨어져나간다 해도, 신의 은총에서 떨어져나가는 것은 아니노라."

브뤼겔34의 그림에는 일군의 사람들이 그리스도를 따라가는 갈보리의 언덕길 저 멀리에서 그 행렬을 참관하는 모습의 나환자들이 등장한다. 그들은 죄악의 엄숙한 증인으로서, 축출의 상태에서 축출에 의해 구원을 찾는 것이다. 많은 공덕功德과 기도로 이뤄지는 전환성轉換性35과 대비를 이루는 어떤 이상한 전환성을 통해, 그들은 누가 손을 내밀지 않는데도 구원을 받는다. 바로 코앞에서 나환자를 저버리는 죄인이 나환자에게 구원의 문을 열어주는 셈이다.

"어째서 그대가 홀로 질병을 참아내야 하는가. 주님은 결코 그대를 질병 때문에 저버리지 않으시며 자신의 무리로부터 그대를 갈라놓지도 않으시기 때문이다. 벼락부자의 저택 앞에서 죽었지만 곧장 천국에 간 나환자처럼, 참고 견디면 구원을 받을 것이다."36

그에게는 유기遺棄가 곧 구원이다. 축출됨으로써 그는 다른 형태의 성체 배령을 하게 되는 셈이다.

나병이 사라지고 나환자가 사람들의 기억에서 사라지거나 거의 사라져도, 이러한 구조는 계속해서 남아 있게 된다. 두세 세기 뒤에도 이상할 정도로 유사한 축출의 장치가 동일한 장소들에서 숱하게 재발견되는

---

34 *Bruegel(1525경~1569). 플랑드르파의 화가. 시대의 풍경과 맹인, 걸인 등을 즐겨 그렸다. 〈결혼식 식사〉, 〈농부들의 춤〉, 〈눈 속의 사냥꾼들〉 등이 유명하다.

35 *성자나 순교자의 공덕과 기도가 죄인을 구한다는 원리.

36 Gui de Poissieu 대주교의 책임 아래 인쇄된 빈 교구의 의례서, 1478행. Charret, *Histoire de l'Eglise de Vienne*, p. 752에서 재인용.

것이다. 예전에 나환자가 맡은 역할을 가난한 자, 부랑자浮浪者, 경범 죄자, 그리고 "머리가 돈 사람"이 다시 맡게 되면서, 우리는 이들과 이들을 축출하는 자들을 위해 이러한 축출에서 어떤 구원이 기대되었는가를 알게 된다. 형태들, 특히 사회적 축출이면서도 영적靈的 재통합인 엄격한 분할의 그 주요한 형태는 아주 상이한 문화 속에서 전적으로 새로운 의미를 띠고서 존속하게 되는 것이다.

그러나 지레짐작하지 말자. 나병과 교대된 것은 무엇보다 먼저 성병性病이었다. 15세기 말에 성병은 마치 상속권에 의해서인 듯 일시에 나병의 뒤를 잇는다.

여러 나환자 구빈원에 성병환자들이 수용된다. 프랑수아 1세 치하에 우선 생-튜스타슈 소교구의 구빈원에서, 그리고는 생-니콜라37의 구빈원에서 성병진료가 시도된다. 이 두 자선기관은 예전에 나환자 수용시설이었다. 생-제르맹-데-프레38에서는 예전에 나환자들을 위해 사용된 여러 가건물과 노후한 막사가 샤를르 8세39 치하와 1559년 두 차례에 걸쳐 성병환자용으로 충당되었다.40 오래지 않아 "우리의 도심과 근교에서 이웃과 격리된 넓은 공간들을 찾아내서"41 다른 건물을 지어야할 정도로 성병환자들이 크게 늘어난다. 새로운 나병이 생겨나 옛 나병

---

37 *Saint-Nicolas. Pas-de-Calais의 소도시.
38 *Saint-Germain-des-Prés. 현재의 파리 제6구에 있는 수도원과 교회를 가리킨다.
39 *Charles VIII. 루이 11세와 사부아의 샤를로트의 아들로서 1483~1498년 동안 프랑스를 통치한 왕(1470년 생).
40 Pignot, *Les Origines de l'Hôpital du Midi*, Paris, 1885, pp. 10, 48.
41 *Archives de l'Assistance publique*의 한 필사본(dossier Petites-Maisons; liasse n° 4).

의 자리를 차지한 것이다. 물론 난점이 없지 않았고 갈등이 없었던 것
도 아니다. 실제로 나환자들이 가만히 있질 않았다. 그들은 공포의 세
계 안에 새로 들어온 사람들에 대해 반감反感을 느낀다. "이 병은 경악
할 정도로 전염성이 강하고 너무나 무시무시해서, 나환자들조차 이 병
을 몹시 싫어하고 이 병에 걸린 자들과 함께 거주하려 들지 않는다."42
그러나 나환자들은 훨씬 오래 전부터 '격리' 장소에 머무를 권리를 갖고
있다 해도, 그런 권리를 내세우기에는 너무 인원수가 적다. 그래서 거
의 도처에 퍼져 있던 성병환자들이 즉시 나환자들의 자리를 차지한 것
이다.

그렇지만 중세문화에서 나병이 차지하던 역할을 고전주의 시대의 세
계에서 성병이 떠맡은 것은 아니다. 성병은 이와 같은 초기의 배제 조치
에도 불구하고 오래지 않아 다른 질병들 사이에 자리를 잡는다. 좋건 싫
건 구빈원에는 성병환자들이 수용된다. 파리의 시립병원에서도 성병환
자들을 받아들인다. 43 성병환자들을 쫓아내려는 시도가 여러 차례 있었
으나 아무런 소용이 없다. 그들은 계속 남아 다른 환자들과 섞인다. 44
독일에서는 배제를 확립하기 위해서가 아니라 치료를 보장하기 위해 성
병환자만을 위한 특별시설이 건축된다. 예컨대 아우크스부르크에서는
푸거 가家45에 의해 이와 같은 성격의 두 자선시설이 건립되고, 뉘른베

---

42 Trithemius, *Chronicon Hisangiense*; 포통이 번역한 울리히 본 후텐의 책, *Sur la maladie française et sur les propriétés du bois de gaïac*, Lyon, 1865, p. 9에서 재인용. 〔라틴어 원문: "Est mirabilis contagiosa et nimis formidanda infirmitas, quam etiam detestantur leprosi et ea infectos secum habitare non permittant."〕

43 프랑스에서 성병에 대한 최초의 언급은 파리 시립병원의 한 보고서에 들어 있다. Brièle, *Collection de Documents pour servir à l'histoire des hôpitaux de Paris*, Paris, 1881~1887, III, fasc. 2에서 재인용.

44 Pignot, *loc. cit.*, p. 125에 인용된 시립병원 방문 기록 참조.

45 *Fugger. 아우크스부르크 부근에 위치한 그라벤 출신의 독일 은행가 가문.

르크46 시에서는 "이 프랑스 질병을 몰아낼"47 수 있다고 자신 있게 말한 어떤 의사를 봉급을 주고 고용한다.

이 병은 나병과는 달리 일찍부터 의학의 대상이 되었다. 오직 의사의 소관사항일 따름인 것이다. 이에 따라 모든 측면에서 성병 치료법이 정립된다. 생-콤 상사商社48에서는 아랍인들로부터 수은 사용법을 도입하고,49 파리의 시립병원에서는 특히 테리아카50를 활용한다. 〈시필리디스〉를 쓴 프라카스토로,51 그리고 울리히 폰 후텐52의 말이 맞다면, 아메리카산産 금보다 더 비싼 유창목癒瘡木이 크게 유행한다. 발한(發汗) 요법은 거의 도처에서 실행된다. 요컨대 16세기 동안 성병은 치료를 요하는 질병의 하나로 자리 잡는다. 아마 성병에 대한 일단의 온갖 도덕적 판단이 난무했을 것이다. 그러나 이러한 사고방식에도 불구하고, 성병을 의학적으로 이해하려는 경향은 별로 변하지 않는다.53

그런데 기이한 일은 17세기에 이루어진 바와 같은 수용收容의 영향 아래, 성병이 의학의 맥락에서 어느 정도 떨어져나가고 광기와 더불어 도덕적 배제의 공간에 통합된 것이다. 사실상 성병에서가 아니라, 아

---

46 *Nürnberg(프랑스어로는 Nuremberg). 독일 바이에른 지방의 도시.

47 R. Goldhahn, *Spital und Arzt von Einst bis Jetzt*, p. 110.

48 *compagnie[confrérie] de Saint-Côme. 정확히는 상사가 아니라 외과의사들의 동업조합이다. 이 동업조합은 1311년 부르고뉴의 필립 선왕(善王)에 의해 공식적으로 인정을 받는다. 1615년에는 외과 교육기관을 설립하기도 하다가 대혁명의 와중에 소멸한다.

49 베탕쿠르는 자신의 책 *Nouveau carême de pénitence et purgatoire d'expiation*, 1527에서 수은 사용이 다른 모든 약물치료보다 낫다고 주장한다.

50 *thériaque. 아편을 함유한 해독제.

51 *Girolamo Fracastoro(1558~1620). 프랑스어로는 제롬 프라카스토르. 이탈리아의 의사 겸 시인. 매독에 관한 시 *Syphilidis*로 유명하다.

52 *Ulrich von Hutten(1488~1523). 독일의 인문주의자.

53 베탕쿠르(Béthencourt)의 책은 제목이 풍기는 인상과는 달리 엄밀한 의학서이다.

주 오랜 세월이 흐른 뒤에야 의학으로 편입될 매우 복잡한 현상에서 나병의 진정한 유산을 찾아보아야 한다.

그 현상은 바로 광기狂氣이다. 100년 동안의 공포라는 측면에서 나병의 뒤를 잇는 이 새로운 강박관념이 나병처럼 분할, 배제, 정화의 반응을 유발하기 위해서는 오랜 잠복기가 필요할 것이지만, 이와 같은 반응은 명백히 광기와 연관되어 있다. 17세기 중엽 광기가 통제되기 전에, 광기에 대한 호의적 배려의 오랜 관습들이 다시 나타나기 전에, 광기는 이미 르네상스 시대의 모든 주요한 경험과 끈질기게 연결되어 있었다. 이제 간략하게나마 상기시킬 필요가 있는 것은 바로 그러한 현존現存과 광기의 몇몇 본질적인 모습이다.

이 모습들 중에서 가장 단순하고 가장 상징적인 것부터 시작해보자.

하나의 새로운 대상이 르네상스 시대의 상상계 풍경에 등장하여, 오래지 않아 특별한 자리를 차지하는데, 그것은 바로 '광인들의 배', 라인란트의 잔잔한 강들과 플랑드르 지방의 수로水路들을 따라 떠다니는 기이한 취선醉船이다.

'광인들의 배'는 명백히 문학적 창작물로서, 아마 오래된 아르고나우나이54 서사시군敍事詩群에서 차용되었을 것인데, 이 서사시군은 문학에서 '광인들의 배'가 등장하기 얼마 전에 커다란 신화적 주제들 사이에서 생기와 활력을 되찾았고 부르고뉴 국가들에서는 제도의 모습을 띠고

---

54 *Argonautes. 아르고 선을 타고 황금 양털을 찾아 흑해 연안의 콜기스 지방으로 떠난 그리스 영웅들을 가리킨다. 우두머리 야손, 헤라클레스, 카스토르와 폴룩스, 오르페우스 등을 비롯하여 약 50명을 헤아린다.

나타났다. 그러한 배를 타고 행운이 아니라면 적어도 자신들의 운명이나 진실의 형상을 찾아 위대한 상징적 여행을 떠나는 상상적 영웅이나 윤리적 전형 또는 사회적 유형의 구도構圖가 유행처럼 퍼진다. 이런 식으로 생포리엥 샹피에55는 1502년과 1503년에 연속해서 《왕들의 배와 귀족의 전투》 및 《고결한 부인들의 배》를 창작하고, 또한 1413년에 야콥 반 오이스트보렌이 펴낸 《푸른 거룻배》, 브란트56의 《광인들의 배》57(1497), 그리고 조스 바드58의 저서 《무지한 여자들의 어리석음을 나르는 거룻배》(1498)와 나란히 《정신건강의 배》가 출간된다. 보슈59의 그림 또한 말할 나위 없이 이 꿈의 선단船團에 속한다.

그러나 이 모든 소설적이거나 풍자적인 배들 중에서 유일하게 실재한 것은 '광인들의 배'뿐인데, 그 이유는 도시에서 도시로 야릇한 승객을 실어 나른 그러한 배들이 실재했다는 데 있다. 당시에 광인들은 유랑의 삶으로 내몰렸다. 그들은 걸핏하면 도시 밖으로 쫓겨났고, 상인이나 순례자 집단에 내맡겨졌거나, 그렇지 않으면 외딴 시골에서 이리저리 떠돌아다녔다.

이와 같은 관습은 특히 독일에서 널리 생겨났다. 가령 뉘른베르크에

---

55 *Symphorien Champier. 프랑스의 의사, 인문주의자(1472~1539경). *Liber de quadruplici vita*(1507), *Nef des dames vertueuses*(1503) 등을 남겼다.

56 *Sebastian Brant〔Brandt〕(1457 또는 1458~1521). 알자스의 인문주의자로서 바젤 대학의 라틴 문학 및 법학 교수, 스트라스부르의 시민 대표 겸 대학 사무총장이었다. 알자스 방언으로 쓰어진 《광인들의 배》라는 풍자시로 유명하다.

57 *오감(五感)의 착란을 조롱하는 알자스 사람 세바스티앙 브란트의 풍자시.

58 *Josse Bade(1462~1535), 일명 요도쿠스 바디우스. 브뤼셀 근처의 아스에서 태어난 인쇄업자, 인본주의자. 에라스무스의 저서, 《광인들의 배》와 같은 중요한 책들을 찍어냈다.

59 *Jheronimus〔프랑스어로는 Jérême〕Bosch(1450경~1516). 홀랜드의 화가. 대표작으로는 〈가나의 결혼식〉, 〈수전노의 죽음〉, 〈광인들의 배〉, 〈성 안토니우스의 유혹〉 등이 있다.

서는 15세기 전반기 동안에 등록된 광인이 62명이었고 31명이 내쫓겼
으며, 이어진 50년 동안에는 21명이 강제로 추방된 흔적을 발견할 수
있는데, 이는 단지 시 당국에 붙잡힌 광인들의 경우일 뿐이다. **60** 광인
들이 선원들에게 위탁된 경우도 흔했다. 예컨대 1399년 프랑크푸르트
에서는 발가벗고 돌아다니는 한 광인을 도시 밖으로 치우는 일이 선원
들에게 맡겨지고, 15세기 초의 어느 해에는 범죄를 저지른 한 광인이
동일한 방식으로 선박을 통해 마인츠**61**로 되돌려 보내진다. 때때로 선
원들은 이 성가신 승객들을 애초의 약속보다 더 빨리 하선시켜 버리기
도 했는데, 이에 대한 증거로는 두 번 출발하고 두 번 되돌아왔다가 마
침내 크로이츠나흐**62**로 다시 추방된 프랑크푸르트의 그 대장장이를 들
수 있다. **63** 유럽에서 광인들의 배가 정박한 적이 없는 도시는 거의 없
었을 것이다.

　이 관습의 정확한 의미를 알아내기는 쉽지 않다. 시 당국이 광인들을
부랑浮浪상태로 내모는 일반적 이송조치라고 생각할 수도 있지만, 광인
들을 위한 특별시설이 세워지기 전에도 몇몇 광인이 구빈원에 받아들여
져 광인으로서 치료를 받은 사례가 있으므로, 이러한 가설만으로 모든
사실을 다 설명할 수는 없다. 파리 시립병원의 공동침실에는 광인들의
간이침대가 비치되어 있었고, **64** 게다가 중세와 르네상스 시대에 유럽
의 도시들 대부분에는 미치광이만을 위한 유치留置장소, 예컨대 믈룅**65**

---

60 T. Kirchhoff, *Geschichte der Psychiatrie*, Leipzig, 1912.

61 *프랑스어로는 Mayence. 서부 독일 마인 강과 라인 강의 합류점에 있는 항구 도시.

62 *Kreuznach. Bad Kreuznach라고도 한다. 라인란트-팔츠 주의 도시. 마인츠에서
　　약 32킬로미터 떨어져 있다.

63 Kriegk, *Heilanstalten, Geistkranke ins mittelälterliche Frankfort am Main*, 1863 참조.

64 시립병원의 회계보고, XIX, 190과 XX, 346 참조. Coyecque, *L'Hôtel-Dieu de Paris
　　au Moyen Âge*, Paris, 1889~1891. "역사와 문서" 제1권, p. 109에서 재인용.

65 *Melun. 파리에서 남동쪽으로 46킬로미터 떨어진 센-마른 도의 중심 도시. 샤틀레

의 샤틀레66 또는 캉의 유명한 투르 오 푸67가 실재했으며, 뤼벡68의 성문들 일대나 함부르크의 융퍼를 비롯한 독일의 수많은 나르투름69도 그러한 유치장소이다. 70 그러므로 광인이 변함없이 추방된 것은 아니다. 따라서 우리가 추정해 볼 수 있는 것은 광인들 중에서도 이방인異邦人만 추방될 뿐이지, 각 도시의 시민에 속하는 광인만큼은 각 도시가 책임진다는 점이다. 실제로 몇몇 중세 도시의 회계會計에는 광인을 위해 마련된 지원금이나 미치광이에게 주기 위한 증여물贈與物이 기록되어 있지 않은가?71

그러나 사실 문제는 그렇게 단순하지 않다. 왜냐하면 집결장소들이 실재하고 그곳들의 광인은 다른 곳보다 더 많을 뿐만 아니라 본토박이가 아니기 때문이다. 무엇보다도 먼저 라르샹의 생-마튀랭 교회, 72 구

는 이곳의 요새이다.

66 *Archives hospitalières de Melun*. Fonds Saint-Jacques, E, 14, 67.

67 A. Joly, *L'Internement des fous sous l'Ancien Régime dans la généralité de Basse-Normandie*, Caen, 1868. 〔광인들이 있는 탑이라는 뜻이다 — 역자〕.

68 *Lübeck. 슐레스비히-홀스타인 주의 도시. 이 도시의 발상지(Altstadt)가 유네스코 세계문화유산으로 지정되어 있다.

69 *Narrturm(또는 Narrenturm) 독일어로 프랑스어의 tour aux fous와 같은 뜻이다. 오늘날은 이를 대체한 용어 나르하우스가 정신병원의 의미로 쓰인다.

70 Eschenburg, *Geschichte unserer Irrenanstalten*, Lübeck, 1844; von Hess, *Hamburg topographisch, historisch, und politik beschreiben*, t. I, pp. 344~345 참조.

71 가령 1461년 함부르크에서는 광인들을 돌보게 되어 있는 어떤 여자에게 14th. 85s. 〔th. 는 Taler(옛 독일 은화), s. 는 Schilling(유럽의 옛날 동전)이다 — 역자〕가 제공된다(Gernet, *Mitteilungen aus der ältereren Medizine-Geschichte Hamburgs*, p. 79). 뤼벡에서는 "불쌍한 미치광이 기둥서방"에 대한 게르트 순더베르크라는 사람의 1479년 유언 참조(Laehr, *Gedenktage der Psychiatrie*, Berlin, 1887, p. 320에서 재인용).

72 *Larchant. 센-에-마른 도의 소읍. 중세에 성 마튀랭 순례의 중심지였으며 12 ~15 세기에 이 성인을 기념하는 생-마튀랭 교회가 세워졌다.

르네73의 생-틸드베르 교회, 브장송74이나 겔75 등지에 위치한 순례장소가 떠오르는데, 당시의 순례는 때때로 도시나 수도원 부속의 무료 숙박소에 의해 준비되거나 지원되기도 했다. 76 그리고 르네상스 시대 전반기 전체의 상상력을 사로잡은 '광인들의 배'는 순례 선박, 이성理性을 찾아 나선 미치광이들이 탄 고도로 상징적인 선박이었을 수도 있다. 일부는 벨기에와 겔 방향으로 라인란트의 강줄기를 따라 내려갔고, 나머지는 쥐라77 지방과 브장송을 향해 라인강을 거슬러 올라갔다.

그러나 분명히 순례지가 아닌데도, 도시 자체에서 발생할 수 있는 광인들보다는 훨씬 많은 수의 광인이 집결하는 뉘른베르크 같은 도시들도 있다. 여기서 광인들이 먹고 자는 문제는 시 예산으로 해결되지만, 그들은 결코 치료받지 못하고, 그저 감옥에 내던져 있을 뿐이다. 78 장이 서는 관계로 사람들의 이동이 많은 몇몇 주요 도시에서 상당한 수의 광인은 상인이나 선원에게 이끌려왔다가 원래 살던 도시의 정화를 위해 그대로 "내버려진" 것으로 볼 수 있다. 아마 이 "반反순례"의 장소는 광

---

73 *Gourney-en-Bray. 센-마리팀의 면소재지. 이곳의 Saint-Hildevert 교회는 로마네스크와 고딕 양식이 혼합된 12~13세기의 건축물이다.

74 *Besançon. 파리 동남부 프랑슈-콩테 지방의 중심 도시.

75 *Gheel〔Geel〕. 벨기에 북부 안트워프 동쪽의 도시.

76 대리자가 지원금을 받는 일도 생긴다. "몸이 아프고 광란상태에 있는 예(例)의 수녀 로빈의 9일 기도를 대신하기 위해 라르샹의 생-마튀랭 교회로 파견된 사람에게 지불되고 건네짐. VIII., s. p."(시립병원의 회계 보고, XXIII; Coyecque, *loc. cit.*, ibid.)

77 *Jura. 프랑슈-콩테 지방의 도. 롱-르-소니에, 돌, 생-클로드가 중심도시이다.

78 뉘른베르크에서는 1377~1378년과 1381~1397년 동안 광인 37명이 감옥에 갇히는데, 이들 중에서 17명은 레겐스부르크, 바이젠부르크, 밤베르크, 바이로이트, 빈, 헝가리에서 온 외부인이다. 다음 시기에 뉘른베르크는 무슨 이유인지는 모르지만 집결지의 역할을 포기하고 이 도시 출신자가 아닌 광인을 쫓아내기 위해 세심하게 신경을 쓰는 듯하다(Kirchhoff, *loc. cit.* 참조).

인들이 순례자의 자격으로 이끌려온 장소와 우연히 혼동되기도 했을 것이다. 치유에의 배려와 축출에 대한 관심이 서로 일치하여, 광인들이 기적의 성소聖所에 유폐된 것이다. 겔 마을은 아마 이러한 방식으로, 이를테면 울타리로 둘러싸이게 되는 순례의 장소, 광기의 치유가 기대되지만, 인간이 낡은 주제들에 따라 의례적 분할 같은 것을 실행하는 성지聖地로 발전했을 가능성이 많다.

그러므로 광인들의 이러한 이동, 광인들을 쫓아내는 활동, 광인들의 출발과 승선乘船은 사회적 유용성이나 시민의 안전이라는 층위에서만 의미가 있는 것은 아니다. 의례에 더 가까운 다른 의미들이 명백히 나타났는데, 이 의미들의 몇몇 흔적은 아직도 해독解讀할 수 있다. 가령 교회법에 의하면 광인들의 성사聖事 참여가 금지되지 않은데도,[79] 광인들의 교회 출입은 금지된다.[80] 미치광이가 된 사제일지라도 교회로부터 징계를 받지는 않지만, 1421년 뉘른베르크에서는 마치 사제라는 신분의 신성 불가침한 성격 때문에 불결의 정도가 더 심해지기라도 한 듯이 어떤 미친 사제가 아주 엄중한 절차에 따라 쫓겨났는데, 그에게 노자로 할당된 돈은 시 예산에서 지출되었다.[81] 어떤 미치광이들은 공개적으로 채찍질을 당하고, 뒤이어 일종의 놀이 중에 가장假裝경주를 하듯, 막대기로 두들겨 맞으면서 추격 당하다가 급기야는 도시에서 쫓겨나는 일도 벌어졌다.[82] 이와 같은 여러 징후에 비추어 보면 광인들의

---

79 348년의 카르타고 공회의에서는 불손한 언동의 염려가 없는 한 병세의 차도가 없을지라도 광인에게 성체 배령을 허용한다고 결정했다. 성 토마스도 동일한 견해를 피력한다. Portas, *Dictionnaire des cas de conscience*, 1741, t. I, p. 785 참조.

80 1420년 뉘른베르크에서는 광인을 교회로 데려고 온 한 소년이 구류 3일의 징벌을 받는다. Kirchhoff, *loc. cit.* 참조.

81 그의 외투를 훔친 한 남자가 7일 동안 감옥살이를 한다(Kirchhoff, *loc. cit.*).

82 Kriegk, *loc. cit.*

추방은 다른 의례적 유배조치 중의 하나인 것이 분명하다.

그렇다면 광인들의 항해와 그것에 부여된 이상할 정도의 특별한 배려의 조치를 더 분명히 이해할 수 있다. 한편에서 보자면, 이론의 여지가 없는 실질적 효율성의 몫을 축소해서는 안 되는데, 광인을 선원에게 맡기는 것은 광인이 도시의 성벽 아래에서 무한정으로 배회하는 사태를 확실히 막는 길이고, 광인이 멀리 떠나리라는 것을 확인하는 길이며, 광인을 이러한 출발의 포로로 만드는 길이다. 게다가 물의 속성으로서 여러 가지 모호한 의미가 여기에 덧붙여지는데, 물은 실어 나를 뿐만 아니라 정화淨化하고, 항해는 인간을 운명의 불확실성에 처하게 하며, 항해에서 각자는 자기 자신의 운명에 맡겨지고, 모든 승선은 잠재적으로 언제나 마지막 승선이게 마련이다. 광인이 물결 따라 흔들리는 작은 배를 타고 향하는 곳은 다른 세계이고, 하선할 때의 광인은 다른 세계에서 온 사람이다. 광인의 이 항해는 엄격한 분할이자 동시에 절대적인 통과이다.

어떤 관점에서 이 항해는 중세인의 관심 지평에서 광인이 '최초로' 등장한 상황, 이를테면 도시의 '성문 일대'에 '유폐될' 특권이 광인에게 부여됨으로써 구현된 상징적 상황을 반半실제적이고 반半상상적인 지리地理에 따라 확장시키기만 할 뿐이다. 즉, 광인의 추방은 광인을 가두게 마련이고, 광인에게 '한계' 이외의 다른 '감옥'은 있을 수 없고 있어서도 안 된다면, 광인은 바로 이동과 통과의 장소에 유치되는 셈이다. 광인은 외부의 내부에 놓이고 역으로 내부의 외부에 놓인다. 예전에 질서의 가시적 요새要塞였던 것이 이제 우리 의식意識의 성城으로 변했다는 것을 우리가 인정하기만 한다면, 이것은 오늘날까지도 거의 변함 없는 지극히 상징적인 처지이다.

바로 여기에 물과 항해의 역할이 있다. 광인은 빠져나갈 수 없는 배에 갇혀, 여러 갈래의 지류가 있는 강, 수많은 항로가 있는 바다, 모든 것 외부의'이 엄청난 불확실성에 내맡겨진다. 광인은 가장 자유롭고 가장 개방적인 길 한가운데에 갇혀 있는, 즉 끊임없이 이어지는 교차로에 단단히 묶여 있는 포로이다. 광인은 전형적 여행자, 다시 말해서 이동 공간의 포로이다. 그래서 사람들은 광인이 자리를 잡을 때 그가 어느 지역에서 왔는지 모르듯이 광인이 닿을 지역을 알지 못한다. 광인은 그에게 속할 수 없는 두 지역 사이라는 그 불모의 영역에서만 자신의 진실과 고향을 찾을 뿐이다. [83]

이런 관점에서 서양 문화의 전체적 발전에 따라 추적해 볼 수 있는 오랜 상상적 연관성聯關性의 기원에는 이러한 의례가 있는 것일까? 아니면 거꾸로 이 연관성이 아주 먼 옛날부터 이 승선의례를 초래하고 결정한 것일까? 적어도 한 가지는 확실한데, 그것은 서양인의 꿈속에서 물과 광기가 오랫동안 서로 연결되어 있다는 점이다.

예전에 이미 트리스탄[84]은 뱃사람들에 의해 광인 차림으로 코르누아유[85] 연안에 내던져졌다. 그래서 그가 국왕 마르크의 성에 다시 나타났을 때, 아무도 그를 알아보지 못했고, 누구도 그가 어디에서 왔는지 알지 못했다. 그러나 그는 기이하기도 하고 친숙하기도 하며 막연하기도 한 너무나 많은 이야기를 하는 데다가, 익히 알려진 사건의 비밀을 너무 잘 알고 있어서, 아주 가까운 다른 세계에서 온 사람일 수밖에 없다. 그는 견고한 도시들이 있는 견고한 땅에서 온 사람이 아니라, 실로 끊임 없이 동요하는 바다, 그토록 많은 기이한 지식을 감추고 있는 그 미지의 길들, 그 환상적 평원, 요컨대 세계의 이면裏面에서 온 사람이다.

---

83 기이하게도 이 주제는 작은 조롱에 담겨 물결에 따라 다른 세계로 이르는 아기의 주제와 유사하다. 그러나 이 아기는 나중에 본래의 모습을 되찾는다.

84 *수많은 판본이 존재하는 12세기의 유명한 전설 《트리스탄과 이졸데》의 주인공으로, 여왕 이졸데를 만나기 위해 광인으로 가장하고 마르크 왕의 성을 찾아간다.

85 *Cornouailles. 마르크 왕이 다스리는 나라의 이름.

이 광인이 바다의 아들이고 무례한 뱃사람들이 그를 바다에 내던졌다는 것을, 불행의 징후를 맨 처음 알게 되는 자는 이졸데이다. "이 광인을 데리고 간 선원들에게 저주가 있으리라! 무엇 때문에 그를 바다에 내던졌단 말인가!"[86]

그리고 시대가 바뀐 뒤에도 동일한 주제가 여러 차례에 걸쳐 다시 나타난다. 가령 15세기의 신비주의자들에게 이 주제는 무한한 욕망의 바다에, 헛된 근심과 무지의 들판에, 지식의 거짓된 반영反影들 사이에, 세계의 비이성 한가운데에 내맡겨진 작은 배-영혼, 이를테면 튼튼한 닻, 곧 믿음을 내리거나 신의 숨결이 항구로 인도하도록 영적인 돛을 올릴 줄 모른다면 바다의 엄청난 광기에 시달릴 작은 배의 소재가 되었다.[87] 16세기 말에 드 랑크르[88]는 바다에서 어떤 민족 전체에 대한 악마의 부름을 본다. 즉, 배들의 불확실한 이동, 천체만을 대상으로 할 뿐인 믿음, 전해져온 비밀, 여자들로부터의 격리, 요컨대 끊임없이 동요하는 이 널따란 평원의 이미지로 말미암아, 인간은 신에 대한 믿음과 고향에 대한 흔들림 없는 모든 애착을 잃어버리게 되고, 그래서 악마와 악마의 수많은 술책을 숭배하기에 이른다는 것이다.[89] 고전주의 시대에는 영국인들의 우울을 걸핏하면 해양성 기후의 영향으로 설명한다. 즉, 추위, 높은 습도, 불안정한 날씨, 인체의 관管과 힘줄에 배어들어 인체를 유약하게 만드는 그 모든 미세한 물방울이 광기의 성향을 갖게 한다는 것이다.[90]

---

86 *Tristan et Iseut*, éd. Bossuat, pp. 219~222.

87 특히 Tauler, *Predigter*, XLI 참조.

88 *Pierre de Lancre(?~1630경). 프랑스의 귀신학자. 고등법원의 재판관으로서 Labourd 지방으로 파견되어 마법을 탄압했다. 그의 *Tableau de l'inconstance des mauvais anges et démons*(1612)은 귀신학의 고전이 되었다.

89 De Lancre, *De l'Inconstance des mauvais anges*, Paris, 1612.

마지막으로, 오펠리아에서 로렐라이까지의 광범위한 문학의 내용은 제쳐놓고, 다만 하인로트의 반쯤 인류학적이고 반쯤 우주론적인 중요한 분석만을 예로 들자. 하인로트는 광기를 모호한 수성水性의 요소, 이를테면 음침한 무질서, 불안정한 혼돈, 모든 사물의 배아胚芽 겸 죽음 같은 것이 사람에게 나타나는 현상으로 생각하는데, 이 요소는 명석하고 성숙한 정신의 안정성과 대립된다는 것이다. 91

그러나 서양인의 상상력에서 광인들의 항해가 그토록 많은 태고의 소재에 결부되어 있다면, 이 주제가 15세기 무렵에 문학과 도상학圖像學에서 이렇게 갑자기 부상한 이유는 무엇일까? 무엇 때문에 광인들의 배가 갑자기 등장하고 이 배의 미치광이 승객들이 가장 친숙한 풍경으로 밀려드는 것일까? 왜 물과 광기의 오랜 결합에서 어느날, 그리고 바로 그날, 이 배가 탄생하게 되었을까?

이 배는 중세 말 무렵에 유럽문화의 지평 위로 갑자기 떠오른 불안 전체를 상징한다. 광기와 광인은 위협과 경멸, 세계의 엄청난 비이성과 사람들의 하찮은 조롱거리 사이에서 성격이 명확하게 규정되지 않은 가운데 주요한 배역配役을 떠맡게 된다.

우선 설화와 교훈극教訓劇 문학을 살펴보자. 이 문학은 아마 대단히 먼 옛날에 생겨났을 것이다. 그런데 중세 말에 이르러 이 문학이 상당히 넓게 퍼져나간다. 즉, 예전과 같이 악덕과 결점에 낙인을 찍으면서,

---

90 G. Cheyne, *The English malady*, Londres, 1733.

91 '몽유병'도 이 주제와 관계가 없지 않다는 점을 덧붙일 필요가 있다. 여러 세기에 걸쳐 광기에 대한 달의 영향이 인정되어 왔다. 달은 천체들 중에서 물과 가장 관계가 깊다. 태양과 불에 대한 광기의 연관성은 훨씬 더 늦게 출현한다.

그것들 모두를 이제 오만이나 자비심 결여 또는 기독교적 미덕의 망각이 아니라, 정확히 누구의 죄도 아니지만 각자를 은밀한 자기만족으로 몰아가는 일종의 심각한 비이성에 결부시키는 긴 계열의 '광기들'이 문학적으로 표현된다. 92 광기에 대한 비난은 비판의 일반적 형태가 된다. 익살극과 풍자적 소극에서 어릿광대, 바보, 또는 익살꾼으로 등장하는 인물은 비중이 점점 더 높아진다. 93 이러한 인물은 단순히 우스꽝스럽고 흔히 볼 수 있는 부차적 인물일 뿐만이 아니다. 94 즉, 그는 진실의 보유자로서 무대의 중앙에 자리 잡아, 설화와 풍자 문학에서 광기가 담당하는 역할의 보완적이고 전도된 역할을 맡는다. 광기가 각자를 무분별에 빠트려 갈팡질팡하게 만든다면, 광인은 이와 반대로 각자에게 자신의 진실을 상기시키고, 각자가 다른 사람들을 속일 뿐만 아니라 자기 자신도 속는 희극에서, 두 번째 단계의 희극, 속임수의 속임수이며, 희극을 희극적인 것으로 결말짓는 이성적 발언을 이성의 기미가 없는 바보의 언어로 말한다. 즉, 광인은 사랑에 빠진 이들에게 사랑을, 95 젊은 이들에게 삶의 진실을, 96 오만하거나 무례하거나 거짓말을 하는 자들에게 만사萬事의 초라한 현실을97 말한다. 플랑드르와 유럽 북부에서 오랫동안 그토록 크게 유행한 광인 축제들마저도 무대에 올려지고, 그

92 예컨대 *Des six manières de fols*; ms. Arsenal 2767 참조.

93 *Sottie de Folle Balance*에서는 작중인물 넷, 곧 귀족, 상인, 농부(다시 말해서 사회 전체), 폴 발랑스 자신이 "익살꾼"이다.

94 *Moralité nouvelle des enfants de maintenant*이나 *Moralité nouvelle de Charité*에서도 익살꾼이 작중인물 12명 중의 하나이긴 하지만 사정은 마찬가지이다.

95 가령 *Farce de Tout Mesnage*에서는 어릿광대가 의사로 가장하여 사랑에 미친 시녀를 치료한다.

96 *Farce des cris de Paris*에서는 어릿광대가 두 젊은이 사이에 끼어들어 결혼이란 무엇인가를 그들에게 말한다.

97 *Farce du Gaudisseur*에서 고디쇠르가 자기 자랑을 할 때마다 익살꾼이 진실을 말한다.

것들에서 찾아볼 수 있었던 자연발생적인 종교 패러디 같은 것을 사회와 도덕에 대한 비판으로 조직한다.

식자층識者層의 문학에서도 광기는 그저 등장하는 데 그치지 않고 이성과 진실의 한가운데에 자리 잡는다. 온갖 사람들을 무차별적으로 기묘한 배에 태우고 그들을 공동의 방랑 항해로 떠미는 것은 바로 광기98이고(반 오이스트보렌의 《푸른 거룻배》, 브란트의 《광인들의 배》), 무르너99가 《광인 푸닥거리》에서 몰아내는 불길한 지배를 행사하는 것도 광기이며, 코로스의 풍자작품 《미친 사랑에 반대하여》에서 사랑과 굳게 맺어져 있거나, 루이즈 라베100의 대화 형식으로 된 작품 《광기와 사랑의 논쟁》에서처럼, 광기와 사랑 중에서 어느 것이 먼저인지, 둘 중에서 어느 것이 다른 것을 가능하게 하고 제멋대로 조종하는지 알기 위해 사랑과 논쟁을 벌이는 것도 광기이다.

광기는 학술적 논란을 일으키기도 한다. 즉, 광기는 담론의 대상이고, 스스로에 관해 말하며, 사람들이 광기를 비난하면 광기는 스스로를 방어하고, 이성보다 더 행복과 진실에 가까울 뿐만 아니라 이성 자체보다 더 이성에 가깝다고 주장하는데, 이러한 취지에서 빔펠링101은

---

98 *대문자로 의인화된 광기.

99 *Thomas Murner(1475~1537). 독일의 작가, 프란치스코 수도회의 선거권 있는 수도사로서 1497년 사제 서품을 받았고 1505년에는 막시밀리안 1세에 의해 계관 시인으로 임명되었다. 1512년에 출간된 풍자적 걸작 《광인 푸닥거리》와 《부랑자 패거리》에서는 S. 브란트의 광인이라는 주제와 당시의 패륜, 우행(愚行), 폐해(弊害)가 날카롭고 재치있게 묘사되어 있다.

100 *Louise Labé(1524~1566). 프랑스의 여류 시인. 그녀의 문학 작품은 비록 얼마 되지 않지만 다시 태어나는 페트라르카풍의 서정성을 강하게 표출하고 있다. 산문으로는 《광기와 사랑의 논쟁》(1555)이 있다.

101 *Wimpfeling〔Wimpheling, Wympfeling〕(1450~1528). 독일의 인문주의자. 1471년 하이델베르크 대학의 수사학 석사, 1483년 신학석사가 되었고, 1483~1497년에는 Speyer에서 본당 설교자로 활동했으며, 1498~1501년에는 하이델베르크

《철학의 특권》102을, 요도쿠스 갈루스는 《특권과 결사結社, 통칭 빛의 배》103를 쓴다. 마지막으로 이 진지한 활동들의 중심에 플레더와 에라스무스를 비롯한 인문주의자들의 위대한 텍스트가 있다. 104 이 모든 화제話題들, 이것들의 집요한 논법, 한없이 되풀이되고 뒤집히는 이 모든 담론의 맞은편에는 〈광기의 치료〉와 〈광인들의 배〉를 그린 제롬 보슈부터 브뤼겔과 그의 〈광녀狂女 마르고〉105에 이르는 장구한 그림의 계보가 있고, 연극과 문학에서 이미 시작된 것, 즉 축제와 광인들의 춤이라는 주제들이 서로 뒤얽힌 상태로 조각 분야에서도 나타난다. 106 이와 같은 사례들에서 알 수 있듯이, 15세기부터 광기의 얼굴은 서양인의 상상력에 빈번히 나타나는 것이 사실이다.

이는 일련의 연도를 살펴보면 분명하게 드러난다. 헤롯 왕에게 학살당한 아기들의 묘지에서 벌어진 망령들의 춤이라는 것은 아마 15세기의 처음 몇 년으로 거슬러 올라갈 것이며, 107 셰즈-디외108의 망령들의 춤은 1460년 무렵에 창작된 것으로 추정되며, 기요 마르샹이 《죽음의 무도》를 펴내는 것은 1485년이다. 확실히 이 60년 동안은 죽음의 이 냉

대학에서 수사학을 가르쳤다. 그는 '독일의 스승'으로 일컬어졌다.

102 하이델베르크, 1480.

103 스트라스부르, 1489. 이 담론은 〈모든 광인에게 현명하게 되는 길을 보여주기 위한 즐겁고도 값어치 높은 강론〉처럼 극장에서 행해지는 익살스러운 설교와 강연을 진지하게 답습한다.

104 *Moria Rediviva*, 1527; 《광기의 예찬》, 1509.

105 *원제목은 "Dulle Griet"이다.

106 예컨대 바스텔라어의 책(*Les Estampes de Brueghel*, Bruxelles, 1908)에 재현된 광인들의 축제 또는 Geisberg, *Deutsche Holzsch*., p. 262에서 찾아볼 수 있는 나렌탄츠(독일어로 '광인들의 춤'이라는 뜻임 — 역자) 참조.

107 《파리 부르주아의 일기》에 따르면, "1424년 파리의 유아 묘지에서 죽음의 무도가 있었다"고 한다. E. Mâle, *L'Art religieux de la fin du Moyen Âge*, p. 363에서 재인용.

108 *Chaise-Dieu. 오트-루아르(Haute-Loire) 지방 북부의 도시.

소적 이미지들이 만연했다. 그리고 브란트가 《광인들의 배》를 쓰는 것은 1492년이고, 이로부터 5년 후에는 이 책이 라틴어로 번역된다. 15세기의 마지막 몇 년에는 제롬 보슈가 〈광인들의 배〉를 그린다. 《광기의 예찬》109은 1509년에 나온다. 연도들이 이어지는 순서가 분명하다.

15세기 후반기까지나 이보다 좀더 나중까지는 죽음의 주제만이 퍼질 뿐이다. 인간의 종말, 시간의 종말은 흑사병과 전쟁의 모습으로 나타난다. 인간의 삶을 압도하는 것은 누구도 벗어날 수 없는 이러한 완결完結과 질서이다. 세계의 내부에 자리 잡고 있는 앙상한 죽음의 이미지에서 사람들이 위협을 느낀다. 그러다가 15세기의 마지막 몇 년에 이와 같은 커다란 불안은 더 이상 퍼져나가지 않고, 죽음과 죽음의 엄숙성은 광기의 냉소성冷笑性으로 대체된다. 인간을 아무것도 아닌 것으로 만들어 버리는 이 필연성의 발견에서 아무것도 아닌 삶에 대한 냉소적 시선으로의 변화가 일어난다. 죽음이라는 이 절대적 한계 앞에서의 공포는 지속적 야유를 통해 내면화되고, 사전事前에 무장이 해제되며, 일상日常의 제어된 형태를 부여받으면서, 삶의 정경 속에서 매순간 되살아나면서, 각자의 악덕, 결점, 어리석음 속으로 퍼져나가면서, 우스꽝스러운 것이 된다. 죽음의 무화無化작용은 이미 모든 것이었으므로, 삶 자체가 헛된 말, 방울과 어릿광대 지팡이의 시끄러운 소리, 거드름 피우는 태도일 뿐이었으므로, 더 이상 아무런 것도 아니다. 머리는 이미 비어 있고 곧장 두개골頭蓋骨이 될 것이다. 광기는 이미 와 있는 죽음이다. 110

---

109 *Éloge de la folie. 에라스무스의 경쾌한 사회비판서. 특히 성직자, 신학자, 수도사가 비판의 대상이다. 귀가 길고 귀 끝에 방울이 달린 여자의 모습으로 등장하는 광기는 청중에게 그들이 모두 광인이고 광기만이 양식을 갖고 있다는 것을 증명한다.

110 이 점에서 광기의 체험과 나병의 체험 사이에는 엄밀한 연속성이 있다. 문둥이 축출의 의례를 면밀하게 따져볼 때, 문둥이가 살아 있기는 하지만 이미 죽은 자로 취급당했다는 것은 명백하다.

또한 광기는 죽음이 이미 지배하고 있다는 것을 알리면서, 죽음의 노획품이 아주 초라한 전리품이라는 것을 가리키는 이러한 나날의 징후들 속에서 정복되고 회피된 죽음의 현존이다. 죽음에 의해 정체가 드러나는 것은 다름 아닌 가면이었을 뿐이고, 해골의 비죽거리는 웃음을 드러내는 데에는 진실도 아름다움도 아닌, 단지 석고石膏와 요란스런 의복의 형상일 뿐인 어떤 것을 떼어내는 것으로도 충분했다.

헛된 가면에서 시체까지, 동일한 미소는 계속 이어졌다. 그러나 광인의 웃음에 묻어 있는 것은 그가 죽음의 웃음을 사전에 비웃는다는 사실이고, 미치광이는 음산한 죽음의 전조前兆를 내보임으로써 죽음의 기세를 누그러뜨린다. 르네상스가 한창일 때 〈광녀 마르고〉의 비명소리는 중세 말에 캄포산토111의 벽 위에서 노래된 〈죽음의 승리〉를 제압한다.

죽음의 주제가 광기의 주제로 대체되었다는 것은 단절의 표시가 아니라, 오히려 동일한 불안의 내부에서 형성된 왜곡현상을 보여준다. 문제는 변함 없이 삶의 허무虛無이지만, 이 허무는 이제 위협과 동시에 귀결이라고 말할 수 있는 외적이고 최종적인 종말로 인정되지 않고, 내부로부터 실존의 지속적이고 항구적인 형태로 체험된다. 그래서 예전에 사람들의 광기는 죽음이라는 종말이 가까이 다가오고 있다는 것을 결코 알아차리지 못한 데에서 기인하였고, 죽음의 광경을 통해 사람들로 하여금 예지叡智를 잊지 않게 할 필요가 있었던 반면에, 이제 지혜는 도처에서 광기를 드러내고 살아 있는 사람이라도 죽은 자보다 나을 것이 없다는 것, 그리고 보편적이게 된 광기가 죽음 자체와 완전히 동일할 따름이고 이에 따라 종말이 가깝다는 점을 사람들에게 알려주는 것이게 된다. 이것은 유스타슈 데샹112이 예언하는 바이다.

---

111 *Campo-Santo. '축성(祝聖)된 들판'을 뜻하는 이탈리아어. 여기에서는 특정한 묘지를 가리키는 고유명사로 쓰였다.

사람들이 비겁하고 나약하며 무기력하니
늙었고 탐욕스럽고 말이 험악하니
내 눈에는 오직 미친 남녀들만 보이네
진실로 종말이 다가오네
모든 것이 잘못 되어 가네[113]

요소들의 전후관계는 전도된다. 사람들이 종말에 무신경할 정도로
미쳤다는 것을 나중에 보여주게 되는 것은 더 이상 시간과 세계의 종말
이 아니고, 세계의 파국이 가까이 다가왔다는 것을 가리키는 것은 광기
의 증대, 광기의 은밀한 침입이며, 세계의 파국을 불러오고 세계의 파
국을 필요한 것으로 만드는 것은 사람들의 정신이상精神異常인 것이다.
　광기와 허무의 이러한 관계는 15세기에 매우 밀접하게 맺어져서, 오
랫동안 존속하게 되고, 고전주의 시대의 광기의 경험 한가운데에서 계
속 나타나게 된다. [114]

이와 같은 미치광이의 경험은 비록 조형예술이나 문학에서 다양한 형태
로 나타나면서도 극단적 일관성을 띠는 것으로 보인다. 그림과 글은 영
속적으로 상호 관련성을 갖는다. 이를테면 글은 논평하고 그림은 예시
한다. 광인들의 춤은 민중축제, 연극공연에서 얼마든지 찾아볼 수 있
는 단 하나의 동일한 주제이고, 《광기의 예찬》의 마지막 부분 전체는
각 직업과 각 신분이 차례로 나타나 요란한 광란의 원무를 추게 되는 긴

112 *Eustache Morel (일명 Deschamps) (1346~1407). 프랑스의 시인으로 여러 가지
　　형식의 시 1500편 (82000행) 을 남겼다.
113 Eutache Deschamps, Œuvres, ed. Saint-Hilaire de Raymond, t. I, p. 203.
114 이 책의 2부 3장 참조.

광인들의 춤을 모델로 하여 구성된 것이다. 리스본의 유화 〈유혹〉에는 환상적 반수신半獸神의 형상이 많은데, 이것들은 십중팔구 전통적 가면에서 차용되었을 것이고, 이 중에서 어떤 것들은 〈말레우스〉에서 유래한 듯하다. 115 유명한 〈광인들의 배〉로 말하자면, 이것은 브란트의 《광인들의 배》에서 직접 유래하지 않았을까? 이것들은 제목이 같고 전자가 후자의 제 28가歌를 매우 정확하게 예시하는 듯하며, 이 제 28가 역시 '주정뱅이와 폭식가暴食家'를 비난하는 데 할애되어 있다. 심지어는 보슈의 이 그림이 브란트의 시를 구성하는 주요 시편들에 대한 일련의 묘사화들 가운데 하나라고까지 가정되기도 했다. 116

사실, 주제들이 엄밀하게 연속적이라는 점에 사로잡히거나 역사 자체에 의해 확인된 것을 전제할 필요는 없다. 117 에밀 말118이 이전 시대들에 대해, 그리고 특이하게도 죽음의 주제에 관해 수행한 분석을 이 주제에 적용할 수는 없을 것이다. 글과 그림 사이, 언어로 형상화된 것과 조형술을 통해 말해진 것 사이에 있는 커다란 통일성의 매듭은 풀리기 시작한다. 글과 그림 사이의 동일한 의미는 직접적으로 발견되지 않

---

115 발다스(Baldass)가 생각하듯이 리스본의 〈유혹〉이 보슈의 말기 작품들 가운데 하나라 해도, 1487년으로 거슬러 올라가는 〈말레우스 말레피가룸〉(*Malleus Maleficarum*) 보다는 나중에 그려졌다는 것은 분명하다.

116 이것은 데몽이 "Deux primitifs Hollandais au musée du Louvre", *Gazette des Beaux-Arts*, 1919, p. 1에서 내세운 견해이다.

117 보슈와 브란트에 관해 데몽도 이와 같은 입장을 내보였다. 책이 간행되어 곧장 상당한 성공을 거두고 나서 몇 년 지나지 않아 그림이 그려졌다는 것이 사실이라 해도, 이는 보슈가 《광인들의 배》를 그림으로 나타내고 싶어했다는 것에 대한 증거가 될 수 없다. 더군다나 《광인들의 배》 전체를 대상으로 했다는 것은 어불성설이다.

118 *Emile Mâle(1862~1954). 프랑스의 작가 겸 미술사가. 중세의 도상학에 관한 연구로 유명해졌다. 주요 저서로는 그의 박사학위 논문 《13세기 프랑스의 종교 미술》(1908) 외에 《중세 말의 프랑스 종교 미술》(1908), 《로마와 로마의 옛 교회들》(1943) 등이 있다.

는다. '말하기'의 소명, 언어와 동질인 어떤 것을 전달할 소명이 그림에 내재한다 할지라도, 그림이 동일한 것을 보여주지는 않는다는 것을 분명히 인정해야 한다. 또 하나 짚고 넘어가야 할 것은 회화가 자체의 고유한 조형적 요소들을 통해, 주제의 피상적 동일성이 무엇이건, 갈수록 언어와 거리가 멀어지는 경험 속으로 빠져든다는 점이다. 형상과 말은 동일한 정신세계에서 광기의 동일한 우화를 여전히 예시하지만, 광기에 대한 서양의 경험에서 광범위한 분할선이게 되는 것을 아직은 간신히 감지될 수 있을 뿐인 틈 사이로 보여주면서, 이미 서로 다른 두 방향으로 나아간다.

르네상스 시대의 지평地平 위로 광기가 떠오른다는 것은 우선 고딕 상징체계의 쇠락에서 감지된다. 마치 그토록 촘촘한 영적 의미망意味網의 세계가 미치광이의 형상 아래에서만 의미가 드러나는 모습을 나타나게 내버려둠으로써 흔들리기 시작하는 듯하다. 고딕 형태는 얼마 동안 더 지속되긴 하지만 차츰차츰 뒤로 조용히 물러나면서, 말하고 상기시키며 가르치는 역할을 그만두고 모든 가능한 언어와 관계없이, 그렇지만 사람들의 친숙한 시선에 환상적 모습만을 드러낼 뿐이다. 이전에는 지혜와 교훈이 있어서 이미지에 질서의 틀이 부과되었으나, 이제는 이미지가 그러한 지혜와 교훈에서 풀려나 자체의 고유한 광기를 중심으로 맴돌기 시작한다.

역설적이게도 이 해방은 의미의 급증, 의미 자체에 의한 의미의 증가에서 기인하는데, 이러한 의미의 증가에 의해 사물들 사이에 맺어지는 관계들은 그토록 많고 그토록 중첩되어 있으며 그토록 풍부해서, 그것들은 지식의 비의秘義를 통해서만 해독될 수 있고, 사물들은 과도하게 많은 속성, 지표, 암시 속에서 마침내 본래의 형상을 상실하기에 이른다. 의미는 더 이상 직접적 인식 속에서 해독되지 않고, 형상은 더 이상 스스로에 관해 말하지 않으며, 형상에 활기를 불어넣는 앎과 형상을 대체하는 형태 사이에는 빈틈이 생긴다. 형상은 몽환夢幻에 대해 자유롭다. 고딕 세계의 막바지에 이러한 의미의 급증을 입증하는 책이 있는데, 그것은 교부들의 전통에 의해 확립된 모든 서신교환의 차원을 넘어, 구약성경과 신약성경 사이에서, 예언의 영역에 속하는 것이 아니라 상상적 등가等價에 바탕을 둔 상징체계 전체를 강조하는 《인간 구원의 거울》이다. [119]

그리스도의 수난은 아브라함의 희생 제의祭儀에 의해 예고되어 있을 뿐만 아니라, 형벌의 모든 영예와 형벌을 희구하는 수많은 꿈을 불러들이고, 대장장이 투발[120]과 이사야[121]의 바퀴는 십자가 주위에 자리 잡고서, 육체가 당하는 격심한 고통에 대한 환상적 묘사화描寫畵를 희생의 모든 교훈과 상관없이 형성한다. 이것이야말로 보충적 의미들로 넘쳐나고 그것들을 내보이지 않을 수 없는 이미지이다.

그러나 꿈, 엉뚱한 것, 비이성적인 것은 이러한 의미의 과잉에 교묘히 스며들 수 있다. 상징적 형상들은 쉽게 악몽의 실루엣이 된다. 이에 대한 증거로는 독일 판화들에서 대개의 경우 목이 긴 새로 표현된 지혜의 그 오래된 이미지를 들 수 있는데, 이 새는 생각이 가슴에서 머리로 천천히 올라가므로, 진지하게 숙고할 시간적 여유를 갖게 되고, [122] 상징적 가치를 지나칠 정도로 많이 지니게 된다. 즉, 이 이미지에서 긴 성찰의 경로는 미묘한 지식의 증류기, 정수精髓를 정제하는 도구가 된다. '선인'善人[123]의 목은 지혜를 넘어 지식의 모든 실제적 중재활동을 더 잘

---

119 Emile Mâle, *loc. cit.*, pp. 234~237 참조.
120 *Tubal. 상기의 책에 나오는 인물인 듯하다.
121 *Isaïe. 기원전 8세기 유대의 대선지자로 구세주 출현을 예언하면서 예루살렘 사람들을 격려했다.
122 C.-V. Langlois, *La Connaissance de la nature et du monde au Moyen Âge*, Paris, 1911, p. 243 참조.

형상화하게끔 한없이 길어지고, 상징적 인간은 지나치게 긴 목이 둘둘 말려 있는 환상적인 새, 이를테면 동물과 사물의 중간에서 의미의 엄밀성보다 이 이미지의 고유한 위세威勢에 더 가까운 야릇한 존재가 된다. 이 상징적 지혜는 꿈의 광기에 사로잡혀 있는 것이다.

이미지들의 세계가 근본적으로 전환되는 현상. 즉, 다양한 의미의 제약은 이미지들의 세계를 형태들의 배열에서 해방시킨다. 그렇게 많은 다양한 의미가 이미지의 표면 아래 달라붙어서, 이미지는 오로지 수수께끼 같은 모습만을 내보일 뿐이다. 그리고 이미지의 힘은 이제 가르침이 아니라 현혹과 관계가 있다. 이러한 전환의 대표적 사례는 중세 때부터 이미 사람들에게 친숙해진 유명한 그릴, **124** 영국의 전례용 시편들에 들어있는 그릴, 샤르트르**125**와 부르주**126**에서 발견된 그릴의 변화이다. 그릴은 원래 욕망하는 인간의 영혼이 어떻게 짐승의 포로가 되었는가를 가르쳐주는 것이었는데, 괴물의 배 위에 놓인 그 기괴한 모습은 거대한 플라톤 식式 은유의 세계에 속해 있었고, 죄의 광기로 인한 정신의 타락을 비난하는 성격의 것이었다.

그러나 인간의 광기를 나타내는 이미지라고 말할 수 있는 그릴은 15세기에 와서 〈유혹〉이란 제목의 수많은 작품에서 중심적 형상의 하나가 된다. 은자隱者의 고요한 정진精進을 방해하는 것은 욕망의 대상이 아니라, 비밀로 감싸인 이 기묘한 형태인데, 이 형태는 꿈에서 솟아올라 거기에, 이를테면 세계의 표면에 슬그머니 달라붙어 말없이 머무른

123 *Gutemensch라는 독일어이다.
124 *grylle. 괴기스런 소재가 조각된 고대 석판화. 흔히 몸통은 없고 얼굴에 팔다리가 직접 붙어있는 형상 또는 기묘한 동물들의 집합이다.
125 *Chartres. 파리에서 남서쪽으로 96킬로미터 떨어진 도시. 대성당으로 유명하다.
126 *Bourges. 파리에서 남쪽으로 226킬로미터 떨어진 도시. 13~14세기의 생-테티엔 대성당이 있다.

다. 리스본의 〈유혹〉에서는 광기, 성 안토니우스의 고독, 그의 고행, 그의 궁핍에서 생겨난 그러한 형상의 하나가 이 성인의 면전面前에 자리잡고 있고, 슬쩍 찌푸린 표정에 순수한 불안이 엿보이는 그 몸통 없는 얼굴에는 희미한 미소가 번진다. 그런데 바로 이 악몽의 실루엣은 유혹의 주체이자 동시에 대상이고, 고행자와 더불어 추잡한 것만이 우글거리는 침묵에 둘러싸여, 이 속에서 대답이 한없이 유보되는 일종의 거울 앞에서의 질문에 계속 사로잡혀 있는 상태에서 고행자의 시선을 홀린다.127

그림은 더 이상 인간에게 광적인 욕망 속에서 잊혀진 영적 소명을 상기시키지 못한다. 그림은 유혹이 된 광기이다. 즉, 그림 속에 있는 불가능하고 환상적이며 비인간적인 모든 것, 그림 속에서 반反-자연과 현세現世에 가까이 우글거리는 무분별의 모습을 보여주는 모든 것, 이 모든 것은 바로 그림에 이상한 힘을 부여한다. 15세기의 인간에게 억제되지 않고 자유롭게 나타나는 꿈이나 광기의 환상은 실제로 성욕을 자극하는 육신보다 더 큰 매혹의 힘을 발휘한다.

그 시기에 광기의 이미지를 통해 행사된 이러한 매혹의 힘은 도대체 무엇일까?

우선 인간은 이와 같은 환상적인 형상에서 인간 본성의 한 비밀과 특성을 발견한다. 아담에 의해 결정적으로 명명된 동물의 무리는 중세의 사유思惟에서 상징적으로 인간성의 가치를 지니고 있었다.128 그러나 르네상스 시대 초에 동물계와의 관계는 전도되는데, 짐승은 해방되고, 전설과 도덕 예시例示의 세계에서 벗어나 동물계에 고유한 환상성을 갖

---

127 제롬 보슈는 리스본의 〈유혹〉 한가운데에 자리한 "두 다리 달린 머리"의 얼굴을 참조하여 자신의 자화상을 그렸을지도 모른다.

128 15세기 중엽에 유포된 르네 당주(René d'Anjou)의 *Livre des Tournois*도 역시 도덕적인 동물우화집이다.

게 된다. 이러한 뜻밖의 전도顚倒 때문에 동물은 이제 인간을 숨어서 노리고 인간을 엄습하며 인간의 진실을 인간 자신에게 드러내준다. 광란의 상상작용 속에서 만들어진 있음직하지 않은 동물들은 인간의 비밀스러운 본성의 모습이 되었고, 사람들은 죄인이 마지막 날에 흉측스러운 나체로 나타나게 될 때, 미친 듯한 동물의 괴기스런 형상을 띤다는 것을 깨닫는다.

가령 티에리 부츠129의 〈지옥〉에서는 지옥에 떨어진 사람들의 나체에 올빼미처럼 우는 고양이의 두꺼비 몸통이 섞이고, 스테판 로흐너130의 방식에 따라 날개 달린 곤충, 고양이 머리의 나비, 풍뎅이 앞날개가 달린 스핑크스, 손처럼 생긴 날개로 불안감을 주는 새가 그려지며, 그뤼발트131의 〈유혹〉에서는 마디가 굵은 손가락을 지닌 커다란 맹수가 모습을 보인다. 동물성은 인간적 가치와 상징을 통한 길들이기로부터 멀어지고, 이제 동물성의 무질서, 맹렬함, 있음직하지 않지만 풍부하게 나타나는 괴기스러운 모습에 의해 인간이 현혹당하게 되더라도, 인간의 내면 속에 있는 침울한 격노, 빈약한 광기를 드러내는 것은 바로 동물성動物性이다.

이와 같은 어두운 본성의 반대편 극단에서 광기는 앎이기 때문에 매혹적인 것이 된다. 우선 이 모든 부조리한 형상이 사실은 어떤 어렵고

---

129 *Thierry Bouts(1415~1475). 옛 네덜란드의 화가로서 루뱅의 생-피에르 참사회 교회에 보존되어 있는 〈재단 뒷벽의 최후의 만찬 장식화〉(1464~1467), 〈동방박사들의 숭배〉 등의 걸작을 남겼다.

130 *Stefan Lochner(1400/1410경~1451). 독일의 화가, 쾰른 유파의 가장 유명한 스승으로서 〈동방박사 삼부작〉(1440경), 〈성탄절〉(1445), 〈장미 덤불 속의 마돈나〉 등을 그렸다.

131 *Matthias Grünewald(1475경/1480?~1528?). 독일의 화가. 주요 작품으로는 〈천사들의 연주회〉, 〈부활〉, 〈은자 성 안토니우스의 삶에 관한 두 장면〉, 〈눈의 기적〉(1519), 〈성 모리스와 성 에라스무스〉 등이 있다.

폐쇄적이며 비의적인 앎의 요소이기 때문에, 광기는 앎이다. 이 기이한 형태들은 곧바로 커다란 비밀의 공간에 자리 잡고 있어서, 이 형태들에 마음이 이끌리게 된 성 안토니우스[132]는 격렬한 욕망이 아니라 강렬하고 훨씬 더 은밀한 호기심에 시달리고, 멀리 떨어져 있으면서 아주 가까운 곳에 있는 앎에 유혹을 느끼는데, 이 앎은 그릴의 괴물이 짓는 미소로 제공되면서 동시에 교묘하게 회피되며, 그가 뒤로 물러나는 것은 앎의 금지된 한계를 스스로 넘지 않으려는 움직임과 다르지 않다. 그는 카르다노[133]가 나중에 말할 것을 이미 알고 있는데, 그것은 바로 그의 유혹이다.

"다른 귀중한 물질처럼 지혜도 대지의 가장 깊숙한 부분에서 끌어내야 한다."[134]

그토록 접근하기 어렵고 그토록 무서운 이 앎을 광인은 순진한 어리석음 덕분으로 보유한다. 이성과 지혜의 인간은 이 앎의 단편적이면서도 그만큼 더 불안하게 하는 형상들만을 인식하는 반면에, 광인은 이 앎 전체를 완전한 형태로 갖고 있다. 가령 모든 사람이 보기에 텅 비어 있는 수정구水精球는 광인의 눈에 비가시적인 앎의 두께로 가득 차 있는 것으로 보인다. 브뢰겔은 이 수정구를 들여다보려고 애쓰는 불구자를 조롱한다.[135] 그러나 광녀狂女 마르고가 어깨 위에 얹고 다니는 것은 바로 수정구, 막대기 끝에 매달려 있고 결코 깨지지 않으며 앎이 무지개 빛으

---

132 *saint Antoine. 고행자들의 족장(250~356). 20세 무렵에 재산을 가난한 사람들에게 나누어주고 테바이스의 사막으로 은거했는데, 사막에 머무른 처음 15년 동안 환각, 유혹에 사로잡혔다.

133 *Gerolamo Cardano(1501~1576), 프랑스어로는 Jérôme Cardan. 이탈리아의 의사, 수학자, 철학자.

134 J. Cardan, *Ma vie*, trad. Dayré, p. 170.

135 플랑드르 지방의 속담집에서.

로 빛나는 작은 공, 이를테면 우스꽝스럽지만 한없이 귀중한 초롱이다. 열락원悅樂園136의 이면에서 찾아볼 수 있는 것도 역시 이것이다. 앎의 또 다른 상징인 나무(금단의 열매가 열리는 나무, 약속된 불멸과 원죄의 나무), 지상낙원의 중심부에 심어진 나무는 뿌리가 뽑혔고, 이제 광인들의 배에서 돛대로 등장하는데, 이는 요도쿠스 바디우스의 《광인들의 배》에 삽화로 쓰인 판화에서 확인할 수 있으며, 보슈의 〈광인들의 배〉의 위쪽에서 흔들리는 형태로 되어 있는 것도 아마 이 상징일 것이다.

광인의 그러한 앎은 무엇을 알려주는 것일까? 그 앎은 금지된 앎이므로 그 앎을 통해 예언되는 것은 아마 사탄의 지배와 동시에 세계의 종말이고, 마지막 행복과 동시에 최후의 징벌이며, 이승에서의 전능全能과 동시에 지옥으로의 전락일 것이다. '광인들의 배'는 인간이 고통도 결핍도 겪지 않으므로 모든 것이 욕망대로 제공되는 열락悅樂의 풍경, 일종의 갱신된 낙원을 횡단하지만, 인간의 순결은 회복되지 않는다. 이와 같은 거짓 행복은 적敵그리스도137의 악랄한 승리이고, 아주 가까이 다가온 종말이다. 15세기에 계시록의 꿈들은 새롭지 않은 것이 사실이지만 예전과는 성질이 아주 다르다. 14세기의 은근히 자유분방한 도상圖像들을 살펴보면, 성城은 주사위처럼 쓰러지고, 짐승은 언제나 동정녀 마리아 때문에 사람들에게 접근하지 못하는 용龍이라는 것을 알 수 있다. 요컨대 신의 질서와 신의 임박한 승리가 언제나 눈에 띄는데, 모든 지혜가 소멸되는 세계에 대한 직관은 이러한 도상의 뒤를 이어 생겨난다. 그

---

136 *J. 보슈의 세 폭 그림의 이름. 원래는 "지상 열락의 동산"이다. 두 날개의 이면에 투명한 구가 그려져 있고 이 속에 천지창조의 세 번째 날이 환기되어 있다.
137 *예수의 재림 이전에 나타난다고 하는 사이비 그리스도. 그러나 어원적으로는 전(前)그리스도가 옳다.

제롬 보슈, ⟨광인들의 배⟩(La Nef des Fous), 1490~1500,
판넬에 유채, 58×32cm, 루브르 박물관, 파리.

제롬 보슈, 〈성 안토니우스의 유혹〉(Verzoeking van de heilige Antonius), 1501년경,
판넬에 유채, 131×228cm, 리스본 국립 고대 미술관, 리스본.

제롬 보슈, 〈지상 열락의 동산〉(Tuin der Lusten), 1490~1510,
판넬에 유채, 220×389cm, 프라도 미술관, 마드리드.

피터 브뤼겔, 〈광녀 마르고〉(Dulle Griet), 1563,
판넬에 유채, 115×161cm, 마이어 판 덴 베르흐 박물관, 안트베르펜.

것은 자연의 거대한 광적인 춤이다. 즉, 산들은 무너져 평원이 되고, 대지는 죽은 자들을 토해내며, 무덤들 위로는 해골이 드러날 뿐만 아니라, 별들이 떨어지고, 대지가 불타오르며, 모든 생명이 말라죽는다. 138 종말은 통과와 약속의 가치가 없는, 세계의 오래된 이성을 삼켜버리는 어둠의 도래이다.

뒤러139의 작품에서 계시록의 기사騎士들, 신이 파견한 기사들을 보라. 그 기사들은 승리와 화해의 천사가 아니다. 그들은 잔잔한 정의의 사자使者도 아니다. 그들은 광적인 복수를 자행하는 무질서한 전사戰士의 무리이다. 세계는 보편적 광란 속에 빠져든다. 신도 악마도 승리하지 못한다. 승리는 광기의 것이다.

도처에서 광기는 인간을 현혹시킨다. 광기로 인해 생겨나는 환상적인 이미지들은 사물들의 표면에서 재빨리 사라지는 일시적인 외양外樣이 아니다. 가장 특이한 망상에서 생겨나는 것은 이상한 역설에 의해, 대지의 내장 속에 비밀처럼, 접근 불가능한 진리처럼 이미 감추어져 있었다. 광기가 인간에 의해 독단적으로 전개될 때, 인간은 세계의 암담한 필연성과 마주치고, 인간의 악몽과 불편한 잠자리에서 자주 출몰하는 동물은 인간 자신의 본성, 지옥의 가차 없는 참모습에 의해 적나라하게 드러날 본성이며, 맹목적이고 어리석은 행위의 덧없는 이미지들이야말로 세계에 대한 커다란 앎이다. 그리고 이러한 무질서와 광기의 세계에는 미리부터 잔혹한 종말의 윤곽이 드러나 있다. 르네상스 시대에 막연히 예감된 세계의 흉조凶兆와 비밀은 그토록 많은 이미지를 통해

---

138 베드〔Bède: 앵글로색슨 베네딕트회 수도사, 시인, 문법학자, 역사가, 신학자(672 또는 673~735) — 역자〕의 오래된 글과 15가지 징후의 묘사가 15세기에 이르러 다시 높이 평가된다.

139 *Albrecht Dürer(1471~1528). 독일의 화가, 조각가. 15세기 말부터 계시록의 목판화를 제작하기 시작했다.

표현되었는데, 그것들에 중요성을 부여하는 것, 그것들의 환상에 그토록 광범위한 일관성을 부여하는 것은 아마 이 사실일 것이다.

광기에 관한 문학적, 철학적, 도덕적 주제들은 동일한 시대의 것이긴 하지만 성격이 전혀 다르다.

중세에는 악덕들의 위계에 광기의 자리가 있었다. 13세기부터 광기는 악덕과 미덕의 싸움에서 사악한 병사의 모습으로 나타나는 것이 보통이다.[140] 파리와 아미엥에서 광기는 사악한 무리의 하나가 된다. 그리고 인간의 영혼에 대한 지배력을 서로 나누어 갖는 신앙과 우상숭배, 소망과 절망, 자비와 탐욕, 정절과 호색, 신중함과 광기, 인내와 분노, 온화와 냉혹, 화합과 불화, 순종과 거역, 투지와 유약柔弱 등 12가지 이원성의 일부를 이룬다. 르네상스 시대에는 광기가 이러한 대수롭지 않은 자리를 떠나 으뜸가는 자리를 차지하게 된다. 위그 드 생-빅토르[141]에 의하면 악덕들의 계보도, 늙은 아담의 계보도에서는 자만심이 뿌리를 이루었던 반면에,[142] 이제는 광기가 인간의 모든 약점이라는 유쾌한

---

140 광기가 아우렐리우스 프루덴티우스 클레멘스〔라틴 작가(348~410) 로서 그의 《악덕과 미덕의 싸움》은 의인화된 악덕과 미덕이 서로 대립하는 우화시(寓話詩) 로서 중세에 크게 유행한다 — 역자)의 《악덕과 미덕의 싸움》에서도 알랭 드 릴의 《반(反) 클라우디아누스》에서도 위그 드 생-빅토르〔프랑스의 철학자 겸 신비 신학자(11세기 말~1141) — 역자)에게서도 나타나지 않는다는 것을 특기할 필요가 있다. 광기가 한결같이 등장하는 것은 13세기부터일까?

141 *Hugues de Saint-Victor. 프랑스의 철학자, 신비 신학자(11세기 말~1141). 그는 인간이 진리에 도달하려면 추론에 기도를 결합시켜야 한다고 가르쳤다고 한다.

142 Hugues de Saint-Victor, *De fructibus carnis et spiritus*. *Patrol*, CLXXVI, col. 997.

무리를 이끈다. 광기는 명실상부한 우두머리로서 인간의 온갖 약점들을 인도하고 야기하며 이것들에 이름을 붙인다.

"자, 이제 나의 동무들을 소개합니다 …. 눈썹을 찡그리는 동무는 필라우티(자만심)입니다. 여러분이 보다시피 눈웃음치고 손뼉을 치는 동무는 콜라시(아첨)입니다. 반쯤 잠들어 있는 듯한 동무는 레테(망각)입니다. 팔꿈치를 괴고 두 손으로 깍지를 끼어 머리를 기대고 있는 동무는 미조포니(게으름)입니다. 장미 화관을 쓰고 향유를 바른 동무는 에도네(관능)입니다. 눈을 고정시키지 못하고 이리저리 굴리는 동무는 아노이아(경솔)입니다. 살이 포동포동하고 얼굴빛이 화사한 동무는 트리페(나약)입니다. 그리고 이 젊은 여자들 사이에 두 명의 신이 있는데, 그들은 소중한 하녀와 깊은 잠입니다."[143]

이처럼 광기에 절대적 특권이 부여된다. 즉, 광기는 인간이 지닌 모든 사악한 것을 지배한다. 게다가 광기는 정치의 현자를 육성하는 야망, 부를 증대시키는 구두쇠 근성, 철학자와 교양인을 고무시키는 경망스런 호기심 등 인간의 모든 사악한 것이 가져다줄 수 있는 이득을 간접적으로 지배하지 않는가? 에라스무스 이후에 루이즈 라베도 역시 이 점을 언급한다. 메르쿠리우스[144]는 광기를 위해 신들에게 간청한다. "당신들에게 그토록 많은 만족감을 주었던 이 아름다운 부인을 파멸하도록 내버려두지 마시오."[145]

그러나 이 새로운 패권覇權은 조금 전에 언급된 막연한 지배와 공통되는 점이 거의 없다. 바로 앞에서는 광기가 세계의 커다란 비극적 세력

143 Érasme, *Éloge de la folie*, §9, trad. P. de Nolhac, p. 19.
144 *로마신화에서 상업, 웅변, 사자(使者)의 신으로, 루이즈 라베의 작품에 등장한다.
145 Louise Labé, *Débat de folie et d'amour*, Lyon, 1566, p. 98.

에 연결되었다.

물론 광기는 매력적이긴 하지만 현혹시키지는 않는다. 세계에 있는 모든 쉽고 즐거우며 가벼운 것이 광기에 이끌린다. "정령, 젊음, 박쿠스, 실레노스,146 그리고 이 점잖은 원정圃丁"147이 광기에 의해 신들에게 주어졌듯이, 사람들을 "장난치고 즐거워하게" 하는 것은 바로 광기이다. 광기 속에서는 모든 것이 빛나는 표면이다. 즉, 어떤 수수께끼도 유보되어 있지 않다.

아마 광기는 앎의 기이한 경로와 관계가 있을 것이다. 브란트의 시에서도 제 1가歌는 책과 학자에 관한 노래이다. 그리고 1497년의 라틴어 판에서 이 대목의 판화를 보면 책으로 가득 채워진 방에서 등받이가 높은 고딕식 의자에 선생이 앉아 있다. 그는 박사모를 쓰고 있으며 광인이 입는 외투, 곧 두건에 방울이 많이 달린 수도사 망토를 입고 있다. 에라스무스는 광인들의 원무圓舞를 묘사하는 대목에서 지식인에게 넓은 자리를 마련해 놓는다. 문법학자, 시인, 수사학자, 작가가 차례로 등장하고 다음으로는 법률가가 모습을 보인다. 이들 뒤로는 "긴 수염에 외투를 걸친 존경할 만한 철학자"가 걸어 나오며 마지막으로 수많은 신학자의 무리가 종종걸음으로 나타난다.148

그러나 광기에서 앎이 그토록 중요한 것은 광기가 앎의 비밀을 보유하기 때문이 아니다. 오히려 광기는 어떤 터무니없고 쓸데없는 지식에 대한 징벌이다. 광기가 앎의 진실인 것은 그러한 앎이 보잘 것 없는 것이기 때문이며 또한 앎이 경험이라는 위대한 책에 호소하지 않고 먼지 쌓인 책들과 쓸데없는 토론으로 귀착하기 때문이다. 잘못된 지식의 과

---

146 *Silène. 일반적으로 늙은 사티로스, 특히 헤르메스 또는 판의 아들로 통하는 사티로스.

147 Id. , *ibid.* , pp. 98~99.

148 Érasme, *loc. cit.* , §49~55.

잉으로 지식은 광기 속에서 전복되어 버린다.

> 오 그대들 높은 명성을 지닌 학자들이여
> 옛 성현들, 지난 시대의 법률가들을 되돌아 보라.
> 그들은 빛 바랜 책 속에서 학설들을 저울질하지 않고
> 오묘한 예술로 목마른 가슴을 비옥하게 하였으니. 149

광기는 민간의 풍자에 오랫동안 친숙한 주제에 따라, 앎과 어설픈 앎에서 기인하는 무지한 자만에 대한 희극적 처벌로 나타난다.

일반적으로 광기는 세계와 세계의 숨겨진 형태들에 연결되어 있다기보다는 오히려 인간, 인간의 약점, 인간의 꿈과 환상에 결부되어 있는 것이다. 보슈가 본 그러한 광기에서는 우주질서의 막연한 발현發顯을 찾아볼 수 있었지만, 에라스무스에게서는 그러한 것이 모두 자취를 감춘다. 이제 광기는 세계의 어느 곳에서건 인간을 위협하지 않고, 인간의 마음속으로 슬그머니 스며든다. 더 정확히 말하자면 광기는 인간이 자기 자신과 맺고 있는 미묘한 관계가 된다. 에라스무스에게서 광기의 신화적 의인화는 단지 하나의 문학적 기교일 뿐이다. 사실, 광기의 인간적 형태라 할 만한 광기만이 존재할 뿐이다.

"나는 사람의 수만큼 많은 그러한 화신化身을 등장시킬 수 있다."150 그것에 대해서는 가장 질서 정연하고 잘 통치되는 도시들을 일별해 보면 충분할 것이다.

---

149 Brant, *Stultifera Navis*, trad. latine de 1497, f° 11. 〔라틴어 원문: O vos doctores, qui grandia nomina fertis/ Respicite antiquos patris, jurisque peritos. / Non in candidulis pensebant dogmata libris, / Arte sed ingenua sitibundum pectus alebant.〕

150 Érasme, *loc. cit.*, §47, p. 101.

"거기에는 광기의 그토록 많은 형태가 넘쳐나고, 수많은 데모크리토스[151]일지라도 우습게 볼 수 없을 정도로 많은 새로운 형태가 날마다 생겨난다."[152]

인간이 자기 자신에 대해 갖는 애착과 인간이 품고 살아가는 환상을 통해 광기를 구성하는 것은 바로 인간이기 때문에, 광기는 모든 사람의 마음속에서만 존재할 뿐이다.

광기의 춤에서 광기에 의해 인도되는 형상들 중에서 '필라우티아'[153]는 첫 번째로 등장하지만, 이러한 등장순서가 결정되는 것은 그러한 형상들이 어떤 특별한 소속관계에 의해 서로 연결되어 있기 때문이고, 자기에 대한 애착은 광기의 첫 번째 징후이지만, 인간이 오류를 진리로, 거짓을 현실로, 폭력과 추함을 아름다움과 정의로 받아들이는 것은 인간이 자기 자신에게 집착하기 때문이다.

"이 사람은 원숭이보다도 더 추한데도 자기 자신을 니레우스[154]처럼 아름답다고 생각하고, 저 사람은 선 3개를 정확하게 그렸다고 해서 자기 자신을 유클리드로 자처하며, 또 어떤 사람은 리라 앞의 당나귀이고 목소리가 암탉을 물어뜯는 수탉의 목소리만큼 시끄럽게 울리는데도 헤르모게네스[155]처럼 노래한다고 믿는다."[156]

---

151 *Démocrite. 고대 그리스의 철학자(B. C. 460?~360?). 항상 쓸데없는 일에 골몰하는 세인을 비웃고 다녀 '웃는 철학자'라는 별호를 얻었다. 불생불멸의 아토마와 장소로서의 공허라고 말할 수 있는 케논만이 실재한다고 주장함으로써 최초의 원자론자로 추앙됨.

152 Id. , *ibid.*, §48, p. 102.

153 *Philautia. 자만심 또는 자기를 사랑하는 태도.

154 *Nirée. 그리스 신화의 인물, 시메의 왕으로 트로이 전쟁에 참가했다.

155 *Hermogène. 그리스의 철학자 (기원전 5세기). 소크라테스의 친구이자 제자로서 플라톤의 《크라튈로스》에 대화자로 등장한다.

156 Érasme, *op. cit.*, §42, p. 89.

인간은 자기 자신을 이처럼 상상적으로 찬양함으로써, 자신의 광기를 신기루처럼 생겨나게 한다. 이제부터 광기의 상징은 거울일 것이다. 거울은 실제의 것을 비추기는커녕 거울에서 자기 자신을 응시하는 자가 빠지는 자만自慢의 꿈을 은밀하게 반영할 것이다. 광기는 객관적 진실이나 세계와 관계가 있다기보다는 오히려 인간과 인간이 자기 자신의 진실로 인지할지도 모르는 모습과 관련된다.

따라서 광기는 전적으로 도덕과 관련된 세계 쪽으로 열려 있다. 악은 징벌이나 시간의 끝이 아니라 단지 잘못과 결함일 뿐이다. 브란트의 시를 구성하는 116개의 노래는 배에 탄 미치광이 승객들을 묘사하고 있다. 그들은 구두쇠, 밀고자, 주정뱅이, 무절제하고 방탕에 빠져드는 자, 성경을 잘못 해석하는 자, 간통한 자 등이다. 브란트의 번역자인 로허157는 라틴어 판의 머리말에서 브란트 작품의 기획과 의미를 보여주는데, 그의 의도는 "무엇이 유쾌하고 좋은가, 무엇이 버릇없는 태도인가, 무엇이 미덕인가, 무엇이 사람을 방황하게 하는가"를, 그것도 각자가 내보이는 악의에 따라 불경건不敬虔, 오만, 탐욕, 사치, 음란, 관능, 격노, 식탐, 증오, 주술, 악의 등158 요컨대 인간의 행동에서 자행될 수 있는 모든 비도덕적 행위를 알게 하자는 것이다.

문학과 철학의 표현 영역에서 광기의 경험은 16세기에 특히 도덕적 풍자의 외양을 띤다. 화가들의 그림 속에 빈번히 출몰하던 그 엄청난 병적 침입의 위험은 전혀 환기되지 않는다. 이와는 반대로 사람들은 광기를 멀리하려고 신경을 쓴다. 사람들은 광기에 대해 말하지 않는다. 에라스무스는 "복수의 세 여신이 뱀을 풀어놓을 때마다 이 세 여신에 의

---

157 *Jakob Locher (1471~1528). 독일의 시인. 세바스티안 브란트와 콘라트 셀티스에게서 배웠다. 1497년에는 브란트의 《광인들의 배》를 알자스 방언에서 라틴어로 번역했다.

158 Brant, *Stultifera Navis*, Prologues Jacobi Locher, éd. 1497, IX.

해 지옥에서 솟아나오는" 그 광란상태를 애써 보려 하지 않는다. 그가 예찬하려는 것은 결코 그 엉뚱한 형태들이 아니라, 영혼을 "괴로운 근심에서" 해방시키고 "영혼을 다양한 형태의 쾌락으로 인도하는" 감미로운 환상이다.[159] 이 평온한 세계는 쉽게 통제된다. 이 세계의 꾸밈없는 마력이 현자賢者의 눈앞에 숨김없이 펼쳐지고, 현자는 웃음 덕분으로 언제나 거리를 유지한다.

보슈, 브뤼겔, 뒤러가 몹시 세속적인 구경꾼으로서 그들 주위에서 광기가 솟아나는 것을 보았고 그 광기에 연루되었던 반면에, 에라스무스는 광기를 위험하지 않을 정도로 충분히 거리를 두고 인식한다. 그는 자신의 올림푸스 산 높이에서 광기를 관찰한다. 그가 광기를 예찬하는 것은 그가 신들의 억누를 수 없는 웃음을 터트리면서 광기를 일소一笑에 붙일 수 있기 때문이다. 실제로 사람들의 광기는 신성의 광경이다.

> "요컨대 만일 여러분이 예전의 메니포스[160]처럼 달에서 이 땅의 수많은 동요를 바라볼 수 있다면, 여러분은 서로 싸우고 덫을 치고 날아다닐 뿐만 아니라, 장난치고 뛰어오르며 떨어져 죽는 파리 또는 각다귀의 무리를 보고 있다고 생각할 것이다. 이토록 미미한 극미極微동물이 어떤 혼란, 어떤 비극을 초래하는지 믿을 수 없을 정도이다."[161]

광기는 이제 세계의 친숙한 야릇함이 아니라, 이방의 구경꾼에게도 익히 알려진 하나의 광경일 뿐이다. 광기는 이제 '우주'의 형상이 아니라 '인생'의 특징이다.

---

159 Érasme, *loc. cit.*, §38, p. 77.
160 *Ménippe. 고대 그리스의 견유학파 철학자 겸 시인.
161 Érasme, *op. cit.*, §38, p. 77.

성급하게 재구성되기는 했지만 대략 이것이 광기를 그 현혹적 형태들과 접하면서 우주적 질서로 경험하는 것과 냉소적 태도로 뛰어넘을 수 없는 거리를 유지하면서 동일한 광기를 비판적으로 경험하는 것 사이에 있는 대립적 도식의 모습일 것이다. 아마 이러한 대립은 실제 전개상황에서는 그렇게 뚜렷하지도 눈에 띄지도 않았을 것이다. 아주 오랫동안 흐름들이 교차되었고, 교환이 끊임없이 계속되었다.

세계의 종말, 종말 시대의 엄청난 폭력이라는 주제는 문학에서 표명되는 그러한 비판적 광기 경험과 무관하지 않다. 롱사르는 이성의 큰 공백空白 속에서 요동하는 그 최후의 시기를 환기시킨다.

하늘에는 정의와 이성이 다시 사라져버렸다.
이것들의 자리에서, 아! 슬프도다, 강도질,
증오, 원한, 살육과 학살이 만연하는구나. **162**

브란트의 시 마지막 부분쯤에서인가 한 장章 전체가 악마의 묵시록적 주제에 할애되어 있다. 즉, 광인들의 배가 강력한 폭풍우에 떠밀려 세계의 파탄과 동일시되는 혼란스러운 방향으로 나아간다. **163** 이와는 반대로 도덕적 수사학의 많은 형상이 광기의 우주적 이미지들 사이에서 매우 직접적으로 예시되기도 한다. 보슈의 유명한 의사를 잊지 말자. 그는 자신이 치료하고자 하는 자보다 훨씬 더 미친 사람이다. 그는 자신의 모든 가짜 학식 위에다 자기 자신을 제외하고 누구나 알아차릴 수

---

162 Ronsard, *Discours des Misères de ce temps*.
163 Brant, *loc. cit.*, chant CXVII, 특히 계시록을 참조하여 씌어진 것이 분명한 21~22행과 57행 이하, 그리고 13절 및 20절.

있는 광기의 가장 나쁜 유물遺物들을 배열할 뿐이었다. 보슈의 작품은 그의 동시대인들과 후대後代 사람들에게 도덕적 교훈을 가져다준다. 세계에서 생겨나는 그 모든 형상은 또한 마음속의 괴물들을 보여주는 것이 아닐까?

"이 사람의 회화작품과 다른 이들의 회화작품 사이에는 차이가 있다. 다른 이들은 대개의 경우 외부로부터 나타나는 그대로의 인간을 그리려고 하지만, 이 사람만은 대담하게 인간의 내면을 있는 그대로 드러내려 한다."

그리고 17세기의 이 동일한 논평자는 이와 같은 폭로의 지혜, 이와 같은 불안한 야유의 상징을 보슈의 거의 모든 그림에서 본다고 생각한다. 이 상징은 횃불(잠들지 않는 사유의 빛)과 "밤의 고요와 정적 속에서 포도주보다 더 많은 기름을 소모하면서 기묘하고 고정된 시선을 던지는"[164] 올빼미의 이중형상에 의해 분명히 표현된다.

여전히 눈에 띄는 그토록 많은 간섭현상에도 불구하고 이미 분할선이 그어졌다. 광기에 대한 두 가지 경험방식 사이의 거리는 앞으로도 계속 넓어질 것이다. 우주질서의 직관과 도덕적 성찰의 움직임들, '비극적' 요소와 '비판적' 요소는 이제부터 광기의 깊은 통일성에 결코 메워지지 않을 간극間隙을 초래하면서 갈수록 더 사이가 벌어질 것이다. 한편으로는 얼빠진 표정의 사람들을 가득 태우고 앎의 기묘한 연금술, 야수성의 은밀한 위협, 시대의 종말이 야기되는 풍경들 사이를 지나 세계의 어둠 속으로 차츰차츰 사라질 광인들의 배가 등장할 것이고, 다른 한편으로는 정상인들에 대해 인간의 결함을 보여주는 모범적이고 교육적인 오디세이아를 형성하는 광인들의 배가 나타날 것이다.

---

164 Joseph de Siguença, *Tercera porte de la Historia de la orden de S. Geronimo*, 1605, p. 837. Tolnay, *Hieronimus Bosch*, Appendice, p. 76에서 재인용.

한편으로는 보슈, 브뤼겔, 티에리 부츠, 뒤러, 그리고 말 없는 이미지들이 있다. 광기의 영향력은 순수한 직관의 공간에서 행사된다. 환상과 흉조凶兆, 꿈의 순수한 겉모습과 세계의 비밀스러운 운명, 요컨대 광기는 하나의 직관적 인식, 즉 몽환夢幻상태가 현실이고 환상의 얇은 표면이 부정할 수 없는 심층 쪽으로 열려 있으며, 이미지의 순간적 섬광이 세계를 세계의 어둠 속에 영속하는 음산한 형상들에 휩싸이게 한다는 직관적 인식, 그리고 세계의 현실성 전체가 언젠가는 환상적 이미지 속으로, 존재와 무無 사이의 그 중간적 계기, 곧 순수한 파괴의 미망 속으로 흡수될 것이라는 반대방향이지만 똑같이 고통스러운 직관적 인식의 원시적 힘을 보유하고, 세계는 이미 존재하지 않지만, 그렇다고 해서 고요와 어둠이 완전히 세계를 삼켜버린 것은 아니며, 실현의 단조로운 질서를 곧장 능가하는 무질서의 극단에서 마지막 광채光彩에 휩싸여 동요한다. 세계의 진실이 상실되는 것은 곧장 폐기된 바로 이러한 이미지 속에서이다. 겉모습과 비밀, 직접적 이미지와 풀리지 않고 남겨진 수수께끼의 이러한 줄거리 전체는 15세기의 회화에서 '세계의 비극적 광기'로 전개된다.

다른 한편으로 브란트, 에라스무스, 인본주의 전통 전체와 함께 광기는 담론의 세계에 포획된다. 담론의 세계에서 광기는 정제精製되고 섬세하게 되며, 또한 무장해제를 당한다. 광기의 층위가 변하는데, 광기는 인간의 마음속에서 생겨나며, 인간의 행동을 지배하고 문란하게 한다. 광기가 도시를 지배할 때조차도, 사물들의 잔잔한 진실, 위대한 자연에는 광기의 흔적이 없다. 본질적인 것, 즉 삶과 죽음, 정의와 진실이 나타날 때 광기는 재빨리 사라진다.

모든 인간이 광기에 예속될 수 있을지도 모르지만 광기의 지배는 언제나 보잘 것 없고 상대적이다. 왜냐하면 현자의 시선에 광기의 초라한 진실이 모습을 드러낼 터이기 때문이다. 현자에게 광기는 현자의 웃음거리가 될 것이므로 대상이 될 것이다. 그것도 최악의 방식으로. 광기에게 씌워지는 영예의 월계관이 오히려 광기를 구속하는 사슬인 것은 바로 이런 식으로이다. 설령 광기가 어떤 학식보다도 더 분별 있게 보인다 할지라도, 광기는 지혜 앞에 굴복해야 할 것인데, 지혜에 대해 광기는 어디까지나 광기이다. 광기는 결정적인 말을 '할' 수 있지만, 결코 진실과 세계에 대한 결정적 발언이 '아니고', 광기를 정당화하는 담론은 단지 '인간의 비판의식'에만 관련될 뿐이다.

비판의식과 비극적 경험의 이러한 대립은 르네상스 시대 초에 광기에 대해 체험될 수 있었고 광기에 관해 뚜렷이 표명될 수 있었던 모든 것을 진작시킨다.[165] 그렇지만 100년도 채 지나지 않아 이 모든 것은 재빨리 소멸할 것이고, 16세기 초에도 여전히 그토록 분명하게 눈에 띄고 그토록 윤곽이 뚜렷한 이 커다란 대립구조는 곧 사라지게 된다. 사라진다는 말은 실제로 일어난 일을 가능한 한 정확하게 가리키기에 적합한 용어가 아니다. 오히려 갈수록 현저해지는 특권이 문제되는데, 이 특권은 르네상스 시대의 체제를 이루는 요소들 가운데 하나에, 즉 광기를 언어영역에서의 경험으로 만든 요소에 부여된 것이다. 이 경험 속에서 인간은 광기의 도덕적 진실과 마주쳤고, 광기의 본질과 광기의 진실에 고유한 규칙을 직시하게 되었다.

요컨대 광기의 비극적 형상들이 점차로 어둠 속에 묻히는 동안, 광기에 대한 비판의식은 끊임없이 더 분명히 드러나게 되었다. 광기의 비극적 형상들은 오래지 않아 완전히 사라질 것이다. 이것들의 흔적을 재발견하기가 이미 오래 전부터 어려워졌을 것인데, 사드**166**의 몇몇 대목과

---

165 우리는 어째서 마귀들린 사람의 경험과 16세기에서 17세기까지 이것에 대해 행해진 축소를, 미개한 미신의 낡은 세계에 관한 인본주의적이고 의학적인 이론의 승리가 아니라, 예전에 세계 파열의 홍조를 지녔던 형태가 비판의 경험 속에 재연(再演)된 현상으로 해석해야 하는가를 다른 연구에서 입증할 예정이다.

고야[167]의 작품에만 이와 같은 사라짐이 완전한 붕괴는 아니라는, 이 비극적 경험이 사유와 꿈의 어둠 속에 어렴풋이 존속한다는, 그리고 16세기에는 근본적 파괴가 아니라 다만 은폐가 진행되었을 따름이라는 증거를 보여줄 뿐이다. 광기에 대한 비극적이고 우주적인 경험은 배타적이고 특권적인 비판의식에 의해 은폐된다. 그래서 광기의 고전주의적 경험, 그리고 이것을 거친 광기의 근대적 경험은 마침내 광기의 실증적 진실에 이를 전체적 형상으로 간주될 수 없고, 철저하기에는 너무 함부로 제시되는 단편적 형상이며, 결여되어 있는 모든 것 때문에, 다시 말해서 은폐되게 하는 모든 것 때문에 균형을 상실한 집합이다. 광기에 대한 비판의식, 그리고 이 의식의 철학적이거나 과학적인, 도덕적이거나 의학적인 형태들 아래, 은밀한 비극의식은 끊임없이 살아 있었다.

니체의 마지막 말, 반 고흐의 마지막 직관이 다시 일깨운 것은 바로 이러한 비극의식이다. 프로이트가 맨 마지막 단계에서 예감하기 시작한 것도 아마 이 비극의식일 것이다. 즉, 그가 리비도와 죽음 본능의 신화적 싸움으로 상징하고 싶어한 것은 이 의식의 심한 파열상태이다. 마지막으로 아르토[168]의 작품에서 표현되기에 이른 것 역시 이 의식이다.

---

166 *Sade. 프랑스의 작가(1740~1814). 변태적 성행위로 여러 번 투옥되었고 성욕(性慾) 도착(倒錯)의 묘사를 통해 '사디즘'이라는 용어를 낳게 하였다. 유흥과 필화(筆禍)로 생애의 태반을 옥중에서 보냈으며, 만년에는 나폴레옹을 비난한 관계로 정신병원에 수용되어 고독하게 죽었다. 주요 작품으로는 《쥬스틴 혹은 악덕의 불행》(1791), 《새로운 쥬스틴, 그의 자매 쥴리에트 이야기》(1797), 《소돔의 120일》 등이 있다.

167 *Goya. 에스파냐의 화가(1746~1828). 악마적이라고 할 정도로 투철한 사실주의 화풍과 날카로운 풍자에 찬 작품을 그렸다. 대표작으로는 〈황소 경주〉, 〈광인들의 안마당〉, 〈발코니의 마야들〉(1814경), 〈몽둥이질 결투〉(1819~1823) 등을 들 수 있다.

168 *Antonin Artaud(1896~1948). 프랑스의 시인 겸 배우. 새로운 연극을 지향하여 논문집 《연극과 그 분신》을 발표하여 반연극, 잔혹극의 선구자가 되었다.

만일 아르토가 20세기의 사유에 관심을 기울였다면, 아르토의 작품은 틀림없이 가장 긴급한 문제, 그리고 문제를 제기하는 자로 하여금 현기증에서 벗어나게 할 가능성이 가장 적은 문제를 20세기의 사유에 제기했을 것이다. 아르토가 자신의 작품을 통해 줄기차게 공언한 것은 세계의 엄청난 광기, 태양과 같은 광기, 찢긴 의식 속에서 끊임없이 실현되는 "불의 악마와 같은 존재의 삶과 죽음"이 우리의 문화 밖으로 떠밀린 날부터 우리 문화의 중심인 비극의식이 상실되었다는 점이다.

이와 같은 극단적 발견 때문에 오늘날 우리는 16세기부터 지금까지 전개되어온 광기 경험의 특별한 형상과 그 의미의 기원이 이러한 부재, 이러한 어둠, 그리고 이 어둠을 가득 채우고 있는 모든 것에서 비롯하는 것으로 결국 판단하게 된 것이다. 합리적 사유를 이끌어 광기를 정신병으로 분석하도록 하는 올바른 엄정성이란 것은 수직적 차원에서 재해석되어야 한다. 그러면 합리적 사유의 각 형태 아래 이 비극적 경험이 더 완벽하게, 또한 더 교묘하게 가려져 있다는 것, 그렇지만 이 비극적 경험이 합리적 사유에 의해 완전히 축소되지는 않았다는 것을 드러낼 수 있을 것이다. 속박의 마지막 단계에 이르면 필연적으로 폭발이 일어난다. 니체 이후에 우리는 이 폭발을 목격하고 있다.

그런데 16세기에 비판적 반성의 특권적 지위는 어떻게 확립되었을까? 어떻게 광기의 경험이 마침내 비판적 반성에 의해 몰수되어, 그 결과로 고전주의 시대의 문턱에서 이전 시대에 환기되었던 모든 비극적 이미지가 어둠 속으로 흩어지게 되었을까? 아르토로 하여금 "16세기의 르네상스는 어쩌면 초인적이라고 할 수 있는, 그러나 자연스러운 법칙을 갖는 실체와 단절되었다. 그리고 르네상스 시대의 인본주의는 인간의 확대가 아니라 인간의 축소였다"[169]고 말하게 하는 이 흐름은 어떻게 형성되었을까?

광기에 대한 고전주의의 경험을 이해하는 데 필수적인 것을 이러한 변천의 관점에서 간략하게 요약하자.

(1) 광기는 이성과 관련된 형태가 된다. 더 정확히 말하자면 광기와 이성이 영속적으로 가역적可逆的 관계를 맺는다. 이 가역적 관계로 인해 모든 광기에 이성이 있고 모든 이성에 광기가 있다. 광기의 이성이 광기를 판단하고 광기를 통제하며, 이성의 우스꽝스러운 진실이 이성의 광기 속에서 이성에 의해 발견된다. 이성과 광기는 각자 다른 하나의 척도이며, 이와 같은 상호 조회照會의 움직임 속에서 둘 다 서로를 인정하지 않지만 하나가 다른 하나의 존립근거로 작용한다.

신의 눈에는 세계가 광기라는 오래된 기독교적 주제가 16세기에 상호성의 이 긴박한 변증법을 통해 새롭게 되살아난다. 인간은 스스로 분명하게 판단한다고, 인간 자신이 사물들의 올바른 척도라고 생각한다. 세계에 대한 인간의 인식, 인간이 세계에 대해 지니고 있다고 생각하는 인식에 힘입어 인간은 자기만족 속에서 이러한 생각을 굳건하게 간직한다. "우리가 환한 대낮에 아래를 내려다볼 때, 우리가 주변의 여기저기에 신경을 쓸 때, 우리에게는 우리가 생각할 수 있는 가장 예리한 시선이 있는 듯하다." 그러나 우리가 태양 쪽으로 눈을 돌리면, 지상의 사물들에 대한 우리의 이해는 "태양까지 나아가는 것이 문제일 때 그저 뒤늦고 굼뜰" 뿐이라고 고백하지 않을 수 없다. 그렇지만 존재의 태양을 향한 거의 플라톤 철학적인 이 전환에도 불구하고 겉모습의 바탕이 진실과 함께 발견되지는 않는다. 우리 자신의 심연 같은 비이성만이 이 전

---

169 *Vie et mort de Satan le Feu*, Paris, 1949, p. 17.

환에 의해 드러날 뿐이다.

"우리의 생각이 신에게로 높아지기 시작하면, … 지혜의 면에서 놀랍도록 우리의 마음에 들었던 것이 우리에게 단지 광기의 느낌만을 줄 것이며, 굉장한 미덕을 지녔던 것이 다만 정신의 나약일 뿐인 것으로 드러날 것이다."[170]

정신을 통해 신에게로 올라가는 것과 우리가 잠겨 있는 비상식의 심연을 탐색하는 것은 전혀 별개의 것이 아니다. 인간을 신의 과도한 이성에 비교하는 칼뱅[171]의 경험에서 광기는 인간의 고유한 척도이다.

인간의 정신은 그 유한성 때문에 고귀한 빛의 섬광이라기보다는 오히려 어둠의 조각이다. 인간의 한정된 이해력에 의해서는 외양의 부분적이고 일시적인 진실조차 드러나지 않으며, 인간의 광기를 통해서는 사물들의 이면, 사물들의 밤 같은 측면, 사물들의 진실과 직접적으로 모순되는 측면만이 드러난다. 인간은 신에게로 높아짐으로써 단순히 자기를 초월해야 하는 것이 아니라, 자기 자신의 본질적 약점으로부터 벗어나서 세계의 사물들과 이 사물들의 신적인 본질 사이의 대립을 단번에 제압해야 한다. 왜냐하면 외양을 통해 드러나 보이는 진실의 모습은 진실의 반영이 아니라 냉혹한 모순이기 때문이다. 세바스티안 프랑크[172]의 말을 들어보자.

---

170 Calvin, *Institution chrétienne*, liv. 1er, chap. 1er, éd. J.-D. Benoît, pp. 51~52.

171 *Jean Calvin. 프랑스의 종교 개혁가, 신학자(1509~1564)로서 1536년 주네브로 망명하여 종교 개혁에 착수하여 유럽 근대 민주주의의 발전에 큰 영향을 주었다. 성서를 교의의 최고 권위로 인정하고 섭리, 예정설을 주장함. 《기독교 강요(綱要)》가 그의 주요 저서이다.

172 *Sebastian Franck 또는 Franck von Wörd(1499~1542). 독일의 신비사상가, 역사가. 루터의 교리에 호의적이었으며 신비적인 범신론과 절대적인 관념론을 가르쳤다. 그의 신학은 1540년 슈말칼덴에서 유죄선고를 받았다.

"신이 세계와 대립하여, 외양을 세계에 넘겨주고 신 자신은 사물들의 진실과 본질을 맡기로 결심했기 때문에, 모든 사물은 두 가지 양상을 지니고 있다. … 그렇기 때문에 모든 사물은 세계 안에서 나타나 보이는 모습과 반대이다. 가령 신화의 인물인 실레노스의 겉과 속이 다른 것은 그와 같다."[173]

이것이 인간이 빠져들어 있는 광기의 심연深淵이다. 거기에 나타나 있는 진실의 외양은 진실과 전적으로 모순된다. 그러나 그 이상의 것이 있다. 외양과 진실 사이의 이와 같은 모순이 이미 외양의 내부 자체에 존재한다는 것이다. 만일 외양이 그 자체로 수미일관首尾一貫하다면, 외양은 적어도 진실을 암시하는 것이거나 진실의 텅 빈 형태와 같은 것이 될 수 있기 때문이다. 사물들 자체에서 이러한 전복의 현상을 간파해야 한다. 그러므로 이러한 전복은 유일한 방향도 미리 설정된 한계도 없을 것이다. 외양에서 진실 쪽으로가 아니라 외양에서 외양을 부정하는 다른 외양으로, 그리고는 또 다시 이 부정에 이의를 제기하고 이 부정을 부인하는 것으로 전도가 일어난다. 그래서 이 움직임은 결코 정지할 수 없는 것인데, 칼뱅이나 프랑크가 대대적 개종改宗을 요구하기 이전에 에라스무스는 외양의 층위에서 그에게 부과되는 수많은 부차적 개종으로 자신의 길이 가로막힌다는 것을 깨닫는다. 반대되는 모습의 실레노스는 신이 우리에게서 도로 빼앗은 진실의 상징이 아니다. 그것은 진실의 상징보다 훨씬 더한 것이거나 진실의 상징보다 훨씬 덜한 것이다. 그것은 땅 표면에 밀착된 것으로서 사물들 자체의 상징이다. 반대되는 것들의 이와 같은 모순은 진실 쪽으로 나아가는 유일하고 올바른 길을 우리에게서 어쩌면 영원히 박탈할 것이다. 모든 사물은 "두 가지 면모를 내보인다. 외적 면모는 죽음을 드러내 보인다. 내부에 유의하라, 삶

---

173 Sébastien Franck, *Paradoxes*, éd. Ziegler, §57 및 91.

이 있다. 이것의 역도 마찬가지이다. 삶이 있다, 내부에 신경을 써라. 아름다움은 추함을, 부는 빈곤을, 치욕은 영광을, 앎은 무지를 … 은폐한다. 요컨대 실레노스의 속을 들여다보아라, 그러면 실레노스가 드러내 보이는 것과 반대되는 것에 마주칠 것이다."[174] 직접적 모순에 잠겨 있지 않은 것은 하나도 없고, 인간으로 하여금 스스로 자기 자신의 광기에 동조하도록 부추기지 않는 것은 전혀 없으며, 본질과 신의 진실이라는 척도에서는 모든 인간사人間事가 광기일 뿐이다.[175]

그런데 인간사에서 벗어나 신에게 다가가려는 움직임도 역시 광기이다. 16세기에는 어떤 다른 시대보다도 더 고린도 서書가 더할 나위 없는 위엄으로 빛난다.

"나는 미친 사람으로서 말하노니, 이는 내가 누구보다 더 미쳤기 때문이다."

이러한 세계의 포기, 신의 모호한 의지에 자신을 전적으로 내맡기는 것, 끝을 알 수 없는 그러한 추구도 광기이다. 이것들은 신비주의자들에게 소중하고 그토록 자주 나타나는 오래된 주제이다. 세계의 광기를 버리고 떠나는 길이 이미 톨레르[176]에 의해 거론되었지만, 톨레르 자신은 더 음침하고 더 괴로운 광기에 빠져들었다.

"작은 배가 넓은 바다로 떠내려가 인간처럼 버림받은 상태에 처한다. 그때 인간은 마음속으로 온갖 불안과 유혹, 온갖 상상을 떠올리고 비참한 기분에 사로잡힌다 ···."[177]

---

174 Érasme, *loc. cit.*, XXIX, p. 53.
175 르네상스 시대의 플라톤주의는 특히 16세기부터 야유와 비판의 플라톤주의이다.
176 *Jean Tauler(1300경~1361). 도미니크 수도회의 수사, 신비 신학자로서 기독교 신앙생활의 지도자들 가운데 하나로 여겨지고 있다.
177 Tauler, *Predigter*, XLI. Gandillac, *Valeur du temps dans la pédagogie spirituelle de Tauler*, p. 62에서 재인용.

니콜라스 폰 쿠에스[178]가 논평하는 것도 동일한 경험이다. "인간이 감각세계를 포기할 때, 인간의 영혼은 미친 상태와 비슷하게 된다."

인간은 신을 향해 나아갈 때 여느 때보다 더 광기에 빠져든다. 인간이 신의 은총에 힘입어 최종적으로 도달할 진실의 안식처란 인간에게 비이성의 심연이 아니고 무엇이겠는가? 신의 지혜가 섬광처럼 빛나는 순간이 인간에게 찾아온다 해도, 신의 지혜는 오랫동안 가려진 이성이 아니라, 한없이 깊은 심층이다. 신의 지혜에서는 비밀의 모든 측면이 그대로 간직되며, 지혜의 핵심 자체가 모든 광기의 현기증이기를 요구하는 그 주요한 모순의 영향 아래 모순이 줄곧 모순으로 남아 있다. "주여, 당신의 가르침은 너무나 깊은 심연입니다."[179]

그리고 신은 현자들에게조차 구원의 신비를 감추었고 이처럼 광기 자체를 통해 세계를 구원했다고 에라스무스가 과감하게 말할 때 그가 비록 멀리에서지만 알고 있었던 것을[180] 니콜라스 폰 쿠에스는 신의 지혜라는 크고 한없이 깊은 광기에 비하면 사소한 광기일 뿐인 허약한 이성을 상실하는 가운데 사유의 움직임을 따라 이미 상세하게 말했다.

"신의 지혜는 어떤 언어로도 표현할 수 없고 어떤 방식으로도 완성할 수 없으며 어떤 종말로도 끝을 맺을 수 없을 뿐만 아니라 어떤 비율로도 균형 잡을 수 없고 어떤 것에도 비교할 수 없다. 또한 어떤 형상으로도 형상화할 수 없으며 어떤 형태로도 모양지을 수 없다 …. 어떤 언어 표현으로도 이

---

178 *Nicolas von Kues(1431~1437). 프랑스어로는 Nicolas de Cusa. 독일의 신학자. 1448년에 추기경이 되어 그리스 정교회와 로마 가톨릭의 통합에 노력한다. 그의 주요 저서는 *Docte ignorance*로서 당시에는 주목을 받지 못했지만 나중에 브루노에게 깊은 영감을 준다.

179 Calvin, *Sermon II sur l'Epître aux Éphésiens*; in Calvin, *Textes choisis par Gagnebin et K. Barth*, p. 73.

180 Érasme, *loc. cit.*, §65, p. 173.

지혜를 형언할 수 없기 때문에, 이와 같은 종류의 문장을 무한히 생각해낼 수 있다. 이 지혜에 의해, 이 지혜 속에서, 이 지혜로부터 모든 사물이 생기기 때문에, 어떤 이해력으로도 이 지혜를 납득할 수 없다. "181

이제 거대한 원형의 흐름은 닫히게 된다. 지혜에 비하면 인간의 이성은 광기일 뿐이었고, 사람들의 얄팍한 지혜에 비하면 신의 이성은 광기의 본질적 움직임 안에 놓여 있다. 큰 차원에서는 모든 것이 광기일 따름이고, 작은 차원에서는 전체가 그대로 광기이다. 다시 말해서 이성에 준거해서만 광기가 있을 뿐이지만, 이성의 참모습 전체는 이성에 의해 거부되는 광기를 이성이 한순간 나타나게 한다는 점, 그 결과로 이번에는 이성을 일소하는 광기 속으로 이성이 사라진다는 점에 있다. 어떤 관점에서 보자면 광기는 아무것도 아니다. 즉, 사람들의 광기는 유일하게 존재를 점하는 지고至高의 이성 앞에서 무無에 지나지 않고, 사람들의 허약한 이성에 대해서만 광기가 근본적이므로, 근본적 광기의 심연도 역시 무無이다. 그러나 사람들은 이성의 이름으로 인간의 광기를 고발하지만, 사람들이 마침내 이성에 이를 때, 이성은 현기증에 지나지 않는 것으로 드러나고, 이와 같은 현기증 속에서 이성은 침묵하게 마련이므로, 이성 또한 아무것도 아니다.

15세기에 고조되었던 극심한 위험은 이런 식으로, 기독교 사상의 도도한 영향 아래 해소된다. 광기는 세계를 폭발시키고 환상적 마력을 드러내는 은밀한 동력이 아니고, 시대의 황혼기에 이르러 격렬한 동물성이나 앎과 금지의 큰 싸움을 드러내지 않는다. 광기는 이성에 결부되어 한없는 순환과정 속으로 들어가고, 광기와 이성은 서로를 긍정하고 부정한다. 이제 광기는 세계의 어둠 속에서 절대적으로 실재하는 것이 아

---

181 Nicolas de Cues, *Le Profane*, in *Œuvres choisies* par M. de Gandillac, p. 220.

니라 이성과의 상관성 아래에서만 실재할 따름이다. 이 상관성 속에서 이성과 광기는 서로에 힘입어 보존되기도 하고 서로에 의해 소멸하기도 한다.

(2) 광기는 심지어 이성의 형태들 가운데 하나가 된다. 광기는 어떤 때는 이성의 은밀한 힘들 가운데 하나를, 어떤 때는 이성발현의 계기들 가운데 하나를, 또 어떤 때는 이성이 이성 자체를 지각할 수 있는 어떤 역설적 형태를 구성하면서 이성에 통합된다. 아무튼 이성의 영역 자체 안에서만 광기가 의미와 가치를 보유한다.

"자만自慢은 우리의 자연적이고 원초적인 병이다. 모든 피조물 중에서 가장 비참하고 연약한 것은 인간이다. 그리고 가장 오만한 것도 인간이다. 인간 은 스스로 세계의 수렁과 똥 속에 처박혀 있다고, 우주의 가장 좋은 않은 장 소, 우주의 가장 생기 없고 썩은 부분, 집의 맨 마지막 층, 창공에서 가장 멀리 떨어진 곳에 3가지 조건 중에서 가장 나쁜 조건의 동물들과 함께 묶여 있고 꼼짝달싹 못한다고 느끼며 생각한다. 그러면서도 줄곧 상상력을 통해 달의 원형 궤도 위로 우뚝 올라서서 하늘을 자신의 발 아래 둔다. 인간이 신 에게 필적하는 것은 이와 같은 공허한 상상력 덕분이다."[182]

인간이 갇혀 있는 비참한 처지, 인간으로 하여금 진실과 선善에 다가 가지 못하게 방해하는 결함을 인정하지 않는 것, 이것이 인간의 가장 나쁜 광기이다. 인간조건의 특징 자체인 이러한 비이성을 부정하는 것 은 일찍이 인간의 이성을 합리적으로 사용하기를 스스로 포기하는 것이 다. 이성이 있다는 것은 사실상 지혜와 광기의 이 연속적 순환현상을 받아들이고 지혜와 광기의 상호성과 불가능한 분할을 뚜렷이 의식하는

---

182 Montaigne, *Essais*, liv. II, chap. XII, éd. Garnier, t. II, p. 188.

태도에서 확인된다. 진정한 이성은 어떻게든 광기에 연루되어 있고, 광기가 내는 길로 마땅히 접어들게 되어 있다.

"주피터의 딸들이여, 좀더 가까이 오라! 나는 광기를 통해서만 이른바 지복至福의 성채城砦라는 그 완전한 지혜로 다가갈 수 있다는 것을 증명하겠다."[183]

그러나 이 오솔길이 최종적 지혜에 전혀 이르지 못할지라도, 이 길을 따라가면 도달하리라고 약속된 성채가 신기루나 되살아난 광기에 지나지 않을지라도, 이 길이 광기의 오솔길이라는 것을 사람들이 정확히 알고 이 길을 따라간다면, 이 길은 그 자체로 지혜의 오솔길이다. 덧없는 구경거리, 시시한 쑥덕공론, 세계를 광기의 세계에 불과한 것으로 만드는 이러한 소리와 색깔의 야단법석을 그 자체로, 그러나 세계의 자기과시에 대한, 구경거리의 자기과시인 만큼 구경꾼의 자기과시인 그러한 자기과시에 대한 명확한 의식 속에서 용인하고 받아들여야 한다. 광기에 대해서는 진실을 경청하듯이 진지하게 주의를 기울일 필요가 없다. 냉소와 자기만족, 안이함과 속아 넘어가지 않는 은밀한 앎이 혼합된 가벼운 관심, 사람들이 흔히 장터의 구경거리에 기울이는 그러한 관심으로 충분하다. 즉, 광기에는 "거룩한 설교를 경청할 때"의 귀가 아니라, "약장수, 어릿광대, 익살꾼 앞에서 그토록 솔깃해지는 귀, 또는 미다스 왕[184]이 목신 판 앞에서 드러내는 당나귀 귀"[185]를 기울여야 한다. 지혜의 본질은 감추어진 진실에 대한 오랜 탐색보다는 오히려 이 다채

---

183 Érasme, *loc. cit.*, §30, p. 57.
184 *Midas. 그리스 신화에 나오는 프리기아의 왕. 실레노스의 마력에 의해 만지는 것마다 모두 금으로 변한다는 소원이 이루어졌으나 음식과 사랑하는 딸마저 금으로 변하는 불행에 빠졌고, 또 아폴론과 판의 음악 대결에서 음악의 신 아폴론에게 졌다는 판정을 내렸기 때문에 당나귀 귀가 되는 수난을 당하기도 했다.
185 Érasme, *loc. cit.*, §2, p. 9.

롭고 소란스러운 목전目前의 광경을 통해, 인식되지 않는 거부인 이와 같은 수락을 통해 더 확실하게 실현된다. 이성은 광기를 맞아들임으로써 은밀하게 광기를 둘러싸고 포위하며, 광기를 의식하고 광기를 위치시킬 수 있다.

게다가 광기를 이성 자체 안에 이성의 형태들 가운데 하나로, 어쩌면 이성의 방편들 가운데 하나로 설정하지 않는다면, 도대체 어디에 광기를 위치시킬 수 있겠는가? 아마 이성의 형태와 광기의 형태 사이에는 많은 유사점이 있을 것이다. 이 유사점들은 또한 불안감을 초래할 것이다. 매우 현명한 행동을 보고 그것이 광인의 행동이라는 사실을, 그리고 가장 무분별한 광증狂症을 목격하고 그것이 얌전하고 절도있는 보통 사람의 짓이라는 사실을 어떻게 분별할 수 있겠는가. 샤롱186의 말대로 "지혜와 광기는 아주 가까이 인접해 있다. 하나에서 다른 하나로 넘어가는 데에는 반회전半回轉만으로 충분하다. 이는 엉뚱한 사람들의 행동에서 쉽게 확인할 수 있다."187 그러나 이 유사성은 설령 이성을 지닌 사람들의 판단을 흐리게 한다 해도, 이성 자체에 도움이 된다. 그리고 광기의 가장 격렬한 양상이 이성에 의해 이성 자체의 움직임 속으로 끌려 들어감으로써, 이성의 가장 고귀한 목적이 달성된다.

몽테뉴가 정신착란 상태의 타소188를 찾아갔을 때 느낀 감정은 연민이라기보다는 오히려 분한 생각이다. 그러나 사실 그는 다른 어떤 감정보다도 감탄에 젖는다. 아마 이성이 극치에 이를 수 있는 사람의 경우에도 이성이 가장 깊은 광기와 한없이 가깝다는 것을 알아차리고는 모

---

186 *Pierre Charron(1541~1603). 프랑스의 모랄리스트로서 보르도에 살 때 몽테뉴를 알게 된다. *De la sagesse*는 그의 가장 유명한 저서이다.

187 Charron, *De la sagesse*, liv. 1er, chap. XV, éd. Amaury Duval, 1827, t. I, p. 130.

188 *Torquato Tasso. 이탈리아의 작가(1544~1595). 타소의 광기는 《해방된 예루살렘》이라는 그의 서사시만큼 유명하다.

멸감이 일었을 것이다. "자유로운 정신이 유쾌하게 고양되는 광기와 특별하고 지고한 미덕의 과시적 표현이 구별하기 어려울 만큼 가깝다는 것을 누가 모를까?" 그러나 몽테뉴는 바로 이 타소의 사례를 보고 역설적으로 감탄에 젖어든다. 실제로 이것은 이성이 그 동일한 광기에서 가장 낯선 수단들을 끌어냈다는 징후가 아닌가. 타소가 "다른 이탈리아 시인보다 더 판단이 정확하고 창의력이 풍부하며 다른 이탈리아 시인과는 달리 그 순수한 고대 시의 분위기에 맞게 성숙한 시인"인데도 이제는 "그토록 딱한 처지에서 타고난 재능을 잃은 채로 살아남아" 있다면, 이는 "그의 그 위협적인 생기발랄함, 그를 눈멀게 한 그 명확성, 그가 이유 없이 빠져 들어간 그 정확하고 예민한 이성의 이해, 그를 바보 같은 상태로 인도한 왕성한 호기심의 끈질긴 학문탐구, 그가 훈련받지 않고 별 생각도 없이 몰두한 그 탁월한 정신활동"[189]의 탓이 아닐까? 이성의 노력이 광기에 의해 확인되는 것은 광기가 이미 그러한 노력의 일부분이었기 때문이다. 강렬한 이미지, 맹렬한 정념, 정신의 그 위대한 침잠沈潛은 실로 광기에서 연유하는 것으로서, 이성의 가장 날카롭기 때문에 가장 위험한 도구이다. 광기 속에서 위태롭게 되어 그 결과로 활동이 정지되지 않는 강한 이성은 없다.

"광기가 섞여 있지 않는 위대한 정신은 없다 …. 바로 이러한 점에서 현자들과 가장 정직한 시인들은 때때로 이성을 잃고 격정의 상태에 빠질 필요가 있다는 점을 인정했다."[190]

광기는 이성의 노고勞苦에 난처하지만 없어서는 안 될 계기이다. 광기를 가로질러, 그리고 광기의 허울뿐인 승리를 지나서 이성은 표면화되고 승리를 구가한다. 광기는 다만 이성의 날카롭고 비밀스러운 힘일

---

189 Montaigne, *loc. cit.*, p. 256.
190 Charron, *loc. cit.*, p. 130.

따름이다. 191

점차로 광기가 무장해제를 당하고 시대가 바뀌어도 이러한 사정은 계속된다. 광기가 이성에 의해 포위되고는 이성 속에 수용되어 자리 잡는다. 이것이 바로 그 회의주의 사상, 더 정확히 말하자면 이성을 제한하는 형태, 그리고 이성과 어긋나는 힘을 그토록 생생하게 의식하는 그러한 이성의 모호한 역할이었다. 즉, 이성은 광기를 이성 자체의 형상들 가운데 하나로, 이를테면 외부의 영향력, 완강한 적의, 초월성의 표시일 수 있는 모든 것을 내쫓는 방식으로 간주할 뿐만 아니라, 이와 동시에 광기를 이성 자체의 본질을 이루는 기본적 계기로 지칭하면서, 광기를 이성 자체의 작업 한가운데에 자리 잡게 한다. 그리고 광기가 이성의 본질 속으로 편입되는 이러한 동향이 계속되는 가운데, 몽테뉴와 샤롱을 넘어 파스칼의 성찰이 나타난다.

"사람들은 그토록 필연적으로 광적狂的이어서, 미치지 않으려는 것이 광기의 또 다른 술책에 의해 미친 짓으로 비칠 정도이다."192

에라스무스와 함께 시작된 오랜 작업은 이러한 성찰 속에 수렴되고 재정리된다. 이성에 내재하는 광기는 발견되면서 곧 둘로 나누어진다. 한편에는 이성에 고유한 광기를 거부하는 "어리석은 광기"가 있는데, 이것은 이성에 고유한 광기를 물리치면서 이러한 광기를 악화시키고 이와 같은 악화로 인해 가장 단순하고 가장 폐쇄적이며 가장 직접적인 광증으로 전락한다. 다른 한편에는 이성의 광기를 맞아들이는 "현명한 광기"가 있는데, 이것은 이성의 광기를 따르고 이성에 고유한 광기의 시민권을 인정하며 이성에 고유한 광기의 활기찬 힘을 흡수하지만, 이러한 방법을 통해 사전에 언제나 패배하게 되어 있는 고집스러운 거부보

---

191 이와 동일한 취지에서 Saint-Évremond, *Sir Politik would be* (acte V, sc. II) 참조.
192 *Pensées*, éd. Brunschvicg, n° 414.

다 더 실질적으로 광기의 위험으로부터 보호받는다.

그리하여 이제는 광기의 진실이 바로 이성의 승리와 빈틈없이 일치하는 것이 되고, 광기에 대한 이성의 결정적 제어가 이루어진다. 왜냐하면 광기의 진실은 광기가 이성의 내부에 있다는 것이고, 광기가 이성의 한 형상일 뿐만 아니라 이성의 한 힘이며 이성이 자신에 대해 더 분명히 확신을 가질 수 있도록 하는 데 일시적으로 필요한 수단으로 나타나기 때문이다.

이것은 아마도 16세기 말에서 17세기 초까지 문학에 의해 광기가 다양하게 표현되는 현상의 비밀일 것이다. 달리 말하자면 스스로를 모색하는 그런 이성을 제어하기 위한 노력의 일환으로서, '그런 이성에 들어 있는' 광기의 현존을 인정하고 광기를 둘러싸며 광기를 포위하여 마침내 광기를 몰아내는 기술일 것이다. 요컨대 바로크 시대의 움직임일 것이다.

그러나 사상에서처럼 문학에서도 전체의 작업은 완결되어, 광기에 대한 비극적 경험의 확인을 비판의식 속으로 끌어들이게 된다. 지금으로서는 다만 이 현상을 무시하지 말고 《돈키호테》와 스퀴데리193의 소설뿐만 아니라 《리어왕》과 로트루194나 은자 트리스탕195의 극작품에

---

193 *Madeleine de Scudéry(1607~1701). 프랑스의 여류 문인으로 오빠 조르주 드 스퀴데리의 이름으로 소설을 펴냈다. 주요 작품으로는 *Ibrahim ou l'Illustre Bassa* (1641), *Artamène ou le Grand Cyrus*(1649~1653), "애정의 지도"가 들어 있는 *Clélie*(1654~1660), 그리고 *Femmes illustres*(1665), *Promenade à Versailles* (1669) 등 다수의 모델 소설이 있다.

194 *Jean de Rotrou(1609~1650). 프랑스의 극작가로 30여 편의 극작품이 남아 있다.

서도 찾아낼 수 있는 그 모습들의 차이를 부각시켜 보자.

가장 중요한 광기이면서 또한 18세기까지도 거의 사라지지 않은 형태들이 확인될 것이므로196 가장 지속적일 수 있는 광기, '소설적 동일시에 의한 광기'부터 시작하자. 이 광기의 특징은 세르반테스에 의해 결정적으로 정해진다. 그러나 이 주제는 꾸준하게 이어진다. 직접적으로 각색되기도 하고(1639년에 게랭 드 부스칼의 《돈키호테》가 공연되고, 2년 뒤에는 그가 《산초 판사의 통치》를 무대에 올린다), 특별한 에피소드가 재해석되기도 하며(피추의 《카르데니오의 광증》은 시에라 모레나197의 '누더기 기사'198 주제에 의거한 변주이다), 환상소설의 풍자(가령 쉬블리니199의 《가짜 클렐리》에서, 그리고 이 이야기 속의 "쥘리 다비안" 에피소드에서) 등의 더 간접적 방식으로 되풀이된다. 저자에서 독자로 공상적 생각들이 전달되지만, 한 편에서 일시적 변덕이었던 것이 다른 편에서는 지속적 환상幻想으로 바뀌고, 작가의 속임수는 꾸밈없이 그대로 현실의 형상으로 받아들여진다. 겉으로는 꾸며낸 소설에 대해 하기 쉬운 비판만 있는 것 같지만 실상은 예술작품에서 드러나는 현실과 상상계의 관계, 그리고 어쩌면 환상적 허구와 매혹적 정신착란 사이의 불순한 소통에

---

195 *François Tristan(1601경~1655). 프랑스의 작가. 은자 트리스탕은 그의 별호. 시집 *Plainte d'Acante*(1633), *Amours*(1638), *Vers héroïques*(1648)와 비극 *Marianne*(1636), *La Mort de Sénéque*(1645), 그리고 유쾌한 소설적 자서전 *Page disgracié*(1643) 등의 작품을 남겼다.

196 소설 읽기 또는 연극 공연이 광기를 불러일으킨다는 생각은 18세기, 특히 루소 이후에 매우 빈번하게 나타난다. *Infra*, IIe partie, chap. IV 참조.

197 *Sierra Morena. 에스파냐 남부의 산맥으로 '흑갈색 산맥'이란 뜻이다.

198 *세르반테스의 《돈키호테》에 등장하는 인물 카르데니오를 지칭한다. 루쉰신다라는 약혼녀를 빼앗겨 산속으로 은거한다. 이 충격으로 느닷없이 광기에 빠지곤 한다.

199 *Adrien Thomas Perdou de Subligny(1636~1696). 프랑스의 작가로서 *Fausse Clélie, histoire française, ganlante et comique*(1671)로 큰 성공을 거두었다. 작품으로는 라신의 《앙드로마크》를 비판한 《광란의 싸움》(1668)이 있다.

대한 불안을 감지할 수 있다.

"예술의 창안은 착란된 상상력에서 기인한다. 화가, 시인, 음악가의 '기발한 착상'은 그들이 자신들의 '광기'를 표현하기 위해 공손하게 완화시킨 이름일 뿐이다."**200**

광기를 통해서는 어떤 다른 시대, 어떤 다른 예술, 어떤 다른 도덕의 가치체계가 문제시될 뿐만 아니라, 인간이 발휘하는 상상력의 모든 형태, 심지어는 가장 멀리 떨어진 형태들도 공통의 공상적 생각 속에서 뒤죽박죽으로 뒤엉켜 있는 것이다.

이 첫 번째 광기에 '헛된 자만의 광기'가 바로 인접해 있다. 그러나 광인狂人이 하나의 문학적 모델에 자신을 동일시하는 것은 아니다. 광인이 동일시하는 것은 자기 자신이며, 그것은 상상적 일체감을 통해서이다. 이러한 일체감에 힘입어 광인은 자신에게 결여된 모든 자질, 모든 미덕 또는 능력이 자신에게 있다고 생각할 수 있게 된다. 그는 에라스무스의 늙은 '필라우티아'의 계승자이다. 그는 가난하나 부자이고, 못생겼으면서도 스스로 만족해하며, 발이 쇠사슬에 묶여 있으면서도 스스로 신이라고 생각한다. 그는 자기 자신을 바다의 신 넵투누스라고 착각하는 오수마**201**의 학사學士와 같다. **202** 이것은 《망상가들》**203**에 등장하는 일곱 작중인물, **204** 《놀림 당하는 현학자》**205**의 샤토포르, 《폴

---

200 Saint-Évremond, *Sir Politik would be*, acte V, sc. II.

201 *Osuma. 스페인 안달루시아 지방의 도시인 Osuna가 아닌가 한다.

202 Cervantes, *Don Quichotte*, IIe partie, chap. Ier.

203 *Les Visionnaires*. Jean Desmarets〔Desmaretz〕de Saint-Sorlin (1595~1676)의 5막 운문 희극. 일곱 작중인물은 Lysandre의 엉뚱한 세 딸(모든 남자들을 굴복시킬 수 있다고 믿는 Hespérie, 알렉산더 대왕만을 사랑하는 Mélisse, 연극에 푹 빠진 Sestiane)과 그가 사윗감을 고르려고 만나는 4명의 '망상가들'(허세부리는 Artabase, 엉뚱한 시인 Amidor, 관념으로만 사랑에 빠지는 Filidan, 자신이 부자라고 상상하는 Phalante)이다.

리틱 경》에 나오는 드 리슈수르스 씨의 우스꽝스러운 운명이다. 이러한 광기는 이 세계에 여러 가지 성격과 야망과 필요한 환상이 있는 만큼 많은 모습을 가진 다형多形의 광기라고 말할 수 있다. 이 광기는 극단적 모습을 고려한다 해도, 광기들 중에서 가장 덜 극단적인 것이고, 모든 인간이 마음속으로 자기 자신과 맺는 상상적 관계이다. 이 광기에서는 광기의 결함들 가운데 가장 일상적인 것들이 생겨난다. 이 광기를 비난하는 것은 모든 도덕적 비판의 첫 번째 요소이자 마지막 요소이다.

'정당한 징벌懲罰의 광기'도 역시 도덕의 영역에 속한다. 이 광기에 의해 정신의 무질서와 더 나아가 감정의 혼란에 징벌이 내려진다. 게다가 이 광기는 다른 권능이 있다. 즉, 이 광기에 의해 징벌이 내려지고 진실이 드러남에 따라, 징벌은 무수히 늘어난다. 이러한 광기의 정당성은 그것이 진실을 말해준다는 점에 있다. 죄인이 이미 환상들의 헛된 소용돌이 속에서 영원히 징벌의 고통일 것을 겪기 때문에, 이러한 광기는 진실과 일치한다. 가령 《멜리트》206에서 에라스트는 이미 자기 자신이 유메니데스207에게 쫓기며 미노스에게 죽음을 면할 수 없다고 생각한다. 또한 모든 이의 눈에 보이지 않게 감춰진 범죄가 이와 같은 기이한 징벌의 밤에 밝혀지기 때문에, 이 광기는 진실에 부합한다. 광기는

---

204 《망상가들》에는 아킬레스라고 자처하는 비겁한 허풍선이, 태깔스러운 시인, 무식한 시 애호가, 스스로 부자라고 상상하는 인물, 모든 사람으로부터 사랑 받고 있다고 생각하는 아가씨, 희극에 관해서는 모든 것을 판단할 수 있다고 믿는 현학적인 여자, 자신이 소설의 여주인공이라고 착각하는 또 다른 현학적인 여자가 등장한다.

205 *Le Pédant joué. Savinien de Cyrano de Bergerac (1619~1655) 의 산문 희극. 현학자 Granger가 자기 딸 Manon에게 반한 '허세부리는' Châteaufort를 경멸하며 신사 La Tremblaye의 여동생 Genevote를 두고 아들과 경쟁하는 이야기이다.

206 *Mélite. 피에르 코르네이유의 5막짜리 운문 희극(1629)으로, 작가의 자서전적 성격이 강하다.

207 *복수의 세 여신 에리니에스의 별칭.

제어할 수 없는 그 무분별한 발언들 속에서 자체의 의미를 내비치고, 공상들 속에서 자체의 은밀한 진실을 말하며, 광기의 외침은 광기의 의식에 유리하게 작용한다. 가령 맥베드 부인의 헛소리는 오랫동안 '귀먹은 베개'에서만 소곤거린 말을 "알아서는 안 될 사람"에게 드러나게 한다. 208

　광기의 마지막 유형은 '절망적 정념'의 광기이다. 너무 지나쳐 실망만을 안겨준 사랑, 무엇보다도 죽음의 숙명성 때문에 배신당한 사랑은 발광發狂 이외의 다른 출구가 없다. 미친 사랑은 대상이 있는 한 광기라기보다는 사랑이었다. 그러나 정신착란의 허공 속에서 미친 사랑은 외롭게 추구된다. 아무런 통제 없이 지나치게 격정적인 상태에 빠진 정념으로 인한 징벌일까? 아마 그럴 것이다. 그러나 이러한 징벌은 또한 진정鎭靜현상이기도 하고, 돌이킬 수 없는 부재 위로 상상적 존재들의 동정심을 확산시키며, 사라지는 형태를 결백한 기쁨의 역설 속에서, 또는 무분별한 추구의 꿋꿋한 영웅 정신 속에서 되찾는다. 징벌로 인해 죽음이 초래된다 해도, 이 죽음은 서로 사랑하는 이들이 결코 다시는 헤어지지 않을 죽음이다. 오펠리아의 마지막 노래, 《현자의 광기》209에서 새어나오는 아리스트의 헛소리는 이와 같은 죽음을 감싸고돈다. 그러나 대표적 사례는 무엇보다도 《리어왕》의 씁쓸하고 가벼운 발광이다.

　셰익스피어의 작품에서 광기는 죽음과 살해로 이어지고, 세르반테스의 작품에서 형태들이 정돈되는 기준은 상상세계에서 비롯되는 온갖 자

---

208 *Macbeth*, acte V, sc. 1er.

209 *은자 프랑수아, 이른바 은자 트리스탕(1601~1655)의 5막짜리 운문 희비극. Ariste는 사르데냐(코르시카 남쪽의 섬) 왕의 존경을 받지만 왕이 자기 딸 Rosélie를 탐하자 절망에 빠진다. 왕은 Palamède가 로젤리의 연인일 줄 모르고 그에게 조언을 구한다. 딸이 죽은 것으로 알고 아리스트가 광기에 사로잡혀 모든 책을 내던지는 장면은 3막에 나오고 그의 장광설은 4막에 나온다.

기만족과 자만이다. 그러나 셰익스피어와 세르반테스의 모방자들은 모방의 원형인 고귀한 신분의 모델들을 굴절시키고 이러한 모델들의 무장을 해제한다. 아마 셰익스피어와 세르반테스는 둘 다 그들의 시대에 전개되는 비이성에 대한 비판적이고 도덕적 경험의 증인이라기보다는 오히려 15세기에 생겨난 광기에 대한 비극적 경험의 증인일 것이다. 그들은 시간을 넘어서서 사라지는 중이고 단지 어둠 속에서만 계속성이 추구될 의미의 명맥命脈을 이어간다. 그러나 그들의 작품과 그들의 작품이 보존하는 것을 그들의 동시대인들이나 모방자들에게서 생겨나는 의미와 비교할 때에야 비로소 17세기 초에 문학적 광기의 경험에서 일어나던 것을 해독解讀할 수 있을 것이다.

세르반테스나 셰익스피어의 작품에서 광기는 언제나 극단적 자리, 광기란 어찌할 도리가 없는 것이라는 점에서 극단적 자리를 차지한다. 어떤 것도 광기를 진실이나 이성으로 되돌리지 못한다. 광기는 오로지 파멸과 더 나아가 죽음으로만 통해 있다. 광기의 헛된 발언을 고려컨대 광기는 공허가 아니다. 광기를 가득 채우는 허무감은 궁중 의사가 맥베드 부인에 대해 말하듯이 "내 경험으로는 결코 고칠 수 없는 병"이다. 이 허무감은 이미 완전한 죽음이다. 즉, 의사가 아니라 오직 신의 자비만을 필요로 할 뿐인 광기이다. 210 오펠리아가 마침내 되찾은 온유한 기쁨도 결코 행복으로 귀착되지 않으며, 정신 나간 오펠리아의 노래는 맥베드 성의 회랑을 따라 줄곧 "여왕이 죽었다"고 외치는 "여자의 비명"만큼211 핵심에 가까운 것이다.

아마 돈키호테의 죽음은 마지막 순간에 다시 이성과 진실로 이어질 만큼 마음이 가라앉은 풍경 속에서 끝난 것일지 모른다. 어느 순간 문

---

210 *Macbeth*, acte V, sc. 1er.
211 *Ibid.*, acte V, sc. V.

득 기사의 광기는 자각되고 기사 자신의 눈앞에서 자신의 행위는 어리석은 짓으로 떨쳐버려진다. 그러나 자신의 광기에 대한 이 갑작스러운 예지가 "그의 머릿속으로 방금 들어온 새로운 광기"와는 다른 것일까? 여기에는 계속 바뀌어질 수 있는 애매성이 있는데, 이러한 애매성은 마지막으로 죽음 자체에 의해서만 깨끗이 해결될 수 있을 뿐이다. 사라진 광기는 임박한 종말과 다를 것이 하나 없다. "심지어 그들로 하여금 환자가 죽을 것이라고 추측케 한 징후의 하나는 환자가 그토록 쉽게 광기에서 이성으로 되돌아왔다는 것이었다." 그러나 죽음 자체가 평화를 가져다주는 것은 아니다. 삶의 종말이 다가와서야 광기로부터 해방될 수 있는 한 인생의 종말을 넘어, 결국 광기는 계속 승리를 구가할 것이다. 이는 어처구니없지만 영원한 진실이다. 반어적으로 그의 무분별한 삶이 그를 떠나지 않고 그의 발광에 의해서만 그를 불멸하게 만들 뿐이다. 광기는 여전히 죽음의 영생永生이다.

"용기를 그토록 멀리 밀고 나가 죽었으되 죽음이 삶을 물리칠 수 없었다고들 하는 무서운 정신의 귀족이 여기에 잠들다."**212**

그러나 세르반테스와 셰익스피어가 광기를 설정했던 이 궁극적 영역에서 광기는 매우 일찍 떠나버린다. 그리고 17세기 초의 문학에서 광기는 되도록 중간의 자리를 차지하려 한다. 가령 광기는 대단원보다는 오히려 사태의 급변을, 임박한 종말보다는 오히려 대파란을 형성한다. 소설과 희곡구조의 체계 안에 나타난 광기는 진실의 발현과 이성의 완화된 복귀의 모습으로 가능하게 된다.

그 결과로 이제 광기는 비극적 현실이나 광기를 다른 세계로 개방하는 절대적 파멸이 아니라 광기의 환상에 대한 아이러니의 모습으로만 생각된다. 광기는 실제의 징벌이 아니라 징벌의 비유이고 따라서 거짓

---

212 Cervantes, *Don Quichotte*, IIe partie, chap. LXXIV, trad. Viardot.

된 외양이고, 범죄의 겉모습 또는 죽음의 환각에만 연결될 수 있을 뿐이다. 《현자의 광기》에서 아리스트가 딸의 죽음을 전해 듣고 미치는 것은 딸이 결코 실제로 죽지 않기 때문이며, 《멜리트》213에서 에라스트가 유메니데스에게 쫓기다가 미노스 앞에 끌려간다고 생각하는 것은 그가 저지를 수 있었고 그가 저지르고 싶어했지만 사실은 어떤 실제의 죽음도 초래하지 않은 이중의 범죄 때문이다. 광기는 극적劇的 진실성을 상실해 버린다. 즉, 광기는 오류의 차원에서만 징벌이거나 절망이다. 광기의 극적 기능은 거짓된 비극적 사건이 문제임에 따라서만 존속할 뿐이다. 광기는 상상 속의 과오, 환상 속의 살해, 재발견되는 것으로 예정된 실종사건만이 문제가 되는 공상적 형태로만 존재하는 것이다.

그렇지만 이러한 진실성의 부재에도 불구하고 광기는 과거보다 훨씬 더 필요한 것이 된다. 왜냐하면 광기에 의해 환각의 과잉이 유발된다 해도, 환각이 사라지는 것은 광기로부터이기 때문이다. 작중인물이 자신의 잘못으로 인해 빠져드는 광기 속에서, 난마처럼 얽힌 사태를 자기도 모르게 풀기 시작한다. 그는 자책함으로써 본의 아니게 진실을 말한다. 예컨대 《멜리트》에서 주인공은 다른 사람들을 속이기 위해 여러 차례 술책을 부렸지만 모든 술책이 주인공에게 불리한 방향으로 작용했으며, 그는 경쟁자와 정부情婦의 죽음이 자기 자신의 책임이라고 생각함으로써 첫 번째 제물이 되었다. 그러나 그는 정신착란 속에서 연서戀

---

213 *에라스트는 아름다운 멜리트를 사랑하나 늘 헛물만 켠다. 그는 그녀가 경쟁자 Tircis를 사랑한다는 것을 알고 복수를 작심한다. 그는 티르시의 여동생 Cloris와 결혼하게 되어 있는 Philandre에게 불에 탄 흔적이 있는 편지들을 멜리트가 쓴 것이라고 주장하면서 보낸다. 이로 인해 필랑드르는 클로리와의 결혼을 단념하고 멜리트가 티르시를 속이고 있다는 것을 입증하려고 이 편지들을 티르시에게 내보인다. 멜리트는 티르시의 자살 소식을 듣고 잠적한다. 그녀도 죽었다고 생각한 에라스트는 미치광이가 된다. 그러나 둘 다 살아 있고 곧 결혼할 것이라는 사실이 드러나자 이성을 회복한다.

書 전체를 자신이 꾸며냈다고 자책한다. 진실은 광기 속에서 광기에 의해 밝혀지는데, 광기는 결말에 대한 착각 때문에 유발되어, 실제의 혼미한 사태의 결과이자 동시에 원인으로 드러나면서 이와 같은 사태를 해결하는 유일한 것이다.

달리 말해서 광기는 거짓된 최종상태의 잘못된 대가이지만, 고유한 효력을 통해, 그때 정말로 종결될 수 있는 참된 문제를 솟아오르게 한다. 광기는 오류 아래에서 진실의 비밀스러운 작업을 되찾는다. 추적자들을 피하기 위해 미친 척하고 미치광이의 무리 속으로 몸을 숨기는 한 쌍의 연인을 《광인 구빈원》의 저자가 묘사할 때, 그가 다루는 것은 광기의 이 모호하고 동시에 핵심적인 기능이다. 남자로 변장한 젊은 아가씨가 발광의 발작을 위장하면서 실제로 여자이면서도 자신이 여자라고 믿는 척한다. 이런 식으로 두 가지 가장假裝이 상호적으로 상쇄되면서 진실이 말해지고 마침내 진실이 승리하는 것이다.

광기는 '착각'의 가장 순수하고 가장 완전한 형태이다. 광기의 상태에서는 거짓이 참으로, 죽음이 삶으로, 남자가 여자로, 연인이 복수의 여신으로, 그리고 희생자가 미노스214로 착각된다. 또한 광기는 연극의 체계에서 착각의 가장 엄밀하게 필수적인 형태이다. 왜냐하면 광기가 진정한 결말로 다가가는 데에는 어떤 외부적 요소도 필요하지 않기 때문이다. 광기의 착각을 진실로까지 밀고 나가는 것으로 충분하다. 이처럼 광기는 구조의 한가운데에서, 자체의 역학적 중심에서, 비밀스런 재출발의 의미가 함축된 결과이면서 동시에 이성 및 진실과의 화해로서 나타나는 의미에서의 입문入門이다.

광기는 작중인물들의 비극적 운명이 십중팔구 합류하는 지점이고,

---

214 *그리스 신화에 나오는 크레타 섬의 왕. 그의 부인이 황소와 교접하여 낳은 미노타우로스를 미궁 안에 가두어놓고 해마다 아테네 사람 7명을 제물로 바치게 한다.

되찾은 행복으로 이르는 흐름의 출발점은 실제로 거기에 있다. 광기 안에서 균형이 이뤄지지만, 광기는 이 균형을 착각의 망상 아래, 위장된 무질서 아래 감춘다. 빈틈없는 구조의 형태가 그 착란되고 격렬한 겉모습들의 솜씨 좋은 배열 아래 감추어져 있는 것이다. 그 갑작스런 생기발랄함, 그 몸짓과 말의 우연성, 줄거리가 더욱 긴장되게 전개되는데도 몸짓과 말을 뒤죽박죽으로 만들고 사물의 윤곽을 깨뜨리며 자세를 무너뜨리고 장식 휘장을 구기는 그 '광기의 바람'은 바로크식 '눈속임'의 표본이다. 전기 고전주의 문학의 희비극적 구조에서 광기는 커다란 눈속임이다.215

스퀴데리216는 이 사실을 잘 알고 있었는데, 그는 《배우들의 희극》에서 연극의 연극을 만들고 싶어했고, 그래서 광기에서 기인하는 착각의 작용을 단번에 작품의 원리로 설정했다. 일부의 배우들이 관객의 역할을 맡고, 나머지 배우들이 연기자의 역할을 맡게 된다. 그러므로 한편으로는 엄연히 실제의 무대에서 공연이 진행되는데도 무대를 현실로, 연기를 삶으로 생각하는 척해야 한다. 다른 한편으로는 현실 속에서 그저 공연하는 배우들만 있는데도 배우의 역을 맡고 배우를 흉내 내는 척해야 한다. 이와 같은 이중의 연기에서 모든 요소는 둘로 나누어

---

215 17세기 극작품을 대상으로 꿈과 광기 사이의 관계에 대한 구조 연구를 해야 할 것이다. 꿈과 광기의 연관성은 오래 전부터 철학과 의학의 주제였다(제2부 제3장 참조). 그렇지만 꿈은 약간 더 늦게 연극 구조의 본질적 요소로 나타난 듯하다. 아무튼 꿈의 의미는 다르다. 왜냐하면 꿈에 자리 잡는 현실은 화해가 아니라 비극적 최종상태이기 때문이다. 꿈의 눈속임은 극문학의 진정한 전망을 드러내며, 표면상의 무질서라는 반어를 통해 어떤 거짓된 귀결을 가리키는 광기처럼 '오류'로 유도하지 않는다.

216 *Georges de Scudéry(1601~1667). 프랑스의 작가, 마들렌 드 스퀴데리의 오빠. 1630년 연극에 전념하기 위해 군대를 떠났다. *Trompeur puni*(1633), *Comédie des comédiens*(1635), *Vassal généreux*, *Mort de César*(1636) 등을 남겼다.

지고 현실과 환각의 전환은 되풀이된다. 이러한 전환이 바로 광기의 연극적 의미이다. 몽도리[217]가 말한 바에 의하면, "나는 스퀴데리 희곡의 서막에서 내 동료들의 언동言動이 얼마나 괴상한지 알 수 없다. 그러나 그들의 괴상함이 실로 너무나 엄청나서, 나는 그들이 어떤 마력으로 인해 이성을 잃는다고 믿지 않을 수 없고, 거기에서 내가 알아차리는 가장 나쁜 것은 그들이 나에 대해, 그리고 여러분에 대해서도 이성을 잃게 하려고 애쓴다는 점이다. 그들은 내가 무대 위에 있지 않다고, 여기가 리옹 시라고, 저기 여인숙이 있다고, 여기 실내 폼[218]구장에서 배우들이 전원극을 공연하는데 그들은 결코 우리가 아니지만 우리는 그들이라고 나를 설득하고 싶어한다."[219]

이와 같은 괴상한 분위기에서 연극은 환각이라는 연극의 진실, 엄밀한 의미에서 광기의 모습을 펼쳐 보인다.

이제 광기의 고전주의적 경험이 탄생한다. 15세기의 지평에서 고조된 대대적 위협은 완화되고, 보슈의 그림에서 확연히 눈에 띄는 음산한 지배력은 격렬함을 상실했다. 여러 형태가 투명하고 유순한 모습으로 행렬을, 그리고 또한 이성의 불가피한 행렬을 형성하면서 존속한다. 광기는 세계, 인간, 죽음의 극한에서 종말론의 형상이기를 그쳤으며, 광

---

217 *Mondory. 《배우들의 희극》에 등장하여 배우들의 광기를 말하는 극단장. 잃어버린 조카를 찾고 있는 M. de Blandimare가 연극을 보러 왔다가 배우들 사이에서 조카를 찾게 되고 그래서 배우들을 저녁 식사에 초대하여 예술에 관해 배우들과 이야기를 나눈다. 여기에서 스퀴데리가 화제에 오른다.

218 *테니스의 전신(前身).

219 G. de Scudéry, *La Comédie des comédiens*, Paris, 1635.

기가 고정된 시선을 지니고 불가능의 형태들이 생겨나는 그러한 어둠은 사라졌다. 광인들을 태운 배의 자유로운 노예상태가 사방으로 퍼져가던 세계 위로 망각忘却의 장막이 내린다. 즉, 광인들의 배는 이제 기이한 항해를 통해 세계의 이편에서 세계의 저편으로 나아가지도 않을 것이고, 결코 그 멀어지는 절대적 한계이지도 않을 것이다. 마침내 광인들의 배가 사물들과 사람들 한가운데에 요지부동으로 정박하여 잡아 매이고 움직이지 않게 고정된다. 이제는 배가 아니라 구빈원救貧院이 문제된다.

광인들을 태운 작은 배들의 운運이 다한 후 고작 100여 년이 지나자, 곧 "광인 구빈원"이란 문학적 주제가 나타나는 것이다. 거기에서는 머리가 빈 사람들이 진정한 이성의 질서에 따라 사슬 따위에 묶이고 분류된 상태로, 각자 예컨대 모순과 반어反語, 지혜와 분리된 언어를 말한다.

"… 치료할 수 없는 광인을 위한 구빈원에서는 남녀를 불문하고 모든 광증과 정신의 질병이 철저하게 추론되는데, 이것은 유용할 뿐만 아니라 재미있고 참된 지혜의 획득에 필요한 활동이다."[220]

거기에서는 광기의 형태들 각각의 자리가 조정되고 각 형태에 상징과 수호신이 지정된다. 가령 열광적으로 허튼 소리를 늘어놓는 광기는 의자에 새처럼 올라앉은 바보로 상징되어 미네르바의 시선 아래 분주하게 움직이고, 들판을 내달리는 침울한 우울증 환자는 고독하고 탐욕스러운 늑대로 상징되어 동물들의 변신을 주관하는 주피터를 신으로 모시며, 게다가 "술주정뱅이 광인", "기억과 오성悟性을 잃어버린 광인", "반쯤 죽은 듯이 늘 졸고 있는 광인", "경박하게 굴고 지능이 전혀 없는 광

---

220 F. de Clavier에 의해 번역되고 정리된 Gazoni, *L'ospedale de' passi incurabili*, Ferrare, 1586. 1653년에 *Les Illustres Fous*라는 제목으로 수정판이 나온 Beys, *L'Ospital des Fous*(1635) 참조.

인" 등이 있다. 이 무질서의 세계 전체도 완벽한 질서 속에서 이성 '예찬'을 행한다. 어느 새 이와 같은 "구빈원"에서의 '수감'收監이 '승선'乘船의 뒤를 잇는다.

광기가 제어된 까닭에, 광기의 세계는 모든 외양을 그대로 유지한다. 이제 광기는 이성에 따른 조치와 진실을 찾으려는 작업의 일부분이 된다. 광기는 사물들의 표면에서, 낮의 반짝이는 빛 속에서 외양의 모든 움직임, 현실과 환각의 애매성, 진실과 겉모습을 결합시키고 동시에 분리시키는, 언제나 계속되면서도 언제나 단절되는 그 막연한 구조에 기대를 건다. 광기는 감추고 드러내며, 진실과 거짓을 나타내고 말하며, 어둠이고 빛이다. 광기는 반짝거린다. 광기는 바로크 시대의 중심적이고 유순한 형상, 이미 불안정한 형상이다.

소설과 연극의 허구에서 광기가 또 다시 그토록 빈번하게 나타난다는 사실에 놀라지 말자. 광기가 실제로 거리에서 맴돈다는 사실에 동요하지 말자. 프랑수아 콜르테[221]는 거리에서 수차례 광기와 마주쳤다.

> 나는 이 거리에서 보네
> 아이들이 딸린 무고한 사람을.
> … 또한 찬미하라 이 불쌍한 녀석을.
> 저 불쌍한 광인은 무얼 하는가
> 그토록 많은 넝마로? …
> 나는 거리에서 욕설을 퍼붓는
> 조야粗野한 미친 여자들을 보았네…. [222]

---

221 *François Colletet. 프랑스의 작가(1628~1680경). 작품으로 *Noëls nouveaux* (1660), *Description de Paris*(1665) 등이 있다.

222 François Colletet, *Le Tracas de Paris*, 1665.

사회의 풍경에서 광기는 매우 친숙한 모습을 드러낸다. 사람들은 오래 전부터 있어온 바보들의 무리, 그들의 축제, 그들의 집회, 그들의 이야기에서 새롭고 아주 강렬한 즐거움을 느끼고, 바보들의 왕으로 자처하고 앙굴르방이라는 이름으로 더 잘 알려진 니콜라 주베르에 대해 호의적이건 적대적이건 열광한다. 이 칭호를 두고 백작 발랑티와 자크 레노가 그에게 이의를 제기한다. 비방문, 소송, 구두변론이 이어진다. 그의 변호사는 그가 바보들의 왕이라고 선언하고 "빈 머리, 상식이 전혀 들어있지 않은 경박한 머리, 빈 깡통, 머릿속에 용수철도 톱니바퀴도 전혀 없는 분해된 두뇌"[223]를 증명한다.

콩트 드 페르미시옹[224]이라고 불리게 되는 블뤼에 다르베르는 크레키 가家, 레디기에르 가, 부이용 가, 느무르 가의 피보호자이다. 1602년에 그의 작품이 출판되는데, 그가 스스로 펴낸 것인지 또는 누군가가 그를 위해 출판한 것인지는 모르지만, 거기에서 그는 독자에게 "읽을 줄도 쓸 줄도 모르고 읽기나 쓰기를 배운 적도 없지만, 신과 천사들로부터 영감을 받아" 책을 펴내게 된 것이라고 일러둔다. [225] 레니에[226]가 자신의 여섯 번째 풍자시에서 언급하는[227] 피에르 뒤퓌는 브라스캉빌

---

223 Peleus, *La Défense du Prince des Sots* (s. c. ni d.), *Plaidoyer sur la Principauté de Sots*, 1608 참조. 또한 *Surprise et fustigation d'Angoulevent par l'archiprêtre des poispillés*, 1603, *Guirlande et réponse d'Angoulevent* 참조.

224 *Comte de Permission. '허가 백작'이라는 뜻이다.

225 *Intitulation et Recueil de toutes les œuvres que* (sic) *Bernard de Bluet d'Arbères, comte de permission*, 2 vol., 1601~1602.

226 *Mathurin Régnier (1573~1613). 프랑스의 시인으로 한때 방랑 예술인 모임에 드나들면서 방탕한 삶을 살았다. 5편의 비가(悲歌), 3편의 서간시, 다양한 외설시(猥褻詩) 이외에도 혈기와 건전한 음담패설의 걸작인 19편의 풍자시(이것들의 출판은 1608~1613년 동안에 이루어진다)를 썼다.

227 Régnier, *Satire VI*, vers 72.

의 말에 의하면 "긴 가운을 걸친 어리석은 광인"[228]이다. 피에르 뒤퓌는 〈기욤 선생의 재再각성에 관한 건의〉라는 글에서 자신이 "달의 3층 응접실까지 올라간 사람의 정신"을 지니고 있다고 공언한다. 그리고 레니에의 14번째 풍자시에도 피에르 뒤퓌와 비슷한 다른 많은 인물이 모습을 보인다.

17세기 초의 세계는 기이하게도 광기를 환대한다. 그 세계에서 광기는 진실과 공상의 기준들을 혼란스럽게 만드는 반어적 징후로서, 많은 비극적 위협의 기억, 이를테면 불안스럽다기보다 불투명한 삶, 사회에서의 사소한 동요, 이성의 유동성流動性을 가까스로 간직하면서, 사물들과 인간들의 중심에 자리 잡고 있다.

그러나 새로운 제약이 생겨나고 있는 중이다.

나는 손에 등불을 수백 번 고쳐들고
환한 정오에 찾아나섰네 …[229]

---

228 Brascambille (Paradoxes 1622, p. 45). Desmarin, *Défense du poème épique*, p. 73에서의 또 다른 언급 참조.
229 Régnier, *Satire XIV*, vers 7~10.

2

대감호大監護

'강제로 수용토록 하라'[1]

르네상스 시대에 목소리는 풀려 나왔지만 이미 폭력성이 제어된 광기가 고전주의 시대에는 이상한 강제력에 의해 곧 침묵으로 귀착하게 된다.

데카르트는 회의懷疑를 진전시키는 과정에서 꿈과 모든 형태의 오류 가까이에서 광기와 마주친다. 그는 오류에 빠질 때 바깥의 세계가 사라지거나 꿈속에서 의식이 잠들 수 있듯이, 미칠 가능성은 자신의 육체를 박탈할 위험이 있다고 생각한 것이 아닐까?

"어쩌다 내가 나를 광인들과 비교하지 않는다면, 이 손과 이 몸이 나의 것이라는 사실을 어떻게 부인할 수 있겠는가? 그들의 두뇌는 담즙의 검은 김으로 인해 그토록 혼란스럽고 흐리멍덩하여, 그들은 매우 가난한데도 왕이라고 하고, 온통 발가벗고 있으면서도 휘황찬란한 비단옷을 입고 있다고 끊임없이 단언하기도 하며, 자신이 항아리라거나 몸이

---

1   *compelle intrare.

유리로 되어 있다고 상상하기도 한다."[2]

그러나 데카르트는 꿈이나 오류의 가능성을 교묘히 회피하는 것과는 달리 광기의 위험을 피해가지 못한다. 감각은 속이는 것이라 해도 사실 "거의 감지되지 않고 아주 멀리 떨어져 있는 사물"만을 왜곡시킬 수 있을 뿐이며, 감각에 의한 착각의 효력에도 불구하고 언제나 진실의 잔재, 가령 "내가 여기 난로 가에 설렁한 실내복을 입고 앉아 있다"[3]는 사실은 그대로 남는다. 꿈으로 말하자면 꿈속에서는 화가들의 상상작용에서처럼 "기묘하고 특이한 형상들을 통해 인어나 사티로스"를 나타낼 수 있지만, 배열됨으로써 환상적 이미지를 생겨날 수 있게 하는 그 "더 단순하고 더 보편적인" 사물들은 꿈 자체에 의해 창조될 수도 구성될 수도 없다.

"물질계 일반과 물질계의 연장延長은 이와 같은 종류의 사물들로 되어 있다." 이러한 사물들은 꿈에 의해 위태롭게 되지 않을 진실의 불가피한 표지標識로서, 거의 위장될 수 없기 때문에 꿈의 신빙성을 보장한다. 온갖 이미지가 가득한 잠도, 감각을 속이는 뚜렷한 의식도 물질계의 보편성에 대한 철저한 회의를 야기할 수 없다. 눈이 우리를 속인다고 인정하자, "이제 우리가 잠들어 있다고 가정하자," 그래도 진실이 완전히 어둠 속으로 빠져들지는 않을 것이다.

광기로 말하자면 사정이 다른데, 광기의 위험이 광기의 본질적 진실이나 작동을 위태롭게 하지 않는다면, 이는 '그와 같은 일'이 광인의 사유에서조차 거짓일 수 없기 때문이 아니라 생각하는 '자아自我', 곧 내가 미칠 수 없기 때문이다. 내가 몸을 지니고 있다고 생각할 때, 나는 몸이 유리로 되어 있다고 상상하는 자보다 더 확고한 진리를 쥐고 있다고 확

---

2 Descartes, *Méditations*, I, *Œuvres*, éd. Pléiade, p. 268.
3 *Ibid.*

신하는가? 물론이다. 왜냐하면 "그들은 광인이고, 만일 내가 그들의 전례를 따른다면, 내가 그들보다 덜 괴상하지 않을 것"이기 때문이다. 진리의 영속성 덕분으로 사유가 오류에서 벗어나거나 꿈에서 빠져 나올 수 있었던 것과는 달리, 광기로부터 사유를 보호하는 것은 진리의 영속성이 아니라, 미칠 가능성의 부정이다. 광기의 불가능성은 사유의 대상이 아니라 생각하는 주체의 본질이다. 누구나 "회의懷疑의 어떤 근거"를 찾기 위해, 자신이 꿈을 꾼다고, 또는 자신이 꿈꾸는 주체와 동일하다고 가정할 수 있다. 이 경우에는 진리가 여전히 꿈의 가능조건으로 나타난다. 이와 반대로 사유를 통해서조차 미쳤다고 가정할 수는 없다. 왜냐하면 광기는 바로 사유의 불가능 조건이기 때문이다. "내가 그들보다 덜 괴상하지 않을 것이다 …."4

데카르트의 회의체계에는 한편의 광기와 다른 한편의 꿈과 오류 사이에 근본적 불균형이 있다. 진리와 관련하여, 그리고 진리를 찾는 자와 관련하여 이 양편의 상황은 달라진다. 꿈이나 환각은 진리의 구조 자체 속에서 극복된다. 그러나 광기는 회의하는 주체에 의해 배제된다. 회의의 주체가 생각하지 못한다는 것과 그가 존재하지 않는다는 것은 있을 수 없는 일이기 때문이다. 《수상록》 이후에 이미 어떤 결정이 내려진 것이다. 몽테뉴가 타소를 만났을 때, 모든 사유가 비이성에 사로잡히지 않는다는 것을 그는 어떤 것에서도 확신할 수 없었다. 그러면 대중은? "이러한 광증에 휘둘리는 가련한 대중"은? 사유인思惟人은 광기의 괴상한 언동言動을 실행할 염려가 전혀 없을까? 사유인도 "최소한 대중만큼 불쌍히 여겨야 할" 사람이다. 그런데 무슨 근거에서 사유인을 광기의 심판자로 여길 수 있을 것인가?

"어떤 사물을 거짓되고 불가능한 것으로 단호하게 정죄定罪하는 데에

---

4 Descartes, *op. cit.*

는 신의 의지와 어머니-자연의 힘에 모두 경계와 한계가 있다는 것을 염두에 두게 만든다는 유익한 점이 있다. 그렇지만 이와 같은 경계와 한계를 우리의 능력과 자기도취를 보증하는 척도로 귀착시키는 것보다 더 두드러진 광기는 없다. 이 점을 나는 이성으로부터 배웠다."5

환각의 다른 형태들 사이에서 광기는 16세기의 사람들이 여전히 가장 빈번하게 접어든 회의의 길들 가운데 하나로 나아간다. 누구를 막론하고 꿈꾸지 않으리라고 언제나 확신할 수는 없으며, 결코 미치지 않으리라고 확신할 수도 없다. "얼마나 우리가 우리의 판단 자체에서 모순을 느끼는가를 왜 우리는 기억하지 못하는가?"6

그런데 이런 확실성을 이제는 데카르트가 갖게 된 것이다. 그는 이 확실성을 굳건하게 유지한다. 이제 광기는 데카르트와 아무런 관계가 없다. 누군가가 괴상하다고 가정하는 것은 괴상한 짓일 것이다. 광기는 사유의 경험으로서 오직 광기일 뿐이게 되고, 따라서 데카르트의 기획에서 배제된다. 이런 식으로 광기는 이성의 활동에서 사라지게 되었다. 이성은 완전히 자신만의 독점적 상태에 갇혀서 오류 이외의 다른 덫, 환각 이외의 다른 위험에 마주치지 않게 된다. 데카르트의 회의는 언제나 참된 사물들의 빛에 의해 인도되는 가운데 감각의 마법을 풀고 꿈의 풍경을 가로지른다. 그러나 광기는 데카르트의 회의에 의해, 비이성적인 말을 하는 것이 생각되지도 않고 존재하지도 않는 것으로 취급되어, 의심하는 자의 이름으로 추방당한다.

광기에 대한 문제의식, 몽테뉴의 문제의식은 바로 이런 식으로, 아마 거의 감지할 수 없을 터이지만 결정적 방식으로 변모한다. 이제 광기는 《정신 현상학》7을 통해 부분적으로만 벗어나게 되는 배제의 영역

---

5 Montaigne, *Essais*, liv. 1er, chap. XXVI, éd. Garnier, p. 231~232.

5 Montaigne, *Essais*, liv. 1er, chap. XXVI, éd. Garnier, p. 231~232.
6 *Ibid.*

안에 놓인다. 16세기의 비이성非理性은 일종의 공개된 위험을 형성했다. 이것의 위협으로 인해 적어도 당위성의 층위에서는 주관主觀과 진리의 관계가 언제나 위태롭게 되었다. 데카르트가 회의懷疑를 진전시키는 과정은 17세기에 이 위험이 내쫓긴다는 것, 그리고 주체가 진실에 대한 권리를 보유하는 귀속영역, 곧 고전주의적 사유에 대해 이성 자체인 그 영역 바깥에 광기가 놓인다는 것을 보여준다. 이제 광기는 추방당한다. '인간'이 어느 때건 미칠 수 있다 해도, '사유'는 진리를 인식해야 할 입장에 놓인 주체의 절대적 실천으로서 무분별할 수가 없다. 하나의 분할선이 그어지는데, 그것은 사리에 어긋나는 이성, 이치에 맞는 비이성의 경험, 르네상스 시대에 그토록 익숙해진 그 경험을 이윽고 불가능하게 만들 것이다.

몽테뉴와 데카르트 사이의 시대에 하나의 사건, 즉 '라시오'8의 도래와 관련되는 어떤 것이 발생한 것이다. 그러나 서양 세계의 라시오와 같은 '라시오'의 역사가 '합리주의'의 발전으로 완전히 설명된다고는 상상할 수조차 없다. 그렇지만 비록 더 은밀할지라도 이 이성의 그토록 많은 부분이 이와 같은 흐름에서 기인한다는 것은 엄연히 사실이다. 이 흐름으로 비이성은 우리의 땅 속에 파묻혀 사라지게 된 것일지는 모르지만, 동시에 뿌리를 내리게 된 것이기도 하다. 이제 밝혀야 할 것은 바로 고전주의 시대에 일어난 이 사건의 다른 측면이다.

---

7 *1807년에 출간된 헤겔의 저서.
8 *ratio. 이성 또는 합리적 요소.

한 가지 이상의 징후가 이 다른 측면을 드러낸다. 물론 모든 징후가 철학의 경험이나 지식의 발전에 연결되는 것은 아니다. 우리가 말하고자 하는 징후는 아주 넓은 문화 영역에 속한다. 일련의 시기와 일단의 제도가 이 징후를 매우 구체적으로 알려준다.

17세기에 거대한 수용시설들이 새로 건립되었다는 것은 잘 알려져 있지만, 파리 시의 주민 중에서 1퍼센트 이상의 사람들이 몇 달에 걸쳐 거기에 갇혀 있었다는 것은 잘 알려져 있지 않다. 절대권력이 귀양이나 투옥 따위를 명하는 왕의 봉인장과 자의적 구금拘禁조치를 남용했다는 것은 잘 알려져 있지만, 이와 같은 관행이 어떤 법의식法意識에 의해 실행되었는가는 덜 알려져 있다. 한 세기 반 동안 광인이 이러한 수용체제에 놓여 있었다는 것, 그리고 어느 날 그들이 구빈원의 거실에, 형무소의 감방에 갇히게 되리라는 것을 피넬,9 튜크,10 바그니츠 이후의 사람이라면 누구나 알고 있으며, 광인이 '워크하우스'11나 '추흐트하우스'12의 입소자들과 뒤섞여 있었다는 것도 일반 사람들에게 곧 알려지게 된다. 그러나 거기에서 광인의 법적 자격이 무엇이었는가도, 가난한 사람과 무직자無職者, 경범죄자와 미치광이에게 동일한 고향을 지정하

---

9 *Philippe Pinel (1745~1826). 프랑스의 의사, 근대 정신의학의 정립자. 주요 저서는 *Nosographie philosophique*, *Traité médico-philosophique sur l'aliénation mentale ou la manie* (1801) 이다.

10 *William Tuke. 영국의 퀘이커 교도로서 정신치료의 창시자 가운데 하나이다.

11 *workhouse. 영국의 구빈원. 일거리가 없거나 너무 늙어 일할 수 없는 빈민들이 들어가 사는 곳이다. 매우 열악한 환경 때문에 빈민들이 거기에 들어가는 것을 매우 두려워했다.

12 *Zuchthaus. 독일의 징역장, 교도소, 감화원을 총칭한다. 유죄 판결을 받은 사람이 갇히는 곳이지만, 오늘날의 교도소와 달리 재소자에게 노역이 의무적으로 부과된다.

는 듯하는 이 근접관계가 어떤 의미를 갖는가도 결코 분명하게 설명되지 않았다.

바로 이러한 수용시설의 벽들 사이에서 피넬과 19세기의 정신의학은 광인과 마주치게 된다. 우리가 잊지 말아야 할 것은 피넬과 19세기의 정신의학이 광인을 거기에 그대로 내버려두고서 광인을 '해방'시켰다고 자부하리라는 점이다. 17세기 중엽부터 광기는 이 감금의 영토와 연결되었고 또한 이 지역을 광기의 본래적 장소로 지정하는 활동에 꼼짝없이 연루되었다.

미치광이의 수용은 고전주의 시대의 광기의 경험에서 가장 쉽게 찾아볼 수 있는 구조이므로, 그리고 이 경험이 서양 문화에서 사라지기에 이를 때 미치광이의 수용은 빈축을 사는 묘석墓石일 것이므로, 사실을 가장 단순하게 표명하자.

"나는 그들이 벌거벗은 채 바닥의 차가운 습기를 막아줄 것이라고는 밀짚밖에 없는 곳에서 누더기만 덮고 누워 있는 것을 보았다. 그들은 영양상태가 형편없었고 숨쉴 공기, 갈증을 풀어줄 물, 그리고 삶에 가장 필요한 것을 박탈당한 처지였다. 그들은 악랄한 간수들에게 내맡겨진 상태에서 잔혹한 감찰에 시달렸다. 그들은 좁고 더럽고 악취를 풍기며 바깥 공기도 빛도 들어오지 않는 골방에 갇혀 있었다. 그 작은 방들은 사나운 짐승조차 차마 들여놓지 못할 동굴 같은 곳이지만, 여러 나라의 정부에서는 많은 비용을 쏟아 부으면서까지 수도首都에 이와 같은 시설을 유지하고 있다."[13]

1656년이라는 연대가 이정표의 구실을 할 수 있다. 이 해에 왕은 파리에 구빈원을 설립하라는 칙령勅令을 내린다. 얼른 보기에는 한 가지

---

13 Esquirol, *Des établissements consacrés aux aliénés en France*(1818), in *Des maladies mentales*, Paris, 1838, t. II, p. 134.

개혁, 기껏해야 행정기구의 재편이 문제일 뿐이다. 병기창兵器廠으로 쓰기 위해 이전 치세治世에 재건축된 살페트리에르,14 루이 13세가 상이군인들의 양로원으로 쓰라고 생-루이 기사령騎士領에 하사하고 싶어 했던 비세트르,15 "성 밖 생-빅토르 소재의 피티에 구빈원,16 시피옹 구빈원, 사본느리의 시설, 그리고 부속해 있는 모든 거처, 대지, 정원, 가옥과 건물"17 등 이미 실재하는 여러 기관이 하나의 통일적 행정기구로 통합된다. 이 모든 기관은 이제 "성별, 거주지와 나이, 사회적 신분과 출신을 막론하고, 어떤 직업에 있건, 몸이 성하건 불구이건, 환자이건 회복기에 있는 사람이건, 치유될 수 있건 회복이 불가능하건"18 파리의 가난한 사람들에게 할당된다. 스스로 찾아오는 이들이나 왕권王權 또는 사법기관에 의해 보내진 이들을 받아들이고 그들에게 잠자리와 음식을 제공하는 것이 그곳의 일이다. 또한 그곳에 들어올 자격이 있지만 자리가 없어서 들어올 수 없었던 이들의 생계, 바른 품행, 일반적 질서에도 관심을 기울여야 한다. 이와 같은 배려는 종신 원장院長의 책임인데, 그들의 권한은 이 구빈원의 수용시설뿐만 아니라 파리 시 전역에 걸쳐 원장의 사법권이 미칠 수 있는 모든 사람에게 행사된다. "그들은 구빈원 안에서건 밖에서건 파리의 모든 가난한 사람에 대해 허가, 지시, 행정, 거래, 치안, 재판, 체벌, 그리고 징벌의 모든 권한을 갖는다."19

---

14 Louis Boucher, *La Salpêtrière*, Paris, 1883 참조.

15 Paul Bru, *Histoire de Bicêtre*, Paris, 1890 참조.

16 *1612년에 마리 드 메디치에 의해 설립된 구빈원으로, 빈곤한 사람들의 피난처 구실을 하다가, 1657년 구빈원의 행정센터가 되며 또한 미아들과 고아들을 수용한다. 피티에(Pitié)는 동정, 연민의 뜻이다.

17 Edit de 1656, art. IV. 부록 참조. 나중에 생-테스프리와 앙팡-트루베가 추가되었고 사본느리가 빠졌다.

18 Art. XI.

게다가 원장에게는 의사 한 명을 임명할 권한도 있다. 의사는 연봉이 1천 리브르[20]로서, 피티에 구빈원에 거주하지만, 일주일에 두 번 구빈원의 각 시설로 왕진을 가야 한다. 처음부터 한 가지 사실은 분명하다. 즉, 구빈원은 의료기관이 아니다. 그것은 오히려 이미 구성된 권력기구들과 나란히, 재판소 밖에서 결정하고 판결하며 집행하는 반半사법 조직이자 일종의 행정단위이다.

"이러한 목적을 위해 원장들은 처형용 기둥, 수감용 쇠고리, 유치장留置場과 지하감방을 예의 구빈원과 부속시설 안에 그들이 필요하다고 생각하는 만큼 갖추어놓을 수 있다. 예의 구빈원 내부를 대상으로 하여 그들에 의해 내려질 명령에 대해서는 항소抗訴가 받아들여질 수 없을뿐더러, 구빈원 외부를 대상으로 하여 이루어질 명령 역시 어떤 반대나 항소가 있었거나 있을 터일지라도 형식과 내용에 맞춰 그대로 집행되어야 하고 모든 변호와 정죄에도 불구하고 연기되어서는 안 된다."[21]

거의 절대적 지배력, 항소가 불가능한 재판권, 어떤 것보다도 우선하는 집행권이 구빈원에 부여된 것이다. 구빈원은 왕이 통치[22]와 사법

---

19 Art. XIII.

20 *livre. 프랑스 대혁명 이전의 화폐 단위. 3리브르는 1에퀴(écu), 24리브르는 1루이(louis)임.

21 Art. XII.

22 *이 낱말 police는 우선 올바른 질서, 올바른 공공 관리, 한 도시의 통치(다스림), 어떤 사회에 확립된 질서를 가리켰다. 광대한 영토에 관련된 가장 넓은 의미는 politique(정치, 정책)라는 낱말로 넘어갔다. 현대적 용법은 17세기 초에야 확립되어 주민의 안전과 편익을 위한 질서, 한 국가나 도시에 확립된 규제라는 의미를 띠게 되었다. 그러다가 공공질서를 유지하고 범법 행위를 찾아내거나 억누르는 기관이나 제도 전체라는 오늘날의 좁은 의미로 넘어갔다. 여기에서는 경찰이나 치안(공안)이라는 오늘날의 좁은 의미로 쓰인 것이 아니라 관리, 통치, 치국이라는 넓은 의미로

사이에, 법의 한계지점에 세우는 기이한 권력기구, 즉 제3의 탄압 기관이다. 피넬이 비세트르와 살페트리에르에서 발견한 미치광이들, 그들은 바로 이 세계에 속해 있었다.

　구빈원은 기능이나 목적에 비추어, 어떤 의료 관념에도 연결되지 않는다. 구빈원은 질서, 그 동일한 시대에 프랑스에서 조직되는 군주제 및 부르주아 질서의 결정기관이다. 구빈원은 왕권과 연결된 시민통제의 권력기관으로 자리매김된다. 예전에 구제정책의 일환으로 성직자의 영적 중재를 구현한 왕국 대사제단大司祭團의 활동은 갑자기 정지된다. 왕의 칙령에 의하면, "〔구빈원은〕짐朕의 훌륭한 기반이므로 짐은 구빈원의 관리자이자 보호자이기를 원하노라. 짐의 구호물 분배 사제도 짐의 어떤 조신朝臣도 구빈원의 운영에 결코 관여할 수 없다. 구빈원은 일반 개혁 조신들, 그리고 또한 대사제들과 다른 모든 관리들의 감독, 방문, 재판권을 전적으로 면제받는다."23 이 계획을 최초로 입안한 곳은 최고법원24이었으며,25 당시에 선임된 초대 및 제2대 원장은 최고법원장과 검사장26이었다. 그러나 매우 빨리 파리의 대주교, 조세재판소 소장, 회계감사원 원장, 국왕의 치안대리관, 파리 시장27이 구빈원의 원장을 맡게 된다. 그때부터 "최고위원회"는 심의기능만을 맡을 뿐이다. 실질적 행정과 전체적 책임은 호선互選으로 선출되는 관리인들의

쓰였다.
23 Art. VI.
24 *또는 종심법원. 대혁명 이전의 최고 사법기관. 궁전에서 파견된 법률가-조신들로 구성되었다.
25 안느 도트리슈에게 제출된 계획은 퐁폰 드 벨리에브르(Pomponne de Bellièvre)가 서명한 것이다.
26 *최고법원에서 왕의 관심사를 떠맡고 국민의 이익을 위해 일하는 직책.
27 *Prévôt des marchands이란 호칭이 사용된 것은 대상인(大商人)들 중에서 선출되었기 때문이다.

몫이다. 그들은 진정한 기관장機關長, 빈곤의 세계에 파견된 왕권과 부르주아 재산의 대표자이다. 대혁명의 시기에는 그들에 대한 다음과 같은 증언이 나올 수 있었다. "그들은 가장 부유한 부르주아지에서 선발되어 … 사심 없는 목적과 순수한 의도를 품고 행정에 임했다."28

이러한 구조는 군주 및 부르주아 질서에 고유한 것이고, 군주 및 부르주아 질서가 전제정치의 형태로 조직되는 현상과 동시대적이다. 이 구조의 망網은 오래지 않아 프랑스 전역으로 확대된다. 1676년 6월 16일자의 칙령으로 "왕국의 각 도시마다 구빈원을 설립하라"는 왕명이 공포된다. 지방당국에서 이 조치를 앞지르는 일도 일어났는데, 1612년에 벌써 리옹 부르주아지는 이와 유사한 방식으로 기능하는 자선시설을 세웠다.29 1676년 7월 10일에 투르의 대주교는 그의 "대주교 주재駐在 도시에서 다행히도 왕의 경건한 의도에 선행하여 샤리테30란 이름의 구빈원을 파리보다 더 일찍 설립했고, 이 도시의 자선협회는 이 이후로 왕국의 안팎에서 문을 연 모든 단체에 대해 본보기의 구실을 했다"31고 자랑스럽게 선언할 수 있게 된다. 실제로 투르의 샤리테 구빈원은 1656년에 설립되었고, 왕은 이 기관에 4천 리브르의 연금年金을 하사했다. 이제 프랑스 전역에 걸쳐서 구빈원들이 문을 연다. 그리하여 대혁명 직전에는 32개 지방 도시에 구빈원이 들어설 수 있게 된다.32

---

28 제헌의회의 빈민위원회 명의로 작성된 라 로슈푸코-리앙쿠르의 보고서(《하원 의사록》, t. XXI).

29 *Statuts et règlements de l'hôpital général de la Charité et Aumône générale de Lyon*, 1742 참조.

30 *Charité. 자비, 자선, 애덕(愛德)의 뜻이다. 프랑스 전역의 여러 자선 기관에 붙여진 이름이다.

31 *Ordonnances de Monseigneur l'archevêque de Tours*, Tours, 1681. Mercier, *Le Monde médical de Touraine sous la Révolution* 참조.

32 엑스, 알비, 앙제, 아를르, 블루아, 캉브레, 클레르몽, 디종, 르 아브르, 르 망, 릴,

교회는 아마 왕권과 부르주아지 사이에서 눈치를 살피면서, **33** 매우 의도적으로 구빈원의 조직화에 대해 거리를 두긴 했지만, 구빈원이 설립되는 동향에 계속해서 무관심할 수는 없었다. 교회의 자선제도가 개혁되고 교회 재단들의 재산이 재분배된다. 심지어는 구빈원의 목적과 아주 유사한 목적을 갖는 단식單式수도회들이 교회에 의해 창설된다. 뱅상 드 폴**34**은 파리의 옛 나환자 수용소들 중에서 가장 규모가 큰 생-라자르를 재조직한다. 1632년 1월 7일 그는 "전도 수도회"의 이름으로 생-라자르 '소수도원小修道院'과 계약을 맺는다. 이제는 생-라자르에서도 "국왕 폐하의 명에 의해 수용된 사람들"을 어김없이 받아들여야 한다. "착한 아들들" 수도회는 프랑스 북부에서 이와 같은 종류의 구빈원들을 개설한다. 1602년에 프랑스에서 생겨난 "하느님의 성 요한 형제들" 수도회에서는 우선 파리의 성 밖 생-제르맹에, 그리고는 1645년 5월 10일 이 수도회가 자리 잡는 샤랑통에**35** 샤리테 구빈원을 설립한다. 파리에서 가까운 곳에 위치한 이 수도회는 1670년 10월 27일 문을 연 상리스**36**의 샤리테 구빈원도 관리한다.**37** 몇 년 전에는 부이용 공작부

리모주, 리옹, 마콩, 마르티그, 몽펠리에, 물랭, 낭트, 님므, 오를레앙, 포, 푸아티에, 렝스, 루앙, 생트, 소뮈르, 스당, 스트라스부르, 생-세르방, 생-니콜라(낭시), 툴루즈, 투르. Esquirol, *loc. cit.*, t. II, p. 157 참조.

33 앞에서 인용된 투르 대주교의 사목(司牧) 서한에서 알 수 있듯이, 교회파는 이와 같은 배제에 저항하며 영광스럽게도 그 동향 전체를 고취했고 그것의 본보기를 주도적으로 제안했다고 주장한다.

34 *Vincent de Paul. 여러 구호 기구를 설립함으로써 빈민 구제에 힘쓴 프랑스의 사제(1581~1660). 프롱드 난 동안에는 여러 지방의 비참함을 덜어주기 위해 경이로운 활동을 벌인다.

35 Esquirol, *Mémoire historique et statistique sur la Maison royale de Charenton*, *loc. cit.*, t. II 참조.

36 *Senlis. Oise 군의 군청 소재지. Halatte 숲과 Chantilly 숲 사이에 놓인 도시.

37 Hélène Bonnafous-Sérieux, *La Charité de Senlis*, Paris, 1936.

인38이 티보 드 샹파뉴에 의해 샤토-티에리에 설립된 14세기 나환자 수용소의 건물과 녹봉지祿俸地를 이 수도회에 기부했다. 39 이 수도회에서는 또한 생-티옹, 퐁토르송, 카디약, 로망의 샤리테 구빈원을 관리한다. 40 1699년에는 마르세유에서 생-라자르 수도회원들에 의해 구빈원이 설립되었고 얼마 지나지 않아 생-피에르 구빈원으로 개칭되었다. 뒤이어 18세기에는 아르망티에르(1712), 마레빌(1714)에 구빈원이 설립되고 캉의 봉 소뵈르41 구빈원(1735)이 생겨나며 대혁명 직전에는 렌의 생-맹에 구빈원이 개설된다.

이 구빈원들은 특이한 기관으로서 설립 취지趣旨와 지위를 규정하기가 곤란하다. 이미 살펴보았듯이, 많은 수가 여전히 수도회에 의해 관리되지만, 때로는 일종의 평신도 단체가 관리에 참여하기도 한다. 평신도 단체는 수도회의 생활과 관습을 흉내 내지만 수도회에 속하지는 않는다. 42 지방에서는 주교가 일반 위원회의 당연직 구성원이지만, 성직자가 다수를 차지하는 것은 결코 아니다. 구빈원의 관리는 무엇보다도 부르주아지의 몫이다. 43 그렇지만 이 시설들 각각에서는 독서, 성무일과聖務日課, 기도, 명상으로 나누어진 거의 관례적 생활이 영위된

---

38 *duchesse de Bouillon. 부이용 공국(公國)은 프랑스와 룩셈부르크 사이에 위치한 작은 공작령이었다.

39 R. Tardif, *La Charité de Château-Thierry*, Paris, 1939.

40 로망의 구빈원은 볼레의 나환자 수용소가 파괴되고 남은 자재로 지어졌다. J. -A. Ulysse Chevalier, *Notice historique sur la maladrerie de Voley près Romans*, Romans, 1870, p. 62 및 증거서류, nº 64 참조.

41 *Bon Sauveur. '착한 구세주'의 뜻.

42 살페트리에르의 경우가 그렇다. 거기에서는 "아기도, 많은 할 일도 없는 소녀나 젊은 과부" 중에서 "수녀"를 선발하게 되어 있다.

43 오를레앙에서는 "주교, 사법관, 그리고 15명의 사람들, 곧 성직자 3명과 관직에 있는 자나 점잖은 부르주아 또는 상인 12명"이 위원회에 포함된다. *Règlements et statuts de l'hôpital général d'Orléans*, 1692, pp. 8~9.

다. "공동 침실에서 아침과 저녁으로 다함께 기도를 드리며, 하루의 여러 시간대별로 신앙심의 실천, 기도, 영혼을 함양하기 위한 독서가 행해진다."**44**

게다가 이 구제기관들은 원호援護와 동시에 탄압의 기능을 수행한다. 따라서 가난한 사람들을 구제하는 것이 목적이면서도 거의 모든 곳에 감방과 유치留置구역이 설치되어 있다. 여기에 수용된 자들의 숙식비는 왕이나 가족이 지불한다. "샤리테 구빈원의 유치장에는 왕이나 사법관의 명령에 의해 입소가 결정된 자들만이 신분의 고하를 막론하고 어떤 구실에서건 받아들여질 것이다."

옛 나환자 수용소의 담장 안에서도 이러한 수용시설들이 매우 빈번히 신설된다. 이 수용시설들은 어떤 때는 성직자의 결정에 의해,**45** 또 어떤 때는 17세기 말에 내려진 왕의 칙령에 따라**46** 옛 나환자 수용소들의 재산을 물려받을 뿐만 아니라 공공 재정財政, 가령 왕이 하사하는 금품, 국고로 징수되는 벌금에서 선취된 몫에 의해 유지되기도 한다. **47** 이처럼 이 기구들에서는 교회가 오래 전부터 누려온 특권과 빈곤의 세계에 질서를 확립하려는 부르주아지의 관심, 달리 말하자면 구제하려는 욕망과 규제해야 할 필요, 자선의 의무와 징벌하려는 의지가 뒤섞이게 되고, 흔히는 이 양자 사이에 갈등이 생겨난다.

의미를 도출할 필요가 있는 이 모호한 실천은 아마 나환자 수용소, 르

---

44 살페트리에르를 대상으로 구빈원 담당부처에 의해 실시된 설문에 대한 대답, 1790. Arch. nat. , F 15, 1861.

45 이것은 생-라자르의 경우이다.

46 1693~1695. *Supra*, chap. 1ᵉʳ 참조.

47 예컨대 로망의 애덕 구빈원은 일반 구호물 분배 사제단에 의해 창설되었으나, "신의 성 요한 형제들" 수도회로 양도되었다가, 마침내 1740년에 종합 구빈원으로 귀속되었다.

네상스 시대부터 텅 비게 되지만 17세기에 갑자기 재배속되고 분명치 않은 권력으로 재무장되는 그 나환자 수용소에 의해 상징될 수 있을 것이다. 중세에 나환자 격리隔離가 이뤄진 것과 어느 정도 비슷하게, 고전주의 시대에는 수용收容이 구상된 것이다. 유럽 세계에서 나환자가 사라짐에 따라 비게 되는 장소는 새로운 인물의 차지였다. 즉, 그들은 "피수용자"이다. 나환자 수용소는 의료의 의미만을 띤 것이 아니었다. 저주의 공간을 여는 그 추방의 행위에는 다른 많은 기능이 개입되었다. 수용하는 활동 역시 단순하지 않다. 여기에서도 정치, 사회, 종교, 경제, 도덕에 관련된 여러 가지 의미가 발견된다. 그리고 이 의미들은 필시 고전주의 시대의 세계 전체에 특유한 여러 구조와 관계가 있을 것이다.

실제로 이러한 수용은 유럽 전체의 현상이다. 프랑스에서는 반反종교개혁의 시대에 절대왕정이 성립되고 가톨릭이 활기차게 부흥함으로써, 권력과 교회 사이의 경쟁과 동시에 결탁이라는 매우 특별한 성격이 이 현상에 부여되었다.[48] 다른 곳에서는 이 현상의 아주 다른 형태들이 나타나지만, 이 현상의 시간적 위치는 그만큼 분명하다. 대규모의 구제기관, 수용시설, 종교활동과 공공질서의 유지, 구제와 처벌, 자선과 통치계획은 바로 고전주의 시대의 진상眞相이다. 즉, 고전주의 시대만큼 보편적이고 고전주의 시대의 출현과 거의 동시대적이다.

독일어권 국가에서는 '교도소'[49]가 창설되는데, 최초의 교도소는 (리옹의 샤리테 구빈원을 제외하면) 프랑스의 수용시설보다 시기적으로 앞선 것이며, 1620년에는 함부르크에 교도소가 개설된다.[50] 17세기 후반

---

48 생-라자르의 설립은 이것의 좋은 사례이다. Collet, *Vie de saint Vincent de Paul*, I, pp. 292~313 참조.

49 *Zuchthaus. 이것은 이미 말했듯이 영어의 house of force(교도소, 형무소)에 해당한다.

50 아무튼 이곳의 법규는 1622년에 공표되었다.

기에는 다른 교도소들이 바젤(1667), 브레슬라우(1668), 프랑크푸르트(1684), 스판다우(1684), 쾨니히스베르크(1691)에 세워졌다. 18세기에도 계속해서 교도소가 늘어난다. 우선 라이프치히에는 1701년에, 다음으로 할레[51]와 카셀에는 1717년과 1720년에, 나중에는 브리크와 오스나브뤼크에도(1756), 마지막으로 토르가우에는 1771년에 교도소가 설립된다. [52]

영국에서는 수용의 기원이 더 먼 과거로 거슬러 올라간다. "부랑자들을 처벌하고" 동시에 "가난한 사람들의 부담을 덜어주기" 위한 1575년의 한 법령(18 엘리자베스 1세, cap. III)에 따라 '교도소'가 주州별로 적어도 하나씩 세워지기 시작한다. 교도소의 유지비는 세금으로 충당되어 있지만, 일반인들의 자발적 기부가 장려되기도 한다. [53] 그러나 사적으로 교도소를 설립하려는 시도의 허용이 몇 년 뒤에 결정된 점으로 보아, 이러한 조치는 사실상 전혀 실행되지 않았던 듯하다. 즉, 구빈원이나 교도소를 개설하기 위해 관청의 허가를 받을 필요가 없게 된 것이다. 누구나 마음대로 구빈원이나 교도소를 설립할 수 있다. [54] 17세기 초에는 전반적 개편이 이루어진다. 재판권 관할지역에서 이와 같은 개정사항을 준수하지 않는 모든 치안판사에게는 5파운드의 벌금이 부과되고, 교도소의 유지에 도움이 되고 교도소의 입소자들에게 일거리를 확보해주는 작업장, 제조소(제분, 방적, 직조)의 설치가 의무화되며, 누구를 거기

---

51 *Halle. 옛 동독 지역의 도시. 중세 말과 16세기의 아름다운 건축물이 많다. 헨델(Händel)이 태어난 곳이다.

52 Wagnitz, *Historische Nachrichten und Bemerkungen uber die merkwürdigsten Zuchthäusern in Deutschland*, Halle, 1791 참조.

53 Nicholls, *History of the English Poor Law*, Londres, 1898~1899, t. I, pp. 167~169.

54 39 Elizabeth I, cap. V.

로 보내는가를 결정할 권한이 재판관에게 부여된다. **55** 이러한 '교도소'**56**의 확대는 대단하지 않았다. 흔히 교도소들은 인접해 있는 감옥으로 흡수되었고, **57** 교도소의 관행은 스코틀랜드로 확대되지 못한다. **58**

반대로 '구빈원'**59**은 더 큰 성공이 예정되어 있었다. 구빈원은 17세기 후반기에 나타나기 시작한다. **60** 1670년의 한 법령(22~23 찰스 2세, cap. XVIII)에 의해 '구빈원'의 지위가 명확히 규정되고 구빈원의 운영을 위한 세금징수와 회계관리를 감사하는 일이 사법관에게 맡겨지며 구빈원 관리에 대한 최고의 감독권이 치안판사에게 부여된다. 1679년에는 브리스톨의 여러 소교구가 통합되어 영국 최초의 '구빈원'이 설립되고 이것을 관리하게 되는 협회가 지정된다. **61** 또 하나의 구빈원이 1703년 우스터**62**에, 같은 해에 세 번째 구빈원이 더블린에 세워진다. **63** 그리고는 플리머드, **64** 노위치, **65** 헐, **66** 엑시터**67**에도 구빈원이 생겨난

---

55 Nicholls, *loc. cit.*, p. 228.

56 *Bridewell. 원본에 철자가 Bridwell로 잘못 나와 있다. 부랑자, 무법자를 수용하는 교도소를 이렇게 부른다. 원래 런던 교도소가 St. Bride's Well 근처에 있었던 점에서 이 명칭이 유래했다.

57 Howard, *Etat des prisons, des hôpitaux et des maisons de force*(Londres, 1777). 프랑스어 번역본, 1788, t. I, p. 17.

58 Nicholls, *History of the Scotch Poor Law*, pp. 85~87.

59 *workhouse.

60 비록 1624년의 한 법령(21 제임스 1세, cap. I)에 구빈원 창설이 예정되어 있기는 하지만.

61 Nicholls, *Hostory of the English Poor Law*, I, p. 353.

62 *Worcester. 잉글랜드 서부의 Hereford and Worcester 주의 주도(州都).

63 *Ibid.*, pp. 35~38.

64 *Plymouth. 영국 잉글랜드 서남부, Devonshire 주 서남부의 항구 도시. 영국 해협에 면해 있다.

65 *Norwich. 영국 잉글랜드 동부, Norfolk 주의 주도(州都).

66 *Hull. 영국 잉글랜드 동부의 Yorkshire 주 동남부의 항구 도시.

다. 18세기 말에는 구빈원의 수가 전부 126개소로 늘어난다. 1792년의 길버트 법령에 따라 소교구의 새로운 구빈원 창설에 온갖 편의가 제공된다. 이와 동시에 치안판사의 감독과 권한이 강화된다. '구빈원'이 병원으로 변하지 않도록 전염병 환자들을 완전히 내쫓을 것이 권고되기도 한다.

몇 년 사이에 하나의 전체적 조직망이 전 유럽으로 확산되었다. 18세기 말에 하워드68는 이 조직망을 두루 돌아보려는 시도를 한다. 영국, 네덜란드, 독일, 프랑스, 이탈리아, 에스파냐를 가로질러 그는 수용의 모든 명소名所, "구빈원, 감옥, 형무소"를 순례하고, 보통법普通法으로 유죄선고를 받은 사람, 가족의 평화를 깨뜨렸거나 가족의 재산을 탕진한 청소년, 무뢰한과 미치광이가 동일한 벽들 사이에 처박히는 것을 보고 인류애人類愛의 이름으로 분개한다. 이는 유럽 전역에서 수용이라는 고전주의적 질서의 범주를 그토록 신속하게, 그토록 자연스럽게 솟아오르게 했던 어떤 자명한 이치가 그 시대에 벌써 소멸했다는 증거이다. 150년이 흐르는 동안 수용은 이질적 요소들이 지나치게 혼합된 현상이 된 것이다. 그런데 애초에 수용은 틀림없이 수용의 긴급성을 정당화하는 통일성을 내포했을 것이고, 이 다양한 형태들과 이것들을 유발시킨 고전주의 시대 사이에는 혁명 전前단계의 혼란스런 경향에도 불구하고 눈을 돌려버릴 수는 없는 일관성의 원칙이 분명히 있을 것이다. 나날이 또는 거의 수시로 나환자보다 더 가혹하게 유폐되고 내쫓기는 그 모든 사람을 가로질러 목표로 삼은 현실은 도대체 무엇이었을까? 파리의 구

---

67 *Exeter. 영국 잉글랜드 서남부 Devonshire 주의 주도. 중세의 대성당이 있다.

68 *John Howard(1726~1790). 영국의 박애주의자로서, 형무(刑務) 제도의 개선에 일생과 재산을 바쳤다. 그의 저서로는 *The State of the prisons in England and Wales* … (1777), *Historical Remarks and Anecdotes on the castle of the Bastille* (1784) 가 있다.

빈원이 생기고 몇 년 지나지 않아 파리 인구의 약 1퍼센트에 달하는 6천 명의 사람들이 거기에 집결되었다는 것을 잊어서는 안 된다. **69**

　유럽 문화에 공통되고 17세기 후반기에 갑자기 발현의 문턱에 도달한 사회적 성향은 은연중에 그리고 아마 여러 해에 걸쳐 형성되었음이 틀림없다. 즉, 수용장소에 거주할 운명에 놓여 있는 그 부류의 사람들을 단번에 격리시킨 것은 바로 이와 같은 사회적 성향이다. 우리의 눈에는 기이하게 뒤섞이고 혼잡하게 보이는 일단의 사람들이 나병의 소멸로 인해 오래 전부터 버려졌던 황량한 장소에 거주하도록 지정되었다. 그러나 우리에게는 단지 미분화未分化되어 있는 듯이 보이는 그러한 성향이 확실히 고전주의 시대의 사람들에게는 분명하게 정리된 인식방법이었다. 이성의 특권으로 규정하는 것이 관례인 시대에 사람들이 광기에 대해 어떤 느낌을 가졌는가를 알기 위해서는 바로 이러한 인식방법을 살펴볼 필요가 있다. 수용의 공간을 설정하면서 이 공간에 격리의 권한을 부여했고 광기에 새로운 출생지를 지정한 행위는 아무리 일관성 있고 합의에 기초를 두고 있다 할지라도 단순하지 않다. 빈곤과 구제의 의무에 대한 새로운 감수성, 실업과 무위도식無爲徒食이라는 경제문제 앞에서의 새로운 반응형태, 새로운 노동윤리, 그리고 속박의 강압적 형태 아래, 이 활동은 도덕적 의무가 민법民法과 일치할 삶의 공간에 대한 꿈을 하나의 복합적 단위 안에서 조직해내는 것이다. 이 주제들은 수용 단지團地의 건설과 조직화에 어렴풋이 스며들어 있다. 수용의 실천에 의미를 부여하고 고전주의 시대에 광기가 어떤 방식으로 이해되고

---

69 1662년 6월 12일의 발표에 의하면 파리 구빈원의 관장들은 "예의 구빈원이 속하는 다섯 곳의 시설에 6000여 명의 사람들을 수용하고 부양한다." Lallemand, *Histoire de la Charité*, Paris, 1902~1912, t. IV, p. 262에서 재인용. 그 시기에 파리의 인구는 50여 만 명이었다. 우리가 조사하는 지역으로 말하자면 이 비율이 고전주의 시대 내내 거의 일정하다.

경험되었는가를 부분적으로 설명해 주는 것은 바로 이 주제들이다.

수용방안의 실천은 빈곤에 대한 새로운 처방이자 새로운 각오이고, 더 넓게는 인간의 삶에 있을 수 있는 비인간적인 것에 대한 인간의 또 다른 관계설정을 가리킨다. 중세에는 가난한 사람, 비참한 처지의 사람, 자기 자신의 생활에 책임을 질 수 없는 사람이 특별한 모습으로 취급되지 않았는데, 그것이 16세기에는 달라진 것이다.

르네상스 시대에는 빈곤의 신비로운 특성이 제거되어버렸다. 이는 가난의 절대적 의미를 없애자는 것과 가난을 구제했다는 데에서 자선慈善에 가치를 부여하던 관행을 없애자는 두 가지 사상적 흐름 때문이다. 루터의 세계, 특히 칼뱅의 세계에서는 하느님의 특별한 의지, "각 사람에 대한 하느님의 특이한 호의好意"로 인해 행복이나 불행, 부유함이나 가난, 영광이나 빈곤을 변호하려는 배려의 여지가 없다. 빈곤은 남편이 진창 속에서 찾아내 고상하게 만들 수 있는 욕된 부인이 아니고, 이 세상에서 고유한 자리, 이를테면 부유함에 부여된 자리보다 더도 덜도 아니게 하느님을 증거하는 자리를 부여받으며, 하느님의 마음에 드는 것이 "자식을 풍족하게 기르는 것이냐, 아니면 더 초라하게 기르는 것이냐"[70]에 따라, 하느님의 관대한 손길은 풍요에서도 궁핍에서도 가까이 다가온다. 하느님의 특이한 의지는 가난한 사람과 관계될 때에도 약속된 영광이 아니라 예정설豫定說에 관해 말한다. 하느님은 가난한 사람을 일종의 뒤집힌 방식으로 찬미하지 않고, 분노와 증오 ― 에서[71]가 태어

---

70 Calvin, *Institution chrétienne*, I, chap. XVI, éd. J.-D. Benoît, p. 225.
71 *이삭과 리브가의 아들로서, 야곱의 쌍둥이 형제이나 형으로 여겨졌다. 훌륭한 사냥

나기도 전에 하느님이 그에 대해 가졌던 그 증오, 하느님으로 하여금 그에게서 장자권長子權과 양떼를 박탈하게 만들었던 그 증오를 내보임으로써, 가난한 사람을 일부러 굴종시킨다. 가난은 징벌을 가리킨다.

"하늘이 혹독해지는 것, 과일이 이슬비와 그 밖의 부패현상으로 인해 갉아 먹히고 소모되는 것은 하느님의 계율에 의해서이다. 포도밭, 들판, 초원이 우박과 폭풍우로 망쳐지는 것은 모두 하느님이 내리는 어떤 특별한 징계의 증거이다."72

이 세계에서 가난과 부유함은 다 같이 전능한 하느님에 대한 찬양이지만, 가난한 사람은 주님에 대한 불만을 내세울 수밖에 없다. 왜냐하면 가난한 사람의 삶에는 주님의 저주가 새겨져 있기 때문이다. 그러므로 "자신들의 처지에 만족하지 않는 이들의 마음속에 하느님이 있는 범위 내에서 그들이 하느님으로부터 부여받은 멍에에서 벗어나려고 애쓰도록, 가난한 사람들에게 인내를"73 권고해야 한다.

자선활동으로 말하자면 이것의 가치는 어디에서 기인할까? 가난의 고유한 영광이 자선활동에 의해 더 이상 드러나지 않으므로, 자선활동의 가치는 가난 구제의 행위에서 비롯되는 것이 아니다. 또한 자선활동을 통해 드러나는 것은 여전히 하느님의 독특한 의지이므로, 자선활동을 수행하는 사람에게서 자선활동의 가치가 연유하는 것도 아니다. 정당성을 부여받는 것은 행위가 아니라, 그 행위를 통해 하느님 안에 뿌리를 내린 신앙심이다.

"사람들은 자신의 노력, 자신의 공로, 또는 자신의 행위로가 아니라

꾼으로 아버지의 끔찍한 사랑을 받지만, 팥죽 한 그릇을 받고 어머니 뱃속에서부터 싸웠던 야곱에게 장자권을 팔았다. 역사가들은 이 이야기가 유목문명에서 농경문명으로의 이행을 상징한다고 해석한다.

72 Calvin, *op. cit.*, p. 229.
73 *Ibid.*, p. 231.

그리스도와 신앙에 의해 순수하게 하느님 앞에서 의롭게 된다."[74]

루터의 그 위대한 거부는 익히 알려져 있다. 개신교 사상에서 루터의 선언은 틀림없이 대단히 멀리까지 영향을 미쳤을 것이다. "자선사업은 전혀 필요하지 않다. 자선사업은 거룩함에 아무런 보탬이 되지 않는다." 그러나 이러한 거부는 하느님과 구원에 대한 자선사업의 의미와 연관이 있을 뿐이다. 인간의 모든 행위처럼 자선사업도 유한성의 징후와 타락의 상흔傷痕을 지니고 있다. 이 점에서 "자선사업은 죄와 오점일 따름이다."[75] 그러나 자선사업은 인간의 층위에서는 의미를 띠고, 구원을 위한 실효성을 갖추고 있을 경우, 믿음에 대한 지시指示와 증거의 가치를 갖는다.

"신앙은 우리를 선한 행위에 무관심하게 하지 않을 뿐만 아니라, 선한 행위가 나오는 근원이다."[76]

여기에서 교회의 재산을 세속의 자선활동으로 전용하려는 경향, 모든 종교개혁 운동에 공통된 그 경향이 생겨난다. 1525년에 미셸 가이스마이어는 모든 수도원을 자선시설로 전용할 것을 요구하고, 다음 해에는 수도원 철폐와 수도원 재산의 압류를 요구하는 진정서가 스페이어 자유시[77]의 제국의회에 접수되기도 하는데,[78] 이 진정서에 따르면 수도원의 재산은 빈곤의 완화를 위해 사용되어야 한다는 것이다. 실제로 독일과 영국의 커다란 보호소들이 설립되는 것은 대개의 경우 옛 수도

---

74 Confession d'Augsbourg.

75 Calvin, *Justification*, liv. III, chap. XII, note 4.

76 *Catéchisme de Genève*, op. Calvin, VI, p. 49.

77 *Spire (독일어로는 Speyer)는 독일 라인 강변의 도시로서 1294년 게르만 제국의 자유시가 된다. 종교개혁의 시대와 겹치는 1526~1689년에 제국의회의 소재지였다.

78 J. Janssen, *Geschichte des deutschen Volkes seit dem Ausgang des Mittelalters*, III, *Allgemeine Zustände des deutschen Volkes bis 1555*, p. 46.

원 안이다. 가령 루터파의 한 국가에서는 광인들('불쌍한 미치광이들과 고통받는 사람들'79)을 위한 최초의 보호소들 가운데 하나가 10여 년 전에 세속으로 이양된 시토회80의 어느 옛 수도원 안에 1533년 방백方伯 필립 드 에노81에 의해 건립되었다. 82

구제 과업課業을 맡게 되는 것은 이제 교회가 아니라 도시와 국가이다. 새로운 세금이 도입되고 조사가 이루어지며, 기부가 권고되고 유증遺贈이 촉구된다. 1601년 뤼벡에서는 일정한 규모 이상의 재산을 물려주려면, 도시에서 구호하는 사람들을 위한 조항이 유언장에 반드시 포함되어야 한다는 결정이 내려진다. 83 영국에서는 16세기에 '구빈세' 救貧稅가 일반화되고, 교도소나 구빈원이 세워진 도시는 특별 세금의 징수권을 부여받았으며, 치안판사는 이 자금을 관리하고 이 자금에서 생기는 수익을 분배할 관리인, 곧 '빈민구제위원'을 선임한다.

개신교 국가에서 자선활동의 세속화가 종교개혁에 의해 유발되었다고 말하는 것은 진부한 일이다. 그러나 국가나 도시에서 가난하고 무능력한 사람들 전부를 다시 책임짐으로써, 빈곤에 대한 새로운 형태의 이해방식이 생겨난다. 즉, 고통의 찬양이나 가난과 자선에 공통된 구원에 대해서는 더 이상 말하지 않는 비장한 느낌의 경험이 생기게 된 것이다. 그러나 이 경험은 인간에게 사회에 대한 의무만을 부여할 뿐이고 비참한 처지의 사람들에게 드러나는 무질서의 결과와 동시에 질서의 장애를 보여준다. 그러므로 이제는 빈곤을 완화시키면서 빈곤을 고양하는 것이 문제가 아니라, 아주 간단히 빈곤을 제거해버리는 것이 문제가

---

79 *독일어로 되어 있다. arme Wahnsinnige und Presshafte.
80 *한때는 예수회, 프란체스코회와 함께 3대 수도회를 이루었다.
81 *Landgraf Philippe de Hainau. 방백(方伯)은 토지백작이라고도 한다.
82 Laehr, *Gedenktage der Psychiatrie*, Berlin, 1893, p. 259.
83 Laehr, *ibid.*, p. 320.

되는 것이다. 있는 그대로의 가난에 관계되는 자선은 가난과 마찬가지로 무질서이다. 그러나 영국에서 1575년의 법령84이 요구한 것과 같은 사적인 솔선 행위는 국가의 빈곤퇴치에 도움이 된다. 그러면 사적인 솔선행위가 질서에 편입될 것이고 자선이 의미를 띠게 될 것이다.

1662년의 법령85이 발표되기 직전에, 매튜 헤일 경86은 〈빈민 양식론糧食論〉87을 썼는데, 이 글에는 빈곤의 의미를 이해하는 이 새로운 방식이 잘 규정되어 있다. 빈곤을 사라지게 하는 데 이바지하는 것은 "우리 영국인들에게 매우 필요한 책무이자 기독교도로서 으뜸가는 의무이다." 빈곤에 대한 배려는 사법관에게 맡겨야 하고, 사법관은 주州들을 나누고 소교구들을 합치며 강제 구빈원을 설립해야 할 것이다. 그러면 틀림없이 아무도 구걸 않게 될 것이고, "그러한 걸인들에게 적선하고 그들의 용기를 북돋아주는 데 따른 허영심을 갖는 일도 없고 일반인들에게 악의적 태도로 행동하려는 사람도 없을 것이다."

이제부터 빈곤은 굴욕과 영광의 변증법적 관계가 아니라, 무질서를 죄의 범주에 포함시키는 질서와 무질서의 어떤 관계 속에 놓여 있는 것이다. 루터와 칼뱅 이래 이미 영원한 징벌의 표지를 지녔던 빈곤은 국가가 관리하는 자선의 세계에서 국가의 순조로운 통치에 거슬리는 자기만족과 과오가 된다. 사람들은 빈곤을 신성화하는 종교적 경험에서 빈곤을 정죄하는 도덕적 이해로 슬그머니 넘어간다. 거대한 수용시설들은 아마 자선의 세속화 현상일 것이지만 또한 어렴풋이 빈곤에 대한 도

---

84 18 Elizabeth I, cap. 3. Nicholls, *loc. cit.*, I, p. 169 참조.
85 왕위 계승법. 18세기 영국의 빈민에 관련된 가장 중요한 법률 문서.
86 *Sir Matthew Hale(1609~1676). 영국의 사법관, 뛰어난 법률가로서 왕당파였지만 호민관 치하에서도 등용되었다.
87 저자의 죽음 이후 6년이 지난 1683년에 출판되고 Burns, *History of the Poor Law*, 1764에 재수록됨.

덕적 징벌인 이러한 변화의 끝에서 모습을 드러낸다.

서로 다른 길을 거치면서 수많은 난관이 없지는 않았지만, 가톨릭교회는 아마 매튜 헤일의 시대에, 다시 말해서 '대감호'의 시대에 전적으로 유사한 결과에 이르렀을 것이다. 교회 재산을 구빈활동으로 전용하는 것, 이를테면 종교개혁에 의한 자선의 세속화를 가톨릭교회는 트리엔트 공의회 이래 주교들로부터 얻어내고자 한다. 개혁 결의서에 의하면 "모든 선행의 본보기로써 목회하라, 가난한 사람들과 그 밖에 비참한 사람들에게 아버지 같은 배려를 베풀어라"[88]는 내용이 주교들에게 권고된다. 가톨릭교회는 전통적으로 자선행위에 중요성을 부여하고, 이와 같은 교리를 여전히 포기하지 않지만, 자선행위의 범위를 일반화시키고, 이와 동시에 국가의 질서에 대한 유용성에 비추어 자선 행위를 평가하려고 시도한다. 트리엔트 공의회 직전에 후안 루이스 비베스[89]는 가톨릭교도 중에서 최초로 자선에 대한 전적으로 세속적인 이해, 즉 비참한 처지의 사람들을 위한 사적인 보조형태들의 비판, 악을 지속시키는 자선의 위험, 가난과 악덕 사이의 너무 흔한 연관성을 표명했다. 차라리 사법관으로 하여금 이러한 문제를 취급하도록 하자는 것이다. [90]

"한 가장家長이 안락한 집에서 어떤 식구에게 볼품 없이 벌거벗고 있거나 누더기를 걸치고 있도록 허용하는 것은 부적절하다. 이와 마찬가

---

88 Sessio XXIII. 〔라틴어 원문: bonorum omnium operum exemplo pascere, pauperum aliarumque miserabilium personarum curam paternam gerere.〕

89 *Juan Luis Vives(1492~1540). 에스파냐의 인본주의자로서, 루뱅 대학의 교수가 되어 에라스무스와 교유관계를 맺는다.

90 엘리자베스 치하의 법제에 대한 비베스의 거의 확실한 영향. 그는 옥스퍼드의 코르푸스 그리스티 대학에서 가르쳤으며, 거기에서 De Subventione를 썼다. 가난에 대한 그의 정의는 빈곤의 신비주의 신학이 아니라 사실상의 구제정책에 연결되어 있다. "… 돈이 없는 이들뿐만 아니라 체력이나 건강 또는 재기(才氣)와 판단력이 없는 자는 누구나 가난하다."(L'Aumônerie, 프랑스어 번역본, Lyon, 1583, p. 162).

지로 한 도시에서 시민들이 굶주림과 궁핍으로 고통받는 처지를 사법관이 용인하는 것도 마땅한 일이 아니다."[91]

비베스는 각 도시에서 빈민가貧民街와 빈민구역을 둘러보고 비참한 처지의 사람들을 면밀히 기록하며 그들의 생활, 그들의 품행에 대해 알아볼 뿐만 아니라 가장 완강한 이들을 수용시설에 집어넣고 모든 이를 위한 노역소를 설립할 사법관의 선임을 권고한다. 이와 같은 과업을 완수하는 데에는 개인에게 자선을 정중히 간청하는 것으로 충분할 것이라고 비베스는 생각하는데, 그렇지 않으면 가장 부유한 사람들에게 세금을 부과해야 할 것이다. 이러한 착상은 가톨릭계에 커다란 반향을 불러일으켰고, 그의 저서는 우선 트리엔트 공의회의 시기에 메디나[92]에 의해,[93] 그리고 16세기 말에는 크리스토발 페레스 드 에레라에 의해[94] 답습되고 모방된다.

1607년에는 프랑스에서 〈구걸의 망상 또는 환상〉이라는 문서가 출현한다. 그것은 비방의 글이자 선언문, 극빈자들에게 "생계, 의복, 직업, 그리고 '징벌'"도 부과할 수 있는 자선시설의 건립을 요구하는 문서이고, 이 문서의 작성자는 가장 부유한 시민들로부터 세금을 거두어야 할 것이라고 예견하는 바, 세금 납부를 거부하는 이들은 세금의 두 배에 달하는 벌금을 내게 되어 있다.[95]

그러나 가톨릭 사상과 가톨릭교회의 전통은 저항하게 마련이다. 빈민구제의 이 집단적 형태가 거부의 대상으로 여겨지는 것은 개인적 행

---

91 Foster Watson, *J. L. Vives*, Oxford, 1922에서 재인용.

92 *Bartolomé Medina (1528경~1580). 에스파냐의 신학자, 도미니크회 수도사.

93 *De la orden que en algunos pueblos de España se ha puesto en la limosna para remedio de los verdaderos pobres*, 1545.

94 *Discursos del Ampro de los legitimos pobres*, 1598.

95 Lallemand, *loc. cit.*, IV, p. 15, note 27.

위에 따르는 특별한 가치와 가난에 내재하는 높은 존엄성이 빈민구제의 집단적 형태에 의해 없어지는 듯하기 때문이다. 자선은 법에 의해 뒷받침되는 국가적 책무로, 가난은 공공의 질서를 해치는 범법행위로 변화하는 것이 아닐까? 이와 같은 난점들은 점차로 해소되어 간다. 즉 대학 교수단의 판단이 원용된다. 파리 대학에서는 빈민구제의 공적 조직화 형태에 대한 판정을 의뢰받고 이에 대한 찬성의 견해를 밝힌다. 말할 나위 없이 빈민구제의 공적 조직화는 "까다롭지만 유용하고 신앙에 도움이 되며 이로운" 것으로서 "복음서나 교황의 서한에도, 조상의 전례典禮에도 어긋나지 않는다."[96]

이윽고 가톨릭계는 무엇보다도 개신교계에서 전개되었던 빈곤의 인식방법을 채택하게 된다. 1657년에는 뱅상 드 폴이 "모든 빈민을 적절한 장소에 모아서 그들을 부양하고 가르치며 그들에게 일거리를 주려는" 계획에 전적으로 찬동한다. "이것은 위대한 구상이다." 그렇지만 뱅상 드 폴은 자신의 수도회를 끌어들이기를 망설인다. "왜냐하면 우리는 아직도 선한 하느님이 원하시는가를 충분히 알지 못하기 때문이다."[97]

몇 년 뒤에는 가톨릭교회 전체가 루이 14세의 명령으로 시행된 대감호大監護를 승인한다. 이 사실로써 가난한 사람은 더 이상 하느님이 기독교도의 자비를 불러일으켜 그에게 구원받을 수 있는 구실의 대상으로 인식되지 않게 된다. 모든 기독교인은 투르의 대주교를 본떠서 가난한 사람을 "동정심의 원인인 물질적 빈곤 때문이라기보다는 혐오감을 자아내는 영적인 비참 때문에 국가의 쓰레기 같은 존재"[98]로 보기 시작한다.

---

96 이와 같은 판정 요청은 구걸과 모든 형태의 사적인 자선을 금지한 이프르 시청에 의해 이루어졌다. B. N. R. 36~215, Lallemand, IV, p. 25에서 재인용.

97 1657년 3월의 편지, in Saint Vincent de Paul, *Correspondance*, éd. Coste, t. VI, p. 245.

98 1670년 7월 10일의 사제 서한, *loc. cit.*

교회는 방침을 세웠고, 그렇게 함으로써 중세에는 전체적으로 신성시되었던 빈곤으로부터 기독교 세계를 떼어놓았다. **99** 한편으로는 선善의 영역, 즉 제시된 질서에 순응하고 부합하는 가난의 영역이 있을 것이고, 다른 한편으로는 악의 영역, 다시 말해서 질서에서 벗어나려고 하는 반항적 가난의 영역이 있을 것이다. 전자는 수용을 받아들이고 수용시설에서 안식을 구하는 반면에, 후자는 수용을 거부하다가 결국 수용을 당하게 된다.

이 변증법은 1693년에 교황청의 지침을 받아 세기말에 만들어진 《폐기된 구걸》이라는 제목의 프랑스어로 번역된 책100에서 아주 충실하게 설명되고 있다. 이 책의 저자는 선하고 악한 빈민, 예수 그리스도의 빈민과 악마의 빈민을 구별하는데, 양자가 모두 수용시설의 유용성에 대한 정당화의 근거이다. 전자의 경우에 빈민들은 당국에 의해 무료로 제공되는 모든 것을 감사의 마음으로 받아들인다는 것이다. "그들은 인내심 있고 공손하며 겸손하고 자신들의 상태와 위원회에서 주는 도움에 만족해하면서 하느님께 감사를 드린다." 악마의 빈민으로 말하자면 구빈원과 거기에 갇히는 속박에 대해 불평하는 것이 사실이다. "그들은 훌륭한 질서의 훼방꾼, 게으름뱅이, 거짓말쟁이, 상습적인 술꾼, 파렴치한으로서 그들의 아버지인 악마의 언어만을 늘어놓을 줄만 알 뿐이고, 이 위원회의 창시자와 원장에게 온갖 저주를 퍼붓는다." 이것

---

99 "뱀과 비둘기를 뒤섞어야 하고 섭리를 못 들을 정도로 많은 가치를 우직성에 부여하지 말아야 하는 것은 바로 여기에서이다. 우리에게 어린양과 숫염소의 차이를 가르쳐주는 것은 빈곤이다."(Camus, *De la mendicité légitime*, Douai, 1634, pp. 9~10). 자선행위는 그 영적인 의미에서 자선을 실행하는 사람의 도덕적 가치와 무관하지 않다고 동일한 저자가 설명한다. "동냥과 거지의 관계는 필연적이므로, 거지가 정당하고 진실되게 구걸하지 않는 동냥은 참된 동냥일 수 없다."(*ibid.*)

100 Dom Guevarre, *La mendicita provenuta* (1693).

은 그들에게서 사탄의 영광만을 위해 사용하는 자유를 박탈해야 하는 이유이다.

수용은 이처럼 어떤 애매한 상태에서 서로 불가분의 관계를 맺고 있는 선행과 징벌의 명목으로 두 차례에 걸쳐 정당화된다. 수용은 수용을 강요받는 이들의 도덕적 가치에 따른 보상이기도 하고 처벌이기도 하다. 고전주의 시대 말까지 수용의 관행은 이와 같은 애매성에서 벗어나지 못하게 되고, 수용을 당하는 이들의 공덕에 따라 방향이 바뀌는 이와 같은 기이한 가역성可逆性을 갖게 된다. 선한 빈민들은 수용의 관행을 구제활동과 위안행위로 만드는 반면에, 악한 빈민들은 다만 그들이 악하다는 사실 때문에 수용의 관행을 탄압의 기도企圖로 만든다. 선한 빈민과 악한 빈민의 대립은 수용의 구조와 의미에 없어서는 안 될 본질적 요소이다. 구빈원에서는 빈민들을 이렇게 선하고 악한 존재로 지칭하고, 광기 자체는 이분법으로 분리됨으로써 광기가 나타내는 도덕적 태도에 따라 어떤 때는 자선의 범주에, 또 어떤 때는 탄압의 범주에 포함될 수 있다. 101 모든 수용자는 이러한 윤리적 가치 평가의 대상이 됨으로써 실로 인식이나 연민의 대상이기 이전에 '도덕 문제'의 대상으로 취급된다.

그러나 비참한 처지의 사람은 현세에서 하느님의 보이지 않는 대리자이기를 멈춰야만 도덕문제의 대상일 수 있다. 이것은 17세기 말까지도 여전히 가톨릭 신앙 쪽의 반대 논거일 것이다. 성경에는 "네가 내 형제들 중에서 가장 하찮은 자에게 하는 것 …"이란 말씀이 있지 않은가? 그리고 교부教父들이 이 구절에 대해 언제나 그리스도를 냉대하면 안 되

---

101 살페트리에르와 비세트르에서 광인은 '선한 빈민'과 함께 (살페트리에르에서는 마들렌관[館]의 구역이다) 수용되기도 하고 '악한 빈민' 사이에 ('체벌'관 또는 '속죄'관) 수용되기도 한다.

기 때문에 결코 가난한 사람에게 동정을 거절하지 말아야 한다고 논평하지 않았는가? 게바르 신부가 이와 같은 반론을 몰랐던 것은 아니지만, 그의 견해도 그렇고, 그가 관여한 고전주의 시대의 교회에서도 매우 분명한 대답을 내놓는다. 구빈원과 자선위원회의 창설 이래 하느님은 더 이상 가난한 사람의 누더기 아래 숨지 않는다는 것이다. 굶주림으로 죽어가는 예수에게 빵을 한 조각 주지 않았다는 데에서 오는 두려움, 자선의 기독교적 신화 전체를 고조시켰고 중세의 굉장한 환대 의례에 절대적 의미를 부여하게 했던 그 두려움은 "근거가 빈약한 듯하다. 도시에 자선 위원회가 구성될 때, 예수 그리스도는 가난한 사람의 형상을 띠지 않을 것이다. 가난한 사람은 게으름과 불량한 생활을 계속하기 위해, 정말로 가난한 사람들 모두의 구호救護를 목적으로 그토록 거룩하게 확립되어 있는 질서에 결코 순종하려 들지 않는다."102

이제는 빈곤의 신비로운 의미가 상실되었다. 가난한 사람이 고통을 겪는 상황의 어떤 것도 신의 경이롭고 순간적인 현존을 느끼게 하지 못한다. 신의 현현顯現을 증거할 힘이 빈곤으로부터 빠져나간다. 기독교도에 대해 빈곤이 여전히 자선의 계기라 해도, 기독교도는 이제 국가의 질서와 예측에 따라서만 빈곤문제에 개입할 수 있다. 빈곤에 의해서는 빈곤 자체의 결함만이 입증될 뿐이며, 빈곤이 나타나는 것은 죄의식의 범위 내에서이다. 빈곤을 줄이는 것은 무엇보다 빈곤을 회개悔改의 영역으로 편입시키는 것이다.

바로 여기에 고전주의 시대에 광기를 감금하게 될 주요한 고리들 중의 첫 번째 고리가 있다. 중세의 광인은 악마에 사로잡혔기 때문에 성스러운 인물로 여겨졌다고 말하는 것이 관례이다. 그러나 이보다 더 잘못된 것은 없다.103 광인이 신성한 사람이라면, 그것은 무엇보다도 광

---

102 Lallemand, *loc. cit.*, IV, pp. 216~226.

인이 중세의 자선과 관련하여 빈곤의 모호한 세력권에 포함된 존재이기 때문이다. 아마 다른 사람보다 더 광인이 동정을 유발했을 것이다. 광인은 머리털을 짧게 깎고 두개골頭蓋骨에 십자가 표시를 하고 다녀야 하지 않았는가? 트리스탄이 마지막으로 코르누아유에 모습을 드러냈을 때 그의 머리에는 바로 이 표시가 있었다. 그는 이 표시가 있어야 빈민과 동일한 환대를 받을 권리가 생긴다는 것을 잘 알았고, 목에 지팡이를 매달고 두개골에 십자형 표지를 오려붙인 미치광이 순례자의 차림이면 마르크 왕의 성으로 들어갈 수 있다고 확신했다. "그가 성문 안으로 들어가는 것을 아무도 감히 막지 못했다. 그는 하인들이 유쾌한 기분으로 지켜보는 가운데 어릿광대의 몸짓을 흉내 내면서 앞뜰을 가로질러 갔다. 그는 추호의 동요도 없이 왕과 여왕과 모든 기사가 모여 있는 거실에 당도했다. 마르크가 미소를 지었다 ⋯."104

17세기에 광기가 '신성을 잃은' 듯한 것은 우선 빈곤이 도덕의 지평에서만 지각됨으로써 빈곤의 위세가 실추되었기 때문이다. 이제 광기는 구빈원의 벽들 사이에서만, 모든 가난한 사람 옆에서만 환대를 받을 것이다. 18세기 말에도 여전히 우리는 광기를 구빈원의 벽들 사이에서 발견하게 된다. 광기에 대한 새로운 이해방식이 생겨났다. 이 이해방식은 더 이상 종교적인 것이 아니라 사회적인 것이다. 중세의 인간적 풍경 안으로 광인이 친숙하게 나타난 것은 광인이 다른 세계로부터 온 사람이기 때문이었다.

이제 광인은 도시민들의 질서에 관련된 "통치"문제의 바탕 위에서 뚜렷하게 부각되는 존재가 된다. 예전에 광인이 사회에 받아들여진 것은

---

103 "마귀들린 자"를 광인으로 여기는 것(이것은 가정이다), 중세의 모든 광인이 악마들린 자로 취급되었다고 추정하는 것(이것은 오류이다)은 바로 우리이다. 이 오류와 이 가정은 Zilvoorg를 비롯한 많은 저자에게서 발견된다.

104 *Tristan et Iseut*, éd. Bossuat, p. 220.

그가 다른 곳에서 왔기 때문이다. 그러나 이제 광인이 배제되는 까닭은 그가 바로 이곳에서 생겨난 존재이기 때문이다. 그리고 가난한 사람, 궁핍한 사람, 부랑자 사이에 끼기 때문이다. 광인을 받아들이는 환대는 새로운 불확실한 상황 속에서, 광인을 회로回路 밖으로 내모는 숙정肅正 조치가 될 것이다. 사실 광인은 떠돌아다닌다. 그러나 이제는 광인이 기이한 순례의 길 위에 있지 않다. 광인은 사회공간의 배치에 혼란을 일으킨다. 이제부터 광기는 빈곤의 권리와 영광을 잃고 가난 및 무위도식無爲徒食과 더불어 아주 무미건조하게 국가의 내재적 변증법의 논리 속에서 출현한다.

17세기 전 유럽에서 공통된 징후가 발견되는 대대적인 수용현상은 '통치'의 문제인데, 고전주의 시대에 통치라는 이 낱말은 매우 구체적인 의미, 다시 말해서 일하지 않고 살아나갈 수 없는 모든 이에게 노동을 가능하고 동시에 불가피한 것으로 만드는 조치들 전체라는 의미를 띤다. 오래지 않아 볼테르가 표명할 질문을 콜베르105의 동시대인들이 이미 제기한 것이다. "무엇이라고? 당신들이 국민의 기관으로 확립된 마당에, 모든 부자로 하여금 모든 가난한 사람을 일하도록 강제할 비결을 당신들은 아직도 깨닫지 못했는가? 그렇다면 당신들은 통치의 으뜸가는 원리를 놓치고 있는 셈이다."106 수용은 우리가 부여하거나 적어도 추정하고 싶어하는 의학적 의미를 갖기 이전에, 치유에 대한 관심과는

105 *Jean-Baptiste Colbert(1619~1683). 17세기 프랑스의 정치가, 재정가로서 루이 14세의 재무총감 등을 역임함. 중상주의 정책으로 재정 개혁을 단행했고 동인도회사를 설립했으며 학예를 장려했다.

106 Voltaire, *Œuvres complètes*, Garnier, XXIII, p. 377.

전혀 다른 이유로 요청되었다. 수용을 불가피하게 만든 것은 노동의 절대적 필요성이다. 단지 무위도식에 대한 정죄만이 강조되는 곳에서 우리는 인류애에 입각하여 질병을 퇴치하려는 온정의 징후를 읽으려 한 것이다.

'감호監護'의 초기 상황과 구빈원의 창설이 명시된 1656년 4월 27일의 칙령을 재론해 보자. 이 기관의 임무는 "모든 무질서의 원천으로서의 구걸과 무위도식"을 막는 것으로 단번에 정해진다. 사실 이 기관의 설립은 르네상스 시대 이래 실업 또는 적어도 구걸을 종식시키기 위해 취한 중대한 조치들 중에서 최종적인 것이었다. **107** 1532년 파리 고등법원에서는 걸인들을 체포하여 두 사람씩 쇠사슬로 묶어 하수구에서 일을 시키도록 결정했다. 1534년 3월 23일에는 "가난한 학생과 극빈자"를 시市에서 추방하라는 명령이 "앞으로는 거리의 성상聖像 앞에서 어떤 구원도 빌어서는 안 된다"는 금지령과 함께 공표되면서**108** 위기는 빠르게 고조된다. 수차례의 종교전쟁으로 인해 수상한 무리가 늘어나는데, 이 무리에는 영지에서 내쫓긴 농민, 면직된 군인이나 탈영병, 일자리를 잃은 직공, 가난한 대학생, 병자가 뒤섞여 있다. 앙리 4세가 파리 공략을 시도하는 시기에 파리의 주민 수는 10만 명이 안 되었던 반면에, 걸인의 수는 3만 명 이상을 헤아렸다. **109** 17세기 초에 경제가 회복되기

---

107 영적인 관점에서는 16세기 말과 17세기 초에 빈곤이 요한 계시록에 나오는 위협으로 경험된다. "신의 아들의 가까운 도래와 세기들의 완결을 알려주는 가장 명백한 표지의 하나는 교회와 세속의 극단적으로 비참한 상태이다. 세계는 이러한 상태로 귀착할 것이다. 지금은 때가 나쁘고 …, 수많은 과오에 따라 비참한 사람이 무수히 늘어났다. 벌은 죄와 분리될 수 없는 어둠이다."(Camus, *De la mendicité légitime des pauvres*, pp. 3~4).

108 Delamare, *Traité de police, loc. cit.*

109 *Mémoires de la société de l'Histoire de Paris*, 1899에 실린 Thomas Platter, *Description de Paris*, 1559 참조.

시작하면서, 사회에서 일자리를 얻지 못한 실업자를 강제로 감소시키려는 결정이 내려진다. 1607년의 고등법원 판결에 의하면 파리의 걸인들은 공공장소에서 채찍질을 당하고 어깨에 낙인이 찍히며 머리털을 바짝 깎인 다음에 도시 밖으로 내쫓기게 되어 있다. 걸인들이 도시로 되돌아오는 것을 막기 위해, 1607년의 한 행정명령에 의해, 모든 극빈자에게 입성入城을 금지할 경찰대警察隊가 성문에 배치된다. 110

　30년 전쟁이 끝나면서 경제부흥의 효과가 사라지자 또 다시 구걸과 무위도식의 문제가 제기된다. 17세기 중엽까지 세금이 정기적으로 인상되고 이로 인해 사업체가 난관에 처하며 조업중단이 빈발한다. 이 시기에 파리(1621), 리옹(1652), 루앙(1639)에서 소요사태가 발생한다. 이와 동시에 새로운 경제구조의 출현으로 인해 노동계에 혼란이 일어난다. 대규모 사업체가 생겨남에 따라, 동업조합이 세력과 권리를 잃어간다. 더구나 '일반규정'에 따라 직공들의 모든 집회, 모든 연합, 모든 '제휴'가 금지된다. 그렇지만 많은 업계에서 동업조합이 재구성된다. 111 이 동업조합들이 기소起訴를 당한다. 그러나 고등법원의 태도는 어느 정도 미온적인 듯하다. 가령 노르망디 고등법원은 루앙의 폭도들에 대한 재판권 행사를 거부한다. 그래서 아마 교회가 개입했을 것이다. 교회는 노동자들의 비밀스런 집회와 마법의 행사行事를 동일시한다. 1655년에 공표된 소르본의 교회령에 의하면 사악한 노동자들과 한패가 되는 자는 누구나 "신성모독자이자 대죄大罪를 범한 자"와 같이 취급된다.

　고등법원의 관대한 조치와 교회의 엄한 태도가 대립하는 이 암묵적

110　지방에서도 유사한 조치가 취해진다. 예컨대 그르노블에서는 "부랑자 색출대"가 조직되었다. 이 조직의 임무는 거리를 돌아다니면서 부랑자들을 쫓아내는 것이었다.

111　특히 제지(製紙) 및 인쇄 직공들. 예컨대 G. Martin, *Le Grand Industrie sous Louis XIV*, Paris, 1900, p. 89, note 3에 게재된 에로 지방의 도립 기록보관소의 문서 참조.

인 갈등상황에서 구빈원의 창설은 적어도 초기에는 아마 고등법원의 승리일 것이다. 어쨌든 새로운 해결책인 것만은 분명하다. 순전히 부정적 배제의 조치가 처음으로 감금監禁의 조치로 대체된다. 이제 실업자失業者는 내쫓기거나 처벌받지 않는다. 국가가 비용을 들여, 그러나 실업자의 개인적 자유를 희생시켜 실업자를 떠맡는다. 실업자와 사회 사이에 암묵적 채무체계가 확립된다. 실업자는 생계를 보장받을 권리를 위해, 수용이라는 물리적이고 정신적인 속박을 받아들여야 한다.

1656년의 칙령이 목표로 삼은 사람들은 어느 정도 불분명한 그 무리 전체, 말하자면 돈도 사회적 연줄도 없는 주민, 버림받았거나 새로운 경제발전으로 인해 일정한 기간 동안 생활이 불안정하게 된 계급이다. 이 칙령은 서명을 위해 회부된 뒤 2주일도 안 되어 거리에 게시되어 공표된다. 아홉째 단락을 살펴보자.

"성별과 계층과 나이를 불문하고, 어떤 신분과 가문에 속하건, 건강하건 불구건, 병에 걸렸건 질병에서 회복되는 중이건, 치료할 수 있건 불가능하건 모든 이에게 파리 시와 근교에서, 교회에서, 교회의 출입문에서, 주택의 대문 앞에서, 거리에서, 그 밖의 장소에서 공공연하게나 은밀하게, 밤이나 낮이나 구걸하는 것을 단호하게 금지하노라. … 이를 처음으로 위반한 자는 태형笞刑을, 두 번째로 위반한 자는 성인 남자와 소년이라면 도형徒刑을, 성인 여자와 소녀라면 추방령을 내리도록 하라."

다음 일요일, 곧 1657년 5월 13일 피티에 구빈원의 생-루이 교회에서 성령聖靈에 고하는 장엄한 창唱미사가 거행된다. 그리고는 14일 월요일에 민병대民兵隊가 걸인들을 추적하고 그들을 구빈원의 여러 시설로 보내기 시작한다. 나중에 이 민병대는 두려움에 떠는 민중의 신화속에서 "구빈원 경관"으로 명명된다. 4년 뒤 살페트리에르에는 여자와 어린아이 1,460명이 수용되고, 피티에 구빈원에는 7~17살의 소년 98

명과 소녀 897명, 그리고 성인 여자 95명이 수용되며, 비세트르에는 성인 남자 1,615명, 사본느리에는 8~13살의 소년 305명이 수용된다. 마지막으로 시피옹에는 임신한 여자, 갓난아이의 어머니, 낮은 연령의 어린이가 들어왔는데 그 수가 530명을 헤아린다. 애초에 기혼자旣婚者는 아무리 영세민일지라도 수용할 수 없었다. 기혼자는 현재의 거주지에 머무르면서 행정당국의 책임 아래 생계를 보장받는다. 그러나 오래지 않아 마자랭112의 기증 덕분으로 기혼자도 살페트리에르에 거주할 수 있게 된다. 수용된 인원수는 모두 합하여 오륙 천 명에 달한다.

수용을 적어도 본래의 취지대로 이해한다면, 유럽 전역에서 시행된 수용의 의미는 모두 동일하다. 수용은 임금 하락, 실업, 화폐의 품귀현상, 아마도 에스파냐 경제의 위기에서 기인했을 그 일단의 사태113 등 서구세계 전체에 영향을 미치는 경제위기에 대한 17세기의 반응들 가운데 하나이다. 이 제도에 가장 덜 의존적인 서유럽 국가들 중에서 영국조차도 동일한 문제에 직면했다. 실업과 임금하락을 피하기 위해 취해진 모든 조치에도 불구하고114 이 나라의 빈곤상태는 계속해서 증가한다. 1622년에는 〈가난한 사람들에 대한 개탄의 소리〉라는 비방의 글

---

112 *Jules Mazarin, 이탈리아어로는 Giulio Mazarini(1602~1661). 시칠리아 출신의 프랑스 추기경, 정치가로서 1638년 루이 13세와 리슐리외의 부름을 받고 프랑스를 위해 일하기 시작하고 이듬해에 프랑스로 귀화한다. 1641년에 리슐리외의 추천으로 추기경으로 임명되며, 리슐리외가 죽은 뒤 루이 13세에 의해 대신, 국정자문회의 의장, 미래의 루이 14세의 대부로 중용된다. 프롱드 난을 평정한 뒤 내부적으로는 왕권을 회복시키고 외부적으로는 프랑스를 유럽의 조정자로 만드는 데 전념한다.

113 Earl Hamilton, *American Treasure and the price revolution in Spain*(1934)에 따르면, 17세기 초 유럽의 어려움은 아메리카 광산 생산의 중단 탓이었을 것이다.

114 I. James I, cap. VI. '하루, 일주일, 한 달, 일 년 단위로 일하는 모든 인부, 직공(織工), 방적공(紡績工), 직공(職工) 등 모든 노동자'의 임금은 치안판사들이 결정할 것이다. Nicholls, *loc. cit.*, I, p. 209 참조.

이 나붙는다. 데커[115]가 작성했다고 추정되는 이 글은 위기를 강조하면서 전반적인 근무태만을 규탄한다.

"가난한 사람의 수가 날마다 증가하는데도 그들의 고통을 경감시키기 위한 여건은 최악으로 치닫고 있다. … 많은 소교구에서 가난한 사람들과 노동을 싫어하는 건강한 노동자들이 … 생존을 위해 구걸, 소매치기, 도둑질로 눈을 돌린다. 그래서 온 나라에 걸인, 소매치기, 도둑이 들끓는다."[116]

국가 전체가 이러한 사람들로 가득 채워지지나 않을까 하는 두려움도 생겨난다. 그리고 이들이 대륙에서처럼 한 나라에서 다른 나라로 옮겨갈 여지가 없으므로, "이들을 새로 발견된 지역, 가령 동인도나 서인도로 추방하자"[117]는 제안이 표명된다. 1630년에는 가난한 사람들에게 법이 엄격하게 집행되는가를 감독할 위원회가 왕명에 의해 설치된다. 같은 해에 이 위원회는 일련의 '명령과 지침'을 발표한다. 걸인과 부랑자, 그리고 "무위도식 상태로 살아가면서 적당한 급료를 받고 일하기를 싫어하거나 가진 재산을 술집에서 탕진하는 모든 사람들"을 추적할 것이 권고된다. 그들을 법에 따라 처벌해야 하고 그들을 교도소에 집어넣어야 하며 그들이 결혼했는가, 그들의 자식이 세례를 받았는가를 조사해야 한다는 것이다. "왜냐하면 이와 같은 사람들은 미개인처럼 결혼도 하지 않고 죽은 사람을 매장하지도 않으며 세례도 받지 않기 때문이다. 그토록 많은 사람이 이처럼 제멋대로의 방종한 생활을 좋아하기 때문에 떠돌아다니기를 즐겨한다."[118] 영국에서 17세기 중엽에 시작되는 경제

---

115 *Thomas Dekker(1572~1632). 영국의 서민 출신 작가로서 빚 때문에 여러 차례 감옥에 갇힌다. 사회의 최하층에 대한 묘사[《런던의 일곱 가지 사형죄》(1606), *The Gull's Hornbook*(1609)]로 유명하다.
116 Nicholls, I, p. 245에서 재인용.
117 *Ibid.*, p. 212.

부흥에도 불구하고, "도시로 모여들어 공공질서를 깨뜨리고 마차를 에워싸며 교회와 주택의 문 앞에서 큰 소리로 동냥을 요구하는 그 인간쓰레기"119에 대해 시장市長이 불평한다는 점에 비추어, 크롬웰 시대에도 여전히 문제가 해결되지 않은 상태라는 것을 알 수 있다.

앞으로도 오랫동안 구빈원의 교도소 또는 여러 장소가 실업자, 놈팡이, 그리고 부랑자를 가두는 데 쓰일 것이다. 경제위기가 발생하고 가난한 사람이 급증할 때마다, 수용시설은 적어도 얼마 동안은 처음의 경제적 의미를 다시 띠게 된다. 18세기 중엽에 또 다시 경제위기가 고조된다. 루앙에서만 1만 2천 명의 노동자가 구걸행각에 나서고 투르에서도 그만큼의 숫자가 걸인으로 전락한다. 리옹에서는 사업체들이 문을 닫는다. "파리를 관할하고 기마경찰대를 지휘하는" 아르장송 백작120이 "왕국의 모든 걸인들을 체포하라"는 명령을 내린다. "기마경찰대가 농촌에서 이러한 활동을 벌인다. 걸인들이 사방에서 붙잡히기 때문에 파리로는 흘러들지 못하리라고 확신되는데도, 파리에서조차 기마경찰대의 이와 같은 활동이 수행된다."121

그러나 위기의 시대가 아닐 때에는 수용의 의미가 다르다. 수용의 탄압기능에 새로운 유용성이 덧붙여진다. 이때에는 실업자를 감금하는 것이 아니라 감금된 이들에게 일거리를 주고 그들로 하여금 모든 이의

---

118 F. Eden, *State of the Poor*, Londres, 1797, I, p. 160.

119 E. M. Leonard, *The Early History of English Poor Relief*, Cambridge, 1900, p. 270.

120 *Comte d'Argenson, Marc Pierre de Voyer (1696~1764). 프랑스의 정치가로 파리 고등법원의 판사(1719), 치안 감독관(1720~1724), 파리 지사(1740), 전쟁 담당 국무경(1743), 파리의 공안 담당 대신(1749) 등을 역임했다. 원주의 아르장송 후작(Marquis d'Argenson)은 그의 형이다.

121 Marquis d'Argenson, *Journal et Mémoires*, Paris, 1867, t. VI, p. 80 (1749년 11월 30일).

번영에 기여하도록 하는 것이 문제된다. 교대交代의 반복현상이 뚜렷이 감지된다. 즉, 완전고용과 높은 임금의 시대에는 값싼 노동력의 확보가 문제이고, 실업의 시대에는 할 일 없는 사람들의 단계적 흡수, 그리고 소요 및 폭동으로부터 사회를 보호하는 것이 문제된다. 영국에서 최초의 수용시설이 우스터, 노위치, 브리스톨 등 가장 산업화된 지역에서 나타난다는 것, 프랑스에서 최초의 '구빈원'이 파리보다 40년 앞서 리옹에 개설되었다는 것, 122 독일 도시들 중에서 함부르크에 1620년부터 '교도소'가 설립되어 있다는 것을 잊지 말자.

1622년에 공표된 함부르크 교도소의 내규內規는 매우 구체적이다. 여기에 수용된 사람들은 모두 일해야 한다. 그들의 일에 따라 보수가 정확하게 계산되는데, 그것은 전체 생산량의 4분의 1 정도이다. 실제로 노동은 소일거리일 뿐만 아니라 생산적이어야 한다. 교도소의 관장들 8명이 전반적 계획을 세운다. 작업조장이 각 피수용자에게 과업을 하나씩 부과하고, 주말마다 과업이 제대로 수행되었는지를 확인하게 되어 있다. 이러한 작업 규칙은 18세기 말까지 계속 적용되는데, 이는 하워드의 확인으로 입증된다. "거기에서는 실을 잣고 긴 양말을 짜며 모직물, 말총천, 아마포를 직조하고 염료용 목재, 사슴뿔을 줄로 잘게 쓴다. 목재를 줄로 쓰는 건장한 남자의 일당은 45파운드이다. 이 외에도 몇몇 남자, 몇 마리의 말이 무두질 기계를 부지런히 돌린다. 대장장이 한 사람이 끊임없이 일한다."123 독일의 각 수용시설에는 전문분야가 있다. 예컨대 브레멘, 브룬스비크, 뮌헨, 브레슬라우, 베를린에서

---

122 그리고 매우 독특한 상황에서. "기근으로 인해 인근 지방들에서 먹여 살릴 수 없는 무수한 빈민이 여러 척의 배에 실려 들어왔다." 산업의 명문가, 특히 알랭쿠르 가에서 기부를 한다(Statuts et réglements de l'Hôpital général de la Charité et Aumône générale de Lyon, 1742, pp. VII 및 VIII).

123 Howard, loc. cit., I, pp. 154 및 155.

는 특히 실을 잣는 일이, 하노버에서는 직조작업이 이루어진다. 브레멘과 함부르크에서는 피수용자들이 목재를 줄로 다듬는다. 뉘른베르크에서는 광학유리를 깎는 일이 행해지고, 마인츠에서의 주된 작업은 밀가루를 빻는 일이다. [124]

영국에서 최초의 교도소가 문을 열었을 때에는 경제침체가 한창이었다. 1610년의 조례에는 단지 모든 교도소 안에 제분기, 직조기, 양모솔질 작업장을 설치하여 수용된 사람들에게 일거리를 줄 것만이 권고되어 있다. 그러나 1651년 항해조례航海條例가 제정되고 할인율이 인하되면서 경제가 회복되고 상업과 산업이 발전하자, 도덕의 요구는 경제의 전략이 된다. 건강한 인력 전체를 최대로, 다시 말해서 가능한 한 더 싼 값으로 활용하려는 시도가 확산된다. 존 커리가 브리스톨의 '구빈원' 건립계획을 작성할 때, 최우선 현안은 노동력의 긴급한 필요였다. "양성兩性과 모든 연령층의 가난한 사람들이 대마 타작, 아마의 끝손질과 방직, 양모의 솔질과 방적에 동원될 수 있다."[125] 우스터의 구빈원에서는 의류와 직물이 제조되고, 어린이들을 위한 작업장이 세워지기도 한다. 이 모든 것에는 흔히 난점이 따른다. 구빈원으로서는 지역의 공장과 시장을 이용하고 싶어한다.

그러나 일반 사업체에서 항의가 들어온다. [126] 다니엘 디포[127]가 말해주듯이, 구빈원들 사이의 경쟁이 너무 쉽게 조성된 나머지, 어떤 곳에서 가난한 사람들을 없앤다는 명분이 다른 곳에서는 가난한 사람들을 새로 생겨나게 한다. "이것은 한 사람에게서 빼앗은 것을 다른 사람에게

---

124 Howard, *loc. cit.*, I, pp. 136~206.
125 Nicholls, *loc. cit.*, I, p. 353에서 재인용.
126 그래서 우스터의 구빈원에서 제조되고 피수용자들이 입지 않는 모든 의류는 멀리 수출하기로 구빈원 측에서 약속해야 했다.
127 *《로빈슨 크루소》를 쓴 영국 작가.

주는 꼴이다. 다시 말해서 부랑자를 신사의 자리에 앉히고 신사에게는 가족을 먹여 살리려면 다른 일거리를 찾으라고 강요하는 꼴이다."[128] 당국에서는 이러한 경쟁의 위험에 직면하여 점차로 구빈원의 일거리가 없어지도록 내버려둔다. 심지어는 피수용자들이 더 이상 자신들의 생계비도 벌 수 없게 된다. 때로는 그들이 적어도 무료로 빵을 얻어먹을 수 있도록 그들을 감옥으로 넘기지 않을 수 없다. '교도소'로 말하자면 "작업이 이루어지는 곳, 심지어는 작업할 가능성이 있는 곳은 거의 없다. 거기에 감금된 이들이 일하는 데 필요한 어떤 재료도 도구도 없다. 그들은 게으름과 방탕 속에서 시간을 탕진한다."[129]

파리의 구빈원이 창설되었을 때에는 피수용자의 일거리보다는 오히려 구걸행위의 근절이 특별히 고려되었다. 그렇지만 콜베르는 그의 영국 동시대인들처럼 노동을 통한 빈민구제에서 실업대책과 동시에 사업체의 발전을 위한 활력소를 보았던 듯하다.[130] 어쨌든 지방의 자선시설이 어떤 경제적 의미를 갖도록 지방장관이 신경을 써야 했다는 것은 사실이다. "일할 수 있는 가난한 사람들은 모든 악의 근원인 무위도식에서 벗어나기 위해서나 노동에 익숙해지고 또한 생계의 일정 부분을 벌기 위해 매일 일해야 한다."[131] 심지어 때로는 자영업자들이 수용시설의 인력을 활용할 수 있도록 협정이 맺어지기도 한다. 예컨대 1708년에 체결된 협정에 의하면, 한 자영업자가 튈[132]의 샤리테 구빈원에 양털, 비

---

128 Nicholls, *loc. cit.*, I, p. 367에서 재인용.

129 Howard, *loc. cit.*, t. I, p. 8.

130 그는 쥐미에주 수도원에 대해 이 수도원에 수용된 빈민들에게 털실을 잣도록 하라고 조언한다. "양모와 긴 양말을 제조하는 작업소들은 거지들을 일하게 하기 위한 아주 좋은 수단일 수 있다."(G. Martin, *loc. cit.*, p. 225, note 4).

131 Lallemand, *loc. cit.*, t. IV, p. 539에서 재인용.

132 Tulle. 파리 남쪽으로 463km 떨어진 Corrèze도(道)의 중심 도시. 주교 상주 도시이다.

누, 석탄을 공급하고 구빈원 측에서는 자영업자에게 솔질 작업을 거쳐 제사製絲된 양모를 건네주게 되어 있다. 모든 이익은 구빈원과 자영업자가 나눠 갖는다.[133]

파리에서도 구빈원의 커다란 건물들을 제조소로 변모시키려는 시도가 여러 차례 있었다. 1790년에 출판된 필자 미상의 회고록에 따르면, 피티에 구빈원에서는 "수도에서 가능한 모든 종류의 물품제조"가 시도되었다. 마침내 "절망적인 노력 끝에 가장 값싼 밧줄 제조에 성공한다."[134] 다른 곳에서는 그러한 시도가 결실을 맺지 못했다. 비세트르에서도 실과 밧줄의 제조, 유리 연마鍊磨, 그리고 특히 유명한 '심정深井 공사'[135] 등 많은 일들이 시도되었고, 심지어 1781년에는 물을 길어 올리는 일에 말 대신 수인囚人들로 구성된 작업반을 아침 5시부터 저녁 8시까지 교대로 투입하자는 착상도 있었다. "무슨 동기에서 이 기묘한 일거리가 채택될 수 있었을까? 경제적 동기에서일까, 아니면 단지 수인들에게 일거리를 주어야 할 필요성에서일까? 단지 수인들에게 일을 시킬 필요성에서라면, 그들을 위해서나 시설을 위해서나 더 유익한 작업에 그들을 종사시키는 것이 더 적절하지 않겠는가. 경제적 동기로 말하자면 우리는 이 기묘한 일거리에서 아무런 근거도 찾아낼 수 없다."[136]

콜베르가 구빈원에 부여하고 싶어했던 경제적 의미는 18세기에 지속적으로 소멸하게 된다. 결국 이 의무노동 시설은 무위도식의 특권적인

---

133 Forot, *loc. cit.*, pp. 16~17.

134 Lallemand, *loc. cit.*, t. IV, p. 544, note 18.

135 제르맹 보프랑이란 건축가가 1733년에 거대한 우물의 설계도를 그렸다. 이 계획은 금방 무익한 것으로 드러났지만, 죄수들에게 일을 시키기 위해 작업이 계속되었다.

136 Musquinet de la Pagne, *Bicêtre réformé ou établissement d'une maison de discipline*, 1789, p. 22.

장소로 변하게 되는 것이다. "비세트르의 무질서가 생긴 원인은 무엇인가?"하고 대혁명 세력 쪽의 사람들이 자문하게 된다. 그러면 17세기에 이미 나왔던 대답이 되풀이될 것이다. "그것은 무위도식이다. 무위도식을 막을 수단은 무엇인가? 노동이다."

고전주의 시대에 수용은 애매한 방식으로, 그리고 실업을 서서히 해소하거나 적어도 실업이 사회에 미치는 가장 가시적인 영향을 없애고 너무 오를 우려가 있는 물가物價를 억제하는, 이를테면 인력시장과 생산물의 가격에 교대로 작용하는 이중의 기능을 수행하도록 활용된다. 사실 수용시설의 기능이 기대만큼 효과적으로 발휘될 수는 없었던 듯하다. 실업자들이 수용시설에 흡수된 것은 무엇보다도 실업자들의 비참한 형편을 가리고 실업자들의 동요로 인해 야기될 사회적이거나 정치적인 난관을 피하기 위해서였다. 그러나 실업자를 의무 작업장으로 몰아넣은 시기에도 인근 지역이나 유사부문에서는 실업이 증가했다. 137 물가에 대한 영향으로 말하자면, 그런 식으로 제조된 물품의 매매가격이 수용 자체로 인해 발생한 비용을 감안한다면 실제 원가와 비교도 안 되기 때문에, 작위적作爲的일 수밖에 없었다.

수용시설의 기능적 가치만을 고려할 때 수용시설의 설립은 실패로 인정될지 모른다. 극빈자들의 수용기관 겸 빈곤의 감옥으로 기능한 수용시설이 19세기 초에 거의 유럽 전역에서 사라짐으로써 이 시설들의 최종적 실패는 공식적으로 확인될 것이다. 이 시설들은 효율성 없는 과도적

---

137 영국처럼 프랑스에서도 이러한 유형의 갈등이 일어났다. 예컨대 트루아에서는 "양품류 제조장인 및 단체"와 구빈원 관리인 사이에 소송이 벌어졌다.

대책, 산업화의 태동胎動에 편승하여 마련되었으나 결국 매우 부적절하게 구현된 사회적 예방책으로 평가될 것이다. 그렇지만 이와 같은 실패를 거쳐 고전주의 시대는 돌이킬 수 없는 경험을 한 셈이다. 오늘날 우리에게 생산과 물가의 어설픈 변증법으로 보이는 것이 당시에는 노동의 어떤 윤리의식과 관련된 실질적 의미를 지니고 있었다. 이 윤리의식에서는 가치의 확립이 우선적인 것이 되어 경제 메커니즘의 문제는 절박한 것으로 떠오르지 않았다.

산업발전의 그 초기 단계에서 노동은 노동 자체로 인해 야기될 문제와 관련되어 있지 않은 듯하다. 이와는 반대로 노동이 일반적 해결책, 확실한 만병통치약, 빈곤의 모든 형태에 대한 치유책으로 이해된다. 노동과 가난은 아주 단순한 대립관계를 형성한다. 노동과 가난의 영역은 서로 반비례하는 것일지 모른다. 노동에 고유한 것으로 여겨지는 그 빈곤 퇴치의 효과로 말하자면, 고전주의적 사유에서는 그것이 노동의 생산력이라기보다는 오히려 노동의 어떤 도덕적 매력에서 기인한다. 노동의 효율성이 인정되는 것은 노동의 토대가 윤리적 선험성에 있기 때문이다.

아담의 타락 이래 노역勞役-징벌에는 회개의 가치와 대속력代贖力이 부여되어 왔다. 인간으로 하여금 일하도록 강제하는 것은 자연법칙이 아니라 저주의 결과이다. 만일 인간이 아무 일도 하지 않는다면, 대지는 불모상태가 될 것이다. 그렇지만 대지는 이 불모성에 대해 무고하다. "대지는 죄를 짓지 않았다. 대지가 저주받은 것은 대지를 경작하는 저주받은 인간의 노동 때문이다. 인간은 끊임없는 고역苦役을 통해 강제로만 결실을, 특히 가장 필요한 결실을 대지로부터 얻어낼 뿐이다."[138] 노동

---

138 Bossuet, *Élévations sur les mystères*, VIe semaine, 12e élévation. (*Bossuet. Textes choisis* par H. Bremond, Paris, 1913, t. III, p. 285).

의 의무는 자연에 대한 신뢰와 전혀 무관하며, 대지가 인간의 노역에 보답하게 되어 있는 것은 모호한 충실성 때문이 아니다. 노동이 그 자체로 결실을 맺을 수 없다는 주제는 가톨릭교도에게서도 신교도에게서도 변함 없이 나타난다. 노동과 자연의 변증법을 통해 최종적으로 수확물과 부가 얻어지는 것은 아니다. 여기에 칼뱅의 경고가 있다. "그런데 사람들이 얼마나 세심하고 능숙할 것인가에 따라, 또한 사람들이 의무를 잘 수행할 것인가에 따라, 사람들이 대지를 비옥하게 만들 것인가에 따라, 우리가 믿음을 갖게 되는 것은 아니다. 모든 것을 지배하는 것은 하느님의 은총이다."[139] 만일 하느님이 은총을 베풀지 않는다면 아무것도 생산하지 못할 노동의 이러한 위험을 보쉬에는 인정한다. "수확의 희망, 우리의 모든 노고가 맺을 유일한 결실은 매순간 우리에게서 멀어진다. 우리는 부드러운 이삭 위로 비를 뿌리는 변덕스런 하늘의 영향에서 벗어날 수 없다."[140]

이 불확실한 노동에 자연은 그대로 응답하지 않는다. 하느님의 특별한 의지만이 응답할 수 있을 뿐이다. 그렇지만 엄밀하게 자연의 층위에서가 아니라 도덕의 층위에서 노동은 불가피하다. 대지를 '괴롭히는' 것에 동의하지 않고, 하느님이 공중의 새들을 먹여 살리기로 약속했으므로 하느님이 도우러 오기만을 기다리는 가난한 사람은 "너의 주 여호와 하느님을 시험하지 말라"는 성경의 위대한 율법에 불순종하는 꼴이 될 것이다. 일하고 싶어하지 않는 것은 "하느님의 능력을 지나치게 시험하는 것"[141]이 아닌가? 일하려 하지 않는 것은 기적이 날마다 인간의 노고에 대한 무상의 보상으로 주어지는데도 하느님에게 기적을 조르는 꼴이

139 *Sermon 155 sur le Deutéronome*, 1556년 3월 12일.

140 Bossuet, *loc. cit.*, p. 285.

141 Calvin, *Sermon 49 sur le Deutéronome*, 1555년 7월 3일.

다. 142 노동은 자연의 법칙에 포함되지 않는 것이 사실이다. 그렇다면 노동은 타락한 세계의 질서에 에워싸여 있는 셈이다.

따라서 무위도식은 반항, 어떤 점에서는 가장 나쁜 반항이다. 왜냐하면 무위도식은 자연이 태초의 무고한 상태처럼 비옥하기를 기대하고 아담 이래 인간이 요구할 수 없는 호의를 하느님에게 강요하고 싶어하는 태도이기 때문이다. 타락 이전에는 오만이 인간의 죄였지만, 무위도식의 죄는 일단 타락한 인간이 내보일 수 있는 최고의 오만, 비참에서 기인하는 가장 우스꽝스러운 오만이다. 대지가 가시덤불과 무성한 잡초만 잘 자라게 되어 있는 우리의 세계에서 무위도식은 가장 나쁜 죄이다. 중세에는 오만이 대죄, '모든 죄악의 뿌리'143였다. 호이징가의 말을 믿는다면 탐욕, 단테의 '기름진 탐욕'144이 최고의 죄로 보인 시대가 있었다. 145 그때는 문예부흥의 여명기黎明期였다. 이와는 반대로 12세기의 모든 문헌에서는 게으름의 끔찍한 승리가 예고된다. 즉, 악덕의 원무圓舞를 이끌고 악덕을 초래하는 것은 이제 게으름이다. 구빈원의 창설 칙령에 따르면 "모든 무질서의 원천인 구걸과 무위도식"을 막는 것이 구빈원의 사명이라는 점을 상기하자. 부르달루146는 게으름, 곧 타락한 인간의 역겨운 오만에 대한 이와 같은 정죄에 찬동한다. "다시 한 번 자문컨대 무위도식의 무질서는 도대체 무엇인가? 내 이해가 정확하다면 성 암브로시우스147의 대답은 이렇다. 그것은 하느님에 대한 피

---

142 "우리는 하느님이 우리의 어리석은 욕심에 소용되기를, 그리고 하느님이 우리에게 마치 종속되어 있기라도 하기를 바란다."(Calvin, *ibid*)

143 *radix malorum omnium.

144 *cicca cupidigia.

145 Huizinga, *Le Déclin du Moyen Âge*, Paris, 1932, p. 35.

146 *Louis Bourdaloue(1632~1704). 프랑스의 설교자, 예수회 수도사. 논리의 정확성, 도덕 분석의 정교함, 암시가 풍부한 인물 묘사로 동시대인들의 인기를 끌었다.

147 *Saint Ambroise (de Milan) (340경~397). 라틴 교회의 사제 겸 교회박사로서 신

조물의 두 번째 반항이다."¹⁴⁸ 수용시설에서 노동은 이처럼 윤리적 의미를 띤다. 즉, 게으름이 반항의 절대적 형태로 여겨졌기 때문에, 일이 없는 사람들에게 노동은 유용성도 이득도 없는 노역勞役으로, 막연한 여가활동의 형태로 강요된 것이다.

수용에 대한 경제의 요구와 동시에 이와 불가분의 관계가 있는 도덕의 요구는 어떤 노동경험의 형태로 표출되었다. 고전주의 세계에서는 나병의 대대적 배제의 자리를 대신하여 하나의 분할선이 노동과 무위도식 사이에 그어졌다. 유령이 나오는 지리적 장소에서건 도덕 영역의 풍경에서건 빈민 보호소가 나환자 수용소의 자리를 어김없이 차지했다. 이것은 낡은 파문破門 의례가 생산과 상업의 세계에서 부활된 형상이다. 광기는 바로 이 저주받고 정죄되는 무위도식의 장소, 노동의 율법에서 어떤 윤리적 선험성을 읽어내던 사회에 의해 창안된 이와 같은 공간에서 출현하여 오래지 않아 이러한 장소들을 병합할 정도로 증가하게 된다. 언젠가는 광기가 일종의 매우 오래되고 매우 모호한 상속권을 통해 무위도식의 이 불모지들을 물려받는 날이 올 것이다. 19세기는 150년 전의 사람들이 빈민, 거지, 실업자를 가두고 싶어했던 이 영토가 오직 광인에게만 양도되는 것을 용인하게 되고 심지어는 광인에게만 양도되기를 요구하게 될 것이다.

광인이 무위도식의 대대적 추방에 휩쓸렸다는 것은 대수롭지 않은 일이 아니다. 처음부터 광인의 자리는 선하거나 악한 빈민, 그리고 자발적으로나 어쩔 수 없이 빌어먹게 된 사람의 옆이 될 것이다. 그들처럼 광인에게도 의무노동의 규칙이 부과될 것인데, 당연하게도 광인은 일률적인 속박상태에서 여러 차례 이채異彩를 띠게 되었다. 잡다한 사

학에 관한 글들, 서한집을 남겼으며 많은 찬송가를 지었다.
148 Bourdaloue, *Dimanche de la Septuagésime*, *Œuvres*, Paris, 1900, I, p. 346.

람들이 뒤섞여 있는 작업장에서 광인은 일을 할 수 없고 집단생활에 보조를 맞출 수 없음으로 해서 저절로 구별되었다. 정신병자에게 특별한 관리규정을 부과할 필요성, 18세기에 대두된 이 필요성과 대혁명 직전에 닥친 수용의 커다란 위기상황은 노동의 일반적 의무를 통해 접근할 수 있었던 광기의 경험에 연결되어 있다.**149** 17세기 이전에도 광인이 '감금'되는 일은 있었지만, 광인과의 연관성이 인정되는 집단 전체에 광인을 섞어 넣음으로써 광인을 '수용'하기 시작하는 때는 17세기이다. 르네상스 시대까지 광기에 대한 이해 방식은 상상계의 초월적 존재가 광기를 통해 드러난다는 생각과 관계가 있었다. 그러다가 고전주의 시대부터 역사상 처음으로 광기는 무위도식에 대한 윤리적 단죄를 통해 인식되고 또한 노동 공동체로 확고해진 사회의 내재적 존재로 인식된다. 이 노동 공동체는 윤리적 분할의 권한을 획득하여, 사회에 불필요한 모든 형태를 마치 다른 세계에 속하는 것인 양 배척할 수 있게 된다. 이러한 '다른 세계'에서 광기는 현재 우리가 광기에 대해 인정하는 그 지위를 갖게 될 것이다. '다른 곳'과 '다른 것'에 관해 말하는 어떤 것이 고전주의 시대의 광기에 있다면, 이는 더 이상 광인이 다른 하늘, 미치광이의 하늘에서 오거나 광인이 다른 하늘의 징후를 지니고 있기 때문이 아니라, 광인이 저절로 부르주아 질서의 경계를 넘어서고 부르주아 윤리의 신성한 한계 밖으로 소외되기 때문이다.

---

149 브라운슈바이크의 수용시설에서 제기된 문제들이 이 현상의 특징을 아주 잘 나타내는 사례이다. *Infra*, 제3부, 제2장 참조.

실제로 수용의 실천과 노동의 요구 사이의 관계가 경제상황에 의해 전적으로 규정되지는 않는다. 그런 식으로 규정하려는 것은 어림도 없는 일이다. 이 양자 사이의 관계는 도덕적 직관에 의해 밑받침되고 활기를 띤다. 영국의 상무성商務省에서 가난한 사람들에 관한 보고서, "가난한 사람들을 국민에게 유익한 사람이 되도록 유도할" 수단이 제안되어 있는 보고서를 발표했을 때, 가난의 근원은 물품의 부족이나 실업이 아니라 "규율의 약화와 풍기의 문란"이라는 점이 분명하게 적시摘示되었다.[150] 1656년의 칙령에도 역시 도덕적 정죄의 발언 속에는 이상한 위험에 대한 언급이 끼어 있다. "걸인들의 방종이 극에 달해 불행하게도 걸인들이 온갖 종류의 범죄에 빠져들고 있다. 이들이 처벌받지 않는다면 나라에 대한 하느님의 저주가 초래될 것이다." 이 '방종'은 위대한 노동원리와 관련하여 정의할 수 있는 것이 아니라 실로 도덕과 관련된 것이다. "남녀 걸인들 중에서 많은 수가 결혼하지 않고 함께 살고 그들의 많은 자식이 세례를 받지 않았으며 거의 모두가 종교에 대한 무지, 성사聖事에 대한 경멸 속에서 온갖 종류의 악덕을 습관적으로 끊임없이 행하면서 살아간다는 것을 자선업무에 종사하는 사람들이 경험으로 알게 되었다." 그런 만큼 구빈원은 단순히 노화老化, 신체장애, 또는 질병으로 인해 일할 수 없게 된 이들을 위한 안식처로 보이지 않는다. 구빈원에는 강제 노역장의 측면뿐만 아니라 이보다는 오히려 도덕의 어떤 '공백' 부분, 다시 말해서 재판소에 회부될 만하지는 않지만 준엄한 회개만으로는 고칠 수 없을 과오를 징벌하고 바로잡을 책임이 있는 기관의 측면이 있다.

---

150 Nicholls, *op. cit.*, I, p. 352 참조.

이처럼 구빈원은 윤리적 지위를 갖는다. 구빈원의 원장이 맡고 있는 것은 바로 이 도덕적 책무인데, 원장들에게는 탄압의 사법적이고 물질적인 도구 전체를 사용할 권한이 주어진다. "그들은 허가, 지시, 행정, 치안, 재판, 체벌, 징벌의 모든 권한을 갖는다." 그들이 이 책무를 원활하게 수행할 수 있도록 "처형용 기둥과 수감용 쇠고리, 유치장과 지하 감옥"이 그들의 재량에 맡겨진다.[151]

사실상 바로 이와 같은 맥락에서 노동의 의무는 윤리의 실천과 동시에 도덕의 보증이라는 의미를 띠게 된다. 노동은 금욕, 처벌, 마음가짐의 표지와 같은 가치를 갖게 된다. 일할 수 있고 일하고 싶어하는 수인囚人은 석방될 것이다. 이는 그가 또 다시 사회에 유용하게 되었기 때문이 아니라, 그가 인간생활의 위대한 윤리계약에 또 다시 속하게 되었기 때문이다. 1684년 4월의 한 행정명령으로 구빈원 안에 25세 이상의 미혼 남녀를 담당할 부서가 생겨난다. 이 행정명령은, 하루의 대부분이 노동에 할애되어야 하고 "몇몇 종교서적의 독서"가 노동에 수반되어야 한다고 분명히 밝히고 있다. 그러나 내규에 따르면 이 노동은 생산에 대한 관심과는 전혀 무관한 순전히 탄압적인 성격의 것이다. "그들로 하여금 체력과 배치될 장소를 감안하여 가장 힘든 작업을 가능한 한 오랫동안 실행하도록 하라." 그들은 이 처음 단계에서 열정을 보임으로써 "행실을 고치고 싶어한다"는 판정을 받은 다음에야, 자신들의 성性과 기질에 맞는 일을 배울 수 있을 것이다. 마지막으로 모든 과실過失에는 "식사 제한, 노동량 추가, 감금, 그리고 예의 구빈원들에서 원장이 합리적이라고 평가하여 적용하는 그 밖의 형벌이 뒤따를 것이다."[152] 노동의 의무도 도덕적 개심改心 및 제약制約의 실천에 맞추어졌다는 것을

---

151 구빈원의 내규 제12조 및 제13조.
152 *Histoire de l'Hôpital général*, 필자 미상의 소책자, Paris, 1676에서 재인용.

이해하는 데에는 "살페트리에르의 생-루이 관館에서 날마다 지켜져야 하는 일반 규칙"153을 읽어보는 것으로 충분하다. 이와 같은 실천을 통해 수용의 최종적 의미는 아니더라도 수용의 본질적 정당화가 드러나고 있다.

행정결정에 의해 도덕이 맹위를 떨치는 속박의 장소가 이처럼 생겨난 것은 중요한 현상이다. 역사상 처음으로 도덕적 의무와 민법 사이의 놀라운 종합이 이루어지는 도덕성의 기관이 설립된다. 이제는 국가의 질서가 감성感性의 무질서를 용납하지 않는다. 물론 도덕적 과오가 가장 사적私的 형태일지라도 국가의 성문법이나 관습법에 대한 침해처럼 보이는 것은 이번이 처음은 아니다. 그러나 고전주의 시대의 이 대감호에서 본질적인 것이자 새로운 귀결인 것은 형벌이 더 이상 법률에 따라 선고되지 않는다는 점이다. 즉, 순수한 도덕성의 구역에서 감금이 행해지는데, 거기에서 법은 감성을 지배하게 되어 있을 것이고 타협도 경감도 없이 엄격한 신체 속박의 형태로 적용될 것이다. 도덕적 원칙의 차원에서 신체의 차원으로 전환될 가능성, 어떤 여지도 남기지 않고, 강제성도 없고, 권력남용도 없이 전자에서 후자로 넘어갈 수 있는 가능성이 추정된다. 도덕률의 철저한 적용은 더 이상 완성의 여부에 달려 있지 않다. 도덕률은 사회의 종합적 차원에서 시행될 수 있다. 도덕이 상업이나 경제처럼 관리된다.

미덕美德도 역시 하나의 국사國事이고, 미덕을 유지하기 위해 명령을 내리고 미덕이 확실히 존중되도록 권력기관을 수립할 수 있다는 이념, 부르주아지의 이념이자 나중에 공화주의자들의 이념이 될 이 중요한 이념은 이런 식으로, 오랫동안 절대 왕정의 전횡專橫에 대한 상징으로 남아 있던 제도 속으로 스며든다. 17세기에 부르주아지가 의식적으로 꿈

---

153 Arsenal, ms. 2566, f°s 54~70.

꾸기 시작하는 도덕국가, 대번에 벗어나고 싶어할 이들을 대상으로 마련된 도덕국가, 최종적인 힘, 위협만이 승리로 통하는 선善의 절대적 힘에 의해서만 법이 지배하고 미덕이 그 자체로 가치 있는 것인 한, 단지 징벌을 모면하는 것만이 미덕의 보상인 그러한 국가의 부정적 측면이 수용의 장벽들 사이에 감추어진다. 부르주아 국가의 그늘에서 탄생하는 이 이상한 선善의 공화국은 악에 속한다고 의심받는 모든 이에게 강제로 부과된다. 이 현상은 고전주의 시대에 국법과 감성의 규범을 마침내 일치시키려는 부르주아지의 커다란 꿈이자 주요한 관심사의 이면이다.

"우리의 정치가들이 이해타산을 중단해 주기를 ⋯ 그리고 풍속과 시민을 제외하고는 모든 것이 돈으로 해결된다는 것을 그들이 한 번이라도 터득하기를."[154]

이것은 함부르크 수용시설의 창설자들이 사로잡혔을 것처럼 보이는 꿈이 아닐까? 원장들 중의 한 사람은 "수용된 모든 사람이 종교적 의무를 배우고 이행하도록" 신경을 써야 한다고 했다.

"교사는 아이들에게 종교에 대해 가르치고 아이들을 부추기고 격려하여 여가 시간에 성경의 다양한 대목을 읽도록 해야 한다. 그리고 아이들에게 읽고 쓰고 셈하는 법, 정직, 그리고 수용시설을 방문하는 이들에 대한 예절을 가르쳐야 한다. 또한 아이들이 하느님 예배에 참석하도록, 예배 시에 얌전하게 처신하도록 세심한 주의를 기울여야 한다."[155]

영국 '구빈원'의 내규에서도 품행 감독과 종교 교육이 넓은 자리를 차지한다. 이런 곡절로 플라이마우스의 수용시설에서는 "경건하고 검소

---

154 Rousseau, *Discours sur les sciences et les arts.*
155 Howard, *loc. cit.*, t. I, p. 157.

하며 사려 깊어야" 한다는 3중의 조건을 충족시킬 수 있는 '교사'의 임명
이 검토되었다. 수용시설의 교사는 매일 아침 저녁 정해진 시간에 기도
를 주재하고, 토요일 오후 그리고 축제일마다 강론을 통해 피수용자들
에게 "개신교의 기본 원리를 영국 성공회의 교리에 맞게 권고하고 가르
쳐야 할 것이다."**156** 함부르크의 '교도소'와 플라이마우스의 '구빈원',
달리 말하자면 도시의 안정에 필요한 것을 종교로부터 찾아내 가르치는
도덕영역의 요새가 유럽의 개신교 지역 전체에 건립된다.

　가톨릭 지역에서도 목적은 동일하지만, 종교의 흔적이 좀 더 두드러
지게 나타난다. 성 뱅상 드 폴의 활동이 이 사실의 증거이다. "사람들을
이 넓은 세상의 혼란으로부터 빠져나올 수 있게 하고 재원자在院者로서
은둔자로 지낼 수 있게 한 것은 오직 그들을 죄로 인한 노예상태에서 빼
내 영원한 형벌을 받지 않고, 이승과 저승에서 완전한 행복을 누릴 수
있게 하기 위할 따름이었다. 이 점에서 그들은 최선을 다해 하느님의
섭리를 찬미해야 할 것이다. … 오늘날 우리가 목격하듯이 젊은이들이
하느님의 거룩한 계시와 부모의 자비로운 충고보다는 오히려 악한 성향
을 즐겨 따르고 방탕의 분위기가 팽배한 것은 오로지 교육의 결함과 영
적인 것에 대한 순종의 결여에서 연유한다는 사실을 우리는 너무나 불
행하게도 경험으로 알게 될 뿐이다."

　그러므로 약하기 때문에 죄의 유혹에 빠지는 재원자들을 이 세상에
서 구출하는 것, 그들이 일상적으로 접하는 감독자로 강생降生한 '수호
천사'만이 그들의 동반자가 될 수 있는 고독의 장소로 그들을 데려오는
것이 중요하다. 감독자는 실제로 "눈에 보이지 않게 그들을 보살피는
수호천사와 똑같이 그들을 가르치고 위로하며 그들이 구원을 얻도록 인
도한다."**157** 샤리테 구빈원의 수용시설에서도 이처럼 생활과 신앙을 바

---

156 Id., *ibid.*, t. II, pp. 382~401.

로잡는 일에 가장 세심한 주의를 기울인다. 이와 같은 생활과 신앙의 정립은 18세기 동안 갈수록 더 분명하게 수용의 존재이유로 나타난다. 1765년에는 샤토-티에리의 샤리테 소수도원에서 새롭게 정한 내규에 의하면 "원장은 적어도 일주일에 한 번 모든 수인을 따로따로 방문하여 그들을 위로하고 그들에게 더 나은 행동을 촉구해야 할 뿐만 아니라, 그들이 규칙에 따라 정당하게 대우받는지를 몸소 확인해야 하며, 부원장은 매일 이러한 일을 수행해야 한다."[158]

도덕적 질서를 중시하는 이 모든 감옥에서는 "사나운 동물도 빛에 복종시킬 수 있었으니, 길을 잃은 사람을 바로잡는 일에 절망해서는 안 된다"는 표어, 하워드가 마인츠의 감옥에서 그때도 읽어볼 수 있었던 이 표어를 앞세우고 싶어했다.[159] 가톨릭교회의 입장이건 개신교 국가의 입장이건 수용은 통치의 영역이 종교의 원리와 전혀 어긋나지 않을 것이고 통치의 규칙과 통치에 수반될 수 있는 여러 가지 제약을 통해 종교의 요구사항이 전적으로 충족될 행복한 사회의 신화를 권위적인 본보기의 형태로 제시하고 있다. 이러한 기관들에서는 질서가 미덕에 꼭 들어맞을 수 있다는 것을 증명하려는 시도 같은 것이 있게 마련이다. 이 점에서 '감호'에는 국가 형이상학과 동시에 종교 정치학이 감추어져 있다. 감호는 종합적 압제壓制의 노력으로서, 하느님의 동산과 낙원에서 쫓겨난 인간이 자력으로 건설한 도시들 사이에 자리 잡는다. 고전주의 시대에 수용시설은 완벽한 국가의 건설을 위한 세속의 종교 등가물로 이해되었던 그러한 '통치' 개념이 가장 치밀하게 형상화된 상징이다. 수용과 관련된 모든 도덕적 주제가 《통치론》이라는 문헌에 나타나 있지 않은

---

157 Collet, *Vie de saint Vincent de Paul*에 인용된 설교.

158 Tardif, *loc. cit.*, p. 22 참조.

159 Howard, *loc. cit.*, t. I, p. 203.

가? 이 문헌에서 들라마르는 종교를 통치 임무를 수행하는 분야들 중에서도 "으뜸가는 중심적" 분야로 여긴다.

"만일 우리가 매우 현명해서 종교가 우리에게 명하는 모든 의무를 완벽하게 실천한다면, 종교는 통치임무를 수행하는 유일한 분야라고 덧붙일 수 있을 것이다. 그러면 다른 배려 없이도 풍속이 더 이상 문란해지지 않을 것이고, 절제에 힘입어 질병이 멀어질 것이며, 근면, 절약, 그리고 선견지명을 통해 생활에 필요한 것들이 늘 마련될 뿐만 아니라, 악덕이 자선에 의해 없어짐으로써 공공의 안녕이 확보될 것이고, 겸손과 소박함으로 인간의 지식에서 허영과 위험의 요소가 떨어져나갈 것이며, 게다가 학문과 예술에 선의가 퍼질 것이다. … 가난한 사람은 결국 자원봉사의 도움을 받을 것이고, 구걸 행위는 사라질 것이다. 종교만 제대로 지켜진다면 통치의 다른 모든 부분도 저절로 실현될 것이라고 말할 수 있다. … 그래서 모든 입법자가 대단히 지혜롭게도 종교라는 토대 위에 국가의 번영과 지속을 확립한 것이다."160

수용제도는 17세기의 고유한 제도적 창안물이다. 그것은 중세에 실행될 수 있었던 그러한 유폐幽閉와 공통된 측면이 없을 만큼 큰 규모로 곧 확산되었다. 수용은 경제적 조치 겸 사회적 예방책으로서 창안물의 값어치가 있다. 그러나 비이성의 역사에서 수용은 결정적 사건, 말하자면 광기가 가난, 노동 불능, 집단 속으로의 통합 불가능성이라는 사회적 지평 위에서 지각되는 계기, 광기가 국가문제와 함께 짜여지기 시작하는 계기를 보여준다. 가난에 부여된 새로운 의미, 노동의 의무에 주

---

160 Delamare, *Traité de la police*, t. I, pp. 287~288.

어진 중요성, 그리고 노동의 의무에 연결된 모든 가치가 멀리에서 광기의 경험을 결정하고 광기의 의미를 굴절시킨다.

새로운 이해방식이 생겨난 셈인데, 이로 인해 선이 그어졌고 문턱이 높아졌으며 추방을 위한 선택이 결정되었다. 고전주의 시대의 사회라는 구체적 공간에서 도시에서의 실생활이 일시 중단되는 중립지대, 무색無色의 지대가 별도로 지정된다. 거기에서는 질서와 무질서 사이의 자유로운 대결도, 이성을 피할 수 있거나 이성을 거부하려 하는 모든 것을 헤치고 나아가려는 이성의 시도도 더 이상 일어나지 않는다. 맹위를 떨치는 비이성에 대한 이성의 승리가 사전에 마련되어 있는 상황에서 이성이 순수한 상태로 군림한다. 르네상스 시대의 하늘로까지 광기를 팽창시켰던 그 상상력의 자유로부터 광기는 이처럼 뿌리 채 뽑혀나간다. 얼마 전까지만 해도 광기는 환한 대낮에 논의되었다. 《리어왕》을 보라. 《돈키호테》에서도 그랬다. 그러나 반세기도 안 되어 광기는 갇히고 고립되었으며 수용의 요새에서 이성에, 도덕규범에, 그리고 도덕규범의 획일적 어둠에 묻혀버렸다.

3

비행非行의 세계

수용의 장벽 이면에는 가난과 광기뿐만 아니라 훨씬 더 다양한 얼굴들과 공통되는 특징을 알아보기 쉽지 않은 모호한 모습들이 있다.

수용의 초기 형태가 사회기구로 기능했다는 것, 그리고 이 기구가 매우 넓은 지역에서 효력을 나타냈다는 것은 분명하다. 왜냐하면 기본적 상업규제에서 자연과 미덕의 강압적 종합이 유지될 국가에 대한 부르주아지의 거창한 꿈으로 이 기구의 의미가 확대되었기 때문이다. 여기에서 한 걸음만 나아가도 수용의 의미가 집단에 대해 이질적이거나 해로운 요소의 제거를 집단에 허용하는 모호한 사회적 합목적성合目的性으로 완결된다는 추정이 충분히 가능하다. 그러면 수용은 "사회에 통합되지 못한 사람들"의 자연발생적 제거일 것이다. 좀 망설여지기도 하고, 위험의 여지도 있는 말이지만, 우리가 감옥, 교도소, 정신 병원, 또는 정신분석가의 상담실로 나누어 보낼 수 있는 사람들을 고전주의 시대는 확실한 효율성에 따라 중화시켰을 것으로 추정된다. 이 중화현상은 맹목적이었던 그만큼 효율성이 확실했다. 이 중화현상은 요컨대 집단이란 용어가 적어도 과장된 것이 아니라면 역사가들의 한 집단전체가 20

세기 초에 밝히고자 했던 것이다.[1] 그들이 수용이라는 통치방침을 상업 정책에 결부시키는 명백한 관련성을 끌어낼 수 있었다면, 그들의 주장을 뒷받침할 수 있는 보충논거, 어쩌면 신뢰할 수 있고 검토할 만했을 유일한 논거는 틀림없이 발견되었을 것이다. 그들은 광기를 의학의 관점에서 보려는 의식이 사회적 이해방식의 바탕 위에서 형성될 수 있었는지, 그리고 이러한 의식이 어느 정도까지 사회적 이해방식에 연결되는가를 밝힐 수 있었을 것이다. 왜냐하면 감금이나 해방에 대해 결정을 내리는 것이 문제일 때 조정요소의 구실을 하는 것은 바로 사회적 이해방식이기 때문이다.

사실 이와 같은 분석에는 영원한 심리적 장치로 완전히 무장된 광기, 그래서 진면목을 끌어내는 데 오랜 세월이 걸렸을 광기의 변함 없는 존속存續이 전제되어 있을 것이다. 여러 세기 전부터 잊혀졌거나 적어도 잘못 알려졌던 광기가 고전주의 시대에 가족의 붕괴, 사회의 무질서, 국가에 대한 위험으로 모호하게 이해되기 시작했을 것이고, 이 최초의 인식이 점차로 조직화되었을 뿐만 아니라 마침내 의료의식으로 발전했을 것이며, 언제나 사회의 불안이라는 틀 속에서만 인식되었을 뿐인 것

---

1 이와 같은 해석의 선구자는 세리외였다(특히 Sérieux et Libert, *Le Régime des aliénés en France au XVIIIe siécle*, Paris, 1914 참조). 이러한 연구 작업의 정신은 필립 샤틀랭(*Le Régime des aliénés et des anormaux aux XVIIe et XVIIIe siècles*, Paris, 1921), 마르트 앙리(*La Salpêtrière sous l'Ancien Règime*, Paris, 1922), 자크 비에(*Les Aliènès et Correctionnaires à Saint-Lazare aux XVIIe et XVIIIe siècles*, Paris, 1930), 엘렌 보나푸-세리외(*La Charité de Senlis*, Paris, 1936), 르네 타르디프(*La Charité de Chêteau-Thierry*, Paris, 1939)에 의해 계승되었다. 이와 같은 작업에서는 팽크 브랭타노(프랑스의 철학자 겸 사회학자(1830~1906)로 정치학교 교수가 되었다 — 역자)의 연구결과를 이용하여 구체제에서의 수용을 '복권'(復權)시키고 광인들을 해방시켰다는 대혁명의 신화, 피넬과 에스키롤에 의해 형성되기 시작했으며 19세기 말까지도 세믈레뉴, 폴 브뤼, 루이 부세, 에밀 리샤르의 저작에서 지속되었던 이 신화를 뒤엎는 것이 문제였다.

이 의료의식에 의해 자연의 질병으로 표명되었을 것이다. 따라서 사회적 경험에서 과학적 인식으로 나아가고 집단의식에서 실증과학으로 은연히 진행하는 일종의 정향진화定向進化를 상정할 필요가 있을 것이다. 집단의식은 실증과학으로 감싸인 형태, 실증과학의 초보적 어휘 같은 것이다. 사회적 경험은 어림잡은 인식으로서 인식 자체와 동일한 성질을 지녔을 것이고 인식의 완벽성 쪽으로 이미 접어들었을 것이다.2 실증과학에 의해 엄밀하게 파악되기 전에 이미 이해된 것은 바로 앎의 대상이므로, 사실상 앎의 대상은 앎보다 먼저 있게 마련이다. 앎의 대상은 영원히 지속하는 관계로, 역사의 물결에 휩쓸리지 않으며, 실증성이 완전히 각성될 때까지 반수半睡상태에 머물러 있는 진실 속으로 물러난다.

그러나 광기의 정체성正體性에 변화가 없는 가운데 정신의학이 모호한 존재의 상태에서 진리의 빛으로 발전하게 되었는지는 확실하지 않다. 다른 한편으로는 수용조치가 암묵적으로나마 광기를 대상으로 했는지도 확실하지 않다. 끝으로 근대세계가 고전주의 시대의 문턱에서 매우 오래된 격리활동을 거부하고는 자연발생적 돌연변이이건 변종이건 "사회에 통합되지 못한 사람"으로 밝혀진 이들을 제거하려 했는지도 확실하지 않다. 사회생활에 통합되지 못한 오늘날의 인물과 18세기 피수용자 사이의 유사성을 우리가 찾아낼 수 있다는 것은 사실이지만, 이 사실은 아마도 결과의 영역에 속할 따름일 것이다. 왜냐하면 격리활동 자체에 의해 이와 같은 인물이 생겨났기 때문이다. 시기가 무르익어, 17세기 중엽에 유럽의 모든 나라에서 동일한 유배지로 떠난 이와 같은 인간은 그를 쫓아낸 사회와 관계가 없고 다시는 사회의 요구에 순응할

---

2 신기하게도 이와 같은 방법상의 선입견은 아주 소박한 형태로지만, 우리가 언급하는 저자들과 과학사를 다룰 때의 마르크스주의자들 대부분에게 공통적으로 나타난다.

수 없는 자로 인식되었다. 이렇게 해서 그는 우리의 정신이 가장 편안한 상태에 있도록 만든 모든 감옥, 모든 보호소, 모든 징벌의 미분화된 후보자候補者가 되었다. 사실상 그는 이런 복합적 배제활동의 도식일 뿐이다.

이 추방활동은 나환자의 격리만큼 느닷없이 시작되나, 그 결과에서 의미를 찾아내는 일은 나환자 격리의 경우만큼이나 어렵다. 전염을 막기 위해 나환자를 내쫓은 것이 아니었듯이, "사회에 통합되지 못한 자"를 떨쳐버리기 위해 1657년 무렵에 파리 인구의 100분의 1을 수용시설에 집어넣은 것도 아니다. 이 활동에는 아마도 다른 깊은 의미가 있었을 것이다. 제 모습대로 인정받지 못하고 관례라는 미명 아래 너무 오랫동안 따돌림을 당한 국외자局外者들이 모두 이 활동을 통해 격리된 것은 아니었다. 추방활동은 사회풍경의 일부를 이루는 친숙한 얼굴을 왜곡되게 만들고 새로운 국외자를 산출했으며 그리고는 누구도 알아보지 못하는 기묘한 형상으로 변모시켰다. 전혀 예측되지 않았던 곳에서 국외자가 이 활동으로 인해 생겨났다. 이 활동에 의해 씨실이 끊어졌고 친숙성의 매듭이 풀어져 버렸다. 이 활동 때문에 인간의 어떤 것이 인간의 이해범위 밖에 놓였으며 우리의 지평에서 한없이 뒤로 물러났다. 한 마디로 이 활동은 소외疏外를 창출했다고 말할 수 있다.

이 점에서 이러한 추방과정의 역사를 되짚어보는 것은 소외의 고고학考古學을 연구하는 것이다. 그렇다면 결정해야 할 것은 병리학이나 통치의 어떤 범주가 그렇게 접근되었는가, 그렇게 이뤄진 소외는 무엇을 전제로 하는가가 아니다. 대신에 이 활동이 어떻게 실행되었는가, 다시 말해서 이 활동이 형성하는 전체에서 어떤 작업들이 서로 균형을 이루는가, 동일한 분리의 충격 아래 함께 떠난 사람들이 어떤 다양한 지평에서 왔는가, 고전주의 시대인時代人들의 가장 관습적 모습들 가운데 몇 가지가 그들에게 친숙하지 않은 것으로 나타나고 그들에 의해 인정되는 고전주의적 인간상과의 유사성을 잃기 시작했을 때 그들이 자신들에 대해 어떤 경험을 했는가를 알아야 하는 일이다. 그 칙령에 의미가 있고 이 의미를 통해 근대인이 '소외된' 광인의 진실을 가리킬 수 있게 된 것은 우리에게 광인과 연관성이 없는 것으로 보이는 그토록 많은 다른 얼굴들 사이로 광인이 추방되어 있는 그 소외의 영역이 광인에 의해 독점되고 상징되기 훨씬 이전에 설정되어 있었기 때문이다. 이 영역은 실질적으로 수용의 공간에 의해 경계가 정해졌다. 이 영역이 형성된 방식을 통해 우리는 틀림없이 광기의 경험이 어떻게 이루어졌는가를 알아볼 수 있을 것이다.

대감호가 유럽 전역에서 일단 실현되고 나서 도시의 성문 일대에 세워지는 그 유배지流配地에는 누가 거주하게 된 것일까? 거기에 수용되는 광인들과 동아리를 이루고 동류성同類性 같은 것을 형성하는 자들은 누구인가? 이와 같은 동아리와 동류성으로 인해 광인들이 18세기 말에 밝혀질 그토록 많은 해악害惡을 당하게 된다는 점에서 이 문제를 생각해볼 필요가 있다.

1690년의 한 조사에 의하면 살페트리에르에는 3천여 명이 수용되어 있었다. 이들의 대부분은 극빈자, 부랑자, 걸인이다. 그러나 "구역들"에는 이밖에도 다양한 부류의 사람들이 있었는데, 이들의 수용은 가난으로 설명되지 않는다. 다시 말해서 가난만으로는 설명할 수 없는 측면이 있다. 가령 생-테오도르에는 왕의 봉인장에 의한 수인囚人 41명, 포르스 관館에는 "보통 여자" 8명, 생-폴에는 "기력이 없는 여자" 20명, 마들렌 구역에는 "노망이 들었거나 불구인 노파" 91명, 생트-주느비에브 구역에는 "노처녀" 80명, 생-르베주 구역에는 간질환자 72명, 생-틸레

즈에는 "노망든 여자" 80명, 생-카트린에는 "발육이 부진하거나 기형인 얼간이 여자" 69명이 수용되고, 광녀狂女들은 단순히 "정신박약자"인가, 광기발작이 간헐적인가, 또는 난폭한 광녀인가에 따라 생트-엘리자베트, 생-잔, 그리고 지하독방에 수용된다. 마지막으로 "바로잡을 수 없는 소녀" 22명에게는 바로 이 선도善導 불가능을 이유로 코렉시옹 관이 배정되었다.[3]

이러한 열거는 단지 사례의 가치만 있을 뿐이다. 비세트르에 수용된 사람들 역시 다양한데, 1737년에는 5가지 "용도 구역"으로의 합리적 분류가 시도될 정도이다. 첫 번째 구역은 왕의 봉인장에 의거하여 수감된 사람들을 위한 형무소, 지하감옥, 독방, 감방이고, 두 번째와 세 번째 구역은 "선량한 빈민"과 "중증 및 경증의 마비환자들"에게 배정된다. 정신병자와 광인에게는 네 번째 구역이 할당되고, 다섯 번째 구역에는 성병환자, 회복기의 환자, 그리고 어린 경범죄자가 수용된다.[4] 1781년 베를린의 교도소를 방문하는 하워드는 거기에서 걸인, "게으른 사람", "사기꾼과 방종자", "불구자와 형사범, 가난한 노인과 어린이"를 목격한다.[5] 한 세기 반 동안 유럽 전역에서 수용의 기능이 단조롭게 전개된다. 과오가 평준화되고 고통의 폭이 좁아진다. 1650년부터 튜크, 바그니츠, 피넬의 시대까지 하느님의 생-장 형제들, 생-라자르의 수도회원들, 영국의 베들리헴과 프랑스의 비세트르와 독일 '교도소'의 관리인들이 대장臺帳에 수용의 대상을 길게 열거한다. 그들은 난봉꾼, 얼간이, 방탕자, 불구자, 머리가 돈 자, 방종자, 배은망덕한 자식, 재물을 낭비하는 아버지, 매춘부, 미치광이이다.[6] 그들 사이에는 어떤 차이의 기

3 Marthe Henry, *op. cit.*, *Cassino* 참조.
4 Bru, *Histoire de Bicêtre*, Paris, 1890, pp. 25~26.
5 Howard, *loc. cit.*, I, pp. 169~170.
6 부록에서. *État des personnes détenues à Saint-Lazare* 및 *Tableau des ordres du roi*

미도 없다. 일률적이고 추상적인 불명예의 기미만이 있을 뿐이다. 병자도 가두어졌다니, 광인과 범죄자가 함께 섞여 있었다니 하는 경악의 감정은 나중에 생겨나게 된다. 당분간은 하나의 한결같은 사실이 우리 눈앞에 펼쳐질 뿐이다.

지금의 우리에게는 차이점이 뚜렷하게 보인다. 이 차이를 구별하지 않는 불분명한 의식은 우리에게 무지無知의 인상을 줄 뿐이다. 그렇지만 의식이 불분명했다는 것은 명백한 사실이다. 고전주의 시대에는 이러한 의식을 통해 독창적이고 다른 것으로 돌릴 수 없는 경험이 드러난다. 이러한 의식은 근대적 광기의 첫 부분이었다고 생각할 때 이상하게 닫혀 있는 영역, 말이 없는 영역을 가리켜주고 있다. 그러므로 우리가 검토해야 하는 것은 우리에게 무지로 보이는 것에 관한 우리의 앎이 아니라 이 경험이다. 다시 말해서 이 경험에 관해 이 경험을 통해 알려지는 것, 이 경험에 관해 이 경험에 의해 표명될 수 있었던 것에 대한 경험이다. 그러면 광기가 세계 안에 얼마나 친숙한 것으로 자리 잡고 있었는가를, 그리고 광기가 점차로 친숙하지 않은 것으로 변해갔다는 것을, 그렇다고 해서 그토록 위험한 연관성이 단절되지는 않았다는 것을 알 수 있을 것이다.

사실상 수용의 역할은 부정적 배제였을 뿐만 아니라 긍정적 조직화이기도 했다. 통일성, 일관성, 기능성을 갖춘 경험영역이 수용의 관행과 수용의 규칙에 의해 구성되었다. 이전의 문화에서는 아무런 유사성도 지각되지 않았던 인물들과 가치들이 통일적 영역 안에서 서로 근접되었다. 이러한 인물들과 가치들이 수용을 통해 광기 쪽으로 옮겨졌다. 이와 동시에 이러한 인물들과 가치들이 정신이상의 소속영역에 이미 통합된 것으로 지정될 경험, 우리의 경험이 준비되었다. 이와 같은 접근

---

pour l'incarcération à l'Hôpital général.

이 이루어지기 위해서는 윤리계통의 재편, 선과 악, 인정되는 것과 정죄되는 것 사이의 새로운 분할선, 그리고 사회통합을 위한 새로운 규범의 확립이 필요했다. 수용은 고전주의 문화 전체와 일체를 이루는 이 근본적 작업의 현상일 따름이다. 실제로 16세기에 받아들여졌거나 거부된 경험, 명백히 표현되었거나 이와는 반대로 여백으로 남겨진 몇 가지 경험은 17세기에 모두 다시 수합되면서 한꺼번에 내몰리게 되고, 이런 식으로 비이성의 획일적 세계를 형성하게 된다. 달리 말하자면 17세기에 유배지로 보내져 광기와 인접하게 된다.

부르주아 가족의 조직화에 대한 성적 욕망의 관계, 성스러운 것 및 종교의례에 대한 새로운 이해와 세속화의 관계, 또는 "무신앙", 다시 말해서 방종과 정념 체계 사이에서 정립되는 중인 새로운 관계에 관련되어 있다는 말로 이 경험을 요약할 수 있다. 수용의 공간에서 이 3가지 경험 영역은 광기와 함께 동질의 세계를 형성한다. 이 세계에서 정신이상이 지금 우리에게 알려져 있는 의미를 띠게 될 것이다. 18세기 말에 이르면 사드의 경우를 비롯한 몇몇 "방종한" 사유형태와 정신착란 및 광기 사이에 관계가 있다는 것이 명백해져 있을 것이고, 이 관련성은 그 표명되지 않은 자명한 이치의 하나가 될 것이며, 마법이나 연금술, 신성모독 행위 또는 성적 욕망의 몇 가지 형태까지도 비이성 및 정신병과 비슷하다는 것이 인정될 것이다. 이 모든 것이 광기의 주요한 징후에 포함될 것이고 광기의 가장 본질적 표현 속에 자리 잡을 것이다. 그러나 우리의 눈에 의미가 깊은 이 단위들이 구성되기 위해서는 광기가 윤리적 경험의 모든 영역과 맺는 관계에서 격변이 일어나야만 했는데, 이 격변이 고전주의에 의해 실현된 것이다.

성병환자들이 감금되기 시작한지 몇 달이 지나지 않아서 그들은 당연히 구빈원에 수용된다. 남자는 비세트르로, 여자는 살페트리에르로 보내진다. 파리 시립병원의 의사들이 그들을 받아들여 진료하는 것은 금지되어 있다. 예외적으로 임산부들이 파리 시립병원에 받아들여진다 해도 다른 환자들처럼 대우받기를 기대할 수는 없다. 성병에 걸린 임산부들의 출산에는 견습 외과의가 배정될 것이다. 따라서 구빈원에는 '악성의 성병환자들'이 들어가게 마련이다. 그러나 그들이 절차 없이 구빈원에 받아들여진 것은 아니다. 구빈원 측으로서도 공공의 도덕에 기여해야 하고, 그들 역시 징벌과 회개의 길로 접어들어, 죄로 인해 내쫓긴 종파로 돌아갈 수 있게 되어야 하기 때문이다. 그러므로 증명서, 고해성사표가 아닌 징벌 증명서 없이는 그들이 '중병' 구역으로 들어갈 수 없을 것이다. 1679년 구빈원의 위원회에서는 심의를 거쳐 다음과 같이 결정한다. "성병에 걸린 모든 이는 무엇보다도 먼저 체벌을 받고 채찍질을 당한다는 조건에서만 수용되어야 하고 이 점이 그들의 발송증發送證에서 확인되어야 한다."**7**

애초에는 성병환자가 다른 심각한 재앙災殃의 희생자, 가령 "기근饑饉과 페스트를 비롯한 다른 재앙"의 희생자, 곧 인간의 징벌을 위해 신에 의해 보내졌다고 1495년 보름스**8** 의회에서 막시밀리안이 말한 희생자와 다르게 취급되지 않았다. 이 징벌은 보편적 가치만이 있었을 뿐이고 특별한 비도덕적 행위에 대한 처벌이 아니었다. 파리에서는 "나폴리병"**9**에 걸린 이들이 시립병원에 수용되었다. 가톨릭계의 다른 구빈원

---

7 구빈원의 심의. 《구빈원의 역사》.
8 *Worms. 독일 라인란트 지방의 도시.

들에서처럼 그들에게는 단지 고해성사告解聖事만이 부과되었다. 이 점에서 그들은 여느 환자와 동일한 처지였던 셈이다. 그들을 새로운 눈으로 보기 시작하는 것은 르네상스 시대 말이다. 티에리 드 에리의 말에 의하면, 일반적으로 내세워진 어떤 원인으로도 오염된 공기로도 물의 감염으로도 이러한 질병을 설명할 수 없다.

"그러므로 우리는 이것의 원인을 모든 사물의 창조자이자 분배자인 하느님의 분노와 허락許諾에서 찾아야 한다. 하느님께서는 모세로 하여금 파라오의 면전에서 공중으로 가루를 뿌려 이집트 전역에서 인간과 그 밖의 짐승이 곪은 종기로 뒤덮이도록 하라고 명하신 것과 마찬가지로, 인간의 지나치게 선정적이고 방자하고 음탕한 쾌락을 지적하기 위해 이러한 질병이 엄청난 음욕淫慾의 죄에 대한 복수 겸 징계로서 인간들 사이에 창궐하도록 허용하셨다."10

파리의 시립병원에는 이러한 종류의 환자들이 그들을 배제하기로 결정되는 1590년 무렵에 200여 명 있었다. 바야흐로 그들은 내쫓겨 유배를 떠날 판인데, 그 유배는 치료를 위한 격리가 아니라 오로지 분리일 따름이다. 그들은 우선 노트르담 부근의 몇몇 판잣집에 수용된다. 그런 다음에 도시의 변두리에 있는 생-제르맹-데-프레로 쫓겨난다. 그러나 비용이 아주 많이 들고 무질서가 야기된다. 그래서 문제가 없지 않았지만 그럴 경우 또 다시 시립병원으로 이송된다. 그러다가 마침내 구빈원의 벽들 사이에서 안식처를 구한다.11

바로 이 무렵이 되어서야 동일한 정화淨化의 의도 안에 포함되는 채찍질, 전통적 치료행위, 그리고 고해성사의 모든 의식이 체계화되고, 징

---

9   *매독.

10 Thierry de Héry, *La Méthode curative de la maladie vénérienne*, 1569, pp. 3 및 4.

11 여기에 미디 구빈원을 덧붙여야 한다. Pignot, *L'Hôpital du Midi et ses origines*, Paris, 1885.

벌, 개별적 징벌의 의도가 매우 명확해진다. 재앙의 종말론적 특성은 소멸했다. 재앙은 아주 국지적으로 유죄를 가리키는 것이 된다. 게다가 "중병"의 원인이 감성의 무질서에 있을 경우에만, 그리고 죄를 지으려는 확고한 의도로 죄를 범했다고 인정될 경우에만 이 정화의례들이 적용된다. 구빈원의 내규에는 애매성의 여지가 없다. 규정된 조치는 "말할 나위 없이 타락과 방탕 때문에 이 병에 걸렸을 남녀"에 대해서만 유효하다. "남편에 의해 감염된 아내 또는 어린이에 의해 감염된 유모처럼 결혼에 의해서나 그 밖의 원인으로 이 병에 걸렸을 사람"에게는 효력이 없다. **12** 병은 더 이상 운명적인 것으로 인식되지 않는다. 병은 동기動機의 논리에 따른 투명한 법칙에 의해 판단된다.

이러한 구분이 이루어지고 최초의 징벌이 실행되자, 성병환자가 구빈원으로 들어가게 된다. 사실을 말하자면 성병환자가 구빈원에 빽빽이 들어차게 된다. 1781년 비세트르에서는 138명이 생-유스타슈 구역의 침상寢牀 60개를 차지한다. 살페트리에르에서는 미제리코르드 관에 여자 224명을 위한 침상 125개가 배정되었다. 말기에 이른 사람은 죽게 내버려둔다. 다른 이들에게는 "고단위 치료법"이 시행된다. 치료기간은 꼭 6주이다. 결코 6주를 넘지 않으며 6주 미만인 경우도 드물다. 당연히 사혈瀉血로부터 치료가 시작된다. 그리고는 곧장 하제下劑가 투여된다. 그리고 나서 일주일은 하루에 약 2시간의 비율로 목욕을 시킨다. 다음으로 또 다시 하제를 복용시키며 이 첫 단계의 치료를 마감하기 위해 철저한 고해告解가 강요된다. 그때 효과적인 수은 마사지를 시작할 수 있다. 수은 마사지가 한 달 동안 이어진다. 이 기간이 끝나면 두 번의 하제 복용과 한 번의 사혈로 마지막 병원성病原性 체액을 몰아내게 되어 있다. 14일의 회복기가 완료되면, 환자는 최종적으로 고해를 통해

---

12 《구빈원의 역사》 참조.

죄의 사함을 얻은 후에 치료되었다는 선고를 받고 내보내진다.

이 "치료법"을 통해 놀라운 상상계 풍경, 그리고 특히 의학과 도덕의 공조共助관계가 드러나는데, 이 공조관계에 의해 이러한 정화의 관행에 의미가 부여된다. 고전주의 시대에 성병은 질병이라기보다 부도덕에 훨씬 더 가까웠고, 육체의 병들을 분류하는 기준은 바로 부도덕성이다. 의학적 인식이 이와 같은 윤리적 직관에 의해 원격遠隔으로 조정된다. 가끔은 의학적 인식이 윤리적 직관에 의해 무시되기도 한다. 감염을 해소하기 위해 몸을 치료해야 한다면, 우리를 죄에 붙들어 매는 것은 육신이므로, 육신에 고통을 주는 것이 합당하다는 것이다. 또한 건강은 우리의 육신을 너무 쉽게 죄를 짓게 하는 원인으로 만들기 때문에, 육신을 징계해야 할 뿐만 아니라 고통의 흔적이 육신에 남는 것을 두려워하지 말고 육신을 혹사시키며 육신에 상처를 입혀야 한다는 것이다. 질병이 치료되지만, 과오를 조장하는 건강은 손상된다.

"아 슬프다, 나는 성 베르나르13 같은 사람이 수도사들의 완벽한 건강을 두려워한다 해도 놀라지 않는다. 만약 사도使徒를 본받아 육체에 고통을 가하고 고행, 금식, 기도를 통해 육체를 속박하지 않는다면 건강이 어떤 결과를 초래할 것인지 그는 알고 있었다."14 성병환자의 "치료"는 이러한 유형의 것이다. 다시 말해서 질병과 동시에 건강에 대처하는 요법, 육체를 위하고 동시에 육신을 희생시키는 요법이다. 이것은 19세기 동안 조금씩 변경되어 광기에 적용된 몇몇 치료법을 이해하는 데 중요한 관념이다. 15

---

13 *saint Bernard(1090~1153). 교회 박사로서, 1112년 시토 수도원에 수도사로 들어간 이후 수많은 수도원을 세웠으며 가톨릭계의 최고 실력자가 되었다.

14 Bossuet, *Traité de la concupiscence*, chap. V, in Bossuet, *Textes choisis* par H. Bremond, Paris, 1913, t. III, p. 183.

15 특히 기스랭이 고안한 정신 진정제의 형태로.

150년 동안 성병환자는 동일한 울타리 안의 공간에서 미치광이와 함께 지내게 되고, 오랫동안 미치광이에게 어떤 상처자국을 남겨놓게 되는데, 미치광이에게 성병환자와 동일한 운명을 부여하고 미치광이를 성병환자와 동일한 징벌체계 속에 두는 모호한 연관성은 이 상처자국에서 근대인의 의식으로 나타난다. 세브르 가의 유명한 '프티트-메종'16은 18세기 말까지 거의 전적으로 광인과 성병환자를 위한 시설이었다.17 광기에 대한 형벌과 방탕에 대한 처벌 사이의 이 연관성은 유럽인의 의식에 남아 있는 낡은 고대성의 흔적이 아니라, 이와 반대로 17세기에 거의 완전한 형태를 갖춘다는 점에서 근대 세계의 문턱에서 윤곽이 분명해진 현상이다. 고전주의 시대의 도덕이라는 상상적 지형地形 속에서 수용의 공간이 창안됨으로써 육신에 대한 죄와 이성에 대한 과오에 공통된 본향本鄕 및 속죄의 장소가 고전주의 시대에 마련된 것이다. 광기는 죄와 인접하기 시작하고, 오늘날 정신병자가 운명으로 느끼고 의사가 본래적 진실로 파악하는 죄의식과 비이성의 연결관계는 아마 이 인접부에서 여러 세기에 걸쳐 맺어졌을 것이다.

17세기 동안 하나에서 열까지 완전히 만들어진 이 인공人工의 공간에서, 모호한 연결고리들이 형성되었는데, 그것들은 아주 최근의 합리주의 시대에 이르러 처음으로 형성된 것인데도, 100여 년 동안의 이른바

---

16 *Petite-Maison. 문자 그대로는 '작은 집'이라는 뜻이다. 귀족의 저택이 집무실이기도 했던 17세기에 눈에 잘 띄지 않는 장소에 자리 잡은 귀족의 소저택(小邸宅)으로서 통상 정사나 밀회의 장소로 이용되었다. 그러다가 18세기에는 프랑스의 정신병자들이 여기에 감금되었다. '정신병자 감금시설'로 옮길 수도 있지만, 그러면 이와 같은 기능상의 변화를 담아낼 수 없기 때문에 그대로 음역했다.

17 *État abrégé de la dépense annuelle des Petites-Maisons.* "프티트-메종들에는 기력이 없는 가난한 노파 500명, 머리버짐 환자 120명, 심한 매독 환자 100명, 정신이 이상한 광인 80명이 수용되어 있다." Fait de 17 février 1664, pour Mgr de Harley(B. N., ms. 18606).

"실증" 정신의학에 의해 결코 단절되지 않았다.

징벌과 치료의 이와 같은 혼동, 처벌하는 행위와 치료하는 행위의 이러한 준準동일성이 합리주의에 의해 가능해졌다는 것은 정말로 기이한 일이다. 의학과 도덕이 분명하게 유기적으로 결합되어 있는 가운데, 영원한 징벌에 관한 예상豫想이자 동시에 건강의 회복을 위한 노력일 수 있는 어떤 치료가 합리주의에 전제되어 있는 셈이다. 사실상 사람들이 추구하는 것은 고통을 가함으로써 도움을 주는 의학적 이성의 술책이다. 그리고 이러한 추구는 성 뱅상 드 폴이 생-라자르의 규칙 첫머리에 기재하게 한 문장, 모든 수인에 대한 약속이자 위협으로 쓴 다음의 문장에서 읽어내야 하는 의미일 것이다.

"수인들의 일시적 고통에도 불구하고 그들이 영원한 …을 면제받지 못한다는 점을 고려하자."

이것에는 죄인의 일시적 고통을 영원 속에서 언제까지나 계속될 회개의 영역에 편입시킴으로써 죄인에게 영원한 고통을 면제할 수 있고, 면제하게 되어 있는 통제와 탄압의 종교체계가 뒤따른다. 인간의 속박은 신의 정의正義를 무용한 것으로 만들려 애쓰다가 결국 신의 정의를 도와주고 있다. 이런 식으로 억압은 육체의 치유와 영혼의 정화에서 이중적 실효성을 거둔다. 수용은 징벌과 치료의 병행이라는 그 유명한 도덕적 치유책을 이런 식으로 가능하게 만든다. 19세기에 생겨나는 최초의 보호시설들에서 징벌과 치료의 병행은 주된 활동으로 자리매김될 것인데, 뢰레에 앞서 피넬은 "정신병자의 상상력을 세차게 뒤흔들고 정신병자의 마음속에 공포의 감정을 심어주는 것"[18]이 때때로 필요하다고 단언하면서 징벌과 치료의 병행을 구호口號로 제창할 것이다.

의학과 도덕 사이의 연관성이라는 주제는 아마 그리스 의학만큼 유

---

[18] Pinel, *Traité médico-philosophique*, p. 207.

구悠久한 것일지 모른다. 그러나 17세기와 기독교 이성의 질서가 이 주제를 그들의 제도 속에 편입시켰다면, 그것은 가장 그리스적이지 않은 형태, 즉 억압, 속박, 구원을 받을 수 있도록 바르게 살 의무 등의 형태로서다.

1726년 3월 24일 치안 감독관 에로는 "파리 샤틀레의 상급 재판소에 참석한 방청객 여러분"이 지켜보는 가운데 판결문을 발표하는데, 이 판결문의 끝부분에는 다음과 같은 내용이 언급되어 있다. "에티엔 뱅자맹 데쇼푸르는 소송 시에 언급된 남색男色의 죄를 수차례 저질렀음이 정식으로 판정되고 입증되었다. 사죄를 위해, 그리고 다른 범죄들을 고려하여 예의 데쇼푸르를 그레브 광장에서 화형시키고 그의 재를 바람에 날려 보내며 그의 재산을 몰수하여 왕에게 귀속시킬 것을 선고한다." 바로 그 날 처형되었다. 19 프랑스에서는 이것이 남색男色행위에 대한 마지막 사형선고의 하나였다. 20 그러나 볼테르가 《철학사전》의 "소크라테스적 사랑"이라는 항목을 집필한 시기에 이 처벌을 그대로 기억하고 있을 정도로21 이미 당시의 의식 있는 사람들은 이와 같은 가혹한 처벌에 몹시 분개했다. 대부분의 경우 처벌은 지방으로의 유형流刑이 아니라면 구빈원이나 유치留置시설로의 수용이었다. 22

---

19 Arsenal, ms. 10918, f° 173.
20 이러한 종류의 몇몇 유죄 선고가 있었다. 아르장송 후작의 회상록에서 다음과 같은 문장을 읽을 수 있다. "최근에 두 시골뜨기가 남색으로 화형에 처해졌다."(*Mémoires et Journal*, t. VI, p. 227).
21 *Dictionnaire philosophique* (*Œuvres complètes*), t. XVII, p. 183, note 1.
22 아르스날['병기창'의 뜻이나 현재는 정부문서보관소 — 역자)의 14개 관계서류에 의

'화형'**23**이라는 유구한 징벌에 비하면 이는 형벌의 기묘한 완화인데, 여전히 법률로 규정된 바에 따라, "남색에 빠지는 사람은 화형에 처한다. 우리의 판례에 의해 채택된 이 형벌은 남자와 여자에게 똑같이 적용된다."**24** 그러나 남색에 대한 이 새로운 관용에 특별한 의미를 부여한 것은 도덕적 단죄와 추문화시키는 제재이고, 사회와 문학에서 동성애를 표현하는 행위를 처벌하기 시작한 것도 이러한 제재에 의해서이다. 남색가가 마지막으로 화형을 당하는 시대는 정확히 르네상스 시대의 문화에서 완벽하게 용인되었던 동성애同性愛의 서정성이 "박학의 자유사상"과 더불어 사라지는 시대이다. 예전에 마법 및 이단과 똑같은 이유로, 그리고 동일한 신성모독의 맥락에서**25** 유죄로 인정되던 남색이 이제는 다만 도덕을 근거로, 그리고 동성애와 동시에 유죄로 선고될 뿐이다. 이제부터 유죄선고의 주요한 정황이 되는 것은 바로 동성애이다. 동성애 감정에 대해 분노하는 이해방식이 생겨났고 이와 동시에 동성애가 남색에 덧붙여진다. **26**

그때까지 분리되었던 두 가지 경험, 곧 종교에 의해 확립된 남색금기와 동성애의 애매한 측면이 뒤섞인다. 동일한 형태의 정죄에 의해 이 양자가 서로 겹쳐지면서 감정의 영역에는 완전히 새로운 분할선이 그어진다. 이런 식으로 과거의 징벌에서 해방되고 수용을 통해 균등화됨으

하면 약 4천 건의 소송사건이 이와 같은 경미한 치안조치로 귀결되어 있다. 이 관계 서류들은 분류기호 10254~10267에서 찾아볼 수 있다.

23 *ignis et incendium

24 Chauveau 및 Helie, *Théorie du Code pénal*, t. IV, n° 1507.

25 15세기의 소송들에서 남색의 기소는 언제나 이단(전형적인 이단인 카타리파)의 기소와 맞물려 있다. 질 드 레 소송 참조. 주술에 관한 소송들에서도 동일한 기소가 나타난다. De Lancre, *Tableau de l'inconstance des mauvais anges*, Paris, 1612 참조.

26 드루에라는 여자와 드 파르송 양의 소송 사건은 남색에 동성애가 추가되면서 형벌이 가중되는 이 현상의 전형적인 사례이다. Arsenal, ms. 11183.

로써 유죄성의 근대적 형태와 매우 가까워진 도덕적 통일성이 형성된다. 27 르네상스 시대에는 자유롭게 표현할 수 있었던 동성애가 이제는 신성하게 여겨지지 않는 오래된 남색 정죄를 이어받으면서 침묵 속으로 빠져들게 되고 금기에 가까워지게 된다.

이제부터 사랑과 비이성 사이의 새로운 관계가 처음으로 확립된다. 플라톤 철학에서 발원한 모든 문화의 흐름에서 사랑은 숭고성崇高性의 위계에 따라 분류되었다. 다시 말해서 사랑은 정도에 따라 어떤 때는 육체의 맹목적 광기에, 또 어떤 때는 비이성이 앎의 능력을 갖추고 있는 영혼의 열광상태와 연관되었고, 사랑과 광기의 갖가지 형태는 영적 인식의 다양한 영역에 분포했다. 그러다가 고전주의부터 근대는 다른 선택의 여지를 확고하게 마련한다. 즉, 선택의 폭이 이성적 사랑과 비이성적 사랑 사이로 좁혀진다. 동성애는 후자에 속한다. 그래서 점차로 동성애는 광기의 성층成層들 사이에 자리를 잡고, 근대의 비이성 안에 배치된다. 우리의 시대에 결정이 끊임없이 되풀이되는 선택의 요구가 동성애로 인해 모든 성적 욕망의 중심에 놓이게 된다. 꾸밈이 없는 성격의 정신분석에 비추어 밝혀지게 되었듯이, 모든 광기는 어떤 혼란된 성적 욕망에 뿌리를 둔다. 그러나 이것의 의미는 고전주의를 특징짓는 선택을 통해 우리 문화가 성적 욕망을 비이성의 분할선 위에 놓아두었다는 사실에서 기인하는 것이다. 예로부터 언제나, 그리고 필시 모든 문화에서 성적 욕망은 속박 체계와 밀접히 관련되어 왔다. 그러나 오직 우리의 문화에서만, 그것도 비교적 최근의 시기에 성적 욕망은 이

---

27 이 균등화는 남색이 1670년의 행정명령에 의해 "왕명 재판관에게 맡겨야 할 범죄"로 분류된다는 사실에 의해 분명히 드러난다. 이처럼 남색을 중대 범죄에 포함시키는 것은 남색의 심각성을 보여주는 징후가 아니다. 이것은 여전히 중세법의 낡은 법규들을 적용하는 경향이 있었던 고등법원들에서 남색에 관한 지식을 얻어내려는 욕망의 징후이다.

성과 비이성 사이에서, 그리고 오래지 않아 당연한 귀결과 점진적 악화의 길을 따라 건강과 질병, 정상과 비정상 사이에서 그토록 엄정하게 분할되었다.

매춘賣春과 방탕放蕩에 관련되는 모든 것은 언제나 성적 욕망의 범주에 추가되어야 할 요소일 것이다. 그런 범주에서 구빈원의 하층민이 형성된 나라가 프랑스이다. 들라마르가 《통치론》에서 설명하듯이 "국민을 이러한 타락에서 구해내기 위해서는 강력한 구제책이 필요했으며, 형무소에 그들을 가두어놓고 거기에서 성별, 나이, 과오에 걸맞은 규율 아래 살아가도록 하는 것보다 더 낫고 더 신속하며 더 확실한 해결책은 찾아볼 수 없었다."[28]

치안 감독관은 당시에 상고上告가 허용되지 않는 샤틀레 상급 재판소의 판결이 내려질 정도로[29] 공공연하게 방탕을 일삼는 사람이면 누구나 아무런 절차 없이 체포할 절대권을 갖는다. 그러나 거리낌이 공공연하거나 가족의 이익을 해칠 우려가 있을 경우에만 체포조치가 취해진다. 무엇보다도 유산遺産이 탕진되거나 유산이 자격 없는 자의 수중으로 넘어가는 사태를 피하는 것이 중요하다.[30] 어떤 점에서 수용과 수용을 원활하게 수행하기 위한 주변의 치안체제 전체는 사회의 척도 겸 이성의 규범으로서 가치가 있는 가족조직에 일정한 질서가 유지되도록 감독하는 데 소용이 된다.[31] 의무사항을 부과하는 가족은 이성의 본질적 기준

---

28 Delamare, *Traité de la police*, t. I, p. 527.

29 1715년부터는 치안 감독관의 판결에 대해 고등법원에 항소할 수 있게 된다. 그러나 이 가능성은 실천으로 옮겨지기가 대단히 어려운 원칙일 뿐이었다.

30 예컨대 로리오라는 어떤 여자가 수용된다. 왜냐하면 "불운한 샤르티에가 아내, 가족, 의무를 저버리고 벌써 그의 재산을 대부분 앗아간 이 하찮은 여자에게 온통 빠져 있기 때문이다."(*Notes de R. d'Argenson*, Paris, 1866, p. 3).

31 샤르트르 대교구를 담당하는 주교의 형제가 생-라자르에 수용된다. "그는 몹시 저열한 정신의 소유자였으며 그의 아주 경외로운 가문에 조금도 걸맞지 않은 기질을 가지

들 가운데 하나가 되고, 수용을 요청하고 수용의 허락을 얻어내려 하는 것은 무엇보다도 먼저 가족이다.

성 윤리가 가정 도덕에 대대적으로 흡수되는 현상은 이 시대에 목격된다. 그러나 가정 도덕에 의해 성 윤리가 몰수되는 현상이 논쟁이나 망설임 없이 일어난 것은 아니었다. 오랫동안 '프레시오지테'32의 동향이 이 몰수현상에 장애물로 작용했다. 비록 이러한 동향의 효과가 불확실하고 일시적이긴 했지만, 이것이 도덕에 미친 영향은 상당했다. 그럼에도 불구하고 궁정풍 연애의 의례를 일깨우고 결혼에 따르는 의무를 넘어 궁정풍 연애를 온전하게 보존하기 위한 노력, 감정의 차원에서 결속과 언제나 가족의 유대보다 우세할 태세가 되어 있는 묵계 같은 것을 확립하려는 시도는 부르주아 도덕의 승리 앞에서 결국 좌초하게 되어 있었다. 사랑이 계약으로 인해 탈脫신성화된다. 생-테브르몽33은 이 사실을 잘 알고 있었다. 그는 재치있고 세련된 귀부인을 경멸한다. 이러한 귀부인들에게는 "사랑이 아직도 신이다. … 사랑은 그녀들의 영혼에 결코 정념을 일으키지 않는다. 그녀들의 영혼 속에서 사랑은 일종의 종교를 형성한다."34 이윽고 궁정풍 문학의 경향과 프레시오지테 문학의 풍조에 공통적으로 깃들여 있던 이 윤리적 불안은 사라진다. 이 윤리적 불안에 대해 몰리에르는 자신의 계급과 미래의 세기들을 대신하여 다음과 같은 말로 대응한다.

고 태어났다. 그는 주교 귀하인 자기 형제의 유모와 결혼하고 싶어했다고들 한다."(B. N., Clairambault, 986).

32 *재치와 세련미가 강조되는 17세기 프랑스 문학의 한 사조.

33 *Charles de Marguetel de Saint-Denis de Saint-Evremond(1613~1703). 프랑스의 작가, 뛰어난 이야기꾼으로서 1652년에 여단장으로 임명되고부터 문학에 몰두한다. 그는 미신, 무신앙, 과도한 언행을 싫어한 절제, 여유, 섬세한 쾌락의 인간으로서 영혼과 육체의 이중적인 환락을 추구한다.

34 Saint-Évremond, *Le Cercle*, in Œuvres, 1753, t. II, p. 86.

"결혼은 거룩하고 성스러운 것이며, 결혼으로 시작하는 것은 교양 있는 신사로서 마땅히 해야 할 일이다."

이제는 사랑이 아니라 단지 공증인 앞에서의 결혼, "혼인계약을 맺으면서만 사랑을 하는 것"[35]만이 성스러운 일이다. 가족제도가 이성의 범위를 결정하는 셈이고, 그 범위를 넘어서는 곳에는 위험한 미치광이가 우글거리며, 거기에서 인간은 비이성과 온갖 발작증세에 시달리고 만다. "그 음침한 정념의 그토록 진한 연기煙氣, 그토록 검은 증기가 끊임없이 새어나와 우리에게 하늘과 빛을 가리는 땅에 화 있으라! 거기에는 인간의 타락을 저지하는 신성한 정의의 빛과 번개도 사라지고 없다."[36]

서양의 유구한 사랑의 형태들은 가족에서, 가족 내에 생겨나는 새로운 감성으로 대체된다. 가족의 질서와 가족의 이익에 합치하지 않는 모든 것은 비이성의 범주에 속하는 것으로서 이 감성에서 배제된다. 우리의 귀에는 벌써 주르댕 부인의 협박이 들려온다. "그렇게 온갖 변덕을 부리시다니 당신은 남편이지만 미쳤어요." 그리고 주르댕 부인은 더 멀리 나아간다. "이것은 내가 주장하는 나의 권리예요. 나는 나를 위해 온갖 하녀를 거느릴 거예요."[37] 이 대사는 빈말이 아니다. 그 약속은 지켜질 것이다. 어느 날 에스파르 후작부인은 자기 유산의 이익에 반하는 애정관계의 기미가 있다는 이유만으로 자기 남편의 금치산禁治産을 요구할 수 있게 된다. 사법당국의 눈에도 그는 이성을 상실한 자가 아닌가?[38] 방탕, 낭비벽, 차마 말할 수 없는 애정관계, 수치스러운 결혼 등은 수용의 가장 많은 동기의 일부가 된다. 완전히 사법영역에 속하는

35 *Les Précieuses ridicules*, sc. V.

36 Bossuet, *Traité de la concupiscence*, chap. IV (Textes choisis par H. Bremond, t. III, p. 180).

37 *Le Bourgeois Gentilhomme*, acte III, sc. III과 acte IV, sc. IV.

38 Balzac, *L'Interdiction. La Comédie humaines*, éd. Conard, t. VII, pp. 135 및 이하.

것도 정확히 종교에서 연유하는 것도 아닌 이 억압력抑壓力, 왕의 권한에 직접적으로 결부된 이 억압력은 사실상 전제 군주제의 독단獨斷이 아니라 가족의 유지를 위한 까다로운 요구사항의 특성을 나타낸다. 절대왕정에 의해 수용은 부르주아 가정의 재량권에 속해 있게 되었다. 39
1771년 모로는 자신의 《정의론》에서 다음과 같이 솔직하게 말한다.

"한 가족의 품에서 한 비열한 사람이 자라나 가족의 명예를 막 더럽히려 한다. 그를 불명예에서 벗어나게 하기 위해 가족은 서둘러 법원의판결을 미리 만족시키는 자체적 판단을 내린다. 가족이 이처럼 숙고하여 결정한 의사를 군주는 호의적으로 검토할 의무가 있다."40

18세기 말 브르퇴이유41 내각 시대에야 사람들이 이 원칙 자체에 반대하기 시작하고 군주제 권력이 가족의 요구사항들을 떨쳐버리려고 시도한다. 1784년의 회람장에 선언된 바에 의하면 "어떤 성인成人이 수치스러운 결혼 때문에 비천해지거나, 분별 없는 지출로 파멸하거나, 지나친 방탕에 빠져 건달들과 어울린다 해도, 내가 보기에 이러한 행동은'자기 자신의 의사에 따르는' 사람에게서 자유를 박탈할 만큼 충분히 강력한 동기일 수는 없는 듯하다."42 19세기에 이르면 개인과 가족의 갈

---

39 많은 수용 청원서 중에서 하나만 살펴보자. "노엘 로베르 위에라는 사람의 모든 친족은 … 영광스럽게도 각하께 불행하게도 저희의 친척인 예의 위에에 대해 겸손되이 항의하는 바입니다. 그는 아무런 능력도 없고 아무것도 하려고 들지 않는 자로서 온통방탕에 빠졌고 그로 하여금 자기 가족과 아직 부유하지 않은 자기 누이의 명예를 실추시키도록 부추길 수 있는 나쁜 무리와 어울렸습니다."(Arsenal, ms. 11617, f°101).

40 Pietri, *La Réforme de l'État au XVIIIᵉ siècle*, Paris, 1935, p. 263에서 재인용.

41 *Louis Auguste Le Tonnelier, baron de Breteuil(1730~1807). 프랑스의 외교관,정치가. 국무경으로 파리의 행정을 맡았을 때 봉인장 발급을 규제하는 등 감옥 제도를 완화시키고 자선단체 창설을 장려했다. 1789년 내각 수반으로 다시 부름 받은 것은 바스티유 점령으로 이른 민중 운동의 우인(偶因)들 가운데 하나였다.

42 브르퇴이유의 회람장. Funck-Brentano, *Les Lettres de cachet*, Paris, 1903에서 재

등은 사적인 일로 변할 것이고 심리적 문제의 형태를 취하게 될 것이다. 이와는 반대로 수용의 시대에는 가족이 공공질서와 관련된 문제였고, 가족 문제는 곧 일종의 보편적 도덕규범의 문제였으며, 따라서 모든 국가는 엄격한 가족구조에 관심을 기울였다. 누구라도 가족에 해를 끼치는 자는 비이성의 인간이 되었다. 가족은 이처럼 비이성에 대한 이해방식의 주요한 형태가 됨으로써, 언젠가는 광기의 다양한 형태를 유발하는 갈등의 장소가 될 수 있을 것이다.

고전주의 시대가 성병, 동성애, 방탕, 낭비벽과 함께 이전 시대의 도덕으로 정죄할 수는 있었지만 가깝게건 멀게건 광인과 동일시하지는 않았던 그러한 성적 자유를 표현하는 모든 사람을 수용하던 때에, 기묘한 도덕혁명이 일어났다. 즉, 고전주의 시대는 비이성을 오랫동안 서로 대단히 멀리 떨어졌던 경험들의 공통분모로 발견한 것이다. 고전주의 시대는 광기를 중심으로 일종의 유죄성의 분위기를 형성하면서 일단의 단죄될 행동 모두를 하나의 범주로 묶었다. 정신병리학은 정확히 말해서 고전주의와 나란히 이루어진 이 모호한 예비작업 덕분으로 성립된 것이므로, 좋은 패를 들고서 정신병에 섞인 이 유죄성有罪性을 재발견하게 된다. 그만큼 광기에 관한 우리의 과학 및 의학 지식은 은연중에 비이성에 대한 윤리적 경험의 앞선 성립에 바탕을 두고 있는 것이 사실이다.

수용의 관례를 통해 또 다른 재편성 현상, 즉 모든 신성모독의 행위가 하나로 결집되는 현상이 나타나게 된다. 피수용자 등록부에서 다음과 같은 보고서가 우연히 발견되었다.

인용.

"아주 난폭하고 어떤 종교도 갖지 않으며 한 번도 미사에 참석하지 않고 기독교도로서의 어떤 의무도 행하지 않으며 거룩한 신의 이름으로 저주하고 맹세하며 신이 옛날에는 있었지만 지금은 결코 존재하지 않는다고 말하는 사람은 손에 칼을 들고 신에 대항할 것이다."[43]

예전이라면 이와 같은 발작의 행위는 불경한 언사에 따르는 모든 위험과 신성모독 행위의 특별한 취급을 받았을 것이고, 신성의 지평 위에서 그 나름의 의미와 진지성을 갖기도 했을 것이다. 오랫동안 말의 사용과 남용이 종교적 금기에 아주 밀접하게 연결되었기 때문에, 이러한 종류의 난폭한 언사는 불경과 다름없는 것이었다. 16세기 말까지도 여전히 말과 행동의 난폭성은 예부터 내려온 종교적 형벌을 받게 되어 있다. 여기에는 목에 쇠고리를 걸고는 공시용公示用 말뚝이나 바퀴에 매다는 형벌, 벌겋게 달군 칼로 입술을 도려내기, 혀 잘라내기, 마지막으로 재범자에게 적용되는 화형이 포함된다. 필시 종교개혁과 종교적 대립으로 말미암아 불경이 상대적이게 되었을 것이다. 앙리 4세 치하에서는 액수가 불명확한 벌금규정을 만들어 "본보기로서의 특별한 처벌"을 명시했다. 그러나 반종교개혁과 새로운 종교적 엄격성은 "공언된 말을 중시하여"[44] 전통적 징벌로의 회귀를 초래한다. 1617년과 1649년 사이에 불경죄로 34명의 사형이 집행되었다.[45]

그러나 여기에 역설逆說이 있다. 법의 엄격성이 전혀 풀어지지 않았는데도,[46] 1653년에서 1661년까지 단지 14명만이 공개적 유죄선고를

43 Arsenal, ms. 10135.

44 1617년 11월 10일의 행정명령(Delamare, *Traité de police*, I, pp. 549~550).

45 Pintard, *Le Libertinage érudit*, Paris, 1942, pp. 20~22 참조.

46 1651년 9월 7일에 발효되었다가 1666년 7월 30일에 개정된 한 행정명령에서는 누범의 수에 따라 말뚝 공시에서 화형에 이르는 형벌들의 위계가 또 다시 적시된다.

받고 이 중에서 7명만이 사형을 당한다. 심지어는 유죄선고가 점차로 사라지게 된다.**47** 그러나 엄격한 법률 때문에 죄의 빈도가 줄어든 것은 아니었다. 18세기까지 수용시설들이 '신성모독자'와 신성모독을 나타내 보인 모든 사람으로 가득 찬다. 불경죄가 사라진 것은 아니었다. 법률 바깥에서, 그리고 법률에도 불구하고 불경죄에 새로운 지위가 부여되었다. 이로 인해 불경죄의 모든 위험이 사라진다. 불경죄는 무질서의 문제가 되었고, 이를테면 정신의 혼란과 감성의 불경건不敬虔 사이에 놓여 있는 괴상한 언사로 인식되었다. 그것은 난폭성이 미치광이 또는 무신앙자無信仰者의 표현방식으로 모순 없이 분명하게 판독될 수 있는 세속화된 세계의 거대한 모호성이다. 광기와 불경건 사이에서 차이가 지각되지 않더라도, 아무튼 그것들 사이에는 수용을 정당화하는 실제적 등가관계가 확립될 수 있다. 생-라자르에서 한 피수용자에 관해 아르장송에게 전달된 보고내용을 살펴보자. 이 피수용자는 자신이 "괴상하지도 몰상식하지도" 않았는데 갇혀 있다고 여러 차례 불평을 호소했다. 이에 관리인들은 "그가 가장 성스러운 미사 시간에 무릎을 꿇지 않으려 한다"고 반박한다. "마침내 그는 목요일 저녁식사의 일부를 금요일에 먹기 위해 남겨두는 것을 가능한 한 감내한다. 그가 엉뚱하지는 않다 해도 그에게는 불경건하게 될 소질이 있다는 것을 이 마지막 특성에서 충분히 알아차릴 수 있다."**48**

성스러운 것의 문제가 얼마 전에 사라졌어도 아직은 의학 개념과 실증주의적 분석의 형태가 투입되지 않은 모호한 영역, 불경건과 무신앙, 이성과 감정의 무질서가 퍼져 있는 어느 정도 분화되지 않은 영역 전체

---

47 라 바르의 기사(騎士)가 기소된 소송은 예외적인 경우로 여겨져야 한다. 그가 불러 일으킨 추문을 고려한다면 이 점을 충분히 납득할 수 있을 것이다.

48 B. N., Clairambault, 986.

가 이런 식으로 정해진다. 이 영역은 신성모독의 영역도 병적인 것의 영역도 아니다. 이 영역은 이 두 영역 사이의 경계이다. 이 영역의 의미는 다른 두 영역으로 옮겨질 수 있으면서도 언제나 윤리적 정죄의 공격을 받게 되어 있다. 성스러운 것과 병적인 것의 중간 지점에서 윤리적 관점에서의 근본적인 거부에 의해 전적으로 지배되는 이 영역은 고전주의적 비이성의 영역이다. 이 영역에는 가령 성적 욕망으로부터 배제된 모든 형태가 포함될 뿐만 아니라, 신성모독의 엄정한 의미를 상실한 그 모든 세속적인 난폭한 언사도 포함된다. 그러므로 이 영역은 성^性 도덕에서의 새로운 선택체계와 동시에 종교적 금기에서의 새로운 한계를 보여주고 있다.

불경죄, 신성모독죄의 체제에서 이러한 변화는 아주 정확하게 자살自殺의 주제에서도 재발견할 수 있을 것이다. 자살은 오랫동안 범죄와 신성모독의 범주에 속해 있었다. [49] 이런 이유로 실패한 자살은 죽음으로 응징하게 되어 있었다. "심하게 자해하고 자살을 기도한 자에게는 그가 스스로 원한 변사變死를 면하게 해서는 안 된다." [50] 1670년의 행정명령에서는 "자기 살인"이 "신이나 인간에 대한 대역죄"일 수 있는 모든 것과 동일시됨으로써 이러한 처분이 답습된다. [51] 그러나 신성모독이나 성범죄에 대해서처럼 여기에서도 행정명령의 엄정성 자체로 인해 재판 외적인 관행이 정당화되는 듯한데, 이 관행에서는 자살이 더 이상 신성모독의 가치를 갖지 않는다. 피수용자 등록부를 보면 법제의 관점에서 언제나 핑계로 여겨진 질병이나 광란의 상태는 언급되어 있지 않고 단지 "자

---

[49] 브르타뉴의 관습에서는 "누구라도 잘 알면서 자살하면 거꾸로 매달아 살인자와 마찬가지로 질질 끌고 다니게 되어 있다."

[50] Brun de la Rochette, *Les Procès civils et criminels*, Rouen, 1663. Locard, *La Médecine judiciaire en France au XVIIe siècle*, pp. 262~266.

[51] 1670년의 행정명령. Titre XXII, art. I.

살하기를 원했다"는 말만 기록된 경우를 자주 발견할 수 있다. 52 자살의 기도는 그 자체로 영혼의 무질서를 나타내는 것인데, 이 무질서를 강제로 정리해줄 필요가 있다.

이제는 자살을 시도한 사람들에게 유죄가 선고되지 않는다. 53 그들은 감금되며 그들에게는 처벌과 함께 재발을 방지할 수단이 되는 법규를 따르도록 한다. 자살 미수자로 하여금 머리가 나오도록 V자형으로 패인 뚜껑이 달리고 양손이 묶인 채로 들어가는 협소한 버들가지 통, 54 또는 머리만 자유롭게 움직이도록 허용하고 목까지 집어넣어 서 있도록 하는 길고 좁은 "장"櫷55 등 실증주의 시대에 치료법으로 활용될 유명한 속박기구들이 18세기에 처음으로 사용되었다. 이처럼 자살이라는 불경죄는 비이성이라는 중간적 영역에 병합된다. 자살에 제재를 가하는 강압체계로 인해, 자살에서 모든 신성모독적 의미가 빠져나가며, 자살은 도덕에 관련된 행동으로 규정되면서 점차 심리학의 변경邊境으로 접어들게 된다. 사실상 예전에 성스러운 것이었던 것을 도덕영역으로 편입시키는 활동을 토대로 하여 인간학을 구축한 것은 아마도 지난 3세기에 걸친 서양 문화의 변화에 고유한 현상일 것이다.

주술의 종교적 지평과 주술이 고전주의 시대에 전개된 과정의 문제는 당분간 제쳐놓자. 56 의례와 관례의 층위만 살펴보더라도 많은 활동

---

52 " … 고통을 못 참아서나 심한 질병에 의해, 또는 절망이나 갑작스런 격분에 의해서가 아니라면, 그가 자신의 의도를 실행에 옮기지도 자신의 의지를 실현하지도 못했을 터인 한 …. "(Brun de La Rochette).

53 죽은 사람들의 경우도 이와 마찬가지이다. "부적합한 법률에 의해 사후에 기소된 이들의 시체를 사립짝에 넣어 말이 끌고 가게 하는 관습은 폐지되어 마땅하다. 이것은 임산부들이 많은 도시에 위험한 영향을 미칠 수 있는 끔찍하고 혐오스러운 광경이었다. "(Mercier, *Tableau de Paris*, 1783, III, p. 195).

54 Heinroth, *Lehrbuch der Störungen des Seelenleben*, 1818 참조.

55 Casper, *Charakteristik der französischen Medizin*, 1865 참조.

의 의미와 내용이 없어지고 비워진 상태가 되었다. 마법의 방식, 이롭거나 해로운 주술 처방, 점차로 공개영역으로 내려온 초보적 연금술의 노출된 비법, 이 모든 것이 이제는 막연한 불경건, 도덕적 과오, 그리고 사회적 무질서의 영속적 가능성 같은 것을 가리키게 되었다.

17세기 동안 법제의 엄격성은 조금도 완화되지 않았다. 1628년의 한 행정명령에 따라 모든 점술가와 점성가에게 벌금 500 리브르와 체벌이 가해졌다. 1682년의 칙령은 훨씬 더 가혹하다. **57** "점치는 일에 종사하는 모든 사람은 즉시 왕국을 떠나야 한다." 모든 미신의 실천이 본보기로, 그리고 "사안의 경중에 따라" 처벌받게 되어 있다. 그리고 "만일 앞으로 미신에 불경건과 신성모독을 덧붙이고 연결짓는 아주 사악한 사람들이 발견되면, … 미신을 믿어 의심치 않는 그런 자들에게 짐은 죽음의 벌을 내리겠노라." 마지막으로 "죽음을 초래하건 초래하지 않건" 주술에 의한 중독을 기도企圖하거나 독을 사용하는 모든 이에게도 이와 같은 형벌이 적용될 것이다. **58**

그런데 여기에서 두 가지 독특한 사실이 눈에 띈다. 하나는 주술呪術의 실천이나 마법魔法의 시도에 대한 유죄선고가 17세기 말에는, 그리고 어떤 독극물 사건 이후에는 드물어진다는 것이다. 특정 지방에서 몇몇 사건이 여전히 눈에 띄지만 처벌의 가혹성은 매우 급속하게 완화된다. 그렇다고 해서 금지된 관례가 사라지는 것은 아니다. 주술, 마법, 점술, 때로는 연금술에 개입한 많은 사람이 구빈원과 수용시설에 수용된다. **59** 그것은 마치 이와 같은 일련의 행위에서 완전히 다른 의미로

---

56 우리는 나중의 연구를 위해 이 문제의 탐구를 유보한다.

57 이 칙령이 독극물 사건 후에 공포되었다는 것은 사실이다.

58 Delamare, *Traité de police*, I, p. 562.

59 몇 가지 사례들. 주술의 경우, 1706년 마트의 과부가 바스티유에서 살페트리에르로 이송된다. 그녀는 "가짜 마녀로서, 가증스러운 신성모독을 통한 우스꽝스러운 점술

인식되는 매우 상이한 유형의 사회적 관행과 사회의식이 가혹한 법의 규정에도 불구하고 단계적으로 조직된 것처럼 보일 정도이다. 그런데 이상하게도 법과 법의 오랜 경직성을 교묘히 피하게 해주는 이러한 의미는 입법자 자신에 의해 1682년 칙령의 전문前文에 분명하게 명시되어 있다. 실제로 이 칙령의 본문은 "점술가, 마술사, 마법사라고 자처하는 이들"을 대상으로 삼고 있다. 왜냐하면 "그들은 점성과 점술을 구실로, 그리고 마법이라고 주장하는 것의 작용과 이러한 유형의 사람들이 관례적으로 이용하는 다른 환각을 과시적으로 내보임으로써, 무식하거나 순진해서 부지불식간에 그들에게 속아 넘어가는 여러 사람들을 이용했을 것이기" 때문이다. 그리고 동일한 본문에서 약간 더 나아가 "신의 율법과 인간의 법률에 의해 금지된 점술가, 마법사, 마술사, 또는 다른 유사한 이름의 허황된 직업에 종사하면서 말과 실천으로, 그리고 종교가 지니고 있는 더 거룩한 것의 세속화를 통해 사람들의 정신을 타락시키고 오염시키는"[60] 자들이 거명된다.

이렇게 이해될 경우, 마법은 신성모독의 실효성을 모조리 상실한다. 마법은 이제 신성모독을 하지 않고 속일 수 있다. 마법이 현실성을 잃을 뿐만 아니라 올바른 정신도 확고한 의지도 없는 사람들을 맹목적이

___

을 지속적으로 자행했다." 이듬해에 그녀가 병에 걸리자, "사람들은 그녀가 곧장 죽어 일반인들으로부터 제거되기를 희망한다."(Ravaisson, *Archives Bastille*, XI, p. 168). 연금술의 경우, "올몽 2세는 금속 비법들을 알아내기 위해 (바스티유에서) 오늘날에야 3인이 체포되어 비세트르로 보내진 어떤 5인조 사건에 연루되어 있다는 것이 밝혀질 수 있었던 그 라미와 여자들을 구빈원으로 데려갔다."(Ravaisson, XI, p. 165에 인용된 *Journal de Du Junca*). 또는 "금을 만들어내기 위한 수은 증류 및 동결"에 열심인 마리 마낭(Salpêtrière, *Archives préfectorales de Police*. Br. 191). 마법사들의 경우, "어떤 젊은 남자에게 강하게 집착하는 여자를 위해" 사랑의 묘약을 제조한 죄목으로 살페트리에르로 보내진 그 마이이(*Notes de R. d'Argenson*, p. 88).

60 Delamare, *loc. cit.*, p. 562.

게 만든다는 이 이중의 의미에서 마법의 힘은 허망한 것이다. 마법이 악의 영역에 속하는 것은 마법의 작용을 통해 모호하고 초월적인 능력이 드러나기 때문이 아니라 장인匠人과 쉽게 속는 사람, 마술사와 잘 속는 순진한 사람을 동원하는 오류체계에 자리 잡기 때문이다. 마법은 실제적 범죄의 매개수단일 수 있지만,61 그 자체로는 범죄행위도 신성모독적 활동도 아니다. 이제는 마법에서 신성한 힘이 제거되어 마법에 사악한 의도만이 남는다. 마법은 이제 감정의 무질서를 초래하는 정신의 환각일 뿐이다. 사람들은 이제 마법이 지닌 신성모독의 마력에 따라서가 아니라 마법에 의해 드러나는 비이성에 따라 마법을 심판한다.

이것은 중요한 변화이다. 예전에 관행들의 체계, 관행들을 활용하는 사람의 믿음, 그리고 유죄선고를 짊어지고 있는 사람들의 판단이 불연속성 없이 연결되게 한 통일성은 이제 무너진 것이다. 이제부터는 현실성이 없는 전체의 형태로 정죄당하는 외부체계가 있을 것이고, 다른 한편으로는 의례적 돌발사건이 아니라 사건과 개인의 선택적 동의에 따라 체험되는 내부체계가 있을 것이다. 또한 실질적으로 죄가 되는 과오가 있든지, 고의로 과오를 이용하는 범죄가 있든지 할 것이다. 어쨌든 마법의 해로운 요술에서 악의 끊임없는 연속성을 보장하던 형상들의 연쇄는 끊어지고, 텅 비어 있거나 환각 속에 갇혀 있는 외부 세계와 고의적 범죄의 의식意識 사이에서 분리된 듯하다. 성聖과 속俗의 위험한 대립이 작용하던 세계가 사라지고, 상징의 효력이 환각적 이미지로, 온당치 못한 의지를 불완전하게 포함하는 헛된 이미지로 귀착되는 세계가 태어나고 있는 상태이다. 마법, 신성모독, 불경의 그 모든 의식儀式, 이제

---

61 "일련의 약속들이 불길하게 이어지면서, 이 유혹자들의 행위에 가장 깊이 빠져든 이들이 불경건과 신성모독에 요술과 독을 추가하는 그 극단적인 범죄 활동으로 나아갔을 것이다."(Delamare, *ibid.*).

는 효력 없는 그 모든 주문이 현실적 영역에서 환각적 영역으로 미끄러 져 들어간다. 전자에서는 이것들이 의미를 갖는 것이었으나, 후자에서 는 이것들이 무분별하고 동시에 처벌받는 것으로 되는데, 후자는 바로 비이성의 영역이다. 언젠가는 신성모독과 신성모독의 관습적이고 비극 적 행위 전체가 망상 또는 강박관념이라는 병리학적 의미만을 갖게 될 것이다.

한 문화에서 마법의 행위와 신성모독적 행동의 효력이 더 이상 인정 되지 않을 때부터 그것들은 병적인 것이 된다고들 생각하는 어떤 경향 이 있다. 그러나 적어도 우리의 문화에서는 사실상 병적인 것으로의 변 화가 즉각적으로 이뤄지지 않았다. 이 변화는 신앙에 죄의식을 불어넣 음으로써 이 변화의 효력을 무화시킨 과도기적 시대에 이뤄졌다. 금기 가 신경증으로 변환되는 과정의 중간단계가 있는데, 이 단계에서는 도 덕적 책임, 곧 윤리적 관점에서 행해지는 죄의식의 내면화가 이루어진 다. 이 시대 동안 마법은 세계의 체계 안에서, 성공의 기법과 기술 가운 데로 편입되지 못할 뿐만 아니라, 개인의 정신현상에서도 여전히 실패 에 대한 상상적 보상이 아니다. 마법은 정확히 과오가 죄의 정도에 따 라 작용하는 지점, 비이성의 영역에 위치한다. 이 비이성의 영역을 우 리가 파악하기는 어렵지만, 이 영역에 대해 고전주의는 독창적인 반응 방식, 말하자면 수용을 창안했을 정도로 충분히 섬세한 감성을 품고 있 었다. 19세기의 정신의학을 출발점으로 하여 질병의 확실한 증상으로 바뀔 판이었던 그 모든 징후는 거의 두 세기 동안 "불경건과 괴상함 사 이에서", 신성모독적인 것과 병적인 것의 중간지점에서 분할되어 있었 다. 비이성의 고유한 양상은 바로 거기에서 파악된다.

보나방튀르 포르크루아의 작품은 루이 14세 치하의 마지막 몇 년 동안 상당한 반향反響을 불러일으켰다. 벨62이 《사전》을 집필하는 바로 그 시기에 포르크루아는 박학을 요구하는 자유사상의 마지막 증인들 가운데 한 사람, 또는 18세기에 철학자란 낱말에 부여할 수 있는 의미에서 최초의 철학자들 가운데 한 사람이었다. 그는 기독교에서 말하는 기적을 전면적으로 공격하는 《아폴로니오스 드 튀아나의 생애》를 썼다. 나중에 그는 "소르본의 박사들"에게 "종교에 관한 회의懷疑"라는 제목의 의견서를 보냈다. 이 의견서에는 17가지 의혹이 표명되었는데, 마지막 의혹에서 포르크루아는 자연법이야말로 "유일하게 참된 종교"이지 않을까 하고 자문했다. 자연 철학자가 제 2의 소크라테스이자 또 다른 모세, "인류를 교화하고 새로운 종교를 창시한 새로운 족장"63으로 나타난 것이다. 다른 조건에서라면, 이와 같은 '자유사상'은 18세기의 그토록 많은 불경스러운 서적의 저자들처럼 바니니64의 예를 따라 화형이나 바스티유로의 수감을 초래했을 것이다. 그런데 포르크루아는 화형을 당하지도 바스티유에 투옥되지도 않았다. 그는 생-라자르에 6년 동안 수용되어 있다가 마침내 그의 고향인 누아용65에 은거하라는 명령을 받

---

62 *Pierre Bayle(1647~1706). 프랑스의 작가. 《사전》은 모든 교의와 전통을 이성의 통제 아래 놓는 방법에서 18세기 철학정신의 전조를 읽어낼 수 있는 *Diction-naire historique et critique*(1696~1697)를 말한다.

63 이 문건의 원고는 아르스날 도서관의 ms. 10515이다.

64 *Giulio Cesare Vanini(1585~1619). 이탈리아의 인문주의자, 철학자. 나폴리에서 법을 공부한 후 사제 서품을 받지만, 의심스러운 교리를 편 까닭에, 영국을 거쳐 파리로 도주한다. 그러나 소르본 측으로부터 위협을 당하게 되자 툴루즈로 피하나, 거기에서 무신론으로 기소되어 화형을 당한다.

65 *Noyon. 피카르디 지방 우아즈 도의 도청 소재지.

고 석방되었다.

그의 죄는 종교와 관계가 없었다. 그가 선동적인 책을 썼다는 것은 정죄定罪의 대상이 아니었다. 포르크루아가 수용시설에 갇힌 것은 그의 작품에서 다른 것, 즉 부도덕과 과오의 어떤 연관성이 간파되었기 때문이다. 그의 작품이 종교에 대한 공격이라는 것을 드러나게 하는 것은 이단도 무신앙도 아닌 도덕의 포기였다. 아르장송에 의해 작성된 보고서에는 이런 점이 명백하게 언급되어 있다.

포르크루아의 경우에서 자유사상은 이용되기는 할망정 적어도 충족되지는 않는 풍속의 자유에서 유래한 형태일 뿐이다. "때때로 그는 혼자 지루해 했으며, 방탕과 마법이 섞인 도덕 및 종교 학설을 연구했다." 그리고 그를 바스티유나 뱅센보다는 오히려 생-라자르에 집어넣은 것은 엄격한 도덕규칙을 부과함으로써 그로 하여금 진리를 인정할 수 있게 만드는 환경을 그가 되찾도록 하기 위해서이다. 6년 후에 마침내 성과가 나타난다. 그가 "충분히 유순한" 모습을 나타냈고 "그가 성사聖事를 가까이했다"[66]는 것을 그의 수호천사인 생-라자르의 사제들이 보증할 수 있는 날 그는 풀려난다.

사상의 탄압과 표현의 통제에서 수용은 관례적 정죄定罪의 편리한 변이형일 뿐만이 아니다. 수용은 명확한 의미를 갖고 매우 특별한 역할, 곧 도덕적 속박을 통해 진리로 돌아가게 하는 역할을 맡아 하게 되어 있다. 그리고 이를 통해 수용은 무엇보다도 먼저 윤리적인 것으로 이해되어야 하는 과오의 경험을 가리킨다. 자유사상은 이제 범죄가 아니라 하나의 잘못으로 줄곧 인식된다. 더 정확히 말하자면 자유사상은 어떤 새로운 의미에서 잘못이 되었다. 예전에는 자유사상이 무신앙이었거나 이단에 결부되었다. 12세기 초에 퐁타니에가 재판을 받았을 때에는 그

---

66 B. N. Fonds Clairambault, 986.

의 지나치게 자유분방한 사상이나 방종한 품행에 대해 어느 정도의 관용이 베풀어진 듯하다. 그러나 그레브 광장에서 화형에 처해진 사람은 성 프란체스코파의 수련 수도사가 된 옛 개혁파 수도회원, 다음으로 유대인, 마지막으로 일반 사람들이 주장하는 바에 의하면 회교도였다.[67] 당시에 생활의 무질서는 이교異教신앙의 신호이자 증거였다. 그러나 이교신앙의 존재이유가 주된 기소이유는 아니었다. 12세기 후반기에 나타나기 시작하는 새로운 관계에서 무신앙은 생활의 잇따른 방종에 지나지 않는다. 그리고 정죄定罪는 이런 방탕한 생활의 이름으로 이루어지게 된다.

신앙은 질서의 한 요소이다. 이러한 명분 아래 신앙에 대한 감시가 행해진다. 무신론자나 불경한 자의 경우에서 일반 사람들의 두려움을 불러일으키는 것은 무신앙의 효력이라기보다는 오히려 감정의 쇠약, 생활의 무질서이다. 무신론자나 불경한 사람에게 수용의 기능은 진리에의 더 충실한 애착을 위한 도덕쇄신道德刷新이다. 수용시설이 진리를 위한 일종의 유치留置구역으로 기능하게끔 만드는 데에는 거의 교육적 측면, 즉 깨달음이 불가피한 것으로 되게 하는 데 필요한 어떤 엄격한 도덕적 속박의 적용이 엿보인다.

"나는 절도 있고 신중하며 순결하고 차분한 어떤 사람이 결코 신은 존재하지 않는다고 공언하는 것을 보고 싶다. 그런 사람이라면 적어도 사리사욕 없이 말할 것이다. 그러나 그런 사람은 어디에서도 찾아볼 수 없다."[68] 올바크 남작[69]과 엘베시위스[70]에 이르기까지 오랫동안 고전주

---

67 Frédéric Lachèvre, *Mélanges*, 1920, pp. 60~81 참조.

68 La Bruyère, *Caractères*, chap. XVI, part. 11, éd. Hachette, p. 322.

69 *Paul Henri Thiry, baron d'Holbach(1723~1789). 독일 출신의 프랑스 철학자 겸 작가로서 18세기 후반기의 유물론 확산에 중요한 역할을 했다. 디드로를 비롯한 철학자들을 재정적으로 후원했다. 가장 중요한 저서는 Mirabeau라는 가명을 써서 출간한

의 시대의 사람들은 그러한 인간이 전혀 없다는 것을 거의 확신하게 된
다. 신은 결코 없다고 공언하는 사람을 절도 있고 신중하며 순결한 사람
으로 만들면서 그렇게 말하여 얻을 수 있는 이익을 박탈하고 이렇게 해
서 신이 있다는 것을 인정하도록 그를 인도한다고 그들은 오랫동안 확
신할 것이다. 바로 이것이 수용의 주요한 의미들 가운데 하나이다.

그래서 수용의 용도를 살펴보면 사상의 자유형태와 이성의 모습이
비이성과 연결되는 기묘한 사상의 변동을 감지할 수 있다. 17세기 초에
자유사상은 생겨나고 있는 중인 합리주의였을 뿐만 아니라 또한 이성
자체의 내부에 비이성이 있다는 사실 앞에서의 불안이었고, 작용점作用
點이 한계 속에 있는 인식이 아니라 이성 전체인 회의주의였다. "사리를
잘 생각해보면 우리의 삶 전체는 지어낸 이야기일 뿐이고, 우리의 인식
은 바보짓일 뿐이며, 우리의 확신은 가공架空의 이야기일 뿐이다. 요컨
대 이 세상 전체는 소극笑劇이나 영원한 희극일 뿐이다."[71]

감각과 광기를 확실하게 구별하는 것은 결코 가능하지 않다. 감각과
광기는 함께 주어지고 불가해한 통일성 속에서 무한히 하나가 다른 하
나로 통할 수 있다. "그토록 하찮은 것일지라도 어떤 부분에서는 매우
중요하다. 광기도 잘만 따라간다면 지혜로 통한다." 그러나 언제나 이
미 위태롭게 된 이성에 대한 이와 같은 자각으로 인해 질서의 추구가 모
두 무시되는 것이 아니라 도덕적 질서, 절도節度, 마음을 다스림으로써

Système de la nature ou Des lois du monde physique et du monde moral (1770) 이다.

70 *Claude Adrien Helvétius (1715~1771). 프랑스의 철학자. 1758년 익명으로 출판
된 *De l'esprit*에서 그는 로크와 콩디약의 감각론을 유물론적이고 반종교적인 방향으
로 끌어들인다. 이 책은 국정자문회의에 의해, 그 다음에는 1759년 초에 《백과전
서》와 함께 교황과 파리 고등법원에 의해 유죄 판결을 받아 공개리에 불태워진다. 이
외에도 *De l'homme, de ses facultés intellectuelles et de son éducation* (1772) 등 여러
유작(遺作)을 남겼다.

71 La Mothe Le Vayer, *Dialogues d'Orasius Tubero*, éd. 1716, t. I, p. 5.

행복을 보장하는 감정적 균형의 추구가 가소롭게 된다. 그런데 17세기에 이성과 비이성의 커다란 근본적 단절이 실현되면서 이성과 비이성의 통일성은 깨진다. 수용은 이와 같은 단절의 제도적 표현일 뿐이다. 이성과 비이성의 인접, 그리고 흔히 혼동의 불안한 경험이 바탕을 이루었던 17세기 초의 '자유사상'은 바로 이러한 이유로 인해 사라진다. 18세기 말까지 자유사상은 서로 이질적인 두 가지 형태로 존속하게 된다. 한편으로는 모든 비이성이 불합리의 모습을 띠는 합리주의를 통해 스스로를 표명하려는 이성의 노력이 진행될 것이고, 다른 한편으로는 이성의 말을 감성의 무분별한 논리 쪽으로 구부러뜨리는 감성의 비이성이 작용할 것이다.

18세기에 계몽과 자유사상은 병치되어 있었지만 서로 섞이지는 않았다. 수용으로 상징되는 분할로 인해 계몽과 자유사상의 소통이 어려워졌다. 계몽이 승리를 거두는 시대에 자유사상의 처지는 모호했다. 거의 사드가 '철학자들'에 대한 엄청난 비판적 형태의 글로, 그리고 18세기 동안 수용의 장벽들 사이에서 치안의 지위만을 지녔던 경험에 대한 최초의 표현으로 《쥬스틴》과 특히 《쥴리에트》를 창작하기 전까지 자유사상은 배반당하거나 쫓기는 위치에 있었고, 자유롭게 표현될 수가 없었다.

이제 자유사상은 비이성 쪽으로 미끄러져 들어갔다. 18세기에는 자유사상이란 말의 어떤 피상적 용법을 제외하면 자유사상의 일관된 철학이 없다. 수용의 등록부에서만 이 용어가 체계적으로 사용될 뿐이다. 당시에 이 용어가 가리키는 것은 전혀 자유분방한 사상도, 정확히 말해서 풍속의 자유도 아니다. 오히려 이 용어는 이성이 욕망의 노예이자 감성의 하녀로 구실하는 예속상태를 가리킨다. 검증하는 이성의 자유로운 선택이야말로 이 새로운 자유사상과 가장 먼 거리에 있는 것이다. 이와 반대로 이 자유사상에서는 모든 것이 이성의 노예화, 부연컨대 이성이 육신과 돈과 정념의 노예가 되는 현상을 말해준다. 그래서 사드에게까지 여전히 반쯤 비밀로 남아 있었던 자유사상의 존재에 관한 일관성 있는 이론을 사드가 18세기에 처음으로 시도할 때, 바로 이 노예상태는 찬양의 대상이 되는 것이다. '범죄애호가 협회'에 가입하는 자유사상가는 "정념의 아무리 가벼운 욕망에도 … 가장 혐오스러운"**72** 온갖 행동을 저지를 것을 약속해야 하고, 이러한 예속상태의 중심에 자리 잡아야 한다. 자유사상가는 "사람들이 자유롭지 않다고, 사람들이 자연의 법칙에 얽매여 있는 관계로 모두 이 근본법칙의 노예"**73**라고 확신한다. 18세기에 자유사상은 감성의 비이성 속으로 소외된 이성의 행사이다.**74** 이러한 범위 내에서, 고전주의 시대의 수용에 의해 그렇게 되었듯이 '자유사상가'와 종교적 오류를 주장하는 모든 사람, 말하자면 개신교도이거나 어떤 것이건 새로운 체계적 이론을 창안하는 사람을 인접하게 내버려두는 일이 아무렇지도 않게 벌어진다. 그들은 동일한 체제에 놓이고 동일한 방식으로 취급된다. 왜냐하면 양쪽 모두에서 진리의 거부는 동일한 도덕적 포기에서 기인하는 것이기 때문이다. 아르장송이 말하는 디에프라는 그 여자는 개신교도일까 자유사상가일까?

　"나는 자신의 고집스러움을 자랑으로 여기는 이 여자가 아주 사악한

---

72 *Justine*, éd. 1797, t. VII, p. 37.

73 *Ibid.*, p. 17.

74 자유사상을 이유로 한 수용의 한 사례는 몽크리프 신부의 유명한 소송사건에서 찾아낼 수 있다. "그는 사륜마차, 말, 식사, 복권, 건물 등으로 매우 사치스러운 생활을 한다. 그래서 그에게는 7만 파운드의 빚이 있다. … 그는 고해성사를 매우 즐겨하며 몇몇 남편에게 의심을 살 정도로 여자들의 신앙 지도를 열정적으로 수행한다. … 그는 엄청난 소송광으로서, 법원마다 대리인을 두고 있다. … 불행히도 그의 정신이 전반적으로 흐트러져 있다는 것을 드러내는 요소는 너무나 많다. 그는 머리가 완전히 돌아버린 사람이다."(Arsenal, ms. 11811. 또한 11498, 11537, 11765, 12010, 12499 참조).

인물이라는 것을 의심하지 않을 수 없다. 그러나 누구라도 정죄할 그녀의 모든 행위는 결코 재판부의 지시로 교정될 수 없다. 그러므로 자신의 잘못에 대한 징계와 개종의 욕망을 찾을 수 있도록, 그녀를 얼마 동안 구빈원에 집어넣어 보호하는 것이 나에게는 더 올바르고 더 적절한 조치로 보인다."[75]

그리하여 비이성에는 새로운 영역이 추가된다. 이 새로운 영역에서는 이성이 감성의 욕망에 예속되고 비이성의 행사가 부도덕하고 문란한 행위와 연관된다. 정념에 의한 정신적 예속상태에서 광기에 관한 자유로운 담론이 나타나고, 자유로운 환상의 길이 아니라 감성, 정념, 그리고 마지막으로 인간 본성의 속박선束縛線을 따라갈 광기라는 커다란 주제가 이와 같은 도덕영역으로의 할당을 통해 출현하게 된다. 미치광이는 오랫동안 비인간의 표지를 지녔으나, 사람들은 이제 인간과 너무 가깝고 인간 본성의 결정에 지나치게 충실한 비이성, 인간을 인간 자신에게 내맡기는 것과 다름없는 비이성을 발견한다. 이 비이성은 19세기 진화론의 관점에서 규정되는 모습, 다시 말해서 인간의 진실, 그러나 인간의 감정, 인간의 욕망, 인간 본성의 가장 거칠고 가장 속박적인 형태들 쪽에서 바라본 인간의 진실이 되는 경향을 암암리에 내보인다. 이비이성은 인간이 도덕적 행동에 의해서도 여전히 진실 쪽으로 나아갈수 없는 그 모호한 지대에 편입된다. 그리하여 비이성은 자연적 결정론의 형태 속에 포위될 가능성이 열리게 된다. 그러나 이 가능성의 일차적 의미는 자유사상의 윤리적 정죄, 그리고 사유의 어떤 자유가 정신의소외에 대한 모델이나 최초의 경험으로 바뀌는 이 기이한 변화와 관련된 것임을 잊어서는 안 된다.

---

[75] Arsenal, ms. 12692.

수용의 조치에 수반되는 기이한 표면 현상. 성병환자, 방탕한 사람, 낭비벽이 있는 사람, 동성연애자, 신성모독자, 연금술사, 자유사상가의 모습들, 즉 그 모든 17세기 후반기의 다양한 사람들이 단번에 분할선 너머로 배척당하고, 한두 세기 뒤에 광기의 닫힌 영역으로 바뀌게 되어 있던 보호시설 안에 들어박힌다. 이 사회적 공간이 갑자기 열리고 한정된다. 이 공간은 비록 가난 앞에서의 커다란 불안으로 인해 생겨났을지라도 완전히 빈곤의 공간도 아니고, 언젠가는 질병이 차지하는 것이 되겠지만 그렇다고 정확하게 질병의 공간도 아니다. 이 공간은 오히려 고전주의 시대만의 특이한 감성과 관련된다. 부정적 격리의 행위가 아니라, 광기에 의해 점유되기에 앞서 광기가 인식될 경험영역을 한 세기 반 동안 은밀히 생성하는 일단의 작업 전체가 중요한 문제이다.

수용에 "통치"의 성격을 부여할 수 있는 경우를 제외하면 수용에는 제도적 통일성이 거의 없다. 적어도 시대착오를 범하지 않고 고찰하기로 동의한다면 수용에는 의학적, 심리학적, 또는 정신의학적 일관성도 없다. 그렇지만 수용은 정치비판의 시각으로 볼 때에만 독단과 동일시될 수 있을 뿐이다. 사실, 도덕성의 한계를 옮겨놓고 새로운 금기를 확립하며 유죄판결을 줄이거나 추문醜聞의 문턱을 낮추는 그 모든 다양한 작업은 어쩌면 암묵적 일관성, 법의 일관성도 학문의 일관성도 아닌 일관성, 보다 은밀한 '인식'의 일관성에 의존하는 것일지 모른다. 제도의 표면에서 수용과 수용의 유동적 실천에 의해 점점이 찍힌 듯 불분명하게 그려지는 것은 고전주의 시대 동안 사람들이 비이성에 대해 인식하는 내용이다. 중세와 르네상스 시대에는 세계의 모든 허술한 지점에서 미치광이의 위협이 느껴졌고, 외양의 얇은 표면 아래 미치광이가 두려움의 대상이거나 기도의 대상이었으며, 그 시대의 저녁과 밤은 미치광이의 생각으로 가득했고, 당시의 상상력에서 생겨난 모든 우화적 동물과 모든 묵시록적 광경은 미치광이에게 전가轉嫁되었다. 그러나 미치광이의 세계가 그토록 분명히 현존하고 그토록 절박한데도 그 세계의 인식은 더 어려워졌으며, 실제로 존재하기도 전에 느껴졌고 이해되었고 인정되었으며, 꿈속에 나타났고 표상적 풍경으로 한없이 연장延長되었다. 미치광이의 세계가 그토록 가까이 실재한다고 느끼는 것은 인식하는 것이 아니었다. 그것은 세계를 전체적으로 경험하는 어떤 방식, 모든 인식에 수반되는 어떤 인상이었다.

비이성이 언제나 현존했고 동시에 회피되었던 그 풍경들로부터 비이성은 수용으로 인해 따로 떨어져 나가고 분리된다. 몽테뉴까지, 박학의 자유사상까지 필연적으로 비이성을 이성의 작용에 연루시켰던 그 애매한 추상적인 것들로부터도 비이성은 수용에 의해 풀려난다. 오직 수용의 동향을 통해서만 비이성은 그것들로부터 벗어나게 될 뿐이다. 즉, 비이성이 도처에 현존했던 풍경들로부터 비이성은 빠져나가게 되고, 따라서 '국지화'될 뿐만 아니라, '구체적 현존'으로 둘러싸임에 따라 변증법적 모호성으로부터도 벗어나게 된다. 이제 비이성이 인식의 대상으로 나타나도록 하는 데 필요한 거리가 확보된다.

그러나 어떤 지평 위에서 비이성이 지각되는 것일까? 물론 사회현실의 지평 위에서인 것은 분명하다. 17세기부터 비이성은 더 이상 세상 사람들의 커다란 강박관념이 아니며, 또한 더 이상 이성의 모험을 구성하는 자연적 차원도 아니다. 비이성은 인간적 현상의 모습을 갖추고 있으면서, 사회인들의 장場에서 자연적으로 생겨난 변종의 모습이다. 예전에 사물들과 인간의 언어, 인간의 이성과 인간의 대지에서 필연적 위험요소였던 것이 이제는 인간의 형상을 갖는다. 더 정확히 말하자면 인간이 아니라 인간들이다. 비이성적 인간들은 사회가 식별하고 분리하는 유형들이다. 즉, 방탕한 사람, 낭비자, 동성연애자, 마법사, 자살자, 자유사상가가 있다.

비이성은 사회규범에 대한 어떤 간격에 따라 측정되기 시작한다. 그러나 '광인들의 배' 위에도 사람들이 있지 않았는가? 그리고 15세기의 문헌과 도상圖像에 묘사된 그 대규모의 승선은 감호監護의 상징적 전조前兆가 아닐까? 제재制裁가 달라졌어도 감성의 반응은 동일하지 않을까? 사실상 '광인들의 배'에 타고 있는 사람들은 대식가, 쾌락주의자, 불경한 자, 오만한 자 등 도덕적 유형의 추상적 인물들이다. 그들이 그 이상한 승선자들 사이에 강제로 태워져 기항지寄港地 없는 항해를 떠난 것은 악에 대한 보편적 형태의 의식意識으로 지정되었기 때문이다. 이와는 반대로 17세기부터 비이성의 인간은 어떤 실제의 사회 세계에서 징집된, 그가 소속된 사회에 의해 재판받고 정죄되는 구체적 인물이다. 바로 여기에 핵심사항이 있다.

광기가 갑자기 사회 세계 안으로 투입되었는데, 그곳은 광기의 특권적이고 거의 독점적인 출현 장소이다. 그곳에는 거의 매일같이 (유럽 전역에서 50년 이내로) 광기가 할당되었다. 모든 경계지대에서 떠돌았고 가장 친숙한 장소들로 은밀히 흘러들었던 광기가 이 제한된 영역에서는 어떤 사람에 의해서건 식별되고 고발될 수 있다. 그때부터 광기가 구현되는 각각의 인물을 대상으로 하여 질서와 치안상의 예방을 목적으로 광기를 단번에 몰아낼 가능성이 생겨난다.

바로 이 모든 것이 고전주의 시대의 비이성의 경험을 최초로 가깝게 가리키는 데 도움이 되는 것이다. 이 경험이 구성되는 중이라고 알려주는 것은 바로 수용의 기이한 양태이므로, 이 경험의 원인을 수용에서 찾는 것은 사리에 어긋날 것이다. 그 비이성적 인간들을 그들 자신이 살고 있는 공동체의 국외자로 고발하기 위해서는 비이성의 진실을 외면하고 비이성을 사회 세계의 공간에만 가두는 이 최초의 소외疏外가 선행되어야 한다. 광기에 대한 우리의 사유가 우리 자신 때문에 혼란스러워지는 그 모든 모호한 소외현상의 밑바탕에는 적어도 다음과 같은 사실, 즉 무엇보다도 어느 날 광인들을 틀림없이 '정신병자'로 지정했을 그러한 사회에서 비이성이 소외되었고 내쫓겼으며 침묵 속으로 접어들었다는 사실이 놓여 있다. 소외라는 이 낱말은 적어도 여기에서는 완전히 은유적일 기미가 없는 듯하다. 어쨌든 이 낱말은 비이성이 모든 인간 이성의 모험에서 경험이기를 그치고 왜곡되어 준準객관성 안에 갇힌 듯하게 된 그 동향動向을 가리키기 위한 것이다. 그러므로 이제는 비이성이 내밀한 정신세계에 활기를 불어넣을 수도, 정신세계에 변함 없는 위협으로 작용할 수도 없다. 비이성은 격리상태에 놓이는데, 그 거리는 사회공간의 표면에서 수용시설의 울타리에 의해 상징될 뿐만 아니라 실제로 확보되는 거리이다.

그렇다고 이 거리가 바로 앎을 위한 해방이나 해명解明의 빛인 것도 아니며 인식의 방편을 위한 무조건적 개방開放인 것도 아니다. 이 거리는 나환자들이 중세사회에서 내쫓겼던 추방의 행위를 상기시키고, 또한 그것을 반복하는 것이기도 하다. 그러나 나환자들이 악의 가시적 문장紋章을 지니고 있었다면, 고전주의 시대의 새로운 피추방자被追放者들은 비이성의 더 은밀한 상흔傷痕을 지니고 있다. 가능한 객관성의 범위가 정말로 수용에 의해 한정된다 해도, 이는 추방의 부정적 가치들이 이미 작용하는 영역 안에서이다. 객관성은 비이성의 고향, 그러나 징벌 같은 것이 되었다.

중세가 광기를 붙잡아두었던 종교와 윤리의 오랜 속박에서 광기가 해방되고 난 후 마침내 정신병 전문의의 차분해진 과학적 시선 아래로 들어왔다고 공언하는 이들에 대해서는 그들로 하여금, 비이성이 대상으로서 취급되고 유배지로 떠나 거기에서 여러 세기 동안 벙어리의 상태로 남아 있었던 그 결정적 계기를 계속 돌아보도록 해야 하고, 그 본원적 과오를 끊임없이 그들의 눈앞에 다시 놓아야 하며, 마침내 침묵으로 귀착한 비이성과 관련하여 중립성이 망각의 힘에 비례하여 강화된 담론을 그들이 늘어놓을 수 있도록 해준 유일한 것, 곧 그 모호한 정죄를 그들 앞에 되살려 놓아야 한다. 우리 문화에서 비이성이 사전에 파문破門 대상임에 따라서만 인식대상으로 등장할 수 있었다는 것은 중요한 문제가 아닐까?

더구나 수용은 이성이 비이성에 대해 거리를 두고 비이성과의 오래된 연관성에서 벗어나는 움직임을 고지告知할 뿐만 아니라, 또한 인식의 점령과는 아주 다른 것에 의한 비이성의 예속화를 보여준다. 비이성은 수용을 통해 모호한 결탁 관계망關係罔에 예속된다. 광기의 구체적이고 한없이 공모적共謀的인 얼굴, 지금 우리가 우리의 경험을 통해 알고 있는 그대로의 얼굴을 비이성에 서서히 덧씌우는 것은 바로 이 예속화隸屬化이다. 수용의 장벽들 사이에는 성병환자, 방탕한 사람, "자칭 주술사", 연금술사, 자유사상가, 또한 우리가 곧 알아차리게 될 터이지만, 미치광이가 뒤섞여 있었다. 여러 갈래의 연관관계가 맺어지고, 소통이 확립되며, 비이성을 대상으로 취급하기 시작하는 이들의 눈에, 거의 동질적 영역의 경계가 이런 식으로 설정된다. 죄의식에서, 그리고 성적인 비장감悲壯感에서 간절한 기원祈願과 마법의 전통적 의례까지, 감성의 원리에 따라 생겨나는 마력과 망상까지, 숨겨진 조직망이 확증되는데, 우리의 근대적 광기의 경험을 떠받치는 은밀한 기반은 이 조직망을 통해 드러난다. 이렇게 구조화된 영역에는 "수용 적합"이라는 비이성의 꼬리표가 붙을 것이다.

16세기의 사상에서 이성에 대한 담론이 진전하는 가운데 이성 전복顚覆의 변증법적 지점이 된 그러한 비이성은 이 영역 부근에서 구체적 내용을 부여받는다. 그것은 성적 욕망의 의미, 사랑의 공유, 신성모독과 거룩함의 한계, 진리의 도덕 귀속이 문제인 윤리적 재조정再調整 전체와 연결된다. 다양한 지평에서 유래한 이 모든 경험은 근본적으로 수용이라는 매우 단순한 행위를 구성한다. 어떤 관점에서 보자면 수용의 행위는 다 같이 동일한 진로進路를 체계적으로 가리키는 활동, 곧 그때까지 여전히 알려지지 않았던 획일적 분할을 윤리의 세계에 야기하는 활동의 피상적 현상일 뿐이다. 어림잡아 르네상스 시대까지는 선과 악의 분할을 넘어 윤리세계의 균형이 비극적 통일성, 곧 운명이나 신의 편애偏愛와 섭리의 통일성에 힘입어 확보되었다고 말할 수 있다. 그러나 이제는 이 통일성이 이성과 비이성의 결정적 분할에 의해 분리되어 사라지게 된다. 윤리세계의 위기가 시작되는데, 이로 인해 선과 악의 커다란 싸움은 이성과 비이성의 화해 불가능한 갈등과 짝을 이루고 파열破裂의 형상은 무수히 늘어나게 된다. 적어도 사드와 니체가 이에 대해 증언한다.

윤리세계의 절반 전체는 이렇게 비이성의 영역으로 흘러들고, 이에 따라 비이성에는 성애性愛, 신성모독, 예식과 마법, 감성의 원리로 은밀히 형성된 계시적 지식 등의 광범위하고 구체적인 내용이 달라붙는다. 비이성이 인식의 대상으로 될 수 있을 만큼 충분히 해방된 시기에도, 비이성은 이 구체적 예속체계 전체에 붙들려 있는 것이다. 이러한 예속 현상은 아마 광기의 기묘한 일시적 순종順從을 설명해줄 것이다. 오늘날에도 여전히 낡은 마법의식儀式처럼 반향을 일으키는 강박强迫의 행위, 그리고 과거의 종교적 계시와 같은 것으로 해석되는 망상의 행위가 있다. 신성의 현존이 그토록 오래 전에 소멸한 문화에서 때때로 병적일 만큼 집요한 신성모독의 열정이 때때로 되살아나기도 한다. 우리는 광기에 수반되는 모호한 기억을 더듬어보게 되고, 광기의 발견을 반복적 단계에서 벗어나지 못하게 만들며, 광기를 종종 자연발생적 고고학으로 지정하게 되는 것이다. 그렇다면 비이성은 민족의 위대한 기억, 과거에 대한 위대한 집착일 것이며, 비이성 속에서는 민족들의 역사가 무한히 동시대적일 것이다. 이 단계에서는 지속현상의 보편적 요소를 만들어내기만 하면 된다. 그러나 이것은 바로 동일성의 마력에 사로잡히는 꼴인데, 사실 연속은 불연속의 현상일 뿐이다. 그러한 구식의 행위들이 유지될 수 있었던 것은 물론 그것들의 변질된 범위 안에서이다.

재출현이 문제가 되는 것은 어디까지나 회고적 시선에서일 뿐이다. 역사의 씨줄 자체를 따라간다면, 연속이 오히려 경험영역의 변환문제라는 것을 이해할 수 있을 것이다. 그 행위들은 제거되었지만 그렇다고 그것들이 사라졌다는 의미는 아니다. 오히려 그것들을 위한 유배와 동시에 선택의 영역이 설정되었다는 것이다. 그것들은 비이성의 영역에 통합되기 위해서만 일상적 경험의 땅을 떠났을 뿐이며, 비이성의 영역에서 질병의 귀속歸屬 권역으로 조금씩 미끄러져 들어갔다. 이러한 존속에 대한 설명은 집단 무의식의 속성에서 찾을 것이 아니라 비이성이라는 경험영역의 구조와 이 경험영역에서 일어날 수 있었던 변화에서 찾아야 한다.

이처럼 비이성은 고전주의에 의해 결실이 맺어진 모든 의미와 함께, 하나의 경험영역으로 나타나는데, 이 경험영역은 결코 분명한 용어로 표명될 수 없었을 정도로 너무나 은밀할 것이고 또한 르네상스 시대에서 근대까지 표현의 권리를 부여받을 수 없었을 정도로 배척되지만, 그럼에도 불구하고 수용 같은 제도, 광기에 관련되는 구상과 실천뿐만 아니라 윤리세계의 재조정 전체를 뒷받침했을 만큼 대단히 중요한 것이다. 바로 이 경험영역에 입각하여 고전주의 시대에 나타나는 모습의 광인이라는 인물, 그리고 19세기에 실증주의의 매우 오래된 진리들 사이에서 정신이상으로 인정될 것이 구성되는 방식을 이해해야 한다. 이 경험영역에서, 르네상스 시대에 비非지혜와 동시에 세계의 무질서, 종말론적 위협과 동시에 질병이었을 정도로 다양하게 경험되었던 광기는 균형상태에 이르고, 광기를 어쩌면 허망할지도 모르는 실증적 지식의 전리품으로 만드는 그러한 통일성을 마련하며, 객관적 지식을 가능케 하는 거리두기, 자연에서의 타락을 설명해주는 죄의식, 마음속의 욕망 및 정념과 감성의 결정론을 가리키는 도덕적 정죄를 이런 방식으로, 그러나 도덕적 해석의 방편으로 발견하게 된다.

고전주의는 성을 대상으로 한 금지, 종교분야에서의 금기, 그리고 사유와 감성의 자유를 광기 옆에, 비이성의 영역에 병합시킴으로써, 정신병에 대한 우리의 '과학적' 인식에 대해 사실상 토양의 구실을 하는 도덕적 비이성의 경험을 형성했다. 이와 같은 거리두기, 이와 같은 탈신성화를 통해, 도덕적 비이성의 경험은 애초의 정죄 의도에 의해서만 달성될 뿐이므로, 중립성이 이미 위태롭게 된 기미를 나타낸다.

그러나 이 새로운 통일성은 인식의 진행에 결정적일 뿐만 아니라, 징벌의 측면에서 "교정矯正해야 할 생활"이라고 불릴 수 있는 것과 상관관계가 있는 '비이성적 생활'의 이미지를 만들어냈다는 점에서도 중요성을 갖는 것이었다. 수용의 실천과 수용해야 할 인간의 실존은 결코 분리될 수 없다. 이 양자는 교정해야 할 생활에 적절한 변동을 불러일으키는 일종의 상호적 매혹, 다시 말해서 개인이 수용 이전에 이미 지니고 있으며 최종적으로 수용을 불가피하게 만드는 어떤 생활방식을 통해 하나가 다른 하나를 유발한다. 교정해야 할 생활은 범죄자나 환자의 생활이 전혀 아니지만, 근대인에게 범죄성 쪽으로 달아나거나 신경증 속으로 피신하는 일이 일어나는 것과 마찬가지로, 고전주의 시대의 인간은 수용으로 제재되는 비이성적 생활에 대해 십중팔구 매력을 느꼈을 것이고, 모든 피수용자의 얼굴에서, 여러 문서에서 수수께끼처럼 막연하게 언급되듯이 "품행불량과 정신혼란 때문에" 감금된 모든 이의 얼굴에서 우리가 어렴풋이 지각하는 것은 아마 이러한 비이성적 생활일 것이다.

우리의 실증적 지식으로는 피수용자들이 희생자인지 환자인지, 형사범인지 광인이지 도저히 결정할 수가 없다. 즉, 그들은 모두 경우에 따라서는 질병이나 범죄에 이를 수 있지만, 처음에는 결코 질병이나 범죄에 속하지 않는 동일한 방식의 생활을 영위하고 있었다. 자유사상가,

방탕한 사람, 낭비벽이 심한 사람, 신성모독자, 광인은 바로 이러한 생활의 영역에 속해 있었고, 그들 모두에게는 비이성의 체험이라는 공통의 경험을 형성하는 아주 개인적이고 각 개인에 따라 다양한 어떤 방식이 있었을 뿐이다. 76 현대인인 우리는 광기, 신경증, 범죄, 사회부적응 아래 일종의 불안경험이 공통적으로 흐르고 있다는 것을 이해하기 시작했다. 아마 고전주의 시대의 세계에 대해서도 다양한 부분으로 구성된 죄악의 체계에 일반적인 비이성 경험이 있었다고 말할 수 있을 것이다. 만약 그렇다면, 대감호에서 피넬과 튜크의 '해방'까지 150년 동안 광기였던 것에 대해 지평의 구실을 하는 것은 바로 이 비이성의 경험일 것이다.

어쨌든 비이성이란 무엇인가를 유럽인이 더 이상 느끼지도 이해하지도 못하게 되는 시기, 달리 말하자면 유럽인이 수용규범의 명증성明證性을 더 이상 파악하지 못하게 되는 시대는 바로 이 해방에서 비롯된다. 그 순간은 하나의 기이한 만남, 곧 그 비이성적 생활에 관한 이론을 유일하게 표명한 사람과 광기에 관한 실증과학을 하고 싶어했던, 다시 말해서 비이성에 관한 말을 침묵시키고 광기에 관한 병리학의 목소리에만 귀를 기울이고 싶어했던 최초의 사람들 가운데 한 사람과의 만남으로 상징된다.

이 대면은 19세기가 시작되는 시기에 루아예-콜라르77가 샤랑통의

---

76 앙리-루이 드 로메니(Jecobé, *Un internement sous le grand roi*, Paris, 1929 참조) 또는 아르스날 ms. 10526에서 관계서류가 발견되는 블랑슈 사제 등의 삶에 의거하여 교정생활의 일반적인 윤곽을 묘사할 수 있을 것이다.

77 *Pierre Paul Royer-Collard(1763~1845). 프랑스의 정치가. 파리 고등법원의 변호사로서 처음에는 혁명에 우호적이었으나 1792년 8월 10일 이후에는 코뮌과 결별한다. 소르본의 철학사 교수로서 콩디약의 감각론에 반대하고 Reid와 Stewart의 유심론을 전파시키며, 또한 입헌 군주제 지지자로서 과격파와 대립한다.

그 시설에 병원을 세우기 위해 거기에서 사드를 쫓아내려고 할 때 이루어진다. 그는 광인을 도우려는 자선가로서, 현존하는 비이성으로부터 광기를 보호하고 싶어한다. 왜냐하면 18세기에 그토록 정상적으로 수용된 그러한 실존자들을 위한 자리가 19세기의 보호시설에는 없다는 것을 그는 정확하게 이해했기 때문이다. 그는 감옥을 요구한다. 1808년 8월 1일 그는 푸셰**78**에게 다음과 같은 내용의 편지를 쓴다.

"샤랑통에는 파렴치한 부도덕으로 너무나 유명해진 사람이 있는데, 이 구제원에 그런 사람이 있음으로 해서 엄청난 지장이 초래되고 있습니다. 그는 바로 《쥐스틴》이라는 추악한 소설의 저자입니다. 그 사람은 정신병자가 아닙니다. 그의 유일한 망상은 악덕에 관한 망상인데, 정신이상의 의학적 치료를 위한 시설에서는 그러한 종류의 악벽惡癖을 결코 진정시킬 수 없습니다. 이 병에 걸린 개인은 가장 가혹한 감금상태에 놓여야 합니다."

루아예-콜라르는 더 이상 교정矯正생활을 이해하지 못한다. 그는 질병 쪽에서 이것의 의미를 구하지만 거기에서는 찾아내지 못하고, 교정생활을 순수한 상태의 악, 비이성 이외에는 다른 원인이 없는 악, 곧 '악덕의 망상'으로 되돌려 보낸다. 루아예-콜라르가 푸셰에게 편지를 보낸 날, 고전주의 시대의 비이성은 수수께끼만을 남기고 종결되었다. 이 범주 아래 그토록 많은 다양한 얼굴이 모여 있었던 그 기이한 통일성은 우리에게서 결정적으로 사라졌다.

---

78 *Joseph Fouché(1759~1820). Otrante 공작, 프랑스의 정치가로서 로베스피에르와 친교를 맺고 혁명을 지지하며 탈기독교화에 열광하다가, 테르미도르 반동에 참여한 죄로 1795년 체포된다. 사면되고 1799년 5인 총재회의에 의해 치안 장관으로 임명된 뒤에는 재빨리 보나파르트 진영으로 넘어가 무월(霧月) 18일의 혁명에 가담한다. 막강한 경찰 조직을 거느린 탓에 보나파르트의 우려를 사게 되고 급기야 1802년에 사임하나 1804년에 복귀해 1810년 7월까지 치안 장관의 직을 수행한다.

4

광기의 경험

구빈원이 창설되고 독일과 영국에서 최초의 교도소가 개설된 시기에서 18세기 말까지 고전주의 시대는 감금의 시대이다. 이 고전주의 시대에는 방탕한 사람, 낭비벽이 심한 아버지, 탕아蕩兒, 신성모독자, "자살하려고 애쓰는" 사람, 자유사상가가 감금당한다. 그래서 그토록 많은 결합과 기이한 연계성을 가로질러 고전주의 시대에 특유한 비이성의 경험이 윤곽을 드러낸다.

그러나 각 도시에는 더 많은 광인의 무리가 있다. 파리에서 구빈원에 수용하기 위해 체포한 인원 중에서 약 10분의 1은 "미치광이", "정신 장애자", "발광한 정신"의 소유자, "완전히 미쳐 버린" 사람이다.[1] 그들과 다른 이들 사이에 차이의 표시는 전혀 없다. 등록부를 쭉 훑어보면, 그들이 동일한 이해방식으로 평가되고 동일한 조처로 배제된다고들 말할 것이다. 환자냐 아니냐, 정신병자냐 범죄자냐, "품행불량"으로 구빈원

---

1 이 비율은 17세기 말부터 18세기 중엽까지 거의 일정하다. 구빈원 구치拘置를 위한 왕명표王命表에 의거함.

에 들어온 자와 같으냐, 아니면 "아내를 학대했고" 여러 차례 자살하려고 한 자와 같으냐를 결정하는 일은 의학의 고고학에 맡겨놓자. 이 문제를 제기하기 위해서는 우리의 회고적 시선 때문에 어쩔 수 없이 발생하는 모든 왜곡을 받아들여야 한다. 우리가 광기에 가장 일반적이고 가장 미분화된 수용의 형태를 적용한 것은 광기의 실증적 징후에 계속해서 눈을 감아 버림으로써 광기의 '본질'을 인식하지 못했기 때문이라고 생각한다. 그리고 우리는 스스로 이 '몰이해'를, 또는 적어도 우리에게 몰이해인 것이 무엇을 내포하는지를 알아보려 하지 않을 것이다. 사실상 실질적 문제는 정확히 '우리의' 구별을 확증하지 않는 것, 그리고 우리라면 돌보았을 이들과 우리라면 정죄하고 싶어했을 이들을 동일한 방식으로 추방하는 그 판단의 내용을 결정하는 것이다. 그러한 '혼동'을 정당한 것으로 받아들이게 한 오류를 찾아내는 것이 아니라, 이제 우리의 판단방식에 의해 단절된 '연속'을 정확하게 따라가는 것이 중요하다.

150년 동안 계속된 감호監護의 막바지에 이르러서야 사람들은 그 감금된 얼굴들 사이에 특이하게 찌푸린 얼굴들이 있었고 또 다른 분노를 자아내고 또 다른 폭력을 불러들이는 비명소리가 있었다는 것을 알아차리게 된 듯했다. 그러나 고전주의 시대에는 오직 수용만이 있을 뿐이고, 그 모든 조처에는 한 극단에서 다른 극단까지 모두 동질적 경험이 숨어 있는 것이다.

한 낱말이 이러한 경험의 신호이자 거의 상징인데, 그것은 수용 장부에서 마주칠 기회가 있는 이들을 묘사할 때 가장 빈번하게 등장하는 낱말의 하나로서 바로 "광포狂暴한"이란 말이다. 우리가 나중에 알아차릴 터이지만, "광포함"은 법률학과 의학의 기술적 용어이고, 매우 정확히 광기의 형태들 가운데 하나를 가리킨다. 그러나 수용의 어휘에서는 이 낱말이 훨씬 더한 것과 훨씬 덜한 것을 다 같이 나타내고, 범죄의 엄밀한 정의定義와 범죄의 사법적 지정指定을 벗어나는 모든 형태의 폭력을

암시한다. 즉, 이 낱말이 겨냥하는 것은 무질서, 행동과 감성의 무질
서, 품행과 정신의 무질서, 일종의 미분화된 무질서 영역, 가능한 정죄
이쪽에서 나타나는 위협적 격분의 영역 전체이다. 광포함은 어쩌면 우
리에게는 막연할 터이지만 당시에 수용이라는 통치 및 도덕상의 명령을
조건짓기에는 충분히 명확한 개념이다. 어떤 사람에 대해 '광포한 사람'
이라고 말하면서, 그리고 환자인지 범죄자인지 명확히 밝히지 않고 그
를 감금하는 것은 고전주의적 이성에 의한 비이성의 경험 속에서 고전
주의적 이성에 부여된 권한의 하나이다.

이 권한에는 실증적 의미가 있다. 즉, 17세기와 18세기에 광기가 방
탕이나 자유사상과 동일한 이유로 감금될 때, 요점要點은 17세기와 18
세기가 광기를 질병으로 인식하지 못한다는 것이 아니라, 두 세기에 걸
쳐 광기가 다른 지평 위에서 인식된다는 것이다.

그렇지만 여기에는 단순화의 위험이 있을지 모른다. 고전주의 시대에
광기의 세계는 한결같지 않았다. 광인이 완전히 치안사범으로 취급되
었다고 하는 주장은 틀린 말은 아니겠지만, 완전히 옳은 말도 아닐 것
이다. 어떤 광인들의 지위는 특별하다. 파리의 한 구빈원은 이성을 잃
은 빈민을 취급할 권리를 확보해두고 있다. 사람들이 정신병자를 계속
치료하기를 바라는 한, 그는 파리의 시립병원에 들어갈 수 있다. 거기
에서 그는 사혈, 하제를 사용한 배변排便, 그리고 경우에 따라서는 발포
제 사용과 목욕 등 통상적 치료를 받게 된다.[2] 중세에 벌써 이 시립병원

2 Fosseyeux, *L'Hôtel-Dieu de Paris au XVIIᵉ siècle et au XVIIIᵉ siècle*, Paris, 1912 참
조.

에는 광인들을 위한 자리가 마련되어 있었으므로, 이러한 치료는 오래된 전통이었다. 일종의 간이침대가 놓여 있고 "들여다보고 무언가를 건네줄 수 있는 창 두 개"가 나 있는 방들에 "넋이 나간 자들과 정신착란자들"이 감금되었다. 3 18세기 말 트농4이 《파리 구빈원들에 관한 회고록》을 집필할 때에는 두 개의 넓은 방에 광인들이 집결되어 있었다. 남자들의 방, 생-루이 실室에는 일인용 침대 두 개와 4명이 동시에 잘 수 있는 침대 10개가 놓여 있었다. 이렇게 사람들이 우글거리는 모습 앞에서 트농은 걱정을 털어놓는다(당시의 의학적 상상력에 의하면 열기는 해로운 것으로, 반면에 냉기, 시골의 맑고 쌀쌀한 공기는 육체적으로나 정신적으로 치료효력이 있는 것으로 여겨졌다).

"광인 3~4명이 누워 서로 누르고 뒤척이며 싸우는 침대에서 어떻게 신선한 공기를 마실 수 있겠는가?"5 여자들로 말하자면 그녀들에게 할당된 곳은 엄밀하게 말해서 방이 아니다. 여자 열병환자熱病患者들이 들어있는 커다란 방에는 칸막이벽으로 협소한 공간이 마련되어 있는데, 이 골방에 4인용의 커다란 침대 6개와 작은 침대 8개가 배치된다. 그러나 몇 주 뒤에도 병이 낫지 않으면 남자들은 비세트르로, 여자들은 살페트리에르로 가게 된다. 그러므로 전부 합해서, 그리고 파리와 근교의 인구 전체를 대상으로 광인들이 치료받을 병상 74개가 마련되어 있는 셈이다. 이 74개의 병상은 질병, 치료, 불확실한 치료의 세계 밖으

---

3 부기(簿記)에 이에 대한 언급이 있다. "잠자리의 바닥과 사각대의 제작, 그리고 예의 잠자리 안의, 보고 주기 위한 창 두 개 제작, XVII, sp." 시립병원의 회계, XX, 346. In Coyecque, *L'Hôtel-Dieu de Paris*, p. 209, note 1.

4 *Jacques Tenon (1724~1816). 1748년 살페트리에르의 외과의사, 1757년 Collège de chirurgie의 교수, 1759년 Académie des sciences 회원이 된 그는 왕의 수석 외과의사인 Martinière에게 구빈원 업무 개혁안을 제출했으며 한 새로운 병원의 설립을 떠맡았다.

5 Tenon, *Mémoires sur les hôpitaux de Paris*, 4ᵉ mémoire, Paris, 1788, p. 215.

로의 전락을 의미하는 수용 이전에 머무는 대기실이다.

런던에서 베들리헴 구빈원은 "미치광이"라고 불리는 이들만을 위한 시설이다. 이 구빈원은 13세기 중엽에 세워졌는데, 1403년에 벌써 정신병자 6명이 수용되어 쇠사슬에 묶여 있었다고 한다. 1598년에는 이와 같은 정신병자 20명이 수용된다. 1642년 시설확장으로 새로운 방 12개가 확보되어, 이 중에서 8개는 분명히 미치광이들을 위한 방으로 쓰인다. 1676년 재건축 이후에는 120~150명을 수용할 수 있게 된다. 이제는 이 구빈원에 광인들만 수용된다. 기버의 조각상 두 개가 이에 대한 증거이다.6 "치료할 수 없는 자로 간주된" 미치광이들은 수용되지 않으며,7 이러한 방침은 구빈원 안에 치유불가능한 미치광이들을 위한 특별건물 두 동이 건축될 1733년까지 계속된다. 피수용자들은 규칙적 치료, 더 정확하게는 계절에 따른 치료를 받는다. 중요한 약물치료는 일년에 한 번 봄에만 모든 이에게 동시에 실시된다. 1783년부터 베들리헴의 의사인 T. 먼로는 하원 청문회에 나가 자신의 진료 방침을 표명하곤 했다.

"환자들은 늦어도 5월 말까지 날씨에 맞춰 사혈치료를 받아야 하며, 사혈 뒤에는 몇 주 동안 일주일에 한 번 토사제吐瀉劑를 복용해야 합니다. 그런 다음에 우리는 그들에게 하제를 쓸 것입니다. 이와 같은 치료방법은 예전부터 오랫동안 시행된 것이며, 저의 아버지로부터 전수받은 것입니다. 이보다 더 나은 치료방법은 없다고 생각합니다."8

---

6 D. H. Tuke, *Chapters on the History of the Insane*, Londres, 1882, p. 67.
7 1675년의 한 의견서에서 베들리헴의 관장들은 "치료받기 위해 구호소에 보호되는 환자들"과 "걸인 및 부랑자"일 뿐인 자들을 뒤섞지 말 것을 요구한다.
8 D. H. Tuke, *ibid.*, pp. 79~80.

17~18세기의 정신이상자 수용이 아무런 문제를 일으키지 않았다거나 최소한 정신이상의 병리학적 특성에 대한 한결같은 무관심을 드러내는 치안상의 조치였다고 생각하는 것은 잘못일 것이다. 획일적인 수용의 실천 가운데에서도 광기의 역할에는 변화가 많다. 광기를 벽으로 둘러싸고 광기에 대해 끊임없이 보편성을 강요하는 그 비이성의 세계 내에서도 광기는 불안정한 상황에 처해 있었다. 실제로 몇몇 구빈원에서 광인들이 정말로 특별한 자리를 차지하고 거의 의학적 지위를 누리고 있다 해도, 그들 중의 대부분은 수용시설에 거주하면서 거의 경범죄자들과 같은 생활을 영위한다.

　　파리의 시립병원 또는 베들리헴의 정신이상자들에게 부여된 의료행위는 아무리 초보적이라 해도 존재이유를 갖고 있거나, 적어도 이 구빈원들에서 실행되어야 할 존재의 정당성이 있다. 반면에 구빈원의 다른 시설들에서는 의료행위가 전혀 실행되지 않는다. 구빈원의 내규에 의하면 단 한 명의 의사만이 피티에에 거주하면서 구빈원의 각 시설을 일주일에 두 번 방문하게 되어 있었다.[9] 피수용자들이라고 모두 치료하는 것이 아니라 병든 사람들만을 치료하게 되어 있는 원격 의료통제만이 실행될 수 있었다. 이 점은 수용된 광인들의 광증만을 이유로 그들이 환자로 간주된 것은 아니라는 충분한 증거이다. 오댕 루비에르는 18세기 말에 출간된 자신의 책 《파리의 자연 및 의학 지형도론地形圖論》에서 어떻게 "간질환자, 우울증 환자, 마비환자가 비세트르 시설로 들어

<hr>

9　최초의 의사는 1725년까지 레몽 피노, 페르멜뤼이었고 다음으로는 에피(1725~1762), 골라르(1762~1782)였고 마지막으로 필립(1782~1792)였다. 18세기 동안 그들은 조수들의 조력을 받았다. Delaunay, *Le Monde médical parisien au XVIIIᵉ siècle*, pp. 72~73 참조. 18세기 말 비세트르에는 하루에 한 번 의무실을 방문하는 장인직의 외과의사 한 명, 수습기간을 막 마친 장색(匠色) 두 명, 그리고 몇몇 문하생들이 있었다(*Mémoires de P. Richard*, 파리 시립도서관 원고, f˚ 23).

가게 되었는가"를 설명한다.

"그러나 그들의 치유는 어떤 방법으로도 시도되지 않는다. 가령 10 ~12살가량의 한 어린이가 간질로 알려진 신경경련의 빈발頻發 때문에 이 시설에 들어왔는데, 진짜 간질환자들과 함께 생활하다가 원래는 걸리지 않았던 질병에 걸렸다. 그런데도 앞으로 살아갈 오랜 기간 동안 그다지 완벽하지 않은 자연 치유력 이외에는 다른 치유의 희망이 없었다." 광인들로 말하자면 그들은 "비세트르에 도착할 때 이미 치유불가능의 판정을 받은 상태이므로 어떤 치료도 받지 못한다. … 이처럼 광인들을 위한 치료가 전혀 실행되지 않음에도 불구하고 그들 중의 몇 사람은 이성을 회복하게 된다."[10]

규정된 왕진만을 제외하면 의료행위가 전무하다고 말할 수 있는데, 사실 이러한 의료행위의 부재로 인해 구빈원은 거의 감옥과 동일한 상황에 놓인다. 요컨대 모든 수감시설의 적절한 질서를 위한 1670년의 형사 행정명령에 적용된 원칙이 구빈원에 부과된 것이다.

"수인들의 건강이 나빠지지 않도록 감옥을 확실하게 정비하라. 옥사장이나 간수에게 명을 내려 지하감옥에 갇힌 수인들을 적어도 하루에 한 번 방문하고 병이 들지도 모르는 자들을 대소인代訴人에게 알려 만일 감옥 소속의 의사와 외과의사가 있다면 와서 그들을 진료하도록 하라."[11]

구빈원에 의사가 한 사람 배치된 것은 그곳에 환자들을 수용한다는 것을 의식하기 때문이 아니라 이미 수용된 이들이 병에 걸리지 않을까 하는 걱정 때문이다. 유명한 "감옥 열병"이 한때 두려움의 대상이었다.

10 Audin Rouvière, *Essai sur la topographie physique et médicale de Paris*, "이 도시 주민들의 건강에 영향을 미칠 수 있는 물질들에 관한 논고", Paris, An II, pp. 105~107.

11 Titre XIII, in Isambert, *Recueil des anciennes lois*, Paris, 1821~1833, X, VIII, p. 393.

영국에서는 재판이 진행되는 중에 재판관을 오염시킨 죄수들이 빈번히 언급되었고, 피수용자들이 석방되기 전에 감염된 병을 석방 후에 가족에게 전염시켰다는 이야기가 나돌았다.[12] 하워드가 단언하듯이, "공기가 통하지 않는 동굴 같은 곳이나 탑에 갇혀 북적거리는 사람들에게 여러 차례 치명적 결과가 초래되었다. … 이 썩은 공기는 떡갈나무의 껍질과 나뭇가지 부분으로 침투하여 줄기의 중심부분까지 부패시킨다."[13] 몇몇 끔찍한 결과를 예방하기 위해 의료행위가 수용의 현실에 덧붙여질 뿐이다. 의료행위는 수용 실천의 방향이나 계획을 만드는 데 근거가 되지 않았다.

수용은 다양한 병적 양상을 띠는 광기에 의료혜택을 베풀기 위한 최초의 노력이 아니다. 정신이상자를 구빈원의 진료에 맡기지 않고 그저 구빈원에 머물도록 정죄하는 여러 차례의 기이한 사법적 판단이 증거하듯이, 수용은 정신이상자를 공식적으로 경범죄자들의 무리에 등록시키는 조치이다. 비세트르의 등록부에서는 "비세트르 성城에 영구히 억류되고 감금된 다른 정신이상자들처럼 치료받도록 선고한 고등법원의 판결에 근거해서 고등법원 부속 감옥에서 이송됨."[14]이라는 언급을 발견할 수 있다.

다른 정신이상자들처럼 치료받는다는 것은 의사의 진료를 받는다는 의미가 아니라,[15] 실천사항을 준수하면서 교정의 체제를 따르고 교육

---

12 디번셔에 위치한 액스민스터라는 작은 도시 전체가 18세기 초에 이런 식으로 감염되었다고 한다.

13 Howard, *loc. cit.*, t. I, p. 14.

14 클로드 레미의 소송 사건. Arsenal, ms. 12685.

15 18세기 말에야 "다른 정신이상자들처럼 치료받고 약을 복용한다"는 표어가 나타날 것이다. 1784년의 명령(루이 부르주아 소송 사건). "비세트르 성의 유치장으로 보내 수감하여 거기에서 식사를 제공받고 다른 정신이상자들처럼 치료받고 약을 복용하게 하라는 고등법원의 판결에 근거해서 고등법원 부속 감옥에서 이송됨."

규정에 복종한다는 의미이다. 아들을 "광포하고 정신이 혼란스럽다"는 이유로 샹리스의 샤리테 구빈원에 집어넣은 부모가 자기 아들을 생-라자르로 옮겨달라고 요청한 사례도 있다. 이는 그들이 "아들의 감금을 청원했을 때 아들을 죽게 하려는 의도는 없었고 단지 그를 바로잡고 거의 치유불가능한 정신을 회복시키려는 의도만을 지니고 있었기"[16] 때문이다.

수용은 교정이 목적인 바, 기한이 정해진다고 해도, 그 기한은 치유기한이 아니라 오히려 분별력 있는 뉘우침을 하게 되는 기한이다. "삭발한 하급 성직자, 오르간 연주자" 프랑수아-마리 바이이는 1772년 "비세트르에 3년 동안 감금하라는 왕명에 의해 퐁텐블로의 감옥에서 비세트르로 이송"된다. 그리고 나서 1773년 9월 20일 "바로 그 바이이란 자를 완전히 회개할 때까지 정신박약자들 사이에 머무르게 하라"[17]는 관할 법원의 새로운 판결이 통지된다. 수용을 구획짓고 기간을 결정하는 시간은 단지 회심回心과 분별력의 도덕적 시간일 뿐이고, 효과를 거두기 위한 징벌의 시간일 뿐이다.

수용시설이 감옥의 모습을 띠고 심지어 광인들이 아무런 차이 없이 이 두 기관에 나뉘어 수용되었을 정도로 두 기관이 흔히 혼동되었다는 것은 깜짝 놀랄만한 뜻밖의 현상이 아니다. 1806년 "영국의 가련한 미치광이들"이 처해 있는 상황을 조사하기 위한 위원회가 구성되었을 때 구빈원에는 1,765명, 감호소에는 113명이 수용되어 있는 것으로 조사되었다.[18] 18세기 동안에는 아마 훨씬 더 많았을 것인데, 그 이유는 하

---

16 Arsenal, ms. 11396, f⁰ˢ 40 및 41.

17 Arsenal, ms. 12686.

18 D. H. Tuke (*Chapters on the History of the Insane*, p. 117) 참조. 수치는 아마 훨씬 더 높았을 것이다. 왜냐하면 위원회가 42명만을 발견한 노퍼크〔잉글랜드 동부의 주 ― 역자〕에 광인 112명이 수용되어 있다는 것을 몇 주 뒤에 앤드류 홀러데이 경이 밝

워드의 말에 의하면 "백치白痴와 미치광이로 인해 사회가 음산해지고 혼란스러워지는데도 사회에서 멀리 떨어진 다른 감금장소가 없기 때문에 그들이 감금되어 있는" 감옥이 드물지 않다는 점에 있다.

"그들은 많은 인원이 모이는 상황에서 수인들과 한가로운 구경꾼들의 잔인한 장난에 시달린다. 흔히 그들은 함께 감금된 이들을 불안하게 만들고 놀라게 한다. 그들은 아무런 배려도 받지 못한다."[19]

프랑스의 경우에도 감옥에서 매우 빈번하게 광인과 마주칠 수 있다. 우선 바스티유에서 그렇다. 지방에서는 보르도, 르 아의 성채城砦, 렌의 형무소, 아미엥, 앙제,[20] 캉, 푸아티에[21]의 감옥에서 광인을 만날 수 있다.[22] 대부분의 구빈원에서는 정신이상자가 아무런 구분도 없이 다른 모든 재원자나 피수용자와 뒤섞여 있다. 가장 불안한 정신이상자만이 전용 숙소를 할당받을 뿐이다.

"모든 자선시설 또는 구빈원에서 낡고 황폐화되고 눅눅하고 배치가 엉망이며 급하게 세워진 몇몇 숙소, 몇몇 지하감방을 제외하면 전혀 정신병자용으로 건축되지 않은 건물이 정신병자에게 배정된다. 난폭한 미치광이들은 별도로 배치된 이 구역에 거주한다. 조용한 정신병자들, 이른바 치유불가능한 정신병자들은 극빈자나 가난한 사람과 함께 지낸다. '유치구역'이라 불리는 구역에 죄수를 감금하는 소수의 구빈원에서는 이 피수용자들이 죄수와 함께 거주하면서 죄수와 동일한 규정을 따라야 한다."[23]

혀내기 때문이다.

19 Howard, *loc. cit.*, t. I, p. 19.
20 *Angers. Maine-et-Loire 도의 도청 소재지. 유명한 고성(古城)이 있다.
21 *Poitiers. 파리 남쪽 Poitou-Charentes 지역의 중심 도시. 미셸 푸코의 출생지이다.
22 Esquirol, *Des établissements consacrés aux aliénés en France*, in *Des maladies mentales*, t. II, p. 138.

이것이 가장 도식적 관점에서 바라본 상황이다. 정신이상자들을 서로 관련시키고 유사성의 징후에 따라 분류하면, 17세기와 18세기에는 두 가지 광기의 경험이 나란히 놓여 있다는 인상을 받게 된다. 다음 시대의 의사들은 정신병자들의 상황에 대해서 '비장감'만을 느낄 수 있었을 뿐이다. 즉, 도처에서 그들은 한결같이 비참한 상황과 치유 불가능성을 깨달았다. 그들은 비세트르의 용도구역과 파리 시립병원의 병실 사이에서, 베들리헴과 어느 한 구빈원 사이에서 어떤 차이도 감지하지 못했다. 그렇지만 돌이킬 수 없는 한 가지 사실이 있다. 즉, 몇몇 시설에서는 광인들이 이론적으로 치료될 수 있는 범위 내에서만 광인들을 받아들이지만, 다른 시설들에서는 광인들로부터 해방되기 위해서나 광인들을 바로잡기 위해서만 광인들을 받아들인다는 것이다. 아마 전자는 수가 더 적을 것이고 공간이 더 협소할 것이다. 파리의 시립병원에는 광인이 80명 이하인 반면에, 구빈원에는 수백 명, 어쩌면 천 명 가량일 것이다. 그러나 양자兩者의 면적과 인원수가 아무리 불균형을 이루고 있다 할지라도, 이 두 경험은 각각 별도의 개체성個體性을 지니고 있다.

광기의 경험은 질병의 경우처럼 비록 제한적이라 할지라도 부정될 수 없다. 광기의 경험은 역설적으로 광기가 수용, 징벌, 교정의 영역에 속하게 되는 다른 경험과 동시대적이다. 문젯거리가 되는 것은 바로 이와 같은 병렬현상이다. 고전주의 세계에서 광인의 지위가 무엇이었는가를 이해하고 사람들이 광인에 대해 가졌던 이해방식을 규정하는 데 도움을 줄 수 있는 것도 아마 이와 같은 병렬현상일 것이다.

---

23 Esquirol, *ibid.*, t. II, p. 137.

함축적인 지속의 시간과 어렴풋한 진보의 시대에는 이와 같은 병렬현상을 해결하는 가장 단순한 해결책에 유혹을 느낄 것이다. 파리 시립병원의 정신이상자들, 베들리헴의 미치광이들은 이미 환자의 지위를 얻은 사람일 것이다. 그들은 다른 이들보다 더 정확하게, 그리고 더 일찍이 식별되고 격리되었을 것이며, 19세기에 모든 정신병 환자가 합법적으로 누리게 되는 의료혜택을 예정된 의료행위에 따라 받을 수 있었을 것이다. 다른 이들로 말하자면, 즉 프랑스의 구빈원, 영국의 '워크하우스', 교도소, 또는 감옥에서 구별 없이 마주칠 수 있는 이들로 말하자면, 그들이 그 당시에 막 생겨나는 의학적 이해방식에 따라 그때까지만 하더라도 정확하게 파악되지 않은 일련의 질병에 걸린 경우일 것이라고 쉽게 생각하는 경향이 있다.

사람들은 정신병자들이 오래 전부터의 믿음 또는 부르주아 세계에 고유한 두려움으로 말미암아, 그리고 정신병자들을 막연하게 범죄자 또는 사회생활에 적응하지 못하는 자의 잡다한 계급 전체와 동일시하는 광기관狂氣觀 때문에 감금된다고 생각하고 싶어한다. 수용의 등록부 자체에서, 그리고 어렴풋한 용어를 사용하여, 정신의 질병들이 영원한 앎 속에서 병리학에 의해 분류되던 확고한 의학적 범주들을 가려내는 것은 의사-역사가들이 즐겨 몰두하는 작업이다. "광신자"와 "망상가", "천상계의 유령들을 보고 있다고 상상하는 망상에 사로잡힌 자", "계시를 받은 자"는 오늘날로 말하자면 아마 환각에 빠진 자에 상응할 것이며, 정신박약자와 기질성器質性 또는 노인성 치매에 걸린 몇몇 사람은 등록부에서 필시 "얼간이", "지나친 음주로 인한 얼간이", "끊임없이 떠벌리며 자신이 터키 황제나 교황이라고 주장하는 얼간이", "본 정신으로 돌아올 아무런 희망도 없는 얼간이" — 이것들은 무엇보다도 먼저 특이한 부조리로 특징지어지는 정신착란의 형태이기도 하다 —, "사람들이 자신을 죽이려고 쫓아온다고 생각하는 개인", "약간 돈 머리로 자꾸만 계획을 세우는 사람", "끊임없이 감격하고 다른 사람의 생각만을 추종하는 사람", "고등법원에 진정서를 제출하고 싶어하는 일종의 광인"24으로 지정될 것이다.

광기의 태양 아래 언제나 환각이 있었고 비이성의 담론에도 언제나 헛소리가 있었으며 그 모든 불안정한 마음속에 똑같은 불안이 재발견된다는 사실을 확인할 수 있음은 의사들에게25 대단히 중요하고 귀중한 위안이 된다. 정신의학은 자체의 영원성에 대한 최초의 보증을 이 사실에서 얻는 것이고, 양심의 가책을 느끼는 일이 정신의학에서 생긴다 해도, 정신의학의 탐색대상이 실재했고 시대를 가로질러 정신의학을 기다리고 있었다고 인정하는 것은 아마 정신의학에 안도감을 가져다줄 것이다. 게다가 수용의 의미와 의료기관에서 수용을 채택하게 된 방식을 우연히 염려하게 된 사람도 어쨌든 광인들이 감금되었고 그 애매한 실천에 이미 의학과 관련된 내재적 정의正義의 형상을 띠는 것이 숨어 있었다고 생각함으로써 안도의 표정을 짓지 않을까? 수용되는 정신병자들에게는 정신병의 이름만이 결여되어 있었던 셈이다. 정신병자들 중에서 가장 눈에 띄는 이들과 가장 잘 식별되는 이들에게 의학적 지위가 부여되지 않았을 뿐이라는 것이다. 사람들은 이러한 분석을 실행함으로써 한편으로는 역사의 정의正義, 다른 한편으로는 의학의 영원성과 관련하여 행복한 의식을 헐값으로 얻는다. 의학은 전前의학적 행위로

---

24 이 짧은 묘사들은 *Tableaux des ordres du roi pour l'incarcération à l'Hôpital général*, 그리고 *États des personnes détenues par ordre du roi à Charenton et à Saint-Lazare* (Arsenal)에서 발견된다.

25 Hélène Bonnafous-Sérieux, *La Charité de Senlis*에서 이러한 처리 방식의 한 사례를 찾아볼 수 있다.

실증되고, 역사는 사회적이고 자연발생적이며 실효성이 있는 순수한 일종의 본능에 의해 정당화된다. 아직 분명하게 체계를 갖추지 못한 의학에 의한 말 없는 진단으로 해석되는 수용에서 18세기에 최초의 형태들이 벌써 진보를 앞지르고 진보의 한계를 상징적으로 가리키는 입원人院에 이르기까지 알 수 없는 발전의 도정을 그리기만 하면 된다면, 진보에 대한 지속적 믿음을 이와 같은 전제들에 덧붙이는 것으로 충분하다.

그러나 불행하게도 상황은 더 복잡해지게 되었고, 일반적으로 광기의 역사가 어떤 경우에도 정신병의 병리학을 정당화하는 수단이나 보완해주는 지식으로 작용할 수 없었다. 광기의 역사적 현실이 변하는 가운데 어느 주어진 시기에 정신이상을 정신병으로 파악하는 실증성의 양식樣式을 통해 광기가 정신이상의 인식을 가능하게 만들지만, 이 역사의 진실을 형성하고 이 역사에 처음부터 은밀하게 활기를 불어넣는 것은 그러한 인식이 아니다. 그리고 광기의 역사가 그러한 인식으로 완결된다고 우리가 한동안 생각할 수 있었던 것은 경험영역으로서의 광기가 가능한 의학적이거나 준準의학적 광기인식을 통해 완전히 밝혀지지는 않는다는 것을 인정하지 않은 탓이다. 그렇지만 수용의 현상은 그 자체로 이러한 점을 밝혀주는 증거가 될 수 있을 것이다.

17세기 이전에 광인이란 인물이 무엇일 수 있었는가 하는 문제로 잠시 되돌아갈 필요가 있다. 마치 광인의 개별적 모습이 병리학적인 것일 수밖에 없는 듯이, 광인은 어떤 의학적 인도주의에 힘입어서만 개체의 표지를 부여받았다고 생각하는 경향이 있다. 사실 광인은 실증주의에 의해 의학적 지위를 부여받기 훨씬 이전인 중세에 이미 개인으로서 충분히 독립적인 존재였다. 그때 광인은 아마 환자로서의 개체성이라기보다는 인물로서의 개체성을 획득했을 것이다. 트리스탄이 가장하는 광인, 《나무 그늘의 장난》26에 나타나는 "데르베"27는 이미 역할을 지정받고 가장 친숙한 풍경들 사이에 자리 잡을 만큼 충분히 특이한 가치를 지니고 있다. 광인은 의학에 의해 한정되지 않고도 자신의 개인 왕국을 이룩할 수 있었는데, 거기에는 중세가 광인에게 둘러친 윤곽선으로 충분했다. 그러나 광인의 이러한 개체성은 지속적이지도 완전히 굳어 버리지도 않았다. 이 개체성은 르네상스 시대에 흐트러졌으며 어떤 식으로건 재조직되었다.

중세 말부터 이 개체성은 어떤 의학적 인본주의의 염려대상이 되었다. 어떤 영향 때문일까? 동방과 아랍 사상이 결정적 역할을 했을지 모른다. 실제로 아랍세계에서는 광인 전용의 진정한 자선시설이 매우 일찍 건립된 것으로 보인다. 아마 7세기에 이미 페즈[28]에, 또한 12세기 말 경에는 바그다드[29]에, 그리고 매우 확실한 사실이지만 13세기에는 카이로에 설립되었던 듯하다. 거기에서는 음악, 춤, 연극, 그리고 경이로운 이야기 듣기를 비롯한 일종의 영혼치료가 실행된다. 의사들이 치료를 주도하고 치료가 성공했다고 생각하면 치료의 중단을 결정한다.[30] 어쨌든 유럽에서 정신이상자를 위한 구빈원이 정확히 15세기 초 무렵에 유독 에스파냐에 최초로 설립된 것은 아마 우연한 일이 아닐 것이다. 프레르 들 라 메르시[31] 수도회는 몸값을 치른 포로들의 석방을 실

---

26 *Adam le Bossu의 극작품(1276)으로 자서전적이고 풍자적이며 동화적인 주제가 긴밀하게 얽혀 있다. 이 작품은 다양한 유형의 광인들이 등장한다는 점에서 풍자적 소극의 기원을, 운명의 알레고리가 사용되었다는 점에서 우의극의 기원을 이룬다.

27 *dervé. 영어로는 dervish. 거지를 뜻하는 터키어 derivis에서 온 낱말이다. 이슬람교 고행파의 탁발 수도승을 가리킨다. 격렬하게 춤을 추거나 시끄럽게 외치는 따위의 법열적(法悅的) 의식을 행하는 종파도 있다.

28 *Journal of Mental Science*, t. X, p. 256 참조.

29 *Journal of Psychological Medecine*, 1850, p. 426 참조. 그러나 이에 대한 반대 견해가 Ullersperger, *Die Geschichte der Psychologie und Psychiatrie in Spanien*, Würzbourg, 1871에 의해 주장된다.

30 F. M. Sandwith, "The Cairo lunatic Asylum", *Journal of Mental Science*, vol. XXXIV, pp. 473~474.

행한 점에서 아랍 세계와 매우 친밀한 관계를 맺고 있었는데, 이 수도회가 발렌시아 구빈원을 개설했다는 것도 역시 의미있는 현상이다. 1409년에 이 수도회의 한 수사가 구빈원의 설립을 발의했고 평신도들, 특히 로렌조 살루를 비롯한 부유한 상인들이 나서서 자금을 모았다. 32 그 다음으로 1425년에는 사라고사 구빈원이 세워졌는데, 약 4세기 뒤에 피넬은 이 구빈원의 사려깊은 규칙에 찬탄하게 되었다. '만인에게'33라는 문구가 증명하듯이 이 구빈원은 모든 나라, 모든 정부, 모든 문화의 환자들에게 문이 개방되었으며, 거기에서는 정신의 미망迷妄이 "수확, 철망 두르기, 포도 수확, 올리브 수확"의 리듬에 따라 현명하게 조절되는 정원생활이 영위되었다. 34 에스파냐에서는 세빌랴(1436), 톨레도(1483), 발라돌리드(1489)에 이와 같은 구빈원이 계속 건립된다. 이 구빈원들은 모두 의료적 성격을 갖는데, 이것은 독일에서 이미 운영되던 돌하우스35나36 웁살라37에 위치한 샤리테 구빈원의 유명한 시설38에서도 아마 찾아볼 수 없었을 것이다. 어쨌든 거의 동일한 시대에 유럽의 도처에서 파도바39의 '미치광이들의 집'40(1410년 경) 또는 베르가모41

---

31 *은혜의 형제들이라는 뜻이다.

32 에스파냐 국왕, 그 다음에는 교황이 1410년 2월 26일 허락을 내렸다. Laehr, *Gedenktage der Psychiatrie*, p. 417 참조.

33 *urbis et orbis

34 Pinel, *Traité médico-philosophique*, pp. 238~239.

35 *Dollhaus. Tollhaus의 구어로서 광인의 집이라는 뜻이다. 일종의 광인 수용소이다.

36 가령 잔크트 게르겐의 Dollhaus. Kirchhoff, *Deutsche Irrenärzte*, Berlin, 1921, p. 24 참조.

37 *Upsala. 스웨덴 동남부의 도시. 푸코가 국가박사학위논문(나중에 이 책으로 출판된다)을 준비한 곳이다.

38 Laehr, *Gedenktage der Psychiatrie*.

39 *Padova, 불어로는 Padoue. 이탈리아의 도시.

40 *Casa di maniaci.

의 보호시설 같은 새로운 유형의 제도가 나타나는 것은 사실이다. **42**

구빈원들에서 정신이상자에게 거실을 따로 마련해 주기 시작한다. 13세기 중엽에 세워졌고 1373년에 왕실재산이 된 베들리헴에 광인들이 거주하게 되는 것은 15세기 초이다. 동일한 시기에 독일에서도 특별히 정신이상자들을 위한 장소가 마련된다. 우선 뉘른베르크의 나르호이즐라인**43**들이 있고, **44** 다음에는 1477년에 프랑크푸르트 구빈원 안에 정신병자들과 '순종하지 않는 환자들'을 위한 건물이 세워진다. **45** 그리고 1376년에 함부르크에서는 '얼간이들에 대한 후견'**46**이라고도 불리는 '정신 무력자無力者들에 대한 보호'**47**가 언급된다. **48** 중세 말에 광인에게 부여된 특이한 지위의 또 다른 증거는 겔의 이주민 집단이 이상하게 늘어난 현상이다. 아마도 10세기부터일 터이지만, 순례자들이 드나들면서 이곳에 마을이 형성되는데, 주민의 3분의 1이 정신병자이다.

중세의 일상생활에 현존하고 중세의 사회 지평에서 친숙한 인물로 떠오르는 광인은 르네상스 시대에 다른 방식으로 인식되고, 이를테면 새롭고 특별한 단위로 재편된다. 광인은 정확히 의학적 지위를 부여받지 못한 상태에서 세계로부터 고립되면서 모호한 실천의 대상이 된다. 광인은 다른 부류가 아니라 정확히 광인에게만 관련되는 염려와 구호의 대

---

41 *Bergamo, 불어로는 Bergame. 이탈리아의 도시.

42 Kraft Ebing, *Lehrbuch der Psychiatrie*, Sttutgart, 1879, t. I, p. 45. Anm.

43 *Narrhäuslein. 광인들의 작은 집이라는 뜻으로 광인 보호(또는 수용) 시설의 일종이다. 오늘날의 정신병원을 독일어로는 나르하우스(*Narrhaus*)라고 한다.

44 건축가 툭커의 책을 통해 알려짐. "Pey der spitallpruck das narrhewslein gegen dem Karll Holtzschmer uber." Kirchhoff, *ibid.*, p. 14 참조.

45 Kirchhoff, *ibid.*, p. 20.

46 *custodia fatuorum. 여기에서 '얼간이들'이란 광인을 말한다.

47 *cista stolidorum.

48 Beneke, *loc. cit.* 참조.

상이 된다. 그런데 17세기를 특징짓는 것은 광인의 식별과 이를 통해 광인에 대한 과학적 인식으로 이르는 과정에서 진전이 다소간 빨랐다는 점이 아니라, 오히려 광인이 더 어렴풋하게 구별되기 시작했다는 점이다.

17세기에 이르러 광인은 이를테면 미분화된 무리 속으로 흡수되었고, 여러 세기 전부터 이미 개별화되어 있던 얼굴의 윤곽선이 희미해졌다. 독일의 나르투름과 에스파냐에서 최초로 나타난 보호소의 광인에 비하면 성병환자, 방탕자, 자유사상가, 동성연애자와 함께 감금된 고전주의 시대의 광인은 개체성의 표지를 상실했다고 볼 수 있다. 고전주의 시대의 광인은 비이성의 일반적 이해 속으로 사라진다. 이해방식이 기이하게 변하여 섬세한 구별력區別力이 상실되고 인식의 더 둔감한 형태들 쪽으로 퇴보가 일어나는 듯하며 관점이 더 획일적이게 된다. 17세기의 보호소들 한가운데에서 광인은 대혁명 직전에 개혁의 움직임이 태동할 때까지 흔적을 찾아보기 힘들 만큼 잿빛의 풍경 속으로 모습을 감춘다.

17세기는 발전의 과정 속에서 이러한 "퇴보"의 많은 징후를 내보인다. 애초에는 어느 정도 광인만을 대상으로 마련된 것으로 보이는 시설들에서 17세기 말까지 일어나는 변질은 즉각 파악할 수 있다. 프레르 들 라 샤리테**49** 수도회가 1645년 5월 10일 샤랑통에 정착했을 때, 이 수도회의 목적은 불쌍한 병자들과 특히 정신이상자들을 받아들일 구빈원을 하나 세우는 것이었다. 샤랑통의 구빈원은 1640년 생-장 드 디외**50** 수도회의 창설 이래 유럽에서 줄기차게 증가한 그러한 샤리테 구빈원들과 전혀 구별되지 않는다. 그러나 17세기 말 이전에는 경범죄자, 광인, 왕의 봉인장에 의거한 수감자 등 감금되는 모든 이들을 대상으로

---

49 *자비의 형제들이라는 뜻이다.
50 *하느님의 성 요한이라는 뜻.

하는 대규모 건물들이 늘어난다.

그러다가 1720년에 "유치 시설"이 처음으로 왕령집王令集에서 언급되는데,51 이 시설은 바로 그 해에 병자들 이외에 총 120명의 수감자가 더 있었으므로, 틀림없이 얼마 전부터 이미 존재했을 것이다. 그들 사이에서 정신병자들은 자취를 감추기에 이른다. 생-라자르에서는 변화가 더 빨랐다. 성 뱅상 드 폴에 관한 최초의 여러 성자전聖者傳에 의하면, 그는 자신의 수도회에서 이 과거의 나환자 수용시설을 떠맡아야 할지를 얼마 동안 망설인 듯하다. 아마도 그는 자신이 돌보고 싶어했을 몇몇 정신이상자가 "소小수도원"에 있다는 사실 때문에52 결심을 굳혔을 것이다. 그에 관한 성자전들의 이야기에서 고의로 호교론護敎論적인 의도와 회고적으로 성자의 것이라고 추정된 인도주의적 감정感情은 제쳐놓자. 이 과거의 나환자 수용시설이 "가련한 미치광이"를 위한 구빈원으로 전용되도록 함으로써, 언제나 생-라자르의 기사 수도회에 속했던 이 수용시설 및 이곳에 딸린 상당한 재산의 귀속문제와 관련된 몇 가지 난점을 피하고자 했으리라는 것은 틀림없지는 않을지라도 있을 수 있는 일이다. 그러나 이 수용시설이 매우 재빨리 "폐하의 명에 의해 수감될 사람들을 위한 형무소"로 바뀌었고,53 이에 따라 거기에 머물러 있던 정신이상자들은 교정의 체제로 넘어갔다. 이 점을 아주 잘 알고 있었던 퐁샤르트랭54은 1703년 10월 10일 국왕 대리관代理官 아르장송에게 다

---

51 Esquirol, "Mémoire historique et statistique sur la maison royale de Charenton", in *Traité des maladies mentales*, t. II, pp. 204 및 208 참조.

52 Collet, *Vie de saint Vincent de Paul* (1818), t. I, pp. 310~312 참조. "그는 어머니가 자식에 대해 갖는 애정을 그들에게 내보였다."

53 B. N. Coll. "Joly de Fleury", ms. 1309.

54 *프랑스의 정치가로서 1692년 파리 고등법원의 판사가 되는 Jérôme Phélypeaux, comte de Pontchartrain (1674~1747), 또는 파리 고등법원 판사 (1661년), 재정 감독관 (1687), 국새상서 (1699)를 역임하는 그의 아버지 Louis Phélypeaux (1643~

음과 같이 편지를 쓴다.

"아시다시피 생-라자르의 나리들은 수인들을 매우 가혹하게 다루며 심지
어는 정신박약이나 나쁜 품행 때문에 거기에 수용된 이들을 부모에게 돌려
보내 더 나은 상태에서 지내도록 하지 않고 더 오랫동안 붙잡아둔다고 오
래 전부터 비난받고 있습니다. "[55]

그리고 《약식略式 진술》의 저자가 정신이상자들의 산책을 떠올리면
서 환기하는 것은 바로 감옥 체제이다.

"조수사助修士들이나 정신병자의 수호천사들이 날마다 저녁식사 후에
안뜰로 정신이상자들을 데리고 나와 손에 지팡이를 들고 마치 양떼를
몰듯이 산책시킨다. 몇몇 사람이 무리에서 조금이라도 떨어지거나 다
른 사람들만큼 빨리 걷지 못하면 지팡이로 얻어맞는데, 너무나 가차 없
이 두들겨 패는 바람에 어떤 사람들은 불구가 되었고 또 어떤 사람들은
머리가 깨졌으며 심지어는 맞아죽은 사람들도 있었다. "[56]

광인의 수용은 모든 의학적 통제에서 벗어나 있는 탓에 자체의 고유
한 논리만이 있다고 생각할지 모른다. 그러면 광인의 수용은 필연적으
로 투옥이 되지 않을 수 없다. 그러나 일종의 행정적 불가피성과는 완

1727) 일 것이다.

[55] J. Vié, *Les Aliénés et correctionnaires à Saint-Lazare aux XVIIe et XVIIIe siècles*,
Paris, 1930에서 재인용.

[56] *Une relation sommaire et fidèle de l'affreuse prison de Saint-Lazare*, coll. Joly de
Fleury, 1415. 16세기 말의 다음과 같은 문건으로 입증되듯이, 프티트-메종들도 이
와 동일하게 입원 장소이었다가 수용 장소가 되었다. "재산과 정신을 상실하고 광인
이나 정신이상자처럼 거리를 떠도는 불쌍한 정신병자들이 아직도 예의 구빈원에 받
아들여지고 있는데, 그들 중에서 여러 명이 한동안 적절한 치료를 받고 양식(良識)
과 건강을 회복한다. "(Fontanou, *Édits et ordonnances des rois de France*, Paris,
1611, I, p. 921에 인용된 문건).

전히 다른 것인 듯하다. 왜냐하면 사회구조와 행정기구뿐만 아니라 광기에 대한 사람들의 의식도 관련되어 있기 때문이다. 광기의 의식이 변질되면서, 정신이상자들의 보호소가 더 이상 구빈원이 아니라 기껏해야 교도소로 인식되기에 이른다. 1675년 상리스의 샤리테 구빈원에서 유치 구역이 정해질 때, "광인, 자유사상가, 그리고 국왕의 통치행위에 의해 감금되는 그 밖의 사람"에 대비하여 마련되었다는 점이 곧바로 단언된다. 57

광인은 매우 용의주도한 방식으로 구빈원의 등록부에서 교정시설의 등록부로 넘어가고, 광인을 구별짓던 표시들이 이런 식으로 지워짐으로써, 특성이 전혀 다른 도덕적 비이성의 경험 속에서 은폐된다. 이 점을 입증하는 데에는 한 가지 사례로 충분할 것이다. 17세기 후반기에 베들리헴이 재건되었는데, 이에 대해 1703년 네드 워드의 소설 《런던 스파이》에서 작중인물들 가운데 한 사람이 다음과 같은 말을 한다. "정말로 나는 미친 사람이나 머리가 돈 사람('뇌에 금이 간 사람들의 집단'58)을 위해 그토록 값비싼 건물을 짓지 않았을 것이라고 생각한다. 한 마디 덧붙이자면 그토록 아름다운 건물에 자신의 행복을 의식하는 사람이 살고 있지 않아서 매우 유감이다."59

그러므로 르네상스 시대의 말기와 고전주의 시대의 절정기 사이에 제도의 변화뿐만 아니라 광기에 대한 의식의 변질이 일어난 것이다. 이제 이러한 의식을 보여주는 것은 수용시설, 징역 및 교정시설이다.

그래서 동일한 시대에 구빈원의 방들에 광인들이 있고 경범죄자들과 죄수들 사이에 정신이상자들이 발견되는 어떤 역설이 있을 수 있다 해

---

57 Hélène Bonnafous-Sérieux, *loc. cit.*, p. 20.
58 *a crack brain society.
59 Ned Ward, *London Spy*, Londres, 1700, rééd. de 1924, p. 61.

도, 그것은 결코 감옥에서 진료소나 병원 또는 요양소로, 구금拘禁에서 치료로 나아가는 실현중인 진보의 징후가 아니다. 사실 고전주의 시대를 가로질러 치료받는 광인은 이미 옛날이 되어버린 상황의 표시이고, 중세 말에서 르네상스 시대까지 광인이 구체적인 의학적 지위 바깥에서조차 본래의 모습대로 인식되고 격리되었던 시대와 관련되어 있다. 반대로 프랑스의 구빈원, 영국의 '워크하우스', 독일의 '추호트하우스'에서 발견되는 광인들은 엄밀하게 고전주의 시대와 시기를 함께하는 어떤 비이성의 경험과 연결된다. 정신이상자를 취급하는 이 두 가지 방식 사이에 괴리가 있다는 것은 사실이지만, 가장 최근의 지층地層에 속하는 것은 치료소로서의 구빈원이 아니다. 이러한 구빈원은 아주 오래된 퇴적층을 형성한다. 이 사실의 증거는 치료소로 기능하는 구빈원이 일종의 중력에 의해 끊임없이 수용시설로 변해갔고 수용시설과 거의 완전히 혼동될 만큼 동일시된 듯하다는 점이다.

치료 가능한 미치광이들을 위한 베들리헴 구빈원이 치료 불가능한 미치광이들에게 개방되었을 때에는(1733) 우리의 구빈원이나 그 어떤 교도소와도 더 이상 이렇다 할 차이를 내보이지 않았다. 비록 뒤늦었지만 1751년에 베들리헴과 맞먹을 정도의 규모로 건립된 세인트-류크도 역시 교정 양식樣式의 이러한 인력引力에서 벗어나지 못한다. 튜크는 18세기 말에 세인트-류크를 방문했을 때 수첩에 "총감總監은 결코 의료의 실행을 좋게 생각하지 않았다. ⋯ 그는 처벌로서 감금과 속박을 부과하는 것이 좋다고 간주하고, 일반적으로 공포가 광인들을 정연한 행동으로 되돌리기 위한 가장 효과적 원리라고 믿는다."**60** 라는 관찰사항을 적어놓게 된다.

수용의 현상을 전통적 방식대로, 다시 말해서 여전히 투옥과 관계가

---

60 D. H. Tuke, *Chapters on the History of the Insane*, pp. 9, 90에서 재인용.

있는 모든 것은 과거로 돌리고 정신병원을 예고하는 것은 형성중인 미래로 돌리는 방식으로 분석하는 것은 문제의 여건을 뒤바꾸는 일이다. 아마 아랍 사상 및 과학의 영향일 터이지만 사실 광인들은 특별히 그들만을 위해 마련된 시설들 안에 수용되었고, 이 시설들 가운데 몇 군데의 광인들은 특히 남유럽에서 적어도 부분적으로는 환자로서 취급될 정도로 오늘날의 병원과 아주 유사했다.

고전주의 시대를 가로질러 대개혁의 시기까지 몇몇 구빈원은 오래전에 획득된 이러한 지위의 증거일 것이다. 그러나 이 제도-증거들 주변에서 17세기의 새로운 경험이 정립된다. 아직 광기와 관계가 없던 도덕적이고 사회적인 형상들이 이 경험을 통해 광기와 아직은 드러나지 않은 연관관계를 맺게 된다.

여기에서 문제되는 것은 위계를 세우는 것도, 광기의 인식이라는 측면에서 17세기가 16세기에 비해 퇴보의 시기였다는 것을 입증하는 것도 아니다. 우리가 나중에 알아차릴 터이지만, 17세기와 18세기의 의학문건만으로도 실제의 사정은 이와 반대였다는 것을 입증하기에 충분할 것이다. 여기에서 문제되는 것은 다만 '진행'의 관점에서 연대기와 역사상 잇따른 사실들을 추출함으로써, 그리고 인식의 목적성이나 앎의 정향진화定向進化와 어떤 관계도 없는 실제의 움직임을 경험의 역사에 복원함으로써, 광기의 경험의 목표와 구조가 고전주의 시대에 실제로 있었던 모습 그대로 자연스럽게 나타나도록 하는 것일 뿐이다. 이 경험은 다른 경험에 비해 진보해 있는 것도 퇴보상태에 있는 것도 아니다. 광기의 인식과 관련하여 판별력의 하락에 대해 말할 수 있다 해도, 그리고 정신이상자의 얼굴이 사라진다고 말할 수 있다 해도, 이것은 가치판단도 아니고 심지어는 인식의 결핍에 대한 순수하게 부정적인 진술도 아니다. 이것은 광기에 대한 매우 실증적 경험, 르네상스 시대에 광인을 분명하게 특징짓던 개체성과 중요성을 광인에게서 빼앗음으로써 광인을 새로운 경험 속으로 밀어 넣고 우리의 통상적 경험 영역을 넘어 광인의 새로운 얼굴, 우리가 순진한 실증주의에 입각하여 모든 광기의 본질을 알아본다고 믿는 얼굴 자체를 준비하는 경험에 대한 여전히 전적으로 외적인 접근방식이다.

수용과 입원이 병행하는 현상 때문에 우리는 틀림없이 이 두 가지 제도적 형태의 고유한 연대年代에 주의를 기울일 것이고 병원이 사실은 교도소와 직접적 관련성을 갖지 않는다는 것을 확실하게 증명하려고 애쓸 것이다. 그렇다고 해도 역시 고전주의 시대의 전체적 비이성의 경험에서 이 두 구조가 나란히 유지된다는 점에는 변함이 없다. 하나가 더 새롭고 더 활기에 차 있다 해도, 다른 하나가 완전히 위축되지는 않는다. 그러므로 광기에 대한 사회적 인식에서나 광기를 이해하는 공시적 의식에서 이러한 이원성, 곧 단절과 동시에 균형은 재발견될 것임이 틀림없다.

교회법과 로마법에서 광기의 인정認定은 의사의 진단으로 결정되는 것이었다. 모든 정신이상의 판단에는 의료의식이 내포되어 있었다. 작키아스는 1624~1650년에 편찬된 자신의 《법의학의 여러 문제》에서 광기에 관한 모든 교회법 판례를 종합적으로 검토했다.[61] 그는 '정신장애와 이성의 상해傷害와 이성을 손상시키는 모든 질병'[62]의 원인에 대해 단호한 입장을 내보인다. 한 개인이 미쳤는지, 질병으로 인해 그에게 어느 정도의 능력이 남아 있는지 판단할 역량을 의사만이 지니고 있다

---

61 로마에서 최초의 의사로 여겨지는 Zacchias (1584~1659)는 로타의 재판소로부터 세속 및 교회의 소송 사건들과 관련하여 정신 감정 (鑑定) 등의 의뢰를 빈번하게 받았다. 1624년에서 1650년까지 그는 *Quaestiones médico-légales*를 펴냈다.

62 *dementia et rationis laesione et morbis omnibus qui rationem laedunt.

는 것이다. 실제의 교회법을 교육받은 한 법률가[63]에 의해 자명한 것으로 인정된 이 엄격한 의무가 150년 뒤에 칸트에게서[64] 문제로 제기되고 하인로트 시대와 이어지는 엘리아 레뇨 시대의[65] 논쟁 전체를 야기한다는 것은 의미심장한 일이 아닌가. 의학이 감정鑑定에 관여하는 이 현상은 더 이상 당연한 것으로 인정되기가 어렵게 되고, 따라서 새로운 대가를 치르고 확립해야 할 것이 된다. 그런데 작키아스의 경우에는 상황이 아주 분명하다. 법률가가 광인의 횡설수설을 듣고 광인임을 판별할 수 있고, 또한 일관성 없는 몸짓이나 세속에서의 불합리한 행위 등의 소행所行을 보고 광인을 식별할 수 있다는 것이다. 가령 클로드라는 사람을 두고 단지 그가 로마 황제의 계승자로 브리타니쿠스보다 네로를 선호했다는 것만 고려하여 그가 미쳤다고 짐작할 수 있었다고 한다. 그러나 이것은 여전히 예단豫斷에 지나지 않는다. 의사만이 이러한 예단을 확신으로 바꾸어놓을 수 있을 것이다. 의사는 모든 신호체계를 자신의 경험에 따라 자유롭게 이용할 수 있다. 정념의 영역에서는 아무런 이유도 없는 지속적 슬픔에서 우울증을 읽어낼 수 있고, 육체의 측면에서는 체온을 이용하여 광란을 광포함의 해열성解熱性 형태들과 구별할 수 있다. 의사는 한 인물의 생활과 과거, 그의 유년기부터 주변사람들이 그에 대해 내릴 수 있었던 판단, 이 모든 것을 세심하게 헤아려봄으로써 판단을 내리고 병이 있는지 없는지를 결정할 수 있게 된다.

그러나 의사의 책무는 이와 같은 판단으로 완결되는 것이 아니다. 이때부터 의사는 더 섬세한 작업을 시작해야 한다. 어떤 능력(기억력, 상

---

63 *Zacchias를 가리킨다.

64 *Von der Macht des Gemüts durch den blossen Vorsatz seiner krankhaften Gefühlen Meister sein*, 1797.

65 Heinroth, *Lehrbuch der Störungen des Seelenlebens*, 1818. Élias Régnault, *Du degré de compétence des médecins*, Paris, 1828.

상력, 또는 이성)이 타격을 입었는지, 만일 타격을 입었다면 어떤 방식으로 어느 정도로 입었는지를 결정해야 한다. 가령 이성은 '파투이타스'66 때문에 약해진다. 이성은 정념으로 인해 피상적으로, 광란과 우울증으로 인해 근본적으로 손상되고 마지막으로 강박관념, 광포함, 그리고 수면시의 모든 병적인 행태로 인해 전적으로 소멸한다.

이 갖가지 문제를 하나하나 검토함으로써 인간의 행실을 검토하고 인간의 행실이 어느 정도로 광기의 속성을 띠는지 결정할 수 있는 것이다. 예컨대 사랑이 정신이상인 경우에 재판관은 한 인물의 처신을 보고 지나친 교태嬌態, 장신구와 향수香水에 대한 끊임없는 추구를 관찰했다거나 더 나아가 예쁜 여자가 지나가는 으슥한 거리에 그가 나타난다는 것을 우연히 확인했다면, 의학분야의 감정인鑑定人에게 도움을 요청하기 전에 이미 그의 정신이상을 의심할 것이다. 그러나 이 모든 징후는 개연성蓋然性을 어렴풋이 나타낼 뿐이다. 이것들은 설령 모두 다 모아진다 해도 결정을 내리는 데에는 충분하지 않을 것이다. 진실의 명백한 표지들을 발견하는 것은 의사의 몫이다. 환자가 식욕을 잃고 불면증에 시달리는가, 그의 눈이 움푹 들어갔는가, 오랫동안 슬픔에 빠져 있는가? 그런 환자는 이성에 이상이 있고, 후케리우스가 "유령과 아름다움에 대한 잘못된 평가에 속아 횡설수설하는 사람의 흑담즙성黑膽汁性 질병"으로 정의하는 사랑의 우울증에 걸려 있다는 것이다. 그러나 만일 병자가 격정의 대상을 볼 때, 눈이 사나워지고 맥박이 빨라지면서 그 대상에 혼란스럽고 격심한 동요를 내보인다면, 그는 미치광이보다 더도 덜도 아니게 책임을 질 수 없는 자로 여겨져야 한다. 67

결정의 권한은 다시 의학적 판단에 맡겨진다. 의학적 판단만이 광기

---

66 *fatuitas. 우둔, 어리석음을 뜻하는 라틴어.

67 Zacchias, *Quaestiones medico-legales*, liv. II, titre I.

의 세계로 들어가는 길목이다. 의학적 판단에 근거해서만 정상인과 정신이상자, 범죄자와 책임을 질 수 없는 정신병자를 구별할 수 있다. 그런데 수용의 실천은 전혀 다른 유형으로 구조화되고, 어떤 식으로도 의학적 판단에 종속되지 않으며, 다른 의식의 영역에 속한다. 광인들과 관련된 수용의 판례는 대단히 복잡하다. 판결문들을 엄밀하게 해석하자면 의사의 감정은 언제나 요청된 듯이 보인다. 가령 베들리헴에서는 1733년까지도 병자가 치유될 수 있다고 보증하는 증명서, 다시 말해서 타고난 백치白痴가 아니라거나 불치의 결함이 없다는 보증서를 요구한다. 68 '프티트-메종'에서는 반대로 병자가 치료받았지만 성과가 없었고 그의 질병이 치유 불가능하다는 확인서를 요구한다. 가족의 한 구성원을 비세트르의 정신이상자들 사이에 집어넣고 싶어하는 부모는 "의사와 의과의사로 하여금 이 정신이상자를 방문하고 보고서를 작성하여 법원의 서기에게 제출할 것을 명령할" 재판관에게 직접 신청해야 한다. 69 그러나 이러한 행정적 예비절차 배후에 전혀 다른 현실이 놓여 있다. 영국에서는 주변사람들에 의해 수용이 요청되건, 치안판사가 관할구역의 질서유지를 위해 수용의 필요성을 제기하건, 수용 영장令狀의 발부 여부를 결정하는 사람은 치안판사이다.

프랑스에서는 수용 대상자의 경범죄나 중죄가 입증된 경우에 때때로 법원의 판결에 근거해서 수용이 결정된다. 70 1670년 형사刑事 행정명령의 해설에 의하면 광기는 증거가 되는 사실로 예견되고 광기의 증거는 광기의 진행 과정을 점검한 이후에야 받아들여진다. 만일 피고被告의

---

68 Falret, *Des maladies mentales et des asiles d'aliénés*, Paris, 1864, p. 155 참조.

69 *Formalités à remplir pour l'admission des insensés à Bicêtre* (Richard, *Histoire de Bicêtre*, Paris, 1889에 인용된 문서).

70 이 경우와 관련하여 파리 구빈원의 등록부에서 다음과 같은 종류의 언급을 찾아볼 수 있다. " … 에 이르렀다는 고등법원의 판결에 따라 고등법원 부속 감옥에서 이송됨."

생활에 관한 예심隊審이 끝나고 그의 정신이 불안하다고 확인되면, 재판관은 그를 가족이 보살피게 할 것인지, 아니면 구빈원으로건 형무소로건 그를 집어넣어 "다른 정신이상들처럼 취급되도록"할 것이지 결정한다. 비록 1603년부터 "왕국의 모든 바람직한 도시에서 사법상의 왕진과 보고를 위해 가장 명망 있고 성실하며 경험이 풍부한 의사 한 사람과 외과의사 한 사람"[71]이 임명되지만, 사법관이 의학적 감정에 의존하는 일은 매우 드물다. 1692년까지 생-라자르로의 수용은 언제나 사법관의 명령에 근거해서 이루어졌고, 의료 증명서와는 별도로 모든 수용 명령서에는 제 1재판장, 파리시장의 민사대리관, 샤틀레의 재판관,[72] 또는 지방총독 보좌관이 서명하게 되어 있다. 수도사나 수녀가 수용 대상일 경우에는 주교와 참사회가 명령서에 서명한다.

17세기 말에 이르면 상황이 더욱 복잡해지고 동시에 더 단순해진다. 1667년 3월에 치안 감독관직[73]이 생겨나고 많은 경우에 (대부분 파리에서) 수용이 치안 감독관의 요청에 근거해서, 그것도 이 요청서에 대신大臣이 부서副署해야 한다는 단 하나의 조건 아래 이루어질 뿐이다. 1692년부터 가장 빈번하게 나타나는 수용의 근거는 명백히 왕의 봉인장이다. 가족이나 주변사람이 국왕에게 수용을 청원하고 이에 대한 국왕의 윤허允許가 떨어지면 대신 한 사람이 부서한 봉인장이 발부된다. 이러한 청원사례들의 일부에는 의료 증명서가 첨부된다. 그러나 의료 증명

---

71 이 행정명령은 법원, 주교관, 상급 법원 또는 주요 대법관〔왕이나 영주의 이름으로 재판권을 행사하는 군직 또는 법복 조신 — 역자〕 법원이 있는 모든 도시에 두 명의 감정가를 두도록 한 1692년의 또 다른 행정명령에 의해 보완되었다.

72 *Châtelet는 1130년 센 강 우안에 세워진 성채로서 1190년에 파리의 재판 소재지가 된다. 생 루이, 샤를르 5세, 샤를르 6세, 루이 12세, 그리고 루이 14세에 의해 개수(改修) 된 시기에도 이 성채에는 법원과 감옥이 있었다.

73 1699년의 행정명령에 따라 "설립이 필요하다고 판단되는 우리 왕국의 각 도시와 고장"에 전면적으로 확대할 것이 결정된 직책.

서가 첨부되는 경우는 지극히 드물다. **74** 일반적으로 가족, 주변사람, 교구 신부가 증인으로 소환된다. 누구보다도 먼저 가장 가까운 친척이 수용을 요청하는 청원서를 통해 불만이나 하소연 또는 두려움을 주장할 권한을 갖는다. 관계당국에서는 가능한 한 가족 전체의 동의同意를 얻 거나, 경우에 따라서는 가족 전원의 합의를 막는 적대관계 또는 이해관 계의 이유를 알아내려고 신경을 쓴다. **75** 그러나 가족이 동의하려고 하 지 않는 경우에도 먼 친척이나 심지어는 이웃사람이 수용조치를 청원할 수 있다. **76** 그만큼 17세기에 광기는 사회적 감성의 문제가 되었음이 사 실이다. **77** 광기는 범죄, 무질서, 추문과 가까워지면서 이것들과 마찬 가지로 사회적 감성의 가장 자연발생적이고 가장 원시적인 형태들에 의 해 판단되기에 이른다.

광기의 사실여부를 결정하고 광인을 격리시킬 수 있는 것은 의료 과 학이라기보다는 오히려 추문에 민감한 의식이다. 그렇기 때문에 교회 의 대표자는 국가의 대표자보다 광기에 대해 판단을 내릴 권한을 훨씬 더 많이 갖고 있다. **78** 1784년 브르퇴이유는 봉인장의 사용을 제한하고 이윽고 봉인장 제도를 폐지하려고 할 때, 금치산禁治産 선고 절차를 밟 기 이전에는 가능한 한 수용이 실행되지 않아야 한다고 집요하게 요구

---

74 예를 들어 베르탱이 로드발이라는 여자에 관해 라 미쇼디에르에게 써보내는 편지 (Arch. Seine-Maritime C 52), 루 씨에 관한 조세 재판소 직무 대리인의 편지 (Arch. Pas-de-Calais, 709, f° 165).

75 "다음 사항들에 각별히 신중을 기하라. 첫째 가장 가까운 친인척들이 진정서에 서명하 도록 할 것. 둘째 서명하지 않은 자들이 제출하는 이유서의 정확한 검증과는 전혀 별도 로 그들과 그들이 서명하지 않은 이유에 관해 정확한 의견서를 작성할 것."(Joly, *Lettres de cachet dans la généralité de Caen au XVIIIᵉ siécle*에서 재인용).

76 르콩트의 경우 참조. Archives Aisne C 677.

77 루이 프랑수아 수카니 드 모뢰이유에 관한 진정서 참조. Arsenal, ms. 12684.

78 예컨대 로카르(*loc. cit.*), p. 172에 인용된 증명서 참조.

하게 된다. 이는 가족의 청원서와 왕명의 독단獨斷에 대한 예방조치이긴 하지만, 의학의 권위를 객관적으로 신뢰하려는 것이 아니라 오히려 사법당국에 결정권을 넘기기 위한 것이다. 실제로 금치산 선고에는 어떤 의학적 감정도 원용되지 않는다. 금치산은 전적으로 가족과 사법당국 사이에서 해결되어야 할 일이다. **79**

수용과 수용을 둘러싼 법 해석의 관행에서는 정신이상자에 대한 의학의 영향력이 조금도 허용되지 않았다. 정반대로 의학적 통제, 17세기에 몇몇 구빈원의 내규에서 예감되었던 그 의학적 통제는 갈수록 필요하지 않게 되고 광기가 실재하는 곳에서 광기를 식별하게 되어 있는 결정권은 점점 더 "전全사회의 이름으로 관리되는" 듯하다. 정신이상을 식별하고 정신이상에 대해 진단을 내릴 의사의 자격이 19세기 초에도 여전히 미해결된 문제로 논의되는 것은 조금도 놀랄 일이 아니다. 기독교 법의 모든 전통을 이어받은 작키아스가 망설이지 않고 의학에 부여한 권위를 한 세기 반 뒤에 칸트는 부인할 수 있게 되고 뒤이어 레뇨는 완전히 거부하게 된다. 고전주의와 한 세기 이상의 수용이 그렇게 만든 것이다.

결과론적으로 상황을 고찰하면, 의학의 도움을 받아 광기의 한계와 형태를 파악할 수 있을 정도로 충분히 공들여 구상된 법적 광기론, 그리고 광기를 거칠게 이해하고 탄압을 위해 이미 준비된 수용형태를 이용할 뿐만 아니라 사법적 중재를 위해, 그리고 사법적 중재에 의해 마련된 구별방식을 충실하게 준수하려고 하지 않는 사회적이고 거의 공안적公安的인 실천, 이 양자 사이의 괴리乖離만이 있는 듯하다. 사람들은 언뜻 보아 이 괴리를 완전히 정상적인 것으로, 어쨌든 매우 통상적인

---

79 Cl. -J. de Ferrière, *Dictionnaire de droit et de pratique*, éd. de 1769, t. II, pp. 48~50의 '금치산자' 항목 참조.

것으로 생각할지 모른다. 법적 의식의 정상적 전개에 이바지하는 구조보다, 또는 법적 의식의 구현으로 보이는 제도보다 법적 의식은 더 치밀하고 더 섬세한 것이 보통이다. 그러나 수용의 실천이 정립되기 전에, 중세와 르네상스 시대를 거치면서 교회법과 오래 지속하는 로마법을 통해 성립된 법적 광기의 의식은 그후로도 오랫동안 치밀하게 가다듬어졌다는 것을 생각한다면, 이 괴리는 결정적 중요성과 특별한 가치를 갖는 것이다. 이러한 의식은 수용의 실천을 침해하지 않는다. 이 의식과 수용의 실천은 서로 다른 두 세계에 속한다.

하나는 형식과 의무가 분석되는 법적 주체로서의 인격과 관련된 어떤 경험의 영역에 속하고, 다른 하나는 사회적 존재로서의 개인과 관련된 어떤 경험에 속한다. 전자의 경우에서는 광기가 어김없이 의무 체계에 야기할 수 있는 변모에 입각해서 광기를 분석해야 하고, 후자의 경우에서는 광기의 배제를 정당화하는 도덕과의 모든 연관성을 감안하면서 광기를 고찰해야 한다. 법적 주체로서 인간은 정신이 이상함에 따라 책임을 면제받지만, 사회적 존재로서 인간은 광기로 인해 죄의식의 인접부隣接部로 끌려 들어간다. 그러므로 광기의 분석은 법에 의해 한없이 섬세해질 것이고, 어떤 관점에서 보자면 정신이상의 법적 경험을 바탕으로 하여 정신질환의 의학이 성립되었다고 말하는 것은 타당하다.

17세기에 표명된 법 해석에서 이미 정신병리학의 몇 가지 섬세한 구조가 나타나게 된다. 예컨대 작키아스는 '파투이타스', 곧 저능低能이라는 오래된 범주에서 에스키롤80의 분류뿐만 아니라 뒤이어 정신박약의

---

80 *Jean Etiénne Dominique Esquirol(1772~1840). 프랑스의 의사. P. 피넬의 제자로서 피넬의 질병학 연구를 계승한다. 정신박약과 치매, 환각과 환상의 성격을 규정하며 편집증의 강(綱)을 새로 만들어낸다. 정신이상을 육체적이거나 심적인 원인들의 결과로 여기지만, 심적인 원인들에 더 많은 중요성을 둔다. 제자들과 더불어 프랑스 정신의학 제도의 정립에 핵심적인 역할을 한다. 주저로는 《의학, 위생학, 법의학

심리학 전체까지도 예고하는 듯하는 여러 층위를 구별해낸다. 그는 하강하는 순서의 첫 번째 자리에 멍청이를 위치시킨다. 멍청이들은 증언하고 유언하며 결혼할 수 있지만 사제나 수도사가 될 수는 없으며 공직을 맡을 수도 없다. "왜냐하면 그들은 사춘기에 가까워지는 어린이와 같기 때문이다." 엄밀한 의미에서의 얼간이들('파투이')[81]은 멍청이들 다음에 놓인다. 그들에게는 어떤 책무도 맡길 수 없다. 그들의 정신연령은 자신의 행동을 자각하는 나이에도 못 미친다. 그들은 일곱 살 미만의 어린이와 같다. '스톨리디',[82] 곧 정신 무력자無力者들은 조약돌 이상도 이하도 아니다. 그들이 적어도 자기 부모를 알아볼 정도의 분별력을 지니고 있을 경우에 어쩌면 가능할 유언을 제외하고는 그들에게 어떤 법률행위도 허용할 수 없다.[83] 법학 개념의 압력 아래, 그리고 법인격法人格을 명확하게 규정할 필요 때문에, 정신이상의 분석은 끊임없이 섬세해지고, 멀리에서 뒤따르는 의학이론을 예고한다.

수용의 실천에서 여전히 효력을 발휘하는 개념과 이와 같은 분석 사이에는 근본적인 차이가 있다. 정신박약과 같은 용어는 모든 정확한 한정을 배제하는 어림잡은 등가체계 안에서만 가치를 갖는다. 상리스의 샤리테에서 우리는 "얼간이가 된 광인", "예전에 광인이었다가 지금은 정신이 박약하고 저능한 사람"[84]을 발견하게 된다. 아르장송 대리관은 "매우 대립적 성향들을 한꺼번에 지니고 있는 희귀한 유형의 사람, 말하

과의 관련하에서 고찰된 정신병》(1838) 이 있다.

81 *fatui. 앞의 멍청이는 sot의 역어이고 다음에 나오는 스톨리디는 프랑스어로 stupide 이다. sot(멍청이 또는 바보), fatui(얼간이), stolidi(정신 무력자)로 갈수록 정신박약의 정도가 높아진다.

82 *stolidi.

83 Zacchias, *Quaestiones medico-legales*, liv. II, titre I, question 7, Lyon, 1674, pp. 127~128.

84 H. Bonnafous-Sérieux, *loc. cit.*, p. 40에서 재인용.

자면 많은 면에서 양식良識이 있어 보이고 다른 많은 면에서는 짐승의 면모를 내보이는 사람"을 감금하게 한다. **85** 그러나 수용서류에 첨부되는 일이 매우 드문 의료증명서를 작키아스의 경우와 같은 법 해석과 대조하는 것은 더욱 흥미로운 일이다. 법 해석의 어떤 분석도 그들의 판단에 영향을 미치지 않은 듯하다. 바로 저능低能에 관해 우리는 의사의 서명이 들어 있는 다음과 같은 증명서를 읽을 수 있다.

"우리는 샤를르 도르몽이라는 사람을 찾아가, 태도와 눈의 움직임을 조사하고 맥박을 짚어보았을 뿐만 아니라 모든 행동거지를 면밀하게 살피면서 그에게 다양한 질문을 던지고 그의 대답을 들었다. 그리고 나서 예의 도르몽은 정신이 잘 돌아가지 않고 괴상하며 절대적인 정신착란과 저능에 완전히 빠져들었다고 만장일치로 확신하게 되었다."**86**

누구나 이 문건을 읽어보면, 의학이 법의 맥락 속에서 해석되느냐, 아니면 의학이 수용의 사회적 실천에 종속되게 되어 있느냐에 따라, 의학의 두 가지 용도, 즉 의학에 대한 거의 두 가지 차원의 견해가 있다는 인상을 받을 것이다. 전자의 경우에서 의학은 법적 주체의 역량을 문제시하고, 정신기능에 대한 철학적 분석과 계약을 맺고 책임을 질 능력에 대한 법률적 분석이 불분명하게 뒤섞이게 되는 심리학을 마련한다. 의학은 공민권公民權의 미묘한 구조들과 연결된다. 후자의 경우에서 의학은 사회인의 행동을 문제로 삼고, 정상과 비정상, 건강과 병의 관점에서, "수용 적합"이라는 단순한 관례적 문구에 의해 확고부동한 두 영역으로 나누어지는 이원론적 병리학을 마련한다. 사회적 자유의 조밀한 구조가 그것이다.

---

85 Arsenal, ms. 10928.
86 Devaux, *L'Art de faire les rapports en chirurgie*, Paris, 1703, p. 435에서 재인용.

사회인의 동시대적 경험을 "법적 주체"라는 오래 전부터의 법률 개념에 맞추는 것은 18세기의 한결같은 노력들 가운데 하나였다. 이 양자 사이에서 계몽주의 정치사상은 근본적 통일성과 동시에 사실상의 갈등을 넘어 언제나 가능한 화해를 공리公理로 내세운다. 이러한 주제들은 광기 개념의 고안考案과 광기에 관련된 여러 실천의 조직화를 조용히 유도했다. '계몽'의 이러한 노력 전체를 이어받는 19세기의 실증주의 의학은 법률용어로 분석할 수 있고 동시에 사회적 이해방식의 가장 직접적인 형태로 인식할 수 있는 병적 현실의 단일성 속에서, 법적 주체의 정신이상이 사회인의 광기와 일치할 수 있고 일치하게 마련이라는 점을 이미 확립되고 입증된 것으로 받아들이게 된다. 의학의 대상으로 대두될 정신병은 법적으로 무능력한 주체와 집단의 교란자攪亂者로 인정되는 사람의 상상적 일체성으로, 그것도 18세기의 정치적·도덕적 사유의 효력 아래 서서히 구성되어가게 된다.

이와 같은 상호접근의 효과는 대혁명 직전에 벌써 감지된다. 1784년 브르퇴이유는 광인의 수용에 앞서, 법인격으로서의 주체의 금치산과 행위능력의 한정限定을 포함하는 더 치밀한 사법적 절차가 지켜지기를 바란다. 이 대신大臣은 공문을 통해 지방장관들에게 다음과 같이 지시한다. "정신이상을 이유로 구금拘禁이 요청될 사람들에 대해서는, 정의와 신중함에 따라, 금지가 재판에 의해 제안될 때에만 (국왕의) 명령을 신청해야 한다."**87** 마지막 절대 왕정의 자유주의적 노력이 마련하는 것을 민법은 금지처분을 모든 수용의 불가결한 조건으로 만듦으로써 실현시키게 된다.

---

87 실제로 브르퇴이유는 다음과 같이 덧붙인다. "가족이 금지에 선행하는 소송 절차의 비용을 마련할 수 없지 않는 한 반드시 그렇게 해야 한다. 그러나 이 경우에는 정신착란이 주지(周知)의 사실이고 매우 정확한 설명을 통해 확인되어야 할 것이다."

정신이상에 관한 법원의 판결이 모든 수용의 선결조건으로 등장하는 시기는 또한 역사상 처음으로 광인을 인간으로 취급한다고 주장하는 피넬에 힘입어 정신의학이 태동하는 시기이기도 하다. 피넬과 그의 동시대인들이 인류애와 동시에 과학의 발견으로 느끼게 되는 것은 사실상 18세기에 분열된 의식의 화해和解일 뿐이다. 사회인의 수용이 법적 주체에 대한 금지를 통해 조정된다는 것은 역사상 처음으로 정신이상의 인간이 무능력자 '겸' 광인으로 인정된다는 것을 의미한다. 사회에 의해 직접적으로 인식되는 정신이상자의 괴상한 언동言動은 그의 법적 생활을 말소시키지는 않지만 제한한다. 이 사실 자체로 말미암아 의학의 두 가지 사용, 즉 책임과 능력의 세밀한 구조들을 규정하는 쪽으로 향하는 의학과 단지 수용의 사회적 명령을 촉발시키는 데에만 도움을 주는 의학이 상호적 조화를 되찾는다.

이 모든 것은 나중에 정신의학이 발전하는 데 지극히 중요한 역할을 수행한다. 정신의학의 "실증적" 형태는 사실상, 고전주의에 의해 결코 결정적으로 결합되지 않고 단순히 병치竝置된 두 경험의 중첩일 따름이다. 좀더 구체적으로 말하자면, 전적으로 수용의 절대적 필요성을 중심으로 진행되고 단순히 "긍정 또는 부정", "해롭지 않음 또는 위험함", "수용 적합 또는 부적합"의 방식으로 표명되는 사회적이고 규범적이며 이분법적인 광기의 경험, 그리고 한계 및 정도의 문제에 민감하게 반응하고 주체의 모든 활동영역에서 정신이상이 취할 수 있는 다형多形의 얼굴을 찾아보는 법률적이고 질적이며 세밀하게 분화된 경험이 중첩된 형태일 따름이다.

19세기의 정신병리학은 (그리고 어쩌면 우리 시대의 정신병리학까지도) '자연인'88 혹은 모든 질병 경험 이전의 정상인을 기준으로 하여 설정되

---

88 *homo natura.

고 평가된다. 사실 이러한 정상인의 개념은 창안물이고, 정상인을 위치시켜야 하는 곳은 자연의 공간이 아니라 '사회인'[89]을 법적 주체와 동일시하는 체계이며, 따라서 광인이 광인으로 인정되는 것은 광인이 질병으로 인해 정상상태의 가장자리 쪽으로 옮겨졌기 때문이 아니라 광인이 우리 문화에 의해 수용의 사회적 명령과 권리주체의 능력을 판별하는 법률적 인식 사이의 접점接點에 놓여 있기 때문이다. 정신병에 관한 "실증"과학, 그리고 광인을 인간의 반열로 올려놓은 그 인도주의적 감정은 일단 이러한 종합이 이룩되고 나서야 가능했다. 이 종합은 이를테면 과학적이라고 자처하는 우리의 정신병리학 전체의 구체적인 '선험적 가설'을 형성한다.

피넬, 튜크, 바그니츠 이래로 올바르게 행동했다는 19세기의 자족감自足感을 가리킬 수 있었던 모든 것 때문에, 우리는 고전주의 시대의 광기의 경험이 얼마나 다형적이고 다양할 수 있었는가를 오랫동안 간파하지 못했다. 제대로 이해되지 못한 질병, 사슬에 묶인 정신병자들, 그리고 왕의 봉인장이나 치안 감독관의 요청서에 근거해서 감금된 그 무리 전체에 사람들은 현혹되었다. 그러나 덩어리째로 투박하게 진행된 그 실천에서 서로 교차하고 처음 보기에는 그다지 치밀하지 않다고 생각하기 쉬운 모든 경험이 전부 간파되지 않았던 것은 아니다. 사실 고전주의 시대에 광기는 두 가지 구호救護형태, 즉 엄밀한 의미에서의 병원과 수용시설 안에 놓이게 되었고, 두 가지 형태의 탐지활동, 즉 법의 영역에서

---

89 *라틴어 socius는 동료, 배우자, 회원 등의 뜻이지만 여기에서는 사회 집단에 소속된 사람이라는 넓은 의미로 쓰인 듯하다.

끌어오고 법률개념을 이용하는 것과 사회적 인식의 자연발생적 형태에 속하는 것에 종속되었다.

광기에 대한 이해방식의 이 모든 다양한 양상들 사이에 의료의식이 실재하지 않은 것은 아니다. 그러나 의료의식은 '자율적'이지 않았다. 하물며 다른 모든 경험형태가 막연하게나마 의료의식에 의해 뒷받침된다고 상상해서는 안 된다. 의료의식은 그저 부분적일 뿐인 입원의 실천에서 한정적으로 엿보일 뿐이고, 법에 입각한 정신이상의 분석 내부에 자리 잡기는 하지만, 결코 이러한 분석의 핵심을 이루는 것이 아니다. 그렇지만 의료의식은 이 모든 경험의 관계구조에서나 이 모든 경험이 유기적으로 연결되는 방식에서 중요한 역할을 하게 된다. 실제로 법에 입각한 분석의 규칙과 광인을 의료시설에 보내는 활동을 서로 소통하게 만드는 것은 바로 의료의식이다. 이와 반대로 수용과 수용으로 표현되는 사회적 이해방식이 구성하는 영역으로는 의료의식이 스며들기가 어렵다.

그래서 서로 이질적인 두 권역圈域이 점점 뚜렷해진다. 고전주의 시대에 광기는 서로 다른 두 가지 방식으로 경험된 듯하다. 법적 주체를 둘러싸는 비이성적 분위기 같은 것이 있었을 것인데, 이것은 무책임과 무능력의 법적 인정認定에 의해, 금치산 명령과 질병 규정規定에 의해 명확해진다. 또 다른 비이성적 분위기가 있었을 것인데, 이것은 사회인을 둘러싸고 추문醜聞의식과 동시에 수용의 실천에 의해 뚜렷해진다. 아마도 이 두 영역이 부분적으로 겹치기는 했을 터이지만, 이것들은 언제나 중심이 서로 달랐고, 본질적으로 다른 두 가지 형태의 정신이상을 결정했다.

하나는 주체성의 제한 같은 것으로, 개인이 지닌 능력의 한계를 정하고 개인의 무책임 영역을 획정하는 선線으로 파악된다. 이러한 정신이상은 이중의 움직임에 의해, 즉 광기의 자연적 움직임과 주체를 후견인

後見人으로 대표되는 일반적 타자의 권력에 종속시키는 금치산 선고宣告의 법적 움직임에 의해 주체의 자유가 박탈되는 과정을 나타낸다. 정신이상의 다른 형태는 이와 반대로 광인이 사회에 의해 이방인으로 인식되는 의식화를 가리킨다. 이 경우에 광인은 책임을 면제받지 못하고 적어도 친족과 이웃사람 사이의 공모共謀 아래 도덕적 죄의식을 뒤집어쓰며 타자로, 국외자로, 배제된 자로 지칭된다.

'심리학적 정신이상'이라는 몹시 기이한 개념, 다른 성찰영역에서라면 애매한 요소들로 풍요롭게 될 수 있을 터인데도 그 불확실한 요소들로부터 득을 보지 못하고 그저 정신병리학에 토대를 두고 있다고 평가될 이 개념은 사실상 정신이상에 대한 이 두 가지 경험, 다시 말해서 타자의 권능 아래로 떨어지고 타자의 자유에 얽매인 존재와 관련되는 첫 번째 경험과 타자가 되고 사람들 사이의 다정한 유사성과 무관하게 된 개인과 관련되는 두 번째 경험의 인간학적 혼동일 따름이다. 하나는 질병의 결정론에 가깝고 다른 하나는 오히려 윤리적 정죄定罪의 모습을 띤다.

19세기가 비이성적 인간을 병원으로 보내기로 결정하게 되고 이와 동시에 수용이 환자의 치유를 목적으로 하는 치료행위로 전환되기에 이르는 것은, 고전주의 시대의 합리주의가 언제나 출현가능성으로 남겨두었던 정신이상의 이 다양한 주제와 광기의 이 잡다한 얼굴을 혼란스럽고 우리로서는 분간하기 어려운 단일성으로 축소시키는 폭력적 술책에 의해서이다.

5

정신이상자들

고전주의 시대에 서로 나란히 놓이는 두 가지 커다란 광기의 경험에는 제각기 고유한 연대기적 지표가 있다. 이는 하나가 치밀한 경험이었을 것이고, 다른 하나가 일종의 거칠고 적절하게 표명되지 못한 의식이었을 것이라는 의미가 아니다. 이 두 형태는 각각 일관성 있는 실천으로 분명하게 구현되지만, 하나는 서양 비이성의 가장 근본적인 여건을 이어받았고 아마 그러한 여건의 하나였을 터인 반면에, 다른 하나는 고전주의 시대의 세계에 고유한 창안물이라는 것이다. 이제는 바로 이것을 검토해야 할 차례이다.

　의학의 역사가들이 환각성幻覺性 정신병, 지능 결함, 그리고 병의 기질성器質性 진행단계, 또는 편집증 상태의 친숙하고 그들에게는 영원한 모습을 방대한 수용 등록부에서 확인함으로써 누릴 수 있는 마음 든든한 즐거움에도 불구하고, 정신이상자를 감금한 명분名分을 일관성 있는 질병학에 따라 분류하는 것은 거의 불가능하다. 사실 수용의 명분으로 내세워진 문구들에서 오늘날 우리가 알고 있는 질병의 전조前兆를 알아보기는 어렵다. 그 문구들은 우리의 병리학적 분석이 훑어볼 수는 있어도 전체적으로 설명할 수는 없는 광기의 경험을 보여준다. 단지 '정신착란' 때문에 수용된 몇몇 사람을 무작위로 뽑아보는 것만이 가능할 뿐이다. 등록부에서 찾아볼 수 있는 피수용자들에 대한 언급은 "집요한 소송광訴訟狂", "소송하기 좋아하는 사람", "매우 심술궂고 트집잡기를 좋아하는 사람", "밤이고 낮이고 노래를 부름으로써 다른 사람들을 괴롭히고 가장 끔찍한 신성모독의 언사言辭를 지껄이는 사람", "격문檄文 부착자", "엄청난 사기꾼", "불안해하고 침울하며 무뚝뚝한 사람" 등이다. 이러한 것들이 정말로 병인지, 병이라면 어느 정도로 병인지 자문하는 것은 쓸데없는 일이다. "무뚝뚝한 사람"을 편집증 환자라고 인정하거나 "머리가 돌아 자신의 옷차림에 맹목적으로 집착하는 사람"을 심한 강박신경증 환자로 진단하는 수고는 정신과 의사에게 넘겨주자.

이 문구들로 지시되는 것은 질병이 아니라, 극단적 '결함'으로 인식되었을 광기의 형태이다. 광기에 대한 이해방식은 마치 수용에 대해 자율적이지 않을 뿐만 아니라, 광기가 장애로만 나타나는 어떤 도덕영역에 연결되어 있는 듯하다. 정신이상자들의 상태에 대한 언급, 그들의 이름 바로 밑에 기록된 그 모든 언급을 읽어본 사람이라면 누구나 브란트나 에라스무스의 세계, 광기가 결함들의 원무圓舞 전체, 부도덕한 인생들의 무분별한 춤을 선도先導하는 세계에 아직도 머물러 있다는 인상을 받을 것이다.

그렇지만 경험은 다르다. 1704년 생-라자르에는 바르주데라는 신부神父가 수용된다. 그는 나이 70살로서 "다른 정신이상자들처럼 취급되도록" 하기 위해 감금되었다. "그의 주된 일거리는 고리대금高利貸金이었으며 성직聖職과 교회의 명예에 가장 추악하고 극단적인 훼손을 가한 것이었다. 그를 설득하여 무절제를 뉘우치게도, 고리대금이 죄악이라고 믿게도 할 수 없었다. 그는 인색함을 명예로 생각한다."[1] "그에게서는 어떤 자비심도 찾아볼" 수 없었다. 바르주데는 정신이상자이지만,

광기의 생생한 활력活力에 이끌림에 따라 정신이상자가 된 사람들, '광인들의 배'에 오른 사람들과는 전혀 다르다. 그가 정신이상자인 것은 이성의 사용법을 잃었기 때문이 아니라 성직자로서 고리대금을 하고 어떤 자비도 내보이지 않으며 어떤 회한悔恨도 느끼지 않기 때문이고, 성직자라면 당연히 속해 있어야 할 도덕영역의 바깥으로 전락했기 때문이다. 이와 같은 판단에서 드러나는 것은 질병 규정의 명령을 최종적으로 내릴 수 없는 무능無能도 아니고, 광기를 도덕적으로 정죄하는 경향도 아니다. 그것은 고전주의 시대에 광기가 윤리의 형태로 인식할 수 있게 된다는, 아마 고전주의 시대를 이해하는 데 불가결할 사실이다.

극단적으로 말하자면 합리주의는 역설적으로 이성이 착란錯亂되지는 않으나, 도덕생활이 전혀 바르지 않고 의지가 사악하다는 점에 비추어 인식될 그러한 광기를 만들어낼 수 있었던 듯하다. 결국 광기의 비밀은 이성의 온전한 상태가 아니라 의지의 질質에 깃들여 있는 것이다. 사드의 경우로 인해 루아예-콜라르의 의료의식에 문제가 제기되기2 한 세기 전에, 아르장송 대리관도 핵심사항을 제외하고는 어느 정도 그와 유사한 경우에 관해 자문했다는 것은 주목할 만한 일이다.

"남편의 이름이 보두앵인 16살의 여자가 … 남편을 전혀 사랑하지 않는다고, 자신을 규제할 법은 결코 없다고, 누구라도 자신의 마음과 몸을 자유롭게 소유할 수 있다고, 그러나 마음과 몸 중에서 어느 하나만 주는 것은 일종의 범죄라고 공언한다." 그래서 이 치안 감독관은 다음과 같이 덧붙인다. "나는 두 차례에 걸쳐 이 여자와 이야기를 나누었는데, 여러 해 전부터 파렴치하고 우스꽝스러운 말에 익숙해져 있는 나로서도 이 여자의 추론방식에 놀라지 않을 수 없었다. 이 여자의 생각에

---

1   B. N. Fonds Clairambault, 986.
2   *Supra*, chap. III, p. 147에 인용될 푸셰에게 보낸 편지 참조.

의하면 결혼은 본질적으로 한 차례의 시도일 뿐이다."3

19세기 초에 사드는 샤랑통에서 죽어가게 된다. 그러나 18세기의 처음 몇 년 동안에는 아직도 사람들이 몹시 재기에 넘친다고 인정해야 하는 한 여자를 감금하기를 주저한다. 심지어 퐁샤르트랭 대신大臣은 이 여자를 몇 달 동안 르퓌주4에 집어넣게 하려는 아르장송의 시도를 허용하지 않는다. 그는 "이 여자를 엄하게 비난하는 것은 너무 심하다"고 논평한다. 그렇지만 아르장송은 기어코 이 여자를 다른 정신이상자들처럼 취급하게 한다. "나는 그토록 많은 엉뚱한 언동言動을 보고받고 이 여자가 미쳤다고 믿게 되었다."

우리는 19세기에 '도덕성 장애'5라 불릴 것을 향해 똑바로 나아가고 있다. 그러나 훨씬 더 중요한 것은 불량한 의지, '윤리상의 과실過失'에 전적으로 기초를 두는 광기의 주제가 여기에서 드러난다는 점이다. 중세와 르네상스 시대에 오랫동안 광기는 악에 연결되어 있었지만 상상적 초월의 형태를 띠었던 반면에, 이제부터는 개인의 선택과 불량한 의도라는 더 은밀한 경로經路를 통해 악과 소통한다.

고전주의 시대가 광기와 과오, 정신이상과 악의惡意 사이의 분할에 대립시키는 듯한 이러한 무차별 상태에 놀라서는 안 된다. 이와 같은 무차별 상태는 이것들에 관한 앎이 아직 세련되지 못했기 때문이 아니라 신중하게 선택되고 합당하게 상정想定된 이것들 사이의 등가성等價性에서 기인한다. 광기와 범죄는 서로를 배제하지 않지만, 불분명한 개

---

3 *Notes de René d'Argenson*, Paris, 1866, pp. 111~112.
4 *Refuge: 피난처, 은신처라는 뜻인데 여기에서는 고유명사로 쓰였다.
5 *folie morale 또는 folie de moralité. 영어로는 moral insanity. 정신병질(精神病質)의 몇몇 인물이 내보이는 도덕상의 장애 전체, 달리 말하자면 '정상적인 도덕관념의 부재 또는 문란(紊亂)'을 가리킨다. 정신병질 인격이라고 옮길 수도 있다. '모럴 해저드'와 가까운 개념이다.

넘 속에서 뒤섞이지도 않는다. 광기와 범죄는 사람들이 합리적으로 취급하게 되는 의식의 내부에서, 그리고 감옥이나 구빈원에 의해 강요되는 상황에 따라 서로 관계를 맺는다. 에스파냐 왕위계승 전쟁의 시기에 알뷔테르 백작이라는 사람이 바스티유에 갇혔는데, 그의 실명實名은 두슬랭이었다. 그는 카스틸랴 왕위의 계승자로 자처했다.

"그러나 그의 광기가 아무리 지나치다 해도, 그의 교활함과 냉혹함은 훨씬 더 정도가 심하다. 그는 동정녀 마리아가 일주일마다 자기에게 나타나고, 하느님이 자주 자기 자신과 얼굴을 맞대고 말한다고 맹세하듯 단언한다. … 생각건대 이 죄수는 가장 위험한 정신이상자처럼 평생 동안 구빈원에 감금되어야 하거나, 일급 범죄자처럼 바스티유에 갇혀 잊혀져야 한다. 나는 심지어 후자의 방책方策이 더 확실하고, 따라서 더 적절하다고 믿는다."[6]

광기와 범죄 사이에 배제관계가 아니라 광기와 범죄를 묶는 내포관계가 엿보인다. 이 환자는 아주 약간만 더 정신이상자이거나 아주 약간만 더 범죄자일지 모르지만, 끝까지 가장 극단적인 광기는 여전히 악의에 사로잡혀 있게 된다. 나중에 아르장송은 두슬랭에 관해 이렇게 기록한다. "그가 유순하게 보일수록 그의 괴상한 언동에는 더 많은 감정이나 악의가 있었다고 생각할 필요가 있다." 그리고 1709년에는 "그가 자신의 망상을 훨씬 덜 확고하게 부인하며 약간 더 멍청해 보인다." 이 상보적 작용은 샤랑통에 갇힌 '사악한 수도사' 타데 쿠지니에 관한 아르장송 대리관의 또 다른 보고서에서 분명하게 나타난다. 1715년에 "그는 계속해서 따지고들 때는 불경不敬하고 그렇지 않을 때는 완전히 멍청하다. 전반적으로 그가 평온을 유지한다는 점에 비추어 그를 석방하여 밀정으로 이용하는 것이 마땅함에도 불구하고, 그의 정신이 처해 있는 상

---

6 *Arch. Bastille*, Ravaisson, t. XI, p. 243.

황과 종교의 명예 때문에 그렇게 할 수 없다. "[7] 지금 우리는 "진정한 광기가 모든 것을 정당화한다"[8]는 근본적 사법원칙과 극단적으로 대립하는 대척점對蹠點을 마주하고 있다. 수용의 세계에서는 어떤 것도 광기에 의해 설명되거나 정당화되지 않는다. 광기는 죄악과 암묵적 동조同調관계를 맺고서 죄악을 증대시키고 죄악을 더 집요하고 위험하게 만들며 죄악에 새로운 모습을 부여한다.

미친 비방자誹謗者에 대해 우리는 그의 비방이 헛소리라고 말할 것이다. 그만큼 우리는 광기를 인간의 궁극적이고 동시에 순수한 진실로 여기는 습관에 익숙해져 왔다. 그러나 17세기에는 동일한 죄악 전체 속에서 정신착란이 비방에 추가된다. "성격이 난폭하고 거칠며 미신을 믿고, 게다가 엄청난 사기꾼이자 중상모략가"인 사람이 "비방과 정신박약"으로 인해 상리스의 샤리테에 감금된다.[9] 수용 대장臺帳에 그토록 자주 언급된 광포함에서 폭력성은 광기의 영역에 속하는 것에서 악의를 덜어내는 것이 아니라, 오히려 제약 없는 자유 속에서 악 자체에 내맡겨진 악의 통일성 같은 것을 형성한다. 아르장송은 어떤 여자를 르뛰주에 수용할 것을 요청하는데, 이는 "그녀의 풍기문란 때문만이 아니라, 흔히 광포함으로 나아가고 상황에 따라 남편을 내쫓거나 기회가 닿는 대로 자살하거나 할지도 모를 그녀의 광기를 감안해서이다."[10] 오래 전부터 우리는 심리적 설명과 도덕적 비난 사이에서 뺄셈 관계를 보는 습관이 있는데도, 마치 심리적 설명이 도덕적 비난을 배가시키는 듯이 모

---

7 *Ibid.* , p. 199.

8 *Dictionnaire de droit et de pratique*, article Folie, t. I, p. 611. 1670년의 형사 행정 명령의 제 28절, 제 1조 참조. "아무런 의지도 없는 광폭한 자나 정신이상자는 자기 자신의 광기로 이미 처벌받은 셈이므로 처벌해서는 안 된다."

9 Arsenal, ms. 12707.

10 *Notes de René d'Argenson*, p. 93.

든 일이 진행된다.

무의지적 광기, 인간이 본의 아니게 사로잡히는 그러한 광기가 그토록 자연적으로 악의와 결탁한다면, 무의지적 광기의 내밀한 본질은 정신이 맑은 주체가 의도적으로 가장假裝하는 광기와 거의 다르지 않다. 아무튼 무의지적 광기와 의식적 광기 사이에는 근본적 연관성聯關性이 있다. 이와 반대로 법은 "'정말로' 광기에 사로잡힌 자"만이 자신의 범죄에 합당할 형벌을 선고받으므로, 가장된 정신이상과 자연적으로 생겨나는 광기를 가능한 한 엄밀하게 구별하려고 한다.11 그러나 수용에서는 이러한 구별이 행해지지 않는다. 실제의 광기는 가장된 광기보다 더 가치있는 것이 아니다. 1710년 샤랑통에 25세의 청년이 수용되었는데, 그는 자신의 이름을 돈 페드로 드 제쥐12로 바꾸었고 자신이 모로코 왕의 아들이라고 주장했다. 그때까지 그는 단순히 광인으로 간주되었지만, 오래지 않아 광인인 체 한다는 의심을 사기에 이른다. 그가 샤랑통에 수용된 지 한 달이 지나자, "그의 정신이 멀쩡하다는 증거가 나타난다. 그는 자신이 모로코 왕의 아들이 아니라는 것을 시인하고, 이번에는 자신의 아버지가 지방 총독이라고 주장한다. 그는 자신의 모든 망상妄想을 버리기로 결심하지 못한다." 마치 타산적 거짓말이 비이성의 망상을 보충하려는 듯이, 실제의 광기와 모방된 정신착란이 나란히 놓인다. 아무튼 아르장송은 퐁샤르트랭에게 "그의 기만欺瞞과 가장된 광기에 제재를 가하기 위해서는 그를 바스티유로 되돌려 보내는 것이 합당하다."는 구절을 써보낸다. 최종적으로 그는 뱅센으로 이송된다. 5년 뒤에는 망상이 거짓말보다 더 많아진 듯하다. 그러나 그는 뱅센에

---

11 Cl. -J. de Ferrière, *Dictionnaire de droit et de pratique*, article Folie, t. I, p. 611 (강조 부분은 우리에 의한 것임).

12 *예수의 돈 페드로. 예수를 성으로 삼았다는 의미이다.

서, 죄수들 사이에서 죽게 되어 있다. "그의 이성은 매우 뒤틀려 있다. 그는 조리 없이 말하며 광포함에 자주 사로잡힌다. 최근에는 그의 동료들 가운데 한 사람을 죽일 뻔하기도 했다. 이처럼 모든 것이 한결같이 그의 구금을 계속되도록 만든다."[13]

광인으로 보이려는 의도가 없는 광기도, 광기 없는 단순한 의도도 동일한 취급을 받는다. 왜냐하면 아마 이것들이 어렴풋이 악 또는 적어도 비뚤어진 의지라는 동일한 기원을 갖기 때문일 것이다. 따라서 어느 하나에서 다른 하나로의 이행이 쉽게 일어나게 되고, 광인이기를 바랐다는 사실만으로 광인이 된다는 것을 사람들이 쉽게 인정한다. "왕에게 말해야 할 것을 대신에게 말하려 하지 않고 왕에게 말하고 싶어하는 광기가 있는" 사람에 관해 아르장송은 다음과 같이 기록한다.

"그는 바스티유에서나 비세트르에서나 너무나도 정신이상자인 체한 나머지 실제로 정신이상자가 되었다. 그는 언제나 왕에게 은밀히 말하고 싶어하며, 이 점에 대해 설명을 강요받으면 이성의 기미가 조금도 없는 용어들로 자신의 의사를 표현한다."[14]

수용의 실천으로 표출되고 아마 수용의 실천을 통해 형성되기도 할 광기의 경험이 로마법과 18세기의 법률가들 이래 법의식을 통해 표명되는 광기의 경험과 얼마나 무관한가는 누구에게나 알려져 있다. 법률가들에게 광기는 본질적으로 이성에 해를 끼치고, 의지를 무고하게 하면서도 의지를 손상시키는 것으로 여겨진다. "광기와 괴상한 언동은 우리로 하여금 참과 거짓을 구별하지 못하게 방해하는 정신이상, 이성의

---

13 *Archives Bastille*, Ravaisson, t. XIII, p. 438.
14 *Archives Bastille*, Ravaisson, t. XIII, pp. 66~67.

착란錯亂이다. 이런 병에 걸린 자는 정신의 동요를 끊임없이 내보이는 탓에 어떤 요구에도 동의할 수 없게 된다."[15]

그러므로 요점要點은 광기가 실제적인지, 그리고 광기의 정도가 어떠한지를 알아내는 것이다. 광기의 정도가 심할수록, 환자의 의지는 그만큼 더 무고하다고 여겨질 것이다. 부셰는 "광포한 상태에서 가장 가까운 친척까지 살해한 사람들이 결코 처벌받지 않도록 하라고 명한" 여러 판결을 언급한다.[16] 이와 반대로 수용의 세계에서는 이성이 실질적으로 해를 입었는지를 아는 것은 별로 중요하지 않다. 이성이 해를 입는다면, 그리하여 이성의 사용이 속박되어 있다면, 이는 무엇보다도 결과의 범주에 속하지 않는 까닭에 완전히 무고할 수는 없는 의지의 굴절屈折 때문이다. 수용에 의해 드러나는 그러한 광기의 경험에서 의지가 이처럼 문제시된다는 것은 보존될 수 있었던 문서들에 분명히 명시되어 있지는 않지만, 수용의 동기와 방식을 통해 드러나는 것이 사실이다. 여기에서 문제되는 것은 광기와 악 사이의 모호한 관계, 르네상스 시대처럼 세계의 모든 은밀한 힘이 아니라 인간의 의지라는 그 개인적역량을 가로지르는 관계 전체이다. 이런 식으로 광기는 도덕의 세계에 뿌리를 내린다.

그러나 광기는 온갖 결함과 도덕에 가해지는 침해가 우글거리는 타락의 장소와는 전혀 다른 것이다. 고전주의에 의한 광기의 경험과 이 경험에 대한 고전주의의 거부에서 문제가 되는 것은 도덕규범뿐만 아니라 윤리

---

15 *Dictionnaire de droit et de pratique*, article Folie, p. 611.

16 *Bibliothèque de droit français*, article *furiosus*.

의식 전체이다. 광기를 감시하는 것은 불안감을 느끼는 사람들이 아니라 바로 이 윤리의식이다. 그리고 고전주의 시대의 인간이 광기의 소동騷動을 인식하는 것은 무조건적인 합리적 의식의 기슭으로부터가 아니라 윤리적 선택을 최초로 실행하는 정략적 행위의 높이에서이다.

수용은 가장 단순한 문건과 가장 외적인 양상의 측면에서 파악할 경우, 고전주의 시대의 이성이 광기의 모든 위력을 몰아냈고 사회제도의 층위에서 결정적 분할선을 확립하기에 이르렀다는 것을 보여주는 듯하다. 어떤 관점에서 수용은 성공한 마귀쫓기로 보인다. 그렇지만 수용의 형태들에서도 감지되는 이러한 도덕적 광기인식으로 드러나는 분할은 아마도 그렇게 확실한 것은 아니었을 것이다. 수용은 비이성이 고전주의 시대에 꽉 막힌 합리적 의식의 극단부極端部로 내몰리지 않았고 이성과 비이성의 대립이 있었지만 언제나 선택과 자유의 열린 공간 안에서 계속된 것이라는 사실의 증거이다. 결함과 광기 사이의 모든 엄밀한 구별형태에 대한 무감각은 고전주의 시대의 의식에서 가장 본질적이고 아마 가장 책임이 있을 주체의 의지가 문제되는 결정적인 선택으로 이성-비이성의 분할이 실현되는 더 깊은 영역이 있음을 말해준다. 고전주의 시대의 의식은 명백히 수용의 실천에서도, 수용의 정당화 작업에서도 명료하게 표출되지 않았지만, 17세기에 계속해서 무언無言의 상태로 남아 있었던 것이 아니라, 다른 간접적 수단에 의한 이해를 가능하게 하는 철학적 성찰을 통해 표현되었다.

앞에서 우리는 데카르트가 회의懷疑의 진행과정에서 미칠 가능성을 어떤 결심에 의해 교묘히 피해 가는가를 살펴보았다. 다른 모든 형태의 오류와 환각이 확실성의 영역을 둘러쌌지만 다른 한편으로는 진리의 형태를 해방시킨 반면에, 광기는 배제되었을 뿐만 아니라 사유의 표면에 어떤 흔적도 어떤 흠집도 남기지 않았다. 회의의 체계와 진리를 향한 회의의 움직임에서 광기는 실효성이 전혀 없었다. 이제 광기의 문제가 극복할 수 있는 것임에 따라 데카르트가 광기의 문제를 교묘히 피해 갔는지, 만일 그렇다면 왜 피해 갔는지, 또는 그러한 광기의 거부가 회의의 수단으로서, 고전주의 세계에서 비이성의 새로운 지위를 드러내면서, 문화사의 차원에서 의미를 갖지 않을까 하고 자문해보는 것이 필요하다.

광기가 회의의 체계에 끼어들지 못하는 것은 광기가 언제나 현존하고 이와 동시에 의심하려는 의도와 처음부터 이 의도를 북돋우는 의지에서 배제되기 때문인 듯하다. 이성에 관한 애초의 기획에서 학문의 첫 번째 토대로 이르는 과정 전체는 광기의 가장자리를 따라가면서, 깨어 있는 상태를 유지하려는 단호한 의지, "오직 진리 탐구에만" 열중하려는 의도와 다른 것이 아닌 윤리적 결의決意에 의해 광기에서 끊임없이 벗어난다. 17 잠과 망상에 빠져드는 것의 영속적 유혹이 있는데, 이것은 이성을 위태롭게 하는 것이지만, 진실을 찾고자 하는 언제나 반복되는 결심 때문에 사라진다. "날마다 이어지는 일상생활에서 나는 부지불식간에 어떤 게으름에 이끌린다. 그리고 잠 속에서 상상의 자유를 누리던 노예가 잠에서 깨어나 자신의 자유가 단지 꿈일 뿐이라는 의심이 들기 시작할까 두려워하듯이 … 나는 이 무기력상태에서 빠져나오기를 두려워한다."18

회의는 방법적인 것인 한, 광기에 대한 호의好意를 매순간 자발적으로 떨쳐버리려는 각성覺醒의 의지에 에워싸이므로, 회의의 진행과정에서 광기를 단번에 제쳐놓는 것은 가능하다. 의심하는 사유가 사유와 사유하는 자를 내포하는 것처럼, 의심하려는 '의지'에서 무의지적으로 비이성에 매혹되거나 니체처럼 미친 철학자가 될 가능성은 사전에 배제되

---

17 *Discours de la Méthode*, IVᵉ partie, Pléiade, p. 147.
18 *Première méditation*, Pléiade, p. 272.

었다. 코기토**19**에 훨씬 앞서 의지 및 이성과 비이성의 선택 사이에 내포 관계가 아주 이른 단계에서 모습을 보인다. 고전주의적 이성은 진실이 완전히 밝혀진 끝에 도덕규범의 형태로 윤리와 마주치는 것이 아니다. 윤리는 비이성에 반대하는 선택으로서, 미리 준비된 모든 사유의 시초 始初부터 현존하고, 성찰을 따라 한없이 연장되는 그 표면은 이성의 주 도권主導權 자체인 자유의 경로를 나타내는 것이다.

고전주의 시대에 이성은 윤리의 공간에서 탄생한다. 그리고 아마 광기를 인식하거나, 사람들이 원하게 되듯이 광기를 인식하지 못하는 현상의 특별한 양식樣式을 결정할 것이다. 자유롭게 실행된 선택이 모든 이성의 배후에 숨겨 있듯이, 모든 광기의 배후에도 선택이 감추어져 있다. 이 점은 데카르트의 회의가 한결같이 절대적으로 요청하는 것에서 짐작할 수 있다. 비이성이 마음대로 배제되는, 이성을 구성하는 그 움직임은 스피노자의 성찰과 《오성의 개혁》**20**이라는 미완未完의 노력에서도 그대로 드러난다. 거기에서 이성은 "일상생활의 가장 빈번한 상황이 모두 헛되고 무의미하다"는 분명한 의식에 따라, 우선 세계의 모든 비이성에 반대하는 확연한 결단의 모습을 띤다. 그러므로 "발견될 경우 영원히 지속될 지상至上의 기쁨을 결실로 가져다줄" 소중한 것을 찾아 떠나는 것이 문제인데, 이것은 전체적 자연과의 결합을 통해 우월한 본성으로 접근하는 이성의 구체적 충만함 속에서 자유의 실행이 이루어진다는 것을 알아차릴 때 이길 수 있는 일종의 윤리적 내기이다. "그러한 본성이란 도대체 무엇일까? 우리는 그것이 생각하는 영혼과 전체적 자연 사이에 맺어지는 결합관계에 대한 인식이라는 것을 밝힐 것이다."**21**

---

19 *'나는 생각한다'에 해당하는 라틴어로서, 사유 주체로 생각하면 될 것이다.

20 *스피노자의 책 *Tractatus de intellectus emendatione*이다. 이 《인간오성 개혁론》에서 그는 유대 전통에 맞게 영적 여정(旅程)을 묘사하는 방식으로 자신의 방법론을 개진 (開陳)한다.

그렇게 되면 이 내기의 자유는 하나의 통일성 속에서 선택으로 사라지고 이성의 필요성으로 실현되면서 완결된다. 그러나 이와 같은 실현은 내쫓긴 광기를 토대로 해서만 가능했을 뿐이고, 끝까지 광기의 끊임없는 위험을 드러낸다.

19세기에 이성은 자유로운 선택의 공간에서가 아니라 실증적 필요성의 기반 위에서 비이성과 관계를 설정하려고 하게 된다. 그때부터 광기의 거부는 더 이상 윤리적 관점에서의 배제가 아니라 사전에 이미 벌어져 있는 공인公認된 거리이다. 이성은 더 이상 광기와 분리할 필요가 없는 것이 되고, 비록 광기로 흐르는 일이 일어난다 할지라도, 언제나 광기보다 선행하는 것으로 인정받아 마땅한 것으로 나타나게 된다. 그러나 고전주의가 이 근본적 선택을 이성실행의 조건으로 계속 간직하는 한, 광기는 자유의 섬광 속에서 모습을 드러낸다.

18세기에 "헌신적으로 유행을 쫓는" 여자나 자비심의 기미를 전혀 찾아볼 수 없는 사제가 정신이상자로 수용될 때, 이런 방식으로 광기를 정죄하는 판단은 도덕적 전제前提를 감추고 있지 않다. 단지 이성과 광기의 윤리적 분할만을 드러낼 뿐이다. 19세기에 통용되는 의미에서의 "도덕"의식으로 무장하게 되는 사람들만이 이전 시대에 광인들에게 가해진 비인간적 취급에 분개하거나, 광포함이나 우울증 또는 히스테리의 특성과 치료에 관해 그토록 많은 의사가 학술서學術書를 썼던 시대에 광인들이 병원에서 진료받지 못했다는 사실에 놀랄 수 있게 된다. 사실 실증과학으로서의 의학은 가능한 모든 이성을 생성生成시키는 윤리적 분할에 영향을 미칠 수 없었다. 고전주의적 사유에서 광기의 위험은 결코 구현된 이성의 동요나 인간적 비애감을 보여주는 것이 아니라, 자유

---

21 *Réforme de l'entendement.* Trad. Appuhn, Œuvres de Spinoza, éd. Garnier, t. I, pp. 228~229.

의 단절이 인간의 얼굴 자체를 이성과 함께 탄생하도록 하게 되어 있는 그 영역과 관계가 있다.

피넬의 시대에 이르러 이성과 윤리의 근본적 관계가 도덕과 이성의 부차적 관계로 뒤바뀌고 광기가 외부로부터 이성에 초래된 무의지적 재난災難에 지나지 않게 될 때에야, 구빈원에서 광인들이 처한 상황은 분명히 밝혀지게 되고 이러한 상황에 대해 사람들은 두려움 섞인 혐오감을 내보이게 된다. 사람들은 "무고한 이들"이 "죄인"으로 취급되었다는 사실에 분개하게 된다. 이는 광기가 인간의 구성요소라는 지위를 결국 인정받았다거나 정신병리학이 역사상 처음으로 야만적 선사시대에서 벗어나 발전하기 시작했다는 것을 의미하는 것이 아니라, 인간이 광기에 대한 본래의 관계를 변화시켰고 인간 자신의 사회적 능력에 비추어서만, 그리고 인간에게 일어나는 질병이라는 사고事故로만 이 관계를 인식한다는 것을 의미하는 것이다. 그때 사람들은 고전주의 시대의 인간이 이성을 구성하고 따라서 인간 자신을 구성하는 선택과 광기의 가능성이 동시대의 현상이라는 사실을 더 이상 이해하지 못하게 되고, 광인들을 교도소나 형무소의 깊숙한 곳에 방치하는 것을 비인간적 처사로만 판단하게 된다. 그래서 17세기나 18세기에는 광기를 '인간적으로' 다루는 것이 전혀 중요한 문제로 대두되지 않은 것이다. 왜냐하면 광기는 이를테면 인간으로 하여금 합리적 본성의 자유로운 실천을 시작하게 만드는 선택의 이면裏面을 형성하는 당연히 비인간적인 것이기 때문이다. 광인들이 경범죄자들 사이에 놓이는 현상에는 무분별도 혼동도 선입견도 없다. 거기에는 광기로 하여금 광기에 고유한 언어를 말하도록 하려는 확고한 의도가 있다.

이성과 시대를 같이하는 이러한 선택과 자유의 경험은 비이성을 따라 단절 없이 전개되는 연속성을 확립하는데, 이것은 고전주의 시대의 인간에게는 명약관화明若觀火한 일이다. 이에 따라 풍기문란과 정신이상, 실질적 광기와 가장된 광기, 섬망譫妄과 거짓말은 사실상 동일한 곳에서 탄생하고 당연히 동일한 취급을 받는다. 그렇지만 '정신이상자들'은 수용의 세계에서 특별한 자리를 차지한다는 것을 잊어서는 안 된다. 그들의 지위는 경범죄자와 같은 취급을 받는 것으로 귀착되지 않는다. 비이성에 대한 일반적 이해방식에는 엄밀한 의미에서의 광기와 관련되고 정확한 의미의 구분 없이 정신이상자, 미쳤거나 탈이 난 정신의 소유자, 괴짜, 정신착란에 빠진 사람으로 지칭되는 이들을 대상으로 하는 특별한 조정調整기능 같은 것이 있다.

이 특별한 형태의 이해방식은 비이성의 세계에 있는 광기의 고유한 모습을 그려낸다. 이러한 이해방식은 첫째로 추문과 관련된다. 가장 일반적 형태의 수용은 추문을 피하려는 의지에 의해 설명되거나 아무튼 정당화된다. 그것은 죄악의식에서의 중요한 변화를 알려주는 것이기도 하다. 르네상스 시대는 비이성의 형태들을 백일하白日下에 드러나도록 자유롭게 내버려 두었고, 이것들의 공공연한 표출은 본보기와 속죄의 작용력을 죄악에 부여했다. 15세기에 질 드 레[22]는 "이단자, 다시 이단에 빠진 자, 마술사, 남색가, 악령을 불러내는 자, 점쟁이, 무고한 자

---

22 *Gilles de Rais(Rays, 또는 Retz) (1400 경~1440). 프랑스의 원수(元帥), 잔 다르크의 동료로서 1435년 경 은퇴하여 막대한 재산을 낭비하면서 살아간다. 과시적 사치를 좋아하고 황금을 탐하는 그는 연금술과 악마의 마법에 빠져 140~300명의 어린이를 살해한 것으로 추정된다. 그의 악랄한 짓에 대한 소문이 끊이질 않자 세속 및 종교 재판에 회부되어 사형선고를 받고 처형당한다.

들을 죽이는 자, 배교자背敎者, 우상숭배자, 고집스럽게 신앙에서 벗어나는 자"[23]였고 이러한 죄목으로 고발된 자로서, "만 명의 사람을 죽이기에 충분한" 이 죄들을 결국 재판이 아닌 고해告解를 통해 자백한다. 그는 재판관들 앞에서 라틴어로 이 자백을 되풀이한다. 그리고 나서 "대부분이 라틴어를 모르는 방청객傍聽客들 각자에게 들려준 바로 그 고해를 대중의 언어로 공시公示하고 방청객들에게 설명하기를, 그리고 그에게는 치욕이 되겠지만, 그에 의해 저질러진 죄들의 폐기廢棄를 위한 하느님의 호의와 그의 죄에 대한 용서를 좀더 쉽게 얻기 위해, 범법행위들의 공포公布와 고백을" 스스로 요청한다.[24] 세속의 소송에서도 회중會衆 앞에서 동일한 고백이 요구된다. "그에게 자신의 범죄사실을 전부 말하라는 재판장의 명령이 내려졌고, 그가 느낄 수치는 그가 받아야 할 형벌을 일부분이나마 경감시켜 줄 수 있을 것이다." 17세기까지 가장 폭력적이고 가장 비인간적인 죄악은 확연하게 드러날 경우에만 상쇄되거나 억제될 수 있다. 빛 속에서 고백과 처벌이 실행되는 것만이 악을 생겨나게 하는 어둠을 상쇄시킬 수 있다는 것이다. 악은 극치에 이르러 사라지기에 앞서 반드시 대중 앞에서 고백되고 표명되어야 한다는 악의 순환적 실현과정이 있다.

이와 반대로 수용은 비인간적인 것이 수치만을 유발한다는 식의 의식을 보여준다. 전염력傳染力을 갖고 추문을 퍼뜨릴 수 있는 악의 양상들이 있는데, 이것들은 공개되면 될수록 한없이 증가할 것이다. 망각만이 이것들을 일소할 수 있다. 어떤 독살毒殺사건에 대해 퐁샤르트랭은 공개재판소가 아니라 은밀한 보호시설을 권장한다.

---

23 기소장의 제41조, Hernandez, *Le Procès inquisitorial de Gilles de Rais*, Paris, 1922에 인용된 프랑스어 번역.

24 이 소송 사건을 다룬 여섯 번째 심리(審理) (in *Procès de Gilles de Rais*, Paris, 1959), p. 232.

"예심豫審이 진행되었을 때 파리의 일부분에서 지대한 관심이 일었기 때문에, 국왕께서는 그토록 많은 사람들에 대해 소송을 제기하도록 해서는 안 된다고 생각하셨는데, 그들 중에서 여러 사람은 범죄를 잘 알지 못하면서 범죄에 빠져들었고, 또 어떤 사람들은 오로지 범죄를 저지를 용이함 때문에 범죄의 길로 접어들었을 뿐이다. 폐하께서는 절대적으로 잊혀지게 해야 할 몇 가지 범죄가 있다는 것을 확신하고 계시기 때문에 그만큼 더 흔쾌히 결정을 내리셨다."[25]

본보기가 될 위험은 차치하더라도, 가문의 명예와 종교의 명예를 고려하여 환자에게 수용시설을 권하는 것이다. 생-라자르에 수용해야 하는 어떤 사제에 대해 "예를 들면 종교의 명예와 성직聖職의 명예를 위해 아무리 세심하게 숨겨도 지나치지 않을 그러한 성직자"[26]라고 언급한다는 것은 의미심장하다. 훨씬 나중에 18세기에도 말제르브[27]는 불명예를 피하고 싶어하는 가족의 권리로서 수용을 옹호한다. "야비한 짓이라 불리는 것은 공공질서에 의해 용인될 수 없는 행동에 속한다. … 천박하고 비열한 소행으로 부모를 부끄럽게 만드는 자를 사회에서 사라지게 하는 것은 가족의 명예를 손상시키지 않기 위해 당연히 요구되는 것이다."[28] 반대로 추문의 위험이 사라지고 가족이나 교회의 명예가 더 이상 손상되지 않을 때에는 석방명령이 내려진다.

바르주데 사제는 이미 오래 전부터 감금되어 있었고, 그의 요청에도

---

25 *Archives Bastille*, Ravaisson, XIII, pp. 161~162.

26 B. N. Fonds Clairambault, 986.

27 *Chrétien Guillaume de Lamoignon de Malesherbes(1721~1794). 프랑스의 사법관 겸 정치가. 《백과전서》의 출간에 도움을 주기도 한다. 대혁명 초에 프랑스를 떠나지만 1792년 7월 왕을 보필하기 위해 프랑스로 다시 들어와 활동하다가 이듬해에 반혁명 용의자로 체포되어 단두형(斷頭刑)을 당한다.

28 Pietrie, *La Réforme de l'Etat*, p. 257에서 재인용.

불구하고 결코 석방이 허용되지 않았지만, 늙고 병들자 추문의 가능성이 사라졌다. 아르장송은 다음과 같이 기록한다. "게다가 그는 마비상태가 계속되고 있고, 글을 쓸 수도 서명할 수도 없다. 나는 그를 풀어주는 것이 정의와 자비에 합당한 일이리라고 생각한다."[29] 비이성에 가까운 이러한 모든 악의 형태들은 철저하게 감추어져야 한다. 비인간적인 것 앞에서 고전주의는 르네상스 시대가 느끼지 못한 수치심을 맛본다.

그런데 이러한 은폐의 대상에 예외가 하나 있다. 광인의 경우가 그것이다.[30] 정신이상자를 보여주는 것은 아마 중세부터의 매우 오래된 풍습이었을 것이다. 독일의 광인탑狂人塔들 가운데 몇몇은 창문에 창살이 설치되어 있어서, 거기에서 밖을 내다보는 광인을 밖에서 바라볼 수 있었다. 이런 식으로 광인은 도시의 성문 부근에서 구경거리가 되었다. 이상한 사실은 보호소들의 문이 다시 닫힌 시대에도 이러한 풍습이 사라지지 않고 오히려 파리와 런던에서 거의 제도의 성격을 띠면서 발전했다는 점이다. 영국 하원에 제출된 한 보고서에 따르면, 1815년에도 베들리헴 구빈원은 일요일마다 1페니를 받고 난폭한 미치광이들을 보여준다. 그런데 이렇게 해서 벌어들인 수입이 거의 400파운드에 달했다. 이로 미루어 1년에 무려 9만 6천 명의 사람이 그들을 보려고 방문한 셈이다.[31] 프랑스에서는 대혁명의 시기까지도 일요일이면 비세트르에서 산책하면서 심한 정신이상자들을 구경하는 것은 센 강 좌안左岸에 사

---

29 B. N. Fonds Clairambault, 986.

30 성병환자들이 공시(公示)되는 일도 있었다. 그러나 이는 매우 나중에 일어난 일이며 아마 광인들에 관련된 관행의 영향 때문이었을 것이다. 라사르 신부는 자신의 《회상록》에서 콩데의 군주가 앙갱 공을 대동하고 그에게 "악덕의 공포를 불어넣기" 위해 성병환자들을 방문한 사실을 이야기한다. (f° 25).

31 네드 워드는 《런던 스파이》에서 총수입 2페니를 인용한다. 18세기 중에 입장료가 인하되었다는 것은 충분히 있을 수 있는 일이다.

는 부르주아의 소일거리 가운데 하나였다. 미라보32의 《한 영국 여행자의 관찰기觀察記》를 읽어보면 알 수 있듯이, 동전을 하나 던져주고 싶어하는 맨 앞의 시골 사람에게 비세트르의 광인들은 "호기심을 자극하는 동물 같은" 구경거리였다. 생-제르맹 장터에서 원숭이를 훈련시키는 뱃사공처럼 간수는 광인들을 보여주게 된다.33 어떤 감옥지기들은 광인들에게 채찍질을 해대면서 그들로 하여금 수차례 춤과 묘기를 보이도록 만드는 능숙한 재주로 유명했다. 18세기 말에 유일하게 완화된 것은 마치 광기가 무엇인가를 증언하는 일이 광기 자체의 책무이기라도 한 듯이 광인들을 보여주는 수고가 정신이상자들에게 맡겨진다는 점일 뿐이다.

"인간의 본성을 결코 왜곡하지 말자. 영국 여행자가 광인들을 보여주는 직책을 가장 잘 훈련된 인간보다 상위의 것으로 간주하는 것은 옳다. 우리는 이 점을 이미 지적했다. 모든 것에는 해결책이 있는 법이다. 광인들은 정신이 멀쩡해지는 시간에 동료들을 보여주는 수고를 떠맡고, 그리고는 서로 임무를 교대한다. 그리하여 이 불행한 사람들의 간수는 아마 조금은 언짢은 표정으로 이 구경거리가 가져다주는 이득을 누린다."34

---

32 *Comte de Mirabeau (1749~1791). 프랑스 혁명기의 정치가. 국민의회 의장을 역임한 온건 입헌군주주의자이다.

33 "예전에는 모든 사람에게 비세트르 관람이 허용되었으며, 날씨가 좋을 때에는 매일 적어도 2천명의 사람들이 입장했다. 구경꾼들이 손에 돈을 들고 한 안내자를 따라 미치광이들의 구역으로 들어갔다."(*Mémoires de Père Richard, loc. cit.,* f° 61). 거기에서 사람들은 "짚더미 위에 누워 있는" 한 사제, "그를 미치광이로 만든 것은 사람들의 불의였기 때문에" 구경꾼들을 보면 광폭하게 날뛰는 한 선장, "노래를 아주 멋들어지게 잘하는" 한 젊은이를 볼 수 있었다. (*ibid.*).

34 Mirabeau, *Mémoires d'un voyageur anglais*, 1788, p. 213, note 1.

이제 광기는 조용한 보호소에서 구경거리로 떠오르고 모든 이의 즐거움을 위한 추문이 된다. 비이성은 수용시설의 폐쇄성으로 인해 감추어져 있었지만, 광기는 계속해서 세계의 무대 위로, 그것도 예전보다 더욱 찬란한 모습으로 드러난다. 심지어 제1제정시대에는 중세와 르네상스 시대보다 이러한 정도가 더 심하게 된다. '푸른 배'라는 이름의 이상한 평신도회는 예전에 등장인물들이 광기를 흉내 내는 공연물을 제공했으나,[35] 이제는 광기 자체, 실제의 광기가 공연된다.

샤랑통의 원장 쿨미에는 19세기의 처음 몇 년 동안 광인들이 어떤 때는 배우의 역할을, 또 어떤 때는 구경당하는 구경꾼의 역할을 맡는 유명한 공연물을 조직했다. "이 연극공연에 참여하는 정신이상자들은 경박하고 생각이 모자라며 때때로 심술궂은 일반인들의 관심과 호기심의 대상이었다. 이 불행한 사람들의 기묘한 태도, 그들의 몸가짐은 참석자들의 조롱 섞인 웃음, 모욕적인 동정을 샀다."[36] 광기는 사드가 절대적인 힘을 확대하고[37] 자기확신과 자기만족에 찬 이성에 심심풀이로 제공되는 세계에서 순수한 구경거리가 된다. 19세기 초까지, 그리고 루아예-콜라르가 분개하는 시기까지, 광인들은 여전히 괴물로, 다시 말해서 보여질 가치가 있는 존재자 또는 사물로 남아 있게 된다.

수용은 비이성을 숨기고, 비이성이 불러일으키는 수치를 드러내지만, 광기를 명백히 보여주고 손가락으로 가리킨다. 역사상 처음으로 사람들은 무엇보다 먼저 추문을 피하려는 생각을 하지만, 그 다음으로 곧장 추문을 조직화하는데, 이것은 정말 이상한 모순이다. 고전주의 시대는 비이성의 전반적 경험 속에 광기를 숨기고, 중세와 르네상스 시

---

35 *Supra*, 제1장 참조.

36 Esquirol, "Mémoire historique et statistique de la Maison Royale de Charenton", in *Des maladies mentales*, II, p. 222.

37 *Ibid.*

대에 정말로 개별화되었던 광기의 특이한 형태들을 비이성의 모든 형태와 광기가 무차별적으로 인접해 있다는 일반적 두려움 속으로 흡수한다. 이와 동시에 이러한 두려움으로 인해 동일한 광기에 특별한 표지標識, 즉 질병이 아니라 고양된 추문이라는 표지가 붙는다. 그렇지만 18세기에 이루어진 광기의 이러한 조직적 표출과 광기가 자유롭게 모습을 드러내던 르네상스 시대의 분위기 사이에는 어떤 공통점도 없다. 그때에 광기는 도처에 현존했고, 이미지나 위험을 통해 모든 경험에 섞여 들었다.

고전주의 시대에도 사람들은 광기를 보여주기는 하지만, 창살로 차단되어 있는 모습을 보여준다. 광기는 사람들의 눈에 분명히 보여지기는 하지만, 더 이상 광기와 연관성이 없고 너무 많은 유사성에 의해 더 이상 위태롭게 된다고 느끼지 않게 되어 있는 이성의 시선 아래에서 거리를 두고 보여질 뿐이다. 광기는 바라보는 것이 되었다. 즉, 깊숙한 안쪽에 자리 잡고 있는 괴물이 아니라, 기이한 기제機制를 지닌 동물, 오래 전부터 인간이 사라지고 없는 동물적 모습이 되었다. "나는 정말로 손, 발, 머리가 없는 사람을 머릿속에 떠올릴 수 있다(왜냐하면 우리는 머리가 발보다 더 필요하다는 것을 경험으로 알고 있기 때문이다). 그러나 사고력 없는 인간을 머릿속에 그려볼 수는 없다. 그런 인간은 돌이나 짐승일 것이다."**38**

데포르트는 〈정신병자 담당부서에 관한 보고서〉에서 비세트르의 숙소들을 18세기 말에 실재했던 모습 그대로 묘사하고 있다. "가구라 할 만

---

38 Pascal, *Pensées*, éd. Brunschvicg, n. 339.

한 것은 밀짚이 깔린 그 초라한 침대밖에 없어서 머리, 발, 몸통을 벽면에 밀착하고 누워야 하는 불우한 사람은 잠을 잘 때마다 그 돌무더기에서 졸졸 흘러나오는 물에 축축이 젖지 않을 수 없었다." 살페트리에르의 숙소들로 말하자면 그곳들은 "더욱 음산하고 흔히는 더욱 치명적인 주거지"가 된 곳으로서, "겨울에 센 강의 물이 불어날 때면 하수구와 같은 높이에 위치한 까닭에 훨씬 더 비위생적이게 되었을 뿐만 아니라 커다란 쥐들이 물을 피하려고 떼를 지어 몰려드는 장소가 되었다. 밤이 되면 이 쥐들은 거기에 갇혀 있는 불행한 사람들에게로 달려들어 여기저기를 조금씩 물어뜯었다. 광인들은 발, 손, 그리고 얼굴까지 물어뜯긴 자국으로 뒤덮었다. 이 찢긴 상처는 흔히 위험한 것으로서 여러 사람들의 목숨을 앗아갔다." 그런데도 바로 이러한 지하독방과 숙소는 오래 전부터 가장 위험하고 가장 난폭한 정신병자들의 전용거처로 정해진다. 좀더 조용하고 덜 위험한 정신병자들은 어느 정도 넓은 감방에 수용된다. 튜크의 가장 활동적인 제자들 가운데 한 사람인 고드프리 히긴스는 20파운드를 지불하고 자원自願 검사관의 자격으로 요크의 보호소로 왕진할 권리를 얻었는데, 어느 날 회진 중에 교묘하게 숨겨진 문과 가로 길이가 8피트(넓이가 약 6제곱미터)인 방을 발견한다. 여자 13명이 밤을 보내는 방이었다. 낮에 그 여자들은 약간 더 넓은 방에서 생활하게 되어 있었다.**39**

이와 반대로 정신이상자들이 특히 위험하게 처신하는 경우에 그들은 아마 징벌의 성격을 갖지는 않을 터이지만 단지 미쳐 날뛰는 광인들의 물리적 한계를 좁게 정하게 되어 있을 뿐인 속박체계에 들어가게 된다. 그들은 통상적으로 벽과 침대에 사슬로 묶인다. 베들리헴에서 흥분한 광녀狂女들은 쇠고리에 의해 긴 회랑回廊의 벽에 묶인 상태로, 단지 거

---

39 D. H. Tuke, *Chapters on the History of the Insane*, p. 151.

친 모직으로 된 긴 겉옷만을 걸치고 있었다. 베드날 그린에 위치한 또 다른 구빈원에서 한 여자는 격렬한 발작을 일으키자 다리와 손이 묶인 채로 돼지우리에 처넣어졌다. 발작이 지나가고 나자 얇은 덮개천만이 깔린 침대에 붙들어 매였다. 몇 걸음 걷는 것이 허용되었을 때에는 두 다리 사이에 쇠막대기가 끼워 넣어졌다. 이 쇠막대기는 고리로 발목에 고정되었고 짧은 사슬로 족갑足匣에 부착되었다.

새뮤얼 튜크는 〈빈곤한 정신병자들의 상황에 관한 보고서〉에서 광포하기로 유명한 광인을 제지하기 위해 베들리헴에 설치된 제법 정교한 방법을 세부적으로 묘사하고 있다. 그 광인은 높은 벽을 관통하는 긴 쇠사슬에 매어 있었고, 그래서 간수는 외부에서 그의 움직임을 통제하고 그를 이를테면 꼭두각시처럼 마음대로 부릴 수 있었다. 그의 목에는 쇠고리가 걸려 있었는데, 이것은 짧은 사슬로 또 다른 고리에 연결되어 있었고, 이 고리는 양쪽 끝이 감방의 바닥과 천장에 고정된 굵은 수직 쇠막대기를 따라 위아래로 미끄러지듯 움직였다. 베들리헴이 개혁되기 시작했을 때 한 남자는 이와 같은 속박체계가 갖춰진 그러한 감방에서 12년 동안이나 갇혀 있었다.[40]

이러한 관행들은 이처럼 극단적 폭력성을 띠게 될 때, 더 이상 실행해야 할 처벌에 대한 의식에 의해서도, 교정의 의무에 의해서도 활성화되지 않는다는 것이 분명하게 드러난다. '뉘우침'의 관념은 이 체제와 전적으로 무관하다. 당시의 수용시설에 수시로 출몰하는 것은 일종의 동물성의 이미지이다. 광기는 짐승의 모습을 띤다. 감방의 벽에 사슬로 묶여 있는 사람들은 이성이 혼란된 사람이라기보다는 오히려 본능적 격분激憤에 휩싸인 짐승이다. 마치 광기의 가장 완화된 형태들이 갇혀 있는 그 도덕적 비이성의 공간에서 광기가 풀려나 극단으로 치닫고는

---

40 그의 이름은 노리스이다. 그는 석방되고 나서 1년 뒤에 죽었다.

지배력을 갖기 위한 술책에 의해 동물성의 직접적 난폭성과 합쳐지기라도 한 듯하다. 이러한 동물성의 모델은 강제로 보호소에 짐승의 우리와 동물원의 모습을 부여한다. 18세기 말에 코겔은 살페트리에르를 다음과 같이 묘사한다.

"분노의 폭발에 사로잡히는 광녀들은 숙소의 문에 개처럼 사슬로 묶여 있고, 철망이 처져 있는 긴 회랑에 의해 여간수와 방문객으로부터 분리되어 있다. 그녀들은 이 철망을 통해 음식과 밀짚을 제공받고 밀짚 위에서 잠을 잔다. 광녀들 주위의 오물을 일부분이나마 끄집어내는 데에는 갈퀴가 이용된다."[41]

낭트의 구빈원은 동물원의 개별적 맹수우리의 모습을 띠고 있다. 에스키롤은 "지하감방의 문을 단단히 잠그는 그렇게 커다란 자물쇠, 빗장, 쇠막대"는 본 적이 없다고 했다. " … 문 옆에 난 작은 구멍은 쇠막대와 겉창으로 튼튼하게 보강되어 있다. 이 구멍 바로 옆에는 사슬이 하나 걸려 있는데, 이 사슬의 한쪽 끝은 벽에 고정되어 있고, 다른 쪽 끝에는 나막신과 아주 유사한 모양의 주철鑄鐵 그릇이 달려 있다. 음식은 이 그릇에 담겨 구멍의 창살 사이로 건네진다."[42]

포데레[43]는 1814년 스트라스부르의 구빈원에 도착하여 일종의 인간 외양간이 매우 세심하고 정교하게 설치되어 있다는 것을 알아차린다. "성가시고 지저분한 광인들을 위해" 커다란 방의 끝부분에 "기껏해야 평균키의 남자 한 사람이 들어갈 수 있는 일종의 우리 또는 판자 장롱欌籠"을 설치할 계획이 제안되었다는 것이다. 바닥이 격자식으로 되어 있는

Coguel, *La Vie parisienne sous Louis XVI*, Paris, 1882.

42 Esquirol, *Des maladies mentales*, t. II, p. 481.

43 *François Emmanuel Fodéré(1764~1835). 프랑스의 의사로서 1814년 스트라스 부르에서 법의학 교수로 임명된다. 1817년에 출간된 *Traité du délire*는 그의 마지막 저서이다.

제1부

이 우리는 지면에 직접 닿지 않고 지면에서 15센티미터 정도 떨어져 있다. 이 우리의 바닥에 깐 오리목 위에는 약간의 밀짚이 던져져 있어서 "이 밀짚 위에서 정신이상자는 전라全裸 또는 반라半裸상태로 잠을 자고 휴식을 취하며 배설을 한다."[44]

물론 정신병자들의 폭력행위와 광포한 발작에 대비한 안전체계는 제대로 갖추어져 있다. 그러한 발작은 우선 사회적 위험으로 간주된다. 그러나 무엇보다도 중요한 것은 발작이 동물적 방종放縱의 모습으로 상상된다는 점이다. "광인을 인간으로 취급하지 않는다"는 이 부정적 사실은 매우 실증적 내용을 갖고 있다. 이 비인간적 무관심은 사실 강박관념과 같다. 이러한 냉혹성은 고대부터, 특히 중세부터 친숙한 낯섦, 위협적 경이驚異, 그리고 은밀한 불안의 중압감을 동물의 세계에 부여해 온 오랜 공포에 뿌리를 두고 있다. 그렇지만 온갖 상상적 풍경과 더불어 광기의 인식에 수반되는 이러한 공포는 두세 세기 후에 의미가 완전히 달라진다. 동물로의 변신變身은 더 이상 악마적 힘의 가시적 징후도 아니고 비이성의 악랄한 연금술도 아니다. 인간 속의 동물은 더 이상 저승의 세계를 가리키는 지표의 가치를 갖지 않을 뿐만 아니라, 광기 이외의 다른 어떤 것과도 관계가 없는 인간의 광기, 곧 자연상태에 놓여 있는 인간의 광기가 되었다. 광기 속에서 미쳐 날뛰는 동물성은 인간의 마음속에 있을 수 있는 인간적인 것을 인간에게서 박탈하지만, 이것은 인간을 다른 신비로운 세력에 넘겨주기 위한 행위가 아니라, 다만 인간 본성의 영도零度에 인간을 놓기 위한 것일 뿐이다. 고전주의의 입장에서 광기는 그 최종적 형태들을 생각해볼 때, 어떤 다른 준거도 어떤 방책도 없이 인간의 동물성과 직접적 관계를 맺는 인간이다.[45]

---

44 Fodéré, *Traité du délire appliqué à la médecine, à la morale, à la législation*, Paris, 1817, t. I, pp. 190~191.

(1) 광기에 동물성이 현존한다는 이러한 생각은 언젠가는 진화론적 관점에서 질병의 징후, 더 나아가 질병의 본질로 여겨지게 된다. 그러나 고전주의 시대에 이러한 현존은 특이한 섬광閃光을 발하면서 "광인은 병자가 아니라는" 바로 이 사실을 나타낸다. 실제로 광인은 동물성으로 인해, 인간에게 있을 수 있는 연약함, 불안정, 병약함으로부터 멀어진 존재이다. 광기의 동물적 견실성, 그리고 광기가 짐승의 맹목적 세계에서 빌려오는 그러한 두께는 광인을 굶주림, 더위, 추위, 고통에 강한 자로 만든다. 광인들이 비참한 생활을 무한히 견딜 수 있다는 것은 18세기 말까지 널리 알려져 있는 사실이다. "광인들을 보호하는 것은 쓸데없는 일이고, 그들을 덮어주고 따뜻하게 해줄 필요는 없다." 1811년 새뮤얼 튜크는 남부의 주州 '구빈원'을 방문하는 중에 문의 창살 구멍을 통해 빛이 들어오는 감방을 본다. 여자들은 모두 완전히 발가벗고 있었다. 그런데 "날씨가 아주 혹독하게 추워서 전날 저녁에는 기온이 영하 18도를 기록했다. 그 불행한 여자들 가운데 한 사람은 덮을 것도 없이 듬성듬성 깔린 밀짚 위에 누워 있었다."

아무리 혹독한 기후라도 동물처럼 참아내는 정신병자들의 이러한 소질素質은 피넬에게도 여전히 의학적 신조信條가 된다. 그는 "몇몇 정신병자가 남녀를 가리지 않고 가장 혹독하고 가장 오래 지속되는 추위를

---

45 인간 자신의 마음속에서 동물성에 대해 변신력 (變身力) 으로서가 아니라 인간 본성의 한계로서 확립되는 이 도덕적 관계는 마튀랭 르 피카르의 한 텍스트에 정확하게 표현되어 있다. "인간은 탐욕스러움 때문에 늑대이고 예민함 때문에 사자이고 사기와 협잡 때문에 여우이고 위선 때문에 원숭이이고 질투 때문에 곰이고 복수심 때문에 호랑이이고 음해 (陰害), 신성모독, 비방 (誹謗) 때문에 개이고 인색함 때문에 흙을 먹고사는 뱀이고 일관성이 없기 때문에 카멜레온이고 이단 (異端) 때문에 표범이고 눈의 음란함 때문에 바실리스코스 (보기만 해도 사람을 죽인다는 뱀 — 역자) 이고 음주벽 (飮酒癖) 때문에 언제나 갈증으로 목이 타는 용 (龍) 이고 사치 때문에 돼지이다" (Le Fouet des Paillards, Rouen, 1623, p. 175).

끈기 있게 쉽사리 견디어내는"것에 대해 언제나 찬탄하게 된다. "공화력 3년 설월雪月에 온도계가 영하 10도, 11도, 그리고 16도까지 내려간 며칠 동안 비세트르 구제원의 한 정신병자는 자신의 모직 담요를 빼앗겨 버려서 숙소의 차디찬 마루판 위에 누워 있을 수밖에 없었다. 사람들이 아침에 문을 열자 그는 통로 안쪽에서 속옷 차림으로 달리다가 얼음과 눈을 한 주먹 집어 가슴에 올려놓고 일종의 희열에 젖어 녹이고 있었다."[46] 광기는 동물적 잔인성을 내포하기 때문에 인간을 질병의 위험으로부터 지켜주고, 인간을 자연이 지혜롭게도 동물에게 마련해준 것과 유사한 불요불굴성不搖不屈性에 가까이 다가서도록 한다. 기이하게도 이성의 혼란은 동물성으로의 회귀로回歸路를 통해 자연의 직접적 호의를 광인에게 다시 가져다준다.[47]

(2) 그래서 이와 같은 극단적 지점에서 광기는 예전보다 더 의학의 영역에 속하지 않는 것이 되고, 더 한층 교정의 영역에 속하지 않을 수 없게 된다. 폭발한 동물성은 '엄격한 조련'과 '우둔화'愚鈍化를 통해서만 제어할 수 있는 것이다. 광인-동물의 주제는 18세기에 때때로 정신병자들에게 강요하려고 한 교육에서 실질적으로 구현되었다. 피넬은 "프랑스 남부에 자리 잡은 매우 유명한 수도원 시설"의 경우를 예로 든다. 그곳의 한 괴상한 정신이상자는 "변하라는 분명한 명령"을 통지받고, 잠자리에 들려고도 먹으려고도 하지 않았다. "탈선의 태도를 버리지 않

---

46 Pinel, *Traité médico-philosophique*, t. I, pp. 60~61.

47 이와 동일한 주제의 다른 표현으로 비세트르(생-프리 구역)의 정신이상자들에게 부과된 식이요법을 들 수 있을 것이다. "하루에 흑빵 1.5파운드, 빵에 따른 수프, 일요일과 수요일과 목요일에 쇠고기 4분의 1파운드, 월요일과 금요일에 완두콩이나 누에콩 3분의 1리트론, 토요일에 치즈 1온스"(*Archives de Bicêtre*, Règlement de 1781, chap. V, art. 6).

는 탓에 이튿날 쇠힘줄 채찍으로 10번 내리치는 형벌을 받게 될 것이라는 통고가 그에게 전해졌다." 반면에 굴복하고 순종할 경우에는 "구내 식당에서 교육담당자들과 함께 식사하는" 은전恩典을 베풀 터이지만, 조금이라도 잘못을 저지르면 당장에 "손가락을 막대기로 매섭게 칠 것이라는" 경고가 덧붙여졌다. **48** 이처럼 수용의 이 모든 '비인간적' 관행을 설명해주는 야릇한 변증법을 통해, 광기의 자유로운 동물성은 짐승 같은 것을 인간적인 것으로 높이는 것이 아니라 인간이 지닐 수 있는 순전히 동물적인 것으로 인간을 되돌리는 그러한 조련에 의해서만 제어될 뿐이다. 광기는 동물성의 비밀을 드러내는데, 이것은 광기의 진실이고, 광기는 이를테면 이 진실 속으로 흡수된다.

18세기 중엽에 스코틀랜드 북부의 한 농부는 조광증躁狂症 치유술로 한동안 이름을 날렸다. 피넬은 지나는 길에 그레고리라는 이 농부가 헤라클레스 조각상을 지니고 있었다는 점에 주목한다. "그의 방법은 정신병자들에게 가장 힘든 농사일을 시키면서, 어떤 정신병자들은 짐바리 짐승으로, 또 어떤 정신병자들은 하인으로 부려먹고, 조금이라도 반항하면 마구 내려쳐 순종하게 만드는 것이었다." **49** 광기가 동물성으로 귀착되면서, 광기의 진실과 동시에 광기의 치유법이 발견된 셈이다. 광인이 짐승이 되었을 때, 광기를 추문으로 만드는, 인간 속에 동물이 현존하는 현상이 사라진 것은 동물이 잠잠해졌기 때문이 아니라 인간이 파괴되었기 때문이다. 짐바리 짐승이 된 인간의 존재에서 이성의 부재는 지혜와 지혜의 명령을 따른다. 그때 광기는 바로 광기의 진실인 어떤 것으로 소외되기 때문에 치유된다.

---

48 Pinel, *loc. cit.*, p. 312.
49 Pinel, *op. cit.*, p. 312.

(3) 광기의 이러한 동물성에서 기계론적 심리학, 그리고 광기의 형태들을 동물계의 커다란 구조에 따라 분류하거나 판단할 수 있다는 주제를 연역하게 되는 시기가 올 것이다. 그러나 17~18세기에, 광기의 모습을 결정하는 동물성은 결코 광기의 현상들에 대한 결정론적 태도를 낳지 않는다. 이와는 반대로 그러한 동물성은 광기를 광포함이 거세게 닥치는 '예측 불가능한 자유의 공간' 안에 자리 잡게 만든다. 결정론이 광기를 좌우할 수 있다 해도, 이것은 속박, 처벌, 그리고 엄격한 조련의 형태 아래에서이다. 동물성을 통해 광기는 자연과 삶의 위대한 법칙이 아니라 오히려 동물 우화집의 수많은 형태와 합류한다. 중세에 널리 퍼졌고 그토록 많은 상징적 모습을 통해 악의 변모變貌를 이야기하던 동물 우화집과는 달리, 이 동물 우화집은 추상적인 것이다. 여기에서 악은 더 이상 환상적 모습을 띠지 않고, 사람들은 악의 가장 극단적 형태, 짐승의 내용 없는 진실만을 두려워할 뿐이다. 이 동물 우화집은 풍요로운 상상적 동물군動物群을 형성할 수 있었던 모든 것에서 벗어나서, 일반적 위협의 힘을 보존하는데, 그것은 잠들지 않고 단번에 이성을 난폭성 속으로, 그리고 진리를 정신이상자의 광포함 속으로 풀어놓는 동물성의 은밀한 위험이다. 실증적 동물학을 구성하려는 동시대의 노력에도 불구하고, 광기의 자연적 공간으로 인식된 동물성의 이러한 강박관념은 끊임없이 고전주의 시대의 지옥을 가득 채웠다. 수용의 모든 관행과 수용에 따른 야만성의 가장 기이한 양상을 탄생시킨 상상적 요소는 바로 이 강박관념이다.

중세에 프란체스코 수도회 운동이 시작되기 전에, 그리고 아마 이 운동 이후로 오랫동안, 이 운동에도 불구하고, 동물성과 인간 존재의 관계는 악의 은밀한 위력威力과 인간의 상상적 관계였다. 우리의 시대에 인간은 위계, 배열, 그리고 진화라는 자연적 실증성의 형태에 비추어 이 관계를 알아차린다. 그러나 첫 번째 관계유형에서 두 번째 관계유형으로의 변화는 바로 고전주의 시대에, 동물성이 여전히 부정성으로, 그러나 자연적 부정성으로 인식되었을 때, 다시 말해서 자연적 미분화 상태에서 인간의 본성을 파괴하는 광기의 절대적 위험 속에서만 인간이 동물과의 관계를 체험하게 된 시기에 이루어졌다. 광기를 이해하는 이러한 방식은 18세기에도 인간 본성에 대한 태도가 단순하거나 직접적이지 않았고 가장 혹독한 부정성의 형태들을 거쳐갔다는 증거이다. **50**

서양 문화가 실제로 그랬듯이 광기의 이해를 인간이 동물과 맺는 관계의 상상적 형태에 연결짓는 것은 아마 서양 문화에 본질적이었을 것이다. 처음부터 서양 문화는 동물이 자연의 충만함, 지혜, 질서에 속한다는 것을 자명한 사실로 가정하지 않았다. 이러한 관념은 나중에 나났고, 오랫동안 문화의 표층에 머무르게 되며, 어쩌면 상상력의 숨겨진 공간으로 깊이 스며들지 않았을 것이다. 사실 이 공간을 정말로 살펴보고 싶어하는 사람이라면 누구나 동물이 오히려 반反자연에, 질서를 위협하고 폭력성으로 인해 자연의 긍정적 지혜를 위태롭게 하는 부정성에 속한다는 것을 금방 아주 분명히 알아차리게 될 것이다. 로트레아몽의 작품은 이러한 사실의 증거를 지니고 있다. 서양인은 2천 년 동안 이성적 동물이라는 인간의 정의를 근거로 살아왔다는 것이 왜 필연적으로 이성과 동물성에 공통된 질서의 가능성을 서양인이 받아들였다는 것을 의미하는 것일까? 왜 서양인은 자신이 자연의 실증성 속으로 편입되는 방식을 이러한 정의定義로 나타내야 했을까? 그리고 아리스토텔레스가 실제로 말하고 싶어한 것과 관계없이, 폭발된 비이성의 공간에서 이성의 자유가 태동하고는 이 공간의 반대항反對項을 형성할 정도

---

50 사드의 본성 개념, 그리고 이 개념과 18세기 철학의 관계를 연구할 수고를 기꺼이 떠맡으려는 사람이라면 가장 극단적인 순수성 쪽으로 나아간 이러한 종류의 어떤 동향을 찾아낼 수 있을 것이다.

로 이 공간에서 떨어져 나온 방식을 이 "이성적 동물"이 서양 세계에 대해 오랫동안 나타냈다고 단언할 수는 없을까?

철학이 인간학으로 바뀌고 인간이 충만한 자연 속에서 자기 자신을 확인하고 싶어한 시기부터, 동물은 부정성의 위력을 잃었고, 그 결과로 자연의 결정론과 인간의 이성 사이에서, 진화의 실증적 형태가 되었다. 그때 이성적 동물이라는 관례적 문구의 의미는 완전히 변했다. 가능한 모든 이성의 기원起源에서 이 문구가 가리키는 비이성은 전적으로 사라졌다. 그때부터 광기는 인간의 동물성 자체에 입각하여 자연적 존재로 인정된 인간의 결정론에 종속되어야 했다. 고전주의 시대에, 광기에 대한 과학적이고 의학적인 분석은 우리가 나중에 알게 되겠지만 정말로 광기를 그러한 자연의 메커니즘에 편입시키려 한다는 것이 사실이라 해도, 정신이상자들을 대상으로 하는 실제의 관행은 광기가 여전히 동물성의 반자연적 난폭성에 사로잡혀 있었다는 것을 충분히 보여준다.

아무튼 수용을 통해 '비이성적인 것의 부도덕성'에서 추문을 면하게 하려고 애쓴 시대에 수용에 의해 고양高揚되는 것은 바로 이러한 '광기의 동물성'이다. 광기와 비이성의 다른 형태들이 뒤섞이거나 동화된 것은 사실이라 해도 이 양자 사이에서 고전주의 시대에 확립되는 거리는 여기에서 충분히 드러난다. 비이성의 단계가 전체적으로 침묵에 귀착한다면, 그러나 사람들이 광기로 하여금 그 추문의 언어를 말하게 허용한다면, 광기는 일반적 비이성이 전달할 수 없는 어떤 교훈을 줄 수 있을까? 광기의 발작과 정신이상자의 광포함은 다른 정신이상자들의 필시 더 분별 있게 들릴 말에서라면 찾아볼 수 없을 어떤 의미를 갖는 것일까? 도대체 어떤 점에서 광기는 더 특별하게 의미가 있는 것일까?

17세기부터 가장 일반적 의미에서의 비이성은 더 이상 교훈을 지니고 있는 것이 아니다. 르네상스 시대까지만 해도 그토록 가깝게 느껴지던 그 위험한 이성의 가역성可逆性은 잊혀지고 이성의 추문은 사라지게 되어 있다. 르네상스 시대의 기독교 체험에 그토록 밀접하게 연결되어 있던 십자가의 광기라는 커다란 주제는 17세기에 장세니즘51과 파스칼에도 불구하고 사라지기 시작한다. 더 정확히 말하자면 존속하기는 하지만 의미가 변질되고 방향이 전도된 듯하다. 희생犧牲이라는 위대한 비이성을 통해 이성이 상실되도록 인간의 이성에 대해 오만과 확실성의 포기를 요구하는 것은 이제 문제로 대두되지 않는다. 고전주의 시대의 기독교가 십자가의 광기에 관해 말할 때, 그것은 단지 거짓 이성만을 모욕하고 참된 이성의 영원한 빛을 분출시키기 위해서이다. 신의 광기가 인간을 빚어낸다는 것은 다만 이 세상에 사는 비이성적 인간들이 알아보지 못하는 지혜일 뿐이다. "십자가에 못 박힌 예수는 … 세상 사람들이 거리끼는 것이었고 세속의 눈에 무지와 광기로 보였다." 그러나 기독교적이게 된 세계, 그리고 역사의 대파란大波瀾과 인간의 광기를 가로질러 드러나는 그러한 신의 질서는 이제 "그리스도가 우리의 지혜에서 가장 높은 지점에 놓이게 되었다"52는 것을 보여주기에 충분하다.

광기와 기독교의 타락으로 인한 추문은 파스칼이 여전히 단호하게

---

51 *네덜란드의 신학자 Cornelius Jansen (일명 Jansenius)이 창시한 교설(敎說)로서 아우구스티누스의 설을 받들어 신의 주도권에 많은 무게를 두고 은총과 자유의 조화, 예정 구원설을 설파한다. 프랑스에서는 얀세니우스의 개인적인 친구 Duvergier de Hauranne, Port-Royal 수도원의 정신적 지도자 Saint-Cyran 사제에 의해 옹호된다. Richelieu의 정치적 반대자인 생-시랑이 1638년 감옥에 갇히자 그의 제자 Antoine Arnauld가 논쟁을 주도한다. 파스칼은 Provinciales (1656)를 통해 장세니즘의 편에서 예수회에 반격을 가한다.

52 Bossuet, *Panégyrique de saint Bernard*, Préambule, *Œuvres complètes*, 1861, I, p. 622.

비판하고 용감하게 반대한 바로서, 오래지 않아 기독교 사상에 대해, 어쩌면 그 모든 분노한 의식을 통해, 그만큼 많은 맹목적 영혼을 보여 준다는 의미를 제외하고는 어떤 의미도 갖지 않게 된다. "우주를 여러 분의 발 아래 놓이게 한 여러분의 십자가가 오만한 사람들의 광기와 추 문이 되도록 하지 마시오." 이제 기독교도들은 기독교의 비이성을 강생 降生한 신의 지혜와 동일하게 된 이성의 주변부로 밀어낸다. 그리스도 가 광기에서 비롯된 영광을 되찾도록 하기 위해서는, 추문이 또 다시 신을 현현顯現케 하는 힘을 갖도록 하기 위해서는, 비이성이 더 이상 이 성의 공공연한 수치가 아니도록 하기 위해서는, 포르-루아얄 이후로 두 세기를, 도스토예프스키와 니체를 기다려야 할 것이다.

그러나 기독교적 이성이 그토록 오랫동안 일체를 이루었던 광기에서 벗어나는 시기에, 광인은 이성의 폐기와 동물성의 맹렬한 기세를 통해 특이한 논증력을 부여받는다. 마치 인간이 신과 관계를 갖고 강생이 나 타나는 인간 위의 그 영역에서 내쫓긴 추문이 충만한 힘을 되찾고 새로 운 가르침에 가득 찬 상태로, 인간이 자연 및 인간의 동물성과 관계를 갖는 영역에서 다시 나타나기라도 한 듯하다. 교훈의 적용 지점은 광기 의 낮은 지대 쪽으로 옮겨갔다. 이제 십자가는 더 이상 추문의 관점에 서 고려되지 않게 마련이지만, 그리스도가 인간으로 사는 동안 광기를 영광스러운 것으로 존중한 듯하는 것을 잊어서는 안 된다. 그는 치유된 불구, 용서받은 죄, 영원한 풍요가 약속된 가난과 마찬가지로 광기를 신성시했다. 수용시설에서 정신착란 상태의 사람들을 돌보아야 하는 이들에게 성 뱅상 드 폴이 상기시키듯이, 그들의 "계율은 이 점에서 미 치광이, 마귀들린 사람, 광인, 시련에 빠진 사람, 악마에 들린 사람으 로 둘러싸여 있고자 한 우리의 주님이다."[53] 비인간적인 것의 위력에

53 Abelly, *Vie du vénérable serviteur de Dieu Vincent de Paul*, Paris, 1664, t. I,

휩싸인 그러한 사람들은 영원한 지혜를 대표하는 이들의 주위에서, 영원한 지혜를 구현하는 이의 주위에서 영속적인 찬양의 계기를 형성한다. 왜냐하면 그들은 그들에게 없다고 부인된 이성을 둘러싸고 찬미하며, 이와 동시에 이성에 대해 겸허해지고 신의 은총에 의해서만 이성이 부여된다는 것을 인정할 기회를 마련해주기 때문이다. 게다가 그리스도는 미치광이들에게 둘러싸이고 싶어했을 뿐만 아니라, 신의 화신化身으로서 인간쓰레기들의 온갖 비참함을 두루 살피면서 스스로 모든 이의 눈에 심신상실자로 통하기를 원했다. 그리하여 광기는 십자가에 의한 구원이 완성되기 전에, 인간이 된 신의 궁극적 형태, 마지막 단계가 된다.

"오 나의 구세주여, 당신은 유대인의 추문과 이방인의 광기에 몸을 맡기고자 했습니다. 당신은 정신나간 사람처럼 보이고자 했습니다. 그렇다, 우리의 주님은 복음서에 기록된 바대로 정신이상자로 통하기를, 사람들이 자신에게 광포하게 되었다고 믿기를 바라셨다. (그 분이 격분하셨기 때문이라고들 했다). **54** 사도들은 때때로 우리의 주님을 격노하는 사람으로 여겼다. 그들에게 우리의 주님은 그렇게 보였다. 이는 우리의 주님이 우리의 온갖 나약함을 불쌍히 여겼고 우리의 온갖 고난을 신성시했다는 것을 그들이 증언하도록 하기 위해서일 뿐만 아니라, 또한 그들과 더 나아가 우리로 하여금 온갖 나약함에 빠지는 이들에 대해 동정심을 갖도록 하기 위해서이다. "**55**

---

p. 199.

54 *Dicebant quoniam in furorem versus est. 여기에서 '격분했다'를 바로 뒤에서처럼 '광기에 빠졌다'라고 해석해도 틀린 것은 아니다.

55 Abelly, *ibid.*, p. 198 참조. 여기에서 성 뱅상 드 폴은 성 바울의 문구(고린도전서, 1장, 23절)를 암시한다. '유대인에게는 거리끼는 것이요 이방인에게는 미련한 것이다.'

그리스도는 이 세상에 와서 인간조건의 모든 징후와 은총을 잃은 자연의 상흔傷痕을 그대로 감내했다. 비참에서 죽음까지 그는 격정, 잊혀진 지혜, 그리고 광기의 길이기도 한 수난의 길을 따라갔다. 그리고 이제 광기는 수난의 형태들 가운데 하나, 어떤 관점에서 보자면 죽음 이전의 궁극적 수난의 형태였기 때문에, 광기로 고통받는 이들에게 존중과 연민憐憫의 대상이 되게 마련이다.

광기를 존중한다는 것은 광기에서 질병이라는 무의지적이고 불가피한 사고事故를 간파하는 것이 아니라, 인간적 진실의 그 하부한계, 우발적이지 않은 본질적 한계를 받아들이는 것이다. 죽음이 시간의 측면에서 인생의 끝이듯이, 광기는 동물성의 측면에서 인생의 종말이다. 그리고 죽음이 그리스도의 죽음에 의해 거룩하게 된 것과 마찬가지로, 광기는 가장 야만적 면모를 통해 거룩하게 되었다. 1654년 3월 29일 성 뱅상 드 폴은 수도회원 장 바로에게 형제 한 사람이 정신착란으로 생-라자르에 수용되었음을 알렸다. "사람들이 그의 죄를 용서하지 않으려 할 때, '그가 광기에 빠졌기 때문이다'라고 말하면서, 그가 처하게 된 상태를 통해, 우리의 주를 영광스럽게 해야 하네. 이는 신의 섭리에 의해 그러한 상태에 놓이게 될 이들을 거룩하게 하기 위해서라네."[56] 광기는 인간성의 가장 낮은 지점인데, 하느님은 강생降生의 삶 동안 이 지점에 이르렀고, 그럼으로써 속죄되고 구원받을 수 없는 비인간적인 것은 인간에게 하나도 없다는 것을 보여주고 싶어했다는 것이다. 타락의 최종적 지점이 신의 현존에 의해 찬미된 것이다. 그리고 17세기 동안 모든 광기가 여전히 지니고 있는 것은 바로 이와 같은 교훈이다.

비이성의 다른 형태들에 관한 추문이 그토록 세심하게 감추어질 때, 왜 광기에 관한 추문은 고양될 수 있는가를 여기에서 이해할 수 있다.

---

[56] *Correspondance de saint Vincent de Paul*, éd. Coste, t. V, p. 146.

전자는 과오와 불멸성57의 쉽게 전파되는 사례만을 내포하는 반면에, 후자는 인간이 타락으로 인해 어느 정도까지 동물성으로 이끌릴 수 있었는가, 그리고 신이 인간을 구원하는 데 동의할 때 신의 호의가 어디까지 미칠 수 있었는가를 인간에게 보여준다. 르네상스 시대의 기독교에서 비이성과 비이성에 관한 추문으로부터 얻을 수 있는 교훈의 가치 전체는 인간으로 강생한 신의 광기에 있었던 반면에, 고전주의 시대에 강생은 더 이상 광기로 여겨지지 않는다. 광기인 것은 인간이 짐승으로 구현되는 사태인데, 이것은 타락의 마지막 단계로서 인간의 허물을 가장 분명하게 나타내고, 신이 베푸는 호의의 최종적 대상으로서 보편적인 용서와 되찾아진 무구無垢의 상태를 상징한다. 이제부터 광기의 모든 교훈과 광기를 통한 가르침의 힘은 인간성의 하부극한이라는 그 어두운 영역에서, 인간이 자연과 연결되고 최종적인 실총失寵과 절대적 무구의 상태가 함께 있는 바로 거기에서 찾아야 할 것이다. 고전주의 시대에 성 뱅상 드 폴과 그의 수도회, 또는 자비의 형제회, 광기에 관심을 갖고 광기를 세상사람들에게 보여주는 그 모든 수도회가 상징하는 그러한 배려, 정신이상자들에 대한 교회의 배려는 교회가 광기에서 난해하지만 매우 중요한 교훈, 즉 인간에 깃들여 있는 동물의 비난받아 마땅한 무구성無垢性을 찾아냈다는 것을 보여주는 것이 아닐까? 이 교훈은 틀림없이 사람들이 광인을 보고 짐승 같은 사람의 광포함을 고양하는 그 광경들에서 간파되고 이해되었을 것이다. 역설적으로 동물성에 대한 이와 같은 기독교적 의식意識은 광기를 자연현상으로 취급할 계기를 마련한다. 그때 사람들은 이 '자연'이 고전주의적 사유에 대해 의미했던 것을 잊어버리게 되는데, 그것은 객관적 분석의 언제나 열려 있는 영역이 아니

---

57 *원문에는 불사(不死) 또는 불멸(不滅)을 뜻하는 immortalité로 나와 있으나, 문맥으로 볼 때 immoralité(부도덕)이 옳은 듯싶다.

라, 광기의 궁극적 진실이자 동시에 광기 폐기의 형태인 언제나 있을 수 있는 광기의 추문이 인간존재에게서 탄생하는 그 영역이다.

이 모든 사실, 광기의 주위에 달라붙어 있는 기이한 관행, 광기를 고양하고 동시에 길들이며 광기에 구원의 교훈이 깃들도록 하면서도 광기를 동물성으로 귀착시키는 그 관습은 광기를 비이성 전체와 관련하여 이상한 상황에 놓이게 한다. 수용시설에서 광기는 비이성의 모든 형태와 인접해 있는데, 그것들은 광기를 둘러싸고 광기의 가장 일반적 진실을 규정한다. 그렇지만 마치 비이성에 속하는 광기가 자체에 고유한 듯한 움직임을 따라 스스로 가장 역설적 극단으로 나아가면서 비이성을 끊임없이 가로지르기라도 하는 듯이, 광기는 고립되고 특이한 방식으로 취급되며 광기에 있을 수 있는 독특한 모습으로 드러난다.

광기의 역사를 실증성의 문체로 기록하고자 하는 이들에게 이것은 거의 중요성을 갖지 않을 것이다. 광기의 병적 현실이 점차적으로 인정될 수 있었던 것은 방종한 사람들의 수용이나 동물성에 대한 강박관념을 통해서가 아니다. 반대로 광기의 의학적 진실은 광기를 고전주의적 도덕세계 속으로 집어넣을 수 있는 모든 것에서 광기가 빠져나오게 되면서 규명되기에 이르렀다. 이것은 적어도 자체 발전의 구도를 답습하려고 하는 모든 실증주의가 전제하는 것이다. 마치 인식의 역사 전체는 인식의 기본적 구조에서 조금씩 밝혀지는 객관성의 점진적 쇠퇴를 통해서만 작용하는 듯하고, 의학적 객관성의 형태에 의해 광기의 본질과 비밀스런 진실이 규명될 수 있다고 처음부터 인정하는 것은 정확히 공리가 아닌 듯하다. 광기가 병리학으로 귀속歸屬되는 것은 어쩌면 몰수沒收로, 우리 문화의 역사에서 오래 전부터 준비되었을 터이지만 결코 광기의 본질 자체에 의해 결정되지는 않았을 일종의 재난災難으로 여겨져야 할 것이다. 예컨대 고전주의 세기들 동안에 인정되고 수용의 실천에 의해 확고해지는 광기와 방종 사이의 연관성은 우리에게서 완전히 사라진 광기의 모습을 시사示唆한다.

지금 우리는 자유의 모든 형태가 점차적으로 없어지는 결정론 쪽으로의 전락轉落을 광기에서 감지하는 습관이 있다. 광기는 이제 우리에게 발생원인들의 연쇄, 그리고 형태들에 관한 추론의 움직임과 함께 결정론의 당연한 규칙성만을 내보인다. 왜냐하면 광기는 짐승과 사물의 음울한 세계로, 족쇄가 채워진 짐승과 사물의 자유로 되돌아감에 의해서만 근대인을 위협하기 때문이다. 17세기와 18세기가 광기를 알아보는 것은 '자연'의 지평 위에서가 아니라 '비이성'의 바탕 위에서이다. 광기는 메커니즘을 드러내지 않고, 오히려 동물성의 괴기스런 형태 속에서 맹위猛威를 떨치는 자유를 드러나게 한다. 오늘날 우리는 '비이성적'이라는 부가 형용사의 형태로만 비이성을 이해하는데, 이것은 행동이나 말에 영향을 미치고 광기의 현존과 광기의 병적 행렬 전체를 속인俗人의 눈앞에 나타나게 한다. 비이성적인 것은 우리에게 광기의 출현방식들 가운데 하나일 뿐이다. 이와 반대로 고전주의에서는 비이성이 명사적 가치를 갖고, 일종의 실체적 기능을 형성한다.

광기가 이해될 수 있는 것은 오직 비이성과 관련해서일 뿐이다. 비이성은 광기의 매체이다. 오히려 비이성은 광기의 가능공간을 규정한다고 말하자. 고전주의 시대의 인간에게 광기는 비이성의 자연적 조건, 심리적이고 인간적인 뿌리가 아니라, 단지 비이성의 경험형태일 뿐이다. 그리고 광인은 인간이 타락하는 곡선을 동물성의 폭발까지 따라가면서, 인간을 위협하고 정상적인 인간생활의 모든 형태를 아주 멀리에서 에워싸는 바탕의 비이성을 드러나게 한다. 문제가 되는 것은 결정론 쪽으로 미끄러져 들어가는 것이 아니라, 어둠 쪽으로의 열림이다. 고전주의 시대의 합리주의는 다른 어떤 것보다도, 어쨌든 우리의 실증주의보다는 더 능숙하게 비이성의 은밀한 위험, 절대적 자유의 그 위협적 공간을 감시하고 인식할 줄 알았다.

니체와 프로이트 이래 현대인은 인간에 대해 알고 있는 것에서 허약함의 징후, 비이성의 위협이 나타나는 징후를 읽어낼 수 있음으로 해서 모든 진리에 대한 비판지점을 밑바닥으로부터 찾아내는 반면에, 17세기의 인간은 이성이 최초의 형태로 표현되는 확실성을 사유의 자율적이고 직접적인 현존에서 발견한다. 그러나 이것은 고전주의 시대의 인간이 진리의 경험을 통해 우리보다 비이성에서 더 멀어졌다는 것을 의미하는 것이 아니다. 코기토가 절대적인 시작이라는 것은 사실이지만, 심술궂은 악마가 코기토보다 선행先行한다는 것을 잊어서는 안 된다. 게다가 심술궂은 악마는 꿈의 이미지이고 감각의 오류인 그 심리현상들의 모든 위험이 요약되고 체계화되어 있는 상징이 아니다. 심술궂은 악마는 신과 인간 사이에서 절대적 의미를 지니고 있다. 매우 엄밀하게 말해서 비이성의 가능성이자 비이성의 위력 전체이다. 그것은 인간이 벗어날 수 없는 유한성의 굴절屈折 이상의 것이고, 인간의 저편에서 인간이 진리에 접근하지 못하도록 결정적으로 방해할지도 모르는 위험, 즉 어느 정신이 아니라 어느 이성의 주된 장애물을 가리킨다. 심술궂은 악마의 영원히 위협적인 힘이 잊혀지게 되는 것은 코기토에 의해 계시啓示되는 진리가 마침내 심술궂은 악마의 그림자를 완전히 없애기 때문이 아니다. 실존과 외부세계의 진실에 이르기까지 이 위험은 데카르트의 성찰과정을 굽어볼 것이다. 비이성은 고전주의 시대에 세계가 세계 자체의 진실에 따라 시작되도록 하는 요소, 이성이 이성 자체에 대해 책임을 지는 영역을 형성하는데도, 이와 같은 상황에서 어떻게 심리현상에 부합하거나 심지어는 인간의 비장감에 상응할 수 있을까? 고전주의에서 광기는 결코 비이성의 본질 자체로, 심지어는 비이성의 발현물發

現物들 가운데 가장 기본적인 것으로도 간주될 수 없을 것이다. 비이성의 진실을 말한다고 자처하는 광기의 심리학은 결코 생겨날 수 없을 것이다. 그러나 광기에 고유한 중요성을 광기에게로 되돌려줄 수 있으려면, 광기를 비이성의 자유로운 지평 위에 다시 위치시켜야 한다.

우리가 "정신병 환자"라고 부르게 되는 사람들이 방종한 사람, 신성모독자, 방탕자, 낭비벽이 심한 사람과 뒤섞인 것은 광기, 달리 말하자면 광기의 독특한 결정론과 광기의 무구한 상태 탓으로 돌릴 수 있는 것이 너무나 적었기 때문이 아니라, 충만한 권리가 여전히 비이성에 부여되었기 때문이다. 광인들을 구제하는 것, 광인들을 이와 같은 연루連累 상태에서 '해방'시키는 것은 낡은 편견을 요령있게 처리하는 것이 아니라, 눈을 감고 고전주의 시대의 합리주의에 가장 첨예尖銳한 의미를 부여했던 비이성의 감시를 포기함으로써 '심리의 정지 상태'로 빠져드는 것이다. 구제기관의 이러한 혼란은 19세기 초에야 해결될 상황으로서, 우리는 광인의 진정한 심리적 조건이라는 측면이 그러한 상황 때문에 등한시되었다는 인상을 받는다. 그러나 우리가 이러한 인상을 받는 것은 광인에게서 비이성의 모든 형태와의 깊은 연관성이 인정되는 범위 내에서이다. 정신이상자를 방탕자나 이단자와 함께 감금하는 것은 광기의 '현상'을 흐려놓지만, 비이성의 영속적 '가능성'을 드러나게 하는 것이다. 그리고 수용의 실천을 지배하려고 시도하는 것은 바로 이러한 위협의 추상적이고 보편적인 형태이다.

죄의 다양한 형태와 타락의 관계는 비이성의 다른 모습들과 광기의 관계와 같다. 비이성의 다른 모습들에 대해 광기는 수치 속에서 잊어져야 할 것의 원리, 최초의 움직임, 가장 고귀한 무구상태와의 순간적 접촉으로 인한 가장 큰 죄의식, 끊임없이 되풀이되는 상급上級의 모델이다. 수용의 세계에서 광기가 본보기를 형성하고, 비이성의 다른 형태들이 모두 침묵으로 귀착하는데도 광기가 분명히 나타나는 것은 광기에서 비롯되는 추문의 작용력 전체가 비이성에 가해지기 때문이다. 광기의 두 대립적 경사면傾斜面, 곧 도덕상의 선택, 상대적 과오, 모든 무능력의 측면과 동물적 격분, 광포함과 관련된 자유, 애초의 절대적 타락의 경사면, 달리 말하자면 밝은 자유의 기슭과 어두운 자유의 기슭이 서로 합쳐지면서, 광기는 비이성의 영역 전체에 퍼진다. 광기는 한 지점에 모아진 비이성의 전부이다. 즉, 유죄有罪의 낮과 결백潔白의 밤이다.

이것은 아마 고전주의 시대의 광기의 경험에서 찾아볼 수 있는 주요한 역설일 것이고, 이러한 광기의 경험은 17세기에 수용을 통해 규정된 도덕적 비이성의 경험으로 되풀이되고 감추어질 뿐만 아니라, 또한 육화肉化된 이성의 절대적인 한계와 인간조건의 추문을 형성하는 동물적 비이성의 경험에 연결되어 있다. 모든 주요한 비이성의 징후 아래 놓인 광기는 윤리적 경험과 이성에 대한 도덕적 평가에 결부된다. 그러나 광기는 동물계와 동물계의 어쩔 수 없는 비이성에 연결되어 있으면서도 동물계의 괴기스러운 무구상태와 관계를 맺는다. 이에 대해 원한다면 모순적 경험이라고 말할 수 있겠는데, 이 경험은 책임과 결정조건 전체, 과오와 결백을 분할하려는 노력의 소산인 법률적 광기규정에서 매우 멀리 떨어져 있고, 또한 동일한 시대에 광기를 자연현상으로 해석하려고 하는 의학적 분석으로부터도 멀리 떨어져 있는 것이다.

그렇지만 고전주의의 실천과 구체적인 의식意識에는 비이성으로부터의 거리 전체를 순식간에 가로지르는 특이한 광기의 경험이 있는데, 그것은 윤리적 선택에 토대를 두고 있으며, 동시에 동물적 광포함 쪽으로 온통 기울어져 있다. 실증주의가 이 양면성을 단순화한 것은 사실이라 해도, 실증주의는 이 양면성에서 빠져나오지 못하게 된다. 실증주의는 정신이상을 자연의 병리 메커니즘으로 파악하는 이론을 통해 동물적 광기와 이 광기의 무구無垢상태라는 주제를 답습했고, 고전주의 시대에 창안된 그 수용 상황 속에 광인을 붙들어 놓음으로써, 겉보기와는 달리

도덕적 속박과 제어된 비이성의 체제 안에 광인을 애매하게 억류抑留하게 된다.

우리 시대의 정신의학도 마찬가지이겠지만, 19세기의 정신의학은 18세기의 관행을 폐지했다 해도, 18세기의 지식을 제쳐놓았다 해도, 고전주의 시대의 문화 전체에 의해 새롭게 정립된 비이성과의 그 모든 관계를 은밀히 이어받아 변모시켰고 변위變位시켰다. 19세기와 우리 시대에 정신의학을 담당한 이들은 정신의학의 병리학적 객관성에 입각해서만 광기에 대해 말할 뿐이라고 생각했지만, 본래의 의도와는 달리, 비이성의 윤리와 동물성의 추문이 여전히 깃들여 있는 광기를 대상으로 했다.

제 2부

서론

1장 종(種)들의 정원에서의 광인

2장 정신착란의 선험성

3장 광기의 형상들

4장 의사와 환자

Histoire de la folie à l'âge classique

서 론

이제 재론할 때가 된 사소한 진실은 광기에 대한 의식이 적어도 유럽문
화에서는 덩어리를 형성하고 균질적 전체로서 변모하는 무더기 상태의
현상이 아니었다는 사실이다. 서양의 의식에서, 광기는 조금씩 이동하
고 윤곽이 변하며 형상이 아마 진실의 수수께끼를 담고 있을 성좌星座를
형성하면서, 다수의 지점에서 동시적으로 솟아오른다. 언제나 부서지
는 의미처럼 그러하다.

그러나 어떤 형태의 앎이 결국 한 지점에서 한 가지 독특한 표명表明
방식을 통해서만 제시될 만큼 특이하거나 비의秘儀적이거나 영역적인1
것일까? 어떤 지식이 단 한 차례, 단 하나의 방식으로, 그리고 단 하나
의 이해 유형에 따라서만 인식될 만큼 아주 잘 알려져 있으면서 동시에
거의 알려져 있지 않게 된 것일까? 아무리 내부적으로 일관성과 긴밀성
이 있다 할지라도, 실천이나 신화 또는 도덕과 관련된 의식의 다소간
모호한 형태들을 주위에서 맴돌도록 내버려두지 않는 지식의 형상은 무

---

1   *"어느 특별한 영역에 관련된"이라는 뜻으로 썼다.

엇일까? 모든 진실은 만일 산만한 영역에서 체험되고 단지 어렴풋한 모습들에 의해서만 알려진다면, 활기를 잃고 침체상태로 빠져들 것이다.

그렇지만 어떤 비非일관성은 아마 광기의 경험에 가장 본질적일 것이고, 발전적 도식을 환기시킬만한 그 어떤 다양한 구상보다는 오히려 이러한 비일관성의 분산상태가 아마 광기의 경험에서 본래적 여건에 가장 가깝고 가장 근본적인 것과 관련될 것이다. 그리고 앎의 다른 형태들 대부분에서는 각각의 어렴풋한 모습을 가로질러 수렴의 윤곽이 잡히는 반면에, 여기에서 분산현상은 완결될 수 없는 논쟁으로 인해 이미 굴절되고 원래부터 광기에 대한 파편화된 의식만을 허용하면서 구조형성에 관여할 것이다. 개념이나 어떤 앎의 주장에 의해 그러한 최초의 분산상태가 피상적으로 회복되는 일이 있을 수 있다. 이에 대한 증거는 근대세계가 '정신병'의 차분하고 객관적인 용어들로만 '광기'에 관해 말하고 '병리학'과 '박애'의 혼합된 의미를 통해 광기의 '비장한' 가치들을 말소시키기 위해 기울이는 노력이다. 그러나 우리 시대를 비롯하여 어느 특정한 시대에 광기가 갖는 의미는 기획의 적어도 구상된 통일성에서가 아니라 그러한 파열된 현존에서 찾아야 한다. 그리고 객관성의 평면에 투영됨으로써 초월되거나 안정되는 일이 광기의 경험에 실제로 일어났다 해도, 애초부터 논쟁의 대상이었던 극적 가치들은 어떤 것에 의해서도 소멸될 수 없는 것이었다.

세월이 흐르면서 그러한 논쟁은 끈질기게 다시 일어난다. 다시 말해서 언제까지나 축소될 수 없는 동일한 의식형태들을 변함 없는 화해의 어려움 속에서 다양한 형식으로 끈기 있게 다시 문제 삼는다.

(1) '광기에 대한 비판적 의식'은 합리적인 것, 반성적인 것, 도덕적으로 현명한 것을 바탕으로 광기를 알아보고 가리킨다. 이것은 개념이 고안되기도 전에 전적으로 판단에 몰입하는 의식, '정의하지' 않고 '규

탄하는' 의식이다. 이 의식에서 광기는 즉각적으로 감지되는 대립의 양
태로 체험되고, "광기는 머리가 텅 비어 있고 뒤죽박죽이라는 것"[2]을 넘
쳐나는 증거에 의해 풍부하게 보여주면서, 눈에 보이는 착란으로 폭발
한다. 아직 시작단계인 이 지점에서 광기에 대한 의식은 스스로를 확신
한다. 다시 말해서 결코 미치지 않았다고 확신하는 것이다. 그러나 이
의식은 차이의 내부에서 가장 생생한 대립 속으로, 광기와 비非광기가
가장 초보적 언어를 교환하는 그 갈등의 핵심부 속으로 척도도 개념도
없이 내던져진 상태이다. 그리고 대립은 역전가능하게 된다. 고정점固
定點이 부재하는 가운데, 광기는 이성일 수 있고, 광기 의식은 은밀한
현존, 광기 자체의 술책일 수 있다.

> 여행하려고 배에 오른 사람들이 보기에
> 멀어져 가는 것은 배가 아니라 육지라네. [3]

그러나 광기에는 미치지 않았다는 확실성이 없으므로, 다른 모든 광
기보다 더 일반적이고 가장 완강한 지혜를 광기와 똑같은 곤경으로 몰
아넣는 광기가 있는 법이다.

> 하지만 내가 줄과 대패로 내 자신을 다듬을수록
> 내 견해에 모든 이가 허튼 소리 해대는 듯하네. [4]

이러한 광기는 부서지기 쉽지만 최고의 지혜이다. 이 광기는 광기에
대한 의식의 영속적 이분화二分化, 광기에 대한 의식이 광기에 휘말리고

---

2 Régnier, *Satire XIV. Œuvres complètes*, éd. Railaud, v. 9.
3 *Ibid.*, v. 13~14.
4 Régnier, *op. cit.*, v. 7~8.

또 다시 솟아오르는 사태를 전제하고 요구한다. 이 광기는 이성의 가치들, 더 정확히 말해서 단번에 세워진 가치에 근거를 두지만, 이성을 파괴하고 뒤이어 곧장 이러한 파괴에 거짓으로 절망하는 냉소적 의식상태 속에서 이성을 되찾는다. 극단적 자기비판을 행하고 의심스러운 싸움으로 위험을 무릅쓰고 무조건 뛰어드는 데까지 엄정성을 밀고 나가는 척하지만, 위험을 받아들인다는 사실을 통해서만 스스로 이성이라고 자인하면서 사전에 은밀히 자기를 보호하는 비판적 의식. 어떤 관점에서 보면 이성은 광기에 대한 단순하고 가역적인 그러한 대립 속으로 완전히 진입하지만, 이러한 진입은 전적인 이탈의 은밀한 가능성에 입각해서만 완전하다.

(2) '광기에 대한 실천적 의식'. 여기에서 이탈은 변증법의 잠재성도 기교도 아니다. 그것은 집단의 생활과 규범 속에서 일어나기 때문에 구체적 현실로서 강요될 뿐만 아니라, 이쪽이나 저쪽, 집단 안이나 집단 바깥에 있어야 하므로 선택으로, 불가피한 선택으로 부과된다. 또한 이 선택은 위장된 선택이다. 왜냐하면 집단의 내부에 있는 사람만이 집단의 바깥에 있는 것으로 간주되어 거기에 있기를 선택했다고 비난받는 사람을 가리킬 권리를 갖기 때문이다. 그들이 '일탈했다'는 유일하게 비판적인 의식은 그들이 '다른 길을 선택했다'는 의식에 근거하고, 이를 통해 직접적 독단론 속에서 정당화된다. 이를테면 분명하게 드러나고 동시에 모호해진다. 그것은 광기와 이성의 차이에 대해 동질적인 것 '속으로' 진입했기에 동요된 의식이 아니라, 광기와 이성의 차이'에 대한' 의식, 이성의 규범을 지니고 있는 것으로 간주된 집단의 동질성 '속에서' 가능한 의식이다. 광기에 대한 이 실천적 의식은 사회적이고 규범적이며 처음부터 견고하게 뒷받침되지만 그렇다고 해서 극적이지 않은 것은 아니며, 집단의 연대성을 함축한다 해도 분할의 긴급성을 보여주는 것이다.

이 분할 속에서 언제나 위태로운 대화의 자유는 소멸되었고, 광기를 침묵으로 몰아넣어야 한다는 확고한 믿음만이 남아 있다. 진실을 보유한다고 확신하므로 차분하지만 광기의 수상한 힘을 알아보고는 불안해하는 애매모호한 의식이 그것이다. 이제 광기는 이성에 대해 무장이 해제된 것으로 보이지만, 질서에 대해서는, 사물과 사람의 규칙 속에서 이성이 스스로 드러낼 수 있는 것에 대해서는 이상한 잠재력을 발휘한다. 광기에 대한 이와 같은 의식이 위협받는 것으로 느끼는 것은 바로 이 질서이고, 그것이 실행하는 분할은 이 질서의 운명을 위태롭게 만든다. 그러나 이러한 위험은 처음부터 제한되고 왜곡되기도 한다. 실제적 대결은 벌어지지 않고, 광기에 대한 의식이 스스로 이성과 집단에 대해 동질적인 것으로 자인하면서 애초부터 갖게 되는 절대적 권리가 실행되지만 이에 대한 보상은 뒤따르지 않는다. 의례儀禮가 논쟁보다 우세하고, 그래서 광기에 대한 이 의식이 표현하는 것은 실제적 투쟁의 변전變轉이 아니라, 다만 아득한 옛날부터의 액막이 행사일 뿐이다. 이러한 형태의 의식은 가장 역사적이고 동시에 가장 역사적이지 않은 것이며, 매 순간마다 즉각적 방어반응으로 주어지지만, 이러한 방어는 오로지 공포에 대한 오랜 강박관념을 다시 활성화시키기만 할 뿐이다. 적어도 근대의 수용시설을 정당화하고 그것의 필요성을 밑받침하는 모호한 의식을 생각한다면, 그것은 나환자 수용소의 유산이 전혀 없지는 않다. 광기에 대한 실천적 의식은 오직 그 투명한 궁극적 목적에 의해서만 규정되는 듯한 것으로서, 아마 도식적 의례의 면에서 가장 조밀하고 옛 비극적 사건들로 가장 가득 찬 의식일 것이다.

(3) '광기에 대한 언술적 의식'은 "저 사람은 광인이다"라고 당장, 그리고 앎에 의한 어떤 우회迂廻도 없이 말할 가능성을 낳는다. 여기에서는 광기를 규정짓거나 실격시키는 것이 아니라 일종의 실생활에서 광기

를 가리키는 것이 문제이고, 반론의 여지없이 미친 어떤 사람, 분명히 미친 어떤 사람, 이를테면 모든 자질과 모든 판단 이전에 광기인 단순하고 완강한 부동의 삶이 사람들의 시선 앞에 놓여 있다. 이때 의식은 가치의 차원, 이를테면 위험과 위협의 차원이 아니라, 확실한 사실로 축소된 단음절單音節 인식과 다른 것이 아니므로 존재의 차원에 있는 것이다. 어떤 관점에서 보면, 이것은 요컨대 단순한 지각적 이해일 뿐이므로 광기에 대한 모든 의식 중에서 가장 차분한 의식이다. 이 의식은 앎을 거치지 않으므로 진단에 대한 염려에서도 벗어나 있다. 이것은 《라모의 조카》의 대화 상대자의 냉소적 의식이고, 고통의 밑바닥에서 다시 떠오르자마자 매혹과 쓰라림의 중간에서 《오렐리아》의 꿈을 이야기하는 자체적으로 조화로운 의식이다. 이 의식은 비록 단순하다 해도 순수한 것이 아니다. 다시 말하자면 광기에 대한 직접적 의식이라는 사실만으로 광기가 아니라는 것을 전제하고 동시에 입증하므로, 영속적 물러섬을 내포한다.

이때 광기는 의식과의 상관관계와 대립에 의해 규정되면서, 의식에 현존하는데도 의식이 이미 거부함에 따라서만 반론의 여지가 없이 명증한 것으로 현존하고 보여지게 된다. 이 의식은 광기가 아니라는 의식의 바탕 위에서만 광기의식이고, 아무리 편견으로부터 자유로울 수 있다 해도, 아무리 모든 형태의 속박과 억압에서 멀리 떨어져 있다 해도, 언제나 광기를 이미 제어한 어떤 방식이다. 광기를 규정짓지 않으려는 이 의식의 거부입장은 언제나 스스로를 광기가 아니라고 규정짓는 어떤 의식을 전제하고, 이 의식은 이처럼 은밀한 대립임에 따라서만 단순한 인식일 뿐이다. 블레이크5가 말하길 "우리가 광인일 수 없는 이유는 다른

---

5 *W. Blake. 신비적인 취향의 시를 쓴 영국의 시인, 화가, 조각가(1757~1827). 영국 낭만주의의 선구자로 평가받고 있다. 작품으로는 《결백의 노래》, 《천국과 지옥의

사람들이 광인이었기 때문"6이라고 했다. 그러나 다른 사람들의 광기라는 것의 이 분명한 선행성先行性에 관해 잘못 생각해서는 안 된다. 광인이 아니라는 의식은 가능한 모든 기억을 넘어 이미 비시간적 평정平靜을 퍼뜨렸기 때문에, 이러한 선행성은 시간 속에서 옛것으로 온통 가득 차 있는 것으로 나타난다. "광기의 시간은 시계로 측정되지만, 지혜의 시간은 어떤 시계로도 측정할 수 없다."7

(4) '광기에 대한 분석적 의식', 광기의 형태와 현상, 그리고 출현방식에 대해 전개되는 의식. 아마 그러한 형태와 현상 전체가 이 의식에 현존하는 것은 결코 아닐 것이다. 오랫동안, 어쩌면 영원히 광기의 힘과 진실은 핵심이 잘 알려져 있지 않은 상태 속에 감춰질 것이지만, 광기가 잘 알려져 있는 것의 평온함과 합류하는 것은 바로 이 분석적 의식 속에서이다. 광기의 현상과 광기의 원인은 철저하게 파악할 수 없으리라는 것이 사실일지라도, 광기는 광기를 지배하는 시선에 당연히 종속되어 있다. 이 시선 아래에서 광기는 현상의 적어도 잠재적 전체에 지나지 않는 것이고, 더 이상 위험도 내포하지 않을 뿐만 아니라 더 이상 분할도 함축하지 않는 것이며, 어쨌거나 지식의 대상이라는 점 이외의 다른 거리두기도 전제하지 않는 것이다. 광기에 대한 객관적 앎의 가능성을 밑받침하는 것은 바로 이러한 형태의 의식이다.

이러한 의식형태들 각각은 자족적이고 동시에 다른 모든 것과 밀접한 관계를 맺고 있다. 그것들은 서로 의존할 수밖에 없으므로 서로 연계되어 있다. 광기에 관한 앎은 아무리 객관적이라고 자처해도, 아무

결혼》 등이 있다.

6 W. Blake, *Le Mariage du ciel et de l'enfer*, trad. A. Gide, p. 24.

7 *Ibid.*, p. 20.

리 과학적 인식에만 근거를 두고 있다고 자임해도, 아무튼 이성이 단순한 대립과 동시에 즉각적 역전 가능성의 위험 속에서 광기를 체험하면서 광기와 맞서는 비판적 논쟁의 선행하는 움직임을 반드시 전제하게 마련이고, 또한 집단이 광기 쫓아내기를 통해 자체의 가치들을 확증하고 강화하는 실제적 분할선을 앎의 지평에 언제나 현존하는 잠재성으로 전제한다. 역으로 논쟁에 관한 불안이 완화되고 위험이 제어되며 거리가 결정적으로 확립될 분석적 인식 속에서 정립되거나 초월되려고 하지 않는 비판적 광기의식은 결코 없다고 말할 수 있다.

광기에 대한 4가지 형태의 의식은 각각 변함 없는 준거準據나 정당화 또는 전제의 구실을 하는 한 가지 또는 여러 가지 다른 의식형태를 보여준다. 그러나 어떤 형태도 다른 형태에 전적으로 흡수되지는 않는다. 4가지 형태의 관계가 아무리 밀접하다 해도, 그것들은 결코 전제적이고 결정적이며 획일적인 형태의 의식 속에서 통일적인 어떤 것으로 축소될 수 없다. 이 4가지 형태 각각은 본질, 의미, 토대의 측면에서 자율성을 갖는 것이다.

첫 번째 형태는 의미와 무의미, 진리와 오류, 지혜와 도취, 낮의 빛과 번뜩이는 꿈, 판단의 한계와 한없이 오만한 욕망이 서로 맞서는 언어의 영역 전체를 즉시 둘러싼다. 조상 전래의 커다란 공포를 이어받은 두 번째 형태는 공동체의 막연한 의식을 정화하고 활기차게 만드는 낡은 무언의 의례를 알지도 원하지도 말하지도 않고 되풀이하고, 명명되지 않는 역사 전체를 감싸며, 자체에 대해 스스로 제안할 수 있는 정당화에도 불구하고, 언어활동이라는 부단不斷한 노고보다는 오히려 관습으로 굳어버린 엄격한 행사行事와 더 가까운 것이다. 세 번째 형태는 인식의 영역이 아니라 인정認定의 영역에 속하고, 거울(라모의 조카에게 그렇듯이)이거나 기억(네르발이나 아르토의 경우처럼), 이를테면 국외자나 자기 안의 더 낯선 것이나 둘 중 하나를 가리킨다고 생각하는 순간에도 사실상 자기에 관한 성찰이다. 이 의식의 직접적인 언명에서, 완전히 지각적인 그러한 발견에서 이 의식이 거리를 두게 되는 것은 이 의식의 가장 가까운 비밀이었고, 노출되고 무장이 해제된 것으로 존재하는 단순하고 광기의 것이 아닌 그 단순한 실존 아래에서 이 의식은 알지 못하는 상태로 고통의 친숙성을 인정한다. 광기에 대한 분석적 의식에서는 참극慘劇의 완화가 실제로 일어나고 대화의 침묵이 굳어진다. 이제는 의례도 서정성抒情性도 없고, 환상은 진실성을 띠며, 반反자연의 위험은 본성의 징표와 표시가 된다. 공포를 내세웠던 것이 이제는 제거의 기술만을 불러들인다. 여기에서 광기에 대한 의식은 이제 인식의 형태 안에서만 균형을 발견할 수 있다.

르네상스 시대와 함께 미치광이의 비극적 경험이 사라진 이래, 광기의 모든 역사적 형상은 이 4가지 의식형태의 동시성, 이것들 사이의 모호한 알력軋轢과 동시에 끊임없이 매듭이 풀리는 통일성을 내포하고, 광기의 경험에서 변증법적 의식, 의례적 분할, 서정적 인정, 마지막으로 앎의 영역에 속하는 것의 균형은 매 순간 이루어지고 흐트러진다. 근대 세계에서 광기가 띠는 연속적 모습들의 가장 독특한 특징은 이 4가지 주요한 요소 사이에 확립되는 비례와 관계의 특징에서 비롯되는 것이다. 어떤 요소도 완전히 사라지지는 않고, 다만 언어의 차원 아래에서 지배하는 긴장과 갈등이 생겨나는 준準모호성에 다른 요소들을 묶어둘 정도로, 4가지 요소 가운데 어느 하나가 특권적 위치를 점하는 일이 일어난다. 또한 이 의식형태들 중의 이런저런 것들이 결합되어 나름대로의 자율성과 고유한 구조를 갖는 넓은 경험영역을 구성하는 일도 일어난다.

르네상스 시대에서 오늘날까지 긴 연대기를 생각할 때, 비판적 의식형태에서 분석적 의식형태까지 광기의 경험을 굴절시키는 광범위한 동향을 필시 재발견할 수 있을 것이다. 16세기는 광기에 대한 변증법적 경험에 특권적 자리를 부여했다. 다른 어떤 시대보다도 16세기는 이성과 광기의 근거 사이에 있을 수 있는 무한히 역전가능한 관계, 광인의 현존이 불러일으키는 가깝고 친숙하며 닮았다는 느낌, 광인의 삶에 의해 마침내 드러나고 확연히 나타나는 모든 환각과 냉소적 진실에 민감한 시대였다. 브란트에서 에라스무스, 루이즈 라베, 몽테뉴, 샤롱, 레니에로 이어지는 것은 동일한 불안, 동일한 비판의 기민성機敏性, 광기를 상냥하게 맞아들임으로써 얻게 되는 동일한 위안이다. "이처럼 이이성은 이상한 짐승이다."**8** 그리고 의학 경험까지도 이 의식의 한없는 움직임에 따라 개념과 처방을 결정하기에 이른다.

　　이와는 반대로 19세기와 20세기는 질문의 무게 전체를 광기에 대한 분석적 의식으로 향하게 했고, 심지어 다른 경험형태들이 근사치, 그다지 진보적이지 않은 시도, 케케묵은 요소로 취급되는 가운데, 분석적 의식에서 광기의 완전하고 최종적인 진실을 찾아야 한다고 추정하기도 했다. 그렇지만 니체의 비판, 정신병원을 통한 분할에 투입된 모든 가치, 그리고 네르발 이후에 아르토가 자기 자신에 관해 가차 없이 실행한 깊은 탐색은 광기에 대한 다른 모든 의식형태가 우리 문화의 핵심부에 아직도 생생하게 남아 있다는 것을 충분히 증거한다. 광기에 대한 다른 의식형태들이 모두 서정적으로만 표명될 수 있을 뿐이라 해도, 이는 다른 의식형태들이 이울어간다거나 다른 의식형태들이 오래 전부터 앎에 의해 거부되어 온 존재를 그래도 역시 계속 이어가고 있다는 것이 아니라, 다른 의식형태들이 어둠 속에서 유지되면서 언어의 가장 자유

---

8 Régnier, *loc. cit.*, v. 155.

롭고 가장 본래적인 형태들을 통해 활기를 띤다는 것을 입증한다. 그런 만큼 다른 의식형태들이 갖게 되는 이의제기의 위력은 아마 더 강력하기만 할 것이다.

반면에 고전주의 시대에 광기의 경험은 광기의 두 가지 자율적 영역을 규정하는 분할에서 균형을 취한다. 한편에는 비판적 의식과 실천적 의식이 있고, 다른 한편에는 인식과 식별의 형태가 있다. 하나의 영역이 따로 떨어져 나와, 광기를 비난하고 배제하는 관행과 판단 전체가 거기에 모아질 뿐만 아니라, 이성에 가까운, 너무 가까운 것, 우스꽝스러운 닮음으로 이성을 위협하는 모든 것은 폭력의 방식으로 분리되고 엄격한 침묵으로 내몰리며, 수용의 행위가 은폐하는 것은 바로 합리적 의식의 이 변증법적9 위험이자 구세주 격格인 이 분할이다. 수용의 중요성은 수용이 새로운 형태의 제도라는 점이 아니라 수용이 광기에 대한 고전주의 시대의 경험의 절반斫半, 즉 의식의 변증법적 불안과 관례적 분할의 반복이 실천의 일관성으로 조직되는 현상을 요약하고 드러낸다는 점에서 기인한다. 다른 영역에서는 이와 반대로 광기가 표면화된다. 광기는 존재하는 바로 거기에서 자체의 진실을 말하고 스스로를 규탄하는 경향을 드러낼 뿐만 아니라, 현상 전체로 펼쳐지는 경향을 내보이며, 세계 안에서 본성과 실증적인 현존방식을 획득하려고 한다.

우리는 제1부의 여러 장章에서 수용의 영역과 이 실천이 은폐하는 의식형태들의 분석을 시도했다. 다음에 이어질 장들에서는 고전주의 시대의 광기의 식별 및 인식이라는 영역을 복원할 생각이다. 도대체 누가 즉각적 인식을 통해 그야말로 확실하게 광인으로 인정될 수 있었을까?

---

9 *대립하는 것과 밀접하게 연계되어 있다는 의미로 새기면 될 것이다. 이를테면 광기의 의식을 위험에 처하게 하는 합리적 의식이 광기의 의식과 더불어 처하게 되는 위험이라는 뜻이다.

어떻게 광기는 거부할 수 없는 징표를 통해 표면화되기에 이를까? 어떻게 광기는 본성 쪽으로 방향을 잡기에 이르렀을까?

그러나 아마 두 가지 경험 영역 사이의 분리는 고전주의 시대를 폭넓게 특징짓고 그 자체로 대단히 중요한 현상이므로, 얼마 동안은 이 분리 현상을 관심 있게 살펴볼 필요가 있을 것이다.

아마 이러한 단절에 아주 특별한 것도, 어느 특정한 시대에 엄밀하게 고유한 것도 없다고들 말할 것이다. 서양의 경험에서 배제와 보호의 관행이 광기에 대한 더 이론적인 경험과 동시에 일어나지 않는다는 것은 확실히 변함 없는 사실이다. 과연 오늘날 우리가 도덕적 자기만족에 젖어 과학적 지정指定을 토대로 모든 분할의 시도를 구축하려고 세심하게 애쓰는 데에서도 부적절하지나 않을까 하는 거북함을 쉽게 간파할 수 있다. 그러나 고전주의 시대를 특징짓는 것은 거북함도 통일성을 향한 갈망도 찾아볼 수 없다는 사실이다. 한 세기 반 동안 광기는 엄밀하게 분할된 상태에 처해 있었다. 이에 대해서는 즉각적으로 자명해지는 증거가 하나 있는데, 그것은 우리가 살펴보았듯이 수용이 결코 의료실천이지 않았다는 점, 수용을 통해 실행되는 배제의 의례가 실증적 인식의 공간으로 통하지 않는다는 점, 그리고 비록 프랑스의 경우만이지만 수용시설로 의료영역이 도입되기 위해서는 1785년의 중요한 공문을 기다려야 했고, 각 수용자에 대해 그가 광인인지 아닌지를 알아내는 것이 문제로 제기되기 위해서는 의회의 한 법령을 기다려야 했다는 점이다.

역으로 이슬람과 피넬까지 의료경험은 수용시설로 인해서나 수용시설 안에서 실질적으로 생겨나지 않게 되고, 어떤 것도 광기가 세계에 존재하는 특별한 방식이나 광기배제의 의미를 가리키지 않는 가운데, 광기에 대한 얇은 의학지식의 자료집 안에 하나의 항목으로 자리를 잡게 된다.

어찌 해 볼 도리가 없는 이 분할은 고전주의 시대를 광기의 존속에 대한 '오성悟性의 시대'로 만든다. 반反자연을 제어하고 그것을 침묵으로 몰아넣는 실천과 본래적 진실을 알아내려고 하는 인식 사이에 어떤 대화의 가능성도 어떤 대면의 가능성도 없고, 인간이 인정할 수 없을 것을 몰아내는 행위는 진실이 인식되는 담론과 계속 무관한 것이었다. 경험형태들이 하나는 설명이 따르지 않는 실천을 통해, 다른 하나는 모순이 없는 담론을 통해 독립적으로 전개되었다. 광기는 한편으로는 완전히 배제되고 다른 한편으로는 완전히 객관화되어, 스스로나 광기에 고유할 언어를 통해서는 결코 '나타나지' 않는다. 광기 안에 모순이 살아 있다기보다는, 광기가 모순의 항목들 사이에서 분할된 채로 존속하는 셈이다. 서양 세계가 이성의 시대에 내맡겨져 있는 동안, 광기는 오성의 분열에 종속되어 있었다.

아마 이것은 고전주의 시대의 광기에 활동정지의 겉모습을 부여하는 그 깊은 침묵의 이유일 것이다. 개념과 실천을 서로 둘러싸고 보호하는 자명성의 분위기는 그토록 강하게 팽배해 있었다. 그 시대는 깊은 삶의 측면에서 극심한 분열의 시대였음에도 불구하고, 아마 어떤 시대도 그 시대보다 광기의 비장미悲壯美에 더 무감각하지는 않았을 것이다. 이러한 분열의 효력 자체 때문에 광기를 인간에 관한 인간의 문제가 성찰될 독특한 지점으로, 상상적이고 동시에 현실적 초점으로 자각하는 것은 가능하지 않았던 것이다. 설사 17세기에 수용이 정당하지 않다고들 확신했을지라도, 그로 인해 위태롭게 되는 것은 결코 이성의 본질 자체가 아니었고, 역으로 광기가 무엇인가 또는 광기의 한계를 어디에서부터 그려나갈 것인가에 관련된 불확실성은 사회나 구체적 인간에 대한 직접적 위협으로 체험되지 않았다. 분할의 과잉 자체로 인해 이 두 가지 질문형태는 모두 치열하지 않을 수 있었으며, 아무리 반복되어도, 서로 맞닿음으로써 어찌할 도리 없는 근본적인 문제의 불꽃을 촉발시킬 위험이 없었다.

그렇지만 뜻밖의 우연한 일치는 도처에서 끊임없이 생겨난다. 이 두 영역은 그토록 엄격하게 분리되어 있지만, 자세히 검토하면 매우 엄정한 구조적 유사성을 내보인다. 수용의 실천에 의해 유발된 광기의 후퇴, 친숙한 사회유형으로서의 광인이라는 인물의 소멸 — 앞으로 이어질 장들에서 우리는 이러한 현상들의 결과나 원인을, 더 객관적이고 더 정확한 방식으로 말하자면 광기에 관한 이론적이고 과학적인 성찰들 중에서 이러한 현상들과 상응하는 형태를 아주 쉽게 알아볼 것이다. 우리는 한편에서 사건으로 묘사한 것을 다른 한편에서 개념들의 전개형태로 재발견할 것이다. 이 두 영역이 아무리 분리되어 있을지라도, 첫 번째 영역에서 중요한 것은 반드시 두 번째 영역에서도 똑같이 발견되게 되어 있다. 이로 말미암아 이 분할은 통일적 형태의 출현을 가능하게 하고 통일적 형태와 관련해서만 고찰될 수 있다.

어쩌면 우리는 당분간 이론과 실천의 통일성만을 경이의 눈으로 바라볼지 모른다. 그렇지만 고전주의 시대에 광기에 대한 의식형태들 사이에서 실행된 분할은 이론적인 것과 실천적인 것의 구분과 일치하는 것이 아닌 듯하다. 광기에 대한 과학 또는 의료의식은 비록 치료의 불가능성을 인정하는 의식이라 해도, 틀림없이 광기의 징후를 없애거나 광기의 원인을 제어하게 해줄 활동체계에 사실상 진입하게 마련이며, 다른 한편으로 광인을 분리시키고 단죄하며 사라지게 하는 실천적 의식은 당연히 사회 안의 개인에 대한 어떤 정치적, 법률적, 경제적 이해방식과 뒤섞여 있는 법이다. 따라서 우리가 문제 삼는 분할은 다른 것이다. 한편으로 수용이라는 광범위한 관행 아래에서 찾아볼 수 있는 것은 분할의 실천적이고 또한 이론적인 계기이고, 배제라는 오래된 참극慘劇의 반복이며, 광기제거의 동향에 입각하여 광기를 평가하는 형식이다.

광기는 본질적으로 소멸이 합의되고서야 표명되기에 이르는 셈이다. 그리고 이제 우리가 곧 마주치게 되는 것은 광기의 가장 명백한 징표들에 비추어 보건대 광기가 오류, 환상, 환각, 허망하고 내용이 없는 언어로만 나타나므로 비존재라고 할 수 있는 존재로부터 광기의 진실이 이론적으로나 실천적으로 전개되는 현상이다. 이제는 광기의 본질인 비非본성으로부터 광기를 본성으로 구성하는 것이 문제가 되는 것이다. 그러므로 앞에서 문제되었던 것은 존재의 삶을 폭력적으로 말살함으로써 존재를 구성하는 것이었으나, 이제 문제되는 것은 차분한 앎을 통해 비非존재의 폭로로부터 본성을 구성하는 것이다.

그러나 우리는 본성의 그러한 구성과 동시에 그 구성의 잔잔한 움직임만큼이나 분할의 극적 형태에도 바탕의 구실을 하는 독특한 경험을 끌어내려고 시도할 것이다. 여기저기에 놓여 있으면서 수용의 실천과 인식의 순환을 밑받침하고 설명하며 정당화하는 이 독특한 경험은 바로 고전주의적 광기의 경험이고, 비이성이라는 용어로 지시될 수 있는 것도 바로 이 경험이다. 이 경험의 비밀스러운 일관성은 우리가 방금 말한 커다란 분열 아래 펼쳐진다. 왜냐하면 이 경험은 단절의 이유임과 동시에 단절부의 양쪽에서 드러나는 통일성의 근거이기 때문이다. 동일한 경험형태들을 '이쪽'과 '저쪽'에서 찾아볼 수 있다는 것, 어느 한쪽이 아니라 이쪽 '과' 저쪽에서 마주치게만 되어 있다는 것도 바로 이 경험으로 설명된다. 고전주의 시대에 비非이성은 그 자체로 통일이자 동시에 분열이다.

사람들은 우리에게 이 경험을 끌어내기 위해 왜 그토록 오랫동안 기다렸는가, 본성의 구성을 앞에 두고, 다시 말해서 마침내 과학, 의학, '자연철학'을 앞에 두고 왜 이 비이성이라는 명칭을 들이댔는가, 그리고 경제생활과 사회생활, 가난과 실업失業의 형태, 정치 및 경찰제도가 문제였는데도, 왜 암시와 역언逆言10을 통해서만 그것을 다루었는가, 그러한 취급방식은 실제의 역사동향보다는 오히려 개념상의 변전變轉을 드러내는 것이 아닌가 하고 물을 것이다.

이러한 물음들에 대해, 중상주의重商主義 시대에 일어난 부르주아 세계의 재편성에서 광기의 경험은 아련하고 어렴풋한 모습으로 조용하게 간접적으로만 나타났을 뿐이라고, 광기의 경험과 관련해서는 그토록 부분적이지만 반대로 더 가시적이고 더 읽어내기 쉬운 다른 형상들과 그토록 일체가 된 선들로부터 광기의 경험을 규정하는 것은 무모했으리라고, 연구의 첫 번째 층위에서는 광기의 경험의 실재를 느끼게 하고 광기의 경험에 대한 설명을 약속하는 것으로 충분했다고 대답하면 아마 충분할 것이다.

그러나 이성, 본성, 질병의 관계라는 문제가 철학자나 의사에게 제기될 때, 광기는 철학자나 의사의 책을 통해 제시된다. 광기가 흩어져 있는 경험의 덩어리 전체는 일관성의 관점을 드러내고, 언어의 가능성에 이른다. 특이한 경험이 마침내 나타난다. 그때까지 그려진 어느 정도 이질적인 단순한 선들이 정확히 제 자리를 차지하고, 각 요소가 정확한 법칙에 따라 작용할 수 있게 된다.

이 경험은 이론적이지도 실천적이지도 않다. 그것은 한 문화의 고유한 가치체계를 위험에 노출시키는, 다시 말해서 모순 속으로 빠져들게 하는, 이와 동시에 모순에 대비하게 하는 그 근본적 경험의 영역에 속한다. 그토록 많은 가치가 이성에 투입되었던 고전주의 시대의 문화와 같은 문화에서는 가장 많은 것과 동시에 가장 적은 것이 광기로 인해 위태롭게 되었다. 광기가 이성을 정당화했던 모든 것의 가장 직접적 모순을 형성했으므로 가장 많은 것이고, 이성이 광기를 무장해제시켰고 무

---

10 *말하지 않겠다고 하면서 구구절절이 하는 말 또는 실제로는 듣는 사람의 관심이나 불안을 불러일으키면서도 슬쩍 지나가는 듯이 던지는 말.

력하게 만들었으므로 가장 적은 것이다. 고전주의 시대의 문화에 의해 광기에 내포되어 있다고 인정된 이 최대 및 최소의 위험은 바로 비이성 이라는 용어가 표현하는 것이다. 즉, 단순하고 직접적이며 곧장 마주 치게 되는 이성의 이면裏面이자, 조금 전에 사라졌지만 비이성에 대해 서는 언제나 현재적 모습의 존재 이유인 이성의 자국만이 나타나 있을 뿐인, 내용도 가치도 없고 순수하게 부정적인 그 텅 빈 형태이다.

1

종種들의 정원에서의 광인

이제 다른 측면을 검토할 필요가 있다. 이제는 격리활동, 이 활동의 군어진 관례 또는 이 활동에 대한 끝없는 비판적 논쟁으로 진입한 광기의 식이 아니라 자체에 대해서만 분할의 작용을 하는 그 의식, 광인에 관해 진술하고 광기를 펼쳐 보여주는 그 의식이 검토되어야 한다.

무엇보다 먼저 이성인理性人들 사이에서, 이성이 아직도 기원起源의 상태에 있는 18세기의 이성인들 사이에서 수수께끼 같은 광기를 지니고 있는 광인이란 무엇일까? 한 세기 전에는 매우 뚜렷한 모습 때문에 그토록 쉽게 알아볼 수 있었으나 이제는 그토록 많은 다양한 모습을 획일적 가면假面으로 가리게 되어 있는 광인을 어떻게 식별할 수 있을까? 일상생활의 공간에서 광인이 모든 정상적인 사람과 가깝게 뒤섞여 있고 광기의 특징이 이성의 끈질긴 징표와 착잡하게 뒤얽혀 있는 마당에, 어떻게 실수하지 않고 광인을 가려낼 것인가? 이것들은 학자보다는 차라리 현자賢者가, 의사보다는 오히려 철학자, 비평가, 회의주의자, 모럴리스트의 주의 깊은 무리 전체가 자문하는 문제이다.

의사와 학자는 나름대로 광기를 질병들, 육체와 정신의 장애들 가운데 하나로, 자연 안에서 자연을 거슬러 전개되는 자연현상으로 간주함으로써 광기가 차지하는 본래의 공간이라는 견지에서 광기 자체를 검토할 것이다. 두 가지 서로 다른 방향을 바라보는 듯하는 이중의 질문체계. 이론적이라기보다는 비판적인 철학의 문제, 추론적 인식의 움직임 전체를 내포하는 의학의 문제. 하나는 이성의 본질에 관련되고 이성적인 것과 비이성적인 것의 분할이 이성에 의해 가능해지는 방식과 관계가 있는 문제이며, 다른 하나는 본성과 본성의 기묘한 변이형들에서 찾아볼 수 있는 합리적인 것 또는 비합리적인 것과 관련을 맺고 있는 문제이다.

이성의 견지에서 본성을 문제삼고 본성을 가로질러 이성을 검토하는 두 가지 방식. 만일 이것들을 번갈아 시도하다가 우연히 이것들의 차이 자체에서 동일한 대답이 솟아오른다면, 만일 하나의 동일한 구조가 추출되기에 이른다면, 그 구조는 아마 고전주의 시대가 광기에 대해 할 수 있었던 경험에 들어 있는 본질적이고 일반적인 것과 아주 가까울 것이고, 우리는 비이성이라는 말이 뜻하게 되어 있는 바의 한계 자체에 도달하게 될 것이다.

18세기에 이르면 야유적 어투가 널리 퍼지면서 르네상스 시대의 낡은 회의론적 주제들이 되살아나는 듯하다. 일례로 퐁트넬1은 《피그말리

---

1   *Bernard Le Bovier de Fontenelle (1657~1757). 풍자시와 경구에 능한 프랑스의 작가. 회의론적 저작인 《죽은 자들의 대화》(1683) 이후에 펴낸 6편의 《세계의 다수성에 관한 대담》(1686)은 문체와 사상의 면에서 디드로, 볼테, 레날의 산문과 사유를 예고하는 것으로 평가받는다. 신구 논쟁에서는 '현대인'의 편을 들면서 시란 관념도 감정도 취기도 아닌 언어 작용이라는 생각을 피력한다.

온》의 서언序言에서 광기로 하여금 말하도록 할 때, 에라스무스와 매우 가까운 철학적 풍자의 전통 속에 머물러 있다.

> 나의 지배는 갈수록 더 굳건하게 확립되네
> 요즘 사람들이 전 세대보다 더 미친 듯하니 그들의 자식들은 한 술 더 뜨리라
> 그 자손들 역시 괴상망측한 조상들보다 더 많은 망상을 품으리라. 2

그렇지만 야유揶揄의 구조는 더 이상 레니에의 14번째 풍자시의 경우와 같지 않다. 그것은 이제 이 세계 안에서 이성의 보편적 소멸에 근거해 있지 않고, 광기가 모든 가시적이고 지정된 형태를 잃어버리게 되었을 정도로 세련화되었다는 사실에 근거하게 된다. 사람들은 수용이 성찰에 미친 이런한 파생적 영향 때문에 광기가 예전의 가시적 모습을 상실했고 예전에 광기를 실제로 충만한 것이게끔 한 것이 이제는 소멸하여 광기의 자리가 텅 비었으며 광기의 확실한 표지들이 안 보이게 되었다는 인상을 갖게 된다. 이성은 광기에 있을 수 있는 비합리적인 것을 마침내 가리는데, 광기에는 이성을 흉내 내는 본질적인 역량이 있다. 더 정확히 말해서 자연은 지혜가 그토록 깊어서 광기를 이성의 다른 길로 이용하기에 이르고, 비가시적 선견지명 속에서 광기의 고유한 형태들을 교묘하게 따돌림으로써 광기를 지혜의 지름길로 만든다. "자연이 세계에 확립하고자 한 질서는 언제나 같은 보조로 나아간다. 여기에서 말해야 할 것은 자연이 우리의 이성에서라면 얻지 못했을 것을 우리의 광기에서 얻는다는 것이다."3

광기의 본질은 동시에 광기의 유용한 지혜이고, 광기의 존재이유는

---

2 *Pygmalion, prince de Tyr*. Prologue. Œuvres de Fontenelle, Paris, 1790, IV, p. 472.

3 Bayle. Delvové, *Essai sur Pierre Bayle*, Paris, 1906, p. 104에서 재인용.

광기가 이성에 그토록 가까이 다가가고 이성과 그토록 불가분의 것이어서 이성과 광기가 자연의 궁극 목적만을 해독할 수 있을 뿐인 불가분不可分의 텍스트를 형성하리라는 데에 있다. 가령 사랑의 광기는 종種을 보존하는 데 필요하고, 정신착란에 빠질 정도의 야망野望은 정치단체의 안녕과 질서를 위해 필요하며, 무분별한 탐욕은 부를 창출하는 데 필요하다. 이처럼 이 모든 이기적 혼란은 개인을 넘어서는 질서의 위대한 지혜 속으로 들어간다. "사람들의 광기는 성격이 동일하므로, 이기적이고 무질서한 광증들은 그토록 쉽게 서로 어울려 인간사회의 가장 강한 유대를 조성하는 데 기여해 왔다. 그 증거로 불사에 대한 욕망, 허황된 영광, 그리고 세계에서 이루어지는 모든 것의 기초가 되는 다른 많은 원리를 들 수 있다."4

벨과 퐁트넬에게 광기는 타락한 본성에서 감정이 떠맡는다고 말브랑슈5가 말한 역할과 어느 정도 동일한 역할을 한다. 이성이라면 오랫동안 노력해야 도달할 수 있는 지점에 이성보다 먼저 샛길들을 통해 다다르는 그 무의지적 기민성機敏性은 좋은 예가 된다. 광기는 인간이 목적을 모르면서도 자신의 뜻과는 달리 지혜의 도구이게끔 만드는 질서의 비가시적 측면이고, 예지와 섭리, 어림짐작과 궁극 목적 사이의 거리 전체를 헤아려보게 만든다. 광기에는 시간을 이겨내는 집단적 지혜의 두께 전체가 감추어져 있다. 6

---

4 Fontenelle, *Dialogues des morts modernes*. Dialogue IV, Œuvres, 1790, I, p. 278.
5 *Nicolas de Malebranche(1638~1715). 프랑스의 철학자로 데카르트의 물심 이원론의 난점에서 출발하여 형이상학적인 기회원인론을 주장하고 만상이 신 안에 있다는 만유재신론을 내세웠다. 저서로는《진리의 탐구》3권,《자연과 은총론》,《신의 사랑》등이 있다.
6 *La Fable des abeilles*에서의 Mandeville 및 귀족들에게 나타나는 터무니없는 명예욕에 관한 Montesquieu(*Esprit des lois*, liv. III, chap. VII) 참조.

17세기부터 광기는 눈치챌 수 없을 정도로 서서히 이성의 영역으로 옮아갔다. 다시 말해서 예전에는 오히려 "이성을 몰아내는 추론" 편에 자리를 잡았으나, 이제는 추론의 느린 합리성을 재촉하고 추론의 작용선作用線들을 흩어놓으며 추론에 의한 단순 파악과 과오를 넘어서는 차분한 이성 편으로 슬그머니 접어들었다. 마침내 광기의 본질은 광기가 은밀한 이성이라는 점, 적어도 광기가 이성에 의해, 이성을 위해서만 존재하고 이성에 의해 사전에 관리되고 이성 속에서 이미 소외된 상태로만 세계에 현존한다는 점이다.

그렇다면 광기에 고정된 자리를 할당하거나 이성과 다른 광기의 모습을 그리는 것은 어떻게 가능할 것인가? 광기가 이성의 성급하고 무의지적인 형태라면, 광기를 독자적인 것으로 보여주는 어떤 요소도 나타날 수 없다. "동맥의 피가 동물 정기精氣로 변할 만큼 정묘해지고", 따라서 "물질적 측면에서 정신의 건강이 가는 혈관으로 흐르는 정기의 규칙성, 한결같음, 자유로움에 달려 있기" 때문에, 뇌 속의 "타원형 중심부"가 "정신기능의 중추"라고 아들 비외상스7가 설명할 때, 퐁트넬은 광인과 비광인을 곧장 나눌 수 있게 해줄 그토록 단순한 기준에 있을지 모르는 직접 인식할 수 있고 결정적인 것을 인정하려고 하지 않는다. 이 해부학자가 옳다면, 다시 말해서 광기를 "매우 가는 소혈관들"의 장애로 연결시키는 것이 옳다면, 그런 장애가 어떤 것이냐에 관계없이 모든 사람에게서 정신의 혼란이 발견될 것이다. "아무리 건강한 사람의 머리에도 타원형 중심부의 소혈관 하나 정도는 꽉 막혀 있게 마련이다."8

---

7 *Vieussens le fils. 프랑스 몽펠리에의 의사, 해부학자 Raymond Vieussens (1641~1715)가 아닌가 한다. 저서로는 *Nerologia universalis* (1685), *Sur les liqueurs du corps humain* (1715) 등이 있다.

8 *Histoire de l'Académie des sciences.* Année 1709, éd. 1733, pp. 11~13. *Sur le délire mélancolique.*

정신 착란자, 광포하게 구는 미치광이, 조광증躁狂症에 시달리는 자, 또는 사나운 사람이 곧장 식별되는 것은 사실이다. 그러나 식별이 가능해지는 것은 그들이 광인이기 때문이거나 그들이 광인인 정도에 따라서가 아니라, 단지 그들의 정신 장애에 고유한 징표가 모든 광기의 지각되지 않는 본질에 덧붙여지는 특별한 방식으로 그들의 망상妄想이 나타나기 때문이다. "정신착란자들은 다른 종류의 광인일 뿐이다."9 그러나 이러한 구분의 안쪽에서 광기의 일반적 본질은 형태를 부여받을 수 없게 된다. 일반적으로 광인은 징표를 지니고 있지 않고, 다른 사람들과 뒤섞이며, 이성과의 대화나 갈등을 위해서가 아니라 수치스런 수단을 통해 막연히 이성에 봉사하기 위해 각자의 마음속에 현존한다. 광기는 '이성理性의 하녀下女'10 이다. 의사이면서도 동시에 박물학자인 부아시에 드 소바주는 먼 나중에 광기가 "결코 즉각적으로 자명하게 되지는 않는다"11는 것을 인정하게 된다.

회의주의의 활용이라는 면에서 확인되는 유사성에도 불구하고, 18세기 초에 광기의 현존양태는 르네상스 시대에 있을 수 있었던 광기의 모습과 결코 동일하지 않았다. 옛날에는 광기의 현존이 수많은 징표를

---

9 *Dialogues des morts modernes.* Dialogue IV, *Œuvres*, I, p. 278. 이와 마찬가지로 자유로움에 대해서도 퐁트넬은 광인들의 정신이 다른 이들 이상이나 이하로 결정되어 있지는 않다고 설명한다. 두뇌의 어떤 온건한 자질을 뿌리칠 수 있다면, 더 강한 자질도 억제할 수 있는 법이다. "또한 멍청함으로 쏠리는 어떤 시시한 자질에도 불구하고 재기에 넘치는 사람도 있을 수 있음은 틀림없는 사실일 것이다." 또는 역으로 어떤 강력한 자질을 억제할 수 없다면, 약한 자질도 역시 결정 인자(因子)의 하나이다 (Depping 판에서 퐁트넬의 저작으로 여겨진 *Traité de la liberté de l'âme*, III, pp. 611~612).

10 *Ancilla rationis

11 Boissier de Sauvage, *Nosologie méthodique*, trad. Gouvion, Lyon, 1772, t. VII, p. 33.

통해 분명하게 표시되었고 광기가 직접적 모순으로 이성을 위협했으며, 사물들의 의미가 한없이 뒤집힐 수 있었고 이러한 변증법이 그토록 긴박했으나, 이제 광기는 사물들의 전도顚倒가 예전과 마찬가지로 가능하긴 하지만, 명백한 징표가 없는 막연한 현존 속으로, 감각세계의 바깥으로, 그리고 보편 이성의 은밀한 지배 속으로 흡수되었다. 광기는 충만함과 동시에 완전한 부재이다. 다시 말하자면 세계의 전역全域에 자리 잡고 어떤 지혜도 어떤 질서도 자유롭게 내버려두지 않지만, 뚜렷하게 포착할 수는 없는 것이고, 도처에 현존하지만, 광기를 본래의 모습이게 하는 것 속에는 결코 현존하지 않는다.

그렇지만 광기의 이러한 위축, 광기의 현존과 광기의 표면화 사이의 이러한 괴리乖離는 광기가 모든 자명성 바깥으로, 광기의 진실이 여전히 감추어져 있는 접근 불가능한 영역으로 물러난다는 것을 의미하는 것이 아니다. 광기는 확실한 징표도 명백한 현존도 지니고 있지 않다는 사실로 인해 역설적으로 정신의 동요도, 한걸음 뒤로 물러나 의심할 가능성도 없는 직접성, 표면 위로 온통 펼쳐지는 직접성 속에서 어떤 매개도 없이 나타난다. 그러나 광기는 그때 광기로서 떠오르지 않고, 광인의 반박할 수 없는 특징 아래 모습을 보인다. "이성이 온전한 사람들은 그토록 쉽게 광인을 알아본다. 사제들도 유사한 질병에 걸린 신자들 중에서 광인을 판별한다."[12] 바로 광기의 비결정 상태와 상관적인 듯한 광인의 어떤 명증성, 광인의 즉각적으로 결정되는 특징이 있다. 광기가 덜 분명해질수록 광인은 더 잘 식별된다.

우리는 어디에서 광기가 시작되는가를 알지 못하는 바로 그 정도에 따라 광인이 무엇인지를 명백하게 알게 된다. 그리고 볼테르는 사람이 어떻게 그릇되게 추론할 수 있는지도, 사물의 본질이 어떻게 변할 수

---

12 Boissier de Sauvages, *loc. cit.*, t. VII, p. 33.

있는지도 전혀 알지 못하면서 "그런 사람을 망설이지 않고 파리 정신병
자 수용소의 옹색한 장소로 끌고 간다"[13]는 사실에 경악한다.

그토록 확실한 광인의 식별은 어떻게 이루어질까? 주변적인 파악,
비스듬한 시각을 통해, 간접적이고 동시에 부정적인 일종의 순간적 추
론을 통해 이루어진다. 부아시에 드 소바주는 그토록 확실하지만 또한
그토록 혼란스러운 이러한 파악방식을 명백하게 밝히려고 시도한다.
"한 사람이 건전한 이성의 빛에 맞게 행동할 때 그의 행위, 동작, 욕망,
말, 추론에 조금만 관심을 기울여도 이것들이 서로 맺고 있는 관계와
이것들이 지향하는 목적을 쉽사리 간파할 수 있다." 이와 마찬가지로
광인이 문제일 때에도 "그가 걸린 환각이나 정신착란을 알아내기 위해
무리한 삼단논법을 활용할 필요는 없다. 그의 행동과 다른 사람들이 취
하는 행동 사이의 불일치를 통해 그의 오류와 환각을 쉽게 알아차릴 수
있다."[14] 이성의 차원, 그리고 우리가 이성을 지닌 사람 앞에서 갖게 되
고 우리에게 담론의 일관성, 논리, 연속성을 보장해주는 의식에 대한
참조를 통해서만 광기의 인식이 생겨난다는 점에서 방법은 간접적이
고, 명백하기 때문이 아니라 바로 단절의 범주에 속하기 때문에 단숨에
나타나는 광기의 돌연한 출현이 이루어질 때까지 이러한 의식은 잠들어
있다.

광기는 부조화로서 단번에 솟아오른다. 다시 말해서 전적으로 부정
적이다. 그러나 이 부정적 성격 자체 안에서 광기는 확실히 순간적인
것이다. 광기의 실증적 측면이 덜 표면화될수록, 광인은 너무나 친숙
해져서 벌써 거의 잊혀지는 이성의 연속적 조직 위에서 반박할 수 없는

---

13 Voltaire, *Dictionnaire philosophique*, art. "Folie," éd. Benda, Paris, 1935, t. I,
   p. 286.

14 Boissier de Sauvages, *loc. cit.*, t. VII, p. 34.

차이로서 더욱 갑작스럽게 솟아난다.

　이 첫 번째 사항에 잠시 주의를 기울이자. 18세기가 더 이상 광기를 정의할 수 없다고 고백하는 시기에 광인이 식별될 수 있는 그토록 성급하고 그토록 오만한 확실성 — 바로 여기에 아마 중요한 구조가 있을 것이다. 광인의 즉각적으로 구체적이고 명백하며 뚜렷한 성격, 광기의 막연하고 아련하며 거의 인식할 수 없는 윤곽이 그것이다. 여기에는 결코 역설이 아니라 아주 자연스러운 상보相補관계가 놓여 있다. 광인은 너무나 직접적으로 감지될 수 있기 때문에 그에게서 광기의 일반적 담론을 알아보기는 어렵다. 광인은 정확한 삶의 모습, 이를테면 광인이 그야말로 정확하게 지칭되는, 개인적이고 동시에 익명성匿名性을 띠며 감지되기가 무섭게 사라지는 광기의 한 모습으로만 나타날 뿐이다. 광기는 한없이 뒤로 물러나는 것이자, 질병학자들이 분석의 수고를 떠맡게 되는 아련한 본질이다.

　실제적 존재를 따지는 이성의 배경 위로 뚜렷이 떠오르는 광인의 그토록 직접적인 이 명증성, 반대로 추론적 이성의 가장 외부적이고 가장 접근하기 어려운 한계로 광기가 멀어져 가는 현상은 모두 광기, 심원한 궁극 목적에 의해 이성에 연결되지 않을 광기, 이성과의 실제적 논쟁에 사로잡히고 지각에서 담론까지, 식별에서 인식까지 이르는 범위 전체에서 구체적 일반성, 생생하고 다수화된 범주로 나타날 광기의 어떤 부재에 따라 맞춰진다. 광기의 어떤 부재는 광기에 대한 이와 같은 경험 위로 빈틈없이 퍼진다. 공백空白이 생겨났는데, 이 공백은 아마 핵심으로까지 이를 것이다.

　사실상 광기의 관점에서 부재不在인 것은 다른 것의 탄생, 즉 실증적인 것의 조용한 작업 속에서 또 다른 경험이 형성되는 지점일 수 있을 것이다.

광인은 그 존재양태가 분명하지 않지만, '다르기' 때문에 의심의 여지없이 식별된다. 그런데 우리가 탐색하려는 시대에 이러한 타자성他者性은 자기 자신의 어떤 확실성으로부터 뚜렷한 차이로서 당장 체험되는 것이 아니다. "자신이 항아리라거나 몸이 유리로 되어 있다"고 상상하는 미치광이들에 대해 데카르트는 자신이 그들과 같지 않다는 것을 알고 있었다. "아니 뭐라고, 그들은 광인이다." 그들의 광기에 대한 필연적 인정은 그들과 자기 사이의 확립된 관계 속에서 자연발생적으로 솟아올랐다. 차이를 감지하는 주체는 자기 자신에 입각하여 차이를 헤아렸다. "내가 그들의 실례實例를 따른다면 나 또한 그들 못지않게 괴상할 것이다." 18세기에 타자성에 대한 이와 같은 의식은 명백한 동일성 아래 전혀 다른 구조를 감추고 있고, 확실성이 아니라 일반 규칙에 따라 표명되며, 주체가 위태롭게 되지도 명증한 것의 형태로 불려나오지도 않는 대면을 통해 다른 사람들에서 광인인 그 특이한 타자他者로 나아가면서 외적인 관계를 내포한다. "우리는 광기를 다른 사람들처럼 생각하고 행동하지 못하도록 방해하는 두뇌기관의 질병으로 명명하겠다."**15**

광인은 다른 사람들에 대해 타자이다. 즉, 보편적인 것이라는 의미에서의 다른 사람들 사이에서 예외적인 것이라는 의미에서의 타자이다. 내재성內在性의 모든 형태는 이제 쫓겨난다. 광인은 명증한 존재이지만, 광인의 모습은 외부공간에 뚜렷이 부각되고 광인을 규정하는 관계는 전적으로 합리적 주체의 견지에서 객관적 비교작용을 통해 광인을 드러나게 한다. 광인과 "저 사람은 광인이다"라고 선언하는 주체 사이에 거리가 넓어지는데, 이것은 더 이상 "나는 그런 사람이 아니다"라는

---

15 Voltaire, *Dictionnaire philosophique*, art. "Folie," p. 285.

말의 데카르트적 공백이 아니라, 이중의 충만한 타자성 체계에 의해 점유되어 있는 것이다. 즉, 이제부터 표지標識들로 온통 채워지고, 따라서 측정할 수 있고 가변적인 거리이다. 광인은 어느 정도 보편적인 다른 사람들의 집단 내에서 다소간 다른 사람이다. 광인은 상대적이게 되지만, 이로 인해 위험한 힘을 더 많이 박탈당할 뿐이다. 르네상스 시대의 사유에서 이성과의 내적 유사성이 이성의 중심부에 지나치게 가까이 위험스럽게 실재함을 형상화하는 인물이었던 광인은 이제 '다른 사람들의 외부에서 타자의 차이를' 나타내므로, 이중의 안전장치에 의해 세계의 다른 극단으로 떠밀리고 따로 놓이며 걱정하지 않아도 될 상태로 유지된다.

이 새로운 형태의 의식은 광기와 이성의 새로운 관계를 낳는데, 그것은 16세기의 경우처럼 연속적 변증법도, 단순하고 영구적인 대립도, 고전주의 시대의 초기처럼 엄격한 분할도 아니다. 그것은 기묘하게 맺어진 복합적 관계이다. 한편으로 광기는 이성과 '관련하여', 아니면 적어도 익명의 일반성 속에서 광기를 나타내고 필요가치를 광기에 부여할 책무가 있는 '다른 사람들'과 관련하여 실재하고, 다른 한편으로 광기는 광기를 다른 사람들과의 차이로 인식하는 관념적 의식의 시선에 나타남에 따라 이성에 '대해' 실재한다. 광기는 이성과 '마주하는' 이중의 방식을 갖는다. 광기는 '다른 편'에 있으면서 동시에 '이성의 시선' 아래에 있다. 다른 편에 있다는 것은 부인할 수 없는 명증성 속에서 광기가 즉각적으로 파악되는 차이, 순수한 부정성, 비존재로 드러난다는 의미이다.

광기는 이성의 완전한 부재인데, 사람들은 광기를 '이성적인 것의 구조'라는 바탕 위에서 그러한 것으로 곧장 인식한다. 이성의 시선 아래에 있다는 것은 광기가 특이한 인물이라는 의미인데, 이 인물의 고유한 성격, 행동, 언어, 행위는 사람들이 비非광인에게서 찾아낼 수 있는 것과 하나하나 구별되고, 광기는 기준항基準項이 아니라 판단의 원칙인 이성에 대해 독자적으로 드러나며, 그때 광기는 '합리적인 것의 구조'에 붙들린다. 퐁트넬로부터 광기를 특징짓는 것은 광기가 영속적으로 이성과 이중적 관계를 맺는다는 점, 즉 규범으로 여겨지는 이성과 인식의 주체로 규정되는 이성이 이처럼 광기의 경험에 내포된다는 점이다.

광기에 대한 이중의 이해, 즉 이성적인 것에 바탕을 둔 도덕적 이해와 합리성을 바탕으로 한 객관적이고 의학적인 이해는 어느 시대에나 동일한 방식으로 존재했다고들 서슴없이 반박할 것이다. 고대 그리스의 광기라는 커다란 문제를 따로 제쳐놓는다면, 적어도 라틴 시대부터는 광기에 대한 의식이 이러한 이원성에 따라 나누어진 것은 사실이다. 키케로는 정신의 질병과 그 치료의 역설逆說을 보여준다. 육체가 병들었을 때 정신은 이 사실을 알아차릴 수 있지만, 영혼이 병들었을 때 육체는 정신에 관해 우리에게 어떤 것도 말해주지 않는다는 것이다. "정확히 말해서 판단능력에 병이 들었는데도 정신의 상태에 관해 의사를 표명하라는 요구가 정신에 부과된다."16 이것은 만일 정신의 질병을 바라보는 엄격하게 다른 두 관점이 없다면 극복하기가 불가능할 모순이다. 우선 철학적 지혜가 있는데, 이것은 광인을 이성적인 사람과 구분할 줄 알기 때문에 비지혜의 모든 형태를 광기와 동일시하고 ─ "지혜가 없는 이들은 모두 미친 자이다"17 ─ 가르침이나 설득을 통해 영혼의 그러한 질병을 없앨 수 있는 것이다. "육체의 질병에 대해서처럼 외부에 호소할 필요가 없고, 우리는 우리 자신을 스스로 치료할 수 있도록 우리의 모든 수단과 역량을 발휘해야 한다."18 다음으로는 앎이 있는데, 이것은 격렬한 정념情念, 검은 담즙의 불규칙적 움직임, 그리고 "우리가 아타마스, 19 알크

---

16 Cicéron, *Tusculanes*, liv. III, I, 1(trad. Humbert).
17 Id., *ibid.*, liv. III, IV, 8. 〔라틴어 원문: omnes insipientes insaniunt〕
18 Cicéron, *ibid.*, liv. III, III, 5.
19 *Athamas. 고대 그리스의 전설에 등장하는 왕으로 여러 차례 불행한 결혼을 했고 헤

메온, 20 아이아스, 21 오레스테스22에 대해 말할 때 상기하는 그러한 원인의 범주"23 전체의 결과를 광기에서 알아볼 줄 아는 것이다.

이 두 가지 형태의 경험에는 정확히 두 가지 형태의 광기가 대응하는데, 하나는 특히 "어리석음이 첨가되면서 어의語義가 매우 넓어진" '인사니아'24이고, 다른 하나는 12 동판법25 이래 로마법에 등장하는 좀더 심각한 질병인 '푸로르'26이다. '인사니아'는 이성적인 것과 대립하기 때문에 결코 현자가 걸릴 수 있는 질병이 아니지만, 이와 반대로 '푸로르'는 인식을 통해 이성적으로 재구성될 수 있는 육체 및 정신의 사건이므로 언제든지 철학자의 정신을 뒤흔들어 놓을 수 있다. 27 그러므로 라틴 전통에는 이성적인 것의 형태와 관련되는 광기와 합리적인 것의 형태와

라의 양심을 샀다. 급기야는 미치광이가 되어 자신의 아들을 죽였다.

20 *Alcméon. 그리스 신화의 인물로서 자기 어머니를 죽였다. 이 죄를 씻어내려고 방랑 생활을 했다.

21 *Ajax. 소포클레스 비극의 주인공. 자신에게 아킬레스의 군대를 보내주지 않은 그리스 군(軍) 지휘관들을 죽이는 것이라고 생각하고는 미망(迷妄)의 위기 속에서 그리스 군의 가축을 살육한다. 정신이 돌아와서는 적을 저주하고 그들에게 에리니에스의 복수를 기원하면서 자살한다.

22 *Oreste. 그리스 신화에 나오는 인물, 아가멤논과 클리템네스트라의 아들. 그는 자신의 누이 엘렉트라와 함께 자기 어머니와 그녀의 공범 아이기스토스를 살해함으로써 아버지의 복수를 실행에 옮긴다.

23 Id., *ibid.*, liv. III, V, 11.

24 *insania. 라틴어로 정신착란, 이성의 결여 또는 광기 등 정신의 건전함이나 균형의 상실을 뜻하는 용어. 여기에서는 정신의 이상 상태를 총칭하는 말인 듯하다.

25 *기원전 451년 및 449년 두 차례에 걸쳐 제정된 고대 로마의 기본 법전. 민사소송법, 사법(私法), 형법, 제사법(祭祀法), 가족법, 상속법 등을 포괄적으로 집록(集錄)한 최초의 성문법으로서 후세 법률의 기초가 되었다.

26 *furor. 망상, 미망, 광란 등을 뜻하는 말로서 '인사니아'보다 더 강한 증세를 지칭한다. 시인의 창조적인 열광이나 예언적인 헛소리 또는 격렬한 사람의 감정을 뜻하기도 한다.

27 Id., *ibid.*

관련되는 광기가 있는데, 이것들은 키케로의 도덕지상주의도 뒤섞지 못한 것이다. 28

그런데 18세기에 일어난 것은 관점의 점진적 변화로서, 이 변화에 힘입어 이성적인 것의 구조와 합리적인 것의 구조는 서로 달라붙어 마침내 구별하기가 오랫동안 불가능하게 되는 매우 치밀한 조직을 형성했다. 이 구조들은 이성적인 것과의 대립 속에서, 그리고 광기가 합리적인 것에 스스로 제시하는 것 속에서 함께 인식되는 단 하나의 동일한 광기의 통일성에 점차적으로 맞추어졌다. 광인은 순수한 차이, 전형적 이방인, 이중의 위력을 지닌 '타자'로서 이러한 거리두기 자체를 통해 곧바로 합리적 분석, 풍부한 인식, 명백한 지각의 대상이 될 것이고, 정확히 저것임에 따라 이것일 것이다.

18세기의 전반기부터 광인의 도덕적 부정성은 광인에 관해 알 수 있는 것의 실증성과 일체를 이루기 시작한다. 거부, 불인정不認定의 비장한 비판적 거리, 그 특성의 공백은 실증적 진실을 점차로 나타나게 하는 특성들이 조용히 드러날 공간이 된다. 그리고 백과전서의 이 수수께끼 같은 정의 아래에서 발견할 수 있는 것도 아마 이러한 동향일 것이다. "생각이 없기 때문에 부지불식간에 이성에서 멀어지는 것은 '어리석음'이고 격렬한 정념의 노예이기 때문에 알면서도 이성에서 멀어지는 것은 '유약함'이지만, 자신감에 차서 이성을 따른다는 굳은 확신을 갖고 이성에서 멀어지는 것은 내가 보기에 이른바 '정신이상'인 듯하다."29

---

28 키케로의 철학서 《투스쿨룸 사람들》에서 '푸로르'와 '인사니아'를 도덕적으로 동일한 것으로 지정함으로써 '푸로르-인사니아'의 대립을 넘어서려는 노력을 찾아볼 수 있다. "육체는 질병에 걸릴 수 있어도, 튼튼한 정신은 질병이 공격할 수 없다. 그러나 육체는 우리의 잘못이 없어도 갑작스럽게 병에 걸릴 수 있지만, 정신의 경우는 사정이 다르다. 왜냐하면 정신의 모든 질병과 격정은 이성에 대한 경멸이 원인이기 때문이다."(ibid., liv. IV, XIV, 31).

이것은 이상한 정의이고, 그만큼 무미건조하며, 여전히 철학과 도덕의 낡은 전통에 가까운 것으로 보인다. 그렇지만 여기에는 광기에 대한 성찰을 새롭게 하는 동향 전체, 즉 간격의 부정성에 의한 정의(광기는 언제나 이성으로부터 떨어진 거리, 확립되고 측정된 공백이다), 그리고 이성과의 관계를 실증적 형태로 재확립하는 특징과 특성의 충만함에 의한 정의(신뢰와 확신, 광기와 이성의 차이가 동시에 유사점이게 하는 신앙 체계, 대립은 허망한 충실성의 형태 속에서 해소되고, 공백은 외양이지만 이성 자체의 외양인 하나의 집합 전체로 가득 채워진다) 사이의 중첩과 부득이한 일치가 반쯤 감추어져 있다.

그래서 이성에서 나오는 힘과 미치광이가 갖는 위력의 낡고 단순한 대립은 이제 더 복잡하고 더 포착하기 어려운 대립으로 대체되며, 광기는 이성의 부재이더라도 준準일치 또는 혼동될 만큼의 유사성 속에서, 그렇지만 속이기에는 성공하지 못한 채, 실증성의 형태를 띠는 부재이다. 광인은 이성에서 멀어지지만, 이성인에게서 본래의 모습대로 재발견되는 이미지, 신앙, 추론을 문제 삼게 하면서 멀어진다. 그러므로 광인은 자기 자신을 미친 사람으로 생각할 수가 없다. 광인은 다만 이성의 행사行使를 이성 자체와 구별할 수 있는 제3자의 눈에만 미친 사람일 수 있다.

따라서 18세기에 생겨나는 광인인식에는 가장 실증적인 것과 가장 부정적인 것이 착잡하게 뒤섞여 있다. 실증적인 것은 비록 이성이 엉뚱한 모습을 보일지라도, 이성 자체와 다른 것이 아니고, 부정적인 것으로 말하자면 그것은 광기가 기껏해야 이성의 허황된 모사물模寫物일 뿐이라는 사실이다. 광기는 이성에 부정적인 일정 부분을 약간 더한 것이고, 이성에 가장 가깝고 가장 확고부동한 것이며, 지울 수 없는 지표가

---

29 *Encyclopédie*, art. "Folie."

달린 이성이다. 즉, 비이성非理性이다.

　이제 이전의 맥락을 다시 이어보자. 조금 전에 확인된 광인의 명증성은 광기의 부재라는 역설적 배경에서 무엇이었는가? 그것은 바로 광인에게 있을 수 있는 모든 실증적인 것을 가득 채우고 있는 이성의 아주 가까운 현존인데, 광인의 명백한 광기는 이성에 영향을 미치는 것이지만 결국 어떤 생소하고 실증적인 요소도 이성에 끌어들이지 않는 지표이다.

　그리고 합리적인 것의 구조와 이성적인 것의 구조가 서로 연루되는 현상은? 고전주의 시대의 광기인식을 특징짓는 동일한 움직임 속에서, 이성은 비이성적인 것에서 광인의 부정성을 즉각적으로 알아보지만, 모든 광기의 합리적 내용에서 스스로를 확인한다. 이성은 이성과 광인의 이성 사이의 넘을 수 없는 거리를 헤아리면서도, 스스로를 광기의 내용, 본질, 담론, 급기야는 '근거'로 인정한다. 이 점에서, 광인을 사로잡고 있는 것은 이성이므로, 광인은 이성에 의해 완전히 둘러싸이고 통제될 수 있지만, 이성은 광인을 언제나 이성 바깥에 머무르게 하고, 이성이 광인에 대해 영향력을 갖고 있다 해도, 이는 외부로부터, 광인을 '대상'**30**으로 간주함으로써 이다. 나중에 광기에 관한 실증과학의 바탕이 될 이러한 대상의 지위는 우리가 지금 분석하고 있는 인식구조, 즉 내용의 '합리성'에 대한 인정에서 생겨나, 광기의 발현發現에 있는 '비이성적인' 것을 규탄하는 움직임 자체로 편입된다.

　비이성의 역설들 중에서 최초의 것이자 가장 명백한 것은 바로 이것이다. 즉, 이성 자체만을 내용으로 가질 수밖에 없을 이성과의 직접적인 대립이다.

---

30 *'물체'나 '물건'의 의미도 함축한다.

"이 사람은 미쳤다"는 단언의 도저히 반박할 수 없는 명증성은 광기가 무엇이냐에 대한 어떤 이론적 제어에도 근거를 두지 않는다.

거꾸로 고전주의적 사유는 광기가 무엇이냐라는 측면에서 광기를 검토하고자 할 때, 광인으로부터가 아니라 질병 일반으로부터 검토를 시작하게 된다. "광기란 도대체 무엇인가?"와 같은 물음에 대한 대답은 광인이 자신의 구체적 실존에서 자기 자신에 관해 말하지 못하는 가운데, 질병의 분석론31에서 연역된다. 18세기는 광인은 인식하지만 광기는 연역演繹한다. 그리고 광인에게서 18세기가 인식하는 것은 광기가 아니라 이성과 비이성의 뒤얽힌 현존이다. 또한 18세기가 광기를 재구성하는 출발점은 광인의 다양한 경험이 아니라 질병의 논리적이고 자연적인 영역, 곧 합리성의 영역이다.

고전주의적 사유에서 악은 부정적으로만(유한성, 제한, 결함에 의해) 규정되는 경향이 있으므로, 일반적 질병개념은 이중의 경향에 사로잡혀 있다. 즉, 부정否定의 특성을 갖는 것으로만 고찰될 뿐이면서도〔그래서 이것은 실제로 "병원성病原性 물질"과 같은 개념을 일소하는 경향이다〕, 질병이 갖는 실제적인 것, 실증적인 것, 완전한 것의 견지에서 질병을 이해하고자 한다면 이제는 아무런 결실도 맺지 못하는 악의 형이상학에서 떨어져 나간다〔그래서 이것은 "결함으로 인한 질병"이나 "결여로 인한" 질병과 같은 개념을 의학적 사유에서 배제하는 경향이다〕.

17세기 초에 플라테르는 자신의 질병표疾病表에서 출산, 땀, 임신, 생명유지에 필수적인 운동의 부족을 비롯한 부정적 질병에 여전히 넓은

---

31 *여기에서 분석론으로 옮긴 'analytique'는 오성의 선험적 형식에 대한 탐구를 목적으로 하는 칸트의 비판 철학에서 사용된 의미를 갖는다.

자리를 부여한다. **32** 그러나 뒤이어 소바주는 결여가 질병의 진상도 본질도 아니고 심지어는 엄밀한 의미에서의 활성원리도 아니라는 것을 역설하게 된다. "흔히 몇 가지 배출排出장애로 인해 질병이 유발되는 것은 사실이지만, 그렇다고 해서 그러한 장애에 병명病名을 부여할 수는 없다."**33** 게다가 여기에는 두 가지 이유가 있다. 첫 번째 이유는 결여가 질서의 원리가 아니라 무질서, 그것도 끝없는 무질서의 원리라는 점이다. 왜냐하면 결여는 항상 열려 있고 언제나 새로워지는 부정의 공간에 놓이는데, 부정은 실제의 사물처럼 많지 않지만 논리적으로 가능한 것만큼 무수히 많기 때문이다. "만일 유형의 공식적 확립이 이루어진다면, 유형은 한없이 증가할 것이다."**34** 더구나 질병들은 증가하면서 역설적으로 더 이상 서로 구별되지 않을 것이다. 왜냐하면 질병의 핵심은 발생發生장애**35**에 있고, 어떤 실증적인 것도 갖지 않는 발생장애로는 질병의 특이한 양상을 설명할 수 없기 때문이다. 발생장애는 모든 기능에 동일한 방식으로 작용하고, 완전히 무의미한 일종의 논리적 행위를 통해 모든 기능에 적용된다. 질병은 자연의 풍요로움에 작용하는 부정에 대한 불모의 무관심일지 모른다. "결함과 결여는 결코 실증적인 것이 아닐뿐더러, 어떤 질병의 관념도 정신 속에 새겨놓지 않는다."**36** 그러므로 질병에 특별한 내용을 부여하기 위해서는 질병이 나타나는 실제적이고 관찰가능한 실증적 현상들을 살펴보아야 한다. "한 질병의 정의는 그것의 속屬과 종種을 알고 그것을 다른 질병들과 구별하게 하는 증

---

32 Plater, *Praxeos medicae tres tomi*, Bâle, 1609.

33 Sauvages, *Nosologie méthodique*, traduction française, I, p. 159.

34 Id. , *ibid.* , p. 160.

35 *몸에서 무언가가 산출되는 과정에 지장이 초래되는 현상으로서 결여 또는 결함으로 통한다.

36 Id. , *ibid.* , p. 159.

세들의 나열이다."[37] 발생장애가 있다고 정말로 인정해야 할 때에도, 발생장애는 질병 자체가 아니라 다만 질병의 원인일 수 있을 뿐이다. 그러므로 주목해야 하는 것은 바로 발생장애의 실증적 결과이다. "혼수성昏睡性 질환에서처럼 질병이라는 생각이 들지 않을 때에도, 실증적 증후에 의해 질병을 정의하는 것이 더 낫다."[38]

또한 질병이 내포할 수 있는 비가시적이고 비밀스러운 것으로부터 질병을 풀려나게 하는 것도 실증성에 대한 이와 같은 탐색의 영역에 속했다. 여전히 질병에 감추어져 있던 모든 악한 것은 이제부터 곧 몰아내질 것이고, 질병의 진상은 실증적 징후의 영역에서 표면으로 드러날 수 있게 된다. 윌리스[39]는 《경련성 질환에 대하여》에서 여전히 병원성 물질에 관해 말했는데, 병원성 물질은 병의 매개물과 병적인 현상의 물리적 실현매체를 형성하는 모호하고 낯선 반자연의 실체였다. 몇몇 증례症例에서, 특히 간질의 경우에서 '병원성 물질'은 그토록 드러나지 않고 감각과 심지어 실험으로 감지하기가 그토록 어려워서, 여전히 선험성의 흔적을 간직하고, 악마의 책략과 혼동될 가능성이 있다는 것이다. "이 증상에서 병원성 물질은 매우 모호하고, 우리가 여기에서 정당하게도 마력을 지닌 유령의 숨결이라고 의심하는 것의 어떤 자취도 존속하지 않는다."[40]

그러나 17세기 말에 이르면 병원성 물질은 모습을 감추기 시작한다. 알아내기 어려운 요소가 질병에 포함되어 있고, 질병의 진상 중에서 주

---

37 Id., *ibid.*, p.129.
38 Sauvages, *Nosologie méthodique*, traduction française, I, p.160.
39 *Thomas Willis. 영국의 의사(1621~1675). 인체에서 일어나는 작용을 화학적으로 설명하려고 했다. 신경계 연구로 잘 알려져 있다. *Cerebri Anatome, cui accessit Nervorum descriptio et usus*(1664)를 남겼다.
40 Willis, *De Morbis convulsivis. Opera*, Lyon, 1681, t. I, p.451.

요한 부분이 여전히 숨겨져 있을지라도, 이러한 것으로 질병을 특징지어서는 안 되게 된다. 질병에는 언제나 특이한 진상이 있는데, 그것은 가장 명백한 현상의 차원에 놓여 있는 것이고, 질병은 그것에 입각하여 규정해야 하는 것이다. "만일 장군이나 함장이 부하의 인상착의를 댈 때 단지 감추어진 표시나 시각을 벗어나는 모호하고 알려지지 않은 다른 특징만을 명시한다면, 탈영병을 아무리 찾으려 해도 소용이 없을 것이고, 탈영병은 결코 발견되지 않을 것이다."[41] 그러므로 질병의 인식은 무엇보다도 먼저 분명하게 지각되고 가장 명백하게 진실된 것의 목록을 작성해야 얻을 수 있다. 이처럼 "질병에 수반되는 불변현상과 명백한 증후에서 질병의 특징을 끌어내는"[42] 증후학적 방법은 의학의 첫 번째 발걸음으로 규정되는 것이다.

"원인과 원리에 대한 인식"임에도 불구하고 "어김없이 비밀 따위를 캐기 좋아하고 독단론자를 경험론자와 구별하는" "철학의 길"보다는 더 확실하고 더 필연적인 "역사의 길"을 선호할 필요가 있다. "매우 단순하고 접어들기 용이한" 역사의 길은 바로 "사실의 인식"이다. 이것은 질병의 가장 오래된 원인으로부터 질병의 변전, 연대기, 지속을 확립하려고 하기 때문이 아니라, 좀더 어원적인 의미에서 질병을 가까이에서 자세히 '보고' 질병을 정확하게 묘사함으로써 질병의 왜곡된 진상을 바로잡으려고 하기 때문에 "역사의 영역에 속하는" 것이다. 이 길로 나아가려고 할 때, "초상화를 그리면서 대상인물의 얼굴에서 우연히 발견하는 기색과 가장 사소한 자연적인 것까지도 놓치지 않으려고 신경을 쓰는 화가"[43]보다 더 나은 본보기가 있겠는가.

---

41 Sauvages, *loc. cit.*, I, pp. 121~122.

42 또한 Sydenham, *Dissertation sur la petite vérole. Médecine pratique*, trad. Jault, 1784, p. 390 참조.

43 Sauvages, *loc. cit.*, t. I, pp. 91~92. 또한 A. Pitcairn, *The Whole Works* (G.

병리학의 세계가 전반적으로 새로운 규범에 따라 조직되지만, 거기에서는 어떤 것도 우리가 조금 전에 분석한대로의 그러한 광인인식, 즉 광기의 명백하고 추론적인 진실을 언제나 불분명한 상태로 내버려두는 전적으로 부정적인 인식을 허용하지 않게 되어 있는 것으로 보인다. 광기는 가장 미묘하고 가장 포착하기 어려운 모습으로만 구체적 세계에 나타나는데도, 관찰 가능한 현상 속에서 진실이 스스로 표현되는 그러한 질병의 세계에 어떻게 자리를 차지할 수 있을 것인가. 광기의 확연한 진실을 더 적게 나타내기 때문에 그만큼 더 잘 인식되는 광인의 순간적이고 일시적인 현존이 그것이다.

더구나 18세기에 분류학자들의 커다란 관심은 신화의 폭과 끈기를 갖는 지속적 은유에 의해 고조되는데, 그것은 질병의 무질서에서 식물의 질서로의 전이轉移이다. 이미 사이든햄44은 "식물학자들이 식물론에서 기울인 세심한 주의와 정확성을 그대로 본받아 모든 질병을 종류별로 명확하게 분류해야"45 한다고 말했다. 그리고 가우비우스는 "강綱, 속屬, 종種을 각각의 특별하고 변함 없는 분명한 특성에 따라 제시하는 … 자연사 저자들을 본받아 인간의 수많은 질병을 체계적인 질서 속으로"46 집어넣기를 권고했다. 이 주제는 부아시에 드 소바주의 덕분으로47 완전한 의미를 띠게 된다. 식물학자들의 영역은 병리학의 세계 전

Sewel 및 I. T. Desaguliers가 라틴어 원본을 번역한 영어판), 2ᵉ éd., 1777, pp. 9~10 참조.

44 *Thomas Sydenham(1624~1689). 옥스퍼드와 케임브리지에서 의학을 공부하고 런던에서 개업한 영국의 의사. 말라리아 환자가 발작할 때 키니네의 원료인 기나나무 껍질을 처방한 방식과 소아 무도병(舞蹈病)에 대한 서술로 유명하다.

45 Sydenham, *Médecine pratique*, trad. Jault, Préface, p. 121.

46 Gaubius, *Institutiones pathologiae medicinales*, Sauvages, *loc. cit.*에서 재인용.

47 *Nouvelles Classes des maladies*의 출간은 1731년 또는 1733년으로 거슬러 올라간다. 이 점에 관해서는 Berg, *Linné et Sauvages*(Lychnos, 1956) 참조.

체를 조직화하게 되고, 질병들은 이성 자체의 질서 및 공간에 따라 분류된다. 식물학적인 만큼이나 병리학적인 종들의 정원을 마련할 계획은 예지력이 있는 신의 지혜에 속하는 것이다.

과거에 질병은 신에 의해 허용되었고, 신은 인간에게 질병을 징벌로서 부과했다. 그러나 이제는 신이 질병의 형태들을 조직하고 몸소 질병의 변이형들을 분류한다. 신이 질병에 관심을 쏟는다. 이제부터는 질병의 신, 종種들을 보호하는 신과 동일한 신이 있게 되고, 병에 주의를 기울이는 이 정원사庭園師는 의사들의 기억에 남아 있는 한, 결코 사라진 적이 없다. … 인간에게 질병은 무질서, 유한성, 죄의 징표라는 것이 사실이라 해도, 질병을 만들어낸 신의 관점에서, 즉 질병의 진실이라는 관점에서 질병은 합리적 식생植生이다. 그래서 의학적 사유의 과업은 징벌의 비장한 범주에서 벗어나 질병의 영원한 진실이 발견되는 실제의 병리학적 범주로 다가가는 것이어야 한다.

"우리가 아직 질병의 정확한 역사를 알지 못하는 것은 대부분의 저자들이 지금까지 질병을 단지 잘못 배열되고 원상태에서 변질된 체질의 불명료하고 감추어진 결과로만 보았고, 질병의 묘사를 시간낭비로 생각했을 것이기 때문이라고 나는 확신한다. 그렇지만 지고至高의 존재는 질병을 야기하거나 병원성 기질氣質을 성숙시킬 때에도 식물이나 질병을 만들어낼 때만큼 확실한 법칙을 따랐다."[48]

이제부터는 이미지가 끝까지 계속되는 것으로 충분할 것이다. 질병은 아무리 하찮은 발현에서도 신의 지혜를 부여받게 되고, 전능한 이성의 예지력을 현상의 표면에 펼치게 된다. 질병은 이성의 활동이자 활동 중인 이성이게 된다. 질병은 질서를 따르게 되고, 질서는 각 증후의 조직화 원리로서 은밀히 현존하게 된다. 보편적인 것은 특수한 것 안에

---

48 Sydenham, Sauvages, *loc. cit.*, I, pp. 124~125에서 재인용.

살아 움직이게 된다. "예컨대 사일열四日熱 발작, 오한과 발열현상, 한마디로 이 질병에 고유한 모든 증후가 시작되는 순서, 시간, 시각을 주의 깊게 관찰하는 사람은 한 식물이 하나의 종種을 이룬다고 생각하는 것만큼 이 질병이 하나의 종이라고 생각할 충분한 근거를 갖게 될 것이다."[49] 질병도 식물처럼 생생하게 자연의 합리성 자체이다. "질병과 증후의 관계는 식물에 대한 잎과 토양('풀크라'[50])의 관계와 같다."[51] 16세기의 의학이 증거하는 첫 번째 '자연화'自然化[52]에 비해 이 두 번째 자연화는 새로운 요구를 내보인다. 여기에서 문제되는 것은 아직도 비현실, 환상, 상상적인 것으로 온통 물들은 준準자연, 환각과 속임수의 자연이 아니라, 이성의 완전하고 확고한 충만함인 자연이다. 각 요소에 현존하는 온전한 이성인 자연이다.

이것은 광기가 질병으로서 이제 편입되어야 하는 새로운 공간이다.

광기가 의학 이론의 이 새로운 규범에 뚜렷한 어려움 없이 통합되었다는 것은 역설이 결코 없지 않은 이 역사[53]에서 또 하나의 역설이다. 분류공간은 광기의 분석에 문제없이 열리고, 광기는 즉각적으로 거기에 자리를 잡는다. 어떤 분류학자도 광기가 제기할 수 있었을 문제 때문에 활동을 멈춘 것 같지는 않다.

그런데 깊이 없는 이 공간, 현상의 충만함에 의해서만 질병을 정의하

---

49 *Ibid*.
50 *fulcra. 라틴어로 '받침대', '지층' 따위의 뜻이다.
51 Linné, *Lettre à Boissier de Sauvages*, Berg(*loc. cit.*)에서 재인용.
52 *'자연으로의 편입'이라는 뜻이다.
53 *광기의 역사.

는 이 방식, 악과의 연관성이 끊어지는 이러한 단절, 부정적 사유에 대한 이와 같은 거부, 이 모든 것은 우리가 고전주의 시대의 광기의 경험에 대해 알고 있는 것과 발상이나 층위가 다르지 않을까? 병치竝置되어 있으나 두 개의 서로 다른 세계에 속하는 두 체계가 있지 않을까? 광기의 분류는 대칭 기교技巧 또는 19세기의 이해방식을 향한 놀라운 진전이 아닐까? 그리고 고전주의 시대의 경험이란 심층적으로 무엇이냐를 분석하고자 할 때, 최선의 길은 분류의 노력을 표면에 내버려두고 고전주의 시대의 경험이 합리적인 것의 윤리세계 전체와 악에 연관된 부정적인 것의 측면에서 스스로에 관해 우리에게 보여주는 것을 고전주의 시대의 경험과 보조를 맞춰 천천히 뒤따라가는 것이지 않을까?

그러나 병리학의 영역에서 광기가 실제로 차지한 자리를 소홀히 하는 것은 하나의 전제, 54 따라서 방법상의 오류일 것이다. 광기가 18세기의 질병분류학으로 편입되는 현상은 아무리 모순적인 듯해도 모호한 상태로 내버려둘 수 없다. 이 현상은 확실히 의미를 지니고 있다. 그러므로 18세기에 유난히 첨예했고 그런 만큼 아마 부정적이었을, 광인을 인식하는 의식과, 가능한 모든 질병의 실증적이고 정돈된 차원으로 쉽게 편입되었을, 광기를 추론하는 인식 사이의 기묘한 대립을 본래의 모습대로, 다시 말해서 그것이 말해주는 모든 것뿐만 아니라 그것이 숨기는 모든 것과 함께 받아들일 필요가 있다. 55

---

54 *정의도 공리도 아닌 연역 체계의 원칙.
55 이 문제는 제1부에서 어떻게 광인들의 입원이 그들의 수용과 일치할 수 있었는가를 설명하는 것이 문제였을 때 우리가 마주친 다른 문제와 꼭 빼어 닮은 것인 듯하다. 그것은 실천으로부터 탐색된 영역과 과학적이거나 이론적인 사변(思辨)을 통해 그려지는 영역 사이의 구조적 유사성을 드러내는 수많은 사례 중의 하나일 뿐이다. 양쪽 모두에서 광기의 경험은 기이하게 광기 자체와 분리되어 있으며 자가당착의 양상을 내보인다. 그러나 우리의 작업은 오직 경험의 깊이를 통해 통일성과 분리의 토대를 재발견하는 것이다.

시작하는 마당인 만큼, 광기의 분류에 관한 몇 가지 사례를 대조하는 것으로 만족하자.

예전에 파라켈수스56는 원인이 달에 있고 행동이 겉보기에는 명백히 불규칙적인 듯하지만 내밀하게 달의 상相과 움직임에 따라 결정되는 질병 '루나티키', 57 출생하기 직전에 어머니의 젖가슴에서 병을 얻지 않았다면 유전 때문에 병이 생긴 '인사니', 58 과음과 음식물 오용으로 인해 감각과 이성을 잃은 '베사니', 59 내적 본질의 어떤 결함 때문에 광기의 성향이 있는 '멜란콜리키'60를 구별했다. 61 이것은 원인들의 순서가 우선 외부세계에서, 다음으로는 유전과 출생, 영양의 결핍을 거쳐, 마지막으로 내부의 장애로 유기적으로 이어진다는 점에서 전체적으로 논리를 갖추고 있고 일관성을 부인할 수 없는 분류이다.

그러나 고전주의적 사유가 거부하는 것은 바로 이러한 종류의 분류들이다. 분류가 유효하기 위해서는, 우선 각 질병의 형태가 무엇보다도 다른 질병들의 형태 전체에 의해 결정되어야 하고, 다음으로 질병 자체가 외부의 결정요소에 의해서가 아니라 자체의 다양한 양상에 따라 결정되어야 하며, 마지막으로 질병이 철저하게 인식될 수 없다면 적어

---

56 *Paracelse(1493경~1541, 본명은 Philippus Aureolus Theophratus Bombastus von Hohenheim). 화학 치료의 길을 연 연금술 의학의 시조. 빈번히 박해받은 유랑 의사. 파라켈수스 치료법은 외부 세계(대우주)와 인간 육체를 구성하는 갖가지 부위들(소우주) 사이의 상응에 토대를 두고 있다.

57 *Lunatici. 달의 영향을 받아 주기적으로 광기가 발작하는 사람들.

58 *Insani. '인사니아'(앞의 역주 참조)에 걸린 사람들.

59 *Vesani. 라틴어 vesania는 광기, 이성 결여, 정신 착란, 괴상함을 뜻한다. '베사니'는 이러한 증후를 내보이는 사람들.

60 *Melancholici. 검은 담즙, 우울증을 뜻하는 melancholia에서 파생한 낱말. 검은 담즙으로 인해 병이 도진 사람들 또는 우울증이나 조울증 환자들.

61 Paracelse, *Sämtliche Werke*, éd. Südhoff, München, 1923; I Abteilung, vol. II, pp. 391 sq.

도 자체의 고유한 표시들로부터 확실하게 식별될 수 있어야 한다.

이러한 이상理想을 향한 진전進展은 플라테르에서 린네62나 바이크하르트까지 추적할 수 있고, 광기는 광기의 본질이자 동시에 가능한 모든 질병의 완전한 본질인 것으로부터만 확실히 분류될 수 있다고 간주되었는데, 그러한 분류의 표명에 사용된 언어는 이 진전에 의해 점차로 명확히 드러날 수 있다.

플라테르(1609년, 《프락세오스 트락타투스》63)

"기능들의 상해傷害"에 관한 이 최초의 책은 감각의 상해를 다루고 있는 것이다. 감각들 중에서는 외부감각과 내부감각(상상력, 이해력, 기억)을 구별해야 한다. 감각들은 하나씩 별도로나 모두가 다 같이 손상될 수 있고, 단순한 감퇴나 완전한 소멸 또는 도착이나 과민성으로 인해 해를 입을 수 있다. 이 논리적 공간 안에서 개개의 질병은 어떤 때는 (내적이거나 외적인) 원인에 의해, 어떤 때는 병리학의 맥락(건강, 질환, 경련, 경직)에 의해, 또 어떤 때는 부수적 증후(열, 열의 부재)에 의해 규정될 것이다.

① 정신의 허약
— 일반적인 것: 정신의 둔화
— 특별한 것: 상상력의 경우: 느린 이해력, 이성의 경우: 경솔,
　　　　　　　　기억력의 경우: 건망증
② 정신의 동요

62 *Carl von Linné(1744~1799). 스웨덴의 박물학자로서 《자연의 분류》라는 저서에서 생물의 학명을 속명과 종명으로 나타내는 방식을 창안하는 등, 현재의 생물 분류학을 확립했다.

63 *Praxeos Tractatus. '실천적 논의' 또는 '실천론'의 의미이다.

— 자연스럽지 않은 수면:

　　건강한 사람의 경우: 과도하거나 깊은 잠

　　환자의 경우: 혼수상태, 가사假死상태, 혼절昏絶

　　혼미상태: 이완과 함께〔졸중卒中〕, 경련과 함께(간질), 경직과 함께

　　　　　〔강경증强硬症〕

③ 정신이상

— 타고난 원인: 광기

— 외적 원인: 환각상태

— 내적 원인: 열이 없는 경우: 조광증躁狂症, 우울증憂鬱症

　　　　　열이 있는 경우: 광란, **64** 준準광란

④ 정신의 고갈

— 습관적 밤샘, 불면증

존스턴(1644년, 《의학의 보편적 관념》)

뇌질환은 유독有毒하지 않은 특별한 내부 기질성器質性 질환의 일부분을 이루는데, 뇌질환에는 ① 외부감각의 장애: 두통, ② 공통감각의 장애: 불면, 혼수상태, ③ 상상력의 장애: 현기증, ④ 이성의 장애: 망각, 정신착란, 광란, 조광증, 광분, ⑤ 내부감각의 장애: 가사상태, ⑥ 본능적 움직임의 장애: 무기력, 불안, 공포, 마비, 경련, ⑦ 배출장애: 카타르, **65** ⑧ 마지막으로 이와 같은 증상들이 뒤섞이는 질환들, 곧 몽마夢魔, 강경증, 간질, 졸중 등이 포함된다.

---

64 *phrenitis. 프랑스어로는 frénésie.

65 *호흡기 계통의 점막에 염증이 생겨 분비과잉이 일어나는 질환.

부아시에 드 소바주(1763년, 《체계적 질병 분류학》)

강綱: ① 악벽惡癖, ② 홍분, ③ 염증, ④ 경련, ⑤ 호흡곤란, ⑥ 무기력, ⑦ 고통, ⑧ 광기, ⑨ 유출, ⑩ 전신쇠약.

강: ⑬ "정신병 또는 이성을 혼란시키는 질병."

목目: ① 상상력을 동요시키는 '환각'. 종種: "현기증, 착각, 큰 실수, 이명耳鳴, 심기증心氣症, 66 몽유병"

목: ② 욕구를 방해하는 '별난 성격'(침울). 종種: 별난 식욕, 심한 허기증, 지나친 갈증, 혐오, 향수병, 공황恐慌, 색정증色情症, 색광色狂, 무도병舞蹈病, 공수병恐水病

목: ③ 판단력에 장애를 초래하는 '정신착란'. 종種: 뇌충혈腦充血, 치매, 우울증, 빙의憑依 망상, 조광증

목: ④ '비정상적 광기'. 종種: 건망증, 불면증

린네(1763년, 《질병의 종류》)

강綱: ⑤ '정신병'

① 관념과 관련된 것: 정신착란, 격정, 치매, 조광증, 빙의憑依 망상, 우울증

② 상상력과 관련된 것: 이명, 망상, 현기증, 공황, 심기증心氣症, 몽유병

③ 정념과 관련된 것: 병적인 기호嗜好, 병적인 허기증, 다음다갈증

---

66 *건강에 대한 자신의 결여로 시작되어 건강하면서도 병이 있는 것같이 생각하여 괴로워하는 신경증의 일종. 두통, 피로감, 성불능, 불면증 등의 증상이 나타나며 신경증이나 우울증이 있는 사람이 흔히 빠져든다.

多飲多渴症, 색정증, 호색증, 향수병鄕愁病, 무도병, 광견병, 공수병, 악식惡食 환각증, 혐오, 불안감

바이크하르트(1790년,《철학을 아는 의사》)

Ⅰ. '정신의 질환'(가이스테스크란크하이텐) **67**

① 상상력의 빈약함, ② 상상력의 기민성, ③ 주의력 부족(산만한 주의력), ④ 끈질기고 완강한 숙고(예리한 주의력과 깊은 성찰), ⑤ 기억의 부재(망각), ⑥ 판단력의 부족(판단 능력의 소멸), ⑦ 우둔함, 정신의 느림(지능의 결함과 느림), ⑧ 도를 넘는 발랄함과 정신의 불안정(재빠르고 조숙하며 너무나 생기에 넘치는 기질), ⑨ 정신착란(인사니아)

Ⅱ. '감정의 질환'(게뮈츠크란크하이텐) **68**

① 흥분: 오만, 분노, 환상, 색정광 등, ② 침울: 슬픔, 질투, 절망, 자살, '꾀병'(호프크란카이트) **69** 등

이 모든 끈질긴 분류의 노고勞苦는 형성중인 새로운 합리성 구조를 가리키지만, 흔적을 남기지 않았다. 이러한 분류들 각각은 제안되자마자 포기되고, 19세기에 시도될 분류는 증상의 유사성, 원인의 동일성, 시간상의 연속, 한 유형이 다른 유형으로 변화하는 점진적 과정 등 다른 유형의 것이게 된다. 이를테면 다수의 표시를 그럭저럭 한데 모은 그만

---

67 *Geisteskrankheiten. '정신의 질환'을 뜻하는 독일어.
68 *Gemütskrankheiten. '감정의 질환'이란 뜻의 독일어. 복수형이다.
69 *Hofkrankheit. 문자 그대로는 궁정병(宮庭病)이란 뜻이다.

큼 많은 계열, 즉 더 이상 병리학의 공간을 전체적으로 망라하고 질병의 진상을 질병의 자리로부터 끌어내기 위한 시도가 아니라, 큰 단위를 발견하고 관련형태를 큰 단위에 결부시키기 위한 노력이다. 19세기의 분류방법은 질병이 병리학적인 것 전체에 의해 규정되는 논리적으로 구조화된 영역의 실재가 아니라, 조광증이나 망상증 또는 조발성早發性 치매 등 커다란 분류항목의 실재를 전제로 한다. 모든 것은 마치 그러한 분류활동이 아무런 결과도 없이 전개되고 끊임없이 반복되며 수정되면서도 어떤 것에도 이르지 못하는 식으로 헛되이 작용한 듯이, 즉 그 분류활동이 결코 실질적 작업이 되는데 성공하지 못한 끊임없는 활동이기라도 한 듯이 진행된다. 분류법은 자체 안에 지니고 있는 식물 신화의 고유한 가치 때문에 이미지로서만 기능했다. 분류법의 분명하고 명백한 개념들은 실효성이 없었다.

그러나 노력을 생각한다면 이 이상한 실효성 결여는 문제의 이면일 뿐이다. 더 정확하게 말하자면 그 자체로 문제이다. 그리고 이것이 제기하는 문제는 분류활동이 광기의 세계에 대해 실행될 때 분류활동에 야기되는 난관의 문제이다. 그러한 노고를 통해 분류대상으로 파고드는 데에, 그리고 종種이나 강綱을 비롯한 그토록 많은 분류항목을 가로질러 새로운 병리학적 개념들이 고안되고 균형을 획득하는 데에 어떤 저항이 있었을까? 광기의 경험에서 광기를 질병학 차원의 일관성에 따라 분류하는 것을 무엇이 방해했을까? 어떤 깊이, 또는 어떤 유동성流動性이 있었을까? 어떤 특별한 구조 때문에 광기는 그렇지만 18세기의 의학적 사유에 본질적이었던 그 계획으로 귀착할 수 없게 되었을까?

마치 광기의 형태들을 증세와 징후에 따라 분류하려는 계획 자체에 일종의 모순이 내포된 듯이, 마치 광기가 스스로 내보일 수 있는 것에 대한 광기의 관계가 본질적 관계도 진실관계도 아닌 듯이, 분류활동은 심한 저항에 부딪혔다. 일반 항목에서 세세히 분류된 질병까지 이 분류법들의 맥락 자체를 따라가는 것으로 충분하다. 눈에 보이는 증상에 따라 분류하는 것인 실증주의의 커다란 주제가 굴절되거나 왜곡되는 시기는 언제이건 다가오게 마련이고, 체계화의 방향을 변화시키는 원리는 슬그머니 개입하여 일단一團의 도덕적 비난이건 인과因果체계이건 광기와 광기의 인식 가능한 형상 사이에 자리 잡게 한다.

광기는 홀로 자체의 발현에 책임을 질 수 없고, 인식 가능성의 논리적 영역을 제외하면, 모든 것이 가능한 빈 공간을 형성한다. 그러므로 이 영역의 기원과 의미를 찾아야 하는 것은 바로 광기의 바깥에서이다. 그 이질적 원칙이 무엇이냐는 필연적으로 의학적 사유가 18세기에 하는 광기의 경험에 관해 우리에게 많은 것을 알려줄 것이다.

원칙적으로 광기의 분류는 인간의 정신에 고유한 무질서의 견지에서 인간의 정신적 역량만을 검토하는 것이게 마련이다. 그러나 보기를 하나 들자. 아놀드는 로크로부터 영감을 받아, 정신의 두 가지 주요한 능력에 따른 광기의 가능성을 인식한다. 즉, "관념"에, 다시 말해서 표상적 요소의 특성과 그것이 나타낼 수 있는 진실의 내용에 영향을 미치는 광기가 있고, "개념"과 개념을 구축한 반성작업, 그리고 개념의 진실이 갖는 구조에 영향을 미치는 광기가 있다는 것이다.

첫 번째 유형에 대응하는 '관념적 정신이상'은 열광, 비논리성, 강박관념, 과민성(다시 말해서 환각성)을 내보이는 정신착란을 포괄한다. 이와 반대로 광기로 인해 개념들 사이에서 무질서가 초래될 때에는, 광기가 환각, 환상, 엉뚱함, 충동, 음모, 흥분, 심기증, 광적 식욕, 그리고 정념의 광기라는 9가지 서로 다른 양상으로 나타난다. 여기까지는 일관성이 유지되지만, "정념의 광기"에는 사랑, 질투, 인색, 인간 혐오, 오만, 조급증, 노파심, 소심함, 수치심, 슬픔, 절망, 맹신, 향수鄉愁, 혐오, 열광 등 16가지 변종이 있다.[70]

이 대목에서 관점의 점진적 변화가 명백히 눈에 띈다. 정신의 능력과 정신을 진실의 지배 아래 놓이게 하는 최초의 경험에 관한 질문에서 출발했으나, 광기가 나누어지는 구체적 다양성에 접근함에 따라, 일반적 형태의 이성을 문제시하는 비이성에서 멀어짐에 따라, 광기가 실제적 인간의 특성을 띠는 그 표면으로 다다름에 따라, 광기가 그만큼 많은 "성격"으로 다양화되고 질병학이 "도덕적 인물묘사"의 진열실처럼 보이거나 거의 그렇게 보인다는 것을 알아차릴 수 있다. 광기가 구체적 인간과 합류하고자 할 때, 광기의 경험은 도덕과 마주친다.

이 사실은 아놀드에게서만 확인되는 것이 아니다. 바이크하르트의 분류를 기억하기 바란다. 거기에서도 상상력, 기억, 판단력에서 출발하여 8번째 강綱, 곧 정신의 질병이라는 항목을 분석한다. 그러나 재빨리 도덕적 성격규정으로 접어든다. 비테의 분류도 죄와 악덕에 단순한 결함의 옆이라는 동일한 자리를 부여한다. 피넬은《의학 사전》의 "질병학" 항목에서 비테의 분류법에 대한 기억을 여전히 간직하게 된다.

"도둑질, 비열함, 악의, 불쾌, 두려움, 오만, 허영심 등이 병의 증상에 편입되는 … 분류에 대해 무슨 말을 할 것인가. 이것들은 정말로 정신의 질환이며 대개의 경우 치료할 수 없는 질병이지만, 병리학 저서보다는 오히려 라 로슈푸코의《격언집》이나 라 브뤼에르의《성격론》에서 다룰 만한 것

---

70 Arnold, *Observations on the nature, kinds, causes, and prevention of insanity, lunacy and madness*, Leicester, t. I, 1702, t. II, 1786.

이다."**71**

 광기의 병적 형태들이 탐색되긴 했지만, 발견된 것은 단지 도덕생활의 타락뿐이었다. 이러한 과정에서 질병의 개념 자체는 병리학적 의미에서 순수한 비판의 의미로 넘어감으로써 변질되어 버렸다. 광기의 징표들을 분류하던 합리적 활동은 광기의 징표들을 열거하고 비난하는 합리적 의식으로 은밀하게 변형된다. 게다가 여기저기에서 동일한 기능이 작용한다는 것을 확인하는 데에는 비테나 바이크하르트의 분류법을 수용대장臺帳에 나타나는 명부名簿와 비교하는 것으로 충분하다. 수용과 분류의 기원은 전적으로 다르지만, 그리고 18세기의 어떤 질병학도 구빈원이나 형무소의 세계와 결코 접촉한 적이 없지만, 수용의 동기는 분류의 주제와 정확하게 겹친다. 그러나 사유가 과학적 사변을 통해 광기와 광기의 구체적 모습을 접근시키려고 시도할 때부터 마주치게 되는 것은 필연적으로 도덕적 비이성의 경험이었다. 분류계획과 인식되고 식별된 광기의 형태 사이로 미끄러져 들어간 생소한 원리, 그것은 비이성이다.

 모든 질병학이 이러한 도덕적 성격묘사 쪽으로 미끄러져 들어가지는 않지만, 어떤 질병학도 순수하지 않게 되고, 도덕이 굴절과 분류의 역할을 맡지 않는 영역에서 도덕적 성격묘사를 보장하는 것은 인체와 육체적 원인의 세계이다.

 부아시에 드 소바주의 기획은 단순했다. 그렇지만 마치 광기가 진실의 명증성을 회피하기라도 하는 듯이, 그는 정신병의 굳건한 증후체계를 확립하는 과정에서 여러 문제에 마주친 것이 사실이다. '비정상적 광

---

71 Vitet, *Manière médicale réformée ou pharmacopée médico-chirurgicale*; Pinel, *Dictionnaire des Sciences médicales*, 1819, t. XXXVI, p. 220.

기'라는 항목을 별도로 친다면, 3가지 주요 범주는 환각, 비정상, 정신착란에 의해 형성된다. 겉보기에 이것들 각각은 가장 명백한 증상에 따라 엄밀한 방식으로 규정된다. 환각은 "비정상적이고 잘못된 상상력이 주요 증후인 질병"[72]이고, 비정상은 "취향이나 의지의 타락"[73]으로, 정신착란은 "판단능력의 저하"로 이해되어야 한다는 것이다. 그러나 분석이 진전됨에 따라 특징은 점차로 증후의 의미를 잃고, 갈수록 명백하게 원인의 의미를 띠게 된다. 이미 개요에서부터 환각은 "뇌 바깥에 위치한 기관의 결함에 의해 유발된 영혼의 오류, 상상력을 타락시키는 것"[74]으로 간주되었다. 그러나 특히 증상들을 서로 구별하는 것이 문제일 때, 다시 말해서 증상들이 식별의 표지標識와는 다른 것이기를 사람들이 요구할 때, 증상들을 통해 종과 강綱으로의 논리적 분류를 정당화하는 것이 필요할 때, 원인의 세계가 내세워진다. 그렇기 때문에 정신착란은 원인을 신경계의 다양한 기관에서가 아니라 뇌에서만 탐색해야 한다는 점에서 환각과 구별된다. "본질적 정신착란"과 "열을 동반하는 일시적 정신착란" 사이의 차이를 확립하고자 하는 것일까? 후자는 유체流體의 일시적 변질 탓이지만, 전자는 흔히 고체요소의 결정적 손상 탓이라는 언급을 상기하는 것으로 충분하다.[75] 목目들의 일반적이고 추상적인 층위에서 분류는 증후체계의 원리에 충실하지만, 광기의 구체적 형태에 근접하면서부터 물리적 원인은 다시 구분의 핵심적 요소가 된다.

광기가 실질적으로 지속하는 동안에는 원인의 은밀한 움직임이 광기를 지배한다. 광기는 자력自力으로 진실을 보유하지 못하고, 추상적이고 일반적인 진실을 광기에 부여하는 정신의 그러한 능력과 구체적 실

---

72 Sauvages, *loc. cit.*, VII, p. 43 (또한 t. I, p. 366 참조).

73 Id., *ibid.*, VII, p. 191.

74 Id., *ibid.*, VII, p. 1.

75 Id., *ibid.*, VII, pp. 305~334.

재성을 광기에 부여하는 기질성 원인의 모호한 작용 사이에서 분할되어 있으므로 본질도 지니지 못한다.

아무튼 정신질환의 체계화 작업은 결코 광기 자체의 층위에서 이루어지는 것이 아니다. 광기는 자체의 진실을 입증할 수 없다. 도덕적 판단이건, 물리적 원인의 분석이건 다른 어떤 것이 개입해야 한다. 방종放縱의 측면을 포함하는 정념이나 과오가 개입하거나, 동물 정기精氣와 신경계의 엄밀하게 결정된 역학이 개입하거나 해야 한다. 그러나 이는 겉보기만의 모순일 뿐이고, 우리에게만 모순일 뿐이다. 고전주의적 사유에는 도덕과 역학, 방종과 육체, 정념과 병리학이 통일성과 동시에 기준을 갖게 되는 영역이 있다. 그것은 오류, 망상, 추정이 깃들어 있고 육체의 모든 메커니즘이 요약되어 있는 상상력이다. 그리고 사실상 그 모든 분류의 경향에서 찾아볼 수 있는 불안정하고 잡다하며 애매하게 불순한 모든 것은 모든 분류의 전개에 은밀히 개입하는 어떤 '상상력의 분석론' 탓이다. 분석시도의 대상인 일반적 광기와 다양성을 몇 가지 주요한 유형으로 귀착시키려는 시도의 대상이자 이미 친숙하게 인식되는 광인 사이의 종합은 바로 거기에서 이루어진다.

우리가 이미 살펴보았듯이 수용의 실천에 개입하는 비이성의 경험, 이를테면 인간이 다함께 유죄성 속에서 역설적으로 지시되고 무죄를 선고받지만 동물성 때문에 단죄되는 경험은 바로 거기로 편입된다. 이 경험은 광기와 관련되는 고전주의적 사유에서 이런 식으로 중심에 자리잡는 상상력 이론의 용어로 됨으로써 성찰의 대상이 된다. 혼란되고 빗나간 상상력, 한편으로는 오류 및 과오와 다른 한편으로는 육체의 장애 사이에서 중간에 위치한 이와 같은 상상력에 고전주의 시대의 의사와 철학자는 정신착란精神錯亂이라는 명칭을 부여하기로 합의하는 것이다.

그리하여 정념, 상상력, 그리고 정신착란에 관한 일반이론이 묘사와 분류 위로 서서히 모습을 드러내고, 일반적으로 광기와 개별적인 광인

사이의 실제적 관계가 이 일반이론 안에서 맺어지며, 또한 광기와 비이성 사이의 관련성도 이 일반이론 안에서 확립된다. 이 일반이론은 비이성, 광기, 광인을 모두 단 하나의 동일한 경험 속으로 결집하는 모호한 종합력이다. 바로 이 점에서 '정신착란의 선험성先驗性'에 관해 말할 수 있게 되는데, 이 선험성은 고전주의 시대의 광기의 경험을 높은 곳에서 좌지우지하면서, 광기를 증후에 따라 분석하려는 시도를 우스꽝스럽게 만들어버린다.

또한 분류의 시대보다 훨씬 전에 형성되어 19세기 초까지 거의 동일하게, 거의 부동의 상태로 존속하는 몇몇 주요한 주제의 저항도 고려에 넣어야 한다. 표층表層에서는 질병의 명칭이 변하고 질병의 자리와 구분과 상호연관성이 변하는 반면에, 약간 더 심층적으로는 일종의 개념적 불확실 상태 속에서 수는 많지 않지만 넓은 외연外延을 갖는 몇몇 덩어리 형태가 존속하고, 이것들의 끈질긴 현존은 매 순간 분류활동을 무익한 것으로 만들어버린다.

그 선험적 개념들[76]은 의학적 사유의 개념적이고 이론적인 기능보다는 오히려 의학적 사유의 실제적 작용에 더 가깝다. 윌리스의 노력에서 발견되는 것은 바로 그 선험적 개념들인데, 그는 조광증과 우울증의 순환주기에 관한 커다란 원칙을 그 선험적 개념들에 입각하여 세울 수 있게 된다. 그 세기의 끝에 이르러 구빈원을 개혁하고 수용에 의료의 의

76 *바로 앞의 '몇몇 덩어리 형태'를 가리키는 것으로서, 칸트의 비판 철학에서 말하는 '오성의 산물'이라는 의미를 갖는다. '직관적이고 종합적이며 매우 부정확한 인식'을 의미하기도 하는데, 전자의 의미와 대동소이(大同小異) 하다.

미를 부여하는 것이 문제될 때에도 그 선험적 개념들은 재발견되기에 이른다. 그것들은 엄격한 개념정의定義에 의해서라기보다는 오히려 상상적 응집성凝集性에 의해 안정된 형상을 강요하면서 의학의 작업과 일체가 되었으며, 각각에 지울 수 없는 고유한 표지를 부여하는 모호한 친화력 덕분으로 존속했고 암암리에 유지되었다. 부라브보다 훨씬 이전에 그것들을 재발견하고 에스키롤 이후로도 오랫동안 그것들을 추적하는 것은 어렵지 않은 일이다.

1672년 윌리스는 《정신박약자의 영혼에 관하여》77를 펴내는데, 이책의 제2부는 "동물의 영혼과 그 소재 부위, 다시 말해서 뇌와 신경계를 공격하는 질병"을 다루는 부분이다. 그의 분석은 의료 전통에 의해 오래 전부터 인정된 중요한 질병들을 다시 취급한다. 열을 수반하는 일종의 발작인 '광란狂亂'은 아주 짧은 지속시간 때문에 '정신착란'과 구분해야 하는 것이다. '조광증'은 열이 없는 광란이다. '우울증'은 광란도 열도 나타나지 않는 질병이다. 이를테면 그다지 많지 않은 대상에, 흔히는 유일한 걱정거리에 달라붙는 슬픔과 두려움으로 특징지어진다. '정신박약'으로 말하자면 이것은 "기억과 판단력뿐만 아니라 상상력에도 결함이 있는" 모든 사람의 현상이다. 다양한 정신병에 대한 정의에서 윌리스의 저서가 중요성을 갖는 것은 바로 이 주요 범주들의 내부에서 작업이 실행됨에 따라서이다. 윌리스는 질병학의 공간을 재편성하지 않지만, 이미지의 효력을 통해 서서히 통합하고 하나로 모으거나 거의 뒤섞는 경향이 있는 형태들을 추출하고, 이런 식으로 조광증 - 우울증의 선험적 개념에 거의 다다른다. "이 두 질환은 대단히 비슷해서 서로 변환되고 하나가 다른 하나에 귀착하는 일이 빈번하게 일어난다. … 흔히 이 두 질병은 잇달아 일어나며 연기와 불꽃처럼 서로 자리를 바꾼

---

77 *De Anima Brutorum.*

다."**78** 다른 경우들에서도 윌리스는 거의 혼동된 상태로 있었던 것을 구별한다. 개념적이라기보다는 실천적 구별, 근본적 동일성을 간직하는 선험적 개념의 상대적이고 점진적인 구분. 정신박약에 걸린 많은 사람들의 집단에 대해서도 그는 이런 식의 구분을 행한다. 우선 문학도 어떤 교양학문도 알지 못하지만 수공예手工藝를 배울 수 있을 만큼 솜씨가 좋은 사람들이 있고, 다음으로는 겨우 경작자가 될 수 있을 뿐인 사람들, 뒤이어 기껏해야 생계를 이어가고 불가결한 습관을 몸에 익힐 줄 아는 사람들이 있으며, 마지막 등급의 사람들은 거의 사물을 이해하지 못하고 의식적으로 행동하지도 못한다. **79** 실제의 작업은 새로운 분류 항목들을 대상으로 해서가 아니라, 이미지가 가장 많았고 모습이 가장 친숙하게 식별되었던 바로 거기에서, 진부한 전통적 집단들을 대상으로 행해진 것이다.

1785년 콜롱비에와 두블레가 훈령을 공표할 때는 윌리스 이후로 한 세기 이상이 지난 시기였다. 다수의 병리학 체계가 구축되었다. 그러나 그 모든 기념물은 어떤 것도 남아 있지 않는 듯하다. 두블레는 의사들과 시설 책임자들에게 직접 호소하며, 그들에게 진단과 치료에 대해 조언하고 싶어한다. 그는 오직 윌리스 시대에 이미 통용되었던 분류만을 알고 있을 뿐이다. 즉, 그가 아는 것은 언제나 분노와 열을 수반하는 발광, 광분이 일어나지만 뇌질환의 증상이 아닌 조광증, 두 가지 사항에서, "첫째, 우울증이 나타나는 정신착란은 우울증의 발생점發生點이라 불리는 단 하나의 대상에 한정된다는 점에서, 둘째, 정신착란은 … 어느 때이건 공격성을 나타내지 않는다는 점에서" 조광증과 다른 우울증 등이다. 여기에 윌리스가 말한 정신박약과 상응하고 정신능력의 모

78 Willis, *Opera*, II, p. 255.
79 Id., *ibid.*, pp. 269~270.

든 약화형태를 통합하는 정신장애가 덧붙여진다. 약간 나중에 내무대신이 지로디에게 샤랑통에 관한 보고서를 요구할 때 제출된 명부名簿에서는 우울증의 사례, 조광증의 사례, 그리고 정신장애의 사례가 구별된다. 별도로 분류되어 있고 표본의 수가 아주 적은(476명의 피수용자들 중에서 단지 8명) 심기증心氣症, 그리고 이 19세기 초에야 정신장애와 구별되기 시작한 백치白痴상태에서만 중요한 변화를 엿볼 수 있을 뿐이다. 아슬람은 《광기에 관한 소견》에서 폐질자廢疾者를 고려에 넣지 않고, 따라서 정신장애자와 백치를 제외시키며, 광기에서 조광증과 우울증이라는 두 이미지만을 인정한다.

알다시피 병리학의 근간은 18세기에 이루어질 수 있었던 모든 변화의 시도를 가로질러 여전히 주목할 만한 안정성을 띠었다. 정신의학의 커다란 종합현상과 광기의 체계가 마련되기 시작할 시기에도 사람들은 많은 종류의 비이성 형태를 전해진 모습대로 다시 취급할 수 있게 되는 것이다. 가령 피넬은 우울증, 조광증, 정신장애, 백치상태를 정신병으로 치고, 이것들에 심기증, 몽유병, 공수병을 덧붙인다. **80** 에스키롤은 이제는 전통적이게 된 계열, 곧 조광증, 우울증, 정신장애, 저능低能에 단지 편집증이라는 새로운 계열만을 추가할 뿐이다. **81** 이미 그려지고 식별된 광기의 모습들은 질병학 구축에 의해 변모되지 않았고, 식물적 종種들로의 분류는 광기의 그러한 모습들이 띠는 특징의 본래적 견고성을 해체하거나 변질시키지 못했다.

고전주의 시대의 처음부터 끝까지 광기의 세계는 변함 없는 경계선을 따라 윤곽이 뚜렷해진다. 전신성全身性 마비를 발견하고 신경증과 정신병**82**을 구분하며 편집병偏執病**83**과 조발성 치매를 정립하는 것은 다른

80 Pinel, *Nosographie philosophique*, Paris, 1798.
81 Esquirol, *Des maladies mentales*, Paris, 1838.

세기의 일이게 되고, 정신분열증을 명확하게 규정하는 것도 역시 다른 세기에나 가능하게 된다. 인내심을 요하는 그와 같은 관찰작업은 17세기에도 18세기에도 이루어지지 않는다. 17~18세기는 종種들의 정원에서 불확실한 집단들을 판별할 뿐이었다. 그러나 이 선험적 개념들은 다른 쪽에서 이루어진 인식적 경험의 견고성을 거의 약화시키지 않았다. 의학적 사유는 그저 변모하지 않고 계속해서 조용히 존속하는 형태들에 기초를 두었을 뿐이다. 분류학자들의 서열화되고 정돈된 자연은 이 본질적 형태들에 비하면 부차적 자연일 뿐이었다.

더욱 정확을 기하기 위해 이 형태들을 고정시켜보자. 왜냐하면 고전주의 시대에 고유한 이 형태들의 의미는 우리 자신이 답습한 낱말들의 영속성 아래 감추어질 위험이 있기 때문이다. 《백과전서》의 항목들은 독창적 작품을 이루지 못한다는 점에서, 지표指標의 구실을 할 수 있다.

— '광란', 곧 열이 있는 정신착란과는 대조적으로 '조광증'은 적어도 본질적으로는 열이 없는 정신착란이다. 조광증은 "환자가 헛소리를 할 뿐만 아니라 사물을 정확하게 알아차리지 못하며 이유 없이 이상하고 우스꽝스러운 행동을 하는 예로부터의 그 모든 질병을" 포함한다.

— '우울증'도 역시 정신착란이다. 그러나 "열도 광분狂奔도 없이 한두 가지 대상에 확연히 뿌리를 내리는 특별한 정신착란"이다. "이 점에서 조광증 및 광란과는 다르다. 이 정신착란은 대개의 경우 이겨낼 수 없는

---

82 *신경증과 정신병을 구분하는 가장 중요한 기준은 증후의 병리학적 특성을 환자가 신경증의 경우에는 알아보나 정신병의 경우에는 알아보지 못한다는 점이다.

83 *파라노이아. 망상이 주요 증후이다. 정서나 의지의 면에는 그다지 영향을 미치지 않는다. 모노마니아(편집증)는 이에 비해 부분적이라고 말할 수 있다. 그리고 마니아(강박관념)는 증상이 훨씬 가벼운 경우이다. 가장 심각한 증후의 정신병은 스키조프레니아(정신분열증)이다.

슬픔, 침울한 기분, 인간혐오, 확고한 고독의 성향과 결합되어 있다.”

— ‘정신장애’는 우울증 및 조광증과 대비를 이룬다. 우울증과 조광증은 “기억과 오성의 비정상적 사용”일 뿐이다. 이와 반대로 정신장애는 가차 없는 ‘정신의 마비’ 또는 ‘추론능력의 소멸’이다. 뇌의 신경섬유는 인상印象을 받아들일 수 없고, 동물 정기는 뇌의 신경섬유를 움직이게 할 수 없다. 이 항목의 필자 도몽은 ‘지능이나 판단력의 결여’를 증상이 가벼운 정신장애, 즉 오성과 기억의 단순한 약화로 본다.

몇 가지 세부적 변모에도 불구하고, 아마 이해된다기보다는 체험되기 때문에, 그리고 오래 전에 상상되었고 오랫동안 공상의 대상이었기 때문에 질병학상의 유사성보다 훨씬 더 확고한 몇몇 본질적 부속물附屬物은 고전주의 시대의 의학에서 실제로 형성되고 유지되는 것으로서, 광란과 흥분의 열기, 조광증과 격앙된 동요, 우울증과 정신착란으로 인한 거의 완전한 고립, 정신장애와 정신의 무질서이다. 질병학 체계들은 의학적 직관의 이 헤아릴 수 없는 심층 위에서 작용했고 때때로 얼마 동안 반짝거렸다. 그것들은 광기의 실제적 역사에서 구체적인 모습을 띠지 못했다.

마지막으로 세 번째 장애물이 남아 있다. 그것은 의료실천의 저항과 고유한 전개에 의해 구성된 것이다.

오래 전부터, 그리고 의학의 전 영역에서 치료술은 비교적 독립적인 길을 따라갔다. 아무튼 고대로부터 치료술의 모든 형태가 결코 의학 이론의 개념들에 맞춰 체계화될 수는 없었다. 그리고 다른 모든 질병보다도 광기의 주위에서는, 기원으로 보아 케케묵었고 의미의 측면에서 마술적이며 적용체계로 보자면 의학과 무관한 일단의 관행 전체가 18세기 말까지 지속되었다. 광기에 숨겨져 있을 수 있는 모든 두려운 위력이 생생하게 느껴진 만큼이나 이와 같은 관행들도 은밀하게 존속했다.

그러나 17세기 말에 생겨난 사건으로 말미암아 관행들의 자율성이 강화되면서 새로운 방식과 미지의 전개 가능성이 광기에 부여되었다. 그 사건은 우선 "독기"毒氣84라고 불리고, 18세기에는 "신경질환"이란 명칭 아래 그토록 넓은 외연을 갖게 되는 장애들의 정의定義이다. 매우 일찍 이 장애障礙들은 개념의 확산력에 의해 낡은 질병학 공간을 뒤흔들고, 오래지 않아 이 공간을 거의 전적으로 뒤덮는다. 컬렌85은《실천 의료기관》에서 다음과 같이 말할 수 있게 된다.

"나는 여기에서 감정과 운동능력의 모든 탈脫자연적 질환을 신경질환으로 이해하고자 한다. 이것들은 결코 자연발생적 질병의 증후처럼 열을 수반하지 않는다. 나는 또한 기관들의 국부局部질환이 아니라 신경계와 그 중에서도 특히 감정과 운동능력의 토대를 이루는 속성들의 장애로 인한 질환도 모두 여기에 포함시킬 수 있다고 생각한다."86

독기와 신경질환의 이 새로운 세계는 고유한 활력을 갖는 것이고, 거기에서 작용하는 힘, 거기에서 구분할 수 있는 강綱, 종種, 속屬은 질병학에 친숙한 형태들과 더 이상 일치하지 않는다. 아직 알려지지 않은 병리학 공간이 이제 막 열린 듯한데, 그 공간은 분석과 의학적 묘사의 관례적 규칙이 미치지 못하는 곳이다.

---

84 *옛 의학에서 혈액이나 체액으로부터 발산되어 머리로 올라온다고 하는 기운. 머리를 자극하는 발산물(기운)이라는 뜻으로 확장되기도 했다.
85 *스코틀랜드의 의사인 William Cullen(1710~1790)일 것이다. 그는 질병의 원인이 원자운동의 혼란에 있으며 원자운동의 혼란은 신경계에 달려 있다고 주장했다.
86 Cullen, *Institutions de médecine pratique*, II, trad. Pinel, Paris, 1785, p. 61.

"철학자들은 의사들로 하여금 이 미궁迷宮 안으로 깊이 들어가라고 권유할 뿐만 아니라, 형이상학을 잡동사니 학파들에서 벗어나게 하고 주요 정신능력을 분석적으로 설명하며 육체의 운동능력과 주요 정신능력 사이의 관계를 밝히고 스스로 정신구조의 불가결한 바탕으로 거슬러 올라감으로써, 의사들을 위해 이 미궁의 길들을 평탄하게 닦는다."[87]

독기 분류의 계획 역시 많다. 어떤 것도 사이든햄이나 소바주 또는 린네를 이끌었던 원칙에 바탕을 두지 않는다. 비리데는 독기를 장애의 메커니즘과 동시에 장애가 일어난 부위에 따라 구별한다. "일반적인 독기는 몸 전체에서 생겨나고", "특수한 독기는 어느 한 부위에서 형성되는데", 전자는 "동물 정기의 정체停滯현상에서 기인하고", 후자는 "신경이나 신경주위의 유인誘因"이나 "동물 정기가 올라가고 내려가는 신경 공동空洞의 수축에서 기인한다."[88]

보셴은 체질體質이나 신경계의 소인素因과 손상에 따른 순전히 병인론病因論적 분류법을 제안한다. 우선 "생체生體의 물질과 상해傷害로 인한 질병들"이 있는데, 이것들은 '담즙질 - 점액질' 때문에 발생하고, 다음으로 히스테리성 신경질환들은 "성을 잘 내고 침울한 기질과 자궁의 특별한 상해"로 뚜렷이 나타나며, 마지막으로 "단단한 조직체의 이완과 분비액分泌液의 변질"로 특징되는 질병들은 원인은 "다혈질이자 점액질인 기질, 엉뚱한 정념 등"이 원인이다.[89]

18세기 말에 티소와 폼므의 저서에 뒤이어 일어난 중대한 논의에서 프레사뱅은 신경질환에 가장 넓은 외연을 부여했는데, 그에 의하면 신

87 De la Roche, *Analyse des fonctions du système nerveux*, Genève, 1778, I, préface, p. VIII.

88 Viridet, *Dissertation sur les vapeurs*, Yverdon, 1726, p. 32.

89 Beauchesne, *Des influences des affections de l'âme*, Paris, 1783, pp. 65~182 및 pp. 221~223.

경질환은 인체의 주요한 기능을 해칠 수 있는 모든 장애를 포함하고, 어떤 기능이 교란되느냐에 따라 서로 구별된다. 감정의 신경이 손상될 때, 그리고 이 신경의 활동이 줄어들면 무감각, 마비상태, 혼수상태가 초래되고, 반대로 이 신경의 활동이 활발해지면 가려움, 간지럼, 통증이 일어난다. 운동기능도 동일한 방식으로 혼란될 수 있다. 즉, 운동기능의 하락은 마비와 경직硬直상태를 유발하고, 운동기능의 증대는 흥분과 근육수축을 초래한다. 경련으로 말하자면 이것은 어떤 때는 너무 약하고 어떤 때는 너무 강한 운동기능의 불규칙적 작용, 예컨대 간질에서 발견되는 교대현상에서 기인한다. **90**

물론 이 개념들은 성격상 전통적 분류법과 무관하다. 그러나 무엇보다도 이 개념들의 독창성을 이루는 것은 이것들이 질병학의 선험적 개념들과는 달리 실천과 직접적으로 연계되어 있다는 점이다. 더 정확히 말해서 이것들은 형성될 때부터 치료술의 주제에 온통 물들어 있다. 왜냐하면 이것들을 구성하고 조직하는 것은 이미지, 말하자면 의사와 환자가 단번에 소통할 수 있도록 하는 이미지이기 때문이다. 심기증에서 솟아오르는 독기, 긴장되어 있는 "손상되고 경직된" 신경, 습기와 수분水分에 젖은 신경섬유 등 설명의 도식은 얼마든지 제시될 수 있는 것이 사실이지만, 환자의 상상력이 환자 자신의 고통에 형태, 공간, 실체, 언어를 부여하고 곧장 이어서 의사의 상상력이 건강의 회복에 필요한 의료처치의 구상을 제시하는 모호한 주제도 얼마든지 찾아볼 수 있다.

19세기부터 그토록 폄하되고 웃음거리로 변하게 되는 이 새로운 병리학의 세계에서 중요한 어떤 일이 일어나는데, 그것은 아마 의학의 역사에서 최초로 생겨난 현상일 것이다. 다시 말해서 환자에 의해 악이 제시되고 의사에 의해 악의 제거가 제안되는 이중의 투사와 이론적 설

---

90 Pressavin, *Nouveau Traité des vapeurs*, Lyon, 1770, pp. 7~31.

명이 일치하게 된 것이다. 신경질환이 치료의 복잡성에 정당성을 부여한다. 그때 탄생하는 것은 의사와 환자가 최초의 대화를 시작하게 되는 상징과 이미지의 세계 전체이다.

　그때부터 18세기를 따라 의학이 발전하는 가운데 의사 - 환자의 짝패는 의학의 핵심적 요소가 되어 간다. 광기의 세계를 새로운 방식에 따라 조직하는 것은 바로 상상적 형상을 통해 소통이 이루어지는 이 짝패이다. 데우기나 식히기, 강장強壯이나 긴장해소의 치료법, 의사와 환자에게 공통된 상상적 실현의 노력 전체는 분류법에 점점 더 동화될 수 없게 될 병적 형태들을 드러나 보이게 한다. 이러한 병적 형태들도 역시 사라졌다는 것은 사실이지만, 앎의 진정한 작업이 실행된 것은 바로 이 형태들 안에서이다.

우리의 출발점을 다시 떠올려보자. 한편에는 광기에 대한 추론적 인식이 될지도 모르는, 매개과정 없이 광인狂人을 직접적으로 식별한다고 주장하는 의식이 있고, 다른 한편에는 광기를 나타내는 모든 징후와 함께 광기의 모든 형태를 잠재성에 입각하여 펼쳐 보일 수 있다고 자처하는 과학이 있다. 이 둘 사이에는 아무것도 존재하지 않고, 오직 공백이 있을 뿐이다. 또한 거의 감지될 수 있는 부재가 자리 잡고 있는데, 그것은 광기의 부재로서 구체적이고 일반적인 형태, 광인들이 다시 놓일 실제적 요소, 정신이상자의 증상이 놀라울 정도의 특수성을 띠고 생겨나기에 이를 일종의 깊은 토대일 것이고 그런 만큼 부인할 수 없을 정도로 명백한 것이다. 만일 정신병을 정신이상자의 자연적 모태母胎, 인식되는 광인과 분석되는 정신장애 사이의 매개물, 요컨대 광기와 광인의 관련성으로 이해한다면, 고전주의 시대에는 정신병이 실재하지 않은 셈이다. 광인과 광기는 서로 무관하며, 광인과 광기의 진실은 각각에 별도로 간직되어 있고 광인과 광기 안에 몰수되어 있는 듯하다.

비이성은 무엇보다도 먼저 이것, 즉 오성悟性의 시대에 속하고 광인과 그의 광기를 서로 무관한 것으로 만들면서 서로 소외시키는 그러한 깊은 균열이다. 그러므로 비이성을 우리는 이미 이 공백 안에 있는 것으로 이해할 수 있다. 게다가 수용은 이 공백의 제도적 해석이 아니었을까? 수용은 분화되지 않은 배제의 공간으로서, 광인과 광기 사이에서, 즉각적 식별과 언제나 연기되는 진실 사이에서 지속적으로 실행되었고, 그리하여 앎의 구조라는 측면에서 비이성에 할당되는 영역을 사회 구조의 측면에서 포괄하지 않았을까?

그러나 비이성은 비이성이 어렴풋이 나타나기 시작하는 이러한 공백 이상의 것이다. 광인의 인식은 결국 이성 자체만을 내용으로 갖는 것이었고, 질병의 종류들 사이에서 광기의 분석은 천부적 지혜의 올바른 명령을 원리로 했으며, 그래서 광기의 충만한 실증성이 탐색되는 바로 거기에서 이성만이 재발견되었고, 이런 식으로 광기는 역설적이게도 광기의 부재 겸 이성의 보편적 현존이 되었다. 광기의 광기는 은밀하게 이성이라는 것이다. 그리고 이러한 비非광기는 광기의 내용으로서, 비이성에 관해 표명해야 할 두 번째 핵심 사항이다. 비이성은 광기의 진실이 이성이라는 것이다.

더 정확히 말하자면 준準이성이라는 것이다. 그리고 이것은 바로 다음 장들에서 철저한 해명이 시도될 세 번째 근본적 특징이다. 이성이 정말로 광인인식의 내용인 것은 광인인식에 어떤 부정적 지표가 따라붙기 때문이라는 것이다. 거기에 하나의 심급審級이 작용하는데, 그것은 이러한 비-이성에 특이한 양식樣式을 부여한다. 광인은 이성에 대해, 이성을 위해, 그리고 이성에 의해 아무리 미쳤어도 소용없고, 이성의 '대상일' 수 있기 위해 아무리 이성'이어도' 소용없다. 이 벌어진 간격은 문제를 일으키고, 부정적인 것의 이러한 작용은 단순히 부정否定의 공백일 수 없다.

다른 한편으로 우리는 질병과 식물의 역사라는 방식을 통한 광기의 '자연화' 계획이 어떤 장애에 부딪혔는가를 살펴보았다. 그토록 많은 반복된 노력에도 불구하고 광기는 종들의 합리적인 질서 속으로 결코 완전히 편입되지는 않았다. 심층에서 다른 힘들, 즉 개념들의 이론적 차원과 무관하고 이론을 마침내 뒤엎을 정도로 이론에 저항하는 다른 힘들이 계속 작용하고 있었던 것이다.

거기에서 작용하는 그러한 힘들은 도대체 무엇일까? 거기에서 실행되는 그러한 부정의 작용력은 도대체 무엇일까? 이성이 모든 것의, 심지어 광기의 내용이자 진실인 듯한 고전주의 세계에서, 이 은밀하게 저항하는 심급審級들은 무엇일까? 여기저기에서, 광기의 인식과 광인의 식별에서 은밀히 전개되는 동일한 원리가 이성을 농락하는 것은 아닐까? 만일 그렇다면 우리는 비이성의 본질과 생생한 힘을 고전주의 시대에 이루어진 광기의 경험의 은밀한 중심으로 규정할 수 있지 않을까?

그러나 이제는 천천히 세부사항별로 논의를 진행시킬 필요가 있다. 우리가 이미 알고 있는 것, 다시 말해서 광기의 자연화와 합리적 차원으로의 광기의 투사에서 마주치게 된 장애로부터 역사가의 경건한 태도로 나아가야 한다. 이전에 가능했던 여전히 조잡한 장애들을 열거한 이후에 그것들을 하나하나 분석해야 한다. 우선 광기의 형태로 간주되는 정념과 상상력과 정신착란의 선험성, 다음으로 고전주의 시대에 광기의 영역을 유기적으로 구성하고 생성시키는 전통적 형상들, 마지막으로 치료술의 상상계에서 일어나는 의사와 환자의 대면을 하나씩 분석해야 한다. 비이성의 실증적 힘들, 비이성이라는 그 비존재, 광기의 그 공백, 언제나 더욱 깊어지는 그 부재의 상관항相關項이자 동시에 보상인 변화는 아마 거기에 감추어져 있을 것이다.

이러한 변화, 그리고 이 변화에 활기를 불어넣는 힘들을 우리는 '인식'의 표면에서 이론적 개념들의 진전進展으로 묘사하지 않으려고 애쓸 것이고, '경험'의 두터운 역사를 뚜렷이 드러냄으로써 광기의 인식, 즉 우리의 인식이자 프로이트 학설조차도 그런 용도로 생겨난 것은 아니기에 우리로부터 떼어놓지 못한 그러한 인식이 마침내 '가능하게' 된 동향을 다시 파악하려고 시도할 것이다. 필연적으로 지식, 의학, 의사를 수반하는 광기, 비장감을 주는 정신병에 완전히 포함된 광기의 그 끈질기게 되풀이된 현존이 근대 세계에서 정말로 무엇을 의미할 수 있는가를 자문하는 사람들의 눈에는 아니지만, 그러한 인식 속에서 광기는 마침내 현존하고, 비이성은 저절로 사라졌다.

2

정신착란의 선험성

"우리는 뇌기관의 그러한 질병을 광기라 부른다."[1] 광기의 문제는 영혼의 물질성을 중심으로 맴돈다. 질병 분류학이 그토록 쉽게 질병으로 묘사하는 이 악에 영혼은 어떤 방식으로 연관되어 있을까? 육체의 다른 부위들과 같은 이유로 질병의 공격을 받는 부위로서? 인체의 모든 것과 연결되어 있고 인체와 함께 동요되는 전반적 감성으로서? 과도적이고 물질적인 수단들만이 벗어날 수 있을 뿐인 독립적이고 영적인 원리로서?

18세기에 위명威名을 떨치는 철학자들의 물음들, 한없이 뒤집힐 수 있고 어떤 대답을 하건 모호성이 늘어날 뿐인 물음들이 그것이다.

우선 전통, 즉 신학자들과 결의론자決疑論者들의 전통, 또한 법률가들과 재판관들의 전통이 온전한 중요성을 띤다. 광인은 회개悔改의 징후를 몇 가지 내보이기만 하면, 신부에게 고해하고 죄의 사함을 받을 수 있고, 설령 광인에게서 인식능력을 상실했다는 징후밖에 찾아볼 수 없을지라도, 사람들은 느껴지지도 않고 물질적이지도 않은 경로, "하

---

1 Voltaire, *Dictionnaire philosophique*, article Folie, éd. Benda, t. I, p. 285.

느님이 때때로 이용하는" 경로, "곧 천사의 중개나 직접적 영감"[2]을 통해 성령이 광인의 영혼을 비추었다고 추정할 권리와 의무가 있다. 게다가 광인은 정신장애의 상태로 들어섰을 때, 은총의 상태에 있었을까? 의심할 것도 없이 광인은 광기에 휩싸여 무슨 행위를 했건 구원받을 것이다. 그의 영혼은 뒤로 물러나 질병으로부터 보호받고 질병 자체에 의해 악으로부터 보호된 것이다.

영혼은 죄를 범할 만큼 광기에 빠지지 않는다. 그리고 재판관들도 이 점에는 이의를 달지 않는다. 그들은 광인의 행위를 범죄로 인정하지 않고, 광기란 정신에 병이 든 것이 아니라 어린이에게 정신이 존재하지 않거나 불완전한 것과 똑같은 일시적 장애일 뿐이라고 언제나 추정하면서 후견後見의 판결을 내린다. 게다가 박탈판결이 내려지지 않는 한, 광인은 비록 수용되어 있을지라도 법인격法人格을 잃지 않을뿐더러, 파리 고등법원은 정신이상을 입증하는 '사실상의' 증거인 수용에도 불구하고 환자의 법적 능력에 어떤 변화도 없다는 점을 분명히 밝혔다.[3]

광인이라 해도 영혼은 미치지 않는 법이다. 그렇지만 의학의 정확성에 관해, 의학의 좌절과 성공에 관해 철학하는 사람에게 영혼은 이러한 자유로운 수인囚人 이상이거나 이하이지 않을까? 만일 물질에 의해, 물질을 통해, 그리고 물질 때문에 영혼의 가장 기본적인 기능이 자유롭게 실행되지 않고 판단력 자체에 문제가 생긴다면, 영혼은 틀림없이 물질의 일부분이지 않을까? 그리고 광인의 무죄성無罪性을 확고히 주장하는 법률가들의 전통이 전체적으로 옳다 해도, 이는 광인의 자유가 광인의 무능 탓으로 보호되기 때문이 아니라, 광인의 육체에 깃들인 억제할 수

---

2 Sainte-Beuve, *Résolution de quelques cas de conscience*, Paris, 1689, I, p. 65. 이것은 또한 농아(聾啞)들에게 적용되는 규칙이다.

3 1711년 8월 30일자 파리 고등법원의 한 판결 참조. Parturier; *L'Assistance à Paris sous l'Ancien Régime et la Révolution*, Paris, 1897, p. 159 및 주 1에서 재인용.

없는 힘으로 말미암아 광인의 자유가 완전히 사라질 정도로 타격을 받기 때문이다.

"이 불쌍한 영혼은 … 그때 자기 생각을 제어하지 못하고, 대뇌의 흔적이 형성하는 이미지에 신경을 쓸 수밖에 없다."[4]

그러나 회복된 이성은 영혼이 유기물질이자 유기체일 뿐이라는 것을 더욱 분명히 증거한다. 왜냐하면 광기는 파괴일 뿐이기 때문이다. 그런데 영혼이 실제로 파괴된다는 것, 영혼이 단순히 묶이거나 감추어지거나 다른 곳으로 밀려날 뿐만은 아니라는 것을 어떻게 입증할 것인가? 영혼을 우연한 불완전성에서 완전한 본질로 옮겨가게 하는 것은 약간의 덧붙여진 물질이므로, 어쨌든 영혼의 능력을 회복시키는 것, 영혼의 온전한 상태를 복원시키는 것, 능숙하고 계산된 물질 추가만으로 영혼에 힘과 자유를 다시 부여하는 것은 영혼의 에너지와 완전성이 물질에 있다는 증거를 확보하는 것이다. "불멸의 존재는 이 부위들의 전환을 인정하고 어떤 것도 떨어져 나갈 수 없는 자기 전체의 단순성이 증대하는 것을 용인할 수 있을까?"[5]

볼테르는 스토아 철학에서 인본주의와 의학이 대면하는 것만큼 진부한 이런 대화를 재개하면서 그 내용을 가능한 한 자세히 파악하려고 애쓴다. 학자들과 교부敎父들은 영혼의 순수성을 애써 주장하고, 광인의 광기가 육체현상에 국한된다는 것을 설복시키고 싶어했을 것이다. 좋건 싫건 광인은 자신이 모르는 자기 자신의 한 부위에 건전하고 영원이 약속된 영혼을 지니고 있음이 틀림없다. "친구여, 설령 그대가 상식을 잃었을지라도, 그대의 영혼은 우리의 영혼만큼 영적이고 순수하며 불

---

4 《물질로 이루어진 영혼 *L'Ame matérielle*》, 또는 영혼의 비물질성을 지지하는 고대 및 현대 철학자들의 순수 원리들에 관한 새로운 학설. Arsenal, ms, 2239, p. 139.

5 *Ibid.*

멸한다. 그러나 우리의 영혼이 적절하게 놓여 있다면, 그대의 영혼은 잘못 놓여 있다. 집의 창문이 막혀 있고, 공기가 부족해서 그대의 영혼은 숨쉬기조차 힘들어한다."

그러나 광인에게도 좋은 때는 있다. 더 정확히 말해서 광기의 상태에도 진실의 순간은 있다. 광인은 비록 미치광이이지만, 이성적인 사람들보다 더 양식良識있고 덜 횡설수설한다. 이치를 따지는 광기의 밑바닥에서, 다시 말하자면 광적인 지혜의 높이에서 광인은 자신의 영혼이 병에 걸렸다는 것을 잘 알고 있고, 에피메니데스의 모순6을 반대방향으로 되풀이하면서 스스로 영혼의 깊은 곳까지 미쳤다고 말한다.

"친구들이여, 그대들은 무엇이 문제인지를 그대들의 습관대로 추정한다. 나의 창문도 그대들의 창문만큼 활짝 열려 있다. 왜냐하면 나에게도 동일한 대상이 보이고 동일한 말이 들려오기 때문이다. 그러므로 당연히 내 영혼은 감각을 그릇되게 사용하고 그 자체로 잘못된 감각, 비정상적 자질資質임이 틀림없다. 요컨대 나의 영혼이 미쳤거나 나에게 영혼이 없거나 둘 중의 하나이다."7

머리가 둘일 정도로 용의주도한 이 볼테르-에피메니데스는 이를테면 크레타 사람들은 거짓말쟁이이거나 내가 거짓말하거나 둘 중의 하나라고 말한다. 그러나 사실은 두 가지를 동시에 말하고 싶어한다. 즉 광기가 자기 영혼의 깊은 본질을 침범했고, '따라서' 자신의 영혼은 영적 존재로서 실재하지 않는다고 말하고 싶어한다. 감추는 맥락을 암시하는 양도논법兩刀論法. 따라가려고 노력해야 하는 것은 바로 이 맥락이다. 그것은 언뜻 보기에만 단순할 뿐이다.

한편으로 광기는 감각의 혼란과 동일시될 수 없고, 창문은 흠이 없으

---

6 *거짓말하는 사람의 이율배반.

7 Voltaire, *loc. cit.*, p. 286.

며, 집 안이 잘 보이지 않는 것은 창문이 막혀 있기 때문이 아니다. 여기에서 볼테르는 의학적 논의의 장 전체를 단숨에 가로지른다. 로크의 영향 아래 많은 의사가 광기의 원인을 감각능력의 장애에서 찾으려 했다. 즉, 누군가가 악마를 볼 때, 남들이 못 듣는 목소리를 들을 때, 영혼은 공연히 거기 있는 것이 아니라, 감각이 부과하는 것을 힘껏 받아들인다는 것이다. **8** 이에 대해 누구보다도 소바주가 호응했다. 그에 의하면 사팔눈이고 이중으로 보는 자는 광인이 아니지만, 이중으로 보면서 두 사람이 있다고 정말로 믿어버리는 자는 광인이다. **9** 이것은 눈의 장애가 아니라 영혼의 장애인데, 창문이 그릇된 상태에 있기 때문이 아니라, 창문 안에 자리 잡고 있는 영혼이 병들었기 때문이다. 볼테르는 이와 같은 견해를 내보인다. 조심성은 초보적 감각론을 떨쳐 버리는 것, 로크의 너무 직접적이고 너무 단순한 적용 때문에 감각론자들이 약하게 만들고 싶어하는 영혼을 오히려 보호하는 결과가 초래되지 않도록 하는 것이다.

그러나 감각의 장애는 광기의 원인은 아니라 해도 광기의 본보기이다. 눈의 상처는 시각의 정확한 발휘에 지장을 초래하고, 정신의 기관인 뇌의 손상은 이와 동일한 방식으로 영혼에 장애를 초래할 것이다. "이러한 성찰에 따르면 신이 인간에게 준 사유능력도 다른 감각들처럼 혼란에 처할 수 있다고 의심하지 않을 수 없다. 통풍환자는 발과 손이 아픈 사람이듯이, 광인은 뇌에 병이 든 환자이고, 자신의 불가해한 걷는 능력에 대해서도, 이 능력에 못지않게 불가해한 생각하는 능력에 대해서도 전혀 모르는 상태에서, 발로 걸었고 머리로 생각했다."**10** 영혼

---

8 예컨대 제임스 《사전》의 공동 편찬자들.

9 Sauvages, *loc. cit.*, t. Ⅶ, pp. 130, 141 및 pp. 14~15.

10 Voltaire, *loc. cit.*, p. 286.

에 대한 뇌의 관계는 시각에 대한 눈의 관계와 같고, 뇌에 대한 영혼의
관계는 접히는 다리에 대한 걸으려는 의도의 관계와 동일하다.

육체 속에서 영혼은 육체가 스스로 확립한 관계와 유사한 관계를 맺
는 것 이외의 다른 일을 하지 않는다. 영혼은 감각의 감각이고 동작의
동작이다. 그리고 발걸음이 다리마비로 인해 지장을 받고 시각이 눈의
장애로 인해 흐려지듯이, 영혼은 육체의 상해傷害, 특히 모든 기관의 기
관, 모든 감각과 동시에 모든 동작의 기관인 뇌라는 특별한 기관의 상
해로 인해 타격 받을 것이다. 그러므로 영혼은 시각이 눈에 들어 있고
동작이 근육에서 비롯되는 것과 마찬가지로 육체에 깃들여 있다. 만일
지금 눈을 없애버린다면 … 이런 방식으로 두 가지가 함께 입증되는데,
하나는 고유한 실체, 본성의 핵심을 이루는 것 속에서 "내 영혼이 저절
로 미쳤다"는 것이고, 다른 하나는 "나에게는 결코 영혼이 없다", 즉 내
육체에 들어 있는 기관의 작동에 의해 규정되는 것 이외의 다른 영혼은
없다는 것이다.

요컨대 볼테르는 뇌가 영혼의 기관이어서 영혼이 본래 감각들 중의
어떤 것과도 다르지 않다는 사실에서 광기가 감각의 훼손은 아니라는
결론을 끌어낸다. 그는 자신의 시대에 분명하게 규정된 의학문제(환각
이나 정신착란에 입각한 광기의 원인규정 ㅡ우리의 언어로 말하면 주변이론
이나 중심이론)에서 사실상이 아니라 당위적으로 광기와 겹쳐질 수 있는
철학문제, 즉 광기가 영혼의 물질성을 입증하는가 아닌가 하는 문제로
미끄러져 들어간다. 그는 감각론적 대답방식을 두 번째 문제에 대한 해
결책으로 더 잘 받아들이게 하기 위해, 첫 번째 문제를 다루면서도 짐
짓 그것을 배척하는 척했는데, 감각론의 이러한 재개再開는 다른 한편
으로 첫 번째 문제, 즉 광기의 원인에서 감각기관이 맡는 역할에 관한
의학문제를 그가 사실상 포기했다는 것을 나타냈다.

이와 같은 중첩은 거기에 내포된 논쟁의 의도와 상관없이 그 자체로

의미심장한 것이다. 사실상 이 중첩은 18세기의 의학적 문제의식에 속하지 않고, 영혼과 육체의 분리에 토대를 두고 있는 비판적 분석을 의사들의 성찰과 동일 평면에 놓이는 감각 – 대뇌, 주변 – 중심 문제와 뒤섞이게 한다. 광기의 기원, 인과因果결정, 부위와 관련된 문제가 의사들 자신에게 물질주의적 의미를 띠거나 그렇지 않게 될 날이 언젠가는 정말로 다가올 것이다. 그러나 이 의미는 19세기에야, 정확히 볼테르에 의해 규정된 문제의식이 자명한 것으로 받아들여질 때에야 비로소 인정되기에 이른다. 그럴 때에만 정신주의적 정신의학과 물질주의적 정신의학, 광기를 육체로 축소하는 광기의 이해와 광기를 영혼의 비물질적 요소의 견지에서만 유효한 것으로 판단하는 또 다른 광기의 이해가 가능하게 된다.

그러나 볼테르의 텍스트는 정확히 모순적이고 자의적인 측면뿐만 아니라 의도적 책략을 내포하는 까닭에, 18세기의 광기의 경험이 갖는 생생하고 덩어리 같으며 두터운 양상을 나타낼 수 없다. 그의 텍스트는 비꼼의 어조가 주도적인 가운데, 시간상 18세기의 광기의 경험을 넘어서는 어떤 것 쪽으로, 광기의 문제와 관련되리라고 간주되는 덜 냉소적인 입장 쪽으로 나아간다. 그의 텍스트는 19세기에 자명한 것이 되어 문제 밖에 놓이게 되는 것을 또 다른 변증법 겸 논쟁 아래, 개념들이 아직 결여되어 있는 미묘함 속에서 가리키고 예고한다. 즉, 광기는 물리적 원리의 유기적 손상이거나 비물질적 영혼의 영적 장애이거나 하다는 것이다.

볼테르가 외부로부터 복잡한 우회로를 거쳐 이 단순한 문제의식을 어렴풋하게나마 그려냈다 해도, 이 문제의식을 18세기의 사유에 본질적인 것으로 인정하는 것은 정당화되지 않는다. 육체와 영혼의 분할에 관한 물음은 고전주의 시대의 의학을 밑받침하는 바탕에서 비롯된 것이 아니라, 아주 최근의 시기에 제기된, 철학적 의도부터 어긋나 있는 문제이다.

고전주의 시대의 의학에서 문제없이 받아들여지는 것, 고전주의 시대의 의학이 문제를 제기하지 않고 나아가는 토대는 또 다른 단순성인데, 이것은 19세기 이래 정신과 육체의 대립에 따라, 또는 정신-기원과 기관-기원 같은 개념들을 통해 완화되고 수정되며 교묘하게 회피될 뿐인 대립에 따라 정신의학의 문제를 생각하는 데 익숙해진 우리에게는 좀더 복잡한 단순성으로서, 티소가 철학자들의 추상적 공상에 대립시키는 것이자, 의학에서 무시되는 그 모든 분리현상 이전에 감지될 수 있는 영혼과 육체의 근사한 통일성이다.

"정신이 육체, 육체가 정신에 영향을 미치는 원인의 탐구는 형이상학이 해야 할 작업이다. 의학은 더 잘 볼지 모르지만 더 깊이 통찰하지는 못하며, 원인을 소홀히 하고 현상에만 주의를 집중할 뿐이다. 경험은 의학으로 하여금 육체의 상태가 필연적으로 영혼의 움직임을 낳고 영혼의 움직임이 육체를 변화시킨다는 것을 알아차리게 하고, 영혼이 생각에 골몰하는 동안 대뇌의 한 부분이 긴장상태에 있다는 것을 말해주지만, 탐구를 더 멀리 진전시키지 못하고, 더 많이 알려고 하지도 않는다. 정신과 육체의 결합은 매우 강해서 어느 하나가 다른 하나의 공조 없이 작용할 수 있다고 이해하기가 어렵다. 감각은 대뇌의 신경섬유를 흔듦으로써 사유의 동기를 정신에 불러일으키고, 대뇌의 기관은 영혼이 사유에 몰두하는 동안 어느 정도 강한 움직임, 어느 정도 큰 긴장을 내보인다."[11]

곧장 적용할 수 있는 방법론적 규칙. 이 규칙에 의하면, 고전주의 시대의 의학 텍스트에서 광기, 정신착란, 그리고 심지어는 매우 분명하게 "정신병"이나 "정신질환"이 문제일 때, 거기에서 지시되는 것은 생체

---

11 Tissot, *Avis aux gens de lettres*, traduction française, 1767, pp. 1~3.

병리학의 영역과 대립하는 심리적 장애 또는 심령현상의 영역이 아니다. 윌리스가 조광증을 머리의 질병으로, 히스테리를 경련질환으로 분류한다는 것을, 소바주가 실언失言, 현기증, 이명耳鳴, 그리고 다른 많은 야릇한 언동言動을 '정신착란'의 항목에 넣는다는 것을 늘 기억하자.

고전주의 저자들에 의해 묘사되는 진정한 질병을 그들의 묘사 아래에서 재발견하는 것은 의사 - 역사가들이 흔히 빠져드는 활동이다. 윌리스는 히스테리에 대해 말했을 때, 거기에 간질현상을 포함시키지 않았을까? 부라브는 조광증에 대해 말했을 때, 편집증偏執症을 묘사하지 않았을까? 디메르브루크가 말한 우울증에서 강박 신경증의 확실한 징후를 재발견하는 것은 쉽지 않을까?

이것들은 역사가의 활동이 아니라 바로 군주君主12의 활동이다. 한 세기에서 다른 세기로 넘어가면서 '동일한 질병'이라도 동일한 명칭으로 이야기되지 않을 수 있지만, 그렇다고 해서 근본적으로 '동일한' 질병이 문제인 것은 아닌 것이다. 17세기와 18세기에 말해지는 광기는 엄밀한 의미에서 "정신질환"이 아니라, 육체와 영혼이 '함께' 문제되는 어떤 것이다. 작키아스가 대체로 고전주의 시대 전체에 대해 유효할 수 있는 정의, 즉 "정신이상은 뇌의 병과 추론능력의 훼손에서 기인한다"13

---

12 그들이 디메르브루크를 분명히 읽었다고 추정하지 않을 수 없다.

13 Zacchias, *Quaestiones medico-legales*, Lyon; 1674, liv. II, titre I, q. II, p. 114. 광기에 영혼과 육체가 연루되어 있다는 점과 관련하여 다른 저자들에 의해 제안된 규정들도 동일한 양식(樣式)을 띤다. 윌리스: "이성과 영혼의 다른 기능들이 침해당하는 뇌의 질환들"(*Opera*, t. II, p. 227). 로리(Lorry): "병든 육체의 상황은 감각으로부터 생겨나야 하는 판단이 감각이나 표상된 사물과 상응하지 않는 일이 일어나는 경우"이다(Corporis aegrotantis conditio illo in qua judicia a sensibus orienda nullatenus aut sibi inter se aut rei representatae responsant). (*De Melancholia*, 1765, t. I, p. 3). 〔라틴어 원문: Amentiae a proprio cerebri morbo et ratiocinatricis facultatis laesione dependent.〕

는 정의를 제안했을 때, 그는 거의 이 점에 관해 말했던 것이다.

그러므로 우리는 아주 뒤늦게 광기의 경험에 추가된 문제의식을 한 쪽으로 제쳐놓고서, 이제 가장 외적인 것(인과관계의 순환)으로 시작하고 뒤이어 더 내적이고 덜 가시적인 것(정념과 이미지의 순환)에 이르러 그 경험의 공동空洞에서 마침내 그 경험을 본래의 모습대로 구성하는 것을 되찾으려고 시도함으로써, 광기에만 속하는 구조, 이를테면 정신착란의 본질적 계기를 도출하려고 노력할 작정이다.

먼 원인과 직접적 원인 사이의 구별은 고전주의 시대의 모든 텍스트에서 친숙하게 찾아볼 수 있지만, 처음에는 그다지 대수롭지 않게 보일 수 있고, 인과율의 세계를 조직하는 데에 취약한 구조만을 제공한다. 그러나 사실 이 구별은 상당히 중요했고, 이 구별에 있을 수 있는 명백히 자의적인 측면은 매우 엄밀한 구조화의 힘을 감추고 있다.

윌리스는 조광증의 가까운 원인에 대해 말할 때, 동물 정기精氣의 이중적 손상을 인정한다. 우선 움직임의 힘과 동시에 움직임의 궤적軌迹에 미치는 정역학적 손상. 가령 조광증 환자의 경우에 정기는 격렬하게 움직이고, 따라서 결코 뚫리지 않았고 뚫려서는 안 될 경로들 속으로 침투할 수 있으며, 이 새로운 경로들은 매우 기묘한 관념의 흐름, 기운이 너무 세서 환자의 정상적인 힘을 크게 넘어서는 듯한 갑작스럽고 놀라운 움직임을 야기한다. 또한 화학적 변질이 있다. 이 경우에 정기는 산성酸性을 띰으로써 더 강한 부식성을 갖게 되고 더 날카롭게 되며, 또한 더 가볍고 물질을 덜 함유하게 될 뿐만 아니라, 불꽃처럼 활발하고 만질 수 없게 되는데, 이에 따라 조광증 환자는 흔히 활발하고 불규칙적이며 격렬한 행동의 양태를 내보인다. **14**

이상과 같은 것들은 가까운 원인이다. 이것들은 너무 가까워서 질병의 징표에서 찾아볼 수 있는 가장 가시적인 모든 것을 계량화計量化한 것으로 밖에는 보이지 않는다. 조광증 환자를 자극하는 듯하고 가장 단순하게, 가장 직접적으로 광인을 그토록 특징적 모습으로 인식하게 하는 그러한 동요와 무질서, 그리고 열 없는 격정은 바로 가까운 원인들의 분석을 통해 정확히 외부에서 내부로, 지각의 영역에서 설명의 영역으로, 가시적 결과에서 원인의 비가시적 작용으로 전이된다. **15** 그러나 여전히 특성이었을 뿐인 것이 역설적이게도 비가시적인 것의 장으로 스며들면서 이미지로 변모한다. 가령 격정-특성은 불꽃-이미지로 바뀌고, 몸짓과 말의 무질서는 지각할 수 없는 주름선들의 착잡한 교차 속에서 확고해진다. 그리고 도덕적 판단의 가장자리에, 누구나 보고 만질 수 있는 곳에 머물러 있던 가치들은 촉각과 시각의 한계를 넘어 '사물'로 변하고, 윤리는 어휘의 변화 없이도 동역학動力學으로 이동한다. 사이든햄은 다음과 같이 말한다.

"영혼의 힘은 이 필멸의 육체 안에 갇혀 있는 동안, 영혼의 기능이 실행되도록 하는 수단의 구실을 하고 물질의 가장 섬세한 부분이자 심령의 실체와 가장 유사한 동물 정기의 힘에 주로 종속된다. 따라서 정기의 허약함과 무질서는 필연적으로 영혼의 허약함과 무질서를 초래하고, 영혼을 가장 격렬한 정념의 장난감으로 만들며, 그리하여 영혼은

---

14 Willis, *Opera*, t. II, pp. 255~257.

15 일반적으로 동물 정기는 지각할 수 없는 것의 영역에 속한다. 디메르브루크 (*Anatomia*, liv. VIII, chap. 1ᵉʳ)는 동물 정기를 보았다고 확언하는 바르톨린 (Bartholin) (*Institutions anatomiques*, liv. III, chap. 1ᵉʳ)에 반대하여 동물 정기의 비가시성을 주장한다. 할러 (Haller) (*Elementa physiologiae*, t. IV, p. 371)는 동물 정기의 신맛을 느껴보았다는 장 파스칼(*Nouvelle découverte et les admirables effets des ferments dans le corps humain*)에 반대하여 동물 정기가 무미(無味)하다고 단언했다.

결코 그런 정념에 저항할 수 없게 된다. "16

특성의 측면에서 중단도 매개도 일어나지 않는 일종의 직접 소통이 가까운 원인들과 이것들의 결과 사이에서 확립되고, 결과 쪽에서는 인식된 특성이고 원인 쪽에서는 비가시적 이미지인 동시적 현존의 체계가 형성된다. 그리고 어느 한 쪽에서 다른 쪽으로 순환논리적 특성은 완벽하다. 즉, 친숙한 인식에서 이미지가 귀납되고, 원인의 이미지에 전가轉嫁되는 물리적 특성에서 환자의 특이한 증후가 연역된다. 사실 가까운 원인들의 체계는 증후를 경험으로 알아보는 과정의 이면裏面, 원인에 입각하여 특성을 평가하는 방식이다.

그런데 그토록 긴밀한 이 순환과정, 상상적 요소에 반영되면서 스스로에게로 돌아오는 이 치환置換작용은 18세기 동안에는 점차로, 이제는 단선적인 구조에 따라 열리고 느슨해지기에 이르는데, 거기에서 요점은 더 이상 특성의 소통이 아니라 그저 선행성 현상이게 되며, 바로 그렇기 때문에 원인은 더 이상 상상적 요소에서가 아니라, 체계화된 인식의 내부에서 식별될 수밖에 없게 된다.

이미 신경섬유의 병리학에서는 가까운 원인을 살펴보고 인식 안에서의 존속을 가까운 원인에 보장하려는 배려가 우세해진다. 이는 특성과 이미지가 가까운 인과관계의 이 새로운 구조에서 내몰리기 때문이 아니다. 특성과 이미지는 은폐될 수 있을 가시적 생체현상에 선행의 사실처럼 착오도 순환적 회귀도 없이 투입되고 제시되게 마련이다. 사이든햄의 번역자는 사이든햄이 영혼의 활력과 "동물 정기의 힘" 사이의 관계를 분명하게 이해시킬 수 없었다고 비판한다.

"우리가 정기를 지니고 있다는 생각은 명백하지도 만족스럽지도 않

---

16 Sydenham, *Dissertation sur l'affection hystérique* (*Médecine pratique*, trad. Jault, p. 407).

다는 것을 여기에 덧붙일 수 있다. … 영혼의 힘과 꿋꿋함은 저자의 용어들에 비추어, 주로 고체의 구조에 달려 있는 듯한데, 고체는 필요한 탄력성과 유연성을 모두 지니고 있어서, 영혼의 활동이 활기차고 용이하게 실행되도록 만든다."[17]

가까운 원인들을 지칭하는 데 인식의 매체로 소용될 수 있는 물질망 物質網 전체는 신경섬유의 생리학 덕분으로 갖추어질 수 있다. 사실상, 이 매체가 물질적으로 실재하고 정말로 가시적이라 해도, 광기에 대해 직접적 원인의 구실을 하는 변질은 엄밀하게 말해서 인식할 수 있는 것이 아니고, 기껏해야 만질 수 없고 거의 심적心的이며 지각의 조직에 내포된 특성일 뿐이다. 역설적이게도 신경섬유의 순수하게 물리적이고 대개의 경우 역학적인 변화가 문제되지만, 이럴 때에도 신경섬유는 모든 가능한 인식 아래에서만, 그리고 무한히 미세한 작용의 결정을 통해서만 변질된다. 신경섬유를 '살펴보는' 생리학자들은 측정할 수 있는 어떤 긴장이나 이완도 신경섬유 위에서나 안에서 확인할 수 없다는 것을 잘 알고 있다. 모르가니[18]는 개구리의 신경을 자극했을 때조차 어떤 수축현상도 찾아내지 못했고, 이 점에서 부라브, 반 슈비텐,[19] 호프만,[20] 할러[21] 등 신경-줄과 긴장 또는 이완의 병리학에 대한 모든 반대자가 이미 알고 있는 것을 확인한 셈이었다.

---

17 Sydenham, *op. cit.*, note.

18 *Giambattista Morgagni(1682~1771). 인체에 대한 관찰을 통해 의술의 새로운 길을 개척한 이탈리아의 해부학자 겸 병리학자.

19 *Gerard Van Swieten(1700~1772). 네덜란드의 의사. 마리-테레사의 부름을 받아 빈 대학으로 자리를 옮기고는 그의 수석 시의가 되었다. 자신의 학설에 반대되는 많은 책자를 금서로 지정하기도 했다.

20 *독일의 의사인 Friedrich Hoffmann(1660~1742)을 가리키는 듯하다. 왜냐하면 그는 기관 장애설의 시조이기 때문이다.

21 *Albrecht von Haller. 스위스의 생리학자, 작가(1708~1777).

그러나 의사들, 임상의臨床醫들도 역시 살펴보지만, 그들은 다른 것을 살펴본다. 즉, 그들은 조광증 환자, 수축된 근육, 강박 웃음을 짓는 얼굴, 아무리 사소한 자극에도 극도로 민감하게 반응하는 급격하고 불규칙하며 격렬한 몸짓을 살피고, 긴장의 마지막 단계에 이른 신경의 종류를 '관찰한다'. 이 두 가지 형태의 인식, 곧 변모된 사물에 대한 인식과 변화된 특성에 대한 인식 사이의 갈등은 18세기의 의학적 사유를 암암리에 지배한다. 22

그러나 점차로 전자는 후자의 의미를 흡수하면서 우세를 확보한다. 그리고 생리학자들이 보지 못하는 널리 알려진 긴장, 고갈, 무감각 등의 상태를 폼므 같은 임상의는 눈으로 보았고 귀로 들었으며 이에 따라 생리학자들을 이겼다고 생각했으면서도, 역설적이게도 생리학자들 자신이 부과하려고 애썼던 인과관계의 구조를 드높였다. 그는 어느 한 여자환자의 몸에 주의를 기울이면서, 너무 심하게 자극받은 신경이 진동하는 소리를 들었고, 그래서 그녀를 열 달 동안 하루에 12시간씩 물에 담그고 났더니, 신경계의 말라붙은 요소가 떨어져 나가고 "젖은 양피羊皮와 유사한 막질"23이 욕조 속으로 떨어지는 것을 보았다고 한다.

벌써 단선적 인식구조가 분명하게 확립되고, 이제는 질적 소통이 모색되지 않을 뿐만 아니라, 결과와 결과의 본질적 가치에서 치환된 의미일 뿐인 원인으로 거슬러 올라가는 그 순환과정이 더 이상 묘사되지 않으며, 질병을 '인식하는' 데에는 질병을 가장 직접적으로 결정할 수 있는 단순한 '사건'을 재발견하는 것만이 중요할 뿐이다. 그러므로 광기의

---

22 18세기의 의학에서 '본다'는 것은 무엇인가를 철저하게 연구할 필요가 있을 것이다. 《백과전서》에서 신경에 할애되고 조쿠르(Jaucourt) 기사(騎士)에 의해 서명된 생리학 항목을 읽어보면 생리학의 다른 항목들 대부분에서 설명의 원리로 받아들여진 긴장 이론이 비판되어 있다(정신장애 항목 참조).

23 Pomme, *Traité des affections vaporeuses des deux sexes*, Paris, 3ᵉ éd., 1767, p. 94.

가까운 원인은 영혼에서 가장 가까운 기관, 다시 말해서 신경계와 가능한 한 뇌 자체의 가시적 변질임이 틀림없게 된다. 원인의 가까움은 더이상 감각의 통일성, 질적 유비관계에서가 아니라 가능한 한 엄밀한 해부학에 의해 확인되는 인접성에서 확보된다. 원인은 영혼과 육체의 접속부에 가장 가까운 해부학적이거나 생리학적인 장애가 지정되고 인식되며 그 발생부위가 정해질 때 발견될 것이고, 따라서 장애의 성격과 형태, 그리고 장애가 신경계에 해를 끼치는 방식은 그다지 중요하지 않게된다. 가까운 원인은 17세기에는 동시성과 구조적 유사성을 내포하고, 18세기에는 매개 없는 선행성과 직접적 인접성을 내포하기 시작한다.

바로 이러한 정신에 입각하여 광기의 원인에 관한 해부학적 탐구의 발전을 이해할 필요가 있다. 1679년에 초판이 나온 보네24의 《세풀크레툼》25에서도 여전히 특성의 묘사만이 제시되었는데, 거기에서 상상계의 압력과 이론적 주제의 무게는 인식을 굴절시켰고 미리 결정된 의미를 인식에 가득 채웠다. 보네는 사체死體부검을 통해, 조광증 환자의 대뇌는 건조하고 잘 부스러진다는 것, 우울증 환자의 대뇌는 축축하고 온통 분비액으로 젖어 있다는 것을 목격했는데, 정신장애의 증례에서 대뇌의 물질은 매우 경직되어 있었거나 반대로 지나치게 느슨했지만, 어느 경우에도 탄력성은 없었다. 26 거의 반세기 후에도 멕켈27의 분석

24 *Théophile Bonet(1620~1689). 스위스의 의사로서 병리 해부학의 시조로 여겨지고 있다. 《해부학 묘지》(Sepulchretum anatomicum)로 모르가니에게로 이르는 길을 닦았다.

25 *Sepulchretum. 묘지라는 뜻이다.

26 Bonet, Sepulchretum, Genève, 1700, t. I, section VIII, pp. 205 et sq. et section IX, pp. 221 et sq. 이와 동일한 방식으로 리외토(Lieutaud)도 우울증 환자들에게서 "대부분의 뇌혈관이 거무튀튀하고 탁한 피로 막혀 있고 뇌실(腦室)에 물이 차 있다는 것을 목격했다. 어떤 환자들의 경우에는 심장이 바짝 말라 피가 없는 것으로 보였다" (Traité de médecine pratique, Paris, 1759, I, pp. 201~203).

은 동일한 세계, 곧 특성들의 세계와 연관되고, 여전히 조광증 환자의 건조함, 우울증 환자의 무거움과 축축함을 문제 삼는다. 그러나 이러한 특성들은 이제 모든 감각적 단순 파악을 탈피한 방식으로 엄밀한 측정에 의거하여 인식될 것이 틀림없다. 대뇌의 상태는 더 이상 다른 해석, 가령 광기에 대한 감각적 해석을 나타내지 않고, 그 자체로 병적 현상이자 광기를 유발하는 본질적 변질 같은 것이다.

멕켈의 실험원칙은 단순하다. 그는 대뇌와 소뇌의 물질에서 "파리 척尺으로 사방 9, 6, 3 리뉴28인" 정육면체를 절단해 낸다. 그가 측정한 바에 의하면, 심각한 병을 앓은 적도 없이 한참 건강할 때 죽은 사람의 대뇌에서 잘라낸 6 리뉴 정육면체 하나의 무게는 1 드라금29 3그레인30이나, 폐결핵으로 죽은 젊은이의 경우에 대뇌의 무게는 단지 1 드라금 3.75 그레인, 소뇌의 무게는 1 드라금 3 그레인에 지나지 않는다. 늑막염으로 죽은 노인의 경우에 대뇌의 무게는 평균치와 같았고 소뇌의 무게는 평균치에 약간 못 미쳤다.

첫 번째 결론은 이렇다. 대뇌의 무게는 일정한 것이 아니라 갖가지 병적 상태에 따라 변한다. 두 번째 결론은, 폐결핵 같은 고갈성枯渴性 질병의 경우에는 대뇌가 더 가볍고, 분비액과 유체流體가 몸에서 흐르는 질병의 경우에는 소뇌가 더 가볍기 때문에, 대뇌와 소뇌의 밀도는 틀림없이 "거기에 있는 작은 관들의 충만상태" 탓으로 귀착할 것이다.

---

27 *Johann Friedrich Meckel (1714~1774). 독일의 해부학자로서 베를린 대학에서 산과학(産科學) 강좌를 맡았으며 1773년에는 왕의 시의(侍醫)가 되었다. 신경과 뇌, 림프관, 신장 등에 관한 수많은 논문을 썼다.

28 *ligne. 옛 길이 단위로서 12분의 1 푸스(pouce: 약 2,7cm)이다.

29 *dragme. 라틴어로는 drachma, 그리스어로는 δραχμη. 아테네 인들의 무게 단위, 약 3.5그램.

30 *grain. 옛 무게 단위. 0.053그램에 해당한다.

그런데 정신이상자에게서도 동일한 종류의 변화가 발견된다.

"14년 동안 끊임없이 조광증과 정신박약에 시달린" 어떤 여자의 사체를 부검한 멕켈은 그녀의 대뇌 '회색 물질'이 지나치게 파리하고 수질髓質이 매우 하얗다는 것을 확인했다. "수질이 너무 단단해서 조각으로 잘라낼 수 없었고, 너무 탄력적이어서 손가락 자국이 전혀 남지 않았으며, 완전히 딱딱하게 굳은 달걀 흰자위와 유사했다." 이 수질에서 잘라낸 6 리뉴 정육면체 하나의 무게는 1 드라금 3 그레인이었고, 뇌량腦梁의 밀도는 더 낮았으며, 소뇌에서 추출된 정육면체 하나의 무게는 대뇌의 경우처럼 1 드라금 3 그레인이었다. 그러나 다른 정신이상의 형태들에서는 다른 변화가 일어난다. 한 젊은 여자가 "간헐적으로 발광한" 후에 광란상태에서 죽었는데, 그녀의 대뇌는 만지기에 비중이 큰 듯했고, 거미줄막에 불그스름한 혈청이 들어 있었지만, 수질 자체는 건조했고 탄성이 풍부했으며 무게가 1드라금 3그레인이었다. 그러므로 "수관髓管의 건조상태로 인해 대뇌의 활동에 혼란이 초래될 수 있고 이에 따라 이성의 활용에도 지장이 야기될 수 있다"고, 또한 역으로 "대뇌의 수관이 신경액神經液의 분비에 적합하면 할수록 대뇌의 기능은 더욱 활발하다"31고 결론지어야 한다.

멕켈의 논문에 의해 뚜렷이 부각되는 이론적 지평, 또는 대뇌에서 분비되고 혼란되면 광기를 유발할 신경액神經液에 관한 그의 가설은 별로 중요하지 않다. 지금의 주안점은 그의 분석에서 이미 명확해지고 있는 새로운 형태의 인과관계, 보네의 논문에 여전히 남아 있는 특성의 상징체계나 자리가 바뀌었을 뿐인 의미의 동어반복으로는 더 이상 파악할 수 없는 인과관계, 대뇌의 변질이 사건으로서 누구나 체계적 인식을 통

---

31 프러시아 왕립 아카데미의 마지막 회합에서 제시된, 광기의 육체적인 원인에 관한 새로운 관찰 사항(*Gazette salutaire*, XXXI, 2 août 1764).

해 언제든지 알아낼 수 있을 뿐만 아니라 국소적이고 양적인 가치를 갖는 독특한 현상으로 간주되는 현재로서는 단선적인 인과관계이다.

이러한 변질과 광기의 증후 사이에 극단적 근접성, 즉 대뇌를 영혼에 가장 인접한 기관으로 만드는 근접성 이외의 다른 귀속관계, 다른 소통체계는 없다. 그러므로 대뇌의 장애는 고유한 구조, 인식에 제공되는 해부학적 구조를 갖게 되고, 정신의 장애는 특이한 징표를 갖게 된다. 인과관계는 이것들을 병치시키지만, 질적 요소들의 자리가 인과관계로 인해 바뀌지는 않는다. 멕켈의 사체부검은 물질주의적 방법론의 영역에 속하지 않는다. 그는 자신의 선배들이나 동시대인들과 거의 마찬가지로 기관의 손상이 광기를 결정한다고 생각한다. 그러나 그는 회귀도 전위轉位도 특성들의 소통도 허용하지 않는 인접성 및 인과연쇄의 범주안에 육체와 영혼을 자리매김한다.

이 구조는 모르가니와 컬렌의 경우에서 더욱 완벽하게 도출될 수 있다. 그들의 분석에서 대뇌의 질량은 인과관계의 특별한 작용점作用點이라는 단순한 역할을 더 이상 맡지 않고, 그 자체로 분화되고 이질적 원인의 공간이 되는데, 이 공간은 해부 및 생리구조를 펼쳐 보이고, 이러한 공간적 작용을 통해 광기의 다양한 형태를 결정한다. 모르가니는 대뇌가 대단히 단단하게 굳어 있는 조광증 및 광란의 경우에서 매우 빈번히 소뇌가 통상적 유연성을 유지한다는 점, 몇몇 심각한 사례에서도 소뇌가 대뇌와는 반대로 "지극히 물렁물렁하고 풀어져 있는 상태"라는 점에 주목한다. 때때로 이러한 차이는 대뇌 자체의 내부에서도 발견된다. "어떤 부위는 평소보다 더 단단하게 굳어 있는 반면에, 다른 부위들은 지극히 물렁물렁하다."[32]

컬렌은 이와 같은 차이를 체계적으로 정리하고 대뇌의 다양한 부위

---

[32] Cullen, *Institutions de médecine pratique*, II, p. 295에서 재인용.

를 광기의 기질성 장애가 띠는 주요한 양상으로 삼는다. 대뇌가 정상상태이기 위해서는 심한 흥분상태이건(깨어 있을 때), 정도가 덜한 흥분상태 또는 잠잘 때처럼 허탈상태이건, 대뇌의 흥분상태가 대뇌의 서로 다른 부위들에서 동질적이어야 한다. 그러나 대뇌에서 흥분이나 허탈이 불균등하게 배분된다면, 흥분과 허탈이 서로 뒤섞여 흥분 부위와 휴식 부위의 불균질한 망을 형성한다면, 환자가 잠들어 있을 때에는 꿈이 꾸어지고, 환자가 깨어 있을 때에는 광기의 발작이 일어난다. 그러므로 이와 같은 불균등한 흥분 및 허탈상태가 대뇌에서 이를테면 대뇌물질 자체 속에 굳어져 지속적으로 유지될 때, 만성적 광기가 나타날 것이다. 그래서 광인의 대뇌는 해부하여 검사해 보면, 충혈되어 단단한 부위와 반대로 물렁물렁하고 어느 정도 완전한 이완상태인 다른 부위를 포함하고 있다. [33]

여기에서 가까운 원인이라는 선험적 개념, 더 정확히 말해서 이 선험적 개념에 내포된 인과관계의 의미가 고전주의 시대에 어떻게 변화했는가를 알 수 있다. 다음 시대에 물질주의, 기관 장애설, 아무튼 대뇌의 어떤 부위가 손상되었는가를 결정하려는 노력을 가능하게 만들 터이지만, 당시로서는 이러한 종류의 어떤 계획도 의미하지 않는 재구조화, 이것은 훨씬 더한 것이자 훨씬 덜한 것이다. 즉, 물질주의의 돌연한 출현보다 훨씬 덜한 것이지만, 17세기 이래 영혼과 육체의 관계를 조직화하는 데 작용한 인과관계의 형태가 해체되어 버리므로, 그 출현보다 훨씬 더한 것이다. 이것은 특성들의 닫힌 순환에서 떨어져 나가고, 대뇌의 공간과 심리적 징후들의 체계를 고정된 연속영역에 위치시키는 더 불가사의하고 동시에 더 단순한 연쇄의 열린 전망 안에 놓인다. 한편으로는 의미있는 소통이 모두 단절되지만 다른 한편으로는 육체 전체가

---

33 Cullen, *ibid.*, II, pp. 292~296.

더 이상 가까운 원인의 구조를 형성하기 위한 방편으로 원용되지 않는 가운데, 대뇌만은 영혼과 가장 '가까운' 기관으로서, 적어도 대뇌의 특별한 부위들 중에서 몇 군데는 이제부터 급속하게 더 이상 가까운 원인으로 불리지 않을 것 전체를 불러들인다.

그런데 동일한 시기에 먼 원인이라는 선험적 개념은 정반대의 변화를 겪는다. 처음에 그것은 선행성에 의해서만, 이를테면 어떤 자의성을 배제하지 않고 거의 사실들의 일치와 교차 또는 병적이고 직접적인 변형들만을 묶어내는 인접관계에 의해서만 규정되었다. 에트뮐러는 신장통腎臟痛, 우울증을 일으키는 산성체액體液, 월식시月蝕時의 출생, 금속광산의 인접, 유모의 분노, 가을 과일, 변비, 직장直腸 안의 서양모과 씨, 그리고 더 직접적으로 정념과 특히 사랑의 열정 등 경련의 원인을 나열할 때 먼 원인의 의미있는 예例를 제시하는 셈이다.[34] 점차로 이러한 먼 원인들의 세계는 풍부해지고 새로운 영역들로 퍼지며 셀 수 없는 다수성으로 펼쳐진다. 이윽고 생체의 영역 전체가 필요한 것으로 요구되는 만큼, 먼 원인의 목록에 기입될 수 없는 장애, 억눌리거나 과도한 분비, 기능이상은 거의 없다. 휘트는 특히 바람, 림프액이나 점액粘液, 기생충의 존재, "너무 많이 섭취하거나 너무 적게 섭취하거나 하는 나쁜 질의 음식"[35]을 강조한다. "마음의 격정, 정신집중, 지나친 공부, 깊은 사색, 분노, 슬픔, 두려움, 길고 혹독한 괴로움, 무시된 사랑"[36] 등

34 M. Ettmüller, *Pratique de médecine spéciale*, Lyon, 1691, p. 437 sq.

35 Whytt, *Traité des Maladies nerveuses*, traduction française, Paris, 1777, t. I, p. 257.

36 *Encyclopédie*, article Manie.

윌리엄 호가스, 〈탕아의 편력: 정신병원에서〉(The Rake's Progress: The Rake in Bedlam), 1735,
캔버스에 유채, 62.5×75cm, 존 손 경 박물관, 런던.

영혼의 상태는 어느 것이건 약간 격렬하거나 지나치게 강력하기만 하면 광기의 먼 원인이 될 수 있다. 마지막으로 너무 뜨겁거나 너무 차갑거나 너무 축축한 공기,**37** 몇 가지 조건 아래에 놓인 기후,**38** 사회생활, "훨씬 더 널리 퍼진 학문에 대한 열의와 문학에 대한 소양… 주인과 하인으로 하여금 훨씬 더 나태한 생활을 영위하게 하는 호사豪奢의 증대,"**39** 소설 읽기, 연극 관람, 상상력을 예민하게 하는 모든 것**40** 등 외부 세계의 변동이나 과격함, 폭력이나 책략도 광기를 유발할 수 있다.

요컨대 어떤 것도 먼 원인의 갈수록 증대하는 범위에서 벗어나지 못하거나 거의 벗어날 수 없고 영혼의 세계, 육체의 세계, 자연과 사회의 세계는 방대한 원인 저장고를 구성하는데, 18세기의 저자들은 이론상의 선호나 몇몇 도덕적 선택만을 따르면서 관찰에도 체계화에도 그다지 신경을 쓰지 않고 이 저장고에서 원인들을 끌어오고 싶어하는 듯하다. 뒤푸르는 《오성론》에서 당시에 널리 유포된 원인들의 대부분을 전혀 상세히 설명하지 않고 받아들인다.

"우울증의 명백한 원인은 정신을 둔화시키고 고갈시키며 혼란에 빠뜨리는 모든 것으로서 느닷없는 커다란 공포, 열광적 기쁨이나 강한 열의에 의해 초래되는 격렬한 감정, 어떤 대상에 대한 길고 깊은 명상, 열렬한 사랑, 밤샘, 특히 밤에 벌어지는 모든 맹렬한 정신활동, 고독, 무서움, 히스테리 증상, 특히 비장脾臟, 췌장, 대망大網, 위胃, 장간막腸間膜, 장腸, 유방, 간肝, 자궁, 항문 부근의 맥관脈管에서 피의 형성, 수복修復, 순환, 다양한

---

37 Anonyme, *Observations de médecine sur la maladie appelée convulsion*, Paris, 1732, p. 31 참조.

38 Tissot, *Traité des Nerfs*, II, 1, pp. 29~30 참조. "진정한 신경과민의 지역은 위도 45~55도 사이에 있다."

39 *Gazette salutaire*, XL, 6 octobre 1768에 실린 익명의 기사.

40 Daquin, *Philosophie de la folie*, Paris, 1792, pp. 24~25 참조.

분비와 배출을 방해하는 모든 것, 따라서 늑골 하부의 병, 완전히 낫지 않은 급성질환, 주로 광증狂症과 흥분, 모든 투약投藥 또는 지나치게 많거나 적은 배설물, 따라서 땀, 젖, 월경, 산욕産褥 배설물, 타액 과다와 옴의 재발 등을 망라한다.

일반적으로 디스페르마티슴41은 이른바 연애 망상 또는 호색증을 낳는데, 그것의 예로는 차거나 거칠거나 질기거나 딱딱하거나 말랐거나 맛이 떫거나 톡 쏘는 음식, 이와 유사한 음료, 풋과일, 발효하지 않은 녹말 식품, 오랜 기간과 매우 맹렬함으로 인해 피를 태워 버리는 열기, 음산하고 질퍽하게 괴어 썩어가는 공기, 털이 많고 마르고 호리호리하고 남성적인 까무잡잡한 몸의 체질, 한창 나이, 발랄하고 날카롭고 통찰력이 있는 학구적 정신 등을 들 수 있다."42

먼 원인의 이와 같은 거의 무한한 확장은 18세기 말에 이르러 명백한 사실이 되었고, 수용제도의 커다란 개혁이 이루어지는 시기에, 변질되지 않고 있는 그대로 이론적 앎에서 실천으로 넘어간 드문 지식의 하나가 되었다. 보호시설의 새로운 관행은 정확히 광기의 기원과 관련된 인과연쇄의 다면성多面性과 불균질성不均質性인 것이다. 블랙은 1772~1787년의 시기에 벌써 베들리헴의 정신병자들을 분석하면서 "유전적 자질資質, 음주벽, 지나친 공부, 발열發熱, 잇따른 출산, 내장 폐색閉塞, 타박상과 골절, 성병, 천연두, 너무 빨리 말라 버리는 궤양, 역경逆境, 불안, 고뇌, 사랑, 질투, 감리교파에 대한 지나친 헌신과 애착, 오만"43과 같은 병인病因을 지적했다. 몇 년 후에 지로디는 1804년의 샤랑

---

41 *dispermatisme. rhumatisme(류머티스)가 '정기의 유출'이라는 뜻이라는 점에 비추어, 이것은 정기가 흩어지는 질환을 지칭할 것이다.
42 J.-Fr. Dufour, *Essai sur les opérations de l'ententement humain*, Amsterdam, 1770, pp. 361~362.
43 Black, *On Insanity*, Matthey, p. 365에서 재인용.

통 상황에 관한 보고서를 내무장관에게 제출하게 되는데, 거기에서 "확실한 정보"를 수집할 수 있었고 476가지 증례에 대해 원인을 밝힐 수 있었다고 공언한다.

"151명은 질투, 좌절된 사랑, 지나칠 정도의 큰 기쁨, 야망, 두려움, 공포, 격심한 고뇌와 같은 맹렬한 감정 때문에, 52명은 유전상의 자질, 28명은 수음手淫, 3명은 매독균, 12명은 과도한 성적 쾌락, 31명은 지나친 음주, 12명은 남용된 지적 능력, 2명은 장 속의 기생충, 1명은 옴의 파급波及, 5명은 넓게 퍼진 비강진성粃糠疹性 피부질환, 29명은 유방으로 전이된 종양 덩어리 때문에, 2명은 일사병日射病 때문에 미쳤다."[44]

광기를 야기惹起했다는 먼 원인의 목록은 계속해서 길어진다. 18세기에는 어느 특별한 원인의 우위가 정해지지 않는 가운데 그다지 체계적이지 않은 다수의 먼 원인이 순서 없이 열거된다. 그렇지만 이러한 원인들의 세계가 겉보기만큼 무질서한 것인지는 확실하지 않다. 이러한 다수성이 무한히 펼쳐진다 해도, 이는 아마 고르지 않고 혼란스러운 공간에서 일어나는 일이 아닐 것이다. 한 가지 예를 살펴봄으로써, 이처럼 다양한 원인을 한데 모으고 그것들의 내밀한 일관성을 보장하는 조직화의 원칙을 파악할 수 있을 것이다.

달의 영향은 16세기에는 변함 없는 주제로서 결코 반박되지 않았으나, 17세기에는 빈번히 언급되긴 하지만 점차로 자취를 감춘다. 1707년에 르 프랑수아가 〈인간의 육체에 대해 달은 영향력을 갖는가?〉[45]라는 학위논문을 발표하자, 의과대학은 긴 논의 끝에 부정적 대답을 내놓는다.[46] 그러나 18세기에 달은 심지어 광기의 부차적이거나 보조적 원

---

44 Esquirol, *loc. cit.*, II, p. 219에서 재인용.
45 *Estne aliquod lunae in corpora humana imperium?

인으로도 언급되는 일이 드물어진다. 그런데 이 주제는 그 세기 말에, 아마 이 주제를 완전히 무시하지는 않았던 영국 의학의 영향 때문일 터인데, 47 다시 등장하고, 다캥48에 뒤이어 뢰레49와 기슬랭50은 조광증으로 인한 흥분의 단계 또는 적어도 환자의 동요에 대한 달의 영향을 인정하게 된다.

그러나 요점은 이 주제의 재래再來 자체라기보다 오히려 재등장의 가능성과 여건이다. 이 주제는 사실상 완전히 변모되고 원래는 없었던 의미를 띤 상태로 다시 솟아오른다. 전통적으로 이 주제는 작용방식이 천체天體의 영향력에 자리매김했던 직접적 영향, 이를테면 시간 속에서의 일치와 공간 안에서의 교차를 가리켰다. 그러나 다캥의 경우에 달의 영향은 이와 반대로 인간 자신을 중심으로 등급이 정해지고 감싸이는 일련의 매개현상 전체에 따라 전개된다. 달은 태양만큼 무거운 덩어리를 움직이게 할 수 있을 정도로 대기大氣에 강력한 영향을 미친다. 그런데 신경계는 기온이 조금만 변하거나 습도가 조금만 변해도 심각한 영향을 받으므로, 인체의 모든 요소 중에서 대기의 변화에 가장 민감하다. 더구나 달의 운행運行은 대기를 그토록 심하게 교란하는 까닭에, 달은 신경섬유가 유별나게 예민한 사람에게 강렬하게 작용할 것이다.

"광기는 절대적으로 신경질환이므로, 광인의 뇌는 달의 위치가 달라짐에 따라 다양한 광도光度의 달빛을 받는 대기의 영향에 한없이 더 예

---

46 같은 시기에 뒤물랭(Dumoulin)은 *Nouveau traité du rhumatisme et des vapeurs*, 2ᵉ éd., 1710에서 달의 영향 때문에 주기적 경련이 일어난다는 생각을 비판한다.

47 R. Mead, *A Treatise Concerning the Influence of the Sun and the Moon*, Londres, 1748.

48 *Philosophie de la folie*, Paris, 1792.

49 Leuret et Mitiyé, *De la fréquence de pouls chez les aliénés*, Paris, 1832.

50 Guislain, *Traité des phrénopathies*, Bruxelles, 1835, p. 46.

민하게 마련이다."⁵¹

　18세기 말에 달의 영향은 한 세기 이전에 그랬던 것처럼 "모든 합리적인 이론異論으로부터 보호받는" 상태에 다시 놓인다. 그러나 전혀 다른 방식으로 그렇게 되는데, 그것은 우주적 작용력의 표현이라기보다는 인체의 특별한 감성의 징후이다. 달의 상相이 광기에 영향을 미칠 수 있는 것은 인간이 의식적으로 느끼지 못하면서도 모호하게 감지하는 요소들이 인간의 주변에 모여 있기 때문이다. 먼 원인과 광기 사이에 한편으로는 육체의 감각능력, 다른 한편으로는 인간에게 감지될 수 있는 주위환경이 끼어 들었고, 이에 따라 광기를 중심으로 먼 원인들을 새로운 동질적 전체로 조직하는 준準통일성과 귀속체계가 이미 어렴풋하게 모습을 드러냈다.

　그러므로 18세기에 원인들의 체계는 이중의 변화를 겪었고, 가까운 원인들은 특성들의 전위轉位라는 예전의 순환과정을 사라지게 하는 단선적 관계를 영혼과 육체 사이에 설정하면서 끊임없이 서로 가까워졌다. 동시에 먼 원인들은 적어도 겉으로 보기에 끊임없이 확대되었고 무수히 늘어났으며 여기저기로 퍼져나갔지만, 이러한 확대현상 아래 사실은 새로운 통일성, 육체와 외부세계 사이의 새로운 연결형태가 점점 뚜렷해졌다. 동일한 시기에 육체는 단선적 인과관계들이 체계적으로 연결되는 일단의 서로 다른 부위들 전체가 되었고, 이와 동시에 외부세계의 가장 다양하고 가장 멀며 가장 불균등한 영향들을 끌어들이는 감각능력의 은밀한 단위가 되었다. 그리고 의학적 광기의 경험은 이 새로운 분할에 따라 이분화된다. 하나는 사고나 육체의 장애로 인해 유발되는 영혼의 현상이고, 다른 하나는 주위환경이 인간에게 미치는 영향의

---

51 Daquin, *Philosophie de la folie*, Paris, 1792, pp. 82, 91. 또한 Toaldo, *Essai météorologique*, traduit par Daquin, 1784 참조.

변동에 의해 결정되는 인간존재 전체, 이를테면 동일한 감성 안에서 서로 연결된 영혼과 육체의 현상이다. 달리 말하자면 하나는 뇌의 국소적 훼손이고, 다른 하나는 감각능력의 전반적 장애이다. 광기의 원인은 뇌의 해부와 동시에 대기의 습도나 계절의 순환 또는 소설 탐독에서 찾을 수 있고 또한 찾게 되어 있다. 가까운 원인의 정확성은 먼 원인의 확산된 일반성과 상충하지 않는다. 가까운 원인과 먼 원인은 하나의 동일한 움직임, 곧 정념情念의 양극단일 뿐이다.

정념은 먼 원인들 사이에서, 그리고 다른 모든 원인들과 동일한 차원에서 모습을 드러낸다. 그러나 사실 심층적으로 정념은 또한 다른 역할을 맡고, 따라서 광기의 경험에서 인과관계의 순환에 속한다 해도, 아마 핵심에 더 가까울 제2의 순환을 촉발시킨다.

소바주는 정념을 광기의 더 항구적이고 더 끈질기며 더 합당한 원인으로 만들면서, 정념의 근본적 역할을 개괄적으로 묘사했다.

"정신의 일탈逸脫은 오직 우리가 욕망에 맹목적으로 빠져든다는 점, 우리가 정념을 억제할 줄도 완화할 줄도 모른다는 점에서만 기인할 뿐이다. 사랑의 정신착란, 반감, 이상한 취향, 고뇌로 인해 초래되는 우울, 거부 때문에 우리 마음속에 생겨나는 광분, 술이나 음식의 과도한 섭취, 짜증, 모든 질병 중에서 가장 나쁜 것인 광기에 의해 초래되는 육체적 악벽惡癖은 거기에서 비롯된다."52

그러나 이것은 여전히 정념이 무엇보다도 먼저 도덕의 문제라는 것을 의미할 뿐이고, 정념의 책임이 막연히 문제되지만 그러한 비난을 가

---

52 Sauvages, *Nosologie méthodique*, t. VII, p. 12.

로질러 실제로 겨냥되는 것은 광기의 현상이 매우 철저하게 정념의 가능성 자체에 속한다는 점이다.

데카르트 이전에, 그리고 데카르트가 철학자와 생리학자로서 영향을 미치지 못하게 되고 나서도 오랫동안, 정념은 계속해서 육체와 영혼 사이의 접속면接續面이었고, 영혼과 육체가 상호적으로 부과하는 한계와 동시에 영혼과 육체의 소통장소이면서 영혼과 육체의 활동성과 수동성이 서로 마주치는 지점이었다. 체액體液의 의학에서 특히 상호적 인과관계로 이해되는 통일성이 그것이다.

"정념은 필연적으로 체액의 어떤 움직임을 초래하는데, 가령 분노는 담즙, 점액, 흑담즙을 동요시키며, 체액의 움직임은 때때로 너무 격렬해서 육체의 조직 전체를 뒤엎고 심지어 죽음을 초래할 뿐만 아니라, 이밖에도 정념은 체액의 양을 증가시키는데, 가령 분노는 담즙, 점액, 흑담즙의 분비分泌를 촉진시킨다. 몇 가지 정념에 의해 동요되는 경향을 갖게 된 체액은 이러한 체액이 넘쳐나는 사람들을 동일한 정념에 빠져들게 하고 통상적으로 그들을 흥분시키는 대상에 대한 생각을 그들에게 불러일으킨다. 가령 담즙은 분노하는 기질을 키우고 증오의 대상을 생각하게 한다. 흑담즙은 슬픔의 기질을 조장하고 유감스러운 것들을 생각하게 하며, 적절하게 잔잔해진 피는 기쁨의 감정을 조성한다."53

정기精氣의 의학은 '성향'의 이 모호한 결정론을 움직임의 엄밀한 역학적 전달로 대체한다. 육체를 지닌, 그것도 정신의 빛과 의지의 직접적인 투명성이 완전히 스며들 수 없는 육체를 지닌 존재에게만 정념이 있을 수 있는 것은 우리의 마음속에서, 우리 없이도, 그리고 거의 언제나 우리의 의지에도 불구하고 정신의 움직임이 정기의 역학적 구조, 곧

53 Bayle et Grangeon, *Relation de l'état de quelques personnes prétendues possédées faite d'autorité au Parlement de Toulouse*, Toulouse, 1682, pp. 26~27.

정기精氣 운행의 역학적 구조에 따라 이루어지기 때문이다.

"정념의 대상이 보이기 전에 동물 정기는 몸 전체에 퍼져 모든 부위를 전반적으로 점유하고 있었으나, 새로운 대상이 현존하게 되면 이 구조 전체는 혼란에 빠진다. 대부분의 정기는 몸을 지배적 정념에 적합한 상태로 변화시키고 이로운 것의 획득이나 나타나는 해로운 것의 회피에 필요한 몸가짐과 동작을 몸에 부여하기 위해 팔, 다리, 얼굴, 그리고 모든 외부 근육으로 밀려난다."[54]

그러므로 정념은 정기를 조절하고, 정기는 정념에 따라 배치된다. 다시 말해서 정념의 영향 아래, 그리고 정념의 대상이 있음으로 해서 정기는 뇌에 남아 있는 대상의 흔적과 영혼에 간직된 대상의 이미지에 특별한 지위를 부여하는 공간적 지형地形에 따라 순환하고 흩어지며 집중되는 데다가, 이런 식으로 육체의 공간 안에 일종의 정념의 기하학적 형상을 형성하는데, 이 형상은 정념의 활발한 전위轉位일 뿐만 아니라, 모든 정기가 정념의 대상으로, 적어도 이 대상의 이미지로 몰려드는 가운데, 정신으로서도 더 이상 주의력의 움직임을 이 대상에서 벗어나게 할 수 없을 것이고, 따라서 정념의 영향을 받게 될 터이므로, 또한 정념의 근본적인 인과적 바탕을 구성한다.

한 걸음 더 나아가면, 체계 전체는 육체와 정신이 공통된 특성의 상징적 가치를 통해 직접적으로 소통하는 하나의 단위로 재파악될 것이다. 이것은 18세기에 실천을 좌우하는 고체와 유체의 의학에서 일어나는 일이다. 긴장과 이완弛緩, 단단함과 부드러움, 경직과 팽창, 과다過多 또는 과소過小 등 그토록 많은 질적 상태는 육체만큼이나 영혼에 관련되고, 최종적으로 일종의 불분명하고 복합적인 정념의 상황과 연관되며, 이 상황의 공통된 형태들은 관념의 연쇄, 감정의 흐름, 신경섬유의

---

54 Malebranche, *Recherche de la vérité*, liv. V, chap. III, éd. Lewis, t. II, p. 89.

상태, 유체의 순환에 부과된다. 여기에서 인과관계의 주제는 너무 추론적인 것으로 보이고, 이 주제가 한데 모으는 요소들은 너무나 서로 분리되어 있어서, 이 주제의 도식을 응용하는 것은 불가능하다. "분노, 기쁨, 질투와 같은 생생한 정념"은 "너무 강한 체력, 너무 심한 긴장, 신경섬유의 과도한 탄력성, 그리고 신경액神經液의 너무 격심한 활기의" 원인일까, 아니면 결과일까? 역으로 "두려움, 낙담, 권태, 식욕부진, 풍토병에 수반되는 냉기, 기이한 욕구, 정신박약, 기억상실과 같은 생기 없는 정념"은 "뇌수腦髓의 부실함, 기관에 분포하는 신경섬유의 허약함, 유체의 빈약화와 침체"에 뒤이어 오는 것이기도 하고 이것들보다 선행하는 것이기도 할 수는 없을까?[55]

사실 이제는 정념을 인과因果연속의 흐름이나 육체적인 것과 정신적인 것의 중간에 위치시키려고 시도할 필요가 없고, 더 깊은 층위에서 정념은 영혼과 육체가 영속적 은유관계에 있다는 것을 보여준다. 이 관계에서 특성은 이미 공통적이기 때문에 소통을 필요로 하지 않고, 표현현상은 그저 영혼과 육체가 언제나 서로의 직접적 표현이기 때문에 원인의 가치를 획득할 필요가 없다. 이제 정념은 정확히 영혼과 육체 전체의 기하학적 중심에 자리 잡고 있는 것이 아니라, 영혼과 육체의 약간 안쪽에, 영혼과 육체의 대립이 아직 주어지지 않은 곳에, 영혼과 육체의 통일성과 동시에 구분에 대해 토대의 구실을 하는 그러한 영역에 있는 것이다.

그러나 이 층위에서 정념은 단순히 광기의 원인, 심지어 특별한 원인의 하나라기보다는 오히려 광기의 전반적 가능조건을 형성하는 것이다. 나중에야 분리될 하나의 동일한 움직임만을 실제로 형성할 만큼 치밀한 바탕조직 속에서 원인과 결과, 결정론과 표현이 여전히 서로 교차

---

55 Sauvages, *Nosologie méthodique*, t. VII, p. 291.

하는 하나의 영역이 영혼과 육체의 관계에 정말로 실재한다면, 육체의 난폭성과 영혼의 격렬함 이전에, 신경섬유의 연약함과 정신의 이완 이전에 아직 분할되지 않고 나중에 생체적인 것과 정신적인 것에 동일한 가치를 부과하는 여러 종류의 질적인 선험적 추리가 실제로 존재한다면, 광기처럼 처음부터 육체'와' 영혼의 병일 질병, 즉 뇌의 질환과 영혼의 질환이 동일한 특성, 동일한 기원起源, 결국 동일한 본질을 지닐 질병이 존재할 수 있다는 것을 쉽사리 이해할 수 있다.

광기의 가능성은 정념의 현상 자체에서 생겨난다.

고전주의 시대 이전에 매우 오랫동안, 그리고 아마도 우리 자신이 아직 벗어나지 못했을 세기들이 오래 이어지는 동안, 정념과 광기는 서로 가까운 거리에 놓여 있었다. 그러나 고전주의의 독창성을 인정하자. 그리스-로마 전통의 모랄리스트들은 정확히 광기가 정념의 징벌이라고 생각했고, 이 점을 더 분명하게 확인하기 위해 정념을 일시적이고 완화된 광기로 만들고 싶어했다. 그러나 고전주의적 성찰은 실현 가능성이 없는 소원所願이나 교육적 위협 또는 도덕적 종합의 범주에 속하지 않는 관계를 정념과 광기 사이에 명확히 설정할 줄 알았고, 심지어 연쇄의 항목들을 뒤엎는다는 점에서 전통과 단절되어 있으며, 정념의 본질을 근거로 하여 광기의 망상을 설명할 뿐만 아니라, '정념의 결정론'이 '광기에 부여된 자유', 즉 이성의 세계로 스며들 자유와 결코 다르지 않다는 것, 그리고 영혼과 육체의 문제시되지 않는 결합으로 인해 정념 속에서 인간의 유한성이 드러난다면, 이와 동시에 정념은 상실의 무한한 움직임을 인간에게 열어놓는다는 것을 알아차린다.

광기는 단순히 영혼과 육체의 결합에 의해 주어진 가능성의 하나가 아닐뿐더러, 무조건 정념의 결과들 가운데 하나인 것도 아니다. 광기는 영혼과 육체의 통일성에 근거를 두면서도 이 통일성으로부터 돌아서고 이 통일성을 다시 문제시하며, 정념에 의해 가능하게 된 것이면서도 정념 자체를 가능하게 한 것을 자체의 고유한 움직임에 의해 위태롭게 만든다. 광기는 법칙이 위태롭게 되고 뒤집히며 왜곡되는 통일성의 그러한 형태들 가운데 하나이고, 그리하여 이 통일성을 명증明證하고 이미 주어진 것으로, 또한 부서지기 쉽고 상실이 예정된 것으로 드러내는 것이다.

어떤 시기에 이르면 정념이 지속되는 가운데 법칙이 마치 저절로인 듯 중단되고, 충격도 어떤 종류의 생생한 힘의 소멸도 야기되지 않았는데 움직임이 갑자기 정지되거나 절정의 극치에서만 멈출 뿐인 증가현상 속으로 퍼져나간다. 휘트는 흥분이 영혼 속에서의 충격임과 동시에 신경섬유의 동요라는 단 하나의 이유 때문에, 격한 흥분은 정확히 충격이 움직임을 유발하는 것처럼, 광기를 유발할 수 있다고 시인한다. "슬프거나 심금을 울릴 수 있는 이야기, 예기치 못한 끔찍한 광경, 커다란 고뇌, 분노, 공포, 그리고 깊은 인상을 남기는 그 밖의 정념들은 바로 이런 식으로 가장 급작스럽고 가장 격렬한 신경의 증후를 야기하는 일이 빈번하다."[56] 바로 이때 엄밀한 의미의 광기가 시작되는데, 이 움직임은 자체의 과잉過剰 때문에 곧장 소멸하고, 죽음에 이를지 모르는 부동성浮動性을 느닷없이 초래한다. 마치 광기의 역학에서는 정지상태가 반드시 움직임의 부재인 것은 아니고, 오히려 갑자기 자율적이게 된 움직임, 격렬하기 때문에 단번에 모순과 지속 불가능성에 이르는 움직임일 수 있기라도 한 듯하다.

"정념이 매우 격렬해서 일종의 경직 경련이나 간경증을 생겨나게 한 탓으로, 사람이 살아 있는 존재라기보다는 조각상과 유사하게 된 사례가 없지 않다. 더구나 도가 지나친 경악, 낙담, 기쁨, 수치로 인해 돌연사突然死가 초래된 일도 여러 차례 있었다."[57]

---

56 Whytt, *Traité des maladies nerveuses*, II, pp. 288~289.

역으로 움직임은 영혼에서 육체로, 육체에서 영혼으로 넘어가면서, 데카르트가 육체를 위치시킨 공간보다는 말브랑슈가 영혼의 자리로 정한 공간에 확실히 더 가까운 일종의 불안의 공간 속으로 한없이 퍼져나가는 일이 일어난다. 흔히 외부의 사소한 충격에 의해 유발된 감지할 수 없는 마음의 동요는 누적되고 증폭되며 결국 격렬한 경련으로 폭발한다. 란치시가 이미 설명했듯이, 로마의 귀족들은 궁정생활을 영위하는 탓으로 "정신이 두려움과 소망 사이에서 끊임없이 동요되고 결코 한순간도 평온하지 않기"[58] 때문에, 흔히 머리로 올라오는 기운氣運, 이를테면 히스테리성性 쇠약이나 심기증 발작에 빠져들곤 했다. 많은 의사의 견해에 의하면 도시, 궁정, 사교계의 생활은 결코 완화되지 않고 추가되거나 지속되거나 끊임없이 확산되는 그러한 다수의 정신적 혼란 때문에 광기로 이어진다.[59] 또한 어느 정도 강렬하기만 하다면 이미지에도, 그리고 이미지의 생체적 구현具現현상에도, 마치 움직임이 전달되면서 힘을 상실하지 않고 다른 힘들을 이끌어들이고 이 새로운 공조共助관계에서 추가적 활력을 끌어낼 수 있는 듯이, 증대하면서 정신착란으로 이어지는 힘이 있다.

소바주는 정신착란의 생성을 이런 식으로 설명한다. 즉, 어떤 두려움의 인상이 충혈充血상태를 야기하거나 골수의 어느 신경섬유를 압박하게 되고, 충혈의 부위가 정확히 결정되듯이 그 두려움은 하나의 대상

---

57 Id., *ibid.*, p. 291. 부동 상태와 죽음으로 이어지는 과도한 움직임의 주제는 고전주의 시대의 의학에서 매우 빈번하게 찾아볼 수 있다. *Le Temple d'Esculape*, 1681, t. III, pp. 79~85 및 Pechlin, *Observations médicales*, liv. III, obs. 23에 제시된 여러 가지 사례 참조. 월식을 보고 실신한 대법관 베이컨의 증례는 의학의 혼해빠진 일들 가운데 하나였다.

58 Lancisi, *De nativis Romani coeli qualitatibus*, cap. XVII.

59 특히 Tissot, *Observations sur la santé des gens du monde*, Lausanne, 1760, pp. 30~31.

에 한정된다. 두려움이 지속함에 따라, 영혼은 두려움에 더 많은 관심을 기울이면서, 두려움이 아닌 모든 것을 통해 두려움을 고립시키고 더욱 더 멀어지게 한다. 그러나 이와 같은 고립은 두려움을 더 고조시키고, 영혼은 두려움을 너무나도 돋보이게 한 탓으로, 다소간 멀리 떨어진 일련의 관념 전체를 두려움에 결부시키는 경향이 있다.

"영혼은 이 단순한 관념을 키우고 증대시키기에 적합한 온갖 관념을 이 관념에 결합시킨다. 예컨대 잠을 자면서 주변사람들이 자기를 범죄자로 고발한다고 상상하는 사람은 곧장 이 관념에 추종자, 재판관, 사형 집행인, 교수대의 관념을 연결시킨다."60

이처럼 그 모든 새로운 요소로 가득 차거나 그 요소들을 뒤에 달고 다니는 것은 결국 관념을 의지의 가장 신중한 노력에도 저항할 수 없게 만드는 힘의 추가 같은 것을 관념에 부여한다.

광기는 정념의 현상 속에서, 그리고 정념 자체로부터 출발하여 육체와 동시에 영혼 쪽으로 퍼지는 이러한 이중적 인과관계의 전개 속에서 최초로 생겨날 수 있는 것이고, 이와 동시에 중단된 정념, 인과관계의 단절, 육체와 영혼의 통일성이 풀린 상태이다. 광기는 정념의 필연성에 관여함과 동시에, 이 동일한 정념에 의해 촉발되고는 정념을 훌쩍 넘어, 정념이 전제로 하는 모든 것을 거스르기까지 하는 것의 혼란에도 관여한다. 마침내 광기는 이미지나 관념 또는 의지의 흐름을 형성하는 어떤 것에도 상응하지 않는 듯이 보일 만큼 매우 격렬한 신경 및 근육의 움직임이 된다. 조광증의 경우가 그런 예인데, 조광증은 급작스럽게 심해져서 경련으로 이르거나 결정적으로 악화되어 지속적 광분으로 변한다. 61

60 Sauvages, *Nosologie méthodique*, t. VII, pp. 21~22.

61 뒤푸르(*Essai sur l'ententement*, pp. 366~367)는 《백과전서》에서처럼 격분이 조광

역으로, 외부의 대상이 건강한 사람의 정신에 가져다주는 인상과 동일한 인상을 환자의 정신에는 초래하지 않는 우울증의 경우에 일어나듯이, 육체의 활동정지 또는 무기력 상태에서 광기는 중단되지도 완화되지도 않는 영혼의 동요를 생겨나게 하고는 지속적으로 유지시키는데, 이 경우에 "환자가 받는 인상은 매우 약하고, 환자는 그것에 별로 신경을 쓰지 않으며, 환자의 정신은 맹렬한 관념에 의해 완전히 흡수된다."62

사실 육체의 외부적 움직임과 관념의 흐름 사이의 이러한 분리는 정확히 육체와 영혼의 통일성이 풀려 있다는 것도, 육체와 영혼이 각각 광기 속에서 자율성을 되찾는다는 것도 나타내지 않는다. 아마 육체와 영혼의 통일성은 엄정하고 전체적인 것이기에 위태롭게 될 것이지만, 자의적 부분들의 구분선區分線을 따라 균열이 생길 뿐 산산이 부서지지는 않을 것이다. 실제로 우울증이 상식 밖의 관념에 고착될 때 작용하는 것은 영혼만이 아니라, 대뇌와 동시에 영혼이거나 신경, 신경기관, 그리고 신경섬유와 동시에 영혼이다. 즉, 조화로운 전체와 특히 현실인식을 실행하는 기관들에서 이런 식으로 분리되는 영혼과 육체의 통일성의 온전한 일부분이다.

경련과 동요動搖의 경우도 사정이 동일한데, 이 경우에 영혼은 육체로부터 배제되기는커녕 육체에 의해 매우 빨리 이끌려서, 어떤 표상도 간직할 수 없고 회상回想, 의지, 가장 굳건한 관념으로부터 떨어져나가며 이처럼 자체로부터 분리되고 여전히 안정된 모든 육체적 요소로부터 고립된 채 가장 불안정한 신경섬유에 의해 휘둘리게 된다. 그때부터는

증의 한 단계일 뿐이라는 것을 인정한다.

62 De La Rive, "정신병자들의 치료를 위한 시설에 관하여", *Bibliothèque Britannique*, VIII, p. 304.

영혼의 반응에서 어떤 것도 현실이나 진실 또는 지혜에 들어맞지 않고, 신경섬유의 진동은 지각작용에서 일어나는 것과 흡사할지 모르며, 환자는 이 양자兩者를 뚜렷이 구분할 수 없을 것이다.

"동맥의 빠르고 혼란스러운 박동이나 그 밖의 어떤 기능이상일지라도 신경섬유에 (지각의 경우와) 동일한 움직임을 각인시키고, 현존하지 않는 대상을 현존하는 것으로, 공상적 대상을 진실한 것으로 나타낼 것이다."[63]

광기 속에서는 영혼과 육체의 총체성이 흐트러진다. 그러나 형이상학적으로 광기를 구성하는 요소들에 따라서가 아니라, 육체의 부분과 영혼의 관념을 일종의 우스꽝스러운 통일성 속으로 끌어넣는 형상들에 따라 그렇게 된다. 인간을 인간 자신으로부터, 특히 현실로부터 고립시키는 단장斷章들, 떨어져나가면서 환상의 비현실적 통일성을 형성했고 이러한 자율성의 효력을 통해 환상의 비현실적 통일성을 진실에 부과하는 단장들이 그것이다.[64] "광기는 오직 상상력의 착란에만 있을 뿐이다."[65] 달리 말하자면, 광기는 정념과 함께 시작되므로, 여전히 영혼과 육체의 합리적 통일성 속에서의 생생한 움직임일 뿐이고, '비이성적인 것'의 층위이지만, 이 움직임은 역학의 법칙에서 재빨리 벗어나고, 격렬함과 혼미스러움과 무의미한 파급 속에서 '비합리적' 움직임이 되며, 바로 그때 '비현실'은 진실의 중력과 제약에서 벗어나면서 드러난다.

바로 이러한 견지에서 우리는 이제 가로질러야 할 세 번째 순환을 알아볼 수 있다. 망상, 환상, 오류의 순환, 정념의 순환 다음에, 비非존재의 순환이 그것이다.

---

63 *Encyclopédie*, article Manie.
64 *아마 광인들의 담론을 추정할 수 있게 해주는 단편적인 문구(文句)일 것이다.
65 *L'Âme matérielle*, p. 169.

그 환상적 단장斷章들에서 말해지는 것에 귀를 기울이자.

이미지는 결코 광기가 아니다. 환상의 자의성 속에서 정신이상이 헛된 자유 쪽으로 열린 최초의 통로를 발견한다 해도, 광기는 단지 약간 저쪽에서 정신이 환상의 자의성에 연결될 때에만 시작될 뿐이고 그 허울뿐인 자유의 포로가 된다. 누구나 꿈에서 빠져나오는 바로 그 순간에 "나는 내가 죽었다고 상상한다"는 것을 분명히 인정하는데, 이는 상상력의 자의성을 그런 식으로 한탄하고 헤아려보는 것이지 결코 미친 것은 아니다. 환자가 자신이 죽었다는 단언 같은 것을 상정할 때, 그리고 "내가 죽었다"는 상상의 여전히 불분명한 내용을 진실이라고 내세울 때 비로소 광기가 있을 것이다.

진실에 대한 의식이 이미지의 현존에 의해서뿐만 아니라 이미지를 모방하거나 마주하거나 통합하거나 분리하는 행위 속에서 들끓게 되는 것과 마찬가지로, 광기는 이미지에 진실의 가치를 부여하는 행위 속에서만 시작될 것이다. 상상작용의 본래적 순수성이 있는 셈이다. 즉, "상상된 것 자체는 틀린 것이 아니다. 왜냐하면 그것은 무엇도 부정하거나 긍정하거나 하지 않고 그저 사유 속에서 환상에 의해 확정될 뿐이기 때문이다."**66** 그리고 이미지에 주어져 있는 것은 오직 정신에 의해서만 그릇된 진리, 다시 말해서 오류 또는 인정된 오류, 다시 말해서 진실이 될 수 있을 뿐이다. "술 취한 사람은 양초가 하나뿐인데도 두 개를 보고 있다고 생각하나, 사시斜視이지만 교양이 있는 사람은 자신의 잘

---

66 Zacchias, *Quaestiones medico-legales*, liv. II, t. I, question 4, p. 119. 〔라틴어 원문: Imaginatio ipsa non errat quia neque negat neque affirmat, sed fixatur tantum in simplici contemplatione phantasmatis.〕

못을 곧장 깨닫고 양초 하나만을 보는 데 익숙해진다."[67]

그러므로 광기는 이미지 너머에 있으면서도 이미지 속에 깊이 박혀 있다. 왜냐하면 광기는 오직 이미지를 완전하고 절대적 진실이라고 자발적으로 주장하는 데에만 있을 뿐이기 때문이다. 옳건 그르건 이미지를 진실이나 허위로 판단하는 이성적인 사람의 행위는 이미지를 넘어서고 이미지를 벗어나며 이미지가 아닌 것에 따라 이미지를 헤아려보지만, 미친 사람의 행위는 나타나는 이미지를 결코 건너뛰지 못하고 이미지의 생생한 활력에 휩싸이며 자신이 이미지에 의해 감싸임에 따라서만 이미지를 긍정하고 옹호한다. "모든 사람은 아닐지라도 많은 사람이 대상에 너무 집착한 탓으로 광기에 빠져든다."[68] 이미지의 내부에서 광기는 이미지에 의해 흡수되고 이미지에서 빠져나올 여력이 없지만, 이미지 이상의 것으로서 무언가를 은밀하게 구성한다.

이 구성행위는 무엇일까? 확신하는 행위, 단언하고 부인하는 행위, 이를테면 이미지를 유지하고 이와 동시에 추론을 따라 이미지를 다듬고 파고들며 팽창하게 할 뿐만 아니라 일부분의 언어를 중심으로 이미지를 조직하는 담론이다. 자신의 몸이 유리로 되어 있다고 상상하는 사람은 광인이 아니다. 왜냐하면 누구라도 잠을 자면서 꿈속에서 이와 같은 이미지를 볼 수 있기 때문이다. 그러나 자신의 몸이 유리로 되어 있다고 믿으면서 자신이 부서지기 쉽다, 깨질 위험이 있다, 그러므로 너무 단단한 물체는 절대로 만지지 말아야 한다, 심지어는 움직이지 않고 있어야 한다는 등의 결론을 끌어내는 사람이 있다면, 그는 미친 사람이다.[69] 이러한 추론은 광인이나 할 만한 것이지만, 이와 같은 추론이 그

---

67 Sauvages, *Nosologie*, t. VII, p. 15.
68 Id., *ibid.*, p. 20.
69 Daquin, *Philosophie de la Folie*, p. 30.

자체로는 부조리하지도 비논리적이지도 않다는 것에 주목할 필요가 있다. 이와는 반대로 논리의 가장 까다로운 문식文飾이 정확하게 적용되고 있다.

작키아스는 정신병자에게서 아주 엄밀한 논리의 언사言辭를 어렵지 않게 발견한다. 가령 아무 것도 안 먹고 굶어 죽으려는 아무개의 말에서 삼단논법을 확인한다. "죽은 사람은 먹지 않는다. 그런데 나는 죽었다. 그러므로 나는 먹지 말아야 한다." 어느 피해망상증 환자는 한없이 연장延長되는 귀납법을 펼친다. "아무개, 아무개, 그리고 아무개는 나의 적이다. 그런데 그들은 모두 사람이다. 그러므로 모든 사람은 나의 적이다." 또 다른 피해망상증 환자의 경우에는 생략 삼단논법이 전개된다. "이 집에 살았던 대부분의 사람들은 죽었다. 그러므로 이 집에 거주한 나도 죽었다."[70] 광인들의 논리는 논리학자들의 논리와 혼동되리만큼 유사하므로, 아니 오히려 정확히 동일하기 때문에, 그리고 광기의 가장 불가사의한 부분에서, 그토록 많은 오류, 그토록 많은 부조리, 앞뒤가 맞지 않는 그토록 많은 말과 행위의 토대에서 마침내 담론의 깊이 숨겨진 완벽성이 발견되기 때문에, 논리학자들의 논리가 우습게 보일 만큼 경이로운 광인들의 논리가 있다. "광인들의 이러한 모습으로부터 여러분은 지성이 아주 잘 발휘된다는 것을 본다"[71]고 작키아스는 결론짓는다.

광기의 궁극적 언어는 이성의 언어, 그러나 이미지의 위세威勢에 둘러싸이고 이미지가 규정하는 가상假像공간에 한정된 이성의 언어이며, 그리하여 둘 다 이미지의 총체성과 담론의 보편성을 넘어, 집요한 특수성이 광기를 빚어내는 특이하고 그릇된 조직을 형성한다. 그러므로 이

---

70 Zacchias, *Quaestiones medico-legales*, liv. II, titre I, question 4, p. 120.

71 *Ex quibus, vides quidem intellectum optime discurrere.

미지가 그 자체로 진실하거나 거짓된 것, 이성적이거나 광적인 것은 아니기 때문에, 사실을 말하자면, 광기는 완전히 이미지 안에 있는 것은 아니고, 논리의 의심할 여지없는 문식 이외의 다른 어떤 것도 드러내지 않는 까닭에, 단순한 형식의 추론에 있는 것도 아니다. 그렇지만 광기는 이 양자 모두에 있다. 광기는 이것들이 맺고 있는 관계의 특별한 형상에 있는 것이다.

디메르브루크에게서 빌려온 한 가지 사례를 살펴보자. 한 사람이 깊은 우울증에 걸렸다. 그는 여느 우울증 환자처럼 정신이 고정관념에 달라붙어 있었고, 그 관념은 그에게 늘 되살아나는 슬픔의 계기였다. 그는 자신이 아들을 죽였다고 자책했고, 회한悔恨에 사무친 나머지 자신을 징벌하기 위해 하느님이 주 예수를 유혹한 악마처럼 자신을 유혹할 임무를 띤 악마를 자신의 곁에 두었다고 말하곤 했다. 그는 악마를 보았고 악마와 대화를 나누었으며 악마의 비난을 들었을 뿐만 아니라 악마에게 대꾸를 했다. 그는 주변의 모든 사람이 이와 같은 악마의 현존을 인정하려 들지 않으리라는 것을 이해하지 못했다. 이것이 바로 광기이다. 즉, 이러한 회한, 이러한 믿음, 이러한 환각, 이러한 담론, 요컨대 정신착란을 구성하는 이 일단의 확신과 이미지 전체는 광기이다.

그런데 디메르브루크는 이러한 광기의 '원인'이 무엇인지, 이러한 광기가 어떻게 발생했는지를 알려고 애쓴다. 마침내 그는 이 사람이 자신의 아들을 데리고 물놀이를 갔는데, 거기에서 아들이 익사했다는 사실을 알아낸다. 그때부터 아버지는 스스로 아들의 죽음이 자신의 책임이라고 생각했다. 그러므로 이 광기의 전개를 다음과 같이 재구성해볼 수 있다. 자기 자신에 대해 유죄라고 판단한 이 사람은 살인이란 지극히 높으신 하느님에게 혐오스러운 죄라고 혼자 생각하고, 그래서 그의 상상작용은 자신이 영벌永罰에 처해졌다는 관념을 불러일으키며, 그는 주요한 천벌天罰의 하나가 악마에게 맡겨지는 데 있다는 것을 알고 있으므로 "끔찍한 악마가 곁에 있다"고 혼자 중얼거린다. 그는 아직 이 악마를 보지 못하지만 "이런 생각에 얽매이고 이런 생각을 진실한 것으로 여기기" 때문에 "이 악마의 이미지를 자신의 뇌에 부과하고, 이 이미지가 대뇌와 정기精氣의 작용에 의해 그의 영혼에 그토록 명백하게 각인되는 바람에 악마를 계속 보고 있다고 생각하기에 이른다."72

그러므로 디메르브루크에 의해 분석된 광기에는 두 차원이 있는데, 하나는 모든 이의 눈에 명백한 것으로서, 자신이 아들을 죽였다고 부당하게 자책하는 사람의 근거 없는 슬픔, 마음속에 악마를 그려보는 이상한 상상력, 유령과 이야기하는 무너진 이성이다. 그러나 더 심층적으로는 담론의 결함 없는 뼈대를 뒤따르는 엄정한 조직을 발견할 수 있다. 이 담론은 자체의 논리에 따라 가장 확고한 믿음을 불러들이게 되어 있고, 서로 연관된 판단과 추론에 따라 진행되는 것이며, 일종의 활동중인 이성이다. 요컨대 무질서하고 명백한 정신착란 아래 내밀한 정신착란의 영역이 확고하게 놓여 있다.

어떤 점에서 광기의 역설적 진실은 순수한 이성, 정신장애의 요란한 외부징후가 모두 떨어져나간 이성이라고 말할 수 있는 이 두 번째 정신착란에 집중된다. 그것도 이중의 의미에서 그렇다. 왜냐하면 거기에서는 광기를 진실이게 하는 것(반박할 수 없는 논리, 완벽하게 구성된 담론, 투명한 잠재 언어에서의 결함 없는 연쇄)과 동시에 광기를 정말로 광기이게 하는 것(광기의 고유한 성격, 광기의 모든 발현 양상이 갖는 전적으로 특별한 양식, 그리고 정신착란의 내적 구조)이 발견되기 때문이다.

그러나 훨씬 더 심층적으로 이 헛소리 같은 언어는 광기의 조직화 형태, 육체에 나타나건 영혼에 나타나건 광기의 모든 발현양상을 결정하

---

72 Diemerbroek, *Disputationes praticae, de morbis capitis*, in *Opera omnia anatomica et medica*, Utrecht, 1685, *Historia*, III, pp. 4~5.

는 원리로 기능함에 따라 광기의 최종적 진실이 된다. 사실상 디메르브루크의 우울증 환자가 악마와 대화하는 것은 악마의 이미지가 정기의 움직임에 의해 뇌의 연성延性물질에 새겨지기 때문이다. 그러나 인체 내의 이 형상은 환자의 정신을 사로잡고 있는 근심거리의 이면裏面일 뿐이고, 살인을 저지른 죄인에게 신이 내리게 되어 있는 징벌에 대한 한없이 되풀이되는 담론이 육체에 침전하는 현상 같은 것을 보여주는 것이다. 여기에서 육체와 육체가 감추고 있는 흔적, 영혼과 영혼이 지각하는 이미지는 헛소리 같은 언어의 통사법統辭法을 엮어내는 중계 지점에 지나지 않는다.

단 한 사람의 저자에게서 끌어온 단 하나의 관찰사항(우울증으로 인한 정신착란이므로 특별하게 취급된 관찰사항)에 의거해서만 이와 같은 분석 전체를 수행한다는 비판을 피하기 위해, 우리는 광기에 대한 고전주의 시대의 이해방식에서 정신착란의 담론이 차지하는 그 근본적 역할을 전혀 다른 질병에 의거하여 언급하는 다른 시대의 다른 저자에게서 확인해볼 생각이다.

이번에는 비엥빌에 의해 관찰된 '여자 색광증色狂症'이 문제이다. '쥘리'라는 한 젊은 여자의 상상력은 조숙한 독서로 인해 활활 타올랐고, "비너스의 비결에 입문한 … 어머니의 눈에는 정숙하고 순결한 처녀로 보였지만 사실은 딸을 쾌락 쪽으로 유도하고 딸이 사랑하는" 하녀의 이야기에 의해 계속 유지되었다. 그렇지만 쥘리는 교육 중에 받은 모든 인상에 매달림으로써 하녀에 대한 그 새로운 욕망을 떨쳐버리려고 애쓰고, 소설의 유혹적 언어에 대해 종교와 미덕의 가르침을 내세우며, 상상력이 아무리 격렬하게 일어도 "그토록 수치스러운 정념에 사로잡히는 것은 용인될 수 없고 정직한 일도 아니라고 추론할 힘"[73]이 있는 한, 결

---

[73] Bienville, *De la nymphomanie*, Amsterdam, 1771, pp. 140~153.

코 질병에 걸리지 않는다. 그러나 비난받아 마땅한 담론, 위험한 독서
는 자꾸만 늘어날뿐더러, 약해지는 신경섬유의 혼란을 매순간 부채질
하며, 그렇게 되자 그때까지 저항의 수단이었던 기본적 언어가 점차로
사라진다. "그때까지는 자연만이 '말'을 했지만, 이윽고 환각, 망상, 괴
상한 언동이 기승을 부리기 시작했고, 그녀는 마침내 어떤 것도 사랑의
욕망에 몸을 맡기는 것만큼 아름답고 감미롭지 않다는 끔찍한 원칙을
마음속으로 인정하는 불행한 결말에 이르렀다." 이 중요한 담론에 의해
광기의 문이 열린다. 즉, 상상력은 해방되고 욕구는 끊임없이 증대하
며 신경섬유는 홍분의 마지막 단계에 이른다. 정신착란은 도덕원칙의
간결한 형태를 띠고서, 삶 자체를 위험에 빠뜨릴 수 있는 경련으로 곧
장 이어진다.

환상의 자유와 함께 시작되었고 이제는 헛소리 같은 언어의 엄정성
으로 마감되는 이 마지막 순환의 끝에서, 우리는 다음과 같은 결론을
내릴 수 있다.

(1) '고전주의 시대의 광기에는 두 가지 형태의 정신착란이 실재한
다.' 우선 징후로 나타나는 특별한 형태가 있는데, 이것은 몇몇 정신질
환과 특히 우울증에 고유한 것이고, 이 점에서 질병에 따라 정신착란이
수반되기도 하고 나타나지 않기도 한다고 말할 수 있다. 아무튼 이 정
신착란은 언제나 명백하고, 광기의 증후들 가운데 일부를 이루며, 광
기의 진실에 내재하는 것으로서 다만 광기의 일부분을 구성할 뿐이다.
그러나 언제나 나타나는 것은 아닌 또 다른 정신착란이 실재하는데, 이
것은 질병이 진행되는 동안 환자 자신에 의해 표명되지 않지만, 질병의
원인을 탐색함으로써 질병의 수수께끼와 질병의 진실을 분명히 밝히려
하는 사람의 눈에는 어김없이 실재한다.

(2) '이 암묵적 정신착란은 정신의 모든 변화에 실재한다.' 심지어 정

신착란이 일어나리라고는 전혀 기대되지 않을 만한 경우에도 실재한다. 말없는 몸짓, 무언의 난폭한 행위, 기묘한 행동이 문제일 뿐인데도 거기에 정신착란이 지속적으로 잠재되어 있고 특별한 징후들 각각이 광기의 일반적 본질에 결부된다는 것을 고전주의적 사유는 결코 의심하지 않는다. 제임스의 《사전》은 "몇몇 자발적인 행동에서 이성과 예의를 거스르고 결여나 과잉으로 인해 죄를 짓는 환자들"을 정신착란증 환자로 여기라고 단호하게 권유한다. "가령 그들이 손으로 예컨대 양털뭉치를 뜯어내거나 파리를 잡으려는 몸짓과 유사한 동작을 할 때, 한 환자가 아무런 이유 없이 관습에 거슬리는 행동을 할 때, 또는 평상시에 비해 말수가 너무 많거나 너무 적을 때, 건강할 때에는 말에 절도가 있었고 공손했던 그가 음탕한 이야기를 계속할 때, 전혀 조리 없는 말을 입 밖으로 쏟아낼 때, 필요 이상으로 천천히 숨을 쉴 때나 주변사람들이 보는데도 신체의 일부를 노출시킬 때에는" 정신착란을 의심해 보아야 한다는 것이다.

"감각기관의 기능이상에 의해 정신이 영향을 받는 이들, 또는 예컨대 한 환자가 자발적 행동을 못하게 되거나 계제에 맞지 않게 처신할 때처럼, 감각을 통상적이지 않은 방식으로 사용하는 이들을 우리는 여전히 정신착란에 빠져 있는 자로 여긴다."[74]

(3) '이런 식으로 이해된 담론談論은 광기의 확장영역 전체를 포괄한다.' 고전주의적 의미에서의 광기는 정신이나 육체의 결정된 변화보다는 오히려 손상된 육체, 기묘한 행동과 말 아래 실재하는 '정신착란의 담론'을 가리킨다. 고전주의 시대의 광기에 대해 내릴 수 있는 가장 단순하고 가장 일반적인 정의는 바로 정신착란이다. "이 낱말은 '리라', [75]

---

74 James, *Dictionnaire universel de médecine*, traduction française, Paris 1746~1748, III, p. 977.

곧 밭고랑에서 파생했고, 따라서 '델리로'[76]는 문자 그대로 밭고랑에서, 이성의 올바른 길에서 벗어나는 것을 의미한다."[77]

그러므로 18세기의 질병학에서 현기증은 흔히 광증의 하나로 분류되고 히스테리성 경련은 좀처럼 광증으로 분류되지 않는 것에 놀랄 이유가 없다. 현기증의 경우에는 세계가 실제로 돌고 있다는 정신착란성 단언이 드러나는 반면에, 히스테리성 경련의 증례證例에서는 담론의 통일성을 찾아내는 것이 흔히 불가능하기 때문이다.[78] 이와 같은 정신착란은 질병이 광기로 규정되기 위한 필요충분조건이다.

(4) '언어는 광기의 첫 번째 구조이자 마지막 구조이다.' 언어는 광기를 구성하는 형식이고, 광기의 성격이 언명되는 모든 순환은 바로 언어에 토대를 두고 있다. 광기의 본질이 마침내 담론의 단순한 구조를 통해 규정될 수 있다고 할지라도, 광기는 순전히 심리적 성격의 것으로 축소되지 않고 영혼과 육체의 총체성에 대한 실마리를 갖추게 되며, 이 담론은 정신에 고유한 진실 속에서 정신이 붙드는 무언無言의 언어이자, 동시에 육체의 움직임으로 눈에 보이게 되는 유기적 결합이다. 우리가 광기에서 표면화하는 것을 살펴본 영혼과 육체 사이의 병행관계, 상보성相補性, 직접적 소통의 모든 형태는 이 언어에만 종속되어 있을 뿐이고 이 언어의 영향력에 의해 좌우된다. 부서지고 스스로에 등을 돌릴 때까지 지속되는 정념의 움직임, 이미지의 분출, 그리고 이미지의 분출과

---

75 *lira. 밭두둑, 밭고랑을 뜻하는 라틴어.
76 *deliro. 정신 착란을 뜻하는 프랑스어 délire의 어원이지만 라틴어로서 '곧은 선에서 벗어나다'라는 뜻의 자동사이다.
77 *Ibid.*, p. 977.
78 소바주도 히스테리는 정신병이 아니라 "전반적이거나 부분적인, 내적이거나 외적인 경련의 발작으로 특징지어지는 질병"이라고 생각한다. 그러나 이명(耳鳴), 큰 착각, 현기증은 정신병으로 분류한다.

눈에 띄게 병행하던 육체의 동요, 이 모든 것은 우리가 복원하려고 하는 바로 그 순간에 이미 이 언어에 의해 은밀히 생동하고 있었다. 이미지에 의해 빚어지는 환상 속에서 정념의 결정조건 전체가 초월되었고 흩어졌고, 그 대신에 확신과 욕망의 세계 전체가 이미지에 의해 이끌려 들어왔다면, 이는 정신착란의 언어, 이를테면 정념을 모든 한계에서 해방시키고 단언의 강압적인 무게 전체로 풀려 나오는 이미지에 들러붙는 담론이 이미 현존해 있었기 때문이다.

광기의 모든 순환현상이 시작되고 완결되는 것은 육체와 동시에 영혼, 언어와 동시에 이미지, 문법과 동시에 생리학에 속하는 이 정신착란 속에서이다. 광기의 모든 순환현상을 처음부터 조직하는 것은 바로 이 정신착란의 엄밀한 의미이다. 정신착란은 광기 자체이자 동시에 광기의 모든 현상을 넘어, 광기를 진실로 구성하는 무언無言의 선험성이다.

마지막 문제가 남아 있다. 무엇의 이름으로 이 기본적 언어를 정신착란으로 간주할 수 있을까? 이 언어를 '광기의 진실'이라고 인정한다면, 어떤 점에서 이 언어는 정신이상자의 '진정한 광기'이자 타고난 존재양상일까? 우리가 이성의 규칙에 그토록 충실한 형태들에서 살펴본 바 있는 그러한 담론에서 비로소 이성의 부재 자체를 가장 명백한 방식으로 곧장 드러낼 그 모든 징후가 확정되는 이유는 무엇일까?

대단히 중요하지만, 고전주의 시대가 직접적 대답을 표명하지 못한 물음이 있다. 광기의 본질적 언어에 직접적으로 맞닿아 있는 경험, 다시 말해서 꿈과 오류를 검토하면서 간접적으로 이 물음에 접근할 필요가 있다.

광기의 거의 몽환적인 성격은 고전주의 시대에 지속적으로 나타나는 주제의 하나로서, 아마 16세기 말에 뒤 로랑스가 증언하는 매우 케케묵은 전통을 이어받은 주제일 것이다. 그에 의하면 우울증과 꿈은 기원이 동일할 것이고, 진실과의 관계에서 동일한 가치를 지닐 것이다. 전날 동안 감각이나 오성을 통해 들어왔으나 주체의 고유한 기질에 의해 변질된 것을 재현하는 '자연적 꿈'이 있고, 동일한 방식으로 환자의 체질體質과 관련된 신체적 원인만을 지닐 뿐이고 실제 사건들의 중요성, 가치, 그리고 빛깔 같은 것을 환자의 정신에 맞춰 변모시키는 우울증이 있다. 또한 미래를 예측하게 하고 미지의 언어로 말할 수 있게 하며 통상 비가시적 존재물을 보게 해주는 우울증도 있는데, 이 우울증은 초자연적 작용에서, 이를테면 미래를 앞지르고 사건을 미리 알리며 '기이한 것'[79]을 보여주는 꿈이 잠자는 사람의 정신에 생겨나도록 하는 것과 동일한 작용에서 비롯되는 현상이다.

그러나 사실 17세기는 꿈과 광기 사이의 이러한 닮음의 전통을 무너뜨리기 위해서만, 그리고 더 본질적인 새로운 관계를 나타나게 하기 위해서만 이 전통을 유지할 뿐이다. 꿈과 광기가 먼 원인이나 임박한 징후가치에 따라 이해될 뿐만 아니라 현상, 전개, 본질의 측면에서 서로 대면하는 관계가 그것이다.

그때 꿈과 광기는 본질이 동일한 것으로 보인다. 꿈과 광기의 메커니즘은 동일하고, 그래서 작키아스는 꿈을 생겨나게 하고 또한 깨어 있을 때 광기를 유발할 수 있을 움직임을 수면睡眠의 과정에서 확인할 수 있게 되는 것이다.

잠이 드는 처음 단계에서 몸 안에 생겨나 머리까지 올라가는 기운은 다양하고 혼란스러우며 진하다. 이것은 대뇌에 어떤 이미지도 일깨우

---

79 Du Laurens, *Discours de la conservation de la vue, des maladies mélancoliques, des catarrhes, de la vieillesse*, Paris, 1597, in *Œuvres*, Rouen, 1660, p. 29.

지 않을 정도로 칙칙하고, 오직 무질서한 소용돌이 상태로서 신경과 근육에 동요를 초래할 뿐이다. 광포한 미치광이와 조광증 환자의 경우도 사정이 다르지 않다. 즉, 그들에게는 환상이 별로 없고, 틀린 확신도 없으며, 기껏해야 환각이 일어나는 정도이지만, 그들이 통제하지 못하는 심한 동요가 야기되기도 한다.

수면의 과정을 다시 검토해 보자. 두뇌로 올라오는 기운은 처음의 소용돌이 단계가 지나면, 맑아지고 움직임이 부드러워지는데, 잠자는 사람은 이 단계에서 환상적 꿈을 꾸고, 기적 같은 일들, 있을 수 없는 많은 것을 보게 된다. 이 단계에 발광發狂의 단계가 대응하는데, 잠자는 사람은 이 발광의 단계에서 '진실이 아닌'80 많은 것을 납득한다. 마지막으로 기운의 동요가 완전히 가라앉고, 잠자는 사람이 사물들을 더 뚜렷하게 보기 시작하며, 깨어 있었을 때의 기억이 이제 맑아진 기운의 투명성 속에서 현실과 일치하는 모습으로 다시 나타나는데, 모든 사물을 '방황할 뿐만이 아닌 소수의 사람들'81처럼 식별하는 우울증 환자들에게서 일어나듯이 이 이미지들이 어느 한 점이나 또 다른 점에서 변모되는 일은 거의 없다. 수면의 점진적 전개, 그리고 이러한 전개로 인해 각 단계마다 상상작용의 특성에 초래되는 것과 광기의 형태 사이에서 유비관계는 변함이 없다. 왜냐하면 메커니즘이 공통적이기 때문이다. 즉, 독기와 정기精氣의 동일한 움직임, 이미지의 동일한 분출, 현상의 물리적 특성과 감정의 심리적이거나 정신적 가치 사이의 동일한 상응이 엿보인다. "정신이상자는 잠자는 사람의 경우와 다르지 않다."82

작키아스의 이와 같은 분석에서 중요한 것은 광기가 꿈의 실증적 현

---

80 *quae in veritate non sunt. 전체적으로는 "진리 안에 있지 않는 것"이라는 뜻이다.

81 Zacchias, *Quaestiones medico-legales*, liv. I, titre II, question 4, p. 118. 〔라틴어 원문: in paucis qui non solum aberrantes〕.

82 Id., *ibid*. 〔라틴어 원문: Non aliter evenire insanientibus quam dormientibus〕.

상에 비교되지 않고, 오히려 수면睡眠과 꿈에 의해 형성된 전체에, 다시 말해서 이미지, 환상, 기억 또는 예측 이외에도 수면의 커다란 허공虛空, 감각의 미망迷妄, 그리고 사람을 각성상태와 자신이 느낄 수 있는 진실로부터 떼어내는 그러한 부정성否定性을 전부 포함하는 전체에 비교되고 있다는 점이다. 전통적으로 광인의 정신착란은 생생한 몽환적 이미지와 비교된 반면에, 고전주의 시대에 정신착란은 이미지와 이미지가 자유롭게 풀려나는 바탕인 몽매한 정신의 분리할 수 없는 전체에만 비교될 뿐이다. 그리고 이 전체는 각성상태의 밝은 빛 속으로 완전히 옮겨지면서 광기를 구성한다.

고전주의 시대를 가로질러 끈질기게 다시 나타나는 광기 규정은 바로 이런 식으로 이해할 필요가 있다. 거기에서 꿈은 이미지와 수면의 복합적 형상으로서, 각성의 선험적 개념만이 광인을 잠자는 사람과 구별하는 데 개입하는 부정적 방식으로건, 특별한 차이를 위한 각성상태와 함께, 정신 착란이 꿈의 양태로 직접 규정되는 긍정적 방식으로건, 거의 언제나 현존한다. 83 "정신착란은 자지 않는 사람들의 꿈이다."84 꿈이 광기의 일시적 형태라는 예부터의 낡은 생각은 뒤집히고, 불안하게 하는 힘을 정신이상에서 빌려옴으로써 이성이 얼마나 취약하고 한정된 것인가를 보여주는 것은 더 이상 꿈이 아니며, 꿈에서 최초의 본질을 취하고 이러한 관련성에 따라 광기가 현실의 어둠 속에서 이루어지

---

83 예컨대 뒤푸르 참조. "모든 이가 동일하게 생각하는 사물들에 대해 '깨어 있는 동안' 잘못 판단하는 오성의 과오를 이 모든 질병들의 유형에 속하는 것으로 여긴다"(*Essai*, p. 355). ' '는 저자에 의한 강조. 또는 컬렌(Cullen) 참조. "나는 정신착란을 생활 속에서 가장 빈번하게 나타나는 사물들에 대한 깨어 있는 사람의 틀리고 거짓된 판단으로 정의할 수 있다고 생각한다"(*Institutions*, II, p. 286).

84 Pitcairn: Sauvages (*loc. cit.*), VII, p. 33 및 p. 301에서 재인용. Kant, *Anthropologie* 참조.

는 이미지의 방출이라는 것을 밝혀주는 것은 바로 광기이다.

꿈은 속이고 혼란으로 이끄는 허망한 것이다. 그러나 꿈은 틀린 것이 아니다. 그런데 광기가 꿈의 깨어 있는 양태로 완전히 설명되지 않고 오류 쪽으로 넘쳐나는 것은 바로 이 점에서이다. 꿈속에서 상상력은 "불가능한 것과 기적 같은 것"[85]을 지어내거나 실제와 똑같은 형상들을 "비합리적 방식으로"[86] 배합하는 것이 사실이지만, 작키아스가 언급하듯이, "꿈속에는 어떤 오류도 없고 논리적으로 어떤 정신이상도 없다."[87] 광기는 꿈과 그토록 유사한 이미지에 오류를 구성하는 긍정이나 부정이 덧붙여질 때 존재할 것이다. 바로 이러한 관점에서 백과전서는 광기의 유명한 정의를 제안했다. "자신감을 갖고, 자신감에 뒤이어 오는 굳건한 확신 속에서" 이성으로부터 벗어나는 것, "바로 여기에 이른바 미쳤다고 하는 것이 있는 듯하다."[88]

오류는 꿈과 더불어 정신이상의 고전주의적 정의에 언제나 존재하는 요소이다. 17~18세기에 광인은 그다지 환상이나 환각 또는 동요하는 정신의 희생물이 아니다. 그는 '속임을 당하지'는 않지만 '잘못 생각한다'. 광인의 정신은 한편으로 이미지의 몽환적 자의성에 의해 이끌리는 것이 사실이라 해도, 이와 동시에 다른 한편으로는 틀린 의식의 악순환에 스스로 갇힌다. 소바주는 다음과 같이 말하게 된다.

"우리는 현실적으로 이성을 잃었거나 지속적으로 현저한 오류에 사로잡혀 있는 이들을 광인이라 부르는데, 광인의 상상력, 판단력, 욕망 속에서 나

---

85 *impossibilia et miracula.

86 *irrationali modo.

87 Zacchias, *loc. cit.*, p. 118. 〔라틴어 원문: nullus in his error est ac nulla consequenter insania〕.

88 *Encyclopédie*, article Folie.

타나고 그러한 부류의 성격을 형성하는 것은 바로 영혼의 이 '항구적 오류' 이다."[89]

광기는 진실과 인간의 관계가 혼란되고 흐려지는 바로 거기에서 시 작된다. 광기가 일반적 의미와 특별한 형태들을 띠는 것은 바로 이 관계의 파괴와 동시에 이 관계로부터이다. 정신장애라는 용어를 광기의 가장 일반적 의미로 이해하는 작키아스가 말하듯이, 정신장애는 "지성 이 참된 것을 거짓된 것으로부터 구별하지 않는다는 사실에 의해 성립 한다."[90] 그러나 이 단절을 부정으로만 이해할 수 있을 뿐이라 해도, 이 단절은 실증적 구조를 내포하는 관계로 특이한 형태를 띠게 된다. 진실에 대한 서로 다른 접근방식에 따라 갖가지 유형의 광기가 있을 것 이다.

바로 이러한 관점에서 예컨대 크리크턴은 정신병의 범주에서 ① 우 선 '인식' 속에서 구체화되는 진실과의 관계를 변질시키는 정신착란의 유형("혼란한 인식을 현실로 착각하는 정신능력이라는 일반적 정신착란"), ② 다음으로 표상을 변질시키는 환각의 유형, 이를테면 "상상작용의 대 상을 현실로 착각하거나 실제의 대상을 틀리게 나타내는 정신의 오류", ③ 마지막으로 진실에 대한 접근을 가능하게 하는 능력을 없애거나 변 질시키지는 않지만 그러한 능력을 약화시키고 축소시키는 정신장애의 유형을 구분한다.

또한 진실 자체와 진실에 고유한 형태에 입각하여 광기를 분석할 수 도 있다. 백과전서는 바로 이러한 방식으로 '물리적 진실'과 '정신적 진 실'을 구별한다. "물리적 진실은 물질대상과 감각의 올바른 관계에 있

---

89 Sauvages, *loc. cit.*, VII, p. 33.
90 *in hoc constitit quod intellectus non distinguit verum a falso.

고", 이러한 형태의 진실에 접근할 수 없기 때문에 결정적으로 생겨나는 광기의 형태가 있을 터인데, 그것은 환상, 환각, 모든 지각장애를 포함하는 물리세계의 광기이다. 가령 "어떤 광신자들처럼 천사의 합창을 듣는 것은 광기이다." 반대로 "정신적 진실은 정신의 대상들 사이에서건, 그러한 대상들과 우리 사이에서건 우리가 보는 관계의 올바름에 있는데", 이 관계의 상실喪失에서 기인하는 광기의 형태가 있을 터이고, 여기에 속하는 것은 성격, 행동, 정념의 광기이다.

"그러므로 정신의 모든 결점缺點, 자만심自慢心을 돋우는 모든 환상, 그리고 우리의 모든 정념은 무분별로 치달을 때 진정한 광기가 된다. 왜냐하면 무분별은 광기의 독특한 속성이기 때문이다."[91]

'무분별'. 이것은 고전주의 시대의 광기가 갖는 본질에 가장 가까운 용어의 하나이다. 이것은 광기의 고독한 이미지들에 비가시적 지고성至高性을 부여하면서 그것들을 둘러싸는 준準수면睡眠의 그러한 어둠에 관해 말할 뿐만 아니라, 충분한 근거가 없는 확신, 그릇된 판단, 광기로부터 분리될 수 없는 그 오류의 바탕에 관해 말하기도 한다.

정신착란의 기본적 담론이 형태상의 유비관계와 의미의 엄밀함에도 불구하고 어떤 점에서 결코 이성의 담론일 수 없는가는 이런 식으로 그 기본적 담론의 구성력을 통해 드러난다. 그것은 말을 했지만 무분별의 어둠 속에서 말한 것이고, '잘못 생각했으므로' 꿈의 느슨하고 혼란스러운 텍스트 이상의 것이었으나, 또한 잠의 모호함인 그 전반적 '모호함' 속에 잠겨 있었으므로 틀린 명제命題 이상의 것이었다.

정신착란은 광기의 원리로서, 꿈의 일반적 통사법 중에서 틀린 명제들의 체계이다. 광기는 정확히 몽환적인 것과 틀린 것의 접촉지점에 있고, 여러 가지 모습으로 변이되면서, 몽환적인 것과 틀린 것이 서로 마

---

91 *Encyclopédie*, art. "Folie."

주치는 표면, 몽환적인 것과 틀린 것을 연결하고 동시에 분리하는 표면을 가로지른다. 오류와 함께 광기는 비非진실, 그리고 단언과 부정 속에서의 자의성을 공유하고, 증가하는 이미지와 다채로운 환상을 꿈에서 빌려온다. 그러나 오류는 비진실일 뿐이고, 꿈은 단언도 판단도 하지 않는 반면에, 광기는 오류의 공백을 이미지들로 채우고 거짓을 긍정함으로써 환상들을 연결시킨다.

그러므로 어떤 관점에서 보자면 광기는 충만성으로서, 밤의 형상에 낮의 활력을, 몽상의 형태에 깨어 있는 정신의 활동을 결합시키고, 모호한 내용을 명료성의 형태와 하나로 묶어낸다. 그러나 이러한 충만성은 확실히 '공백의 절정'이 아닐까? 이미지의 현존은 사실 이미지를 어둠에 싸인 환상으로, 잠의 언저리에서 드러나고 따라서 지각할 수 있는 모든 현실로부터 떨어져나간 형상으로만 만들 뿐이고, 이러한 이미지는 아무리 생생한 것이고 아무리 육체에 동화된 것이라 할지라도 어떤 것도 나타내지 않으므로 무無이며, 잘못된 판단으로 말하자면 그것은 겉보기로만 판단할 뿐이다. 즉, 잘못된 판단은 진실되거나 실제적인 어떤 것도 단언하지 않으므로 전혀 단언하지 않는 셈이고 전적으로 오류의 비존재 속에 사로잡혀 있다.

광기는 직관과 무분별, 상상과 판단, 환상과 언어, 수면과 각성, 낮과 밤을 연결하는데도 사실상 '아무것도' 아니다. 왜냐하면 광기는 이것들이 지니고 있는 부정적인 것을 연결하기 때문이다. 그러나 광기의 역설은 이 '무'를 '드러낸다'는 것, 이것을 기호와 말과 행위로 확연히 나타나게 한다는 것이다. 질서와 무질서, 사물들의 합리적 존재와 광기의 이러한 허무가 뒤섞인 착잡한 통일성이 그것이다.

실제로 광기가 아무것도 아니라면, 광기는 자체로부터 빠져나옴으로써만, 그리고 이성의 영역 안에서 겉모습을 갖게 됨으로써만, 그리하여 광기 자체와 반대되는 것이 됨으로써만 표면화될 수 있을 뿐이다.

고전주의 시대의 경험에 내포된 역설은 이런 식으로 밝혀진다. 즉, 광기는 영속적으로 물러서는 가운데, 현상도 실증성도 없는 것, 접근할 수 없는 것이 되면서 언제나 부재하지만, 미친 사람의 특이한 형상 아래 현존하고 완전히 드러난다. 광기는 검토의 대상일 때 몰상식한 무질서인 것으로 드러나지만, 질서 있게 배열된 형상들, 영혼과 육체에서의 엄밀한 작용방식, 확연한 논리에 따라 유기적으로 구성된 언어를 보여주기도 한다.

이성의 부정인 광기가 스스로에 관해 말할 수 있는 것에서는 모든 것이 이성일 뿐이다. 요컨대 "광기가 비非이성임에 따라, 광기의 합리적 정복은 언제나 가능하고 필요하다."

이러한 경험을 '비이성'이라는 말에 의해서만 요약하는 것을 어떻게 피할 수 있을까? 무無의 접근할 수 없는 저장고에 있는, 이성과 가장 가깝고 가장 멀며 가장 충만하고 가장 공허한 것, 친숙한 구조를 통해 이성 앞에 제시되어 인식과 이윽고 실증적이고자 할 과학을 가능하게 하는 것, 그리고 이성에 대해 언제나 뒤로 물러나 있는 것.

이제 고전주의 시대의 비이성을 꿈 및 오류와의 연관성 밖으로 끌어내 그 자체로 돋보이게 하고자 한다면, 그것을 병든 이성이나 파멸된 이성 또는 소외된 이성으로가 아니라 그저 '현혹된 이성'으로 이해할 필요가 있다.

현혹眩惑92은 대낮의 밤, 찬란한 빛이 지나치게 넘쳐나는 중심에 퍼

---

92 여기에서 '현혹'은 감정이 "정신의 현혹에 관여하는가" 하고 니콜(Nicolle)이 자문할 때 그가 이 낱말에 부여했던 의미로 쓰였다.

지는 어둠이다. 현혹된 이성은 태양 쪽으로 눈을 뜨지만 '어떤 것도' 보이지 않는다. 다시 말해서 '보지 못한다'. **93** 현혹상태에서 대상이 깊은 어둠 쪽으로 물러나는 일반적 현상은 시각 자체의 소멸과 직접적 상관관계를 맺고, 시각은 대상이 빛의 은밀한 어둠 속으로 사라지는 것을 보는 순간에 시각 자체의 사라지는 모습을 본다.

광기가 현혹이라고 말하는 것은 광인이 이성인과 똑같이 빛을 본다고 말하는 것이지만(둘 다 동일한 빛 속에서 살아간다), 광인은 빛을 보면서, 빛만을 보면서, 그리고 빛 속에서 아무것도 보지 못하면서, 빛을 공백으로, 어둠으로, 무로 본다. 광인에게 암흑暗黑은 빛을 지각하는 방식이다. 이는 광인이 어둠과 어둠의 무를 보면서 전혀 보지 않는다는 것을 의미한다. 또한 본다고 생각하면서 상상력의 환상과 수많은 어둠을 현실로서 다가오도록 한다는 것을 의미한다. 그래서 정확히 진실과 빛이 근본적 관계를 맺고서 고전주의적 이성을 구성하는 것처럼, 정신착란과 현혹은 광기의 본질을 이루는 관계 안에 있는 것이다.

이 점에서 데카르트의 회의懷疑과정은 바로 광기를 쫓아내는 주요한 푸닥거리이다. 데카르트는 본질적인 빛의 참된 밝음을 더 잘 보기 위해 눈을 감고 귀를 막으며, 그리하여 눈을 뜨고서 어둠만을 보고 전혀 보지 못하면서 실제로는 상상하는 것인데도 본다고 생각하는 광인의 현혹으로부터 보호받는다. 비판받을 수는 없지만(광인이 '보기' 때문에) 돌이킬 수 없을 정도로 존재에서 분리된(광인은 '어떤 것도' 보지 못하기 때문에) 이미지는 어둠인 빛에 취한 광인의 시선 앞에 떠오르고 증가하는데, 데카르트는 스스로 닫아 버린 감각의 획일적인 빛 속에서 가능한 모든 매혹을 떨쳐버렸고, 그래서 그가 본다면, 그가 보는 것을 보는 것

---

93 말브랑슈가 자주 되풀이한 데카르트적 주제. 어떤 것도 생각되지 않는다는 것은 생각하지 않는 것이며, 어떤 것도 보이지 않는다는 것은 보지 못하는 것이다.

은 확실하다.

비이성과 이성의 관계는 현혹과 눈부신 빛 자체의 관계와 동일하다. 이것은 은유가 아니다. 우리는 고전주의 시대의 문화 전체를 북돋우는 중요한 우주론의 중심에 이른 셈이다. 의사소통과 내적인 상징체계의 측면에서 그토록 풍요롭고 천체天體들의 교차되는 영향력에 의해 전적으로 지배된 르네상스 시대의 "우주"는 이제 사라졌으며, 이 와중에서 "자연"은 보편성의 지위를 얻지 못했고 인간에 의해 서정적으로 인정받지도, 인간을 계절의 리듬에 따라 인도하지도 못했다.

고전주의 작가들이 '세계'로부터 끌어내는 것, 그들이 '자연'에 대해 이미 예감하는 것은 지극히 추상적이지만, 가장 생생하고 가장 구체적인 대립, 곧 '낮과 밤'의 대립을 형성하는 법칙이다. 이것은 더 이상 행성의 필연적인 시간이나 계절의 서정적 시간이 아니라, 빛과 어둠의 보편적이지만 절대적으로 분할된 시간이다. 사유가 수학에 따라 완전히 제어하지만 — 데카르트 물리학은 빛의 보편수학 같은 것이다 — 이와 동시에 인간의 삶에서 중대한 비극적 중단을 묘사하는 형식. 즉, 라신의 연극적 시간과 조르주 드 라 투르의 공간을 동일하게 강압적으로 지배하는 형식. 낮과 밤의 순환은 고전주의 세계의 법칙이다. 즉, 세계의 필연성들 중에서 가장 축소되어 있지만 가장 까다로운 것, 자연의 적법성들 중에서 가장 불가피하나 가장 단순한 것이다.

모든 변증법과 모든 화해和解를 배제하고, 따라서 인식의 단절 없는 통일성과 동시에 비극적 삶의 타협 없는 분할에 근거를 제공하는 법칙, 이것은 황혼黃昏없는 세계, 어떤 감정의 토로도 서정성抒情性에 대한 가벼운 배려도 없는 세계를 지배하고, 모든 것은 각성상태 아니면 꿈, 진실 아니면 어둠, 존재의 빛 아니면 어둠의 무無이게 되어 있다. 이것은 진실을 가능하게 하고 진실을 결정적으로 봉인封印하는 불가피한 질서, 차분한 분할을 규정한다.

그렇지만 이러한 질서의 양쪽에서 두 가지 대칭적 형상, 두 가지 전도顚倒된 형상은 이 질서를 결코 뛰어넘지 않는 것이 어느 정도로 중요한가를 보여주면서, 동시에 이 질서가 돌파될 수 있는 극한極限이 있다는 것을 증거한다. 한편에는 비극이 있다. 연극의 하루에 관한 규칙은 실증적 내용을 갖는 것이고, 비극의 공연시간이 낮과 밤의 특이하나 보편적인 교대를 중심으로 균형을 갖추도록 강요하는 것이며, 비극의 모든 것은 이러한 시간의 단일성에 맞춰 실행되어야 하는데, 그 이유는 비극이 사실상 양립 불가능성 속에서 시간 자체에 의해 서로 연결된 두 왕국王國의 대결일 뿐이기 때문이다.

　라신의 연극에서 모든 하루는 비극에 의해 이를테면 가시적이게 되는 밤, 가령 트로이와 살육의 밤, 네로 황제의 욕망의 밤, 티투스의 로마의 밤, 아탈리의 밤이 우뚝 솟아 있다. 축소되지 않고 낮을 떠나지 않으며 죽음의 새로운 밤 속으로만 사라질 뿐인 것은 바로 이 커다란 어둠의 자락, 이 어둠의 구역이다. 그리고 이 환상적 밤은 낮의 끔찍한 반영反影 같은 것을 형성하는 빛, 예컨대 트로이의 화재火災, 근위대近衛隊의 횃불, 꿈의 파리한 빛에 사로잡혀 있다. 고전 비극에서 낮과 밤은 거울에 비친 모습처럼 배치되어 있고 한없이 서로를 비추며 인간의 삶 전체와 인간의 죽음을 단 하나의 움직임으로 감싸는 느닷없는 깊이를 이 단순한 짝패에 부여한다. 이와 동일하게 〈거울 속의 마들렌느〉에서 그림자와 빛은 서로 마주보고, 얼굴과 얼굴의 반영, 두개골과 두개골의 이미지, 각성상태와 침묵을 분할하고 동시에 결합시키며, 〈성 알렉시스의 초상〉에서 횃불을 든 시동侍童은 둥근 천장의 이미지 아래에서 자신의 주인이었던 사람을 발견하고, 명석하고 신중한 소년은 인간의 온갖 비참悲慘에 마주치며, 어린이는 죽음을 가시적인 것이 되게 한다.

　비극과 비극의 엄숙한 언어 정면에 광기의 어수선한 웅성거림이 놓인다. 거기에서도 분할의 커다란 법칙은 침해되었고, 그림자와 빛은 비극적 무질서 속에서처럼 발광發狂의 격노 속에서 서로 섞인다. 그렇지만 다른 방식으로 섞인다. 비극의 작중인물은 밤의 어둠 속에서 낮의 암담한 진실 같은 것을 찾아내곤 했는데, 가령 아탈리의 밤이 이미 동터오는 낮의 진실을 예고했듯이, 트로이의 밤은 여전히 앙드로마크의 진실이었다. 밤은 역설적으로 베일을 벗겼고, '존재의 가장 깊은 낮'이었다.

광인은 거꾸로 빛 속에서 어둠의 일관성 없는 형상만을 만날 뿐이고, 빛이 꿈의 모든 환상으로 흐려지도록 하며, 그의 낮은 '가상假象의 가장 피상적인 밤'일 뿐이다. 바로 이러한 범위 내에서 비극의 인간은 페드르처럼 가차 없는 태양의 면전面前에 밤의 모든 비밀을 내던지므로, 다른 어떤 인간보다도 더 깊이 존재 속으로 들어가고 존재의 진실을 지니게 되는 반면에, 미친 사람은 존재로부터 완전히 배제된다. 밤의 비非존재에 낮의 허망한 반영을 제공하는 미친 사람이 어떻게 그렇게 되지 않을 수 있을까?

누구나 이해하듯이, 고전 비극의 주인공은 바로 앞 시대, 곧 바로크 시대의 작중인물과는 달리, 결코 미칠 수 없고, 정반대로 광기는 우리가 니체와 아르토 이래 알고 있는 비극의 가치를 지니고 있을 수 없다. 고전주의 시대에 비극의 인간과 광기의 인간은 서로 얼굴을 마주하고 있을 뿐, 양자 사이에는 가능한 대화도 공통의 언어도 없다. 왜냐하면 비극의 인간은 섬광閃光의 시간, 빛의 진실, 그리고 밤의 깊이가 서로 합쳐지는 존재의 결정적인 말만을 할 수 있을 뿐이고, 광기의 인간은 낮의 수다와 기만적 그림자를 상쇄시키는 아무래도 좋은 중얼거림을 그러모으기 때문이다.

광기는 어둠의 허망한 환상과 빛의 비非존재적 판단 사이의 균형지점을 가리킨다.

그리고 우리가 지식의 고고학에 의해 단편적으로 터득할 수 있었던 이 사실은 비극의 단순한 섬광閃光에서, 곧 〈앙드로마크〉의 마지막 말에서 이미 우리에게 드러난 것이었다. 마치 광기가 비극적 행위로부터 사라지는 시기에, 그 후로 2백 년 이상 동안 지속될 비극의 인간과 비이성의 인간 사이의 분리가 일어나는 시기에, 사람들이 광기에 대해 최종적 형상화를 요구하기라도 한 듯하다.

〈앙드로마크〉의 마지막 장면 위로 내리는 막은 비극에 의한 광기의 마지막 위대한 구현具現 위로도 내린다. 그러나 고전주의 시대 전체에 대해 광기가 무엇이고 무엇일 것인가는 광기 자체가 사라지기 시작하는 단계에서의 그러한 현존 속에서, 영원히 달아나는 중인 그러한 광기 속에서 표현된다. 광기의 진실, 광기의 부재하는 진실, 밤의 한계에서 나타나는 낮의 진실인 광기의 진실이 광기에 의해 가장 분명하게 말해질 수 있는 것은 정확히 광기가 사라지는 순간 속에서이지 않을까? 그것은 '최초의' 위대한 고전 비극의 '마지막' 장면, 또는 이렇게 말해도 괜찮다면, 전기前期 고전극의 '마지막'인 비극의 동향動向에서 광기의 고전주의적 진실이 말해지는 '최초의 순간'이었음이 틀림없다. 나타남이 사라짐일 수밖에 없으므로 어쨌든 순간적 진실, 섬광은 이미 진행된 어둠 속에서만 보이는 법이다.

오레스트는 격노에 사로잡혀 삼중三重 고리의 밤, 동심원同心圓을 그리는 '현혹'의 3가지 형상화를 가로지른다. 피뤼스의 궁전 위로 방금 동이 텄지만, 밤은 아직도 이 빛의 언저리에 그림자를 드리우고 이 빛의 한계를 분명하게 보여준다. 범죄는 이 축제의 아침에 저질러졌고, 피뤼스는 밝아오는 햇빛에 눈을 감았다. 밝음과 어두움의 문턱에서 제단祭壇의 계단 위로 드리워진 야음夜陰의 일부분. 그러므로 광기의 두 가지 커다란 우주적 주제는 오레스트를 휘감는 격노의 전조前兆, 배경, 부주제副主題로서, 다양한 형태를 띠고 나타나 있다. 94

광기는 그때, 말하자면 그토록 새롭고 동시에 그토록 유구한 진실, 첫 번째 고리의 암영暗影, 곧 세계가 온통 오레스트를 중심으로 뒤로 물러나기 시작하는 어두운 구름 속에서 모든 것이 마침내 선명히 밝혀지는 그 이른 아침에, 피뤼스 살해와 에르미온의 배반을 규탄하는 무정한 빛 속에서 시작될 수 있고, 진실은 이 역설적 황혼 속으로, 진실한 것의 잔혹성이 곧바로 환상의 맹렬한 위세威勢로 변모할 그 아침의 저녁 속으로 빠져나간다.

"그러나 얼마나 짙은 어둠이 갑자기 나를 둘러싸는가?"

이것은 '오류'의 공허한 어둠이지만, 이 첫 번째 어둠을 배경으로 섬광, 거짓 섬광, 즉 이미지의 섬광이 곧장 생겨날 것이다. 악몽은 아침의 밝은 빛 속에서가 아니라 반짝이는 어두운 빛, 즉 뇌우雷雨와 살인의 빛 속에서 고조된다.

"신들이여! 내 주위에 이 무슨 피의 개울이 흐른단 말인가!"

그리고 이제 '꿈'의 왕조王朝가 펼쳐진다. 이 어둠 속에서 환상들은 자유롭게 날뛰게 되고, 에리니에스95가 나타나 위세威勢를 떨친다. 이것

---

94 결국 서로 섞이고 동일한 것을 말하게 되는 상복(喪服)과 축제 장신구(裝身具)의 차림새로 등장한 앙드로마크, 미망인(未亡人)이었다가 결혼하고 또다시 미망인이 된 앙드로마크, 그리고 그녀가 처해 있는 노예 상태에서 반짝이는 왕녀로서의 위엄(威嚴)을 덧붙여야 할 것이다.

95 *Erinnyes. 복수(復讐)의 세 여신, 알렉토(Alecto)와 티시포네(Tisiphoné)와 메가이라(Megaira)를 지칭한다. 이 여신들은 도덕 세계의 법을 위반하는 이들에게 징벌을 내렸으며 특히 가족이나 씨족 내부의 살인자들에게 복수를 행했다. 유메니데스라는 별칭은 특히 아티카 지방에서 사용된 것이다.

은 복수의 여신들을 불안정하게 만들고 또한 지고의 존재로 만드는 것이며, 그녀들은 연이어 등장하는 고독 속에서 쉽게 승리를 거둔다. 어떤 것도 그녀들을 거부할 수 없고, 이미지와 언어는 단언과 거부, 간청과 두려움이 현존하는 기원祈願의 폭언暴言 속에서 서로 겹쳐진다. 그러나 이 모든 이미지는 어둠 쪽으로, 징벌과 영원한 복수와 죽음 내부에서의 죽음으로 가득한 두 번째 어둠 쪽으로 몰려든다. 에리니에스는 그녀들의 것인 이 어둠으로, 이를테면 그녀들의 탄생 장소 겸 그녀들의 진실, 다시 말해서 그녀들 자신의 허무로 다시 불려나온다.

"그대들은 나를 영원한 어둠 속으로 데려가려고 오는 것인가?"

이것은 광기의 이미지가 단지 꿈과 오류일 뿐이라는 것이 밝혀지는 순간이고, 광기의 이미지에 눈이 멀어버리는 불행한 사람이 광기의 이미지를 불러들이는 것은 광기의 이미지가 겪게 될 운명인 소멸消滅 속으로 광기의 이미지와 더불어 더 용이하게 사라지기 위해서이다.

그러므로 어둠의 고리를 두 번째로 가로지르는 셈인데, 이것은 그렇다고 해서 세계의 분명한 현실로 복귀하는 것이 아니라, 광기로부터 나타나는 것을 넘어 '정신착란'으로, 광기를 최초의 순간부터 은밀하게 밑받침한 그 본질적이고 핵심적인 구조로 접근하는 것이다. 이 정신착란은 이름을 갖는데, 그것은 에르미온, 환각에 사로잡힌 환영幻影으로서가 아니라 광기의 궁극적 진실로서 다시 나타나는 에르미온이다. 이 격노의 순간에, 즉 유메니데스 사이에서나 그녀들을 이끌기 위해 그녀들 앞에서가 아니라, 그녀들 뒤에서 폭발하고, 그녀들이 오레스트를 이끌었고 그녀들 자신이 이제 흩어진 어둠에 의해 그녀들과 분리된 격노의 순간에 에르미온이 개입하는 것은 의미심장하다.

에르미온은 정신착란을 구성하는 형상으로서, 처음부터 내밀하게 지배하고 있었고 유메니데스가 사실상 하녀들일 뿐이었던 진실로서 개입하는 것이다. 이 점에서 우리는 그리스 비극의 정반대 편에 서 있는 셈인데, 그리스 비극에서 에리니에스는 아주 오래 전부터 어둠 속에서 주인공을 노리고 있던 최종적 운명이자 진실이었고 주인공의 정념은 그녀들의 수단手段일 뿐이었기 때문이다. 그러나 여기에서 유메니데스는 다만 정념 속에서 떠오르고 있었고 이제는 적나라하게 드러나는 최초의 진실이자 마지막 진실, 곧 정신착란을 위한 형상일 뿐이다. 이 진실만이 이미지를 떨쳐버리면서 군림한다.

"아니오, 물러나오, 에르미온을 그냥 내버려두시오."

처음부터 늘 등장해 있던 에르미온, 오레스트의 이성을 조각조각 찢으면서 언제나 오레스트를 괴롭힌 에르미온, 오레스트를 "어머니 살해범, 살인자, 신성모독자"가 되도록 유도한 에르미온은 결국 그의 광기의 진실과 완성으로 드러난다. 그리고 정신착란은 이제 오래 전부터 일상적이고 우스꽝스러운 것이어 온 진실을 임박한 결심으로 표현하는 것 이외의 다른 할 말이 없는 것이다.

"마지막으로 나는 그녀에게 내 심장을 보내 뜯어먹게 하련다."

여러 날과 여러 해 전에 오레스트는 이 잔인한 봉헌奉獻을 했다. 그러나 오레스트는 자기 광기의 이러한 근원을 이제 종말終末로 표현한다. 실제로 광기가 더 멀리 나아갈 수는 없다. 광기는 본질적 정신착란 속에서 진실을 말한 후에, 이제 세 번째 어둠, 즉 빠져나올 수 없는 어둠, 끊임없이 먹어치우는 어둠 속으로 잠겨들 수밖에 없다. 비이성은 언어가 침묵 속으로 들어가는 순간, 정신착란이 그치는 순간, 결국 가슴이 갉아 먹히는 순간에 잠시 동안만 나타날 수 있을 뿐이다.

17세기 초의 비극 작품에서 광기는 또한 극劇의 대단원을 이루었지만, 진실을 해방시키면서 마지막을 장식했고 여전히 언어 쪽으로, 새로워진 언어 쪽으로, 설명과 되찾아진 현실의 언어 쪽으로 열려 있었다. 광기는 기껏해야 비극의 끝에서 두 번째 계기일 수 있었을 뿐이다. 정신착란 속에서 광기와 더불어 완결의 완벽성을 발견한 정념의 진실

이외의 어떤 진실도 말해지지 않는 〈앙드로마크〉에서처럼 광기는 마지막 계기가 아니었다.

고전주의 시대의 앎이 뒤따르고 추구한 비이성 특유의 움직임은 비극 언어의 간결성 속에서 이미 온전한 궤적을 완료했다. 그 이후로는 침묵이 지배할 수 있었고, 광기는 비이성의 언제나 물러나는 현존 속으로 사라질 수 있었다.

우리가 이제 비이성에 관해 알고 있는 것은 우리로 하여금 수용이 무엇이었는가를 더 잘 이해하게 해준다.

광기를 중립적이고 획일적인 배제의 세계 속으로 사라지게 하는 이 행위는 의료기술의 발전에서나 인도주의人道主義 사상의 진보에서 정체停滯의 시기를 표시하는 것이 아니었다. 그것은 다음과 같은 사실, 즉 고전주의 시대에 광기는 더 이상 다른 세계의 징후이지 않았고 비존재의 역설적 발현이 되었다는 사실에서 정확한 의미를 띠었다.

사실상 수용은 광기를 소멸시키고 사회질서 안에서 자리를 찾지 못하는 인물을 사회질서로부터 몰아내는 것을 그다지 목표로 삼지 않는 것이고, 수용의 본질은 위험의 축출逐出이 아니다. 수용은 다만 광기가 본질적으로 무엇인가를, 비존재의 현동화現動化96를 표시할 뿐이고, 이러한 발현을 나타내면서 무無라는 광기의 진실에 광기를 되돌리기 때문에, 광기를 제거해버리는 것이다. 수용은 비이성으로, 다시 말해서 이

---

96 *비존재는 존재하지 않는 것이다. 그러므로 보이지도 않는다. 규정하기도 쉽지 않다. 그러한 것을 가시적인 것으로 만들어 현실의 흐름 속으로 집어넣는다는 의미로 이해하면 될 것이다. 현동화는 이를테면 무정형(無定形)의 미규정(未規定)된 광기를 비로소 구체적으로 적시(摘示)하는 것이다.

성이 없는 부정성否定性으로 경험된 광기에 가장 정확히 상응하는 실천이고, 거기에서 광기는 '아무것도' 아닌 것으로 인정된다.

다시 말해서 한편으로 광기는 차이로 즉시 인식되고, 그리하여 광인의 수용을 결정하기 위해 의사들이 아니라 양식良識있는 사람들에게 요구되는 자발적이고 집단적인 판단의 형식이 생겨나며, 97 다른 한편으로 수용은 교정矯正(다시 말해서 차이의 제거, 또는 죽음을 통한 광기라는 무의 완결) 이외의 다른 목적을 지닐 수 없고, 그리하여 간수들이 기록한 수용등록부에서 숱하게 발견되고 수용의 야만성이나 잔인성 또는 문란성紊亂性을 나타내는 징후가 아니라 무의 무화無化라는 엄밀한 의미의 표현인 죽음의 희구希求가 나타난다. 98 현상의 표면에서, 그리고 성급한 도덕적 종합 속에서 수용은 광기의 은밀하고 분명한 구조를 보여주는 것이다.

수용은 이러한 깊은 직관에 실천의 뿌리를 내리는 것일까? 광기가 결국 비존재로서 에워싸인 것은 광기가 수용의 영향을 받아 고전주의 시대의 지평地平에서 실질적으로 사라졌기 때문일까? 대답이 완벽한 순환성 속에서 서로 맞물리는 물음. 이러한 질문형식의 언제나 되살아나는 순환 속으로 들어가 헤매는 것은 아마 무익할 것이다. 고전주의 문화가 광기에 대해 하게 된 경험, 내적 논리의 동일한 영역에서, 여기저기에서, 사변思辨의 영역과 제도의 영역에서, 담론과 법령에서, 말과 구호口

---

97 이 점에서 광기에 대해 뒤푸르가 제시하는 것과 같은 정의(이것은 광기에 대한 동시대의 다른 정의들과 본질적으로 다르다)는 수용에 관한 '이론'으로 인정될 수 있다. 왜냐하면 광기를 어떤 오류, 인간의 보편성과 다르다는 점에서 즉각적으로 느낄 수 있는 어떤 이중의 비존재라고 지칭하기 때문이다. "모든 이가 동일한 방식으로 생각하는 사물들에 대해 깨어 있는 동안 잘못 판단하는 오성의 오류"(Essai, p. 355).

98 예컨대 17세부터 생-라자르에 수용된 어떤 광인에 대한 다음과 같은 부기(附記) 참조. "몸이 몹시 쇠약해지고 있다. 오래지 않아 죽으리라고 기대할 수 있다"(B. N. Clairambault, 986, f° 113).

號99에서, 이를테면 기호를 지니고 있는 요소가 우리에 대해 언어의 가치를 띨 수 있는 도처에서, 동일한 의미에 힘입어 노출되는 경험, 이러한 경험의 일반적 구조를 고전주의 문화로 하여금 표명하도록 하는 것이 더 낫다.

---

99 *사회단체나 집단에서 내거는 슬로건 또는 표어(標語).

3

광기의 형상들

그러므로 광기는 부정성否定性이다. 그러나 현상의 충만함 속에서, 종種들의 정원에 신중하게 배열된 풍요로움에 따라 주어지는 부정성이다.

광기에 대한 추론적推論的 인식은 이러한 모순矛盾에 의해 제한되고 확정된 공간에서 펼쳐진다. 의학적 분석의 정돈된 형상 아래 까다로운 관계가 작용하고 있는데, 이것은 광기의 최종적 의미로서의 '비이성'과 광기의 진실이 표현되는 형식으로서의 '합리성' 사이의 관계로서, 역사의 변전은 이 관계 속에서 이루어진다. 언제나 오류의 본거지에 자리잡고 이성과의 관계에서 언제나 뒤로 물러나는 광기는 그럼에도 불구하고 완전히 이성 쪽으로 열려 있고 자체의 비밀을 모두 이성에 털어놓을 수 있다는 것, 광기의 인식이 드러내고 동시에 감추는 문제는 바로 여기에서 비롯된다.

이 장章에서 문제되는 것은 정신의학의 갖가지 개념을 같은 시대에 탄생하는 의학적 지식, 이론, 관찰사항 전체와 관련시키면서 개념들의 역사를 탐색하는 것이 아니다. 우리는 정기精氣의 의학이나 고체의 생리학을 고려하면서 정신의학에 관해 말하려는 것이 아니라, 고전주의 시대를 따라 지속된 주요한 광기의 형상들을 차례차례 다시 다룸으로써, 어떻게 그것들이 비이성의 경험 내부에 자리 잡았을까, 어떻게 그것들이 거기에서 제각기 고유한 일관성을 획득했을까, 그리고 어떻게 그것들이 광기의 '부정성'을 '실증적' 방식으로 나타내기에 이르렀을까를 보여주려고 애쓸 생각이다.

이 획득된 실증성은 광기의 갖가지 형태에 대해 차원도 성격도 강도強度도 동일하지 않다. 가령 '정신장애' 개념의 경우에 실증성은 가느다랗고 얇고 투명하며 여전히 부정성에 아주 가깝고, 이미지들의 체계를 가로질러 '조광증'과 '우울증'에 의해 획득된 실증성은 벌써 좀더 치밀해진 것이며, 가장 견고하고 비이성으로부터 가장 멀리 떨어져 있을 뿐만 아니라 비이성에 대해 가장 위험한 실증성은 도덕과 의학의 경계에서 행해진 성찰을 통해, 유기적인 만큼이나 윤리적인 일종의 육체적 공간에 관한 착상着想을 통해, '히스테리'와 '심기증心氣症'이라는 개념에, 그리고 곧바로 '신경질환'이라고 불리게 될 것에 내용을 부여하는 실증성인데, 이 실증성은 비이성의 핵심을 구성하는 것에서 그토록 멀리 떨어져 있고 비이성의 구조에 그토록 통합되어 있지 않아서, 결국에는 비이성을 다시 문제 삼게 만들고 고전주의 시대의 말기에 비이성을 전적으로 뒤흔들어 놓게 된다.

1. 정신장애의 계열系列

정신장애는 '데멘티아, 아멘티아, 파투이타스, 스투피디타스, 모로시스'[1] 등 다양하지만 거의 모두 동일한 영역에 걸쳐 있는 명칭들 아래에서 17세기와 18세기의 의사들 대부분에 의해 질병으로 인정된다. 정신장애는 이처럼 인정되고 다른 종류의 질병들 사이에서 아주 쉽게 떨어져 나와 분리되지만, 실증적이고 구체적인 내용에 의해 규정되지는 않는다. 이 두 세기에 걸쳐 정신장애는 부정적인 것들의 영역 안에서 언제나 특징적 형상을 얻기 어려운 상태로 존속한다.

어떤 점에서 정신장애는 모든 정신질환 중에서 계속해서 광기의 본질과 가장 가까운 것이다. 그러나 이 경우의 광기는 일반적 견지에서 이해된 광기, 광기가 지닐 수 있는 부정적인 것 전체, 예컨대 무질서, 사유의 붕괴, 오류, 환각, 비非이성, 비非진실을 통해 경험된 것이다. 18세기의 한 저자著者가 다음과 같이 어떤 실증적 형식에 의해서도 완전히 설명하거나 결정할 수 없을 만큼 아주 크게 확대하여 정의하는 것은 바로 이러한 광기, 곧 이성의 단순한 이면裏面과 정신의 순수한 우연성偶然性으로서의 광기이다.

"광기는 무한히 다양한 증후를 내보인다. 보았거나 들었던 모든 것, 생각했거나 궁리한 모든 것이 광기를 구성하게 된다. 광기는 가장 멀리 떨어져 보이는 것을 근접시킨다. 광기는 완전히 잊혀진 듯한 것을 환기시킨다. 이전의 이미지가 되살아나고, 사라졌다고 생각하는 반감反感이 다시 생겨나며, 성벽性癖이 더욱 날카로워지지만, 모든 것은 흐트러진 상태에 있다. 생각은 혼란스럽다는 측면에서, 사전의 계획이나 구상 없이 아무렇게나 모아놓은 인쇄소의 활자와 유사하다. 일정한 의미

---

1 *dementia, amentia, fatuitas, stupiditas, morosis.

를 내보이는 것이라고는 어떤 것도 생겨나지 않을 것이다."[2]

정신장애는 바로 무질서의 부정성으로 이해된 광기와 유사하다.

그러므로 정신장애는 정신 속에서 극단적 우연성이자 동시에 완전한 결정론이고, 온갖 원인이 정신장애를 유발할 수 있기 때문에, 정신장애에서는 온갖 결과가 산출될 수 있다. 사유思惟의 기관器官에서 발생하는 장애는 어떤 것이건 정신장애의 양상들 가운데 하나를 야기할 수 있다. 엄밀하게 말해서 그것은 증후를 나타내는 것이 아니라, 오히려 광기의 모든 증후가 나타날 열린 가능성이다.

윌리스가 그것의 본질적 징후와 특징으로서 '스투피디타스'를 제시하는 것은 사실이다.[3] 그러나 몇 쪽 뒤에서 '스투피디타스'는 정신장애의 동의어同義語가 되었다. '스투피디타스 시베 모로시스 …'[4] 그러므로 스투피디타스는 그저 "지능과 판단력의 결함," 특히 이성의 가장 고귀한 기능에 초래된 침해이다. 그렇지만 이 결함 자체는 근본적인 것이 아니다. 왜냐하면 합리적 정신은 정신장애로 인해 흐려진 상태라 해도, 중간요소가 합리적 정신과 육체 사이를 매개하지 않는다면, 육체에 갇히지 않기 때문이다. 합리적 정신에서 육체까지, 넓이를 갖고 동시에 점點으로 나타나며 육체적이고 동시에 이미 사고력을 갖춘 혼합적 공간 안에서, 상상력과 기억력을 매개하고 중재하는 힘을 갖는 그 '감각적이거나 육체적인 아니마'[5]가 펼쳐지는데, 바로 이 힘은 상상력과 기억력을 형성하도록 해주는 관념 또는 적어도 요소를 정신에 제공하는 것이

---

2 *Examen de la prétendue possession des filles de la paroisse de Landes*, 1735, p. 14.

3 Willis, *Opera*, t. II, p. 227.

4 *stupiditas sive morosis. 가운데 sive는 '또는'이라는 접속사로서, 동격 관계를 나타낸다. 전자는 라틴어이고 후자는 희랍어로서, 의미는 어리석음이나 멍청함으로 동일한데, '모로시스'를 '정신장애'의 의미로 이해한 듯하다.

5 *anima sensitiva sive corporea.

며, 관념이나 요소의 작용, 육체적 작용이 흐트러질 때, '날카로운 지성'6은 "마치 눈이 가려지는 듯이, 대개의 경우 둔해지거나 적어도 흐려지게 된다."7

유형有形의 영혼은 유기적이고 기능적인 공간 안으로 퍼지고 그리하여 이 공간의 생생한 통일성을 보장하면서 이 공간에 자리 잡으며, 또한 직접적인 작용의 수단과 기관을 갖게 되는데, 유형의 영혼이 자리 잡는 중추中樞는 대뇌〔그리고 특히 이미지의 경우에는 뇌량腦梁, 기억의 경우에는 백질白質〕이고, 유형적 영혼의 직접적 기관은 동물 정기精氣에 의해 형성된다. 정신장애의 증례症例들에서는 대뇌 자체의 손상이건, 정기의 교란攪亂이건, 중추와 기관의 혼합적 장애이건 어떤 것을 상정할 필요가 있다.

대뇌만이 질병의 유일한 원인이라면, 대뇌물질이 적합하게 기능하기에는 너무 작건, 반대로 대뇌물질이 너무 많고 이로 인해 덜 단단하며 대뇌물질의 질이 더 낮건 상관없이, 우선 '정신의 날카로움에 덜 적합한'8 대뇌물질의 차원에서 질병의 원인을 찾아볼 수 있다. 또한 때때로 대뇌의 형태를 의심해 볼 필요도 있는데, 대뇌가 이른바 '둥근'9 형태를 갖지 않으면, 비정상적인 침하沈下나 팽창膨脹이 일어났다면, 그때 정기는 불규칙적 방향으로 되돌려 보내지고, 순탄한 경로를 통해 사물들의 진정으로 충실한 이미지를 더 이상 전달할 수 없으며, 진실의 지각 가능한 성상聖像을 합리적 정신에 맡길 수도 없다. 즉, 정신장애가 발생한다.

더 자세히 말하자면, 대뇌는 일정한 수준의 열과 습기, 일정한 점도粘度, 일종의 확연한 조직적이고 과립적顆粒的인 특성을 지녀야 정확하

---

6 *intellectus acies.
7 *Ibid.*, p. 265.
8 *mentis acumini minus accomodum.
9 *globosa. 원래는 "둥근 형태가 많은"의 뜻이다.

게 작동하는데, 어린이와 늙은이에게서 흔히 일어나듯이, 너무 축축하거나 너무 차가우면, '스투피디타스'의 증후가 나타나게 되고, 대뇌의 과립이 너무 거칠고 땅의 무거운 영향에 침윤되어 있는 듯할 때에도 이러한 징후가 감지되는데, 대뇌물질의 이 둔중함은 보에티아 사람들의 유명한 어리석음을 설명해줄 수 있을 공기의 어떤 무거움과 토양의 어떤 척박함에서 비롯된다고 생각할 수 있지 않을까?[10]

'모로시스'에서 동물 정기는 유일하게 변질될 수 있다. 가령 유사한 무게에 의해 둔해질 수도 있고, 마치 상상적 인력引力에 의해 땅의 느림 쪽으로 끌리기도 하는 듯이, 형태가 조악粗惡하게 되고 규모가 불규칙적이게 될 수도 있다. 다른 경우들에서는 동물 정기가 많은 수분을 함유하게 되고 단단하지 않게 되며 감아 붙는 움직임을 내보이게 된다.[11]

처음에 정기精氣의 장애와 대뇌의 장애는 분리될 수 있지만 결코 계속해서 분리되지는 않고, 결함 있는 대뇌물질의 영향으로 정기의 질이 변하건, 반대로 대뇌물질이 정기의 결함으로 인해 변모되건 교란현상들은 어김없이 서로 결합된다. 정기가 무겁고 정기의 움직임이 너무 느릴 때, 또는 정기가 너무 불안정하면, 대뇌의 미세공微細孔과 정기가 통과하는 도관導管은 막히거나 이상한 형태를 띠기에 이르고, 반대로 대뇌 자체에 결함이 있으면, 정기는 대뇌의 여기저기를 정상적으로 통과할 수 없으며, 따라서 결함의 소질素質을 생겨나게 한다.

윌리스의 이러한 분석 전체에서 정신장애의 정확한 모습, 정신장애에 고유한 증후 또는 특별한 원인의 윤곽을 찾는 것은 헛수고일 것이다. 이는 서술敍述에 정확성이 없기 때문이 아니라, 정신장애가 '신경'계통의 어느 하나에서 일어날 수 있는 모든 변질을 포괄하는 듯하기 때문이

---

10 Willis, *Opera*, t. II, pp. 266~267.
11 *Ibid.*, pp. 266~267.

다. 정기 또는 대뇌, 물렁물렁함 또는 딱딱함, 열기 또는 냉각, 과도한 무거움, 지나친 가벼움, 부족하거나 너무 많은 물질 등 가능한 모든 병적 변형이 정신장애라는 현상을 실질적으로 설명하기 위한 수단으로 내세워진다. 정신장애는 원인들을 체계화할 수도 없고, 원인들의 발생부위를 정할 수도 없으며, 증후들의 형상에 따라 원인들의 특성을 구체적으로 명시할 수도 없는 것이다.

정신장애는 가능한 모든 변질의 보편적 결과이다. 어떤 점에서 정신장애는 한 가지 형태의 광기에 특유한 모든 증후가 소거消去된 광기이다. 즉, 본질의 순수성, 일반적 진실의 측면에서 광기인 것이 그저 투명하게 드러나 보이는 광기의 일종이다. 정신장애는 대뇌, 신경섬유, 정기의 정묘한 기계적 작동에서 찾아볼 수 있는 비합리적인 것 전체이다.

그러나 이러한 추상抽象의 차원에서는 의료의 개념이 고안되지 않고, 대상과 너무 멀리 떨어져 있으며, 순수하게 논리적인 이분법에 따라 유기적으로 구성될 뿐만 아니라, 잠재성 쪽으로 미끄러져 들어가고, 실질적으로 작용하지 않는다. 의학적 경험으로서의 정신장애가 구체적으로 확정되지 않는 것이다.

18세기 중엽에도 정신장애의 개념은 변함 없이 부정적이다. 생체의 세계는 윌리스의 의학에서 고체固體생리학으로 형세形勢가 변했지만, 분석은 여전히 동일한 유형類型의 것이고, 문제되는 것은 오직 신경계에서 나타날 수 있는 온갖 형태의 '비이성'을 정신장애로 규정하는 것일 뿐이다. 《백과전서》의 '정신장애' 항목 첫머리에서 오몽은 지각할 수 있는 인상들의 변형에 자연상태의 이성이 있다고 설명하는데, 그것들은 신경섬유에 의해 전달되어 대뇌로 이르고, 대뇌는 그것들을 정기의 내부 주향로走向路에 따라 관념으로 변화시킨다. 비이성, 더 정확히 말해서 광기는 이러한 변화가 통상적 방식으로 이루어지지 않고 과도해지거나 비정상적이게 되거나 더 나아가 일어나지 않게 되자마자 발생하기 시작한다. 기능의 정지停止는 순수상태의 광기, 가장 강렬한 진실의 지점에 이른 듯한 절정상태의 광기, 즉 정신장애이다. 그것은 어떻게 발생할까? 인상들의 변형작업 전체는 왜 갑자기 정지되는 것일까?

월리스처럼 오몽도 신경계통의 모든 우연적인 장애를 비이성의 주위로 불러들인다. 아편, 독당근, 만드라고르에 의한 신경계의 중독으로 교란현상이 유발된다는 것이다. 보네의 《세풀크레툼》에는 박쥐에 물린 뒤 정신장애에 걸린 젊은 여자의 증례가 보고되어 있지 않은가? 간질 같은 치료 불가능한 몇몇 질병도 정확히 동일한 결과를 낳는다. 그러나 대뇌가 우연히 타격을 받아 변질되었건, 대뇌에 선천적 기형이 있건, 대뇌의 용량이 너무 적어서 신경섬유의 원활한 작용과 정기의 적절한 순환에 지장이 초래되건, 더욱 더 대뇌에서 정신장애의 원인을 찾아보아야 한다. 정기精氣 자체는 고갈되고 무력하며 활기가 없기 때문에, 또는 탁해지고 장액漿液 과다로 끈적끈적해졌기 때문에 정신장애의 원인일 수 있다.

그러나 정신장애의 가장 빈번한 원인은 인상들을 더 이상 감당할 수도, 인상들을 전달할 수도 없는 신경섬유의 상태에 있다. 감각에 의해 시발始發되게 마련인 진동振動은 일어나지 않고, 신경섬유는 아마 너무 이완되어 있거나 너무 팽팽하기 때문에, 또는 완전히 경직되었기 때문에 여전히 미동도 하지 않으며 어떤 경우에는 너무 경결硬結되어 더 이상 감각에 호응하지 않는다. 어쨌든 '탄성'彈性이 상실되었다. 이러한 진동력 부재의 이유로 말하자면, 그것은 정념일 뿐만 아니라 선천적 원인이나 온갖 종류의 질병, 체내의 독기로 인한 질환, 또는 노화老化이다. 정신장애의 원인과 정신장애에 대한 설명을 찾아내기 위해 병리학의 영역 전체가 탐색되지만 증후의 형상은 언제나 늦게 나타나는 데다가, 관찰사항이 쌓이고 인과관계의 사슬이 팽팽해지지만 질병의 고유한 윤곽을 찾는 일은 헛수고가 되기 십상이다.

소바주가 《체계적 질병 분류학》의 아멘티아[12] 항목을 기술하고자 할 때, 증후학症候學의 맥락은 그의 역량을 벗어나게 되고, 그는 자신의 저서를 주재主宰하게 되어 있는 이른바 '식물학자의 정신'에 더 이상 충실할 수 없게 되며, 정신장애의 형태들을 원인에 따라서만 구별할 수 있을 뿐이다. 가령 '아멘티아 세닐리스'[13]는 "신경섬유가 경직되어 대상의 인상에 대해 무감각하게 되기 때문에" 초래되고, '아멘티아 세로사'[14]는 도살업자가 "먹지도 마시지도 못하고" 대뇌물질이 "완전히 물로 변한" 미친 양의 경우에서 확인할 수 있었듯이 대뇌에 축적된 장액漿液에서 기인하며, '아멘티아 아 베네니스'[15]는 특히 아편에 의해 유발된다.

이밖에도 '아멘티아 아 투모레', [16] '아멘티아 미크로케팔리카'[17]가 있다. 후자와 관련하여 소바주 자신은 "몽펠리에 구빈원에 수용되어 있는 한 소녀에게서 이러한 종류의 정신장애"를 목격했다. "그 소녀는 머리가 매우 작고 원숭이와 비슷하게 생겼기 때문에 생주[18]라는 이름이 붙어졌다." '아멘티아 아 시키타테'[19]에서는 일반적으로 말라붙었거나 차가워졌거나 엉긴 신경섬유만이 이성을 약화시킬 뿐인데, 몹시 추운 한 겨울에 짐수레로 여행한 3명의 소녀가 정신장애에 걸렸고, 바르톨린[20]

---

12 *amentia. 이성의 부재, 미망(迷妄)을 의미하는 라틴어.
13 *amentia senilis. 노인성(老人性) 정신장애를 가리킨다.
14 *amentia serosa. 유장(乳漿)이 많은 정신장애.
15 *amentia a venenis. 독(毒)으로 인한 정신장애.
16 *amentia a tumore. 부종(浮腫)으로부터 온 정신장애.
17 *amentia microcephalica. 뇌가 작은 정신장애.
18 *원숭이라는 뜻이다.
19 *amentia a siccitate. 건조한 정신장애.

은 "새로 벗겨낸 양피羊皮로 그녀들의 머리를 감쌈으로써" 그녀들의 이성을 회복시켰다. '아멘티아 모로시스'21로 말하자면 소바주는 이것을 정말로 장액성漿液性 정신장애와 구별해야 하는가를 거의 알아내지 못한다.

이것들 외에도 '아멘티아 압 익투', 22 '아멘티아 라키알기카', 23 사일열四日熱24에서 기인하는 '아멘티아 아 쿠아르타나', 25 '아멘티아 칼쿨로사'26가 언급된다. "심실心室의 장액에 떠다니는 네발 결석結石"이 한 정신장애자의 대뇌에서 발견되지 않았는가.

어떤 관점에서 보자면, 정신장애에 고유한 증후학은 없다. 즉, 어떤 정신착란이나 환각 또는 난폭함의 형태도 본래부터 또는 자연발생적으로 정신장애에 속하는 것은 아니다. 정신장애의 진실은 병치竝置로 형성될 뿐이다. 한편에는 축적된 불확정 원인들이 있는데, 이것들의 층위, 순서, 성격은 이루 말할 수 없이 각양각색이고, 다른 한편에는 일련의 결과들이 있는데, 이것들의 공통된 특성은 오로지 이성의 부재 또는 이성의 미미한 작동, 사물의 현실성과 관념의 진실에 대한 이성의 접근 불가능성을 드러낸다는 것이다.

정신장애는 이성의 결여27에 대한, 이를테면 구체적 측면은 인식할 수 있지만 실증적 측면은 지정할 수는 없는 현존으로서의 비이성에 대한

20 *Bartholin. 덴마크의 해부학자, 수학자(1616~1680). 영국 의사 윌리엄 하비의 혈액순환 이론을 지지했다. 바르톨린 선(腺)을 발견했다.
21 *amentia morosis. 어리석음(멍청함)-정신장애의 뜻.
22 *amentia ab ictu. 타격에 의한 정신장애.
23 *amentia rachialgica. 등뼈의 통증에 의한 정신장애.
24 *열대열(熱帶熱). 4일마다 열이 나는 병.
25 *amentia a quartana. 사일열에서 온 정신장애.
26 *amentia calculosa. 결석(結石)이 많은 정신장애.
27 *déraison. 비이성으로 번역했으나, 여기에서만은 '이성의 결여'라 했다.

가장 일반적이고 동시에 가장 부정적인 형태의 경험이다. 언제나 스스로에게서 벗어나는 이 현존을 뒤푸르는 《인간 오성론》에서 가장 엄밀하게 파악하려고 시도한다. 그는 정신장애에 관해 원용될 수 있었던 부분적 결정론들을 끌어들임으로써, 보네가 내세우고자 한 신경섬유의 경직, 대뇌의 메마름, 힐다누스가 가리킨 뇌의 물렁물렁함과 장액성^{漿液}^性, 사리풀이나 흰독말풀 또는 아편이나 사프란 가루의 복용^{復用} (레, **28** 보탱, 바레르의 관찰), 종양이나 뇌의 벌레, 두개골의 기형^{畸形} 등 있을 수 있는 원인들의 다수성을 강조한다. 그만큼 많은 실증적 원인이 제시되지만, 이것들은 오로지 동일한 부정적 결과, 이를테면 외부 세계와 진실에 대한 정신의 단절로만 귀착할 뿐이다.

"정신장애에 걸린 이들은 모든 사물에 대해 아주 부주의하고 무관심하며, 노래하고 웃고 선과 악을 구별 없이 업신여길 뿐만 아니라, 굶주림, 추위, 목마름 … 등을 분명히 느끼지만, 이것들로 인해 결코 고통받지는 않으며, 대상이 감각에 남기는 인상도 느끼지만, 그러한 인상에 전혀 관심을 기울이지 않는 것으로 보인다."**29**

이처럼 자연의 단편적 실증성과 비이성의 일반적 부정성은 서로 중첩되지만, 이 양자^{兩者} 사이에 실질적 통일성이 있는 것은 아니다. 정신장애는 광기의 형태로서, 오직 외부로부터만, 즉 접근 불가능한 부재 속으로 이성이 사라지는 한계로부터만 체험되고 사유되며, 이 선험적 개념은 서술의 일관성에도 불구하고 통합력을 갖지 못할 뿐만 아니라, 자연의 존재와 비이성의 비존재는 거기에서 통일성을 발견하지 못한다.

---

28 *Jean Rey. 라부아지에 이전에 물질의 보존 원리를 표명한 프랑스의 화학자, 의사 (1583~1645) 가 아닐까 한다.

29 Dufour, *loc. cit.*, pp. 358~359.

그렇지만 정신장애라는 선험적 개념은 완전한 무관심 속으로 사라지지 않는다. 그것은 사실 두 계열의 인접개념들에 의해 한정되는데, 그 중의 하나는 아주 먼 옛날부터의 것이고, 다른 하나는 반대로 고전주의 시대에 분리되어 정의되기 시작한다.

정신장애와 광란의 구별은 전통적이다. 정신장애는 무열성無熱性 질환인 반면에, 광란은 언제나 열을 수반하므로, 징후의 차원에서 확정하기가 쉬운 구별. 광란을 특징짓는 열은 광란의 가까운 원인과 본질을 지정할 수 있게 해준다. 즉, 광란은 발화發火, 몸의 지나친 열기, 머리의 고통스러운 발열發熱, 몸짓과 발언의 격렬함, 전신全身의 일반적 흥분이다. 18세기 말에 컬렌이 광란을 특징짓는 것도 역시 이러한 질적 일관성에 의해서이다. "광란의 가장 확실한 징후는 급성의 열, 격렬한 두통, 머리와 동공瞳孔의 충혈과 팽창, 고질적 불면不眠이고, 환자는 빛의 작용뿐만 아니라 사소한 소음騷音도 견디지 못하며, 성마르고 격앙된 동작에 몸을 맡긴다."[30]

광란의 먼 원인으로 말하자면, 그것은 수많은 논의를 낳았다. 그러나 모두 열의 주제로 수렴된다. 두 가지 주요한 문제는 광란이 대뇌 자체에서 생겨날 수 있는가, 아니면 대뇌로 전달된 특성일 뿐인가, 그리고 광란이 오히려 피의 지나친 흐름 때문에 유발되는가, 아니면 피의 정체停滯 때문에 유발되는가를 아는 것이다.

라 메나르디에르[31]와 뒹캉 사이의 논쟁에서 전자는 대뇌가 체액과 장

30 Cullen, *loc. cit.*, p. 143.

31 *La Mesnardière. 프랑스 의사, 작가(1610~1663). *Traité de la mélancolie* (1635), *Raisonnement sur la nature des esprits qui servent au sentiments* (1638)을 썼다.

액으로 온통 젖어 있는 축축하고 차가운 기관이므로 대뇌가 불 붙는다는 것은 생각할 수도 없을 것이라는 점을 강조한다. "그러한 발화發火는 강에서 자연적으로 불이 나는 것만큼이나 불가능하다."

됭캉의 옹호자도 대뇌의 첫 번째 특성이 불의 특성과 정반대라는 것을 부인하지는 않지만, 대뇌의 실체적 본질과 대립되는 국지적 자질資質이 있다는 것이다. "대뇌는 내장內臟 위에 놓여 있으므로, 음식과 몸 전체의 발산물을 쉽게 받아들이고," 게다가 "대뇌를 에워싸고 대뇌의 물질 속으로 쉽게 흘러들 수 있는 무한히 많은 정맥과 동맥"이 가로지르고 있으며, 더구나 대뇌를 특징짓는 그 물렁물렁함과 차가움으로 말미암아 외부의 영향, 심지어 대뇌의 근본적 본질과 가장 모순되는 영향까지도 대뇌로 쉽게 들어올 수 있게 된다. 따뜻한 물질은 차가움에 저항하는 반면에, 차가운 물질은 다시 데워질 수 있고, 따라서 대뇌는 "물렁물렁하고 축축하기 때문에 다른 특성들의 과잉에 저항할 역량이 거의 없다."[32] 그래서 특성들의 대립은 특성들의 대체에 대한 근거가 된다.

그러나 점점 더 자주 대뇌는 광란의 기본적 중추로 여겨지게 된다. 펨의 학위논문은 언급할 만한 예외로 생각해야 하는데, 그의 견해에 따르면 광란은 너무 많은 것이 들어찬 내장의 체증滯症, 그리고 "내장의 혼란이 신경을 통해 대뇌로 전달되는" 과정에서 기인한다.[33] 18세기의 저자들 대다수에 의하면, 광란의 중추와 원인은 열의 중추들 가운데 하나가 된 대뇌 자체에 있다. 가령 제임스의 《사전》은 광란의 원인을 정확히 '대뇌의 막'에서 찾고,[34] 컬렌은 목 부위의 물질도 인화引火될 수

---

32 *Apologie pour Monsieur Duncan*, pp. 113~115.

33 Fem, *De la nature et du siège de la phrénésie et de la paraphrénésie*. 슈로더 씨의 주재 (主宰) 아래 괴팅겐에서 심사된 학위논문. *Gazette salutaire*, 27 mars 1766, n° 13 에 실린 서평.

34 James, *Dictionnaire de médecine*, traduction française, t. V, p. 547.

있다고 생각한다. 그에 의하면 광란은 "드러나지 않은 부위들의 발화이고, 대뇌의 막이나 아니면 대뇌의 물질 자체에 해를 끼칠 수 있다. "[35]

이 과도한 열은 동작의 병리학에서 쉽게 이해된다. 그러나 물리적 유형의 열과 화학적 유형의 열이 있다. 전자는 너무 많고 너무 빈번하며 너무 격하게 되는 동작의 과잉에서 기인하는 것으로서, 끊임없이 서로 마찰되는 부위들의 화끈거림을 유발한다.

"광란의 먼 원인은 대뇌의 막이나 물질을 직접 자극하는 모든 것, 그리고 특히 작열하는 태양에 노출된 맨머리, 마음의 정념, 몇몇 독약처럼 대뇌의 맥관脈管에서 혈액의 흐름을 더 급속하게 하는 것이다. "[36]

그러나 화학적 유형의 열은 이와 반대로 정체停滯에 의해 유발된다. 즉, 축적된 물질들이 몰리면서 느리게 흐르고 뒤이어 발효하게 되며, 그리하여 일종의 비등沸騰상태로 접어들고는 제자리에서 움직이지 않고 많은 열을 발산한다. "그러므로 광란은 대뇌의 막에 분포되어 있는 소동맥에서 너무 심한 울혈鬱血이 일어나고 혈액의 흐름이 막힘으로써 염증이 초래되는 급성 발열이다. "[37]

정신장애의 선험적 개념은 여전히 추상적이고 부정적인 반면에, 광란의 선험적 개념은 구체적인 질적 주제들을 중심으로 조직되면서, 광란의 기원, 원인, 중추, 징후, 결과를 열기의 상상적 일관성, 거의 확연한 논리 속으로 통합한다. 발화의 동태학動態學은 광란에 관한 조리 있는 설명의 방식이 되고, 신경섬유에서의 발화이건 맥관 안에서의 비등이건, 타오름이건 부글거림이건 상관없이, 광란에는 비정상적인 불이 깃든다. 이처럼 논의들은 모두 통합력을 지닌 동일한 주제, 곧 육체

35 Cullen, *loc. cit.*, p. 142.
36 Id., *ibid.*, p. 145.
37 James, *loc. cit.*, p. 547.

와 영혼의 격렬한 불길로서의 비이성을 중심으로 이루어진다.

정신장애와 연관되는 두 번째 계열의 개념들은 '어리석음', '저능低能', '백치', '우둔愚鈍' 등이다. 일상적으로 정신장애와 저능은 동의어로 취급된다. 38 '모로시스'라는 명칭으로 윌리스는 태어나서 몇 달 되지 않은 어린아이들에게서 알아볼 수 있는 어리석음뿐만 아니라 후천적 정신장애도 의미한다. 이 두 가지 경우 모두에서 문제되는 것은 기억력, 상상력, 판단력과 동시적으로 관련되는 손상이다. 39 그렇지만 점차로 나이의 구별이 확립되어 가다가 18세기에 확고해진다.

"정신장애는 건전한 판단 및 추론 불능의 한 종류이고, 어느 시기에 나타나느냐에 따라 여러 가지 명칭을 갖는데, 유년기에는 통상적으로 '지능결함', '우둔'으로 지칭되고, 철들 나이에 확대되거나 굳어질 때에는 '저능'으로 불리며, 노년기에 발생할 때에는 '노망老妄'이나 '망령든 상태'라는 명칭이 붙는다."40

이러한 구분은 단순히 나이에 따른 것일 뿐, 별다른 의미가 없다. 왜냐하면 문제되는 질병의 증후나 본질은 발병의 나이에 따라 달라지지 않기 때문이다. 기껏해야 "정신장애의 상태에 처한 사람들은 때때로 이전 지식의 효력을 약간씩 내보이는데, 멍청이라면 이럴 수 없다"41고 언

38 예컨대 "나는 다르델이라는 자가 처해 있는 저능과 정신장애의 상태에 관해 당신이 영광스럽게도 나에게 말한 바를 오를레앙 공 각하에게 설명했습니다." 바스티유 고문서 (Arsenal 10808, f° 137) 참조.

39 Willis, *loc. cit.*, II, p. 265.

40 Dufour, *loc. cit.*, p. 357.

41 Id., *ibid.*, p. 359.

급될 따름이다.

서서히 정신장애와 무감각 상태42 사이의 차이가 벌어진다. 시기별 구별일 뿐만 아니라 작용세계에서의 대립이 문제된다. 무감각 상태는 감각의 영역에 작용한다. 얼간이는 빛과 소리에 민감하지 않고 정신장 애자는 빛과 소리에 무관심하며, 전자는 받아들이지 않고 후자는 자신에게 주어지는 것을 무시한다. 전자의 경우에는 외부세계의 현실성이 거부되고, 후자의 경우에는 외부세계의 진실이 중요하지 않다. 소바주가 《질병 분류학》에서 거의 그대로 답습하는 것은 바로 이러한 구분인데, 그의 견해에 따르면 "정신장애에 걸린 사람들은 얼간이와는 달리 대상의 인상을 완벽하게 느낀다는 점에서", 정신장애는 "무감각 상태와 다르지만, 그들은 대상에 관심을 기울이지 않고 대상에 관해 염려하지 않으며 완전히 무관심하게 대상을 바라볼 뿐만 아니라 대상으로 인해 초래될 여파餘波를 무시하며 대상에 대해 신경을 쓰지 않는다."43 그러나 무감각 상태와 선천적 감각장애 사이에는 무슨 차이가 있을까? 정신장애를 판단력의 장애로, 그리고 무감각 상태를 감각작용의 결함으로 취급한다면, 맹인이나 농아聾啞를 얼간이와 혼동할 위험이 있지 않을까?44

이 문제는 1762년 《의학신보》에 실린 한 논문에서 강아지를 대상으로 한 동물관찰에서 되풀이된다.

---

42 *stupeur. 감성과 지성의 약화.

43 Sauvages, *loc. cit.*, VII, pp. 334~335.

44 일상의 실제에서는 오랫동안 저능이 광기와 감각 장애의 혼합으로 여겨질 것이다. 1779년 4월 11일자의 한 명령에 의거하여 살페트리에르의 수녀원장은 "마리 피셰가 정신장애 상태의 농아로 태어났다고 확인하는" 의사와 외과의에 의해 서명된 보고서에 따라 예의 마리 피셰를 받아들이게 된다(B. N. coll. "Joly de Fleury," ms. 1235, f° 89).

"모든 이가 말할 터이지만, 이 강아지는 태어나면서부터 이건 출생 직후에 일어난 사고 때문이건, 눈이 멀고 귀가 들리지 않으며 냄새를 맡지 못해서, 거의 식물의 삶만을 영위할 뿐이므로, 나는 이 강아지를 거의 식물과 동물 사이의 중간에 놓여 있는 것으로 여긴다."

여기에서 문제되는 것은 본래의 의미에서 이성을 갖추지 못하게 되어 있는 존재의 정신장애가 아닐 것이다. 그러나 실질적으로 감각의 장애가 문제일까? "이 강아지는 몹시 예쁘고 빛에 민감한 듯이 보이는 눈이 있지만, 가구에 부딪히면서 걸어가고 심지어 가구에 신경을 쓰지도 않을뿐더러, 호각소리 같은 날카로운 소리를 듣고 불안과 두려움을 느끼지만, 이 강아지에게 결코 이름을 알아듣게 할 수는 없으므로", 대답은 결코 쉽지 않다. 그러므로 훼손되어 있는 것은 시각이나 청각이 아니라, 색깔을 대상으로, 소리를 이름으로 만들면서 감각을 인식으로 조직하는 그러한 기관이나 능력이다.

"모든 감각의 이러한 일반적 결함은 결코 외부의 감각기관에서가 아니라, 현대의 의사들이 '공통감각 중추'라고 부르고 과거의 의사들은 감각이 전달하는 이미지들을 받아들이고 대조하도록 정해진 감각 근원이라고 불렀던 내부기관에서 생기는 것으로 보이는데, 그 결과로 이 동물은 결코 어떤 지각을 형성할 수 없었기 때문에, 보지 못하고 보며, 듣지 못하고 듣는다."[45]

영혼 속에 있거나 감각에 가장 가까운 정신의 활동에 속하는 것은 저능의 영향을 받아 마비되는 것 같은 반면에, 정신장애로 인해 혼란되는 것은 이성에서 찾아볼 수 있는 가장 자유로운 것, 감각으로부터 가장 멀리 떨어져 있는 것의 작용이다.

---

[45] 《의학 신보》, t. III, n° 12, 1762년 2월 10일 수요일, pp. 89~92에 실린 무명씨(無名氏)의 논문.

그리고 18세기 말에 이르면, 더 이상 저능과 정신장애의 대립이 시기
상조時機尚早라는 점 때문이 아니라, 심지어는 훼손된 능력 때문이 아니
라, 저능과 정신장애에 속하게 되고 저능과 정신장애의 발현현상들 전
체를 은밀하게 요구하게 될 고유한 특성 때문에 저능과 정신장애가 구
별되기에 이른다. 피넬에 의하면 저능과 정신장애의 차이는 요컨대 정
체停滯와 움직임의 차이이다. 백치의 경우에 "오성悟性의 모든 기능과
심적 감정"은 마비되거나 무기력 상태로 떨어지고, 그의 정신은 일종의
혼미昏迷상태에서 벗어나지 못한다.

이와 반대로 정신장애에서는 정신의 핵심적 기능이 사유활동으로 이
어지긴 하지만, 사유는 헛되이, 따라서 극단적인 다변多辯 속에서 이루
어진다. 정신장애는 정합성整合性도 일관성도 없이 작동하는 정신의 순
수한 움직임, 기억 속에 보전되지 못하고 영속적으로 빠르게 지나가는
생각들의 경과經過, 즉 "따로 떨어진 관념들과 행동들, 가볍거나 지리멸
렬한 감정들이 이전의 상태에 대한 망각忘却에 힘입어 빠르게, 더 정확
히 말해서 번갈아 연속되는 과정"**46** 같은 것이다.

이러한 이미지들 안에서 무감각 상태와 저능의 개념은 고정되기에
이를 뿐만 아니라, 이 여파로 서서히 부정성에서 빠져나오고 시간과 움
직임에 대한 어떤 직관 속에서 파악되기 시작하는 정신장애의 개념도
거기에서 고정되어버린다.

그러나 특성의 주제를 중심으로 조직되고 광란과 저능에 인접하는
이 계열들을 제쳐놓는다면, 정신장애의 개념은 비이성이라는 일반적인
관념에 아주 가깝고 광기의 구체적 형상들이 생겨나는 실제의 중심에서
아주 멀리 떨어진 채 여전히 경험의 표면에 머물러 있다고 말할 수 있
다. 정신장애는 정신이상의 의학적 개념들 중에서 가장 단순한 것, 이

---

46 Pinel, *Nosographie philosophique*, éd. de 1818, t. III, p. 130.

를테면 신화, 도덕적 가치평가, 상상적 꿈으로 가장 덜 빠져드는 것이다. 그래도 역시 정신장애의 개념은 그런 식으로 사로잡힐 모든 위험에서 벗어남에 따라 가장 은밀하게 일관성 없는 것이며, 이 개념 속에서 본성과 비이성은 조광증과 우울증이라는 선험적 개념이 활기를 띠는 상상계의 심층에서 구성되기에 이르지 못하고 여전히 추상적 일반성의 표면에 머물러 있을 뿐이다.

2. 조광증과 우울증

16세기에 우울증의 개념은 증후에 의한 어떤 규정과 이 규정을 가리키는 용어 자체에 감추어진 설명의 원리 사이에서 어정쩡하게 이해되었다. 개인이 자기 자신에 대해 형성하여 품을 수 있는 모든 망상은 증후 쪽에서 발견된다.

"그들 중에서 어떤 사람들은 스스로 짐승이라고 생각하고는 짐승의 목소리를 내고 짐승의 몸짓을 한다. 또 어떤 사람들은 스스로 유리그릇이라고 생각하고, 그래서 행인行人들 앞에서 혹시 부딪쳐 부서지지나 않을까 염려하여 몸을 사리며, 나머지 사람들은 죽음을 두려워하면서도 대개의 경우 스스로 목숨을 끊는다. 그들은 자신이 범죄로 처벌받아 마땅하다고 상상하는데, 누군가 다가오면, 그에게 덜미를 잡혀 감옥에 갇히고 재판에 따라 죽게 되리라고 생각하고 두려움에 떤다."[47]

여전히 고립되어 있고 이성의 전체를 위태롭게 하지 않는 정신착란의 주제들. 사이든햄은 우울증 환자들이 "우울증만 아니라면 매우 현명하고 아주 분별 있을 뿐만 아니라 특별한 혜안慧眼과 통찰력을 지니고

---

[47] J. Weyer, *De praestigiis daemonum*, traduction française, p. 222.

있는 사람"이라는 점을 주지周知시키게 된다. "아리스토텔레스 또한 우울증 환자들이 다른 사람들보다 더 재기 발랄하다고 올바르게 지적했다."48

그런데 그토록 명확하고 그토록 일관성 있는 증후들 전체는 인과적 체계를 온전히 함축하는 용어, 곧 우울증이라는 용어로 지칭된다.

"우울증 환자들의 생각, 말, 직관, 행동을 자세히 살펴 보라. 그러면 그들의 대뇌에 퍼진 흑담즙黑膽汁 때문에 그들의 모든 감각이 얼마나 비정상적이게 되었는가를 알게 될 것이다."49

부분적 정신착란과 검은 담즙의 작용은 우울증의 선험적 개념 속에 병치되어 있는데, 당장은 징후들 전체와 의미심장한 명칭名稱 사이의 통일성 없는 마주침 이외의 다른 관계는 없다. 그런데 18세기에 이르면, 이 체액의 차갑고 검은 특성은 정신착란의 주요한 색조色調, 조광증躁狂症, 정신장애, 광란과 마주하여 정신착란이 갖는 고유한 가치, 정신착란의 일관성을 유지시키는 핵심적 원리가 되고, 이런 상황에서 통일성이 발견되기에 이른다. 더 정확히 말하자면 교환이 실현된다.

그리고 부라브는 여전히 우울증을 다만 "환자가 언제나 단 하나의 생각에만 몰두하는 길고 끈질기며 열이 없는 정신착란"50으로 규정할 뿐인 반면에, 몇 년 후에 뒤푸르는 우울증에 대한 정의의 무게를 온통 '두려움과 슬픔'에 두는데, 이것들은 이제 정신착란의 부분적 성격을 설명하는 수단이 된다.

"그래서 우울증 환자들은 고독을 좋아하고, 다른 사람과 사귀려 들지 않으며, 평소에는 무심하게 보이지만, 그들에게 정신착란을 불러일으

48 Sydenham, "Dissertation sur l'affection hystérique." In *Médecine pratique*, trad. Jault, p. 399.

49 Weyer, *loc. cit.*, *ibid.*

50 Boerhaave, *Aphorismes*, 1089.

킨 대상, 또는 어떤 정념이건 그들을 지배하는 정념에 더 집착하게 된다."[51]

개념의 결정은 관찰에서의 새로운 엄밀성에 의해서나 원인의 영역에서 새로 발견된 사실에 의해서가 아니라, 명칭에 함축된 원인에서 결과를 통해 도달할 수 있는 의미심장한 인식으로 이르는 특성의 전달에 의해 이루어진다.

오랫동안, 말하자면 17세기 초까지, 우울증에 관한 논쟁은 4가지 체액과 이것들의 본질적 특성, 즉 유일하게 원인으로 간주될 수 있는 물질에만 속하는 안정된 특성의 전통을 중심으로 이루어졌다. 페르넬[52]에 의하면, 대지 및 가을과 연관성이 있는 흑담즙질 체액은 "높은 점도粘度와 차갑고 마른 성질을 띠는"[53] 즙이다. 그러나 17세기의 전반기에는 우울증의 기원에 관한 논의 전체가 체계적으로 행해진다.[54] 우울증에 걸리는 체질은 반드시 흑담즙질이어야 하는 것일까? 흑담즙질 체액은 언제나 차갑고 건조하다고 하는데, 그것이 뜨겁거나 축축하게 되는 일은 결코 일어나지 않는 것일까? 그것은 오히려 작용물질 또는 번지는 특성을 갖는 것이 아닐까? 그 긴 논쟁을 통해 얻어진 것을 다음과 같이 요약할 수 있다.

(1) 물질들의 인과관계는 점점 더 빈번히 특성의 흐름으로 대체되는데, 특성은 어떤 매체媒體도 없이 육체에서 영혼으로, 체액에서 관념으로, 기관에서 행동으로 직접 전달된다. 그래서 뒹캉의 옹호자에게 흑

---

51 Dufour, *loc. cit.*
52 *Fernel. 프랑스의 천문학자, 수학자, 의사인 Jean Fernel (1497~1558)로 추정된다.
53 Fernel, *Physiologia*, in *Universa medica*, 1607, p. 121.
54 이러한 논쟁의 동기는 마귀들린 사람을 우울증 환자와 동일시할 수 있는가 하는 문제였다. 프랑스에서는 뒹캉과 라 메나르디에르가 이러한 논쟁의 중심인물이었다.

담즙이 우울증을 유발한다는 가장 분명한 증거의 구실을 하는 것은 흑담즙에서 우울증의 특성 자체가 발견된다는 점이다.

"흑담즙은 차가움으로 인해 정기精氣의 양을 감소시키고, 건조함으로 인해 정기로 하여금 강하고 끈질긴 상상작용을 오랫동안 계속할 수 있게 만들며, 검은 색깔로 인해 정기를 탁하게 하고 정기의 자연적 정묘함을 없애므로, 불타는 분노보다는 오히려 우울증을 일으키는 데 필요한 조건을 지니고 있다."[55]

(2) 이러한 특성의 역학 외에도 각 특성에 들어있는 힘을 분석하는 동태학이 있다. 따라서 차가움과 건조함은 체질과 충돌할 수 있는데, 우울증의 징후는 이러한 대립에서 곧장 생겨나게 되고, 저항하는 힘들을 모두 이끄는 우세한 힘, 즉 대립이 있기 때문에 그만큼 더 심하다. 그래서 본성상 좀처럼 우울증에 걸리지 않게 되어 있는 여자일지라도 그만큼 더 심각한 우울증에 빠져든다.

"검은 담즙은 여성의 체질과 더 대립적이어서 여성을 자연적 체질로부터 더욱 더 멀어지게 만들기 때문에, 여성은 더 혹독하고 더 격렬한 우울증을 앓는 법이다."[56]

(3) 그러나 한 특성 안에서조차 때때로 충돌이 발생하기에 이른다. 특성은 전개 및 변전變轉과정에서 예전과 정반대되는 것으로 변질될 수 있다. 가령 "내장이 뜨거워질 때, 몸 안에서 모든 것이 구워질 때 … 모든 체액이 끓어오를 때", 이러한 작열灼熱현상은 완전히 진정되면서 또다시 차가운 흑담즙으로 귀착할 수 있고, 이 과정에서 "횃불을 뒤집어 놓을 때 넘쳐흐르는 밀랍으로 말미암아 일어나는 현상과 거의 동일한 현상을 초래한다. … 이처럼 몸이 다시 차가워지는 현상은 과도한 열기

55 *Apologie pour Monsieur Duncan*, p. 63.
56 *Apologie pour Monsieur Duncan*, pp. 93~94.

가 효력을 잃은 뒤에 나타나는 통상적 결과이다."[57] 여기에는 특성의 변증법이라고 할 만한 것이 있는데, 특성은 물질에 의한 모든 속박束縛, 본래의 모든 지정指定에서 자유롭게 되어 전도顚倒와 모순을 거쳐간다.

(4) 마지막으로 특성은 삶의 사건, 상황, 조건에 의해 변모될 수 있고, 그래서 건조하고 차가운 존재는 생활방식 때문에 뜨겁고 축축한 성향으로 기울어질 경우 뜨겁고 축축해질 수 있는데, 이와 같은 현상은 흔히 여자들에게서 나타난다. 즉 여자들은 "한가하게 살아가고 (남자들보다) 땀을 덜 흘리며, 열기, 정기, 습기가 몸 안에 머물러 있다."[58]

특성은 물질적 매체에 갇혀 있다가 이런 식으로 풀려나 우울증 개념에서 조직하고 통합하는 역할을 맡을 수 있게 된다. 한편으로 특성은 병의 증후와 병의 발현發現 사이에서 슬픔, 우울, 굼뜸, 부동不動상태의 어떤 윤곽을 뚜렷하게 드러내게 된다. 다른 한편으로 특성은 체액의 생리학이 아니라 관념, 두려움, 공포의 병리학이게 될 원인매체를 점점 뚜렷이 보여주게 된다. 질병의 통일성은 관찰된 징후로부터도, 추정된 원인으로부터도 '규정'되지 않고, 이 양자兩者의 중간에서, 그리고 이 양자를 넘어 전달, 전개, 변형의 법칙을 갖는 어떤 질적 일관성으로 '인식'된다. 우울증이라는 선험적 개념의 변전을 정리하는 것은 의학이론이 아니라 바로 이러한 특성의 내밀한 논리이다. 이것은 윌리스의 글들에서 명백하게 드러난다.

거기에서 분석의 일관성은 언뜻 보기에 사변적 성찰의 차원에서 확보된다. 윌리스에게서 설명은 전적으로 동물 정기精氣와 이것의 기계적 속성에서 빌려온 것이다. 우울증은 "두려움과 슬픔을 수반하지만 열도

---

57 La Mesnardière, *Traité de la mélancolie*, 1635, p. 10.
58 *Apologie pour Monsieur Duncan*, pp. 85~86.

격한 감정의 폭발도 일어나지 않는 광기"이다. 우울증이 정신착란, 다시 말해서 진실과의 본질적 단절임에 따라, 우울증의 기원은 정기의 무질서한 움직임과 대뇌의 결함상태에 있지만, 우울증 환자를 '서글프고 소심하게' 만드는 그 두려움, 그 불안을 이러한 움직임만으로 설명할 수 있을까? 두려움의 역학과 슬픔에 고유한 정기의 순환이 있을 수 있을까? 이것은 데카르트에게는 명증한 사실이지만, 윌리스에 와서는 이미 확실한 사실로 인정되지 않는다.

우울증은 마비, 졸중卒中, 현기증 또는 경련으로 취급될 수 없다. 사실상, 우울증으로 인한 정신착란이 정기의 움직임에서 동일한 무질서를 전제로 할지라도, 우울증을 단순한 정신장애로 분석할 수는 없고, 역학의 장애는 정신착란, 즉 모든 광기, 정신장애, 또는 우울증에 공통된 그 착오錯誤를 잘 설명해주지만, 정신착란에 고유한 특성, 특이한 정경情景을 빚어내는 슬픔과 두려움의 색조를 설명하지는 못한다. 그런 만큼 질병 체질의 비밀을 살펴보아야 한다. **59** 결국 정기의 역설적 움직임을 설명해주는 것은 정묘한 대뇌물질의 입자粒子 자체에 감추어진 본질적 특성이다.

우울증에서 정기精氣는 동요에 휩싸이나, 이 동요는 약하고 위력도 격렬함도 없는 것이다. 즉, 이미 지나온 궤적도, 열린 경로('아페르타 오페르쿨라')**60**도 따르지 않는 대신에, 끊임없이 새로운 미세공微細孔을 뚫으면서 대뇌물질로 퍼져가는 일종의 무력한 혼란이지만, 정기는 본래의 경로에서 아주 멀리 벗어나지 않고, 정기의 동요는 매우 일찍 약해지며, 정기의 힘은 고갈되고, 움직임은 정지된다. 즉, "멀리까지 닿지 않는다."**61**

---

59 Willis, *Opera*, II, pp. 238~239.
60 *aperta opercula. 문자 그대로는 '열린 뚜껑이나 덮개'의 의미이다.

그리하여 모든 정신착란에 공통된 이러한 장애는 몸의 표층表層에서 그 격렬한 움직임도, 조광증과 광란에서 관찰되는 그 외침도 불러일으키지 않고, 우울증은 결코 광포함으로 이르지 않는다. 우울증은 무력無力의 한계에 이른 광기이다. 이러한 역설은 정기의 내밀한 변질에서 기인한다. 일반적으로 정기는 광선光線처럼 거의 즉각적 민첩성과 절대적 투명성을 지니고 있지만, 우울증에서는 어둠으로 가득차고, "흐리고 불투명하며 어둡게" 되며, 정기에 의해 대뇌와 정신으로 전달되는 사물들의 이미지는 "어두움과 암흑으로"62 가려진다.

요컨대 정기는 무거워지고 순수한 빛보다는 오히려 혼탁한 화학적 독기毒氣에 더 가깝다. 유황硫黃이나 알코올의 성질보다는 오히려 산성酸性을 띨 화학적 독기 그것이다. 실제로 산성의 독기에서 입자들은 불안정하고 심지어 가만히 있지 못하지만, 입자들의 활동은 효력이 없을 정도로 약하며, 산성의 독기를 증류할 때 증류기 안에 남는 것은 무미無味의 점액일 뿐이다. 둘 다 격렬하고 지속적인 움직임으로 요동치므로, 언제라도 불타오르게 되어 있는 알코올성性 독기는 더 한층 광란을 연상시키고 유황성性 독기는 조광증을 떠올리게 하는 데 비해, 산성의 독기는 우울증의 속성 자체를 갖지 않을까? 따라서 만일 우울증의 "명백한 근거와 원인"을 찾아야 한다면, 이는 혈액에서 대뇌 속으로 올라오고 이미 부식성腐蝕性의 산성으로 변해 있을 독기 쪽에서일 것이다. 63

겉보기에 윌리스의 분석은 오직 정기의 우울증, 체액의 화학에 의해서만 방향지어질 뿐인 듯하지만, 사실 분석의 길잡이는 무엇보다도 우울증이라는 병의 직접적 특성, 즉 효력 없는 무질서, 다음으로 정신에

61 Id., *ibid.*, II, p. 242. 〔라틴어 원문: non longe perveniunt.〕
62 Willis, *Opera*, II, p. 242.
63 Id., *ibid.*, II, p. 240.

드리워지는 그 암영暗影, 또한 감성과 생각을 상하게 하는 그 심한 산성에 의해 주어진다. 산酸의 화학은 증후에 대한 설명이 아니라 특성의 선택이다. 즉, 우울한 경험의 현상학이다.

약 70년 후에 동물 정기는 과학상의 위세를 상실했다. 사람들이 질병의 비밀을 찾게 되는 것은 몸의 액체 및 고체 요소에서이다. 영국에서 제임스에 의해 간행된 《보편 의학사전》은 조광증 항목에서 이 질병과 우울증의 비교 병인론病因論을 제시하고 있다.

"이러한 종류의 모든 질병이 발생하는 중추는 대뇌임이 분명하다. … 창조주는 비록 이해할 수 없는 방식으로지만 영혼, 정신, 천재성, 상상력, 기억력, 그리고 모든 감각작용의 소재지를 대뇌로 결정했다. … 혈액과 체액이 질과 양의 측면에서 결함을 드러내면서 더 이상 한결같고 온건한 방식으로 대뇌에 전달되지 않고 대뇌에서 격렬하고 맹렬하게 순환하거나 느리게나 힘들게 또는 힘없이 흐른다면, 대뇌의 모든 중요한 기능은 변하고 악화되며 저하되다가 급기야는 완전히 중지될 것이다."[64]

이 쇠약한 흐름, 이처럼 막힌 맥관, 심장이 인체의 각 부위로 나누어 보내기 힘든 혈액, 즉 사유의 움직임을 유지하기 위해서는 혈액순환이 아주 빨라야 하는 대뇌의 미세한 소동맥小動脈으로 흘러들기 어려운, 이처럼 무겁고 너무 농도가 짙은 혈액, 우울증을 설명해주는 것은 바로 이 모든 해로운 순환장애이다. 둔함, 과중過重, 폐색閉塞은 여전히 분석의 방향을 결정하는 일차적 특성이다. 설명은 환자의 외관外觀, 행동, 발언에서 감지된 특성이 인체로 전이되는 현상으로 이루어진다. 특성의 단순파악에서 가정假定된 설명으로 나아가는 셈이지만, 변함 없이 위세를 떨치고 언제나 이론의 일관성보다 우위를 점하는 것은 바로 이

---

64 James, *Dictionnaire universel de médecine*, article Manie, t. Ⅵ, p. 1125.

러한 단순파악이다.

로리의 경우에 고체와 액체에 의한 두 가지 중요한 의학적 설명의 형식은 병치되어 있다가 결국 서로 나누어지고, 두 종류의 우울증을 구분하게 해준다. 고체에 원인이 있는 우울증은 신경성 우울증이다. 즉, 신경섬유는 유난히 강한 감각을 받아 뒤흔들리고, 그 여파로 다른 신경섬유들은 더 긴장되어 더욱 경직되고 동시에 더욱 심하게 진동할 수 있게 된다. 그러나 파문이 더 강하게 일어나더라도, 그때 다른 신경섬유들은 긴장이 지나치게 높아서 진동할 수 없게 되고, 이러한 경직상태로 인해 혈액의 흐름은 멈추고 동물 정기는 움직이지 않게 된다. 우울증이 자리 잡은 것이다.

다른 형태, 곧 "액체형태"에서 체액들은 흑담즙에 젖고 더 진하게 되며, 이러한 체액으로 가득한 혈액은 무거워지고 신경계의 주요 기관을 압박할 정도로 뇌막腦膜에 고이게 된다. 그때 신경섬유의 경직상태가 다시 나타나지만, 이 경우에는 다만 체액현상의 결과일 뿐이다. 로리는 두 가지 우울증을 구별하지만, 사실 그가 두 가지 설명체계 안에 연속적으로 포함시키는 것은 우울증의 실제적 통일성을 보장하는 일단의 동일한 특성들이다. 이론적 뼈대만이 이분화되었을 뿐 경험의 질적 바탕은 여전히 동일하다.

액체의 정체停滯에 의해, 동물 정기의 둔화鈍化와 동물 정기가 사물들의 이미지 위로 퍼뜨리는 황혼의 어두움에 의해, 맥관에서 가까스로 흐르는 혈액의 점착성粘着性에 의해, 거무스름하고 독을 함유하며 산성으로 변하는 독기의 농도濃度 상승에 의해, 느려지고 거의 정지하게 되는 장기臟器의 기능에 의해 형성된 상징적 통일성, 개념적이거나 이론적이라기보다는 오히려 감각적인 이 통일성은 우울증에 특유의 표징을 부여한다.

우울증의 징후 전체와 출현방식을 재조직하는 것은 바로 세밀한 관찰을 크게 넘어서는 이러한 작업이다. 우울증 환자의 주요한 증후로서 제시된 부분적 정신착란의 주제는 갈수록 사라지고, 그 대신에 들어서는 것은 슬픔, 쓰라림, 고독의 취향, 부동不動상태를 비롯한 질적 여건이다. 18세기 말에 사람들은 정신착란으로 이어지지는 않지만 무력감無力感, 절망, 일종의 침울한 혼미상태로 특징되는 광증을 쉽게 우울증으로 분류하게 된다.65 그리고 이미 제임스의 《사전》에서 정신착란의 관념을 내포하지 않는 졸중卒中 우울증이 문제되고 있는데, 이 질병에 걸린 환자들은 "침대에서 나오려 하지 않고 … 친구나 봉사원의 강요에 의해서만 일어나 걸을 뿐이며, 사람들을 피하지는 않지만 다른 사람이 하는 말에 전혀 관심을 기울이지 않는 듯하고 결코 대꾸를 하지도 않는다."66 이 증례에서는 부동상태와 침묵이 우위를 차지하고 우울증의 진단을 결정한다 해도, 쓰라림과 무력증 그리고 고립의 취향만이 관찰되는 환자들도 있는데, 그들의 동요를 근거로 하여 착각하거나 그들을 성급하게 조광증으로 판단해서는 안 된다. 이러한 환자들에게서 문제되는 것도 역시 우울증이다.

왜냐하면 "그들은 다른 사람들과 어울리는 것을 피하고 외딴 장소를 좋아하며 어디로 가는지 모르는 채 배회할 뿐만 아니라 피부색이 노리끼리하고 목말라 죽을 듯한 사람처럼 혀가 마르며 눈이 말라 있고 움푹 들어가 있으며 결코 눈물에 젖지 않을뿐더러 몸 전체가 수척하고 시들

---

65 "미친 듯이 사랑하는 어떤 아가씨의 부모에게서 거절당한 나머지 우울증에 빠진 병사가 있었다. 그는 몽상에 잠기곤 했으며 심한 두통과 머리 부위의 지속적인 무감각을 호소했다. 그는 육안으로 보기에도 부쩍 말라갔고 얼굴이 창백해졌으며 너무 약해서 자신도 모르게 배설물을 흘리곤 했다. … 이 환자가 확실한 대답을 전혀 하지 못했고 무엇에 홀려 있는 듯했지만 그에게서 어떠한 정신착란도 확인되지 않았다. 그는 먹으려고도 마시려고도 하지 않았다"(Observation de Musell. Gazette salutaire, 17 mars 1763).

66 James, Dictionnaire universel, t. IV, article Mélancolie, p. 1215.

시들하며 침울한 표정의 얼굴에 공포와 슬픔의 기색이 역력하기 때문이다. "**67**

고전주의 시대에 조광증蹂狂症과 조광증의 변화에 대한 분석도 동일한 일관성의 원칙에 따라 이루어진다.

윌리스는 조광증과 우울증을 조목조목 대조한다. 우울증 환자의 정신은 온통 깊은 생각에 빠져 있고, 그래서 상상력의 활동이 굼뜨고 정지되지만, 조광증 환자의 경우에는 이와 반대로 환상과 상상력이 맹렬한 생각의 영속적 흐름에 휩싸인다. 우울증 환자의 정신은 자기 자신에게만 어처구니없이 커다란 중요성을 띠는 하나의 대상에 고정되는 반면에, 조광증의 경우에는 개념과 관념이 변형되고, 이것들이 서로 일치하지 않게 되거나 이것들의 표상적 가치가 변질되거나 하며, 아무튼 진실과 사유의 전체적 관계가 훼손된다. 결국 우울증은 언제나 슬픔과 두려움을 수반하나, 조광증 환자의 경우에는 이와 반대로 대담성大膽性과 격분이 뒤따른다. 조광증이건 우울증이건 병의 원인은 언제나 동물 정기의 움직임에 있다. 그러나 조광증에서 이 움직임은 아주 특별하다. 즉, 연속적이고 격렬하며 언제나 대뇌물질에 새로운 미세공을 뚫을 수 있을 뿐만 아니라, 조광증이 드러내는 일관성 없는 생각, 급격한 몸짓, 부단한 말의 매체물질 같은 것을 형성한다. 이 해로운 운동성은 유황액으로 된 지옥의 강물, 이른바 "초석, 유리, 안티몬, 비소, 그리고 이와 유사한 것들에서 방울져 나온 스틱스 강물"**68**의 흐름이 아닌가. 거기에

67 Id. , *ibid.* , p. 1214.

68 *aquae stygiae, ex nitro, vitriolo, antimonio, arsenico, et similibus exstillatae.

서 입자들은 영속적으로 움직이고, 모든 물질에 새로운 미세공과 새로운 도관導管을 생겨나게 할 수 있으며, 충분한 힘을 지니고 있어서 정확히 몸의 모든 부위를 동요시킬 수 있는 조광증의 정기처럼 멀리 퍼져나간다.

지옥의 강물은 조광증의 구체적인 형태를 보여주는 모든 이미지를 불가해한 움직임 속으로 모아들인다. 그것은 조광증의 화학적 신화와 동시에 역동적 진실 같은 것을 서로 분리될 수 없을 정도로 긴밀하게 구성해낸다.

18세기에, 신경경로를 따라 흐르는 동물 정기의 이미지, 모든 역학적이고 형이상학적인 의미를 함축하고 있는 이 이미지는 신경, 도관導管, 그리고 생체의 신경섬유계 전체가 종속될 더 엄밀하게 물리적이면서도 상징으로서의 가치가 더 높은 긴장의 이미지로 빈번히 대체된다. 그래서 조광증은 극도極度에 이른 신경섬유의 긴장이고, 조광증 환자는 줄이 과도하게 팽팽해진 결과로 아무리 멀리 떨어지고 아무리 약한 자극에도 진동하기 시작할 일종의 현악기이다.

조광증적 정신착란은 감성의 연속적 진동振動에 있다. 이러한 이미지를 가로질러 우울증과의 차이가 구체적으로 밝혀지고 엄밀한 반대명제로 조직된다. 즉, 우울증 환자는 신경섬유가 느슨해져 있기 때문이거나 너무 커다란 긴장으로 인해 작동하지 않게 되었기 때문에(여기에서 어떻게 긴장현상의 역학이 조광증에 의한 동요만큼이나 우울증으로 인한 부동상태에 대한 설명의 수단일 수 있는가를 알아차릴 수 있다), 더 이상 외부세계와 공명共鳴할 수 없게 되고, 따라서 우울증 환자에게서는 몇몇 신경섬유만이 공명하는데, 이는 정확히 정신착란의 시점時點과 상응한다.

이와 반대로 조광증 환자는 모든 외력外力에 민감하게 반응하고, 정신착란이 보편적이며, 흥분상태가 우울증 환자의 경우처럼 부동상태의 두터움 속으로 사라지지 않을 뿐만 아니라, 마치 팽팽한 신경섬유에 보충 에너지가 축적되어 있기라도 한 듯이, 인체가 다시 흥분상태로 빠져들 때, 흥분의 강도가 매우 높아진다. 게다가 이로 인해 신경섬유 자체가 마비되는데, 이 마비현상은 우울증 환자의 잠들어 있는 감각능력이 아니라, 내부 진동으로 몹시 긴장된 감각능력에서 기인하는 것이고, 그래서 아마 "조광증 환자들은 차가움도 뜨거움도 두려워하지 않고 옷을 찢으며 한겨울에 벌거벗고 자도 감기에 걸리지 않는 듯하다." 그래서 또한 그들은 현실세계로부터 끊임없이 자극을 받는데도 불구하고 현실세계를 정신착란에 의해 빚어진 비현실적인 가공의 세계로 대체한다. "조광증의 핵심적 증후는 대상이 환자에게 실제의 모습대로 나타나지 않는다는 점에서 생겨난다."**69**

조광증 환자의 정신착란은 판단력의 특별한 결함에 의해 결정되는 것이 아니라, 감지될 수 있는 인상들이 대뇌로 전달되는 과정에서의 결함, 정보전달의 장애를 구성하는 것이다. 광기의 심리학에서 진실을 "생각과 사물의 부합"으로 간주하는 오래된 관념이 공명共鳴, 신경섬유를 울리게 하는 감각에 대한 신경섬유의 음악적 충실성이라는 일종의 은유로 옮겨간 셈이다.

이러한 조광증적 긴장의 주제는 고체固體의 의학 밖에서 더욱 더 질적 직관에 따라 전개된다. 조광증 환자의 경우 신경섬유의 경직성硬直性은 언제나 몸의 건조상태에 고유한 것이고, 조광증은 어김없이 체액의 고갈枯渴, 그리고 몸 전체의 일반적 메마름을 수반한다. 조광증의 본질은 사막과 같고 모래를 연상시킨다. 보네는 《세풀크레툼》에서 자신이 관찰할 수 있었던 조광증 환자들의 대뇌가 메마르고 딱딱하며 쉽게 부서지는 상태였다고 단언한다. **70** 나중에 알브레히트 폰 할러도 역시 조광

---

69 *Encyclopédie*, article Manie.
70 Bonnet, *Sepulchretum*, p. 205.

증 환자의 대뇌가 딱딱하고 건조하며 파삭파삭하다는 것을 발견하게 된 다.[71] 므뉘레는 너무 심한 체액 손실損失로 인해 맥관과 신경섬유가 말 라버림으로써 조광증 상태가 유발될 수 있다는 것을 보여주는 포레스티 에의 관찰을 환기시키는데, 포레스티에의 관찰대상은 "여름에 결혼했 다가 아내와의 지나친 방사房事 때문에 조광증 환자가 된" 젊은이였다.

다른 사람들이 상상하거나 추정하는 것, 그들이 준準인식을 통해 보 는 것을 뒤푸르는 확인했다. 그는 조광躁狂 상태에서 죽은 한 인물의 사 체를 부검剖檢하면서 뇌의 수질髓質을 일부분 적출摘出하여 '6 리뉴[72]의 정육면체'로 잘라냈는데, 보통 사람의 뇌에서 적출된 동일한 부피의 수 질은 무게가 3 j. g. V인 반면에, 이것의 무게는 3j. g. III 였다. "이 무게 차이는 처음 보기에 그다지 중요하지 않는 듯하지만, 만일 뇌의 총질량 이 보통 3파운드인 성인의 경우로 환산해볼 때, 광인과 광인이 아닌 사 람의 뇌 전체의 질량차가 적어도 약 7그로[73]에 이른다는 사실에 주목한 다면 그렇게 사소한 것이 아니다."[74] 조광증의 메마름과 가벼움은 천칭 天秤 위에서도 명백히 드러난다.

게다가 이러한 내부의 메마름과 이러한 열기는 조광증 환자가 아무 리 심한 추위도 쉽게 견딘다는 사실에 의해 입증되지 않는가? 조광증 환자가 눈 속에서 벌거벗고 산책하는 것을 목격했다거나,[75] 조광증 환 자를 수용시설에 집어넣을 때 따뜻하게 해줄 필요가 없다거나,[76] 심지

---

71 A. von Haller, *Elementa Physiologiae*, liv. XVII, section Ire § 17, t. V, Lausanne, 1763, pp. 571~574.

72 *옛 길이의 단위로서 12분의 1인치이다.

73 *옛 중량 단위로서 8분의 1온스이다.

74 Dufour, *loc. cit.*, pp. 370~371.

75 *Encyclopédie*, article Manie.

76 다캥(Daquin) (*loc. cit.*, pp. 67~68) 과 피넬에게서도 이와 같은 견해를 찾아볼 수 있다. 이러한 견해는 또한 수용 실천의 일부분을 이루고 있었다. 생-라자르의 등록부

어 한기寒氣로 조광증 환자를 치료할 수 있다는 것이 쉽게 들어볼 수 있는 일반 사람들의 생각이다. 반 헬몬트77 이래, 사람들은 조광증 환자를 차가운 물 속에 담그는 행위를 서슴지 않았다. 가령 므뉘레는 조광증에 걸린 사람을 잘 알고 있었는데, 그가 감옥에 갇혀 있다가 탈옥했을 때 "폭우 속에서 모자도 쓰지 않고 옷도 거의 걸치지 않은 상태로 몇십 리를 걸었고 이 덕분으로 건강을 완전히 회복했다"78고 단언한다. 한 조광증 환자를 가능한 한 높은 곳에서 얼음물 속으로 집어던짐으로써 치료한 몽쇼는 이러한 치료법의 그토록 긍정적인 결과를 당연한 것으로 생각하고, 이러한 결과를 설명하기 위해 17세기부터 뒤섞인 상태로 이어져 온 기관발열器官發熱의 모든 주제를 원용한다.

"피가 부글부글 끓고 담즙이 격하게 일렁이며 모든 체액이 들끓어 온 몸이 동요와 흥분에 휩싸일 때, 물과 얼음이 그토록 신속하고 그토록 완벽한 치료효과를 낸다는 것에 놀랄 이유가 있을까." 한기寒氣의 작용으로 "맥관脈管이 더욱 격하게 수축되었고, 맥관에 몰려든 체액이 빠져나갔으며, 맥관에 들어있던 체액의 극심한 열기에 의해 초래된 딱딱한 부위의 흥분상태가 누그러졌을 뿐만 아니라, 신경이 풀리면서 여기저기에서 불규칙적으로 옮겨다니던 정기의 흐름이 자연스러운 상태로 복원되었다."79

우울증의 세계는 축축하고 무거우며 차가웠는데 반하여, 조광증의 세계는 건조하고 뜨거우며 격렬함과 동시에 취약성을 내보일뿐더러,

---

에는 앙투안 드 라 애 몽보(Antoine de la Haye Monbault)에 관한 언급이 나와 있다. "한기가 아무리 격심할지라도 그에게는 아무런 느낌도 주지 못했다"(B. N. Clairambault, 986, p. 117).

77 *Van Helmont. 벨기에의 의사, 연금술사, 화학자(1579~1644).
78 *Encyclopédie*, article Manie.
79 Montchau, *Gazette salutaire*, n° 5, 3 février, 1763에 발송된 진단 소견.

지각할 수는 없으나 도처에서 나타나는 열기로 인해 메마르고 부서지기쉽게 되며, 언제나 축축한 냉기의 영향을 곧장 받게 되어 있는 세계이다. 이 모든 질적 단순화의 전개 속에서, 조광증은 내용의 풍부함과 동시에 통일성을 갖추게 된다. 아마 조광증은 "열 없는 광분狂奔"이라는 17세기 초의 상태에 머물러 있었을 터이지만, 여전히 '신호론적'일 뿐인 이 두 가지 특성을 넘어 임상 증후표의 실질적 조직원리인 '인식의' 주제를 발전시켰다.

설명의 신화가 사라지고 체액, 정기, 고체, 액체가 더 이상 통용되지 않게 될 때, 더 이상 명명命名되지도 않을 특성들의 일목요연一目瞭然한 도식圖式만이 남게 되고, 열기와 움직임의 이러한 동태학에 의해 서서히 조광증의 독특한 성좌를 이루었던 것이 이제는 자연적인 복합체로, 심리관찰의 직접적 진실로 간주된다. 열기로 인식되었고 정기의 동요로 상상되었으며 신경섬유의 긴장으로 몽상되었던 것이 이제부터는 심리학적 개념들의 중립적 투명성 속에서 내부작용의 과도한 활기, 관념연합의 신속함, 외부세계에 대한 부주의不注意로 받아들여진다. 드 라리브의 묘사는 이미 다음과 같은 명료성을 내보인다.

"외부의 대상이 환자의 정신에 각인하는 인상은 건강한 사람의 정신에 새기는 것과 동일하지 않고, 이러한 인상은 약할 뿐만 아니라 환자는 이 인상에 거의 주의를 기울이지 않으며, 그의 정신은 대뇌의 흐트러진 상태로 인해 초래되는 활기찬 관념에 거의 완전히 몰입한다. 이러한 관념은 매우 활기찬 것이어서, 환자는 그것이 현실의 대상을 재현한다고 생각하고 이에 따라 판단을 내린다."[80]

그러나 조광증의 이러한 심리적 구조는 18세기 말에 표면으로 떠올

---

[80] De La Rive, "정신병자들의 치료를 위한 시설에 관해," *Bibliothèque britannique*, VIII, p. 304.

라 무난히 고정되기는 하지만, 특성들의 세계에 관한 반쯤 인식적이고 반쯤 상상적인 법칙에 따라 전개되었고, 이윽고 뒤집힐 심층적 조직화의 피상적 윤곽일 따름이라는 것을 잊어서는 안 된다.

아마 열기와 한기, 축축함과 메마름의 세계 전체는 실증주의에 이르기 직전에 의학적 사유가 어떤 풍토風土 속에서 탄생했는가를 의학적 사유에 환기시킬 것이다. 그러나 이러한 이미지 적재積載는 회상回想일 뿐만 아니라 진통陣痛이다. 조광증이나 우울증의 실증적 경험을 형성하기 위해서는, 이미지들의 지평 위로 감각적이고 정서적인 귀속관계들의 체계 전체에 의해 서로 이끌리는 특성들의 그러한 인력因力이 필요했다. 우리가 앎을 통해 조광증과 우울증에서 알아보는 모습을 조광증과 우울증이 그 후로 띠게 된 것은 우리가 여러 세기에 걸쳐 조광증과 우울증의 실제적인 징후에 '눈을 뜨는' 방법을 터득했기 때문이거나 우리가 인식을 투명할 정도로 정화했기 때문이 아니라, 광기의 경험에서 이 개념들이 어떤 질적 주제를 중심으로 통합되었고 이 주제 덕분으로 통일성과 의미심장한 일관성을 부여받았으며 마침내 인식 가능하게 되었기 때문이다.

선험적 개념에 바탕을 둔 단순한 신호론(열 없는 광분, 착란적이고 고정된 관념)에서 질적 영역으로 넘어간 셈인데, 이 영역은 언뜻 보아 덜 체계적이고 더 접근하기 쉬우며 덜 구체적으로 한정된 것이지만, 감지될 수 있고 인정될 수 있으며 광기의 전반적 경험에 '실질적으로 현존하는' 단위들을 유일하게 구성할 수 있었다. 이 질병들의 관찰공간은 그것들에 양식樣式과 구조를 막연히 부여하는 풍경 속에서 뚜렷하게 드러났다.

한편에는 인간이 자신의 독특한 공포가 아닌 모든 것에 귀를 닫고 눈을 감으며 잠들어 버리는, 흠뻑 젖어 있고 거의 대홍수가 난 세계, 극단적으로 단순화되고 단 하나의 세부사항만이 지나치게 커진 세계가 있고, 다른 한편에는 뜨겁고 사막 같은 세계, 모든 것이 지리멸렬支離滅

裂, 무질서, 순간적 흔적인 공황恐慌의 세계가 있다. 조광증과 우울증의 경험(이미 거의 우리의 경험)을 조직하는 것은 관찰의 신중성에 가까운 것들이 아니라, 우주적 형태를 띠는 이 주제들의 엄밀성이다.

윌리스의 관찰정신과 순수한 의학적 인식 덕분으로 조광증—의기소침의 순환, 더 정확히 말하자면 조광증—우울증의 교대가 발견되었다고 생각하듯이, 이 발견의 영광은 일반적으로 윌리스에게로 돌아간다. 실제로 윌리스의 사유방식은 대단히 흥미롭다. 그러나 이는 우선 다음과 같은 점에서 기인한다. 즉, 한 질환에서 다른 질환으로의 변화는 발견과 뒤이어 설명이 문제될 관찰의 현상으로서가 아니라, 오히려 내밀한 본질의 영역에 속하는 깊은 친화력의 결과로서 인식된다. 윌리스는 관찰할 기회가 있었을 교대의 사례를 하나도 인용하지 않는다. 그가 무엇보다 먼저 간파한 것은 기이한 변형을 초래하는 내적 연관성이다. "우울증 이후에는 조광증을 다스려야 하는데, 조광증은 우울증과 그토록 많은 친화력이 있어서, 이 두 질환은 흔히 하나가 다른 것으로 변한다." 실제로 우울증 체질은 악화되면 광분으로 변하는 일이 일어나고, 거꾸로 광분은 힘을 잃고 가라앉아 소강小康상태로 접어들 때 흑담즙성 체질로 바뀐다. 81 엄밀한 경험론의 시각에서 보자면, 두 질병이 결합된 병발증竝發症이라거나 하나의 동일한 질병이 연속적으로 두 가지 증후를 내보인 사례라고 할 것이다.

　사실 윌리스는 이 문제를 증후의 어휘로도 질병의 어휘로도 제기하지 않고, 다만 동물 정기의 동태학에 입각하여 두 상태의 관계를 탐색

---

81 Willis, *Opera*, t. II, p. 255.

할 뿐이다. 다들 기억하다시피, 우울증 환자의 경우에 동물 정기는 거무튀튀하고 칙칙했으며, 사물들의 이미지에 어둠을 투사했고, 영혼의 빛 속에서 짙어가는 그림자 같은 것을 형성했으나, 이와 반대로 조광증에서는 정기가 끝없이 탁탁 튀는 식으로 움직이고, 언제나 되살아나는 불규칙적 움직임, 조금씩 갉아먹고 소모시키며 열이 없는데도 열기를 발산하는 움직임에 의해 전달된다. 조광증에서 우울증까지, 친화력은 명백하다. 이것은 경험 속에서 논리적으로 연관되는 증후의 친화력이 아니라, 다른 식으로 강력하고 동일한 불 속에서 연기와 불꽃을 맺어주는 친화력으로서, 상상의 풍경에서 더욱 명백하게 드러난다.

"우울증의 경우에 뇌와 동물 정기는 연기와 짙은 독기에 의해 흐려진다고 말할 수 있다면, 조광증은 연기나 독기로 시작된 일종의 화재火災에 불기를 보태는 듯하다."[82]

불꽃의 활기찬 움직임은 연기를 잦아들게 하지만, 연기는 다시 내려와 불꽃을 사그라뜨리고 불꽃의 빛을 흐려놓는다. 윌리스가 보기에, 조광증과 우울증의 통일성은 질병이 아니라, 불꽃과 연기가 싸우는 내밀한 불이고 이러한 빛과 그림자를 지니고 있는 요소이다.

18세기의 의사들은 누구나, 거의 누구나 조광증과 우울증의 근접성을 알고 있다. 그렇지만 조광증과 우울증이 한 가지 동일한 질병의 두 가지 발현 양상임을 여기저기에서 여러 의사가 인정하려고 들지 않는다.[83] 많은 의사가 연속성을 확인하지만 증후상의 통일성을 인식하지는 못한다. 사이든햄은 조광증 자체의 영역을 나누고 싶어한다. 즉, 한편으로는 "너무 들끓고 너무 활기찬 혈액"에서 기인하는 통상적 조광증이 있고, 다른 한편으로는 일반적으로 "무감각 상태로 악화되는" 조광

---

82 Willis, *Opera*, t. II, p. 255.
83 예컨대 《백과전서》의 우울증 항목을 기술한 오몽.

증이 있다는 것이다. 후자는 "너무 오랜 동요로 인해 알코올의 농도가 낮아진 혈액의 허약성에서 기인한다."[84]

더욱 빈번하게 나타나는 현상은 조광증과 우울증의 잇달음이 변형현상이거나 먼 인과관계의 현상이거나 하다고 인정하는 것이다. 리외토에 의하면, 오랫동안 지속되고 정신착란으로 격화되는 우울증은 우울증에 고유한 증후들을 내보이지 않고, 조광증과의 기묘한 유사성을 띤다. "우울증의 마지막 단계에서는 조광증과의 친화력이 많이 나타난다."[85] 그러나 이러한 유사성의 지위는 깊이 숙고되지 않는다. 뒤푸르의 경우에는 이 관계가 더 느슨하다. 즉, 먼 인과적 연쇄가 문제된다. 우울증은 "이마뼈에 숭숭 뚫린 구멍 또는 팽창되었거나 정맥류靜脈瘤에 걸린 도관 속의 벌레"[86]와 같은 이유로 조광증을 유발할 수 있다는 것이다. 이미지의 매개 없는 어떤 관찰도 연속현상의 확인을 명확하고 동시에 본질적 증후구조로 변화시키지 못한다.

윌리스의 후계자들에 이르면, 불꽃과 연기의 이미지는 아마 사라질 터이지만, 체계화 작업이 실현되는 것은 여전히 이미지, 말하자면 점점 더 기능적이게 되고 순환과 발열이라는 커다란 생리학적 주제에 갈수록 잘 편입되며 윌리스가 연원淵源으로 삼은 우주적 형상에서 점점 멀어지는 이미지의 내부에서이다. 부라브와 그의 주석자註釋者 반 슈비텐의 경우에 조광증은 매우 자연스럽게, 이를테면 빈번한 변형의 결과에 의해서 뿐만 아니라 힘들의 필연적 연쇄에 의해 우울증의 상위上位단계를 형성한다. 즉, 우울한 사람의 경우에 흐르지 않고 고여 있는 뇌의 액체는 얼마간의 시간이 지나면 동요하기 시작하는데, 이 현상은 내장을

---

84 Sydenham, *Médecine pratique*, trad. Jault, p. 629.

85 Lieutaud, *Précis de médecine pratique*, p. 204.

86 Dufour, *Essai sur l'entendement*, p. 369.

막히게 하는 흑담즙이 부동상태로 인해 "더 자극적이고 더 독하게" 변한다는 점에서 비롯되고, 그리하여 흑담즙은 자체 안에 더 산성이고 더 날카로운 요소들을 형성하며, 이러한 요소들은 혈액에 의해 뇌로 옮겨져 조광증 환자의 심각한 동요를 유발한다.

그러므로 조광증은 정도의 차이에 의해서만 우울증과 구별될 뿐이다. 다시 말해서 우울증의 자연스러운 결과이고 우울증과 동일한 원인들에서 생겨나며 통상적으로 동일한 약제藥劑로 치료된다. **87** 호프만에게 조광증과 우울증의 통일성은 운동과 충격의 법칙에서 자연스럽게 연역되는 결과이지만, 원리의 차원에서 순수한 역학인 것은 생명과 질병의 전개에서 변증법적이게 된다. 실제로 우울증은 부동성不動性에 의해 특징지어진다. 다시 말해서 탁해진 피가 뇌에서 막혀 뇌를 충혈시키고, 순환해야 할 곳에서 오히려 무거워져 흐름을 멈추고 움직이지 않는 경향을 띤다. 그러나 무거움은 움직임을 느리게 만들면서도, 이와 동시에 충격이 발생하는 순간에 충격의 강도를 높이고, 뇌와 뇌를 가로지르는 도관과 대뇌 물질 자체는 더 큰 힘에 부딪히면 더욱 더 저항할 뿐만 아니라 굳어지는 경향이 있으며, 무거워진 혈액은 이러한 경화硬化현상 때문에 더욱 힘차게 반송返送되는 데다가 움직임이 활발해지며 이윽고 조광증을 특징짓는 그러한 동요상태로 접어든다. **88**

그러므로 호프만은 막힌 부동상태의 이미지에서 메마름, 딱딱함, 활기찬 움직임의 이미지로, 그것도 이러한 기능적 통일성을 실제로 조직하는 요소들인 상상적 주제들에 대한 충실성에 의해 고전 역학의 원리가 매 순간 굴절되고 빗나가며 왜곡되는 그러한 연쇄를 통해 아주 자연

---

87 Boerhaave, *Aphorismes*, 1118과 1119; Van Swieten, *Commentaria*, t. III, pp. 519~520.

88 Hoffmann, *Medecina rationalis systematica*, t. IV, pars, pp. 188 sq.

스럽게 넘어간 셈이다.

뒤이어 다른 이미지들이 덧붙여지게 되지만, 그것들은 더 이상 구성의 역할을 맡지 못하고, 단지 그 후로 획득된 통일성의 주제에 관한 그만큼 많은 다양한 해석으로서만 기능하게 된다. 예컨대 조광증과 우울증의 교대현상에 대해 스펭글러가 제안하는 설명을 증거로 들 수 있겠는데, 그는 전지電池의 모델에서 설명의 원리를 빌려온다. 우선 신경의 잠재력과 심기心氣가 신경계의 특정 부위에 집중될 것인데, 그렇게 되면 그 부위에만 자극이 가해지고, 나머지 부위 전체는 활동이 정지된다. 이것은 우울증의 국면이다. 그러나 이러한 집중현상이 어느 정도의 강도에 이를 때, 이 국부적 충전充電은 급작스럽게 신경계 전체로 확대되어, 완전히 방전放電될 때까지 일정한 시간 동안 신경계를 뒤흔드는데, 이것은 조광증의 우발적 증상이다. **89**

이러한 착상着想의 층위에서 이 이미지는 너무 복잡하고 너무 완벽하며 너무 멀리 떨어진 모델에서 차용된 탓으로 병리학적 통일성의 인식에서 체계화의 역할을 맡을 수 없다. 이 이미지는 반대로 통일성을 마련해주지만 훨씬 더 기초적인 이미지들에 근거해 있는 그러한 인식에 의해 요구되는 것이다.

조광증-우울증의 순환이 관찰사실로, 해방된 인식에 쉽게 포착될 수 있는 단위로 제시되어 있는 최초의 텍스트들 가운데 하나인 제임스의 《사전》에 은밀히 들어 있는 것은 바로 이 이미지들이다.

"우울증과 조광증을 한 종류의 질병으로 축소하고, 따라서 한꺼번에 검토하는 것은 절대적으로 필요하다. 왜냐하면 우리가 일상적 경험과 관찰을

89 Spengler, *Briefe, welche einige Erfahrungen der elektrischen Wirkung in Krankenheiten enthalten*, Copenhague, 1754.

통해 발견하다시피 우울증과 조광증은 기원과 원인이 동일하기 때문이다. … 가장 정확한 관찰과 나날의 경험은 동일한 것을 확인하게 해준다. 실제로, 우리가 주변에서 보다시피, 우울증 환자들, 특히 그러한 경향이 고질적으로 나타나는 사람들은 쉽게 조광증 환자가 되고, 조광증이 그칠 때 우울증이 다시 시작되며, 그래서 어떤 주기에 따른 상호적 교대현상이 일어나는 것이다."90

그러므로 17세기와 18세기에 이미지들의 작용에서 영향을 받아 구성된 것은 개념 체계나 심지어 증후 전체가 아니라 인식의 구조이다. 이것의 증거는 전체적 형상이 변하지 않는 가운데 특성들이 거의 인식 속으로 미끄러져 들어갈 수 있게 된다는 점이다. 가령 컬렌은 우울증에서처럼 조광증에서도 "정신착란의 주요한 대상"91을 발견하게 되고, 역으로 우울증의 원인을 "뇌 수질髓質의 더 건조하고 더 단단한 조직"92으로 돌리게 된다.

중요한 것은 작업이 관찰을 통한 설명적 이미지의 구축으로 이루어지지 않았다는 점, 반대로 이미지가 애초부터 종합의 역할을 확보했다는 점, 이미지의 체계화하는 힘이 인식의 구조를 가능하게 했고, 이 인식의 구조 속에서 마침내 증후가 의미심장한 가치를 띠고 진실의 가시적 현존으로 조직될 수 있게 된다는 점이다.

---

90 Cullen, *Institutions de médecine pratique*, II, p. 315.

91 Cullen, *op. cit.*, p. 315.

92 Id., *ibid.*, p. 323.

3. 히스테리와 심기증

히스테리와 심기증心氣症에 관해서는 두 가지 문제가 제기된다.

(1) 히스테리와 심기증을 정신병으로, 또는 적어도 광기의 형태로 취급하는 것은 어느 정도로 타당할까?
(2) 마치 조광증과 우울증에 의해 매우 일찍 구성된 것과 유사한 잠재적 짝패를 히스테리와 심기증이 형성하기라도 하는 듯이, 히스테리와 심기증을 함께 다룰 당위성은 있는 것일까?

납득시키는 데는 분류법을 일견一見하는 것으로 충분한데, 심기증은 언제나 정신장애와 조광증 옆에 모습을 보이는 것은 아닌 반면, 히스테리는 매우 드물게만 이것들 곁에 놓일 뿐이다. 플라테르는 감각의 상해傷害들을 다루면서 히스테리와 심기증에 관해 말하지 않고, 고전주의 시대 말에 컬렌은 히스테리와 심기증을 정신이상과는 다른 범주로 분류하게 된다. 즉, 심기증은 "생체기능과 동물성 기능이 약해지고 활력을 상실하는 사태인 극도의 쇠약이나 질환"으로, 히스테리는 "정상적 기능의 경련성 증상들"[93] 가운데 하나로 규정된다.
게다가 질병 분류표에서 이 두 질환은 논리적으로 근접하게 묶이거나 서로 대립하는 형태로 비교되는 경우가 드물다. 소바주는 심기증을 환각현상, 말하자면 "건강상태에 달려 있을 뿐인 환각현상들" 사이에, 히스테리를 경련의 형태들 사이에 놓는다. [94] 린네도 동일한 분류 방식

---

[93] Id., *ibid.*, p. 128 및 p. 272.
[94] Sauvages, *loc. cit.* 히스테리는 제4항목(경련)에, 그리고 심기증은 제8항목(정신이상)에 들어가 있다.

을 활용한다. **95** 그들은 둘 다 《경련성 질병에 대해》라는 책에서 히스테리를 연구했고 《정신박약자의 정신에 관하여》의 한 부분에서 머리의 질병을 다루면서 심기증에 '파시오 콜리카'**96**라는 이름을 부여한 윌리스의 가르침에 충실한 사람이 아닌가?

실제로 아주 상이한 두 가지 질병이 문제이다. 한 경우에는 과열過熱된 정기들이 상호적인 압력 아래 놓이는데, 이 압력은 정기들이 폭발한다고 생각하게 할 수 있을 정도의 것이고, 이로 인해 불규칙적이거나 탈자연적인 움직임이 유발되며, 이 움직임의 엉뚱한 형상은 히스테리성性 경련을 형성한다. 반대로 '파시오 콜리카'에서 정기는 적대적이고 적합하지 않은('안전하지 않고 균형이 맞지 않는') **97** 물질 때문에 자극되고, 그리하여 예민한 신경섬유에 장애, 가벼운 염증, '주름 발생'**98**을 유발한다. 따라서 윌리스는 몇 가지 유사한 증후가 나타나는 것에 놀라지 말라고 충고한다. 마치 히스테리로 인한 격렬한 동작이 심기증의 고통을 유발할 수 있듯이, 경련이 통증을 낳는 것은 물론이다. 그러나 이 유사점은 착각을 일으키는 것이다. "같지 않거나 다른 소재이다."**99**

그러나 질병학자들이 행하는 이 한결같은 구별 아래, 히스테리와 심기증을 한 가지 동일한 질병의 두 가지 형태로 점점 더 동류시하는 경향이 있는 작업은 느리지만 실현되는 중이다. 리차드 블랙모어**100**는

---

95 Linné, 《질병의 종류 (*Genera Morborum*)》. 심기증은 정신병이라는 '상상' 범주의
질병에, 간질은 경련성 질환이라는 '강직성' 범주의 질병에 속한다.

96 *Passio colica. 통증 발작의 병이라는 뜻이다.

97 *infesta et improportionata.

98 *corrugationes.

99 Highmore, *Exercitationes duae, prior de passione hysterica, altera de affectione
hypochondriaca*, Oxford, 1660 및 *De passione hysterica, responsio epistolaris ad
Willisium*, Londres, 1670에 대한 논쟁 참조. 〔라틴어 원문: Non eadem sed
nonnihil diversa materies est.〕

1725년에 《울화와 침울에 대한 개설, 혹은 심기증과 히스테리》를 펴내는데, 거기에는 이 두 질병은 "정기精氣의 병적 구조"이거나 "정기가 저장소에서 빠져나가고 소진되는 경향"이거나 하는 한 가지 질환의 두 변종變種으로 규정되어 있다. 18세기 중엽에 이르러, 휘트의 경우에서, 이 동류시同類視는 하자가 없는 것이 되고, 그때부터 증후들의 체계는 동일한 것이다.

즉, "한기와 열기의 비정상적으로 강한 느낌, 몸의 갖가지 부위에서 일어나는 통증, 머리를 자극하는 기운으로 인한 실신과 경련, 강경증强硬症과 경직경련硬直痙攣, 위장과 내장 속의 풍기風氣, 아무리 먹어도 채워지지 않는 식욕, 검은 물질을 토하는 증상, 급작스럽게 많이 나오는 연하고 투명한 소변, 극도의 무기력이나 신경쇠약, 신경성 또는 경련성 호흡곤란, 심장의 두근거림, 맥박의 변화와 주기적 두통, 어지럼증과 실신, 시각의 감퇴와 약화, 의기소침意氣銷沈, 실의失意, 우울이나 심지어 광기, 악몽이나 몽마 현몽現夢"101이다.

다른 한편으로 히스테리와 심기증은 고전주의 시대에 걸쳐 정신질환의 영역으로 서서히 합류해 들어간다. 미드102는 아직도 심기증에 대해 "온전히 육체의 병이다"103라고 쓸 수 있었다. 그리고 히스테리에 관한 윌리스의 텍스트에 정당한 가치를 다시 부여할 필요가 있다.

"여성이 걸리는 질병들 중에서 히스테리는 매우 악명이 높아서, '반

---

100 *Richard Blackmore. 영국의 의사, 작가(1654~1729). 윌리엄 3세의 주치의.

101 Whytt, *Traité des maladies des nerfs* t. II, pp. 1~132. Revillon, *Recherches sur la cause des affections hypochondriaque*, Paris, 1779, pp. 5~6에 실린 이와 같은 종류의 나열 참조.

102 *Mead. 예방 의학에 이바지한 영국의 의사(1673~1754). 조지 1세, 앤 여왕, 조지 3세, 아이작 뉴튼, 알렉산더 포우프(시인) 등 유명인들의 주치의였다. 저서로 *Mechanical Account of Poisons*(1702)가 있다.

103 *Morbus totius corporis est.

쯤 상해를 입은 자들'104처럼 다른 많은 질환의 결함을 지닐 수 있는데, 성격을 알 수 없고 기원을 밝혀낼 수 없는 질병이 여자에게 발생했는데도, 그 원인을 파악할 수 없고 치료를 위한 처방도 불확실할 경우에, 곧장 우리는 대개의 경우 책임이 없는 자궁의 나쁜 영향을 비난하고, 평상시와는 다른 증후에 대해 히스테리의 어떤 요소가 감추어져 있다고 공언하며, 그토록 자주 무지無知의 핑계이어 온 자궁을 진료와 치료의 대상으로 착각한다."105

히스테리에 관한 모든 연구에서 불가피하게 인용되는 이 텍스트의 전통적 주석가註釋家들에게는 실례失禮가 되겠지만, 이 텍스트는 윌리스가 히스테리로 인한 고통의 증후에 바탕으로 구실하는 기관器官이 부재하지 않나 하고 의심했다는 것을 뜻하지 않는다. 그는 다만 온갖 환상, 병자이거나 자신이 병자라고 생각하는 사람이 아니라 아는 체하는 무식한 의사의 온갖 환상이 히스테리라는 선험적 개념에 모여 있다고 명시적으로 말하고 있을 뿐이다. 히스테리가 윌리스에 의해 머리의 질병들 가운데 하나로 분류되었다고는 하지만, 이는 윌리스가 히스테리를 정신의 장애로 여겼다는 것이 아니라, 단지 그가 히스테리의 기원을 동물정기의 본질, 기원, 그리고 맨 첫 번째 주향로走向路에서 일어나는 변질의 탓으로 돌렸다는 것을 나타낼 뿐이다.

그렇지만 18세기 말에 심기증과 히스테리는 거의 아무런 문제없이 정신병의 범주에 들어가게 된다. 1755년에 알베르티는 〈심기증 환자들의 상상적 질병에 대하여〉106라는 논고論考를 할레에서 펴내고, 리외토는 심기증을 경련으로 정의하면서도 "정신이 육체만큼, 어쩌면 육체

---

104 *semi-damnati.
105 Willis, *Opera*, t. I; *De Morbis convulsivis*, p. 529.
106 *De morbis imaginariis hypochondriacorum.

보다 더 타격을 받고, 따라서 심기증이라는 용어는 거의 불쾌한 명칭이 되었으며, 환심을 사려는 의사들은 이 명칭을 사용하기 꺼려한다"[107]는 점을 인정한다. 히스테리로 말하자면, 롤랭은 적어도 초기의 정의에서는 히스테리를 곧장 상상력의 병리학으로 편입시키면서, 히스테리에 기관의 실체를 부여하지 않는다. "여자들이 터무니없는 상상력을 발휘하여 갖가지 비상식적 언행을 생각해내고 과장하며 반복하는 이 질병은 때때로 유행성流行性과 전염성을 띠게 되었다."[108]

그러므로 고전주의 시대에 히스테리와 심기증은 두 가지 핵심적 노선을 따라 변화한다. 하나는 '신경질환'의 개념이 될 공통개념의 형성으로까지 이것들을 접근시키는 것이고, 다른 하나는 이것들의 의미와 명칭에 의해 충분히 지시된 이것들의 전통적이고 병리학적인 매체를 변경하고 이것들을 점차로 정신질환의 영역에 통합하여 조광증과 우울증 곁에 놓는 경향이 있는 것이다. 그러나 이러한 통합은 조광증과 우울증의 경우처럼, 상상적 가치에 따라 인식되고 몽상된 기본적 특성의 차원에서 이루어지지 않았다. 앞으로 다루어야 할 것은 전혀 다른 유형의 통합이다.

고전주의 시대의 의사들은 히스테리와 심기증에 고유한 특성을 발견하려고 시도했다. 그러나 그들은 조광증과 우울증에 특이한 윤곽을 부여한 그 일관성이나 그 질적 통일성을 히스테리와 심기증에서는 결코 인식하지 못했다. 모든 특성은 서로 무효화하는 식으로, 이 두 질병의 깊은

107 Lieutaud, *Traité de médecine pratique*, 2ᵉ éd., 1761, p. 127.
108 Raulin, *Traité des affections vaporeuses*, Paris, 1758, 머리말, p. XX.

본질이 무엇인가 하는 문제와 전혀 무관하게 모순적으로 내세워졌다.

대개의 경우 히스테리는 경직과 경련으로 끊임없이 나타나는 흥분이나 격한 움직임을 온 몸으로 퍼지게 하는 내부 열기의 결과로 인식되었다. 이 열기는 남편감을 찾는 처녀와 남편을 잃은 과부에게서 그토록 흔히 히스테리와 연계되는 사랑의 열정과 유사하지 않을까? 히스테리는 본질적으로 타는 듯하고, 히스테리의 징후는 질병이 아니라 오히려 이미지와 쉽게 연관되는데, 17세기 초에 자크 페랑은 이 이미지를 아주 구체적으로 묘사했다. 《사랑의 병 또는 성애性愛의 우울》에서 그는 남자보다는 여자가 더 자주 사랑으로 미칠 지경이게 된다는 것을 기꺼이 인정하지만, 여자들은 그러한 사실을 매우 능란하게 감출 줄 안다는 것이다.

"여자들은 사랑에 빠져 있을 때, 얼굴이 작은 풍로風爐 위에 가만히 놓여 있는 증류기와 같은데, 밖에서는 불이 보이지 않지만, 밑으로 들여다보고 가슴에 손을 얹어 보면, 두 곳 모두에서 엄청난 불길을 느낄 수 있을 것이다."[109]

상징으로서의 무게, 정서의 과잉, 그리고 상상적인 외연의 온전한 작용 때문에 찬탄할 만한 이미지가 그것이다. 페랑 이후에 아주 오랫동안 사람들은 히스테리와 심기증의 비밀스러운 증류작용을 특징짓기 위해 축축한 열기라는 질적 주제를 재발견하게 되지만, 이 이미지는 더 추상적인 동기動機 앞에서 모습을 감춘다. 이미 니콜라 셰노에게서 여성-증류기의 불꽃은 퇴색한다.

"히스테리성 정념은 단순한 증상이 아니고, 이 명칭에는 어떤 방식인지는 모르지만 올라오고 부패하며 이상하게 비등沸騰하는 해로운 기운 때문에 발생하는 여러 해악이 포함되어 있다고 나는 생각한다."[110]

---

109 J. Ferrand, *De la maladie d'amour ou mélancolie érotique*, Paris, 1623, p. 164.

반대로 다른 사람들은 늑골 하부에서 올라오는 열기가 완전히 건조하다고 생각한다. 그들에게 심기증적 우울증이란 "동일한 특성의 체액"에 의해 초래된 "뜨겁고 건조한" 질병이다. 111 그러나 어떤 의사들은 히스테리에서도 심기증에서도 열기를 전혀 감지하지 못한다. 즉 이 질병들에 고유한 특성은 반대로 무력감, 무기력, 그리고 고인 체액 특유의 차가운 습기라는 것이다. "나는 이 질환들(히스테리와 심기증)이 얼마간 지속되면, 뇌와 신경계의 신경섬유가 느슨하고 약하며 활력이나 탄력성을 잃는다고, 또한 신경의 정기가 빈약해지고 위력을 상실한다고 생각한다."112 아마 어떤 텍스트도 조지 체인의 책 《영국병》보다 히스테리의 이 불안정한 특성을 더 분명하게 보여주지는 못할 것이다. 거기에서 이 질병은 추상적으로만 통일성을 유지할 뿐이고, 이 질병의 증후는 고유한 메커니즘을 갖는 서로 상이한 질적 영역들로 분류된다. 경련, 고통스런 근육수축, 경직인 모든 것은 "염분을 함유한 입자"와 "맵거나 신랄한 해로운 기운"으로 상징되는 열기의 병리학에서 다룰 만한 것이다. 반대로 심리나 기관器官의 차원에서 허약함을 나타내는 징후들, 말하자면 "낙담, 실신, 정신의 무기력, 혼수상태와 같은 무감각, 우울과 비애"는 아마도 혈액과 장액의 선腺과 도관을 폐색閉塞하는 차갑고 끈끈하며 진한 체액의 영향을 받아 너무 축축하고 너무 느슨하게 된 신경섬유의 상태를 나타낼 것이다.

마비증상으로 말하자면 이것은 신경섬유의 냉각과 동시에 고정固定,

---

110 N. Chesneau, *Observationum medicarum libri quinque*, Paris, 1672, liv. III, chap. XIV.

111 T. A. Murillo, *Novissima hypochondriacae melanchiliae curatio*, Lyon, 1672, chap. IX, pp. 88 sq.

112 M. Flemyng, *Neuropathia sive de morbis hypochondriacis et hystericis*, Amsterdam, 1741, pp. L~LI.

이를테면 고체 부위의 전반적 불활성 상태 속에서 얼어붙은 "진동의 중단"을 의미한다.

조광증과 우울증이 특성들의 일람표에 의거하여 쉽게 체계화된 것과는 달리, 히스테리와 심기증의 현상은 거기에서 쉽게 자리 잡지 못한다.

운동의학도 이 질병들 앞에서 그만큼 불분명하고, 운동의학의 분석도 그만큼 불안정하다. 조광증이 운동성 과잉과 연관되었다는 것은 적어도 조광증의 고유한 이미지를 거부한 모든 인식의 견지에서 매우 분명하고, 우울증은 반대로 움직임의 둔화와 연관성이 있었다. 그러나 히스테리와 심기증의 경우에는 선택하기가 어렵다. 스탈[113]은 오히려 혈액의 침체沈滯를 선택하는데, 혈액은 너무 풍부하고 동시에 너무 진해서, 더 이상 문맥門脈을 통해 일정하게 순환할 수 없으며, 흐르지 않거나 막히기 쉬울 뿐만 아니라, "상부에서건 하부에서건 출구를 찾으려고 하기 때문에" 발작이 불시에 일어난다는 것이다.[114]

반대로 부라브와 반 슈비텐은 히스테리의 진행이 모든 유체의 너무 큰 유동성 탓이라고 생각하는데, 이 유체들은 대단히 가볍고 몹시 불안정해서 아무리 사소한 움직임에도 영향을 받는다는 것이다. 반 슈비텐의 설명을 들어보자.

"허약한 체질에서 혈액은 묽어지고 거의 응고하지 않으며, 따라서 혈청은 점도粘度와 특성을 상실하고, 림프는 혈청과 유사할 것이며, 혈청과 림프에 의해 생겨나는 다른 유체들도 역시 마찬가지일 것이다. … 이러한 점에서 이른바 이유 없는 히스테리와 심기증 질환은 일시적 기분이나 신경섬유의 특별한 상태에 의해 좌우되기 십상이다."

---

113 *Georg Ernst Stahl. 독일의 의사, 화학자(1660~1734). 물활론(物活論)의 정립자이다.

114 Stahl, *Theoria medica vera, de malo hypochondriaco*, pp. 447 sq.

사람들은 "안색이 창백한 소녀들, 공부와 명상에 너무 열중하는 사람들"이 그토록 쉽게 빠져드는 불안증, 경련, 특이한 통증의 원인을 이러한 민감성, 이러한 유동성으로 돌리는 것이 분명하다. 115 히스테리는 무차별적으로 유동적이거나 변화가 없고, 원활하거나 무거우며, 불안정한 진동에 내맡겨지거나 고인 체액으로 인해 둔화되거나 한다. 히스테리가 진행되는 고유한 방식은 아직 발견되지 않은 셈이다.

화학적 유비관계에서도 동일한 모호성이 엿보이는데, 가령 랑주에게 히스테리란 발효의 소산, 아주 정확하게는 "신체의 갖가지 부위로 침투한 염분"이 "거기에 있는 체액"과 함께 발효한 결과이다. 116 다른 사람들에게 히스테리는 알칼리성이다. 에트뮐러는 반대로 이러한 종류의 병들이 일련의 산성반응에 포함된다고 생각한다.

"이와 같은 질병들의 가까운 원인은 위산胃酸으로 인한 속 쓰림인데, 유미乳糜가 산성이므로, 혈액의 질은 나빠지고, 더 이상 정기를 마련해주지 못하며, 림프는 산성인 데다가, 담즙은 효력을 상실하고, 신경계통에는 가벼운 염증이 생기며, 소화 효모酵母는 변질되어 휘발성이 약해지고 지나치게 산성이 된다."117

비리데는 "우리 몸에 발생하는 독기"에 관해, 격렬한 움직임과 충돌로 히스테리와 심기증의 징후를 유발하는 알칼리와 산의 변증법을 재구성하려고 시도한다. 유난히 예민한 어떤 동물 정기는 너무 묽어질 때 매우 빠르게 움직이고 독기로 변하는 알칼리염일 터이지만, 기화氣化된 산인 다른 독기들도 있고, 에테르는 이것들을 매우 활발하게 움직이게 하여 이것들이 뇌와 신경으로 이동하고는 거기에서 "알칼리와 마주쳐

115 Van Swieten, *Commentaria in Aphorismos Boerhaavii*, 1752, I, pp. 22 sq.

116 Lange, *Traité des vapeurs*, Paris, 1689, pp. 41~60.

117 *Dissertatio de malo hypochondriaco*, in *Pratique de médecine spéciale*, p. 571.

끝없이 질병들을 초래하도록"118 만든다.

　이러한 히스테리와 심기증 계열의 질병에서 엿보이는 기이한 질적 불안정성, 동태적 속성과 화학적 비밀의 기묘한 혼동이 있다. 특성의 지평에서 조광증 및 우울증 판독判讀이 단순해 보이는 만큼이나, 이 질병들의 해독解讀은 불확실한 듯하다. 아마 조광증-우울증이라는 짝패의 구성에 결정적이었던 특성들의 그 상상적 풍경은 히스테리와 심기증의 역사에서 여전히 부차적이었을 것이고, 필시 언제나 되살아나는 장식裝飾의 역할만을 맡았을 것이다. 히스테리 연구의 진전은 조광증의 경우처럼 의학적 상상력의 견지에서 숙고되는 세계의 모호한 특성들을 통해 이루어지지 않았다. 히스테리가 고찰된 공간은 다른 성격의 것이다. 즉, 생체적 의미와 도덕적 의미의 일관성이라는 관점에서 이해된 육체의 공간이다.

　자궁 전위轉位에 관한 낡은 신화에서 히스테리를 해방시켰다는 명예는 통상적으로 르 푸아와 윌리스에게 돌아간다. 리보는 17세기에 마리넬로의 책을 번역하면서, 더 정확히 말하자면 번안하면서 몇 가지 제한사항에도 불구하고 여전히 자궁의 자연발생적 움직임의 관념을 받아들였는데, 자궁이 움직이는 것은 "좀더 편안해지기 위해서이고, 자궁은 건강한 상태를 유지하고 아주 유쾌한 어떤 것을 누리기 위해, 동물적 조심성이나 명령 또는 자극에 의해서가 아니라 자연적 본능에 따라 움직인다"는 것이다. 자궁이 자리를 바꾼다는 것, 자궁이 요동치면서 이동함에 따라 몸이 뒤흔들린다는 것, 몸의 여기저기를 돌아다니는 특성이 자

<hr />

118　Viridet, *Dissertation sur les vapeurs*, Paris, 1716, pp. 50~62.

궁에 있다는 것은 아마 인정되지 않게 될 것이다. 왜냐하면 자궁은 자궁경부, 인대, 도관, 복막의 피막에 "긴밀하게 연결되어 있기" 때문이다. 그렇지만 자궁은 위치가 바뀔 수 있다.

"자궁은 우리가 묘사한 부위들에 아주 밀접하게 결합되어 위치가 바뀔 수 없음에도 불구하고, 대개의 경우 자리를 옮길 뿐만 아니라 여자의 몸에서 몹시 활기차고 기이한 움직임을 보인다. 이러한 움직임은 다양하다. 다시 말해서 상승, 하강, 경련, 유랑流浪, 탈증脫症이다. 자궁은 간, 비장脾臟, 횡경막, 위, 가슴, 심장, 폐, 인후, 그리고 머리까지 올라간다."[119]

고전주의 시대의 의사들은 이러한 설명을 거의 만장일치滿場一致로 거부할 것이다.

17세기가 시작되자마자 르 푸아는 히스테리성 경련에 대해 이렇게 말할 수 있게 된다. "머리는 친화력 때문이 아니라, 자발성 때문에 히스테리성 경련의 모체母體이다."[120] 더 분명하게 말하자면 히스테리성 경련의 원인은 유체가 후두부後頭部 쪽으로 몰려 축적되는 데 있다는 것이다. "작은 지류들이 합류하여 한 줄기 강을 형성하듯이, 뇌의 표면에 숭숭 뚫려 있고 후두부에서 끝나는 구멍들을 통해 체액이 모이는데, 이는 머리가 경사져 있기 때문이다. 그렇게 되면 후두부의 열기로 인해 체액은 뜨거워지고 신경의 근원에 이른다 …."[121] 다음으로 윌리스는 자궁에 의거한 설명을 세세하게 비판한다. "이 질병에서 혈액순환의 모든 불순不順과 불규칙성을 좌우하는" 것은 무엇보다도 뇌와 신경의 질환이라는

---

119 Liebaud, *Trois livres des maladies et infirmités des femmes*, 1609, p. 380.

120 *Eorum omnium unum caput esse parentem, idque non per sympathiam, sed per idiopathiam.

121 C. Piso, *Observationes*, 1618(1733년 부라브에 의해 재판이 간행됨), section II, §2, chap. VII, p. 114.

것이다. **122**

그렇지만 바로 그러한 이유로 히스테리와 자궁 사이의 본질적 연관성이라는 주제는 이 모든 분석에도 불구하고 폐기되지 않았다. 그러나 이 연관성이 다르게 이해된다. 즉, 몸을 매개로 한 실제적 전위轉位의 궤적으로서가 아니라 인체의 경로, 그리고 유사한 기능들을 통한 일종의 은밀한 확산으로서 고찰된다. 이 질병의 발생 부위는 뇌가 되었다고도, 윌리스는 히스테리에 대한 심리학적 분석을 가능하게 했다고도 말할 수 없다. 그러나 뇌는 이제 내장에 기원을 둔 질병의 중계지점 겸 분배장치의 역할을 맡는다. 즉, 자궁은 다른 모든 장기臟器처럼 병을 유발한다는 것이다. **123** 18세기 말까지, 피넬의 시대까지, 자궁과 모태는 히스테리의 병리학에서 여전히 모습을 나타내지만, **124** 이는 체액과 신경을 통한 특정의 확산 덕분이지, 체액과 신경이 본질적으로 지니고 있는 특별한 마력 때문이 아니다.

스탈은 월경과 치질을 기묘하게 연관시킴으로써 히스테리와 심기증의 병행관계를 정당화한다. 그는 발작적 경련현상을 분석하면서, 히스테리 질환이 격심한 고통으로서 "긴장과 압박을 수반하는데, 이것들은 주로 계륵부季肋部 아래에서 느껴진다"고 설명한다. 이 질환이 남자에게 일어날 때에는 "각혈이나 출혈성 치질을 통해 몸 속의 지나치게 많은 피를 배출하려는 자연스런 경향이 생겨나는데," 이럴 경우에는 부적절하게도 이 질환에 심기증이라는 명칭이 부여되고, 이 질환이 여자에게 일어날 때에는 "월경의 흐름이 원활하지 않게 되는데", 이럴 경우에는 이 질환이 적절하진 않지만 히스테리라고 불린다. "그렇지만 이 두 증상

122 Willis, "De Affectionibus hystericis," *Opera*, I, p. 635.

123 Id., "De morbis convulsivis," *Opera*, I, p. 536.

124 피넬은 히스테리를 생식 기능과 관련된 신경증의 하나로 분류한다(*Nosographie philosophique*).

사이에 본질적 차이는 없다."[125]

호프만의 견해 역시 그토록 많은 이론상의 차이에도 불구하고 이와 아주 유사하다. 히스테리의 '원인'은 자궁에, 말하자면 자궁의 이완과 약화에 있지만, '환부'는 심기증의 경우처럼 위와 장에서 찾아야 하는 것이고, 혈액과 생명유지에 필수적인 체액은 "장의 막질과 신경막에" 고이기 시작하며, 이에 따라 위胃에 장애가 발생해서는 온 몸으로 퍼진다는 것이다. 인체의 중심에서 위는 중계지점의 구실을 하고 인체 내부의 감추어진 강腔들에서 생기는 병을 퍼뜨린다.

"심기증 환자와 히스테리 환자가 겪는 경련성 질환의 발생위치는 신경 부위, 특히 위와 장의 점막粘膜이고, 이 질환들은 위와 장에서 늑골간肋骨間의 신경을 통해 머리, 가슴, 신장, 간, 그리고 몸의 주요 기관 전체로 옮아가는 것이 확실하다."[126]

호프만이 장, 위, 늑골간 신경에 부여하는 역할은 고전주의 시대의 문제제기 방식을 잘 보여주고 있다. 그것은 원인을 자궁에서 찾는 낡은 방식에서 벗어나는 것이라기보다는, 여러 성격을 내보이고 다형적이며 몸 전체로 확산되는 질병의 원리와 확산경로를 발견하는 것이다. 다리뿐만 아니라 머리까지 이를 수 있고 마비나 불규칙한 움직임의 증후를 내보일 수 있으며 강경증强硬症이나 불면증을 초래할지도 모르는 질병, 요컨대 사실상 온 몸의 여기저기에서 감지될 정도로 빠르게, 교묘한 속임수를 쓰면서 육체의 공간을 돌아다니는 질병에 대해 납득할 만한 설명을 해야 한다는 식이다.

마리넬로에서 호프만으로 이어지면서 실제로 이루어진 의학지평의 변화를 강조하는 것은 쓸데없는 일이다. 자궁에 부여된 그 유명한 유동

---

125 Stahl, *loc. cit.*, p. 453.

126 Hoffmann, *Medecina rationalis systematica*, t. IV, *pars tertia*, p. 410.

성, 히포크라테스 학설의 전통에서 끊임없이 나타났던 자궁의 유동성은 완전히 자취를 감춘다. 이제는 어떤 의학이론에서도 채택되지 않지만 일련의 사변적인 개념과 설명의 도식에서 연이어 나타나기 때문에 그만큼 더 적절한 것으로 보이는 주제를 제외한다면, 아마 자궁의 유동성이라는 관념의 흔적은 전혀 남아 있지 않을 것이다. 이 주제는 바로 육체의 공간에서 일어나는 역동적 격변激變, 너무 오랫동안 억눌리고 거의 정체된 상태에 있다가 동요하고 들끓기 시작하고 급기야 뇌를 매개로 하거나 뇌의 매개작용 없이 무질서한 상태를 몸 전체에 퍼뜨리는 내부 잠재력의 상승이라는 주제이다.

18세기 초까지 이 주제는 생리학 개념의 완전한 개편改編에도 불구하고 거의 변함이 없었다. 그런데 이상한 것은 18세기에 병리학 분야에서 이론이나 실험상의 급변이 일어나지 않았는데도 이 주제가 급작스럽게 변하고 이 주제의 의미가 바뀌며, 육체공간의 동태학動態學이 감성의 도덕으로 대체된다는 점이다. 히스테리와 심기증의 관념이 '선회'하고 마침내 광기의 세계 안으로 들어가게 되는 것은 바로 그때, 오직 그때일 뿐이다.

이제 이 주제의 변화를 다음과 같이 세 단계로 나누어 복원하려고 노력할 필요가 있다.

(1) 생체 및 도덕 영역으로의 침투의 동태학
(2) 육체적 연속성의 생리학
(3) 신경감성의 윤리.

육체의 공간이 하나의 단단하고 연속적인 전체로 이해된다면, 히스테리와 심기증의 무질서한 움직임은 극단적으로 미세하고 끊임없이 움직이는 탓에 단단한 부위로 침투할 수 있는 요소에 의해서만 생겨날 수 있게 될 뿐이다. 하이모어가 말하듯이, 동물 정기는 "불의 성질을 띠고 미세하기 때문에 아무리 조밀하고 아무리 촘촘한 물체 속으로도 침투할 수 있고 … 활기에 넘치기 때문에 순간적으로 인체 전체에 스며들 수 있다."[127] 정기는 기동성機動性이 극심할 경우에, 이를테면 스며들어서는 안 될 모든 신체부위로 적절하지 않을 때 무질서하게 침투할 경우에, 다양하고 많은 장애징후를 유발한다.

하이모어에게 히스테리는 그의 반대자인 윌리스나 사이든햄의 경우처럼, 온갖 정기가 무차별적으로 침투할 수 있어서, 기관의 내부영역이 정기의 혼란스러운 움직임에 그대로 노출된 덩어리들의 기괴한 공간으로 대체되는 육체의 질병이다. 정기精氣는 "이런저런 부위로 맹렬하게 너무 많이 몰려가고, 경련이나 심지어 통증을 초래하며 … 몰려가는 기관에도, 빠져나가는 기관에도 기능장애를 일으키는데, 어느 쪽이건 동물조직의 법칙과 완전히 어긋나는 그러한 고르지 않은 분포로 인해 심한 손상을 입지 않을 수 없다."[128] 이처럼 히스테리 증세를 보이는 육체는 인체의 모든 법칙과 기능상의 모든 필연성에서 벗어나 몸의 모든 가변可變공간을 엄습할 수 있는 '스피리투움 아탁시아'[129]의 영향을 쉽

---

127 Highmore, *loc. cit.*

128 Sydenham, "Dissertation sur l'affection hystérique"; *Médecine pratique*, trad. Jault, pp. 400~401.

129 *spirituum ataxia. 정신의 운동실조(運動失調) 또는 조정불능(調整不能)을 의미한다.

게 받는다.

결과는 침해당한 부위에 따라 달라지고, 이 병은 움직임의 순수한 원천에서부터 미분화되어 있는 관계로 통과 공간과 생겨나는 표면에 따라 다양한 양상을 띤다. "정기는 복부에 쌓여 있다가 후두喉頭와 인두咽頭의 근육으로 맹렬하게 몰려들고 통과 부위 전체에서 경련을 일으키며 둥근 공처럼 부은 상태를 복부에 초래한다." 약간 상부에서 히스테리 질환은 "결장結腸과 심장의 소와小窩 아래 부위로 밀려들어 장골불통증腸骨不通症과 비슷한 견디기 힘든 통증을 일으킨다." 히스테리 증세는 더욱 위로 올라가기에 이르고, 병은 "생명유지에 필수적인 부위"로 확대되어 "늑골에 부딪히는 심장의 고동소리가 주변사람들에게 틀림없이 들릴 것이라고 환자가 확신할 정도로 격심한 심장박동을 초래한다." 그러다가 마침내 "두개골과 두개골막 사이의 부위"를 공격하고 "이 부위의 어느 한 장소에 고정되면, 거기에서 심한 구토를 수반하는 참기 어려운 통증을 일으킨다 …."130

증후의 형태는 몸의 각 부위에 따라, 그리고 각 부위의 고유한 특성에 따라 결정된다. 그래서 히스테리는 가장 실제적이고 가장 기만적인 질병으로 보인다. 동물 정기의 움직임에 바탕을 두고 있기 때문에 실제적이고, 기관의 고유한 장애에 의해 유발된 듯한 증후가 생겨나지만, 이 증후는 단지 중심적 장애, 더 정확히 말하자면 일반적 장애가 기관에 따라 형태를 갖추는 과정일 뿐이기 때문에 착각하게 하는 것이다. 요컨대 몸의 표면에서 국소적 증후의 외양을 띠는 것은 바로 내부 유동성流動性의 착란錯亂이다. 정기의 혼란스럽고 지나친 움직임에 실제로 휩싸인 기관은 자체의 고유한 질병이 발생한 것처럼 보이고, 내부공간에서 움직임의 결함이 나타나기 시작하면서부터 이 결함에만 속할 장애

130 Id., *ibid.*, pp. 395~396.

를 가장하며, 이러한 방식으로 히스테리는 "인체의 어느 부위에서 발견되건 곧장 그 부위에 고유한 증후를 일으키므로, 인간에게 발생하는 거의 모든 질병과 흡사하고, 그래서 아주 명민하지 않거나 경험이 일천한 의사라면 잘못 생각하기가 쉬울 뿐만 아니라, 단지 히스테리 증세에서 기인할 뿐인 증후를 어느 특정한 부위에 고유하고 본질적인 질병의 탓으로 전가할지도 모른다."[131]

움직임의 동질적 형태 아래 육체의 공간을 가로지르면서 특수한 모습으로 나타나는 병의 술책術策, 그러나 느낄 수 있는 외양外樣은 여기에서 본질이 아니라 육체의 속임수이다.

그리고 나서 내부공간이 쉽게 침투될 수 있을수록 히스테리는 더 빈번할 것이고 히스테리의 양상은 더 다양해질 터이지만, 육체가 단단하고 강건하며 내부공간의 조직이 조밀할 뿐만 아니라 서로 다른 부위들이 각기 확고하게 이질적이면, 히스테리의 증후는 드물고 히스테리의 결과는 변함 없이 단순할 것이다. 정확히 이러한 점에서 여성의 히스테리와 남성의 히스테리, 또는 어림잡아 히스테리와 심기증이 구별되는 것은 아닌가. 실제로 증후도, 심지어는 원인도 질병들 사이의 구분 원칙을 형성하는 것이 아니다. 육체 공간의 견고성만이, 그리고 이를테면 내부 풍경의 밀도가 구분 원칙으로 기능한다.

"외부적이라고 부를 수 있고 감각에 포착되는 부분들로 구성된 인간 이외에, 동물 정기의 체계로 형성되고 정신의 눈으로만 볼 수 있는 내부적 인간이 있다. 몸의 체질과 밀접하게 결합된, 이를테면 하나가 된 이 내부적 인간은 생체를 형성하는 요소들이 자연의 단단함을 받아들인 정도에 따라 다소간 탈이 나게 마련이다. 그래서 여자들은 체질이 더 연약하고 덜 단단할 뿐만 아니라 더 여린 삶을 영위하고 쾌락이나 삶의

---

131 Sydenham, *op. cit.*, p. 394.

안락과 고통을 느끼는 데 익숙해 있지 않기 때문에, 남자들보다 이 질병에 훨씬 많이 걸린다."

그리고 이미 이 텍스트의 행간에서 공간의 밀도가 한 가지 의미를 드러내는데, 그것은 공간의 밀도가 또한 정신의 밀도라는 점이다. 아마 정기精氣의 무질서한 침투에 대한 기관의 저항은 생각과 욕망에 질서를 부여하는 영혼의 힘과 일체를 이룰 것이다. 투과시키는 성질을 갖게 되고 다공질이 된 이 내부공간은 결국 심장의 이완으로만 귀착할 뿐이다. 이는 여자들이 힘겹고 벅찬 삶에 익숙해질 때 별로 히스테리에 걸리지 않지만, 나약하고 한가하며 사치스럽고 늘어진 생활을 영위하거나 비애감 때문에 용기를 잃게 되면, 히스테리 환자가 되는 경향이 몹시 농후하다는 것을 설명해준다.

"유감스럽게도 내가 성격을 결정할 수 없는 질병으로 여자들이 나에게 상담하러 올 때, 나는 그녀들에게 마음이 괴로울 때 병이 나지 않았는지 묻고 … 그녀들이 고백하면, 나는 그녀들의 질병이 히스테리 질환이라고 완전히 확신하게 된다."132

여기에 히포크라테스와 플라톤 이래 자궁을 생기있고 영속적으로 움직이는 동물로 만들었고 자궁의 움직임을 공간적으로 질서 있게 배분한 오랜 직관이 새로운 방식으로 표명되어 있는 셈인데, 그러한 직관은 욕망에 대한 충족의 가능성도 통제력도 없는 사람들에게서 나타나는 욕망의 억제할 수 없는 동요를 히스테리에서 인식했고, 가슴과 머리까지 거슬러 올라가는 여성기관의 이미지는 플라톤의 위대한 3분법과 이것의 부동성을 결정하게 되어 있는 위계位階의 대혼란에 신화적 표현을 부여했다. 사이든햄의 경우나 데카르트 신봉자들의 경우나 도덕적 직관은 동일하지만, 그것이 표현되기에 이르는 공간의 풍경은 변했고, 플라톤

---

132 Sydenham, *op. cit.*, p. 394.

의 수직적이고 위계적인 질서는 체적體積으로 대체되었는데, 이것은 끊임없이 움직이는 것들이 가로지르는 공간이고, 이러한 것들의 무질서 상태는 정확히 하부에서 상부로의 순환이 아니라 혼란스런 공간에서의 불규칙한 소용돌이이다.

사이든햄이 "정신의 눈으로" 꿰뚫어보려고 한 그 "내부의 육체"는 중립적 관찰의 생기 없는 시선에 제공되는 객관적 육체가 아니라, 육체를 상상하고 육체의 내부 움직임을 해독解讀하는 어떤 방식과 육체에 도덕적 가치를 투입하는 어떤 방식이 서로 마주치게 되는 장소이다. 이러한 '윤리적 인식'의 층위에서 변화가 실현되고 작업이 행해진다. 의학이론의 언제나 변형될 수 있는 이미지가 휘어지고 굴절되는 것은 바로 이 윤리적 인식 속에서이고, 또한 커다란 도덕적 주제가 분명히 표명되고 점차로 애초의 형상을 변질시킬 수 있게 되는 것도 이 윤리적 인식 속에서이다.

그렇지만 이 침투 가능한 육체는 연속체이어야 한다. 기관들로 병이 확산되는 현상은 병이 한 기관에서 다른 기관으로 옮아가고 급기야는 모든 기관으로 파급되도록 허용하는 전파傳播 움직임의 이면일 뿐이다. 심기증 환자나 히스테리 환자의 몸이 병의 침입 때문에 환자 자신으로부터 분리되고 탄력을 잃게 되는 다공질多孔質의 육체라 해도, 병은 공간의 연속성을 매개로 해서만 퍼질 수 있을 뿐이다. 질병이 돌아다니는 육체는 환자의 분산된 증후들이 나타나는 육체와 다른 속성을 갖게 마련이다.

18세기의 의학을 괴롭히는 문제는, 심기증과 히스테리를 '신경계통'의 질병으로, 다시 말해서 기관들의 모든 '교감성'[133]을 좌우하는 일반적인 동인動因의 '자발성' 질환으로 만들게 하는 문제이다.

신경섬유는 주목할 만한 속성을 갖추고 있고, 이로 인해 가장 이질적인 요소들의 통합을 확실히 실행한다. 가장 다양한 인상을 전달하는 신경이 모든 부위에서, 그리고 모든 기관에서 동일한 성질의 것이라는 것은 이미 놀라운 사실이지 않을까?

"눈 안쪽에 퍼져 있어서 빛만큼이나 섬세한 물질의 인상을 지각하기에 적합하게 되는 신경, 그리고 청각기관에서 발성체發聲體의 진동에 민감하게 되는 신경이라고 해도 성질상으로는 촉각, 미각, 후각과 같은 좀더 조잡한 감각작용에 쓰이는 신경과 전혀 다르지 않다."**134**

기능은 다르지만 성질이 동일하다는 점 때문에, 아무리 멀리 떨어져 있고 생리적으로 아무리 다른 기관들 사이에서도 소통의 가능성이 확보된다. "동물의 신경이 다 같이 지니고 있는 다양한 소통기능과 밀접하게 관련된 이 동질성은 … 기관들 사이에 조화를 확립하는데, 이것은 흔히 하나 또는 여러 부위를 상해 부위의 증상에 참여하게 만드는 것이다."**135**

그러나 더욱 감탄할 만한 것은 신경섬유가 의도적인 움직임의 자극과 감각기관에 남겨진 인상을 동시에 전달할 수 있다는 점이다. 티소는 하나의 동일한 신경섬유가 갖는 이 이중의 작용을 의도적 유발에 이르는 '파동'운동(이것은 예컨대 내가 꽉 쥘 수 있고 그럴 경우 액체가 관을 통해 흘러나가게 될 방광과 같은 부드러운 저장기관에 들어있는 액체의 움직임이다)과 감각작용에 이르는 '입자'운동(이것은 잇따른 상아구슬들의 움직임이다)의 결합으로 이해한다. 이런 식으로 감각작용과 움직임은 동일한

---

133 *어느 정도 멀리 떨어진 두 기관 또는 여러 기관들 사이에서, 한 기관에 의해 지각된 감각 및 실행된 작용에 다른 기관이 참여하게 만드는 관계를 말한다.

134 Pressavin, *Nouveau traité des vapeurs*, Lyon, 1770, pp. 2~3.

135 Id., *ibid.*, p. 3.

신경 안에서 동시에 일어날 수 있다.136 즉, 우리가 모든 신경질환에서 볼 수 있듯이, 신경섬유에서의 모든 긴장 또는 모든 이완은 움직임과 동시에 감각작용을 변질시키게 된다.137

그렇지만 신경계의 이 모든 통합적 효력에도 불구하고, 히스테리나 심기증을 특징짓는 그토록 다양한 장애의 통일성을 실제의 신경섬유망에 의해 설명하는 것은 정말로 가능할까? 몸의 끝에서 끝까지 신경질환의 존재를 드러내는 징후들 사이의 연관성을 어떻게 상상할 수 있을까? 어떤 "섬세하고 민감한" 여자들의 경우에 자극적 향수香水나 비극적 사건에 대한 너무 실감나는 이야기 또는 격렬한 싸움의 목격에서 기인하는 인상 때문에 그녀들이 "기절하거나 경련을 일으킨다"는 것을 어떻게 설명할 수 있을까? 그리고 향수나 이야기 또는 싸움 목격과 기절이나 경련이라는 결과 사이에 어떤 연속선連續線을 그을 수 있을까?138 이러한 문제의 해결책을 모색하는 것은 아마 헛수고일 것이다. 신경들 사이의 어떤 명확한 관련성도 없고, 처음부터 뚫려 있는 어떤 경로도 없으며, 다만 일종의 원격작용만이 있을 뿐인데, 이 원격작용은 오히려 생리적 상관성의 영역에 속하는 것이다. 몸의 서로 다른 부위들은 "일반적이고 동물조직의 체계 전체로 확장되거나, 특수하거나, 다시 말해서 몇몇 부위에만 주로 작용하거나 하는 매우 일정한"139 능력을 갖는다.

"지각능력이나 운동능력"과 아주 다른 이러한 속성 때문에 기관들은 서로 상응하고 함께 타격을 입으며 멀리 떨어져 있으면서도 한 자극에 다 같이 반응하게 되는 것이다. 바로 이것이 교감성交感性이다. 사실 휘트는 신경계 전체에서 교감성을 분리해내지도, 교감성을 감성 및 운동

---

136 Tissot, *Traité des nerfs*, t. I, IIe partie, pp. 99~100.

137 Tissot, *op. cit.*, pp. 270~292.

138 Whytt, *Traité des maladies nerveuses*, I, p. 24.

139 Id., *ibid.*, I, p. 23.

과 비교하여 엄밀하게 규정하지도 못한다. 교감성은 단지 신경을 매개로 받아들여짐에 따라서만 기관들에 실재하고, 신경의 유동성140이 더 크고 동시에 교감성 자체가 감성의 형태들 가운데 하나이기 때문에 그만큼 더 분명하게 드러난다.

"기관들 사이의 모든 교감성, 모든 일치현상은 감정을 전제로 하고, 따라서 감각작용이 실행되도록 하는 유일한 수단인 신경의 매개에 의해서만 이루어질 수 있을 뿐이다."141

그러나 여기에서 신경계는 더 이상 움직임이나 감각의 전달을 설명하기 위해서가 아니라, 육체의 현상에 대한 육체 자체의 감성을, 그리고 육체라는 유기적 공간의 체적體積을 가로질러 생겨나는 반향反響을 정당화하기 위해 내세워지는 것이다.

신경질환은 본질적으로 교감성의 장애이고, 신경계의 일반적 경계警戒상태를 전제로 하는데, 이러한 경계상태는 각 기관을 다른 어떤 기관과도 교감할 수 있게 만드는 것이다.

"신경계의 이와 같은 감성상태에서 영혼의 정념, 생활의 규율에 어긋나는 결함, 더위와 추위 또는 대기의 답답함과 축축함의 급속한 교대는 병원성病原性 증후를 쉽게 생겨나게 할 것이며, 그래서 이와 같은 체질의 사람들은 굳건하거나 지속적인 건강을 누리지 못할 것이고 일반적으로 어느 정도 큰 고통을 연속적으로 겪게 될 것이다."142

아마 이 고조된 감성은 무감각 부위들, 그리고 잠과 같은 현상이 일어나는 부위들에 의해 상쇄될 것인데, 일반적으로 히스테리 환자는 이 내부감각이 가장 섬세한 사람이고, 심기증 환자는 반대로 이 내부감각

---

140 Id., *ibid.*, I, p. 51.
141 Id., *ibid.*, I, p. 50.
142 Whytt, *op. cit.*, I, pp. 126~127.

이 무디어진 사람이다. 물론 여자들은 전자의 범주에 속한다. 자궁은 뇌와 함께 인체 전체에 대해 가장 많은 교감성을 지니고 있는 기관이 아닌가? "일반적으로 자궁의 염증에 수반되는 구토, 임신에 동반되는 구역질과 엉뚱한 식욕, 출산시의 횡경막 및 복부근육의 수축, 두통, 월경기가 다가올 때 느껴지는 열과 등의 통증과 복통"[143]을 예로 드는 것으로 충분할 것이다. 여성의 육체 전체는 모호하나 이상하게 직접적 교감성의 경로가 사방으로 통하고 있고, 교감성을 위한 절대적 특권의 장소 같은 것을 형성할 정도로 직접적 공조共助관계 속에 놓여 있으며, 유기적 공간 어디에서나 히스테리의 가능성을 늘 내포하고 있다.

여성은 육체 전체에 퍼져 있는 교감적 감각능력 때문에, 머리를 자극하는 기운이라고 불리는 그러한 신경질환에 쉽게 걸리게 되어 있다. "여자들은 신경계가 일반적으로 남자들의 경우보다 더 불안정하기 때문에 신경질환에 더 걸리기 쉬울 뿐만 아니라, 여자들의 신경질환은 증세가 더 심하다."[144] 그리고 휘트는 신경이 약한 여자들에게 치통으로 인해 경련과 마비가 초래되어 여러 시간 동안 지속되었고 치통이 더 심해졌을 때 경련과 마비가 재발했다는 것을 목격했다고 말한다.

신경질환은 육체적 연속성의 질병이다. 내적 긴밀성이 있고 부위들의 관계가 너무나 밀접한 육체, 이를테면 기이하게 수축되는 유기적 공간, 이것은 이제 히스테리와 심기증에 공통된 주제가 된 것이고, 어떤 사람들의 경우에 육체의 내적 긴밀화는 분명한, 너무나 분명한 이미지처럼 보인다. 이것이 바로 폼므에 의해 묘사된 유명한 "신경계통의 연관성聯關性"이다. 이와 같은 이미지는 문제를 가리지만, 결코 문제를 없애지도, 작업이 계속되는 것을 방해하지도 않는다.

---

143 Id., *ibid.*, I, p. 47.
144 Id., *ibid.*, I, pp. 166~167.

이러한 교감성은 근본적으로 각 기관에 감춰진 속성, 이를테면 체인이 말한 그 "감정"일까, 아니면 매개요소를 따라 이루어지는 실질적 전파傳播현상일까? 그리고 신경질환을 특징짓는 병리학적 인접성은 그 감정의 고조일까, 아니면 그 조직간組織間 물질의 더 광범위한 이동성일까?

기이하지만, 18세기에, 즉 생리학자들이 신경계의 기능과 역할(감성과 과민성, 감각과 운동)을 가장 정확하게 파악하려고 애쓰고, 의사들이 이 선험적 개념들을 생리학에 의해 제안된 것과 전혀 다른 도식에 따라 유기적으로 연결시키면서 병리학적 인식의 불분명한 통일성 속에서 그것들을 막연하게 이용하는 시대에, 아마 의학적 사유를 특징지을 현상이 이것이다.

감성과 운동은 구별되지 않는다. 티소가 설명하듯이, 어린이는 모든 것이 더 가볍고 더 유동적이기 때문에, 다른 누구보다도 더 민감하고,145 할러가 신경섬유의 속성으로 이해한 과민성은 쉽게 가라앉지 않는 흥분에 의해 기관의 병적 상태가 유발되는 것으로 이해된 신경과민과 혼동된다. 그러므로 신경질환은 신경섬유의 과도한 유동성과 관계가 깊은 신경과민의 상태라는 것을 인정할 수 있을 것이다.

"가장 하찮은 동인動因으로 인해 건강한 사람보다 훨씬 더 심한 움직임을 내보이는 사람들이 때때로 눈에 띄는데, 그들은 생소한 인상을 아무리 사소한 것일지라도 견디지 못한다. 아무리 작은 소리도 아무리 약한 빛도 그들에게는 극심한 증후를 야기한다."146

신경과민 개념의 이러한 모호성이 의도적으로 유지되는 가운데, 18

---

145 Tissot, *Traité des nerfs*, t. I, IIe partie, p. 274.
146 Id., *ibid.*, p. 302.

세기 말의 의학은 자질(과민성)과 발병(신경의 흥분) 사이의 연속성을 실제로 보여줄 수 있을 뿐만 아니라, 고유한 특이성 속에서만 일반적인 침해의 성격을 지닐 뿐인, 기관에 고유한 장애의 주제(모든 불연속성에도 불구하고 그러한 소통을 보장하는 것은 바로 기관에 고유한 감성이다) 와 각각의 부위를 손상시킬 수 있는 동일한 장애가 인체로 파급된다는 관념(신경섬유가 기관들에서 띠는 다양한 형태에도 불구하고 이러한 연속성을 보장하는 것은 바로 신경섬유의 유동성이다)을 동시에 옹호할 수 있다.

그러나 "흥분된 신경섬유"의 개념은 이 어색한 혼동의 역할을 맡는다 해도, 다른 한편으로 병리학에서 결정적 구별을 가능하게 한다. 한편으로 신경증 환자들은 가장 흥분하기 쉽다. 다시 말해서 가장 민감하다. 즉, 신경섬유의 미세함, 인체의 과민성뿐만 아니라 쉽게 감동하는 마음, 불안한 심정, 자기 주변에서 일어나는 모든 일에 너무 활기차게 반응하는 교감성交感性을 보여준다. 이러한 종류의 보편적 반향, 이를테면 감각과 동시에 유동성은 질병의 첫 번째 결정 요소이다.

여자들은 "신경섬유가 연약하고" 일이 없는 한가한 처지에서 상상력의 활발한 움직임에 쉽게 휩쓸리기 때문에, "더 건장하고 더 무뚝뚝하며 더 열정적으로 일하는" 남자보다 신경질환에 걸릴 확률이 더 높다.[147] 그러나 이 지나친 신경과민은 영혼의 감각을 약화시키고 때로는 결국 없애버린다는 특성이 있는데, 마치 신경기관 자체의 감성이 영혼의 감각능력에 영향을 미치고, 극단적 유동성으로 야기하는 다수의 감각을 자체에만 유익이 되도록 모조리 흡수해 버리기라도 하는 듯하며, 신경계는 "그러한 신경과민과 반응의 상태로 인해 자극을 영혼에 전달할 수 없을뿐더러, 신경계의 모든 특징은 흐트러져버리고, 영혼은 신경계의 특징을 더 이상 읽어내지 못한다."[148]

---

147 Tissot, *Traité des nerfs*, t. I, IIe partie, pp. 278~279.

이런 식으로 점점 뚜렷해지는 것은 감각이 아닌 감성의 관념, 그리고 육체와 영혼에 똑같이 속하는 그 과민성과 신경의 진동을 영혼까지 이르지 못하도록 방해하는 감각의 어떤 휴면休眠상태 사이에서 나타나는 전도된 관계의 관념이다. 히스테리 환자의 무의식 상태는 감성의 이면일 뿐이다. 병리학자들의 사유에서 그토록 거의 정교하지 않고 여전히 그토록 혼란스러운 신경과민의 개념이 가져다준 것은 바로 교감성의 개념이 규정할 수 없었던 이 관계이다.

그러나 바로 이 사실 때문에 "신경질환"의 도덕적 의미는 크게 변질된다. 신경의 병은 인체 하부의 유기적 움직임과 관련되어 있는 이상(심지어 교감성의 다양하고 혼란스러운 경로에 의해), 어떤 욕망의 윤리 안에 위치해 있는 것이었다. 즉, 비속卑俗한 육체의 앙갚음을 상징했다. 사람들이 병들게 되는 것은 지나친 격렬함 때문이었다. 이제부터는 너무 많이 느끼기 때문에 병이 들고, 주위의 모든 존재와의 과도한 상관성으로 고통을 겪는다. 사람들은 더 이상 자신의 내밀한 체질에 의해 지배되지 않고, 세계의 표면에서 육체와 영혼을 자극하는 모든 것의 희생자이다.

그리고 이 모든 것 때문에 사람들은 더 무구無垢하고 동시에 더 떳떳하지 못하다. 더 아픈 그만큼 더 심한 무의식 상태로 신경계의 흥분에 의해 이끌리므로 더 무구하지만, 이 세상에서 애착을 느낀 모든 것, 영위해 온 삶, 품었던 애정, 너무나 흐뭇한 마음으로 길러 온 정념과 상상력이 신경의 흥분상태 속에서 녹아 없어지게 되고 거기에서 자연스런 결과와 도덕적 징벌을 발견하므로 훨씬 더 떳떳하지 못하다. 삶 전체는 결국 이러한 신경과민의 정도에 따라, 예컨대 자연스럽지 않은 것149의 남

148 Id., *ibid.*, pp. 302~303.
149 다시 말해서 공기와 음식과 술, 잠과 밤샘, 휴식과 운동, 배설과 정체(停滯), 정

용, 틀어박혀 지내게 되기 일쑤인 도시생활, 소설 읽기, 연극 관람, 150 과도한 학문 탐구열, 151 "성性에 대한 너무 활기찬 열정, 또는 육체에 해로운 만큼 정신적으로도 비난받아 마땅한 사악한 습성"152에 따라 평가된다.

신경의 흥분상태를 더 이상 느끼지도 못하는 신경질환자의 무구함은 사실상 더 깊은 죄의식, 즉 신경질환자로 하여금 자연보다 세상을 더 좋아하게 한 죄의식의 정당한 징벌일 뿐이다. "끔찍한 상태! … 이것은 무기력으로 인해 위험한 쾌락 속으로 급속히 빠져들고 자연에 의해 부과된 고역苦役에서 벗어나기 위해 개인적 견해의 온갖 허울을 신봉한 모든 유약한 영혼의 극심한 고통이다. … 부유한 사람들은 재산의 한심한 사용 때문에 이런 식으로 대가를 치른 것이다."153

이제 우리는 19세기 직전에 이르렀다. 즉, 신경섬유의 과민성은 생리학과 병리학으로 편입될 운명을 갖게 되는 것이다. 154 이것이 당분간 신경질환의 영역에 남기는 것은 그래도 역시 매우 중요한 것이다.

그것은 한편으로 히스테리와 심기증이 정신병과 완전히 동류시되는 현상이다. 감성과 감각 사이의 중대한 구별에 의해, 히스테리와 심기증은 우리가 이미 살펴보았듯이 오류와 꿈, 다시 말해서 무분별의 본질적인 계기에 의해 특징지어진 비이성의 영역으로 들어간다. 독기는 경련이나 육체를 가로지르는 기이한 교감적 소통인 이상, 설령 실신과 의식의 상실로 이를지라도 결코 광기가 아니었다. 그러나 정신이 감성의

넘. (특히 Tissot, *Traité des nerfs*, II, 1, pp. 3~4 참조).

150 Tissot, *Essai sur les maladies des gens du monde* 참조.

151 Pressavin, *Nouveau traité des vapeurs*, pp. 15~55, pp. 222~224.

152 Id., *ibid.*, p. 65.

153 Mercier, *Tableau de Paris*, Amsterdam 1783, III, p. 199.

154 Broussais, *De l'irritation et de la folie*, 2ᵉ éd., 1839.

과잉 자체에 눈멀게 되기만 하면, 광기는 나타난다.

그러나 다른 한편으로 신경과민성은 고전주의 시대의 경험에서 결코 찾아볼 수 없었던 죄의식, 도덕적 제재制裁, 합당한 징벌의 내용을 이러한 광기에 부여한다. 그것은 그 모든 새로운 가치로 비이성을 무겁게 만든다. 즉, 무분별을 광기의 모든 발현현상의 가능조건으로 만들지 않고, 그 대신 광기를 '도덕적 결함의 심리적 결과'로 규정한다. 그리고 비이성의 경험에 놓여 있었던 본질적인 것은 이러한 방법을 통해 위태롭게 된다. 무분별이었던 것은 무의식 상태로 간주되고, 오류였던 것은 결함으로 취급되며, 광기에서 비존재의 역설적 발현을 보여주었던 모든 것은 도덕적 죄악의 자연적 징벌이 될 판이다.

요컨대 물질적 원인들의 순환에서 정신착란의 선험성까지 고전주의 시대의 광기의 구조를 구성했던 그 수직적 위계 전체는 이제 심리학과 도덕이 함께 차지하고 이윽고 서로 경합하게 되는 영역의 표면에서 흔들리고 분류되기에 이른다.

19세기의 "과학적 정신의학"이 가능하게 된 것이다.

정신의학의 기원이 발견되는 것은 정신의학을 재빨리 조롱하게 되는 "신경질환"과 "히스테리"에서이다.

4

의사와 환자

17세기와 18세기에 의학적 사유와 실천은 통일성이나, 적어도 우리가 지금 인정하는 일관성이 없다. 어느 정도 치유에 고유하고 의학 이론, 생리분석, 증후의 관찰 자체에 의해 언제나 정확하게 통제되는 것은 아닌 원칙에 따라 치유의 세계가 조직된다. 입원과 수용이 얼마나 의학과 무관했는가는 우리가 이미 살펴본 바이지만, 의학 자체 내에서도 이론과 치료법은 불완전한 상호성 속에서만 소통하는 것이다.

어떤 의미에서 치료의 세계는 여전히 더 굳건하고 더 안정적이며 또한 구조에 더 충실하고 발전의 측면에서 덜 불확실하며 근본적인 갱신更新에 대해 덜 자유롭다. 그리고 하비[1]와 데카르트와 윌리스에 힘입어 생리학 분야에서 발견될 수 있었던 것에 상응하는 수준의 약물치료기법은 진작되지 못했다.

우선 만병통치약의 신화가 아직은 완전히 사라지지 않았다. 그렇지만 치료제의 효과에서 보편성의 관념은 17세기 말 경에 의미가 바뀌기

---

[1] *Harvey. 영국의 의학자(1578~1657). 혈액 순환의 원리를 발견했다.

시작한다. 안티몬2에 관한 논쟁에서 사람들은 육체에만 속하고 병에 직접적으로 작용할 수 있을 어떤 효력을 여전히 주장했는데(또는 부인했는데), 만병통치약에서 반反자연에 속하는 모든 것을 없애는 작용을 하는 것은 바로 자연 자체이다.

그러나 이윽고 안티몬 논쟁에 뒤이어 아편에 관한 논의가 이루어진다. 아편은 대단히 많은 질환에, 특히 "머리의 질병"에 사용된다. 휘트는 아편이 신경질환에 사용될 때의 장점과 실효성을 길게 늘어놓는다. 즉, 아편은 "신경에 고유한 감각능력"을 약화시키고, 따라서 "심한 신경과민 때문에 초래되는 고통, 불규칙적인 동작, 경련"을 완화시키며, 동요와 경련에 매우 유용할 뿐만 아니라, "매우 양이 많은 월경 때문에 유발되는 쇠약, 피로, 하품"과 "가스에 의한 복통", 폐의 폐색閉塞, 신물, "정말로 발작적인 천식"에 아편을 쓰면 효험을 볼 수 있다고 한다.

요컨대, 교감성 감각능력이 인체의 공간 내부에서 질병의 소통을 좌우하는 커다란 요인이듯이, 아편은 탁월한 마취효과가 있기 때문에 항교감성抗交感性 요인으로서, 민감한 신경경로를 따라 병이 퍼지는 현상을 막을 수 있다는 것이다. 아마 이 작용은 급속히 약해질 것이고, 신경은 아편에도 불구하고 다시 예민해지며, 그때 "계속해서 결실을 얻는" 유일한 방법은 "일회 사용량을 수시로 늘리는 것이다."3 알다시피 아편의 보편적 가치는 정확히 내밀한 힘으로서 아편 특유의 것이라고 간주되는 효력에서 기인하는 것이 아니다. 아편의 효과는 제한적이다. 즉, 아편은 감각을 마비시킨다. 그러나 아편의 적용점適用點, 이를테면 신경계통은 질병의 보편적 작용물질이므로, 아편이 만병통치약의 의미를

---

2 *금속과 비(非) 금속의 중간물질로서, 다른 금속에 첨가될 때 그 금속의 강도를 높여 준다.

3 Whytt, *Traité des maladies nerveuses*, II, pp. 168~174.

띠는 것은 바로 이러한 해부학적이고 기능적인 매개기능에 의해서이다. 치료제는 그 자체로 일반적인 것이 아니라, 인체가 기능하는 가장 일반적인 방식에 끼어들기 때문에 일반적이다.

18세기에 만병통치萬病通治藥의 주제는 약제로 구현되었을 자연적 특성과 이것을 인체의 가장 일반적인 기능에 작용하도록 해줄 유효성 사이의 획득되었다기보다는 추구된 타협 또는 균형이다. 아편에 관한 엑케의 책은 그 시대의 의학사상을 특징짓는 이러한 타협의 증거가 된다. 거기에서 생리분석은 면밀하고, 건강상태는 유체의 "적절한 온도"와 고체의 "유연한 탄력"에 의해, "한 마디로 이 두 중심적 생명력의 자유로운 상호작용에 의해" 결정되며, 역으로 "질병의 원인은 유체流體 또는 고체에서, 다시 말하자면 유체나 고체의 조직상태와 움직임 등에 생기는 결함이나 변질에서 생겨난다."4

그러나 사실 유체는 결코 고유한 특성이 없다. 유체는 너무 진하다거나 너무 맑을까, 아니면 요동치거나 고여 있다거나 썩었을까? 이것들은 바로 고체의 움직임에서 파생된 결과일 뿐이고, 유체는 고체의 움직임에 의해서만 "저장소에서 배출되고 도관을 통해 흐를" 수 있게 된다. 따라서 건강과 질병의 동인動因은 "고동치는 도관 … 압박하는 막"과 "움직이게 하고 동요시키며 활기를 띠게 하는 탄력"이다.5 그런데 아편이란 무엇인가? 열을 받으면 "거의 전적으로 기화氣化하는" 속성을 지닌 고체이다. 그러므로 아편은 "알코올 성분과 공기성분의 결합체"라고 추정할 수 있다. 아편이 몸에 흡수되자마자, 이 성분들은 인체 속에서 빠르게 방출된다.

---

4 P. Hecquet, *Réflexion sur l'usage de l'opium, des calmants et des narcotiques*, Paris, 1726, p. 11.

5 P. Hecquet, *op. cit.*, pp. 32~33.

"아편은 내장에서 분해된 후, 지각할 수 없는 원자들의 구름 같은 것
이 되는데, 이것이 갑자기 혈액 속으로 침투하고는 신속하게 혈관을 따
라 이동하다가 가장 높은 순도純度의 림프와 함께 대뇌 피질 속으로 스
며든다."6

대뇌 피질에서 아편은 방출 기체의 물리적 특성에 따라 3중의 효력을
나타낸다. 이 기체는 실제로 정기 또는 "가늘고 가벼우며 지각되지 않
고 탄력적인 보풀가락처럼 쉽게 침투하고 부드럽게 스며들 뿐만 아니라
가볍고 가늘며 고운 가루와 같고 소금기가 없으며 완벽하게 반들반들한
부분"7으로 구성된다. 그것은 매끈매끈하고 반들반들한 요소이므로 "완
전히 평탄해진 두 표면이 서로 접합되는 방식으로" 막의 고른 표면에 어
떤 간극間隙도 없이 달라붙을 수 있고, 이런 식으로 막과 신경섬유를 강
화시키며, 게다가 "탄성彈性의 가락이나 박층薄層"과 유사하게 보이도록
하는 유연성이 있어서 "막의 탄력성"을 확고히 하고 막을 더 탄력적이게
만든다. 마지막으로 그것은 "공기 입자"이므로, 신경액에 긴밀하게 섞
일 수 있고, 신경액을 "개선하고 부드럽게 만듦"으로써 신경액의 활기
를 돋울 수 있다.

인체 속에서 아편의 화학적 분해는 이러한 변형에 의해, 정상상태일
경우 건강을 결정하고 변질된 상태일 경우 질병을 결정하는 요소에 아
편을 연결시키기 때문에, 아편의 효과는 완전하다. 아편이 보편적 약
제의 가치를 띠는 것은 바로 화학적 변화와 생리적 쇄신의 긴 경로에 의
해서이다. 그렇지만 엑케는 아편의 치유효과가 자연적 효능에서 나온
다거나, 아편을 생명의 원천과 직접적으로 소통하게 하는 비밀이 아편
에 놓여 있다거나 하는 생각을 버리지 않는다.

---

6 Id., *ibid.*, p. 84.
7 Id., *ibid.*, p. 86.

질병과 아편의 관계는 이중적이다. 즉, 한편으로는 다양한 메커니즘의 연쇄에 비해 간접적이고 매개적이며 부차적인 관계가 있고, 다른 한편으로는 직접적이고 즉각적이며 모든 추론적 인과성보다 앞선 관계, 생기生氣 자체인 정수精髓, 정기, 말하자면 영적이고 동시에 알코올이 다량 함유된 요소를 아편에 들어있도록 만든 본래의 관계가 있다. "아편에 남아 있는 이 정기"는 "창조주가 불어넣은 생기의 충실한 수탁자受託者이다. … 실제로 생명의 원천일 뿐만 아니라 건강을 보존하면서 인간을, 만일 인간이 여전히 무구하다면, 죽음으로부터 지켜주게 되어 있는 심령을 창조주는 나무(생명수)에 기꺼이 맡겼고, 또한 죄인이 된 인간의 건강을 틀림없이 회복시켜 줄 정기도 아마 식물에 맡겼을 것이다."[8] 결국 아편은 원래부터 '효험이 있었음'에 따라서만 '효과가 있다'. 아편은 '자연적'이고 가시적인 '역학'에 따라, 그렇지만 '자연의 은밀한 혜택'을 받았기 때문에 효력을 나타낸다.

18세기에 약제의 효력이라는 관념은 자연의 주제를 중심으로 더욱 치밀해지지만, 애매한 점을 결코 떨쳐버리지는 못하게 된다. 약제의 작용방식은 자연적이고 추론적인 전개를 따르지만, 약리藥理작용의 원리는 본질과의 근접성, 자연과의 본원적 소통, 자연원리 쪽으로의 개방성開放性이다.[9] 18세기 동안 "자연적" 약제들, 다시 말해서 원리가 자연 속에 '감추어져' 있으나 자연 철학에서는 결과가 '눈에 보이는' 약제들, 곧 공기, 물, 에테르, 전기에 부여된 일련의 특성은 이러한 모호성을 감안하여 이해해야 한다. 이 치료 주제들 각각에서 만병통치약의 관

---

8 P. Hecquet, *op. cit.*, pp. 87~88.

9 약에 대한 비판이 약을 옹호할 때와 동일한 원리의 이름으로 행해진다. 예컨대 제임스의 《사전》에는 아편이 조광증을 급속하게 악화시킨다고 나와 있다. "이러한 결과가 생겨나는 것은 자연과 상극인 어떤 휘발성 유황이 이 약에 많이 함유되어 있기 때문이다"(*Dictionnaire des sciences médicales, loc. cit.*).

념은 우리가 이미 살펴보았듯이 변형된 모습으로 솟아나지만, 특수한 약제를 탐구한다거나 특별한 증후나 특이한 원인과 직접적 관계가 있는 국소적 결과를 찾아내는 데 언제나 방해가 된다. 18세기에 치유의 세계는 대체로 이와 같은 추상적 일반성의 공간에 아직 머물러 있다.

그러나 이것은 부분적 현상일 뿐이다. 중세 이래 특권적 만병통치약에는 국소적으로 특별한 효력을 내는 약제들이 계속해서 대립한다. 질병의 소우주와 자연의 대우주 사이에서 복잡한 대응체계를 확립하고 유지하는 연결망連結網 전체가 오래 전부터 그려져 있다. 반드시 실재하게 마련이지만 자연의 대단히 외진 지역에서나 찾아낼 수 있는 해독제解毒劑를 발견하기만 한다면, 없앨 수 없는 병의 양상이나 질병의 형태는 이 세상에 없다는 오래된 관념아 그것이다. 병은 단순한 상태로 존재하지 않고 언제나 이미 상쇄되어 있다. "옛날에 풀은 광인에게 잘 들었고 형리刑吏에게 해가 되었다." 매우 급속하게 식물과 소금의 사용은 합리주의적 양식樣式의 약전藥典에 따라 새롭게 해석되고, 식물과 소금으로 치유될 수 있다고 여겨지는 인체의 장애와 추론적 관계를 맺게 된다.

그렇지만 고전주의 시대에는 저항의 영역이 있었는데, 그것은 바로 광기의 영역이다. 오랫동안 광기는 세계의 예지에 따라 자연의 비밀 속에 배분된 우주적 요소와 직접적으로 소통하는 상태에 있었다. 그리고 이상하게도 광기의 완전히 구성된 그러한 반대명제들은 대부분 식물의 영역에 속하는 것이 아니라, 인간의 세계에 관련되거나 광물의 세계에 관련되거나 하는 것이다. 마치 병리학의 형태들 사이에서 정신이상에 별도의 자리를 만들어주는 정신이상의 음산한 힘이 자연의 가장 은밀한 비밀에 의해서만, 또는 반대로 인간의 가시적 형태를 구성하는 가장 섬세한 본질에 의해서만 줄어들 수 있기라도 하는 듯하다. 영혼과 육체의 현상이자, 죄의 극한에서 본질적으로 인간에게 찍히는 낙인이고 실추의 징표이면서 또한 타락 자체를 환기시키는 광기는 죄인으로서 죽게 마련인 인간의 육체와 인간 자신에 의해서만 치유될 수 있을 뿐이다.

그러나 광기가 세계의 가장 모호하고 가장 어두운 힘에 이어져 있을 뿐만 아니라 지상地上 아래의 그 심층이 다시 솟아오르면서 욕망과 악몽이 깨어나는 사태 같은 것을 상징한다는 주제는 고전주의적 상상력에서 아직 완전히 사라지지 않았다. 그래서 광기는 돌, 보석 등 반짝이는 가운데 저주만큼이나 풍요로움을 지니고 있는 그 모든 보물과 관련된다. 즉, 그것들의 생생한 색깔은 어둠의 파편을 에워싸고 있는 것이다. 오랫동안 훼손되지 않은 이러한 도덕적이고 상상적인 주제의 효력은 왜 고전주의 시대의 밑바닥에서조차 사람들이 이러한 인간 및 광물 약제의 현존에 마주치는가를, 그리고 왜 고전주의 시대에 이 주제가 당시의 의학적 이해 방식들 대부분에 개의치 않고 끈질기게 광기에 적용되는가를 설명해 준다.

또한 1638년에 장 드 세르는 장 르누의 유명한 《약학 전서》를 번역했는데, 거기에 언급되어 있듯이, "대자연의 창조자는 각 보석에 특별하고 찬탄할만한 효능을 완벽하게 불어넣었고, 이 효능 때문에 … 왕들과 제후들은 신묘한 힘을 얻고 여러 가지 질병을 치유하며 건강을 유지하기 위해 자신들의 관을 보석으로 장식한다."[10] 예컨대 청금석青金石은 "몸에 지니고 다닐 때 시력을 좋게 하고, 심장박동을 원활하게 유지시켜 주며, 깨끗이 씻어서 적절하게 간직할 경우 아무런 위험도 초래하지 않고 흑담즙을 정화시킨다."

모든 보석 중에서 취옥翠玉은 양면적 힘을 가장 많이 내포하고 있고, 취옥의 주요한 효능은 지혜와 미덕을 보호하는 것이며, 장 르누에 의하면 취옥은 "금반지에 박아 지니고 다니면 기력의 감퇴를 방지할 수 있고

---

10 Jean de Renou, *Œuvres pharmaceutiques*, traduites par de Serres, Lyon, 1638, p. 405.

제 4장 의사와 환자 497

기억력을 강화시키며 색욕色慾의 유혹을 이겨낼 수 있게 한다. 실제로 헝가리 왕이 사랑 때문에 왕비와 다툼을 벌이자, 그 갈등으로 인해, 손가락에 끼고 있던 반지에서 취옥이 세 조각으로 깨졌다는 이야기가 전해지는데, 이런 점으로 보아 이 보석은 정절의 상징이다."[11] 이러한 믿음 전체는 만일 17세기와 18세기의 약전과 의학 개론에 매우 분명히 나타나 있지 않다면, 아마 거의 인용할 만한 가치가 없을 것이다. 아마 의미가 너무나도 명백하게 마술적인 경우는 불신의 대상이 될 것이다. 가령 르므리[12]는 《약재 사전》에서 취옥의 추정된 속성을 전혀 신뢰하려 하지 않는다. "취옥은 간질에 효과적이고 부적符籍으로 지닐 경우 출산을 촉진시킨다는 주장이 있으나, 이러한 특성들은 허황된 것일 뿐이다."

그러나 부적이 효력의 매개물로 인정되지 않는다 해도, 보석의 신비한 힘은 쉽사리 거부되지 못하고, 보석은 자연의 기본 원리 속에 다시 포함되기에 이른다. 거기에서 효능은 현자賢者의 수은水銀에 의해 비밀이 추출될 수 있는 인식 불가능한 즙의 양태를 띤다. 손가락의 반지에 박힌 취옥은 더 이상 효력을 갖지 않는 반면에, 취옥을 위의 염분, 피의 체액, 신경의 정기에 섞으면, 취옥의 효과는 확실할 것이고 취옥의 효능은 자연스럽게 나타날 것이다. 르므리의 말을 다시 인용하자면 "취옥을 미세하게 갈아 입으로 섭취하면, 지나치게 산성인 체액을 완화시키기에 적합하다."[13]

---

11 Jean de Renou, Œuvres pharmaceutiques, pp. 406~413. 아주 오래 전에 이미 알베르 드 볼스다트(Albert de Bollsdat)가 황옥(黃玉)에 대해 "지혜를 얻고 광기를 피하게 해준다"고 말했으며, 바르텔레미(Barthélemy)는 광란에 빠지지 않게 해주는 힘이 황옥에 있다고 주장했다(De proprietatibus rerum).

12 *원래는 Lémery. 프랑스의 약제사(1645~1715). Pharmacopée universelle (1697), Traité de l'anatomie (1707) 등의 저서가 있다.

13 Lemery, Dictionnaire universel des drogues simples, éd. 1759, p. 821. 또한 Mme de Sévigné, Œuvre, t. Ⅶ. p, 411 참조

자연의 다른 쪽 극단에서 인체도 역시 18세기에 광기의 특권적 치료 제들 가운데 하나로 간주된다. 아마도 자연의 지혜는 인체를 형성하는 복잡한 혼합물 속에, 인간의 광기로 인해 생겨난 무질서와 환상을 유일 하게 억제할 수 있는 비법을 감춰놓았으리라는 것이다. 여기에서도 인 간은 생명과 동시에 건강의 근원인 세계의 구성요소들이 서로 합쳐지는 소우주라는 오랜 주제가 엿보이는데, 르므리는 "인체의 모든 부위, 인 간의 피부 돌기와 배설물에서" 4가지 기본 물질을 확인한다. 즉, 그것 들은 모두 "서로 뒤섞여 있고 림프액과 흙으로 감싸인 기름과 휘발성 염 鹽"14이다. 인간으로 인간을 치유한다는 것은 세계로 세계의 무질서에, 지혜로 광기에, 자연으로 반자연에 대항한다는 것이다. "사람의 머리 털을 태워 환자에게 그 냄새를 맡게 하면 머리로 올라오는 독기를 제거 하는 데 효험을 볼 수 있다. … 새로 받아놓은 사람의 소변은 히스테리 를 일으키는 독기를 없애는 데 효과적이다."15

뷔쇼즈는 신경질환에 모유母乳, 특히 자연식품을(그는 루소를 본받아 글을 쓴다), 그리고 "심기증으로 인한 모든 형태의 질병"에 소변을 권한 다.16 그런데 사람에게서 추출되는 치료제, 특히 인간의 가장 중요한 부위인 두개골에서 채취할 수 있는 치료제가 가장 절실하게 요구되는 것은 히스테리 발작에서 간질까지 경련이 일어나는 증세에서이다. 경 련에는 격렬함 자체에 의해서만 억제될 수 있을 뿐인 격렬함이 있고,

---

14 Lemery, *Dictionnaire universel des drogues*, article Homo, éd. de 1759, p. 429.
또한 Moïse Charas, *Pharmacopée royale*, éd. de 1676, p. 771. "남자와 여자가 걸 리는 질병들의 대부분을 치유하거나 누그러뜨리기 위해 화학적으로 조제할 수 없는 부위나 배설물 또는 잉여물은 남자에게나 여자에게나 하나도 없다고 말할 수 있다."
15 Id., *ibid.*, p. 430.
16 Buchoz, *Lettres périodiques curieuses*, 2e et 3e. *Gazette salutaire*, XX et XXI, 18 et 25 mai 1769에 발표된 서평.

그래서 교수형으로 처형되고 성수聖水를 뿌린 땅 속에 묻히지 못한 사람의 두개골이 그토록 오랫동안 이용되어 온 것이다. 17 르므리는 두개골 뼛가루의 빈번한 사용을 인용하지만, 그의 말을 믿는다면, 이 묘약妙藥은 효력이 없어진 "죽은 머리"일 뿐이다. 그것 대신에 "최근에 급사한 젊은이의" 두개골이나 대뇌를 사용하는 것이 더 나을 것이라고 한다. 18 또한 경련을 누그러뜨리기 위해 아직 따뜻한 사람의 피도 사용되었는데, 이 치료법은 지나칠 경우 조광증을 유발할 수 있기 때문에, 남용하지 않을 것이 요구되었다. 19

그러나 이 혈액 이미지의 다원적 결정 덕분으로 우리는 이미 치료 효율성의 또 다른 영역, 곧 상징적 가치의 영역으로 접어든 셈이다. 이 영역도 의학과 생리학의 새로운 형태에 맞추어 약을 처방하는 데 또 다른 장애로 작용했다. 순전히 상징적인 몇몇 방법은 고전주의 시대 말까지 처방 이상의 것, 기술상의 비법 이상의 것, 아득한 옛날부터의 몽환적 영역에 속하는 이미지와 은밀한 상징을 전달하면서 확고부동한 상태로 남아 있었다.

뱀은 타락의 계기, 그리고 유혹의 가시적인 형태, 여자의 대표적 적수敵讐임과 동시에 속죄의 세계에서 여자에게 가장 귀중한 치료제이다. 죄와 죽음의 원인이었던 것이 치유와 삶의 원인이 되게 마련이지 않았을까? 그리고 갖가지 뱀들 중에서도 가장 강한 독을 지닌 것이 여자의 독기와 질병에 가장 효과적이게 되어 있다. 드 세비녜20 부인이 한 편지에서 말하듯이, "내가 완전한 건강을 누리고 있는 것은 살모사 덕분

---

17 Raoul Mercier, *Le Monde médical de Touraine sous la Révolution*, p. 206 참조.

18 Lemery, *Pharmacopée universelle*, p. 124; p. 359 및 p. 752.

19 Buchoz, *loc. cit.*

20 *de Sévigné. 프랑스의 여류 문인(1626~1696). 시집간 딸에게 쓴 편지로 서간체 문학의 전기를 마련했다.

이란다. … 살모사는 피를 희석시키고 맑게 하며 피에 생기를 주는 것이야." 더구나 그녀는 진짜 뱀, 약제사가 조제한 결과물, 단지 속의 약이 아니라, 들판의 살아 있는 살모사를 권한다. "실제로 살과 뼈가 있는 진짜 살모사여야 해. 가루로 만든 것은 필요 없어. 가루는 변비를 유발하니까. 탕을 끓이거나 삶은 크림 또는 생기를 주는 다른 형태로 복용하지 않는 한 효험을 보기 어렵단다. 드 부아시 씨에게 푸아투의 살모사 10마리 정도를 서너 칸으로 나누어진 상자에 담아 가져오라고 부탁해라. 상자에 밀기울과 이끼를 넣어 살모사들을 편안하게 해주어야 한다는 것을 꼭 주지시켜야 한다. 그리고 매일 아침 두 마리를 먹어라. 머리를 자르고 껍질을 벗긴 다음에 여러 조각으로 잘라서 영계瓔鷄 속에 다져 넣어라. 이런 식으로 한 달 간 장복長服해라."[21]

신경질환, 상상력의 착란, 그리고 사랑의 격정에 대한 상징적 가치의 효과는 늘어만 간다. 열기만이 열기를 없앨 수 있고, 광기로 인한 지나친 욕구를 누그러뜨리기 위해서는 가장 빨갛게 달아오른 화로에서 수차례 달궈진 강렬하고 조밀한 생체가 필요하다. 비엥빌은 자신의 책 《색광증론》에 첨부된 〈처방 부록〉에서 사랑의 격정에 대한 17가지 약물치료법을 제시하는데, 그것들은 대부분 전통적 식물처방에서 끌어온 것이나, 15번째 것은 반反사랑의 이상한 연금술을 연상시킨다. 즉, "진사辰砂로 재활성화된 수은"을 2 드라금의 금과 함께 연속적으로 다섯 차례 빻고는 황산염 주정酒精을 넣어 재 위에서 가열하고, 이 전체를 다섯 차례 증류한 다음, 뜨거운 숯불 위에서 5시간 동안 빨갛게 달구어야 한다. 가루로 졸아들면, 상상력이 활기찬 망상으로 타오르는 소녀에게 3 그레인을 복용시킨다.[22] 태고太古의 열기로 은밀하게 활기를 띠고 속속

21 Mme de Sévigné, 1685년 7월 8일자 편지, Œuvres, t. VII, p. 421.
22 Bienville, loc. cit., pp. 171~172.

들이 불타도록 수 차례 달구어진 이 모든 귀중하고 강렬한 물질은 '시밀리스 시밀리부스'23의 매우 기본적인 마력을 획득했으니, 어찌 인체의 일시적 열기, 체액과 욕망의 그 모호한 비등沸騰을 이겨내지 못할 것인가? 그것들이 지닌 강력한 불의 기운은 그 음울하고 망측한 열기를 사그라지게 한다. 비엥빌의 텍스트는 1778년의 것이다.

　신경질환에 권유되고 모든 치료술적 의미가 의례儀禮의 상징적 가치에 의해 지탱되는 이러한 순수 연약煉藥 처방을 르므리의 매우 훌륭한 《약전》에서도 발견할 수 있다는 사실에 놀랄 이유가 없다. "장뇌樟腦, 감초, 포도와 사리풀의 씨, 연꽃 조림, 그리고 수련 시럽을 복용할 것. … 아침에 달구어진 쇠조각을 냉각시킬 정도의 유장乳漿을 한 잔 들이키면서 두세 드라금을 복용하는 것이 좋다."24 그 뜨거운 금속 막대가 가장 무해하고 가장 단순한 음료 속에서 식듯이, 마음이 진정되면서 욕망과 욕망으로 인해 생겨나는 환상도 가라앉을 것이다.

　고전주의 시대의 치료방법에서 이러한 상징적 도식은 끈질기게 존속한다. 이 도식은 자연철학의 방식으로 제안되는 재해석, 너무 강조된 의례적 형태를 완화시키는 수정修正조치에도 불구하고 사라지지 않는다. 상징적 효력을 지닌 이 약물치료는 광기에 내포된 음산한 힘, 광기의 도덕적으로 비난받을 만한 측면 때문에, 광기 쪽으로 향하고 실증적 사유의 노력으로부터 보호되는 듯하다.

　얼마나 오랜 시기 동안 '아사 페티다'25는 과거에 자궁이라는 이동체移動體와 함께 가슴, 심장, 머리, 대뇌까지 올라가는 것으로 여겨졌던 나쁜 욕망, 금지된 욕구의 세계 전체를 히스테리 환자들의 몸에서 억제

---

23 *similis similibus. 유사한 것끼리 서로 끌린다 또는 어울린다는 뜻이다. 유유상종 (類類相從) 내지는 이열치열 (以熱治熱) 의 원리를 말한다.

24 Lemery, *loc. cit.*

25 *assa fetida. 냄새나는 증기 (탕) 의 뜻이다.

하는 일을 떠맡을까? 인체의 유동기관을 끌어당기고 밀어내는 고유한 힘이 냄새에 있다고 생각한 에트뮐러에 의해 여전히 실제적인 것으로 간주된 억제, 점점 더 관념적인 것으로 바뀌다가 18세기에는 상반되는 움직임들의 모든 역학에서 벗어나 감각을 균형 잡히게 하고 제한하며 마침내 없애려는 단순한 노력이 되는 억제가 그것이다.

휘트는 '아사 페티다'에 바로 이러한 의미를 부여하면서 그것을 묘사한다. 그것의 강렬하고 불쾌한 냄새는 그것에 영향을 받지 않는 신경조직의 모든 민감한 요소에서도 과민성을 감소시키고, 특히 복부와 가슴의 기관들에서 히스테리로 인한 통증을 곧바로 사라지게 만든다. "이 치료법은 코의 매우 민감한 신경에 갑자기 강하게 작용함으로써 이 신경과 교감하여 작동하기 시작하는 다양한 기관을 자극할 뿐만 아니라, 통증을 일으키다가 급기야 졸도를 유발한 인체 부위의 불쾌한 감각을 줄이거나 소멸시키는 데 일조한다."[26]

강한 발산향으로 기관을 움츠러들게 하는 냄새의 이미지는 사라졌고, 대신에 고립 부위에 의해 움직이고 동원되는 감각이라는 더 추상적인 주제가 들어섰으나, 이는 여전히 영속하는 상징적 도식, 즉 하부의 위협이 상부의 심급審級에 의해 억제되는 도식으로의 점진적 변화일 뿐이다.

이미지, 의례, 옛날의 도덕적 명령을 중심으로 긴밀히 결합된 그 모든 상징적 의미는 통제하기 어려운 저항의 핵을 형성하면서, 고전주의 시대에 통용되는 치료행위를 부분적으로지만 계속 조직한다.

그리고 의료실천의 주요 부분이 의사들 자신의 수중에 있지 않기 때문에, 저항의 핵을 끝장내기는 그만큼 더 어렵다. 자신들의 처방, 표징, 상징에 충실한 돌팔이 치료사들의 것이기 때문에 의사나 약사가 결

코 통제하지 못한 치유의 기술 '자료집'은 18세기 말에도 온전히 존속한다. 고전주의 시대 말까지 의사들은 이러한 상황에 대해 끊임없이 항의하는데, 리옹의 한 의사는 1772년에 《의료행위의 무정부 상태》라는 의미심장한 책을 펴낸다.

"의료행위의 가장 큰 지류는 전문가 아닌 사람들에 의해 장악되어 있는 것이 현실이고, 그래서 연약한 여자, 자선활동을 하는 부인, 약장수, 마법사, 시계 수리공, 자선 수도회의 수도사, 일반 수도사, 수녀, 일용 잡화상, 약초 판매인, 외과의사, 약제사가 의사들보다 훨씬 더 많은 질병을 다루고 훨씬 더 많을 약을 처방한다."27

의학 분야를 이론과 실천으로 갈라놓는 이러한 사회적 분열은 특히 광기의 경우에서 두드러진다. 한편으로 수용은 정신병자를 의사의 치료에서 벗어나게 하고, 다른 한편으로 수용되지 않은 광인은 다른 환자들보다 더 쉽게 돌팔이 의원의 치료에 맡겨진다. 프랑스와 영국에서 18세기 후반기에 정신병자를 위한 보건시설이 문을 열 때에도, 의사들보다는 오히려 감독자들이 정신병자를 진료하도록 허용된다. 프랑스의 경우에는 두블레의 훈령 이후에야, 영국의 경우에는 튜크의 은거처隱居處 설립 이후에야 비로소 광기는 의료실천의 영역에 공식적으로 포함되기에 이른다. 그전까지 광기는 여러 측면에서 의학 바깥의 관행, 그토록 잘 받아들여지고 전통이 그토록 굳건해서 의사들마저도 자연스럽게 빠져드는 관행 전체에 여전히 연결되어 있다. 이로 인해 처방은 그처럼 역설적인 외양, 그토록 이질적 방식을 띠게 된다. 사유 형식, 직업 연령, 과학적 착상의 수준들이 혼재하는데도, 모순이 언젠가는 실상대로 확인되리라고는 느끼지 않는다.

---

27 T. -E. Gilibert, *L'Anarchie médicinale*, Neufchâtel, 1772, t. II, pp. 3~4.

그렇지만 치료의 개념에 충만한 의미를 부여한 것은 고전주의 시대이다. 아마 낡은 관념, 그러나 만병통치약을 대체하기 때문에 이제 곧 진가를 발휘할 관념이 그것이다. 만병통치약은 '모든 질병'(다시 말해서 발생할 수 있는 모든 질병의 모든 결과)을 없애게 되었던 반면에, 치료는 특정한 '질병 전체'(다시 말해서 결정짓고 결정되는 질병에 포함되어 있는 것 전체)를 없앨 것이다. 그러므로 치료의 계기는 질병을 구성하는 요소와 연관되어야 한다. 그 시대부터 질병은 치료행위에 논리적 처방을 규정하고 고유한 움직임으로 치료행위를 결정하는 자연적 단위로 인식되기 시작하는 것이다. 치료의 단계, 치료의 국면, 그리고 치료를 구성하는 계기는 질병의 가시적 본질과 밀접하게 연관되고, 질병의 난관難關과 일치하며, 질병의 원인들 각각에 대한 추적追跡이 된다. 게다가 치료는 효과에 맞춰 행해지게 된다. 질병의 성격과 일시적으로 생겨난 효과에 의해 요구될 때마다 치료방법을 변경해야 하고, 치유단계를 치료에 의해 점진적으로 상쇄시켜야 하며, 필요할 경우에는 치료 자체에 이의를 제기해야 한다.

그러므로 모든 치료는 실천임과 동시에 치료 자체와 질병에 대한, 그리고 치료와 질병 사이의 관계에 대한 자발적 반성反省이다. 이제 결과는 확증된 사실일 뿐만 아니라 경험이기도 하며, 의학이론은 시도試圖 속에서 활기를 띤다. 어떤 것이 열리고 있는 중인데, 오래지 않아 그것은 임상臨床의 영역이 될 것이다. 이론과 실천 사이의 일정한 상호관계에 의사와 환자의 직접적 대면이 덧씌워져 있는 영역이 그것이다. 구체적 경험의 통일성 속에서 고통과 앎은 서로 부합할 것이다. 그리고 구체적 경험은 의사와 환자 사이의 공통 언어, 적어도 상상적 소통을 요구한다.

그런데 18세기에 치료의 다양한 본보기가 가장 많이 얻어지고 치료가 의학의 특권적 기술로 인정됨으로써 치료의 지위가 강화된 것은 바로 신경질환의 경우에서이다. 마치 광기와 의학 사이의 이러한 교류가 수용으로 인해 끈질기게 거부되다가, 마침내 신경질환과 관련하여, 특별히 우대받는 식으로 확립되는 듯하다.

그러한 치료법들이 급속하게 근거 없는 것으로 판단되긴 했지만, 관찰 정신의학, 입원의 외양을 띤 수용, 그리고 피넬에서 뢰레까지, 샤르코에서 프로이트까지 그토록 기이한 어휘를 이용하게 되는 광인과 의사의 그러한 대화는 그러한 치료법에서 비로소 가능해지기 시작했다.

광기의 치료를 조직한 치료법적 관념들 가운데 몇 가지를 복원해 보기로 하자.

1) 강화

아무리 격한 형태를 띠는 광기일지라도 쇠약의 인자因子가 있다. 정기精氣가 불규칙적 움직임을 따르는 것은 자연스런 흐름의 중력을 따를 충분한 힘과 무게가 정기에 결여되어 있기 때문이고, 신경질환에서 발작과 경련이 그토록 자주 발생하는 것은 신경섬유가 너무 불안정하거나 너무 쉽게 자극을 받거나 외부의 동요에 너무 민감하기 때문이다. 아무튼 신경섬유는 강건함이 부족하다. 광기가 격렬하게 폭발하는 경우에, 때때로 조광증 환자의 힘은 상당한 정도로 증대되는 듯이 보이지만, 그럴 경우에도 언제나 은밀한 쇠약, 본질적 저항력 결여가 가로놓여 있고, 광인의 광란은 사실을 말하자면 수동적 격렬함일 뿐이다.

그러므로 정기나 신경섬유에 기력을, 그렇지만 잔잔한 기력을, 어떤 혼란에도 흔들리지 않을 힘을 부여하게 되어 있는 치료가 추구되기에 이르고, 그런 만큼 치료는 처음부터 자연법칙의 흐름을 따르게 된다.

새로운 저항력, 원기 왕성하나 굴복되고 이미 길들여진 탄력의 주제를 감싸면서 우뚝 솟아오르는 것은 생기와 원기의 이미지라기보다는 오히려 강건함의 이미지이다. 기질을 강하게 만들기 위해서는 기질 자체에서 힘을 발견하여 끌어낼 필요가 있는 것이다.

이런 맥락에서 정기를 "이를테면 북돋우는, 그리고 정기를 들끓게 하는 원인을 정기가 격퇴하도록 하는 데 도움을 주는" 약이 갈구渴求된다. 정기를 북돋운다는 것은 정기가 본래의 성질에 반하여 빠져들게 된 무익한 동요상태를 해소하려고 애쓰는 것이고, 또한 정기를 뜨겁고 탁하게 하는 모든 화학적 부글거림의 현상을 사라지게 하는 것이며, 마지막으로 정기를 끊어놓기도 하고 움직이지 않게 만들기도 하며 소용돌이치는 상태로 몰아기도 하는 독기에 맞서기에 충분한 내성耐性을 정기에 불어넣는 것이다.

독기에 대해 정기를 강화시키는 수단은 "가장 고약한 냄새"인데, 불쾌한 감각은 정기를 활기차게 만들어주고, 그리하여 정기는 이를테면 분연히 들고일어나 공격을 물리쳐야 하는 곳으로 힘차게 나아간다. 이러한 효과를 얻기 위해 "'아사 페티다', 호박琥珀 기름, 불에 태운 가죽 및 깃털, 요컨대 영혼에 강하고 불쾌한 느낌을 불러일으킬 수 있는 모든 것"이 이용된다. 정신적 동요에 대해서는 테리아카, "샤라스**28**의 간질 치료 시럽," 특히 헝가리 여왕의 유명한 수용액水溶液**29**을 써야 하는데, 그러면 찌르는 듯한 통증이 사라지고 정기가 적절한 무게를 되찾는다.

---

28 *Moyse Char (r) as. 프랑스의 약사 (1519~1698). *Traité sur la thériaque* (1667) 등의 저서가 남아 있다.

29 드 세비녜 부인이 많이 사용했다. 그녀는 이것이 "복받치는 슬픔에 좋다"고 생각했다 (1675년 10월 16일 및 20일자 편지, *Œuvres*, t. IV, p. 186 및 p. 193 참조). 이 비결은 Mme Fouquet, *Recueil de remèdes faciles et domestiques*, 1678, p. 381에도 인용되어 있다.

끝으로 랑주는 정기의 적절한 유동성을 회복시키려면, 기분을 좋게 할 뿐만 아니라 일정하고 동시에 규칙적인 감각 및 움직임으로 정기를 편안하게 만들어주라고 권한다. "동물 정기가 밀려나고 흩어질 때에는 영혼에 부드럽고 온화한 쾌감을 주는 대상, 기분 좋은 향기, 그윽한 장소에서의 산책, 늘 마음을 즐겁게 해주는 사람과의 만남, 음악처럼 동물 정기의 움직임을 진정시키고 동물 정기를 본래의 자연스런 상태로 되돌려놓는 치료제가 필요하다."**30** 이 확고부동한 부드러움, 적합한 무게, 오로지 몸을 보호하게끔 되어 있는 민첩성 … 인체에서 몸과 마음을 상통시키는 연약한 요소들을 보강하기 위한 수단은 그만큼 많다.

그러나 가장 단단하고 동시에 가장 부드러우며 가장 강한 내구성을 갖고 있지만 목적에 맞게 벼리는 사람의 뜻에 가장 잘 순응하는 물질의 사용보다 더 좋은 강장强壯방법은 아마 없을 것이다. 그것은 쇠이다. 쇠는 특별한 성질을 띠고 있어서, 서로 분리되면 곧장 상극하는 것으로 변하는 그러한 특성들을 골고루 지니고 있다. 쇠보다 내구성이 뛰어난 것도 없고, 쇠보다 쉽게 다루어지는 것도 없으며, 쇠는 자연적으로 존재할 뿐만 아니라, 인간의 기술 영역 전체에서 숱하게 이용되고 있다. 자연을 거들고 자연의 힘을 증대시키는 데에 쇠의 사용보다 더 확실한, 다시 말해서 자연에 더 가깝고 사용하기가 더 용이한 다른 수단이 어떻게 인간에게 있겠는가?

디오스쿠리데스**31**는 빨갛게 달구어진 쇠막대기를 불활성의 물 속에 집어넣음으로써 물에 없던 활력을 생기게 했는데, 이 오래된 사례는 그 이후로 줄곧 인용된다. 뜨거운 열기의 불, 조용히 유동하는 물, 그리고 유연해지게끔 처리된 치밀한 금속, 이 모든 요소는 서로 합쳐져 물에

---

30 Lange, *Traité des vapeurs*, pp. 243~245.
31 *프랑스어로는 Dioscoride. 고대 그리스의 의사. *De materia medico*를 남겼다.

강화, 소생, 보강의 힘을 부여할 것이고, 이러한 힘은 물을 통해 인체로 전달될 수 있다는 것이다.

쇠는 또한 전혀 가공되지 않은 상태에서도 효능이 있다. 사이든햄은 가장 단순한 상태의 쇠를 갈아 그 가루를 직접 복용하라고 권한다.[32] 휘트는 위장의 신경쇠약으로 인해 지속적인 심기증 상태를 떨쳐버리지 못한 사람이 이를 치유하려고 쇳가루를 매일 230 그레인이나 먹는 것을 직접 목격했다.[33] 쇠는 매개물도 변형도 없이 직접 전달되는 그 놀라운 속성까지 갖게 된 것이다. 쇠에 의해 전달되는 것은 쇠의 물리적 실체가 아니라 쇠의 힘이고, 그토록 단단한 쇠는 역설적이게도 인체 안에서 녹도 찌꺼기도 남기지 않고 자체의 특성만을 내려놓고서 이내 사라진다. 여기에서 쇠의 온전한 이미지가 추론적 사유를 좌우하고 심지어 관찰보다 우세하다는 것은 분명하다. 실험을 하더라도, 이는 실증적 연쇄를 밝히기 위한 것이 아니라, 특별한 효력의 그 직접적 전파를 확실하게 파악하기 위한 것이다.

라이트는 개에게 마르스의 소금[34]을 섭취시키고, 한 시간 후에 개의 유미乳糜를 추출하여 오배자五倍子 혹으로 만든 정기제丁幾劑에 섞었는데도, 쇠가 소화되었다면 어김없이 나타났을 짙은 자주색이 나타나지 않는다는 사실을 관찰한다. 그러므로 철은 소화작용에 끼어들지도 혈액 속으로 들어가지도 인체에 실체적으로 침투하지도 않으면서, 막과 신경섬유를 곧바로 강화시키는 것이다. 정기와 신경의 강화는 확인된 결과라기보다는 오히려 어떤 추론적 동태학도 없이 힘의 전의를 함축하는 실행적 은유인 것으로 보인다. 힘은 모든 실질적 교환, 모든 소통의 움

---

32 Sydenham, *Dissertation sur l'affection hystérique in Médecine pratique*, trad. Jault, p. 571.

33 Whytt, *Traité des maladies nerveuses*, t. II, p. 149.

34 *문맥상 쇠를 가리킨다. 마르스는 그리스 신화에 나오는 군신(軍神)이다.

직임 밖에서 접촉을 통해 옮겨간다.

2) 정화

내장의 협착, 들끓는 잘못된 생각, 술렁이는 독기와 격한 감정, 체액과
정기의 부패 … 광기는 동일한 정화작업에 결부될 수 있는 일련의 치료
법 전체를 불러들인다.

　사람들은 일종의 완전한 정화, 즉 가장 단순할 뿐만 아니라 가장 불
가능한 것을 꿈꾼다. 이것은 우울증 환자의 과다하고 진하며 산성 체액
으로 가득한 피를, 새로운 움직임으로 정신착란의 해소에 기여할 맑고
가벼운 피로 대체하는 활동일 것이다. 모리츠 호프만이 수혈輸血을 우
울증 치료법으로 제안한 것은 1662년이다. 몇 년 뒤에 이 제안은 대단
한 관심을 끌었고, 그래서 런던 철학협회는 베들리헴에 수용된 환자를
대상으로 일련의 실험을 계획하는데, 이 계획을 떠맡은 의사인 앨런은
수혈의 채택을 거부한다.[35] 그러나 데니스는 사랑의 우울증에 걸린 환
자에게 이 방법을 시도하는데, 그는 10 온스의 혈액을 추출하고는 송아
지의 대퇴부 동맥에서 뽑아낸 이보다 약간 적은 양의 피를 대신 집어넣
으며, 이튿날 양을 몇 온스로 줄여서 이 과정을 되풀이한다. 그러자 환
자는 평정을 되찾고, 다음 날부터 정신이 맑아지기 시작했으며, 이윽
고 건강이 완전히 회복되었는데, "외과학교의 모든 교수가 이 사실을
확인했다."[36] 그렇지만 이 기법은 몇 번의 시도가 이어짐에도 불구하고
금방 단념된다.[37]

---

[35] Laehr, *Gedenktage der Psychiatrie*, p. 316.

[36] Zilboorg, *History of Psychiatry*, pp. 275~276. 에트뮐러는 우울증으로 인한 정신착
　　란의 증례들에 대해 수혈을 적극적으로 권하곤 했다(*Chirurgia transfusoria*, 1682).

[37] 수혈은 또한 Dionis, *Cours d'opération de Chirurgie*(Démonstration Ⅷ, p. 408)과

부패를 미연에 방지하는 치료행위가 선호되기도 한다. 우리는 "3천 년의 경험을 통해 몰약과 알로에가 시체를 보존시킨다"[38]는 것을 알고 있다. 인체 조직의 그러한 변질은 체액 질환에 수반되는 변질과 동일한 성격을 띠고 있지 않을까? 그러므로 독기를 몰아내는 데에는 몰약이나 알로에와 같은 산물産物, 특히 파라켈수스의 유명한 엘렉시르 제劑[39]는 가장 권장할 만한 것이 된다. [40] 그러나 부패를 예방하는 것에 그쳐서는 안 되고 부패를 없애야 한다. 여기에서 변질 자체를 공격하고 썩은 물질을 다른 곳으로 옮겨가게 하거나, 부패의 실체를 없애거나 하는 치료법, 곧 유도誘導의 기법과 세척의 기법이 비롯된다.

우선 유기체를 제거하는 감염의 중심이자 동시에 외부세계를 향한 사출瀉出의 중심인 상처를 몸의 표면에 내는 물리적 방법들은 모두 유도의 기법에 포함된다. 가령 팔로우이즈는 '올레움 케팔리쿰'[41]의 이로운 메커니즘을 설명하는데, 광기에서 "검은 독기는 동물 정기가 지나가야 할 아주 가는 도관을 틀어막고," 그때 혈액은 방향을 잃을 뿐만 아니라, 혼란스럽게 요동치면서 '생각들을 들끓게' 하거나, 아니면 고여서 뇌의 혈관을 막는다. '올레움 케팔리쿰'은 "머리에 작은 농포膿疱를" 생겨나게 하는 이점이 있는데, 이 농포에 기름을 바르는 것은 이 농포를 마르지 않게 해서 "대뇌에 고착된 검은 독기의" 출구가 늘 열려 있도록 하기 위해서이다. [42] 화상과 소훼燒燬도 동일한 효과를 낸다. 심지어는 옴, 습

Manjet, *Bibliothèque Médico-pratique*, III, liv. IX, pp. 334 et sq. 에서도 광기의 치료법으로 인용되어 있다.

38 Lange, *Traité des vapeurs*, p. 251.

39 *시럽 또는 물약. élixir에는 묘약, 영약(靈藥)의 뜻도 있다.

40 Lieutaud, *Précis de médecine pratique*, pp. 620~621.

41 *Oleum Cephalicum. 뇌의 기름을 뜻한다.

42 Fallowes, *The best method for the cure of lunatics with some accounts of the incomparable oleum cephalicum*, Londres, 1705. Tuke, *Chapters on the History of*

진, 또는 천연두 같은 피부질환이 광기의 발작을 중단시킬 수 있다고 추측되기도 하는데, 그때 부패 물질은 내장과 대뇌에서 빠져나와 몸의 표피로 퍼지고는 외부로 방출된다.

그 세기 말에는 가장 다루기 힘든 조광증 환자들에게 통상적으로 옴이 접종된다. 두블레는 1785년의 〈훈령〉에서 구빈원 원장들에게 만일 사혈瀉血, 하제를 이용한 배변, 목욕과 샤워로도 조광증이 가라앉지 않으면, "소훼, 배액관排液管, 표피의 종기, 옴 접종"의 수단을 쓰라고 권장한다. 43

그러나 주된 작업은 몸 속에 형성되어 광기를 결정적으로 유발한 모든 동요動搖를 해소하는 것이다. 44 그렇게 하기 위한 것으로는 우선 쓴맛의 액체가 있다. 쓴맛은 바닷물의 매서운 힘을 모두 지니고 있고, 정화작용을 하며, 병으로 인해 육체나 영혼에 쌓인 무익하고 해로운 모든 불순물을 부식시킨다. 쓰고 강한 맛의 커피는 "뚱뚱한 사람, 그래서 진한 체액이 가까스로 순환하는 사람"에게 유익하고, 45 위험한 열기 없이도 필요 이상의 습기를 없애주는 것이 이러한 종류의 물질에 고유한 속성이므로, 태우지 않으면서 건조시키며, 불꽃 없는 불과 같은 것으로서, 태우지 않고도 정화시키는 힘을 지니고 있어서 불순물을 줄여준다.

Medecine, pp. 93~94에서 재인용.

43 Doublet, Traitement qu'il faut administrer dans les différentes espèces de folie. In *Instruction par* Doublet et Colombier (*Journal de médecine*, 1785. 7.).

44 제임스의 《사전》에는 다양한 정신이상들의 이러한 계보가 제시되어 있다. "일반적으로 우울증에 원인이 있는 조광증, 심기증 질환에서 기인하는 우울증, 그리고 내장에서 나른하게 순환하는 불순하고 오염된 체액에서 연유하는 심기증 질환…"(*Dictionnaire universel de médecine*, article Manie, t. IV, p. 1126).

45 Thirion, *De l'usage et de l'abus du café*. Thèse soutenue à Pont-à-Mousson, 1763 (*Gazette salutaire*, n° 37, 1763년 9월 15일 서평 참조).

"커피를 오랫동안 마셔온 사람은 커피가 위장병을 고친다는 것, 커피가 위장의 과도한 습기를 빨아들인다는 것, 커피가 장 속의 가스를 없애주고 장의 점액을 녹여 부드럽게 청소한다는 것을 경험으로 느끼고, 특히 주목할만한 것으로서, 커피는 머리로 올라오는 술기운을 막고, 따라서 흔히 머리에서 느껴지는 통증과 바늘에 찔리는 듯한 고통을 완화시키며, 요컨대 동물 정기에 힘과 활기를 주고, 동물 정기를 청결하게 유지시키면서도, 커피를 습관적으로 마시는 아무리 마른 사람에게조차 상당한 열기의 느낌을 전혀 남기지 않는다."[46]

"신경계통이 매우 예민한" 사람에게 휘트가 즐겨 권하는 기나 껍질은 맛이 쓸 뿐만 아니라 기운을 북돋우고 "쇠약, 의기소침, 낙담"에 효과가 있는 까닭에, 신경질환에 걸린 여자를 치유하는 데에는 "한 달에 이따끔씩만" 기나 정기제丁幾劑를 2년 동안 바르는 치료로 충분하다.[47] 민감한 사람을 위해서는 "부드럽게 넘어가는 쓴맛의 액체에" 기나 껍질을 넣어야 하지만, 만일 인체가 더 강렬한 공격에 저항할 수 있다면, 기나 껍질을 탄 황산염액을 아무리 권한다 해도 지나치지 않을 것이다. 이 황산염액 20~30 방울을 쓰면 최고의 효력을 얻을 수 있다.[48]

매우 당연한 일이지만, 비누와 비누 제품은 이러한 정화의 시도에서 어김없이 유별난 효과를 내는 것으로 간주된다. "비누는 거의 모든 고형물固形物을 용해시킨다."[49] 티소는 비누를 직접 먹어도 된다고, 비누가 신경질환을 크게 완화시킬 것이라고, 그러나 대개의 경우에는 아침에 아무것도 먹지 않은 상태에서 "비누 성분이 함유된 과일", 이를테면

---

46 Consultation de La Closure. Arsenal, ms. n° 4528, f° 119.

47 Whytt, *Traité des maladies nerveuses*, t. II, p. 145.

48 Whytt, *Traité des maladies nerveuses*, t. II, p. 145.

49 Raulin, *Traité des affections vaporeuses du sexe*, Paris, 1758, p. 339.

버찌, 딸기, 까치밥나무 열매, 무화과, 오렌지, 포도, 입에서 살살 녹는 배, 그리고 "이러한 종류의 다른 과일들"을 그냥 먹거나 빵에 얹어 먹는 것으로 충분하다고 생각한다. 50 그러나 장애가 매우 심각하고 폐색閉塞이 정말로 심해서 비누로는 어찌할 수 없을 경우가 있는데, 그럴 때에는 녹는 주석朱錫이 이용된다.

"광기와 우울증"에 대해 주석 처방을 생각해내고 주석 사용의 성공적 사례에 관한 관찰 보고서를 여러 차례 펴낸 최초의 사람은 무첼이다. 51 휘트는 그 관찰 결과들을 확인하고, 이와 동시에 주석이 실제로 세제洗 劑처럼 작용하기 때문에 특히 폐색 질환에 효과가 좋다고 지적한다. "내가 언급했듯이, 물에 녹는 주석은 대뇌 속의 결함 때문에 생기는 질환보다는 일차적 도관에 쌓이는 해로운 체액으로 인해 발생하는 조광증 또는 우울증 질환에 더 유용하다."52

롤랭은 벌꿀, 굴뚝의 그을음, 사프란 가루, 쥐며느리, 가재 발의 분말, 분석糞石을 용제溶劑로 들고 있다. 53

체내에서의 용해방법과 체외로의 유도기법 사이에서 일련의 다른 관행이 발견되는데, 그것들 중에서 가장 빈번하게 이용되는 것은 식초 복용이다. 식초는 산酸으로서 폐색을 해소시키고 발효 중인 물질을 소멸시킨다. 또한 식초는 외용약外用藥으로서 유도제誘導劑의 구실을 할 수 있고, 유해한 체액과 용액을 밖으로 끌어낼 수 있다. 그 시대의 치료개념을 특징짓는 기이한 점은 이 두 가지 작용방식 사이의 모순이 간파되지 않는다는 사실이다.

식초는 '본래' 세척제이자 유도제라는 점 때문에, 두 가지 작용방식

50 Tissot, *Avis aux gens de lettres sur leur santé*, p. 76.
51 Muzzell, 1763년 3월 17일자 *Gazette salutaire*에 인용된 관찰 소견들.
52 Whytt, *loc. cit.*, II, p. 364.
53 Raulin, *loc. cit.*, p. 340.

중에서 어느 하나가 합리적으로나 논증적으로 분석될 수 없다 할지라도, 어쨌든 이 이중의 성향에 따라 작용할 것이다. 따라서 식초는 두 가지 자연적인 원리의 단순한 접촉을 통해 매개물 없이 직접 효능을 발휘할 것이다. 바로 이런 점 때문에 머리를 가능한 한 짧게 깎을 것과 두개골을 식초로 문지를 것이 권장된다.[54]

《의학 가제트》는 "아주 신속하고 대단히 단순한 방법을 통해 많은 광인을" 치유하는 데 성공한 돌팔이 의원의 사례를 인용하고 있다. 그의 비법은 다음과 같다. 광인의 체내 불순물을 위아래로 제거한 후에 손발을 식초에 담그게 하고, 그들이 잠들 때까지, 더 정확히 말하자면 광인이 깨어날 때까지, 이러한 상태를 그대로 유지하며, 그러면 대개의 겨우 깨어날 때 이미 치유되어 있다. 그는 이와 병행하여 산토끼 꽃의 잎을 빻아 환자의 짧게 깎은 머리에 바른다.[55]

3) 물에 담그기

여기에는 두 가지 주제가 교차하는데, 하나는 세정洗淨의 주제로서 순수성과 부활의 의례와 연관되어 있고, 다른 하나는 훨씬 더 생리학적인 것으로서 액체와 고체의 본질적 특성을 변화시키는 흡수의 주제이다. 이 두 주제는 기원이 서로 다르고 개념적 구상의 층위에 차이가 있음에도 불구하고, 18세기 말까지 대립이 거의 감지되지 않을 만큼 충분한 일관성과 통일성을 유지한다.

자연의 관념은 모호한 상태 속에서 이 두 주제를 결합시키는 요소로 구실한다. 단순하고 근원적인 액체인 물은 자연 속에 존재하는 가장 순

---

54 F. H. Muzzell, *Medezin und Chirurgie*, Berlin, 1764, t. II, pp. 54~60.
55 *Gazette de médicine*, mercredi 14 octobre 1761, no 23, t. II, pp. 215~216.

수한 것의 하나인데, 자연의 근본적 호의가 인간에 의해 아무리 의심쩍은 것으로 변할 수 있었다 해도, 물의 이로움은 변질될 수 없었고, 문명, 사회생활, 소설 읽기나 연극 관람에 의해 촉발된 상상적 욕망으로 인해 신경질환이 유발되었을 때, 맑은 물로의 회귀는 정화의례淨化儀禮의 의미를 띠며, 신선하고 투명한 물 속에서 사람은 본래의 순결한 상태로 다시 태어난다. 이와 동시에 물은 필연적으로 모든 물체의 구성성분이기 때문에, 각자의 고유한 균형을 회복시키고 보편적 생리조절의 구실을 한다.

루소의 제자인 티소는 의학적인 만큼 교훈적인 상상력을 통해 이 모든 주제를 터득했다. "자연은 모든 민족에게 물을 유일한 음료로 지정했고, 온갖 종류의 음식물을 녹이는 힘을 물에 부여했으며, 그래서 물은 구강에 기분 좋은 느낌을 주는 것이니, 신선하고 부드러우며 가벼운 바람직한 물을 골라 마셔라. 그러면 물은 내장을 강화시키고 청소하는데, 그리스인들과 로마인들은 물을 만병통치약으로 생각했다."[56]

광기의 역사에서 몸을 물에 담그는 관례는 아주 오래 전에 시작되었고, 이것을 입증하는 데에는 에피다우로스[57]에서 목욕이 실행되었다는 사실을 드는 것으로 충분할 것인데, 코엘리우스 아우렐리아누스가 전하듯이, 에페소스의 소라네즈가 이미 냉수욕의 남용에 이의를 제기하곤 했으므로, 고대에 온갖 종류의 냉수욕은 매우 흔한 일이었음이 틀림없다.[58] 중세에는 조광증 환자를 치료할 때 "조광증 환자가 탈진하고

---

56 Tissot, *Avis aux gens de lettres sur leurs santé*, p. 90.

57 *Epidauros. 에게 해 연안의 고대 그리스 도시.

58 Aurelianus, *De morbis acutis*, I, 11. 아스클레피아데스(Asclépiade, 그리스의 의사, 기원전 124~40년, 로마로 건너가 그리스 의학의 과학적인 개념들을 전했다 — 역자)는 정신의 질병에 대해 목욕을 아주 적극적으로 활용하곤 했다. 플리니우스(로마 시대의 자연사학자 겸 작가, 23~79년 — 역자)에 의하면 수백 가지 다양한 목욕

격분을 잊어버릴 때까지" 환자를 물 속에 여러 번 집어넣는 것이 관례였다. 실비우스는 우울증과 광란의 증례에 대해 환자의 몸으로 물이 스며들게 할 것을 권한다. 59 그러므로 반 헬몬트에 의해 목욕의 실효성이 갑자기 발견되었다는 이야기, 18세기에 받아들여진 이 이야기는 하나의 재해석에 지나지 않는다.

므뉘레에 의하면, 17세기 중엽에 창안되었을 목욕 치료술은 우연의 다행스런 결과였을 터인데, 한 정신착란자를 단단히 포박하여 마차로 이송하는 중에, 그가 쇠사슬을 풀고 빠져나가 호수로 뛰어들고는 허우적거리다가 물 속으로 가라앉았으며, 그를 끄집어냈을 때 누구나 그가 이미 죽었다고 생각했지만, 정작 그는 착란 이전의 맑은 정신을 되찾았고, 물에 빠진 바람에 정신의 자연스런 질서로 되돌아왔으며, "오랫동안 광기의 발작을 전혀 일으키지 않고 살았다."

이 일화逸話는 반 헬몬트에게 한 줄기 빛이었을 것이고, 실제로 그는 정신 이상자들을 무차별적으로 바닷물이나 민물 속에 빠뜨리기 시작했다. "환자들에게 베풀 수 있는 유일한 친절은 그들을 예기치 않은 순간에 갑자기 물 속으로 빠뜨려 오랫동안 잠겨 있게 하는 것이다. 그들이 죽지나 않을까 하고 염려할 필요는 전혀 없다."60

이런 이야기가 정확한가 하는 문제는 그다지 중요하지 않다. 이러한 일화의 형태에서 읽어낼 수 있는 한 가지 확실한 사실은 17세기 말부터 목욕에 의한 치료가 주요한 광기 치료법들 사이에 자리를 잡았거나 다시 자리를 차지했다는 점이다. 대혁명 직전에 두블레는 〈훈령〉을 작성하면서, 자신이 인정하는 4가지 주요한 병적 형태(광란, 조광

형태가 아스클레피아데스에 의해 창안되었다고 한다(Pline, *Histoire naturelle*, liv. XXVI).

59 Sylvius, *Opera medica* (1680), *De methodo medendi*, liv. Ier chap. XIV.
60 Menuret, *Mémoires de l'Académie royale des sciences*, 1734. Histoire, p. 56.

증, 우울증, 저능)에 대해 규칙적인 목욕을 처방하고, 앞의 두 형태(광란, 조광증)에 대해서는 찬물 세례를 덧붙인다. **61**

그리고 그 시대에 이미 오래 전부터 체인은 "체질 강화의 필요를 느끼고 있는 모든 이에게" 집에 욕조를 설치하여 2~4일마다 목욕을 하거나 "그럴 여유가 없다면 기회 있을 때마다 호수나 맑게 흐르는 시냇물에 몸을 담그라"고 권장했다. **62**

액체와 고체의 균형을 잡으려는 관심에 의해 지배되는 의료관행에서 물이 특별한 이점을 갖는다는 것은 분명하다. 실제로 물은 배어드는 힘이 있고, 그래서 습윤제濕潤劑들 중에서 으뜸가는 자리를 차지하며, 냉기와 열기를 비롯한 특성을 추가로 받아들일 수 있음에 따라 압축하거나 식히거나 데우는 효력을 낼 뿐만 아니라, 심지어 쇠와 같은 물질을 견고하게 하는 효과도 가져다줄 수 있다. 사실 물이라는 유동적 실체에서 특성의 작용은 불확실하다. 물은 모든 조직으로 쉽게 스며드는 만큼이나 질적 영향을 쉽게 받는다.

역설적으로 18세기에 물의 보편적 사용은 물의 효과와 작용방식에 대한 일반적 인정認定에서 기인하는 것이 아니라, 가장 모순적인 형태들과 양태들이 쉽게 물의 효력에 힘입은 것으로 간주된다는 점에서 기인한다. 물은 가능한 모든 치료법적 주제의 장소로서, 실용 가능한 은유의 고갈되지 않는 저장소를 형성한다. 이 유동적 원소 속에서는 특성들의 보편적 교환이 이루어진다.

물론 냉수는 열기를 식힌다. 광란이나 조광증에서, 말하자면 정기가 들끓게 되고 고체가 팽팽해지며 액체가 증발할 정도로 데워지면서 해부

---

61 Doublet, *loc. cit.*

62 Cheyne, *De infirmorum sanitate tuenda*. Rostaing, *Réflexions sur les affections vaporeuses*, pp. 73~74에서 재인용.

를 해보면 곧장 확인할 수 있듯이 뇌를 "말라 있고 부서지기 쉽게" 만드는 열기의 질병에서 물을 다른 식으로 이용할 수 있겠는가? 온당하게도 부아시외는 열기를 식히는 치료의 핵심적 수단으로 냉수를 드는데, 그가 보기에 냉수욕은 몸에서 지나치게 많은 불 입자를 끌어내는 "소염제들" 중에서 으뜸가는 것이고, 음료로 마시는 냉수는 "감속과 용해의 기능을 하는 것"이며, 이에 따라 고체의 작용에 대한 액체의 저항을 줄이고 몸의 전반적 열기를 간접적으로 낮춘다. **63**

그러나 거꾸로 냉수는 몸을 덥히고 온수는 몸을 차갑게 한다고 말할 수도 있다. 다뤼가 주장하는 것은 바로 이러한 견해이다. 냉수욕은 몸 표면에서 피를 몰아내고, 그 결과로 피는 "심장 쪽으로 더욱 힘차게 밀려간다." 그런데 심장은 자연적 열기의 중심이므로, 그리고 "다른 부위들에 홀로 피를 내보내는 심장이 모세혈관의 저항을 이겨내기 위해 또다시 힘차게 박동하는" 만큼, 피가 덥혀지게 된다. "이로 말미암아 매우 강력한 순환, 혈액의 분배, 체액의 유동성이 생겨나고 울혈이 해소되며 자연적 열기, 소화력, 육체와 정신의 활동이 증대한다."

온수욕溫水浴의 역설은 냉수욕의 경우와 대칭을 이룬다. 즉, 모든 체액, 땀, 그리고 이롭거나 해로운 모든 액체와 함께 피를 표면으로 유인한다. 온수욕에 의해 생명의 중심부는 비워지고, 심장은 느리게만 박동할 뿐이며, 그리하여 인체는 다시 차가워진다. 이 사실은 온수욕을 쉬지 않고 계속했을 때 언제나 수반되는 "실신, 졸도 …, 쇠약, 무기력, 피로감, 기운 없음"으로 확인할 수 있지 않은가. **64**

더구나 물의 다가성多價性은 대단히 풍요롭고, 물에 의해 전달되는 특

---

63 Boissieu, *Mémoire sur les méthodes rafraîchissantes et échauffantes*, 1770, pp. 37~55.

64 Darut, *Les bains froids sont-ils plus propres à conserver la santé que les bains chauds?* Thèse 1763. (*Gazette salutaire*, n° 47).

질에 순응하는 물의 성향은 매우 강해서, 심지어는 물이 액체로서의 효력을 잃고 건조제로 작용하기도 한다. 물은 습기를 몰아낼 수 있다. 물은 오래된 '시밀리아 시밀리부스'의 원리를, 그러나 다른 의미에서, 그리고 가시적인 메커니즘 전체를 매개로 하여 되찾는다. 어떤 사람들에 의하면, 건조시키는 것은 냉수이고, 반대로 열기는 물의 습기를 보존한다. 열기는 실제로 인체의 미세공微細孔을 확장시키고, 막을 팽창하게 하며, 습기가 부차적 효과를 통해 미세공과 막에 스며들도록 허용한다. 열기는 스스로 길을 뚫어 액체로 이른다.

바로 이러한 점에서, 17세기에 이용되고 남용되는 모든 따뜻한 음료는 유해하게 될 우려가 있다. 즉, 온몸의 이완, 몸 전체로 퍼진 습기, 무기력 등은 그 우려낸 음료를 너무 많이 마시는 사람에게 언제 엄습해 올지 모르는 것이다. 그리고 이러한 것들은 남성의 건조함이나 견실함과 대비되는 여성 육체의 독특한 속성이므로, **65** 따뜻한 음료의 남용은 인류의 일반적 여성화女性化를 조장할 위험이 있다.

"대부분의 남자들이 여자들의 나약함, 습관, 기질을 갖게 됨으로써 퇴보했다고들 비난하는데, 여기에는 이유가 없지 않다. 그들은 단지 체격만 여자들과 달랐을 뿐이다. 습윤제의 남용은 이러한 변모를 매우 가속화시킬 것이고, 양성兩性을 정신의 측면과 육체의 측면에서 거의 비슷하게 만들 것이다. 물이 건강에 좋다는 선입견의 영향이 대중에게로 확산된다면, 인류에게 불행이 닥칠 것이고, 남자들이 육체노동에 필요한 체력과 기력을 이윽고 상실하게 될 터이기 때문에, 농부도 장인도 군인도 사라지게 될 것이다."**66**

---

65 Beaugresne, *De l'influence des affections de l'âme*, p. 13.

66 Pressavin, *Nouveau traité des vapeurs*, 쪽수가 매겨지지 않은 서문. 또한 "대부분의 질병이 차 끓이는 그릇에서 연유한다"는 티소의 말(*Avis aux gens de lettres*, p. 85) 참조.

찬물에서 냉기는 조직을 수축시킴으로써 습기가 배어들 모든 가능성을 차단하기 때문에, 습기의 모든 위력을 이겨낸다. "우리가 찬물로 몸을 씻을 때나 추위로 얼어붙을 때 도관과 살 조직이 얼마나 수축하는지 금방 알 수 있지 않는가."**67** 그러므로 냉수욕은 인체를 튼튼히 하고, 습기의 유약성柔弱性으로부터 몸을 보호하며, 호프만이 말했듯이 "여러 부위에 탄력성을 제공할" 뿐만 아니라, "심장과 도관의 연동력連動力을 증대시키는"**68** 역설적 속성을 지니고 있다.

그러나 특성에 대한 다른 직관들에서 이 관계는 뒤집히고, 그때 열기는 물의 가습력加濕力을 고갈시키는 반면에, 냉기는 물의 가습력을 유지시키고 끊임없이 되살아나게 한다. "신경계통의 연관성"과 "막의 건조함"**69**에서 기인하는 신경질환에 대해, 폼므는 몸에 퍼져 있는 열기에 일조하는 온수욕을 권하지 않는다. 그러나 미지근하거나 차가운 물로 목욕하면, 인체 조직에 수분을 공급하고 인체 조직의 유연성을 회복시키는 것이 가능하다는 것이다. 아메리카에서 자연발생적으로 실행되고 있는 것은 바로 이러한 방법이 아닌가?**70** 그리고 환자는 발작이 가장 격렬할 때 목욕물의 표면으로 떠오르므로, 치료 과정에서 이 방법의 효과, 메커니즘 자체를 육안으로 볼 수 있지 않는가?

그만큼 몸 내부의 열기로 인해 몸의 공기와 액체가 묽어진 것이다. 그러나 환자가 물 속에 오랫동안, 가령 "하루에 3~4시간이나 심지어는 6시간 동안" 머물러 있으면, 갑자기 이완현상이 일어나고, 물이 막과 신경섬유로 점차 침투하며, 이에 따라 몸이 무거워져 당연하게도 바닥

67 Rostaing, *Réflexions sur les affections vaporeuses*, p. 75.

68 Hoffmann, *Opera*, II, section II, § 5. 또한 Chambon de Montaux, "Les bains froids dessèchent les solides," *Des maladies des femmes*, II, p. 469 참조.

69 Pomme, *Traité des affections vaporeuses des deux sexes*, 3ᵉ éd., 1767, pp. 20~21.

70 Lionet Chalmers, *Journal de médecine*, novembre 1759, p. 388.

으로 가라앉는다. **71**

　18세기 말에 이르면, 냉수는 덥힌다, 온수는 식힌다, 물은 가습하지 않고 대신에 냉기를 통해 응고시키고 석화시키거나 자체의 열기를 통해 불을 보존할 수 있다는 등 물의 지나친 질적 풍요로움 때문에, 물의 효능은 완전히 자취를 감춘다. 이로움과 해로움의 모든 가치가 물에서 무차별적으로 교차한다. 물은 모든 것과의 동조同調 가능성을 갖추고 있다. 의학적 사유에서 물은 마음대로 변화시킬 수 있고 활용할 수 있는 치료법적 주제를 형성하는데, 이 주제의 효과는 가장 다양한 생리학과 병리학에서 이해될지 모른다.

　물은 그토록 많은 가치, 그토록 많은 다양한 작용방식을 지니고 있어서 모든 것을 강화시키거나 약화시킬 수 있다. 물을 마침내 중립화시킨 것은 아마 물에 관한 모든 논의와 함께, 이러한 다가성多價性 자체일 것이다. 피넬의 시대에도 물에 의한 치료는 변함 없이 실행되지만, 그때의 물은 완전히 투명하게 된 물, 과다한 특성을 모두 떨쳐버린, 그리고 작용방식이 기계적일 수밖에 없게 된 물이었다.

　목욕과 음료보다 덜 빈번하게 이용되던 샤워는 그때 특권적 기법으로 격상된다. 그리고 역설적으로 물은 이전 시대의 모든 생리학적 변이를 넘어 단순한 정화기능을 되찾는다. 물에 부여되는 유일한 특성은 격렬함인데, 물은 광기를 형성하는 모든 불순물을 저항할 수 없는 흐름 속으로 끌어들이게 되어 있고, 자체의 치료력에 의해 개인을 가장 단순한 표현으로, 가장 보잘것없고 가장 단순한 생활방식으로 환원시켜, 다시 태어나게 할 것이 틀림없다.

　피넬이 설명하듯이, 물은 "정신이상자들의 괴상한 생각을 애초의 흔적까지 없애는 것"인데, "이는 이를테면 그러한 생각을 죽음과 가까운

---

71 Pomme, *loc. cit.*, p. 58의 각주.

상태 속으로 사그라들게 함으로써만 일어날 수 있는 일이었다."[72] 이로부터 18세기 말과 19세기 초에 샤랑통을 비롯한 보호시설에서 사용된 유명한 기법들이 유래한다. 우선 엄밀한 의미에서의 샤워가 있다. "의자에 묶여 있는 정신병자 위로 찬물이 가득한 저수조가 설치되어 있었고, 여기에서 폭이 넓은 관을 통해 차가운 물이 정신병자의 머리 위로 곧장 쏟아졌다." 그리고 기습적인 목욕이 있다. "환자가 복도를 따라 지층으로 내려와서는 천장이 둥근 정방형의 방으로 들어갔고, 거기에는 욕조가 하나 설치되어 있었는데, 사람들이 갑자기 환자를 거꾸로 들어 물 속으로 처박았다."[73] 이러한 폭력성은 세례洗禮에 의한 재탄생을 약속했다.

4) 움직임의 조절

광기는 정기의 불규칙한 동요, 신경섬유와 관념의 무질서한 움직임이라는 것이 사실이라 해도, 또한 육체와 영혼의 폐색, 체액의 정체停滯, 빳빳해진 신경섬유의 부동상태, 다른 주제들보다 점차로 우세해지는 하나의 주제에 대한 관심과 관념의 고착이기도 하다. 그러므로 광기는 정신과 정기, 육체와 영혼에 생기 넘치는 유동성을 돌려주는 것이다. 그렇지만 이러한 유동성을 조절하고 통제해야 하고, 이 유동성이 더 이상 외부세계의 자극에 순응하지 않는 신경섬유의 헛된 동요로 치닫지 않도록 해야 한다. 이러한 치료법적 주제에 활기를 부여하는 관념은 외부세계의 적절한 유동성과 일치하는 움직임의 복원이다. 광기는 무질서와 동요일 뿐만 아니라 은밀한 부동상태, 끈질긴 고착固着이므로, 광

72 Pinel, *Traité médico-philosophique*, p. 324.
73 Esquirol, *Des maladies mentales*, II, p. 225.

기의 치료는 세계의 운동규칙을 따르게 되어 있다는 의미에서 규칙적이고 동시에 실질적인 움직임을 환자의 몸에 일깨우는 데 있다.

갖가지 방식의 걷기와 달리기를 통해 건강에 유익한 효과를 얻을 수 있다고 생각한 고대인들의 굳건한 믿음을 상기시키는 것이 좋을 듯하다. 단순한 걷기는 유연하고 동시에 단단한 몸을 만들어주고, 일직선으로 점점 속도를 높여 달리는 것은 분비액과 체액이 온 몸에 골고루 배분되도록 할 뿐만 아니라 이와 동시에 기관들의 무게를 감소시키며, 옷을 입은 채로 하는 달리기는 조직을 덥히고 유연하게 만들며 너무 딱딱하게 굳은 신경섬유를 부드럽게 풀어준다.[74] 사이든햄은 우울증 및 심기증 환자들에게 무엇보다도 승마 산책을 권한다.

"그러나 혈액과 정기를 강화시키고 활기차게 만드는 데 가장 좋은 것은 내가 지금까지 알고 있는 한 거의 날마다 말을 타고 야외로 나가 어느 정도 오랫동안 산책하는 것이다. 이 운동은 폐와 특히 하복부의 장기를 가만히 흔들어주기 때문에, 혈액에 남아 있는 불순한 체액을 치워주고 신경섬유에 활력을 주며 기관들의 기능을 회복시켜줄 뿐만 아니라 자연적 열기를 소생시키고 변질된 체액이 땀을 통해서나 아니면 다른 방식으로 배출되게 하거나 변질된 체액을 본래의 상태로 복원시키며 폐색 현상을 일소시키는데다가, 또한 몸의 모든 통로를 열어주고 끝으로 혈액을 지속적으로 움직이게 함으로써 이를테면 피를 새롭게 하고 피에 원기를 불어 넣는다."[75]

세계의 모든 움직임 중에서 가장 규칙적이고 가장 자연스러우며 우주의 질서와 가장 일치하는 것, 드 랑크르가 인간의 심장에 그토록 위험하

---

74 Burette, *Mémoire pour servir à l'histoire de la course chez les Anciens*, Mémoire de l'Académie des Belles-Lettres, t. III, p. 285.

75 Sydenham, "Dissertation sur l'affection hystérique," *Médecine pratique*, trad. Jault, p. 425.

다고 판단했고 그런 만큼 그에게는 위험한 유혹과 불가능하고 언제나 충족되지 않는 꿈의 표상이었으며 무한한 악의 이미지였던 움직임, 곧 바다의 흔들림, 이 움직임이 18세기에는 인체의 유동성을 조절하는 특권적 요소로 간주된다. 그것은 말하는 자연의 리듬 자체이다. 질크리스트는 〈의학에서의 항해이용에 관하여〉라는 개론槪論을 쓰고, 휘트는 우울증에 걸린 환자들에게 적용하기가 그다지 쉽지 않은 치료법을 발견하는데, "이러한 환자들에게 긴 항해여행을 하도록 결정하는 것은 쉬운 일이 아니지만, 강제로 배에 태워져 4~5개월 동안 여행해야 했던 젊은이에게서 심기증의 독기가 단번에 사라진 증례를 인용할 필요가 있다."

여행은 이처럼 관념의 흐름에 직접 작용하거나 또는 감각만을 통과하기 때문에, 적어도 더 직접적인 경로를 통해 작용하는 추가적 이점을 갖는다. 다양한 풍경은 우울증 환자의 완고함을 없애준다. 이것은 고대부터 이용된 오래된 치료법이지만, 18세기에 이르러 완전히 새롭게 강조되고,[76] 실제의 이동에서 문학과 연극을 통한 상상적 여행까지 종류가 다양해진다.

르 카뮈[77]는 모든 우울증 질환에 대해 "대뇌의 긴장을 풀기 위한" 방법으로 "산책, 여행, 승마, 야외에서의 운동, 춤, 연극, 재미있는 독서, 늘 빠져드는 관념을 잊게 할 수 있는 활동"[78]을 처방한다. 시골은 풍경이 넉넉하고 다양하므로, "우울증 환자들로 하여금 고통스러운 기억을 상기시킬지도 모르는 장소로부터 멀어지게 함으로써" 그들만의 독

---

[76] 리외토에 의하면 우울증 치료는 의학의 영역이 아니라 "긴장 해소와 운동"의 영역에 속한다(*Précis de médecine pratique*, p. 203). 소바주는 영상의 다양성 때문에 승마 산책을 권한다(*Nosologie*, t. VIII, p. 30).

[77] *Etienne Le Camus. 프랑스의 고위 성직자(1632~1707). 왕의 구호물 분배 사제(1653~1669)를 역임했고 보쉬에와 친교를 맺었으며 1686년에는 추기경이 되었다.

[78] Le Camus, *Médecine pratique*(Pomme, *Nouveau recueil de pièces*에서 재인용), p. 7.

특한 근심에서 빠져나오도록 해준다. **79**

그러나 역으로 조광증의 동요는 규칙적 움직임의 효과에 의해 고쳐질 수 있다. 여기에서 중요한 것은 다시 움직이게 하는 것이 아니라, 동요를 규제하고 동요의 진행을 일시적으로 중단시키며 관심을 고정시키는 것이다. 여행은 연속성의 끊임없는 단절 때문이 아니라, 새로운 대상을 보게 하고 호기심을 생겨나게 한다는 점 때문에 효과가 있게 된다. 여행에 힘입어, 모든 규칙에서 벗어나고 요동치는 내적 움직임 속에서 상실된 정신을 외부로부터 붙잡는 것이 가능해진다.

"관념에 지나치게 몰두하는 태도를 버리고 어느 정도 다른 관념에 관심을 돌리게 할 수 있는 물건이나 사람을 발견할 수 있다면, 이것들을 조광증 환자에게 자주 제시해야 하는데, 이를 위해서는 옛 관념의 연속을 단절시키고 새로운 관심집중의 대상을 제공하는 여행에서 많은 이점을 끌어낼 수 있다."**80**

몸의 움직임에 의한 치료법은 우울증에 변화를 가져다주거나 조광증에 규칙성을 부과하기 위해 이용된다는 점에서, 세계에 의한 미친 사람의 몰수沒收라는 관념을 은밀히 내포하고 있다. 움직임은 정해진 리듬이 있지만 새로움과 다양성을 지니고 있는 관계로 정신에 대해 스스로에게서 빠져나와 세계 안으로 들어가라는 지속적인 호소이므로, 이 치료법은 "보조를 맞추게 하기"임과 동시에 전향轉向이다.

몸을 물에 담그는 기법에는 언제나 세정과 재탄생에 대한 윤리적이고 거의 종교적인 회상回想이 감추어져 있었다는 것이 사실이라면, 몸의 움직임을 통한 이 치료법에서도 대칭적이지만 물에 담그기와는 방향

---

79 Chambon de Montaux, *Des maladies des femmes*, II, pp. 477~478.

80 Cullen, *Institutions de médecine pratique*, II, p. 317. 노동을 통한 치유 기법들도 바로 이러한 생각에 기반을 두고 있다. 18세기에는 작업장을 보호소 안에, 그것도 선결 조건으로 설치하는 것이 정당화되기 시작한다.

이 반대인 도덕적 주제를 확인할 수 있다. 그것은 세계로 돌아가는 것, 일반적인 배열 안에 다시 자리를 잡음으로써 세계의 지혜를 신뢰하는 것, 그렇게 해서 순수한 주관성의 계기인 광기를 잊어버리는 것이다. 여기에서 우리는 어찌하여 고전주의 시대에 광기의 경험을 조직하는 커다란 구조가 경험에 바탕을 둔 치유수단에서도 재발견되는가를 알아차릴 수 있다.

광기는 오류와 결함으로서, 부도덕임과 동시에 고독이고, 세계와 진실로부터 멀리 떨어져 있지만, 바로 그렇기 때문에 죄악 속에 갇혀 있다. 광기의 이중적 무無는 광기가 죄악이라는 비존재의 가시적 형태이고, 정신착란으로 채색된 겉모습과 공백空白 속에서 오류의 비존재를 말하는 것이다. 광기는 진실의 현존 가능성이 전혀 없는 주관성의 점점 희미해지는 지점이 아니라면 무無이므로 완전히 '순수'하고, 광기라는 이 무가 죄악의 비존재이므로 완전히 '불순'하다.

치유의 기법은 상상력의 정도가 가장 짙은 육체적 상징들에서조차, 말하자면 한편으로는 강화와 다시 움직이게 하기, 다른 한편으로는 정화와 물에 잠그기에서조차 이 두 가지 근본적 주제에 따라 은밀하게 정돈되고, 치유의 기법에서 문제되는 것은 환자를 애초의 순수한 상태로 되돌리고 동시에 환자를 순수한 주관성에서 끌어내 세계 속으로 들여보내는 것, 환자로 하여금 자기 자신을 상실케 하는 비존재를 소멸시키고 환자의 마음이 외부세계의 충만성, 존재의 굳건한 진실 쪽으로 다시 열리도록 하는 것이다.

기법의 의미보다 기법이 더 오랫동안 남아 있게 마련이다. 비이성의 경험 밖에서 순수하게 심리적이고 도덕적인 지위가 광기에 부과될 때에도, 고전주의적 광기의 규정에 근거가 된 오류와 결함의 관계가 오로지 유죄성의 관념에만 꿰어 맞추어질 때에도, 기법은 훨씬 더 제한된 의미를 갖게 될 터이지만, 그럼에도 불구하고 여전히 남아 있게 되고, 사람들은 기계적 효과나 도덕적 징벌만을 찾게 될 뿐이다.

움직임을 조절하는 방법이 유명한 "회전 기구機具"로 전락하게 되는 것은 바로 이런 식으로인데, 19세기 초에 메이슨 콕스는 그것의 메커니즘을 밝히고 그것의 실효성을 논증한다. 81 사람들이 바닥과 천장 양쪽에 수직 기둥을 고정시키고 이 기둥을 중심으로 움직이게 되어 있는 수평 팔 위의 의자나 침대에 환자를 묶으며 "그다지 복잡하지 않은 톱니바퀴 장치"에 힘입어 "이 기구를 원하는 속도로" 회전시킨다. 콕스는 자신이 직접 목격한 사례를 인용하는데, 그는 우울증으로 인해 일종의 혼미 상태에 빠진 사람으로서 "안색이 검고 창백했으며 눈에는 황달기가 있는 데다가 시선이 줄곧 땅을 향해 있었고 사지를 움직이지 못하는 듯했으며 절단된 혀에는 물기가 전혀 없었고 맥박이 느렸다." 그가 회전기구에 놓이고, 점점 더 빠른 움직임이 회전기구에 전달된다. 지나치게 뒤흔들어놓은 탓으로, 효과가 기대를 넘어, 우울증으로 인한 경직이 조광증 증세인 동요로 대체되었다. 그러나 이 최초의 효과가 지나가자, 환자는 애초의 상태로 다시 돌아갔다. 그래서 회전의 리듬에 변화가 주어지고, 기구가 매우 빠르게 회전하게 되지만, 규칙적인 간격으로 아주 급작스럽게 정지된다. 회전으로 인해 조광증적 동요가 시작되기 전에, 우울증이 사라진다. 82

우울증의 이 "원심 분리"는 옛 치료 주제들의 새로운 이용을 아주 분명하게 특징짓는다. 움직임은 더 이상 환자를 외부 세계의 진실로 되돌리는 것이 아니라, 순전히 기계적이고 심리적인 일련의 체내효과를 산출하는 것만을 목표로 한다. 치료의 원리는 진실의 현존에 있는 것이

---

81 모페르튀이(Maupertuis), 다윈, 덴마크 사람 카첸스타인(Katzenstein) 중에서 누가 회전 기구를 발명한 사람인가를 알아내기 위해 논란이 벌어진다.

82 Mason Cox, *Practical observations on insanity*, Londres, 1804, traduction française, 1806, pp. 45 sq.

아니라 작동의 규범에 있는 것이다. 처음의 해석에서 복원되는 것은 인체와 세계의 관계, 존재와 진실에 대한 인체의 관계였던 반면에, 낡은 방법의 이러한 재해석에서는 인체가 오직 인체 자체와, 그리고 인체의 고유한 본질과 관계를 맺고 있을 뿐이다.

매우 일찍이 회전기구가 위협과 징벌의 수단으로 이용되었다는 점[83]을 덧붙인다면, 고전주의 시대를 가로질러 치료방법을 지탱하던 두터운 의미들이 어떻게 얇아졌는가를 알아차릴 수 있다. 예전에 광기를 세계의 눈부신 진실로 되돌리는 과정에서 결함을 내몰고 오류를 없애는 데 이용되었던 수단이 이제는 규제하고 처벌하는 데에만 이용될 뿐이다.

1771년 비엥빌은 '여성 색광증'에 관해 "상상력을 다루는 것에 만족함으로써 그것을 치유할 수 있는 경우가 가끔 있지만 물질적 치료제만으로 근본적 치료가 이루어질 수 있는 경우는 전혀 또는 거의 없다"고 말했다.[84] 그리고 얼마 후에 보셴은 다음과 같이 말했다.

"광기에 사로잡힌 사람을 치유하기 위해 물질적 수단만을 사용한다면, 모든 치유 노력은 헛될 것이다. … 올바르고 건전한 정신의 소유자가 허약하고 병든 정신의 소유자에게 마땅히 주어야 하는 도움 없이 물질적 치료제만을 쓴다면, 결코 완전한 성공을 기약할 수 없을 것이다."[85]

이 텍스트들은 심리치료의 필요성을 드러내지 않고 오히려 한 시대

83 Esquirol, *Des maladies mentales*, t. II, p. 225 참조.
84 Bienville, *De la nymphomanie*, p. 136.
85 Beauchesne, *De l'influence des affections de l'âme*, pp. 28~29.

의 종언終焉을 나타낸다. 즉, 물질적 약제와 정신의 치료 사이에 차이가 있다는 것을 의학적 사유가 명백한 사실로 받아들이지 않던 시대의 종언終焉을 나타낸다. 상징의 통일성은 해체되기 시작하고, 기법은 전반적 의미작용에서 벗어난다. 기법에는 국소적局所的 실효성만이 부여될 뿐이다. 기법은 육체에 효과가 있거나 영혼에 효과가 있거나 하는 것이 된다.

치료의 의미도 새롭게 바뀐다. 즉, 질병의 명백한 통일성에 의해 지탱되거나 질병의 주요한 특성을 중심으로 분류되지 않는다. 치료는 질병을 구성하는 다양한 요소 하나하나에 연관되어야 할 것이고, 기본적으로 일련의 부분적 섬멸殲滅일 터인데, 이 과정에서 심리차원의 공격과 물질의 작용은 나란히 놓이고 겹치지만, 결코 서로 침투하여 섞이지는 않는다.

우리에게 이미 초벌상태의 심리치료로 보이는 것을 고전주의 시대의 의사들은 사실상 심리치료로 생각하지 않았다. 르네상스 시대부터 음악은 고대에 부여받은 모든 치료의 효력을 되찾았다. 음악의 효과는 특히 광기에서 두드러졌다. 셴크는 "심한 우울증에 걸린" 사람에게 "그의 마음을 유별나게 사로잡는 기악 협주곡"을 들려주는 식으로 그를 치료했다. 86 알브레흐트도 역시 한 정신착란증 환자에게 다른 모든 치료법을 시도하지만 효과를 보지 못하고 나서, 어느 날 환자가 발작을 일으켰을 때 그에게 "짧은 노래"를 부르게 함으로써 치유효과를 거두는데, 그 노래는 "환자를 깨어나게 했고 그에게 즐거움을 주었으며 웃음을 되찾게 해주었을 뿐만 아니라 발작의 폭발을 영원히 소멸시켰다."87 심지어는 음악으로 치유된 광란 증례도 인용된다. 88

86 J. Schenck, *Observationes*, éd. de 1654, p. 128.
87 W. Albrecht, *De effectu musicae*, §314.

그런데 이러한 관찰결과들은 결코 심리적 해석의 대상으로 귀착되지 않는다. 음악에 치유효과가 있는 것은 음악이 인간 존재에 온전히 작용하고 영혼의 경우만큼 직접적으로, 영혼의 경우만큼 효과적으로 육체에 스며들기 때문이다. 디메르브루크는 음악을 통해 치유된 페스트 환자들을 만나지 않았는가?[89] 악기의 실체 자체에 감추어진 비밀스런 효능은 음악소리의 실제적 물질성을 통해 육체로까지 옮아간다는 것을 포르타처럼 굳게 믿는 사람은 아마 없을 것이다. 비만체형의 둔한 사람은 "티르 피리로 연주된 발랄한 노래"에 의해 치유된다거나, 우울증 환자의 증세는 "원산초 피리로 연주된 부드러운 노래"에 의해 완화된다는 것, "성불능자와 불감증이 있는 사람에게는 로케트[90]나 사티리진[91]으로 만든 피리"[92]를 사용해야 했다는 것을 포르타와 함께 인정할 사람은 아마 아무도 없을 것이다.

그러나 물질 속에 감춰진 효능이 음악에 의해 옮겨지지 않는다 해도, 음악은 육체에 불러일으키는 특성 덕분으로 육체에 효과가 있다. 음악은 애초부터 움직임에 지나지 않지만, 일단 귀에 도달하면 곧장 질적 효과로 변하므로 가장 엄밀한 특성의 역학을 형성하기도 한다. 음악의

---

88 Histoire de l'Académie royale des sciences, 1707, p. 7 및 1708, p. 22. 또한 J. -L. Royer, De vi soni et musicae in corpus humanum (Thèse Montpellier); Desbonnets, Effets de la musique dans les maladies nerveuses (notice in Journal de médecine, t. LIX, p. 556); Roger, Traité des effets de la musique sur le corps humain, 1803 참조.

89 Diemerbroek, De peste, liv. IV, 1665.

90 *rockette. 유채과의 식물.

91 *satyrisin. 사투레이아인 듯하다.

92 Porta, De magia naturali (Encyclopédie, article Musique에서 재인용). 크세노크라테스(Xénocrate, 플라톤의 제자로 플라톤 철학과 피타고라스 파의 교의를 조화시키려고 노력했다 — 역자)가 이미 정신병자에게는 원산초 피리를, 좌골 신경통에는 백양목 피리를 이용했다고 한다. Roger, loc. cit. 참조.

치료적 가치는 이러한 변환이 육체에 퍼지고 특성이 다시 움직임으로 분해되며 감각의 즐거움이 예전의 변함 없는 상태로, 즉 규칙적 진동과 균형 잡힌 긴장으로 바뀐다는 데에서 생겨난다. 인간은 영혼과 육체의 통일체로서 듣기 좋음에서 조화로움으로 다시 내려감으로써, 화음和音의 순환을 반대방향으로 따라간다. 그러면 음악은 매듭이 풀려 음악이 아니게 되지만, 건강은 회복된다.

그런데 더 직접적이고 더 효과적인 다른 경로가 있는데, 이 경우에 인간은 반反악기의 부정적 역할을 맡지 않고, 반대로 마치 자신이 악기인 듯이 반응한다. "인간의 육체를 어느 정도 긴장되어 있는 신경섬유의 집합, 신경섬유의 감성, 수명, 움직임으로만 여긴다면, 음악이 신경섬유에 미치는 효과와 옆에 있는 악기들의 현絃에 미치는 효과가 동일하다는 것은 쉽게 납득할 수 있는 사실이다."

그것은 언제나 길고 복잡한 청각 경로를 따를 필요가 없는 공명효과이다. 신경계통은 공중을 가득 채우는 음악과 더불어 진동하고, 신경섬유는 음악이 들리지 않는데도 음악에 호응하여 움직이는 "귀머거리 무용수들"과 같다. 그리고 협화음의 조화로운 구조가 정념의 기분 좋은 움직임을 계속되게 하는 가운데 음악이 재구성되는 것은 신경섬유로부터 영혼까지 육체의 내부에서이다. 93

광기의 치료에서 정념情念이 이용되는 것 자체를 심리치료의 형태로 이해해서는 안 된다. 정신장애를 치료하는 데 정념을 이용하는 것은 영혼과 육체의 가장 엄밀한 통일성에 호소하는 것, 그 효과의 이중체계 속에서, 그리고 영혼과 육체가 갖는 의미의 직접적 상응에 입각하여 현

---

93 *Encyclopédie*, article Musique. 또한 Tissot (*Traité des nerfs*, II, pp. 418~419) 참조. 티소는 음악이 "새들의 노랫소리에서 완벽한 본보기를 찾아볼 수 있는 것이므로 가장 기본적인" 약의 하나라고 생각한다.

상을 바라보는 것과 다르지 않다. 정념으로 광기를 치유한다는 것은 영혼과 육체의 상호적 상징체계에 자리 잡는다는 것을 전제한다.

18세기에 공포는 광인들에게 불러일으키면 좋다고 가장 흔하게 권장된 정념의 하나이다. 공포는 조광증 환자와 난폭한 미치광이에게 부과되는 속박의 자연스런 보완요소로 간주되고, 심지어는 조광증 환자에게서 분노의 발작이 일어날 때마다 곧장 공포반응이 수반되고 이것에 의해 분노의 발작이 상쇄되도록 하는 일종의 조련調練이 열망되기도 한다. "조광증 환자의 광분이 진정되는 것은 물리력에 의해서이고, 분노의 순화는 분노에 두려움을 대립시킴으로써 가능해진다. 징벌과 많은 사람 앞에서의 수치에 대한 두려움이 정신 속에서 분노의 발작과 결합되어 있다면, 어느 하나가 다른 것 없이 나타나지는 않을 것이다. 독과 해독제는 분리될 수 없는 법이다."[94]

게다가 공포는 질병의 결과 차원에서 효과가 있을 뿐만 아니라 질병 자체를 없앨 수도 있다. 공포는 실제로 신경계를 원활하게 작동하지 못하게 만들고, 너무 유동적인 신경섬유를 이를테면 경직시키며, 신경섬유의 모든 무질서한 움직임에 제동을 거는 속성이 있다. "공포는 뇌의 흥분을 감소시키는 정념이므로 과도한 흥분, 특히 조광증 환자의 성마른 흥분을 가라앉힐 수 있다."[95]

공포와 분노라는 대조적 짝패는 조광증으로 인한 노기怒氣에 효과적일 뿐만 아니라, 반대방향으로 우울증 환자, 심기증 환자, 림프 체질을 지닌 모든 사람의 뚜렷한 이유 없는 불안을 몰아내는 데 이용될 수 있다. 티소는 분기憤氣가 담즙 분비라는 전통적 관념을 받아들여, 위장과

---

94 Crichton, *On Mental Diseases* (Regnault, *De degré de compétence*, pp. 187~188에서 재인용).

95 Cullen, *Institutions de médecine pratique*, t. II, p. 307.

혈액에 쌓인 점액을 녹이는 데 분기의 유용성이 있다고 생각한다. 분노는 신경섬유를 더 팽팽하게 긴장시킨다는 점에서, 신경섬유에 더 많은 활기를 부여하고, 잃어버린 탄력을 회복시키며, 그리하여 두려움을 없애준다는 것이다. **96**

정념을 이용한 치료는 변함없이 특성과 움직임의 은유에 기반을 두고 있는 것이고, 특성과 움직임이 고유한 양태를 유지하면서 육체에서 영혼으로, 그리고 역으로 영혼에서 육체로 직접 전이될 수 있다는 점을 전제로 한다. 샤이덴만텔은 이러한 치료방식에 관한 개론을 통해 "몸 안에서 이 정념을 낳는 변화와 동일한 변화가 치유에 필요할 때" 정념에 의한 치료를 이용해야 한다고 말한다. 그리고 바로 이러한 점에서 이 치료방법은 다른 모든 물질적 치료법을 대체할 수 있고, 따라서 동일한 효과들의 연쇄를 산출하기 위한 다른 길일 뿐이다.

정념을 이용한 치료와 약전의 처방에 의한 치료 사이에는 본질적 차이가 있는 것이 아니라, 영혼과 육체에 공통된 메커니즘에 대한 접근방식의 다양성이 있다. "환자가 건강을 회복하는 데 필요한 것을 이성에 따라 행할 수 없다면, 그때에는 정념을 이용해야 한다."**97**

그러므로 약물藥物을 사용하는 치료행위와 심리나 도덕에 의거한 치료행위 사이의 차이, 우리가 즉각적으로 해독할 수 있는 이 차이는 고전주의 시대에 유효하거나 적어도 의미심장한 구분으로 엄밀하게 말해서 활용될 수 없었다. 이 차이는 공포가 더 이상 움직임의 고정 방법이 아니라 처벌로 이용될 때에야, 기쁨이 생체의 팽창이 아니라 보상을 의미하게 될 때에야, 격노가 어색한 굴욕에 대한 대가에 지나지 않게 될

---

96 Tissot, *Traité des nerfs*, t. II.

97 Scheindenmantel, *Die Leidenschaften, abs Heilemittel betrachtet*, 1787. Pagel-Neuburger, *Handbuch der Geschichte der Medezin*, III, p. 610에서 재인용.

534   제2부

때에야, 요컨대 19세기에 유명한 "도덕적 방법들"이 창안되면서 광기와 광기의 치유가 죄의식의 작용 속으로 들어갈 때**98**에야 비로소 깊은 의미를 갖는 것으로 실재하기 시작하게 된다.

물질적인 것과 도덕적인 것의 구분은 광기의 문제의식이 책임 있는 주체의 물음 쪽으로 옮겨갔을 때에야 비로소 정신의 의학에서 실질적 개념이 되었다. 그때 규정되는 순수한 도덕의 공간은 근대인의 심층과 진실이 탐색되는 그 심리적 내면의 정확한 범위를 보여준다. 물질적 치료법은 19세기 전반기에 순진한 결정론적 치료법과 도덕적 취급, 곧 잘 못된 방종의 취급이 되는 경향을 내보인다. 심리학은 치유의 수단으로서, 그때부터 처벌을 중심으로 조직되고, 고통을 완화시키는 노력에 앞서 고통을 엄밀한 도덕적 필요성 속으로 끌어들인다.

"위로를 베풀지 말라. 위로는 무익하기 때문이다. 추론에 의지하지 말라. 추론은 설득력이 없다. 우울증 환자들에 대해 슬퍼하지 말라. 당신의 슬픔은 그들의 슬픔을 지속시킬 것이다. 그들에게 즐거운 표정을 짓지 말라. 그들은 당신의 즐거운 표정에 상처를 입을 것이다. 냉정하라. 필요하다면 가혹해져라. 당신의 이성이 그들의 행동규칙이게끔 하라. 그들에게는 단 하나의 심금心琴, 곧 괴로움의 심금만이 진동할 뿐이니, 용기를 내서 그것을 건드릴 수 있도록 하라."**99**

의학적 사유에서 물질적인 것과 도덕적인 것의 이질성은 연장延長과 사고력을 지닌 실체에 대한 데카르트의 정의에서 비롯된 것이 아니다.

---

98 그리하여 기슬랭(Guislain)은 위협, 가혹한 말, 자기애에 가해지는 타격, 고립, 은둔, 처벌(가령 회전의자, 갑작스런 물세례, Rush의 압박의자), 그리고 때로는 굶주림과 목마름 등 정신 진통제의 목록을 제시한다(*Traité des phrénopathies*, pp. 405 ~ 433).

99 Leuret, *Fragments psychologiques sur la folie*, Paris, 1834, "Un exemple typique," pp. 308~321 참조.

데카르트 이후 150년 동안 이러한 분리는 의학적 사유의 문제와 방법의 차원으로 받아들여지지 못했고, 실체들의 구별은 생체적인 것과 심리적인 것의 대립으로 이해되기에 이르지 못했다. 데카르트적이건 반 데카르트적이건 고전주의 시대의 의학은 결코 데카르트의 형이상학적 이원론을 인간학의 대상이 되게 하지 못했다. 그리고 분리가 이루어질 때, 그 분리는 데카르트의 《성찰》에 대한 갱신된 충실성에 의해서가 아니라, 결함에 부여된 새로운 특권에 의해 이루어진 것이다. 광인에게서 육체의 치료행위와 영혼의 치료행위가 분리된 것은 오로지 징계懲戒의 실천에 의해서였을 뿐이다. 순수한 심리적 의학은 광기가 죄의식의 영역으로 양도된 이후에야 비로소 가능하게 되었다.

그렇지만 고전주의 시대 동안에는 의료실천의 양상으로 인해 이 사실이 오랫동안 감추어질 수 있었을 것이다. 심리의 요소는 순수한 상태로 치료기법들 사이에 자리를 차지하는 듯하다. 권고, 설득, 추론, 그리고 고전주의 시대의 의사가 약제에 의한 육체 치료와는 관계없이 환자와 함께 시작하는 그러한 대화 전체에 부여되는 중요성을 어떻게 달리 설명할 수 있을 것인가? 소바주가 자신의 동시대인들과 견해를 같이하면서 다음과 같이 쓸 수 있었다는 것을 어떻게 설명할 것인가?

"영혼의 병을 치유할 수 있기 위해서는 철학자가 되어야 한다. 실제로 이 병의 원인은 바로 환자가 소중한 것으로 생각하는 어떤 것에 대한 환자의 극단적 욕망이므로, 환자가 그토록 열렬하게 바라는 것이 겉보기에만 소중한 것이지 사실은 화禍의 근원이라는 사실을 확실한 근거에 입각하여 환자에게 입증하고 환자로 하여금 오류에서 벗어나도록 하는 것은 의사의 의무이다."**100**

사실상 광기에 대한 이와 같은 접근은 우리가 이미 말한 어떤 접근법보다도 더 심리적이지도 덜 심리적이지도 않다. 물론 언어, 즉 진실이나 도덕에 관한 표명은 육체와 직결되어 있고, 또한 비엥빌은 '여자의 색광증'에 관한 개론에서, 어떻게 윤리적 원칙의 채택이나 거부가 생명 과정의 흐름을 직접적으로 변화시킬 수 있는가를 보여주고 있다.[101] 그렇지만 육체와 영혼에 공통된 특성을 변화시키는 기법과 광기를 담론으로 에워싸는 기법 사이에는 본질적 차이가 있다. 한 경우에는 자연의 변질인 질병의 차원에서 은유의 기법이 문제이고, 다른 경우에는 광기 자체에 대한 이성의 논쟁으로 이해된 광기의 차원에서 언어의 기법이 문제이다. 이러한 기술技術은 후자의 형태 아래, 광기가 진실과 오류의 관점에서 그야말로 "취급되는" 영역에서 전개된다.

요컨대 고전주의 시대 동안 광기의 치료법에는 언제나 두 가지 전문영역이 나란히 실재했다. 하나는 특성들의 암묵적 역학에 바탕을 둔 영역으로서, 광기가 '정념'인 범위 내에서만, 다시 말해서 광기가 육체와 동시에 영혼에 속하는 어떤 혼합물(움직임-특성)인 범위 내에서만 광기를 다루고, 다른 하나는 광기 자체를 대상으로 추론하는 이성의 활발한 담론에 기초를 둔 영역으로서, 광기가 오류, 언어와 이미지의 이중적 무용성無用性인 한에서만, 광기가 '정신착란'인 한에서만 광기를 다룬다.

고전주의 시대에 광기의 경험을 구성하는 정념과 정신착란의 구조적 순환은 여기에서, 기법의 영역에서, 그러나 한 부분이 빠져 있는 형태로 다시 나타난다. 이 영역의 통일성은 멀리에서만 어렴풋이 드러나 보일 뿐이다. 광기의 의학에서 당장 거칠게나마 눈에 보이는 것은 질병 제거의 방법과 비이성 포위의 형태가 이루고 있는 이원성, 거의 대립에

100 Sauvages, *Nosologie méthodique*, t. VII, p. 39.
101 Bienville, *De la nymphomanie*, pp. 140~153.

가까운 이원성이다. 후자는 다음의 3가지 핵심적 형상으로 귀착된다.

1) 각 성

정신착란은 자지 않는 사람의 꿈이므로, 정신착란을 일으키는 사람을 그 준準수면상태에서 끌어내고 그를 이미지로 넘쳐나는 낮의 몽상夢想에서 올바른 각성覺醒상태로 돌아오게 해야 한다. 데카르트는《성찰》의 첫머리에서 환각의 모든 형태를 하나하나 몰아내는 절대적 각성을 추구했고, 역설적으로 꿈에 대한 의식 자체에서, 속아 넘어간 의식에 대한 의식에서 그러한 각성을 발견했다. 그러나 광인들의 경우에는 의사가 자신의 각성상태를 확신하는 자로서, 데카르트의 고독한 용기가 아니라 깨어 있으면서 조는 자의 환각에 대한 강압적 개입을 통해 각성을 유발시켜야 한다.

데카르트의 긴 행로를 독단적으로 가로질러 나 있는 샛길. 데카르트가 결의決意의 끝에 이르러, 의식 자체와 결코 분리되지 않고 '이분화되지' 않는 의식의 '이중화' 속에서 발견하는 것을 의사는 외부로부터, 그리고 의사와 환자의 분리 속에서 강요한다. 꿈, 환각, 광기의 시간에 대비되는 코기토의 순간을 의사는 광인과 관련하여 재현한다. 사유 자체와 관계가 없고 난입亂入의 형태로만 성찰에 부과될 수 있을 뿐인 완전히 외적인 코기토가 그것이다.

자지 않는 상태로의 이러한 난입구조는 광기 치료법들 사이에서 가장 변함없는 형태의 하나이다. 때때로 그것은 가장 단순하고 동시에 이미지로 가득할 뿐만 아니라 직접적 작용력을 가장 많이 갖춘 모습을 띤다. 사람들은 격렬하게 신경질을 부리고 뒤이어 경련 증세를 내보이는 한 소녀가 귓전의 총성銃聲으로 치유되었다는 것을 사실로 받아들인다.102

각성방법의 이러한 상상적 실현으로까지 나아갈 것도 없이, 갑작스럽고 강렬한 감정의 흔들림도 동일한 결과를 낳는다. 하를렘103에서 부라브가 경련증 환자들의 유명한 치료를 실행한 것은 바로 이러한 생각에서이다. 그 도시의 구빈원에서 경련은 유행병처럼 퍼져나갔다. 진경제鎭痙劑를 다량으로 처방하여 복용시켜도 효과가 없었다. 부라브는 "뜨거운 석탄난로를 가져다놓고 거기에 일정한 형태의 쇠갈고리를 넣어 벌겋게 달구라"고 지시했고, "그리고는 경련을 치유하기 위해 여태까지 온갖 수단을 다 동원했지만, 소용이 없었으므로, 이제는 한 가지 방법밖에 없는데, 그것은 소년과 소녀를 가리지 않고 경련질환의 발작을 일으킬 만한 사람이면 누구나 팔의 경련 부위를 붉게 달구어진 쇠갈고리로 뼈까지 태우는 것이라고 큰 소리로 말했다."104

다음으로 광기의 풍경을 가로질러 지혜 자체와 지혜의 끈질기고 강압적인 전진에서 생겨나는 자각自覺은 더 느리지만 진실 쪽으로 열려 있으면서 진실을 더 강하게 확신하는 것이다. 윌리스는 갖가지 형태로 나타나는 이러한 지혜에서 광기의 치유를 기대한다. 정신박약자들을 위한 교육적인 지혜가 그것이다. "열성적이고 헌신적인 선생은 그들을 완전하게 교육해야 하고," 그들은 학교의 어린이처럼 매우 느리게 점진적으로 배워야 한다. 우울증 환자들을 위해 진실의 가장 엄밀하고 가장 명백한 형태에서 본보기를 빌려오는 지혜, 즉 그들의 정신착란에서 찾아볼 수 있는 모든 상상적인 것은 부인할 수 없는 진실의 빛에 의해 사라질 것이고, 그래서 "수학과 화학에 대한 공부"는 그들에게 그토록 열렬히 권장되는 것이다.

---

102 *Histoire de l'Académie des sciences*, 1752. Relation lue par Lieutaud.
103 *Harlem. 암스테르담 서쪽, 북해 연안에 위치한 네덜란드 도시.
104 Whytt, *Traité des maladies nerveuses*, t. I, p. 296에서 재인용.

다른 환자들의 경우에 그들의 정신착란을 완화시킬 수 있는 것은 매우 규칙적인 생활의 지혜이고, 그들에게 일상생활의 진실 이외의 다른 진실을 부과하는 것은 필요 없으며, 그들은 거처에 머물러 있으면서 "지속적으로 개인 용품을 관리하고 가족을 이끌며 재산, 정원, 과수원, 밭을 정리하고 경작해야 한다."

반대로 조광증 환자들의 정신을 다시 진실의 빛으로 이끌 수 있는 것은 외부로부터, 필요하다면 강압적으로 부과된 올바른 사회질서이다. "그런 이유로 정신이상자는 경고, 질책, 징벌을 즉각적으로 받으면서 언제나 의무를 다하고 품행을 단정하게 유지하며 훌륭한 생활습관을 들일 수 있도록, 특별한 시설에 수용되어 신중한 의사와 보조자들에 의해 다루어져야 한다."[105]

광기에 강압적으로 부과되는 이러한 각성은 고전주의 시대 동안 점차로 본래의 의미를 잃고서 단지 도덕규칙의 상기想起, 선행으로의 회귀, 법의 엄수嚴守로 한정되기에 이른다. 윌리스가 여전히 진실 쪽으로의 재개방이라고 생각한 것을 소바주는 완전히 이해하지 못하고, 선행善行의 식별에 필요한 명석함에 관해 말하게 된다. "도덕 철학의 잘못된 원칙으로 인해 이성을 상실한 이들이라 해도 이런 식으로 우리와 함께 참된 선행이 무엇인지, 어떤 선행을 선호해야 하는지를 검토하려고 한다면 이성을 되찾을 수 있을 것이다."[106]

이미 의사는 더 이상 일깨우는 사람으로서가 아니라 도덕가道德家로서 행동하게 된 것이다. 광기에 대해 티소는 "순수하고 나무랄 데 없는 의식이 훌륭한 예방약"이라고 생각한다.[107] 그리고 오래지 않아 피넬이

---

105 Willis, *Opera*, t. II, p. 261.

106 Sauvages, *Nosologie méthodique*, t. VII, p. 28.

107 Tissot, *Avis aux gens de lettres sur leur santé*, p. 117.

등장하는데, 그가 보기에 치유를 위해 의미가 있는 것은 더 이상 진실에 대한 자각이 아니라 단지 복종과 맹목적 굴복일 뿐이다. "많은 경우에 조광증의 치유를 위한 기본 원칙은 우선 에너지의 억제를 강구하는 것이고, 그런 다음에는 온정을 베푸는 것이다."[108]

2) 연극 연출

이것은 적어도 겉보기에 자각기법과 엄밀하게 대립적인 기법이다. 전자의 경우에서 정신착란은 즉각적으로 격렬해지는 것이어서, 이성의 끈기 있는 활동과 대면해 있었다. 완만한 교수법의 형태이건, 강압적 침입의 형태이건, 이성은 고유한 존재의 무게 때문인 듯 저절로 인정되었다. 광기의 비존재, 광기의 부질없는 오류는 결국 진실의 그러한 압력에 굴복하게 마련이었다. 그러나 여기에서 치료활동은 전적으로 상상작용의 공간에서 행해지고, 문제되는 것은 비현실과 비현실의 공조이며, 상상계는 고유한 작용 속으로 들어가 새로운 이미지를 임의로 불러일으키고 정신착란의 방향으로 궤도를 벗어나며 대비도 없이, 심지어 가시적 대화도 없이 역설적으로 치유하게 되어 있다.

건강은 질병을 포위하고, 질병이 갇힌 무無 속에서 질병을 이겨내야 하는 것이다. 병든 상상력은 "매우 건전하고 숙련된 상상력의 영향에 의해서만 치유될 수 있다. … 환자의 상상력이 공포에 의해서건, 생생하고 고통스러운 느낌에 의해서건, 또는 환각에 의해서건 치유되기만 한다면 아무래도 상관없다."[109] 이성만이 비이성적인 것으로부터의 해

---

108 Pinel, *Traité médico-philosophique*, p. 222.

109 Hulshorff, Discours sur les penchants, lu à l'Académie de Berlin. *Gazette salutaire*, 1769년 8월 17일, n° 33에서 재인용.

방을 낳을 수 있을 뿐인 반면에, 환각은 환각적인 것으로부터의 치유를 가져다줄 수 있다. 상상계의 이 모호한 힘은 도대체 무엇일까?

이미지 자체를 현실로 착각하게 만드는 것이 이미지의 본질임에 따라, 이미지를 흉내 낼 수 있다는 것, 이미지와 동일한 실체 및 의미를 지니고 있다고 자처한다는 것은 역으로 현실에 속한다. 인식은 충돌 없이, 단절 없이 꿈을 계승하고 꿈의 빈틈을 메워주며 꿈의 덧없는 측면을 확증할 수 있을 뿐만 아니라 꿈을 실현시킬 수도 있다.

환각이 인식만큼 진실된 것으로 보일 수 있다면, 역으로 인식은 환각의 반박할 수 없는 가시적 진실이 될 수 있다. 이것은 "연극 연출"에 의한 치료의 첫 번째 계기이다. 즉, 이미지의 비현실성이 인식의 진실과 모순되거나 심지어 그것에 이의를 제기하는 것으로 보이지 않는 가운데, 전자를 후자에 통합하는 것이다. 가령 루시타누스는 지상에서 저지른 수많은 죄 때문에 영벌永罰을 받고 있다고 생각하는 한 우울증 환자의 치유에 대해 이야기한다. 사람들은 그가 구원받을 수 있다는 것을 합리적 논리로 설득할 수 없어서, 그의 정신착란을 있는 그대로 인정하고, 흰옷을 입은 천사가 손에 칼을 들고 그에게 나타나도록 꾸미며, 그리고는 천사로 분장한 사람이 그에게 준엄한 설교를 한바탕 늘어놓고 나서 죄가 사해졌다고 통고하게 한다. 110

이 사례에서 두 번째 계기의 윤곽이 어떻게 드러나는가를 알 수 있다. '이미지'를 통한 '실현'은 충분한 것이 못 되므로, 당치 않은 '담론'을 '계속해야' 한다. 실제로 환자의 엉뚱한 이야기에는 말하는 목소리가 있는데, 그것은 나름대로의 문법을 따르고 의미를 표명한다. 현실 속에서 환상의 실현은 어투의 변화로 보이지 않도록, 새로운 어법으로의 전환으로 인해 새로운 의미를 갖는 것으로 보이지 않도록, 문법과 의미작

---

110 Z. Lusitanus, *Praxis medica*, 1637, obs. 45, pp. 43~44.

용을 그대로 유지해야 한다. 이 동일한 언어는 담론의 엄밀성에 새로운 연역적 요소를 초래하면서 계속 들려올 것이 틀림없다. 그렇지만 이 요소는 하찮은 것이 아니다. 중요한 것은 정신착란을 뒤쫓아가는 것이 아니라 정신착란의 완성을 지향하는 것이다. 정신착란을 절정과 발작의 상태로 유도해야 하는데, 그러한 상태에서는 정신착란이 외부 요소의 어떤 도움도 없이 거울 앞에서처럼 뚜렷이 드러나고 진실의 요구와 갈등상태에 놓이게 된다.

따라서 이미지의 비상식적 언어를 연장시키는 실제적이고 지각적인 담론은 비상식적 언어의 법칙에서 벗어나지도 그것의 절대적 지배력에서 빠져나오지도 않는 상태에서 그것을 긍정하는 역할을 수행하게 되어 있고, 그것을 본질적 측면 주위로 더욱 긴밀히 조직되게 하며, 확증의 위험에도 불구하고 그것을 실현시키고 극화劇化시킨다. 자신이 죽었다고 생각하고 실제로도 전혀 먹지 않는 까닭에 오래지 않아 죽을 환자의 경우를 예로 들 수 있다. "죽은 자처럼 옷을 차려입은 창백한 얼굴의 사람들이 그의 방으로 들어와 침대 앞에 식탁을 차려놓고는 음식을 먹고 마시기 시작한다. 자신을 죽은 자로 생각하는 환자는 굶주린 상태에서 그들을 바라보고, 그들은 그가 아직도 침대에 누워 있는 것을 보고 놀란 척하고는, 그에게 죽은 자도 살아 있는 자처럼 먹는 법이라고 설득한다. 그는 이 관습을 아무런 거부감 없이 받아들인다."[111]

정신착란의 요소들이 서로 모순되기 시작하면서 위기를 촉발시키는 것은 바로 연속된 담론 내부에서이다. 이 위기는 매우 모호하게도 의학적임과 동시에 연극적이고, 히포크라테스 이래 서양 의학의 전통 전체는 연극적 경험의 주요한 형태들 가운데 하나와 단지 몇 년 동안만이지

---

111 *Discours sur les penchants*, par Hulshorff, lu à l'Académie de Berlin. *Gazette salutaire*, 1769년 8월 17일, n° 33에 인용된 단편들.

만 갑자기 일치하게 된다. 여기에서 위기라는 중요한 주제가 서서히 드러나는 것을 볼 수 있는데, 그것은 정신이상자와 그의 존재 이유, 이성과 비이성, 인간의 명석한 술책과 정신병자의 무분별이 대면하는 현상일 것이고, 환각이 자체 쪽으로 돌아섬으로써 눈부신 진실 쪽으로 열리게 되는 지점을 보여주는 것이다.

이러한 열림은 위기에 내재하고, 위기의 본질을 이루는 것은 이 임박한 열림이다. 그러나 이 열림은 위기 자체에 의해 주어지지 않는다. 위기가 단순히 연극적일 뿐만 아니라 의학적인 것이기 위해서는, 위기가 인간을 소멸시키는 것이 아니고 질병을 완전히 제거하는 것이기 위해서는, 요컨대 정신착란의 그러한 실현이 연극을 통한 정화의 효과를 낼 수 있기 위해서는, 어느 일정한 순간에 책략이 도입되어야 한다. 112 정신착란의 자율적 작용을 슬그머니 변질시키고, 정신착란을 끊임없이 확증하면서도 동시에 정신착란을 진실에 연결시킬 때는 언제나 제거의 필연성으로 이끌어가는 책략이 그것이다. 이 방법의 가장 단순한 사례는 자신의 몸 속에서 물체나 이상한 동물이 느껴진다고 상상하는 정신착란자에게 사용된 책략이다.

"자기 몸 속에 살아 있는 동물이 들어가 있다고 생각하는 환자의 경우에는 그의 몸에서 그것을 끄집어내는 척해야 하는데, 만일 뱃속에 들어 있다고 생각한다면, 환자가 눈치채지 못하게 그것을 환자용 변기 안에 미리 던져놓고서, 배를 약간 격렬하게 요동치게 하는 하제下劑를 쓰는 것으로 효과를 볼 수 있다."113

연출은 정신착란의 대상을 실현시키는 것이지만, 이는 그 대상을 외

---

112 '모든 것을 바꾸는 이 질병은 교묘함과 책략으로써 치료해야 한다'(Hic omnivarius morbus ingenio et astutia curandus est) (Lusitanus, p. 43).

113 Encyclopédie, art. "Mélancolie".

재화시킴으로써만 가능한 일이고, 연출이 환자에게 자신의 환각에 대한 확증된 인식을 부여하는 것은 오직 환자를 억지로 해방시킴으로써만 이루어지는 일이다. 정신착란의 교묘한 재구성은 환자가 자유를 회복하는 데 필요한 거리를 마련해준다.

그러나 때로는 이러한 거리두기조차 필요하지 않다. 처음에는 은밀하나 점차로 확증되면서 체계 전체를 무너뜨리게 될 인식의 요소가 술수에 의해 자리 잡게 되는 것은 바로 정신착란의 준準인식 내부에서이다. 환자가 현실을 인식하여 해방되는 것은 바로 자기 자신의 마음속에서, 그리고 자신의 정신착란을 확증하는 인식 속에서이다. 트랄리옹은 머리가 없고 그 자리에 일종의 텅 빈 구멍이 있다고 상상하는 어느 우울증 환자의 정신착란이 어떻게 해소되었는가를 전해주는데, 의사가 환자의 정신착란을 인정하고, 환자의 요구에 따라 그 구멍을 막는 척하면서, 그의 머리 위에 큰 납덩어리를 올려놓자, 이윽고 이로 인한 불편과 금방 고통을 가중시키는 무게로 인해 환자는 자신에게 머리가 있다는 것을 납득하게 되었다는 것이다.[114]

요컨대 술책과 이것의 희극적 환원기능은 의사의 암묵적 동조에 힘입어, 그러나 의사 쪽에서의 다른 직접적인 개입 없이 환자의 인체에서 일어나는 자연발생적 작용에 의해 확실히 실행될 수 있다. 앞에서 인용된 사례, 즉 자신이 죽었다고 생각하기 때문에 먹으려 들지 않아 실제로 죽게 될 우울증 환자의 사례에서 죽은 자들의 향연이라는 연극의 연출은 환자로 하여금 음식을 먹도록 유발하는 것이고, 환자는 마침내 식사를 하고 회복되며 "요리를 먹게 되면서 더 차분해질" 뿐만 아니라, 인체의 장애가 사라지면서 불가분하게 그것의 원인이자 결과였던 정신착란도 어김없이 사라지게 된다.[115]

---

114 *Encyclopédie*, art. "Mélancolie".

이처럼 상상적 죽음으로 인해 초래될 실질적 죽음은 단지 비현실적 죽음의 실현에 의해서만 현실에서 멀어질 뿐이다. 비존재와 비존재의 교환이 교묘한 조작을 통해 이루어진 것이다. 즉, 정신착란의 비존재는 질병의 존재로 옮겨졌고, 질병의 존재가 연극의 실현을 통해 정신착란에서 떨어져나갔다는 사실에 의해서만 질병의 존재를 제거했을 뿐이다. 정신착란의 비존재가 존재로 구현됨으로써 정신착란은 비존재 자체로서, 그것도 내적 모순의 순수한 메커니즘에 의해, 이를테면 말놀이이자 동시에 환각의 작용이고 언어와 동시에 이미지의 작용인 메커니즘에 의해 제거되기에 이르고, 인식의 대상이 되므로 확실히 비존재로서 제거되지만, 정신착란의 존재가 전적으로 비존재 속에 있기 때문에 정신착란으로서 제거된다. 그리고 연극의 환상을 통한 정신착란의 확증은 정신착란을 진실 쪽으로 되돌리는데, 이 진실은 정신착란을 현실 속에 붙잡아두면서 정신착란의 현실성을 박탈하고, 이성의 차분한 담론 속으로 사라지게 만든다.

여기에서 '존재는 인식이다'[116]라는 원리의 반어적이고 동시에 의학적인 치밀한 적용 같은 것이 실행되고, 이 원리의 철학적 의미는 문자 그대로 준수되면서도 이와 동시에 정상적 효력의 방향과는 반대로 이용된다. 이 원리는 본래의 의미작용을 거슬러 올라가는 것이었다. 실제로 정신착란은 '인식'의 영역으로 스며드는 순간부터 본래의 성격에도 불구하고 존재의 영역에 속하게 된다. 다시 말해서 '비존재'인 고유한 본질과 모순되기 시작한다.

그때 행해지는 연극과 치료의 활동은 정신착란이 진행될 때 '본질적 정신착란'의 요구를 '존재'의 법칙에 대해 연속적이게 하는 것이고(이것

---

115 *Gazette salutaire*, 1769년 8월 17일, n° 33.

116 *esse est percipi.

은 연극의 창안, 우스꽝스러운 환각의 적절한 배치의 계기이다), 그런 다음에 이미 내포되어 있지만 급속히 고조되는 긴장과 모순을 전자와 후자 사이에 촉진하는 것이며(이것은 드라마의 계기이다), 마지막으로 정신착란의 본질적 법칙은 단지 환각의 욕구와 욕망, 비존재의 요구일 뿐이고, 따라서 정신착란을 존재에 편입시킬 '인식'은 정신착란을 이미 은밀하게 끝장내고자 하는 것이었다는 그러한 진실을 냉혹하게 밝히는 것이다(이것은 희극이고, 대단원이다). 존재와 비존재가 다 같이 정신착란의 준準현실에 서로 뒤섞여 있는 상태에서 풀려나고 본래의 빈약한 상태로 귀착한다는 그 엄정한 의미에서의 대단원이다.

고전주의 시대에는 다양한 풀려남의 방식들 사이의 기묘한 구조적 유사성이 있다는 것을 알아차릴 수 있는데, 그것들은 작위적 의료기법에서, 그리고 연극적 환상의 진지한 놀이에서 동일한 균형과 동일한 움직임을 갖는다.

여기에서 우리는 있는 그대로의 광기가 왜 17세기 말에 연극에서 사라졌다가 다음 세기의 마지막 몇 년 전까지 다시는 나타나지 않았는가를 이해할 수 있다. 즉, 광기의 연극은 실질적으로 의료관행으로 연출되었고, 그것의 희극적 귀결은 일상적 치유 영역에 속하는 것이었다.

3) 직접적인 것으로의 회귀

광기는 환각幻覺이므로, 광기의 치유는 연극에 의해 실행될 수 있다는 것이 사실이라 해도, 또한 연극의 폐기廢棄에 의해서도 그만큼 잘, 그리고 훨씬 더 직접적으로 성취될 수 있다. 직접성을 지니고 있어서 비非존재가 끼어들 틈이 없기 때문에 속이지 않는 충만한 자연에 광기와 광기의 빈 세계를 직접 내맡기는 것은 (광기는 질병으로서 어쨌든 자연적 존재일 뿐이므로) 광기에 본래의 모습을 부여하는 것이고, 이와 동시에 광기를 가장 가까운 모순에 처하게 하는 것이다(내용 없는 외양으로서의 정신 착란은 흔히 은밀하고 비가시적인 풍요, 자연의 반대 자체이므로 그러하다). 이처럼 자연은 비이성의 원인을 보유하고 동시에 비이성 제거의 원리를 내포한다는 이러한 이중의 의미에서, 비이성의 근거로 나타난다.

그렇지만 이러한 주제가 고전주의 시대 전체와 시기를 같이하는 것은 아니라는 점에 유의해야 한다. 이 주제는 동일한 비이성의 경험에 종속 된다 할지라도, 연극 연출의 주제가 사라진 다음에야 나타나며, 이 주 제의 출현은 존재와 환상에 대한 물음이 굴절되면서 자연에 대한 문제 의식을 끌어들이기 시작하는 시기를 가리킨다. 연극적 환각의 작용은 의미를 잃고, 상상적 실현의 교묘한 기법은 자연으로의 환원還元을 노 리는 단순하고 순진한 기술로 대체된다. 그렇지만 자연으로의 환원만 큼 자연에 의한 환원도 중요하므로, 여기에는 모호한 점이 없지 않다.

직접적인 것으로의 회귀는 치료에 대한 가차 없는 거부이기 때문에 전형적 치료법이고, 모든 의료행위의 무시임에 따라 치료의 효력을 갖 는다. 자연이 포기抛棄와 정반대되는 활동을 펼치는 것은 인간 자신에 대한 인간의 수동성, 인간이 인간의 기술과 기교에 강요하는 침묵 속에 서이다. 실제로 인간의 이러한 수동성은 더 자세히 살펴볼 때 실제적 활동이고, 약에 기댈 때의 인간은 자연이 인간에게 부과하는 노동의 법 칙에서 벗어나며 기교와 반자연의 세계 속으로 빠져드는데, 인간의 광 기는 반자연의 표면화 현상들 가운데 하나일 뿐이거니와, 명백한 수동 성은 사실 부지런하고 충실한 태도일 따름이어서, 인간은 이러한 수동 성 속에서 이 질병에 관심을 기울이지 않고 자연적 존재들의 활동에 다 시 끼어듦으로써 치유되기에 이른다.

바로 이런 식으로 생-피에르의 베르나르댕117은 자신이 "오이디푸스

---

117 *Henri Bernardin de Saint-Pierre. 프랑스의 작가, 낭만주의의 선구자(1737~

의 경우처럼 두 태양이 보이는 이상한 병"에서 풀려난 과정을 설명한
다. 의학은 그에게 도움을 주었고, "신경이 병의 근원"이라고 알려주었
다. 그는 가장 좋은 약제들을 복용하지만 소용이 없자, 의사도 자신이
처방한 약 때문에 죽는다는 것을 재빨리 간파한다.

"내가 건강을 회복한 것은 바로 장-자크 루소 덕분이었다. 나는 그의
불멸의 글들에서 특히 인간이란 명상이 아니라 노동에 적합하게끔 만들
어졌다는 당연한 진리를 접했다. 그때까지 나는 내 영혼을 단련하고 내
몸을 쉬게 했으나, 그 후로는 식이요법을 바꾸었으며, 몸을 단련했고
영혼을 쉬게 했다. 대부분의 책을 읽지 않기로 작정했고, 자연의 저작
물著作物에 눈길을 던졌는데, 자연의 저작물은 시간도 민족도 변질시킬
수 없는 언어로 나의 모든 감각에 말을 걸어왔다. 나의 이야기와 나의
일기는 들과 초원의 풀이었는데, 나의 생각이 인간의 조직 안에서처럼
힘겹게 풀로 나아가지 않았고, 대신에 풀의 생각이 수많은 유쾌한 형태
를 띠고서 나에게로 다가왔다."[118]

직접적인 것으로의 이러한 회귀는 루소의 몇몇 제자가 제시할 수 있
었던 분명한 주장에도 불구하고, 절대적이지도 단순하지도 않다. 광기
는 설령 사회의 가장 인위적인 측면에 의해 유발되고 지속된다 해도, 인
간이 지닌 가장 근원적인 욕망의 무질서하고 난폭한 표출처럼 보이는 것
이다. 우리가 이미 살펴보았듯이, 고전주의 시대에 광기는 잔인성, 이
를테면 온통 포식捕食과 살해본능으로 가득 찬 잔인성으로 치닫게 될 위
험과 맞닿아 있다. 광기를 자연에 맡기는 것은 통제할 수 없는 역전逆轉
으로 인해, 광기를 반反자연의 그 맹위猛威에 내던지는 꼴이 될 것이다.

1814). 다채로운 목가 *Paul et Virginie*(1788)로 유명하다.

118 Bernardin de Saint-Pierre, *Préambule de l'Arcadie. Œuvres*, Paris, 1818, t.
VII, pp. 11~14.

그러므로 광기의 치유는 욕망이 아니라 상상력과 관련된 직접적인 것으로의 회귀, 말하자면 인간의 삶과 쾌락에서 인위적이고 비현실적이며 상상적인 것을 제외시키는 회귀를 전제로 한다. 직접적인 것 속으로의 의도적 몰입沒入에 의한 치료법은 자연에서 난폭성의 영역에 속하는 것과 진실의 영역에 속하는 것을 분할하는 지혜의 매개를 은밀히 전제한다. 그것은 바로 '미개인'과 '경작인' 사이의 차이이다. "'미개인'은 … 이성적 존재의 삶보다는 오히려 육식동물의 삶을 영위하고," 반대로 '경작인'의 삶은 "사실 사교계 생활보다 더 행복한 삶이다." 미개인 쪽에는 규율도 속박도 실질적 도덕성도 없는 직접적인 욕망이 깔려 있고, 경작인 쪽에는 매개 없는 쾌락, 다시 말해서 헛된 유혹도 흥분도 상상적 실현도 없는 쾌락이 놓여 있다. 자연 속에서 자연의 직접적 효력을 통해 광기를 치유하는 것은 쾌락이지만, 그것은 한편으로는 욕망을 사전에 충분히 만족시키므로 욕망을 억누르지 않으면서도 욕망을 무의미하게 만들어 버리고, 다른 한편으로는 현실의 행복한 현존을 자연스럽게 가져다주므로 상상작용을 우스꽝스런 짓으로 전락시키는 쾌락이다.

"쾌락은 사물들의 영원한 질서에 포함되고 변함 없이 실재한다. 쾌락을 얻기 위해서는 몇 가지 조건이 필요한데 … 이 조건들은 결코 자의적인 것이 아니라, 자연에 의해 이미 제시된 것이고, 상상력은 결코 〔쾌락을〕 만들어낼 수 없으며, 쾌락을 아무리 열렬히 갈망하는 사람일지라도 자연의 이러한 모형模型을 따르지 않는 쾌락을 모조리 포기함으로써만 자신의 쾌락을 증대시킬 수 있을 뿐이다."119

그러므로 경작인의 직접적 세계는 지혜와 절도節度로 둘러싸인 세계인데, 이 세계에서는 욕망과 욕망에 의해 유발되는 정념의 요동이 쓸데없는 것으로 됨에 따라, 또한 상상적인 것과 함께 욕망의 모든 가능성

---

119 Tissot, *Traité sur les maladies des gens de lettres*, pp. 90~94.

이 축소됨에 따라 광기가 치유된다. 티소가 "쾌락"이란 말로 의미하는 것은 정념과 동시에 언어로부터 해방된, 다시 말해서 비이성을 낳는 인간 경험의 두 가지 커다란 형태로부터 해방된 이 직접적인 치유소治癒素이다.

그리고 자연은 아마 직접적인 것의 구체적 형태로서, 광기를 제거하는 훨씬 더 근본적인 힘을 지니고 있을 것이다. 실제로 자연은 인간을 방종放縱으로부터 해방시킬 힘이 있다. 자연 안에서라면, 적어도 강렬한 욕망과 비현실적 환상의 이중적 배제가 지배하는 자연 안에서라면, 인간은 아마 사회적 속박("쾌락이 아닌데도 쾌락의 이름을 지니고 있는 상상적 쾌락을 헤아리고 종합적으로 검토하도록" 강제하는 속박)과 정념의 통제할 수 없는 움직임으로부터 해방될 것이다.

그뿐만 아니라 사실상 인간은 당연한 의무들의 체계 속으로 마치 자기 삶의 내부로부터인 듯 부드럽게 들어갈 수 있다. 가장 건전한 욕구의 압력, 날과 계절의 리듬, 평온하게 먹고 거주할 필요는 광인의 무질서를 일정한 규칙에 얽어맨다. 상상작용에 의해 빚어지는 너무 막연한 것은 욕망에 감추어진 너무 긴박한 것과 함께 사라진다. 속박하지 않는 쾌락의 부드러움 속에서 인간은 자연의 지혜와 결속되고, 자유의 형태를 띠는 그러한 충실성은 정념의 극단적 결정론과 이미지의 극단적 환상이 이치에 맞지 않게 병치되어 있는 비이성을 일소한다. 그리하여 윤리와 의학이 뒤섞인 이와 같은 풍경 속에서 광기로부터의 해방이 꿈꾸어지기 시작하는데, 그러한 해방은 처음부터 인류애에 의해 광인의 인간성이 발견되었다는 점이 아니라, 광기를 자연의 부드러운 속박에 얽매이도록 만들려는 욕망으로 이해해야 하는 것이다.

광인들의 수용과 나병환자들의 배제 사이에 이제는 잊혀진 공통점이 있다는 것을 중세 말부터 여실히 보여주던 오래된 마을 겔도 역시 18세기의 마지막 몇 년 사이에 갑작스러운 재해석의 대상이 된다. 이 마을에서 광인들의 세계와 일반 사람들의 세계가 격렬하고도 비장하게 분리되어 있다는 사실을 나타내던 것은 이제 비이성과 자연 사이에서 되찾아진 통일성의 목가적牧歌的 가치를 지닌다. 예전에 이 마을은 광인들이 좁은 장소에 격리되고, 그리하여 이성적 인간이 그들로부터 보호받는다는 것을 의미하는 곳이었으나, 이제는 광인이 해방된다는 것, 그리고 광인을 자연법칙에 종속시키는 그러한 자유 속에서 광인이 이성적 인간과 화해한다는 것을 보여주는 곳이다.

주이가 묘사하는 정경에 의하면, 겔에서는 "주민의 5분의 4가 광인, 진짜 광인인데도, 다른 시민들과 똑같은 자유를 불편 없이 누리고 있다. … 청결한 음식, 맑은 공기, 보장된 자유, 이러한 것들이 그들에게 부과되는 체제인데, 그 해 말에 가장 많은 수의 광인이 치유된 것은 이 체제 덕분이다."[120]

제도가 실질적으로 전혀 바뀌지 않은 상태에서 배제와 수용의 의미는 변질되기 시작한다. 즉, 서서히 긍정적 가치를 띠게 된다. 그리고 예전에 비이성이 소멸되던 중립적이고 비어 있는 밤의 공간은 해방된 광기가 순종하지 않을 수 없는 자연으로 가득 차기 시작한다. 수용은 이성과 비이성의 경계로서 일소되지 않지만, 수용을 위한 공간은 구상의 단계에서부터 예전의 제한하고 억압하는 체계보다 광기에 대해 더 속박적이고 본질적으로 광기를 묶어두기에 더 적합한 자연의 영향력을 나타나게 한다. 이제 긍정적 효율성을 갖게 된 수용의 공간에서 광기가 자유롭게 야생의 자유를 떨쳐버리고 광기에 대해 진실이자 율법인 자연의 요구를 받아들이도록 하기 위해서는 광기를 그 제도에서 풀어놓아야 한다. 자연은 율법인 이상, 욕망의 난폭성을 제한하고, 진실인 이상, 반反자연과 상상적인 것의 모든 환상을 축소시킨다.

---

120 Esquirol, *Des maladies mentales*, t. II, p. 294에서 재인용.

예컨대 피넬은 사라고사의 구빈원에 관해 언급하면서 이러한 자연을 묘사한다. 거기에는 "밭의 경작이 고취하는 매력과 매혹에 의해, 인간으로 하여금 토지를 비옥하게 하고 생업의 결실로 생필품을 마련하도록 유도하는 자연적 본능에 의해 정신의 미망迷妄에 균형을 잡아주는 일종의 평형추가 세워졌다. 아침부터 그들은 … 즐거운 마음으로 조를 나누어 구빈원에 딸린 넓은 소유지의 여러 구역으로 이동하여, 일종의 경쟁의식을 내보이면서, 계절에 따른 작업을 함께 하고, 밀, 채소, 식용식물을 재배하며, 추수, 격자 세공, 포도 수확, 올리브 수확에 교대로 나설 뿐만 아니라 저녁에는 적막한 안식처로 돌아와 고요와 조용한 수면에 빠져든다. 이 구빈원에서의 지속적 경험은 이것이 이성을 되찾을 가장 확실하고 가장 효과적인 수단이라는 것을 알려주었다."[121]

이 관습적 이미지에 비추어 보면, 정확한 방향이 쉽게 발견된다. 직접적인 것으로의 회귀는 조정되고 변질된 직접적인 것, 난폭성이 진실과 분리되고 야만성이 자유와는 별도로 놓이며 반 자연의 환상적 형상에서는 자연이 더 이상 식별될 수 없게 되는 직접적인 것, 요컨대 자연이 도덕에 의해 매개되는 직접적인 것이 문제임에 따라서만, 비이성에 대해 효력을 갖는다.

이렇게 조정된 공간에서는 질병의 자연적 현상을 넘어서는 것이 비이성의 언어에 고스란히 들어있기 때문에, 결코 광기가 비이성의 언어를 말할 수 없게 된다. 광기는 전적으로 병리학의 영역에 놓이게 된다. 이것은 나중의 여러 시대에 실증적 지식으로, 진실이 아니라면 적어도 진실의 인식을 가능하게 하는 것의 도래로 받아들여졌지만, 역사의 시선視線에 반드시 과거의 본모습으로 나타나게 마련인 변화, 즉 고전주의 시대의 비이성의 경험이 광기에 대한 엄밀하게 도덕적 인식으로 축

---

121 Pinel, *Traité médico-philosophique*, pp. 238~239.

소되는 현상인데, 이 도덕적 인식은 나중에 19세기가 과학적이고 실증적이며 실험적인 것이라고 내세우게 되는 모든 이해방식에서 은밀하게 중핵中核으로 구실하게 된다.

18세기의 후반기에 이루어진 이 변화는 우선 치유의 기법 속으로 서서히 스며들었으나 18세기의 마지막 몇 년 동안에는 개혁자들의 정신을 사로잡고 광기 경험의 대폭적인 재편성을 유도하면서 매우 급속히 표면으로 떠올랐다. 곧장 피넬은 다음과 같이 말할 수 있게 된다. "확고부동한 도덕규범을 따르는 것은 심기증, 우울증, 또는 조광증을 예방하는 데 대단히 중요하다!"[122]

고전주의 시대를 대상으로 하여 육체적 치료법과 심리적 치료행위를 구별하려고 애쓰는 것은 무익하다. 그 때에는 심리학이 실재하지 않았다는 단순한 이유 때문이다. 예컨대 고미제苦味劑의 복용이 처방될 때, 이것은 육체만큼이나 영혼을 닦아내고자 하는 것이므로 육체의 치료가 아니고, 우울증 환자에게 경작인의 단순한 생활이 처방되거나 환자의 정신착란이 연극으로 연출될 때, 이것은 신경에 흐르는 정기의 움직임, 체액의 농도가 가장 우선적인 문제이므로 결코 심리치료가 아니다. 그러나 전자의 경우에는 '특성들의 변환'의 기술, 광기의 본질을 자연과 질병으로 파악하는 기법이 문제되고, 후자의 경우에는 담론의 기술, 그리고 광기가 비이성으로서 가치를 갖는 '진실의 복원'이 문제된다.

단일하다는 점에서 고전주의 시대를 특징짓는 이와 같은 중대한 비이성의 경험이 몇 년 후에 분리될 때, 광기가 도덕적 직관에 완전히 몰

122 Pinel, *op. cit.*

수되어 질병에 지나지 않게 될 때, 우리가 방금 확증한 구별은 다른 의미를 띠게 되고, 질병에 속했던 것은 생체적인 것의 영역에 속하게 되며, 비이성이나 비이성의 선험적 담론에 속했던 것은 심리적인 것의 차원으로 넘어가게 된다. 심리학이 탄생하는 것은 정확히 그때인데, 심리학은 광기의 진실로서가 아니라, 비이성이었던 광기의 진실에서 광기가 이제 분리되었고 그때부터 광기가 자연의 무한한 표면에서 표류하는 '무시해도 좋은' 현상일 뿐이게 된다는 징후로서 탄생한다. 광기를 축소시킬 수 있는 것 이외의 다른 진실을 갖지 않는 수수께끼.

그래서 프로이트에게 공정해야 한다. 《다섯 가지 정신분석》과 '심리적 치료행위'에 관한 세심한 조사 사이에는 깊은 '발견' 이상의 것이 있으며 최고로 격렬한 '회귀'가 있다. 자네[123]는 분할의 요소를 열거했고 목록을 조사했으며 여기저기에서 병합활동을 수행했을 뿐만 아니라 아마 성과를 거두기도 했을 것이다. 프로이트는 광기를 '언어'의 층위에서 다시 취급했고, 실증주의에 의해 침묵으로 귀착된 경험의 본질적 요소들 가운데 하나를 재구성했지만, 광기에 대한 심리치료의 목록에 주요한 것을 추가하지 못했고, 의학적 사유에 비이성과의 대화 가능성을 복원시켰을 뿐이다.

치료행위들 중에서 가장 "심리적인" 것이 그토록 빨리 생체적 측면과 생체를 통한 확증에 마주쳤다는 사실에 놀라지 말자. 정신분석에서 문

---

123 *Pierre Janet. 프랑스의 철학자, 정신의학자(1859~1947). 1889년 *Automatisme psychologique*로 박사학위를 받고는 정신병리학 연구를 위해 의학 공부를 시작하여 1893년에 *Accidents mentaux des hystériques*로 다시 한 번 박사학위를 받는다. 1902년에는 Ribot의 뒤를 이어 콜레주 드 프랑스의 교수가 된다. 프로이트처럼 살페트리에르에서 샤르코 밑에서 배우고 나서 히스테리에 관한 많은 저작을 발표한다. 그의 주요 저서로는 *Névroses et Idées fixes*(1898), *Les Obsessions et la Psychasthénie* (1903), *Etat mental des hystériques*(1911), *De l'angoisse à l'extase*(1927~28) 등이 있다.

제되는 것은 결코 심리학이 아니라, 정확히 근대 세계에서 심리학이 본
질적으로 은폐할 수밖에 없었던 비이성의 경험이다.

제 3 부

서론

1장 대공포

2장 새로운 분할

3장 자유의 선용(善用)

4장 정신병원의 탄생

5장 인간학의 악순환

Histoire de la folie à l'âge classique

서 론

> 그들에게 나는 그야말로 프티트-메종이었다.

"어느 날 오후 나는 거기에서 별로 말하지 않고 가능한 한 귀를 닫고서
이것저것을 바라보고 있었는데, 그때 하느님의 섭리로 이 나라에 존재
하게 된 이상한 사람 하나가 나에게 다가왔다. 그는 오만함과 천박함,
양식良識과 비이성非理性의 혼합물이었다."

회의懷疑가 중대한 난관에 봉착했을 때, 데카르트는 비이성의 모든
잠재력이 자신의 사유 주위에서 지켜보고 있다는 것을 오랫동안 여전
히, 그리고 심술궂은 악마에 이르기까지 인정하게 될 것이 뻔한데도,
자신이 광인일 수 없다는 것을 의식하고 있었을 뿐만 아니라, 철학자로
서 확고한 의도를 갖고 의심하기를 시도하는 까닭에 "그 미치광이들 중
의 한 사람"일 수 없었다. 라모의 조카는 자신이 광인이라는 것을 분명
하게 알고 있는데, 이것은 그의 가물가물한 확신에서 찾아볼 수 있는
가장 집요한 요소이다.

"그는 시작하기 전에 깊은 한숨을 내쉬고 양손을 이마에 갖다 대고는

다시 침착한 표정을 짓고서 나에게 말한다. 아시다시피 나는 무식쟁이, 광인, 무뢰한無賴漢, 게으름뱅이올시다."1

자신이 광인이라는 이 의식은 아직 매우 허술하다. 비이성의 오묘한 힘과 소통하는 것은 은밀하고 오만한 닫힌 의식이 아닐뿐더러, 라모의 조카는 사방으로 열려 있고 다른 사람들의 시선에 속이 비쳐 보이는 노예의식이다. 그는 사람들이 그에게 광인이라고 말했고 그를 광인으로 대했기 때문에 광인이다. "사람들이 나를 조롱거리로 삼고자 했고 나는 스스로 조롱거리가 되었죠."2 그에게서 비이성은 세평世評의 깊이 이외의 다른 깊이가 없는 전적으로 표면적인 것이고, 가장 자유롭지 않은 상태에 처해 있을 뿐만 아니라, 이성에서 찾아볼 수 있는 가장 불안정한 것에 의해 비난받는다. 비이성은 전적으로 인간의 무용한 광기의 차원에 놓여 있는 것이다. 비이성은 아마 이 신기루3와 다른 것이 결코 아닐 것이다.

라모의 조카가 그의 동시대인들에게는 아직 불가해不可解하지만 우리의 회고적 시선에는 명확하게 이해되는 방식으로 나타내는 그러한 비상식적 생활의 의미는 도대체 무엇일까?

그것은 아주 먼 옛날의 형상, 특히 중세를 환기시키는 익살 광대의 모습을 이어받고 또한 비이성의 가장 현대적 형태, 즉 네르발과 니체와 앙토냉 아르토의 시대에 나타나는 형태를 알리는 매우 오래 전의 생활이다. 18세기에 그토록 이목耳目을 끌면서도 알려지지 않은 라모의 조카의 역설적 생활을 살피는 것은 변화의 연대기에서 슬쩍 뒤로 물러나는 것일 뿐만 아니라, 이와 동시에 비이성의 커다란 구조, 말하자면 서

---

1 *Le Neveu de Rameau*, Diderot, Œuvres, Pléiade, p. 435.
2 *Ibid.*, p. 468.
3 *'인간의 무용한 광기'의 은유이다.

양 문화에서 약간은 역사가의 시간 아래 잠들어 있는 구조의 일반적 형태를 알아차릴 수 있게 해주는 것이다. 그리고 아마 《라모의 조카》는 모순으로 뒤죽박죽인 형상을 통해, 고전주의 시대에 비이성의 경험을 쇄신시킨 격변激變의 가장 본질적인 측면을 우리에게 곧장 알려주게 될 것이다. 그러므로 《라모의 조카》를 역사의 응축된 패러다임으로 검토할 필요가 있다. 그리고 〈광인들의 배〉에서 니체의 마지막 말과 어쩌면 아르토의 울부짖음까지 이르는 중요한 파선破線이 이 작품에 의해 한 순간의 섬광처럼 그려지므로, 이 작중인물이 무엇을 감추고 있는가, 디드로의 이 텍스트에서 이성·광기·비이성이 어떻게 마주쳤는가, 이것들 사이에 어떤 새로운 관계가 맺어졌는가를 알아보도록 노력하자.

우리가 이 마지막 3부에서 써야 할 역사는 조카의 말에 의해 열린 공간의 내부에 놓여 있지만, 결코 이 공간 전체를 망라하는 것은 아니다. 광기와 비이성을 겸비하고 있는 마지막 인물인 라모의 조카는 또한 광기와 비이성의 분리의 계기를 미리 나타내는 인물이기도 하다.

다음에 이어질 장章들에서 우리는 인간학人間學에서 처음으로 나타나는 현상에 주목하면서 이러한 분리의 움직임을 충실하게 뒤따르려고 애쓸 것이다. 그러나 서양 문화에서 이 분리가 철학적이고 비극적인 의미를 띠게 되는 것은 오직 니체의 마지막 텍스트 또는 아르토에게서 이다.

그러니까 광인狂人이라는 인물은 《라모의 조카》에서 우스꽝스러운 형태로 다시 출현한다. 그는 중세의 광대처럼 이성의 형태들 사이에서, 결코 다른 사람들과 '같지' 않으므로 아마 어느 정도는 주변인周邊人으로, 그렇지만 이성적 인간이 마음대로 처분하는 사물, 사람들에게 보여지고 사람들 사이에서 양도되는 재산 같은 것으로서 이성의 형태들 사이에 통합되어 살아간다. 사람들은 그를 물건처럼 소유한다. 그러나 이윽고 그는 이러한 소유의 애매함을 드러나게 한다. 실제로 그가 이성에 대해 전유專有의 대상인 것은 그가 이성에 필요하고 이성의 존재 내용 및 존재 의미에 관련되어 있는 대상이기 때문이며, 광인이 없다면 이성은 현실성을 잃을 것이고 비어 있는 단조로움, 스스로에 대한 권태, 자기모순에 빠진 동물의 사막일 것이다. "이제 내가 그들 곁을 떠났으니, 그들은 무엇을 하겠소? 그들은 개처럼 권태로워 합니다…."**4**

그러나 광기를 소유하고 있는 상태에서만 이성일 따름인 이성은 이성 자체와의 동일성同一性에 의해 규정될 수 없게 되고, 이러한 광기 소유의 상태 속에서 자주성을 상실한다. "분별력이 있는 사람은 결코 광인을 소유하지 않을 것이고, 따라서 광인을 소유하고 있는 자는 분별 있는 사람이 아니며, 그가 분별 있는 사람이 아니라면, 그는 광인이고, 어쩌면 설령 왕일지라도 자기 곁에 있는 어릿광대의 어릿광대**5**일 것이오."**6** 이성이 광기를 소유하는 방식에 의거해서만 광기를 알아볼 뿐임에 따라, 비이성은 이성의 근거가 된다.

성가신 방문객이라는 '가소로운' 인물의 우스꽝스러움이었던 것이 결국에는 불길한 '비웃음의 힘'을 드러낸다. 라모의 조카의 모험은 비이성을 무관하고 비본질적인 것이라고 비난하는 모든 판단의 필연적 불안정과 아이러니컬한 돌변突變을 말해준다.

비이성은 비이성을 정죄定罪하는 것 쪽으로 차츰차츰 거슬러 올라가 그것에 일종의 반동적 예속을 강요한다. 왜냐하면 광기에 대해 가령 "저자는 '하나의' 광인"이라고 말할 때처럼 순수한 판단 및 규정의 관계

---

4   Diderot, *op. cit.*, p. 437.

5   *프랑스어로는 광인과 같은 낱말이다. 그러므로 이 대목에서 광인은 또한 (어릿)광대의 뜻을 내포한다.

6   *Ibid.*, p. 468.

를 정립한다고 생각하는 현명한 행위에 의해 소유 및 모호한 귀속의 관계가 단번에 설정되기 때문이다. 즉, 내가 그의 광기를 알아볼 수 있을 정도로 충분히 이성적임에 따라, 그리고 이러한 식별이 내 이성의 표지, 징후, 상징 같은 것임에 따라 "저자는 '나의' 광인이기" 때문이다.

이성은 광기의 조서調書를 작성할 때마다 어김없이 소유관계로 말미암아 위태롭게 된다. 비이성은 이성의 '바깥'에 있는 것이 아니라 정확히 이성 '안'에서 이성에 의해 포위되고 소유되며 사물화되는 것일뿐더러, 이성에 대해 가장 내적이고 또한 가장 투명하며 가장 분명히 나타나는 것이다. 지혜와 진실은 이성에 대해 언제나 한없이 뒤로 물러나 있는 반면에, 광기는 이성이 스스로 소유할 수 있는 것에 지나지 않는다. "오랫동안 왕의 어릿광대가 있었소. … 왕의 현자는 어떤 경우에도 정식으로 공인되지 않았다오."7

그때 광기의 승리는 이중의 회귀回歸를 통해 또 다시 예고되는데, 하나는 광기의 소유를 통해서만 확실성을 보장받을 뿐인 이성 쪽으로 비이성이 역류逆流하는 움직임이고, 다른 하나는 "광인이 아니라는 것은 다른 광기의 양상에 의해 광인이라는 것이 될 것이다"라고 말할 때처럼 광기와 이성이 서로 한없이 내포되는 경험 쪽으로의 재상승再上昇이다. 그렇지만 이러한 내포관계는 중세 말과 르네상스 시대에 서양의 이성을 위협하던 것과는 방식이 전혀 다르다. 이것은 이제 상상적 요소로 말미암아 결국 여러 세계의 환상적 혼합과 같은 것이 되곤 한 그 모호하고 접근 불가능한 영역을 가리키는 것이 아니라, 귀속 관계의 돌이킬 수 없는 취약성, 소유를 통해 자체의 존재를 찾는 이성이 소유에 얽매이게 되는 즉각적 전락轉落을 보여준다. 즉, '이성은 비이성을 소유하는 움직임 자체 속에서 자주성을 잃게 된다.'

---

7 *Le Neveu de Rameau*, p. 468.

디드로의 이 몇몇 대목에서 이성과 비이성의 관계는 완전히 새로운 양상을 띤다. 근대 세계에서 광기에 닥칠 운명은 거기에 절묘하게 예시豫示되어 있고 벌써 거의 내포되어 있다. 거기로부터 우리는 앙토냉 아르토까지 이르는 그 불명확한 경로를 단번에 일직선으로 그릴 수 있다.

언뜻 보기에는 라모의 조카를 광인과 광대의 오래된 유사성에 따라 규정하고, 광인과 광대가 지니고 있었던 비꼼의 능력을 모두 라모의 조카에게 되돌려주어도 무리는 없을 듯하다. 진실을 밝힌다는 점에 비추어 그는 연극에서 그토록 오랫동안 활용되었으나 고전주의 시대에 이르러 몹시 소홀히 취급된 '예기치 못한 인물'의 역할을 하지 않는가? 그가 벌이는 엉뚱한 언행言行의 흔적 속에서 진실이 반짝이게 되지 않는가? 그 광인들은 "우리의 교육, 우리의 사회관습, 우리의 예의범절에 스며든 그토록 진절머리 나는 획일성을 깨뜨리죠. 사람들이 모여 있는 곳에 광인이 한 사람 나타난다고 생각해 보세요. 그는 술렁임을 불러일으키고 각자에게 개성의 일부분을 회복시키는 한 알의 누룩인 셈이오. 그는 뒤흔들고 동요시키며 동의하거나 비난하게 만들 뿐만 아니라 진실을 새어나오게 하고 유덕한 사람을 알아보게 하며 악당의 가면을 벗깁니다."8
그러나 광기가 이처럼 진실을 세상으로 나오게 하는 역할을 떠맡는 것은 더 이상 광기의 무분별이 기묘한 앎에 의해 요점과 상통하기 때문이 아니라 다만 광기가 맹목적이라는 점 때문일 뿐이고, 광기의 힘은 오류로만 형성될 뿐이다.
"우리가 어떤 좋은 것을 말한다 해도, 그것은 광인이나 철학자처럼

---

8 *Ibid.*, pp. 426~427.

무턱대고 내뱉는 말이죠."9 이는 아마 우연이 진실과 오류를 연결시키는 데 필요한 단 하나의 끈, 역설적 확실성의 유일한 길이라는 것을 의미할 것이고, 이에 따라 광기는 이러한 우연, 이를테면 희구希求되거나 추구되지 않는 본래적 우연의 고양高揚으로서, 진실의 진실처럼 보일 뿐만 아니라 명백히 드러난 오류인 것으로 보인다. 왜냐하면 확연히 밝혀져 명백히 드러난 오류는 오류 그 자체이자 또한 오류를 오류로 만드는 그러한 비존재이기 때문이다. 그리고 광기가 근대 세계에 대해 새로운 의미를 띠는 것은 바로 이 점에서이다.

한편으로 비이성은 존재와 가장 직접적으로 인접하고 존재 속으로 가장 깊이 뿌리내리는 것이다. 즉, 지혜, 진실, 그리고 이성에서 비이성에 의해 희생되거나 폐기될 수 있는 모든 것은 비이성이 드러내는 존재를 순수하고 더 급박한 것으로 만든다. 존재의 모든 지체遲滯, 모든 후퇴, 모든 매개 자체는 비이성이 참아낼 수 없는 것이다.

"나는 존재하지 않는 것보다 존재하는 것이 더 좋고, 심지어는 존재하지 않느니 차라리 무례하게 꼬치꼬치 따지는 사람이고 싶어요."10

라모의 조카는 배가 고프면 그렇다고 말한다. 그의 비밀은 그야말로 위선적일 수 없는 것이므로, 그에게서 엿보이는 탐욕스럽고 파렴치한 것, 그의 마음속에서 다시 생겨날 수 있는 모든 냉소적 태도는 자신의 비밀을 털어놓기로 결심하는 위선이 아니다. 이 점에서 라모의 조카는 타르튀프의 이면裏面이 아니다. 그는 다만 비이성 속에서 작용하는 존재의 그토록 직접적인 압력, 매개의 불가능성을 드러낼 뿐이다. 11 그러

---

9 *Le Neveu de Rameau*, p. 431.

10 *Ibid.*, p. 433.

11 《라모의 조카》에서 이해타산은 바로 존재의 이러한 압력과 이러한 매개의 부재를 보여준다. 사드에게서도 사유의 동일한 움직임이 발견되는데, 18세기에 일반적으로 발견되는 것은 일견 이해타산과 유사해 보이지만 사실은 '이해타산'의 철학의 반대(진

나 이와 동시에 비이성은 환각의 비존재에 맡겨지고 어둠 속에서 고갈된다. 비이성이 이해타산 때문에 존재 안에 있는 가장 직접적인 것으로 축소된다 해도, 비이성은 또한 겉모습에서 찾아 볼 수 있는 가장 막연하고 가장 취약하며 가장 일관성 없는 것을 흉내 낸다. 비이성은 존재의 긴급성이자 동시에 비존재의 무언극無言劇이고, 직접적인 필요성이자 동시에 거울의 한없는 반사이다.

"가장 나쁜 것은 우리가 욕구를 견디는 속박적 자세랍니다. 가난한 사람은 다른 사람처럼 걷지 않는데, 펄쩍펄쩍 뛰기도 하고 엉금엉금 기기도 하며 몸을 비비꼬기도 하고 기어가기도 하는 등 여러 가지 자세를 취하고 실행하면서 세월을 보내죠."[12]

필요의 가혹성 겸 쓸데없는 것의 원숭이 시늉인 비이성은 그 절망적이고 전적인 이기주의利己主義이자, 이와 동시에 본질적이지 않은 것 안에 있는 가장 외부적인 것에 의해 행사되는 그러한 매혹이다. 라모의 조카는 이러한 동시성 자체, 완강한 정신착란의 의지 속에서 의식이 완전히 깨어 있는 가운데 세계의 완전한 경험으로 실행될 정도로까지 진전된 괴상함이다.

"선생이 거지의 무언극無言劇이라고 부르는 것은 이 세상의 커다란 동요動搖이고 말고요."[13]

자신이 그러한 소음, 그러한 음악, 그러한 구경거리, 그러한 희극이라는 것, 자신이 사물로, 그것도 가공의 사물로 실현된다는 것, 이런 식으로 자신이 사물일 뿐만 아니라 공백空白이자 무無라는 것, 자신이 사람들을 외부로부터 매혹시키는 그 절대적인 충만함의 절대적 공백이

실과 이성 쪽으로의 매개) 이다.

12 *Ibid.*, p. 500.
13 *Le Neveu de Rameau*, p. 501.

라는 것, 결국 자신이 서로에게 감아 붙는 그러한 무와 존재의 현기증
이라는 것, 그것도 노예의식의 완전한 소멸과 동시에 지고至高한 의식
에 대한 최상의 예찬으로 이어질 만큼 그렇다는 것, 이러한 것이 아마
《라모의 조카》의 의미일 것인데, 이 작품은 로크 전체나 볼테르 전체
또는 흄 전체보다 훨씬 더 반反데카르트적 가르침을 18세기 중엽에, 데
카르트의 발언이 완전하게 이해되기 훨씬 전에 우리에게 베풀어 준다.

자신의 인간적 현실 속에서, 자신의 이름이 아닌 이름에 의해서만 익
명성匿名性에서 벗어나는 그 희미한 삶, 이를테면 그림자의 그림자 속에
서, 라모의 조카는 모든 진실의 안과 밖을 포괄하면서 현실의 존재와
비존재에 관한 망상妄想을 삶으로 실현하는 경우이다. 데카르트의 기획
은 반대로 자명한 관념의 실재實在를 통해 진실이 출현할 때까지 임시로
회의를 감내하는 것이었다는 점을 생각할 때, 근대적 사유의 비非데카
르트주의는 결정적일 수 있는 측면에서, 본유本有 관념에 관한 논의나
존재론적 논증에 대한 비난과 함께 시작되는 것이 아니라, 바로 《라모
의 조카》라는 텍스트에서, 이 텍스트가 횔덜린과 헤겔의 시대에야 이
해될 수 있었던 전도顚倒현상으로 가리키는 그러한 실존에서 시작된다
는 것을 분명히 알아차릴 수 있다.

이 텍스트에서 문제되는 것은 또한 《배우에 관한 역설》[14]에서도 문
제되는 것이지만, 거기에서 문제되는 것의 다른 측면이기도 하다. 즉,
《라모의 조카》에서는 더 이상 냉정한 가슴과 명석한 지성에 의해 현실
에서 희극의 비존재 속으로 진전되어야 하는 것이 아니라, 겉모습의 비
어 있는 충만함 속에서, 그것도 의식의 극한에 이른 정신착란을 매개
로, 실존의 비존재에 관해 실행될 수 있는 것이 문제로 대두된다. 데카

---

14 *Paradoxe sur le comédien.* 디드로의 희극론. 위대한 배우는 감수성이 지나치게 발달
해서는 안 되고 우화적인 꼭두각시로 남아야 한다고 주장했다.

르트를 본받아 정신착란, 꿈, 환각의 모든 불확실한 것을 용감하게 가로지르는 것은 더 이상 필요하지 않고, 비이성의 위험을 예외적으로 한 번 극복하는 것도 이제는 필요하지 않은데, 사람들이 이성에 관해 자문할 수 있는 것은 바로 비이성의 밑바닥에서이고, 그래서 세계의 본질을 재파악할 가능성은 현실의 존재와 비존재를 진실과 대등한 환각 속에 하나의 전체로 모으는 정신착란의 소용돌이 속에서 다시 열린다.

광기의 핵심에서 정신착란은 새로운 의미를 띤다. 그때까지 정신착란은 전적으로 오류의 공간 안에서 정의되었다. 즉, 환각, 잘못된 믿음, 근거가 희박하지만 집요하게 견지되는 견해로서, 사유가 더 이상 진실의 영역에 놓여 있지 않을 때 산출할 수 있는 모든 것을 포괄했다. 이제 정신착란은 영속적이고 갑작스러운 대립의 장소, 필요와 매혹, 존재의 고독과 겉모습의 반짝거림, 직접적 충만함과 환각의 비존재가 맞서는 장소이다. 어떤 것도 정신착란과 꿈의 오랜 유사성에서 풀려나지는 않지만, 이 유사성의 양상은 바뀌고, 정신착란은 더 이상 꿈이 갖는 가장 주관적인 측면의 발현이 아닐뿐더러, 헤라클레이토스가 이미 '개별 세계'[15]라고 불렀던 것 쪽으로의 점진적 변화도 아니다.

정신착란이 여전히 꿈과 연관성을 갖는 것은 꿈속에서 빛나는 겉모습과 은밀한 현실의 작용, 욕구의 되풀이, 그리고 매혹의 구속으로 나타나는 모든 것 때문이고, 또한 꿈속에서 낮과 빛의 언어 없는 대화로 보이는 모든 것 때문이다. 이제 꿈과 정신착란은 무분별의 어둠 속에서가 아니라, 존재의 가장 직접적인 측면과 겉모습의 신기루에 가장 무한

---

15 *ιδιος χοσμος.

정으로 반영되는 것이 서로 대면하는 그러한 빛 속에서 소통한다. 정신 착란과 꿈이 중단 없는 야유揶揄의 수사修辭를 통해 감추고 동시에 드러 내는 것은 바로 이러한 비극적 양상이다.

라모의 조카가 내보이는 정신착란은 프로이트와 니체를 예고하는, 필요와 환각의 몽환적이고 비극적인 대립으로서, 동시에 세계에 대한 반복적 야유, 환각의 무대 위에서의 파괴적 재구성이다.

"… 그는 울부짖고 노래하고 미치광이처럼 날뛰고 혼자서 남자 무용 수, 여자 무용수, 남자 가수, 여자 가수, 하나의 관현악단 전체, 한 편 의 서정극 전체를 연기하고 스무 가지의 다양한 역할을 하며 달리다 도 무뢰한처럼 갑자기 멈추고 눈을 번뜩이며 입에 거품을 물고는 … 울 었고 고함을 질렀으며 한숨을 내쉬었을 뿐만 아니라, 어떤 때는 눈길이 부드러웠거나 잔잔했다가도 또 어떤 때는 노기로 가득 찼으며, 출산의 진통으로 정신이 몽롱해지는 여자였고, 온통 절망에 빠진 불행한 사람, 솟아 있는 신전, 석양에 말없이 나는 새였다. … 그는 어두운 밤이었고 그림자이자 침묵이었다. "**16**

비이성은 다른 세계의 순간적 현존으로서가 아니라, 바로 여기에서, 인간이 도취상태에서 세계의 가장 내적인 것을 받아들이면서 자신과 무 관하게 되는 그 처음이자 마지막인 순간에 언어의 원천으로부터 생겨나 는 모든 표현행위의 초월성 속에서 재발견된다. 이제 비이성은 중세가 비이성을 알아보고자 했던 그 기묘한 모습을 띠지 않고, 친숙성과 동일 성의 지각할 수 없는 가면을 쓰고 있다. 비이성은 무언극의 얇은 표면 에 의해 자기로부터 분리된 세계 자체이자 동시에 동일한 세계이고, 비 이성의 힘은 더 이상 낯설음을 유발하는 것이 아니며, 비이성의 임무는 더 이상 근본적으로 다른 것을 솟아오르게 하는 것이 아니라 세계를 동

---

16 *Le Neveu de Rameau*, pp. 485~486.

일한 것의 순환 속에서 맴돌게 하는 것이다.

그러나 세계의 진실이 절대적 공백의 내부에서만 유지될 뿐인 이러한 혼미昏迷상태에서, 인간은 또한 자신의 진실이 내재성의 꿈에서 교환의 형태로 넘어가는 순간에 진실의 얄궂은 왜곡에 마주친다. 그때 비이성은 또 다른 심술궂은 악마, 이를테면 더 이상 인간을 세계의 진실로부터 추방하는 악마가 아니라, 인간의 손, 얼굴, 말에 맡겨진 인간 자신의 그러한 진실을 신비화하고 동시에 탈신비화하며 또한 극도의 환멸에 이르도록까지 현혹시키는 악마, 더 이상 인간이 진실에 이르고자 할 때가 아니라 세계 자체의 진실을 세계에 복원하고자 할 때, 그리고 인간이 감성의 도취상태에 빠져 길을 잃고 급기야는 "굳어버리고 어안이 벙벙해지며 얼빠지게"[17]될 때 활동하는 악마의 모습을 띤다. 심술궂은 악마의 가능성이 놓여 있는 곳은 더 이상 '인식'이 아니라 '표현'이고, 그래서 직접적인 것과 감각적인 것의 조롱에 처한 인간, 직접적인 것과 감각적인 것 속에서 스스로 매개체 노릇을 함으로써 자주성을 상실하는 인간은 명백히 야유의 절정이다.

라모의 조카가 터뜨리는 웃음은 19세기 인간학의 동향 전체를 미리 예시하고 요약한다. 헤겔 이후의 사유 전체에서 인간은 정신과 이성의 활동에 의해 확실성에서 진실로 나아가게 되지만, 이미 매우 오래 전부터 디드로는 인간이 이성에서 직접적인 것의 참되지 않은 진실로 끊임없이, 그것도 작용하지 않는 듯이 보이는 매개물, 이미 시간의 밑바닥에서 언제나 작용하고 있는 매개물에 의해 돌려보내진다는 것을 이해하게 만들었다. 극단적 거리이자 동시에 절대적 혼잡이며, 전복시키는 힘만을 갖기 때문에 전적으로 부정적이지만, 스스로 제거하는 대상에 얽매어 있기 때문에 전적으로 긍정적인 이 안달하는 매개물은 비이성의

---

17 *Ibid*. p. 486.

망상妄想, 이를테면 우리가 광기를 알아보는 수수께끼 같은 형상이다. 비이성의 망상은 세계의 감각적 도취, 필요와 겉모습의 절박한 작용을 표현에 의해 복원하려고 시도하는 가운데 아이로니컬하게도 고립된 상태에 있다. 굶주림의 고통은 여전히 불가사의한 고통인 것이다.

반쯤 어둠 속에 잠겨 있는 이러한 비이성의 경험은 《라모의 조카》부터 레몽 루셀과 앙토냉 아르토까지 은밀하게 지속되었다. 그러나 이 경험의 계속성을 드러내는 것이 문제라면, 이 경험에 덧씌워진 병리학적 개념을 걷어내야 한다. 횔덜린의 마지막 시에서 찾아볼 수 있는 직접적인 것으로의 회귀回歸, 네르발에게서 발견되는 감성의 신성화神聖化를 광기에 대한 실증주의적 견해에 입각하여 이해하고자 한다면, 그러한 회귀와 신성화는 피상적이고 왜곡된 의미만을 드러낼 수 있을 뿐이다. 따라서 그 회귀와 신성화의 진정한 의미는 그들이 놓여 있는 그 비이성의 순간에서 찾아보아야 한다.

실제로 그것들의 가능조건인 비이성의 경험 속으로 들어가 그 중심에 이르러서야 시적 전환과 심리적 변화의 두 가지 움직임을 이해할 수 있다. 그 두 움직임은 원인과 결과의 관계에 의해 서로 연결되어 있는 것도 아니고, 보완적이거나 반대되는 방식으로 전개되는 것도 아니다. 그것들은 둘 다 동일한 바탕, 침몰된 비이성에 바탕을 두고 있는데, 라모의 조카의 경험은 이러한 비이성이 감성의 도취, 직접적인 것 속에서의 매혹, 그리고 망상의 고독이 예견되는 고통스러운 야유를 동시에 포함한다는 점을 보여주었다. 이 점은 광기의 본질이 아니라 비이성의 본질과 관계가 있다. 비이성의 본질이 눈에 띄지 않을 수 있었던 것은 그것이 감추어져 있기 때문일 뿐만 아니라, 그것을 환히 드러나게 할 수 있는 모든 것 속에서 상실되기 때문이다.

실제로 비이성에 대해 이러한 거리를 결정적이고 한없이 단호한 방식으로 유지하는 것은 불가능한데, 이것은 아마 우리 문화의 근본적 특징의 하나일 것이다. 비이성은 감성적인 것의 현기증과 광기의 유폐幽閉 속에서 헤아려지자마자 반드시 잊혀지고 폐기되게 되어 있다. 반 고흐와 니체는 이 점을 증언했다.

즉, 현실, 반짝거리는 겉모습, 빛의 정의正義 속에서 폐기되었다가 완전히 되찾아진 시간의 망상에 매혹되고 가장 덧없는 겉모습의 변함없는 견실성에 마음을 빼앗긴 그들은 이로 인해 가혹하게 배제되었으며, 어떤 것과도 맞바꾸어질 수 없고 다른 이들뿐만 아니라 그들 자신에 대해 다시 직접적 확실성이 된 자신들의 진실 속에서 광기를 상징하는 고통 속으로 유폐되었다. 감성적인 것이 찬란하게 터져나오는 긍정肯定[18]의 계기는 어두운 광기 속으로의 물러남이다.

그러나 우리에게 이 두 계기는 시詩와 침묵, 낮과 밤, 표명表明을 통한 언어의 실현과 한없는 망상으로 인한 언어의 상실처럼 서로 별개이고 관계가 멀다. 우리에게 또한 가공할 통일성을 갖춘 비이성의 대면은 불가능하게 되었다. 19세기의 진지한 정신은 《라모의 조카》가 비꼬듯이 보여준 그 분할할 수 없는 영역을 심하게 공격해야 했고 분리할 수 없는 것에 병적인 것이라는 추상적 경계선을 그어야 했다.

18세기 중엽에 이 통일성은 갑자기 섬광으로 빛났지만, 누군가가 다시 용감하게 그것을 응시하게 되는 데에는 반세기 이상의 기간이 필요했다. 횔덜린에 뒤이어 네르발, 니체, 반 고흐, 레몽 루셀, 아르토는 비극적일 정도로, 다시 말해서 광기를 부인함으로써 비이성의 경험을 잃어버릴 정도로 위험한 응시凝視를 무릅썼다. 그리고 그들 각자의 실

---

18 *Ja-Sagen.

존, 그들의 삶인 그 말들 각각은 아마 근대 세계의 본질과 관련되어 있을 다음과 같은 물음을 한결같이 되풀이한다.

비이성이라는 차이를 보존하는 것은 왜 가능하지 않을까?

왜 비이성은 감성적인 것의 망상 속에서 현혹되고 광기의 물러남 속에 유폐되어 언제나 자체로부터 분리되어야 하는 것일까?

어떻게 비이성은 그 지점에서 언어를 박탈당할 수 있었을까?

비이성을 한 번 정면으로 바라본 사람들을 넋이 나간 듯 망연자실케 하고 '비이성'을 검증하려고 시도한 모든 사람들에게 '광기'의 판결을 내리는 그러한 권력은 도대체 무엇일까?

1

대공포

18세기는 《라모의 조카》에 들어 있는 의미를 정확하게 이해할 수 없었다. 그렇지만 이 텍스트가 씌어지고 결정적 변화의 전망이 보이기 시작하는 그 시대에 무언가가 일어났다. 이상한 것은 수용의 거리만큼이나 외따로 놓였고 광기의 자연적 형태 속에서 차츰차츰 멀어졌던 그 비이성이 여러 가지 새로운 위험으로 가득한 상태에서 또 다른 문제 제기력提起力을 부여받은 듯이 재출현한다는 점이다.

그러나 18세기가 우선 지각하는 것은 은밀한 물음이 아니라 다만 사회생활에서의 기묘한 복장, 즉 찢어진 의복, 누더기 걸친 교만, 사람들이 피해를 입을까봐 불안한 마음에서 적당히 용인하고 넘어가는 그러한 무례함일 뿐이다. 18세기에는 조카 라모에게서 18세기의 모습을 알아보는 것이 불가능했을 것이지만, 18세기는 라모의 조카에게 대화 상대자의 역할을 하는, 이를테면 서커스에서 망설임과 암암리의 불안이 없지는 않지만 그래도 즐거워하면서 "동물 조련사"의 노릇을 하는 '나' 안에 온전히 들어있었다. 왜냐하면 광인이 다시 사회적 인물로 떠오르는 것은 이번이 대감호大監護 이래 처음이고, 사람들이 광인과 다시 대화를 나누고 광인에게 질문하는 것도 이번이 역사상 처음이기 때문이다. 비이성이 괴짜로서 재출현하는데, 이는 별것은 아니지만, 어쨌든 비이성은 다시 모습을 드러내고 친숙한 사회적 풍경 안에 서서히 자리를 잡는다. 대혁명이 일어나기 10여 년 전에 메르시에1는 비이성에 마주치고도 놀라지 않는다.

"다른 카페로 들어가 보시오, 그러면 어떤 사람이 당신의 귀에 대고 잔잔하고 침착한 어조로 속삭일 것이오. 이보시오, 선생, 나에 대한 정부의 배은망덕背恩忘德, 그리고 정부가 이익에 관해 얼마나 꽉 막혔는지 상상도 못할 것이오. 나는 내 서재에 틀어박혀 끊임없이 명상하고 몽상하며 계산했을 뿐만 아니라, 국가의 채무를 모조리 갚을 승인할만한 계획을 구상했으며, 뒤이어 국왕을 부자로 만들고 국왕에게 4억의 수입을 보장하기 위한 또 다른 계획을 짰고, 그리고 나서 이름만 들어도 울화가 치미는 영국을 영원히 격퇴시킬 계획을 세웠죠. … 온갖 천재성의 활용이 요구되는 이 방대한 작업에 이렇게 정신 없이 몰두하다가, 국내의 빈곤문제에 잠시 관심을 돌렸는데, 그 사이에 호시탐탐 기회를 엿보던 채권자들이 나를 3년 동안이나 감옥에 처넣었지요. … 하지만 이봐요 아시다시피 무명無名으로 죽는 애국심과 조국을 위한 순교殉敎는 정말 소중한 것이랍니다."2

이러한 인물들은 멀리에서 라모의 조카를 중심으로 원을 이루는데, 그들은 라모의 조카가 지닌 중요성을 갖지 않는 자들이고, 그들이 그의 아류로 통할 수 있는 것은 다만 생동감 넘치는 사회 풍경의 탐색에서일 뿐이다.

---

1   *Louis Sébastien Mercier. 프랑스의 작가, 루소와 디드로의 친구(1740~1814). 대혁명 직전 파리 민중의 삶을 사실적으로 묘사한 *Tableau de Paris* (1740~1788)가 대표작이다.

2   Mercier, *Tableau de Paris*, t. I, pp. 233~234.

그렇지만 그들은 어느 정도 사회의 단면, 우스꽝스러운 인물의 풍자 화諷刺畵 이상의 존재이다. 그들에게는 18세기의 비이성과 밀접하게 관련된 어떤 것이 있다. 그들의 수다, 그들의 불안, 그 모호한 정신착란, 그리고 내심의 고뇌는 아직도 흔적을 감지할 수 있는 실제의 삶에서 매우 일반적으로 나타났다. 17세기의 자유사상가, 난봉꾼, 또는 난폭자와 마찬가지로 그들이 광인, 병자, 또는 협잡꾼인지는 말하기 어렵다. 메르시에 자신도 그들에게 어떤 신분을 부여해야 할지 난감해 한다.

"이처럼 파리에는 경제전문가이건 반反경제 제일주의자이건 매우 예절바른 사람들이 있는데, 그들은 뜨겁고 열렬한 가슴으로 공익公益을 걱정하지만, 불행하게도 '머리'가 약간 '돈', 다시 말해서 안목이 짧은 자들로서, 자신들이 살고 있는 시대도 자신들이 상대한 사람들도 잘 알지 못하며, 돈과 잘못된 지식으로 인해 불가능한 원칙에서 출발하고 따라서 당치 않은 말을 하기 때문에 바보들보다 더 감당하기 어렵다."3

"머리가 약간 돈 계획 양산자量産者들"4은 정말로 실재하면서 철학자들의 이성 주위로, 그 개혁안들, 그 조직체들, 그 계획들 주위로 은밀히 비이성을 몰려들게 했다. 그들에게서 계몽주의 시대의 합리성을 비추는 흐릿한 거울 같은 것, 계몽주의 시대의 합리성에 대한 일종의 대수롭지 않은 풍자화를 읽어낼 수는 있지만, 중요한 것은 사람들이 비이성의 인물을 수용의 공간에 가장 깊숙이 감춰놓았다고 생각하는 순간에, 마치 정통적 이성과 비이성의 형상 사이에 또 다시 인접부, 관계, 준準유사성이 허용되기라도 한 듯이, 비이성의 인물이 적당히 얼버무린 너그러움에 편승하여 환한 빛 속으로 다시 나오게 되었다는 점이 아닐까? 이성이 승리의 순간에 조롱하기 위한 가면을 만들어 씌운 인물, 이를테면

---

3 Id., *ibid.*, pp. 235~236.
4 이러한 언급이 수용의 장부에 빈번히 나타난다.

이성이 스스로를 알아보고 스스로에게 자신의 모습을 환기하는 일종의 분신을 만들어내고는 질서의 경계에서 표류하게 하는 것 같다.

그렇지만 공포와 불안은 멀리 있지 않았다. 즉, 수용의 반동反動으로 인해 더 격심한 상태로 다시 나타난다. 예전에는 사람들이 수용될까봐 두려워하곤 했으나, 이제는 사람들이 수용될까봐 늘 두려워한다. 18세기 말에 사드는 그가 "불길한 사람"이라고 부르는 자들, 그를 사라지게 하기 위해 숨어서 그를 노리는 자들에 대한 두려움에 여전히 시달리게 된다.5 이처럼 수용의 장소는 이제 고유한 위력을 갖게 되었고, 병의 탄생지가 되었으며, 이제부터 병을 퍼뜨리고 또 다른 공포를 확산시키게 된다.

18세기 중엽의 몇 해 사이에 갑자기 공포가 솟아오른다. 의학용어로 표명되지만, 근본을 헤아려 보면 도덕적 신화에 의해 고조되는 공포가 그것이다. 수용시설에서 퍼져나가 이윽고 도시를 위협하려는 몹시 불가사의한 병을 '누구나' 두려워한다. 감옥 열병熱病이 이야기되기도 하고, 유죄선고를 받은 사람들의 호송 수레, 쇠사슬로 줄줄이 묶여 도시를 지나가는 사람들이 병의 원인을 흘린다고도 하며, 괴혈병壞血病의 전염이 상상되기도 할 뿐만 아니라, 병으로 인해 탁해진 공기가 주거구역을 오염시킬 것이라고 추측되기도 한다.

그리고 중세에 퍼졌던 커다란 공포의 이미지가 새롭게 대두되면서, 격렬한 공포의 은유를 통해 제2의 공황恐慌을 촉발시킨다. 수용시설은 도시에서 멀리 떨어져 있는 나환자 수용소일 뿐만 아니라, 도시 바로

---

5 Lettre à sa femme, Lély, *Vie de Sade*, Paris, 1952, I, p. 105에서 재인용.

앞에 다가와 있는 나병 자체이다. "정치체政治體 위의 끔찍한 궤양, 상상하자마자 눈길을 돌리지 않을 수 없을 넓고 깊은 혈농성血膿性 궤양. 여기 400투아즈6 떨어진 곳에서도 느껴지는 공기까지 포함하여 모든 것이 유치留置 장소, 타락하고 불운한 사람들의 보호시설이 가까이 있다는 것을 말해준다. "7

수용의 명소名所는 많은 곳이 예전에 나병환자들을 집어넣었던 바로 그곳에 세워졌고, 여러 세기가 지나는 동안 새로운 피수용자들이 감염되었던 것 같다. 그곳들은 그 동일한 장소에 부여되었던 문장紋章과 의미를 이어받는다. "수도라는 점을 감안하자면 너무 심한 나병! 비세트르라는 이름은 누구라도 입에 올리면 내가 잘 모르는 혐오, 무서움, 경멸의 감정을 어김없이 느끼게 되는 말이다. … 비세트르는 사회에서 가장 불결하고 가장 비루한 모든 것의 집합소가 되었다. "8

수용을 통해 배제하려 했던 병이 환상적 양상을 띠고 다시 나타나 대중大衆에게 가장 커다란 공포를 불러일으킨다. 육체와 정신에 다 같이 타격을 가하는 이러한 미결정 상태에서 부식腐蝕과 공포의 막연한 위력을 내포하는 병의 주제가 생겨나 사방으로 퍼져나간다. 그때 일종의 미분화된 "부패"의 이미지가 맹위를 떨치는데, 이 이미지는 육신의 변질뿐만 아니라 풍속의 타락과도 관련이 있고, 피수용자들에 대한 일반 사람들의 혐오와 동정을 불러일으킨다. 무엇보다 먼저 병이 수용의 닫힌 공간에서 들끓게 된다. 병은 18세기의 화학에서 산酸에 고유한 것으로 간주된 모든 위력을 갖춘다. 즉, 병의 뾰쪽한 입자가 불활성의 부서지기 쉬운 알칼리 입자의 경우만큼 쉽게 신체와 심장으로 바늘처럼 예리

---

6 *약 2미터에 상당하는 길이의 단위.
7 Mercier, *loc. cit.*, t. VIII, p. 1.
8 Id., *ibid.*, p. 2.

하게 침투하며, 이윽고 혼합물이 유해한 독기와 부식성 액체를 배출하면서 부글부글 끓는다는 것이다.

"그 거처들은 정말 소름끼치는 장소인데, 거기에서는 온갖 범죄가 뒤섞여 발효하고, 거기에 거주하는 사람들이 내쉬고 그들과 결부되어 있는 듯한 전염성 공기가 발효 때문에 이를테면 그들 주위로 퍼져나간다…."[9]

뒤이어 이 몹시 뜨거운 독기가 올라가고 공중으로 퍼지며 부근으로 다시 떨어져서는 인근 사람들의 몸에 스며들고 그들의 영혼을 오염시킨다. 이처럼 병-부패의 전염에 대한 관념은 이미지로 구체화된다. 이러한 전염병의 확연한 매개체는 공기, 애매하게도 본래의 순수성과 일치하지 않고 악덕의 전파요소를 형성한다는 의미로 "오염되었다"고들 하는 그러한 공기이다.[10]

구빈원, 감옥, 수용시설의 부패한 공기에 전가할 수 있는 일단의 온갖 대립적 의미들 전체를 짐작하기 위해서는 거의 동일한 시대에 시골의 공기에 부여된 도덕적이고 동시에 의학적인 가치(육체의 건강, 영혼의 굳건함)를 상기하는 것으로 충분하다. 도시는 모두 유해한 독기로 가득 찬 그런 대기에 의해 위협받고, 도시의 주민들은 부패와 악덕에 서서히 물들게 된다.

그리고 이것은 도덕과 의학 사이의 어중간한 성찰일 뿐만이 아니다. 그다지 분명하게 밝혀지지 않은 공포의 문학적 작품화 전체, 공포에 대한 정서적이거나 어쩌면 정치적 이용 전체를 아마 고려에 넣어야 할 것이다. 그러나 몇몇 도시에서는 중세를 때때로 뒤흔든 커다란 공포의 폭

---

9 Musquinet de la Pagne, *Bicêtre réformé*, Paris, 1790, p. 6.

10 이 주제는 동일한 시대 동안 호흡에 관해 연구된 화학 및 위생 문제와 관계가 있다. Hales, *A description of ventilators*, Londres, 1743과 Lavoisier, *Altération qu'éprouve l'air respiré*, 1785, in *Œuvres*, 1862, t. II, pp. 676~687 참조.

발만큼 실제적 공황의 동향이 나타났다.

1780년에 파리에 전염병이 번졌는데, 사람들은 구빈원의 감염을 이 전염병의 원인으로 지목했고, 비세트르의 건물에 불을 지르러 가자고 말하기까지 했다. 치안감독관은 주민의 격심한 동요를 가라앉히기 위해 여러 교수-의사, 그리고 의과대학 학장과 구빈원의 의사로 구성된 조사위원회를 파견한다. 그들은 나쁜 성질의 공기에서 기인할 수 있는 "부패에 의한 열병"이 비세트르에 만연해 있다는 사실을 확인한다. 보고서는 최초의 전염병 원인이 피수용자들의 존재와 그들이 퍼뜨리는 지독한 악취에 있다는 것을 부인하는데, 최초의 원인은 그저 병이 수도에 확산되도록 한 나쁜 날씨에 있다고 간주해야 하고, 구빈원에서 관찰할 수 있었던 증후들은 "계절의 성격에 맞아떨어지고 동일한 시기부터 파리에서 관찰된 질병과 정확히 일치하는" 만큼, 주민을 안심시키고 비세트르의 누명을 벗겨주어야 한다는 것이다.

"비세트르에서 생겨난 전염성 질병이 수도를 감염시킬 수 있다는 막연한 우려에서 퍼지기 시작한 소문은 근거가 없다."[11] 얼마 후에 구빈원의 의사는 또 다른 보고서를 작성하는데, 거기에서도 동일한 논증이 되풀이된다는 점으로 보아, 아마 그 보고서로도 요란한 풍문이 완전히 그치지 않았던 듯하다. 물론 비세트르의 열악한 위생상태를 인정하지 않을 수 없지만, "이 불우한 사람들의 구제원이 효과적이고도 신속한 치료제를 써야 하는 중한 병들보다 훨씬 더 불길한 피할 수 없는 질병의 또 다른 원천으로 전환되었다고 판단할 정도로 아주 극단적 상황에 처해 있지 않았다는 것은 사실이다."[12]

---

[11] 이 보고서의 원고 사본 하나가 국립 도서관에 있다. coll. "Joly Fleury," 1235, f° 120.

[12] Ibid., f° 123, folios 117~126에 사태의 전모가 기록되어 있다. "감옥 열병"과 도시를 위협하는 전염에 관해서는 Howard, État des prisons, t. I, Introduction, p. 3 참조.

순환은 완결된다. 즉, 병의 지리地理에서 나병의 자리를 차지했고 사회로부터 가능한 한 멀리 추방되었던 그 모든 비이성의 형태가 이제 가시적 나병으로 간주되고, 혼잡하게 모여 생활하는 사람들을 부식성의 상처에 노출시킨다. 비이성은 다시 모습을 드러내지만, 이제 상상적인 질병의 표지와 더불어 공포의 위력을 부여받는다.

그러므로 비이성이 질병과 대면하고 질병에 근접하는 것은 엄밀한 의학적 사유를 통해서가 아니라 환상을 통해서이다. 비이성적인 것이 어느 정도로 병적이냐 하는 문제가 분명하게 표명되기 훨씬 전에, 비이성에 대한 혐오와 질병에 대한 오랜 강박관념 사이의 혼합물이 수용의 공간에서 수용의 공간에 고유한 연금술에 의해 형성되었다. 아주 멀리에서 나병에 대한 매우 오랜 정신적 혼란이 다시 한 번 작용했는데, 비이성의 세계와 의료의 세계를 종합하는 첫 번째 요인은 바로 이 환상적 주제들의 활력이었다. 비이성의 세계와 의료의 세계는 우선 공포의 환상에 의해 서로 연결되었고, "부패"와 "악덕"의 끔찍한 혼합물 속에서 서로 합쳐졌다. '의료인'이 범죄인 것과 광기인 것 사이에서 죄악과 질병 사이의 분할을 행하기 위한 '심판자'로서 수용의 공간으로 호출되었다기보다는 오히려 수용의 벽을 뚫고 새어나가는 막연한 위험으로부터 다른 사람들을 보호하기 위한 '수호자'로서 불려갔다는 것은, 서양 문화에서 광기가 틀림없이 차지하게 될 자리와 관련하여 중요하고도 어쩌면 결정적일 사항이다.

유폐된 자들의 운명에 대한 관심이 넉넉하고 관대한 연민憐愍 덕분으로 일깨워졌고 과오에 대해 무차별적으로 징벌이 가해지는 곳에서 질병을 식별하는 것이 더 성실하고 더 전문적 의료인의 관심 덕분으로 가능해졌다고들 쉽게 믿어버린다. 그러나 사실상 그러한 호의적 중립상태에서 일이 진행된 것은 아니었다. 의사를 부르고 의사에게 관찰을 요구한 것은 수용의 벽들 사이에서 들끓는 이상한 화학, 거기에서 형성되어 밖으로 번져나갈지도 모르는 전염력이 두려웠기 때문이다. 의사는 상상작용의 전환이 일단 이루어지고 병이 발효된 것, 부패한 것, 고약해진 냄새, 썩은 육신이라는 모호한 특성을 이미 띠게 된 후에야 도착했다.

전통적으로 광기가 의학적 지위를 획득하는 방향으로의 "진보"라고 불리는 것은 사실 기이한 회귀에 의해서만 가능했을 뿐이다. 도덕과 육체를 전염시키는 것들의 뒤얽힌 혼합을 통해,13 그리고 18세기에 그토록 친숙했던 불순한 것의 상징체계에 힘입어, 매우 오래된 이미지가 사람들의 기억에 다시 떠올랐던 것이다. 또한 비이성이 의학적 사유에 마주치게 된 것도 지식의 완벽화에 의해서라기보다는 이와 같은 상상작용의 재활성화 덕분이다. 역설적으로 실증주의는 이러한 환상세계가 재래하여 당대의 질병 이미지와 뒤섞이는 가운데 비이성과의 밀접한 관계를 맺게 되거나 오히려 비이성으로부터 스스로를 방어할 새로운 근거를 발견하게 된다.

지금으로서는 수용시설을 없애는 것이 아니라 수용시설을 새로운 병의 잠재적 발원지發源地로 여겨 제압하는 것이 문제이다. 수용시설을 정화하면서 관리하는 것이 문제된다. 18세기 후반기에 전개될 대대적 개혁운동의 첫 번째 기원은 바로 여기에 있다. 즉, 불순물과 독기를 걸어내고 그러한 발효현상을 모두 완화시킴으로써 오염을 줄이며 해악과 병이 공기를 탁하게 하고 도시의 대기로 전염되는 것을 막는 데 있다. 구빈원, 형무소, 모든 수용의 장소는 더 확연하게 고립되고 더 맑은 공기로 둘러싸여야 한다는 것이다.

그 시대에 구빈원의 환기換氣문제에 관한 문헌 전체는 멀리에서 감염

---

13 "모든 사람들처럼 나도 비세트르가 구빈원이자 동시에 감옥이라는 것을 알고 있었다. 그러나 구빈원의 설립이 결과적으로 질병을 낳고 감옥이 결국 범죄를 야기한다는 점은 모르고 있었다."(Mirabeau, *Souvenirs d'un voyageur anglais*, p. 6.

의 의학적 문제와 관련이 있지만, 더 정확하게는 도덕적 홍보弘報의 주제를 목적으로 한다.14 "프랑스의 다양한 구빈원에서 실행할 수 있는 개선改善의 정도"를 조사하게 되어 있는 위원회의 조직이 1776년 국무회의에서 결정되고, 오래지 않아 비엘15이 살페트리에르의 재건축을 떠맡게 된다. 핵심기능을 유지하면서도 병이 결코 확산되지 않고 머물러 있도록 정비될 보호시설, 달리 말하자면 비이성이 완전히 억제되고 구경꾼들에게 위협적이지 않은 상태에서 구경거리로 제공됨으로써 본보기로서의 온갖 매력을 지니면서도 전염의 위험이 전혀 없을 보호시설, 요컨대 짐승의 우리라는 참모습을 되찾은 보호시설이 시대의 요구로 떠오르기 시작한다.

1789년에 데몽소 사제가 《국가의 자선》이라는 소책자에서 열망하는 것은 시대착오적인 그 용어를 쓸 수 있다면 "살균된" 수용인데, 그는 수용을 교육수단, 이를테면 부도덕의 부정적 측면을 완벽하게 예증하는 구경거리로 만들 계획을 세우게 된다.

"그 부득이한 보호시설은 … 필요하고도 유용한 은거처를 형성한다. … 그 어두운 장소와 거기에 유폐되어 있는 죄인들의 모습은 너무

---

14 Hanway, *Réflexions sur l'aération* (*Gazette salutaire*, 1776년 9월 25일 및 10월 9일, n°s 39 및 41) ; Genneté, *Purification de l'air dans les hôpitaux*, Nancy, 1767 참조. 리옹 아카데미에서는 1762년에 다음과 같은 주제로 논문을 공모했다. "구빈원과 감옥에서 공기로 인해 유발되는 해로운 특성은 무엇이며, 이에 대한 가장 좋은 해결책은 무엇일 것인가?" 일반적으로 Coqueau, *Essai sur l'établissement des hôpitaux dans les grandes villes*, 1787 참조.

15 *Viel de Saint-Maux. 프랑스의 건축가이자 작가(1745~1819)로서 파리에서 Mont-de-Piété를 건설했고, 여러 구빈원에서 시설 책임자로 일했으며, *Lettres sur l'architecture* (1780) 와 *Principes de l'ordonnance et de la construction des bâtiments* (1797, 1812) 외에도 *Décadence de l'architecture à la fin du XVIII siècle*을 1880년에 펴냈다.

제멋대로인 젊은이로 하여금 정당한 지탄指彈의 대상인 동일한 행위로부터 거리를 유지하도록 하기에 매우 적합하고, 따라서 부모가 자식에게 그 끔찍하고 가증스러운 장소, 치욕과 파렴치가 범죄와 연관되고 근본적으로 타락한 사람이 이전에 사회에서 획득한 권리를 흔히는 영원히 상실하는 그 장소를 이른 나이에 보여주는 것은 바람직한 처사이다."16

이러한 열망 속에서 도덕은 의학과 결탁하여, 수용에 내포되면서도 너무나 어설프게 감금된 위험에 맞서 싸우려고 시도한다. 이와 동시에 그 동일한 위험은 상상력과 욕망을 사로잡는다. 도덕은 위험을 몰아내는 것이 꿈이지만, 인간에게는 위험을 체험하고 적어도 위험에 가까이 접근하여 위험에 대해 환상을 품으려는 측면이 있다. 이제 수용의 요새를 둘러싸는 공포는 또한 저항할 수 없는 매력을 발산한다. 사람들은 그 접근할 수 없는 쾌락의 어둠 속에 거주하기를 좋아하고, 그 타락하고 초췌한 얼굴들은 관능적 모습이 되는데, 이와 같은 모호한 풍경 위에서 제롬 보슈와 그의 기묘한 정원을 그대로 재현하는 듯한 형태, 이를테면 고통과 열락의 형태가 생겨난다. 《120일》17의 성城에서 새어나오는 비밀은 오랫동안 수근거림의 대상이었다.

"거기에서 가장 야비한 폭력은 바로 죄수의 몸에 가해지고, 감옥의 공동 거처에서 빈번하게, 심지어는 여러 사람이 보는 앞에서 노골적으로 실행되는 몇몇 악행, 우리가 현대의 예의범절禮儀凡節 때문에 입 밖으로 낼 수 없는 악행에 관한 이야기가 우리에게 들려온다. 많은 죄수가 '여자와 비슷한 관습에 오염되고 난봉을 피운다'18거나 그들이 '발광 상태에서 치욕, 불명예로 뒤덮인 음탕한 신전으로'19 되돌아가 온갖 부

16 Desmonceaux, *De la bienfaisance nationale*, Paris, 1789. p. 14.
17 *사드의 소설 《소돔의 120일》이다.
18 *simillimi feminis mores stuprati et constupratores.
19 *ex hoc obscaeno sacrario cooperti stupri suis alienisque.

끄러운 짓에 빠져들고 온갖 종류의 범죄를 저지를 준비가 되어 있다고들 한다."20

그리고 라 로슈푸코-리앙쿠르21는 살페트리에르의 체벌실體罰室에서 동일한 비밀과 동일한 쾌락을 나이에 관계없이 서로 이야기하는 '늙은 여자'와 '젊은 여자'의 모습을 환기시키게 된다.

"이 시설에서 무거운 처벌의 장소인 체벌실에는 우리가 방문했을 때 소녀 47명이 수용되어 있었는데, 대부분 매우 어렸고 죄를 지었다기보다는 분별이 없었다. … 언제나 이렇게 여러 연령층이 섞여 있고 경박한 어린 소녀들이 상습적인 악벽惡癖의 여자들에게 치이는 이 숨막힐 듯한 혼거상태에서는, 나이든 여자들이 어린 소녀들에게 가장 무절제한 퇴폐행위의 기술만을 가르칠 수밖에 없다."22

오랫동안 이러한 광경은 18세기의 늦은 저녁에 끈질기게 맴돌게 된다. 한순간 이 광경은 사드 작품의 가차 없는 빛에 의해 뚜렷하게 드러나게 되고 욕망의 엄밀한 기하학에 포함되기에 이른다. 이 광경은 〈광인들의 앞마당〉에서 새어나오는 흐릿한 빛이나 〈귀머거리의 집〉을 둘러싸는 어스름한 빛 속에서 다시 계속되면서도 감추어지게 된다. 〈부조화〉23의 얼굴은 얼마나 이 광경을 닮았는가! 수용이 유발하는 커다란 공포는 이제 상상계의 풍경 전체를 떠받쳐 다시 솟아오르게 만든다.

고전주의가 감금한 것은 광인과 방종자, 병자와 죄인이 뒤섞이는 추상적 비이성이었을 뿐만 아니라, 환상적인 것의 경이로운 저장고貯藏庫,

---

20 Mirabeau, *Relation d'un voyageur anglais*, p. 14.
21 *La Rochefoucauld-Liancourt. 프랑스의 박애주의자(1747~1827). 국회의원 (1789), 구걸위원회 위원장(1790) 등의 공직을 맡으면서 구빈원에 대한 국민의회의 관심을 촉구했다.
22 '구걸위원회'의 이름으로 작성된 보고서, 국민의회. 의사록, t. XLIV, pp. 80~81.
23 *셋 다 고야의 그림이다.

예전에 제롬 보슈가 말했고 그의 그러한 어둠 속에 잠겨 있다고 생각되는 괴물들의 고요한 세계였다. 수용의 요새들은 격리와 정화의 사회적 기능에 정반대의 문화적 기능을 덧붙였던 것 같다. 그곳들은 사회의 표면에서 이성과 비이성을 분할하면서도, 이와 동시에 이성과 비이성이 뒤섞이고 혼동되는 이미지를 깊숙이 간직하고 있었다. 그곳들은 오랫동안 가만히 잠재해 있는 중요한 기억처럼 기능했고, 몰아냈다고들 생각하는 상상적인 것의 잠재력을 보존했으며, 고전주의 시대의 새로운 질서에 의해 세워졌는데도 본래의 취지와 시대를 거슬러 금지된 형상들을 보존하여 16세기에서 19세기로 온전히 전달할 수 있었다. 그 지워진 시대에 〈브로켄〉**24**은 동일한 상상적 풍경에서 〈광녀 마르고〉**25**와 합류하고, 누아르쇠이유는 마레샬 드 레의 유명한 전설과 마주친다. 수용은 상상계의 그러한 저항을 허용했고 불러들였다.

그러나 18세기 말에 풀려나는 이미지는 17세기가 없애려고 시도한 이미지와 모든 점에서 동일하지 않다. 어둠 속에서 작업이 실행되었는데, 이 작업은 중세에 뒤이어 르네상스 시대가 그 이미지를 끌어오던 배후 세계로부터 그 이미지를 떼어놓는 것이었다. 그 이미지는 사람들의 감정, 욕망, 상상작용에 자리를 잡았고, 미치광이의 생경한 현존을 시선에 드러내는 대신에 인간적 욕구의 기이한 모순, 즉 욕망과 살해, 잔혹성과 고통을 당하려는 갈망, 지고성至高性과 노예상태, 경멸과 굴종 사이의 공조共助관계를 솟아나게 한다.

15~16세기에 미치광이를 통해 급변의 양상이 드러난 커다란 우주적

---

24 *Brocken*. 브로켄 또는 블록스베르크(Blocksberg)는 독일 하르츠 산악지대의 최고 봉이다. 민간전승에 의하면 여기에서 발푸르기스의 밤에 마녀들이 집회를 갖는다고 하고, 여행자들은 이곳의 구름에서 자신들의 모습을 볼 수 있다는 설이 전해져오고 있다. 여기에서는 그림의 제목이다.

25 *Margot la folle*. 보슈의 그림이다.

갈등은 고전주의의 마지막 극단에서 감정의 직접적 변증법이 될 정도로 바뀌었다. 사디즘은 에로스만큼 오랜 관행에 마침내 부여된 이름이 아니라, 정확히 18세기 말에 서양적 상상력의 커다란 전환들 가운데 하나로 나타난 대대적 문화현상이다. 즉, 사디즘은 마음의 망상, 욕망의 광기, 욕구의 한없는 추정推定 속에서 계속되는 사랑과 죽음의 엉뚱한 대화가 된 비이성이다. 사디즘은 비이성이 100여 년 전부터 감금되고 침묵으로 귀착되었다가 이제 세계의 형상이나 이미지로서가 아니라 담론과 욕망으로 다시 나타나는 시기에 출현한다. 그리고 사디즘이 한 사람의 이름을 갖는 개별적 현상으로서 수용으로부터 수용을 통해 생겨났다는 것, 사드의 작품 전체가 비이성의 당연한 장소 같은 것을 형성하는 요새, 감방, 지하실, 수도원, 접근 불가능한 섬의 이미지에 의해 지배된다는 것은 우연이 아니다. 사드의 작품과 시대를 같이하는 광기와 공포의 환상문학 전체의 배경이 유별날 정도로 수용의 명소라는 것도 우연이 아니다.

18세기 말에 서양에서 일어난 이 갑작스런 기억의 선회旋回는 중세말의 친숙한 형상을 변형되고 새로운 의미가 부여된 상태로 되찾을 가능성과 더불어, 비이성이 침묵으로 귀착된 장소 자체에서 환상적인 것이 보존되고 감시된다는 사실로 인해 가능해지지 않았을까?

고전주의 시대에 광기의 의식과 비이성의 의식은 서로에게서 거의 벗어나지 못했다. 수용의 모든 실천을 이끌었던 비이성의 경험은 광기의 의식이 사라지게 하거나 거의 사라지게 할 뻔했을 정도로, 어쨌든 광기의 의식이 가장 특수한 측면을 거의 상실하는 퇴행의 길로 접어들게 했을 정도로 광기의 의식을 은폐했다.

그러나 18세기 후반기의 불안 속에서 광기에 대한 공포는 비이성 앞에서의 두려움과 동시에 심해졌고, 바로 이런 식으로 두 가지 형태의 강박관념은 서로 기대면서 끊임없이 강화된다. 그리고 비이성에 수반되는 상상적인 것의 해방이 목격되는 그 시기에, 광기로 인한 참화慘禍에 관해 높아가는 하소연 소리가 들려온다. "신경질환" 때문에 생겨나는 불안, 그리고 인간이 완전해질수록 더 연약해진다는 의식은 이미 알려져 있다. **26** 게다가 그 세기가 지나가면서 염려는 더 긴박해지고 경고는 더 엄숙해진다. 이미 롤랭이 확인했듯이 "의학의 탄생 이래 … 이러한 질병들은 늘어났을 뿐만 아니라 더 위험하고 더 복잡하며 더 까다롭고 더 치유하기 어렵게 되었다."**27**

티소의 시대에 이와 같은 일반적 인상은 굳건한 믿음, 일종의 의학적 신조信條가 되었다. 신경질환은 "오늘날 훨씬 더 빈번한데, 이는 두 가지 이유 때문이다. 즉, 하나는 옛날 사람들이 일반적으로 더 강건했고 좀처럼 병에 걸리지 않았으며 모든 종류의 질병이 더 적었다는 점이고, 다른 하나는 질병의 다른 일반적 원인들 가운데 몇 가지가 감소하는 것으로 보이기까지 하는 반면에 얼마 전부터 신경질환을 유난히 많이 일으키는 원인이 큰 비율로 늘어났다는 점이다. … 옛날에 드물었던 신경질환이 오늘날에는 가장 빈번하게 발생하고 있다고 나는 서슴없이 말할 수 있다."**28**

이윽고 광기 때문에 매 순간 결정적으로 위태로워질 수 있는 이성의 불안정에 관해 사람들은 16세기가 그토록 활기차게 간직했던 그 의식을 되찾게 된다. 루소의 영향을 가까이에서 받은 제네바의 의사 마테는

---

26 제2부, 제5장 참조.

27 Raulin, *Traité des affections vaporeuses*, Préface.

28 Tissot, *Traité des maladies des nerfs*, Préface, t. I, pp. III~IV.

모든 분별 있는 사람에게 이러한 의식을 예고한다.

"개화되고 현명한 사람들이여, 자만하지 말라. 그대들이 허영심을 채우기 위해 그대들에게 있다고 스스로 주장하는 지혜를 흐리게 하고 소멸시키는 데에는 한순간으로 충분하다. 뜻밖의 사건이나 영혼의 강렬하고 갑작스러운 흥분이 일어나면, 아무리 이성적이고 아무리 위대한 정신을 지닌 사람일지라도 갑자기 난폭한 미치광이나 백치로 변할 것이다."[29]

광기의 위협이 그 세기의 긴급한 문제들 사이에 자리를 잡는다.

그렇지만 이러한 의식은 작용방식이 특별하다. 비이성에 관한 강박관념은 매우 정서적일 뿐만 아니라 상상적인 것의 부흥復興 움직임과 거의 전적으로 궤를 같이한다. 광기에 대한 두려움은 이 유산에 대해 훨씬 더 자유롭고, 비이성의 재래는 시간을 넘어 스스로 이루어지는 대대적인 반복처럼 보이는 반면에, 광기의 의식은 반대로 광기를 처음부터 시간, 역사, 사회의 틀 안에 위치시키는 어떤 근대성의 분석을 수반한다. 비이성의 의식과 광기의 의식이 상이하다는 사실에서 그 18세기 말의 결정적 동향이 비롯되었다고 생각되는데, 이러한 동향으로 인해 비이성의 경험은 휠덜린, 네르발, 니체와 더불어 끊임없이 시간의 근원 쪽으로 점점 더 멀리 거슬러 올라가게 되고, 특히 비이성은 이런 식으로 세계의 난처한 일이 되기에 이르며, 광기의 의식은 반대로 광기를 자연과 역사가 발전하는 방향 안에 갈수록 더 분명히 위치시키게 된다. 바로 그 시기부터 비이성의 시간과 광기의 시간은 두 가지 대립적 벡터를 지수指數로 갖게 되는데, 하나는 무조건적 회귀와 절대적 잠행潛行이고, 다른 하나는 반대로 역사의 연대기에 따라 전개되는 것이다. [30]

---

29 Matthey, *Nouvelles recherches sur les maladies de l'esprit*, Paris, 1816, Ire partie, p. 65.

광기에 대한 시간적 의식의 이러한 획득은 단번에 이루어지지 않았다. 그것은 일련의 새로운 개념과 흔히는 아주 먼 옛날의 주제에 대한 재해석을 필요로 했다. 17세기와 18세기의 의학적 사유는 광기와 세계 사이의 거의 직접적인 관계를 일반적으로 받아들였다. 그것은 달의 영향에 대한 믿음이었고, 31 기후가 본성과 동물 정기精氣의 특성에, 따라서 신경계, 상상력, 정념, 결국 영혼의 모든 질병에 직접적으로 영향을 미친다는 널리 확산된 확신이었다. 이러한 영향관계는 원리가 아주 분명하지도 효과가 일의적一義的이지도 않았다.

체인은 공기의 수분水分, 급격한 기온변화, 빈번한 강우降雨가 신경계통의 견실성을 위태롭게 한다는 점을 인정한다. 32 또한 브넬은 "차가운 공기는 더 무겁고 더 높은 밀도를 지니며 더 탄력적인 까닭에, 고체를 더욱 압축하고 고체의 조직을 더 단단하게 만들며 고체의 작용을 더욱 강화시키는" 반면에, "더 가볍고 더 희박하며 덜 탄력적인, 따라서 덜 압박하는 따뜻한 공기 속에서는 고체가 탄력성을 잃고 체액이 고여 변질되며, 내부의 공기가 외부의 공기와 균형을 이루고 있지 않기 때문에 유체流體가 팽창하기 시작하고 묽어지며 도관을 약화시켜 도관의 반

---

30 19세기의 진화론에서 광기는 분명히 재래, 그러나 어떤 연대순의 경로를 따라가는 재래이지, 시간의 절대적인 파국이 아니다. 엄밀한 의미에서 반복이 아니라 역행의 시간이 문제된다. 정신분석은 광기와 비이성을 다시 맞세우려는 시도이기 때문에 이와 같은 시간문제에 정면으로 맞닥뜨린다. 이처럼 이질적인 두 가지 시간구조, 곧 비이성의 경험과 이것이 내포하는 지식에 고유한 시간구조, 광기의 인식과 이것을 가능하게 하는 과학에 고유한 시간구조를 어느 정도 다행하게도 고착, 죽음 본능, 집단 무의식, 원형이 에워싼다.

31 앞의 제2부, 제2장 참조.

32 G. Cheyne, *Méthode naturelle de guérir les maladies du corps* (trad. Paris, 1749). 이 점에서 그는 몽테스키외와 견해가 같다. Montesquieu, *Esprit des Lois*, IIIe partie, liv. XIV, chap. II, Pléiade, t. II, pp. 474~477 참조.

응을 억누르고 방해할 뿐만 아니라 때로는 도관의 내벽內壁을 망가뜨리기에 이른다"[33]고 생각한다.

고전주의 시대의 정신에서 광기는 쉽게 외부 "환경"의 결과일 수 있었다. 더 정확히 말하자면 세계와의 결속에 생긴 결함의 흔적일 수 있었다. 즉, 타락 이후에 외부세계의 진실에 대한 접근은 자주 방향이 변하는 까다로운 경로를 통해 이루어지는 것과 마찬가지로, 이성의 소유는 "인간-기계의 신체상태"[34]와 인체에 작용할 수 있는 모든 기계적 효과에 의해 좌우된다. 광기를 일단의 우주적 드라마와 주기 전체에 연결시키는 르네상스 시대의 낡은 주제가 자연주의적 관점과 동시에 신학적 관점에서 해석되는 셈이다.

그러나 영향관계의 이러한 총괄적 이해에서 새로운 개념이 곧장 도출되기에 이른다. 증대하는 불안의 영향 아래, 그리고 우주의 상수常數 또는 커다란 순환성과 관련하여, 세계의 계절과 연관된 광기의 주제는 점차로 우주의 특별한 요소에 대한 의존관계의 관념을 포함하게 된다. 공포는 더 긴박해지고, 광기에 반응하는 모든 것의 정서적 강도는 끊임없이 높아진다. 즉 변함 없는 진행이나 계속적 가속加速에 종속되어 있지만 독립적이고 상대적이며 유동적일 뿐만 아니라 광기의 그 끊임없는 증대, 그 엄청난 전염을 설명해야 하는 요소는 그때 우주의 모든 것에서, 안정된 계절의 변화에서 떨어져 나가는 듯하다. 모든 메커니즘의 공조共助장소와 그 법칙에 대한 일반개념으로 간주된 대우주에서 19세기의 어휘를 앞질러 말하건대 "환경"이라 부를 수 있는 것이 도출된다.

아직 균형도 최종적 명칭도 발견되지 않은 이 개념의 미완성된 측면

---

33 Venel, *Essai sur la santé et l'éducation medicinale des filles destinées au mariage*, Yvernon, 1776, pp. 135~136.

34 Montesquieu, *Causes qui peuvent affecter les esprits et les caractères*, Œuvres complètes, éd. Pléiade, II, pp. 39~40.

은 아마 그대로 내버려두어야 할 것이다. 차라리 뷔퐁과 더불어, 개인
의 형성뿐만 아니라 인류의 다양한 변종 출현을 가능하게 하는 "침투력"
浸透力, 가령 기후의 영향이나 음식과 생활방식의 차이35에 관해 논의하
는 편이 좋을 것이다. 18세기에 적응과 근사近似현상보다는 오히려 변
이와 질병을 설명하기 위해 나타나는 부정적이고 "야릇한" 개념. 이 "침
투력"은 나중에 환경이라는 실증적 개념이 될 것의 이면裏面 또는 음화陰
畵를 형성하기라도 하는 듯하다.

인간이 사회적 제약에 의해 충분히 억제되지 않을 때, 인간을 더 이
상 구속하지 않는 시간 속에서 인간이 떠다니는 듯할 때, 끝으로 인간
이 진실과 감성에서 너무 멀어질 때, 이 개념이 확립되는데, 우리가 보
기에 이것은 역설적이다. "침투력"은 욕망을 더 이상 속박하지 않는 사
회, 시간과 상상력을 더 이상 규제하지 않는 종교, 사유와 감성의 일탈
을 더 이상 제한하지 않는 문명이 된다.

1) 광기와 자유

오랫동안 우울증의 몇몇 형태는 영국에 특유한 것으로 여겨졌는데, 이
것은 의학적으로 인정된 여건與件이었고36 문학의 상수常數였다. 몽테
스키외는 고대 로마에서의 자살, 즉 도덕적이고 정치적인 행위, 합의
에 기초한 교육의 의도된 결과와 "자살로 이를 어떤 이유도 없이, 행복
의 품속에서 자살하므로"37 명백히 질병으로 간주되어야 할 영국인들의

---

35 Buffon, *Histoire naturelle*, in *Œuvres complètes*, éd. de 1848, t. III, De
l'homme, pp. 319~320.

36 소바주도 "Melancolia anglica ou taedium vitae"에 관해 말한다. Sauvages, *loc.
cit.*, t. VII, p. 366.

37 Montesquieu, *loc. cit.*, IIIe partie, liv. XIV, chap. XII, éd. Pléiade, t. VII,

자살을 비교했다. 환경의 역할은 바로 여기에서 문제된다. 왜냐하면 18세기에 행복이 자연과 이성의 영역에 속한다면, 불행이나 적어도 이유 없이 행복을 빼앗는 것은 틀림없이 또 다른 영역에 속할 것이기 때문이다. 그러한 영역을 우선 과도한 기후, 균형상태와 다행스런 절도節度를 잃어버린 자연에서 찾는 것이 일반적이다(온화한 기후는 자연의 것이고, 과도한 기온은 환경의 것이다). 그러나 이른바 영국의 질병을 설명하기에는 이것으로 충분하지 않은데, 벌써 체인은 모든 주민이 누리는 부富, 질 좋은 음식, 풍요, 가장 부유한 사회에서 영위되는 한가하고 나태한 생활38이 신경장애의 원인을 이룬다고 생각한다. 갈수록 경제적이고 정치적인 설명이 선호되는데, 이와 같은 설명에서는 부, 진보, 제도가 광기의 결정요소로 나타난다.

19세기 초에 스푸르츠하임은 자신의 마지막 글들 가운데 하나에서 이러한 것들에 관한 그 모든 분석을 종합하게 된다. "다른 어느 곳보다" 영국에서 "더 빈번히" 발생하는 광기는 영국에서 맹위를 떨치는 자유와 도처로 확산된 부의 대가일 뿐이다. 신앙의 자유는 권위와 독재정치보다 더 많은 위험을 내포한다. "종교적 감정은 … 제한 없이 작용하고, 모든 개인은 듣기 원하는 사람이면 누구에게나 자유롭게 전도할 수 있으며", 그토록 서로 다른 견해들에 귀를 기울여야 하는 나머지, "사람들은 진리를 발견하기 위해 골치를 썩인다."

미결정, 고정될 줄 모르는 관심, 흔들리는 마음의 위험. 또한 언쟁, 정념, 자기 편을 악착스럽게 위해주는 정신의 위험.

"각각의 사항은 반대에 부딪히고, 반대는 감정을 격화시키며, 각자는 종교, 정치, 과학에서, 요컨대 모든 영역에서 자유롭게 파당派黨을

---

pp. 485~486.

38 Cheyne, *The English Malady*, Londres, 1733.

형성할 수 있지만, 반대에 마주치리라는 것을 예상해야 한다." 그토록 많은 자유는 더 이상 시간의 통제를 허용하지 않는다. 즉, 시간은 불확실성에 내맡겨지고, 각자는 국가에 의해 변동의 물결 속으로 떠넘겨진다. "영국은 상업국이고, 정신은 늘 투기投機에 몰두하는 탓으로 두려움과 소망에 끊임없이 휘둘린다. 이기주의, 상인商人정신은 쉽사리 질투에 빠지고 다른 재능을 불러들여 이용한다." 게다가 이러한 자유는 자연스러운 진정한 자유와 관계가 멀다.

다시 말해서 개인의 가장 정당한 욕망과 대립하는 요구에 의해 사방에서 속박과 압박을 받는다. 즉, 인간의 자유, 정신과 감성의 자유가 아니라 욕심, 결탁, 금융 술책의 자유이다. 돈 때문에 가정은 어느 다른 곳보다도 더 압제적이게 된다. 가령 부유한 가족의 딸들만이 결혼의 방도를 찾아낼 뿐이고 "다른 미혼여성들은 몸을 망치고 영혼을 뒤틀리게 하는 다른 충족수단 쪽으로만 내몰린다. 동일한 원인이 방종을 조장하고, 방종은 광기의 성향을 유발시킨다."**39** 이처럼 상업의 자유 속에서는 견해가 결코 진리에 이를 수 없고 직접적인 것이 필연적으로 모순에 빠질 뿐만 아니라 시간이 제어와 계절의 확실성에서 벗어나고 인간의 욕망이 이익의 법칙을 따르는 것으로 보인다.

요컨대 자유는 인간으로 하여금 제정신을 되찾게 하기는커녕, 끊임없이 인간을 본질과 세계로부터 더욱 멀어지게 하고, 다른 사람들과 돈의 절대적 외재성外在性 속에서, 정념과 불완전한 욕망의 돌이킬 수 없는 내재성 속에서 인간을 현혹시킨다. 상업국가의 자유는 인간과 인간이 자신을 알아볼 세계의 행복, 인간과 인간이 자신의 진실을 발견할 자연 사이의 "중간"이고, 이에 따라 상업국가는 광기를 결정하는 요소이다.

---

39 Spurzheim, *Obsevations sur la folie*, Paris, 1818, pp. 193~196.

스푸르츠하임이 글을 쓰는 시기에, 즉 신성동맹과 전제왕정의 복고가 한창인 시기에, 자유주의는 광기로 인한 모든 죄악을 이 세계에 쉽사리 야기한다. "인간에게 가장 큰 욕망인 개인의 자유가 또한 인간에게 불리한 조건이라니, 이상한 일이 아닐 수 없다."**40** 그러나 우리가 보기에 이와 같은 분석의 요점은 자유에 대한 비판에 있는 것이 아니라, 바로 스푸르츠하임에게 광기의 심리와 생리의 메커니즘이 조장되고 확대되며 증가하는 비非자연적 환경을 지칭하는 개념의 사용 자체에 있다.

2) 광기, 종교, 시간

신앙은 일종의 상상적 풍경, 모든 환각과 모든 망상을 쉽게 조장하는 가공의 환경을 마련한다. 오래 전부터 의사들은 너무 극단적인 신앙심이나 너무 열렬한 믿음의 결과를 두려워했다. 너무 심한 도덕적 엄격성, 구원과 미래의 삶에 대한 너무 심한 불안은 흔히 우울증을 유발하기에 충분하다. 《백과전서》는 유사한 경우를 어김없이 인용한다.

> "너무 극단적인 몇몇 설교자가 불어넣는 너무 강한 인상, 우리 종교의 형벌에 대해 그들이 종교법 위반자에게 고취하는 지나친 두려움은 약한 정신의 소유자에게 격심한 동요를 불러일으킨다. 몽텔리마르**41** 구빈원에는 언젠가 이 도시에서 개최된 선교활동의 결과로 조광증과 우울증에 걸린 여러 여자가 수용되었는데, 그녀들은 선교사가 무분별하게 보여준 끔찍한 그림으로 끊임없이 충격을 받아서 절망, 복수, 처벌 등만을 이야기할 뿐이었고, 특히 한 여자는 자신이 지옥에 있다고, 불이 자신을 집어삼켰다고 하면서, 그 불은 어떤 것으로도 끌 수 없을 것이라고 생각하고는 약을 전혀

---

40 Id., *ibid.*, pp. 193~196.
41 *Montélimar. 프랑스 론 강 부근의 도시. 12~15세기의 성이 있다.

먹으려 들지 않았다."[42]

피넬은 "신앙심으로 인해 우울증에 걸린 환자들"에게 신앙서적을 금하고[43] "스스로 계시를 받았다고 생각하고는 다른 사람을 개종시키려고 끊임없이 애쓰는 독실한 여자들"에게 밖으로 나가지도 말 것을 권고하면서,[44] 그 식견 있는 의사들의 노선을 따른다. 그러나 아직도 실증적 분석보다는 비판이 중요하다. 신앙의 대상이나 종교적 주제는 정신착란과 환각의 성격을 갖는다고 생각되기 때문에만 정신착란이나 환각을 유발하는 것으로 의심받을 뿐이다. 피넬은 얼마 전에 치유된 여자 정신병자의 사례를 이야기하는데, 그녀는 "신앙서적을 읽고서 … 각 사람에게 수호천사가 있다는 생각을 하게 되었고 이튿날 밤부터는 자신이 천사 합창대에 둘러싸여 있다고 믿었으며 천상의 음악을 들었을 뿐만 아니라 계시를 받았다고 주장했다."[45] 여기에서 종교는 여전히 오류를 전파하는 요소로만 간주될 뿐이다.

그러나 피넬 이전에도 훨씬 더 엄밀한 역사적 방식의 분석이 있었는데, 거기에서 종교는 정념을 충족시키거나 억제하는 환경으로 나타난다. 1781년에 한 독일 작가는 사제들이 절대권력을 부여받은 먼 옛날의 시기를 행복한 시대로 환기시켰다. 그때에는 하는 일 없이 빈둥거리는 것이 불가능했고 매 순간이 "의례, 종교계율의 준수, 순례, 가난한 자와 병자의 방문, 연중의 축하행사"로 점철되었다는 것이다. 이처럼 불행을 생각할 틈이 없게끔 시간이 빈틈없이 짜여 있었고 헛된 정념, 삶에 대한 싫증, 권태의 여지가 남아 있지 않았다. 어떤 사람이 자신을 죄

---

42 *Encyclopédie*, art. "Mélancolie."
43 Pinel, *Traité médico-philosophique*, p. 268.
44 Id., *ibid.* p. 291, note 1.
45 Id., *ibid.*, p. 291, note 1.

인이라고 느꼈을까? 그런 사람은 흔히 실제의 물리적 처벌을 받았고 그러한 처벌에 온 정신을 빼앗겼으며 처벌을 받고나서는 과오가 시정되었다는 확신을 얻었다. 그리고 "너무 자주 속죄하러 오는 심기증心氣症 고해자들"이 있을 때, 그들에게 고해신부는 "너무 짙은 피를 희석시키는" 가혹한 형벌이건 긴 순례여행이건 속죄의 벌을 부과했다.

"바뀐 공기, 긴 여정, 집에서 나와 그들을 화나게 하는 대상으로부터 멀어진다는 점, 다른 순례자들과의 교제, 도보로 걷는 느리고 힘찬 움직임은 그들에게 오늘날 순례를 대신하고 있는 편안한 여행 이상의 효력을 미쳤다 …."

요컨대 사제의 신성한 성격은 그의 모든 명령에 절대적 가치를 부여했고, 그의 명령을 회피할 생각은 아무도 품지 않았던 듯한 반면에, "일반적으로 의사들은 환자들의 변덕 때문에 이 모든 것을 누리지 못했다."[46]

뫼젠에게 종교는 인간과 과오, 인간과 징벌 사이의 매개물이다. 즉 권위적이고 총괄적인 형태의 종교는 징벌을 실행함으로써 실제로 과오를 없애지만, 반대로 해이해지고 양심의 가책이나 영적 고행 같은 관념적 형태에 의해 유지될 경우에는 직접적으로 광기로 치닫는다. 과오로 인해 과도한 정신착란에 빠진 인간으로 하여금 정신이상을 모면하도록 해줄 수 있는 것은 오직 확고한 종교적 환경일 뿐이다. 종교는 온갖 의례와 요구를 통해, 인간에게서 과오 이전의 부질없는 정념을 없애주고, 일단 과오가 저질러지면, 무익하게 되풀이되는 회한을 품지 않도록 해주며, 철저하게 수행遂行의 순간을 중심으로 인간의 삶을 조직한다.

행복한 시대의 옛 종교는 현재의 영원한 축제였다. 그러나 근대에 이

---

46 Moehsen, *Geschichte des Wissenchaften in der mark Brandenburg*, Berlin et Leipzig, 1781, p. 503.

르러 종교는 관념화되면서, 현재의 주위에 느슨한 시간적 후광後光, 공백의 환경, 한가閑暇와 회한의 환경을 조성하는데, 이러한 환경에서는 인간의 마음이 불안에 처하고 정념이 시간을 무사태평無事泰平이나 반복의 상태에 이르게 하며 마침내 광기가 활개칠 수 있게 된다.

3) 광기, 문명, 감성

문명은 일반적으로 광기의 확대에 유리한 환경을 조성한다. 과학의 발전은 오류를 일소하면서도, 연구를 즐기고 심지어 연구에 지나치게 몰두하는 결과를 확산시킨다. 연구실 생활, 추상적 사변思辨, 육체를 단련할 겨를이 없고 정신만이 그토록 영속적으로 활동하는 상태는 가장 해로운 결과를 초래할 수 있다.

티소는 인간의 몸에서 빈번하게 사용되는 부위가 가장 먼저 강화되고 단단해진다고 설명하는데, 노동자는 팔의 근육과 신경섬유가 단단해지고, 이에 따라 체력과 양호한 건강을 노년까지 누린다는 것이다. "문인文人은 뇌가 단단해지고, 흔히 관념들을 연결시킬 수 없게 되며," 바로 이 점 때문에 정신장애에 걸리기 쉽다.[47] 지식이 추상적이거나 복잡할수록, 지식으로 인한 광기의 위험은 더 많아진다. 오감五感의 가장 직접적인 것에 아직 가까운 지식은 프레사뱅에 의하면 내부감각과 뇌기관 쪽의 활동을 그다지 요구하지 않으므로, 일종의 생리적 즐거움만을 유발할 뿐이다. "대상이 우리의 감각에 의해 쉽게 인식되고 조화로운 일치에 의해 기분 좋은 상관관계를 영혼에 제공하는 지식은 … 인체의 모든 원활한 기능에 기여하는 가벼운 활력을 인체에 가져다준다." 반대로 감각과의 상관관계가 너무 결여되어 있고 직접적인 것에서 너무 풀

---

47 Tissot, *Avis aux gens de lettres sur leur santé*, p. 24.

려나 있는 지식은 몸 전체의 균형을 무너뜨리는 대뇌만의 긴장을 유발할 뿐이다. "우리의 감각에 별로 느껴지지 않거나 상관관계가 너무 많아서 파악하기 어려운 사물"에 관한 지식은 "우리로 하여금 탐구에 많은 노력을 기울이지 않을 수 없도록 하고, 영혼에 대해 훈련의 양상을 띠면서 뇌를 너무 오랫동안 지속적으로 긴장시키며, 내부 감각을 지치게 한다."[48]

지식은 이처럼 감성적인 것의 주위에 추상적 환경을 형성하는데, 그러한 환경에서 인간은 세계에 대한 관계가 정상적으로 확립되는 육체의 기쁨을 잃어버릴 위험이 있다. 지식은 아마 증가할 터이지만 치러야 할 대가도 늘어난다. 학자의 수가 늘어난다는 것은 확실할까? 적어도 한 가지는 분명한데, 그것은 "지식으로 인해 지병持病을 얻게 되는 사람의 수가 늘어난다"[49]는 사실이다. 인식의 환경은 지식보다 더 빨리 증대한다.

그러나 인간을 감성적인 것에서 떨어져 나가도록 하는 것에는 지식만 있는 것이 아니라, 감성 자체도 있다. 더 이상 자연의 움직임에 의해서가 아니라 온갖 습관에 의해, 사회생활의 온갖 요구에 의해 지배되는 감성이 그것이다. 근대인은 남자보다 여자가 더 낮을 밤으로, 밤을 낮으로 삼아 왔다. "파리에서 여자들이 잠자리에서 일어나는 때는 언제나 자연에 의해 정해진 시간과 동떨어져 있어서, 하루의 가장 아름다운 시간은 흘러갔고, 가장 맑은 공기는 사라졌으며, 아무도 아름다운 시간과 맑은 공기를 누리지 못했다. 독기와 해로운 악취는 태양의 열기에 이끌려 벌써 대기 속으로 올라간다. 그때에야 미녀들은 잠자리에서 일어나려고 꾸물거린다."[50]

---

48 Pressavin, *Nouveau traité des vapeurs*, pp. 222~224.

49 Tissot, *Traité des nerfs*, II, p. 442.

50 Beauchesne, *De l'influence des affections de l'âme dans les maladies nerveuses des femmes*, Paris, 1783, p. 31.

이러한 감각의 불순不純은 환각이 길러지고 헛된 정념과 영혼의 가장 음침한 움직임이 인위적으로 야기되는 연극에서 계속되는데, 특히 여자들은 "열광과 흥분을 자아내는" 그러한 연극을 좋아하고, 여자들의 영혼은 "그토록 심하게 뒤흔들리어, 사실은 일시적이지만 통상적으로 심각한 결과를 낳는 충격이 신경에 가해지며, 여자들의 감각이 순간적으로 박탈되는 현상이나 여자들이 현대의 비극을 관람하면서 쏟는 눈물은 연극의 공연에서 일어날 수 있는 가장 하찮은 사건일 뿐이다."[51]

소설은 착란된 감성에 더 인위적이고 더 해로운 환경을 형성하며, 근대 작가들이 소설에서 나타내려고 애쓰는 그럴듯함 자체, 그리고 그들이 진실을 모방하는 데 이용하는 기법 전체는 그들이 독자들에게 불러일으키고 싶어하는 격렬하고 위험한 감정에 더 많은 위력을 보탤 뿐이다.

"프랑스에서 예절과 여자에 대한 친절이 시작된 처음 몇 세기 동안 여자들의 덜떨어진 정신은 믿을 수 없기도 하고 이상하기도 한 사실과 사건에서 만족을 느꼈다. 여자들은 이제 그럴듯한 사실, 그러나 몹시 이상해서 감정을 혼란시키고 뒤흔들 그토록 경이로운 감정을 원하며, 뒤이어 불가사의한 현상에 매혹되어 그것을 주변의 모든 것에서 구현하려고 시도하지만, 자연에 없는 것을 찾아내고 싶어하기 때문에, 여자들에게 모든 것은 감정도 생명도 없는 것으로 보인다."[52]

소설은 전형적으로 감성 전체의 왜곡된 환경을 형성하고, 영혼을 감성적인 것에 있는 가장 직접적이고 자연스러운 것 전체로부터 분리시켜, 비현실적이기 때문에 그만큼 더 격렬하고 자연의 부드러운 법칙에 의해 덜 규제되는 감정의 상상세계 속으로 끌어들인다. "그토록 많은 작가가 다수의 독자로 하여금 알 껍질을 깨고 나오게 만들고, 지속적인

51 Id., *ibid.*, p. 33.
52 Beauchesne, *op. cit.*, pp. 37~38.

독서는 온갖 신경증 환자를 낳게 되는 바, 여자들의 건강에 해로운 모든 원인 중에서 가장 중요한 것은 아마 100년 전부터 시작된 소설의 한없는 증가였을 것이다. … 10살 무렵에 달리기 대신 책을 읽는 소녀라면 20살 무렵에는 틀림없이 좋은 유모가 아니라 심한 히스테리를 부리는 여자가 되어 있을 것이다."[53]

18세기에는 광기와 광기의 위협적 증가에 대한 의식을 중심으로 새로운 범주의 개념들이 여전히 매우 산만한 방식으로 서서히 형성된다. 17세기가 광기를 위치시켰던 비이성의 풍경에서 광기는 어렴풋이 도덕적 의미와 기원을 감추고 있었고, 17세기의 불가사의에 의해 광기는 과오에 연관되었으며, 광기에 곧장 깃들 것이라고들 인식한 동물성은 역설적이게도 광기를 더 결백하게 만들지 않았다. 그러나 18세기 후반기에는 인간을 아득한 옛날의 타락이나 한 없이 현존하는 동물성 쪽으로 근접시키는 것에서 더 이상 광기를 알아보려고 하지 않게 되고, 반대로 인간이 자기 자신과 자신의 세계에 대해, 그리고 자연의 직접성을 통해 인간에게 제공되는 모든 것에 대해 유지하는 그 간격 안에 광기를 위치시킨다.

광기는 감성적인 것, 시간, 타자에 대한 인간의 관계가 변질되는 그러한 '환경' 속에서, 인간의 삶과 변전變轉에서 직접적인 것과의 단절인 모든 것 때문에 가능하게 된다. 이제 광기는 자연이나 타락의 영역이 아니라 하나의 새로운 영역에 속하는데, 이 영역에서는 역사가 예감되기 시작하고, 의사들이 말하는 "정신이상"과 철학자들이 말하는 "소외"라는 두 형상, 이를테면 인간의 진실이 어떻게든 변질되는 조건이지만 일찍이 19세기에 헤겔 이후로 유사성의 흔적을 모두 잃어버린 두 형상

---

53 *Causes physiques et morales des maux de nerfs* (*Gazette salutaire*) , n° 40, 1768년 10월 6일. 이 기사는 익명으로 실려 있다.

이 본래의 막연한 연관성 속에서 형성된다.

"침투력"의 그토록 분명한 작용을 통해 광기를 이해하는 이러한 새로운 방식은 아마 결정적이었을 것이다. 이를테면 광기의 역사에서 사슬에 묶인 비세트르의 광인들이 피넬에 의해 해방되는 화려한 사건만큼 결정적이었을 것이다.

이상하고 동시에 중요한 것은 우선 이 개념이 그 초기의 구상단계에서 갖는 부정적 가치이다. 우리가 조금 전에 언급한 분석에서 이 힘은 살아있는 사람의 주변을 구성할 수 있는 자연적인 것을 가리키지 않을 뿐더러, 또한 적응이나 상호적 영향 또는 조절의 장소도 아니고, 살아 있는 존재의 생활규범이 전개되고 강요될 수 있는 공간도 아니다. 18세기의 사유가 어렴풋이 이 힘에 부여한 의미에 따르면, 이 힘의 전체는 정확히 '우주'에서 '자연'과 대립하는 것이다. 54

환경은 계절이 다시 오고 낮과 밤이 교대하는 시간을 뒤엎고, 상상적인 것의 과잉에 따라서만 조절될 뿐인 감성을 뒤흔들어 놓음으로써, 감성적인 것과 이것이 인간에게 불러일으키는 잔잔한 반향을 변질시키며, 인간을 직접적 만족에서 멀어지게 하여 인간으로 하여금 욕망의 소리를 듣지 못하도록 방해하는 이해타산의 법칙에 인간을 종속시킨다. 환경은 인간세계로부터 자연이 사라지기 시작하는 바로 거기에서 시작된다. 이런 식으로 루소는 대륙의 붕괴라는 삼라만상森羅萬象의 파국 속

---

54 이 점에서 의학적 분석과 뷔퐁의 개념이 엇갈린다. 뷔퐁의 관점에서는 자연에서 떨어져 나가는 것(사회, 전염성)뿐만 아니라 자연에 속하는 것(공기, 하늘)도 침투력에 통합된다.

에서 자연이 종언終焉을 고하고 인간의 환경이 들어선다고 지적하지 않았을까?**55** 환경은 살아있는 사람에게 제공되는 그러한 자연의 실증성이 아니라, 반대로 자연의 충만함을 살아있는 사람으로부터 물러나게 하는 그러한 부정성이고, 이러한 물러남 속에서, 이러한 비非자연 속에서 어떤 것이 자연을 대체하는데, 그것은 인위적 충만함, 반反자연이 예고되는 가공架空의 세계이다.

그런데 광기의 가능성이 온전히 드러나는 것은 정확히 거기에서이다. 17세기는 진실의 상실에서 광기를 발견했다. 즉, 자연이 아니라 자유에 속하는 인간에게서 각성과 주의력의 역량만이 문제시되는 온통 부정적인 가능성을 발견했다. 18세기 말은 광기의 가능성을 환경의 구성과 동일시하기 시작한다. 즉, 광기는 잃어버린 자연이고 빗나간 감성, 욕망의 일탈逸脫, 척도를 박탈당한 시간이며 매개의 무한 속에서 상실된 직접성이다. 이에 맞서 자연은 반대로 폐기된 광기, 실존의 가장 근사한 진실로의 행복한 회귀이다. 보셴은 다음과 같이 말한다.

"사랑스럽고 관능적인 여자들이여, 이제부터 거짓된 쾌락, 격렬한 정념, 무기력, 안일安逸의 위험을 피하라. 시골이나 여행지로 그대들의 젊은 남편을 따라가라. 꽃으로 치장한 부드러운 풀밭에서 남편과 함께 달려라. 파리로 돌아와 그대들의 성性에 걸맞은 운동과 일의 본보기를 동무들에게 보여라. 사랑하라, 특히 그대들의 자식을 키워라. 그러면 즐거움이 얼마나 큰지, 그리고 이것이 자연에 의해 그대들에게 마련된 행복이라는 것을 알게 될 것이다. 그대들의 삶이 순수할 때, 그대들은 좀처럼 늙지 않을 것이다."**56**

---

55 Rousseau, *Discours sur l'origine de l'inégalité*, *Œuvres*, Paris, 1852, t. I, p. 553.
56 Beauchesne, *De l'influence des affections de l'âme*, pp. 39~40.

그러니까 환경은 예전에 동물성이 맡아 한 역할과 거의 대칭적이고 전도된 역할을 수행한다. 옛날에 광기가 맹렬한 위세를 떨치면서 인간에게로 침입할 수 있는 통로지점은 짐승의 은밀한 현존에 있었으며, 자연스러운 생활의 가장 깊은 최종 지점은 이를테면 인간의 본성이 반反자연에 속하므로 반자연이 고양高揚된 지점이었고 동시에 인간 본성 자체의 반자연이었다. 18세기 말에는 반대로 동물의 평온이 전적으로 자연의 행복에 속하고, 인간은 바로 동물의 직접적 세계를 벗어나 환경을 형성하는 순간에 반자연의 가능성에 빠져들고 스스로 광기의 위험에 노출된다. 동물은 미칠 수가 없거나, 적어도 광기를 야기하는 것은 인간 속의 동물성이 아니다.57 그러므로 말할 것도 없이 모든 인간 중에서 원시인은 광기의 성향이 가장 적다.

"이 점에서 경작인의 부류는 장인匠人을 배출하는 계층보다 훨씬 우월하지만, 불행하게도 그들이 경작만 하던 옛날 상태에 비하면, 그리고 아직도 거의 병을 앓지 않고 사고事故와 노쇠老衰로만 죽는 몇몇 야생의 미개 원주민 부족에 비하면 훨씬 열등하다." 19세기 초에도 여전히 "인디언들 사이에서 단 한 사례의 정신장애도 발견할 수 없었고 조광증 환자와 우울증 환자를 그다지 만나보지"58 못했다는 아메리카 사람 러쉬59의 단언이나, "남아메리카의 미개한 인디오들 사이에서 단 한 사람의 정신이상자"60도 이야기된 적이 없다는 훔볼트61의 단언이 인용되곤 한

---

57 동물들의 광기는 훈련과 어떤 사회생활의 결과(주인을 잃은 개들의 우울증)로 이해되거나, 거의 인간의 수준인 어떤 탁월한 능력의 상해(傷害)로 이해되거나 한다('공통감각 중추'의 완전한 부재 때문에 저능한 어떤 개에 대한 관찰 참조. In *Gazette de médecine*, t. III, n° 13, 1762년 2월 10일 수요일, pp. 89~92).

58 Rush, *Medical Inquiries*, I, p. 19.

59 *아마 Benjamin Rush(1745~1813)일 것이다. 그는 미국의 의사 겸 정치가로서 〈독립선언〉의 서명자들 가운데 한 사람이다.

60 Spurzheim, *Observations sur la folie*, p. 183에서 재인용.

다. 광기는 환경이 인간에게서 억누를 수 있는 동물적 삶의 모든 것에 의해 가능하게 되었다. **62**

그때부터 광기는 인간 속의 어떤 변화형태에 연결된다. 광기는 우주 질서의 위협 또는 임박해 있는 동물성으로 체험되는 한, 인간의 주위나 마음의 어둠 속에 영구적 부동의 현존을 부여받아 잠들어 있었고, 광기의 순환은 회귀일 뿐이었으며, 광기의 분출奔出은 단순한 출현일 뿐이었다. 이제 광기는 시간적 출발점을 갖는다. 이것을 신화적 의미로만 이해해야 할 뿐일지라도, 광기는 한없는 증가를 나타내는 단선적 벡터를 따른다. 인간의 주위에서 인간에 의해 구성된 환경이 더 두껍고 더 불투명하게 됨에 따라 광기의 위험은 증가한다. 광기의 위험을 분류하는 기준으로서의 시간은 열린 시간, 증가와 증대의 시간이 된다. 그때 광기는 진보의 이면이 된다. 즉, 문명은 매개현상을 증가시키면서, 인간에게 소외당할 새로운 기회를 끊임없이 제공한다. 왕정복고의 시대에 마테가 피력하는 다음과 같은 견해는 18세기 사람들의 일반적 감정을 그대로 요약하고 있는 셈이다.

"사회인社會人의 가장 근본적인 비참함, 많은 즐거움, 숭고한 생각,

---

61 *Alexander von Humboldt. 독일의 자연사학자 겸 여행가(1769~1859)로서 20여 년 동안 아메리카 대륙을 여행한 기록(*Voyage aux régions équinoxiales du Nouveau Continent*)을 30권으로 펴냈다.

62 롤랭의 어떤 글에는 묘하게도 동물의 소비에서 인간의 음식 환경으로 변화함에 따른 광기 출현이 분석되어 있다. "사람들은 정념에 관심을 쏟음에 따라 그 소박한 생활에서 멀어졌다. 미각을 즐겁게 하는 유해한 음식을 사람들이 부지불식간에 발견하여 먹기 시작했다. 그러한 치명적인 발견물들이 점차로 늘어났다. 그것들의 섭취로 인해 정념의 강도가 높아졌으며 정념이 극단으로 치닫게 되었다. 음식물과 정념이 서로 상승 작용을 일으켜 사치스러운 생활이 시작되었다. 그리고 대인도(大印度)의 발견으로 말미암아 사치를 조장하고 현 시대의 수준으로 심화시킬 수단들이 마련되었다. 요리들이 뒤섞이고 남용되는 시기와 질병이 최초로 나타나기 시작한 시기는 거의 일치한다."

지력智力의 둔화는 본성의 뛰어남과 개선 가능성, 육체적이고 도덕적인 역량의 과도한 발달에서 생긴다. 욕구, 욕망, 정념의 다수성, 이것은 악덕과 미덕, 악과 선의 원천인 문명의 결과이다. 빈곤의 신음소리, 절망과 격분의 절규가 솟아오르는 것은 바로 도시의 열락悅樂과 호사豪奢로부터이다. 비세트르, 베들램63은 이러한 진실의 증거이다."64

선과 악, 진보와 쇠락, 이성과 비이성의 이 단순한 변증법은 아마 18세기에 매우 흔한 현상이었을 것이다. 그러나 이 변증법의 중요성은 광기의 역사에서 결정적이었다. 즉, 그것은 통상적으로 광기가 인식되는 시간의 관점을 뒤집었으며, 기원이 정해지고 목표가 갈수록 뒤로 물러나는 시간의 한없는 흐름 속에 광기를 위치시켰을 뿐만 아니라, 광기의 우주적 순환을 깨뜨리고 광기를 지나간 과오의 현혹에서 끌어냄으로써 광기를 돌이킬 수 없는 지속 쪽으로 열리게 했고, 광기가 이 세계 속으로 침범해 들어오리라는 것을 예고했는데, 이는 더 이상 16세기의 경우처럼 미치광이의 승리라는 종말론적 방식으로가 아니라, 계속적이고 유해하며 점진적이지만 어떤 최후의 형상에도 고정되지 않고 세계의 쇠퇴 자체로부터 젊음을 되찾는 방식으로 이뤄졌다. 사람들은 대혁명 이전부터 19세기의 커다란 강박관념들 가운데 하나를 만들어냈고, 벌써 그것에 이미 이름을 부여했으며, 그것을 "퇴보"退步라고 불렀다.

아버지 세대의 가치를 더 이상 지니고 있지 않는 아들, 그리고 동시대인들의 광기 속에서 비법이 상실되는 옛 지혜에 대한 향수鄕愁는 명백히 그리스-라틴 문화의 가장 전통적 주제들 가운데 하나이다. 그러나 이 주제에서 문제가 되는 것은 여전히 비판에만 토대를 두고 있을 뿐인

---

63 *Bedlam. Bethléem(1547년 영국에서 가장 먼저 헨리 8세에 의해 세워진 구빈원)의 또 다른 철자 형태.

64 Matthey, *Nouvelles recherches sur les maladies de l'esprit*, p. 67.

도덕관념이다. 즉, 역사의 인식이 아니라 역사의 거부拒否이다. 반대로 18세기에는 쇠퇴의 그 비어 있는 지속이 구체적 내용을 부여받기 시작한다. 즉, 도덕적 단념斷念의 비탈을 따라서가 아니라, 인간적 환경의 세력선勢力線이나 육체적 유전법칙을 따라 퇴보가 일어난다는 것이다. 그러므로 인간이 퇴보하는 것은 이제 아득한 옛날의 것에 대한 기억처럼 충만한 시간을 잊어버렸기 때문이 아니라, 반대로 과거가 전체화되고 생활에서 자연의 직접성이 떨어져 나가게 되면서, 육체에 새겨지는 시간이 옛 것으로 무거워질 뿐만 아니라 더 급박하고 더 현재적이게 되기 때문이다.

"자식은 아버지의 죄악을 계속해서 느끼는데, 그도 그럴 것이 우리의 조상은 가장 유익한 유형의 삶에서 약간 멀어지기 시작했으며, 우리의 할아버지들은 좀더 약하게 태어나 더 유약하게 키워졌으며 자신들보다 훨씬 더 약한 자식을 낳았다. 그런 만큼 제4세대인 우리로서는 80세 노인의 체력과 건강을 소문으로만 들을 수 있을 뿐이다."[65]

티소가 이처럼 "퇴보"라고 부르는 것에는 19세기에 "퇴화"라는 용어로 지칭될 만한 것이 별로 없는데, 그것은 아직 어떤 특별한 성격의 형질도, 생명과 체질의 초보적 형태를 향한 어떤 불가피한 회귀의 경향도 내포하지 않으며,[66] 개인은 아직 어떤 재생再生의 희망도 품을 수 없다.[67] 그렇지만 모렐은 자신의 《퇴화론》에서, 18세기가 그에게 전달

---

[65] *Causes physiques et morales des maladies de nerfs* (*Gazette salutaire*, 1768년 10월 6일).

[66] "생명체는 상급의 유형에서 점점 더 저급한 유형으로 서서히 내려가며, 최종 단계는 무생명 상태로의 회귀이다."(Boekel, article Dégénérescence du *Dictionnaire* de Jaccoud).

[67] "유전상의 변질에서 벗어나 있을 개인들이 언제나 발견될 것이며, 종(種)의 영속화에 이들만을 이용함으로써 종으로 하여금 숙명적인 흐름을 거슬러 올라가게 할 수 있을 것이다"(Prosper Lucas, *Traité physiologique et philosophique de l'hérédité*

한 가르침을 출발점으로 삼게 되는데, 이미 티소에게 그랬듯이 그에게
도 인간은 원시적 유형으로부터 퇴화하는 존재이다. 그것도 자연발생
적 퇴보나 생명체에 고유한 무거움의 영향 아래에서가 아니라, 훨씬 더
그럴듯하게도 "자연과 조화를 이루지 못하는 사회제도의 영향" 아래,
또는 "도덕적 본성이 타락한" 탓으로68 퇴화하는 존재이다. 69

티소에서 모렐까지 동일한 가르침이 반복되는데, 그것은 자연을 매
개하는 모든 것에 대한 기억 이외의 다른 것을 보아서는 안 되는 소외의
힘을 인간의 환경에 부여한다. 광기와 시대의 흐름에 따라 증가하는 광
기의 모든 잠재력은 인간 자신이 아니라 인간의 환경에 있는 것이다.
우리는 지금 정확히 헤겔 철학의 주제(소외는 매개의 움직임에 있다)와
"살아있는 존재를 둘러싸는 모든 것은 살아있는 존재를 파괴하는 경향
이 있다"고 말한 비샤70에 의해 분명히 표명된 생물학의 주제가 아직 뒤
섞여 있는 지점에 머물러 있다.

개인의 죽음은 광기와 소외처럼 자신의 외부에 있고, 인간이 자신의
진실을 상실하기에 이르는 것은 바로 외재성 속에서, 그리고 사물들에
대한 무거운 기억 속에서이다. 다른 기억 속에서가 아니라면, 앎의 내

---

naturelle, Paris, 1847).

68 Morel, *Traité des dégénérescences physiques, intellectuelles et morales de l'espèce humaine*, Paris, 1857, pp. 50 및 이하, 개인과 "개인이 살아가는 사회 조건 때문에 개인에게 강요되는 부자연스러운 본성" 사이의 싸움에 관한 그림 참조.

69 "인간의 정신 속에서 창조물의 걸작 겸 축도로 구성되는 경향이 강한 원시 유형의 실재는 우리의 확신과 아주 일치하는 사실이다. 그래서 우리의 본성이 퇴화한다는 관념은 종이 계속되도록 하는 요소들을 지니고 있던 그 원시 유형의 편향성(偏向性)에 대한 관념과 분리될 수 없다"(Morel, *Traité des dégénérescences physiques, intellectuelles et morales de l'espèce humaine*, Paris, 1857, pp. 1~2).

70 *Marie François Xavier Bichat. 프랑스의 의사, 일반 해부학의 정립자(1771~1802).

재성 속에서의 화해, 또는 절대적 시간, 초기의 직접적 미개상태 쪽으로의 완전한 몰입沒入과 단절, "아니면 사람들이 결코 바랄 수 없는 체계적 행동이나 사람들이 감히 바랄 수조차 없는 몇 세기 동안의 미개상태"[71]일 수밖에 없을 기억 속에서가 아니라면, 어떻게 인간의 진실을 되찾을 수 있을 것인가?

광기에 관한 이와 같은 성찰 속에서,[72] 그리고 환경의 개념에 대한 아직 모호한 구상 속에서, 기이하게도 18세기는 다음 세기에 인간에 관한 성찰의 주도主導 주제가 될 것을 앞질러 보여주었고, 흐릿한 빛 속에서, 의학과 철학, 심리학과 역사의 경계에서, 19세기와 우리 세기의 온갖 염려에도 불구하고 애매한 점이 남아 있는 순진성을 내보이면서 매우 초보적인 소외疎外의 개념을 제안했는데, 이 소외의 개념은 인간의 환경을 인간의 부정성으로 규정하고 모든 가능한 광기의 구체적이고 선험적인 조건을 인간환경에서 확인하게 해준다.

광기는 이처럼 인간에게서 가장 가깝고 가장 먼 곳에 놓인다. 즉, 인간이 거주하는 바로 여기에 놓일 뿐만 아니라, 인간이 소멸하는 저기에, 인간의 거주 자체가 또한 인간의 폐기이자 완전히 실현된 인간의 진실이고 끊임없이 작용하는 인간의 비존재인 그 이상한 장소에 자리잡는다.

---

71 *Causes phusiques et morales des maux de nerfs* (*Gazette salutaire*, 1768년 10월 6일, n°
40).

72 뷔퐁도 자연의 일반적인 쇠락 (*loc. cit*, pp. 120~121) 이거나 종의 특질을 잃는 개인
들(*ibid.*, p. 311) 이거나 한 의미로 퇴보에 관해 말한다.

그때 광기는 새로운 순환 속으로 들어간다. 광기는 이제 비이성非理性에서 떨어져나가는데, 오랫동안 비이성은 사드에서 휠덜린까지, 네르발에서 니체까지 반복되는 시적이거나 철학적인 엄밀한 경험으로서, 역사를 폐기하고 아득한 옛날의 임박한 진실을 감성적인 것의 가장 불안정한 표면에서 반짝이게 하는 언어 속으로의 순수한 몰입이게 된다. 19세기 동안에 광기는 전혀 다른 의미를 갖게 된다. 즉, 광기는 광기를 자연에 대립시키는 모든 것 속에서 본질적으로 역사와 아주 가깝게 된다.

우리는 광기에 대한 실증주의적 이해방식이 생리학적이고 자연주의적이며 반反역사적이라는 인상, 73 그리고 역사의 병리학이 은밀하게 역사와 맺고 있는 관계를 드러내는 데 정신분석이나 사회학 또는 더도 덜도 아닌 "문화 심리학"이 필요했다는 인상을 쉽게 받는다. 사실상 이것은 18세기 말에 뚜렷이 확립된 사항이었다. 즉, 그 시대부터 광기는 인간의 시간적 운명에 새겨졌고, 더 나아가 인간이 동물과는 반대로 역사를 지니고 있다는 사실의 결과이자 나쁜 측면이었다. "광기의 역사는 이성의 역사에 대한 보완물이다"라고 아주 모호한 의미로 말한 사람은 자네도 프로이트도 브룅슈빅74도 읽지 않은 사람이었고 클로드 베르나르75의 동시대인이었으며 "그 시대에 그 유형의 정신이상"76이라는 명제를 명백한 방정식으로 제시한 사람이었다.

---

73 엄격한 종속의 실증주의 생물학은 실제로 전성설(前成說)에서 기인하고, 진화론에 젖은 실증주의는 훨씬 나중에 나타난다.

74 *Brunschvicg. 프랑스의 철학자(1869~1944). 파스칼 저서의 편찬자로 유명하다.

75 *Claude Bernard. 프랑스의 의사(1813~1878)로서, *Introduction à l'étude de la médecine expérimentale* (1865)를 썼다.

76 Michea, article Démonomanie du *Dictionnaire* de Jaccoud, t. XI, p. 125.

아마 어떤 시대도 광기의 이러한 역사적 상대성에 대해 19세기의 처음 몇 년보다 더 애매한 의식을 나타내지는 않게 될 것이다. 피넬은 "의학과 인류 역사의 얼마나 많은 접촉점이 이러한 관계 아래 놓여 있는가"[77] 하고 감탄했다. 그리고 그는 대혁명만큼 유리한 시대에, "정신이상의 가장 통상적 기원"인 그 "맹렬한 정념"을 아주 쉽게 조장하는 시대에 정신질환을 연구할 기회를 갖게 된 사실에 기뻐했으며, 정신이상의 결과를 관찰하는 데에는 "인간의 정념이나 더 정확히 말해서 조광증의 모든 형태를 가장 높은 단계로 고양시키기에 언제나 적합한 혁명의 대격동大激動이 어떤 시대보다도 유리하다"[78]고 말했다. 마치 역사의 폭력성과 역사의 광기가 유전遺傳의 고요한 시간 속에 퇴적해 있기라도 한 듯이, 프랑스 의학은 오랫동안 이어지는 세대들에서 93년의 흔적을 찾으려 애쓰게 된다.

"대혁명의 기간 동안 틀림없이 공포정치는 일부의 개인들에게 어머니의 태내에서부터 불행을 초래했을 것이다. ⋯ 이러한 원인으로 인해 광기의 성향을 갖게 된 개인들은 더 오랫동안 전쟁의 공포에 시달리던 지방의 주민이다."[79]

19세기에 실재한 광기의 개념은 역사의식의 내부에서, 그것도 두 가지 방식으로 형성되었는데, 우선 광기가 끊임없는 가속화加速化 속에서 역사의 일탈 같은 것을 형성하기 때문이었고, 다음으로 광기의 형태가 변전의 형상 자체에 의해 결정되기 때문이었다. 당시에 광기는 사실상 우리에게보다 훨씬 더 깊이 역사적인 것으로 인정되거나 체험되기 때문에 시간에 관련되고 인간의 시간성에 본질적인 것으로 보인다.

---

77 Pinel, *Traité médico-philosophique*, Introduction, p. XXII.

78 Id. , *ibid.* , p. XXX.

79 Esquirol, *Des maladies mentales*, t. II, p. 302.

그렇지만 역사와의 이러한 관련은 재빨리 잊혀지게 된다. 가령 프로이트는 애를 써서, 그리고 아마 철저하지는 않을 방식으로 역사를 진화론에서 강제로 풀려나게 하기에 이른다. 19세기에 역사는 사회적이고 동시에 도덕적인 이해방식으로 기울게 되었고 이로 인해 전적으로 왜곡되었다. 광기는 더 이상 역사의 보완물補完物로서가 아니라 사회의 이면裏面으로서 인식되기에 이른다. 역사분석이 사회비판으로 전도되는 이현상이 가장 분명하게 파악되는 것은 모렐의 저서에서인데, 거기에서 광기는 역사의 움직임에서 배제되어 역사의 행복한 전개와 화해의 약속에 대한 장애물이 된다. 광기의 확산에 가장 유리한 환경을 조성하는 것은 18세기에는 풍요였고 진보였던 반면에 모렐의 견해에 의하면 빈곤이었다. 가령 "위험하거나 비위생적인 직업, 너무 인구가 많거나 건강에 해로운 도심의 주거", 다양한 중독물질이었다.

"이 전반적 악조건惡條件에 빈곤으로 인해 초래되는 풍속 문란, 교육 결핍, 예측력의 결여, 알코올음료의 남용과 성병의 만연, 식량 부족을 덧붙인다면, 빈곤층의 체질을 불리하게 변화시키는 경향이 있는 복잡한 상황을 대략적으로 파악할 수 있을 것이다."**80**

이처럼 광기는 인간의 변화에 있을 수 있는 역사성을 벗어나 사회도덕 속에서 의미를 갖게 된다. 즉, 부르주아 윤리의 형태를 저버린 계급의 낙인이 되고, 소외라는 철학적 개념이 경제학적 노동분석에 의해 역사적 의미를 획득하는 시기에, 바로 그 시기에, 정신이상이라는 의학적이고 심리학적인 개념은 역사에서 완전히 떨어져나가 종種의 위태로워진 안녕安寧이라는 이름으로 도덕적 비판이 된다. 한 마디로, 18세기에 광기 자체의 변천의 결과에 대한 두려움이었던 광기에 대한 공포는 19세기에 유일하게 광기의 구조를 확실하게 유지시킬 수 있는 모순 앞

---

80 Morel, *loc. cit.*, p. 50.

에서의 강박관념이 될 정도로 차츰차츰 변하고, 부르주아 질서의 지속 조건이 된 광기는 역설적으로 부르주아 질서에 대한 외부로부터의 가장 직접적인 위협을 구성한다.

따라서 광기는 부르주아적 이성의 불멸조건이므로 불가피한 퇴화로, 그리고 종말을 예측할 수 없는 질서의 직접적 모순으로 제시되는 것을 심판하여 무의미한 것으로 만들 필요가 있으므로 도덕과 종교의 원칙에 대한 우연하고 우발적인 망각으로 인식된다. "전투적 실증주의"의 시대에 오랫동안 깨어 있었던 광기에 대한 역사의식은 이처럼 19세기 중엽 무렵에 침체沈滯상태로 빠져들게 된다.

이러한 역사의 진행은 아무리 일시적이고 설령 무시된다 할지라도, 19세기에 이루어진 그러한 광기의 경험에 결정적으로 중요하다. 19세기에 인간은 광기에 대한 새로운 관계, 어떤 점에서 더 직접적이고 또한 더 외적인 관계를 정립한다. 고전주의 시대의 경험에서는 인간이 오류를 통해 광기와 소통했다. 다시 말해서 광기에 대한 의식이 진실의 경험을 필연적으로 내포했다. 광기는 전형적 오류, 진실의 절대적 상실이었다. 18세기 말에는 새로운 경험의 일반적 윤곽이 점점 뚜렷해지는데, 그 새로운 경험에 의하면 인간은 광기 속에서 일반적 진실이 아니라 '자신의' 진실을 상실하는데, 이는 더 이상 세계의 법칙이 인간에게서 벗어나는 사태가 아니라, 인간이 자신의 본질에 관한 법칙에서 벗어나는 것이다.

18세기 말에 광기가 이렇게 전개되는 것을 티소는 인간의 가장 직접적인 진실을 이루는 것에 대한 인간의 망각으로 환기하는데, 그에 의하면 사람들은 "여러 가지로 자연스러운 관습을 거슬러 특이하게 되는 방식일 뿐이고 야릇함이 장점으로 부각되는 어색한 쾌락"에 빠져들었고, "야릇함으로 공허한 흥분의 고통스러운 감정, 어떤 사람도 견딜 수 없는 감정을 모면하게 하는 것, 그리고 주변의 모든 것을 소중한 것이게 만드는 것은 그들이 보기에 실제의 쾌락이다. 불필요한 다수의 것이 들어찬 거추장스러운 짐짝일 뿐인 사치의 첫 번째 원인은 아마 여기에 있을 것이다. … 이러한 상태는 많은 약을 써야만 만족시킬 수 있고 그래도 역시 불행한 심기증 환자의 상태이다."81

광기 속에서 인간은 자신의 진실과 분리되고, 자기 자신이 상실되는 주변의 직접적 현존 속으로 유배당한다. 고전주의 시대의 인간이 '총칭적' 진실을 잃었다고 할 때, 그러한 상실은 인간이 직접적인 삶 쪽으로 내던져졌기 때문인데, 그러한 삶에서는 인간에게 본래부터 죄가 있다는 것을 일러주는 그러한 본래적 타락이 모습을 드러냈고, 이와 동시에 인간의 동물성動物性이 맹위를 떨쳤다. 이제 사람들이 미친 사람에 관해 말하게 될 때, 이때의 미친 사람이란 '자기 자신의' 직접적 진실의 땅을 떠나 자기 자신을 상실한 사람이다.

---

81 *Essai sur les maladies des gens du monde*, pp. 11~12.

2

새로운 분할

18세기에 광기 쪽에서 무언가가 달라졌다. 우선 공포가 있었는데, 그것은 비이성을 오랜 강박관념에 결부시키고, 수용에 의해 모면되기에 이르렀거나 거의 이를 뻔한 현존을 비이성에 회복시키는 듯하다. 그러나 공포 이상의 것이 있다. 즉, 광기가 조용히 억눌린 바로 거기에서, 비이성의 동질적 공간에서 느린 작업이 실행되는데, 그것은 매우 어렴풋이 거의 언급되지 않은 채로 이루어지는 까닭에 단지 표면효과만이 인식될 뿐이다. 심층의 압력에 의해 광기가 다시 나타나게 되고, 그때 광기는 고립된 상태에서 스스로 규정되는 경향이 있다.

18세기의 새로운 공포는 헛된 강박관념이 아닌 것으로 밝혀진다. 즉, 광기는 혼란스럽게 현존하지만 벌써 수용이라는 추상적 관념을 다시 문제시하면서 재차 표면 위로 나타나고 있는 중이다.

광기가 증가한다는 말이 끊이지 않는다. 광인이 18세기에 실질적으로, 다시 말해서 인구 전체보다 더 큰 비율로 증가했는지를 확실하게 밝히기는 어렵다. 광인의 수는 수용의 총계로부터만 우리에게 파악될 수 있을 뿐인데, 수용의 총계가 반드시 광인의 수와 일치하는 것은 아니다. 수용의 동기가 흔히 애매하기 때문이고, 동시에 광인으로 인정되지만 수용이 포기되는 사람의 수가 언제나 더 많기 때문이다. 그렇지만 몇몇 수치는 믿을 만한 것이다.

상황을 총괄적으로 파악하고 17세기 말의 총계를 대혁명 초기의 총계와 비교한다면, 대대적인 증가를 인정할 수 있다. 1690년에 살페트리에르의 수용 인원은 3,059명이었고, 백 년 후에는 두 배 이상으로 늘어나, 라 로슈푸코-리앙쿠르가 '구걸위원회'에 보고하기 위해 행한 조사에 의하면 6,704명이다.[1] 비세트르의 경우에도 증가율은 비슷하다. 17세기에는 피수용자가 2천 명보다 조금 적었으나, 대혁명의 시기에는 3,874명으로 늘어난다.[2] 종교단체에서 운영하는 몇몇 시설에서는 피수용자의 수가 훨씬 더 많이 증가하는데, 하느님의 성 요한 형제회는 1665년 상리스에 샤리테 수용시설을 개원할 때, 4명 정도를 예상했지만, 1780년에는 91명을 위한 자리를 마련할 뿐만 아니라, 이 중에서 67개는 실질적으로 점유되며,[3] 샤토-티에리에는 처음에 몇몇 자리만이

---

1 La Rochefoucauld-Liancourt, Rapport au Comité de mendicité. Procès -verbal de l'Assemblée nationale, t. XLIV, p. 85.

2 *Ibid.*, p. 38. 그렇지만 *Gazette nationale*, 1789년 12월 21일, n° 121에는 4,094명으로 나와 있다. 이러한 변화의 폭은 흔히 많은 수가 동시에 피수용자이기도 한 직원의 포함 여부에서 기인한다(1789년에 비세트르에서는 435명의 피수용자가 잡일에 고용되었고 장부에도 그렇게 직원으로 기록되었다).

준비되나, 1783년에 이르러서는 피수용자가 30명에 이른다. **4** 그러나 이 숫자들의 진정한 의미가 나타나도록 하려면, 변화곡선 전체를 세심하게 살펴보아야 한다. 거의 1680년에서 1720년까지 확대되는 수용시설의 설립 및 확립 시기 전체를 고려에 넣어야 하는데, 이 시기 동안에 증가율은 매우 급속하고 인구 증가율보다 훨씬 더 가파르다. 그러나 대혁명 이전의 70년만을 고려한다면 총계는 놀라울 정도로 안정적인 것으로 나타나는데, 이는 동일한 시기에 인구증가의 곡선이 현저히 가파르게 변하기 때문에 그만큼 더 역설적인 현상이다. 심지어 1770년대에 이르면 수용시설의 수가 서서히 최대한도에 이르고, 그 후로 대혁명 직전의 몇 해 동안에는 감소하는 듯하다.

비세트르에는 1770년 1월 1일 4,052명, 1772년 1월 1일 4,277명, 1774년 3,938명, 1776년 3,668명이 수용되고, 회계 담당자 트리스탕이 1779년 4월 9일자로 결산할 때에는 3,518명밖에 수용되지 않는다. **5** 1733년에 62명, 1736년에 72명의 피수용자를 헤아릴 수 있었던 생-라자르는 1776년에 77명으로 최대치에 이르지만, 1788년 10월 29일에는 단지 40명만이 남아 있게 된다. 샤토-티에리는 대혁명 직전에 피수용자가 25명을 넘지 않는다.

이러한 변동은 수용의 체제가 인구통계의 곡선을 정확히 따르지 않는다는 것을 보여주기에 충분하다. 확실히 다른 영향이 작용한 것이다. 루이 15세 치하의 마지막 몇 년 사이에 빈곤과 가혹한 억압은 숫자를 증가시켰고, 반대로 경기회복, 미국의 독립전쟁, 브르퇴이유에 의해 왕의 봉인장과 수용의 관행에 가해진 제한은 수용인원수 전체를 감소시켰다.

---

3 Bonnafous-Sérieux, *loc. cit.*, p. 23.

4 Tardif, *loc. cit.*, p. 26.

5 État établi par Tristan, économe de Bicêtre. B. N., coll. "Joly de Fleury," 1235, f° 238 참조.

너무 큰 오류의 위험에 빠지지 않고 광인의 수를 결정할 수 있음에 따라, 광인의 수는 아주 특별한 곡선을 그리는 듯한데, 그것은 결코 인구 통계의 곡선도 수용의 곡선도 아니다. 살페트리에르가 설립된 후 처음 몇 년 동안 마그들렌, 생-르베즈, 생-틸레르, 생트-카트린, 생-텔리자베트 구역과 징벌용의 지하독방에 감금된 여자들, 정확히 479명은 대체로 정신이상자로 간주된다고 말할 수 있다.[6]

트농은 1787년 조사에서, 미친 여자 600명을 발견하고, 라 로슈푸코-리앙쿠르는 550명을 찾아낸다. 이러한 동향은 비세트르에서도 거의 동일하게 나타나는데, 1726년에는 "광인, 난폭자, 얼간이"가 132명이고, 1789년에는 광인 전용구역인 생-프리에 187명이 감금된다.[7] 그리고 최대한도에 이르는 해는 1788년이다. 즉, 정신이상자가 1784년에는 110명, 1786년에는 127명, 1788년에는 151명, 그 후로 이어지는 몇 해 동안에는 132명, 103명, 92명이다.[8]

그러므로 우리는 광인의 수, 적어도 광인으로 인정되고 분류된 피수용자의 수가 18세기를 따라 아주 서서히 증가하다가 1785~1788년에 최대한도를 지나고는 대혁명의 발발勃發과 더불어 급격하게 떨어진다는 것을 확인할 수 있다.

이와 같은 추이는 몹시 이상한 점이 없지 않다. 수용시설수의 변화와도 인구의 증가와도 정확히 일치하지 않을 뿐만 아니라, 18세기에 온갖 형태의 광기와 비이성이 불러일으킨 두려움의 급속한 증대에도 전혀 부합하지 않는 듯하다. 아마 이 숫자들을 어떤 고립된 자료로 생각해서는 안 될 것인데, 필시 광기의 증가에 대한 의식은 수용조치의 강도强度와

---

6 왜냐하면 이 구역들은 노망 든 여자, 정신이 박약한 여자, 간헐적인 광녀, 그리고 난폭한 광녀의 전용 구역이기 때문이다.

7 *Gazette nationale*, 1789년 12월 21일, n° 121.

8 *Gazette nationale*, 1789년 12월 21일, n° 121.

관계가 없었을 것이며, 오히려 감금되지 않고 청원請願과 부주의의 결합으로 인해 자유롭게 돌아다니게 된 광인의 수에 의해 좌우되었을 것이다. 즉, 독기毒氣와 신경질환의 발견, 히스테리와 심기증 질환의 중요성은 수용으로보다는 공포로 이어졌다.

그러나 아마 광인 수용의 변화곡선에 그토록 특별한 양태를 부여했을 것은 정작 어떤 새로운 사실의 작용인데, 그것은 동일한 시대에 공포가 급격하게 퍼진 점과 비교할 때 상대적으로 변화가 없는 듯한 숫자들의 의미를 설명해준다. 이 숫자들의 변동폭을 좁히고 모든 관계를 고려하여 옛 보호소들에 감금된 광인의 수를 감소시킨 것은 정신이상자만을 받아들일 목적으로 세워진 일련의 시설이 18세기 중엽에 문을 열었다는 사실이다.

거의 17세기의 대감호만큼이나 갑작스럽지만, 대감호보다 훨씬 덜 눈에 띄게 진행된 현상이다. 그렇지만 이것의 의미는 매우 중요하다. 1695년에 벌써 정신이상자를 난폭하고 위험하다는 징후가 보일 경우 감금하기 위한 구빈원이 엑스에 설립되었는데, 이러한 감금조건은 이 기관의 순전히 억압적인 성격을 확실하게 보여주는 증거였다. 9

그러나 18세기에는 엄격히 광인만을 위한 시설들에서의 수용이 정상적으로 실행되기 시작한다. 픽퓌스 형제회는 "리옹 근교의 퐁텐"에, 엄수회嚴修會10 수도사들은 마노스크11에, 섭리의 수녀회는 소뮈르12에 이러한 종류의 시설을 설립한다. 13 파리에서는 약 20개소의 특별시설이

---

9 *Règlement de l'hôpital des insensés de la ville d'Aix* (Aix 1695). Art. XVII: "이 도시 출신이거나 5년 전부터 이 도시에 거주한 광인을 받아들인다." Art. XXVII: "단순한 바보, 얼간이, 멍청이는 결코 받아들이지 않는다."
10 *프란체스코 교단 내의 수도회.
11 *Manosque. 알프-드-오트-프로방스의 면소재지.
12 *Saumur. 멘느-에-루아르의 군청 소재지.

거의 모두 18세기 후반기에 문을 열었고, 그곳들 중에서 몇몇은 가령 부클롱 시설과 비슷하게 30명을 수용할 수 있는 유명한 벨롬 보호소14 처럼 규모가 상당히 큰데, 가령 생트-콜롱브 보호소는 28명의 재소자를, 레넬 보호소는 29명을, 두에와 게루아 보호소는 약 20명을 수용한다.15 특히 프티트-메종은 광인용用 감금시설로 바뀌는 경향이 있다.

비세트르나 살페트리에르에서는 프티트-메종이 광인들에게 더 적합하다고 주장하면서, 광인들을 떨쳐버리려고 애쓰는 일도 자주 일어난다.16 이것은 17세기에 비해 거의 전적으로 새로운 여건이다. 50년 전이라면 커다란 수용시설에 감금되었을 많은 광인이 이제는 그들에게만 속하는 보호소의 영토를 갖게 된다. 이것은 17세기에 이미 광인을 수용한 시설에 의거해서만 판단할 때 왜 광인의 수가 그토록 미약한 비율로 증가한 것처럼 보이는가를 부분적으로 설명해준다. 그러나 이 현상은 양적 결과 때문이라기보다는 새로운 의미를 함축하기 때문에 중요하다.

실제로 이 현상은 유럽 전역에서 관찰할 수 있는 것이다. 르네상스 시대에 일어났던 예전의 광인수용이 다시 실행되기 시작하는데, 가령

---

13 Tenon, *Papiers sur les hôpitaux*, II, f°s 228~229 참조.

14 *pension Belhomme. 1768년 파리 근교 샤론느에 세워진 정신병자 보호소. 공포정치 시대에 Jacques Belhomme이 치료를 명목으로 돈을 지불하고 수감자들을 단두대로부터 구해내 이곳에 기숙시켰다. 그는 1794년 기숙자들에 대한 수탈(收奪)의 혐의를 받아 체포되어 여러 달 감옥에 갇혔다가 석방되기도 했다. 일종의 기숙사 내지는 숙박소인데, 대상이 정신병자라는 점에서 보호소라고 하는 것이 옳다고 본다.

15 보유(補遺)에 제시된 완전한 목록 참조.

16 1746년 4월 1일 졸리 드 플리리에게 비세트르의 회계 담당자가 어떤 얼간이에 관해 다음과 같이 편지를 쓴다. "그는 이 상태에 있는 한 결코 정신을 회복할 가망이 없습니다. 이와 같은 참담한 상황(비세트르의 상황)으로 인해 오히려 그의 저능이 강화되고 치료가 불가능하게 될지도 모릅니다. 그가 공창 소가옥에서 더 잘 묵고 잠자며 음식을 섭취한다면 더 많은 희망이 생길 것입니다."(B. N., coll. "Joly de Fleury," 1238, f° 60).

프랑크푸르트의 옛 돌하우스는 1728년에 다시 수용의 채비를 갖춘다.17 다른 한편으로 많은 민영民營시설이 독일에서 출현한다. 예컨대 브레멘 근처의 로크빈켈에서는 네덜란드 사람에 의해 운영되는 보호소가 1764년에 문을 열고, 뒤이어 슐레스비히에서는 정신병자 50명을 수용할 수 있는 브리크의 이렌하우스18가 1784년에 설립되며, 1791년에는 바이로이트19에서 성 게오르게스 이렌안스탈트20가 생겨나게 된다.

광인을 위한 구빈원을 따로 세울 수 없는 곳에서는 기존 구빈원의 일부분이 광인에게 할당되는데, 뷔르츠부르크21에서 쇤보른의 제후-주교는 1743년 5월에 '헛소리하고 동시에 난폭한'22 환자들을 율리우스 구빈원의 특별구역에 수용하고, 반면에 '헛소리하지만 평온하고 난폭하지 않은'23 환자들은 관할구의 수용시설에 그대로 놓아둘 것을 법령으로 공포한다. 24

빈에는 유럽에서 가장 규모가 큰 광인용 시설의 하나가 설립되는데, 그곳은 129명을 수용할 수 있다. 25 영국에서는 맨체스터, 리버풀의 광인 구빈원이 연속적으로 생겨나는 동안, 가이즈 구빈원의 광인 수용동受容棟이 세워지고, 26 뒤이어 1777년에는 유명한 요크 구빈원이 문을

---

17 Laehr, *Gedenktage der Psychiatrie*, p. 344.
18 *Irrenhaus. '정신병자의 집'이라는 뜻으로 독일의 광인 보호시설이다.
19 *Bayreuth. 독일 바이에른 지방의 도시. 바그너 극장이 유명하다.
20 *Irrenanstalt. 독일어로 오늘날 같으면 '정신병원'의 의미이나, 아직은 정신병원의 뜻으로 옮길 수 없다. 광인 수용시설 정도로 이해하면 될 것이다.
21 *Würzburg. 독일 바이에른 지방의 도시.
22 *delirantes et simul furiosi.
23 *placidi delirantes et non furiosi.
24 Sérieux, "Notice historique sur le développement de l'assistance des aliénés en Allemagne," *Archives de neurologie*(1895년 11월), t. II, pp. 353 이하.
25 Laehr, *loc. cit.*, p. 115.
26 D. Tuke, *Chapters on the history of the Insane.* 부록 C., p. 514.

연다. 튜크와 그의 퀘이커 교도들은 잊어버리고 싶은 과거의 잔재殘滓를 이 구빈원이 상징하기 때문이 아니라, 반대로 이 구빈원이 아주 최근에 설립된 것으로서 광기에 대한 어떤 의식과 광기에 부여되는 지위를 다른 구빈원들보다 더 분명하게 나타냄에 따라 이 구빈원에 반대하는 운동을 벌이게 된다.

그러나 새로 설립된 모든 수용시설 중에서 가장 규모가 큰 곳은 명백히 성 루가 구빈원이다. 그곳은 1782년에 재건되기 시작했고, 220명을 수용할 예정이었는데, 5년 뒤에 트농이 방문했을 때, 아직 완성되지는 않았지만, 이미 130명의 미치광이를 수용하고 있었으며, "이곳에 수용되기 위해서는 가난해야 하고, 조광증 환자로 판명되어야 하며, 발병 시기가 1년 이상 지나서는 안 될 뿐만 아니라, 다른 광인 구빈원에서 치료받은 적이 없어야 한다. 이곳에서는 얼간이도 경련질환자도 성병환자도 노망한 사람도 임산부도 천연두 환자도 받아들이지 않는다." 이 질병들 중에서 어느 한 가지에라도 걸린 환자는 곧장 되돌려 보낸다. 27

이 모든 새로운 시설을 튜크, 피넬, 레일에 의해 19세기의 대규모 정신병원精神病院의 설립으로 이어지게 되는 온전한 개혁이론에 접근시키고 싶은 유혹이 인다. 그러나 사실 아주 단순한 연대기상의 이유 때문에 18세기의 이 새로운 시설을 개혁운동의 일환으로 간주하기는 어렵다. 광인을 위해 의학적 지위 또는 적어도 더 나은 치료를 요구하는 주요 문서는 대혁명보다 아주 약간 앞서 나타날 뿐이다. 가령 두블레와 콜롱비에의 훈령은 1785년의 문서일 뿐이고, 트농은 1787년에 정신질환자를 위한 구빈원의 설립계획을 작성한다.

대체로 보아 제도의 점진적 변화는 수용된 광인을 돌보아야 할 환자

27 Tenon, "Journal d'Observations sur les principaux hôpitaux et prisons d'Angleterre," *Papiers sur les hôpitaux*, III, f°s 11~16.

로 여기기 위한 이론수립의 노력보다 앞섰다. 게다가 설립되는 새로운 구빈원은 한 세기 전의 구빈원과 구조의 측면에서 거의 차이가 없다. 수용의 법적 조건은 변하지 않았고, 새로운 구빈원은 정신이상자만을 위한 특별시설인데도 의학에 더 많은 자리를 거의 허용하지 않는다. 성 루가는 베들리헴과 비교하여 "진보된 형태"가 아니고, "치료"의 기간이 법령에 의해 1년으로 정해져 있는데, 이 기간이 끝나도 만족할 만한 성과가 전혀 얻어지지 않으면, 환자들을 내보내야 할뿐더러, 치유라는 것도 사실은 과연 치료라고 할 수 있을지 몹시 의심스러운 것이다.

"제시되고 가장 파악하기 쉬운 듯한 지시사항에 따라 치료가 행해진다. 폐기된 사출寫出기법이 다시 사용되고 공복空腹상태가 철저하게 강요된다. 정신이상자가 병에 걸리면, 의무실로 이송된다."**28**

우리가 조금 전에 예로 든 다른 시설들에서도 성 루가보다 더 많은 치료가 행해지는 것은 아니며,**29** 특히 파리의 사설 보호소 20개소는 어느 곳을 막론하고 의사의 상주常住도 왕진도 허용되지 않는다.

그러므로 18세기 후반기에 나타나는 중인 동향의 핵심은 제도의 개혁이나 제도에 의해 표방된 취지의 갱신에 있는 것이 아니라, 광인을 위해 특별히 마련된 보호소를 결정하고 고립시키는 그러한 자연발생적인 점진적 변화에 있다. 광기는 수용의 악순환을 끊은 것이 아니라, 다른 곳으로 옮겨지고 서서히 산개散開된다. 마치 광기가 마침내 거처를

---

28 Tenon, "Journal d'Observations sur les principaux hôpitaux et prisons d'Angleterre," *Papiers sur les hôpitaux*, III, f°s 11~16.

29 그렇지만 실험의 성격이 강한 한 가지 예외가 있다. 1749년 Brunswick 공이 공포한 한 칙령에 다음과 같은 내용이 들어있다. "의료 행위의 작용으로, 그리고 다른 유용한 조치들에 의해 정신병자의 치유에 성공한 사례들이 있다." 따라서 의사는 이 도시의 구빈원에 거하는 광인들을 일주일에 두 번 황진해야 할 것이고 한 명이 치유될 때마다 5탈레르〔독일의 옛 은화 — 역자〕의 특별 수당을 받을 것이다. (Sérieux, *loc. cit.*).

발견하고 합당한 층위에 놓이려면 새로운 추방이 필요하기라도 한 듯이, 옛 배제의 내부에 새로운 배제가 자리 잡는 듯하다.

광기는 고유한 장소를 발견했다. 새로운 수용이 여전히 옛날의 수용 방식에 충실한 만큼 가까스로 인식되지만, 매우 중요한 어떤 것이 일어나고 있는 중이라는 것을 보여주며, 광기를 고립시키고 광기를 어수선하게 뒤섞여 있던 비이성에 대해 자율적이게 만들기 시작하는 장소 변경이 그것이다.

예전과 다르면서 언제나 동일한 이 거처의 본질은 무엇일까? 어떻게 광기는 이처럼 옮겨질 수 있었고, 그래서 이제 동질적 비이성의 '환경' 과 광기가 본모습을 되찾게 되는 이 새로운 '장소' 사이에서 뒤틀리게 되는 것일까? 이러한 동향은 확실히 동일한 시대에 다시 만연한 공포와 무관하지 않다. 그러나 원인인 것과 결과인 것을 곧바로 결정하려고 하는 것은 그야말로 자의적일 것이다. 광인을 옮기고 철저하게 고립시키는 것은 광인이 두려움의 대상으로 간주되기 시작한 탓일까? 반대로 광인을 두려워하기 시작하는 것은 광인이 독립적 형상을 띠고 자율적 위치를 차지하기 때문일까? 달리 말해서, '나르투름'의 재출현과 '광인들의 배'의 새로운 출발 같은 것을 가능하게 하는 것은 수용에도 불구하고 서양의 기억에 간직된 옛 공포증의 소생蘇生일까? 아니면 이러한 동향에서 새로운 구조의 탄생과 19세기의 대규모 정신병원의 모습을 알아보아야 하는 것일까?

이처럼 인과관계의 관점에서 문제를 제기하면, 아마 문제를 왜곡시킬 위험이 있을 것이다. 18세기에 광기를 서서히 이동시키는 것은 정확히 지속되는 것도 다가올 것도 아니라, 과거로 구성되고 미래를 투사하는 경험 속에서 구분 없이 뒤섞이는 이 양자 모두이다. 이러한 시간적 상관관계를 이해하고 이것의 현혹적 마력을 축소시키는 데 중요한 것은 어떻게 그 시대에 광기가 모든 의식화意識化, 앎의 모든 표명에 앞서 '인식'되었는가를 아는 일이다. 광기 앞에서의 공포, 광기가 처하게 되는 고립은 둘 다 광기가 최초로 경험되고, 이를테면 인식되기 전에 식별되고 광기의 변하는 진실에서 찾아볼 수 있는 역사적인 것이 짜여지는 매우 모호한 영역을 보여주는 것이다.

18세기에 비이성은 수용의 제약制約 아래 끊임없이 단순화되고 불확실한 단조로움 속에서 특별한 징후를 상실한다. 수용의 대상인 비이성의 기묘한 양상들은 점차로 더 식별하기 어렵게 되고 "방종放縱"에 대한 전반적 두려움 속에서 서로 뒤섞인다.

광인으로 수용되지 않은 모든 사람은 "방종한 자"로서 감금된다. 18세기 말에, 수용의 세계가 해체되는 시기에 사드의 작품만이 이 막연한 통일성의 매듭을 푸는 데 성공하게 된다. 즉, 그는 가장 명백한 성적인 겉모습의 분모分母로 축소된 방종에 입각하여 비이성의 모든 위력을 소생시키게 되고, 타락의 깊이를 되찾게 되며, 자연이 폐기되는 세계의 그 모든 목소리를 자신에게서 높아지게 한다. 그러나 그의 작품 전체는 한없이 계속되는 담론을 통해, 18세기 말에 비이성이 표면으로 떠오르는 그 본질적 획일성, 말하자면 언제나 되풀이되는 기도祈禱에서처럼 끊임없이 되살아나는 것으로 인정되어야 하고 아련한 비이성에 대한 기원祈願의 구실을 하는 성적性的 변이變異들의 획일성을 나타내는 표시이지 않을까?

비이성은 이처럼 미분화 상태 속으로 흡수되고 어렴풋한 마력魔力만을 간직하는 반면에, 이를테면 정해질 수 없는 지점으로서 반짝거리는 반면에, 광기는 아마 비이성이 뒤로 물러나고 연속성 속에서 흐트러짐에 따라서일 터이지만 명확해지는 경향이 있다. 비이성은 점점 더 단순한 현혹력眩惑力이 되고, 반대로 광기는 인식의 대상으로 자리 잡는다.

1721년 7월 15일 고등법원의 위원들은 생-라자르를 방문한 자리에서 "경범죄자"로 지목된 사람들을 제외하면 "정신병자" 23명, "정신박약자" 4명, "난폭자" 1명, 그리고 "광란자" 1명이 수용되어 있다는 보고를 받는다. 12년 후인 1733년 7월에 유사한 방문이 있었을 때, 광인의 수가 현저하게 증가하지는 않았지만, 광기의 세계는 기이하게 만연했는데, "방종", "사악한 행동", "무종교", "미사에 참석하지 않으려는 태도"와 같은 언급은 비이성의 점점 더 불명료해지는 형상이므로 따로 제쳐놓고, 광기의 형태로 인정된 것만 적시하자면, "미치광이" 12명, "정신박약자" 6명, "정신병자" 2명, "얼간이" 2명, "노망한 자" 1명, "광란자" 2명이고, 또한 "무절제"(다섯 사례), "방탕"(한 사례)도 문제가 되며, 마지막으로 "기묘한 감정"을 내보이는 피수용자 한 명이 특별히 언급된다. 미치광이를 쉽게 분류하는 데 이용된 3~4가지 범주(정신이상, 정신박약, 난폭성, 또는 광란)가 광기의 영역 전체를 포괄하기에 충분하지 않은 것으로 밝혀지기 위해서는 12년으로 충분했다. 형태가 증가하고 양상이 배가되며 얼간이, 정신박약자, 망령든 노인이 구별될 뿐만 아니라 무절제나 기묘한 감정이 방탕과 혼동되지 않고 심지어는 정신병자와 미치광이 사이에서 우리에게 여전히 수수께끼 같은 차이가 추정되기도 한다.

광기에 대한 이해방식이 예전에는 획일적이었으나 이제는 갑자기 개방되어 그때까지 미치광이라는 단조로운 호칭에 파묻혀 있던 모든 것에 새로운 관심을 촉발시켰다. 광인들은 더 이상 다른 사람들과의 총괄적이고 불분명한 차이가 단번에 감지되는 사람이 아니고, 서로 상이하게 되면서, 그들을 포괄하는 비이성 아래, 상반되는 유형들의 비밀을 잘 감추지 못한다. 균등한 광기에 차이가 억지로 끼어드는데, 어쨌든 이러한 침입은 의미가 있는 것이고, 그때 이성은 비이성의 외부에 자리 잡고서 오로지 비이성을 비난하는 역할을 상실하며, 동일성에 비하면 비非유사성類似性이나 일종의 본래적 이탈이라고 말할 수 있는 극도로 축소되었지만 결정적으로 중요한 형태를 띠고서 비이성에 포함되기 시작한다.

직관直觀을 통해 파악되는 비이성은 이성에 대해 절대적 차이였지만, 이와 동시에 한없이 되살아나는 동일성에 의해 저절로 평준화되는 차이였다. 그러나 이제는 차이의 다양한 양상들이 솟아오르기 시작하며, 그것들은 이성이 재발견되고 거의 식별될 수 있는 영역을 형성한다. 조만간 이성은 분류되고 객관적으로 분석된 이러한 차이를 이용하여 비이성의 가장 가시적인 영역을 가로챌 수 있을 것이고, 오랫동안 의학적 이성은 이 차이의 추상적 분석을 통해서만 광기를 통제할 뿐이게 된다.[30]

이러한 변화는 구체적 시기를 정확히 지정받을 수 있을 뿐만 아니라 완벽하게 측정될 수 있다. 즉, 생-라자르의 등록부登錄簿에는 1721년에 3~4개, 1728년에 14개, 1733년에 16개의 범주가 따로 분리되어 있다. 그런데 1733년에 부아시에 드 소바주는《새로운 분류등급》을 펴내면서, 정신질환의 낡은 세계를 다수화多數化하고, 윌리스나 부라브의 시대에 일반적으로 정의된 4~5개의 범주에 온갖 "정신이상"의 긴 목록을 덧붙인다. 그러한 접촉은 아마 무턱대고 이루어진 것이 아닐 터이지만, 소바주가 제안하는 명세표와 샤랑통이나 생-라자르의 등록부에 표시되어 있는 범주 사이에는 실질적으로 어떤 공통점도 없다. "정신장애"나 "저능"을 비롯한 몇몇 용어를 제쳐놓는다면, 수용의 새로운 범주 중에서 어떤 것도 18세기의 질병분류학에서 기술되는 범주와 대략적으로조

---

30 19세기의 오랜 기간 동안 보호시설의 정신의학은 본질적으로 어떤 명시(明示) 작업이었다. 예컨대 편집증에 대한 한없는 분석 참조.

차 겹치지 않는다. 이 두 가지 현상은 동시적인 것으로 보이지만 서로 성격이 다르고 필시 의미도 다를 것이다. 마치 질병분류학적 분석이 개념적 맥락이나 인과의 연쇄를 따르면서 이성理性에 관해서만, 그리고 이성을 위해서만 말했을 뿐인 듯하고, 일단 수용의 공간에 위치하게 된 광기가 자체에 관해 말할 수 있는 것을 조금도 결정하지 않은 듯하다.

애초에 이러한 표명은 지극히 간단하다. 우리가 이미 살펴보았듯이 3~4개 범주, 정신이상의 미분화된 영역, 그리고 광포狂暴함과 저능의 좀더 구체적인 형상이 고작이고, 나머지는 모두 특이한 도덕적 지표나 떠들썩하게 내세워지는 부조리한 오류에 의해서만 특징지어질 뿐이다. 31 광포함과 저능의 범주로 말하자면, 그것들은 개인의 성격규정에 밀려 오랫동안 자취를 감추었다가, 정신이상의 영역 전체를 분류하는 경향이 있는 두 극단을 형성하면서, 점차로 일반적 가치를 띠게 된다.

예컨대 1704년에 샤랑통의 등록부에서는 클로드 바르뱅이라는 사람에 관한 다음과 같은 언급을 읽을 수 있다. "나에게 그는 지난해보다 더 괴상하게 보였다. … 그렇지만 그의 정신은 아직도 광포함과 저능 사이에서 머뭇거리고 있는 듯하다."32 광포함 쪽에는 다른 사람들에게 가해진 모든 폭력행위, 죽이겠다는 위협, 그리고 자기 자신에게로 향하기까지 하는 그러한 격분이 있다. 가령 고아르라는 여자에 관해 아르장송

---

31 예컨대 1707년 8월 31일 샤랑통에 수용된 마튀랭 밀랑이 있다. "그의 광기는 언제나 가족을 피해 파리와 시골에서 보잘것없는 삶을 영위하고 여러 차례 소송을 걸며 고리로 돈을 빌려주나 원금 회수는 포기하는 것, 지리를 몰라 거리에서 헤맬 정도로 지능이 형편없는데도 중요한 직책을 맡을 수 있다고 생각하는 것으로 나타났다"(B. N. Fonds Clairambault, 985, p. 403).

32 Clairambault, 985, p. 349. 또한 Pierre Dugnet 참조. "그의 광기는 계속되고 광포함보다는 저능 쪽에 가깝다"(ibid., p. 134). 또는 Michel Ambroise de Lantivy 참조. "그의 광기에서는 고집과 광포함보다 혼란과 저능이 더 많이 나타난다"(Clairambault, 986, p. 104).

은 다음과 같이 기록한다. "그녀의 광기는 … 흔히 광포함으로 치닫고 … 필시 남편을 내쫓거나 기회가 닿는 대로 자살하거나 하는 쪽으로 그녀를 충동질할 것이다."[33] 저능 또한 다른 방식으로지만 치명적 위험을 내포하는데, 얼간이는 확고하게 살아갈 수도 자신의 삶에 책임을 질 수도 없고 수동적으로 죽음에 내맡겨져 있다. 그러므로 저능은 더 이상 난폭성이 아니라 자력으로 존속할 수 없는 무능력일 뿐이다(벌어먹기의 거부는 저능의 가장 명백한 증후로 간주된다).

광기는 이 두 절정의 지점 사이에 놓여 있고, 분류는 이 이중의 긴급성과 관련해서만 이루어질 뿐이다. 수용은 광기에서 무엇보다도 먼저 죽음의 위험을 판별한다. 즉, 분할을 실행하는 것은 이성이나 자연이 아니라 죽음이고, 나머지는 모두 개인에게서 우글거리는 결함과 과오일 뿐이다. 이것은 보호시설에 갇힌 광기의 세계를 조직하려는 최초의 노력인데, 이러한 조직화가 강제력의 절대적 필요성을 시사함에 따라, 이 조직화의 현혹적 매력은 트농이 이것을 완전히 타당한 것으로 인정할 만큼 18세기 말까지 매우 큰 위세를 떨치게 된다.

"광인을 크게 얼간이와 난폭한 미치광이로 구별할 수 있는데, 이 양자는 모두 지속적 감시를 필요로 한다."[34]

그러나 죽음의 위험만이 개인의 기묘한 성향을 몰아내기에 이르는 이 초보적 조직화로부터, 일관성 있는 새로운 관념이 서서히 구성되면

---

[33] Notes de R. d'Argenson, p. 93. 또한 "사람들이 아무뢰[애인이라는 뜻 — 역자]라고 통칭하는 자는 부모를 죽일지도 자신의 생명을 끊음으로써 복수할지도 모르는 일종의 난폭한 미치광이이다. 그는 구빈원에서 폭동이 일어날 때마다 연루되었으며 빈민을 담당한 경찰 반장이 불행하게도 살해당한 어떤 폭동에서 중요한 역할을 했다"(*ibid.*, p. 66).

[34] Tenon, "Projet du rapport sur les hôpitaux civils," *Papiers sur les hôpitaux*, II, f° 228.

서, 광기의 '보호시설적' 인식이라고 불릴 수 있을 것이 점차로 허용되기에 이른다. 위험만을 환기시키는 것은 아니고 죽음에 따라 순서가 정해지는 것도 아닌 새로운 특성이 나타난다. 수용의 명부에 언제나 매우 짤막하게 기록되어 있는 소개문紹介文에 의해서만 알려질 뿐인 이러한 조직화 작업의 전체적 굴곡을 세밀히 추적하는 것은 명백히 매우 어렵다. 그러나 그 문서에서조차 광기는 더 이상 죽음과 삶이 아니라, 광기 자체와 광기가 내포할 수 있는 의미와 무의미에 관련되는 언어를 말하기 시작하는 것으로 보인다. 18세기에 그토록 빈번하게 이루어지고 우리에게 그토록 모호한 미치광이와 정신병자의 구분방식을 이해할 수 있는 것은 아마 이러한 방향에서일 것이다.

그 세기 초까지 이 두 가지 개념은 서로에 대해 대칭적 반대의 역할을 하는데, 어떤 때는 "미치광이"가 광인이나 정신병자의 일반적 집단에서 정신착란자를 가리키고, 또 어떤 때는 정신병자가 "머리가 돌았다"거나 "정신이 혼란스럽다"는 등 구체적이지 않은 일반적 방식으로 규정되는 미치광이들 중에서도 이성의 모든 형태와 모든 흔적을 상실한 사람을 가리킨다.

그러나 18세기에 점차로 분할이 이루어지는데, 그것은 다른 의미를 갖는다. 정신병자는 진실을 완전히 상실한 사람이다. 즉, 모든 감각의 환각과 세계의 어둠에 내맡겨진다. 그의 진실은 하나하나가 오류이고, 그의 자명한 사실은 모두가 환상이며, 그는 광기의 가장 맹목적인 힘에 시달린다.

"그는 어떤 때는 이성과 인간의 감정이 전혀 없는 일종의 정신장애로 떨어지고, 또 어떤 때는 격렬한 정념에 사로잡혀 괴로워하다가 갑자기 동요되어 유혈流血, 살해, 학살만을 열망하게 될 뿐인 광란상태에 빠지며, 이러한 혼란과 동요의 순간에는 아무도, 자기 자신마저도 알아보지 못하므로, 모든 것이 두렵지 않을 수 없다."**35**

정신병자는 접근 가능성의 모든 한계를 넘어섰고, 그의 세계에서 모든 것은 다른 사람들과 그에게 낯설게 되었다. 이와 반대로 미치광이는 자기 자신을 알아볼 수 있고, 미치광이의 세계에서 광기는 언제나 결정될 수 있는 것이다. 광기는 어떤 때는 "그는 자신에게 하느님 아버지가 나타나 회개를 권유하고 세계를 개혁할 능력을 주었다고 생각한 '미치광이'이다"[36]라는 언급에서 알 수 있듯이 인식의 대상, 아니면 적어도 인식을 통해 생겨날 수 있는 판단과 믿음의 대상이 되고, 또 어떤 때는 진실의 지적인 단순파악, 진실이 판별되는 방식, 사람들이 진실을 연역하거나 진실에 집착하는 방식과 관련을 맺는다. "고집스럽게도 그는 늘 점성술과 스스로 의사들의 치료술이라고 생각한 그 신비한 미신에 집착한다."[37]

미치광이는 광기의 맹렬한 힘을 행사하는 정신병자와 같지 않고, 비이성을 이성의 범주 아래 어느 정도 은밀하게 떠돌게 내버려둔다. 샤랑통의 수도사들이 다음과 같은 언급을 하는 것은 동일한 환자에 관해서이다. "그는 예전에 방종의 원칙이나 범죄의 예방 때문에 생각했던 것을 이성 때문이라기보다는 오히려 괴상함 때문에 믿을뿐더러, 자신이 줄곧 지옥의 혼령에게 시달린다고 생각한다."

미치광이는 이성의 세계와 전적으로 무관한 자가 아니라, 오히려 정신의 각 움직임에 따라 영속적으로 표류하는 변질된 이성을 나타낸다. 미치광이에게서는 이성과 비이성의 위험한 교환이 끊임없이 일어나는 반면에, 정신이상은 오히려 단절의 계기를 보여주는 것이다. 정신병자는 전적으로 무의미 쪽에 속하고, 미치광이는 의미의 전도顚倒에 휩쓸

35 B. N. Joly de Fleury, ms. 1301, f° 310.
36 B. N. Clairambault, ms. 985, p. 128.
37 *Ibid.*, p. 384.

린다. 이러한 차이는 아마 그것을 이용하는 사람에게조차 몹시 모호했을 것이고, 어떤 것도 그것이 엄밀하게 적용되었다는 것을 입증해주지 않는다.

그렇지만 삶과 죽음, 의미와 무의미라는 체계화의 원리는 몹시 끈질기게 다시 나타나고, 그 결과로 이 범주들은 거의 18세기 내내 유지되면서, 파생된 선험적 개념들을 주요한 주제들 주위로 불러들인다.

예컨대 "광란자"는 광포함과 정신이상의 혼합상태, 이를테면 근본적으로 난폭성을 띠는 형태에 대한 일종의 어처구니없는 도취를 가리킬 것인데, 가령 루이 기욤 드 라 포르마시는 분명히 "자유를 남용할" 것이기 때문에 우선 비세트르에 수용되지만, 이윽고 광포함이 더욱 극렬해지고 완전한 무의미로 전락한다. 요컨대 그는 "광란자"가 되었고 "가족 편에서 유일하게 그에게 음식을 가져다줄 수 있는 노파만을 알아볼 뿐이었으며 만일 다른 하녀들이 그에게 가까이 접근하면 그녀들을 모두 때려죽일 것이다."38

이와 반대로 "고집쟁이"는 그가 지니고 있을지 모르는 광포함과 난폭성을 엉뚱한 관념에 쏟는다. 롤랑 제니라는 사람은 "광신자와 맹신자에게 나타나는 유형과 동일한 유령" 때문에 바스티유에, 뒤이어 비세트르에 갇혔는데, "성직자를 보기만 하면 광포함에 빠져든다."39

"머리가 돈 자"로 말하자면, 그런 사람은 온화함과 무능력 속에서 무질서한 생각을 내보이므로, 오히려 정신이상과 저능의 성질을 띠는 듯한데, 가령 비세트르의 수용 대장臺帳의 하나에 언급되어 있는 한 전직前職 교사는 "행실 나쁜 여자와 결혼했다가 너무나 비참해져서 정신이 완전히 돌아버렸다."40

---

38 Clairambault, ms. 985, p. 1
39 *Ibid.*, pp. 38~39.

이와 같은 선험적 개념들은 이론적 분류와 비교할 때 매우 허술한 것으로 보일지 모른다. 그러나 이것들의 정합성整合性은 이것들이 의학의 강한 영향에 그토록 오랫동안 그토록 끈질기게 저항했다는 사실에 의해 적어도 소극적으로는 입증될 수 있다. 보호시설에서의 인식은 풍요로워지는 반면에, 의학은 여전히 이 인식과 무관하거나 이 인식에 부수적이고 거의 주변적인 방식으로만 끼어들 뿐이다. 아직 기묘함의 영역에 머물러 있는 몇 가지 짤막한 의학적 언급이 가까스로 발견되는데, 가령 귀신에게 정신을 빼앗겼다고 생각하는 한 미치광이에 관한 다음과 같은 언급을 기묘함의 예로 들 수 있다.

"그는 강신술降神術 서적을 읽음으로써 병을 앓기 시작했고, 그의 병은 격정과 침울이 번갈아 나타나는 변덕스러운 체질 때문에 더욱 악화되었으며," 약간 뒤에 이어진 언급에 의하면 "그의 광기는 점점 더 자주 불길한 우울증과 위험한 격분을 수반하는 것으로 보인다."**41** 의학적 등급은 수용의 등급이 아니고, 기껏해야 묘사의 역할이나 더 드물겠지만 진단의 역할을 언제나 지엽적 방식으로만 맡을 수 있을 뿐이다. "그의 정신나간 듯한 시선과 한쪽 어깨 위로 저도 모르게 기울어져 있는 머리로 분명히 알 수 있듯이, 그의 치유는 매우 불확실하다."**42**

그러므로 이론적 분류작업과 병행되었지만 그것에 전혀 속하지 않는 막연한 활동 전체를 우리가 수집할 수 있는 정보의 한계 내에서 매우 부분적으로 재구성하는 것이 가능하다. 이러한 동시성은 이성이 수용에 의해 광기를 몰아내고서 광기의 영역으로 침투한다는 것을 양쪽에서 입

---

40 *Ibid.*, p. 129.

41 *Ibid.*, pp. 377 및 406.

42 *Ibid.*, p. 347. 하느님의 성 요한 형제회, 다시 말해서 의료를 실행한다고 주장한 자선 수도회에 의해 운영되는 시설인 샤랑통의 장부에서만 이러한 지적이 발견된다는 점에 다시금 유의할 필요가 있다.

증해 준다.

그러나 한편으로 의학과 더불어 우리는 광기의 형태를 그만큼 많은 자연적 범주로 취급하는 인식의 작업을 목격하고, 다른 한편으로는 광기로 하여금 이를테면 스스로에 관해 말을 하도록, 그리고 기독교 서양의 역사에서 최초로 예언의 목소리도 신이나 악마에 들린 상태의 목소리도 익살의 목소리도 아니게 되는 목소리, 광기가 다른 것이나 어떤 다른 사람에게가 아니라 스스로에게 말하는 목소리를 듣게 하도록 내버려두는 식별의 노력을 감지한다. 수용의 침묵 속에서 광기는 기이하게도 자신의 것인 언어를 쟁취했다.

그리고 전통적으로 "고전 정신의학"으로 오랫동안 불려온 것, 어림잡아 피넬에서 블로일러**43**까지의 정신의학은 19세기가 성공적으로 통합하지 못한 이 두 가지 경험 영역, 즉 의학이론의 개념이 재단되는 '이론적 성격'의 '추상적' 영역과 광기가 스스로에게 말하기 시작하는 '인위적으로' 확립된 수용의 '구체적' 공간 사이의 타협이나 끊임없는 변이의 밑바탕에 놓여 있는 개념들을 형성하게 된다. 결코 서로 합치된 적이 없는 '의학적 분석'과 '보호시설적 인식' 같은 것이 있었고, 지난 세기에 정신의학자들이 분류에 대해 내보인 편집증적 집착은 필시 정신의학의 경험을 야기한 이 두 원천과 이것들의 화해 불가능성 앞에서 그들이 늘 새롭게 느낀 거북함의 증거일 것이다. 그들의 거북함은 경험과 이론, 일상적 친숙함과 추상적 앎, 잘 알려진 것과 인식된 것 사이의 갈등에서가 아니라, 더 은밀하게도 우리가 광기에 대해 하게 되었고 아마 늘 하고 있을 경험 안에서의 갈라진 틈에서, 이를테면 우리의 문화가 광기를

---

43 *Eugen Bleuler. 스위스의 정신병 전문의(1857~1939). 취리히에 있는 부르그횔츨리 병원의 정신의학 교수 겸 원장인 그는 자신의 조수인 C. G. 융 덕분으로 한동안 정신분석의 영향을 받지만, 점차로 정신분석적 관점을 버리고 정신 장애의 기관발생적 이해로 돌아간다.

소외시킨 공간에서 광기가 스스로에 관해 누설할 수 있는 것과 우리의 지식에 의해 정신병으로 간주된 광기를 분리시키는 갈라진 틈에서 비롯된다.

죽음의 위협과 언어의 의미에 충실한 보호시설적 인식은 아마 광기가 스스로에 관해 말할 수 있는 것에 사람들이 언젠가는 관심을 기울이도록 하는 데에 18세기의 질병학 전체보다 더 많이 기여했을 것이다. 의학이 통용되지 않았던 바로 거기에서, 광인이 환자가 아니었던 바로 거기에서 의학보다 훨씬 더 의학적인 작업이 실행되는 중이었다.

이제 우리는 실마리를 찾았다. 우리는 18세기의 근저根底에서 광인이 마치 저절로인 듯 갈라져 나오고 고유한 자리를 차지한다는 것을 알아차리는 순간부터, 어떻게 19세기의 정신병원이 가능하게 되었고 정신의학이 활기를 띠게 되었으며, 광기의 권리가 마침내 주장되었는가를 분명히 이해할 수 있다. 한 세기에서 다른 세기까지 모든 것이 제자리에 놓인다. 우선 수용에서 최초의 광인 보호소가 유래하고, 이로부터 피넬과 튜크의 등장을 가능하게 할 그 호기심, 이를테면 이윽고 연민으로 바뀌고 장차 인도주의와 사회적 청원請願으로 진전될 호기심이 생겨나며, 피넬과 튜크는 대대적인 개혁운동, 즉 위원들의 조사, 대규모 병원의 설립을 부추기고, 대규모 병원은 마침내 에스키롤의 시대와 광기에 관한 의료과학의 행운을 촉발시키게 된다. 연결선連結線이 곧바르고 전개가 용이하다. 하느님의 성 요한 형제회의 샤랑통은 에스키롤의 샤랑통을 예측하게 하고, 살페트리에르는 아마 샤르코가 지정하는 용도로만 활용되기에 이르렀을 것이다.

그러나 연결선이 끊어져 있다는 것을 알아차리는 데에는 약간의 주의력만으로, 심지어는 한 장소만으로 충분하다. 매우 일찍부터 광인을 격리시키려는 그러한 동향의 의미를 우리는 애초부터 이미 그토록 확신하는 것일까? 물론 수용의 침묵과 부동성 속에서 그 어렴풋한 동향이나 전적으로 최초인 그 인식은 사람들이 벌써 "접근한다"는, 더 실증적인 앎에 접근한다는, 그러나 광기의 의미 자체에 더 가깝고 더 성급한 이해방식이나 광기의 윤곽에 대한 새로운 충실성 같은 것이 생겨나고 있다는 징후가 아닐까?

인간의 마음속에 있는 소외된 것이 말하도록 허용되고, 그토록 많은 더듬거리는 말이 관심의 대상이기 시작하며, 이러한 무질서 속에서 질서의 전조前兆일 것이 솟아오르는 소리가 들려올뿐더러, 무관심이 차츰 수그러들어 차이가 주목의 대상이게 된다. 이것은 정확히 광기가 언어와 친숙해지고 교환체계에 끼어들기 때문이지 않을까?

이것은 인간이 정신이상의 구조 전체를 지체없이 위태롭게 할 동향에 의해 이미 광기에서 자신을 알아보기 때문이 아닐까?

이러한 접근방법은 역사를 단순화시킬 것이고 우리의 이해방식에 어울릴 것이다. 그러나 우리가 알고 싶은 것은 광기가 우리에게 어떤 가치를 띠었는가가 아니라, 광기가 18세기의 인식에 자리 잡게 된 동향이다. 즉, 우리의 눈에 광기가 과거의 모습을 거의 상실하고 현재의 모습으로 보이게 만든 일련의 단절, 불연속, 폭발이다.

상황을 약간 주의 깊게 살핀다면, 18세기는 광기에 가까이 다가감으로써가 아니라, 반대로 광기로부터 멀어짐으로써 점차로 광기에 자리를 내주었고 광기의 몇몇 양상을 구별했다는 것, 즉 광기가 그 두 번째 침묵의 한가운데에서 마침내 말할 수 있도록 하기 위해서는 새로운 차원을 정립하고 새로운 공간과 또 다른 고독 같은 것을 규정할 필요가 있었다는 것이 명백한 사실로 다가올 것이다. 광기가 자리 잡는 것은 사람들이 광기를 멀리 물리침에 따라서이고, 광기의 양상과 차이는 빈번해지는 관심이 아니라 광기를 멀리하는 무관심에서 비롯된다. 그래서 최대의 간격은 광기가 "해방되고" "인간적"이게 된 상태로 솟아오르게 되는 날 직전에, 피넬이 비세트르를 개혁하게 되는 날 직전에 얻어지게 되는 것이다. 44 이제 이것을 증명하기만 하면 된다.

이것은 의심할 여지가 없다. 이것의 결과는 누구나 알고 있는 것이다. 즉, 19세기 초에 동일한 분개憤慨의 감정을 품지 않은 정신과 의사나 역사가는 한 사람도 없고 어디에서나 동일한 추문醜聞과 똑같은 고결한 비난이 사방으로 퍼져나간다. "누구나 정신병자를 감옥에 집어넣고도 부끄러워하지 않았다."

그리고 에스키롤은 보르도의 르 아 성채城砦, 툴루즈와 렌의 형무소, 푸아티에와 캉과 아미엥에서 여전히 유지되고 있는 "비세트르"와 앙제의 "샤토"를 열거하면서 이렇게 말한다.

"게다가 거의 모든 감옥에 난폭한 정신병자들이 갇혀 있는데, 그 불운한 사람들은 감방에서 죄인과 나란히 사슬에 묶여 있다. 얼마나 흉측한 결합인가! 조용한 정신병자가 범죄자보다 더 가혹한 취급을 받는다."45

그 세기 전체로 이러한 메아리가 울려 퍼지는데, 영국에서는 역사가와 조상의 작품에 대한 변호자辯護者가 된 튜크 가家 사람들이 이에 호응

---

44 Sémelaigne를 비롯한 피넬 성인전의 작가들과 가령 Sérieux와 Libert처럼 고전주의 시대의 수용에도 19세기의 인도주의적 의도가 모두 내포되어 있다고 주장하면서 피넬의 독창성을 축소시키려는 경향이 있는 이들 사이의 논쟁에 끼어들 필요가 없다는 것은 자명하다. 우리에게 중요한 문제는 개인의 영향력이 아니라 역사 구조, 하나의 문화에서 광기에 대해 얻을 수 있는 경험의 구조이다. 세믈레뉴와 세리외 사이의 논쟁은 정치 문제이며 또한 가족 문제이다. 피넬의 후손과 연합한 세믈레뉴는 급진적인 의견의 소유자이다. 그의 논의 전체에는 개념의 흔적이 전혀 없다.

45 Esquirol, *Des maladies mentales*, II, p. 138.

하고,**46** 독일에서는 "인간의 눈길이 뚫고 들어갈 수 없는 지하실과 감옥으로 국사범처럼 내던져진"**47** 그 불행한 사람들에 관해 레일이 바그니츠의 뒤를 이어 탄식한다. 실증주의 시대는 광인을 죄수와 뒤섞여 있는 딱한 상태에서 최초로 구해냈고, 광인의 결백을 범죄자의 비이성과 죄의식으로부터 분리시켰다는 그 요란한 주장을 반세기 이상 동안 끊임없이 계속했다.

그런데 이러한 주장에 근거가 없다는 것을 증명하기는 식은 죽 먹기일 뿐이다. 몇 년 전에도 동일한 주장이 들려왔고, 레일 이전에는 프랑크가 있었다.

"독일의 정신병자 보호시설을 방문한 사람이라면 누구나 자신이 목격한 광경을 회상하면서 경악할 것이다. 누구라도 절망의 울부짖음만이 들릴 뿐인 불행과 비탄의 그 보호시설로 들어가면 대경실색하지 않을 수 없을 것인데, 바로 이런 곳에 탁월한 재능과 미덕을 지닌 사람이 거주한다."**48**

에스키롤과 피넬 이전에는 라 로슈푸코가 있었고 트농이 있었으며, 그들 이전에도 이러한 뒤섞임에 가장 무관심하지만 어쩌면 이해관계 때문에 가장 밀접하게 얽혀 있을 그러한 사람들이 해마다 끈질기게 항의했는데, 이러한 끊임없는 불평은 18세기 내내 이어졌다. 피넬의 부르짖음보다 20년 앞서 "문을 산산조각 낼 작정으로 장기수 감옥을 방문"하는 말제르브**49**를 원용할 필요가 있다.

---

46 S. Tuke, *Description of the Retreat*, York, 1813; D. H. Tuke, *Chapters on History of the Insane*, Londres, 1882.

47 Esquirol, *loc. cit.*, pp. 134~135에서 재인용.

48 Esquirol, *ibid.*, p. 135에서 재인용.

49 *Malesherbes. 프랑스의 사법관(1721~1794). 왕실 비서관(1775~1776)으로 있으면서 형벌 체제를 개선시켰다. 국민공회에서 왕의 변호를 맡았다가(1792) 공포정

"그가 미쳤다고 생각하는 죄수들은 … 그가 세심하게 처방한 교제交際, 운동, 친절한 보살핌에 의해, 그가 말하길, 그들을 치유하게 되어 있는 시설로 보내졌다."50

훨씬 더 이전에는 비록 더 은밀한 목소리로지만 세대에서 세대로 변함 없이 투덜거리는 사람들, 즉 광인과 경범죄자 사이의 분리를 언제나 요구하고 때로는 관철시키는 원장, 회계 담당자, 간수가 있었다. 가령 치안감독관에게 여러 죄수를 차라리 멀리 보내 요새에 감금하라고 청원하곤 한 상리스의 샤리테 소小수도원장이 있었으며,51 광인이 작업장에서 일하는 다른 피수용자와 뒤섞지 않기를, 그것도 1713년이라는 이른 시기에 요청하는 브룬스비크52 형무소의 간수가 있었다. 53

19세기가 온통 비장하고도 요란하게 표명한 것을 18세기는 낮은 목소리로 줄기차게 말하고 되풀이하지 않았는가? 에스키롤, 레일, 그리고 튜크 가家 사람들은 여러 해 전부터 보호시설의 흔해빠진 관행 중의 하나를 더 높은 어조로 되풀이하는 것과는 정말로 다른 일을 행했을까? 1720년에서 대혁명까지, 우리가 말한 광인들의 느린 이주는 필시 그것의 가장 가시적인 결과에 지나지 않을 것이다.

그렇지만 이 절반의 침묵 속에서 말해진 것에 귀를 기울이자. 상리스의 소小수도원장이 광인들을 경범죄자들로부터 그렇게 떼어놓을 것을 요청할 때, 그의 논거는 무엇일까? "다른 광인 6명과 함께 있으면서 그들로부터 밤낮으로 괴롭힘을 당하기 때문에 어느 성채이건 거기에 거주하는 것이 더 합당할 다른 사람 두세 명과 마찬가지로, 그는 동정을 받

치 시대에 단두대에서 처형되었다(1794).

50 Mirabeau, *Des lettres de cachet*, chap. XI, *Œuvres*, éd., Merilhou, I, p. 269.

51 Arsenal, ms. 11168. Ravaisson, *Archives de la Bastille*, t. XIV, p. 275.

52 *Brunswick. 독일 니더작센 주(주도는 하노버)의 도시.

53 Kirchhoff, *loc. cit.*, pp. 110~111.

아 마땅하다." 그리고 이 문장의 의미는 치안감독관에게 그토록 잘 이해되어, 문제의 피수용자들은 다시 풀려나게 된다.

브룬스비크 형무소의 그 간수가 요구한 것도 동일한 의미를 갖는다. 작업장에서 미치광이들의 고함과 무질서는 작업에 지장을 초래하고 그들의 광포함은 영속적 위험이므로, 그들을 다른 곳으로 보내 묶어두는 것이 훨씬 더 낫다는 것이다. 그리고 동일한 항의가 한 세기에서 다른 세기로 이어지지만 사실상 동일한 가치를 갖지는 않았다는 것을 누구나 이미 간파할 수 있을 것이다.

19세기 초에는 광인들이 보통법普通法의 기결수旣決囚나 국사범보다 더 가혹한 취급을 받는다는 사실이 분개의 원인인 반면에, 18세기에는 수감자收監者가 미치광이와 섞여 있는 것보다는 더 나은 대우를 받아야 마땅하리라는 점이 강조된다. 에스키롤이 보기에는 기결수가 기결수일 뿐이라는 점에서 추문이 기인하지만, 상리스의 소수도원장이 보기에는 광인이 어쨌든 광인일 뿐이라는 점에서 추문이 발생한다.

아마 크게 중요하지 않을 것이고 게다가 사람들이 쉽게 짐작할 수 있었을 차이. 그렇지만 광기에 대한 의식이 18세기 동안에 어떻게 변화했는가를 이해하기 위해서는 이 차이를 강조하는 것이 필요했다. 광기에 대한 의식은 광인의 인간적 현실, 광인의 가장 가깝고 가장 가련한 모습에 점차로 가까이 다가갔을 인도주의 운동의 테두리 내에서 변화하지도 않았고, 광기에 대한 의식을 광기가 스스로에 관해 말해야 할지도 모르는 것에 더 주의 깊고 더 충실하도록 만들었을 과학적 필요의 압력을 받아 변화하지도 않았다.

광기에 대한 의식이 서서히 변한 것은 그 실제적이고 동시에 인위적인 수용收容의 공간 안에서이고, 대혁명과 동시대적일 광기에 대한 의식을 점차로 형성한 것은 수용의 공간구조에 일어난 미미한 점진적 변화 또는 때때로 돌발하는 격렬한 위기이다. 어떤 의학적 진보도 어떤 인도주의적 접근도 광인이 점차로 고립되기에 이르고 미치광이라는 단조로운 범주가 초보적 영역들로 나누어지는 현상의 원인인 것은 아니다. 이 현상이 생겨나는 것은 바로 수용의 근저에서이고, 광기에 대한 이 새로운 의식이 무엇인가를 설명해줄 수 있는 것은 바로 수용이다. 박애적博愛的이라기보다는 훨씬 더 정치적인 의식이 그것이다.

실제로 피수용자들 사이에, 방종자, 난봉꾼, 탕아蕩兒 사이에 다른 성격의 무질서를 내보이는 사람들이 있고 축소할 수 없는 불안이 있다는 것을 18세기인들이 알아차리게 되는 것은 바로 그 피수용자들 덕분이다. 처음으로 가장 격렬하게 항의하는 사람들은 바로 그들이다. 대신, 치안감독관, 행정관은 줄기차게 되풀이되고 끝날 줄 모르는 그들의 한결같은 하소연에 포위당한다. 어떤 사람은 모르파[54]에게 보낸 편지에서 "광인들과 함께 섞여" 있는 것에 대해 분노를 토로한다. "광인들 중에는 난폭한 자가 많아서, 저는 언제라도 그들로부터 험악한 모욕을 당할 위험에 처해 있습니다."[55] 또 한 사람은 몽크리프의 사제인데, 치안감독관 베리에[56]에게 동일한 불만을 털어놓는다. "저는 가장 끔찍한 소굴에서 난폭한 광인 15~20명, 그리고 간질환자들과 엉망진창으로 섞여 지낸 지 벌써 아홉 달째입니다."[57]

그 세기가 흘러감에 따라 수용에 대한 항의는 더욱 격해진다. 당시에 광기는 점점 더 피수용자들의 강박관념, 그들의 굴욕과 패배하고 침묵

---

54 *Maurepas(Jean Frédéric Phélypeau, comte de). 프랑스의 정치가(1701~1781). 왕실 국무경(1718~1749), 국무대신(1774)을 역임했다. 의회 기관의 개혁 계획에 반대했다.

55 Bourges de Longchamp, Arsenal, ms. 11496.

56 *Nicolas René Berryer, seigneur de Ravenoville. 프랑스의 정치가(1703~1762). 1747~1757년 동안 치안 감독관으로서 국왕으로부터 전권을 부여받았다.

57 Bonnafous-Sérieux, loc. cit., p. 221에서 재인용.

으로 귀착한 이성의 이미지 자체가 된다. 얼마 지나지 않아 미라보는 복종시키려는 의지의 대상인 사람들에 대한 교묘한 우둔화愚鈍化의 수단과 동시에 횡포나 기승스런 잔인성의 이미지를 광기의 수치스러운 잡거雜居에서 읽어내게 된다. 광인은 수용의 가장 결백한 첫 번째 희생자가 아니라, 수용하는 권력의 상징들 중에서 가장 모호하고 가장 가시적이며 가장 끈질긴 것이다.

바로 비이성의 그 소란스러운 현존 속에 갇힌 피수용자들 한가운데에서 권력의 은밀하고 집요한 모습이 드러난다. 이성의 사투르누스 축제가 벌어지는 수용의 중심부에서 기성세력, 가족, 교회에 대한 투쟁이 다시 시작된다. 그리고 광기는 처벌의 권한을 그토록 잘 대변하기 때문에, 형무소의 일률적 징벌 속에서 질서를 유지하는 그러한 체벌의 추가 또는 추가 처벌의 역할을 실질적으로 수행한다. 라 로슈푸코-리앙쿠르는 구걸위원회에 제출한 보고서에서 이 사실에 관해 증언한다. "수용된 간질환자와 그 밖의 신체장애자 심지어 선량한 빈민에게 가해지는 처벌의 하나는 그들을 광인들 사이에 집어넣는 것입니다."[58]

추문은 단지 광인이 수용의 적나라한 진실, 수용에서 찾아볼 수 있는 가장 나쁜 측면의 수동적 수단이라는 사실에 있을 뿐이다. 형무소 생활이 필연적으로 광기로 치닫게 한다는 사실, 수용을 다룬 18세기 문학 전체의 진부한 주제의 하나인 이 사실에서 추문의 기미를 알아차려야 하지 않을까? 상식을 벗어난 그 세계에서, 비이성의 승리 한가운데에서 살아가야 한다는 장소와 상황의 운명성 때문에, 그곳의 살아있는 상징인 사람과 유사하게 되는 것은 불가피한 일이다.

"형무소와 장기수 감옥에 갇혀 있는 미치광이들은 대부분이 어떤 경우에는 너무나 가혹한 대우 때문에, 또 어떤 경우에는 고통에 의해 날

---

58 La RocheFoucauld-Liancourt, Rapport au Comité de mendicité, *loc. cit.*, p. 47.

카로워진 상상력의 마력에 매순간 휘둘리고 고독에 대한 두려움에 늘 시달리기 때문에 미치광이가 되었다는 것을 지적하지 않을 수 없습니다."[59]

죄수들 사이에 광인이 있다는 것은 수용의 수치스러운 한계가 아니라 수용의 진실이고 수용의 폐습이 아니라 수용의 본질이다. 수용에 관한 18세기의 논쟁은 분명히 광인과 이성인理性人 사이의 혼거混居 문제와 관련이 있지만, 일반적으로 광인과 수용 사이에 있다고 인정되는 근본적 관계를 다루지는 않는다. 사람들이 취하는 태도가 무엇이건, 적어도 그 관계가 문제되는 것은 아니다. 남자들의 친구 미라보는 피수용자들에 대해서만큼 수용에 대해 준엄하다. 그가 보기에 "유명한 장기수 감옥"에 수감된 사람들은 아무도 결백하지 않지만, 그들이 있어야 할 자리는 비용이 많이 드는 그런 시설이 아닐뿐더러, 그곳에서 그들은 무익한 생활을 견디며 살아가는 형편이니, 무엇 때문에 "지방 제조업체에 취업시키면 어엿한 여성 근로자가 될 수 있을 창녀"나 "교수형 당할 자유만을 남겨놓은 흉악범"을 거기에 감금할 것인가? "쇠고랑을 찬 그들을 자발적인 노동자에게는 유해할지 모르는 작업에 왜 이용하지 않을까? 그들이라면 본보기의 구실을 할 텐데 …."

이러한 범주의 피수용자들을 빼면 수용시설에는 누가 남아 있을까? 다른 어떤 곳에도 집어넣을 수 없고 수용시설에만 거주하도록 법으로 정해진 사람들일 것이다. 가령 "보여져서는 안 될 범죄를 저지른 몇몇 국사범", 그리고 여기에 충분히 덧붙일 수 있는 범주로서 "평생 동안 날마다 일한 결실 전체를 방탕과 낭비로 탕진한 후에 구빈원에서 죽겠다는 주제넘은 전망을 늘 품고 있다가 조용히 구빈원으로 들어오는 노인", 마지막으로 틀림없이 한 곳에 틀어박혀 썩어갈 미치광이. "그런 사

---

59 Mirabeau, *loc. cit.*, p. 264.

람들이 도처에서 하는 일 없이 빈둥거리고 있을지도 모른다."**60**

아들 미라보의 논증은 반대 방향으로 진행된다. "나는 국사범, 흉악범, 방종자, 광인, 몰락한 노인이 성채, 형무소, 장기수 감옥에 수감된 인원의 대다수가 아니라 3분의 1, 4분의 1, 10분의 1일 뿐이라고 생각하는데, 이 세상의 누구도 이것을 입증할 수 없으리라고 확신한다." 그는 정신병자가 흉악범과 섞여 있다는 점보다는 오히려 정신병자가 흉악범과 함께 수감집단의 대부분을 이루고 있지 않다는 점에 대해 비난을 가한다.

도대체 누가 흉악범과 섞여 있다고 불평할 수 있단 말인가? 이성을 영원히 상실한 사람이 아니라 젊었을 때 한동안 탈선한 적이 있는 사람이다. "나는 왜 흉악범과 방종자를 함께 감금하는지 묻고 싶다. ··· 나는 위험한 성향이 있는 젊은이들로 하여금 그들을 타락의 마지막 단계로 이끌 사람과 함께 지내게 하는 이유가 무엇인지 묻고 싶다. ··· 마지막으로 너무나 명백한 사실이듯이 방종자와 흉악범의 그러한 혼합이 실재한다면, 왜 이 추악하고 혐오스러우며 참혹한 모임은 가장 가증스러운 중죄重罪, 곧 범죄를 조장하는 중죄를 조장하는 것일까?"

광인들로 말하자면 그들은 어떤 다른 처지를 바랄 수 있을까? "이성을 상실한 이들"은 감금되지 않을 만큼 분별력이 있지도 흉악범처럼 취급되지 않을 만큼 얌전하지도 않기 때문에 "그들을 사회로부터 숨겨야 한다는 것은 너무나 당연하다."**61**

수용에 대한 정치적 비판이 18세기에 어떻게 작용했는지는 널리 알려져 있다. 결코 광기의 해방이라는 방향으로 작용하지 않았으며, 그러한 비판으로 인해 정신병자에 대한 더 박애적이고 더 의학적인 관점

---

60 Mirabeau, *L'Ami des hommes*, éd. de 1758, t. II, p. 414 이하.
61 Mirabeau, *loc. cit.*, p. 264.

이 생겨날 수 있었다고는 결코 말할 수 없다. 이와 반대로 수용에 대한 정치적 비판은 광기를 이중의 끈으로 예전보다 더 단단히 수용에 결속시켰는데, 하나는 광기를 감금하는 권력의 상징, 그리고 수용의 세계 내부에서 감금하는 권력의 우스꽝스럽고 집요한 표본標本으로 만드는 것이었고, 다른 하나는 광기를 모든 수용조치의 대표적 대상으로 지정하는 것이었다. 억압의 주체이자 대상, 억압의 이미지이자 목표, 독단적이고 맹목적인 억압의 상징이자 억압에 있을 수 있는 합리적이고 정당한 측면의 증거가 그것이다.

역설적 순환에 의해 광기는 마침내 수용의 유일한 근거로서 나타나고 수용의 근본적 비이성을 상징한다. 미슐레는 18세기의 이러한 사유에 매우 가까운 까닭에 이러한 사유를 놀라울 정도로 엄밀하게 진술하게 되고, 미라보가 사드와 동시에 뱅센62에 억류된 사실에 관해 미라보가 내보인 사유의 움직임을 다시 찾아낸다.

첫째, 수용은 정신이상을 초래한다. "감옥은 광인을 만들어낸다. 바스티유, 비세트르에 갇힌 사람은 얼이 빠져 있었다."

두 번째 계기, 18세기의 권력에서 찾아볼 수 있는 가장 비이성적이고 가장 수치스러우며 가장 심하게 비도덕적인 것은 수용의 공간에서 지내는 한 광인에 의해 상징된다. "사람들은 살페트리에르의 광란을 목격했다. 끔찍한 광인 한 사람이 뱅센에 실재했는데, 그는 다가올 시대를 어지럽힐 희망에서 글을 쓰는 독살스런 사드였다."

세 번째 계기, 수용은 반드시 이러한 광인에게만 적용되었어야 했는데, 누구도 그렇게 하지 않았다. "이윽고 수용이 확대되었고, 미라보는 갇혔다."63

---

62 *Vincennes. 장방형 담장과 넓은 해자(垓字)로 둘러싸인 요새 같은 성의 주루(主樓)가 17세기에 장기수 감옥으로 쓰였다.

그러므로 수용의 한가운데에서 넓어지는 공백, 광기를 고립시키고 광기의 축소할 수 없고 견딜 수 없는 측면을 이성에 고발하는 공백이 생겨나고, 이제 광기는 또한 그 모든 감금된 형태로부터도 구별된다. 거기에서는 광인의 현존이 부당한 일로 보이지만, 이는 '다른 사람들'에 대해서이다. 비이성의 어수선한 통일성을 감싸고 있었던 그러한 장막은 찢어진다. 광기는 기이하게도 범죄의 쌍둥이로서, 아직 문제시되지 않는 근접에 의해 적어도 범죄와 관계있는 것으로서 개별화된다.

내용의 일부분이 비어 있는 이러한 수용에서 이 두 가지 형상은 유일하게 존속하면서 수용에 있을 수 있는 필연적 측면을 상징한다. 즉, 그것들은 이제부터 유일하게 수용되어 마땅한 것이다. 수용의 내부 간격이 벌어졌고 광기가 마침내 비이성의 세계에서 지정될 수 있는 형태가 되었다고 해서 광기가 해방된 것은 아니었고, 광기와 수용 사이에는 깊은 귀속관계 또는 거의 본질적인 관계가 맺어졌다.

그러나 동일한 시기에 수용은 억압의 기능뿐만 아니라 존속 자체가 문제되므로 훨씬 더 근본적인 위기, 내부로부터 생겨나지도 정치적 항의에 결부되지도 않지만 경제와 사회의 지평 전체에서 서서히 고조되는 위기를 통과한다. 수용은 콜베르의 시대에 사람들이 수용의 효력으로 간주한 단순하고 효과적인 역할을 아마 수행하지 않았을 것이고, 실제적 필요에 너무나 부응한 나머지 다른 구조에 통합될 수도 다른 목적에 이용될 수도 없었다.

---

63 *Histoire de France*, édition de 1899, pp. 293∼294. 이것은 정확한 사실이 아니다. 미라보가 뱅센에 갇힌 기간은 1777년 6월 8일에서 1780년 12월 13일까지이다. 사드는 1777년 2월 15일에서 1784년 2월 29일까지, 1778년의 39일을 제외하고 줄곧 갇혀 있었다. 게다가 그가 뱅센을 떠난 것은 비스티유로의 이감(移監) 때일 뿐이다.

우선 수용은 식민지로의 이주에 의해 촉발될 수 있는 인구이동에서 중계지점의 구실을 했다. 18세기 초부터 치안감독관은 대신大臣에게 "섬 생활에 적합한" 비세트르 및 살페트리에르의 피수용자 명단을 보내고 그들에 대한 출발명령을 청원하는데,[64] 이것은 아직 거추장스럽지만 활동적인 일단의 피수용자를 한없이 감금해둘 수 없다는 판단 아래, 그들을 구빈원에서 내보내는 하나의 방편일 뿐이다.

신대륙 아메리카의 개발이 프랑스 경제에 완전히 통합되는 것은 바로 1717년 "서양 회사"의 설립과 함께이다. 그때부터 피수용자들이 활용되기 시작한다. 루앙과 라 로셸[65]에서 소녀들은 죄수 수레에 실리고 소년들은 쇠사슬에 줄줄이 묶여 떠나는 유명한 출발광경은 그때 시작된다. 1720년의 폭력적 양상은 되풀이되지 않았지만,[66] 강제이주의 관례는 계속 유지되었고, 이로 말미암아 수용의 신화에 새로운 공포가 보태졌다. 뒤이어 "섬으로 보내기" 위한 감금이 시작되고, 때에 따라 많고 적은 사람들을 강제로 국외로 추방하여 식민지 영토의 개발에 활용하는 것이 중요한 문제로 대두되며, 수용시설은 선택된 시기에 결정된 지역으로 보낼 이민移民을 비축하는 집산지集産地가 된다. 그 시기부터 수용조치는 프랑스에서 인력시장의 함수函數일 뿐만 아니라 가령 식민지 산물의 시세市勢, 대농장의 확대, 프랑스와 영국 사이의 경쟁, 무역과 동시에 이주를 제약하는 해전海戰 등 아메리카 대륙에서 진행되는 식민지화 상황의 함수이기도 하다. 이에 따라 7년 전쟁과 같은 침체의 시기도

---

64 비세트르의 경우에는 Arsenal, ms. 12685 및 12686, 그리고 살페트리에르의 경우에는 12692~12695 참조.

65 *La Rochelle. 프랑스 대서양 연안의 항구. Charente-Maritime의 중심 도시.

66 특히 식민자 모집을 맡은 특별 회사들, "미시시피의 밀수업자들"에 의해 저질러진 폭력 행위. Levasseur, *Recherches historiques sur le système de Law*, Paris, 1854에 나오는 상세한 묘사 참조.

있게 되고, 수요가 크게 늘어나 피수용자들이 아메리카 쪽으로 쉽게 처분되는 시기도 있게 된다. **67**

다른 한편으로 18세기 후반기부터 농업구조의 중요한 변화가 일어난다. 즉, 영국의 경우처럼 프랑스에서도 공유지公有地가 점차로 사라진다. 이미 허용되었던 공유지의 분배가 1770년에 이르면 의무적이게 된다. 직접적이건 간접적이건 이러한 조치 덕분으로 이득을 얻는 부류는 대지주층이다. 소규모 목축업자는 파산하고, 여러 친족이나 가정 사이에 공유재산이 균등하게 분배된 곳에서는 많은 소규모 토지가 새롭게 조성되지만, 이 토지들이 그대로 존속할 가능성은 매우 낮다. **68** 요컨대 농촌인구 전체가 경작지를 잃고 어쩔 수 없이 농업노동자의 생활을 하게 되면서 생산의 저하와 실업의 위험에 노출되는데, 작황作況이 나쁘면 농업소득이 낮아지고, 작황이 좋으면 판매가격이 낮아지는 이중의 압력이 그들의 임금에 가해지며, 이로 인해 그들의 수는 지속적으로 줄어든다. 경기침체가 시작되는데, 그것은 대혁명 이전의 20년 동안 줄곧 확대되어 가기만 한다. **69**

특히 18세기 중엽부터 주로 도시에서 일어나는 현상이었고 농촌에서는 계절에 따라서만 간혹 나타났던 궁핍과 실업이 이제부터는 곧장 농촌의 문제로 떠오르게 된다. 영국에서 '워크하우스', 곧 구빈원은 대부분 제조업과 상업이 가장 급속하게 발전했고 따라서 인구밀도가 가장

---

67 "그때에는 자발적으로 식민지 개척에 참여할 의향이 있는 젊은이를 사람들이 구하고 있었다"(*Manon Lescaut*, coll. "Cri de la France," p. 175).

68 감찰총감 라베르디가 1770년 7월 5일자 왕명에 따라 공유지의 분배를 명한다. (Sagnac, *La Formation de la société française moderne*, pp. 256 이하 참조). 이 현상은 프랑스보다 영국에서 더 현저했다. 프랑스에서는 지방장관들이 공유지 분배에 반대한 반면에 영국에서는 지주들이 개방지 및 공유지의 사유화 권리를 쉽게 얻는다.

69 Labrousse, *La Crise de l'économie française à la fin de l'Ancien Légime*, Paris, 1944 참조.

높은 지방에 세워졌다. 이제는 거의 영속적 위기가 만연하는 농촌지역에도 구빈원을 설립해야 할 것인가?

18세기가 지나감에 따라 수용은 점점 더 복잡한 현상과 관련된다. 수용은 끊임없이 더 절박한 것이 되면서도 갈수록 더 곤란해지고 갈수록 더 효과가 없게 된다. 프랑스와 영국에서는 거의 동일한 시기에 3차례의 심각한 위기가 이어진다. 처음의 두 위기에는 수용의 실천을 강화強化하는 것이 대응책으로 대두된다. 세 번째 위기에서는 그렇게 단순한 방법으로 대응하는 것이 더 이상 가능하지 않게 된다. 그리고 수용 자체가 문제시되기에 이른다.

첫 번째 위기, 엑스-라-샤펠 조약[70]의 시기에 발생한 강렬하나 일시적인 위기로, 사실상 커다란 구조가 타격을 입지 않았고 전쟁 직후에는 경제가 회복되기 시작하므로 표면적인 사건이었다.[71] 그러나 제대除隊병사, 점령된 식민지 영토의 교환을 기다리는 피수용자, 영국 제조업과의 경쟁은 실업失業의 동향을 촉발시키는데, 이 동향은 매우 두드러진 것이어서, 거의 도처에서 폭동이나 대대적 이주가 두려움의 대상으로 다가온다.

"우리가 그토록 중요시하는 제조업체는 사방에서 무너지고 있고, 리옹의 제조업체도 침체상태를 면하지 못하고 있으며, 루앙에는 노동자 1만 2천여 명이 구걸행각으로 살아갈 뿐인데, 투르 등지의 사정도 마찬가지이다. … 이 노동자들 중에서 2만여 명을 헤아리는 사람들이 3개월

---

70 *Aix-la-Chapelle는 독일 베스트팔렌 북쪽, 벨기에와 네덜란드 국경 근처의 도시. 이 조약은 오스트리아 계승 전쟁을 마무리지은 1748년의 조약을 말한다.

71 외부와의 교역량에 관해 Arnould는 다음과 같은 수치를 제시한다. 1740~1748년 동안에는 43억 1백만 리브르, 1749~1755년에는 61억 6천 7백만 리브르였다. 수출 증가액만도 1억 3백만 리브르에 달했다(*De la balance du commerce et des relations commerciales extérieures de la France*, Paris, an III, 2ᵉ éd.).

전부터 왕국을 떠나 에스파냐, 독일 등을 비롯하여 그들을 받아들일 수 있고 정부의 재정이 건실한 외국으로 나갔다. "[72]

모든 걸인에 대한 체포령을 포고하여 이러한 동요를 저지하려는 시도가 이루어진다. "왕국 안의 모든 걸인을 체포하라는 명령이 일제히 하달되었는데, 파리에서는 걸인들이 물러나지 않고 사방에 처박혀 있다는 확신 아래 경찰당국이 그들을 추적하고, 농촌에서는 기마경찰대가 걸인을 체포하는 활동에 몰두하고 있다. "[73]

그러나 수용은 예전보다 더 인기가 없고 무익한 것으로 판명된다.

"사발[74] 경관이라고 명명된 파리의 빈민담당 경관들은 하찮은 거지들을 체포했고 뒤이어 외모를 보고 착각했거나 착각한 체하고는 부르주아 계층의 아이들도 체포했다. 이로 인해 반발이 일어나기 시작했고, 이번 달 19일과 20일에도 항거가 일어났으며, 23일의 항거는 규모가 엄청났다. 걸인 체포가 자행된 구역으로 민중 전체가 모여들었고, 그날 경관 4~8명이 살해당했다. "[75]

어떤 문제도 실질적으로 해결되지 않는 가운데 구빈원들은 마침내 걸인으로 넘쳐난다. "파리에서는 걸인들이 모두 체포된 후에 다시 풀려나 폭동의 무리를 따라 다녔고, 거리와 대로大路에 걸인들이 넘쳐났다. "[76] 사실 실업을 해소하게 되는 것은 뒤이은 몇 년 동안의 경제성장이다.

1765년 무렵에는 새로운 위기가 발생하는데, 이 위기는 또 다른 측면에서 중요하다. 프랑스의 무역이 침체의 늪에 빠졌고, 수출이 반 이상 감소했으며,[77] 전쟁의 여파로 식민지와의 무역이 실질적으로 중단되었

---

72 Argenson, *Journal et Mémoires*, t. Ⅵ, p. 228, 1750년 7월 19일.

73 *Ibid.*, p. 80, 1749년 11월 30일.

74 *밥그릇, 공기.

75 Argenson, *op. cit.*, pp. 202~203, 1750년 5월 26일.

76 *Ibid.*, p. 228, 1750년 7월 19일.

다. 빈곤이 전국으로 확산된다. 아르누는 18세기 프랑스의 무역사貿易史를 다음과 같이 한 마디로 요약한다.

"체제붕괴 이후부터 금세기 중엽까지 프랑스가 경험한 번영상태를 돌이켜 보라! 그리고 1755년의 전쟁으로 인한 공공公共자산의 엄청난 감소와 비교해 보라!"[78]

동일한 시대에 영국도 프랑스 못지않게 심각한 위기를 겪지만, 원인은 전혀 다르고 진행과정도 매우 다른데, 식민지 정복의 결과로 교역량은 상당한 비율로 증가하지만,[79] 계속된 흉작(1756~1757)과 유럽 농업국들과의 교역중단으로 인해 식료품의 가격이 급격히 상승한다. 도처에서 수용이 이 위기의 대처방안으로 제시된다.

1765년에 쿠퍼는 자선제도의 개혁안을 발표하면서 병든 빈민을 위한 의무실醫務室, 건강한 극빈자를 위한 작업장, 일하기를 거부할지 모르는 이들을 위한 체벌구역으로 이루어질 시설을 각 '헌드러드'[80]에 신설하여 귀족과 성직자에 의한 이중의 감시 아래 둘 것을 제안한다. 칼포드 '구빈원'에서 유래한 이 모델에 따라 많은 시설이 농촌지역에 건립된다. 프랑스에서는 1764년의 왕령王令[81]에 의해 걸인수용소의 건립이 촉구되지만, 이 결정은 1767년 9월 21일 국정자문회의에서 결정이 내려진 후에야 실행에 옮겨지기 시작한다.

"왕국의 서로 다른 납세구納稅區에 무뢰한들을 받아들일 충분히 폐쇄

---

77 1749~1755년에는 수출 통계가 34억 1,200만 리브르였으나, 1756~1763년에는 14억 8,900만 리브르이다. Arnould, *loc. cit.* 참조.

78 *Ibid.*

79 1748년에는 총수출액이 11,142,202파운드였는데, 1760년에는 14,693,270파운드이다. Nicholls, *English Poor Laws*, II, p. 54.

80 *hundred. 촌락, 소행정 구역.

81 구걸 종식(終熄)의 수단을 연구하기 위한 위원회가 전년도에 구성되었다. 바로 이 위원회에서 1764년의 왕령을 입안했다.

된 시설을 준비하여 설치하도록 하라. … 상기의 시설에 유치될 자들은 폐하의 비용으로 부양될 것이다."

이듬해 프랑스 전역에는 80개소의 걸인수용소가 문을 여는데, 그곳들은 구조와 용도가 구빈원과 거의 동일하다. 예컨대 리옹 수용소의 규정집에 의하면 거기에는 즉결재판에 의해 감금을 선고받은 부랑자와 걸인, "군대를 따라 다니다가 체포된 창녀", "왕명에 의해 특별히 송치된 개인", "가난하고 버림받은 미치광이와 숙식비를 지불할 수 없는 자"82가 수용되게 되어 있다. 메르시에는 이러한 수용소들에 대한 묘사를 통해 그곳들이 구빈원의 낡은 시설과 얼마나 다르지 않는지를 보여준다.

"이 수용소들은 길거리에서 걸인을 신속하게 내쫓음으로써 화려한 호사豪奢 옆에 무례한 빈곤이 눈에 띄지 않도록 하려는 취지에서 새롭게 설립된 감옥이다. 그곳들에서는 악취를 풍기고 어두운 주거에 내동댕이쳐진 걸인들이 아무도 돌보지 않는 고독 속에서 극도로 비인간적인 생활을 이어나간다. 무기력, 열악한 식생활, 동료극빈자의 우글거림은 지체 없이 그들을 하나 둘씩 사라지게 만든다."83 사실상 이 수용소들은 많은 수가 위기의 시기 동안만 존속했을 뿐이다.

1770년부터는, 그리고 이어지는 경기 후퇴기 동안에는 수용의 실천이 줄곧 축소되기 시작하는데, 그때 발생하는 위기에는 더 이상 수용이 아니라 수용을 제한하는 조치가 대응책으로 강구된다.

공동재산의 분배 때문에 농업 프롤레타리아가 늘어나던 바로 그 시기에 곡물무역에 관한 튀르고84 고시告示로 인해 구입가購入價는 하락했

---

82 Art. Ier du Titre du Règlement de Dépôt de Lyon, 1783, in Lallemand, IV, p. 278에서 재인용.

83 Mercier, *Tableau de Paris*, éd. de 1783, t. IX, p. 120.

84 *Anne Robert Jacques Turgot(1727~1781). 프랑스의 정치가. 1774년 루이 16세의 부름을 받아 국무경에 임명되고 뒤이어 재정 총감독관 겸 재무장관이 된다. 계몽

지만 판매가는 급등했다. 그렇지만 튀르고는 여러 곳의 걸인수용소를 폐쇄시키고, 네케르[85]가 권한을 쥐게 될 때에는 47곳은 이미 사라지고 없게 되며, 수아송[86]의 걸인수용소를 비롯한 몇몇 곳은 노인과 병자를 위한 구빈원의 외양을 띠게 된다.[87]

몇 년 후에 영국은 아메리카 전쟁의 여파로 매우 심각한 실업의 위기를 겪게 된다. 그때, 즉 1782년에 영국 의회는 '더 효과적인 빈민구제와 고용을 위한' 법령[88]을 가결시킨다. 이 법령에서 문제되는 것은 구걸행위와 관련하여 주요 권한을 상실하는 경향이 있는 행정당국의 재편성인데, 이제부터 관할구의 행정관은 각 지방행정구의 빈민 '관리인'과 구빈원 원장을 선임하게 되고, 거의 절대적 통제와 조직의 권한을 지닌 감독관을 임명할 수 있게 된다. 그러나 무엇보다도 중요한 것은 "노령老齡이나 질병 또는 신체장애 때문에 빈민으로 전락했거나 노동을 통해 생계를 꾸려나갈 능력이 없는" 사람들에게만 실질적으로 개방될 '푸어하

철학자들과 중상주의자들의 영향을 받아 많은 자유주의적 정책을 시행한다. *Lettres sur la tolérance*(1753~1754), *Mémoire sur la tolérance* (1775), *Réflexions sur la formation et la distribution des richesses*(1766) 등의 저작물을 남겼다.

85 *Jacques Necker. 스위스의 정치가, 금융가(1732~1804)로 1747년 파리로 와서 은행을 설립해 부를 축적한 다음 정치에 투신했다. 중농주의 이론 및 너무 자유주의적이라고 판단한 튀르고의 활동에 반대했다. 모르파의 지지를 받아 튀르고의 후임으로 국가 재정의 책임을 맡았다. 그러나 외국인이자 신교도라는 이유로 대신의 반열에는 오르지 못했다.

86 *Soissons. 벨기에와 인접한 Aisne 도의 중심 도시. 이 도시 남쪽에 Château -Thierry가 있다.

87 Sérieux, "Le quartier d'aliénés du dépôt de Soissons" (*Bulletin de la Société historique de Soissons*, 1934, t. V, p. 127) 참조. "수아송의 수용소는 확실히 프랑스에서 가장 훌륭하고 가장 잘 운영되는 시설 중의 하나이다"(Récalde, *Traité sur les abus qui subsistent dans les hôpitaux du Royaume*, p. 110).

88 길버트(Gilbert) 법령으로 알려져 있다.

우스'89들이 '워크하우스'들 가까이에 설립되리라는 점이다. 건강한 빈민으로 말하자면 그들은 이러한 보호시설이나 구빈원으로 보내지지 않게 되지만, 그들이 체력과 역량에 맞는 일거리를 가능한 한 일찍 제공받게 되면서, 그들이 일의 대가로 정당한 보수를 지급받는지 확인할 필요가 있게 된다.

튀르고와 함께, 길버트 법령과 함께 수용은 종언終焉을 고하지는 않지만 핵심적 권한을 박탈당하는 것으로 보인다. 수용은 너무 이용된 탓으로 진부해져 갑자기 한계를 드러낸다. 사람들은 이제 수용이 실업의 위기를 해결할 수 없다는 것, 수용이 물가에 영향을 미칠 수 없다는 것을 알아차린다. 수용에 의미가 있다면, 그것은 바로 생활비를 벌 능력이 없는 극빈층이 수용대상으로 떠오름에 따라서이다. 그러나 수용은 더 이상 경제구조에서 효과적으로 중요한 역할을 할 수 없는 것이 된다.

빈민구제와 실업억제의 전통적 정책 전체는 다시 문젯거리로 등장한다. 개혁이 절박해진다.

빈곤과 도덕이 혼동되었던 예전의 상황에서 빈곤은 점차로 떨어져나간다. 사람들은 실업의 양상이 게으름의 양상과 혼동될 수 없다는 것을 알게 되었고, 도덕생활의 가장 직접적이고 가장 순수한 형태가 곧바로 판별된다고 여겨지던 농촌에서도 궁핍과 부득이한 무위도식無爲徒食을 목격했는데, 이 모든 것은 빈곤이 아마 과오의 영역에 속할 뿐만이 아니리라는 것을 밝혀주었다. "구걸은 빈곤의 결과이고 빈곤은 토지의 생산성에서나 식료품의 가격상승 또는 인구과잉 등에서 돌발한 사건의 결

---

89 *poorhouse. 영국의 빈민 보호소.

과이다."90

궁핍은 이제 경제문제가 된다. 게다가 빈곤은 우발적인 것도 영원히 제거될 운명에 놓여 있는 것도 아니다. 어느 일정한 정도의 빈곤은 결코 없어지지 않을 것이다. 궁핍은 모든 실업자가 고용되는 곳에서조차 사회의 모든 형태에 끝까지 수반되게 마련이므로, 궁핍에는 일종의 숙명성이 있다. "잘 통치되는 국가에서도 궁핍한 처지로 태어나거나 우연히 궁핍상태로 전락하는 사람은 있게 마련이다."91

이 근본적 빈곤은 이를테면 양도할 수 없는 것으로서 출생이나 우연한 사건에 의해 초래되므로, 결코 모면할 수 없는 측면을 갖는다. 오랫동안 사람들은 가난한 사람이 없는 국가를 생각할 수 없었고, 그런 만큼 결핍상태는 인간의 운명과 사회의 구조에 새겨져 있는 것으로 간주되었다. 즉, 소유, 노동, 궁핍은 19세기까지 철학자들의 사유에서 여전히 서로 연관되어 있는 용어들이다.

없앨 수 없기 때문에 필연적인 가난의 측면은 또한 풍요를 가능하게 하기 때문에 필요한 것이다. 곤궁한 계급은 노동을 하고 덜 소비하기 때문에 국가를 부유하게 해주고 국가의 전답田畓과 식민지와 광산을 개척할 수 있게 해준다. 요컨대 가난한 사람이 없는 국민은 가난할 것이다. 궁핍은 국가에 필수적 요소가 된다. 궁핍에는 사회의 가장 은밀하나 가장 실제적인 활기活氣가 감추어져 있다. 가난한 사람은 국민국가國民國家의 토대 겸 영광을 형성한다. 그리고 일소할 수 없을 그들의 빈곤을 고양하고 찬양할 필요가 있다.

"나의 의도는 단지 고통받는 일부의 인민에 대해 그 세심한 주으'(당국의 관심)를 조금이라도 촉구하는 것이다. … 고통을 겪는 사람에게 베풀

---

90 Brissot de Warville, *Théorie des lois criminelles* (1781), t. I, p. 79.

91 *Encyclopédie*, art. "Hôpital".

어야 하는 원조援助는 본질적으로 빈민이 도처에서 가장 굳건한 받침대인 그러한 제국帝國의 명예 및 번영과 밀접한 관계가 있다. 왜냐하면 군주가 인구를 증가시키고 토지 경작, 예술, 상업을 진작시키지 않고는 영토를 보존할 수도 확장할 수도 없기 때문인데, 빈민은 인민의 진정한 힘을 확립하는 그러한 강대국強大國의 불가결한 동인動因이다."92

바로 여기에 빈민의 도덕적 복권復權이 있는데, 이것은 빈민이라는 인물이 경제와 사회에 재통합된다는 것을 의미한다. 중상주의 경제에서 빈민은 생산자도 소비자도 아닌 탓에 어떤 위치도 차지하지 못했다. 즉, 빈둥거리는 자, 부랑자, 실업자로서 오로지 수용의 대상일 뿐이었고, 수용조치에 의해 사회로부터 추방되어 따로 떨어진 존재인 듯했다. 노동력을 필요로 하는 산업의 태동胎動과 더불어 빈민은 비로소 국민국가의 몸통을 부분적으로 형성한다.

이처럼 경제사상은 새로운 토대 위에서 빈곤의 개념을 만들어낸다. 여기에는 기독교의 전통이 작용했는데, 그것에 의하면 실제적이고 구체적인 현존, 곧 육신의 현존을 갖는 사람은 가난한 사람이었다. 즉, 가난한 사람은 언제나 곤궁의 개인적 양상, 인간이 된 하느님의 상징적 통로였다. 수용의 추상적 관념은 빈민을 멀리했고, 빈민을 윤리적 비난 속으로 끌어들임으로써 다른 인물과 뒤섞였으며, 빈민의 특징을 분리하여 고찰하지 않았다. 18세기는 "가난한 사람들"이 최후의 구체적 실체로서 존재하지 않는다는 것, 그들에게서 찾아볼 수 있는 서로 다른 성질의 두 실체가 너무 오랫동안 혼동되었다는 것을 발견한다.

한편으로는 '빈곤'이 있다. 즉, 소비물자와 돈의 품귀品貴현상, 상업이나 농업 또는 공업의 상태와 연관된 경제상황이 있다. 다른 한편으로는 '인구'가 있다. 즉, 부富의 변동에 종속된 수동적 요소가 아니라 부를

---

92 *Ibid*. Récalde, Préface, p. II, III.

창출하거나 적어도 부를 전달하고 옮기며 늘리는 것은 바로 인간의 노동이므로 경제상황을 직접적으로 결정하고 부를 산출하는 움직임의 일부를 이루는 힘이 있다. '빈민'은 막연한 개념이었는데, 여기에는 인간이라는 그 풍요의 요소와 인류에게서 본질적인 것으로 인정되는 궁핍상태가 뒤섞여 있었다. 사실상 빈곤과 인구는 엄밀하게 반비례한다.

중농주의자들과 18세기의 경제 이론가들은 이 점에 동의한다. 인구는 그 자체로 부의 요소들 가운데 하나이고 심지어는 부富의 마르지 않는 확실한 원천을 이룬다. 케네93와 그의 제자들에 의하면 인간은 대지와 부 사이의 주요한 매개물이다. "'인간이 우수하면 그만큼 대지는 가치가 있게 된다'는 이치에 맞는 속담이 있다. 인간이 무능하면 대지 또한 무가치하게 된다. 사람들의 힘으로 소유 토지가 두 배로 늘어나고 땅이 개간되며 농토가 획득된다. 신만이 흙에서 인간을 빚어낼 줄 알았던 반면에, 인간은 인력으로 도처에서 땅, 또는 동일한 말이지만 적어도 땅의 산물을 얻을 줄 알았다. 그러므로 부릴 수 있는 사람은 으뜸가는 재산이고 소유 토지는 부차적 재산이다."94

18세기의 경제이론가들에 의하면 인구는 어느 것 못지않게 중요한 재화財貨이다. 그들이 생각한 대로 농업노동뿐만 아니라 온갖 산업 활동을 통해, 그리고 상업상의 유통流通을 통해서도 부가 창출되는 것이 사실이라면, 인구는 어떤 것보다도 중요한 재화이다. 부는 인간에 의해 실제로 행해진 노동과 밀접하게 연관되어 있다.

"국가의 실질적 부는 토지의 연간 소출所出과 주민의 산업 생산물일 뿐이므로, 각 아르팡95의 토지와 각 개인의 생업에서 생산되는 것이 최

---

93 *François Quesnay. 프랑스의 의사, 경제학자(1694~1774)로 상업과 산업에 대한 규제 완화를 주장한 중농주의자였다.

94 Mirabeau, *L'Ami des hommes*, éd. de 1758, t. I, p. 22.

95 *옛 측량 단위. 1 아르팡은 지방에 따라 20~50 에이커이다.

대치에 이를 때, 국부國富는 최대로 늘어날 것이다."**96**

역설적이지만 인구가 많으면 많을수록, 산업에 노동력이 싼값으로 제공될 터이므로, 그만큼 인구는 더 가치가 높아질 것인데, 그렇게 되면 원가原價는 낮아질 것이고, 이에 따라 생산과 상업의 발전이 가능해질 것이다. 이처럼 무한히 열려 있는 인력人力시장에서, 튀르고가 노동자의 생계에 상응한다고 생각한 "기본 가격"과 공급 및 수요에 의해 결정되는 가격은 마침내 서로 일치한다. 많은 인구라는 가장 중대한 잠재적 부를 자유롭게 이용할 수 있는 국가는 무역경쟁에서 그만큼 더 유리한 위치를 차지할 것이다.**97**

수용의 조잡한 오류, 그리고 경제적 실수. 즉, '가난한 주민'을 격리시키고 그들에게 자선을 베풂으로써 빈곤을 없앨 수 있다고들 생각한다. 사실은 '빈곤'이 인위적으로 가려지고, 언제나 주어져 있는 부의 일부분인 '인구'가 실질적으로 제거된다. 가난한 사람들을 일시적으로 궁핍에서 벗어나도록 돕는다고 생각하는 것일까? 오히려 그들에게 지장이 초래된다. 즉, 인력시장이 제한되는데, 이는 때마침 위기의 시기이기 때문에 그만큼 더 위험하다. 이와 반대로 값싼 노동력을 통해 생산물의 가격상승을 완화시키고 생산물의 부족을 공업 및 농업의 새로운 발전으로 보충해야 할 것이다. 이 유휴遊休인구 전체를 생산 과정에 재투입하여 노동력이 가장 부족한 지점에 우선적으로 배분하는 것이야말로 단 하나의 합리적 대책이다.

빈민, 부랑자, 온갖 유형의 추방자와 이주자를 활용하는 것은 국민국가들 사이의 경쟁에서 패배하지 않고 국부를 쌓는 비결의 하나이다.

---

96 Turgot, "Éloge de Gournay," Œuvres, éd. Schelle, t. I, p. 607.

97 Turgot, "Lettre à David Hume," 1767년 3월 25일, Œuvres, éd. Schelle, t. II, pp. 658~665 참조.

조지아스 터커[98]는 신교도의 이주에 관해 "영향력과 산업으로 우리에게 그늘을 드리우는 인접국들을 약화시킬 최선의 수단은 무엇일까?"하고 자문했다. "인접국들의 백성을 받아들여 우리에게 동화시키기를 거부함으로써 그들을 그대로 남아 있도록 하는 것일까, 아니면 적절한 대우를 통해 다른 시민과 동일한 특혜를 누리게 함으로써 그들을 우리에게로 끌어들이는 것일까?"[99]

수용은 인력시장에 악영향을 끼칠 수 있기 때문에 비판받아 마땅한데, 수용과 전통적 자선활동 전체에 들어가는 자금資金이 재정財政의 불안정을 초래하기 때문에 더욱 그렇다. 중세의 경우처럼 고전주의 시대에도 빈민구제의 노력은 언제나 기금基金제도를 통해 이루어졌다. 다시 말해서 토지자본이나 소득의 일부분이 기금조성의 방식으로 인해 동결되었다. 더구나 구제사업의 상업화를 막으려는 정당한 염려에서 구제사업에 투입된 재화가 결코 다시는 유통되지 않도록 온갖 사법조치가 취해졌으므로, 동결은 결정적이었다. 그러나 시간이 흐르면서 사법조치의 실효성이 줄어들고 경제상황이 변하며 빈곤의 양상이 바뀐다.

"사회의 요구가 늘 동일한 것은 아니고, 재산의 성격과 분배방식, 인민의 범주별 분할, 여론輿論, 국민 또는 갖가지 계층의 일반적 직업, 기후, 질병과 그밖에 인간생활의 우연사偶然事는 지속적으로 변동하며, 새로운 필요가 생겨나기도 하고, 다른 필요가 자취를 감추기도 한다."[100]

---

98 *Josias Tucker. 영국의 경제학자(1712~1799). 상업과 산업의 자유를 권장했다. *Questions de commerce*는 튀르고가 영어에서 프랑스어로 번역하고 주석을 단 그의 주저(主著)이다.

99 Tucker, *Questions importantes sur le commerce*. Traduit par Turgot, *Œuvres*, éd. Schelle, t. I, pp. 442~470.

100 Turgot, art. "Fondation" de l'*Encyclopédie*. *Œuvres*, éd. Schelle, I, pp. 584~593.

기금의 비非유동성은 기금이 부응한다고 간주되는 우발적 필요의 변화 많고 유동적인 양태와 모순된다. 기금에 의해 동결되는 부는 다시 유통되지 않으므로, 새로운 필요가 생겨남에 따라 새로운 기금을 조성해야 한다. 이처럼 별도로 예치되는 토지와 소득의 부분은 갈수록 늘어나고 그만큼 생산의 몫을 감소시킨다. 이것은 어김없이 더 심화된 빈곤을 유발하고, 따라서 더 많은 기금을 생겨나게 한다. 그리고 이러한 과정이 끝없이 전개될지도 모른다. "갈수록 증가하는 기금에 의해 … 결국에는 모든 토지와 모든 특정 재산이 흡수될" 날도 머지않아 올 수 있을 것이다.

이러한 점을 고려할 때, 고전주의 시대의 구호救護형태는 빈곤화의 원인이자 생산적 부 전체의 점차적 동결과 완만한 소멸 같은 것이다. "모든 사람이 죽은 뒤에 무덤을 하나씩 소유했다면, 경작지를 얻기 위해 그 비생산적 기념물을 뒤엎어야 했을 것이고, 산 자들을 먹여 살리기 위해 죽은 자들의 유골을 옮겨야 했을 것이다."101

빈민구제의 새로운 방향을 모색해야 할 필요가 대두된다. 18세기는 빈민구제가 형태의 변화 없이 빈곤과 공조관계를 맺게 되고 빈곤을 확대시키는 데 일조한다는 것을 알아차린다. 모순되지 않을 유일한 빈민구제는 빈곤층이 잠재적 부富이게 하는 것, 즉 빈민층이 인구의 일부라는 무조건적 사실을 돋보이게 하는 것이다. 그러므로 빈곤층을 수용收容하는 것은 이치에 맞지 않을 것이다. 반대로 빈민층을 자유가 충만한 사

---

101 Turgot, "Lettre à Trudaine sur le Limousin," *Œuvres*, éd. Schelle, II, pp. 478 ~495.

회공간에 내버려두어야 하고, 그러면 빈민층은 값싼 노동력을 형성함
에 따라 서서히 사회공간에 흡수될 것이다. 사실상 인구과잉과 빈곤의
지점은 상업과 산업이 가장 빨리 성장하는 지점이 될 것이다.102 효력
이 있을 유일한 구제형태는 자유이다.

"일하지 않고 먹는다는 것은 일하는 사람들의 비용으로만 가능할 뿐
이기 때문에, 건강한 사람이라면 예외 없이 자신의 노동으로 생계를 꾸
려나가야 한다. 국가가 국민 각자에게 해주어야 하는 것은 국민 각자를
불편하게 할 장애물의 제거이다."103

사회공간은 모든 장벽과 모든 한계에서 완전히 벗어나야 한다. 즉,
사회내부에 장애물을 설치하는 동업조합 간부들의 단체와 사회외부의
한계지점에서 절대적 속박의 표지인 수용은 철폐되어야 한다. 저임금
정책, 고용에 대한 제한 및 보호의 부재不在는 빈곤을 해소하거나, 적어
도 빈곤을 풍요의 세계에 새로운 방식으로 통합하게 마련이다.

빈곤의 이 새로운 자리를 명확하게 규명하려는 시도는 10여 차례 이
루어진다.104 모든 시도 또는 거의 모든 시도에서 "건강한 빈민"과 "병

---

102 Turgot, "Lettre à Trudaine sur le Limousin," Œuvres, éd. Schelle, II, pp. 478
~495.

103 Art. "Fondation" de l'Encyclopédie.

104 Savarin, Le Cri de l'humanité aux États généraux (Paris, 1789) ; Marcillac,
Hôpitaux remplacés par des sociétés physiques (S. L. N. D.) ; Coqueau, Essai sur
l'Établissement des hôpitaux dans les grandes villes, Paris, 1787; Récalde, Traité
sur les abus qui subsistent dans les hôpitaux, Paris, 1786과 같은 텍스트들, 그리고
Précis des vues générales en faveur de ceux qui n'ont rien, Lons-le-Saulnier, 1789,
이것에 뒤이은 Un moyen d'extirper la mendicité, Paris, 1789; Playdoyer pour l'hé
ritage du pauvre, Paris, 1790을 비롯한 수많은 무명씨(無名氏)의 글들 참조. 1777
년에는 Châlons-sur-Marne 학술원에서 "구걸의 원인과 구걸 행위의 근절 방법"을
현상공모 논문의 주제로 제시했다. 100편 이상의 논문이 접수되었다. 나중에 이것
들에 대한 개요가 발표되었는데, 거기에는 구걸 행위를 없애거나 예방하는 다음과

든 빈민" 사이의 구별이 출발점으로 선택된다. 아주 옛날부터 행해졌지만 매우 불확실하고 모호한, 이를테면 수용시설의 내부에서 분류원칙으로 구실했을 뿐, 결코 다른 의미를 띠지 않았던 구별이었다. 18세기는 이 구별을 재발견하고 엄밀하게 해석한다. "건강한 빈민"과 "병든 빈민" 사이의 차이는 가난의 정도 차이이자 가난한 사람의 성격 차이이다. 일할 수 있는 빈민은 비록 활용되지 않는다 할지라도 사회의 긍정적 요소이다. "고난은 수단이나 잠재력으로 여겨질 수 있다. 왜냐하면 고난은 체력을 빼앗지 않고, 체력은 국가를 위해서나 체력을 사용하도록 강요받는 개인 자신을 위해 사용될 수 있기 때문이다."

이와 반대로 병자는 거추장스러운 존재이고 순수한 소비자로서만 사회생활을 하므로 "수동적이고 무기력하며 부정적인" 요소의 전형이다. "빈곤은 가치가 있는 무게로서 기계에 연결될 수 있고 기계를 움직이게 할 터인 반면에, 질병은 파악할 수 없고 감내하거나 사라지도록 내버려 둘 수밖에 없으며, 끊임없이 방해만 될 뿐, 전혀 도움이 되지 않는 질량이다."105 그러므로 구호救護라는 오래된 개념에 막연히 뒤섞여 있던 것, 즉 궁핍이라는 긍정적 요소와 질병이라는 부담을 분리할 필요가 있는 것이다.

건강한 빈민은 속박 받아서가 아니라 완전히 자유로운 상태로, 다시 말해서 이 미고용未雇傭 노동력을 가장 귀중한 재화로 만드는 경제법칙

같은 방법들이 적혀 있다. 걸인들을 그들이 원래 속했던 사회로 돌려보내 일하게 하기, 공적인 온정(溫情)의 폐지, 구빈원 수의 축소, 계속 유지될 구빈원들의 개혁, 몽-드-피에테[연민의 언덕(산)이라는 뜻으로서 일종의 담보대출 기관 — 역자]의 설립, 작업장의 설치와 축제일수(祝祭日數)의 축소, "사회의 조화를 깨뜨릴 자들을 위한" 형무소 건립. (Brissot de Warville, *Théorie des lois criminelles*, I, p. 261, note 123 참조).

105 Coqueau, *loc. cit.*, pp. 23~24.

의 압력만을 받는 상태로 반드시 생산활동에 참여해야 할 것이다. "가난하나 건강한 사람에게 제공할 수 있는 가장 적합한 원조援助는 자신의 체력과 노동으로 자활自活하게 하는 것이고, 건강하고 힘센 사람에게 온정溫情을 베푸는 것은 자선이 아니거나 잘못 이해된 자선일 뿐이며, 온정은 사회에 불필요한 부담이 된다. … 그래서 우리가 알다시피 정부와 지주地主는 무상無償분배를 줄이고 있다. "[106]

18세기에도 여전히 가난한 사람의 "각별한 존엄성"이었고 자선행위에 영원한 의미를 부여했던 것이 이제는 무엇보다도 중요한 유용성으로 바뀌었다. 즉, 어떤 연민도 요구되지 않는 가운데, 이 세상에서 가난한 사람에 의해서도 부가 산출될 수 있다는 점을 인정할 것이 요구된다. 중세의 부자는 가난한 사람에 의해 신성시되었으나, 18세기의 부자는 가난한 사람 덕분으로 부자의 지위를 유지한다. "하층계급, 다시 말해서 사회에서 고통 받는 계급"이 없다면, "부자는 잠을 잘 곳도 입을 옷도 먹을 음식도 향유하지 못할 것이고, 장인匠人이 생명을 잃을 위험에도 불구하고 허술한 발판으로 올라가서 막대한 무게의 자재資材를 건물 꼭대기로 들어 올리는 것도 따지고 보면 부자를 위해서이며, 농부가 악천후惡天候와 경작의 가혹한 노고勞苦를 무릅쓰는 것도, 한 무리의 불우한 사람이 광산이나 염색 작업장 또는 광물 가공장加工場에서 일하다가 이윽고 사망하는 것도 부자를 위해서이다. "[107]

빈민은 수용으로 인해 떠날 수밖에 없었던 공동체에 새로운 모습으로 재편입된다. 빈민은 더 이상 부의 정당화, 부의 영적靈的 형태가 아니라 부의 귀중한 재료일 뿐이다. 빈민은 예전에 부의 존재이유였으나 이제는 부의 존재조건이다. 빈민 때문에 부자는 더 이상 초월되지 않고

---

106 Id. , *ibid.* , p. 7.
107 Coqueau, *loc. cit.* , p. 7.

존속한다. 다시 부에 불가결하게 된 빈곤은 수용으로부터 해방되어야 하고 부의 처분에 맡겨져야 하는 것이다.

그러면 병든 빈민은? 병든 빈민은 부정적 요소의 전형적 사례이다. 아무런 방책方策도 가능성도 잠재적 부도 없는 비참함 그것이다. 오직 병든 빈민만이 전적인 구제를 필요로 한다. 그러나 전적인 구제의 근거를 어디에서 찾아야 할까? 병자를 돌보는 활동은 어떤 경제적 유용성도 어떤 물질적 긴급성도 없다. 마음의 움직임만이 그것을 요구할 수 있을 뿐이다. 병자를 위한 구제활동이 있다 해도, 그것은 아마 사회체社會體의 기원起源일 터이므로 사회체보다 더 원시적인 연민과 연대감정의 조직화에 지나지 않는다.

"사회, 정부, 빈민구제의 관념은 본성에 내재한다. 왜냐하면 연민의 관념 또한 본성에 있고, 이것들의 바탕으로 구실하는 것은 바로 이 원시적 관념이기 때문이다."108 따라서 구제의 의무는 이미 본성 속에 있으므로 사회와 무관하지만, 사회는 기원에서부터 사람들의 공존만큼 오래된 이 의무의 형태들 가운데 하나일 뿐이므로, 구제의 의무는 사회와 관련된 것이다. 가장 직접적인 감정에서 사회의 가장 정교한 형태까지 인간의 삶 전체는 구제 의무의 망網 속에 놓여 있다. 우선 '자연발생적 자선'으로, "우리와 더불어 생겨나고 어느 정도 발전하며 우리로 하여금 우리의 동류가 겪는 빈곤과 신체장애에 민감하게 하는 '내면감정'"이 그것이다. 다음으로는 '개인적 자선'이 있다. 즉, 우리에게 개별적 선행을 베풀도록 유도하는 "본성상의 성향"이 생겨난다. "마지막으로, 우리가 살아가는 삶의 변함없는 원칙과 언제나 일치하며 국가체國家體로 하여금 드러난 폐습을 개혁하고 들려오는 하소연에 귀를 기울일 뿐만 아니라 가능한 사물들의 질서에 맞춰 재산을 바라고, 이것을 불우하

---

108 Coqueau, *loc. cit.*, p. 7.

게 살아가거나 치료할 수 없는 질병에 걸린 모든 계층의 개인들에게 나누어주도록 이끄는 내면감정을 포함하는 '국가적 자선'"이 있다. **109**

　구제救濟는 사회의 조건 자체이므로, 이를테면 사람들 사이의 가장 생기있고 가장 개인적임과 동시에 가장 보편적인 유대紐帶이므로, 모든 사회적 의무 중에서 으뜸가는 것, 모든 사회적 의무 사이에서 무조건적인 것이 된다. 그러나 이러한 구제가 띠게 마련인 구체적 형태에 관해 18세기의 사유는 머뭇거린다. '사회적 의무'는 사회에 대한 절대적 책임을 의미하는 것일까? 국가는 구제사업을 떠맡아야 할까? 구빈원을 세우고 구호물자를 분배해야 하는 것은 사회적 의무에서일까? 대혁명 직전의 몇 해 동안 논쟁은 끊이질 않았다. 어떤 논객들은 모든 '사회적 의무'가 '사회의 의무', 최종적으로는 국가의 의무라고 생각함으로써 모든 구제시설에 대한 국가의 통제를 지지했다. 즉, 그들은 왕국의 모든 구빈원을 통제할 상임常任위원회의 조직을 계획하기도 하고, 병에 걸린 빈민이 빠짐없이 치료받을 대규모 병원의 건립을 열망하기도 한다. **110** 그러나 대부분의 논객들은 이러한 대대적 구제의 관념을 거부한다. 경제이론가들과 자유주의자들은 오히려 '사회적 의무'가 '사회인의 의무'이지 사회 전체의 의무는 아니라고 생각한다. 따라서 가능한 구제형태를 결정하기 위해서는 사회인들을 하나로 묶어낼 수 있는 연민, 동정, 연대와 같은 감정의 본질과 한계가 무엇인지 명확하게 규정할 필요가

---

109 Desmonceaux, *De la bienfaisance nationale*, Paris, 1789, pp. 7~8.
110 레칼드는 "구빈원의 전반적인 개량을 위한" 위원회의 창설을 요청한다. 그리고는 "빈민들에게 할당된 돈의 사용에서 질서와 공정성을 위임받은 어떤 상임 위원회"의 필요성을 역설한다(*loc. cit.*, p. 129). Claude Chevalier, *Description des avantages d'une maison de santé*(1762) ; Dulaurent, *Essai sur les établissements né cessaires et les moins dispendieux pour rendre le service dans les hôpitaux vraiment utile à l'humanité*, 1787 참조.

있다. 구제의 이론은 계약에 의한 집단의 의무를 정의하는 것이 아니라, 반쯤 심리적이고 반쯤 도덕적인 그러한 분석에 바탕을 두어야 한다. 이런 식으로 이해된 구제는 국가의 구조가 아니라 사람과 사람 사이의 개인적 유대이다.

튀르고의 제자인 뒤퐁 드 느무르[111]는 연민에 고통을 결합시키는 이 유대를 명확하게 규정하려고 애쓴다. 인간은 아픔을 느낄 때, 우선 자기 자신에게서 병의 완화책을 찾고, 다음으로는 신음하면서 "부모와 친구의 도움을 간청하기 시작하며, 이에 따라 그들은 각자 자연스러운 연민의 성향에 따라 그를 돕는데, 이 성향은 최대에서 최소까지 모든 사람의 가슴속에 들어 있다."[112] 그러나 이 성향은 아마 흄이 말하는 상상력 및 공감共感과 동일한 성격을 띨 것이고, 강도가 일정하지도 않고 활기가 무한하지도 않으며, 고갈되지 않는 그러한 힘을 갖지 않는 탓에, 모든 사람이나 심지어는 모르는 사람들에게로 변함없이 자연스럽게 향할 수 있는 것도 아니다. 연민의 한계는 금방 드러나고, 그래서 사람들에게 "배려와 피로疲勞가 연민보다 더 고통스럽게 느껴질 한계를 넘어" 동정심을 발휘하라고 요구할 수는 없다.

그러므로 구제를 불행한 사람의 아무리 사소한 청원이라도 들어주어야 할 절대적 의무로 여기는 것은 가능하지 않다. 구제는 도덕적 성향의 결과 이외의 다른 것일 수 없고, 따라서 정신력의 관점에서 분석되어야 한다. 두 요인要因으로부터 구제를 연역演繹할 수 있는데, 하나는 배려를 베풂으로써 받게 되는 고통에 의해 형성되는 부정적인 것이고

---

111 *Dupont de Nemours. 프랑스 경제학자, 중농주의자(1739~1817)로서 *Origines et progrès d'une science nouvelle*(1768), *Table raisonnée des principes de l'économie politique*(1773) 등의 저서가 있다.

112 Dupont de Nemours, *Idées sur les secours à donner aux pauvres malades dans une grande ville*, 1786, pp. 10~11.

(질병의 위중함과 동시에 뛰어넘어야 할 거리. 즉, 가정과 직접적 측근에서 멀어질수록 배려를 약속하기가 현실적으로 더 어렵다), 다른 하나는 긍정적인 것으로서, 병자가 불러일으키는 감정의 강도强度에 의해 결정되지만, 가족에게로 집중되는 자연스러운 애착의 영역에서 멀어짐에 따라 급속하게 감소한다. 공간에 의해, 또한 상상력과 뚜렷한 성향에 의해 점점 분명해지는 어떤 한계, 어느 정도 폭넓게 가정을 둘러싸는 한계를 지나면, 부정적 힘만이 작용하기에 이르고 구제를 요청하는 것이 불가능하게 된다.

"그래서 사랑과 우의友誼로 결속된 가족의 도움은 언제나 가장 근본적이고 가장 세심하며 가장 효과적이다. … 그러나 도움은 멀리에서 올수록 가치가 더 줄어들고 도움을 주는 사람에게 더 부담스러운 것으로 보인다."

질병이 위치하는 사회공간은 이처럼 전적으로 쇄신刷新된다. 중세부터 고전주의 시대 말까지 그것은 균질적이었다. 빈곤과 질병의 나락奈落으로 떨어진 사람이면 누구나 다른 사람들의 연민과 배려를 받을 권리가 있었다. 그런 사람은 보편적으로 누구에게나 가까이 있었고, 언제든지 모든 이에게 모습을 보일 수 있었다. 그리고 멀리에서 올수록, 얼굴이 알려져 있지 않을수록, 그가 지니고 있는 보편성의 상징은 더 생생한 것이었고, 예찬할만한 권능을 익명성匿名性으로 감추고 있는 불우한 사람의 전형, 곧 병자였다.

18세기는 이와 반대로 이 공간을 파편화하고, 거기에서 한정된 형상들의 세계 전체를 나타나게 한다. 병자는 불연속적 공간단위, 가령 강렬한 심리의 활기찬 지대, 또는 멀어지고 무기력한 심정의 생기 없고 생동감 없는 지대에 위치하게 된다. 질병의 사회적 공간은 헌신獻身의 절약節約이라는 일종의 원칙에 따라 분할된다. 그래서 병자는 이제 모든 사람과 관련되는 존재가 아니라 다만 자신과 동일한 측근, 즉 상상력과 감정이 비슷한 사람들만의 문제가 될 뿐이다.

세속세계가 기독교 세계와 대립하듯이, 또한 서로 분리된 귀속영역들에 따라 병자를 배치하는 불연속적 도덕 및 정서의 구조가 언제나 우연에 내맡겨져 있지만 언제나 의미심장한 돌발 가능성 때문에 누구에게나 빈곤이 찾아들 수 있는 균질적 영역과 대립하듯이, 박애博愛의 사회공간은 자선慈善의 사회공간과 대립한다.

그렇지만 18세기는 거기에서 한계를 인정하지 않는다. 반대로 구제를 더욱 자연스럽고 활기찬 것으로, 또한 경제적으로도 더욱 근거 있는 것으로 만들려고 한다. 유지비가 많이 드는 대규모 구빈원을 건설하는 대신, 병자의 가족에게 직접 구호물자를 분배한다면, 3중의 이점利點이 있으리라고 생각한 것이다. 우선 감정의 차원에서 가족은 병자를 매일 보기 때문에 환자에 대한 연민을 잃지 않는다. 경제차원에서 보자면 주거와 음식이 병자에게 보장되므로 따로 주거와 음식을 제공할 필요가 없다. 마지막으로 의학차원에서는 환자가 특별히 세심한 배려는 제쳐 놓더라도, 누구나 "죽음의 사원寺院으로" 생각하는 구빈원의 비참한 광경으로 인해 나쁜 영향을 받지 않는다.

구빈원 주위의 침울한 광경, 여러 가지 감염현상, 소중한 모든 것으로부터 멀리 떨어져 있는 상황은 환자의 고통을 가중시키고, 마침내 구빈원에서만 발생하는 것인 듯하기 때문에 자연상태에서는 찾아볼 수 없을 많은 질병을 유발한다. 재소자의 상황은 특별한 질병, 아직 명칭이 생기지 않은 일종의 "입원성入院性 장애"를 포함하고, 그래서 "구빈원의 의사는 인위적 질병을 치료해야 하는 까닭에, 그러한 질병에서 기인하는 듯하는 그릇된 경험의 위험을 피하려면, 훨씬 더 능숙할 필요가 있다. 사실상 어떤 구빈원 질병도 단순하지 않다."[113] 수용이 결국 빈곤을

---

113 Dupont de Nemours, *op. cit.*, pp. 10~11.

만들어내는 것처럼, 구빈원은 질병을 만들어낸다.

치유의 장소는 당연히 구빈원이 아니라 가정이고, 적어도 병자의 직접적 측근이다. 그리고 빈곤이 노동력의 자유로운 유통에 흡수되어야 하는 것과 마찬가지로, 질병은 인간의 자연환경에 의해 자연발생적으로 행해질 수 있는 치료를 통해 사라져야 한다. "진정한 자선이 실행되기 위해서는 사회의 역할이 가능한 한 축소되어야 하고 가족과 개인의 특별한 힘이 활용되어야 한다."114

사람들이 18세기 말에 촉구하고 체계화하려고 시도하는 것은 바로 이 "특별한 힘"이다.115 영국에서는 1722년의 법률에 의해 모든 형태의 재택在宅구호가 금지되었다. 병든 극빈자는 구빈원으로 인도되어야 했고, 거기에서 익명으로 공적公的 자선의 대상이 되었을 것이다. 이러한 조처로 인해 자격이 있는 사람일지라도 우연한 도움을 받기가 어렵게 되고, 또 어떤 사람들은 "가정상황에 내재한 위로"를 기대할 수 없으므로, 1796년의 새로운 법에서는 이러한 조처가 "잘 적용될 수 없는 압제적인" 것으로 여겨져 수정되기에 이른다. 각 소교구에서 감독자는 자택에 머물러 있는 가난한 병자에게 보낼 수 있는 구호물자를 결정할 것이다.116 또한 상호보증 제도의 장려가 시도되는데, 가령 1786년에 아클랜드는 "보편적 우호友好 또는 시료施療협회"의 창설을 계획한다. 농부들과 하인들이 거기에 가입했고, 병에 걸리거나 사고를 당할 경우 재택在宅구호를 받을 수 있었는데, 소교구마다 한 명의 약사藥師가 약품공급

---

114 *Ibid.*, p. 113.

115 튀르고의 요청으로 브리엔(Brienne)은 툴루즈 지방의 구제사업에 관한 조사를 수행한다. 1775년에 이 조사의 결말이 문서로 작성되고 몽티니(Montigny)에서 이 문서의 독회(讀會)가 열린다. 브리엔은 자택 구호뿐만 아니라 광인을 비롯한 몇몇 범주를 위한 구빈원의 설립을 권한다(B. N. Fonds français 8129, f°s 244~287).

116 Nicholls, *The English Poor Laws*, II, pp. 115~116.

의 자격을 부여받았던 듯하고, 약값의 절반은 소교구에서, 나머지 절반은 협회에서 부담했을 것이다. 117

대혁명은 적어도 초기에는 구제사업의 핵심적 재편성계획과 대규모 구빈원의 건립계획을 폐기한다. 라 로슈푸코-리앙쿠르의 보고서는 뒤퐁 드 느무르와 튀르고 제자들의 자유주의 사상에 부합하는 것이다. "아주 유용한 이점들 중에서 특히 물질적 혜택을 구호대상자의 가족 전체에 돌아가게 하고 구호대상자가 자신에게 소중한 것으로 둘러싸이도록 허용하며 빈민구제사업을 통해 자연스러운 유대와 애정을 강화하는 이점이 있는 제도, 곧 재택구호제도가 중시된다면, 오늘날 구빈원의 빈민들에게 들어가는 금액의 절반에도 훨씬 못 미치는 금액으로도 자택에서 구호받는 개인을 충분히 부양할 수 있을 것이므로, 이로부터 파급될 절약의 효과는 매우 막대할 것이다. "118

서로 무관했던 두 가지 동향; 하나는 수용에 의해 정해진 공간의 내부에서 생겨났고 전개되었다. 즉, 이 동향 덕분으로 광기는 어수선한 세계에 갇혀 있으면서도 독자성獨自性과 특수성을 획득했고, 광기에 대해 새로 생겨난 간격은 거의 비이성만이 식별되었던 곳에서 이제 광기가 인식될 수 있게 해주기에 이른다. 그리고 감금된 다른 모든 형상이 수용에서 벗어나는 경향을 띠는 반면에, 광기만은 이 관행의 마지막 잔해殘骸, 마지막 증거로 남는데, 이 관행은 고전주의 세계에 본질적인 것이었지

---

117 F. Eden, *State of the Poor*, I, p. 373.
118 La Rochefoucauld-Liancourt (Procès-verbal de l'Assemblée nationale, t. XLIV), pp. 94~95.

만, 이 관행의 의미는 이제 우리에게 정말로 수수께끼 같아 보인다.

다음으로는 수용의 바깥에서 생겨난 또 다른 동향이 있었다. 빈곤, 질병, 구제에 관한 경제적이고 사회적인 성찰. 기독교 세계에서 역사상 처음으로 질병은 가난과 빈곤의 모든 형상으로부터 분리된다.

요컨대 예전에 광기를 에워싸고 있었던 모든 것이 무너져 내린다. 즉, 빈곤의 순환, 비이성의 순환이 둘 다 해체된다. 빈곤은 경제의 내재적 문제에 편입되고, 비이성은 상상력의 심층적 형상 속에 들어박힌다. 빈곤과 비이성의 운명이 더 이상 서로 교차하지 않게 된다. 그리고 이와 같은 18세기 말에 다시 나타나는 것은 오랜 배제의 땅에 여전히 범죄로서 갇혀 있을 뿐만 아니라 병자의 구제가 제기하는 모든 새로운 문제와 대면하고 있는 광기 자체이다.

광기는 사로잡혀 있던 낡은 경험형태에서 벗어난다는 그러한 의미에서 이미 해방된 상태에 있다. 박애주의의 작용에 의해서나 광기의 진실에 대한 과학적이고 마침내 실증적인 식별에 의해서가 아니라, 경험의 가장 은밀한 구조에서 일어난 그 느린 작업 전체에 의해, 즉 광기가 질병인 곳에서가 아니라, 광기가 인간생활 및 인간역사와 맺어지는 곳에서, 인간이 빈곤을 구체적으로 체험하고 비이성의 환상이 인간을 엄습하러 오는 곳에서 광기가 해방된 것이다.

광기의 근대적 개념은 그 어렴풋한 영역에서 서서히 형성되었다. 개념의 새로운 획득이 아니라 굳이 말하자면 "발견"이 있었는데, 이 발견은 물러섬이나 거리두기 덕분으로 광기의 염려스러운 현존現存이 재차 체험됨에 따라, 이를테면 튜크와 피넬의 개혁이 추진되기 불과 몇 년 전에, "구출"救出의 노고勞苦 전체에 의해 광기가 비이성의 명백하게 실추된 커다란 형상 속에서 마침내 고립된 모습으로 나타남에 따라 이루어졌다.

3

자유의 선용善用

그러므로 광기는 일종의 고독에 다시 휩싸이는데, 여기에서 고독은 르네상스 시대까지 광기가 잠겨들 수 있었던 떠들썩하고 어떤 면에서는 영광스러운 고독이 아니라 이상하게 조용한 또 다른 고독, 점차로 광기를 수용시설의 혼잡한 공동체에서 구해내고 광기를 중립적 공백 지대 같은 것으로 에워싸는 고독이다.

18세기에 사라진 것은 광인을 다루는 비인간적이고 혹독한 방식이 아니라 수용의 자명성自明性, 광인이 아무런 문제없이 갇혀 있었던 공간의 전반적 동질성, 그리고 광인이 붙잡혀 있었던 비이성의 연속망連續網을 이루는 그 무수한 선線이다. 광기는 분명히 피넬 이전에 광기를 지하 독방에 꼼짝없이 갇혀 있게 하는 물리적 속박으로부터가 아니라, 광기를 그 막연한 권력의 지배 아래 붙들어 두는 훨씬 더 강제적이고 어쩌면 더 결정적일 노예상태로부터 해방된다. 대혁명 이전에도 광기는 자유롭다. 즉, 광기를 개별화하는 인식에 대해서도, 광기의 특이한 양상에 대한 식별과 마침내 대상의 지위를 광기에 부여할 작업 전체에 대해서도 자유롭다.

수용시설의 황폐화된 벽들 사이에서 홀로 내버려지고, 과거의 동류적同類的인 것들에서 떨어져 나온 광기는 문젯거리가 될뿐더러, 그때까지 결코 명확히 표명하지 않았던 문제를 제기한다.

광기는 특히 입법부를 난처하게 만들었는데, 입법부는 수용의 종언을 비준批准할 수밖에 없었으나, 광기를 감옥이나 구빈원 또는 가정 구호 등 사회공간의 어느 지점에 위치시켜야 할 것인가를 더 이상 결정하지 못했다. 대혁명 직전과 직후에 취해진 조치들은 그러한 미결정未決定을 반영한다.

브르퇴이유는 국왕의 봉인장에 관한 공문을 지방장관에게 내려보내, 다양한 수용시설로의 유치留置명령에 어떤 성격이 있는지, 그리고 어떤 근거에 의해 유치명령이 정당화되는지 보고할 것을 요청한다. "법률에 따라 선고되는 가혹한 형벌을 받아 마땅한 어떤 일도 저지르지 않았으나 지나친 방종, 방탕, 낭비에 몰입한 사람들"은 기껏해야 1~2년의 구금 후에 반드시 석방될 것이다. 이와 반대로 "정신이 이상하고 저능으로 인해 제대로 처신할 수 없거나 수시로 광포함으로 인해 위험하게 되는 수인囚人들"은 수용시설에 계속 가두어놓을 것이다.

"그들에 대해서는 그들의 상태가 늘 똑같은지 확인하는 것만이 문제일 뿐이고, 그들의 자유가 사회에 해롭거나 그들 자신에게 무익한 선행이거나 하다는 것이 인정되는 한, 불행하게도 그들을 계속 구금하는 것은 불가피하다."[1]

이것이 첫 번째 단계이다. 즉, 도덕상의 과오, 가족 내內의 갈등, 방종의 가장 가벼운 양상과 관련해서는 수용을 축소하지만, 수용의 주요한 의미들 가운데 하나인 광인의 감호監護에 대해서는 원칙적으로 수용

---

1 Circulaire aux intendants(1784년 3월). Funck-Brentano, *Les Lettres de cachet à Paris*, p. XLII에서 재인용.

을 활용하도록 내버려둔다. 이것은 수용이 다른 유용성의 형태를 박탈당하는 가운데 광기가 사실상 수용을 점유하는 계기이다.

두 번째 단계는 인권선언 직후에 국민의회와 입헌의회의 명령에 따라 실시된 대대적인 조사 단계이다. "법에 의해 정해진 경우가 아니라면, 그리고 법에 의해 규정된 절차에 따라서가 아니라면, 어떤 사람도 체포하거나 구금할 수 없다. … 법은 명백하게 필요한 형벌만을 엄격히 허용해야 하고, 이미 제정되어 있거나 범죄행위 이전에 공포된 법, 법률로 구체화된 법에 의해서가 아니라면 누구도 처벌할 수 없다."

수용의 시대는 막을 내린다. 유죄선고를 받았거나 유죄로 추정된 범죄자와 광인을 당분간 나란히 감금하는 현상만이 남는다. 입헌의회의 구걸위원회는 다섯 명2을 지명하여, 파리의 수용시설을 방문하게 한다. 라 로슈푸코-리앙쿠르 공작은 보고서를 제출하여(1789년 12월), 한편으로 형무소에 광인들이 갇혀 있음으로 해서 형무소의 위세가 떨어지고 또한 피수용자가 인간에게 합당하지 않은 지위로 귀착될 우려가 있다고 단언하는데, 이러한 혼합 수감은 행정당국과 재판관 쪽에서 크게 경솔했다는 증거라는 것이다. "이와 같은 안일함은 불행을 완화시키고 불행에 처한 이들을 위로할 수 있는 양식 있고 세심한 연민과 거의 관계가 없는데 … 빈곤을 구제하려고 하면서 인간을 타락시키는 것으로 보이는 것에 과연 동의할 수 있을까?"3

부주의로 광인과 함께 수용된 사람들을 광인이 타락시킨다면, 광인에게 특별한 수용시설, 의료시설이 아니라 가장 효과적이고 가장 정당한 구제의 형태일 수용시설을 마련해줄 필요가 있다.

---

2 리앙쿠르 공작, 세르지(Serge) 사제, 크르토(Cretot) 사제는 입헌의회 의원이고 몰리노(Molinot)와 투레(Thouret)는 "위원회 활동을 외부에서 돕는 교수 자격자"이다. 구걸위원회에 제출된 보고서, *loc. cit.*, p. 4 참조.

3 *Loc. cit.*, p. 47.

"인간을 엄습하는 모든 불행 중에서 광기의 상태는 한층 더 연민과 존경을 불러일으키는 것의 하나이므로, 이 상태에는 더욱 더 배려를 아끼지 말아야 할 것인 바, 치유될 희망이 없을 때라도 그 불행한 사람들로 하여금 적어도 삶을 견딜 수 있게 해줄 부드럽고 적절한 대우의 수단은 얼마나 많은가."**4**

이 문서에서 광기의 지위는 모호해 보인다. 즉, 수용된 집단을 광기의 위험으로부터 보호하고, 이와 동시에 특별한 구제의 혜택을 광기에 부여해야 한다는 것이다.

세 번째 단계, 1790년 3월 12~16일 사이에 내려진 일련의 많은 법령. 이것들에는 인권선언이 구체적으로 적용된다.

"이 법령이 공포된 날로부터 6주 후에, 봉인장이나 행정부 관리의 명령에 따라 성城, 종교시설, 형무소, 치안시설, 또는 그 밖의 감옥에 구금된 모든 사람을 유죄가 선고되었거나 구속영장이 발부된 경우가 아니라면, 또는 중대한 범죄로 고소당한 경우가 아니라면 석방해야 한다."

그러므로 수용은 결정적으로 몇몇 범주의 재판 대상자와 광인에게만 적용된다. 그러나 광인의 경우에는 수정修訂이 예견된다.

"정신장애 때문에 수감된 사람들은 이 법령의 공표일로부터 세 달 안에 검찰관의 요청이 있을 경우 통상적 절차에 따라, 그리고 왕진 의사가 관할구 원장의 감독 아래 환자의 상태에 관해 소견을 밝힘으로써 환자를 석방하거나 치료를 목적으로 구빈원을 지정하여 거기로 환자를 보내도록 해야 함에

---

4 구걸위원회에 제출된 보고서, p. 78. 이 위원회에서는 입헌의회 말기에 그 동안의 활동을 정리하고는 "광기 치유를 위한 두 구빈원"의 창설을 요청한다(Tuetey, *L'Assistance publique à Paris pendant la Révolution*, t. I, Introduction, p. XV).

따라, 재판관의 심문을 받아야 한다."5

　이제 선택은 내려지는 듯하다. 1790년 3월 29일 바으이, 6 뒤포르-뒤
테르트르, 7 그리고 한 경찰행정관이 이 법령의 시행방식을 결정하기 위
해 살페트리에르를, 8 그 다음으로 비세트르를 방문한다. 많은 난점이
드러나는데, 그들은 특히 광인을 위해 마련되었거나 적어도 광인만을
받아들이기 위한 구빈원이 없다는 난점에 마주친다.
　그토록 많은 이론적 불확실성이 덧붙여지는 이러한 물리적 난점 앞
에서, 오랜 망설임의 시기가 곧장 시작된다. 9 도처에서 약속된 구빈원
의 건립 이전일지라도 일반 수감자들을 광인들로부터 보호받을 수 있도
록 해줄 법률의 제정이 청원되기에 이른다. 그리고 장차 대단히 중요하
게 될 퇴보로 말미암아, 위험한 범죄자에 대해서조차 취할 수 없는, 즉
유해한 짐승에게나 적용할 만한 통제되지 않는 즉각적 조치가 광인을
대상으로 시행된다. 1790년 8월 16~20일의 법률은 "석방된 정신이상

5　이 법령의 제9조.
6　*Jean Sylvain Bailly. 프랑스의 학자이자 정치가(1736~1793)로서 1763년부터 학
　술원 회원이 되고 1783년에는 아카데미 프랑세즈 회원으로 선임된다. 1789년 5월 12
　일 삼부회의 파리 대표로 선출된 그는 6월 17일 국민의회 의장이 되고 7월 15일에는
　파리 시장으로 선출되어 인기를 누리다가, 1791년 7월 17일 입헌의회의 요청에 따라
　계엄령을 선포하고 시위대에 대한 발포 명령을 내린다. 1791년 11월 12일 해임된 그
　는 1793년 9월에 체포되어 11월 11일 사형 선고를 받고 처형당한다.
7　*Louis François Duport-Dutertre. 프랑스의 정치가(1754~1793)로서 1790~1792
　년에 법무장관을 역임한다. 1793년 8월 10일 사태로 기소되어 Barnave와 같은 날 사
　형 선고를 받고 처형당한다.
8　1790년 4월 3일자 *Moniteur* 참조.
9　구빈원에 수용된 광인들을 어떻게 처리할 것인가에 관한 논의가 수없이 이어진다. 가
　령 툴루즈의 구빈원을 예로 들자면 내무대신은 구빈원의 재정(財政) 결여와 "매우 비
　용이 많이 드는 힘겨운 치료" 때문에 석방에 동의하는 반면에, 치안대신은 안전상의
　이유를 내세워 석방을 거부한다(Archives nationales F 15, 339).

자나 난폭한 미치광이에 의해, 그리고 해롭고 사나운 동물의 배회에 의해 발생할지 모르는 난처한 사건을 예방하거나 해결하는 임무를 시市 기관의 감시와 권한에 맡긴다."10

1791년 7월 22일의 법률은 정신이상자에 대한 감시의 책임을 가족에게 부과하고 모든 유용한 조치를 취할 권한을 시 당국에 허용함으로써 이러한 처분권處分權을 강화한다. "정신이상자의 부모는 그를 감시해야 하고 그가 배회하는 것을 막아야 하며 그가 소동을 일으키지 않도록 노력해야 한다. 시 당국은 개인이 이 의무를 소홀히 함으로써 발생할지 모르는 재난을 예방해야 한다."

광인의 석방에 수반된 이러한 우회적 수단으로 인해 광인은 인간성의 상실인 것 같았던 그러한 동물의 지위로 이번에는 법에 의해 또 다시 전락하고, 의사들이 광인에게서 가벼운 동물성을 알아보기 시작하는 바로 그러한 시대에 다시 야생의 짐승이 된다.11 그러나 이러한 법적 처분권을 아무리 당국에 일임했어도 소용이 없는데, 그럼에도 불구하고 문제는 해결되지 않고, 정신병자를 위한 구빈원은 영원히 설립되지 않는다.

내무장관 앞으로 무수한 청원서가 날아든다. 예컨대 들르사르는 한 청원서를 받고 다음과 같은 답신答信을 보낸다.

"본인도 귀하처럼 정신이상자라는 불운한 계층에 은거처로 구실할 시설을 끊임없이 건립할 수 있다면 얼마나 좋을까 하고 느끼고 있습니다. … 귀하가 살고 있는 도道에 그러한 시설이 부족해서 어쩔 수 없이 갖가지 감옥에 갇힌 정신이상자들에 대해, 본인은 그들을 가능하다면 임시로 비세트르에

---

10 Titre XI, art. 3.
11 형법에서도 이와 같은 조항들이 다시 나타났다. Portalis가 공화력 12년 결실월 30일 자, 곧 1804년 9월 17일자의 공문에서 준거로 내세우는 것도 이 조항들이다.

이송하는 것 이외에, 그들의 상태와 그토록 어긋난 그러한 장소에서 그들을 빼낼 다른 수단이 현재로서는 없다고 생각합니다. 그러므로 귀貴 도道의 행정지도회行政指導會가 공문을 통해 파리의 행정지도회와 협의하여 그들을 비세트르로 옮기는 것이 합당할 것인 바, 거기에서 부양비扶養費는 그들의 가족이 감당할 수 없을 경우, 귀하의 도나 그 불행한 사람들의 주소지 행정구에서 지불하게 됩니다."[12]

그러므로 비세트르는 특히 생-라자르가 폐쇄된 때부터 모든 정신이상자가 옮겨가는 커다란 중심지가 된다. 살페트리에르에 집결된 여자들도 이와 동일한 경우이다. 생-자크 가에 위치한 성프란체스코 회會 수도사들의 옛 수련소修練所에 5년 전부터 거주한 광녀狂女 200명이 1792년에 살페트리에르로 옮겨간다.[13] 그러나 멀리 떨어진 지방에서는 정신병자를 옛 구빈원으로 보내는 것이 문제로 대두되지 않는다. 가령 르 아의 성채城砦, 앙제 성城, 벨보에서 그랬듯이, 대개의 경우 그들은 감옥에 억류된다. 당시에 그곳들의 무질서는 표현할 수조차 없을 정도인데, 이러한 혼란상태는 제 1제정帝政의 시기까지 오랫동안 이어지게 된다. 앙투안 노디에는 벨보에 관해 다음과 같은 몇 가지 세부사항을 묘사한다.

"날마다 아우성이 들려오는데, 이는 이 구역의 수감자들이 서로 싸우고 때려눕히는 소리이다. 간수들이 달려오지만, 오늘날의 조직상태로는 싸움꾼들의 웃음거리가 될 뿐이고, 시의 행정관까지 평온 회복의 임무를 띠고 오지만, 권위를 인정받지 못하며, 멸시와 모욕을 당하니, 이곳은 더 이상 사

---

12 내무장관이 센-에-우아즈(Seine-et-Oise) 도(道)의 검사장 겸 시민 대표인 샬랑 (Chalan) 씨에게 보낸 편지(1791년 5월 5일). (손으로 쓴 서류, Lallemand, *loc. cit.*, IV, II, p. 7, note 14에서 재인용.)

13 Pignot, *Les Origines de l'hôpital du Midi*, pp. 92~93 참조.

법과 구금拘禁을 위한 시설이 아니다. "14

비세트르에서의 무질서도 이에 못지않고, 어쩌면 이보다 더 심한데, 거기에는 정치범이 들어가고, 기소된 용의자가 숨어들며, 많은 굶주린 사람이 비참하고 궁핍한 처지에 놓여 있다. 관리 책임자는 끊임없이 항의하고, 범죄자를 별도의 곳에 수감하라는 요구가 빗발치며, 또 어떤 경우에는 범죄자의 구금장소에 광인을 함께 집어넣을 것이 권고되기도 하는데, 이는 중요한 사실이다.

혁명력 III년 무월霧月 9일자로 비세트르의 회계 담당자는 "행정부서 및 법원위원회의 두 위원인 시민 그랑 프레와 오스몽"에게 다음과 같은 편지를 쓴다.

"인류가 엄정하게 정해진 질서를 따르는 시기에는 범죄와 가난이 결코 동일한 보호시설에 섞여 있지 않을 것이고, 사람들이 그런 현상으로 인해 공포를 느낄 일도 전혀 없으리라는 점을 지적하고 싶습니다."

9월의 살육殺戮, 끊이지 않는 탈옥脫獄, 15 그리고 그토록 많은 무고한 사람에게 보여주기 위해 단단히 포박당한 죄수들, 줄줄이 묶여 출발하는 인간사슬의 광경을 상기시킬 필요가 있을까? 빈민과 가난한 노인의 "눈앞에 쇠사슬, 철문, 빗장만이 보입니다. 여기에 수감자들의 신음소리가 때때로 들려온다는 사실을 덧붙여 보시길. … 요컨대 나는 바로 이러한 근거에 입각하여, 비세트르에서 죄수를 몰아내고 빈민만 남겨놓

---

14 VIII년 아월(芽月) 4일 검찰 위원 앙투안 노디에가 법원에 제출한 보고서. Pingaud, *Jean de Bry*, Paris, 1909, p. 194에서 재인용.

15 *Mémoires du Père Richard*에 따르면 어느 날에는 정치범 400명이 비세트르로 끌려왔다고 한다(f°s 49~50).

거나, 빈민을 내보내고 죄수만 남겨놓거나 할 것을 또 다시 간곡하게
요청하는 바입니다."

그리고 대혁명이 한창일 때, 즉 카바니스16의 보고서보다 훨씬 나중
에, 그리고 전승傳乘에 의하면 피넬이 비세트르의 정신병자를 "해방"시
킨 후 여러 달이 지났을 때17 이 편지가 씌어졌다는 사실을 감안한다면,
바로 여기에 결정적인 것이 있다.

"인류에게 커다란 고통을 주는 다른 종류의 불행한 자들, 곧 광인들을
거기에 최종적으로 남겨놓을 수 있을 것입니다. … 그러므로 인류를 지
극히 사랑하는 시민들이여, 그토록 아름다운 꿈을 서둘러 실현하시오,
그럴 만한 자격이 이미 그대들에게 있다는 것을 미리 확신하시오."18

그 몇 해 동안 혼란은 그만큼 엄청났고, "인간성"이 재평가되던 시기
에 광기에 부여해야 할 자리를 결정하기는 그만큼 어려웠으며, 재편성
되고 있던 사회공간에 광기를 위치시키는 것도 그만큼 어려웠다.

그러나 이 단순한 연대기年代記에서 우리는 벌써 대개혁의 시초라고 전
통적으로 정해진 시기를 넘어섰다. 1780년에서 1793년까지 취해진 조
치들은 문제의 성격을 결정한다. 즉, 수용의 사라짐은 사회공간에서

---

16 *Georges Cabanis. 프랑스의 의사, 철학자(1757~1808). 가장 대표적인 이데올로
    그의 한 사람으로서 *Obervations sur les hôpitaux*(1789), *Du degré de certitude en
    médecine*(1797) 등의 책을 썼다.
17 피넬은 1793년 9월 11일 비세트르에서 직무를 수행하기 시작했으며 1795년 5월 13일
    〔III년 화월(花月) 24일〕에는 살페트리에르의 책임자로 임명되었다.
18 비세트르 빈민 시설의 회계 담당관 레투르노(Létourneau)가 시민 오스몽(Osmond)
    과 그랑 프레(Grand Pré)에게 보낸 편지. Tuetey, *L'Assistance publique à Paris
    pendant la Révolution*, t. III, pp. 360~362에서 재인용.

광기가 편입될 지점을 없애버리고, 사슬에서 풀린 위험 앞에서 사회는 한편으로는 이제 막 생겨나고 있는 이상理想에 부합하는 일단의 장기적 결정, 이를테면 정신이상자만을 위한 시설의 건립을 통해, 다른 한편으로는 광기를 강제로 통제할 수 있게 해주는 일련의 즉각적 조치, 즉 진보의 관점에서 이 역사를 헤아려보고자 한다면 퇴보적 조치라고 말할 수 있는 것을 통해 대응한다.

모호하지만 당시의 곤경을 잘 나타내며, 생겨나고 있는 중인 새로운 경험형태의 증거가 되는 상황. 이 새로운 경험의 형태를 이해하기 위해서는 당연하게도 진보의 모든 주제에서, 진보의 주제에 함축되어 있는 미래의 전망과 목적론에서 벗어날 필요가 있다. 이 선택이 제거되면, 오직 연속적 발전 쪽으로만 열려 있고 심지어 우리가 보기에도 결코 중단될 수 없을 무한한 움직임 속으로 경험의 형태를 몰아가는 전체적 구조가 틀림없이 결정될 수 있을 것이다.

그러므로 피넬과 튜크의 개혁을 전후로 한 몇 년에서 광기에 대한 실증적 식별의 도래 또는 정신병자에 대한 인간적 대우의 도래 같은 것일 어떤 것을 찾으려 하지 않도록 세심하게 유의해야 한다. 이 시기의 사건들과 그것들을 지탱하는 구조에 변모의 가능성을 인정해야 한다. 이 몇 해 동안 사법조치보다 약간 아래에서, 제도의 밑바닥 가까이에서, 그리고 마침내 광인과 비非광인이 대립하고 분할될 뿐만 아니라 서로 연루되고 서로를 알아보는 그러한 일상적 논쟁 속에서 "실증 정신의학"을 잉태했으므로 분명히 결정적인 것으로 보이는 형상들이 형성되었는데, 그러한 형상들로부터 광기에 대한 마침내 객관적이고 의학적인 식별의 신화가 탄생했고, 이러한 식별에 의해 그 형상들이 진실의 발견과 해방으로 신성시되면서 사후에 정당화되었다.

사실상 그 형상들을 지식의 관점에서 묘사할 수는 없다. 그것들은 앎이 아직도 행위, 일상적 언행言行, 최초의 발언에 아주 가까운 그러한 지점에 자리 잡는다. 그 구조들 중에서 3가지는 아마 결정적이었을 것이다.

(1) 한 구조 속에서는 이제 축소되고 제한된 오랜 수용의 공간과 다른 곳에서 형성되었고 연속적 변모와 순화馴化에 의해서만 수용의 공간에 들어맞을 수 있었던 의료공간이 뒤섞이게 되었다.

(2) 또 다른 구조는 광기를 식별하고 감시하며 판단하는 사람과 광기 사이에, 중립적이게 되고 겉보기에는 모든 공모共謀관계를 떨쳐버렸으며 객관적 시선의 영역에 속하는 새로운 관계를 확립한다.

(3) 세 번째 구조에서 광인은 범죄자와 대면하게 되지만, 이는 미분화未分化 공간에서나 무책임의 공간에서가 아니다. 이것은 범죄를 전혀 축소시키지 않으면서 광기가 범죄에 자리 잡도록 해주게 되고 이와 동시에 합리적 인간이 도덕의 새로운 형태에 따라 광기를 판단하고 분류하도록 허용하게 되는 구조이다.

우리가 단계별로 간략하게 묘사한 법제法制의 배후에서 연구할 필요가 있는 것은 바로 이 구조들이다.

오랜 동안 의학적 사유와 수용의 실천은 서로 무관했다. 정신질환에 대한 지식이 고유한 법칙에 따라 발전하는 동안, 구체적 광기의 경험, 수용에 의해 상징되고 고정된 경험은 고전주의 세계에 자리를 잡았다. 18세기 말에 이 두 가지 형상은 최초의 수렴에 대한 구상 속에서 서로 가까워진다. 이것은 피수용자가 병자라는 것을 앎의 전환에 따라 드러냈을 계시도 심지어는 의식화도 아니다. 이것은 균질적이고 한결같으며 엄격하게 제한된 오랜 배제의 공간과 18세기에 헌신의 심리적이고 도덕적인 형태에 따라 나누어지면서 분할되고 다형적多形的이게 된 빈민구제의 그 사회적 공간이 서로 마주친 막연한 작용이다.

그러나 이 새로운 공간은 광기 특유의 문제에 부합하지 않는다. 건강한 빈민에게 노동의 의무가 규정되었고 병자를 보살피는 일이 가족에게 맡겨졌지만, 광인은 사회로 복귀할 수 없었다. 기껏해야 측근의 위험한 광인이 마음대로 돌아다니게 내버려두는 것을 개인들에게 금지함으로써, 광인을 가족공간에 묶어두고 부양하려는 시도가 이루어질 수 있었을 뿐이다. 게다가 당시에 보호는 한쪽 편에서 아주 허술하게만 보장될 뿐이다. 부르주아 사회는 빈곤 앞에서 스스로 결백하다고 느끼는 만큼이나, 광기 앞에서 책임을 인정하고 사인私人을 광기로부터 보호해야 한다고 느낀다. 기독교 세계에서 역사상 처음으로 질병과 가난이 개인이나 가족의 권역圈域에만 속하게 됨으로써 '사적인 것'으로 변한 시대에, 광기는 사실상 '공적 지위'를 획득하고 사회를 광기의 위험으로부터 보호하는 감금공간의 규정에 얽매인다.

이러한 감금의 성격은 아직 어떤 것에 의해서도 결정되지 않는다. 사람들은 그것이 체벌體罰에 더 가까운지, 아니면 구호救護와 더 유사한지 알지 못한다. 당분간은 한 가지 사항만이 확실하다. 즉, 수용이 붕괴되어 경범죄자가 자유를 되찾고 파렴치한 사람이 가정으로 되돌려보내지는 시기에, 광인은 형사 소추訴追를 당하거나 이미 유죄 선고를 받은 죄수, 가족이 없는 빈민이나 병자와 동일한 상황에 놓이는 것이다. 라 로슈푸코-리앙쿠르는 자신의 보고서에서, 파리의 피수용자 대다수에게 재택구호가 적용될 수 있을 것이라고 주장한다. "1만 1천 명의 빈민 중에서 거의 8천 명에게, 다시 말해서 '죄수, 정신이상자, 또는 무가족자無家族者'가 아닌 어린이와 남녀 성인에게 이러한 구호의 세계를 활용할 수 있을 것이다."[19]

---

19 La Rochefoucauld-Liancourt, *loc. cit.*, p. 95. 필자에 의한 강조.

그렇다면 광인을 죄수로 취급하여 감옥에 집어넣어야 할 것인가, 아니면 가족의 능력으로는 감당할 수 없는 환자로 취급하여 광인에게 준準가족을 마련해주어야 할 것인가? 우리는 어떻게 튜크와 피넬이 이 두 가지를 다 실행했고, 그럼으로써 현대적 정신병원의 원형原型을 명확하게 규정했는지 자세히 살펴볼 생각이다.

그러나 이 두 가지 감금유형의 공통된 기능과 이것들이 혼합된 형태는 아직 발견되지 않는다. 대혁명이 막 시작되려고 하는 시기에는 두 계열의 계획이 서로 대립한다. 즉, 한 계열의 계획은 일종의 기하학적 순수성, 거의 상식을 벗어난 합리성을 통해 수용의 낡은 기능을 새로운 형태로 되살려 광기와 범죄에 적용하려는 시도이고, 다른 계열의 계획은 이와 반대로 비능률적 가족을 대체할 광기의 의료적 지위를 규정하려는 노력이다.

이것은 박애와 야만野蠻, 새로운 인본주의와 전통의 싸움이 아니다. 이것은 가난, 방종, 질병 등 예로부터 광기에 수반되는 것이 다시 사적私的 영역으로 넘어간 시기에 사회 전체가 재차 몰아내려고 애쓰는 광기를 규정하기 위한 힘겨운 암중모색暗中摸索이다. 완전히 재편성된 사회 공간에서 광기는 틀림없이 자리를 되찾을 것이다.

수용이 의미를 상실하는 바로 그 시기에, 사람들은 완벽한 고요 속에서 장애물도 불편한 점도 없이 기능하는 이상적 교정矯正시설, 교정의 모든 메커니즘이 순수한 상태로 움직일 수 있는 꿈 같은 비세트르를 절실히 열망했는데, 거기에서는 모든 것이 오직 질서와 징벌, 정확한 양형量刑, 피라미드처럼 체계화된 노동과 처벌일 것이다. 이를테면 악惡의 세계에서 그래도 가장 바람직한 곳일 것이다. 그리고 사람들은 그 이상적 요새要塞가 현실세계와 접촉하지 않기를, 즉 완전히 폐쇄적인 공간으로서 전염이 예방되고 공포가 일소되는 자족自足상태에서 죄악의 자원資源으로만 유지되기를 꿈꾼다. 그러한 장소는 독립적 소우주 속에서 사회의 거꾸로 된 모습을 형성할 것이다. 즉, 사람들의 행복을 이루는 미덕, 자유, 보상報償이 악덕, 속박, 징벌에 거울에서처럼 반영되는 곳일 것이다.

예컨대 브리소20는 건축적이고 동시에 도덕적인 엄밀한 기하학에 따라, 완벽한 교정시설의 도면圖面을 그린다. 모든 부분은 면밀한 사회적 지옥의 상징적 가치를 띤다. 정사각형이어야 하는 한 건물의 양쪽 부분은 완화된 형태의 해악害惡만을 위한 공간으로 사용될 것이다. 즉, 한편에는 여자와 어린이가 들어갈 것이고, 다른 한편에는 채무자債務者가 들어갈 것인데, 그들에게는 "그런 대로 쓸 만한 침대와 먹을 만한 음식"이 제공될 것이다. 그들의 침실에는 햇볕과 온화한 분위기가 깃들 것이다. 냉기와 바람이 심한 쪽으로는 "사형죄로 기소된 사람"과 함께 방종자, 광조병狂躁病 환자, 그리고 "공공公共의 휴식을 방해하는" 온갖 미치광이가 배치될 것이다. 전자前者의 두 경범죄자 부류는 공익公益에 유용한 몇 가지 일을 할 것이다. 후자의 두 부류에게는 건강에 해로운데도 너무나 자주 성실한 사람들이 실행하지 않을 수 없는 그러한 필수적 작업만 맡겨질 것이다. "작업은 체력이나 민감성 또는 범죄의 성격 등에 맞춰 배분될 것이다. 가령 부랑자, 방종자, 흉악범은 돌을 톱으로 자르는 일, 대리석을 다듬는 일, 염료染料를 개는 일, 그리고 성실한 시민들의 생명을 위험에 빠뜨리기 일쑤인 화학실험에 종사하게 될 것이다."

이러한 경이로운 구조 속에서 노동은 이중의 실효성을 가져다준다. 즉, 노동은 파괴하면서 생산한다. 이를테면 사회에 바람직하지 않은

---

20 *Jacques Pierre Brissot. 프랑스의 정치가(1754~1793)로서 왕비를 비방하는 팜플렛 때문에 바스티유에 갇혀 있다가 풀려나 1785년 오를레앙 공(公) 휘하로 들어간다. 미국으로 건너가 흑인 노예의 해방을 위해 활동하기도 하고 입법 의원으로 유색인의 권리와 평등을 위한 선언문을 통과시키기도 한다. 1793년 6월 2일 기소되자 도주하나 체포되어 처형당한다.

노동자의 죽음 자체에서 사회에 필요한 것이 생겨난다. 인간의 불안하고 위험한 삶은 대상의 온순함 속으로 옮겨갔고, 그 무분별한 생활방식의 모든 불규칙성은 대리석의 그 매끄러운 표면에서 마침내 균등하게 되었다.

여기에서 고전주의적 수용의 주제는 절정絶頂의 완벽성에 도달한다. 즉, 피수용자는 죽을 때까지 배제되지만, 그가 죽음에 이를 때까지 내딛는 걸음걸음은 완벽한 가역성可逆性 속에서, 그를 추방한 사회의 행복에 유용한 것이 된다. 21

이와 같은 꿈은 대혁명이 시작될 때에도 사라지지 않는다. 뮈스키네의 꿈은 매우 유사한 기하학의 영역에 속하지만, 상징의 면밀성綿密性은 한층 더 풍부하다. 그곳은 네 부분으로 이루어진 요새인데, 건물들 각각은 4층으로 작업의 피라미드를 형성한다. 아래층에서는 소모梳毛 및 직조織造작업이 행해지고, 꼭대기에서는 "사슬을 엮는 작업이 시작되기 전에, 이를 위한 작업대가 설치될 것이다."22 사회적 피라미드. 즉, 피수용자는 12명씩 조로 나뉘어지고 각 조는 작업반장이 통솔한다. 감시인은 피수용자의 작업을 통제한다. 관장館長은 전체를 관리한다. 마지막으로 보상報償이 단계별로 실시되는데, 최대의 보상은 석방이고, 매주 가장 열성적으로 일하는 사람으로 선정된 피수용자는 "소장으로부터 6리브르짜리 금화金貨 하나를 상으로 받을 것이며, 이 상을 3번 받은 사람은 자유를 얻게 될 것이다."23 이것은 바로 노동과 수익收益을 위한

---

21 Brissot de Warville, *loc. cit.*, pp. 183~185. "범죄자들을 국가에 유익하게끔 관리하기 위해 범죄자들에게 부과할 수 있는 일거리에 관한 계획이 추가된 사형(死刑)에 관한 논술"을 사드가 썼거나 쓸 작정이었다는 점에 주목할 필요가 있다(어떤 문인의 미발표 작품, G. Lély, *Vie du marquis de Sade*, t. II, p. 343에서 재인용).

22 Musquinet de la Pagne, *Bicêtre réformé, ou l'établissement d'une maison de discipline*, Paris, 1790, pp. 10~11.

것이고, 균형은 가장 정확하게 맞추어진다. 즉, 피수용자의 노동이 시설관리자에게는 상품가치이고 죄수에게는 자유의 구매가치인데, 이는 일거양득一擧兩得이 아닐 수 없다.

또한 도덕성의 세계도 있는데, 이 세계는 건물들에 의해 형성된 정방형正方形의 중심에 위치하게 되어 있는 예배당으로 상징된다. 남녀를 불문하고 일요일마다 미사에 참석해야 하고 설교를 주의 깊게 경청해야 하는데, 설교의 목적은 언제나 "과거의 삶에 대해 품어야 하는 회개의 심정을 그들에게 불어넣고 그들로 하여금 이 수용생활에서조차 … 방종과 무위도식이 사람을 얼마나 불행하게 만드는가를 이해하게 할 뿐만 아니라 이제부터 더 나은 행동을 하겠다고 굳게 결심하게끔 만드는 것이다."24 이미 몇 차례 상賞을 받아 한두 단계의 자유만을 얻은 죄수라도 미사 중에 소동을 피운다거나 "품행이 방정方正하지 않다"고 판명되면, 이전에 획득한 특전特典을 잃게 된다.

자유는 원가原價뿐만 아니라 도덕적 가치도 지니고 있으며, 또한 미덕을 통해 획득해야 하는 것이다. 그러므로 죄수는 두 집합의 교차지점에 놓여 있는 셈인데, 하나는 순수하게 경제적인 것으로서 노동, 노동의 산물, 노동에 따른 특별수당으로 구성되고, 다른 하나는 순수하게 도덕적인 것으로서 미덕, 감독監督, 보상으로 이루어진다. 동시에 순수한 도덕성이기도 한 완벽한 노동 속에서 이 양자가 일치할 때, 피수용자는 자유를 얻는다.

교정시설 자체, 곧 이 완벽한 비세트르는 이중의 정당성을 갖는다. 즉, 외부세계에 대해서는 오로지 이익일 뿐인데, 가령 뮈스키네의 추정에 의하면 보수가 지급되지 않는 그러한 노동의 가치는 1년에 정확히

23 Musquinet de la Pagne, *op. cit.*, p. 26.
24 *Ibid.*, p. 27.

50만 리브르이고, 이 금액은 노동자 400명의 1년 치 급여에 상당할뿐더러 내부 세계에 대해서는 거대한 도덕적 정화의 계기이다. "선도될 수 없다고 추정될 정도로 타락한 사람은 결코 없는 바, 타락한 사람에게 진정한 이익을 알게 함으로써, 감당할 수 없고 언제나 인간의 허약성을 넘어서는 체벌로 그를 바보로 만들지 않는 것이 중요하다."[25]

우리는 지금 수용의 신화가 갖는 극단적 형태를 다루고 있다. 수용은 복잡한 도식 속에서 순수해지는데, 거기에서는 수용의 모든 의도가 투명하게 드러난다. 수용은 과거에 막연하게 드러난 모습을 이제 매우 간명하게 내보인다. 즉, 수용은 피수용자에게는 도덕통제이고 다른 사람에게는 경제적 이익이다. 거기에서 행해지는 노동의 산물은 둘로, 즉 관리자와 그를 통해 사회로 돌아가는 모든 이득, 그리고 도덕성의 증서證書라는 형태로 노동자에게 돌아가는 특별수당으로 엄정하게 분리된다.

보호시설이 무엇이고자 했는가뿐만 아니라 부르주아 의식意識의 한 형태 전체가 노동, 이윤, 미덕 사이의 관계를 확립하는 방식을 가리키는 일종의 기괴한 진실이다. 보호시설은 이성과 동시에 비이성이 표현된 신화 속에서 광기의 역사가 동요하는 지점이다. [26]

도덕성이 전적으로 박탈된 상태에서 실행되는 노역勞役의 이러한 꿈, 노동자의 죽음을 통해 실증성을 되찾는 노동의 이런 또 다른 몽상에 힘입어, 수용은 과도한 진실에 이른다. 이와 같은 계획은 심리적이고 사회적인 의미의 과잉, 광기가 평준화되는 도덕적 상징의 체계 전체에 의해서만 좌우될 뿐이고, 그때 광기는 무질서, 불규칙, 막연한 과오, 이를테면 국가를 혼란시키고 도덕에 어긋나게 행동하는 사람의 이상異常

25 *Ibid.*, p. 11.
26 뮈스키네가 구체제 하에서 비세트르에 수용되었고 대혁명의 시기에는 유죄 선고를 받고 거기에 재차 감금되었다는 사실, 그가 어떤 때는 광인으로, 또 어떤 때는 범죄자로 여겨졌다는 사실을 무시해서는 안 된다.

현상일 뿐이다.

부르주아 사회에서 수용의 무용성無用性이 인식되고 고전주의 시대에 비이성을 감지할 수 있게 만들곤 한 그 자명한 통일성이 무너지는 시기에, 부르주아 사회는 인간에게 있는 낯선 것이 억눌리고 침묵으로 귀착될 순수한 노동, 말하자면 부르주아 사회에는 전적으로 이득이고 다른 사람들에게는 죽음과 도덕적 복종일 뿐인 노동을 열망하기 시작한다.

이러한 몽상夢想 속에서 수용은 위세가 꺾인다. 수용은 순수한 형태가 되고 사회적 유용성의 망網 속에 쉽게 자리 잡으며 한없이 다산적多産的인 것으로 밝혀진다. 이미 단죄된 수용의 모든 주제를 환상적 기하학에 따라 답습하는 그 모든 전설적 구상은 허망한 작업이다. 그렇지만 수용의 공간에서 모든 실제적 모순을 제거하고 수용을 적어도 상상계 안에서는 사회의 요구에 부응할 수 있게 만들면서, 수용은 배제라는 유일한 가치를 긍정적 의미로 대체하려는 시도가 이루어졌다. 국가의 한계에서 부정적 구역 같은 것을 형성하던 이 영역은 사회가 인정되고 사회적 가치가 유통될 수 있는 충만한 환경이 되고자 했다. 이에 따라 브리소나 뮈스키네의 꿈은 그들의 진지한 태도, 그들의 박애주의적 배려, 의료실천에 대한 최초의 관심과는 완전히 상반되는 의미를 부여받는 듯한 계획과 나란히 진행된다.

이러한 계획은 설령 그들의 꿈과 동시대적이라 해도 그들의 꿈과는 매우 다른 방식으로 이루어진다. 후자에서는 피수용자에 대한 참조 없이 가장 일반적 형태로 파악된 수용의 추상적 개념이 지배적이었는데, 피수용자는 수용의 존재 이유라기보다는 오히려 수용의 계기이자 소재素材였다. 전자에서 강화되는 것은 반대로 피수용자에게 있을 수 있는 특별한 측면과 특히 18세기에 수용의 본질적 구조가 상실됨에 따라 광기가 갖게 된 그 특이한 양상이다. 거기에서 정신이상은 수용에 대해, 그다지 필연적인 수용의 경우들 가운데 하나로서가 아니라 그 자체로, 말하자면 수용이 유일한 해결책인 듯한 하나의 문제로서 다루어진다.

수용되는 광기와 치료되는 광기, 비이성에 덧붙여지는 광기와 질병에 결부되는 광기가 체계적으로 대비되는 것은 이번이 역사상 처음이다. 요컨대 근대적 의미에서의 정신이상을 구성하는 그러한 혼동 또는 그러한 종합(누구나 종합이라 부르고 싶을 것이다)의 첫 번째 계기가 된 것이다.

1785년에 두블레와 콜롱비에는 〈광인들을 관리하고 다루는 방식을 알리기 위해 정부의 명령과 비용으로 인쇄된 훈령〉에 서명한다. 거기에서 광인은 무척 애매하게도 재조정의 노력이 진행중인 구제와 사라지고 있는 중인 수용의 중간에 위치한다. 이 문서는 광기를 다루는 방식과 관련하여 발견의 가치도 전환의 가치도 지니고 있지 않다. 그것은 오히려 타협, 부자연스러운 조치, 균형을 보여준다. 혁명기革命期 입법자들의 온갖 망설임은 거기에 이미 예고되어 있다.

한편으로 구제는 자연스러운 연민의 발로發露로서, 필요한 것을 자력으로 조달할 수 없는 모든 사람의 경우와 동일한 이유로 광인들에 의해 요구된다. "가장 약하고 가장 불행한 사람들에게 사회는 가장 현저한 보호와 가장 많은 생필품을 마련해주어야 하고, 그래서 어린이와 미치광이는 언제나 공적公的 배려의 대상이었다." 그렇지만 어린이에게로 향하는 자연스러운 동정심은 적극적 이끌림인 반면에, 광인에 대한 연민은 폭력과 광포함으로 흐르기 쉬운 이 낯선 존재에 대한 두려움에 의해 상쇄되고 심지어는 소멸한다. "이를테면 광인의 얼굴과 몸통에 나타나 있는 흉측한 표지, 광인의 이성이 망각되는 애절한 광경으로부터 누구나 애써 눈을 돌리려고 하며, 게다가 광인의 난폭성에 대한 두려움은 부양의 의무가 없는 사람을 광인으로부터 멀어지게 한다."

그러므로 추상적 연민에서 기인하는 구제의 의무와 실제로 체험된 큰 불안 때문에 야기되는 정당한 두려움 사이에서 사잇길을 찾아낼 필요가 있는데, 그것은 당연히 '벽 안의'[27] 구제, 공포로 인해 벌어지는 그 간격의 끝에서 베풀어질 구호, 100여 년 전부터 수용에 의해 마련되었고 수용에 의해 빈자리로 남게 된 공간에서 발휘될 연민이게 된다. 사실상 광인의 배제는 또 다른 의미를 갖게 된다. 즉, 그것은 사회의 궁극적 한계지점에서 이성과 비이성의 커다란 단절을 더 이상 표시하지 않게 되고, 대신에 집단의 내부에서 감정과 의무, 이를테면 연민과 공포, 구제와 안전보장 사이의 타협선妥協線 같은 것을 그리게 된다.

아마 오랜 강박관념으로부터 이어졌을 것이고 나병의 자리를 거의 지리적으로 다시 차지하면서 인간의 두려움 속에 굳건히 자리 잡은 그 절대적 한계의 가치를 그것은 결코 지니지 않게 된다. 그것은 이제 한계라기보다는 오히려 조치이게 되어 있고, "로마법에서 발상을 얻은 프랑스의 보호시설"을 그토록 비판받을 수 있게 만드는 것은 바로 이 새로운 의미의 명증성明證性인데, 그곳은 실제로 "공공의 두려움"만을 완화시킬 뿐이고, "안전뿐만 아니라 보살핌과 치료도 요구하는 연민을 충족시킬 수 없다. 거기에서는 보살핌과 치료가 흔히 무시되기 때문에, 어떤 사람들의 정신장애는 치유될 수 있을 터인데도 불구하고 영속하고, 또 어떤 사람들의 정신장애는 감소될 수 있을 터인데도 불구하고 증가한다."

그러나 이 새로운 형태의 수용은 부자의 능력과 빈자貧者의 제약制約을 조정해야 한다는 그러한 다른 관점에서도 효과적인 조치임이 틀림없

---

27 *intra muros. 외부와 단절된 가운데 수용 시설 자체에서 자율적으로 이루어지는 구제를 가리킨다.

다. 부자는 "광기가 덮친 부모를 자신의 거처에서 정성스럽게 치료하는 것이 보통이고" 치료에 실패하면 부모를 "믿을 수 있는 하인들로 하여금 감시하도록" 하는데, 이것은 분명히 튀르고의 제자들에게는 구제의 이상理想일 것이다.

그러나 빈민은 "정신이상자를 받아들이는 데 필요한 재력도, 정신이상자를 보살피고 병자를 치료받게 할 능력도" 없다. 그러므로 빈민이 자유롭게 이용할 수 있는 구호, 이를테면 가정 내에서만큼 세심하면서도 수혜자受惠者에게 완전히 무상으로 제공되는 감시와 동시에 치료를 부자의 모델에 따라 확립할 필요가 있는데, 그렇게 하기 위해 콜롱비에는 "각 빈민수용소 안에 가련한 정신이상자만을 위한 관할구역"을 설치하고 "거기에서 모든 종류의 광기를 구별 없이 치료할" 것을 명령한다.

그렇지만 이 문서의 가장 결정적인 요소는 광인에 대한 무조건적 배제와 광인이 병자로 여겨짐에 따라 그들에게 베풀어지는 의료행위 사이의 균형이 망설임의 분위기 속에서도 서서히 모색된다는 점이다. 광인을 감금하는 것은 본질적으로 광인의 위험으로부터 사회를 미리 보호하기 위한 조치이다. "이 위험은 많은 사례로 입증되었고, 처자식을 목 졸라 죽인 뒤 광란의 피 어린 희생자들 곁에서 조용히 잠이 든 조광증 환자의 이야기가 얼마 전에 여러 공문서를 통해 우리에게 전해졌는데, 우리는 이 이야기만으로도 광인으로 인한 위험을 충분히 수긍할 수 있었다."

그러므로 첫 번째 사항은 가난한 가족이 가난 때문에 감시할 수 없는 정신장애자를 감금하는 것이다. 또한 정신장애자가 비교적 부유하다면 의사가, 정신이상자를 당장 감금할 수 없다면 구빈원이 치료의 혜택을 베풀 수 있도록 하는 것이다. 두블레는 갖가지 정신질환에 적용할 필요가 있는 치료, 이를테면 18세기의 전통적 치료가 정확히 요약되어 있는 규범을 상세히 서술한다. **28**

그렇지만 여기에서 수용과 치료 사이의 접합接合은 일시적 범주의 것

일 뿐이다. 수용과 치료는 정확히 일치하지 않고 이것들 사이에는 전후
前後관계가 있다. 즉, 치료는 질병이 치료 가능한 것으로 간주되는 짧은
시기 동안 행해지고, 뒤이어 곧장 수용은 오직 배제의 기능만을 수행하
게 될 뿐이다. 어떤 관점에서 1785년의 훈령은 구호와 수용의 관습을
재개하고 체계화하는 것이 사실이지만, 거기에서 중요한 것은 구호와
수용이 동일한 제도적 형태에 추가되고 배제의 결정이 내려지는 그때부
터 치료가 실행된다는 점이다.

예전에 시립병원은 치료의 장소였고 비세트르는 감금의 장소였다.
이제는 의료의 기능과 배제의 기능이 하나의 조직 내에서 차례로 작용
할 그러한 감호의 형태가 계획된다. 광기를 돌이킬 수 없는 정신이상으
로 지정하는 추방의 공간에 의해 사회를 광인으로부터 보호하기, 그리
고 광기가 적어도 합법적으로는 일시적인 것으로 간주되는 회복回復의
공간 안에서 질병을 예방하기가 그것이다. 여태까지 이질적이던 두 가
지 경험형태를 포괄하는 이 두 가지 유형의 조치는 서로 뒤섞이지 않고
겹치게 된다.

사람들은 두블레와 콜롱비에의 문서를, 근대적 정신병원의 성립을
향한 최초의 위대한 단계로 만들고 싶어했다.29 그러나 그들의 〈훈
령〉에 의해 아무리 의료 및 조제調劑기법이 수용의 세계에 스며들 정도
로 가능한 한 가까이 접근한다 해도, 가장 중요한 단계는 극복되지 않
는다. 핵심적 진전은 외부로부터의 도움 없이 현지現地의 역량에 의해
자력으로 광기를 해결할 수 있는 수용공간이 광기에만 적용되어 고유한
가치를 드러내는 날에야, 다시 말해서 수용이 근본적 치료행위로 바뀌

---

28 *Journal de médecine*, 1785년 8월, pp. 529~583.
29 Sérieux et Libert, "L'Assistance et le Traitement des maladies mentales au
temps de Louis XVI," *Chronique médicale*, 1914년 7월 15일~8월 1일 참조.

고 동시에 배제라는 부정적 행위가 자체의 유일한 의미와 고유한 효력에 의해 치유의 긍정적 세계로 열리는 날에야 비로소 이루어지게 된다.

중요한 것은 수용과 무관한 실천을 수용에 덧씌우는 것이 아니라, 수용을 정비하고 수용에 감추어진 진실을 파악하며 수용 속에서 어렴풋이 서로 교차하는 맥락들의 긴장도緊張度를 높이면서 광기를 이성으로 귀착시키는 움직임에 맞춰 수용에 의료적 가치를 부여하는 것이다. 요컨대, 사회적 분할의 기능만을 수행할 뿐이었던 공간을 광인과 비광인의 내밀한 진실이 곧장 서로 교환될 변증법적 영역으로 만드는 것이다.

이 단계는 트농과 카바니스에 의해 극복된다. 트농에게서는 여전히 의료행위가 실패로 돌아갔을 때에만 광인의 수용이 최종적으로 결정될 수 있다는 낡은 관념을 찾아볼 수 있다. "가능한 모든 방편을 끝까지 이용한 후에야 시민에게서 자유를 박탈할 유감스러운 필요성에 동의할 수 있다."[30]

그러나 벌써 수용은 엄밀하게 부정적인 방식으로 자유를 완전히 박탈하는 조치가 아니다. 수용은 오히려 제한되고 조직된 자유이게 되어 있다. 수용이 합리적 세계와의 모든 접촉을 피하기 위한 것이라면, 이 점에서 수용시설이 언제나 출입 금지구역이라면, 수용은 반드시 내부 쪽으로, 광기가 자유롭게 표출되도록 내버려지는 빈 공간으로 열려 있게 마련인데, 이는 광기를 맹목적 폭발로 치닫도록 하기 위한 것이 아니라, 끊임없는 속박으로는 실현될 수 없는 충족 가능성, 완화의 기회를 광기에 남겨두기 위한 것이다. "첫 번째 치료법은 본성이 광인에게 명하는 충동에 광인이 적당히 빠져들 수 있도록 광인에게 어느 정도 자유를 주는 것이다."[31]

---

30 Tenon, *Mémoires sur les hôpitaux de Paris*, Paris, 1788, 4ᵉ Mémoire, p. 212.
31 Tenon, *Projet de rapport au nom du comité des secours*, ms. B. N. fᵒ 232.

수용은 광기를 완벽하게 통제하려는 것이라기보다는 마치 광기에 거리두기를 허용해야 하기라도 하는 듯이 기능하는데, 이러한 거리두기 덕분으로 광기는 광기일 수 있을 뿐만 아니라, 변함없는 압박이 어김없이 유발하는 모든 이차적 반응, 가령 난폭성, 격분, 광포함, 절망을 떨쳐버린 자유로운 상태 속에서 나타날 수 있다.

고전주의 시대에는, 적어도 그 시대의 몇몇 신화에서는 광인의 자유가 동물성의 가장 공격적인 형태와 동일시되었다. 즉, 정신장애자를 짐승과 관련시키는 것은 포식捕食이었다. 이제는 광인에게 부드러운 동물성이 있을 수 있다는 주제가 나타나는데, 이러한 동물성은 난폭성으로 광인의 인간적 진실을 소멸시키는 것이 아니라, 정신이상자를 가축家畜이나 어린이와 유사한 존재로 만드는 본성의 비밀, 잊혀지지만 언제나 친숙한 토대를 드러나게 하는 것이다.

광기는 더 이상 반 자연 속으로의 절대적 전락이 아니라, 자연에 매우 가까운 본성의 만연蔓延이다. 그래서 트농에게 가장 이상적인 수용의 실천은 생-뤼크에서 이루어지는 것인데, 거기에서 광인은 "자기 마음대로 숙소에서 나가고 싶으면 언제든지 나가서 복도나 모래 깔린 야외 산책로를 돌아다닌다. 그가 어쩔 수 없이 심한 동요에 빠져들면, 충동에 얼마든지 빠져들 수 있도록 그에게 주거지역과 동시에 노천露天지역을 마련해줄 필요가 있었다."[32] 그러므로 수용은 속박의 공간인 만큼이나 진실의 장소이게 되어 있고, 진실의 공간이기 위해서만 속박의 장소이게 되어 있다.

정신분석의 분출까지 정신의학의 역사 전체를 그토록 무겁게 짓누르고 있는 이 관념, 즉 광기의 진실이 본질적 형태로 노출될 수 있게 되는

---

32 Tenon, *op. cit.*, f° 232. 동일한 관점에서 *Mémoires sur les hôpitaux*, 4° Mémoire, p. 216 참조.

특별한 요소를 수용된 광기가 속박 속에서, 공허하고 폐쇄된 곳에서, 그러한 "환경"에서 발견한다는 관념은 이때 역사상 처음으로 표명된다.

비교적 자유롭고 진실의 절정絶頂에 내맡겨진 광기는 더욱 심해지고 일종의 지속적 촉진促進으로 치닫게 될 위험이 있지 않을까? 트농도 카바니스도 그렇게 생각하지 않는다. 반대로 그들은 그러한 절반의 자유, 짐승 우리 속의 자유가 치료의 가치를 내포할 것이라고 추정한다. 그들에게나 18세기의 모든 의사에게나 상상력은 육체와 영혼에 관여하고 오류의 탄생장소이기 때문에 정신의 모든 질환에 대해 언제나 원인으로 작용하는 것이다. 그런데 인간은 속박되어 있을수록 상상력이 더욱 분방해지고, 육체를 얽매는 규칙이 엄격할수록 몽상과 상상이 더욱 기승을 부리게 된다. 그리고 자유는 상상력을 끊임없이 현실과 대면시키고 아무리 기이한 공상일지라도 친숙한 행위 속에 감추므로 쇠사슬보다 더 효과적으로 상상력을 억제한다. 상상력은 하염없는 자유 속에서 평온을 회복한다.

그래서 트농은 생-뤼크의 간수看守들이 선견지명先見之明을 갖고 있다고 극구 찬양하는데, 거기에서는 "광인이 일반적으로 낮 동안 자유로운 상태에 놓인다. 이러한 자유는 이성의 제동을 받지 않는 사람의 이미 미친 듯하거나 빗나간 상상력이 완화되리라는 것을 예고하는 치료제이다."33

따라서 이 틀어박힌 자유와 다르지 않은 수용은 그 자체가 치유의 동인動因이고, 수용이 치료법일 수 있는 것은 실제의 치료 때문이라기보다는 오히려 상상력, 자유, 침묵, 한계의 작용 때문이고 동시에 이것들을 자연스럽게 조직하고 오류를 진리로, 광기를 이성으로 이끄는 움직임 때문이다. 수용된 자유는 이윽고 정신분석에서의 해방된 언어처럼

---

33 Id., *ibid.*

저절로 치유의 결과를 가져다주지만, 그렇게 되는 것은 정확히 반대되는 움직임에 의해서이다. 즉, 환상幻想이 말을 통해 구체화되고 교환되도록 허용함으로써가 아니라, 이와 반대로 환상을 억제하여 사물들의 끈질기고 무겁게 현실적인 침묵 앞에서 사라지도록 함으로써이다.

매우 중요한 단계가 돌파된다. 즉, 수용은 공식적으로 의료활동의 위엄威嚴을 띠게 되었고, 수용의 공간은 광기가 죽음에 이르기까지 깨어 있었고 막연하게 보존되었다는 점에서가 아니라 광기가 일종의 토착적土着的 메커니즘에 의해 저절로 제거되는 것으로 간주된다는 점에서 치유의 장소가 되었다.

중요한 것은 수용시설의 정신병원으로의 이러한 변모가 의학의 점진적 도입, 외부로부터 도래하는 일종의 내습來襲에 의해서가 아니라, 고전주의 시대가 배제와 체벌의 기능만을 부여한 그 공간의 내부적 재편성에 의해 실현되었다는 점이다. 비이성의 다른 모든 형태가 점차로 수용시설에서 풀려났는데도, 수용을 광기에 대해 이중으로 특별한 장소, 광기의 진실이 드러나는 장소 겸 광기의 소멸이 이루어지는 장소로 만든 것은 수용이 갖는 사회적 의미의 점진적 변화, 탄압에 대한 정치적 비판과 빈민구제에 대한 경제적 비판, 광기에 의한 수용 영역 전체의 전유專有이다.

이에 따라 수용의 공간은 광기의 행선지行先地가 되고, 이제부터 수용과 광기의 관계는 필연적이게 된다. 그리고 가장 모순되는 것으로 보일 수 있었던 기능, 이를테면 미치광이에 의해 야기될 수 있는 위험으로부터의 보호와 질병의 치유, 이 두 기능의 조화 같은 것이 마침내 느닷없이 생겨난다. 즉, 수용의 작용에 의해서만 단번에 광기의 진실이 표명되고 광기의 본질이 풀려날 뿐인 것은 수용의 비어 있는 공간에서이므로, 공공公共의 위험은 사라지게 되고 질병의 징후는 소멸하게 된다.

이처럼 새로운 가치와 알려지지 않았던 움직임이 수용의 공간에 깃들 때, 오직 그때에만 의학은 보호시설을 점유하고 광기의 모든 경험을 아우를 수 있게 된다. 수용의 문을 강제로 열어젖힌 것은 의학적 사유가 아닐뿐더러, 의사들이 오늘날 정신병원에서 군림하는 것은 정복의 권리에 따른 것도 아니고 그들의 박애주의나 과학적 객관성에 대한 관심의 생생한 활기 덕분인 것도 아니다. 그것은 100여 년 전부터 점차로 광기와 비이성을 몰아낸 사회적이거나 정치적인 모든 행위와 상상적이거나 도덕적인 모든 의례儀禮의 재조정으로 말미암아 수용 자체가 치료의 가치를 띠었기 때문이다.

수용은 양상이 바뀐다. 그러나 광기가 수용과 더불어 형성하고 엄밀한 분할이 결코 가능하지 않는 복합단지에서 광기도 변한다. 광기는 사람들이 조삼모사朝三暮四로 광기에 부여하는 그러한 절반의 자유, 광기를 싣고 흘러가는 시간, 마지막으로 광기를 감시하고 포위하는 시선과 새로운 관계를 맺는다. 광기는 필연적으로 이와 같은 닫힌 순환의 세계와 일체를 이루는데, 이러한 세계는 광기의 '진실'임과 동시에 광기의 '거주지'이다. 광기를 보여주고 광기와 관련되는 실천에 광기가 미리 전제될 경우에만 이상할 뿐인 재귀再歸현상에 의해, 광기의 상황은 광기의 본질이 되고, 광기의 속박상태는 결정론의 의미를 띠며, 광기를 고정시키는 언어는 스스로에 관해 말할 진실의 목소리를 갖는다.

　카바니스의 천재성과 그가 1791년에 쓴 글들34은 전망展望이 흔들리

34 가령 살페트리에르에 수용된 광녀들의 상태, 그리고 광인들의 입소(入所) 허용에 관한 규정안(規定案)의 채택에 대해 파리도(道)의 한 도민(道民)이 1791년 파리도(道)에 제출한 보고서. 이 문서는 Tuetey, *L'Assistance publique à Paris pendant la Révolution. Documents inédits*, t. III, pp. 489~506에 저자의 이름 없이 '온전하게' 인

는 이 결정적이고 동시에 모호한 시기를 배경으로 하고 있다. 즉, 수용의 사회적 개혁이었던 것은 광기의 깊은 진실에 대한 충실성이 되고, '광인이 소외되는 방식'은 잊혀져서 '정신이상의 본질'로서 재출현한다. 수용으로 인해 생겨난 형태에 따라 수용의 배치가 정해지고 있는 중이다.

광기의 문제는 더 이상 이성이나 질서의 관점에서가 아니라 자유로운 개인의 권리라는 관점에서 고찰되고, 어떤 강제권強制權도 어떤 자선도 개인의 자유와 권리를 잠식할 수 없다. "무엇보다도 먼저 고려해야하는 것은 개인의 자유와 안전이며, 구호救護를 실행한다고 해서 사법의 규범을 침해해서는 안 된다." 자유와 이성은 동일한 한계를 갖는다. 이성이 타격을 받을 때 자유는 속박될 수 있고, 이성의 훼손毀損은 여전히 환자의 생활이나 다른 사람들의 자유를 위협하는 침해의 하나인 것이 틀림없다.

"인간이 합리적 능력을 향유할 때, 다시 말해서 합리적 능력이 타자他者의 안전과 평온을 위태롭게 하거나 인간 자신을 실제의 위험에 노출시킬 정도로 변질되지 않는 한, 인간의 자주성自主性을 조금이라도 훼손할 권리는 누구에게도 없다. 심지어는 사회 전체에도 없다."[35]

이처럼 광기의 정의定義는 자유가 광기와 맺을 수 있는 관계로부터 마련된다. 광인에게 형사刑事상의 책임을 면제하고 그 대신에 광인으로부터 민사民事상의 권리를 박탈하는 오랜 사법적 이해방식은 광기의 심리학을 형성하지 않았고, 자유의 그러한 정지停止는 다만 사법적 결과의 범주였을 뿐이다. 그러나 카바니스에 힘입어 자유는 인간에게 본성이 되었고, 자유의 행사行使를 합법적으로 막는 것은 필연적으로 인간에게

용되어 있다. 또한 *Vues sur les secours publics*, 1798에도 대부분의 내용이 실려 있다.

[35] *Vues sur les secours publics*, in *Œuvres philosophiques* de Cabanis, Paris, 1956, IIe partie, p. 49.

서 자유가 띠는 자연스러운 형태를 변질시키게 마련이었다. 그때 광인의 수용은 틀림없이 사실상의 상태에서 기인한 필연적 귀결이나 심리학의 층위에서 이미 이루어진 자유의 박탈에 대한 사법적 해석에 지나지 않을 것이다. 그리고 광기에 관한 근대의 사유를 그토록 머뭇거리게 만드는 심각한 모호성의 바탕은 본성을 참조하는 법法에 있다. 즉, 면책免責이 자유의 부재와 동일시된다면, 무죄를 증명할 수 있는 심리학적 결정론은 없다. 다시 말해서 심리학에서 진실인 것이 동시에 인간에게 정신이상일 수는 없다.

자유의 소멸은 중대한 문제였기에 광기의 기반, 비밀, 본질이 된다. 그리고 정신이상자의 실제적 자유에 가할 필요가 있는 제한制限을 결정하게 되어 있는 것은 바로 이러한 본질이다. 광기에 관해 알기 위해서는 불가피하게 광기를 조사해야 하고, 이를 위해 행정관, 법률가, 의사, 그저 경험이 풍부할 뿐인 사람이 어수선하게 소집되는데, 그만큼 자유의 소멸은 아직도 모호하다. "그래서 광인이 억류되어 있는 장소는 갖가지 행정부서의 감독과 경찰의 특별 감시를 끊임없이 받아야 한다." 광인이 유치留置장소로 끌려오면 "지체없이 모든 관점에서 그를 관찰하고, 보건 관리로 하여금 그를 관찰하게 하며, 온갖 종류의 광기를 살펴보는 데 가장 익숙하고 가장 똑똑한 근무자로 하여금 그를 감시하도록 하라."36

수용은 틀림없이 일종의 영구적 광기측정으로 작용할 것이고, 광기의 변하기 쉬운 진실에 맞춰 끊임없이 재조정될 것이며, 자유가 양도되는 한계 내에서만 속박적일 것이다. "인간성, 정의正義, 양질良質의 의학은 타인에게 실제로 해害가 될 수 있는 광인만을 감금하고 자해自害의 가능성이 있는 광인만을 옭아매라고 명한다." 보호시설을 지배할 정의

---

36 Cabanis, *op. cit.*, p. 51.

正義는 더 이상 처벌의 공정성이 아니라 진실의 정당성이게 된다. 즉, 자유를 주거나 제한을 가할 때 지켜야 할 정확성, 자유의 양도와 속박의 가능한 한 엄정한 일치이게 된다.

그리고 이러한 정의의 구체적 형태나 가시적 상징은 더 이상 쇠사슬, 말하자면 "압착하는 부위에 언제나 상처를 입히는" 절대적이고 징벌적인 제재制裁수단이 아니라, 유명한 구속복拘束服으로 발전할 의복, 즉 "양팔을 꽉 죄고 억제하며" 움직임이 더 격렬할수록 그만큼 더 꽉 죄어들게 되어 있는 "아마포亞麻布 또는 질긴 천의 작은 조끼"[37]이다. 구속복을 쇠사슬의 완화책緩和策으로나 "자제"自制로의 진보로 이해해서는 안 된다. 구속복에 관한 개념적 추론 전체가 여기에 함축되어 있는데,[38] 그것은 이성과 비이성의 절대적 대결이 아니라 자유와 자유의 한계 사이에서 이루어지는 언제나 상대적이고 언제나 유동적인 작용이 광기에서 경험된다는 것을 보여준다.

〈파리도道에 제출된 보고서〉의 뒤를 잇는 규정안規定案은 카바니스의 문서가 전개하는 주요한 착상의 세부적 적용을 제안하기 위한 것이다. "파리도道 전역에서 광인이나 미치광이를 대상으로 마련되어 있거나 마련될 시설에서 그들을 받아들이는 것은 법적으로 인정된 의사와 외과의外科醫의 보고서에 의거하여 이루어지는데, 거기에는 또한 부모나 친구 또는 이웃 사람 중에서 선정된 두 명이 서명해야 하고 지부支部나 면面의 치안판사에 의한 확인이 추가되어야 한다." 그러나 이 보고서에서는 규정이 더 넓게 해석된다. 즉, 더 많은 사례에 바탕을 두고 있으며 이를테

37 Cabanis, *op. cit.*, p. 58.
38 트농은 생-뤼크에서 실제로 목격한 바 있는 이러한 종류의 조끼를 매우 높이 평가했다. "광인이 자해를 하거나 타인에게 해를 끼칠까봐 염려스러울 경우에는 그에게 등 뒤로 양 소매가 연결된 조끼를 입혀 팔을 움직이지 못하게 한다." *Projet de rapport au nom du comité des secours*, f° 232.

면 광기로 하여금 스스로에 관해 말하도록 내버려두기 때문에 진실에 더 가까운 것으로 간주되는 보호시설에서의 경험을 명분으로, 광인 여부與否의 결정에서 의사가 차지하는 우월優越한 지위는 명백히 제한된다.

"광인이 구빈원으로 인도된다고 가정하자. … 병자가 가족, 이웃 사람, 친구, 또는 인정 많은 사람의 인도를 받아 도착한다. 그들은 병자가 정말로 광인이라고 증언하고, 의사의 증명서를 소지하고 '있거나' 소지하고 '있지 않다'. 겉모습은 그들의 증언을 확증하거나 그들의 증언에 어긋나는 듯하다. 그때 병자의 상태에 관한 견해가 어떠하건, 게다가 빈곤의 증거가 믿을 만한 것이라면, 병자를 임시로 받아들여야 한다." 그리고는 '보건관리'에 의해서는 물론이고 "근무자"에 의해서도 오랜 관찰이 이어지게 마련이다.

분류가 행해지는 것은 바로 그때 수용의 특권 속에서, 수용에 의해 정화된 관찰의 시선 아래에서이다. 즉, 환자가 명백한 광기의 징후를 내보이면 "모든 의혹은 사라진다. 서슴없이 그를 억류하여 치료하고 그릇된 생각에 빠지지 않도록 막아주며 처방된 치료제治療劑의 사용을 꿋꿋하게 지속해 나가야 한다. 이와 반대로 적절하다고 판단된 시간이 지난 뒤에도 광기의 증후가 발견되지 않으면, 여러 차례의 신중한 조사에도 불구하고, 단지 이따금 제정신으로 돌아오는 때에만 평정平靜의 시간이 찾아온다는 의심을 품게 하는 어떤 것도 드러나지 않으면, 마지막으로 병자가 구빈원에서 나가겠다고 요구하면, 그를 강제로 억류하는 것은 범죄일 것이다. 지체없이 그를 풀어주어 사회로 돌아가게 해야 한다."

그러므로 의사의 진단서診斷書는 보호소로의 입소入所에 대해 의심스러운 보증일 뿐이고, 의심할 수 없는 최종적 기준을 마련하는 것은 수용의 몫이다. 즉, 수용에 직면한 광기는 착각을 일으킬 수 있는 모든 것이 걸러진 상태에서 절대적으로 공정한 시선에 노출되는 것으로 보인다. 왜냐하면 결정적으로 작용하는 것은 가족의 이익, 행정당국이나 행정당국의 전횡專橫, 또는 의학의 선입견이 아니라, 스스로에 관해 자체의 고유한 어휘로, 다시 말해서 광기의 본질과 가장 깊은 관계가 있는 자유 또는 속박의 용어로 말하는 수용이기 때문이다. 광기에 관한 실증적 인식의 가능성을 보유하는 사람은 이제 수용의 경계를 지키는 간수이다.

그리고 카바니스는 이런 방식으로 "보호소 일지日誌"라는 야릇한(아마 가장 새로울) 착상을 얻기에 이른다. 고전주의 시대의 수용에서 비이성은 엄밀한 의미로 침묵에 귀착되어 있었다. 비이성이 그토록 오랫동안 간직한 모습에 관해 우리는 수용시설의 명부名簿에서 비이성을 보여주는 어떤 야릇한 징후 이외에 아무런 것도 알지 못한다. 즉, 비이성의 구체적 양상, 비이성의 언어, 그리고 엉뚱한 생활을 이어가는 많은 사람, 이 모든 것은 아마 우리에게서 사라지고 없을 것이다. 당시에 광기는 기억이 없었고, 수용은 망각을 공고히 하는 것이었다. 이제 수용은 이와 반대로 광기가 자체의 진실을 표명하는 매체이고 매 순간 광기의 정도를 표시하는데, 광기가 전체적으로 고려되어 판정을 받기에 이르는 것은 바로 수용을 통해서이다. "각 질병에 관한 도표, 치료제의 효과, 시신 절개切開가 아주 상세하게 기록될 일지日誌는 계속 작성될 것이다. 지부支部의 모든 개인이 거기에 기명記名될 것인데, 이를 통해 관리부서는 필요하다고 판단하면 모든 개인의 상태를 이름과 함께 일주일마다 심지어는 날마다 파악할 수 있을 것이다."

이처럼 광기는 비이성이 결코 도달하지 못한 진실의 영역에 다다른다. 즉, 광기는 시간 속으로 편입될뿐더러, 예전에 갖가지 우발증상이 특기되던 불규칙성에서 벗어나 역사 안에서 자율적인 모습을 띤다. 광기에서 과거와 변화는 진실의 일부분을 이룬다. 그래서 광기를 밝혀주는 것은 이제 비이성이 식별되던 진실과의 그 언제나 일시적 단절이 아니다. 광기의 시간이 있는데, 그것은 광기를 세계의 막연한 힘과 관련시키는 계절의 규칙적 달력이 아니라 역사가 계산되는 인간의 일상적 달력의 시간이다.

광기는 수용을 통해 진실의 외양外樣에 감싸이고 연대기와 역사의 시간 속에 자리 잡으며, 비이성의 깊은 현존을 축소될 수 없게 만들 수 있었던 모든 것을 박탈당한 상태에서 이처럼 무장이 해제된 관계로 맥없이 교환작용 속으로 재편입될 수 있다. 광기는 의사소통의 대상이 될 수 있지만, 객관성의 중립적 형태를 제공받는 가운데 그렇게 될 뿐이다. 광기는 인간에게 있는 가장 본질적인 모든 것과 진실 안에 있는 가장 참된 모든 것에 절망적으로 단번에 이의를 제기하면서 물의를 빚었던 그러한 형태가 아니라, 어떤 것도 멀어지지 않는 가운데 멀리 떨어져 있으며 혼란을 일으키지 않고 교훈을 주는 비밀 쪽으로 지체 없이 열리는 평온한 대상의 형태로 다시금 공적公的 실재성을 부여받을 수 있게 된다.

"정부는 아마 이 일지의 결과와 가장 귀중한 세부사항이 가장 한탄스러운 처지로 전락해 있었을 그 동일한 집단에 속한다고 생각하게 될 것이다. 아마 정부는 이 일지의 인쇄를 명할 것이고, 만일 작성자가 철학과 의학지식을 조금이라도 지니고 있기만 한다면, 이 집록集錄은 새로운 사실, 새로운 관찰사항, 새롭고 진실된 경험을 해마다 자료로 내놓을 것이므로 인간의 신체와 정신에 관한 지식의 거대한 원천源泉이 될 것이다."39

드디어 광기는 시선에 노출된다. 광기는 고전주의 시대의 수용에서 이미 시선에 노출되었으며 그때 동물성의 광경을 구경거리로 제공했지만, 인간이 자기 자신의 것이면서 한없이 가깝고 한없이 멀리 떨어진

---

39 Cabanis, Rapport adressé au Département de Paris par l'un de ses membres sur l'état des folles détenues à la Salpêtrière (Tuetey, t. III, pp. 492~493에서 재인용).

것으로 막연하게 인정하는 잔인성을 그토록 낯선 그 모습에서 응시한다는 점으로 보아, 사람들이 광기를 보는 시선은 매혹된 시선이었고, 정신착란 상태의 기괴함으로 인해 비인간적이게 되고 세계에서 가장 머나먼 곳에 자리 잡게 되는 그러한 삶은 은밀히 인간이 자기 자신의 마음속에서 느끼는 것이었다. 이제 광기로 향하는 시선은 그토록 짙은 암묵적 동조同調를 담고 있지 않는 것이고, 이미 표명된 추론적 진실을 매개로 해서만 도달할 수 있을 뿐인 대상 쪽으로 향하며, 광인은 광기의 추상적 개념에 의해 명확해진 상태로만 시선에 모습을 보인다. 그리고 합리적 개인과 관련되는 무언가가 이 광경에 있다 해도, 이는 광기가 이 광경을 통해 인간에 대해 이의異議를 제기할 수 있음에 따라서가 아니라, 인간에 관해 알려져 있는 것에 광기가 무언가를 가져다줄 수 있음에 따라서이다. 광기는 더 이상 가장 생경한 모습의 하나로서 실존의 부정성 속에 편입되게 되어 있는 것이 아니라, 알려져 있는 사물들의 실증성 속에서 점차 자리를 차지하게 되어 있다.

연루連累의 감정이 담기지 못하는 이 새로운 시선 앞에서는 쇠창살의 방책防柵도 폐기된다. 광인과 비광인은 맨 얼굴로 서로에 대해 현존한다. 그들 사이에는 시선에 의해 직접적으로 헤아려지는 거리를 제외하면 더 이상의 간격이 없다. 그러나 이 거리는 감지되지 않기 때문에 아마 한층 더 뛰어넘을 수 없는 것이 될 것이고, 수용시설에서 획득된 자유나 거기에서 진실과 언어를 붙잡을 가능성은 사실상 광기에 대해 인식상上의 지위를 부여하는 동향의 다른 측면일 뿐이다. 즉, 최근까지도 광기를 인식되자마자 내몰린 형상으로 만들었던 모든 마력을 이제 광기는 주변의 시선 아래 박탈당하고, 바라보아지는 형태 또는 언어에 의해 포위되는 사물이 된다.

요컨대 광기는 대상이 된다. 그리고 수용의 새로운 공간은 광기와 이성을 혼합 거주지 안에 모아놓을 정도로 가까이 접근시킨다 해도, 그것들 사이에 훨씬 더 가공할 거리와 다시는 뒤집히지 않을 균형을 확립하며, 이에 따라 광기는 합리적 인간이 광기를 위해 마련하는 세계에서 아무리 자유롭다 해도, 그의 정신과 감정에 아무리 가깝다 해도, 합리적 인간에게 대상에 지나지 않게 된다.

합리적 인간이 영위하는 삶의 언제나 임박한 이면이 아니라, 사물들의 연쇄 속에서 일어날 수 있는 사건이 그것이다. 비이성의 형태에 대한 광기의 옛 예속화보다 더 깊이, 그리고 더 분명하게 광기를 통제하는 것은 바로 객관성으로의 이러한 전락이다. 수용은 새로운 양상 속에서 정말로 자유의 호사豪奢를 광기에 제공할지 모른다. 즉, 광기는 이제 노예와 같고 가장 강력한 힘을 빼앗긴 것이다. 그리고 이러한 변화 전체를 한 마디로 요약해야 한다면, 아마 비이성의 경험에 고유한 특성은 비이성의 경험에서 광기가 스스로에 대해 주체였다는 것이지만 18세기 말에 형성되는 경험에서는 광기가 대상의 지위를 부여받음으로써 스스로에 대해 자주성을 상실한다고 말할 수 있을 것이다.

카바니스는 보호시설이 광기에 강요할 그러한 반수면半睡眠을 꿈꾸고, 이와 같은 차분한 문제의식 속에서 광기를 철저히 고찰하려고 애쓴다. 그 동일한 시기에 기묘하게도 광기는 다른 곳에서 생기를 되찾고 구체적 내용을 갖게 된다. 광기는 인식을 위해 정화淨化되고 과거의 암묵적 공조관계에서 벗어나면서도 일련의 도덕적 물음의 대상이 되며, 기본적 선택과 결정에 연결되고 희미한 선택을 유발하며 "여론"이라고 불릴 수 있는 것으로 하여금 광기와 관련되는 가치체계를 재검토하도록 강요하면서 일상생활 속으로 스며든다. 콜롱비에, 트농, 카바니스의 경우에 지속적 반성의 노력 아래 작용한 여과濾過나 정화는 의식의 가장자리에서 날마다 실행되는 그러한 자발적인 노고勞苦에 의해 이윽고 균형을 이루고 위태롭게 된다. 그렇지만 피넬과 튜크가 광기에서 단번에 알아보는 도덕의 형상을 광기가 띠게 되는 것은 바로 거기에서, 즉 일상적이고 미세한 수많은 경험의 거의 지각되지 않는 그 우글거림 속에서이다.

수용이 사라지면서 광기가 또 다시 공적 영역에서 등장하는 것이다. 광기가 느리고 은밀하게 침입하는 듯이 이동하고는 재판관, 가족, 그리고 질서에 책임이 있는 모든 사람에게 문제를 제기하면서 재등장한다. 광기의 지위가 모색되는 동안, 광기에 관한 물음이 긴급히 제기된다. 즉, 가족, 치안, 사회의 차원에서 통용되어 온 비이성적 인간이라는 오래된 개념이 해체되면서 면책免責이라는 사법적 관념과 광기의 직접적 경험이 곧장 서로 마주친다. 힘겨운 작업이 시작되는데, 그것은 법이 정의하는 것과 같은 정신이상의 부정적 개념에 점차로 영향을 미치고, 따라서 이 개념은 일상인日常人이 광기에 부여하는 도덕적 의미에 의해 변질되기에 이른다.

"치안감독관에서 사법관의 측면과 행정관의 측면을 구별해야 한다. 전자는 법률인法律人이고 후자는 통치인統治人이다."**40** 그리고 데 제사르는 자신이 제시한 이 정의定義에 대해 몇 년 뒤에 다음과 같이 논평한다. "1784년에 작성된 이 항목을 1789년 4월에 다시 읽어보니, 시민의 자유가 가장 완벽하게 보장되도록 행정부문이 소멸되거나 적어도 변경되어야 한다는 취지의 개념을 거기에 덧붙여야겠다는 생각이 든다."

대혁명 초에 치안의 재편성으로 인해 독립적이고 동시에 혼합적인 그러한 권력이 사라지게 되자, 민간인이자 집단의지集團意志라고 말할 수 있는 시민에게 특별한 권한이 부여된다. 1789년 3월 28일의 법령에 의해 새로 확정된 선거구選擧區는 곧장 치안개편의 틀로 이용되기에 이

---

40 Des Essarts, *Dictionnaire de police*, Paris, 1786, t. VIII, p. 526.

르고, 파리의 각 구區41마다 5개의 기동대機動隊가 설치되는데, 그것들 중의 하나에는 보수가 지급되지만(대개의 경우 과거의 치안조직이다), 나머지 넷은 자발적 시민들로 구성된다.42 모든 치안조직의 임무인 사법행위 이전의 그 임박한 사회적 분할을 확실히 수행하는 책임이 수시로 민간인에게 맡겨진다. 민간인은 난폭성에서 광포함까지, 정신박약에서 정신장애까지 모든 불명료한 형태는 물론이고 부랑浮浪, 매춘, 방탕, 배덕背德 등 예전에 수용에 회부되었던 인적 물자物資 전체를 매개도 감독도 없이 직접적으로 다룰 수 있게 된다.

인간은 시민으로서 인간집단에 대해 일시적으로지만 절대적 치안의 권한을 행사하도록 요구받는데, 사회가 개인을 바람직하지 않거나 사회의 동질성과 무관한 존재로 지정하는 그 막연한 주된 행위를 수행하는 것은 이제 시민의 몫이고, 질서와 무질서, 자유와 소동, 도덕과 부도덕의 경계를 판단하는 것은 바로 시민의 책무이다. 광기와 비이성의 분할을 모든 해방 이전에 직접적으로 실행해야 하는 권력은 이제 시민에게, 그리고 시민의 의식 속에 있는 것이다.

시민은 이중의 의미에서 보편이성이다. 즉, 시민은 인간 본성의 직접적인 진실이고 모든 법제法制의 척도일 뿐만 아니라 비이성이 이성과 분리되는 기준이며, 그가 갖는 의식의 가장 자발적인 형태, 그가 모든 이론적이거나 사법적인 착상着想 이전에 단번에 내리게 되는 판단에 비추어볼 때, 분할의 장소이자 동시에 분할의 수단 겸 판단자判斷者이다. 우리가 이미 살펴보았듯이, 고전주의 시대의 인간도 역시 모든 앎에 앞서 직접적 단순파악을 통해 광기를 식별했지만, 그때에는 인간의 정치

---

41 *district. 1789년 12월 22일의 법령에 의해 확정된 행정 단위로서 도의 하위 단위이다. 대략 오늘날의 arrondissement에 상응한다.
42 1790년 5월 21일~6월 7일의 법령들에 의해 70개 구가 48개 지부로 대체된다.

적 권리가 아니라 인간의 양식良識이 자연발생적으로 발휘되었고, 사실
상의 차이를 논평 없이 판단하고 인식하는 것은 바로 인간으로서의 인
간이었다.

이제 시민은 광기를 상대하면서 근본적 권력을 행사하는데, 그러한
권력은 시민으로 하여금 "법률인"이면서 동시에 "통치인"일 수 있게 해
주는 것이다. 자유인自由人은 부르주아 국가의 유일한 주권자로서 광기
의 첫 번째 판단자가 되었다. 이런 식으로 구체적 인간, 곧 일상인은 고
전주의 시대가 중지시켰던 그러한 접촉을 광기와 다시 갖게 되지만, 주
권의 이미 주어진 형태와 권리의 절대적이고 조용한 행사 속에서 대화
도 대면도 없이 그러한 접촉을 재개한 것이다. 부르주아 사회의 근본적
원리로 인해 이 개인적이고 동시에 보편적인 의식은 모든 가능한 논쟁
에 앞서 광기를 지배할 수 있게 된다. 그리고 이 의식이 법원이나 보호
시설에서 광기를 사법 또는 의료의 경험으로 되돌려보낼 때, 광기는 이
미 이 의식에 의해 은밀하게 제압당한 상태였다.

이러한 지배의 매우 과도적過渡的인 첫 번째 형태는 "가정법원"이다.
이 오래된 관념은 이미 대혁명보다 훨씬 이전의 것으로서 구체제의 관
습에서 일찍 모습을 보이는 듯했다. 가족이 봉인장을 청원하는 진정서
陳情書에 관해 치안감독관 베르탱**43**은 1764년 6월 1일 지방장관에게 다
음과 같은 공문을 보냈다.

"다음 두 사항에 관해서는 아무리 주의한다 해도 지나치지 않을 것입니다.
첫째, 진정서에는 친가親家나 외가外家의 가장 가까운 친척이 서명해야 하
고, 둘째, 서명하지 않으려는 사람들과 그들이 서명하지 않으려는 이유에

---

43 *Henri Léonard Bertin. 프랑스의 정치가(1720~1792). 루시용(1750)과 리옹
(1754)의 지방장관을 거쳐 1757년 치안감독관에 임명됨.

관해 매우 정확한 의견서를 첨부해야 합니다."[44]

나중에 브르퇴이유는 가정법원을 법률에 따라 설립할 생각을 하게
된다. 가정법원은 마침내 1790년 5월 입헌의회의 한 법령에 의해 창설
되었다. 가정법원은 민사법원의 기본 단위를 형성하게 되어 있었지만,
가정법원의 판결은 관할구의 법정에 의해 내려진 특별명령 이후에야 집
행력을 지닐 수 있었다. 이 법원은 가족의 이해타산利害打算, 유산, 공
동소유 등 여러 가지 분쟁과 관련된 수많은 소송을 맡음으로써 여타 법
원의 부담을 크게 경감시켜 주었을 것이 틀림없다. 또한 가정법원은 다
른 목적을 띠게 되었고, 이에 따라 예전에 가족이 국왕에게 직접 청원
했던 조치에 대해 법률의 지위와 형태를 부여하게 되었다. 낭비벽浪費癖
이 있거나 방탕한 아버지, 탕아蕩兒, 물려받은 재산을 관리할 능력이 없
는 상속인 등, 과거에는 완전한 금치산禁治産 절차가 없었던 관계로 봉
인장에 의해 제재되었던 이 모든 형태의 과오나 무질서 또는 비행非行이
이제는 가정법원의 관할에 속하게 된다.

어떤 관점에서 입헌의회는 자연발생적 실천 전체를 제도로 정착시킴
으로써, 18세기 동안 쉴 새 없이 계속되었던 변화를 완결 짓는다. 그러
나 사실상 가족의 독단獨斷과 이해타산의 상대성은 이런 방법으로 제한
될 리 없었다. 구체제에서 모든 진정서는 검증檢證을 목적으로 경찰이
조사했던 반면에, 새로운 사법제도에서는 다만 가정법원의 결정에 불
복하여 상급법원에 상소할 권리만이 있을 뿐이다. 가정법원은 아마 기
능이 매우 미비했을 것이고, [45] 이런 이유로 사법기관의 다양한 개편작

---

44 Joly, *Les Lettres de cachet dans la généralité de Caen au XVIIIe siècle*, Paris, 1864,
   p. 18, note 1에서 재인용.
45 입법의회에서 이루어진 법무장관의 보고 참조(*Archives parlementaires*. 1792년 5월
   20일의 회의록에 딸린 증보(增補), t. XLIII, p. 613). 1790년 12월 11일에서 1792년

업을 거치면서 존속할 수 없게 된다.

그러나 가정 자체는 상당한 기간 동안 사법적 심급審級으로 간주되었고 비행, 무질서, 그리고 갖가지 형태의 무능력과 광기에 대해 법원으로서의 특권을 누릴 수 있었는데, 이것은 대단히 중요한 사실이다. 한동안 가정은 아주 분명히 과거의 모습과 과거에 어렴풋이 지속되었을 모습으로 나타났다. 즉, 이성과 광기 사이의 분할을 실행하는 직접적 심급, 이를테면 가정의 생활, 경제, 도덕에 관한 규칙을 건강, 이성, 자유의 규범과 동일시하는 조잡한 사법형태처럼 보였다. 제도로 간주되고 법정法庭으로 규정된 가정에서 관습법慣習法이 본래의 의미를 띠고, 이와 동시에 민간인이 비이성과의 일상적 대화를 공적 토론의 장으로 끌어들이면서 재판관의 지위를 부여받는다. 이제는 광기에 대한 사적 의식의 공적이고 제도적인 지배력이 확립된다.

다른 많은 변화도 이 새로운 지배력을 뚜렷이 보여준다. 특히 형벌의 성격에 일어난 변화가 그렇다. 우리가 이미 살펴보았듯이, **46** 때때로 수용은 징벌의 완화였고, 더 흔히는 범죄가 극단으로 치닫거나 비인간적 위력 같은 것을 드러내는 폭력행위로 드러날 때 범죄의 잔학성殘虐性을 교묘히 회피하고자 했으며, **47** 추문醜聞이 받아들여질 수 없게 되는 한계선을 나타냈다. 이와 반대로 부르주아 의식에서 추문은 지배력 행사의 수단들 가운데 하나가 된다. 부르주아 의식은 절대권력 같은 것이기에 심판자일 뿐만 아니라, 이와 동시에 그 자체로 징벌이다. 부르주아 의식이 이제 앎의 권리를 획득하므로, "안다는 것"은 과오를 깨우치고 판정한다는 것을 의미할 뿐만 아니라 과오를 공개하고 부르주아 의

5월 1일까지 생-제르맹-앙-레 법원에서 공인된 가정 판결은 45개에 지나지 않았다.
46 제1부, 제4장 참조.
47 제1부, 제5장 참조.

식의 눈에 분명하게 드러낸다는 것을 의미하는데, 과오는 이런 식으로 처벌받게 된다. 부르주아 의식 속에는 판단 및 판결의 실행과 속죄가 오직 시선의 이상적이고 순간적인 행위에 의해서만 실행되게 되어 있을 뿐이다. 추문의 조직적 작용 속에서 인식은 판단 전체를 떠맡는다.

브리소는 《형법론》에서 추문이 언제나 과오에 걸맞고 신체에 낙인烙印을 남기지 않으며 도덕의식의 요구에 직접적으로 적합한 이상적인 징벌이라고 지적한다. 그는 신의 명령에 대한 위반이어서 신만이 징벌할 수 있는 죄악, 이웃의 불이익이 고려되지 않고 저질러지고 형벌에 의해 처벌되어야 하는 범죄, 그리고 "우리 자신에게만 관련되는 무질서"인 악덕 사이의 진부한 구별을 답습하는데, 이 중에서 수치羞恥를 줌으로써 벌해야 하는 것은 악덕이다.[48] 악덕은 더 내면적이기 때문에 그만큼 더 원초적이다. 즉, 악덕은 실행되기 전에 이미 인간의 마음속에서부터 범죄 자체이다. 범죄자는 언제나 법을 위반하기 전에 사람의 의식에 있는 무언無言의 규칙을 침해한 자이다.

"실제로 풍속風俗에 대한 악덕의 관계는 법에 대한 범죄의 관계와 같고, 악덕은 언제나 범죄의 아버지이며, 밀턴에 의해 묘사된 죄악의 무시무시한 계보系譜에서처럼 서로를 재생시키는 듯하는 흉측한 것이다. 나는 이제 막 죽음을 당할 불행한 사람을 보고 있다. … 왜 그는 공개 처형대로 올라가는 것일까? 그의 연속된 행동을 추적해 보라. 그러면 첫 번째 고리는 거의 언제나 풍속의 성스러운 울타리에 대한 침해侵害였다는 것을 알아낼 수 있을 것이다."[49]

범죄를 피하고자 한다면, 법을 강화하거나 형벌을 더 무겁게 할 것이 아니라, 풍속을 더 강압적이게 하고 풍속의 규칙을 더 두려운 것으로

---

48 Brissot de Warville, *Théorie des lois criminelles*, t. I, p. 101.
49 Id., *ibid.*, pp. 49~50.

만들며 악덕이 드러날 때마다 추문을 불러일으켜야 한다. 추문은 가공架空의 처벌인 듯하다. 특히 의식의 경계警戒와 추문이 위선만을 낳을 수 있는 전제국가에서는 "여론의 활기가 전혀 없기 때문에 … 마지막으로 수수께끼의 해답을 말해야겠는데, 공화정共和政의 경우와는 달리 군주정君主政에서는 좋은 풍속이 본질적 구성요소로 구실하지 못하기 때문에"[50] 추문이 실질적으로 가공의 처벌이다. 그러나 풍속이 국가의 실체를 구성하고 여론이 사회의 가장 굳건한 유대를 이루는 경우에, 추문은 소외의 가장 가공할 형태가 된다. 추문으로 인해 인간은 사회에 있는 본질적인 것에 대해 돌이킬 수 없을 정도로 낯설게 되고, 처벌은 사죄謝罪의 특별한 성격을 지니기는커녕, 보편적인 것의 형태를 띨 뿐만 아니라 각자의 의식에 현존하며 모든 이의 의지를 통해 실행된다.

"범죄를 예방하고자 하는 입법자들이여, 여기에 모든 범죄자가 따르는 길이 있는데, 그들이 뛰어넘을 최초의 경계境界를 표시해 보라, 그것은 풍속의 경계이니, 풍속의 경계를 뛰어넘을 수 없는 것이게 하라, 그러면 그토록 자주 형벌의 힘을 빌리지 않아도 될 것이다."[51]

이처럼 추문은 과오와의 직접적 합치로서, 그리고 과오가 범죄의 형태를 띠기 전에 과오를 예방하는 수단으로서 두 배로 이상적인 처벌이 된다.

수용이 의도적으로 어둠 속에 감금했던 것을 혁명의식은 대중에게 공개하고자 하는데, 이때 드러냄은 징벌의 본질이 된다. 이런 식으로 비밀과 추문의 모든 상대적 가치가 뒤집힌다. 즉, 인간의 마음속에 들어있는 더 막연하고 더 심원하며 아직 덜 표명된 것이 징벌되도록, 실행된 과오를 둘러싼 처벌의 어렴풋한 심층深層이 추문의 피상적 섬광閃

50 Id., *ibid.*, p. 114.
51 Brissot de Warville, *Théroie des lois criminelles*, t. I, p. 50.

光으로 대체된다. 그리고 기이하게도 혁명의식은 공개적 징벌이라는 낡은 가치, 그리고 비이성의 은밀한 위력威力에 대한 찬미讚美 같은 것을 재발견한다. 52 그러나 이것은 겉모습일 뿐이고, 중요한 것은 더 이상 미치광이를 세상 사람들의 면천面前에 드러내는 것이 아니라 다만 부도덕을 분노한 의식에 드러내는 것일 뿐이다.

이런 식으로 하나의 온전한 심리학이 태어나는 중인데, 그것은 광기의 본질적 의미를 변화시키고 비이성의 숨겨진 형태와 인간 사이의 관계에 대한 새로운 묘사를 제시한다. 범죄 심리학의 아직 초보적 양상에 관한 관심이나 적어도 인간의 마음속에서 범죄 심리학의 기원起源으로 거슬러 올라가는 것에 대한 관심이 사법의 인간화에서 싹트지 않고 오히려 도덕에 대한 추가적 요구, 풍속에 대한 일종의 국가적 관리, 그리고 분개慣慨를 나타내는 방식의 정교화精巧化 같은 것에서 탄생했다는 것은 기이한 일이다.

이러한 심리학은 무엇보다도 먼저 고전주의적 사법司法의 거꾸로 된 이미지이다. 고전주의 시대의 사법에 감추어져 있었던 것은 이러한 심리학에 의해 드러나는 진실이 된다. 여태까지 틀림없이 증거가 없었을 모든 것이 이윽고 이 심리학을 통해 말해지게 된다. 따라서 인간의 내면에 더 깊이 놓여 있는 것에 관한 심리학과 인식은 바로 공공公共 의식이 인간에 관한 판단의 보편적 심급으로, 이성과 도덕의 즉각 타당한 형태로 지정된다는 사실에서 탄생했다. 심리의 내재성內在性이 분개한

---

52 1791년 8월 30일 한 여자가 성(性) 범죄로 유죄 선고를 받아 "'젊은이를 타락시키는 여자'라는 게시문(揭示文)이 앞뒤로 붙은 밀짚모자를 쓰고 당나귀에 태워져 얼굴이 당나귀 꼬리 쪽으로 향한 상태로 사형 집행인에 의해 관례상의 장소와 네거리, 그리고 특히 팔레-루아얄 광장으로 끌려다니고는 벌거벗겨진 채 채찍질을 당하고 백합꽃 형태의 뜨거운 인두로 낙인이 찍히는 형벌에 처해진다"(*Gazette des tribunaux*, I, n° 18, p. 284. *Ibid.*, II, n° 36, p. 145 참조).

의식의 외재성外在性으로부터 구성된 것이다. 고전주의 시대의 낡은 비이성에 대해 내용을 이루었던 모든 것이 심리인식의 형태 속에서 곧 답습될 수 있게 된다. 축소할 수 없는 간격을 두고 일상의 세계 밖으로 내몰린 그 세계는 이제 일상적 의식이 그 세계의 재판관이게 되어 있으므로, 별안간 일상적 의식에 친숙하게 되고, 전적으로 도덕의 가장 덜 성찰되고 가장 직접적인 형태에 의해 뒷받침되는 심리학의 표면을 따라 분할된다.

이 모든 것은 형사재판의 대대적 개혁을 통해 제도의 형태를 갖춘다. 형사재판에서 배심陪審은 정확히 공공의식의 심급, 인간이 지닐 수 있는 모든 은밀하고 잔인한 힘에 대한 공공의식의 이상적 지배를 구현하게 되어 있다. 공개토론의 규칙은 배심원들이 일시적으로 위임을 받아 보유하는 그 지상권至上權에 이론적으로 무한한 확산력을 부여한다. 즉, 그들을 통해 평결하고 수용이 교묘히 회피했던 모든 형태의 폭력, 타락, 비이성과 논쟁을 벌이는 자는 바로 국민 전체이다. 그런데 재판하는 법정이 공정성公正性을 확보하기 위해 더 많은 보편성을 요구하고 특별한 법 해석의 규칙을 인간의 권리와 의무에 관한 일반적 규범으로 대체함에 따라, 판결의 진실이 일정한 공공의식에 의해 확증됨에 따라, 범죄는 내면화되고 범죄의 의미는 끊임없이 더욱 더 사적이게 되는데, 이러한 역설적 동향은 오늘날에도 여전히 계속되고 있다.

　범죄성犯罪性은 과거에 실행된 행위, 행해진 위배違背에서 획득되던 절대적 의미와 동질성을 상실하고, 시간이 흐를수록 더 확고부동하게 될 두 가지 척도, 즉 과오와 형벌을 서로 똑같게 만드는 척도, 이를테면 공공의식의 규범, 추문의 요구, 그리고 징벌과 폭로를 동일시하는 사법적 태도의 규칙에서 끌어온 척도, 그리고 과오의 원인에 대한 과오의 상관관계를 규정하는 척도, 이를테면 인식이나 개별적이고 은밀한 지정指定의 범주에 속하는 척도에 따라 나누어진다. 개인에 관한 지식으로서의 심리학을 공공의식에 입각한 판단 형태와의 근본적 관계에 따라 역사적으로 고찰해야 한다는 것을 필요할 경우 충분히 입증해 줄 수 있는 분리현상이 그것이다.

개인 심리학은 공공의식 속에서 추문이 재편성됨으로써만 존재할 수 있었다. 유전遺傳, 과거, 동기動機의 연쇄를 아는 것은 과오와 범죄가 더 이상 본래의 가치를 지니지 않게 되고 더 이상 내적 관계만을 지닐 뿐인 것이 아니게 되면서 부르주아 의식의 보편적 시선으로부터 의미 전체를 끌어온 날에야 비로소 가능하게 되었다. 추문과 비밀 사이의 이러한 분리 속에서 범죄는 실제적 밀도密度를 상실했고, 반쯤 사적이고 반쯤 공적인 세계 안에 자리를 잡았다. 그래서 범죄는 사적 세계에 속하는 이상 오류, 망상, 순수한 상상력, 따라서 비실재이고, 공적 세계에 속하는 이상 비인간성, 무분별, 사람이라면 누구나 갖게 마련인 의식이 깃들여 있다고 인정할 수 없는 것, 이와 같은 의식에 바탕을 두지 않은 것, 따라서 존재할 권리가 없는 것을 나타낸다. 아무튼 범죄는 비실재적이게 되고, 비존재 속에서 비존재의 표지標識로서 광기와의 깊은 연관성을 갖기 시작한다.

고전주의 시대의 수용은 이 연관성이 오래 전부터 실재하고 있다는 징후이지 않았을까? 고전주의 시대의 수용은 정신과 행동의 결함, 말과 행위의 난폭성을 투박하고 단순하게 이해된 비이성 속에 포함시킴으로써 그것들을 서로 뒤섞어 한결같은 단조로움의 양상을 띠게 만들지 않았을까? 그러나 이것은 양쪽에 똑같이 광기의 메커니즘이 작용하고 있다는 것을 밝혀줄 수 있는 공통의 심리학을 범죄와 광기에 할당하기 위해서가 아니었다. 고전주의 시대의 수용에서는 이와 같은 중화中和가

결과로서 모색되었다. 그러나 이제는 비실재가 곧장 원인으로 결정되기에 이르고, 수용의 결과로 얻어졌던 것이 반복되면서 광기와 범죄 사이의 동일시同一視 원칙으로 드러나며, 광기와 범죄의 억제를 위해 강제로 부과되었던 지리적 근접성이 비존재 속에서 계보系譜상의 인접성으로 변한다.

이러한 변질은 프랑스 최초로 배심원단을 앞에 두고 공개적으로 변론된 치정癡情범죄 사건에서 벌써 감지할 수 있다. 심리학의 역사가들은 통상적으로 이와 같은 사건을 거의 염두에 두지 않는다. 그러나 18세기 말에 서양인에게 열렸고 서양인이 이끌려 들어가 진실을 속속들이 해독하고자 할 정도로 점점 더 깊이 탐색한 그 심리세계의 의미를 알고 싶어할 사람에게, 지식의 자료체資料體로서가 아니라 근대 세계에 고유한 문화현상 겸 표현으로서의 심리학이란 과연 무엇인가를 알고 싶어할 사람에게, 이 소송의 진행과 변론방식은 정말로 새로운 단계의 출발점이나 기억이론에 버금가는 중요성을 갖는 것이다. 인간의 진실과 인간 사이의 새로운 관계 전체는 이 소송에서 벌써 표명되고 있는 중이다.

그 사건의 배경을 정확히 알기 위해 그 이전의 몇 해 동안 재판되었을 광기 및 범죄사건들 중에서 어떤 것이건 선택하여 그것과 비교해 볼 수 있다. 졸리 드 플뢰리가 국새상서國璽尙書[53]였던 시대에서 한 가지 사례를 끌어오도록 하자. 부르주아라는 이름의 남자가 자신에게 돈을 주지 않겠다고 거부한 여자를 살해하려고 시도한다.[54] 그는 체포되고, 그의 가족은 이윽고 "예의 부르주아가 늘 광기와 방탕의 성향을 내보였다는 증거를 찾아내고는 그를 감금하거나 서인도 제도로 보낼 수 있도록 예심豫審을 받게 해달라는" 취지의 탄원서를 낸다. 증인들은 피고被告가

---

53 *1790년 이후에는 법무장관.

54 B. N. coll. "Joly de Fleury," 1246, f⁰ˢ 132~166.

반복적으로 "광인의 넋 나간 얼굴 표정과 태도"를 내보였고 매우 자주 "머리가 돈" 사람의 모든 징후를 나타내면서 "객설客說을 늘어놓았다"고 단언한 것 같다. 검사檢事는 범인의 상태가 아니라 그가 속한 가족의 명망名望과 빈곤을 고려하여, 피고의 측근을 만족시키는 쪽으로 기운다. 검사는 졸리 드 플뢰리에게 다음과 같은 편지를 보낸다.

> "재산이 매우 빈약한데도, 예의 부르주아가 가장 참혹한 빈곤상태로 전락한 까닭에 그의 나이 어린 자식 여섯을 사실상 떠맡을 수밖에 없을 침통해 하는 정직한 가족의 간청에 따라, 영광스럽게도 각하에게 동봉한 사본寫本을 보내오니, 그의 가족이 요청하는 각하의 보호에 힘입어, 여러 해 전부터 너무나 많은 증거가 나타난 광기 어린 행위로 가족에게 수치를 안겨줄 수 있는 이 무능한 병자를 형무소에 감금하게 하는 것을 그의 가족에게 허용하시기 바랍니다."

이 편지에 대해 졸리 드 플뢰리는 소송이 규칙에 따라 끝까지 계속되어야 한다고 대답한다. 즉, 어떤 경우에도, 심지어는 광기가 명백할지라도, 수용으로 인해 재판의 흐름이 중단되거나 형刑의 선고宣告에 선입견이 작용해서는 안 되지만, 재판과정에서 광기에 관한 조사가 이루어져야 하고, 피고는 "보고報告 판사55의 입회 하에 진술하고 심문을 받으며 법원에 소속된 외과의에 의해 피고의 대리인代理人들 가운데 적어도 한 사람이 보는 앞에서 진찰받아야" 한다는 것이다.

실제로 소송이 진행되고, 1783년 3월 1일 투르넬56의 형사부刑事部 재판관은 "부르주아를 비세트르 성城의 형무소로 송치하고 거기에 수감

---

55 *민사법원에서 정보와 절차 조사를 맡아 소송을 보고하는 판사.
56 *Tournelle. chambre de la Tournelle을 말한다. 구체제의 프랑스에서 파리 고등법원의 법정이 Tournelle에 있었기 때문이다.

하여 다른 정신이상자들처럼 부양하고 치료하며 그에게 약을 먹이라"고 판결한다. 그가 정신병자들의 구역에 얼마간 머무른 후에, 사람들은 그가 광기의 징후를 그다지 드러내지 않는다는 것을 확인하고는 광기를 가장한 경우가 아닌지 의심하여 그를 정신병자 감금실에 집어넣는다. 그로부터 얼마 후에 그는 자신이 난폭성을 전혀 내보이지 않았다는 것을 근거로 정신이상자들의 구역으로 돌아가겠다고 요청하고 승낙을 받는데, 거기에서 "사소한 일거리를 맡음으로써 평온을 적으나마 맛볼 수 있게 된다." 그는 퇴소退所를 요청하는 진정서를 작성한다. "원장은 그의 수감이 특별 배려라고, 그가 '죽음 이전의 모든 형刑'57을 선고받을 처지였다고 대답했다."

그런데 바로 여기에 요점要點이 있다. 형사범이 정신이상자 구역으로의 유치留置를 선고받는 것은 그에게 무죄를 선고한다는 표시가 아니지만, 어쨌든 그것이 특전特典임은 사실이다. 이것은 광기의 인정이 설령 소송 중에 확정된다 할지라도 판결의 핵심적 부분을 이루지는 않는다는 것을 말해주는 것이다. 즉, 광기의 인정이 판결과 겹쳐졌고 판결의 결과를 변화시켰지만 판결의 핵심을 건드리지는 않았다. 범죄의 의미와 중대성, 행위의 절대적 가치, 이 모든 것은 온전히 남아 있었고, 광기는 의사에 의해 인정된다 할지라도 행위의 핵심에까지 영향을 미쳐 "행위를 비실재화하지"는 않지만, 범죄는 변함없이 범죄인데도 범죄를 저지른 사람은 광기가 참작됨으로 해서 완화된 형태의 형벌을 받게 된다는 것이다. 그때 징벌의 복합적이고 가역적인 구조, 이를테면 일종의 변동變動형벌이 구성된다. 즉, 형사범은 명백한 광기의 징후를 나타내지 않으면 정신이상자 구역에서 죄수구역으로 이감되지만, 정신병자 감금실에 있으면서 이성적 모습을 보이고 어떤 난폭성도 나타내지 않으

---

57 *ad omnia citra mortem.

며 바람직한 행동으로 범죄를 용서받을 수 있다면 규정이 덜 가혹한 정신병자 구역으로 다시 옮겨간다. 행위의 중심에 놓여 있는 난폭성은 광기를 의미하는 것이기도 하고, 가차 없는 징벌을 정당화하는 것이기도 하다. 정신이상과 범죄는 불분명한 보완, 인접, 배제의 관계 속에서 이 막연한 주제를 중심으로 돈다. 그러나 어쨌든 정신이상과 범죄의 관계는 여전히 외재적인 것이다. 아직 발견해야 하고 정확히 1792년에 표명되기에 이르는 것은 이와 반대로 내재적 관계인데, 이러한 관계에서는 범죄의 모든 의미가 확정되기 어렵게 되고 오늘날까지도 마땅한 대답을 찾아낼 수 없는 문젯거리로 나타나게 된다.

변호사 벨라르가 그라라는 이름의 한 노동자를 항소심抗訴審에서 변호하기로 되어 있는 해는 1792년인데, 그는 52세로 얼마 전에 간통현장을 급습하여 정부情婦를 살해한 죄목罪目으로 사형선고를 받은 자이다. 역사상 처음으로 치정사건의 소송이 공개법정에서 배심원단을 앞에 두고 진행되었고, 역사상 처음으로 범죄와 정신이상에 대한 커다란 논쟁이 백일하에 벌어졌으며, 심리心理의 결정과 형사책임 사이의 경계境界를 정하려는 시도가 공공의식 속에서 모습을 보였다. 벨라르의 변론은 영혼이나 감정에 관한 학문영역에 새로운 지식을 조금도 보태지 않으면서도 그 이상의 것을 이룩한다. 즉, 그의 변론은 이와 같은 앎이 의미를 띨 수 있을 새로운 공간의 범위를 결정하고, 서양 문화에서 심리학을 인간의 진실이게 만든 그러한 활동의 하나를 보여주는 것이다.

벨라르의 변론문에 처음 접근할 때 거기에서 발견할 수 있는 것은 18세기 동안 심리학에 대해 규범과 진실의 구실을 했던 문학적이고 도덕적인 정념의 신화에서 심리학이 벗어났다는 점이다. 역사상 처음으로 정념의 진실은 진정한 정념의 윤리와 더 이상 일치하지 않게 된다. 이를테면 그럴듯함, 자연스러움, 강한 자발성으로 이루어져 있는 사랑의 도덕적 진실은 누구나 알고 있는 바로서, 막연히 사랑의 원인에 관한

심리학적 법칙이자 사랑의 타당성이 구체화된 형태이다. 18세기에는
데 그리외를 이해하고 석방했을 만한 사람이 없다. 만일 의심스러운 정
부情婦를 질투 때문에 살해했다고 고발된 52세의 늙은이 대신에 "준수한
용모와 어쩌면 정념이 유난히 강해 보이는 젊은이, 젊은 나이의 체력과
매력이 넘치는 명석한 젊은이가 문제라면, 누구 할 것 없이 그에게 관
심을 기울일 것입니다. … 사랑은 젊은 사람들의 것입니다."[58]

그러나 도덕적 감성으로 즉각 알아볼 수 있는 그러한 사랑을 넘어 아
름다움이나 젊음과는 관계없이 마음속에서 생겨나 오랫동안 존속할 수
있는 또 다른 사랑이 있다. 이러한 사랑은 그럴듯하지 않다는 것이 진
실이고 자연을 거스른다는 것이 본질인 사랑으로서, 전자의 사람과는
달리 인생의 시기와 관련되지 않고 "자연의 종복從僕이 아닐뿐더러 자연
의 의도에 봉사하거나 실재를 낳기 위해 창조된" 것도 아니다. 전자의
사랑에서 찾아볼 수 있는 조화는 행복이 약속되어 있는 것인 반면에,
후자의 사랑은 괴로움으로만 길러질 뿐이다. 즉, 전자의 사랑이 "청춘
의 열락, 중년의 위로"라면, 후자의 사랑은 "너무나 흔히 노년의 고통"
이다.[59]

18세기가 심리와 도덕의 관점에서 어떤 구별의 여지도 알아내지 못
한 이 정념의 텍스트는 이제 분리되고 두 가지 형태의 진실에 따라 분할
되며 자연에 대한 두 가지 귀속방식에 얽매인다. 그리고 하나의 심리학
이 나타나는데, 그것은 감성이 아니라 다만 인식과 관련이 있을 뿐이
고, 진실의 형상이 더 이상 도덕적 타당성의 형태일 수 없는 인간의 본
성에 관해 말하는 심리학이다.

더 이상 자연의 지혜에 의해 제한되지 않는 그러한 사랑은 완전히 과

---

58 Bellart, Œuvres, Paris, 1828, t. I, p. 103.
59 Ibid., p. 103.

잉過剩으로 치닫기 쉽고, 공허한 마음의 열정, 대상 없는 정념의 절대적인 작용과 같은 것이며, 사랑받는 대상의 진실에 집착하지 않는데, 그런 만큼 상상력만의 움직임에 격렬하게 휘둘릴 뿐이다. "그것은 주로 마음속에 존속하고, 마음처럼 질투와 광포함에 빠져듭니다." 밖으로 배출되지 않고 그저 속으로만 들끓을 뿐인 그러한 열정은 일종의 헐벗은 진실에 빠져든 사랑이자, 이와 동시에 고독의 환상에 시달리는 광기이다. 정념이 자체의 기계적 진실에 너무나 부합한 나머지 정념을 통제할 수 없는 순간이 오고, 그래서 정념은 일단 일기 시작하기만 해도 정신착란이 된다. 따라서 난폭한 행위가 정념의 맹렬함에 전가되고, 순수한 상태의 심리적 진실이 정념의 격렬함에서 도출되는 가운데, 그러한 사랑은 범죄적 현실을 모면하는 무분별, 환각, 광기의 세계 안에 자리 잡게 된다. 벨라르의 변론에서 역사상 처음으로 드러난 것은 인간의 모든 행위에서 진실과 현실의 반비례 현상을 확증하는 이 관계, 우리에게 중요한 이 관계이다.

한 행동의 진실은 어김없이 그 행동을 비실재적인 것으로 변화시키고, 막연히 광기를 그 행동이 은밀히 띠고 있는 분석 불가능한 궁극적 형태로서 그 행동에 결부시키는 경향이 있다. 그라의 살인행위에서 최종적으로 남게 되는 것은 단지 "유일하게 비난받아 마땅한 손에 의해" 실행된 공허한 행위일 뿐이고, 다른 한편으로는 "이성의 부재상태에서, 억누를 수 없는 정념의 폭풍 속에서" 작용한 "불행한 운명"일 따름이다.60 인간의 진실이 얽매어 있었던 모든 도덕적 신화에서 인간이 해방된다면, 이 탈소외적脫疎外的 진실의 진실은 바로 정신이상 자체라는 것을 누구나 알아차릴 수 있다.

이제부터 "인간의 심리적 진실"이 의미하게 되는 것은 비이성이 오랫

---

60 Bellart, *op. cit.*, pp. 76~77.

동안 떠맡고 있던 기능과 의미를 이런 식으로 이어받고, 인간은 고전주의 시대가 사회의 가장 멀리 떨어진 경계로 내쫓았고 추방했던 유구한 힘을 인간 자신의 깊은 내면內面에서, 고독의 극단에서, 행복도 그럴듯함도 도덕도 닿지 않는 지점에서 발견한다. 이에 따라 비이성은 인간에게 있는 가장 주관적이고 가장 내밀하며 가장 깊은 것으로 부득이 객관화된다. 오랫동안 비난받아 마땅한 것의 표시였던 비이성이 이제는 결백과 비밀로 바뀐다. 인간의 진실이 사라지는 그러한 오류의 형태를 유발했던 비이성이 겉모습을 넘어, 현실 자체를 넘어 가장 순수한 진실로 간주된다. 그리고 광기는 인간의 마음속으로 끌려 들어가 깊숙이 파묻히면서 인간에게 있는 본래 진실한 것을 표명할 수 있게 된다.

그때 어떤 작업이 서서히 시작되는데, 그것은 오늘날 마침내 우리의 도덕생활의 주된 모순들 가운데 하나로 귀착한다. 즉, 인간의 진실로서 표명되기에 이르는 모든 것은 책임을 물을 수 없는 것이 될뿐더러, 서양의 법에서 언제나 최종 단계에 이른 광기의 속성이었던 그러한 결백에 속하게 되는 것이다. "그라가 과부寡婦 르페브르를 살해한 순간에 너무나 정념에 정신을 빼앗겨서 자신이 무슨 짓을 하는지 알지 못했고, 따라서 이성의 인도를 따를 수 없었다면, 그에게 사형선고를 내릴 수는 없는 것입니다."[61] 인간에 관해 진술될 수 있는 모든 진실의 핵심에 광기의 결백성을 은밀히 설정하는 심리학에 의해 형벌, 재판, 심지어 범죄의 의미를 재검토하는 작업 전체는 벨라르의 변론을 통해 이미 실질적으로 수행되었다.

그렇지만 '결백'이라는 말을 절대적 의미로 이해해서는 안 된다. 문제가 되는 것은 도덕적인 것으로부터의 심리적인 것의 해방이 아니라, 오히려 이 양자 사이의 균형의 재편성이다. 심리의 진실은 매우 뚜렷한

---

61 *Ibid.*, p. 97.

범위 내에서만 무죄를 증명하는 것일 뿐이다. "주로 마음속에 존속하는" 그러한 사랑은 책임을 물을 수 없는 것이 되려면 심리기제이어야 할 뿐만 아니라, 도덕 자체의 희소해진 형태일 따름인 또 다른 도덕의 표지標識이어야 한다. 젊은이는 나이에 걸맞게 힘이 좋고 "매력적인 용모가 두드러져 보이므로" 정부情婦가 그를 속이면 당연히 정부를 떠나는 법이고, "그라의 입장이었다면 정부의 배반을 비웃어주고 다른 정부를 만들었을" 젊은이는 하나 둘이 아닐 것이다.

그러나 피고被告의 정념은 다른 대상을 향하지 않고 단독으로 존속하며, 그러한 배반을 감당할 수 없을 뿐만 아니라, 어떤 변화도 있는 그대로 받아들이지 못한다. "그라는 붙잡고 싶었을 마지막 애정이 그에게서 멀어진다는 것을 절망의 심정으로 알아차렸고, 그래서 그의 모든 행동은 틀림없이 그러한 절망의 흔적을 지니고 있었을 것입니다."[62] 그는 절대적으로 사랑에 충실한 사람이다. 그의 맹목적 사랑은 그를 그다지 일반적이지 않고 까다로우며 전제적이긴 하지만 결코 비난할 수는 없는 미덕으로 이끌었다. 변덕이 죽 끓듯 하는 시대에, 변함없는 사랑을 가혹하게 처벌해야 할까? 그리고 18세기의 풍속이 아마 높이 평가하지 않았을 터이지만, 이제 옛날의 미덕으로 되돌아가고자 한다면 존중하는 것이 합당한 미덕의 이름으로, 변호사는 자신의 고객顧客에게 사형이 선고되지 않기를 요구한다.

범죄행위가 생겨나는 그러한 광기와 광포함의 영역은 정확히 엄격한 도덕적 중립성을 탈피하여 분명한 역할을 수행함에 따라서만, 즉 사회에서 높이 평가되면서도 쉽게 확산되는 못하는 가치를 현양顯揚함에 따라서만 무죄를 증명할 수 있을 뿐이다. 결혼이 권장되지만, 부정不貞을 묵인하지 않을 수 없는 것도 사실이다. 누군가가 광기로 인해 복수復讐

---

62 Bellart, *op. cit.*, p. 103.

로 치닫는 대신에 질투, 고집, 충실성을 극단적으로 구현한다면, 이 경우에 광기는 면책의 근거가 될 것이다. 심리학은 양심의 가책苛責 속에, 이를테면 인정된 가치와 요구되는 가치의 상호작용 속에 자리 잡게 되어 있다. 바로 그때에만 심리학은 범죄의 실재성을 와해시킬 수 있고, 실천에 옮길 수 없는 미덕을 구현하려는 일종의 돈키호테적 태도 속에서 무죄선고의 근거를 찾아낼 수 있다.

만일 실천에 옮기기 어려운 그러한 도덕적 가치가 범죄에 뚜렷이 나타나지 않으면, 범죄는 심리학의 법칙과 감정의 메커니즘에 의해 원 없이 확정될 수 있다. 즉, 범죄는 어떤 관용도 받을 만하지 않는데다가 악덕, 타락, 악랄성만을 드러낼 뿐이다. 벨라르는 "범죄들 사이의 중요한 구분"을 확립하려고 애쓴다. 즉, 어떤 범죄들은 절도竊盜처럼 사악한 것이고 비열한 마음의 표시인데, 그것들에서 부르주아 사회는 어떤 가치도, 심지어 관념적 가치도 인정하지 않는 만큼, 그것들에는 "살해와 계획적인 살인처럼 악랄한 성격의 타락한 심성을 나타내는" 훨씬 더 잔혹한 다른 범죄들을 결부시켜야 한다. 그러나 또 어떤 범죄들은 반대로 "최초의 동요에 뿌리까지 얽매어 있는 모든 범죄처럼, 예컨대 그라에 의해 저질러진 범죄처럼 발랄하고 정열적인 영혼"[63]을 보여준다.

그러므로 행위 자체가 당사자의 책임을 결정하지는 않는다 하더라도 멀리에서 싹트고 그 "비열한" 본성에 뿌리를 내리는 듯한 행동일수록 더 비난받아 마땅한 반면에, 느닷없이 발생하고 감정의 순수한 움직임에 의해 거의 기습적으로 일종의 고독하고 부조리한 영웅적 행위로 치닫는 행동은 최소한의 제재만을 받아 마땅하다. 그러한 행동은 타락한 기질氣質이 용인되고 잘못된 교육이 영향을 끼쳤으므로 유죄이지만, 어느 한 가지 도덕에서 다른 도덕으로, 다시 말해서 누구도 감히 받아들이려

---

63 Bellart, *op. cit.*, p. 90.

고 하지 않는 실천도덕에서 모든 사람의 최대 행복을 위해 필요하지만 아무도 실천하려고 들지 않는 고양된 도덕으로 넘어간다는 점에서는 무죄가 된다.

"유년기에 건전한 교육을 받았고 더 나이가 들어서도 그러한 교육의 원칙을 운 좋게 지켜나갈 수 있었던 사람이라면 누구라도 전자의 범죄, 이를테면 타락한 영혼의 범죄와 유사한 범죄가 자신의 삶을 결코 더럽히지 않을 것이라고 자기 자신에게 쉽사리 약속할 수 있습니다. 그러나 지독한 정념의 폭발 속에서도 후자의 범죄를 저지르지 않을 것이라고 감히 단언할 정도로 무모한 사람은 도대체 어떤 사람일까요? 누가 감히 광포함과 절망이 고조되는 가운데에서도 자신의 손을 피로, 어쩌면 가장 소중한 피로 더럽히지 않을 것이라고 단언할 수 있을까요."[64]

광기의 새로운 분할分割은 이런 식으로 이루어진다. 즉, 한편으로는 타락에 내맡겨지고 어떤 결정론에 의해서도 결코 정당화될 수 없을 광기가 있고, 다른 한편으로는 부르주아적 가치의 거꾸로 되어 있지만 보완적 이미지를 형성하는 영웅적 행위 쪽으로 투사된 광기가 있다. 이성 안에, 더 정확히 말하자면 이성의 일시적 중단 지점에 자리 잡을 권리를 점차로 획득하게 되는 것은 오직 이 후자의 광기일 뿐이며, 책임이 완화되고 범죄가 더 인간적이게 됨과 동시에 덜 가혹한 처벌을 받게 되는 것도 바로 이 광기로 인해서이다. 이러한 광기가 설명 가능한 것으로 간주되는 것은 인간의 자기 확인이 이루어지는 도덕적 선택에 이 광기가 온통 스며들어 있다고 생각되기 때문이다.

그러나 정신이상의 다른 측면, 즉 루아예-콜라르가 이미 푸셰에게 보낸 유명한 편지에서 "악습의 광기"를 환기시키면서 말한 측면이 있다. 도덕의 세계와 절대적으로 무관하고 악에 관해서만 헛소리를 늘어

---

64 *Ibid.*, pp. 90~91.

놓을 뿐이기 때문에 광기보다 못한 광기가 그것이다. 그리고 앞서 말한 부르주아적 가치에 일조하는 광기는 이성과 연관되고 이성에 끼어들며 이성의 관점에서 이해되는 반면에, 이 또 다른 광기는 외부의 어둠 쪽으로 내던져지는데, 19세기에 연속적으로 도덕성 장애, 타락, 타고난 사악성邪惡性, 패륜이었던 그 기이한 선험적 개념, 즉 근대적 의식에 의해 이해될 수 없었고 비이성의 축소 불가능한 잔재殘滓를 형성하며 절대적으로 부정적인 방식으로만, 거부와 절대적 비난에 의해서만 방지될 수 있을 뿐인 그토록 많은 "해로운 광기"가 탄생하는 것은 바로 그 외부의 어둠 쪽에서이다.

대혁명의 시기에 공개적으로 변론되고 재판된 최초의 중요한 형사 소송들을 통해 거의 일상적 경험 속에서 재차 분명하게 드러나는 것은 바로 광기의 옛 세계 전체이다. 그러나 19세기는 경험의 규범으로 인해 더 이상 그 세계의 무게 전체를 떠맡을 수 없게 되고, 16세기가 장황한 상상세계로 온전히 수렴시킨 것을 도덕적 인식의 규칙에 따라 분할하게 된다. 즉, 19세기는 좋은 광기와 나쁜 광기, 이를테면 이성의 주변부에서, 도덕과 양심의 가책이나 책임과 결백의 작용 속에서 막연히 현존한다고 인정되는 광기와 옛날부터의 배척과 돌이킬 수 없는 죄의 무게에 다시 짓눌리는 광기를 분간하게 된다.

수용의 몰락은 다른 어느 곳보다도 프랑스에서 가장 급격했다. 피넬의 개혁 이전의 몇 년 동안, 광기의 거주 장소가 빠짐없이 조사되고, 그러한 장소를 변화시키려는 구상이 노골화된다. 그때 하나의 작업이 온전한 모습을 드러내는데, 여태까지 우리는 그것의 여러 가지 양상을 결정하려고 노력했다.

처음 보기에 "의식화"意識化와 관련된 듯한 작업 즉, 광기에 고유한 문제의식 속에서 마침내 표적이 된 광기이다. 아직도 이 의식화에 충만한 의미를 부여할 필요가 있는데, 그것은 갑작스러운 발견이라기보다는 오히려 오랜 포위包圍이다. 마치 이 "의식화"에서는 '점령'占領이 '정찰'偵察보다 훨씬 더 중요하기라도 한 듯하다.

역사상 시기가 정해진 어떤 의식의 형태가 광기를 낚아챘고 광기의 방향을 제어했다. 이 새로운 의식이 광기에 자유와 실증적 진실을 복원하는 것처럼 보이는 것은 옛 속박의 소멸 때문일 뿐만 아니라 실증적 과정의 두 가지 계열 사이에 균형이 생겨난 덕분이기도 한데, 하나는 규명糾明, 구출救出, 그리고 굳이 말하자면 해방과 관련된 것이고, 다른 하나는 이성이 아주 가까이에서 광기를 다시 발견하는 순간에 광기로부터 벗어나고 보호받도록 해주는 새로운 보호의 구조를 서둘러 구축하는 것이다. 이 두 계열은 서로 대립하지 않을뿐더러 심지어는 상호적 보완 이상의 작용을 하며 하나의 동일한 것, 이를테면 '처음부터 소외시키는 구조 속에서 광기를 인식으로 넘겨주는' 행위의 수미일관首尾一貫한 통일성일 따름이다.

고전주의 시대에 나타난 광기의 경험 조건들이 결정적으로 변하는 것은 바로 이러한 통일성 속에서이다. 이제 마침내 그것들의 명백한 대립 작용을 감안하여 구체적 범주의 도표를 다음과 같이 작성할 수 있다.

이러한 해방과 예속화의 이중적 움직임은 근대적 광기의 경험을 밑받침하는 내밀한 토대를 이룬다.

우리가 정신병의 형태에 인정하는 객관성은 우리의 앎에 마침내 해방된 진실로서 자유롭게 제공된다는 것을 우리는 좀처럼 의심하지 않는다. 사실 그러한 객관성은 정확히 정신병으로부터 보호받는 사람에게만 주어질 뿐이다. 광기의 인식은 인간이 광기를 인식함으로써 광기를 떨쳐버리고 광기의 위험과 마력에서 미리 벗어나 있을 어떤 방식, 미치

해방의 형태	보호의 구조
1. 광기를 비이성의 다른 모든 형태와 뒤섞는 수용의 철폐	1. 더 이상 배제의 땅이 아니라 광기가 자체의 진실과 합류하는 특별한 장소로서 광기에 지정되는 수용시설
2. 의료 이외의 다른 목적이 없는 보호시설의 설립	2. 광기의 발현장소임과 동시에 치유 공간이게 되어 있는 난공불락의 공간에 의한 광기의 감금
3. 광기가 스스로 표현되고 이해되며 광기 자체의 이름으로 말할 권리의 획득	3. 광기의 주위와 위쪽에서 전적으로 시선으로만 존재할 뿐이고, 광기에 대해서는 순수한 대상의 지위를 부여하는 일종의 절대적 주체의 형성
4. 광기가 정념, 폭력, 범죄의 일상적인 진실로서 심리적 주체 속에 자리 잡는 내면화	4. 가치의 비일관적 세계와 가책하는 양심의 작용 속으로 광기가 편입되는 현상
5. 광기가 심리적 진실의 역할 속에서 면책조건으로 기능한다는 사실의 인정	5. 도덕적 판단의 이분법적 요구에 따른 광기 형태의 분할

지 않을 어떤 방식을 전제로 한다. 그리고 정신의학적 실증주의의 역사적 도래는 부차적으로만 지식의 증진增進으로 이어질 뿐이고, 처음부터 광기의 바깥에 머물러 있을 특별한 방식의 결정이다. 즉, 광기를 인식하는 것이 앎의 주체에게 가능해지기 시작하는 구체적 상황과 굳건한 토대가 되는 어떤 비非광기의 의식이다.

불과 몇 년 사이에 광기에 대한 새로운 인식과 새로운 치료를 유럽 세계의 전역에 정착시킨 그 급격한 변동의 시기에 무슨 일이 일어났는가를 알고자 한다면, 이미 획득된 지식에 무엇이 덧붙여졌는가를 자문하는 것은 쓸데없는 일이다. 의사가 아니었던 튜크, 정신의학자가 아니었던 피넬이 티소나 컬렌보다 더 많은 것을 알고 있었을까? 변화한 것, 갑작스럽게 변화한 것은 미친 사람이 아니라는 의식, 이를테면 광기의 모든 강렬한 형태에 18세기 중엽부터 또다시 직면해 있다가 서서히 증가하는 그 형태들에 사로잡히고는 이윽고 수용의 몰락 쪽으로 떠밀린 의식이다. 대혁명 직전과 직후의 몇 년 동안에 일어난 것은 이 의식의 새롭고 갑작스러운 분출噴出이다.

단지 부정적일 뿐이라고들 말할 터이지만, 자세히 들여다보면 그렇지 않은 현상이 있다. 그것은 심지어 '실증주의'의 도래에서 유일하게 '실증적인' 첫 번째 현상이다. 이러한 분출은 콜롱비에, 트농, 카바니스, 벨라르에 의해 연속적으로 구상되고 세워진 온전한 보호의 구조에 의해서만 실제로 가능하게 되었는데, 그 보호의 구조는 매우 견고한 것이어서 프로이트가 기울인 탐구의 노력에도 불구하고 오늘날까지 거의 손상되지 않고 존속할 수 있었다.

고전주의 시대에 광인이 아닐 방법은 두 가지였다. 즉, 차이에 대한 직접적이고 일상적인 단순파악과 광기를 다른 위험들 사이에 뒤섞어놓은 배제의 체제로 나누어져 있었다. 따라서 비이성에 대한 고전주의 시대의 의식은 일찍이 이의가 제기된 그러한 내적 자명성自明性과 사회적 분할의 언제나 비판받을 만한 자의성恣意性 사이의 긴장으로 온통 가득차 있었다. 그러나 이 두 가지 경험이 서로 합쳐진 날, 사회적 보호의 체제가 의식의 형태로 내면화된 날, 사람들이 광기에서 벗어나고 제도의 표면에서조차 광기와의 거리를 헤아려보는 움직임 속에서 광기의 식별이 이루어진 날, 바로 그때, 18세기에 만연해 있던 그 긴장은 단번에 축소되었다. 그 후로 절대력을 갖게 된 비非광인 의식 속에서 식별의 형태와 보호의 구조가 서로 겹쳐졌다.

실증주의적 정신병의 경험에서 핵심적인 것은 바로 한 가지 동일한 의식 행위 속에서 광기를 인식하고 동시에 제압할 가능성이다. 그리고 이 가능성이 앎의 새로운 해방 속에서 또 다시 불가능하게 되지 않는 한, 광기는 우리에게 피넬과 튜크에게 이미 예고된 모습으로 남아 있게 되고, 계속해서 실증성의 시대에 붙들려 있게 된다.

그때부터 광기는 두려움의 동기動機나 회의주의의 무한히 갱신되는 주제와는 다른 것이 된다. 광기는 대상, 그러나 특이한 지위를 갖는 대상이 되었다. 광기를 객관화하는 동향 속에서 광기는 객관화 형태들 가운데 최초의 것, 즉 인간으로 하여금 자신에 대해 객관적 영향력을 행사할 수 있게 하는 것이 된다. 예전에 광기는 인간의 마음속에서 일어나는 아찔한 눈부심, 빛이 너무 강해서 흐려지는 순간을 나타냈다. 이제 광기는 인식을 위한 것이자 이와 동시에 인간에게 있는 가장 내적인 것이 되고 게다가 인간의 시선에 적나라하게 노출되기에 이르러 커다란 투명성의 구조로서 기능하게 되는데, 이는 인식의 작업에 의해 광기가 앎에 전적으로 명백하게 드러났다는 것이 아니라, 광기로부터, 그리고 인간이 광기에 부과하는 대상의 지위로부터 인간이 적어도 이론적으로는 객관적 인식에 통째로 투명하게 노출될 수밖에 없다는 것을 말해준다.

회상回想, 의지, 개인의 진실은 무엇인가 하는 문제를 19세기가 우선 기억력, 의지력, 인격의 병리학에 제기한 것은 우연한 일도 단순한 역사적 괴리乖離의 결과도 아니다. 그러한 탐색의 영역에는 18세기 말에 면밀히 구상되었고 광기를 인간의 대상화에 일조하는 최초의 형상으로 만들었던 구조와 근본적으로 일치하는 어떤 것이 있다.

그러므로 인간 존재의 실증적 인식이라는 중대한 주제에서 광기는 언제나 삐딱하게 기울어져 있다. 즉, 객관화되고 동시에 객관화하며, 전면前面에 드러나고 동시에 뒤로 물러나 있으며, 내용이자 동시에 조건이다. 19세기의 사유에 의하면, 우리가 보기에도, 광기는 수수께끼 같은 것의 지위를 갖는다. 즉, 당장에는 광기의 완전한 진실에 접근하기가 사실상 불가능한데도, 광기가 언젠가는 철저하게 인식되리라는 것을 아무도 의심하지 않는다. 그러나 이것은 본질적 진실의 전제前提 겸 망각忘却일 뿐이다. 과도적이라고들 생각하는 이러한 망설임은 광기가 기본적으로 인간에 관한 인식 가능성의 경계를 포함하고 그런 가능한 인식의 경계를 안팎으로 넘어서는 영역 안으로 물러난다는 것을 사실상 가려버린다. 인간의 실존이 객관성 속으로 전락하기 시작하는 그러한 광기의 영역은 광기가 가장 멀리 물러나 있는 쪽에 있을 터인데, 이 사실은 인간에 관한 실증과학의 가능성에 불가결한 요소이다. 광기는 지식의 형태에 의해 포위될 운명이 언제나 예정되어 있는 가운데, 인간에 대한 이해의 실마리를 객관적 인식에 제공하므로 모든 가능한 이해의 실마리와 언제나 어긋나 있는 상태로, 본질적 수수께끼를 간직하고서 깨어 있다. 인간이 광인일 가능성과 인간이 대상일 가능성은 18세기 말에 서로 합쳐졌고, 그러한 합류는 실증적 정신의학의 전제와 동시에 객관적 인간학人間學의 주제를 낳았다(이 경우에 시기상의 우연한 일치는 없다).

그러나 트농, 카바니스, 벨라르의 경우를 보면 근대문화에 본질적인 그러한 접합接合은 여전히 사유의 영역에서만 이루어졌다. 그러다가 피넬과 튜크에 이르러 그 접합은 곧장 구체적 상황이 된다. 즉, 그들에 의해 설립되고 중요한 개혁안의 뒤를 잇는 보호시설에서, 미칠 위험은 어느 누구의 경우에나, 그리고 각자의 일상생활에서조차, 대상이 될 필요성과 강제로 동일시된다. 그때 실증주의는 이론적 계획일 뿐만 아니라, 소외된 실존의 상흔傷痕이게 된다.

대상의 지위는 미쳤다고 인정된 모든 개인에게 처음부터 부과되고, 정신이상은 인간에 관한 모든 객관적 인식의 중심에 은밀한 진실로서 자리 잡게 된다.

4

정신병원의 탄생

누구나 이 이미지를 알고 있을 것이다. 이 이미지는 정신의학의 소란스런 역사 전체에서 걸핏하면 등장하는데, 거기에서 이 이미지의 기능은 너무나 오랫동안 맹목적으로 받아들여졌을 뿐인 진실에 따라 광기가 마침내 인정되고 치료되는 그런 행복한 시대를 예증하는 것이다.

"훌륭한 퀘이커 교도회教徒會는… 이성을 잃게 되는 불행에 처해도 충분한 재산이 없어서 돈이 많이 드는 시설을 이용할 수 없는 신도들에게 그들의 처지를 감안하여 의료기술의 모든 방편과 생활의 모든 즐거움을 보장하고자, 자발적 기부를 통해 기금을 마련했고, 경제활동이 가능하다는 점을 비롯하여 많은 장점을 갖추고 있는 것으로 보이는 시설을 약 2년 전 요크 시市 인근에 세웠습니다. 인간의 이성을 모욕하기 위해 생겨난 듯한 그 끔찍한 질병을 보고 금방 비탄에 잠기지 않을 사람은 아무도 없을 것입니다만, 곧이어 각별한 온정溫情으로 그 질병을 치료하고 고통을 덜어주기 위해 창안된 모든 것을 바라보고는 누구라도 잔잔한 감동을 받을 것입니다.

이 시설은 요크에서 1마일 떨어진 어느 비옥하고 아름다운 시골에 있는데, 감옥이 아니라 오히려 시골의 커다란 농가를 생각나게 하는 그런 곳이고, 울타리가 처진 정원으로 둘러싸여 있습니다. 철책도 창문의 철망도 없습니다."1

비세트르에 수용된 정신병자들의 석방으로 말하자면, 그것에 대한 이야기는 대단히 유명하다. 감옥의 죄수들에게서 쇠사슬을 벗겨주기로 한 결정, 반혁명 용의자들이 숨어들지나 않았나 알아보기 위해 구빈원을 방문하는 쿠통, 2 모두가 "남의 팔에 의지하여 움직이는 그 불구자"를 보고 공포에 떨고 있었을 때, 용감하게 그를 맞이한 피넬. 마비된 괴물怪物과 현명하고 굳센 박애주의자의 대면對面.

"피넬은 곧장 쿠통을 광조병狂躁病 환자들의 구역으로 안내했는데, 거기에서 쿠통은 숙소를 둘러보고 고통스러운 느낌을 받았다. 그는 모든 환자에게 질문하고 싶었다. 그러나 그에게 돌아오는 것은 대개 욕설과 무례한 폭언일 뿐이었다. 조사를 더 오래 계속하는 것은 무익했다. 피넬에게 '아니, 저런 짐승들의 사슬을 풀어주고 싶어하다니, 동지! 당신이야말로 미친 것 아니오?' 하고 말하는 그에게 피넬은 조용히 대답했다. '그래요, 나는 저 정신병자들에게서 대기大氣와 자유를 빼앗았기 때문에 그들을 치료할 수 없다고 확신합니다.' '자, 그럼, 당신이 원하는 대로 해 보시오만, 나는 당신의 자만自慢에 당신 자신이 희생될까 걱정이오.' 그리고 나서 쿠통은 부축을 받아 마차로 향했다. 그의 출발로 분

---

1 Delarive. 정신이상자의 치유를 위한 새로운 시설에 관해 *Bibliothèque britannique*의 편집부에 보낸 편지. 이 문서는 *Bibliothèque britannique*에 발표되었고 뒤이어 별도의 소책자로 간행되었다. 드라리브의 이 은거처 방문은 1798년으로 거슬러 올라간다.

2 *Couthon. 프랑스의 정치인(1755~1794). 1788년 클레르-몽페랑에서 변호사가 되고 1789년에는 그곳의 재판소장이 된다. 1791년 입법의회 의원으로 선출되고 1792년의 국민의회에서는 열혈 산악당원으로서 로베스피에르, 생-쥐스트와 함께 3인 위원회를 구성하며 공포 정치 기간에 리옹의 포위 공격을 주도한다. 테르미도르 10일 로베스피에르와 함께 체포되어 처형당한다.

위기가 반전되었고 여기저기에서 안도의 숨소리가 들려왔으며, 위대한 박애주의자가 곧장 작업에 착수했다."3

이 두 가지 이야기 각각은 적어도 핵심적 영향력이 상상적 형태에서 비롯된다는 점에서 바로 이미지에 지나지 않는다. 즉, 감정의 흥분과 정신의 무질서가 서서히 누그러지는 튜크의 주거住居에 깃든 소박한 평온, 으르렁거리고 숨어서 노리는 두 광포한 사람을 한마디 말과 한 번의 몸짓으로 제압하는 피넬의 명석한 단호함, 그리고 난폭한 광인과 상습적으로 살생殺生을 일삼는 자에게서 진정한 위험이 무엇인지 정확히 가려볼 줄 알았던 그 지혜. 즉, 전설의 무게를 멀리, 이를테면 오늘날까지 전달하게 되는 이미지일 뿐이다.

이러한 이미지를 거부하는 것은 쓸데없는 일이다. 우리에게 남아 있는 더 타당한 자료는 거의 없다. 더구나 이 이미지는 너무나 순진무구해서, 어떤 것도 말하지 않으면서 많은 것을 드러낼 수 있는 것이다. 그런 만큼 각 이미지의 놀라운 깊이 속에 감추어져 있는 구체적 상황, 각 이미지가 진실에 부여하고 전달한 신화적 의미, 끝으로 각 이미지에 상징적으로 해석되어 있을 뿐인 실행된 실제의 활동을 모두 해독할 수 있어야 할 것이다.

우선 튜크는 퀘이커 교도, 즉 17세기 말부터 영국에서 전개된 그 수많은 "친목단체들" 가운데 하나에 적극적으로 참여한 회원이다.

우리가 살펴보았듯이, 18세기 후반에 영국의 법제는 구제救濟의 영역에서 민간의 주도권主導權을 갈수록 장려하는 경향이 있었다.4 여러 종

---

3 Scipion Pinel, *Traité complet du régime sanitaire des aliénés*, Paris, 1836, p. 56.

제 4장 정신병원의 탄생 739

류의 보증단체가 조직되고, 많은 구조救助협회가 혜택을 받는다. 그런데 경제적이고 동시에 종교적인 이유 때문에, 한 세기 이상 전부터, 퀘이커 교도들은 이러한 역할을, 그것도 처음에는 정부政府의 의향意向을 거슬러 수행했다. "우리는 결코 검은 옷을 입은 사람들에게 돈을 주어 우리의 빈민을 구제하고 우리의 죽은 자를 땅에 묻으며 우리의 신도에게 설교하는 것을 허용하지 않는다. 이 신성한 일들을 타인에게 맡기려면 너무 많은 비용이 든다."5

누구나 알다시피, 18세기 말의 새로운 상황에서 "친목단체를 장려하고 지원하기"6 위한 법률은 1793년에 가결되었다. 퀘이커 교도에게서 본보기를 찾았고 흔히는 발상을 얻은 그러한 결사結社들이 적용의 대상인데, 그 결사들은 여러 가지 모금 및 증여의 방법을 통해, 가난하거나 불구자가 되었거나 갑자기 병이 든 이들을 위한 기금을 모은다. 이 법률의 본문에 적시되어 있듯이, 그러한 단체들로부터 "개인의 행복을 촉진하고 이와 동시에 공공의 부담을 줄이는 매우 유익한 결과"를 기대할 수 있다. 중요한 것은 지방행정구에서 토착민土着民이나 가난한 환자가 그곳 출신이 아닐 경우 그를 출신지 행정구로 돌려보낼 수 있고 돌려보내야 한다는 "이전"移轉조치가 그 단체들의 구성원에게는 면제된다는 점이다. 정착定着법령7에 의해 확정된 이러한 이전조치는 1795년에 폐지되게 되어 있었고8 가난한 환자가 지방행정구에 속하지 않을지라도 그의 이송移送이 위험할 경우에는 그 지방 행정구에서 그를 책임져야 한다

---

4 제3부, 제2장 참조.

5 Voltaire, *Lettres philosophiques*, éd. Droz, I, p. 17.

6 33. George III, cap. V, "친목단체에 대한 장려 및 지원을 위해."

7 *Settlement Act.

8 35. George III, cap. 101, 정착 조례(條例)의 폐지에 관해, Nicholls, loc. cit., pp. 112~113 참조.

는 의무조항이 예견된다는 점에 유의해야 할 필요가 있다. 이 점으로부터 우리는 은거처를 탄생시킨 특이한 갈등의 법적 배경을 알아차릴 수 있다.

다른 한편으로 퀘이커 교도들은 매우 일찍부터 정신이상자를 돌보고 구제하는 데 세심한 주의를 기울였다고 추정할 수 있다. 그들은 애초부터 수용시설과 관계가 있었는데, 가령 1649년에 조지 폭스와 그의 동료들 가운데 한 사람은 신성모독이라는 죄목으로 재판관의 명령에 의해 다비 교도소로 보내져 태형笞刑을 받았고 6개월 동안 감금되었다. **9** 네덜란드에서 퀘이커 교도들은 여러 차례 로테르담 구빈원에 감금되곤 했다. **10** 그리고 볼테르는 퀘이커 교도들에게서 들은 이야기를 전달한 것인지, 아니면 퀘이커 교도들에 관한 일반적 견해를 받아들인 것인지는 모르지만, 그의 《철학 서한》에 퀘이커 교도를 등장시켜 그로 하여금 퀘이커 교도들을 이끄는 영감靈感이 반드시 하느님의 말씀 자체인 것은 아니고 때로는 비이성의 엉뚱한 객설이라고 말하게 한다. "우리는 일어나서 말하는 사람이 성령聖靈의 계시를 받을지, 아니면 광기에 의해 고취될지 알 수 없습니다."**11**

어쨌든 퀘이커 교도들도 17세기와 18세기 초의 많은 종파宗派처럼 종교적 경험과 비이성에 관한 커다란 논쟁에 휘말렸고, **12** 다른 사람들이 보기에, 어쩌면 퀘이커 교도들이 보기에도, 그러한 종교적 경험의 몇 가지 형태는 양식良識과 광기 사이의 애매한 지점에 놓여 있었으며, 아마 퀘이커 교도들은 정신이상이 아니냐 하는 비난에 직면하여 매 순간

---

9 Sewel, *The history of the rise, increases and progress of Christian People*, 3e éd., p. 28.

10 Id., *ibid.*, p. 233.

11 Voltaire, *loc. cit.*, p. 16.

12 17세기 말의 개신교 신비주의자들과 말기 장세니스트들도 마찬가지였다.

양식良識과 광기의 분할을 실행해야 했을 것이다. '친목단체들'이 수용시설에서의 광인치료에 기울인 약간 수상쩍은 관심은 필시 이로부터 생겨났을 것이다.

1791년에는 이 종파에 속한 여자가 "정신이상자를 위한 요크 시 인근의 시설"에 수용된다. 멀리 떨어진 곳에 살고 있는 그녀의 가족은 동료 교도들에게 그녀의 운명을 일임한다. 그러나 시설 관리진管理陣은 환자의 상태가 방문을 허용할 수 없을 정도라는 구실을 내세워 동료 교도들의 방문을 거부한다. 몇 주 후에 그 여자는 죽는다.

"이 비통한 사건으로 인해 정신이상자들의 상황, 그리고 이러한 종류의 시설에서 채택될 수 있는 개선조치에 관한 성찰이 자연스럽게 유발되었다. 특히 신도회信徒會에서 이러한 종류의 기구를 설립해서 통상적 치료보다 더 적절한 치료를 실행할 수 있다면, 매우 커다란 이점이 있으리라는 것을 누구나 이해하기 시작했다."[13] 이것은 사건이 일어나고 20년이 지난 뒤 새뮤얼 튜크가 한 이야기이다.

이것을 정착법 때문에 일어난 사건의 하나라고 추측하기는 쉽다. 거의 무일푼인 사람이 자기 고장으로부터 멀리 떨어진 곳에서 갑자기 병에 걸릴 경우, 이 법령에 의하면 그를 고향으로 돌려보내야 마땅하다. 그러나 그의 처지, 어쩌면 운송運送비용 때문에 그를 붙잡아둘 수밖에 없다. 즉각적 위험에 의해 정당화될 수는 있지만, 지금 문제가 되고 있는 사례라면, 치안판사가 서명한 수용명령서에 의해 적법성을 부여받아야 했을 부분적으로 비합법적인 상황이다. 그러나 이러한 환자가 감금되어 있는 보호시설 밖에서는 그의 출신 행정구에 속한 자선단체 이외의 어떤 자선단체도 그를 도와줄 권리가 없다. 요컨대 자신의 행정구

---

13 Samuel Tuke, *Description of the Retreat, an Institution near York for insane persons*, York, 1813, pp. 22~23.

밖에서 갑자기 심각한 병에 걸린 가난한 사람은 아무도 통제할 수 없는 독단적 수용에 내맡겨진다.

많은 자선단체가 이러한 사태에 항의하기에 이르고, 그 결과 새뮤얼 튜크가 말하는 사고 이후 2년이 지난 1793년의 법률에 의해, 병이 든 가입자加入者의 가족을 현지에서 수용할 권리가 자선단체에 부여된다. 그러므로 정신이상자를 위한 사적私的이지만 집단적인 시설을 설립하려는 그러한 계획은 빈민 및 환자와 관련된 낡은 법제에 대한 수많은 항의의 하나로 이해되어야 한다. 게다가 새뮤얼 튜크가 모든 공로功勞를 개인적 관용寬容으로 돌리려는 생각에서 시기時期들을 근접시키지 않으려고 조심한다 해도 시기들은 분명하다. 1791년 요크 퀘이커 교도들의 계획, 1793년 초 자선친목회를 장려하고 자선친목회에는 이전移轉조치를 면제해 주기로 결정하는 법의 제정이 그것이다.

이처럼 구제는 지방행정구에서 민영단체로 넘어간다. 같은 해인 1793년에 요크의 퀘이커 교도들은 기부금을 받기 시작하고 협회의 내규內規를 투표로 정하며, 이듬해에는 토지 매입을 결정한다. 1795년에는 정착 법령이 공식적으로 폐기되고, '은거처'의 건설이 시작되는데, 이 시설은 이듬해부터 기능을 수행할 수 있게 된다. 튜크의 기획은 정확히 18세기 말에 부르주아 국가의 고유한 필요 때문에 그 일련의 조치가 취해짐으로써 사적私的 자선이 새롭게 생겨나는 과정에서 구제가 법적으로 크게 개편되는 현상의 하나이다.

프랑스에서 "사슬에 묶여 비세트르에 수감된 사람들"의 해방을 촉발시킨 사건은 영국의 경우와 성격이 다르고, 그 역사적 상황을 결정하기가 훨씬 더 어렵다. 1790년의 법률은 미치광이를 위한 대규모 구빈원의 창설을 예고했다. 그러나 1793년까지 그런 구빈원은 전혀 설립되지 않았다. 비세트르는 "빈민시설"로 세워진 곳이었고, 거기에는 여전히 대혁명 이전처럼 극빈자, 노인, 기결수旣決囚, 광인이 어수선하게 뒤섞여 있었다. 대혁명으로 인해 거기에 갇히게 된 사람들이 이 전통적 집단에 추가된다. 우선 정치범들이 있다. 비세트르에서 광인을 감독하는 피에르생은 혁명력革命曆 3년 무월霧月 28일, 다시 말해서 피넬이 비세트르에서 활동한 기간에 시민행정위원회에 서한을 보내는데, 거기에는 다음과 같은 구절이 들어 있다. "저의 감독대상에는 혁명 재판소로 보내져야 할 수감자들이 늘 포함되어 있습니다."[14]

다음으로는 용의자容疑者들이 숨어든다. 비세트르는 벨롬 보호소, 두애나 베르네 시설처럼[15] 범죄 용의자들의 은신처로 이용되었다. 피넬이 공포정치 기간에 비세트르의 의사였다는 것을 잊게 만들 필요가 있을 때, 왕정복고 시대에 귀족이나 사제를 보호한 공로는 그에게 돌아가게 된다.

"고통스러운 기억의 시대에 죽음을 위한 조공朝貢이 이 구치소拘置所에 요청되었을 때, 피넬은 이미 비세트르의 의사였다. 공포정치는 그곳을 사제, 귀국한 망명귀족으로 가득 차게 했고, 피넬은 그들의 대다수가 정신병자라는 구실을 내세워 범인의 인도引渡에 과감히 반대했다. 인도 요구는 집요하게 계속되었고, 피넬의 반대는 더욱 강경해졌을 뿐만 아니라 이윽고 형리刑吏들을 압도하기 시작했다. 평소에 그토록 부드럽고 너그러운 사람의 단호한 조치 덕분으로 매우 많은 피해자가 생명을 구하게 되었는데, 그들 중에는 지금 프랑스에서 주요한 직책을 수행하고 있는 고위 성직자도 있다."[16]

---

14 Tuetey, *loc. cit.*, III, p. 369에서 재인용.

15 1793년 7월 8일 콩도르세(Condorcet)에게 체포 영장이 발부되었을 때, 피넬과 부아예(Boyer)가 콩도르세를 위해 피난처로 제공한 것은 바로 세르방도니(Sevandoni) 가(街)의 베르네 보호소이다.

16 Dupuytren, *Notice sur Philippe Pinel.* Extrait du *Journal des Débats*, 1826년 11월 7일자, p. 8. 뒤퓌이트렝이 암시하는 이는 아마 푸르니에(Fournier) 사제일 것이다.

그러나 또 다른 사실을 감안할 필요도 있다. 그것은 비세트르가 대혁명 기간에 정신이상자의 주요한 수용기관이 되었다는 점이다. 1790년의 법률 시행을 위한 최초의 시도부터 여러 형무소에서 석방된 광인이 비세트르로 보내졌고, 이윽고 시립병원의 병실을 가득 채웠던 정신병자들도 비세트르로 이송되었다.[17] 그래서 고전주의 시대를 가로질러 수용과 무관하게 존속했고 파리의 시립병원을 광인 치료가 체계적으로 시도되는 유일한 병원이게 한 그 의료기능을 비세트르는 숙고된 계획에 의해서라기보다는 상황 때문에 부득이 이어받게 된다. 시립병원이 중세 이래 끊임없이 실행한 것을 비세트르는 예전보다 더 어수선한 수용의 테두리 안에서 떠맡게 되고, 역사상 처음으로 정신병자가 치유될 때까지 치료를 받을 수 있는 구빈원이 되기에 이른다.

"대혁명 이래 공공시설의 관리당국은 사회에서 광인들이 해롭고 위험한 경우에만 그들을 자유로운 구빈원에 감금해야겠다고 생각하기 때문에, 광인들은 환자인 한에서만 거기에 머무르고, 완전히 치유되었다고 확실히 판단되면 즉시 가족이나 친구에게로 돌려 보내집니다. 자유를 누릴 수 없는 상태의 광인만을 행정당국이 의무적으로 감금하게 되어 있으므로, 양식良識을 회복한 광인과 심지어 옛 고등법원에 의해 종신 구금형을 받은 광인은 모두 석방되었다는 점에서 이 사실의 증거를 찾아볼 수 있습니다."[18]

푸르니에 사제는 루이 16세의 처형에 반대하는 설교를 했으며, "정신장애자"로 간주되어 비세트르에 수용되었다가 나폴레옹의 전속(專屬) 신부, 그리고는 퐁펠리에의 주교가 되었다.

[17] 예컨대 이 대규모 시료원(施療院)에서 보호할 수 없는 한 정신병자를 비세트르로 이송하라는 일반안전위원회의 결정 참조(Tuetey, loc. cit., III, pp. 427~428).

[18] 혁명력 3년 상월(霜月) 19일 피에르생이 시민행정위원회에 보낸 편지(Tuetey, loc. cit., III, p. 172).

의료기능이 분명히 비세트르로 도입되고, 과거에 정신장애로 인해 결정될 수 있었던 모든 수용의 사례가 이제는 가능한 한 정확히 재검토되기에 이른다. 19 그래서 정신질환에 관한 지식으로 이미 어느 정도 명성을 얻은 사람20이 구빈원의 역사에서 처음으로 비세트르의 의무실醫務室에 배정된다. 21 비세트르에 광인이 수용되어 있다는 사실 자체가 '이미' 의료문제였다는 것을 입증하는 데에는 피넬의 선임選任 하나만으로 충분하다.

그렇지만 이 사실은 또한 의심할 여지없이 정치문제였다. 결백한 사람을 죄인들 사이에, 이성적인 사람을 난폭한 미치광이들 사이에 수용했다는 확실한 사실은 오래 전부터 혁명신화의 일부분을 이루고 있었다. "비세트르에는 확실히 형사범刑事犯, 강도, 흉포한 사람이 감금되어 있을 뿐만 아니라 독재 권력, 포악한 가족, 광포한 아버지의 희생자도 많이 수용되어 있다는 것을 인정해야 한다. … 눈에 띄지는 않지만 우리의 형제, 우리와 동등한 사람도 지하독방에 갇혀 있는데, 그들은 밖으로 나갈 수 없게 되어 있으며, 좁은 '빛들이 창'을 통해서만 햇빛을 볼 수 있다."22

비세트르라는 결백의 감옥이 예전의 바스티유처럼 상상계 공간에 빈

---

19 피에르생에 의하면 혁명력 3년 상월 10일 비세트르에는 광인 207명이 있었다 (Tuetey, *loc. cit.*, p. 370).

20 *피넬을 가리킨다.

21 대혁명 전에 피넬은 *Gazette de Santé*의 편집자였다. 이 잡지에 그는 정신질환에 관한 여러 논문을 실었다. 특히 1787년에는 "우울증 발작은 언제나 겨울이 시작되는 처음 몇 달 동안 더 빈번하고 더 심각해지지 않는가?"를 썼고 1789년에는 "몇몇 조광증 사례에서 조광증 환자의 상실된 듯한 이성을 회복시키기에 가장 알맞은 도덕적 생활태도에 관한 소견"을 기고했다. 그리고 *La Médecine éclairée par les Sciences physiques*에는 "자살로 이르는 특별한 유형의 우울증에 관한" 논문을 발표했다(1791년).

22 *Gazette nationale*, 1789년 12월 12일.

번히 출몰한다.

"감옥에서 살육殺戮이 자행되는 시기에, 불한당들은 정신병자와 뒤섞이게 된 옛 폭정暴政의 희생자를 구출한다는 명목으로 비세트르에 난입한다. 그들은 무장을 하고 이리저리 돌아다니면서 수감자들에게 질문을 하고 정신이상이 명백하면 그냥 지나친다. 그러나 사슬에 묶여 처박힌 한 사람이 의미 있고 사리에 맞는 이야기와 가장 쓰라린 하소연으로 그들의 관심을 강하게 끈다. 이런 사람을 쇠사슬에 묶어 다른 정신병자들과 함께 가두어 놓았다니 가증스럽지 않소? … 그때부터 그 무장한 무리에서는 격한 웅성거림과 구제원 감독자에 대한 저주의 외침이 고조되고, 감독자에게 왜 이렇게 했느냐는 질책성叱責性 질문이 쏟아진다."**23**

국민의회 시기의 새로운 강박관념. 비세트르는 언제나 거대한 두려움의 저장소이지만, 이는 비세트르가 용의자, 이를테면 가난한 사람의 누더기에 몸을 숨기는 귀족, 가식假飾의 정신이상으로 위장하고 음모를 꾸미는 외국 밀정密偵의 소굴로 여겨졌기 때문이다. 그러므로 결백이 명백히 드러나도록, 또는 이중성이 밝혀지도록 하기 위해서는 광기를 널리 드러낼 필요가 있다.

이처럼 대혁명 기간 동안 비세트르를 적敵이 비이성과 착잡하게 섞여 있는 일종의 두렵고 은밀한 세력으로 만드는 이러한 공포 속에서, 광기는 두 가지 인간소외의 역할을 차례로 수행한다. 즉, 광기는 미치지 않았는데 미쳤다고 판단되는 사람을 소외시킬 뿐만 아니라, 광기로부터 보호받고 있다고 생각하는 사람을 소외시킬 수 있다. 광기는 강한 지배력을 행사하거나 잘못 생각하게 한다. 요컨대 광기는 이성적인 사람과 광인 사이의 위험한 매개요소로서, 양자를 다 같이 소외시키고 양자 모두에 대해 자유의 실현을 위협적으로 방해한다. 진실과 이성의 고유한

---

23 Sémelaigne, *Philippe Pinel et son œuvre*, pp. 108~109에서 재인용.

작용이 복원되도록, 광기는 어쨌든 '좌절시켜야' 하는 것이다.

이와 같은 약간 혼잡한 상황에서, 이를테면 실제적 조건과 상상적 힘의 촘촘한 망網 속에서 피넬의 역할이 무엇이었는가를 구체적으로 밝혀내기는 어렵다. 그는 1793년 8월 25일 직무를 시작했다. 그가 의사로서 높은 평판을 누렸으므로, 정확히 광기를 '좌절시키는' 일, 광기를 의학적으로 정확하게 평가하고 희생자를 석방시키며 용의자를 고발하는 일뿐만 아니라, 마지막으로 필요성이 알려져 있지만 위험이 실재하는 광기의 수용에 엄밀한 근거를 제공하는 일이 그에게 맡겨졌다고들 추정할지 모른다. 다른 한편으로 피넬은 정서적으로 공화정共和政을 대단히 선호했고, 그래서 옛 권력의 죄수들을 계속 감금하고 새로운 권력을 추구하는 이들을 옹호하지나 않을까 하는 의심을 받을 수 있었다. 어떤 관점에서 보자면 피넬은 대단한 도덕적 권한을 부여받았다고 말할 수 있다.

고전주의적 비이성에는 광기와 거짓꾸밈, 외부로부터 식별된 광기와 객관적으로 정해진 광기의 양립 불가능성이 없었고, 이와 반대로 광기와 광기의 허망한 형태 사이에, 그리고 광기와 이러한 형태 아래 감추어져 있는 죄의식 사이에 오히려 본질적 귀속관계가 있었다. 틀림없이 피넬은 정치적으로 그 귀속관계의 매듭을 풀게 될 것이고, 단 하나의 엄밀한 통일성, 즉 추론적 인식을 위해 광기, 광기의 객관적 진실, 그리고 광기의 결백성을 감싸는 통일성이 더 이상 나타나지 않도록 할 분할을 실행하게 될 것이다. 그 모든 비존재적 가장자리로부터 광기를 구출할 필요가 있게 되는데, 거기에서 비이성은 폭넓게 퍼져 있었고 감춰진 비非광기로서만큼이나 박해받은 비광기로서 받아들여졌지만 결코 광기가 아니지는 않았다.

이 모든 것을 감안할 때 "사슬에 묶인 사람들"의 해방은 어떤 의미를 갖는 것일까? 그들의 해방은 사실 여러 해 전부터 표명되어 왔지 않을까? 그들의 해방은 피넬이 비세트르에 부임하기 1년 전에 카바니스가 세운 계획으로 가장 훌륭하게 드러난 개편계획의 여러 가지 착상이 무조건적으로 적용된 결과가 아닐까?

지하독방의 정신병자에게서 사슬을 제거하는 것은 정신병자에게 검증檢證의 영역이기도 할 자유의 영역을 열어 주는 것이고, 정신병자가 이제는 학대虐待에 의해서도, 학대로 인해 폭발하는 광포함에 의해서도 은폐되지 않을 객관성을 띠게 하는 것이며, 카바니스가 규정했고 정치적 이유 때문에 국민의회에서 확정되기를 기대한 순수한 보호시설의 영역을 구성하는 것이다. 그러나 피넬은 그렇게 하면서도, 정반대의 징후를 띠는 정치적 조작操作을 감추었다고 말할 수 있다.

그는 광인들을 풀어주면서도, 그들을 비세트르의 모든 구성원과 한층 더 뒤섞이게 했고, 이에 따라 더 어수선하고 더 뒤얽힌 상태를 초래했으며, 분할을 가능하게 할 수 있었을 모든 기준을 없애버렸다. 게다가 이것은 그 시대에 집권執權세력이 요구하는 분리를 방해하려는 비세트르 관리자들의 변함없는 의도에서 기인하지 않았을까?24 어쨌든 테르미도르 쿠데타25가 일어나고 여러 달이 지난 1795년 5월 13일, 정치적 긴장완화의 시기에 피넬이 살페트리에르로 근무지를 옮겼다는 것은 사실이다. 26

---

24 Tuetey, III, pp. 397~476에 인용되어 있는 레투르노(Létourneau)와 공공 토목공사 위원회 사이의 서한 전체 참조.

25 *혁명력 2년 열 한 번째 달(Thérmidor)에 일어난 쿠데타(1794. 7. 27~28)로서 로베스피에르의 몰락과 산악당이 지배하는 국민의회의 종말을 초래한다. 그때 쿠통도 처단된다.

26 뒤퓌이트렝은 피넬을 공포정치의 희생자로 만들려는 배려에서, 피넬이 "체포되었거나 혁명 재판소로 막 소환될 판이었는데, 다행히도 그가 비세트르의 빈민들에게 베풀었던 치료의 필요성을 사람들이 느끼기에 이르렀고, 이로 말미암아 그가 석방되었다"고 이야기한다(Dupuytren, *op. cit.*, p. 9).

피넬이 정신병자들의 석방을 결정했을 때 무엇을 할 의도였는지 정확하게 알아내는 것은 아마 불가능할뿐더러 그다지 중요하지도 않을 것이다. 왜냐하면 바로 그의 모든 후속활동을 특징짓게 되는 모호성, 그리고 이 모호성이 근대 세계에서 띠는 의미 자체에 요점이 있기 때문인데, 그 의미는 광기가 순수한 진실, 객관적이고 동시에 결백한 진실 속에서 모습을 드러내게 되어 있는 영역의 구성, 그러나 광기의 형상들 각각이 분간될 수 없을 정도로 뒤섞이고 인접해 있는 가운데, 언제나 한없이 뒤로 물러나는 관념적 방식으로 이루어지는 그러한 구성에 있다.

실제로 광기는 정확히 과학적 구상 속에서 얻게 되는 것을 구체적 인식 속에서 실질적으로 상실하고, 광기의 진실이 광기와 합류하게 되어 있는 보호시설은 광기의 진실이 아닌 것과 광기를 구별할 수 있게 해주지 않는다. 광기는 더 객관적일수록 더 불확실하게 된다. 광기를 검증하기 위해 광기를 해방시키는 행위는 동시에 광기를 이성의 모든 구체적 형태들 사이에 분산시키고 감추는 작업이다.

튜크의 활동은 순전히 18세기 말의 영국 법제에서 확정된 구제의 재조정에 의해, 피넬의 활동은 전적으로 대혁명의 시기에 광인이 처해 있던 상황의 모호성에 의해 촉발되었다. 그러나 이와 같은 사실 때문에 그들의 독창성이 줄어드는 것은 결코 아니다. 그들의 활동에는 축소될 수 없는 결정의 힘이 있었는데, 그것은 그들이 벌인 활동의 의미를 전해준 신화에서 뚜렷이, 이를테면 거의 변함없이 나타난다.

튜크가 퀘이커 교도라는 점은 중요한 요소였다. '은거처'가 시골의 시설이라는 점도 또한 중요했다. "그곳은 공기가 건강에 좋고, 공업 도시에서 가까운 지역과는 달리 매연煤煙이 전혀 없다."[27] 창살 없는 창문이 정원 쪽으로 나 있는 건물은 "언덕 위에 자리 잡고 있어서, 남쪽으로 시선이 닿는 데까지 펼쳐지는 매우 아름다운 풍경, 비옥하고 숲이 우거진 평원을 굽어보고 있다." 인근의 토지에서는 경작과 목축이 행해지고, 동산에서는 "과일과 채소가 풍부하게 산출되며, 이와 동시에 휴식과 노동을 위한 쾌적한 장소가 많은 환자에게 제공된다."[28] 야외에서의 운동, 규칙적 산책, 정원과 농가에서의 노동은 언제나 이로운 결과를 낳고 "광인들의 치유에 긍정적 효과가 있다."

심지어 어떤 환자들은 "'은거처'로 가는 여행과 거기에서 처음 며칠 동안 때때로 취한 휴식만으로" 치유되기도 한다.[29] 거기에서는 온갖 상상적인 효력을 내포하는 소박한 생활, 시골에 사는 행복, 계절의 순환이 광기의 치유에 활용된다. 18세기 사람들의 관념에 의하면, 광기는 자연이나 인간 자신에게서 기인하는 질병이 아니라 사회로 인한 질병인 것이다. 흥분, 불안, 소요騷擾, 인위적 식생활 등이 튜크와 그의 동시대인들에 의해 광기의 원인으로 지목된다. 광기는 자연에서 벗어난 생활의 산물로서 다만 결과의 범주에만 속할 뿐이고, 그런 만큼 인간의 마음속에 있는 본질적인 것과 자연에 대한 인간의 직접적 귀속이 광기에 의해 문제시되는 것은 아니다.

인간의 이성이기도 한 이와 같은 인간의 본성은 일시적으로 잊힌 비밀로서 결코 광기로 인해 손상되지 않는다. 이 비밀은 마치 부당하게도 속임수에 의해 새로운 혼란의 위험으로 접어들기라도 한 듯이, 이상한 상황에서 다시 나타난다. 새뮤얼 튜크는 "완전한 백치" 상태로 떨어진 젊은 여자의 사례를 인용하는데, 그녀는 장티푸스에 걸려 여러 해 동안

27 1793년 4월 5일 신도회에 제출된 보고서. S. Tuke, *Description of the Retreat*, p. 36 에서 재인용.

28 *Ibid.*, pp. 93~95.

29 *Ibid.*, pp. 129~130.

병세가 호전되지 않았다. 그런데 이 환자는 열이 오름에 따라 정신이 맑아지고 더 명석해지며, 장티푸스 환자라면 통상적으로 정신착란에 사로잡히는 심각한 단계에서도 완전한 분별력을 유지할 뿐만 아니라, 주변 사람들을 알아보고 별로 큰 관심을 기울이지 않았던 듯한 지나간 사건을 상기시킨다. "그러나 슬프게도 이것은 단지 한 번 반짝한 이성의 미미한 빛이었을 뿐이고, 열이 내리자 재차 구름 같은 것이 그녀의 정신을 에워쌌으며, 그녀는 이전의 한탄스러운 상태로 빠져들었고, 몇 년이 지나 죽을 때까지 그러한 상태에서 벗어나지 못했다."30

여기에는 보상報償의 메커니즘이 고스란히 들어 있다. 즉, 광기 속에서도 자연은 잊혀지기만 할 뿐 소멸하지는 않는다. 더 정확히 말해서 자연은 정신에서 육체 쪽으로 옮겨가고, 그래서 정신장애는 이를테면 확고한 건강을 보장한다. 그러나 병이 발생하면, 자연은 몸 안에서 뒤죽박죽이 되지만, 정신 속에서는 예전보다 더 맑은 상태로 다시 나타난다. 그렇기 때문에 "광인을 절대적으로 이성이 없는 존재"로 여겨서는 안 되고, 오히려 광기로 인한 동요 아래 어김없이 잠들어 있는 자연적인 것을 유사점과 인접요소의 작용에 입각하여 광인에게서 떠올리려고 해야 하는데, 계절과 나날, 요크의 널따란 평원, 자연이 인간의 영역과 일치하는 그러한 지혜의 동산은 일시적으로 잠들어 있는 이성을 완전히 깨어날 때까지 지속적으로 흔들어댈 것이 틀림없다.

'은거처'의 환자들에게 부과되고 부동의 확신에 의해 인도되는 듯하는 전원생활 속에서 마술적 작용이 싹텄고, 그러한 작용 덕분으로 자연은 유사성, 접근, 그리고 불가해한 침투를 통해 승리하는 반면에, 인간이 사회생활로 인해 떠안게 된 반자연적인 모든 것은 제거된다. 그리고 이 모든 이미지의 배후에서, 하나의 신화가 모습을 보이기 시작하는데,

---

30 S. Tuke, *op. cit.*, p. 137, note.

그것은 19세기에 정신의학을 조직하는 주요한 형태의 하나, 즉 자연-진실, 자연-이성, 자연-건강이라는 3가지 자연의 신화이게 된다. 정신이상과 그것의 치유라는 움직임이 펼쳐지는 것은 바로 이러한 작용 속에서이고, 자연-건강이 손상될 경우, 자연-이성은 오직 감추어지기만 할 뿐이지만, 세계의 진실로서의 자연은 한없이 자연스러운 것으로 남는다. 자연-이성은 바로 이러한 자연-진실로부터 일깨워지고 본래의 모습을 다시 찾을 수 있게 되며, 자연-건강의 회복은 자연-이성의 실행이 진실과 일치할 때 가능해진다. 바로 이러한 관점에서 튜크는 '인세인'insane이라는 영어 어휘보다 프랑스어 낱말 '알리에네'aliéné를 선호했는데, 그 이유는 "사유능력의 소멸을 어느 정도 함축하는 다른 용어들보다는 이 용어가 이러한 종류의 무질서에 대한 더 정확한 관념을 내포하기 때문"[31]이었다.

'은거처'는 정신병자를 자연의 단순한 변증법에 편입시키지만, 이와 동시에 기이하게 모순적인 방식으로 사회집단을 형성한다. 그곳은 실제로 기부금에 의해 설립되었고, 동일한 시대에 생겨난 여러 구호단체와 유사하게 보증기관으로서 기능하게 되는데, 각 기부신청자는 이해관계가 있는 환자를 지명할 수 있고, 이에 따라 다른 환자들은 모든 비용을 지불해야 하는 반면에, 지명된 환자는 상당히 적은 금액을 납입하기만 해도 된다. '은거처'는 계약에 의한 제휴提携, 단순한 협회의 방식으로 조직된 배당금의 집중에 바탕을 두고 있다.[32]

---

31 S. Tuke, p. 137, note.
32 17세기부터 퀘이커 교도들은 빈번히 주식회사의 체제를 만들었다. 이 은거처를 위해 적어도 20파운드의 금액을 기부하기로 약정한 이들은 누구나 해마다 5퍼센트의 배당금을 받았다. 다른 한편으로 이 은거처는 탁월한 상사(商社)였던 것 같다. 처음 몇 해 동안 실제로 얻어진 이윤은 다음과 같다. 1798년 6월 268파운드, 1799년 245파운드, 1800년과 1801년 145파운드, 1802년 45파운드, 1803년 258파운드, 1804년 449파운

그러나 이와 동시에 그곳은 가부장제 가족의 신화 속에서 유지된다. 즉, 그곳은 환자와 감시인이 지도자와 관리진의 권위 아래 모여 있는 커다란 형제공동체이고자 한다. 결함도 자기만족도 없으나, 올바를 뿐만 아니라 성서에 나오는 훌륭한 가족의 이미지에 부합하는 엄격한 가족. "관리인들이 주의 깊고 현명한 부모처럼 열정을 다해 환자의 안위安慰를 위해 쏟는 배려는 많은 경우에 거의 자식이 부모에게 내보이는 것과 같은 애착에 의해 보상되었다."[33] 그리고 관대함도 부당함도 없는 그 공동의 애정 속에서, 환자들은 순수상태의 가족이 줄 수 있는 잔잔한 행복과 안정을 되찾게 되고, 이상적인 원시原始가족의 구성원으로서 생활하게 된다.

계약과 가족, 합의된 배당금과 자연스러운 애정이 이를테면 조화를 이루고 있는 '은거처'는 18세기가 사회의 기원과 사회인의 진실을 규정하려고 애쓰는 데 근거로 작용한 두 가지 중요한 신화를 내포한다. 그곳은 개인이 되찾기 위해 포기하는 이익임과 동시에, 가족의 구성원들 사이에서 자연스럽게 생겨나는 자발적 애정이고, 따라서 모든 사회에 대해 일종의 감정적이고 직접적인 본보기를 제시한다.

'은거처'에서 인간집단은 가장 본원적이고 가장 순수한 형태를 되찾는다. 즉, 그곳은 인간이 절대적으로 본래적인 최소한의 사회관계 속에 다시 자리 잡게 되는 장소이고, 따라서 거기에서는 사회관계가 엄밀한 근거를 갖춘 것이어야 하고, 이와 동시에 엄격하게 도덕적인 것이게 되어 있다. 그리하여 자연으로부터 방금 솟아올랐고 나중에는 인간의 모든 역사에 의해 흐려질망정 당장에는 직접적이고 분명한 진실 속에서 사회가 구현되는 그러한 지점으로 환자가 옮겨가게 되는 셈인데, 그때

드, 1805년 521파운드(S. Tuke, *op. cit.*, pp. 72~75 참조).

33 *Ibid.*, p. 178.

현실사회로 인해 발광한 정신에 깃들 수 있었던 모든 작위적인 것, 헛된 동요, 전혀 자연스럽지 않은 관계와 의무는 소외된 정신으로부터 사라질 것이라고 추정할 수 있다.

이러한 것이 '은거처'의 전설적 힘이다. 즉, 시간을 제압하고 역사를 부인하며 인간을 본질적인 진실 쪽으로 이끌 뿐만 아니라 기억을 벗어난 것 속에서 인간을 최초의 자연인自然人이나 최초의 사회인과 동일시하는 힘이다. 인간을 이러한 원시적 존재로부터 갈라놓는 모든 간극間隙은 사라졌고, 그토록 많은 두꺼운 장벽은 거의 무너졌다. 이에 따라 이러한 '은거'의 끝에서 양도할 수 없는 것이 마침내 정신이상의 무게를 이겨내고 다시 나타나는데, 그것은 자연, 진실, 이성, 그리고 순수한 사회도덕이다.

튜크의 활동은 이전의 오랜 개혁운동에 의해 야기되고 설명되는 듯했으며 실제로도 그랬지만, 그의 활동을 단절과 동시에 시작으로 만든 것은 그의 활동을 시초부터 둘러쌌고 그의 활동에 의해 광기와 수용의 낡은 세계 안으로 편입되기에 이른 순전히 신화적인 풍경이다. 그리고 수용에 의해 이성과 비이성 사이에서 결정이라는 단순한 방식으로 실행되던 단선적 분할은 튜크의 활동에 힘입어, 그런 식으로 구성된 신화의 공간에서 전개되기 시작하는 변증법으로 대체되었다. 이러한 변증법 속에서 광기는 정신이상이 되고 광기의 치유는 양도할 수 없는 것으로의 회귀가 되지만, 이 변증법의 요점은 수용이 역사상 처음으로 갖게 되는 어떤 권력, 적어도 '은거처'의 설립자들에 의해 열망된 그러한 권력이며, 광기가 정신이상으로 밝혀지는 시기에 인간은 그러한 권력과 이 발견34 자체에 의해 양도할 수 없는 것으로 귀착한다. 그리고 '은거처'의 신화를 통해 우리는 막연하게 추정되는 그러한 상상적 치유방법

---

34 *광기가 정신이상이라는 발견을 말한다.

과 동시에 19세기로 암암리에 전해지게 될 그러한 광기의 본질을 이렇게 확정할 수 있다.

(1) 수용의 역할은 광기를 광기의 진실로 귀착시키는 것이다.

(2) 광기의 진실은 세계, 사회, 반反자연이 빠진 그러한 광기이다.

(3) 이러한 광기의 진실은 인간 자신이 지닐 수 있는 본래부터 양도 불가능한 것이다.

(4) 인간에게 있는 양도 불가능한 것은 자연이자 진실이고 동시에 도덕이다. 다시 말해서 이성 자체이다.

(5) '은거처'가 치유력을 갖게 되는 것은 그곳이 광기를 광기의 진실이자 인간의 진실인 하나의 진실로, 질병의 본질이자 세계의 잔잔한 본질인 하나의 본질로 귀착시키기 때문이다.

실증주의가 이 변증법에서 어디를 통해 굳건하게 확립될 수 있는지 누구나 알아차릴 수 있지만, 이 변증법에서는 모든 것이 인간의 도덕적 경험, 철학적 주제, 열망된 이미지를 보여주므로 어떤 것도 실증주의를 예고하는 것 같지는 않다. 그러나 실증주의는 다만 이러한 움직임의 위축萎縮, 이 신화적 공간의 축소일 뿐이게 되고, 광기의 진실이 인간의 이성이라는 것을 처음부터 객관적 명증성으로 인정하게 되는데, 이것은 광기를 통한 비이성의 경험이 인간에게 있을 수 있는 모든 진실한 것에 이의를 제기한다고 하는 고전주의적 이해방식을 완전히 뒤엎는다. 이제부터 광기에 관한 모든 객관적 파악, 광기에 관해 표명된 모든 인식이나 모든 진실은 이성 자체, 회복되고 커다란 승리를 거둔 이성, 정신이상의 대단원이게 된다.

비세트르에서 사슬에 묶여 있던 이들의 해방에 관한 전통적 이야기에서 확실하게 밝혀지지 않은 한 가지 사항이 있는데, 그것은 쿠통의 존재이다. 쿠통의 방문이 불가능했고, 쿠통처럼 신체가 마비된 파리 코뮌의 한 구성원과 쿠통 사이에 틀림없이 혼동이 일어났을 것이며, 쿠통의 악명惡名에 덧붙여진 그러한 신체장애로 인해 전자가 후자로 착각되었다는 주장도 있었다. 35 이 문제는 제쳐놓기로 하자. 중요한 것은 혼동이 일어나 전파되었고 광인들 앞에서 공포 때문에 뒷걸음치고 "그 짐승들"을 그대로 내팽개치는 신체장애자의 이미지가 그토록 떠들썩하게 퍼져 나갔다는 점이다. 이 장면의 중심에 있는 것은 바로 타인의 부축을 받아 발걸음을 옮기는 신체마비자인데, 이왕에 신체마비자가 이야기된 마당에, 잔학함으로 잘 알려져 있을 뿐만 아니라 단두대斷頭臺의 주요 공급자들 가운데 한 사람이어서 유명해진 무시무시한 국민의회 의원이 신체마비자라면 분명히 더 바람직할 것이다. 따라서 비세트르를 방문하여 광인들의 운명을 잠시 지배하는 사람은 바로 쿠통이게 된다. 역사에 깃들여 있는 상상의 힘은 그렇기를 바란다.

이 기묘한 이야기에 실제로 감추어져 있는 것은 광기의 신화에서 결정적으로 중요한 교착어법交錯語法이다. 쿠통은 피넬이 해방시키고자 하는 광인들이 용의자인지 아닌지를 알아보기 위해 비세트르를 방문한다. 그는 감추어져 있는 이성을 발견하려니 생각하나, 온통 폭력적 양상으로 나타나는 야수성野獸性에 마주치고는, 거기에서 지능과 은폐의

---

35 실제로 코뮌의 구성원만이 구빈원을 감사(監査)하는 자리에 임명될 수 있었다. 그런데 쿠통은 결코 코뮌 의회의 일원이 아니었다(Émile Richard, *Histoire de l'Hôpital de Bicêtre*, Paris, 1889, p. 113, note).

징후를 알아내려고 하지 않으며, 그러한 야수성을 그대로 내버려두고 광기를 본질적 야만성 속에서 해소되도록 놓아두기로 결심한다. 그러나 변모가 일어나는 것은 정확히 거기에서이다. 즉, 신체불수不隨의 혁명가, 죄수의 목을 자르는 불구자인 쿠통은 광인들을 짐승으로 취급하는 순간에 자신의 신체장애와 범죄라는 이중의 상흔 속에서 비인간성의 가장 괴기스러운 측면을 부지불식간不知不識間에 구현한다. 그래서 서양 세계에서 마지막으로 광기를 야수성 탓으로 돌리는 최종적 발언자의 임무를 맡는 자는 이 신화에서 덜 불구이거나 덜 잔혹한 다른 사람이 아니라 바로 쿠통이어야 했다. 그는 부축을 받아 비세트르를 떠날 때, 광인들에게 있을 수 있는 모든 야만적인 것에 그들을 빠뜨렸다고 생각하지만, 잔인성으로 가득 차 있는 쪽은 사실상 쿠통 자신이고, 반면에 광인들은 부여받게 되는 자유 속에서 인간의 본질적 면모를 전혀 잃지 않았다는 것을 스스로 보여줄 수 있게 된다.

쿠통은 광인들의 야수성을 표명하고 그들을 거기에서 자유롭게 살아가도록 내버려둘 때, 그들을 야수성에서 해방시켰지만 자기 자신의 야수성은 드러냈고 고집스럽게 간직했다. 그의 집착은 정신착란자의 광기보다 더 무분별했고 더 비인간적이었다. 이처럼 광기는 간수 쪽으로 이동했는데, 광인을 짐승처럼 감금하는 간수는 이제 광기의 동물적 잔혹성을 온전히 보유하고, 짐승이 미쳐 날뛰는 것은 간수의 마음속에서이며, 정신착란자에게서 나타나는 광기는 간수가 내보이는 광기의 흐릿한 반영일 뿐이다.

하나의 비밀이 발견되는데, 그것은 동물이 아니라 동물 길들이기에 잔인한 성격이 있었고 동물 길들이기의 엄격성에 의해 잔인한 성격이 구성되기에 이르렀다는 점이다. 이런 식으로 광인은 야수성野獸性 또는 적어도 야수성의 일부분인 폭력, 포식捕食, 광포함, 잔혹성을 떨쳐버리게 되고, 광인에게는 유순한 야수성, 속박과 조련調練에 난폭성으로 대응하지 않는 야수성만이 남게 될 뿐이다. 쿠통과 피넬의 만남에 관한 전설은 이러한 정화淨化에 관한 이야기이다. 더 정확히 말하자면 전설이 씌어졌을 때 이미 이러한 정화가 이루어졌다는 사실을 말해주는 것이다.

쿠통이 떠나자 "이 박애주의자(피넬)는 곧장 활동을 개시하여" 쇠사슬에 묶여 있던 정신병자 12명을 풀어주기로 결정한다. 최초로 풀려난 정신병자는 40년 전부터 비세트르의 지하독방에서 사슬에 묶여 있던 영국군 대위이다. "그는 모든 정신병자 중에서 가장 무시무시한 사람으로 소문이 나 있었는데 … 한 번은 광포함에 휩싸인 나머지 독송讀誦 미사가 한창일 때 신부를 보좌하는 사람의 머리를 수갑手匣으로 가격하여 즉사시켰다." 피넬은 그에게 다가가서 "분별있게 행동하라, 누구에게도 해를 끼치지 말라"고 설득하면서, 그 대가로 사슬을 풀어주고 안뜰에서 산책할 권리를 부여하겠다고 약속한다. "내 말을 믿으시오. 유순하게 행동하고 신뢰감을 가지면, 내가 당신에게 자유를 되찾게 해주겠소."

사슬이 풀리는 동안, 대위는 얌전히 이 말을 듣고 있다가, 자유롭게 되자마자 밖으로 뛰어나가 햇빛에 탄복하고는 "황홀경에 잠겨 얼마나 아름다운가 하고 외친다." 자유가 회복된 그 첫날 동안 그는 "줄곧 얼마나 아름다운가 하고 말하면서 달리고 계단을 오르내린다." 그날 저녁 그는 숙소로 돌아가서 평온하게 잠이 든다. "그 이후로 그는 비세트르에서 두 해를 보내면서도 다시는 광포한 발작을 일으키지 않았을 뿐만 아니라 이 시설에 유용한 사람이 되어 광인들을 마음대로 지배하는 감독자로서의 어떤 권위를 그들에게 행사한다."

의료 성인전聖人傳의 연대기에서 이에 못지않게 잘 알려져 있는 또 다른 사례가 있는데, 그것은 병사 슈뱅제의 석방이다. 그는 자신이 위대하다는 망상妄想에 사로잡혀 스스로 장군이라고 생각하는 상습적인 술꾼이었으나, 피넬은 "그러한 신경질적 상태 아래 감추어져 있는 뛰어난 기질을" 알아보았고, 그래서 이 술꾼에게 "좋은 주인"이 감사할 줄 아는 하인으로부터 기대할 수 있는 충직성이 요구된다고 말하면서 굴레를 풀어주고는 일을 시키게 된다. 기적이 일어나, 그의 흐리멍덩한 영혼 속에서 충직한 하인의 미덕이 갑자기 일깨워진다. "인간의 지능에서 어떤 변화도 이보다 더 급작스럽고 더 완전하지 않았다. 그는 굴레에서 풀려나자마자 남을 세심하게 배려하는 친절한 사람이 되었다." 악한惡漢이었던 사람이 그토록 너그러운 사람에 의해 길들여진 뒤로는 곧장 자신의 새로운 주인을 대신하여 다른 광인들의 광포함을 두려워하지 않고 진정시키게 된다. "조금 전까지도 정신병자들과 동일한 수준에 머물러 있었던 그가 정신병자들로 하여금 이치에 맞는 친절한 말을 경청하게 만들고, 그들 앞에서 자유로 인해 자신이 성숙했다고 느낀다."[36]

그 착한 봉사자奉仕者는 피넬에 관한 전설에서 끝까지 피넬의 사람으로서 역할을 하게 되어 있었는데, 파리의 민중이 "민중의 적"을 정당하게 징벌하기 위해 비세트르의 문을 강제로 열고자 할 때, 그는 몸과 마음을 다해 주인에게 헌신하는 자로서 피넬을 보호한다. "그는 자기 주인에게 자신의 몸을 요새로 제공하고, 스스로 몰매를 맞아가면서까지 주인의 목숨을 구한다."

그러니까 사슬이 풀리고, 광인이 해방된 것이다. 그리고 그 순간에 광인은 이성을 회복한다. 더 정확히 말하자면 그렇지 않다. 즉, 이성이 그 자체로서 저절로 다시 나타나는 것은 아니다. 광기 아래 오랫동안 잠들었다가, 완벽하게 정상적인 모습으로 변질도 머뭇거림도 없이 단번에 우뚝 솟아오르는 것은 바로 완전한 사회적 범주들이다. 마치 광인이 사슬로 매어 있던 야수성에서 풀려나고는 '사회적 유형' 속에서만 인

36 Scipion Pinel, *Traité complet du régime sanitaire des aliénés*, Paris, 1836, pp. 56~63.

간성을 되찾을 뿐인 듯하다. 첫 번째로 풀려나는 사람은 무조건적으로 온전한 정신의 인간이 아니라, 그를 풀어준 사람에 대해서는 말만으로 그를 포로로 붙잡아두는 정복자征服者에 대해서처럼 충성스럽고, 장교로서의 위엄威嚴을 과시할 수 있는 대상에 대해서는 다시 권위적인 장교, 즉 본래의 영국군 대위가 된 것이다. 이러한 사회적 가치체계 속에서만 그는 건강을 회복할 뿐이다. 사회적 가치체계는 그가 회복한 건강의 징후이자 동시에 구체적 현존인 셈이다. 그의 이성은 인식의 영역에도 행복의 영역에도 속하지 않고, 정신의 정상적 기능에도 있지 않다. 이 경우에 이성은 명예이다. 군인에게 이성은 충성이자 희생인 법이다.

슈뱅제로 말하자면 그는 이성적인 사람이 아니라 종복從僕이 다시 된다. 그의 이야기에는 로빈슨 크루소에 대한 프라이디의 의미와 거의 동일한 신화적 의미가 들어 있는데, 자연 속에 고립된 백인과 선량한 미개인 사이의 관계, 디포에 의해 확립된 그 관계는 직접적 상호성이 전부라할 수 있는 인간과 인간의 관계가 아니라 주인과 종복, 지능과 헌신, 현명한 힘과 맹렬한 힘, 사려 깊은 용기와 영웅적 무분별의 관계이다. 요컨대 그것은 문학적 지위와 온갖 윤리적 요인을 지니고 있다. 그것은 자연상태로 옮겨진 사회관계로서, 그 두 사람으로 이루어진 사회의 직접적 진실이 된다. 이와 동일한 의미가 군인 슈뱅제의 경우에서도 발견된다. 즉, 그와 피넬 사이에서 문제되는 것은 서로를 알아보는 두 이성이아니라, 유형類型에 정확히 일치하는 가운데 솟아오르고 완전히 정해진 구조에 따라 관계를 조직적으로 맺는 뚜렷이 결정된 두 인물이다.
여기에서 어떻게 신화의 힘이 모든 진실임 직한 심리와 엄격하게 의학적인 관찰보다 우세할 수 있었는지를 알아차릴 수 있는데, 피넬에 의해 해방된 환자들이 정말로 광인이었다면, 그들은 사실상 치유되지 않았을 뿐만 아니라 정신이상의 흔적이 그들의 행동에 오랫동안 드리워지게 되어 있었음이 분명하다. 그러나 이것은 피넬에게 중요한 것이 아니다. 그에게 중요한 것은 광인이 국외자局外者로, 짐승으로, 인간 및 인간관계와 절대적으로 무관한 형상으로 취급되지 않게 되자마자, 일찍이 확정되어 있는 사회적 유형에 의해 이성의 의미가 정해진다는 점이다. 피넬이 보기에 광인의 치유는 광인을 도덕적으로 인정되고 승인된 사회적 유형에 안정적으로 꿰어 맞추는 데 있다.

　그러므로 중요한 것은 사슬이 풀렸다는 사실, 이를테면 18세기에 이미 여러 차례에 걸쳐, 특히 생-뤼크에서 실행되었던 그런 조치가 아니라, 그러한 해방을 사회적이고 도덕적인 주제와 오래 전부터 문학에 의해 묘사된 형상으로 가득 찬 이성 쪽으로 열어놓음으로써, 또한 야만상태로 넘겨진 인간의 우리가 아니라, 미덕의 투명성 속에서만 관계가 확립될 뿐인 일종의 꿈의 공화국일 이상적 형태의 보호시설을 상상계 속에 구성함으로써 그러한 해방에 의미를 부여한 신화이다. 순수한 상태로 유지되는 명예, 충직성, 용기, 희생은 사회의 이상적 형태와 동시에 이성의 기준을 가리킨다. 그리고 이 신화는 공포정치 이후에 표명된 그러한 대혁명의 신화와 거의 명백하게 대립하는 것으로부터 모든 활력을 얻는데, 이 경우에도 쿠통의 존재는 불가결하다. 즉, 국민의회 시기의 공화정은 폭력, 정열, 야만의 공화정으로서, 이를테면 무분별과 비이성의 온갖 형태를 아무런 의식 없이 불러들이는 반면에, 난폭한 광인들 사이에서 자연발생적으로 구성되는 공화국으로 말하자면, 그것은 정념이 전혀 없는 본질적 순종順從의 장소이다. 쿠통은 민중 속에서 정열을 유발하고 공안公安의 횡포橫暴를 불러일으킨 그 "해로운 자유", 이를테면 광인들을 사슬에 계속 묶어두는 명분의 구실을 하는 자유의 상징 자체인 데 반하여, 피넬은 "바람직한 자유", 가장 무분별하고 가장 난폭한 사람들을 풀어놓음으로써 그들의 정념을 순화시키고 전통적 미덕의 평온한 세계 속으로 이끌어들이는 자유의 상징이다. 비세트르로 몰려와서 국가의 적을 내놓으라고 요구하는 파리 민중과 피넬의 목숨을 구하는 병사 슈뱅제 중에서 더 무분별하고 더 자유롭지 못한 쪽은 음주벽飮酒癖, 정신착란, 난폭성 때문에 수년 동안 감금되었던 사람이 아니다.

피넬의 신화는 튜크의 신화처럼 정신이상의 묘사와 동시에 정신이상의 일소一掃에 관한 분석으로서 가치가 있는 그러한 추론의 움직임을 온전히 내포하고 있다.

(1) 고전주의 시대의 수용이 강요하는 비인간적이고 폭력적인 관계에서는 광기의 도덕적 진실이 명확히 드러나지 않았다.

(2) 광기의 도덕적 진실은 자유롭게 나타나게 되자마자 용맹, 충직성, 희생 등 인간관계의 고결한 이상인 것으로 밝혀진다.

(3) 그런데 혁명가들의 맹렬한 위세가 너무나 분명히 보여주듯이 광기는 악덕, 난폭성, 악의惡意이다.

(4) 수용시설에서의 해방은 유형類型과의 일치라는 주제에 의거한 사회의 재건임에 따라 어김없이 치유의 결과를 낳을 수 있다.

'은거처'의 신화와 사슬에서 풀려난 사람들의 신화는 직접적으로 대립하고 항목별로 대응한다. 전자에서는 원시성의 모든 주제가 돋보이고, 후자에서는 사회적 미덕의 명료한 이미지가 떠돌아다닌다. 전자는 인간이 자연으로부터 좀처럼 떨어져 나가지 않을 정도로 광기의 진실과 광기의 일소를 추구하게 되며, 후자의 경우에는 오히려 일종의 사회적 완전성, 인간관계의 이상적 작용으로부터 광기의 진실이 획득되고 광기가 일소된다. 그러나 이 두 가지 주제는 18세기에 너무 근접해 있고 너무나 흔히 뒤섞여 있어서, 피넬의 경우와 튜크의 경우에서 뚜렷이 다른 의미를 띨 수 없었다. 어느 경우에서나 소외의 거대한 신화, 예컨대 몇 년 뒤에 헤겔이 이 '은거처'와 비세트르에서 일어난 것으로부터 개념적 교훈을 엄밀하게 끌어내면서 표명하게 되어 있었던 그 신화를 통해 수용의 몇 가지 관행을 비판하려는 동일한 노력이 점점 뚜렷해진다.

"신체의 질병이 건강의 순수한, 다시 말해서 완전한 상실(이것이 실제로 일어난다면 죽음일 것이다)이 아니라 건강에 있어서의 장애이듯이, 광기는 지능의 측면에서도, 의지와 책임의 측면에서도 이성의 완전한 상실이 아니라 단순한 정신의 혼란, 아직 실재하는 이성 안에서의 모순이라는 이러한 이해를 진정한 심리치료는 정당한 것으로 받아들인다. 광기에 대한 이 인간적인, 다시 말해서 합리적인 만큼 너그러운 치료는 이성적인 환자를 전제로 하며, 환자를 이러한 측면에서 맞아들일 확고한 근거는 바로 이러한 전제에서 찾아낼 수 있다."[37]

고전주의 시대의 수용은 소외상태를 야기했는데, 그 상태는 수용을 실행하고 피수용자를 국외자나 짐승으로만 인정할 뿐인 사람들에게만, 즉 바깥에만 실재할 뿐이었던 반면에, 역설적이게도 실증 정신의학의 기원으로 인정된 그런 단순한 행위를 통해 피넬과 튜크는 소외를 내면화했고 수용시설에 정착시켰으며 광인의 내적內的 거리로 규정했을 뿐만 아니라 그렇게 함으로써 신화로 구성해냈다. 그리고 개념인 것이 본질로, 도덕의 재구성인 것이 진실의 해방으로, 아마 광기를 거짓된 현실 속에 은밀하게 끼워 넣는 작업에 지나지 않았을 것이 광기의 자연적 치유로 통하게 될 때, 바로 이런 것을 두고 신화라고 하는 것이다.

피넬과 튜크의 전설은 19세기의 정신의학이 본래 자명한 것으로 받아들이게 되는 신화적 의미를 전달한다. 그러나 신화 아래에서 하나의 조작造作, 더 정확히 말하자면 일련의 조작이 이루어졌는데, 그러한 조작

---

37 Hegel, *Encyclopédie des Sciences philosophiques*, §408, note.

은 보호소의 세계, 치유의 방법, 광기의 구체적 경험을 동시에 체계화하는 것이었다.

우선 튜크의 행위는 피넬의 행위와 동시대적이기 때문에, 누구나 알다시피 온전한 "박애주의" 운동에 의해 실행되기 때문에, 정신병자를 "해방시킨" 행위로 내세워진다. 그러나 튜크의 행위는 이와 전혀 다른 것이다. "우리 단체의 구성원들은 우리의 원칙과 무관할 뿐만 아니라 조악한 언어 및 비난받을 만한 행위를 자행하는 다른 환자들과 뒤섞일 수 없는데도, 그런 부당한 취급을 받는 것이 사실이고, 이로 인해 큰 피해를 입는 사례가 많았다. 이 모든 것은 흔히 환자들이 이성을 발휘할 수 있게 된 뒤에도, 그들이 예전에 경험한 투철한 신심信心을 그들에게서 몰아내버림으로써, 그들의 정신에 지울 수 없는 악영향을 끼치고, 때로는 그들을 예전에는 그들과 무관했던 악습으로 타락시키기도 한다."[38]

'은거처'는 격리, 즉 도덕적이고 종교적인 격리의 수단이게 되어 있는데, 그러한 격리는 광기의 주위에 퀘이커 교도들의 공동체와 가장 유사한 환경을 재구성하려는 것이다. 그것도 두 가지 이유에서이다. 첫 번째 이유는 악의 광경이 모든 민감한 영혼에게 고통을 줄 뿐만 아니라, 광기를 낳거나 영속화시키는 그 모든 해롭고 격렬한 정념, 가령 공포, 증오, 경멸의 기원이라는 점에 있다. "서로 다른 종교적 감정을 지니고 서로 다른 종교를 믿는 사람들이 모여 있는 대규모의 공공시설에서는 불가피한 혼합상태, 방탕자와 고결한 사람, 속인俗人과 신자信者가 뒤섞여 있는 상태로 인해, 이성으로의 회귀가 어쩔 수 없이 느려지고 우울증과 염세주의적 정신 자세가 더 깊어진다는 생각은 옳은 것이었다."[39]

---

[38] Samuel Tuke, *loc. cit.*, p. 50.
[39] *Ibid.*, p. 23.

그러나 주된 이유는 다른 데 있다. 즉, 종교가 조상전래의 관습, 교육, 일상적 수련修鍊을 통해 인간의 깊은 본성을 통찰할 수 있게 되었고, 이와 동시에 강제력의 변함없는 원리여서 본성과 규범의 이중적 역할을 맡을 수 있다는 점에 있다. 종교는 자발성이자 동시에 속박이고, 이에 따라 이성의 쇠퇴 속에서 두드러지는 광기의 지나친 난폭성을 상쇄시킬 유일한 힘을 보유하며, 종교의 계율은 "어렸을 때부터 종교에 젖어 살아 온 사람에게 거의 본성의 원리가 되고, 그래서 광기가 엄청나게 고조되는 동안에도 흔히 억제력抑制力으로 작용한다. 미치광이의 정신에 종교적 원칙의 영향력을 불어넣는 것은 대단히 중요한 치료수단이다."**40**

이성이 소멸하지 않고 감추어지는 소외의 변증법에서 종교는 이성을 잃을 수 없는 것의 구체적 형태이고, 이성에 있는 불굴의 것, 즉 광기 아래에서는 준準본성으로, 광기 주위에서는 환경의 끊임없는 외력外力으로 존속하는 것을 지니고 있다. "환자는 일시적으로 정신이 명석해질 때나 회복기에, 자신과 동일한 견해와 습관을 지니고 있는 사람들의 공동체로부터 혜택을 얻을 수 있을 것이다."**41**

종교는 광기에 대한 이성의 은밀한 감시를 보장하고, 그리하여 고전주의 시대의 수용에서 이미 위력威力을 떨친 바 있는 속박을 더 가깝고 더 직접적인 것으로 만든다. 고전주의 시대의 수용에서는 종교적이고 도덕적인 환경이 광기의 치유가 아니라 광기의 억제를 위해 외부로부터 부과되었다. 반면에 '은거처'에서 종교는 광기에도 역시 이성이 있다는 것을 보여주고 환자를 정신이상에서 건강한 상태로 돌아오게 하는 움직임의 일부분을 이룬다. 종교적 격리는 매우 분명한 의미를 갖는다. 즉,

---

40 *Ibid.*, p. 121.
41 S. Tuke, *op. cit.*, p. 23.

그것은 비非퀘이커 교도의 비종교적 영향으로부터 환자들을 보호하는 것이 아니라, 정신병자를 자기 자신 및 자신의 측근과 토론하는 것이 가능하게 되는 친숙한 도덕적 활동의 내부에 위치시키는 것이고, 보호받기는커녕 영속적 불안 속에서 율법과 과오에 의해 끊임없이 위협받는 환경을 그에게 조성하는 것이다.

"광기상태에서도 좀처럼 줄어들지 않는 공포의 원리는 광인들의 치료에 대단히 중요한 것으로 간주된다."**42** 공포는 보호시설의 필수불가결한 배역配役처럼 보인다. 수용의 경악스러운 양상을 생각한다면, 공포는 아마 오래 전부터의 형상일 것이다. 그러나 수용의 그러한 양상은 이성과 비이성의 한계를 표시할 뿐만 아니라 광포함으로 인한 난폭한 행위에 대해서는 억제하고 이성 자체에 대해서는 거리를 두게 하는 이중의 영향력을 행사하면서 광기를 외부로부터 에워쌌고, 게다가 그때의 공포는 완전히 표면적인 것이었다. '은거처'에서 확연히 자리 잡기 시작하는 공포는 매우 심층적인 것이다. 즉, 거기에서 공포는 매개물로서, 여전히 이성과 광기에 속할 공통의 본질을 환기하는 것으로서 이성으로부터 광기까지 이르고, 이 공통의 본질에 의해 이성과 광기의 관계를 맺어주게 된다.

고전주의 세계에 만연한 공포는 광기의 소외를 나타내는 가장 가시적인 징후였던 반면에, 이제 공포는 소외 극복의 힘을 갖추고 있는데, 이 힘은 공포로 하여금 광인과 이성인理性人 사이의 매우 근원적인 공조共助 같은 것을 복원할 수 있게 해준다. 공포는 광인과 이성인의 결속을 재차 가져다주게 되어 있다. 이제 광기는 두려움을 주지 않게 되어 있거나 두려움을 줄 수 있기는커녕 양식良識, 진실, 도덕의 가르침에 완전히 내맡겨진 상태에서 '두려워하게 된다.'

---

42 *Ibid.*, p. 141.

새뮤얼 튜크는 발작을 수시로 일으켜 주위 사람과 심지어 관리인에게까지 불안감을 주곤 한 젊고 놀랍도록 힘센 조광증 환자가 어떻게 '은거처'에 받아들여졌는가를 이야기한다. 그는 발목에 사슬을 매달고 손목에 수갑을 찬 데다가 온 몸이 꽁꽁 묶인 상태로 '은거처'에 들어온다. 그가 도착하자마자, 그의 모든 족쇄를 제거하는 작업이 진행된다. 그리고 나서 그는 관리인들과 함께 저녁을 먹는다. 그러자 그의 동요는 곧장 가라앉고 "그의 관심은 새로운 상황에 쏠리는 듯했다." 그가 방으로 안내되자, 한 관리인이 그에게 유의사항을 일러주면서, 모든 이가 가능한 한 자유롭고 편안하도록 시설 전체가 조직되어 있다고, 시설의 규정이나 인륜人倫의 일반적 원칙을 어기지 않는 한 어떤 속박도 가하지 않을 것이라고 그에게 설명한다. 그는 관리인으로서 자신의 재량권裁量權에 속하는 강제적 수단을 사용하고 싶지 않다고 분명히 말한다. "이 조광증 환자는 이러한 부드러운 대우에 민감하게 반응했다. '그는 자제하겠다고 약속했다.'" 그래도 그는 흥분하여 고래고래 소리를 지름으로써 동료들을 경악시키곤 했다. 관리인은 그에게 첫 날의 위협과 약속을 상기시켰고, 만약 진정하지 않으면 어쩔 수 없이 과거의 가혹행위를 다시 가할 수밖에 없을 것이라고 했다. 그러자 환자의 흥분은 한동안 고조되었다가 급속하게 사그라들었다. "그는 이 우호적 방문자의 권고를 주의 깊게 들었다. 유사한 대화가 오간 뒤 불과 며칠 만에 환자의 상태는 전반적으로 호전되었다." 4개월 후에 그는 완전히 치유되어 '은거처'를 떠났다.[43]

여기에서 공포는 물리적 수단을 통해서가 아니라, 말을 통해 환자에게 직접 환기되는데, 중요한 것은 광란의 자유를 제한하는 것이 아니라, 모든 광기의 발현이 징벌로 이어지게 될 단순한 책임의 영역을 명

---

43 S. Tuke, *op. cit.*, pp. 146~147.

확하게 정하고 확고히 해두는 것이다. 예전에 과오와 비이성을 연결시켰던 막연한 죄의식은 이처럼 위치가 바뀌고, 광인은 본래 이성을 타고난 인간 존재로서, 미쳤다는 것 때문에 죄가 있는 것은 아니지만, 미친 사람으로서, 더 이상 자신의 죄가 아닌 그러한 질병의 테두리 내에서, 도덕과 사회에 혼란을 초래할 수 있는 모든 것에 대해 책임감을 느끼고 홀로 징벌과 비난을 감수하게 되어 있다. 죄의식의 지정指定은 더 이상 광인과 이성인 사이에서 일반적으로 정립되는 관계의 양상이 아니다. 그것은 각 광인과 관리인의 구체적인 공존共存의 형태가 됨과 동시에 정신병자가 자신의 광기에 대해 갖게 되어 있는 의식의 형태가 된다.

그러므로 튜크의 활동에 일반적으로 부여되는 의미, 즉 정신병자들의 해방, 속박의 폐지, 인간적 환경의 조성 등을 재평가할 필요가 있는데, 그것들은 이를테면 정당화의 근거에 지나지 않는다. 실제의 활동은 달랐다. 사실상 튜크는 보호시설을 창설했고, 거기에서 광기에 대한 한없는 공포를 책임에 대한 닫힌 불안으로 대체했다. 따라서 이제는 공포가 더 이상 감옥의 문 밖으로 퍼지지 않고, 감옥 안에서만 의식의 봉인封印 아래에서 만연하게 될 뿐이다. 정신병자가 사로잡혔던 수백 년 전부터의 공포는 튜크에 의해 광기의 중심 자체로 전이轉移되었다. 보호시설이 광인의 죄의식에 제재制裁를 가하지 않는다는 것은 사실이다. 그렇지만 보호시설은 그 이상의 것을 실행한다. 즉, 광인의 죄의식을 조직한다. 보호시설에서 죄의식은 광인에게는 자기의식과 관리인에 대한 비상호적 관계로, 이성적 인간에게는 타자他者 의식과 광인의 삶에 대한 치료상의 개입으로 조직된다. 다시 말해서 이러한 죄의식 때문에 광인은 자신과 타자에게 어느 때이건 제공되는 징벌의 대상이 되고, 이 대상의 지위에 대한 인정認定과 자신의 죄의식에 대한 자각에서 자유롭고 책임 있는 주체의식으로, 따라서 이성으로 복귀하게 되어 있다. 시선視線에서만큼이나 노동에서도 발견할 수 있는 것은 바로 정신병자가 타자에 대해 대상화됨으로써 자유를 되찾는 이 움직임이다.

신이 인간을 번영繁榮의 징후로 축복하는 퀘이커 세계에 관해 우리가 논의하고 있다는 것을 잊지 말자. 노동은 '은거처'에서 실행되는 그러한 '정신 치료'에서 최우선적인 것으로 떠오른다. 시간적 규칙성, 주의력의 요구, 결과에 도달해야 할 의무에 의해 환자가 그에게 해로울 방종한 정신의 자유로부터 멀어지고 책임의 체제 안으로 들어간다는 점에서, 노동은 그 자체로 모든 물리적 강제권强制權의 형태보다 우월한 구속력을 지닌다. "규칙적 노동은 정신의 관점에서건 신체의 관점에서건 적극 권장되어야 한다. … 노동은 환자에게 가장 유쾌한 것이자 질병에서 기인하는 환각과 가장 상반되는 것이다."[44]

노동을 통해 인간은 신의 계율을 준수하게 되고, 자신의 자유를 현실의 법칙과 동시에 도덕의 법칙에 종속시킨다. 이러한 범위 내에서라면, 정신의 노동을 그만두게 할 필요는 없지만, 정념이나 욕망 또는 모든 지나친 환상과 공조관계를 맺고 있는 온갖 상상력의 움직임은 언제나 아주 엄격하게 제한해야 한다. 이와 반대로 자연 속에서 찾아볼 수 있는 영원한 것, 그리고 신의 선의善意 및 지혜와 가장 부합하는 것을 학습하는 것은 광인의 지나친 방종을 줄이고 광인으로 하여금 책임지는 태도를 갖도록 하는 데 가장 큰 효력을 발휘한다. "수학과 자연과학의 다양한 분야는 정신이상자가 정신을 집중할 수 있는 가장 유용한 주제이다."[45] 보호시설에서 노동은 생산의 가치를 전혀 갖지 않을 것이고 순수한 도덕규칙으로서만 부과될 뿐이게 된다. 자유의 제한, 명령에 대한 복종, 책임의 약속은 신체적 속박이 겉으로만 제한할 뿐인 자유의 과잉 속에서 망가진 정신을 소외로부터 해방시키려는 목적에서만 강요

44 S. Tuke, *op. cit.*, p. 156.
45 *Ibid.*, p. 183.

될 뿐이다.

튜크가 "존중의 요구"라고 부르는 것, 즉 다른 사람들의 시선은 노동보다 훨씬 더 효과적이다. "의심할 나위 없이 인간정신의 이 원리는 대개의 경우 우리의 일반적 행동에 매우 위협적일 정도로 은밀하게 영향을 미치고, 우리가 새로운 범주의 관계를 맺게 될 때 매우 특별한 힘으로 작용한다."**46** 고전주의 시대의 수용에서도 광인은 시선에 노출되었지만, 그때의 시선은 사실상 광인 자신에게 도달하지 못했고, 단지 광인의 흉측한 표면表面, 광인의 가시적 야수성에만 이르렀을 뿐이며, 정상적 인간이 거기에서 자기 자신의 임박한 전락顚落을 거울에서처럼 읽어낼 수 있었으므로 적어도 상호성의 형식을 내포하고 있었다.

튜크가 이제 보호소 생활의 중대한 구성요소들 가운데 하나로 정립하는 시선은 더 깊고 동시에 덜 상호적이다. 광기가 이성과 은밀히 연관되고 이성으로부터 가까스로 분리되기 시작할 때, 시선은 광기의 가장 파악하기 힘든 징후를 찾아냄으로써 광인을 몰아세우려는 것이게 되어 있고, 광인은 오직 바라봄의 대상일 뿐이어서 이러한 시선을 어떤 형태로도 되돌려보낼 수 없으며, 이 점에서 광인은 이성의 세계에 새로온 사람, 최근에 도착한 사람과 같다. 튜크는 시선의 이와 같은 작용을 중심으로 행사를 기획했는데, 그것은 광기가 드러날 모든 몰상식沒常識, 무질서, 실수를 염탐하는 시선을 제외하고는 어떤 것도 떠돌지 않는 가운데, 각자가 사회생활의 모든 명백한 요구사항을 흉내 내게 되어 있는 영국식의 야회夜會였다. '은거처'의 관장館長들과 감독자들은 몇몇 환자를 정기적으로 "다과회"에 초대하고, 초대받은 환자들은 "가장 멋진 옷을 입고 서로 예절과 품위를 겨룬다. 그들에게는 가장 맛있는 음식이 제공되고, 그들은 외국인外國人이라도 되는 듯이 아주 정성스럽게

---

46 S. Tuke, *op. cit.*, p. 157.

대접받는다. 이러한 야회는 일반적으로 매우 큰 만족감 속에서 매우 원만하게 진행된다. 불미스런 사건이 일어나는 경우는 많지 않다. 환자들의 서로 다른 성향性向이 놀라울 정도로 잘 통제되는데, 그러한 장면은 놀람과 동시에 아주 흐뭇한 기쁨을 불러일으킨다."47

기이하게도 이러한 행사는 상호접근, 대화, 상호인식의 행사가 아니라, 모든 것이 광인에게 유사하고 가깝게 보일 터이지만 광인 자신은 여전히 국외자局外者, 겉모습에 따라서 뿐만 아니라 겉모습에도 불구하고 드러나고 밝혀질 수 있는 모든 것에 따라 판단되는 전형적 국외자로 남아 있을 세계를 광인의 주위에 조직하는 것이다. 거기에서 광인은 미지未知의 손님이라는 미확정된 역할을 맡도록 끊임없이 요구받고, 그에 대해 알려질 수 있는 모든 것 쪽으로 내던져지며, 이런 식으로 시선을 통해 조용히 그에게 강요되는 사회적 인물의 모습과 가면에 따라 자기 자신의 표면으로 끌려나와, 합리적 이성의 눈앞에서 완전한 국외자로, 다시 말해서 야릇함이 인식되지 않는 국외자로 객관화되기를 권유받는다. 이성적인 사람들의 나라는 이러한 명목名目으로만, 그리고 익명匿名의 사람과의 이러한 일치를 대가로 강요하면서만 광인을 받아들일 뿐이다.

누구나 알아차릴 수 있듯이, '은거처'에서 신체 속박의 부분적 폐지48는 "자제"自制의 설정設定이 핵심적 요소인 전체 체제의 일부분을 이루었는데, 거기에서 노동과 타자의 시선에 사로잡혀 있는 환자의 자유는 죄의식의 확인에 의해 끊임없이 위협 당한다. 굴레를 풀어주고 광기의 가장 깊은 본질을 뚜렷이 드러나게 하는 단순하고 소극적인 작업이 이루

---

47 *Ibid.*, p. 178.

48 이 은거처에서도 많은 신체 속박이 여전히 이용되었다. 환자에게 억지로 음식을 먹이기 위해 튜크는 단순한 열쇠 형태의 도구를 권한다. 양 턱 사이에 이것을 억지로 집어넣고 돌리면 음식을 쉽게 만들 수 있다. 그는 이 방법을 쓰면 환자의 치아를 깨뜨릴 위험이 현저하게 줄어든다고 강조한다 (S. Tuke, *op. cit.*, p. 170).

어진다고 생각되던 바로 거기에서 광기를 보상과 처벌의 체제 안에 감금하고 도덕의식의 움직임에 포함시키는 적극적 활동이 행해진다는 것을 인정해야 한다. 저주誼呪의 세계에서 심판審判의 세계로의 변화가 그 것이다.

이와 동시에 시선 아래에서 광기가 표면으로 불려나오고 엉큼하게 굴지 말라는 요구를 끊임없이 받으므로, 광기의 심리학이 가능하게 된다. 행위에 의해서만 광기가 판단될 뿐이고, 광기의 의도가 비난당하지는 않으며, 광기의 비밀을 탐색하는 것이 문제되는 것도 아니다. 광기는 이러한 가식적 부분에 대해서만 책임이 있을 뿐이다. 광기의 나머지 부분은 모두 침묵으로 귀착한다. 광기는 보여지는 것으로만 실재할 뿐이다. 보호시설에서 정립되고 사슬도 쇠창살도 끊어놓지 못할 이러한 근접近接현상은 상호성相互性을 허용하는 것이 아니다. 즉, 그것은 감시하고 염탐하며 더 잘 보기 위해 가까이 다가서지만 국외자의 가치만을 받아들이고 알아보므로 더욱더 멀어지게 하는 시선의 인접隣接일 뿐이다. 정신질환에 관한 앎은 보호시설에서 발전할 수 있을 터이지만, 오로지 관찰과 분류의 범주에만 속할 것이다. 그것은 대화가 아닐 것이다. 그러다가 19세기의 정신병원에 본질적인 그 시선의 현상이 정신분석에 의해 일소되고, 정신분석이 시선의 말없는 마력魔力을 언어의 지배력으로 대체할 때에야 그것은 진정으로 대화일 수 있게 된다. 정신분석은 감시당하는 자의 한없는 독백獨白을 감시인의 절대적 시선에 덧붙였고, 그리하여 보호시설에 만연한 비상호적 시선의 낡은 구조를 보존했다. 그렇지만 이보다는 응답 없는 언어의 새로운 구조가 비대칭적 상호성 속에서 정신분석에 의해 시선의 낡은 구조와 균형을 이루게 되었다고 말하는 편이 훨씬 더 정확할 것이다.

감시와 심판. 19세기의 정신병원에서 불가결하게 되는 인물이 벌써 모습을 드러낸다. 억누를 수 없는 발작적 폭력에 쉽게 빠져드는 한 조광증 환자에 관한 이야기를 통해 튜크 자신이 그러한 인물의 모습을 묘사한다. 그 조광증 환자가 어느 날 감독자와 함께 정원에서 산책하다가 갑자기 흥분해서 몇 걸음 물러나서는 큰 돌멩이를 집어 감독자에게 던질 자세를 취한다. 감독자는 멈춰 서서 환자의 눈을 뚫어지게 쳐다보고는 몇 걸음 다가가서 "단호한 어조로 돌멩이를 내려놓으라고 명령한다." 감독자가 가까이 다가감에 따라, 환자는 손을 내리고 무기를 떨어뜨리며 "감독자가 이끄는 대로 조용히 방으로 들어간다."**49** 여기에서 무언가가 방금 탄생한 셈인데, 그것은 탄압彈壓이 아니라 권위權威이다.

18세기 말까지 광인의 세계는 광인을 감금하는 추상적이고 얼굴 없는 권력에 의해서만 지배되었고 그러한 한계지점에서 광기가 아닌 것은 모두 빠져 나가버린 곳이었을뿐더러, 간수는 흔히 환자들 중에서 선발되었다. 이와 반대로 튜크는 간수와 환자 사이에, 이성과 광기 사이에 매개요소를 설정한다. 튜크에 의해 조직된 그 단체가 정신이상자만을 위해 마련한 공간에는 이제 감금하는 권위의 위세와 동시에 판정하는 이성의 엄격성을 표상하는 "다른 편"의 사람들이 수시로 출몰하게 된다. 감시인은 무기도 속박의 수단도 없이 시선과 언어만으로 활동을 벌이고, 자신을 보호하거나 위협적이게 만들 수 있을 모든 것이 없는 상태에서 돌이킬 수 없는 직접적 대면의 위험을 무릅쓰고 광기 쪽으로 나아간다. 그렇지만 사실 감시인이 광기와 맞서게 되는 것은 구체적 개인으로서가 아니라 관념적 존재로서이고, 그렇기 때문에 감시인은 모든 투쟁에 앞서 미치지 않았다는 사실에서 기인하는 권위를 갖게 된다.

과거에는 비이성에 대한 이성의 승리가 물리력物理力에 의해서만, 일종의 실제적 싸움 속에서만 확보되었을 뿐이다. 그러나 이제는 싸움이 언제나 이미 끝나 있을뿐더러, 광인과 비非광인이 맞서는 구체적 상황

---

49 S. Tuke, *op. cit.*, pp. 172~173.

에 비非이성의 패배敗北가 미리 결정되어 있다. 19세기의 정신병원에 속박이 부재한다는 사실은 비이성이 해방되었다는 것이 아니라, 광기가 오래 전부터 제압된 상태라는 것을 말해준다.

보호시설에 군림하는 이 새로운 이성에 대해 광기는 절대적 모순의 형태가 아니라 오히려 미성년未成年, 즉 자율권自律權이 없고 이성의 세계에 기대서만 존속할 뿐인 모습을 띤다. 광기는 유년기幼年期이다.

'은거처'에서 모든 것은 정신병자가 미성년화 되도록 조직된다. 거기에서 정신병자는 "필요 이상의 체력을 위험하게 사용하는 어린이"로 간주된다. "정신병자들에게는 즉각적인 벌과 보상이 필요하다. 약간 뒤늦은 것은 그들에게 아무런 효과가 없다. 그들에게 새로운 교육방법을 적용하고 그들의 관념을 터뜨릴 필요가 있다. 그들을 우선 굴복시키고 뒤이어 격려하며 노동에 종사시키고 매력 있는 수단을 통해 그들에게 즐거운 노동을 돌려주어야 한다."[50]

아주 오래 전부터 이미 정신병자는 법에 의해 미성년자로 간주되어 온 것이 사실이지만, 그것은 금치산禁治産과 후견後見에 의해 추상적으로 규정되는 사법적 상황이었지, 인간관계의 구체적 양태樣態가 아니었다. 튜크의 경우에서 미성년 상태는 광인의 생활방식과 동시에 간수의 절대적 지배방식이 된다. 여기에서 선명하게 나타나는 것은 '은거처'에서 정신병자와 감시인의 공동체가 갖는 "대가족"의 모습이다. 겉보기에 이 "가족"은 환자를 정상적이고 동시에 자연스러운 환경 안에 위치시키는 듯하지만, 사실상 환자를 더욱 더 소외시킨다. 즉, 광인에게 지정되는 법적 미성년의 지위는 법적 주체로서의 광인을 보호하기 위한 것이었지만, 이 예부터의 구조가 공존의 형태로 변하면서부터는 심리적 주체로서의 광인을 이성인의 권한과 위세에 전적으로 내맡겨버리는 결과

---

50 Delarive, *loc. cit.*, p. 30.

를 초래하는데, 이에 따라 이성인은 광인에게 구체적인 성인成人의 모습, 다시 말해서 지배와 합목적성의 형상을 띠게 된다.

18세기 말에 광기와 이성 사이의 관계가 대대적으로 재조직되는 과정에서 가족은 결정적 역할, 이를테면 상상계 풍경과 동시에 실제적 사회구조로서의 역할을 하는데, 튜크의 활동은 바로 가족으로부터 출발해서 가족을 향해 나아간다. 튜크는 원시적이고 아직 사회문제에 연루되지 않은 마술적 가치를 가족에 부과함으로써, 가족으로 하여금 소외극복의 역할을 맡게 했다. 튜크의 신화에서 가족은 18세기가 모든 광기의 원인으로 간주한 "환경"의 반대 개념이었다. 그는 또한 가족을 매우 실질적인 방식으로 보호소의 세계로 끌어들였는데, 거기에서 가족은 광인과 이성인 사이에 정립될 수 있는 모든 관계의 진실임과 동시에 규범인 것으로 보인다. 가족의 후견 아래 놓인 미성년, 즉 시민권市民權을 양도하는 정신이상자의 법적 지위는 사실상 정신이상자의 구체적 자유가 양도되는 심리적 상황이 된다.

이제 광기를 위해 마련되는 세계에서 광기의 존재는 "부모 콤플렉스"라고 미리 예상하여 부를 수 있는 것에 의해 은폐된다. 부르주아 가정에서 찾아볼 수 있는 가부장제의 위엄이 광기를 중심으로 되살아난다. 나중에 정신분석이 다시 밝히게 되는 것은 바로 역사의 이러한 퇴적堆積작용인데, 정신분석은 새로운 신화를 만들어냄으로써, 서양 문화 전체와 어쩌면 모든 문명文明에 긴 자국을 남길 운명의 의미를 이러한 퇴적작용에 부여한다고 여겨질 수 있을지 모르지만, 정작 이 퇴적작용은 정신분석에 의해 서서히 이루어졌을 뿐만 아니라, 가정에서 광기가 두 차례에 걸쳐 소외된, 이를테면 순수한 가부장제를 통한 소외극복의 신화에 의해, 그리고 가족의 양태로 구성된 정신병원에서의 실제적 소외상황에 의해 소외된 그 세기말世紀末에야, 즉 아주 최근에야 확고해졌다.

당분간은 용어를 확정하기가 아직 불가능하지만, 비이성의 담론은 이제 가족의 반쯤 실제적이고 반쯤 상상적인 변증법과 불가분不可分의 관계를 맺게 된다. 그리고 비이성의 요란스런 담론을 접하고 신성모독이나 불경不敬을 읽어내야 했던 바로 거기에서 이제부터는 아버지에 대한 끊임없는 공격을 해독할 필요가 있게 된다. 그리하여 근대 세계에서 이성과 비이성의 돌이킬 수 없는 굉장한 대결이었던 것이 가족제도의 견실성과 가족제도의 가장 유구한 상징에 대한 본능의 은밀한 방어진지防禦陣地로 변하게 된다.

수용의 세계에서 광기에 닥치는 이러한 변화와 기본적 제도의 변동 사이에는 놀랄 만한 수렴收斂현상이 있다. 우리가 이미 살펴보았듯이, 자유주의 경제는 빈민과 환자의 구제救濟를 국가보다는 오히려 가정에 맡기는 경향이 있었다. 즉, 가정은 사회적 책임의 장소가 되었다. 그러나 환자가 가정에 맡겨질 수 있다 해도, 너무나 생소하고 비인간적인 광인의 경우에는 사정이 다르다. 분명히 튜크는 제도의 서투른 흉내이면서도 실제의 심리적 상황인 모의模擬가정을 광기의 주위에 인위적 방식으로 재구성한다. 우연히 가족이 없게 되는 곳에 그는 징후와 태도에 주안점을 두고서 가공架空의 가족환경을 조성한다. 그러나 매우 야릇한 교차현상에 의해, 가족은 광기와 관련하여 가공의 가치를 간직하게 되면서도 병자 일반에 대한 구제와 위안慰安의 역할을 면제받게 되고, 보호시설은 빈민의 질병이 다시 국가사업에 편입되고 나서도 매우 오랫동안 정신이상자를 가정이라는 강제적 허구虛構 속에 붙들어 놓게 되며, 광인은 여전히 미성년자일뿐더러, 이성은 광인에 대해 아버지의 모습을 오랫동안 간직하게 된다.

이러한 가공의 가치만을 추구하는 보호시설은 역사와 사회의 변화로부터 보호받게 된다. 튜크의 정신 속에서 중요한 위치를 차지한 것은 가장 오래 전부터 전해져오고 가장 순수하며 가장 자연스러운 생활의 형태와 유사할 환경, 즉 가장 덜 사회적이면서 가능한 한 인간적인 환경을 조성하는 것이었다. 실제로 그는 부르주아 가정의 사회구조를 잘라내서 보호시설에 맞게 상징적으로 재구성했고, 가정의 사회구조를 역사 속에서 표류하도록 내버려두었다. 늘 시대착오적 구조와 상징 쪽으로 옮겨가는 튜크의 보호시설은 전형적으로 부적합하고 시간 바깥에 놓인 것이 된다. 그리고 동물성이 역사 없이 언제나 다시 시작되는 현존의 표시였던 바로 거기에서 오랜 증오, 옛날부터 속화俗化되어 온 가족의 기억되지 않는 흔적, 근친상간近親相姦과 징벌의 잊혀진 징후가 서서히 떠오르게 된다.

피넬의 경우에는 어떤 종교적 분리分離도 없다. 더 정확히 말해서 튜크에 의해 실행된 분리와 반대방향으로 적용되는 분리가 있다. 쇄신된 보호시설의 혜택은 "스스로 계시啓示를 받았다고 생각하고 동조자들을 끌어모으는" 광신도狂信徒를 제외하고 모든 사람에게, 거의 모든 사람에게 돌아가게 된다. 피넬의 의욕에 힘입어 비세트르와 살페트리에르는 '은거처'의 보완적 모습을 형성한다.

거기에서 종교는 보호소 생활의 도덕적 기반基盤이 아니라, 그저 의료의 대상이게 되어 있다. "정신병자 구빈원에서 종교적 견해는 순전히 의료와의 관계에서만 고려되어야 한다. 다시 말해서 대중적이고 정치적인 숭배를 모조리 떨쳐버려야 한다. 그러면서도 이와 같은 원천들에서 생겨날 수 있는 관념과 감정의 고양高揚을 억제하는 것이 어떤 정신병자들을 치유하는 데 효과적인가는 규명할 필요가 있다."[51] 가톨릭은 죽음 이후의 세계에 대한 두려움을 통해 강렬한 감정과 끔찍한 이미지

---

51 *Traité médico-philosophique*, p. 265.

를 불러일으키는 원천으로서, 빈번히 광기를 유발하고 광신狂信을 생겨나게 하며 신도들을 환상에 잠기게 할 뿐만 아니라 절망과 우울증으로 이끌어간다. "비세트르의 정신병자 구제원의 명부名簿를 열람할 때, 미래에 대한 두려운 전망 때문에 정신 나간 시골 사람들과 함께 많은 사제와 수도사의 이름을 찾아볼 수 있다"[52]고 해서 놀랄 이유는 없다. 또한 세월의 흐름에 따라 종교로 인한 광기의 수가 변하는 것을 본다고 해도 놀랄 이유가 없다.

구체제의 시기와 대혁명 기간 동안 미신迷信의 발호跋扈 또는 공화국과 가톨릭 교회가 대립하는 격한 싸움은 종교에 원인이 있는 우울증을 크게 증가시켰다. 다시 평화가 찾아오고 콩코르다 협약[53] 덕분으로 싸움이 진정되자 그러한 정신착란의 형태는 점차로 사라지는데, 가령 혁명력 10년에는 살페트리에르의 우울증 환자들 사이에서 종교적 광기가 50퍼센트를 헤아렸고 이듬해에는 33퍼센트였지만 12년에는 단지 18퍼센트에 불과했다.[54] 그러므로 보호시설은 종교와 모든 상상적 유사類似 단체로부터 풀려나야 하고 "신앙심으로 인한 우울증 환자들"이 종교서적을 접하지 않도록 유의해야 한다. 경험에 의하면 "종교서적을 읽는 것은 정신이상을 영속화시키거나 심지어 치료 불가능하게 만드는 가장 확실한 길이고, 종교서적의 독서를 허용하면 할수록 불안과 양심의 가책을 진정시키기가 더욱 어려워진다."[55]

기독교에 의해 생겨나고 정신을 오류, 환영幻影, 이윽고 정신착란과 환각 쪽으로 이끄는 그러한 이미지와 정열을 불식시킨 듯한 중립적 보호시설의 관념은 튜크로부터, 그리고 정신의 치유를 위한 특권적 장소

---

52 *Ibid.*, p. 458.
53 *Concordat. 1801년 교황과 나폴레옹 사이의 협약.
54 Pinel, *op. cit.* 피넬에 의해 작성된 통계 전체가 427~437쪽에 실려 있다.
55 *Ibid.*, p. 268.

이기도 할 종교공동체에 대한 튜크의 꿈으로부터 가장 멀리 떨어져 있는 것이다.

피넬에게는 종교의 도덕적 내용이 아니라 상상적 형태를 축소시키는 것이 문제이다. 일단 정화된 종교는 이미지를 해소解消하고 정념을 진정시키며 인간의 마음속에 있을 수 있는 직접적이고 본질적인 것 쪽으로 인간을 되돌리는 소외 극복의 힘을 갖는다. 즉, 인간을 진실한 도덕에 가까이 접근시킬 수 있다. 종교가 흔히 치유력을 발휘하는 것은 바로 이 점에서이다. 피넬은 몇 가지 사례를 볼테르 식式으로 이야기한다.

예컨대 20세의 한 젊은 여자에 관한 이야기가 있는데, 그녀는 "체격이 건장한 반면에, 그녀가 결혼한 남자는 몸이 약하고 신경이 예민한" 탓이었는지, 그녀는 "매우 격렬한 히스테리 발작"을 여러 차례 일으켰고, 자기를 뒤따라 다니면서 여러 가지 모습으로 변할 뿐만 아니라 어떤 때는 새들의 노랫소리를, 또 어떤 때는 음산한 소리를, 때로는 날카로운 비명소리를 내는 악마에 들렸다고 상상했다. 다행히도 그곳의 사제司祭는 마귀쫓기의 관행에 조예造詣가 깊은 사람이라기보다는 자연 종교에 푹 빠진 사람으로서, 자연의 선의善意에 의해 치유가 가능하다고 생각한다. "부드럽고 호소력呼訴力 있는 성격의 식견 있는 사제는 이 여자 환자의 정신을 휘어잡았고, 그녀로 하여금 침대에서 나와 집안일을 다시 시작하고 급기야는 정원을 일구도록 하는 데 성공했다. … 뒤이어 극히 다행스러운 효과가 나타났고, 치유상태가 3년 동안 지속되었다."56

종교는 이처럼 지극히 소박한 도덕적 내용으로 귀착할 경우, 철학이나 의학을 비롯하여 이성을 잃은 정신에 이성을 회복시킬 수 있는 온갖 형태의 지혜나 지식과 충분히 양립하게 되어 있다. 종교는 예비적 치료 같은 것으로 활용될 수도 있고, 보호시설에서 행해질 것에 미리 대비하

---

56 Pinel, *op. cit.*, pp. 116~117.

게 하는 데에도 이용될 수 있다. 이것의 증거는 "매우 얌전하고 매우 신심信心이 깊지만 기질이 불같은" 한 젊은 아가씨에게서 발견되는데, 그녀는 "감정의 성향과 행동의 엄격한 원칙" 사이에서 분열되어 있고, 그래서 그녀의 고해신부는 그녀에게 하느님을 믿고 의지하라고 조언하지만 효과가 없자, 굳세고 절도 있는 성스러운 생활의 본보기를 그녀에게 보여주면서 "격한 정념에 대한 최선의 치료책, 즉 인내와 시간"을 그녀에게 권고한다. 그녀는 살페트리에르로 인도되어 피넬의 지시에 따라 "동일한 도덕원칙을 준수하면서" 치료를 받았고, 그녀의 질병은 "그다지 오래 지속되지 않았다."[57]

이처럼 피넬의 보호시설은 동일한 교단教團과 동일한 공동체에서 흔히 가능하게 되는 종교적 형제애 같은 사회적 주제가 아니라 위로慰勞, 신뢰信賴, 그리고 자연에 순종하는 충직성忠直性 같은 도덕적 미덕을 받아들이며, 종교의 환상적 텍스트에서 벗어나 다만 미덕, 노역勞役, 사회생활의 차원에서만 종교의 도덕적 작용을 이어받게 되어 있을 뿐이다.

보호시설, 종교 없는 종교적 영역, 순수한 도덕과 윤리적 획일화의 영역. 오랜 차이의 흔적을 보호시설에 보존할 수 있었던 모든 것은 사라지기에 이른다. 성스러운 것에 대한 마지막 기억은 사라진다. 과거에 수용시설은 사회공간에서 나환자癩患者 수용소의 거의 절대적인 경계境界를 이어받은 낯선 땅이었다. 이제 보호시설은 사회도덕의 커다란 연속성連續性을 형상화하게 되어 있다. 보호시설에는 가족과 노동의 가치, 즉 사회적으로 인정된 모든 미덕이 군림한다. 그러나 이것은 이중적 군림이다. 우선 광기 자체의 중심에서 그러한 모든 미덕이 사실상 퍼져나갈 뿐만 아니라, 폭력과 정신이상의 무질서 아래에서 기본적 미덕의 굳건한 본질이 유지된다. 가장 심한 정신장애에 의해서도 일반적

---

57 *Ibid.*, pp. 270~271.

으로 흔들리지 않는 아주 소박한 도덕이 있는데, 치유에 기여하는 것은 바로 그것이다.

"일반적으로 나는 치유과정에서 흔히 나타나는 순수한 미덕과 엄격한 원칙에 찬사를 보내지 않을 수 없다. 소설을 제외하고 어떤 곳에서도 나는 다행히 회복기에 이른 대부분의 정신병자보다 더 소중하게 여겨 마땅한 부부夫婦, 더 상냥한 아버지나 어머니, 더 정열적인 연인戀人, 더 자기 의무에 충실한 사람을 본 적이 없다."[58]

이 양도할 수 없는 미덕은 광기의 진실이자 동시에 광기의 해결解決이다. 그래서 이 미덕은 일단 퍼지면 '틀림없이' 더욱더 퍼져나갈 것이다. 보호시설은 차이를 감소시킬 것이고, 악덕은 억제될 것이며, 불규칙은 사라질 것이다.

보호시설에서는 사회의 기본적 미덕에 대립하는 모든 것이 비난받을 것이다. 가령 독신생활은 "혁명력 11년과 13년에 백치白痴상태로 전락한 미혼여성의 수數가 기혼여성의 7배이고, 정신장애는 그 비율이 두세 배에 달하며, 따라서 여성에게 결혼은 가장 고질적이고 대개의 경우 치료가 불가능한 이 두 가지 종류의 정신이상에 대한 일종의 예방약이라고 추정할 수 있다"[59]는 식으로, 방탕과 비행 그리고 "풍속의 극단적 타락"은 "음주벽飮酒癖 또는 상대를 가리지 않는 무한정한 정사情事 내지는 난잡한 행동이나 무기력한 무사태평無事泰平 같은 악습惡習으로 인해 이성이 점차로 망가지고 정신이상이 선고宣告될 수 있다"[60]는 점에서, 게으름은 "감옥과 구제원을 비롯한 모든 공공의 보호시설에서 건강, 미풍양속, 질서의 가장 확실하고 어쩌면 유일할 유지수단은 엄격하게 실시

---

58 Pinel, *op. cit.*, p. 141.

59 *Ibid.*, p. 417.

60 *Ibid.*, pp. 122~123.

되는 기계적 노동의 법칙이라는 것을 누구나 어느 때고 경험으로 알 수 있다"[61]는 점을 근거로 비난의 대상이 된다. 보호시설의 목적은 도덕의 균질적 확산이자, 도덕의 지배에서 벗어나려는 경향이 있는 모든 사람에 대한 엄격한 도덕의 부과이다.

그러나 사실상 보호시설은 차이를 솟아오르게 내버려둔다. 법이 보편적으로 지켜지지 않는 것은 법을 인정하지 않는 사람들, 무질서하고 태만怠慢하며 거의 위법적 상태로 살아가는 사회계층이 있기 때문이다. 즉, "한편으로는 질서와 화합和合 속에서 오랫동안 계속해서 번영을 누리는 가정이 있는 반면에, 다른 한편으로는 방탕, 불화不和, 수치스러운 궁핍窮乏의 불쾌한 광경으로 눈살을 찌푸리게 하는 가정이 특히 사회의 하층계급에 얼마나 많은가! 내가 날마다 기록한 바에 따르면, 구제원에서 치료해야 하는 정신이상은 바로 이와 같은 가정에서 가장 많이 발생한다."[62]

보호시설은 하나의 동일한 움직임에 따라 피넬의 수중手中에서 도덕의 획일화와 사회 고발告發의 수단이 된다. 하나의 도덕을 보편적인 것의 여러 범주 아래 퍼뜨리는 것이 문제인데, 그 도덕은 소외가 개인에게서 표면화되기 전에 이미 주어져 있고 그 도덕과 무관한 범주의 내부에 부과될 것이다. 첫 번째 경우에서 보호시설은 잊혀진 본성을 내세우면서 각성覺醒과 어렴풋한 기억으로 작용하게 되어 있을 것이고, 두 번째 경우에서는 개인을 자신의 처지에서 끌어내기 위한 사회적 강제 이주移住의 수단이게 되어 있을 것이다. 은거처에서 실행되던 활동은 아직 단순했다. 즉, 도덕적 정화淨化를 목적으로 하는 종교적 격리였다. 피넬에 의해 실행되는 활동은 비교적 복잡하다. 즉, 부르주아 도덕에

---

61 *Ibid.*, p. 237.

62 *Ibid.*, pp. 29~30.

사실상의 보편성을 보장하고 부르주아 도덕이 정신이상의 모든 형태에 법처럼 부과되도록 해줄 사회적 격리를 실행하면서도 도덕적 통합을 수행하는 것, 말하자면 광기의 세계와 이성의 세계 사이에 윤리적 연속성을 확보하는 것이다.

　고전주의 시대에 궁핍, 게으름, 악덕, 광기는 비이성의 내부에서 하나의 동일한 죄의식 속에 뒤섞여 있었고, 광인은 빈곤과 실업失業을 망라하는 대대적 수용의 테두리 안에 갇혀 있었다. 그렇지만 모든 광인이 과오過誤의 근방近傍에서 전락의 본질까지 활기를 띠었다. 이제 광기는 사회적 실추失墜와 관련되는데, 사회적 실추는 막연히 광기의 원인, 본보기, 한계인 것으로 보인다. 반세기 뒤에 정신병은 퇴화退化로 여겨지게 된다. 이제부터 사회의 밑바닥에서 올라오는 것은 실제로 위협이 되는 본질적 광기이다.

　피넬의 보호시설은 튜크의 보호시설처럼 이 세상에서 뒤로 물러나 있는 자연과 직접적 진실의 공간이 아니라, 사회의 외부한계에서 생겨나는 정신이상을 받아들여 소멸시키는 획일적 법제法制의 영역, 도덕적 통합의 장소이게 된다. 63 이러한 도덕적 통합이 수행될 수 있도록 피수용자의 생활 전체, 감시인과 의사의 행동 전체가 피넬에 의해 체계화되

---

63 피넬은 언제나 지식의 진보보다는 법제의 영역을 더 중요하게 생각했다. 1779년 1월 1일 자신의 형제에게 보낸 편지에서 그는 이렇게 말한다. "지구에서 꽃핀 법제들을 일별(一瞥)한다면, 사회 제도에서 각 법제가 학문과 예술의 빛보다 선행했다는 것을 알아차릴 수 있을 거야. 학문과 예술의 빛에는 문예의 싹을 틔우는 그러한 권위로 상황과 시대의 흐름에 의해 이끌린 개화된 민족이 전제되어 있기 때문이지. … 영국의 경우를 두고 법제가 학문과 예술의 번창(繁昌) 덕분이라고 말하지는 않을 거야. 영국인들의 법제는 학문과 예술의 번창기보다 여러 세기 앞섰으니까. 자부심 강한 그 섬 사람들이 한동안 천재성과 재능으로 두각을 나타낼 수 있었던 것은 그들의 법제가 최선의 상태였기 때문이라네"(Sémelaigne, *Alliénistes et philanthropes*, pp. 19~20).

는데, 그의 체계화 작업은 3가지 주요한 수단을 통해 이루어진다.

1) 침묵

피넬에 의해 다섯 번째로 쇠사슬에서 풀려난 광인은 광기로 인해 교회에서 쫓겨난 성직자로서, 자신이 위대하다는 망상妄想에 사로잡혀 그리스도를 자칭自稱했는데, 그의 행태는 "망상에 빠진 인간이 내보일 수 있는 교만의 극치"였다. 1782년 비세트르에 들어온 그는 그때까지 12년 동안 쇠사슬에 묶여 있다. 그는 오만한 태도와 과장된 어투의 말로 인해, 구빈원 전체에서 가장 널리 알려진 구경거리의 하나이지만, 자신이 그리스도의 수난을 다시 살고 있는 중이라고 믿는 까닭에 "그 오랜 수난과 조광증으로 말미암아 계속 당할 수밖에 없는 빈정거림을 참을성 있게 견뎌낸다".

　비록 그의 망상이 변함없이 심각하긴 하지만, 피넬은 그를 최초로 풀려난 12명의 무리에 포함시켰다. 그러나 다른 광인들과는 풀려난 경위가 다르다. 권고勸告도 약속의 요구도 없었다. 피넬은 아무런 말도 없이 그의 쇠사슬을 풀어주고 나서 "각자 피넬 자신처럼 신중하게 처신하고, 그 불쌍한 정신병자에게 한 마디 말도 건네지 말라"고 분명하게 명한다. "엄정하게 준수된 이 금지禁止는 그토록 자만심에 가득 찬 그 사람에게 쇠고랑과 지하독방보다 훨씬 더 두드러진 효과를 낳는다. 그는 완전한 자유의 한가운데에서 여태까지 맛보지 못한 몹시 버림받은 기분과 고립감에 굴욕을 느낀다. 마침내 그는 오랜 망설임 끝에 제 발로 다른 환자들에게 다가가 어울리려고 애쓰기 시작하면서 그날부터 더 분별 있고 더 올바른 생각으로 되돌아온다."[64]

---

64 Scipion Pinel, *Traité du régime sanitaire des anliénés*, p. 63.

제 4장 정신병원의 탄생　785

이 경우에 석방은 역설적인 의미를 띤다. 지하독방, 쇠사슬, 계속되는 구경거리, 빈정거림은 환자의 정신착란을 진전시키는 자유의 요소 같은 것을 형성했다. 바로 이런 방식으로 인정받고 그토록 많은 사람의 암묵적 동조에 외부로부터 현혹된 그는 자신의 직접적인 진실로부터 거리를 둘 수 없었다. 그러나 벗겨지는 쇠사슬 그리고 모든 사람의 무관심과 침묵으로 인해 그는 공허한 자유의 제한된 사용에 얽매일 뿐만 아니라, 무슨 말을 하더라도 이제는 아무도 그를 쳐다보지 않으므로 소용이 없는 데다가, 경멸조차 받지 못하므로 그를 고양시키지도 인정받지도 못하는 진실에 말없이 잠긴다.

이제 굴욕 당하게 되는 것은 그가 정신착란 속에서 자기 자신을 투사하는 행위가 아니라 그 사람 자신이다. 즉, 신체의 속박은 매 순간 고독孤獨의 극한에 이르는 자유로 대체되고, 정신착란과 모욕의 대화는 다른 사람들의 침묵 속에서 고갈되는 언어의 독백獨白으로 대체되며, 자만심과 모독의 공연公演 전체는 냉담으로 대체된다. 그때부터 지하독방에서나 쇠사슬에 묶여 있을 때보다 더 실질적으로 감금되고 자기 자신만의 수인囚人이 되는 그는 과오의 범주에 속하는 자신과의 관계와 치욕의 범주에 속하는 타인과의 비非관계에 붙들린다. 누명을 벗은 다른 사람들은 더 이상 박해자迫害者가 아니고, 죄의식은 광인이 자신의 자만심에만 현혹되었을 뿐이라는 것을 그에게 보여주면서 내면화된다. 적대적인 얼굴들은 사라지고, 이제 그는 적대적 얼굴들의 현존을 시선이 아니라 관심의 거부로, 외면하는 시선으로 느끼며, 그에게 다른 사람들은 그가 나아감에 따라 끊임없이 뒤로 물러서는 한계일 뿐이다.

쇠사슬에서 풀려난 그는 이제 침묵의 힘에 의해 과오와 치욕에 꼼짝없이 묶인다. 예전에는 자신이 처벌받고 있다고 느꼈고 이러한 느낌을 통해 자신이 결백함을 내심內心으로 확신할 수 있었으나, 모든 물리적 징벌에서 해방된 지금은 자신이 유죄라고 느끼지 않을 수 없다. 그에게 체벌體罰은 영광이었던 반면에, 해방은 굴욕감을 불러일으키게 되어 있다.

르네상스 시대에 끊임없이 이어진 이성과 광기의 대화와 비교하자면, 고전주의 시대의 수용은 침묵의 강요였다. 그러나 침묵의 강요가 완전한 것은 아니었다. 즉, 거기에서 언어는 실질적으로 제거되었다기보다는 오히려 사물들 속에 들어박혀 있었다. 수용, 감옥, 지하독방, 심지어 체벌까지도 이성과 비이성 사이에 말없는 대화를 꾀했는데, 그것은 싸움이었다. 이제 그러한 대화는 단절되고, 침묵은 절대적이다. 광기와 이성 사이에는 더 이상 공통어共通語가 없을 뿐만 아니라 언어의 부재만이 정신착란의 언어에 부합하는데, 이는 정신착란이 이성과의 단편적 대화가 아닐뿐더러 전혀 언어가 아니고 마침내 조용해진 의식 속에서 오직 과오만을 가리킬 뿐이기 때문이다. 그리고 바로 이러한 상황에서 공통의 언어는 인정된 죄의식의 언어이게 됨에 따라 다시 가능해지게 된다. "마침내 그는 오랜 망설임 끝에 제 발로 다른 환자들에게 다가가 어울리려고 애쓰게 된다."

언어의 부재는 보호소 생활의 근본적 구조로서 고백의 활성화活性化와 상관관계가 있다. 프로이트가 정신분석에서 신중하게 교환을 다시 꾀하게 될 때, 더 정확히 말해서 이제부터 독백 속에서 부스러지는 그러한 언어의 청취聽取를 새롭게 시작하게 될 때 들려오는 진술은 언제나 과오의 표명이게 마련이라는 점에 놀랄 필요가 있을까? 그 뿌리 깊은 침묵 속에서 과오는 말의 원천 자체를 획득했다.

2) 거울 속에서의 자기 확인

'은거처'에서 광인은 주시되었고, 자기 자신이 보여지고 있다는 것을 알고 있었지만, 광인으로 하여금 자기 자신을 비스듬하게만 파악할 수 있게 해줄 뿐인 이러한 직접적 시선을 제외한다면, 광기는 자체에 대해 직접적 영향력을 갖고 있지 않았다. 피넬의 경우에 시선은 이와 반대로 바깥도 외부의 한계도 없는 공간, 광기에 의해 명확하게 정해진 공간의 내부에서만 작용하게 될 뿐이다. 광기는 스스로를 보게 되고 스스로에 의해 보여지게 된다. 이를테면 바라봄의 순수한 대상임과 동시에 바라봄의 절대적 주체이게 된다.

> "각자 자기 자신을 왕이라고 생각하고 서로 루이 16세를 자칭한 정신병자 3명이 어느 날 서로 왕권王權다툼을 벌이는데, 그들의 다툼이 약간 지나친 소란으로 이어져 사람들의 주목을 끌었다. 여자 감시인이 그들 가운데 한 사람에게 다가가 그를 따로 불러내어 말한다. 누가 보기에도 광인인 저 사람들과 왜 다투려 하느냐? 당신이 루이 16세로 인정될 것이 뻔하다는 것은 누구나 알고 있지 않느냐? 이러한 찬사에 기분이 좋아진 그는 곧장 다른 두 사람에게 거만한 경멸의 시선을 던지면서 뒤로 물러난다. 두 번째 광인에게도 이와 동일한 술책이 먹혀 들어간다. 그리하여 다툼은 순식간에 흔적도 없이 끝나버린다."[65]

이것이 바로 첫 번째 계기, 곧 고양高揚의 계기이다. 광기는 스스로를, 그러나 다른 광인들에게서 알아차려지도록 촉구된다. 즉, 그들에게서 광기는 근거 없는 주장으로, 다시 말해서 우스꽝스러운 광기처럼 보이지만, 광인은 다른 광인들을 비난하는 그러한 시선 속에서 자기 자

---

[65] Sémelaigne, *Aliénistes et philanthropes*, Appendice, p. 502에서 재인용.

신의 정당화와 자신의 정신착란에 꼭 들어맞는 확신을 얻는다. 자만自慢과 현실 사이의 틈은 대상에게서만 알아차려질 뿐이다. 주체에게는 그것이 이와 반대로 완전히 감추어지는데, 주체는 직접적 진실 겸 절대적 재판관이 된다. 즉, 다른 광인들의 그릇된 왕권을 고발하는 고양된 왕권은 그들에게서 왕권을 박탈하고, 이런 방식으로 자만심을 완전히 충족시키면서 확고해진다. 광기는 단순한 정신착란으로서 다른 광인들에게 투사되고, 완벽한 무의식 상태로서 전적으로 받아들여진다.

바로 이 순간에 거울은 보조적으로 미망迷妄을 타파하는 것이 된다. 비세트르의 또 다른 환자도 역시 자신의 의사意思를 언제나 "명령과 지극히 높은 권위의 어조로" 표현하면서 스스로 왕이라고 생각했다. 그가 보통 때보다는 진정된 어느 날 감시인은 그에게 다가가서, 만일 당신이 왕이라면 어찌하여 당신의 구금상태를 끝장내지 않느냐고, 왜 온갖 종류의 정신병자와 함께 지내느냐고 묻는다. 이후로도 여러 날 동안 그는 이런 말을 되풀이함으로써 "그 광인으로 하여금 차츰차츰 자신이 주장하는 과장된 내용의 우스꽝스러움을 알아차리게 하고, 자신이 최고권력을 지니고 있다고 오래 전부터 확신한 나머지 조롱의 대상이 된 또 다른 정신병자를 그에게 보여준다. 그 조광증 환자는 우선 마음의 동요를 느끼고, 이윽고 자신이 군주의 신분이라는 것을 의심하기 시작하며, 마침내 자신의 공상적 일탈을 인정하기에 이른다. 이토록 느닷없는 심적 변화는 대략 2주 후에 실제로 일어났고, 몇 달 동안의 시험 뒤에 이 정중한 아버지는 가족에게 돌려보내졌다. "66

그러므로 이제 광인은 자기 자신을 낮추는 단계로 접어든 것이다. 즉, 오만하게도 자신을 정신착란의 대상과 동일시한 광인은 우스꽝스러운 주장이라고 스스로 비난한 그러한 광기 속에서 자기 자신을 거울

---

66 Philippe Pinel, *loc. cit.*, p. 256.

에 비추어보듯이 알아보고, 그가 주체로서 품고 있던 굳건한 지고성至高性은 그가 맡아 잘못을 깨닫게 한 그 대상 속에서 무너져 내린다. 그는 이제 자기 자신을 냉정하게 바라본다. 그리고 이성을 대표하고 다만 위험한 거울을 내밀기만한 사람들의 침묵 속에서 그는 자기 자신이 객관적으로 미친 자라는 것을 인정한다.

어떤 수단과 어떤 속임수에 의해 18세기의 치료술이 광인에게 자기 자신의 광기를 납득시켜 그를 광기로부터 더 잘 벗어나게 하려고 시도했는가는 이미 살펴보았다. **67** 여기에서는 진행방식이 전혀 다른 성격의 것인데, 그것은 심지어 날조되기까지 한 진실의 위압적 광경을 통해 오류를 일소하는 것이 아니라, 광기의 비논리성보다는 오히려 광기의 오만傲慢에 타격을 가하는 것이다. 고전주의적 정신은 광기에서 진실에 대한 어떤 무분별을 정죄한 반면에, 피넬 이후로는 오히려 심층으로부터 솟아오르는 격정激情이 광기에서 주목의 대상으로 떠오르는데, 그것은 개인의 법적 한계를 넘어서고 개인에게 정해진 도덕적 권능을 도외시하며 자기 신격화神格化를 지향하는 움직임이다. 광기의 첫 번째 본보기는 이전 세기들의 경우에는 신을 부정하는 것이었던 반면에, 19세기의 경우에는 자기 자신을 신이라고 생각하는 것이게 된다. 그러므로 광기는 정신착란의 절대적 주관성에 사로잡힌 상태에서, 동일한 광인을 보고 정신착란의 우스꽝스럽고 객관적인 이미지를 발견하게 될 때, 바로 모욕당한 비이성으로서의 자기 모습 속에서 구제의 가능성을 발견할 수 있게 된다.

진실은 광기가 광기 자체만 볼 뿐인 상호적 시선의 이러한 작용에 (18세기의 경우처럼 폭력적으로가 아니라) 거의 기습적으로 슬그머니 끼어든다. 그런데 수용시설은 광인들의 공동체에 이와 같은 종류의 거울을 배

---

67 제2부, 제5장 참조.

치했고, 그래서 결국 광인은 마지못해 자기 자신을 미친 사람으로 간파하지 않을 수 없다. 광기를 주시되는 순수한 대상으로 만들었던 쇠사슬에서 풀려난 광기**68**는 역설적으로 자유의 핵심, 즉 고독한 고양高揚의 자유를 상실하고, 자신의 진실에 관해 알고 있는 것에 대해 책임을 지게 되며, 한없이 안으로 향하는 자신의 시선 속에 갇힐 뿐만 아니라, 마침내 자기에 대해 대상이 되는 굴욕屈辱을 당하지 않을 수 없게 된다. 의식화意識化는 이제 이 타자他者와 동일하다는, 그와 연루되어 있다는, 그리고 스스로를 알아보고 인식할 수 있기 전에 이미 경멸받았다는 치욕과 깊은 관계가 있다.

3) 영원한 심판

침묵에 의해서처럼 이러한 거울작용에 의해서도 광기는 스스로를 심판하라고 끊임없이 요구받는다. 게다가 광기는 도덕 또는 과학의식에 의해서가 아니라 영구적으로 개정開廷되어 있는 일종의 비가시적 법정法廷에 의해 매 순간 외부로부터 심판받는다. 피넬의 열망에 따라 비세트르에서, 특히 살페트리에르에서 부분적으로 실현된 광인 보호시설은 사법적司法的 소우주이다. 이 법정은 효과적이기 위해 가공할 양상을 띠어야 하고, 재판관과 형리刑吏의 상상적 장비裝備 일체는 정신병자가 지금 어떤 심판의 세계에 처해 있는지를 정확히 이해하도록 정신병자의 정신 속에 구비되어 있어야 한다. 그러므로 끔찍하고 무자비한 법정의 연출은 치료의 일부분을 이루게 된다.

　비세트르의 한 피수용자는 지옥에 대한 강한 공포 때문에 격심한 종교적 정신착란에 사로잡힌 나머지 엄격한 금식禁食을 통해서만 영벌永罰

---

68 *광기가 의인화(擬人化)되어 있다.

을 면할 수 있다고 생각했다. 아련한 심판에 대한 그의 두려움은 더 가공할 즉각적 심판에 의해 상쇄될 필요가 있었다. "그가 품고 있는 불길한 생각의 거스를 수 없는 흐름은 강렬하고 깊은 두려움 이외의 다른 것에 의해 상쇄될 수 있었을까?" 어느 날 저녁 관장館長은 "그를 전율시키기에 알맞은 장치를 들고" 환자의 방문 앞에 나타나 "눈을 부릅뜨고 우렁찬 목소리로 으르렁대고, 일단의 직원은 단단한 쇠사슬로 무장하고 쇠사슬을 요란하게 흔들어대면서 그의 주위로 다급하게 움직인다. 그들은 정신병자 옆에 수프 한 그릇을 놓고는 그에게 몹시 잔혹한 취급을 당하지 않으려면 수프를 먹으라는 아주 구체적 명령을 내린다. 그들이 물러나자, 정신병자는 홀로 괴로운 상태에서 처벌의 위협에 대한 생각과 저승에서 받게 될 고통에 대한 끔찍한 전망 사이를 오락가락한다. 내면의 갈등이 여러 시간 동안 이어진 후에, 전자의 생각이 우세해지면서 그는 음식을 먹기로 작심한다."[69]

보호시설이라는 사법적 심급은 다른 어떤 심급도 인정하지 않는다. 그것은 직접적으로, 최종적으로 재판한다. 그것은 처벌수단을 보유하고 자유재량自由裁量으로 사용한다. 옛 수용은 대개의 경우 정상적인 사법형식과 무관하게 실행되었지만 동일한 감옥, 동일한 지하독방, 동일한 육체적 가혹행위, 요컨대 기결수既決囚의 징벌을 그대로 적용했다. 피넬의 보호시설에서 실행되는 사법은 탄압의 방식을 다른 사법기관에서 빌려오지 않고 자체적으로 창안한다. 더 정확히 말해서 18세기에 퍼져나간 치료방법을 징벌의 수단으로 활용한다. 피넬의 "자선" 및 "해방" 활동에서 의료행위가 사법행위로, 치료술이 탄압으로 바뀌는 이러한 전환은 예사로운 역설이 아니다. 고전주의 시대의 의학에서 목욕과 샤워는 신경계神經系의 본질에 관한 의사들의 몽상夢想에 들어맞는 치료법

69 Pinel, *Traité médico-philosophique*, pp. 207~208.

으로 이용되었다. 즉, 그것들은 인체人體를 시원하게 해줄 뿐만 아니라 불타는 듯한 메마른 신경섬유의 긴장을 풀어주는 방법이었다. **70** 생각의 흐름을 중단시키고 감정의 성질을 변화시키는 불유쾌한 놀람의 심리적 효과가 찬물 샤워의 유익한 결과에 포함된 것은 사실이지만, 거기에서 우리는 의학적 몽상의 풍경을 또 다시 목격한다. 그러나 피넬에 이르러 샤워의 활용은 분명히 사법적인 것이 되고, 샤워는 보호시설에 영구적으로 개정되어 있는 단순한 치안재판소의 통상적 처벌이다.

"탄압의 수단으로 여겨지는 샤워는 흔히 손으로 일을 할 수 있는 여자 정신병자로 하여금 노동의 일반규범을 받아들이게 하고, 끈질긴 음식 거부를 철회시키며, 생각에 깊이 빠져드는 혼란스런 기질氣質의 여자 정신병자를 굴복시키기에 충분하다."**71**

사방에서 광인을 에워싸는 이러한 심판의 세계에서는 광인이 자기 자신의 이미지를 확인할 수 있도록 모든 것이 조직되고, 광인은 자기 자신이 감시와 심판을 받고 유죄를 선고받는다는 것을 알게 되어 있으며, 과오에서 처벌까지의 연관성은 모든 사람에 의해 인정된 죄의식처럼 명백한 것이게 되어 있다.

"우리는 목욕의 상황을 이용하고, 저질러진 과오나 중요한 의무의 태만怠慢을 상기시키며, 수도꼭지를 이용하여 차가운 물이 머리 위로 갑자기 쏟아지게 함으로써 정신병자를 흔히 당혹스럽게 만들거나 뜻밖의 강한 인상에 의해 환자의 지배적 생각을 흐트러뜨리는데, 그래도 환자를 지배하는 관념이 지속되면, 샤워를 반복하게 하지만, 딱딱한 어조와 반항을 초래할 수 있는 충격적 용어를 주의 깊게 피하고, 환자 자신의 이익을 위해 마지못해서 이와 같은 폭력적 조치를 취하는 것이라고

---

70 앞의 제2부, 제4장 참조.

71 Pinel, *Traité médico-philosophique*, p. 205.

그에게 말해주며, 그럴 때 가끔씩 농담을 섞기도 하지만, 농담이 너무 지나치지 않도록 유의한다."[72]

처벌의 이 거의 산술적算術的인 명백성, 필요한 만큼 반복되는 징벌, 탄압을 통한 과오의 확인, 이 모든 것은 사법 심급의 내면화內面化로, 더 나아가 환자의 정신에서 이루어지는 회한悔恨의 출현으로 이르게 마련이다. 바로 이 시점에서 심판자는 징벌이 환자의 의식 속에서 한없이 지속되리라는 것을 확신하여 징벌을 중단시킨다.

한 여자 조광증 환자는 습관적으로 옷을 찢었고 손에 닿는 모든 물건이면 무엇이건 깨뜨렸는데, 샤워 세례가 가해지고 억지로 조끼가 입혀지자, 마침내 "굴욕당하고 아연실색한" 것으로 보이지만, 이러한 치욕이 일시적이고 회한이 너무 피상적일까 염려한 관장은 "그녀의 마음속에 공포의 감정을 새겨 넣기 위해 그녀에게 매우 단호하게, 그러나 화는 내지 않고, 이제부터 가장 가혹한 취급을 당할 것이라고 알린다." 기대된 결과가 즉각 나타난다. "그녀가 회개하고 있다는 것은 그녀가 거의 두 시간 동안 쏟고 있는 눈물로 충분히 예측할 수 있다."[73]

순환과정이 이중으로 완결된다. 즉, 과오는 처벌되고 과오의 장본인은 스스로 유죄를 인정한다.

그렇지만 이러한 과정에서 벗어나고 이 과정에서 실행되는 도덕적 통합에 몹시 저항하는 정신병자들도 있다. 그들은 보호시설의 내부에 유폐되어 새로운 피수용자 집단, 사법의 대상에 포함될 수조차 없는 집단을 형성하게 된다. 피넬과 그의 해방활동이 이야기될 때, 이 이차적 유폐幽閉는 너무나 자주 누락된다. 우리가 이미 살펴보았듯이 피넬은 "스스로 계시를 받았다고 생각하고 다른 신규新規 동조자들을 규합하려

---

72 *Ibid.*, p. 205.
73 *Ibid.*, p. 206.

고 끊임없이 애쓰며 인간에게 복종하느니 하느님에게 순종하는 것이 더 낫다는 구실로 다른 정신병자들을 선동하여 불순종不順從하게 만들면서 유해한 쾌락을 즐기는 독신자들"에게 보호소 개혁의 혜택을 베풀지 않았다. 그러나 유폐와 지하독방은 또한 "노동의 일반규칙에 따를 수 없고 해로운 활동을 통해 언제나 다른 여자 정신병자들을 괴롭히며 그녀들을 부추길 뿐만 아니라 반목反目의 소재를 끊임없이 찾아내 불화를 유발하는 것을 즐기는 여자들"이나 "발작을 일으킬 때 수중에 들어오는 모든 것을 훔치는 성향을 자기도 모르게 내보이는"**74** 여자들에게도 불가피하게 부과된다.

종교적 광신으로 인한 불순종, 노동에 대한 저항, 절도는 부르주아 사회에 대한 3가지 중대한 과오, 부르주아 사회의 본질적 가치에 대한 3가지 주요한 침해인 까닭에 설령 광기에 의한 행위라 할지라도 용서할 수 없는 것이고, 어느 것이건 한결같이 피넬이 구상하는 그러한 보호시설의 존재이유를 형성하는 도덕과 사회의 획일화에 대한 저항의 표시이므로 무조건적 투옥投獄, 온갖 엄격한 추방을 당해 마땅하다.

예전에는 비이성이 심판의 범위 바깥에 놓여 있었고 이성의 권능에 독단적으로 내맡겨졌다. 이제는 비이성이 심판을 받는다. 그것도 식별되고 분류되며 영원히 무죄를 선고받기 위해 보호시설로 들어갈 때만이 아니라 영속적으로 심판을 받게 되는데, 이러한 심판은 끊임없이 비이성을 따라다니고 징계懲戒를 내리며 과오를 선포할 뿐만 아니라 과오를 공개적으로 인정하고 용서를 비는 형벌을 요구하며 마침내 과오로 인해 바람직한 사회질서를 영원히 위태롭게 만들 위험이 있는 사람들을 배제하는 것이다.

광기는 보호시설이 경찰관, 예심판사, 재판관, 형리를 모두 제공하

---

74 *Ibid.*, p. 291, note 1.

는 일종의 무한한 소송訴訟, 삶의 모든 과오가 보호시설의 존재에 특유한 효력에 의해 사회적 범죄이게 되어 감시받고 유죄를 선고당하며 징벌받는 소송, 회한悔恨의 내면화된 형태 아래에서의 영속적 재시작에만 출구가 있을 뿐인 그러한 소송의 대상이 되기 위해서만 독단獨斷에서 벗어났을 뿐이다. 피넬에 의해 "해방된" 광인과 피넬 이후로 근대적 의미의 수용에 내던져진 광인은 소송 중인 인물이고, 비록 기결수와 더 이상 뒤섞이지 않거나 동일시되지 않을 혜택을 입는다 해도, 매 순간 기소장起訴狀을 전달받을 운명에 처하는데, 그 기소장을 작성하는 것은 광인의 보호소 생활 전체이므로, 거기에는 아무런 것도 씌어 있지 않다. 설립의 영광이 피넬에게 돌아가는 그러한 실증주의 시대의 보호시설은 관찰, 진단, 치료의 자유로운 영역이 아니라, 광인이 기소되고 재판을 받으며 유죄를 선고받을뿐더러 그러한 소송이 심층심리 속에서 뉘우침으로 해석됨으로써만 광인이 풀려날 수 있을 뿐인 사법적 공간이다. 광기는 설령 보호시설 밖에서 결백을 선고받는다 해도 어김없이 보호시설에서 처벌받게 된다. 광기는 오랫동안, 적어도 오늘날까지는 도덕의 세계에 유폐되어 있다.

18세기 말에 구성되는 그러한 보호시설의 세계에 특유한 구조에는 침묵, 거울을 통한 자기 인식, 영원한 심판 외에도 네 번째 것이 있는데, 그것은 의료인醫療人의 신격화神格化이다. 모든 구조 중에서 그것은 의사와 환자 사이의 새로운 접촉뿐만 아니라 정신이상과 의학적 사유 사이의 새로운 관계를 가능케 하고 급기야는 광기의 근대적 경험 전체에 이르는 통로 구실을 하게 되므로 아마 가장 중요할 것이다. 지금까지 우리는 보호시설에서 비록 변경되고 변형된 것이긴 하지만 수용의 구조 자체만을 발견했을 뿐이다. 의료인의 새로운 지위로 인해 폐기되는 것은 수용의 가장 깊은 의미이다. 즉, 지금 우리가 알고 있는 의미에서의 정신병은 그때 가능하게 된다.

취지趣旨와 가치관의 측면에서 그토록 다른 튜크의 활동과 피넬의 활동은 의료인의 그러한 변모 속에서 서로 합류하게 된다. 우리가 앞에서 살펴보았듯이, 의사는 수용의 살아 있는 세계에 관여하지 않았다. 그런데 이제 의사는 보호시설의 핵심적 형상이 된다. 의사는 입소入所여부를 결정한다. 튜크가 설립한 은거처의 내규內規는 이 점을 분명히 밝히고 있다.

"환자의 입소 허가와 관련하여 위원회는 일반적으로 의사가 서명한 증명서를 요구해야 한다. … 또한 환자가 광기 이외의 다른 질병에 걸렸는지도 확증되어야 한다. 언제부터 병이 있었는가를, 필요할 경우에는 어떤 약이 사용되었는가를 알려주는 보고서가 첨부되는 것도 바람직하다."[75]

18세기 말부터 의사의 진단서는 광인의 수용에 거의 필수적인 것이 되었다.[76] 게다가 보호시설이 의료공간으로 정비됨에 따라, 보호시설의 내부에서도 의사는 지배적 위치를 차지한다. 그렇지만, 이것이 바로 요점인데, 의사의 개입은 의사만이 보유하고 일단의 객관적 지식에 의해 정당화될 앎이나 의료권력의 이름으로 이루어지는 것이 아니다. 보호시설에서 '호모 메디쿠스'[77]가 권위를 갖게 되는 것은 학자로서가

---

75 은거처의 내규. Section III, art. 5, in S. Tuke, *loc. cit.*, pp. 89~90에서 재인용.

76 "파리도(道) 전역에서 광인이나 미치광이를 수용하기 위해 설립되었거나 설립될 시설로 그들을 받아들이는 것은 법적으로 인정된 의사와 외과의의 보고에 따라 이루어질 것이다."〔파리도(道)에 의해 채택된 *Projet de Règlement sur l'admission des insensés*, in Tuetey, III, p. 500에서 재인용.〕

77 *homo medicus*. 의료인.

아니라 현자賢者로서이다. 의사직醫師職이 요구된다 해도, 이는 과학의 요청에 의해서가 아니라 법과 도덕의 보증으로서이다. **78** 고결한 의식과 성실성이 있고 보호시설에서 오랜 경험을 쌓은 사람이 의사를 대신할 수도 있게 된다. **79** 실제로 의사의 직무는 보호시설에서 실행되어야 하고 유일하게 정신병자의 치유를 보장할 수 있는 무한한 도덕적 임무의 일부분일 뿐이다.

"정신병자를 위한 모든 공공시설 또는 특별시설의 관리에서 침해할 수 없는 규칙은 조광증 환자의 개인적 안전이나 다른 사람들의 안전이 허용하는 범위 내에서의 온전한 자유를 조광증 환자에게 부여하는 것, 그에 대한 단속團束을 병의 위중함이나 일탈의 위험에 맞춰 결정하는 것, … 의사의 치료에 도움이 될 수 있는 모든 사실을 수집하는 것, 생활습관과 기질의 특별한 변화를 주의 깊게 조사하는 것, 마지막으로 부드러움이나 단호함, 화해의 몸짓이나 권위와 결연한 엄격성의 위압적 어조를 적절하게 발휘하는 것이어야 하지 않을까?"**80**

새뮤얼 튜크에 의하면, 은거처에 임명된 최초의 의사는 "지칠 줄 모르는 인내忍耐"를 인정받아 추천되었고, 은거처로 부임했을 때 아마 정신병에 관해 특별히 아는 것이 없었을 것이지만 "자기 동류同類의 가장 큰 호감이 자신의 능숙한 처신에 달려 있다는 것을 알고 있는 예민한 정신의 소유자"였다. 그는 자신의 상식과 전임자들의 경험에 따라 갖가지 치료를 시도했다. 그러나 그는 곧바로 실망했는데, 이는 결과가 신통

---

78 랑거만(Langermann)과 칸트도 동일한 취지에서 핵심 역할이 "철학자"에게 맡겨지는 것을 선호했다. 겉보기와는 달리 이는 튜크와 피넬이 생각하고 있던 것과 반대되지 않는다.

79 살페트리에르에서 피넬의 조수(助手)인 퓌생(Pussin)과 그의 아내에 대한 피넬의 언급 참조(Sémelaigne, *Aliénistes et philanthropes*, Appendice, p. 502).

80 Pinel, *loc. cit.*, pp. 292~293.

치 않았거나 치유된 환자의 수가 미미했기 때문이 아니라 "반대로 의료수단이 너무나 불완전하게 치유의 진전으로 이어져서, 그것들이 치유의 원인이라기보다는 오히려 그저 의례적으로 수반되는 것이 아닌가 하고 그가 의심하지 않을 수 없었기"[81] 때문이다. 그는 그때까지 알려진 의료방법으로는 그다지 할 일이 많지 않다는 것을 알아차렸다. 그에게는 인정人情의 배려가 더 우세했고, 따라서 그는 환자에게 너무 큰 불쾌감을 일으킬 어떤 약도 사용하지 않기로 결심했다. 그러나 은거처에서 의사의 역할이 별로 중요하지 않았다고 생각해서는 안 될 것이다. 사실 의사는 환자에 대한 정기적 왕진往診, 보호시설에서 그가 행사하고 그를 모든 감시인의 윗자리에 위치시키는 권위에 힘입어 "환자를 감시하고 돌보아야 하는 다른 모든 사람보다 더 큰 영향을 환자의 정신에 끼칠수 있다."[82]

튜크와 피넬이 보호시설을 의학적 지식 쪽으로 열어 놓았다고들 생각한다. 과학이 아니라 인물이 내세워진 셈인데, 의학적 지식으로부터는 그 인물이 행사할 권한의 겉치레나 기껏해야 정당화만이 차용되었을 뿐이다. 그의 권한은 본래부터 도덕과 사회의 범주에 속하고 광인의 미성년未成年에, 광인의 정신이 아니라 몸의 소외에 뿌리를 내린다. 의료인이 광기를 포위할 수 있다 해도, 이는 그가 광기를 알기 때문이 아니라 그가 광기를 제압하기 때문이고, 실증주의에 대해 객관성의 형상을 띠는 것은 이러한 지배의 다른 측면이나 여파餘波일 뿐이다. "그 불구자들의 신뢰를 얻고 그들의 마음속에 존경과 순종의 감정을 불러일으키는 것은 매우 중요한 목표인데, 이것은 탁월한 분별력, 우수한 교육, 그리고 위엄 있는 어조와 품행의 결과일 수 있을 뿐이다. 어리석음, 무지,

81 S. Tuke, *loc. cit.*, pp. 110~111.
82 S. Tuke, *op. cit.*, p. 115.

원칙의 결여는 포학한 가혹성과 함께 지속되면 두려움을 유발할 수 있지만 사실상 늘 경멸을 불러일으킬 뿐이다. 정신병자들의 구제원에서 그들에 대한 영향력을 확보한 감시인은 그들의 행동을 마음대로 결정하고 규제하며 단호한 성격을 갖추고 있어야 할 뿐만 아니라 경우에 따라서는 위압적 권력기구를 활용해야 한다. 그는 거의 위협하지 않는 상태에서 권력을 행사해야 하고, 환자들이 그에게 복종하지 않으면 곧장 처벌을 내려야 한다."[83]

의사의 의료실천이 매우 오랫동안 질서, 권위, 징벌의 낡은 의례儀禮에 주석을 붙이기만 하는 것이었기 때문에, 의사는 처음부터 아버지 겸 재판관, 가족 겸 규범임에 따라서만 보호소 세계에 절대적 권한을 행사할 수 있었다. 그리고 피넬이 분명하게 인정하듯이, 의사는 근대적 치료법의 바깥에서 이러한 태고太古의 형상形像을 활용하면서 치유한다.

그는 보모가 "지극히 애지중지하며" 기른 17세 아가씨의 증례證例를 인용하는데, 그녀는 "원인이 밝혀지지 않은 명랑하고 쾌활한 정신착란"에 빠져들었고, 구빈원에서 가능한 한 부드럽게 치료받았지만, 보호시설에서 용납될 수 없는 "도도한 태도"를 항상 내보였으며, "자기 부모에 관해 독살스럽게만" 말하곤 했을 뿐이다. 그녀에게 엄격하고 강압적인 규정을 부과하기로 결정되었고, "감시인은 그녀의 완강한 성격을 순화시키기 위해, 목욕시간을 이용하여, 감히 부모의 명령에 반항하고 부모의 권위를 무시하는 몇몇 타락한 사람에게 일부러 고래고래 소리를 지른다. 그는 그녀 자신이 치유를 거부하고 최초의 발병 원인을 너무나 완강하게 숨기니, 이제부터는 가혹하게 다룰 수밖에 없노라고 예고한다." 이 새로운 가혹함과 위협에 환자는 "마음속 깊이 동요를" 느낀 탓

83 Haslam, *Obsevations on insanity with practical remarks on this disease*, Londres, 1798, Pinel, *loc. cit.*, pp. 253~254에서 재인용.

에 "마침내 자신의 잘못을 인정하고, 막혀버린 감정의 움직임 때문에 정신이 나갔다고 솔직하게 고백하면서, 그러한 감정의 대상을 거명擧名하기에 이른다." 이 최초의 고백 이후로 치유는 쉬워진다. "매우 긍정적인 변화가 일어났고 … 이제 그녀는 마음이 가벼워져서, 여태까지 계속된 동요를 그치게 하고 마음의 평온과 평정을 되찾게 해준 감시인에게 수없이 감사를 표한다."

이 이야기에서 정신분석의 용어로 옮겨 적을 수 없는 계기는 하나도 없다. 그만큼 피넬이 생각한 의료인은 질병의 객관적 정의定義나 분류적 진단에 입각해서가 아니라 가족, 권위, 처벌, 사랑 등의 비결이 포함된 그러한 마력魔力에 기대어 처신하게 되어 있었다는 것이 사실이고, 의사가 의료능력을 한쪽으로 제쳐놓는 그러한 갑작스러운 암시적 어법語法에 의해 치유의 거의 마술적 실행자가 되고 기적을 행하는 자의 모습을 갖추는 것은 바로 이러한 마력을 작용하게 하고 아버지와 심판자의 가면을 씀으로써 이며, 은밀한 과오가 나타나도록, 당치 않은 자만심이 연기처럼 사라지도록, 그리고 광기가 마침내 이성에 맞게 진정되도록 하는 데에는 의사가 쳐다보는 것으로, 의사가 말하는 것으로 충분하다. 의사의 현존과 말은 단번에 과오를 드러내고 도덕의 질서를 회복시키는 그러한 소외극복의 힘을 부여받는다.

정신병의 인식이 실증성의 방향으로 나아가려는 시기에 의료실천이 이러한 준準기적의 영역에 포함되는 것은 예사 역설逆說이 아니다. 한편으로 광기는 오랜 기간을 두고 비이성의 위협이 사라지는 객관적 영역에 놓이지만, 이와 동시에 광인은 완전한 통일성 속에서 의사와 함께 일종의 짝패를 형성하는 경향이 있는데, 광인과 의사의 짝패에서는 매우 오래 전부터의 귀속관계에 의해 암묵적 공조共助가 시도된다. 튜크와 피넬이 조직한 보호소 생활은 광기의 근본적 세포細胞이게 되는 그 미묘한 구조, 이를테면 부르주아 사회와 부르주아적 가치관의 커다란 덩어리 구조, 즉 아버지의 권위를 중심으로 한 가족-자식 관계, 즉각적 사법권司法權이 중심 주제인 과오-징벌 관계, 사회와 도덕의 질서가 중심 주제로 구실하는 광기-무질서 관계가 상징적으로 나타나는 소우주 적小宇宙的 구조의 탄생을 가능하게 했다. 의사가 치유의 권한을 보유하는 것은 바로 이와 같은 구조로부터이고, 의사가 환자를 치유하는 거의 경이로운 권능을 갖는 것은 바로 의사와의 관계에서, 의사-환자라는 짝패의 내부에서 환자가 그토록 많은 오랜 속박에 의해 이미 소외되어 있음에 따라서이다.

피넬과 튜크의 시대에 이러한 권력은 어떤 특별한 것도 없었고, 도덕적 행동의 실효성에 따라서만 설명되거나 입증되었을 뿐이며, 유체流體의 농도를 낮추거나 신경섬유의 긴장을 해소시키는 18세기 의사의 권능보다 더 신비롭지도 않았다. 그러나 의사의 앎에 실증주의의 규범이 부과됨에 따라, 이러한 도덕적 실천의 의미는 매우 급속히 의사에게서 멀어졌다. 즉, 19세기 초부터 정신병 전문의는 위대한 개혁자들로부터 물려받은 권력의 본질이 무엇인지 더 이상 알지 못했는데, 정신병 전문의에게 그 권력의 실효성實效性은 그가 정신병에 관해 만들어 갖는 관념이나 다른 모든 의사의 경험적 지식과 그토록 무관한 것처럼 보였다.

불가사의한 측면이 두터워지고 의사 자신에게 모호해진 이러한 정신의학의 실천은 의료계 내부에서 광인이 처하게 되는 기묘한 상황에 큰 기여를 한다. 우선, 정신의학이 서양의 과학사에서 처음으로 거의 완전한 자율성을 얻게 되기 때문이다. 즉, 고대 그리스 시대 이래 정신의학은 의학의 한 분야였을 뿐이고, 우리가 이미 살펴보았듯이 윌리스도 광기를 "머리의 질병"이라는 항목 아래 두었으나, 피넬과 튜크 이후로는 정신의학이 특별한 방식의 의학으로 변하게 된다. 즉, 광기의 기원을 기질성器質性 원인이나 유전적 자질에서 발견하려고 가장 열심인 사람이라면 누구나 그 방식을 회피할 수 없게 된다. 그런 사람들은 갈수록 막연해지는 도덕적 권한의 개입으로 인해 그 특별한 방식이 일종의 양심의 가책에 원인으로 작용하기 때문에 그만큼 더 그 방식을 피할 수 없게 되고, 자신들의 실천이 더 한층 그 방식에서 벗어난다고 느끼기 때문에 그만큼 더 실증주의를 고집하게 된다.

실증주의가 의학과 특히 정신의학에 강요됨에 따라, 그 실천은 더 어렴풋해지고 정신병 전문의의 권능은 더 경이롭게 되며 의사-환자의 짝패는 이상한 세계 속으로 더 한층 깊이 잠겨든다. 의사는 환자의 눈에 기적을 행하는 사람으로 비치게 되고 질서, 도덕, 가족으로부터 끌어오곤 한 권위를 이제 자력自力으로 보유하는 듯하다. 의사가 이러한 힘의 보유자로 여겨지는 것은 그가 의사임에 따라서이고, 그래서 의사의 도덕적 행동이 과학적 능력과 꼭 연결되는 것은 아니라고 피넬이 튜크처럼 강조하는 데도 불구하고, 누구를 막론하고 특히 환자는 의사가 자신의 비의적秘義的 앎에서, 인식의 거의 악마적 비법에서 정신이상을 해결할 힘을 발견했다고 생각하게 되며, 점점 더 환자는 신적이고 동시에 악마적인 의사의 수중으로, 어쨌든 인간적 조치의 바깥으로 그렇게 내던져지는 것을 감수하게 될 뿐만 아니라, 의사의 모든 위세를 통째로 미리 인정하고 경이로운 것으로 느끼는 의지에, 그리고 통찰이자 예지력叡智力이라고 전제하는 과학에 처음부터 종속됨으로써, 결국 의사에게 투사하는 그러한 힘의 이상적이고 완전한 상관계수相關係數, 즉 무기력 이외의 다른 저항을 내보이지 않을뿐더러 샤르코가 의사의 놀라운 역량을 찬미하는 기회로 삼았던 그 히스테리 환자일 준비를 정확히 갖춘 순수한 대상이 됨으로써 점점 더 자주성을 상실하기에 이른다.

피넬에서 프로이트까지 19세기 정신의학의 인식과 실천에서 찾아볼 수 있는 객관성의 깊은 구조를 분석하고자 한다면, **84** 그 객관성이 처음

---

84 이 구조들은 정신분석이 아닌 정신의학에서 늘 존속하며, 많은 측면에서 정신분석 자

부터 마술적 사물화事物化라는 것을 정확하게 보여주어야 할 것인데, 그러한 사물화는 환자 자신의 암묵적 동조에 힘입어서만, 그리고 처음에는 투명하고 분명했으나 실증주의에 의해 과학적 객관성의 신화가 강요됨에 따라 점차로 잊혀진 도덕의 실천에 입각해서만, 즉 기원과 의미는 잊혀졌으나 언제나 활용되고 언제나 현존하는 실천에 입각해서만 실현될 수 있었다. 정신의학의 실천이라 불리는 것은 시기적으로 18세기 말과 겹치고 보호소 생활의 의례에 보존되어 있다가 실증주의의 신화에 의해 재발견된 어떤 도덕적 전술戰術이다.

그러나 의사가 환자에 대해 기적을 행하는 사람이 된다 해도 실증주의적 의사 자신의 눈에는 의사가 그런 사람으로 보일 리 없다. 의사가 더 이상 기원을 알지 못하고 환자의 암묵적 동조를 읽어낼 수 없으며 과거의 위력으로 이루어져 있는데도 그 위력을 알아보지 못하는 듯한 그 막연한 권력에 지위를 부여할 필요가 있는데, 실증적 인식에서는 어떤 것도 이러한 의지의 전이轉移나 유사한 원격遠隔조작의 타당성을 증명할 수 없으므로, 언젠가는 광기가 이러한 이상異常현상에 대해 책임이 있는 것으로 간주될 것이다. 실현 매체媒體가 없지만 그릇된 것은 아니라고 분명히 인정해야 하는 그러한 치유는 가짜 질병의 진짜 치유가 될 것이다.

광기는 일반적으로 상상되는 모습도, 광기가 자처하는 모습도 아니었다. 광기는 광기 자체이기는커녕 오히려 일단의 설득과 속임수였다. 알다시피 바뱅스키[85]의 암시증暗示症일 것이 점점 뚜렷해진다. 그리고 기이한 회귀현상에 의해 사유는 거의 두 세기를 거슬러 올라, 과오로의 동일하고 막연한 귀속현상이 통일성을 대신하는 가운데 광기, 사이비

체에도 존속한다.

85 *Joseph Babinski. 폴란드 출신의 프랑스 신경학자(1857~1932).

광기, 광기의 가장假裝 사이에 경계가 분명히 확정되지 않았던 시대로 이어지고, 의학적 사유는 훨씬 더 멀리 거슬러 올라가, 그리스 의학 이래 서양의 사유 전체에서 뚜렷해진 적이 없었던 동일시同一視, 즉 광기와 광기의 동일시, 다시 말해서 광기의 의학적 개념과 비판적 개념의 동일시를 마침내 실행한다. 어떤 의학도 아직 표명할 용기가 없었던 이 엄청난 전제前提, 즉 광기는 어쨌든 광기일 뿐이라는 전제는 19세기 말에 바뱅스키의 동시대인들의 사유에서 발견된다.

이처럼 정신병 환자가 의사라는 실재 인물에게 전적으로 양도되는 동안, 의사는 광기의 비판적 개념을 통해 정신병의 현실성을 일소한다. 그래서 실증주의적 사유의 공허한 형태를 제외하면, 단 하나의 구체적 현실, 즉 의사-환자의 짝패만이 남을 뿐인데, 이 짝패에서 모든 정신이상은 요약되고 서로 맺어지며 분리된다. 그리고 19세기의 정신의학 전체가 실질적으로 프로이트에게로 수렴되는 것은 이러한 범위 내에서이다. 최초로 그는 의사-환자라는 짝패의 현실을 진지하게 받아들였고, 시선도 탐색도 이 짝패로부터 떼어놓지 않으려는 태도를 견지했으며, 그 밖의 의학적 인식과 그럭저럭 조화를 이룬 정신의학 이론으로 이 짝패를 은폐하려고도 하지 않았을 뿐만 아니라, 이 짝패의 귀결歸結을 아주 엄정하게 따라갔다.

프로이트는 보호시설의 다른 모든 구조에 깃들어 있는 기만성欺瞞性을 드러내 일소시켰다. 즉, 침묵과 시선을 폐기시켰고, 광기가 거울 속에서 자기 모습을 알아보는 현상을 사라지게 했으며, 정죄定罪의 심급을 침묵시켰다. 반대로 그는 의료인을 포함시키는 구조를 이용했고, 의료인의 전능全能에 거의 신적 지위를 마련함으로써 기적奇蹟 실행자로서의 의료인상醫療人像을 확대시켰다. 그는 보호시설의 집단생활에서 여러 부분으로 나누어졌던 권력을 모두 의료인에게로, 환자 뒤로 교묘하게 피하면서 환자 위에 군림하는 그 유일한 세력 쪽으로, 완전한 현존이기도 한 부재 속으로 옮겨놓았고, 의료인을 절대적 시선, 순수하고 언제나 신중한 침묵, 언어조차 받아들여주지 않는 심판에 따라 처벌하고 보상하는 재판관으로, 광기가 거의 요지부동한 움직임 속에서 스스로에 몰입하고 스스로로부터 벗어나는 거울로 만들었다.

피넬과 튜크가 수용을 통해 정비한 모든 구조를 프로이트는 의사 쪽으로 넘어가게 했다. 그는 환자의 "해방자들"이 환자를 소외시켰던 그러한 보호소 생활로부터 환자를 그야말로 구출했지만, 그러한 생활에 스며들어 있던 근본적인 것으로부터 환자를 구해내지는 못했고, 환자에 대한 권력을 통합하고 최대로 확대하여 의사의 수중으로 몽땅 넘겼으며, 의사 안에서 정신이상이 주체로 탈바꿈하기 때문에 기막힌 접속 회로回路를 통해 정신이상이 정신이상의 극복수단이게 되는 정신분석 상황을 만들어냈다.

의사는 개인의 자주성을 박탈하는 형상으로서 여전히 정신분석의 열쇠이다. 정신분석이 비이성의 목소리를 들을 수도, 정신이상자의 징후를 그 자체로 해독할 수도 없을 뿐만 아니라 앞으로도 그럴 수 없게 되는 것은 어쩌면 정신분석이 이러한 궁극적 구조를 제거하지 않았고 다른 모든 구조를 이 구조로 귀결시켰기 때문일 것이다. 정신분석은 광기의 형태들 가운데 몇 가지를 밝힐 수는 있지만, 여전히 비이성의 지고至高한 작업과는 무관한 것이다. 정신분석은 그 힘겹고 줄기찬 작업의 근본적인 것을 해방시킬 수도, 옮겨 적을 수도, 더구나 설명할 수도 없다.

18세기 말 이래 비이성의 살아 있는 세계는 횔덜린, 네르발, 니체, 또는 아르토의 작품과 같은 그러한 작품들의 섬광閃光 속에서만 드러날 뿐인데, 그것들은 아마 반어적으로 피넬과 튜크에 의한 정신병자들의 해방이라고 부르는 것이 관례일 그 거대한 도덕적 감금에 자력으로 저항하는 까닭에 그 치유하는 정신이상으로 언제까지나 귀착될 수 없는 것이다.

5

인간학의 악순환

여기에서 결론을 맺을 수는 없다. 피넬과 튜크가 거둔 성과는 도착점이 아니다. 그들의 성과에서는 단지 재구조화再構造化, 이를테면 새롭고 느닷없는 형상이 나타날 뿐인데, 이러한 형상의 기원은 고전주의 시대의 광기의 경험에 내재하는 불균형 속에 감추어져 있었다.

광인의 자유, 즉 튜크와 피넬이 광인에게 선사했다고들 하는 그 자유는 오래 전부터 광인의 실존영역에 속해 있었다. 광인의 자유는 확실히 어떤 명백한 행위로서도 주어지거나 제공되지 않았다. 광인의 자유는 실천과 개념을 중심으로 은밀히 떠돌았다. 이를테면 광인의 자유는 언뜻 엿보인 진실, 광인에 관해 말해지고 생각되며 행해지는 것의 언저리에서 맴도는 애매한 요구, 결코 완전히 파악되지는 않는 끈질긴 현존이었다.

그렇지만 사람들이 그것을 끝까지 밀고 나가고자 했다면, 광인의 자유는 광기의 개념 자체에 확고하게 내포되지 않았을까? 정념과 언제나 동조하는 광인의 자유는 정념의 남용濫用에서 정신착란의 정확한 논리까지 이르는 그 커다란 구조에 매우 필연적으로 연결되지 않았을까? 꿈의 이미지를 오류의 비존재로 변모시키면서 광기인 '체한' 그런 단언斷言에는 자유와 관련될지 모르는 어떤 것이 있다는 것을 어떻게 부정할 수 있을까? 근본적으로 광기는 주체로 하여금 스스로 광기의 언어를 말하고 광인이 될 수 있게 허용하는 그러한 풍토, 그러한 작용공간이 광기 주위에 있음에 따라서만 실재할 수 있었다. 소바주가 놀랍도록 생산적이고 순진한 동어반복同語反覆의 방식으로 "진리를 찾고 판단력을 함양하려는 약간의 배려"[1]라고 부른 광인의 근본적 자유가 그것이다.

그리고 수용을 철폐하는 시기에 수용이 뚜렷이 가리킨 그러한 자유? 개인을 한없는 의무와 책임의 영향에서 해방시키는 수용은 모든 것이 동일한 결정론의 단조로움 속에서 평준화되는 듯한 중립화된 환경에 개인을 위치시키지 않는다. 어림도 없다. 흔히 재판의 회피를 위해 수용이 선택된다는 것은 사실이다. 그러나 수용은 죄악과 처벌, 방종과 부도덕, 회개와 체벌이 만연하는 세계, 이러한 그림자들 아래 자유가 어슬렁거리는 하나의 온전한 세계 안으로 이루어지는 것이다.

의사들 자신이 이러한 자유를 경험했는데, 그때 그들은 신체 이미지와 조직체 신화의 혼합세계에서 역사상 처음으로 정신이상자와 소통하면서, 과오의 은밀한 현존이 그토록 많은 메커니즘, 가령 정념, 무절제無節制, 무위도식無爲徒食, 자기만족적 도시생활, 지나친 독서讀書, 상상력의 은밀한 공조, 너무나 쉽게 흥분하고 동시에 자기 자신에 대해 너무나 불안해하는 감성, 광기 속에서 저절로인 듯 위태로워지는 자유의 그만큼 많은 위험한 작용에 이성이 맞물려 있다는 것을 발견했다.

끈질기고 동시에 불안정한 자유. 이 자유는 광기의 지평地平에 언제나 머물러 있지만, 누구라도 명확하게 파악하고자 하면 모습을 감춘다. 이 자유는 임박한 소멸의 형태로만 현존하고 실재할 수 있다. 광기가

---

1 Boissier de Sauvages, *Nosologie méthodique*, VII, p. 4.

스스로에 관해 말할 수 있을 극단의 영역에서 언뜻 엿보인 이 자유는 시선이 와 닿자마자, 얽매이고 속박당하며 축소된 것으로만 보일 뿐이다. 광인의 자유는 그 순간에만, 광인으로 하여금 자유롭게 자유를 포기하고 광기에 얽매이도록 만드는 그 감지할 수 없는 간격에만 있을 뿐이고, 우리가 "자유롭게 오류를 수정할 수 없는 무능력 속에 놓이기로"[2] 결심하는 선택의 그 잠재적 지점에만 있을 뿐이다. 뒤이어 광인의 자유는 육체의 메커니즘, 환상의 연쇄, 정신착란의 필연성에 지나지 않는다. 그래서 수용의 행위 자체에서 이러한 자유를 어렴풋이 추정한 성聖 뱅상 드 폴은 책임져야 하는 방종자放縱者, "집안의 괴로움 … 불명예, 몰락을 초래하는 자식", 그리고 "자신의 의지를 제어할 수 없고 판단력도 자유도 없기 때문에 크게 동정받아 마땅한 …"[3] 광인 사이의 차이를 분명하게 표명했다. 고전주의적 광기가 실재할 수 있게 되는 출발점으로서의 자유는 이와 같은 광기 자체 속에서 질식하고, 이러한 모순을 가장 냉혹하게 드러내는 것 속으로 전락한다.

이 구성적 자유의 역설은 바로 이런 것임이 틀림없다. 즉, 이 자유는 광인이 미치게 되는 이유이자, 광기가 아직 주어지지 않는 가운데 광인이 비非광기와 소통할 수 있게 하는 수단이기도 하다. 처음부터 광인은 자기 자신과 광인이라는 자신의 진실에서 벗어나면서, 진실도 결백도 아닌 영역에서 과오나 범죄 또는 우스꽝스러운 행동의 위험과 다시 만난다. 매우 근원적이고 매우 모호하며 매우 지정하기 어려운 출발과 분할의 시기에 광인으로 하여금 '총칭적' 진실을 포기하게 만드는 이 자유는 광인이 언젠가는 '자신의' 진실에 사로잡히는 것을 방해한다. 광인은 자신이 광인이라는 진실 속에서 자신의 광기가 고갈되지 않음에 따라서

2 Boissier de Sauvages, *op. cit.*, p. 4.
3 Abelly, *Vie de saint Vincent de Paul*, Paris, 1813, II, chap. XIII.

만 미친 사람일 뿐이다. 그래서 고전주의 시대의 경험에서 광기는 '약간' 범죄적이고 '약간' 가장된 것이며 동시에 '약간' 부도덕하고 '약간' 이성적이기도 하다. 이것은 사유의 혼란이나 아주 낮은 단계의 착상着想이 아니라, 매우 일관성 있는 구조의 논리적 결과일 뿐이다. 즉, 광기는 비非진실의 자유로운 공간에서 자체로부터 빠져나오고 이런 식으로 진실로서 구성되는, 매우 멀리 떨어져 있으나 매우 필연적인 순간부터만 가능할 뿐이다.

피넬과 튜크의 활동이 고전주의 시대의 경험에 끼어드는 것은 정확히 이 지점에서이다. 이 자유, 즉 개념과 관행의 변함없는 지평, 감추어져 있다가 마치 저절로인 듯이 소멸한 요구, 광인의 실존 한가운데에 자리 잡고 있던 이 양면적 자유, 이 자유는 이제 현실 속에서 광인의 실생활實生活의 테두리로서, 그는 광인이다라는 진실의 출현에 필요한 요소로서 요구된다. 이 자유를 객관적 구조 속으로 끌어들이려는 시도가 이루어지지만, 이 자유가 포착되고 긍정되며 강조된다고 여겨지는 순간, 모순의 빈정거림만이 거두어질 뿐이다.

— 광인의 자유는 언제나 약간 미확정된 수용의 공간보다 더 폐쇄적이고 더 경직되어 있으며 덜 자유로운 공간에서 작용하게 된다.

— 광인이 범죄나 죄악과의 연관성에서 해방되지만, 이는 광인을 결정론의 엄밀한 메커니즘 안에 가두기 위해서이다. 광인은 비非자유의 절대 속에서만 완전히 결백할 뿐이다.

— 광인의 자유의지를 가로막는 쇠사슬이 제거되지만, 이는 광인에게서 자유의지를 박탈하기 위한 것인데, 광인의 자유의지는 이제부터 의사의 의지 속으로 전이되고 양도된다.

이제부터 광인은 완전히 자유롭고 자유로부터 완전히 배제된다. 예전에는 광인이 자유를 상실하기 시작하는 아주 짧은 순간 동안 자유로웠으나, 이제는 이미 자유를 상실한 넓은 공간에서 자유롭다.

그 18세기 말에 문제되는 것은 광인의 '해방'이 아니라 '광인의 자유라는 개념의 객관화'이다. 삼중의 결과를 낳는 객관화가 그것이다.

우선, 광기의 문제에서 이제 중요하게 되는 것은 바로 자유이다. 실현 가능한 것의 지평에서 언뜻 보이는 자유가 아니라, 상황 속에서 메커니즘을 통한 추적이 시도되는 자유이다. 광기에 관한 성찰省察에서, 광기에 관한 의학적 분석에서조차, 오류와 비존재가 아니라 자유의 실제적 결정요소, 즉 욕망과 의지, 결정론과 책임, 무의식적인 것과 자발적인 것이 문제가 된다. 에스키롤에서 자네까지, 그리고 레일에서 프로이트까지 또는 튜크에서 잭슨4까지, 19세기의 광기는 자유의 우여곡절迂餘曲折을 줄기차게 이야기하게 된다. 근대적 광인의 밤은 이제 이미지의 그릇된 진실이 올라가고 타오르는 몽환적 밤이 아니라, 불가능한 꿈과 본성의 가장 자유롭지 못한 즉흥적 원망願望이 동반되는 밤이다.

현상과 관찰의 차원에서, 이 자유는 객관적인 것으로서, 이 자유를 전적으로 부정하는 결정론과 이 자유를 고양시키는 구체적 죄의식으로 정확히 나누어져 있다. 과오와 광기 사이의 관계에 관한 고전주의적 사유의 양면성은 이제 나누어지게 되고, 19세기의 정신의학적 사유는 결정론의 총체성을 추구함과 동시에 죄의식의 편입지점을 명확하게 정하려고 시도하는데, 범죄적 광기에 관한 논의, 마술 같은 전신성全身性 마비, 퇴화退化라는 커다란 주제, 히스테리 현상에 대한 비판 등, 에스키롤에서 프로이트까지 의학 탐구에 활기를 불어넣는 이 모든 것은 이와 같은 이중의 노력에 의해 좌우된다. 19세기의 광인은 결정론을 따르고 유죄有罪이게 되며, 그의 비非자유는 고전주의 시대의 광인이 자기 자신

---

4 *John Hughlings Jackson. 영국의 신경학자(1835~1911)로서 뇌와 척추의 손상으로 인한 간질, 언어 장애, 신경계 질병에 관한 연구로 유명하다. 그의 간질 연구는 뇌 기능의 부위를 결정하는 현대적인 방법의 발전을 촉발시켰다.

으로부터 벗어나는 수단이었던 자유보다 더 과오에 젖어 있다.

해방된 광인은 자기 자신과 동일한 평면에 놓인다. 다시 말해서 광인은 더 이상 자기 자신의 진실에서 벗어날 수 없는데, 그는 자신의 진실 속으로 내던져지고 자신의 진실에 의해 완전히 장악 당한다. 고전주의 시대의 자유는 광기에 대한 광인의 관계, 즉 양면적이고 불안정하며 언제나 흐트러지지만 광인이 자신의 광기와 완전히 동일하게 되는 것을 가로막는 관계에 따라 광인의 위치를 결정했다.

피넬과 튜크가 광인에게 부과한 자유는 광인을 광기의 어떤 진실 속에 감금하는데, 광인은 자신의 광기에서 해방될 때 수동적으로만 그 진실에서 벗어날 수 있을 뿐이다. 그때부터 광기는 더 이상 '총칭적' 진실에 대한 인간의 어떤 관계, 이를테면 적어도 은밀히 자유를 언제나 내포하는 관계를 보여주지 않고, '자신의' 진실에 대한 인간의 관계만을 보여줄 뿐이다. 광기를 통해 인간은 자신의 진실 속으로 전락하는데, 이것은 전적으로 자신의 진실이게 될 뿐만 아니라 자신의 진실을 잃어버리는 방식이다. 광기는 더 이상 비존재에 관해서가 아니라 인간의 존재에 관해, 현재 존재하는 인간의 내용과 그 내용의 망각 속에서 말하게 된다. 그리고 과거에는 광인이 존재에 대해 국외자局外者, 이를테면 허무, 환각의 인간, '파투우스'5(비존재의 공백 겸 이 공백의 역설적 표시)였던 반면에, 이제는 인간이 자기 자신의 진실 속에 억류抑留되고 이런 방식으로 자기 자신의 진실로부터 멀어진다. 자기에 대한 국외자, '정신병자'가 그것이다.

근대 세계에 불안을 야기하는 힘을 광기에 마련해주는 불확실성 속에서, 광기는 이제 인간의 진실과 이 진실의 상실, 따라서 '이 진실의

---

5 *Fatuus. '엉뚱한,' '괴상한'을 의미하는 라틴어. 대문자로 시작되어 그러한 사람, 괴짜의 의미가 된다.

진실'을 동시에 겨냥하는 인간학의 언어를 보유한다.

생경한 언어. 즉, 장래성의 측면에서 풍요롭지만, 축소된다는 점에서 아이러니컬한 언어. 르네상스 시대 이래 처음으로 되찾아진 광기의 언어.

그 언어의 처음 몇 마디에 귀를 기울여 보자.

고전주의 시대에 광기는 침묵의 영역에 속해 있었다. 광기를 예찬하는, 광기에 관한, 광기의 그 언어는 오래 전부터 침묵했다. 광기를 다루고 있는 17~18세기의 텍스트는 아마 대단히 많을 것이지만, 거기에서 광기는 의학적 범주의 이름으로, 또는 오류의 은밀한 진실을 예시例示하기 때문에 사례로 인용될 뿐만 아니라, 무엇이 이성의 명백한 본질인가에 대해 '반대 추론에 의한' 증거가 되기 때문에 부정적으로 이용된다. 광기의 의미는 의사와 철학자, 다시 말해서 광기의 깊은 본질을 알고 광기의 비존재를 제압하며 광기를 넘어서서 진리 쪽으로 나아갈 수 있는 사람들에게만 나타날 수 있을 뿐이다. 광기는 그 자체로 말이 없는 것이다.

즉, 고전주의 시대에는 광기를 위한 자율적 언어 또는 광기가 자기에 관해 진실한 언어를 말할 가능성이 없다는 점에서 광기의 문학이 없다. 정신착란의 비밀스러운 언어가 식별되었고, 광기에 관해 진실한 담론이 행해졌다. 그러나 광기는 언어와 진실의 종합을 본래의 권리와 고유한 효력에 의해 스스로 실행할 수가 없었다. 광기의 진실은 광기와 여전히 무관한 담론에 포함될 수 있었을 뿐이다. 아니 뭐라고, "그들은 광인이다 …." 데카르트는 진리로 나아가는 움직임 속에서 비이성의 서정성抒情性을 불가능하게 만든다.

그런데 《라모의 조카》가 이미 보여주었고 그 이후의 문학적 풍조風潮 전체가 보여준 것은 언어의 영역에서 광기가 재출현하는 현상이다. 언어의 영역에서는 오래 전부터 이미 광기가 일인칭으로 말할 수 있게 되었고, 그토록 많은 허황된 발언發言 사이에서 광기의 역설이 내보이는 엉뚱한 문법文法에 따라 진리와 본질적 관계를 맺는 어떤 것을 표명하는 것이 광기에 허용되어 있었는데, 이제 그러한 관계가 해명되고 추론적으로 논의되기 시작한다.

19세기 초의 사유와 시詩에서 광기가 스스로에 관해 말하는 것은 꿈이 무질서한 이미지를 통해 말하는 것이기도 하다. 즉, 그것은 아주 근원적이고 가까우며 조용하고 위협적인 인간의 진실, 모든 진실 아래에 놓여 있고 주체성의 탄생에 가장 인접해 있으며 사물들의 표면 가까이에 가장 넓게 퍼져 있는 진실, 인간의 개체성個體性에서 가장 깊이 물러나 있는 부분이자 우주의 시작에 고유한 형태인 진실이다.

"꿈을 꾸는 것은 물질 속으로 내려가는 순간의 정신이며, 정신으로까지 솟아오르는 순간의 물질이다. … 꿈은 인간의 본질 자체가 드러나는 현상, 삶의 가장 특별하고 가장 내밀한 과정이다."**6**

이처럼 정신착란과 꿈에 공통된 담론에서 욕망의 서정성과 세계의 시詩는 가능성의 상태로 결합되어 있고, 광기와 꿈이 극단적 주관성의 계기이자 이와 동시에 얄궂은 객관성의 계기이므로 광기와 꿈 사이에는 결코 모순이 없다. 즉, 마음의 시는 서정성이 고조되는 최종적 고독 속에서 즉각적 반전反轉에 의해 사물들의 본래적 노래이게 되고, 마음의 혼란 앞에서 오랫동안 말없이 침묵한 세계는 거기에서 목소리를 되찾는다. "나는 별에게 묻고 별은 침묵하며, 나는 낮과 밤에게 묻지만 낮과

---

6 Troxler, *Blicke in Wesen des Menschen*, in Béguin, *L'âme romantique et le rêve*, Paris, 1939, p. 93에서 재인용.

밤은 대답이 없다. 내가 스스로 자문할 때면 내 마음의 밑바닥에서 설명되지 않는 꿈이 올라온다."**7**

낭만주의 시에서 광기의 언어에 고유한 것은 낭만주의 시가 최종적인 종말의 언어이자 절대적인 재시작再始作의 언어라는 점이다. 즉, 그것은 낭만주의 시가 어둠 속에 잠기는 인간의 종말이자 그 어둠의 끝에서 발견되는 빛이라는 점인데, 그러한 빛은 최초의 완전한 시작상태에 있는 사물들의 빛이다. "어렴풋한 지하의 장소가 점차로 명확해지고, 그곳의 모호한 영역에 머물러 있는 창백한 얼굴들이 부동不動의 근엄한 표정으로 암영暗影과 어둠에서 빠져나온다. 그리고 나서 풍경이 나타나기 시작하고, 새로운 광명光明이 환하게 빛난다."**8**

광기는 위대한 귀환歸還의 언어를 말한다. 그 귀환은 현실의 수천 갈래 길을 한 없이 걷는 오랜 모험여행의 서사적敍事的 귀환이 아니라, 극치極致의 폭풍우를 단번에 고조시키다가도 되찾아진 기원起源 속에서 환하게 비추고 다시 가라앉히는 순간적 섬광에 의한 서정적 귀환이다. "13번째 여자가 돌아오는데, 그녀는 또다시 첫 번째 여자이다." 이것이 바로 광기의 힘이다. 즉, 광기의 힘은 타락墮落의 최종지점이 최초의 아침이고 황혼이 가장 싱싱한 빛으로 마감되며 종말이 재시작이라는 인간의 그 야릇한 비밀을 표명하는 것이다.

그러므로 광기는 고전주의 시대의 오랜 침묵을 넘어 언어를 되찾는다. 그러나 이 언어는 완전히 다른 의미를 전달하는 언어, 세계의 파열破裂, 시대의 종언終焉, 야수성에 함몰陷沒된 인간이 문제이던 르네상스 시대의 오랜 비극적 담론을 잊어버린 언어이다. 광기의 이 언어는 재탄생하긴 하지만, 서정성의 폭발로서, 즉 인간의 마음속에서 내부는 또

---

7 Hölderlin, *Hyperion* (*ibid.*, p. 162에서 재인용).

8 Nerval, *Aurélia*, Paris, 1927, p. 25.

한 외부이고, 주관성의 극단은 대상의 직접적 매혹魅惑과 동화同化되며, 모든 종말에는 끈질긴 귀환이 약속되어 있다는 발견으로서 재탄생한다. 더 이상 세계의 비가시적 형상이 아니라 인간의 내밀한 진실이 투명하게 비쳐보이는 언어가 그것이다.

추론적 사유는 서정시가 말하는 것을 집요하게 논증하고, 광인에 관해 (과학적 인식의 객관적 내용에서 얻을 수 있는 사실과는 무관하게) 알려져 있는 것은 전혀 새로운 의미를 띤다. 사람들이 광인을 바라보는 시선, 즉 의학 또는 철학의 경험이 형성되기 시작되는 구체적 경험으로서의 시선은 더 이상 동일한 것일 수 없다. 비세트르나 베들렘으로 의사가 왕진 가던 시대에는 광인이 외부로부터 주시되면서, 인간의 진실을 인간의 야수성으로부터 갈라놓는 거리 전체가 헤아려졌다. 이제는 광인이 더욱더 중립적으로, 동시에 더욱더 열렬히 주시 당한다. 인간의 깊은 진실, 이를테면 인간의 현재 모습을 탄생시키는 그 정체된 형태가 광인에게서 발견될 것이므로 더욱더 중립적으로, 그리고 누구나 광인을 식별할 때 어김없이 자기 자신을 알아보고 자신의 마음속에서 똑같은 목소리와 똑같은 힘 그리고 똑같은 이상한 빛이 올라오는 것을 감지하게 되므로 더욱더 열렬히.

마침내 인간의 적나라한 진실을 보여줄 것으로 기대되는 이 시선(카바니스가 이미 이상적 보호시설을 언급하면서 말한 것은 바로 이것에 관해서이다)은 이제 인간 자신의 추잡한 모습에 대한 응시를 더 이상 모면할 수 없다. 인간은 광인을 볼 때마다 늘 자신의 모습을 본다. 그리고 광인은 이런 식으로 자신의 매력과 현혹력을 배가倍加시키며, 자신의 진실보다 더 많은 진실을 지니고 있다. 호프만의 주인공 키프리엔은 다음과 같이 말한다.

"내가 생각하기에 자연은 정확히 비정상적 현상을 통해 우리로 하여금 자연의 가장 가공할 심연을 들여다보도록 허락한다. 사실상 광인과의 기이한 교제交際에서 흔히 나를 사로잡은 그 두려움의 중심에서 직관과 이미지가 여러 차례 나의 정신에 떠올랐는데, 그것들은 나의 정신에 생기와 박력과 특이한 약동躍動을 가져다 주었다. "9

하나의 동일한 움직임 속에서 광인은 가장 외부적인 요인에 의해 결정되는 인식의 대상으로서, 또한 광인을 이해하는 사람을 친숙하나 은밀한 공통의 진실로 둘러싸면서 인정認定의 주제로서 제시된다.

그러나 이러한 인정 또는 반성反省은 서정시의 경험과는 달리 결코 광인을 맞아들이려는 것이 아니라, 광인이란 사물이자 의학적인 것이라고 갈수록 더 집요하게 단언함으로써 오히려 광인으로부터 보호받고자하는 것이다. 그리고 이러한 인정의 직접적 내용은 객관성의 표면에서이처럼 굴절되어 다수多數의 모순 속으로 흩어진다. 그러나 이 점에 대해 잘못 생각하지 말자. 사변적 진지성眞摯性 아래에서 문제가 되는 것은 바로 광인에 대한 인간의 관계이자, 그토록 오랫동안 낯설었고 이제거울의 효력을 갖는 그 기이한 얼굴이다.

(1) 광인은 인간의 기본적 진실을 드러낸다. 즉, 인간의 기본적 진실은 광인을 원초적 욕망, 단순한 심리 기제機制, 육체의 가장 절박한 결정요인으로 귀착시킨다. 인간에게 광기는 연대기年代記적이고 사회적이며 심리적이고 체질적인 일종의 유년기이다. "정신병자를 관리하는기술과 어린 청소년을 기르는 기술 사이에는 얼마나 많은 유사점이 있는가!" 하고 피넬은 인정했다. 10

---

9 Hoffmann. Béguin, *loc. cit.* , p. 297에서 재인용.
10 Pinel. Sémelaigne, *Ph. Pinel et son œuvre*, p. 106에 주(註) 없이 인용되어 있다.

— 그러나 광인은 인간의 최종적 진실을 드러낸다. 즉, 광인은 정념, 사회생활, 그리고 광기 없는 최초의 본성으로부터 그를 떼어놓는 모든 것이 어디까지 그를 떠밀 수 있었는가를 보여준다. 광기는 언제나 문명과 문명의 불편함에 연관되어 있다. "여행자들의 증언에 따르면, 미개인들은 지적知的 기능의 장애에 걸리지 않는다."11 광기는 세계의 쇠퇴와 함께 시작되고, 시대의 흐름에 따라 광기가 띠는 각 모습은 이러한 변질變質의 형태와 진실을 말해준다.

(2) 광기는 인간의 마음속에서 일종의 비非시간적 절단切斷을 실행하고, 시간이 아니라 공간을 분할하며, 인간의 자유가 전개되는 흐름을 거슬러 올라가지도 따라 내려가지도 않을뿐더러, 그러한 흐름의 중단이나 그러한 흐름이 육체의 결정론 속으로 사라지는 현상을 보여준다. 광기에서는 생체生體현상, 객관화될 수 있고 과학적으로 인식될 수 있는 인간의 유일한 진실이 득세한다. 광기는 "뇌의 기능 이상異常이다. … 폐가 호흡곤란의 발생부위이고 위가 소화불량의 발생부위이듯이, 뇌는 광기의 발생부위이다."12

— 그러나 광기는 육체의 질병에서 나타나지 않는 진실을 나타낸다는 점에서 육체의 질병과 구별된다. 즉, 광기는 그때까지 비활성 상태에 있던 위험한 본능, 병적 악의惡意, 번민煩悶, 난폭성의 내면세계를 솟아오르게 한다. 광기는 인간의 자유에 의미를 부여하는 심층深層을 나타나게 하는데, 광기 속에서 드러나는 그 심층은 야만상태의 악의이다. "악은 마음속에 본래부터 실재하는데, 마음은 직접적인 것으로서 자연적이고 이기적이다. 광기를 지배하는 것은 인간의 악령惡靈이다."13 그

---

11 Matthey, *loc. cit.*, p. 67.
12 Spurzheim, *Observations sur la folie*, pp. 141~142.

리고 하인로트도 동일한 관점에서 광기는 '대개의 경우 죄악'이라고 말했다.

(3) 광인의 결백은 이 심리적 내용의 강도와 작용력에 의해 보증된다. 들끓는 정념에 얽매이고 강렬한 욕망과 이미지에 이끌린 광인은 책임을 지지 않아도 되고, 그의 면책免責은 객관적 결정론의 결과인 범위 내에서 의학적 판단의 문제이다. 한 행위의 광기는 그것을 결정한 원인의 수數에 따라 평가된다.

— 그러나 한 행위의 광기는 정확히 어떤 원인으로도 결코 완벽하게 설명할 수 없다는 사실에 의거하여 판단된다. 광기의 진실은 논리적 연관성이 없는 무의식적 자동성自動性에 있다. 인간에게 광기의 진실은 이유가 없는 것, 피넬이 말했듯이 "이해관계도 동기도 없이 무반성적無反省的 결정작용에 의해" 발생하는 것의 진실이므로, 하나의 행위에 이유가 없을수록, 그 행위는 광기와만 관련된 결정론에서 기인할 가능성이 더 많게 된다.

(4) 인간이 광기 속에서 자신의 진실을 발견하므로, 치유가 가능하게 되는 것은 인간의 진실과 광기의 바탕으로부터이다. 광기의 무無근거에는 재발再發의 원인이 있는데, 광인이 잠겨드는 불행한 객관성에 아직 비밀이 남아 있다 해도, 그 비밀은 치유를 가능하게 하는 비밀이다. 질병이 건강의 완전한 상실은 아니듯이, 광기는 "이성의 완전한 상실"이 아니라 "아직 실재하는 이성 안에서의 모순"이고, 따라서 "광기에 대한 인간적 치료, 다시 말해서 합리적인 만큼 너그러운 치료는… 이성적 환자를 전제로 하며, 환자를 이러한 측면에서 맞아들일 확고한 근

13 Hegel, *loc. cit.*, §405 Zusatz.

거는 바로 이러한 전제에서 찾아낼 수 있다."**14**

— 그러나 광기가 드러내는 인간의 진실은 인간의 도덕적이고 사회적인 진실과 직접적으로 모순된다. 그러므로 모든 치료의 첫 번째 계기는 이 용인할 수 없는 진실의 억압, 이 진실에 번져 있는 죄악의 폐기, 난폭함과 욕망의 무시無視일 것이다. 광인 자신의 이성이 바로 광기의 진실이므로, 광인의 치유는 다른 사람의 이성에 있다. "그대의 이성이 그들의 행동규칙이게 하라. 그들에게서는 아직 단 하나의 심금心琴, 고통의 심금만이 진동하므로, 용기를 내어 그 심금을 건드리도록 하라."**15** 따라서 인간은 자신의 소외된 진실에서 인간의 진실로 나아가는 치유 속에서만 자신의 진실에 관해 진실을 말할 것이다. "아무리 난폭하고 무시무시한 정신병자일지라도 부드러운 화해和解의 방법에 의해 가장 두드러진 흐뭇한 감성感性을 지닌 가장 유순한 사람이 되었다."**16**

이러한 4가지 모순은 19세기 동안 줄기차게 되풀이되면서 광기에 관한 성찰을 수반하게 된다. 이 모순들은 시적 경험의 직접적 총체성과 광기의 서정적 탐구 속에서 이미 자체적으로 양립 가능하게 된 이원성二元性의 나눠지지 않은 형태를 띠었고 세계와 욕망, 의미와 무의미, 완료完了의 밤과 첫 새벽의 연결고리로 지정되었지만, 아직 분할되지 않은 언어의 짧은 행복 속에 머물러 있었다. 이와 반대로 반성反省의 경우에는 이 모순들이 분리의 극단極端에서만 제시될 것이고, 그래서 범위와 거리를 갖게 될 것이며, 모순항矛盾項들의 굼뜬 언어 속에서 확인될 것이다. 광기를 '구성하는 근본적 경험'의 불명확성이었던 것은 광기현상

---

14 Id. , *ibid.*

15 Leuret, *Du traitement moral de la folie*, Paris, 1840.

16 Pinel, *Traité médico-philosophique*, p. 214.

의 '해석'에 관한 '이론적 갈등'의 망網 속으로 급속히 사라질 것이다.

① 광기에 대한 역사적, 사회학적, 상대주의적 이해(에스키롤, 미챠) 와 정신병을 퇴화, 쇠퇴, 그리고 인간 본성의 영점零點을 향한 점진적 변화로 해석하는 구조적 유형의 분석(모렐) 사이의 갈등, ② 광기를 정 신 자체에 대한 정신의 관계가 변질된 현상으로 규정하는 유심론唯心論 적 이론(랑거만, 하인로트)과 광기를 분화된 생체공간에 위치시키기 위 한 유물론적 노력(스푸르츠하임, 브루세17) 사이의 갈등, ③ 광인에게 작용한 심리 기제의 결정 정도에 따라 광인의 면책(免責)을 헤아려보는 의학적 판단의 요구와 광인의 행동에 내재하는 무분별한 성격의 직접적 평가 사이의 갈등(엘리아 레노와 마르크18 사이의 논쟁), ④ 에스키롤의 방식에 따른 치료의 인도주의人道主義적 이해와 수용을 순종과 억압의 주요한 수단으로 만드는 유명한 '도덕적 치료'의 이용(기슬랭과 뢰레) 사 이의 갈등 등이 그것이다.

이 모순들의 상세한 탐색은 나중의 연구를 위해 남겨두자. 나중의 연구 는 19세기에 광기의 경험이 총체적으로 무엇이었는가에 관한 세세한 목록을 통해서만, 다시 말해서 그 경험의 과학적으로 설명된 형태와 말 없는 양상樣相 전체를 통해서만 이루어질 수 있을 뿐이다. 아마 그러한 분석은 이 모순들의 체계에 일관성이 감추어져 있는데 그 일관성은 다

---

17 *François Broussais. 프랑스의 군의관(1772~1838). 조직의 염증을 질병의 유일 한 원인으로 생각했다.

18 *Carles Marc. 프랑스의 정신 의학자(1771~1841)로서 법의학의 바탕을 다진 사람 으로 평가받는다. 저서로 *De la folie considérée dans ses rapports avec l'aliénation* (1840)이 있다.

양한 과학적 표명 아래 유포되고 유지되는 인간학적 사유의 일관성으로서 에스키롤과 브루세에서 자네, 블로일러, 뒤뷔, 프로이트까지 개념의 발전을 가능하게 만든 구성적이지만 역사적으로 고정되어 있지 않는 바탕이라는 것, 그리고 고전주의적 비이성의 이항二項구조(진리와 오류, 세계와 환상, 존재와 비존재, 낮과 밤)가 인간, 인간의 광기, 인간의 진실이라는 세 항목으로 이루어진 그러한 인간학적 구조로 대체되었다는 것을 어렵지 않게 보여줄 것이다.

당분간은 그 인간학적 구조가 나타나는 아직 충분히 분화되지 않은 영역 안에 그 구조를 보존하는 것, 그 19세기 초에 광기의 경험일 수 있었던 것을 드러내는 몇몇 사례의 질병에서 그 구조를 파악하는 것만이 문제일 뿐이다. 전신성全身性 마비의 특별한 명성名聲, 전신성 마비가 19세기에 띠었던 본보기로서의 가치, 그리고 정신병리학상의 증후에 대한 이해를 위해 전신성 마비를 일반적으로 확대하려는 경향이 있었다는 것은 쉽게 이해할 수 있다. 죄의식은 매우 구체적으로 성적性的 과오의 형태로 지칭되었고, 죄의식이 남긴 흔적은 어김없이 기소장起訴狀의 발급으로 이어졌으며, 기소장은 인체人體 자체에 써넣어졌다. 다른 한편으로 성적 과오 자체의 은밀한 매력魅力, 성적 과오를 진단하는 사람들의 영혼 속에서 성적 과오에 의해 펼쳐지는 모든 친숙한 갈래는 성적 과오의 인식 자체가 고백의 희미한 모호성을 띠도록 했고, 이 과오는 모든 감염 이전에도 마음속 깊은 곳에서 환자와 그의 가족, 환자와 그의 측근, 환자와 의사 사이에서 공유되었으며, 성性의 폭넓은 공조관계는 죄의식과 공포의 유구한 서정성을 이 죄악에 부과하면서 이 죄악을 이상하게 친근한 것으로 만들었다.

그러나 이와 동시에 광인을 인식하고 심판하며 정죄하는 사람과 광인 사이의 그 은밀한 소통은 이 죄악이 엄밀하게 객관화되고 육체의 공간에 그려지며 순전히 생체적 과정에 결부됨에 따라 실질적 위협의 힘을 상실했다. 바로 이러한 방식으로 의학은 그 서정적 고백을 돌연히 차단했고, 도덕적 비난을 수행하면서도 도덕적 비난을 확인의 객관성으로 감추었다. 그리고 인식은 이처럼 분명하게 외부세계에 자리 잡고 사물들의 침묵으로 귀착하며 다른 사람들의 경우에만 처벌될 뿐인 이 죄악, 이 과오, 세계만큼 오래된 이러한 공모共謀를 알아차림으로써, 실행된 재판에서 무죄가 입증되고 거리를 둔 차분한 관찰에 의해 비난으로부터 보호된다는 무한한 만족감을 얻게 되었다.

19세기에 전신성 마비는 "건강이 괜찮다"라고 하는 의미에서 "유익한 광기"이다. 광기의 인식 전체를 지배하는 커다란 구조는 신경 매독梅毒의 정신의학적 증후에 대한 분석에서 그대로 나타난다.[19] 생체적 객관성 속에서 감추어지는 만큼 드러나는 과오, 과오에 대한 비난, 과오의 시인是認. 이것은 19세기에 광기가 의미한 것, 19세기 사람들이 광기로 의미하려고 한 것의 가장 적절한 표현이었다. 정신병에 대한 19세기의 태도에 내포되었던 "속물적俗物的인" 것은 모두 여기에 그대로 나타나 있고, 프로이트까지 또는 거의 프로이트까지 의학의 그 비속卑俗한 의도意圖가 광기의 진실에 대한 다른 모든 접근방식에 대해 스스로를 변호하게 되는 것은 바로 "전신성 마비"의 이름으로이다.

전신성 마비의 과학적 발견이 20여 년 전에 구성된 그 인간학에 의해 준비된 것은 아니었지만, 전신성 마비가 갖는 매우 강력한 의미, 전신

---

19 전신성 마비와 대조적으로 히스테리는 "고약한 광기"이다. 과오를 정확하게 찾아낼 수도, 발생 부위를 지정할 수도, 전염이 가능하지도 않기 때문이다. 전신성 마비-히스테리의 이원성은 19세기 정신의학 경험의 영역을 한정하는 양 극단, 어떤 이중적이고 한결같은 염려(念慮)의 영원한 대상을 가리킨다. 논외(論外)의 프로이트까지 히스테리에 대한 설명 방법은 전신성 마비의 모델에서, 그러나 이 모델이 정제(精製)되고 심리학화되며 투명하게 된 상태로 차용되었다는 것을 밝힐 수 있을 것이고 밝혀야 할 것이다.

성 마비가 반세기 이상 동안이나 행사하는 매혹은 매우 정확히 그 인간학에 기원이 있다.

그러나 전신성 마비는 또 다른 중요성을 갖는다. 과오의 징벌과 객관적 측면은 과오에 있을 수 있는 내적이고 감추어진 모든 것과 함께 인체에서 곧장 발견되기 때문이다. 이 주제는 19세기의 정신의학에 매우 중요하다. 광기는 인간을 객관성 속에 감금하기 때문이다. 고전주의 시대 동안 정신착란의 선험성은 광기에, 아무리 명백한 광기에도 일종의 내재성을 보장했는데, 그것은 결코 외부로 퍼져나가지 않고 광기를 자체와의 환원 불가능한 관계 안에 붙잡아두는 것이었다.

이제 모든 광기와 광기의 모든 것은 외부의 등가물等價物을 갖게 될 것이 틀림없다. 더 정확히 말하자면 광기의 본질 자체는 인간을 객관화하는 것, 인간을 자기 자신의 바깥으로 몰아내는 것, 급기야는 인간을 무조건적 자연의 층위에, 사물들의 층위에 진열하는 것이 된다. 광기가 그렇다는 것, 즉 광기가 정신착란의 중심적이고 감추어진 작용과 관계없이 전적으로 객관화될 수 있다는 것은 18세기의 정신과 너무나 대립적이었고, 그래서 "정신착란 없는 광기" 또는 "도덕성 장애"의 존속存續은 개념적 추문 같은 것이었다.

살페트리에르에서 피넬은 "어느 시기에도 오성悟性의 손상損傷을 전혀 보이지 않고 마치 감정기능만이 손상되었을 뿐인 듯이 일종의 본능적 광포狂暴함에 의해 지배당하는" 여러 정신병자를 관찰할 수 있었다. [20] "부분적 광기들" 중에서 에스키롤은 "지능의 변질을 특징으로 내보이지 않고", "행동의 무질서" 이외의 다른 증후가 전혀 관찰되지 않는 광기를 특별하게 취급한다. [21] 뒤뷔이송에 의하면, 이러한 종류의 광기

---

20 Pinel, *Traité médico-philosophique*, p. 156.
21 Esquirol, *Des maladies mentales*, II, p. 335.

에 걸린 환자는 "판단하고 추론하며 적절하게 처신하지만, 그러다가도 아주 사소한 문제 때문에, 흔히는 우연한 원인도 없이, 저항할 수 없는 성향 때문에만, 그리고 일종의 비뚤어진 도덕적 정서 때문에 광적인 격노激怒, 난폭한 행위, 광포함의 폭발로 이끌린다."**22**

1835년 영국 저자著者들은 프리차드**23**에 뒤이어 바로 이 선험적 개념에 '모랄 인세니티'**24**라는 명칭을 붙이게 된다. 이 선험적 개념은 모랄 인세니티라는 명칭 아래 결정적으로 관심을 끌게 되었는데, 명칭 자체가 이 개념의 구조가 갖는 기이한 양면성의 충분한 증거이다. 그것은 한편으로는 이성의 영역에서 어떤 징후도 내보이지 않는 광기인데, 이 점에서 완전히 감추어진다고 말할 수 있는 이러한 광기는 이를테면 모든 비이성의 부재 때문에 거의 비가시적이게 되는 광기, 광인의 영혼 속에서 은밀하게 실재하고 떠도는 투명한 무색無色의 광기, 내면성內面性 안의 내면성이다. "피상적 관찰을 통해서는 그들이 결코 정신병자로 보이지 않는다. … 그들은 그만큼 더 유해하고 그만큼 더 위험하다."**25**

그러나 다른 한편으로 그토록 은밀한 이 광기는 난폭성, 행위의 폭발, 때로는 살인殺人행위 등 객관적인 것으로 확연히 드러나기 때문에만 실재할 뿐이다. 이 광기는 사실상 가장 가시적이고 가장 나쁜 객관성, 무책임한 행위의 기계적 연쇄를 향한 전락顚落의 감지할 수 없는 잠재성潛在性에만 있을 뿐이고, 자기 자신의 외부로 완전히 내던져지고 적

---

22 1893년에도 의학-심리학 협회의 35회 연차(年次) 학회가 "모럴 인세니티"의 문제에 할애되었다.

23 *James Cowles Prichard. 영국의 의사, 민족학자(1786~1848). 인류를 단일한 종으로 생각한 최초의 사람들 가운데 한 사람이다. 이른바 '모랄 인세니티'를 질병으로 이해했다.

24 *moral insanity. 프랑스어로는 'folie morale'인데, 앞에서 이미 '도덕성 장애'로 번역한 바 있다.

25 U. Trélat, *La Folie lucide*, 서문, p. X.

어도 얼마 동안은 내면성의 완전한 부재 속에서만 존속할 언제나 내적인 가능성이다.

전신성 마비처럼 '모랄 인세니티'도 전형典型으로서의 가치를 갖는다. 이 개념에 대한 관심이 19세기 내내 지속된 점, 이 개념의 주요한 주제를 중심으로 동일한 논의가 끈질기게 되풀이된 것은 이 개념이 광기의 본질적 구조와 인접해 있었다는 사실에 의해 설명된다. 이 개념은 어떤 다른 정신병보다도 광기를 외면성의 형태 아래 내면성의 요소로 만드는 그 기이한 양면성을 나타냈다. 이 점에서 도덕성 장애는 모든 가능한 심리학을 위한 표본標本 같은 것이다. 즉, 그것은 주관성의 접근할 수 없는 계기를 육체, 행동, 메커니즘, 대상의 지각할 수 있는 차원에서 보여주는데, 이러한 주관적 계기가 객관성 속에서만 인식에 대해 구체적으로 실재할 수 있듯이, 객관성이 주체에 관해 표현하는 것에 의해서만 객관성은 의미를 갖는 것으로 받아들여질 수 있을 뿐이다. 도덕성 장애에서 주관적인 것이 객관적인 것으로 갑작스럽게 옮겨가는 그야말로 야릇한 현상은 가능성을 훌쩍 넘어서서, 심리학이 바랄 수 있는 모든 것을 실현한다. 그것은 인간의 자연스러운 심리학화心理學化 같은 것을 형성한다. 그러나 바로 이 점에서 그것은 인간에 관한 19세기의 성찰 전체를 지배한 그 막연한 진실의 하나를 드러나게 한다. 즉, 인간에게 있어 객관화의 본질적 계기는 광기로의 이행移行과 동일할 뿐인 것이다. 광기는 인간의 진실이 대상 쪽으로 옮겨가고 과학적 인식에 접근할 수 있게 되는 움직임의 가장 순수하고 가장 중요한 형태이다. 인간은 '광기'의 가능성이 있음에 따라서만 자기 자신에 대해 '자연'이 될 뿐이다. 광기는 객관성으로의 자연발생적 이행으로서, 인간의 대상화對象化를 성립시키는 근본적 계기이다.

지금 우리는 고전주의 시대의 경험과 극단적으로 대척적對蹠的인 지점에 도달해 있다. 광기는 오류의 비존재와 이미지의 무無 사이에서 일어나는 순간적 접촉일 뿐이었으므로 객관적 파악에서 벗어나는 차원을 언제나 간직하고 있었고, 광기의 가장 구석진 본질을 추적함으로써 광기의 최종적 구조를 명확하게 하는 것이 문제였을 때, 사람들은 광기를 표명하기 위해, 정신착란의 완벽한 논리 속에서 전개된 이성의 언어만을 찾아냈을 뿐이며, 그러한 이성의 언어는 광기를 접근 가능하게 만들었고 광기를 광기로 인식하면서 교묘히 광기를 모면했다.

이제 인간은 광기를 통해, 이와는 반대로 자신의 이성 속에서도 자기자신의 눈에 구체적이고 객관적인 진실이 될 수 있기에 이른다. '인간'에서 '참된 인간'으로 이르는 길이 '미친 인간'을 통과하는 셈이다. 19세기의 사유에 의해서는 결코 정확한 지리地理가 저절로 드러나지 않지만, 카바니스에서 리보**26**와 자네까지 줄기차게 답습되는 길이 그것이다. 분열현상의 분석에 의거한 인격 심리학, 건망증에 의거한 기억 심리학, 실어증失語症에 의거한 언어 심리학, 정신박약에 의거한 지능 심리학 등 19세기에 탄생한 "실증" 심리학의 역설은 그것이 부정성否定性의 계기로부터만 가능했다는 점이다. 인간의 진실은 인간이 사라지는 순간에만 말해질 뿐이고, 이미 다른 것이게 된 상태로만 드러날 뿐이다.

세 번째 선험적 개념 역시 19세기 초에 출현한 것으로서 그때부터 중요해지기 시작한다. 한 부위에 한정되고 단 하나의 문제에 대해서만 정신착란을 일으키는 광기의 관념은 고전주의 시대의 우울증 분석에서 이미 나타났다. **27** 고전주의 시대의 의학에서 그것은 정신착란의 모순이 아니라 특성이었다. 반대로 '편집증'이라는 개념은 한 가지 것에 미쳐 있으나 다른 것들에 대해서는 여전히 이성적인 개인이 나타내는 추문을

---

26 *Théodule Ribot. 프랑스의 철학자, 심리학자(1839~1916). 자기 자신은 심리 실험을 하지 않았지만 프랑스 실험 심리학의 주요한 촉진자이다. 저서로는 *Maladies de la mémoire* (1881), *Vie inconsciente et les mouvements* (1914) 등이 있다.

27 전술(前述)한 대로, 제2부, 제4장 참조.

중심으로 온전히 구축된다. 편집증 환자들의 범죄와 그들에게 전가되게 마련인 책임의 문제에 의해 증가하는 추문이 그것이다.

다른 모든 점에서 정상적인 사람이 갑자기 엄청나게 야만적 범죄를 저지르는데, 그의 행위에서 원인이나 동기를 찾아내는 것은 불가능하고, 그의 행위를 설명해줄 이익도 사리사욕私利私慾도 강한 집착도 없다. 일단 범죄가 저질러지면, 죄인은 예전의 모습으로 되돌아간다. **28** 그를 광인이라고 말할 수 있을까? 눈에 띄는 결정요소의 완전한 부재, '동기'의 완전한 공백空白은 행위를 저지른 사람의 '무無근거'라는 결론에 도달할 수 있게 해주지 않을까?

면책免責은 자신의 의지를 사용할 수 없는 불가능성과 동일시되고, 따라서 결정론과 동일시된다. 그런데 어떤 것에 의해서도 결정되지 않는 이러한 행위는 책임을 물을 수 없는 것으로 간주될 수 없다. 그러나 역으로 하나의 행위가 동기 없이, 그것에 동기를 부여하거나 그것을 사리사욕에 유용하고 강한 집착에 불가결한 것으로 만들 수 있었을 모든 것과 무관하게 실행된다는 것은 정상적일까? 결정작용에 뿌리를 내리고 있지 않는 행위는 비상식적이다.

19세기 초의 중요한 형사소송에서 제기된 이 의문은 사법 및 의학 의식에 그토록 깊은 반향反響을 일으킨 것으로서, **29** 구성되고 있는 중인

---

28 이와 같은 사건들 중에는 막대한 의학 및 법률 문헌을 낳게 한 것이 많다. 예컨대 어떤 아가씨의 심장을 삼킨 레제(Léger), 평생 처음으로 본 어린이 둘을 그들의 어머니가 있는데도 목졸라 죽인 파파부안(Papavoine), 전혀 모르는 한 어린아이의 목을 자른 앙리에트 코르니에(Henriette Cornier) 등이 있다. 영국에서는 바울러(Bowler) 사건, 독일에서는 지베르트(Sievert) 사건이 유명하다.

29 Élias Régnault, *Du degré de compétence des médecins*, 1828; Fodéré, *Essai médico-légal*, 1832; Marc, *De la folie*, 1840 참조. 또한 Chauveau et Hélie, *Théorie du code pénal*, 그리고 의학 아카데미에서 부아쟁(Voisin)이 발표한 일련의 논문 전체(1842년의 *Sur le sentiment du juste*, 1848년의 *Sur la peine de mort*) 참조.

그러한 광기의 경험과 아마 근본적으로 관련될 것이다. 이전의 판례判例는 발작과 발작의 간격, 다시 말해서 시간적 연속이나 어느 주어진 환자에게 돌아갈 책임의 단계만을 인정했을 뿐이다. 여기에서는 문제가 복잡해진다. 단 한 번의 행위로만 표면화하는 만성慢性질환이 실재할 수 있을까? 또는 한 개인이 느닷없이 '다르게' 되고, 자기 규제의 그러한 자유를 상실하여 순간적으로 자기 통제력을 잃어버린다는 것을 정말로 인정할 수 있을까? 에스키롤은 흉악 범죄의 무죄를 증명할 비가시적 질병이 무엇일 수 있을까 하는 문제를 명확하게 규명하려고 시도했고, 그러한 질병의 증후를 모았는데, 가령 한 환자는 공범도 동기도 없이 행동하고, 언제나 아는 사람을 대상으로 범죄를 저지른 것은 아니며, 범죄가 실행되면 "그에게는 모든 것이 끝나고 목적이 달성될뿐더러, 일단 살인이 완결되면, 얌전해지고 숨으려고도 하지 않는다."**30** 이것은 "살인殺人 편집증"일 것이다. 그러나 이 증후들은 행위의 단독성單獨性, 고독한 행위의 사실답지 않음만을 보여줌에 따라서만 광기의 징후일 뿐이고, 광기로 설명되게 마련인 이 측면을 제외하면 모든 면은 이성적인 것으로 보일 따름이다.**31**

그러나 이 질병, 이 느닷없는 이타성異他性이 인정되지 않고, 환자가 책임을 져야 하는 사람으로 간주되어야 하는 것은 환자와 그의 행위 사이에 연속성, 이를테면 환자의 행위에 근거를 제공하고 그의 행위를 설명해주며 결국 그의 무죄를 입증하는 막연한 동기動機의 온전한 세계가

---

30 Esquirol, *De la monomanie homicide*, in *Des maladies mentales*, chap. II.
31 이 광기에 대해 엘리아 레노는 다음과 같이 말했다. "살인 편집증에서는 법을 준수하려는 의지보다 죽이려는 의지가 더 우세하다"(p. 39). 어떤 사법관은 마르크에게 이렇게 말했다. "편집증이 질병이라면, 편집증으로 인해 사형죄(死刑罪)가 초래될 때에는, 편집증을 그레브 광장〔파리 시청 광장의 옛 이름, 옛날에는 이곳이 처형장으로 이용되었음 — 역자〕으로 인도할 필요가 있습니다"(*loc. cit.*, I, p. 226).

있기 때문이다.

요컨대 환자가 유죄이거나 무죄라는 것인데, 전자의 경우에는 환자에게서 그의 범죄로 결정요소가 순환하도록, 환자가 행위 안에서나 행위 밖에서나 동일한 사람이어야 하지만, 사실상 그는 자유롭지 않았고, 따라서 자기 자신과 다른 사람이었다고 추정되며, 후자의 경우에는 범죄가 환자의 탓으로 돌릴 수 없는 다른 것이어야 하고, 따라서 충분한 결정요소를 구성하는 본래의 정신이상, 따라서 연속성, 따라서 환자의 자기 동일성이 전제된다. **32**

이처럼 광인은 이제 '동일자'同一者와 '타자'의 언제나 되살아나는 변증법 속에서 모습을 보인다. 예전에 고전주의 시대의 경험에서는 광인이 존재와 비존재의 가시적 분할 속에서, 이를테면 빛과 어둠 속에서 다른 담론 없이 오직 자신의 현존에 의해서만 곧장 지칭되었던 반면에, 이제부터는 광인이 언어를 지니고 언어로 둘러싸이는데, 이 언어는 결코 고갈되지 않고 언제나 다시 시작되며 상반되는 것들의 작용 때문에 외부로 향하지 못하는 언어, 인간을 광기 속에서 자기 자신과 다른 존재처럼 보이게 하는 언어이다. 그러나 이러한 이타성 속에서 광인은 자기 동일성의 진실을, 그것도 '정신 이상'의 수다스러운 움직임 속에서 끝없이 드러낸다.

광인은 더 이상 고전주의적 비이성의 분할된 공간에 갇힌 '미치광이'가 아니라, 질병의 근대적 형태에 들어맞는 '정신병자'이다. 이러한 광기 속에서 인간은 더 이상 진리에 대한 일종의 절대적 물러섬에 입각하

---

32 이 문제의 긴급성과 위험을 이해한 뒤팽(Dupin)은 편집증에 대해 다음과 같이 말했다. "편집증은 너무 편리해서 어떤 때는 죄인을 법률의 가혹함에서 벗어나게 할 수 없을지도 모르고 또 어떤 때는 시민에게서 자유를 박탈할 수 없을지도 모른다. 사람들은 유죄라고 말할 수 없을 때 미쳤다고 말할 것이다. 그러면 샤랑통은 바스티유를 대체하게 될 것이다"(Sémelaigne, *Aliénistes et philanthropes*, 보유, p. 455).

여 고찰되지 않는다. 즉, 이러한 광기 속에서 인간은 자기 자신의 진실이자 자기 진실의 반대이고, 자기 자신이자 자기 자신과 다른 것이며, 진실한 것의 객관성에 붙잡히지만 진정한 주관성일뿐더러, 자신을 파멸시키는 것 속에 파묻히지만 자신이 주고자 하는 것만을 넘겨주고, 현재의 자기 자신이 아니기 때문에 무죄이며, 현재의 자기 자신이 아닌 것이어서 유죄이다.

비이성의 결정적이고 중요한 분할은 이제 인간의 진실과 인간 사이의 언제나 상실되고 언제나 회복되는 인접성隣接性으로 대체된다.

물론 전신성 마비, 도덕성 장애, 편집증은 19세기 전반기에 나타난 정신의학의 경험영역 전체를 포괄하지는 않았지만, 그 영역을 폭넓게 잠식했다.[33]

이것들의 확대는 질병학 공간의 재편성뿐만 아니라, 의학적 개념들 아래 감춰진 새로운 경험구조의 현존과 작용도 의미한다. 피넬과 튜크가 구상한 제도적 형태, 광인이 죄의식을 알아보고 죄의식에서 벗어날 뿐만 아니라 질병의 진상을 나타나게 하고 질병을 제거하며 자유를 의사의 의지에 양도함으로써 자유를 되찾게 되어 있는 널따란 보호시설이

---

[33] 18세기에 가장 견실한 병리학 형태의 하나였던 조광증은 중요성이 크게 줄어든다. 피넬에 의하면 1801년과 1805년 사이에 살페트리에르에는 여성 조광증 환자가 60%를 넘었다(1,002명 중 624명). 에스키롤은 1815~1826년에 샤랑통에서 조광증 환자의 수가 입소자 1,557명 중 545명이라고 한다(35%). 칼메이유(Calmeil)는 1856~1866년 동안 동일한 병원에서 단지 25%(입원 허용자 2,524명 중 624명)만을 확인한다. 동일한 시기에 살페트리에르와 비세트르에서 마르세(Marcé)는 5,481명 중 779명(14%)을 조광증 환자로 진단한다. 그리고 얼마 뒤에 아실 포빌(Achille Foville) 2세는 샤랑통에서 7%를 조광증 환자로 분류한다.

그처럼 광인을 중심으로 설립된 사실, 이 모든 것은 이제 의학적 인식의 '선험적 가설'이 된다. 19세기에 광인은 동일한 죄의식, 동일한 진실, 동일한 소외에 관해 말하는 암묵적 인간학을 바탕으로 해서만 인식과 식별의 대상이게 된다.

그러나 이제 인간의 진실이라는 문제의식 속에 자리 잡게 된 광인은 인간을 이끌어가고 인간을 새로운 운명에 연결시키게 되어 있었다. 근대 세계에서 광기가 진리의 빛에 맞선 어둠이라는 의미와는 다른 의미를 갖는다 해도, 광기가 차지하는 언어의 가장 비밀스러운 부분에서 인간의 진실, 광기 이전의 것이고 광기에 근거를 제공하지만 광기를 없앨 수 있는 진실이 문제라 해도, 그러한 진실은 광기의 재앙災殃 속에서만 인간에게 열릴 뿐이고, 화해和解의 첫 미광微光이 비치자마자 인간에게서 벗어난다. 빛, 어둠을 흩뜨리지만 어둠이 사라질 때 안 보이게 되는 빛이 실재할 수 있는 것은 오직 광기의 어둠 속에서일 뿐이다. 인간과 광인은 옛날에 보슈의 불난 방앗간이 환하게 비추었던 강렬한 동물의 변모變貌에서보다 근대 세계에서 아마 더 긴밀하게 서로 연관되어 있을 것이다. 즉, 인간과 광인은 상호적이면서도 양립할 수 없는 진실의 만질 수 없는 끈으로 이어져 있고, 어느 한쪽이 일방적으로 규정했기 때문에 사라지는 그들의 이러한 근본적 진실을 서로 말한다. 어둠은 빛을 불러들였지만, 빛은 어둠을 찢어놓았을 뿐만 아니라 어둠의 그토록 참혹한 모습을 드러나게 했는데, 이제는 각각의 빛이 스스로 탄생시킨 밝음으로 인해 꺼지고, 그리하여 어둠 속으로 되돌아가기에 이른다. 오늘날 인간은 광인이기도 하고 광인이 아니기도 하다는 점에서 광인이라는 수수께끼를 통해서만 진실을 내보이고, 인간성의 전락하는 움직임 속에서 인간의 정체를 폭로하는 각 광인은 인간의 그러한 진실을 지니고 있기도 하고 지니고 있지 않기도 한다.

피넬의 도덕적 가책으로 말미암아 세워지게 된 보호시설은 어떤 것에도 소용이 없었고, 근대 세계를 광기의 대단한 재상승再上昇으로부터 보호하지도 못했다. 더 정확히 말하자면 그 보호시설은 쓸모가 있었고 정말로 소용이 되었다. 그것은 광인을 비인간적 쇠사슬로부터 해방시 켰으면서도 다른 한편으로 인간의 진실과 인간이 광인과 연관되도록 만 들었다. 그때부터 인간은 진실한 존재로서 자기 자신에게 접근하지만, 이 진실한 존재는 정신이상의 형식 속에서만 인간에게 주어질 뿐이다.

아마 우리는 순진하게도 150년의 역사를 가로질러 광인이라는 심리 적 유형을 묘사했다고 생각할 것이다. 우리는 광인의 역사를 기술함으 로써, 심리학의 출현 자체를 가능하게 한 것의 역사를 물론 발견의 연 대기나 사상사思想史의 차원에서가 아니라 근본적 경험구조의 연쇄에 따라 서술했다는 점을 그야말로 인정할 수밖에 없다. 그리고 이런 방식 으로 우리는 19세기부터의 서양 세계에 특유한 문화적 현상, 즉 근대인 에 의해 규정되었지만 거꾸로 근대인을 규정하게 되는 두루뭉실한 전 제, 이를테면 '인간은 진리에 대한 어떤 관계로 특징지어지지 않지만 진 리를 자기 자신에게만 속할 뿐이면서 드러나고 동시에 감추어지는 것으 로 보유한다'는 것을 이해한다.

머릿속에 떠오르는 말을 그대로 써보자면, '호모 프시콜로기쿠스'34 는 '호모 멘테 캅투스'35의 후손後孫이다.

따라서 심리학은 정신이상의 언어만을 말할 수 있을 뿐이므로 인간이 나 심리학 자체에 대한 비판 속에서만 존재할 수 있다. 심리학은 처음부 터 언제나 교차로交叉路에 있을 수밖에 없다. 즉, 사랑과 죽음, 낮과 밤, 시간을 초월하여 되풀이되는 사태와 급하게 나아가는 계절이 서로 긴밀

---

34 *homo psychologicus. 심리인이라는 뜻이다.
35 *homo mente captus. 정신이 사로잡힌 사람이란 뜻으로 강박증 환자를 가리키는 듯하다.

하게 뒤얽히는 극단적인 지점까지 인간의 부정성을 심화시키고, 끊임없이 설득하는 식의 철학하기로 끝난다. 아니면 주체와 대상, 내부와 외부, 체험과 앎의 재연再演과 조정調整을 줄기차게 시도한다.

심리학이 스스로는 부정하겠지만 사실상 이렇다는 것은 심리학의 기원 자체 때문에 필연적이었다. 심리학은 자기 자신의 진실과 맞서 싸우는 근대인의 변증법에 막무가내로 끼어든다. 다시 말해서 참된 인식의 차원에서 심리학이란 무엇일까를 심리학은 결코 철저하게 고찰하지 않을 것이다.

그러나 변증법의 이 수다스러운 국지전局地戰에서 비이성은 여전히 말이 없고, 이와 같은 망각忘却은 인간의 소리 없는 커다란 고뇌苦惱에서 연유한다.

그렇지만 또 어떤 사람들은 "길을 잃고서 영원히 방황하기를 바란다." 비이성의 이러한 종말終末이 다른 영역에서는 변모變貌이다.

한 영역에서는 비이성이 준準침묵의 상태를 벗어난다 해도, 가령 고전주의 시대의 명증성明證性으로 인해 암묵暗默의 상태에 억류되어 있었으나 이제는 그 상태의 웅성거림을 떠난다 해도 결국에는 절규絶叫로 자국난 침묵 속에서, 금지와 감시와 앙갚음의 침묵 속에서 재구성되기에 이른다.

〈광인들의 안마당〉을 그린 고야는 허공虛空 속에 우글거리는 그 의자들, 장식 없는 벽면을 따라 늘어선 알몸들 앞에서, 동시대의 비장감悲壯感과 연관되어 있는 어떤 것을 아마 느꼈을 것이다. 가령 미친 왕들은 머리까지 덮고 있는 상징적인 낡은 옷에도 불구하고 애원하는 몸, 쇠사슬과 채찍에 시달린 몸, 그 비참한 헐벗음 때문이라기보다는 오히려 그

흠 없는 육신 전체에서 터져나오는 인간의 진실 때문에 얼굴의 정신착란과는 모순되는 몸이 눈에 띄게 되었다. 삼각모三角帽의 남자는 완전한 알몸을 그 헌옷으로 가렸기에 광인이 아니지만, 모자를 쓴 그 광인의 경우에는 타고난 권리에 의해 태초부터 자유로운 듯한 이미 해방된 인간의 현존이 그의 튼튼한 근육질 육체와 야생적이고 놀랍도록 민첩한 젊음의 뭐라 말할 수 없는 효력에 의해 우뚝 솟아오른다. 〈광인들의 안마당〉은 〈변덕〉에서도 발견되는 그 기이한 형상과 광기에 관해서라기보다는 오히려 뚜렷이 활기차 보이는 그 새로운 육체의 심한 단조로움에 관해 말하는데, 그 육체에서 몸짓은 꿈을 부르기도 하지만 무엇보다도 먼저 암담한 자유를 노래하는 것이다. 즉, 이 고야의 언어는 피넬의 세계와 유사하다.

〈부조화〉와 〈귀머거리의 집〉의 고야는 또 다른 광기, 즉 감옥에 내던져진 광인의 광기가 아니라 스스로 어둠 속에 빠져든 사람의 광기에 말을 건다. 그는 기억을 넘어 마법魔法, 질주하는 환상, 죽은 나뭇가지 위에 걸터앉은 마녀魔女의 옛날 세계를 되찾는 것이 아닐까? 〈수도사〉의 귀에 비밀을 속삭이는 괴물은 보슈의 〈성 안토니우스〉를 홀리던 난쟁이와 연관이 있지 않을까? 어떤 관점에서 고야는 광기의 그 잊혀진 위대한 이미지들을 재발견한다. 그러나 그 이미지들은 그에게 별개의 문제이고, 그의 후기 작품 전체를 뒤덮는 그 이미지들의 매력은 또 다른 힘에서 유래한다.

보슈나 브뢰겔의 경우에 그 형태들은 세계 자체에서 생겨났고, 기묘한 시적 정취의 균열을 통해 돌과 식물에서 올라왔으며, 동물의 방긋이 벌어진 틈에서 솟아올랐는데, 자연의 은밀한 공조는 그 형태들의 원무圓舞를 형성하는 데 방해가 되지 않았다. 반면에 고야의 경우에는 형태들이 무無에서 생겨난다. 즉, 그것들은 가장 단조로운 어둠에서만 뚜렷이 드러날 뿐이고, 어떤 것도 그것들의 기원과 종말 그리고 본질을 결정할 수 없다는 이중의 의미에서 바닥이 없다. 〈부조화〉는 풍경도 벽도 장식도 없는데, 이것은 〈변덕〉과의 차이점이다. 그리고 〈공중을 나는 방법〉에 보이는 그 커다란 인간 박쥐들의 어둠 속에는 별이 하나도 없다. 마녀들이 걸터앉아 수다를 떠는 나뭇가지는 어떤 나무의 가지일까? 나뭇가지가 공중에서 날아가는 걸까? 어떤 마녀 집회와 어떤 숲 속의 빈터로?

이 모든 것에서 어떤 것도 세계에 관해, 이 세계에 관해서도 다른 세계에 관해서도 말하지 않는다. 문제되는 것은 바로 1797년에 고야가 "보편적 관용어"의 첫 번째 형상으로 그려낸 〈이성의 잠〉인데, 거기에서 주제는 아마 고전주의적 비이성을 둘러쌌을 어둠, 오레스트가 갇혀 있던 삼중의 어둠이다. 그러나 이 어둠 속에서 인간은 마음속에 있는 가장 깊고 가장 고독한 것과 소통한다. 보슈의 〈성 안토니우스〉의 사막은 한없이 번잡했고, 브뤼겔의 〈광녀 마르고〉가 가로지르는 풍경은 비록 보슈의 상상력에서 나왔지만, 인간의 온전한 언어로 긴 자국이 나 있었다. 이와 반대로 고야의 〈수도사〉는 불같이 뜨거운 동물 한 마리가 발을 그의 어깨에 걸치고 그의 등에 달라붙어 아가리를 그의 귀에 대고 헐떡이지만 여전히 혼자이다. 즉, 어떤 비밀도 말해지지 않는다.

가장 내적이고 동시에 가장 난폭할 정도로 자유로운 힘, 가령 〈커다란 부조화〉에서 몸을 조각내는 힘, 〈격렬한 광기〉에서 휘몰아치고 눈을 후벼파는 힘만이 나타나 있다. 이 그림들에서부터 얼굴 자체가 일그러진다. 즉, 이것은 얼굴의 진실보다 더 진실한 가면이 그려진 〈변덕〉의 광기가 아니라 가면 아래의 광기, 얼굴을 물어뜯고 표정을 갉아먹는 광기인데, 더 이상 눈이나 입이 아니라 무에서 나와 무에 고정되는 시선(〈마녀들의 집회〉에서처럼)이나 검은 구멍에서 나오는 절규(〈산 이시드로의 순례〉에서처럼)가 있을 뿐이다. 인간에게서 광기는 인간과 세계를 없애버리고 심지어는 세계를 거부하고 인간을 일그러뜨리

프란치스코 고야, 〈광인들의 안마당〉(Corral de locos), 1793~1794,
양철판에 유채, 43.8×32.7cm, 메도스 박물관, 댈러스.

프란치스코 고야, 〈이제야 제대로 앉는군〉(Ya tienen asiento), 1797, 〈변덕〉(Los Caprichos) 26, 에칭과 애쿼틴트, 21.5×15.1cm, 프라도 미술관, 마드리드.

프란치스코 고야,
〈수도사〉(Dos monjes),
1821~1823, 캔버스에 유채,
146×66cm,
프라도 미술관, 마드리드.

프란치스코 고야, 〈이성의 잠〉(El sueño de la razón produce monstruos), 1797~1798, 〈변덕〉(Los Caprichos) 43, 에칭과 애쿼틴트, 21.3×15.1cm, 프라도 미술관, 마드리드.

프란치스코 고야, 〈공중을 나는 방법〉(Modo de volar), 〈부조화〉(Los disparates) 13, 1815~1823,
에칭과 애쿼틴트와 드라이포인트, 24.4×35.3cm, 프라도 미술관, 마드리드.

프란치스코 고야, 〈마녀들의 집회〉(El Gran Cabrón/Aquelarre), 1820~1823,
캔버스에 설치한 석고에 유채, 140×438cm, 프라도 미술관, 마드리드.

프란치스코 고야, 〈산 이시드로의 순례〉(La romería de San Isidro), 1820~1823,
캔버스에 설치한 석고에 유채, 140×438cm, 프라도 미술관, 마드리드.

빈센트 반 고흐, 〈자화상〉(Self-Portrait With a Bandaged Ear), 1889,
캔버스에 유채, 60×49cm, 코톨드 갤러리, 런던.

는 그 이미지들까지도 소멸시켜버릴 가능성이 되었다. 광기는 독일의 서정시에서처럼 약속이기 때문이 아니라 혼돈과 말세末世의 불확실성이기 때문에, 꿈보다 훨씬 아래에, 잔인성의 악몽惡夢보다 훨씬 아래에 놓여 있는 최후의 수단이다. 즉, 모든 것의 종말과 시작이다. 허무에 갇혀 허무에서 벗어나기 위해 절규하고 어깨를 비트는 〈백치白痴〉는 최초의 인간의 탄생과 자유를 향한 그의 첫 움직임일까, 아니면 마지막으로 죽어가는 사람의 마지막 경련일까?

시간을 잇고 나누며 세계를 어둠의 고리 속으로 휘어들게 하는 이 광기, 동시대의 경험과 그토록 무관한 이 광기는 니체와 아르토처럼 이 광기를 맞아들일 수 있는 사람에게로 허무와 어둠이었던 고전주의적 비이성의 가까스로 들리는 말을 전달하지 않을까? 그러면서 그 말을 절규와 광포함으로까지 확대하지 않을까? 표현, 시민권市民權, 그리고 서양 문화에 대한 영향력, 이를테면 모든 항의抗議가 가능해지기 시작하는 출발점과 항의 전체를 역사상 처음으로 그 말에 부여하지 않을까? 본래의 야만성을 그 말에 돌려주지 않을까?

사드의 잔잔하고 끈기있는 언어도 역시 비이성의 마지막 말을 상속받고, 미래를 향해 더 멀리 나아간 의미를 비이성의 말에 부여한다. 고야의 끊어진 윤곽선輪郭線, 그리고 《쥬스틴》의 첫 번째 권卷에서 《쥴리에트》의 열 번째 권까지 곧게 연장되는 그 부단한 말의 선線, 이 양자 사이에는, 동시대 서정시의 흐름을 거슬러 올라가면서 허무한 비이성의 비밀을 재발견하는 어떤 움직임을 제외하면, 아마 어떤 공통점도 없을 것이다.

사드의 주인공이 갇혀 있는 성城과 그의 희생자들이 끊임없이 불안에 사로잡히는 수도원, 숲, 지하실에서는 언뜻 보기에도 본성이 완전히 자유롭게 전개될 수 있는 듯하다. 비록 명백하다 해도 인간에게는 이미 잊혀진 진실을 인간은 그곳들에서 되찾는다.

욕망이 자연 자체에 의해 인간의 마음속에 놓인 마당에, 세계에 의해 끊임없이 되풀이되는 삶과 죽음의 위대한 교훈 속에서 욕망이 자연에 의해 인간에게 일깨워지는 마당에, 어떤 욕망이 자연과 어긋날 수 있을까? 욕망의 광기, 무분별한 살인, 가장 비이성적인 정념은 자연의 질서에 속하므로 지혜이자 이성이다. 도덕과 종교 그리고 잘못된 사회에 의해 질식될 수 있었던 인간의 모든 것이 살인殺人의 성에서 생기를 되찾는다. 거기에서 인간은 마침내 자신의 본성과 일치를 이룬다. 더 정확히 말해서 그 이상한 수용의 고유한 윤리 때문에, 인간은 자연에 대한 충실성을 줄기차게 유지하는 데에 유의해야 한다.

즉, 인간은 총체성의 엄격한 책무, 고갈되지 않는 책무를 짊어진다. "네가 모든 것을 알지 못했다면, 너는 어떤 것도 알지 못할 것이고, 네가 자연과 함께 멈춰 설 정도로 아주 소심하다면, 자연은 너에게서 영원히 벗어날 것이다."[36]

거꾸로 인간이 자연에 상처를 입히거나 자연을 변질시킬 때, 지고至高의 복수를 획책하여 죄악을 바로잡는 일은 인간의 몫이 된다. "자연상태에서 우리는 모두 평등하게 태어났으니, 운명이 일반법칙의 이 차원을 수시로 교란시키고자 한다 해도, 운명의 변덕을 없애고 가장 강한 자들의 침해侵害를 우리의 술책으로 시정하는 것은 우리의 몫이다."[37] 느린 앙갚음도 불손한 욕망처럼 자연에 속한다. 드러난 자연이거나 회복된 자연이거나 하지 않는 인간의 광기는 어떤 것도 창조하지 못한다.

그러나 사드의 사유에서 이것은 첫 번째 계기일 뿐이다. 즉, 합리적이고 서정적이며 반어적인 정당화, 루소의 거대한 모방일 뿐이다. 쓸

---

36 *Cent vingt journées de Sodome* (Blanchot, *Lautréamont et Sade*, Paris, 1949, p. 235 에서 재인용).

37 Blanchot, *ibid.*, p. 225에서 재인용.

데없는 동시대 철학의 부조리에 의한 이와 같은 논증과 인간이나 자연에 관한 그의 객설客說 전체로부터 진정한 결정, 즉 그만큼 많은 단절이고 인간의 자연스러운 존재에 대한 인간의 유대紐帶를 소멸시키는 결정이 곧장 내려지게 된다. 38 유명한 《범죄를 사랑하는 사람들의 모임》과 스웨덴을 위한 입헌立憲계획은 《사회계약론》이나 폴란드와 코르시카를 위해 계획된 헌법이 신랄하게 비판된 대목을 제외하면, 모든 자연스러운 자유와 평등에 대한 거부 속에서 주관主觀의 극단적인 지고성至高性만을 확립할 뿐이다. 즉, 집단 내의 개인들에게 요구되는 그 유일한 연대성連帶性의 의미는 자연스러운 삶이 아니라 지고성의 자유로운 행사를 자연에 의거하여 자연으로부터 보호하는 것이므로, 자유와 평등 중에서 어느 하나에 의한 다른 것의 무제한적 처분, 폭력의 과도한 행사, 죽음에 대한 권리의 제한 없는 적용, 이를테면 유대紐帶의 거부 자체를 유일한 유대로 갖는 그러한 사회 전체는 자연과의 작별作別인 것으로 보인다. 39

루소에 의해 확립된 관계는 정반대로 뒤집히고, 지고성은 더 이상 자연스러운 삶을 옮겨놓지 않으며, 지극히 높은 자에게 자연스러운 삶은 하나의 대상, 그로 하여금 자신의 완전한 자유를 측정하게끔 해주는 것일 뿐이다. 욕망의 논리에 따라 욕망을 끝까지 밀고나갈 때, 욕망은 겉보기로만 자연의 재발견으로 이를 뿐이다. 사실 사드에게는 태어난 땅으로의 귀환도 없고, 포기됨으로써 공고해지는 자연의 변증법에 의해 사회적인 것에 대한 근본적인 거부가 슬그머니 행복의 정돈된 질서로

---

38 비열한 언행(言行)은 "자연의 사지(四肢)를 절단하고 우주를 붕괴시키는" 데까지 나아갈 수 있어야 한다(*Cent vingt journées*, Paris, 1935), t. II, p. 369.

39 '회원들'에게 부과된 이 연대성은 실제로 그들이 다른 이들에게 행사할 수 있는 죽음 권리의 정당성을 정작 그들에게는 인정하지 않고 어떤 절대적인 자유 재량권을 서로 상대방에게 인정하는 데 있다. 그러니까 각자가 타자의 '소유'일 수 있게 되어 있다.

다시 바뀌리라는 희망도 없다.

18세기 철학자들의 경우처럼 헤겔의 경우에도 인간을 사회 세계에서 곧장 답습되는 자연 세계 속으로 마침내 잠겨들게 하는 것인 욕망의 고독한 광기가 사드의 경우에는 단지 멀리에서 자연을 지배하는 공백 속으로, 균형과 공동체의 완전한 부재 속으로, 예속隷屬의 언제나 되살아나는 비실재非實在 속으로 인간을 내던지기만 하는 것일 뿐이다. 그래서 광기의 어둠은 한계가 없고, 인간의 난폭한 본성이라고 인정될 수 있는 것은 비非자연의 무한이었을 뿐이다.

사드의 심한 단조로움은 여기에 원인이 있다. 즉, 그가 나아 갈수록, 장식은 없어지고 놀라운 일, 말썽, 배경의 비장하거나 극적인 관계는 사라진다. 《쥬스틴》에서는 여전히 대파란이나 느닷없으므로 새로운 사건이었던 것이 《쥴리에트》에서는 언제나 승리를 거두고 적극적인 지고의 유희遊戲로 바뀌는데, 이 유희는 쥴리에트의 새로움이 자기 자신과의 유사성일 수밖에 없을 정도로 완벽하다. 잡다한 것들의 이 면밀한 '부조화'에서도 고야의 경우처럼 더 이상 바닥이 없다. 그렇지만 절대적인 빛(사드에게는 그림자가 없다)일 수도 완전한 어둠일 수도 있는 이러한 장식의 부재 속에서 종말, 즉 쥬스틴의 죽음이 서서히 다가온다. 그녀의 결백은 그녀의 결백을 조롱하려는 욕망까지도 진력나게 하는 것이었다.

그녀의 미덕이 다할 때 범죄가 일어나지 않았다고 말할 수는 없다. 범죄의 대상일 모든 가능한 방법이 모조리 고갈되었을 정도로 그녀의 미덕이 그녀를 이끌었다고 반대로 말해야 한다. 그랬을 정도로, 그녀가 범죄의 지고한 영역에서 내쫓길 수밖에 없을 때(쥴리에트는 자기 누이를 누아르쇠이유 성에서 쫓아낸다), 바로 그때 몹시도 오랫동안 지배와 우롱과 모독을 당한 자연은40 자연과 어긋났던 것에 전적으로 순응한다. 즉, 자연은 광기에 휩싸이기 시작하고 그때 단지 순간적으로만 전능全能을 되찾을 뿐이다. 휘몰아치는 뇌우雷雨, 쥬스틴에게로 떨어져 그녀를 태워버리는 벼락, 이것은 범죄적 주체성이 된 자연이다.

쥴리에트의 비상식적 지배에서 벗어나는 듯한 이 죽음은 다른 어떤 것보다도 더 쥴리에트의 것이고, 어둠 속의 뇌우와 번개 그리고 벼락은 자연이 갈가리 찢기고, 극도의 내분內紛에 이르며, 자체이자 자체와 다른 모든 것인 지고성, 즉 광기에 휩싸여 고독 속에서 세계의 한계에 도달하고는 세계를 그토록 능란하게 제압했기에 세계와 동일시될 권리를 부여받게 되는 순간에 세계를 찢고 세계로 하여금 등을 돌리게 하며, 세계를 파괴하는 마음의 지고성을 황금빛 섬광 속에서 나타나게 내버려둔다는 것을 충분히 표시한다.

자연이 쥬스틴을 치기 위해 스스로 뽑아든 그 순간적 섬광은 쥴리에트의 오랜 삶과 일체를 이룰 뿐인데, 쥴리에트 역시 흔적도 시체도 자연이 다시 권리를 행사할 수 있을 어떤 것도 남기지 않고 스스로 사라질 것이다. 자연의 언어가 영원히 침묵했던 비이성의 허무는 자연 자체의 지고한 소멸을 초래할 정도로 자연에 대한 자연의 폭력이 되었다. 41

고야의 경우처럼 사드의 경우에도 비이성은 어둠 속에서 계속 잠깨어 있지만, 이 깨어있음으로 말미암아 새로운 힘과 관계를 맺는다. 비이성의 과거 모습이었던 비존재는 이제 파괴의 힘이 된다. 사드와 고야를 통해 서양 세계는 폭력 속에서 이성을 초월하고 변증법의 장래성을 넘어 비극 경험을 되찾을 가능성을 결실로 거두었다.

---

40 《쥴리에트》의 마지막 부분에 나오는 화산 에피소드 참조. *Juliette*, éd. J.-J. Pauvert, Sceaux, 1954, t. VI, pp. 31~33.

41 "자연이 자연 자체의 제작물에 싫증이 난 나머지 모든 요소를 뒤섞어 새로운 형태들을 억지로 빚어낼 준비가 되어 있다고들 말했을 것이다"(*ibid.*, p. 270).

사드와 고야 이후로 비이성은 모든 작품에서 근대 세계에 대해 결정적인 것, 다시 말해서 모든 작품이 내포하는 살인적이고 강압적인 것에 속한다.

타소의 광기, 스위프트의 우울증, 루소의 망상은 그들의 작품 자체가 그들에게 속하는 것과 마찬가지로 그들의 작품에 특유한 것이다. 여기 텍스트에서나 저기 그들의 인생에서 동일한 난폭성 또는 동일한 쓰라림이 표현되었고, 확실히 직관이 교환되곤 했으며, 언어와 정신 착란이 서로 얽혀 있었다. 게다가 고전주의 시대의 경험에서는 작품과 광기가 다른 차원에서, 즉 역설적이게도 서로 제한하는 바로 거기에서 더 깊이 연관되어 있었다. 실제로 하나의 영역이 실재했는데, 거기에서 광기는 작품에 의문을 제기했고 아니러니컬하게도 작품을 축소시켰으며 작품의 상상계 풍경을 환상의 비정상적 세계로 만들었다. 정신착란과 얽혀 있는 그러한 언어는 정신착란으로서의 작품이 아니었다. 역으로 정신착란이 작품으로 확인될 경우에도, 정신착란은 광기라는 빈약한 진실에서 떨어져나갔다.

그러나 이러한 부인否認 자체에는 상호적 축소가 아니라 오히려 (몽테뉴를 상기하자) 작품이 탄생하기를 그치는 순간에 작품이 진정으로 작품이기 위해 탄생하는 근본적 불확실성의 발견이 있었다. 이러한 대립은 루크레티우스 이후로 타소와 스위프트가 증언한 것이고, 분명한 간격과 위기危機에 따라 구분하려는 헛된 시도의 대상이었는데, 작품의 진실 자체가 난점을 야기하는 거리는 이 대립 속에서 드러났다.

그것[42]은 광기일까, 작품일까? 영감靈感일까, 환상일까? 충동적 수

---

[42] *바로 앞의 '대립'을 가리킨다. 또한 "작품이 탄생하기를 그치는 순간에 작품이 진정

다일까, 언어의 순수한 기원일까? 그것의 진실은 그것이 생겨나기 전에 인간의 가련한 진실에서 선취되는 것일까, 아니면 작품의 기원을 훌쩍 넘어, 작품에 비추어 분명히 있을 법하다고 추정되는 존재 속에서 발견되는 것일까? 또 어떤 사람들에게 작가의 광기는 작품의 진실이 반복反復과 질병의 낙담落膽 속에서 탄생하고 끊임없이 재탄생하는 것을 볼 수 있는 기회였다.

니체의 광기나 반 고흐의 광기 또는 아르토의 광기는 아마 더 깊지도 덜 깊지도 않게일 터이지만 전혀 다른 세계에 토대를 두고서 그들의 작품에 속한다. 광기 속에서 갑자기 출현하는 그러한 작품이 근대 세계에 드물지 않다 할지라도, 이 사실은 아마 근대 세계의 바탕에 관해, 그러한 작품들의 의미에 관해, 현실세계와 예술가 사이의 맺어지고 끊어지는 관계에 관해 어떤 것도 입증하지 못할 것이다. 그렇지만 이러한 빈발頻發현상을 끈질긴 물음으로 진지하게 고려해야 할 필요가 있다.

횔덜린과 네르발 이래로 광기에 "빠져든" 작가, 화가, 음악가의 수는 크게 증가했지만, 이 점에 대해 잘못 생각하지 않도록 하자. 광기와 작품 사이에 더 지속적인 타협妥協도, 교환이나 언어들 사이의 소통도 없었다. 광기와 작품의 대립은 예전보다 훨씬 더 미묘하고, 광기와 작품의 분쟁紛爭은 이제 용서가 없으며, 광기와 작품의 작용은 삶과 죽음에 관련된다. 아르토의 광기는 작품의 틈새로 슬그머니 끼어들지 않고, 정확히 '작품의 부재', 이 부재의 지겹게 되풀이되는 현존, 결코 끝나지 않는 작품의 모든 차원에서 느껴지고 측정되는 근본적 공백이다.

그리스도와 동시에 디오니소스로 자칭하는 니체의 마지막 외침은 이성과 비이성의 경계에서, 작품의 소실선消失線에서 마침내 맞닿았으나 곧장 사라진 그들의 공통된 꿈, 즉 "아르카디아 목동과 티베리아드 어

으로 작품이기 위해 탄생하는 근본적 불확실성"이다.

부"의 화해가 아니라 바로 작품의 소멸 자체, 작품이 불가능하게 되고 작품이 침묵해야 하는 출발점이다. 망치가 이 철학자의 손에서 이제 막 떨어졌다. 그리고 "의사에게 그림을 그릴 허락"을 요청하려고도 하지 않았던 반 고흐는 자신의 작품과 자신의 광기가 양립할 수 없다는 것을 잘 알고 있었다.

광기는 작품의 절대적 단절이고, 시간 속에서 작품의 진실에 근거가 되는 소멸의 계기를 형성하며, 작품의 외부 가장자리, 작품의 붕괴선崩壞線, 공백을 배경으로 한 작품의 윤곽을 나타낸다.

아르토의 작품은 광기 속에서 작품의 부재를 시험하지만, 되살아나는 그러한 시험의 용기, 근본적 언어의 부재를 거슬러 던져진 그 모든 낱말, 공백을 둘러싸거나 더 정확히 말해서 공백과 일치하는 그러한 육체적 고통과 공포의 공간 전체, 바로 여기에 작품 자체가 있다. 즉, 작품 부재의 심연深淵으로 내려가는 급경사면急傾斜面이 있다. 광기는 더 이상 작품의 본래적 의미가 비쳐 보일 위험이 있었던 미확정未確定의 공간이 아니라, 작품이 최종적으로 이야기를 그치고 이야기 위로 영원히 솟아올라 이야기를 굽어보기 시작하는 결정지점이다.

니체가 마침내 미쳐버린 1888년 가을의 정확한 날짜, 그의 글이 철학의 영역에 속하지 않고 정신의학의 영역에 속하기 시작하는 날은 그다지 중요하지 않다. 물론 스트린드베르그43에게 보낸 우편엽서를 포함하여 모든 글은 니체의 것이고, 그의 모든 글은 《비극의 탄생》과 깊은 연관성을 지니고 있다. 그러나 이러한 연속성을 체계, 전체적 주제, 심지어 삶의 차원에서 생각해서는 안 된다. 즉, 니체의 광기, 다시 말해서 사유의 붕괴는 그의 사유가 근대 세계 쪽으로 열리는 통로通路이다.

---

43 *August Strindberg. 스웨덴의 작가(1849~1912)로서 *Plaidoyer d'un fou* (1887~1888), *Gens de l'Archipel* (1888) 등의 작품이 있다.

니체의 사유를 불가능하게 만들었던 것은 니체의 사유를 우리에게 현존하게 만드는 것이고, 니체의 사유를 니체에게서 박탈한 것은 니체의 사유를 우리에게 제공하는 것이다. 이는 광기가 작품과 근대 세계에 공통된 유일한 언어라는 것(비장한 저주의 위험, 정신분석의 전도되고 대칭적인 위험)이 아니라, 세계 속으로 집어삼켜지고 세계의 무의미를 드러나게 하며 병적인 것의 특징 아래에서만 미화美化되는 듯한 작품이 사실은 광기에 의거하여 세계의 시간을 끌어들이고 제압하며 조종한다는 것을 의미하며, 세계의 시간을 중단시키는 광기에 의해 작품은 공백, 침묵의 시간, 대답 없는 물음을 접근 가능하게끔 열어놓고, 세계가 정말로 의문의 대상이지 않을 수 없게끔 끝없는 분열을 불러일으킨다. 작품에 내포되어 있는 어쩔 수 없이 신성모독적인 것은 뒤집히고, 정신장애로 붕괴된 그러한 작품의 시간 속에서 세계는 죄의식을 맛본다.

　이제부터 광기의 저주 때문에 세계는 (서양 세계에서 역사상 최초로) 작품에 대해 유죄有罪이게 되고 광기에 의해 논고論告당하며 광기의 언어를 따르도록 강요당할 뿐만 아니라 고백 또는 개선改善의 책무, 이 비이성44'에 대해' 동기를 설명하고 이 비이성'을 정당하게' 평가할 책무에 얽매인다. 작품이 잠겨드는 광기는 우리의 작업공간이고, 우리의 작업을 끝내기 위해 가야할 무한한 길, 우리가 사도使徒와 동시에 주석가註釋家로서 떠맡아야 할 소명召命이다.

　그래서 니체의 오만傲慢에, 반 고흐의 겸허謙虛에 광기의 목소리가 언제 최초로 슬그머니 끼어들었는가를 아는 것은 별로 중요하지 않다. 광기는 작품의 마지막 순간으로서만 있을 뿐이고, 작품은 광기의 극한으로 광기를 한없이 밀어내며, '작품이 있는 곳에 광기는 없지만', 광기는 작품의 진실에 내포된 시간의 막幕을 여는 까닭에 작품과 시기를 같이

---

44 *광기를 '이 비이성'으로 바꿔 말하고 있다.

한다. 작품과 광기가 함께 태어나고 완성되는 순간은 세계가 작품에 의해 소환召喚되고 작품 앞에서 세계 자체의 모습에 대해 책임을 져야 하는 시간의 시초始初이다.

광기의 책략策略과 새로운 승리. 즉, 심리학에 의해 광기를 헤아려보고 광기를 입증한다고 생각하는 이 세계는 심리학의 노력과 논쟁 속에서 니체, 반 고흐, 아르토의 과도함 같은 작품들의 극단성極端性과 씨름하므로, 이 세계가 결백을 입증 받아야 하는 것은 바로 광기 앞에서이다. 그리고 이 세계 안의 어떤 것도, 특히 이 세계가 광기에 관해 인식할 수 있는 것은 그러한 광기의 작품들에 의해 이 세계가 정화된다는 것을 이 세계에 확신시키지 못한다.

보유(補遺)

Histoire de la folie à l'âge classique

la folie

classique

la folie à l'âge classique

구빈원의 역사

《구빈원》, 저자 미상未詳의 소책자(1676년)에서

수많은 조치에도 불구하고 "나머지 걸인들은 모두 도시 전역과 파리 교외郊外에 완전히 제멋대로 머무를 것이다. 그들은 왕국의 모든 지방에서 왔다. 유럽의 모든 국가에서도 걸인의 수가 날마다 증가했고 급기야는 걸인들이 법도 종교도, 상급자도 경찰도 알지 못하는 독자적인 주민 집단을 이루었다. 그들 사이에는 오로지 무신앙, 육체적 쾌락, 방종이 만연해 있었다. 밤낮으로 일어나는 살인, 절도, 폭력 사태의 대부분이 그들에 의해 저질러졌다. 빈곤상태로 인해 신자信者들의 동정을 받는 이 사람들은 타락한 풍속, 불경한 언사言辭, 무례한 말에 젖어 있기 때문에 공중公衆의 구호救護를 받을 자격이 전혀 없었다.

이 엄청난 무질서가 1640년까지도 지속되었다. 그런데도 누구 하나 이에 대해 깊이 성찰하지 않았다. 그러나 그때 매우 유덕有德한 몇몇 개인이 이 가련하고 불행한 기독교도들의 한탄할 만한 영혼의 상태에 충격을 받았다. 그들의 육체를 생각할 때, 비록 그들이 괴로워하는 듯이 보일지라도, 그들은 진정한 연민의 대상이 아니었다. 왜냐하면 그들은 생활필수품을 구입하거나 심지어는 방탕하는 데 필요한 것 이상을 동냥으로 얻었기 때문이다. 그러나 우리의 종교 의식儀式에 대한 전적인 무지無知와 극도로 타락한 풍속의 구렁에 빠져 있는 그들의 영혼은 이 비참한 사람들의 구원救援에 대한 열의로 가득 찬 사람들에게 커다란 고통을 불러일으켰다"(p. 2).

최초의 시도와 초기의 성공(1651년에 설립된 자선물품 배급소)에 힘입어 "결코 규칙을 받아들이지 않았던 방탕하고 나태한 일부 국민을 의무 속에 감금하고 억제하는 데 필요한 물자物資를 찾아내는 것은 불가능하지 않다"(p. 3)고들 믿게 되었다.

"빈민으로서 열렬히 들어가고자 하는 사람이면 누구나 받아들일 수 있는 구빈원이 1657년 5월 7일 문을 열 것이라고 파리의 모든 소교구에서 일요 설교를 통해 공표되었고, 사법관들의 명령에 따라 파리에서 걸인의 구걸 행위에 대한 금지가 공개적인 육성肉聲 포고로 퍼져나갔다. 명령이 그토록 잘 실행된 적은 일찍이 없었다.

13일에는 피티에 교회에서 장엄한 성령 미사가 거행되었고 14일에는 빈민들의 감금이 냉정하게 실행되었다. 그날 파리 전체가 면모를 일신했다. 걸인들 대다수는 여러 지방으로 물러났고, 가장 현명한 걸인들은 스스로 움직여 벌어먹을 생각을 했다. 이것은 아마 이 위대한 사업에 대한 하느님의 보호 덕분이었을 것이다. 왜냐하면 그토록 적은 노력으로 일이 성사되고 걸인 문제가 그토록 적절하게 해결되리라고는 결코 생각할 수 없었기 때문이다. … 관장들의 선견지명先見之明은 아주 뛰어났고 그들의 예측은 매우 정확했다. 감금된 사람의 수가 그들의 계획과 거의 일치했다. 4만 명의 걸인이 사오천 명으로 줄어들었다. 이 사오천 명은 아주 다행스럽게도 구빈원에서 은거처를 찾을 수 있었다. 그러나 그후로 구빈원에서 걸인의 수가 늘어났다. 흔히 6천 명을 넘었으며 지금은 1만 명에 이른다. 그래서 침실과 침대에 그들이 너무 빽빽이 들어차게 되자, 빈민들이 겪는 극심한 불편을 해소하기 위해 새로운 건물을 세우지 않을 수 없었다"(p. 5).

〈파리 시와 파리 근교의 가련한 걸인들을 감금하기 위한
구빈원의 설립을 명하는 국왕의 칙령〉

1657년 4월 파리에서 내려졌고 9월 1일 고등법원에서 검증되었다.
　파리, 왕실인쇄소, 1661.

　하느님의 은총으로 프랑스와 나바르의 왕이 된 루이가 지금과 나중
의 모든 이에게 인사를 보내노라. 지난 세기부터 짐의 선왕先王들께서
는 짐의 훌륭한 도시 파리에서 빈민들이 행하는 위법행위에 관해 여러
차례 통치령統治令을 내리셨고 권위와 열의로써 모든 무질서의 원천인
구걸과 무위도식을 막으려고 애쓰셨다. 그러나 짐의 위풍당당한 군대
가 그러한 왕령의 집행을 오랫동안 세심하게 뒷받침했음에도 불구하
고, 어떤 때는 그토록 위대한 의도의 실현에 필요한 자산資産의 부족 때
문에, 또 어떤 때는 잘 확립되고 과업의 특성에 적합한 책임자의 사직辭
職 때문에 왕령이 결실과 효과를 거두지 못했다. 다행히도 짐이 기억하
고 있는 바, 지난 시대에, 짐의 경애하는 영주이자 아버지, 지금은 고
인이 된 선왕의 치세에 공중公衆의 방종과 풍속의 타락으로 인해 죄악이
여전히 증대하자, 그러한 통치의 집행이 지지부진하게 된 것은 걸인들
이 도처에서 일하지 않고 있다는 점에서 기인하며, 기왕旣往의 완화책
으로는 은밀한 구걸을 막을 수도 걸인들의 무위도식을 중단시킬 수도
없다고 모든 사람이 인정하기에 이르렀다.
　이와 같은 바탕 위에서 걸인들을 메종 드 라 피티에와 그곳의 부속 장
소에 감금하는 찬양할만한 계획이 세워졌고 집행되었다. 이러한 취지
에서 1612년 국왕의 윤허장이 하달되었고 짐의 파리 고등법원 법정에

서 칙령 대장에 등록되었으며 이 윤허장에 따라 빈민들이 감금되었다. 그리고 유능하고 유력한 부르주아들에게 직권職權이 부여되자 그들은 이 계획을 성사시키기 위해 앞다투어 온갖 재능을 발휘했고 훌륭하게 행동했다. 그러나 그들이 어떤 노력을 할 수 있었든지 간에, 이 계획의 효과는 단지 5~6년 동안, 그것도 매우 불완전하게 나타났을 따름이다. 이는 공공사업과 제조소에서 빈민이 맡을 일자리가 부족했기 때문이고, 이 위대한 기도企圖에 필요한 행정당국과 빈민의 지지를 책임자들이 받지 못했기 때문이며, 불행한 전쟁의 무질서로 인해 빈민의 수가 보잘 것 없는 통상적인 국채國債로는 감당할 수 없을 정도로 증가했기 때문일 뿐만 아니라, 죄악이 구제책보다 더 크게 늘어났기 때문이다. 그 결과로 걸인들의 방종이 극에 달해 불행하게도 걸인들이 온갖 범죄에 빠져들고 있다. 이들이 처벌받지 않는다면, 나라에 대한 하느님의 저주가 초래될 것이다. 또한 남녀 걸인들 중에서 많은 수가 결혼하지 않고 함께 살고 있으며 그들의 많은 자식이 세례를 받지 않았을 뿐만 아니라 거의 모두가 종교에 대한 무지, 성사聖事에 대한 경멸 속에서 온갖 종류의 악덕을 습관적으로 끊임없이 행하면서 살아간다는 것을 자선직무에 종사하는 사람이라면 누구나 경험으로 알게 되었다.

그래서 짐은 하느님의 자비 덕분으로 짐의 행동에 내린 보이지 않는 가호加護로부터 시작하여 짐의 군대가 거둔 성과에 힘입어 도래한 짐의 치세와 태평성대의 흐름까지 그토록 많은 은총과 짐이 여러 차례 거둔 승리의 기쁨을 하느님의 자비에 빚지고 있으므로, 하느님께 드릴 기쁨과 봉사에 관련되는 일을 기독교도답게 충성스럽게 수행함으로써 더욱 감사를 드리지 않을 수 없노라. 짐은 가련한 빈민들을 나라의 무익한 구성원이 아니라 예수 그리스도의 살아 있는 지체肢體로 여기고, 그토록 훌륭한 과업을 수행하는 과정에서 모든 것을 통치 명령에 의해서가 아니라 자비의 동기動機에 의해서만 처리하겠노라.

860

I

… 그리고 짐이 서명하고 출석 시녀侍女들의 연인連印 아래 묶이며 형식과 내용에 따라 집행되기를 짐이 바라는 규정에 상세히 기록되어 있듯이, 건강하건 불구이건, 남자이건 여자이건 가련한 걸인들이 능력에 따라 구빈원에 고용되어 나중에 공사工事나 제조製造 또는 그 밖의 작업에 활용되기를 바라고 명하노라.

IV

품성으로 보아 감금해야 할 빈민들을 규정에 따라 가두기 위해 짐은 출석 시녀들을 통해 소小피티에 및 대大피티에의 시설과 구빈원, 그리고 근교近郊 생-빅토르에 위치한 르퓌주의 시설과 구빈원, 시피옹 시설과 구빈원, 그리고 광장과 정원 등 모든 장소를 포함한 사본느리의 시설, 여기에 부속된 시설과 건물, 비세트르의 시설과 부지敷地를 하사했고 하사하노라 ….

VI

이 구빈원과 여기에 부속되어 있는 장소는 짐의 훌륭한 기반基盤이므로, 짐은 구빈원의 관리자이자 보호자이기를 원하노라. 짐의 구호물救護物 분배 사제도 짐의 어떤 조신朝臣도 구빈원의 운영에 결코 관여할 수 없다. 구빈원은 일반 개혁조신이나 대사제大司祭 또는 다른 모든 관리의 감독, 방문, 재판권을 전적으로 면제받는다. 짐은 이들이 구빈원에 대해 어떤 방식으로건 재판권을 행사하는 것을 금하노라.

IX

성별과 계층과 나이를 불문하고, 어떤 신분과 가문에 속하건, 건강하건 불구이건, 병에 걸렸건 회복되고 있는 중이건, 치료할 수 있건 치료가 불가능하건 모든 이에게 파리 시와 근교에서, 교회에서, 교회의 출입문에서, 주택의 대문 앞에서, 거리에서, 그 밖의 장소에서 공공연하게나 은밀하게, 밤이나 낮이나 구걸하는 것을 엄격히 금하노라. 엄숙한 축제, 순례제巡禮祭, 대사大赦, 회합, 장터나 시장市場도 예외가 아니다. 어떤 이유나 변명도 있을 수 없다. 이를 처음으로 위반한 자에게는 태형笞刑, 두 번째로 위반한 자에게는 성인 남자와 소년이라면 도형徒刑을, 성인 여자와 소녀라면 추방형追放刑을 내리도록 하라.

XVII

어떤 처지와 지위에 있는 사람이건, 연민이나 긴급한 필요 또는 어떤 다른 동기에서건 상기上記의 거리와 장소에서 걸인들에게 직접 적선하는 것을 금하노라. 이를 어길 시에는 파리 주조鑄造의 4 리브르를 벌금으로 내야 하는 바, 이 벌금은 구빈원의 수익이 될 것이다.

XXIII

감금되어야 하는 빈민들의 구제와 생-라자르 포교布敎사제들의 노고勞苦에 하느님께서 내리신 축복, 그들이 앞으로도 일을 계속하고 성과를 높이리라는 짐의 소망에 부응하여 그들이 지금까지 빈민구호를 위해 일하면서 거둔 커다란 결실을 오래 전부터 누려온 빈민들의 시설과 생계에 짐이 노심초사하는 만큼, 짐은 그들이 구빈원과 여타의 부속시설에 감금된 빈민들을 위한 원호援護와 위로에 교권敎權의 배려와 계몽啓蒙을 보태고 파리 대주교 귀하의 영적 권위와 결정권 아래 성사聖事의 시행施行에 힘쓰기를 바라노라.

LIII

예의 구빈원과 부속 시설에서 제조된 온갖 종류의 물품을 판매하고

받은 대금은 구빈원의 빈민들을 위해 쓰도록 관장들에게 허락하고 권한을 부여하노라.

〈국왕이 파리 구빈원에서 준수되기를 바라시는 규정〉

XIX — 감금된 빈민들이 제조소製造所에서 더욱 열심히 열정적으로 일하게끔, 16세에 이른 남녀들에게는 그들의 노동으로 생긴 이익의 3분의 1이 한 푼도 깎이지 않고 지불될 것이다.

XXII — 관장들은 예의 구빈원과 부속시설에서 빈민들에게 내려진 명령이나 그들에게 맡겨질 일이 제대로 이행되지 않을 시에 모든 징벌과 체벌을 집단이나 개인에게 가할 수 있을 것이며, 심지어는 불순종이나 무례함 또는 그 밖의 파렴치한 행위가 저질러질 경우에 구걸 금지가 부가된 추방령을 내릴 수 있을 것이다….

〈샤를르 9세와 앙리 3세의 왕명에 따라 왕국의 모든 도시와 큰 읍에 구빈원을 설립하기 위한 국왕의 선언〉

… 짐은 늘 걸인들을 가장 버림받은 자로 생각했을뿐더러, 기독교 교육을 통해 그들을 구원하고 그들의 자식을 길러 능력에 맞는 직업에 종사토록 함으로써 구걸과 무위도식을 없애려는 생각이 짐을 떠나지 않아, 짐의 훌륭한 도시 파리에 구빈원을 설립하도록 했노라….

그럼에도 불구하고 짐의 왕국에는 여러 지방에서 온 걸인들이 넘쳐나고 있다. 예의 관장들이 빈민 4~5천 명의 통상적 생계生計에 필요한 수입收入의 절반도 감당하지 못하는 처지인데도 이 도시의 6군데에 흩어져 있는 다른 기혼旣婚 빈민 3천 명에게 식량을 대주어야 할 상황이다. 게다가 예의 도시에서 매우 많은 수의 걸인이 아직도 배회하고 있다…. 짐의 왕국에서 아직 구빈원이 설립되어 있지 않은 모든 도시와 큰 읍에 짐의 뜻을 좇아 끊임없이 구빈원을 설립하고 규정을 제정하여 현지에서 태어났거나 걸인 부모에게서 태어난 가련한 불구걸인들을 거기에 거하게 하고 감금하며 부양하기를 바라고 명하노라. 거기에서 모든 걸인이 신앙심과 기독교의 신성한 의무에 따라 교육받고 능력에 따라 일하도록 하라….

1662년 6월 생-제르맹-앙-레에서.

〈살페트리에르의 생-루이 관館에서 날마다 지켜져야 하는 일반규정〉

1. 5시에 기상起床 종이 울리면 남녀 관리인, 하인, 그리고 신체장애자와 5살 미만의 어린이를 제외한 모든 빈민은 일어나야 한다.

2. 5시 15분에 공동침실에서 기도가 행해지기 시작하면 여자 관리인은 돌아다니면서 빈민들을 제지하는 등 필요한 질서를 유지시켜야 한다.

3. 5시 반에는 빈민들이 침대를 정리하고 머리를 빗으며 6시까지 주변을 청결하게 정리해야 한다.

4. 6시에는 각 여자 관리인이 자신의 공동침실에서 어린아이를 돌보는 여자 관리인과 합류하여 밤낮 2교대로 7시까지 교리문답敎理問答 강의를 하는 등 어린아이를 가르쳐야 한다. … 다른 여자 관리인들은 담당 빈민들을 정렬시켜 여자 감독자들과 힘을 합쳐 그녀들을 교회로 인도해 미사에 참석하도록 해야 한다.

6. 7시에는 미사에 참석할 수 있는 어린이와 신체장애자가 교회로 가서 미사를 봐야 한다.

8. 8시가 되면 본 시설의 작업감독직에 임명된 여자 관리인은 정해진

종을 울려 각 빈민에게 자신의 자리로 가서 일을 시작해야 한다는 것을 알려야 한다. … 뒤이어 자신의 일자리로 돌아가 모든 빈민이 자기 일에만 전념하고 쓸데없는 일로 고생하지 않도록 신경을 써야 한다.

13. 9시에는 모든 공동침실에서 '베니 크레아토르'[1] 성가聖歌를 노래해야 한다. 어린이 공동침실에서는 이외에도 하느님과 교회의 계명誡命 그리고 통상적 관례에 따른 신앙행위가 덧붙여져야 한다. 그리고는 시설 전체에서 침묵이 준수되어야 한다. 여자 관리인과 여자 감독자는 각 공동침실에서 작업이 계속되는 가운데 《예수 그리스도 본받기》라는 책이나 몇몇 다른 종교서적의 독서를 15분 동안 행해야 한다.

14. 10시에 '아베 마리스 스텔라'[2]성가를 노래하고 예수 성명聖名 신도송信徒誦을 암송하는 것으로 묵상이 끝난다. 목요일에는 '판주 린구아'[3]성가와 '성사'聖事 신도송을 노래해야 한다.

〔15-16-17-18. 정오에 식사〕

19. 1시 30분에 작업이 다시 시작된다. 몇몇 반항하는 빈민들이 발견되면, 여자 관리인은 상급자上級者의 허락을 받아 그녀들을 3~4시간 동안 감금함으로써 다른 빈민들에게 본보기를 보여야 한다.

20. 2시에는 오전처럼 작업이 중단되지 않는 가운데 모든 공동침실과 작업실에서 침묵이 준수되어야 한다.

21. 3시에는 여자 공동침실에서 독서나 교리문답 공부가 75분 동안 지속적으로 이루어져야 한다.

22. 4시 15분에는 묵주신공默珠神功을 드리고 성모 마리아 신도송을 암송해야 한다. 뒤이어 6시까지는 빈민들이 공동침실에서 나가지도 작

---

1 *Veni Creator. "오소서 창조주여"의 뜻이다.
2 *Ave Maris Stella. "별이신 마리아여 평안하시라"의 뜻이다.
3 *Pange lingua. "혀로 찬양하라"의 뜻이다.

업을 중단하지도 않는 상태에서 서로 자유롭게 이야기할 수 있다.

26. 5시 30분에 이 여자들의 저녁식사가 시작되어야 한다(6시에는 작업실에서 일하는 여자들이 식사를 해야 한다).

27. 6시에 저녁기도가 각 공동침실에서 이루어져야 한다. … 기도가 끝나면, 빈민들은 마당으로 내려가거나 교회에 갈 수 있어야 하며 신체장애자들에게는 잠자리에 드는 것이 허용되어야 한다.

29. 8시에 … 여자 관리인은 돌아다니면서 모든 빈민이 침대에 누웠는지 확인해야 한다.

32. 일요일과 축일祝日에는 남녀 관리인, 작업실장作業室長, 여자 감독자, 그리고 빈민이 여느 날처럼 6시 15분에 시작되는 첫 미사에 참석한 뒤, 곧장 이어지는 일요 설교가 끝날 때까지 교회에 머물러야 한다.

33. 여자 관리인 3명이 빈민들을 질서 있게 앉히고 그녀들을 아주 얌전히 않아 있도록 제지하는 일을 맡아야 한다.

36. 빈민, 직공, 하인은 적어도 한 달에 한 번, 그리고 대축일마다 고해성사를 치러야 한다.

38. 9시 30분에는 모든 빈민이 교회로 가서 대미사에 참석해야 한다.

39. 11시: 식사, 면회실에서의 산책.

41. 1시에는 빈민들이 교회로 가서 저녁예배, 강론, 만도晚禱, 성체강복식降福式에 참석해야 한다. 모든 것이 4시까지 끝나야 한다.

1721년 8월 8일 원본과 일치한다고 증명된 발췌본.
Arsenal, ms. 2566, f⁰ˢ 54~70.

〈두블레에 의한 4가지 등급의 정신질환〉

(1) 광 란狂亂

"광란은 열熱을 수반하는 격렬하고 연속적인 정신착란이다. 어떤 때는 급성질환에서 나타나는 위험증후이며, 또 어떤 때는 뇌의 어떤 일차 질환에 의해 유발되고 이로 인해 어떤 본태성本態性 질환을 형성한다. 또한 어떤 종류에 속하건 흔히 머리에 영향을 미치는 온갖 다른 질환이 생겨나는 원천이다. 예컨대 조광증과 저능은 흔히 광란의 결과이다" (pp. 552~553).

(2) 조광증

"조광증은 열 없는 지속적인 정신착란이다. 왜냐하면 조광증 환자들에게서 불시에 열이 오른다 해도, 그 열은 뇌의 질환이 아니라 우연히 생겨난 전혀 다른 상황에서 기인한 것이기 때문이다. 조광증 환자의 증후는 놀라운 체력, 다른 건강한 사람들이나 다른 병자들보다 훨씬 더 오랫동안 굶주림과 밤샘과 추위를 견디는 능력이다. 조광증 환자는 시선이 위협적일 뿐만 아니라, 얼굴이 어둡고 수척하며 허기져 있다. 조광증 환자는 늘 다리에 궤양이 생기고, 대개의 경우 배설排泄이 잦아들며, 거의 잠을 자지 않지만 한번 자면 깊이 잠드는 데다가, 자지 않고 있을 때에는 들떠 있고 부산하며 환영에 시달리고 터무니없는 행동으로 치달을 뿐만 아니라 흔히는 주위에 있는 사람들에게 매우 위험하다. 어떤 환자들은 틈틈이 아주 고요한 진정 기미를 내보이고, 또 어떤 환자들은 발작이 지속되거나 매우 자주 발작의 강도가 배가된다.

조광증 환자의 뇌는 건조하고 딱딱하며 부서지기 쉽다. 어떤 때에는 대뇌 피질皮質이 노랗고, 또 어떤 때에는 대뇌 피질에서 종기가 관찰된다. 그러다가 마침내 혈관이 어떤 부분에서는 끈적끈적하고 또 어떤 부분에서는 묽은 정맥류의 검은 피로 부풀어오른다"(pp. 558~559).

(3)우울증

"우울증은 두 가지 점에서 조광증과 다른 연속성 정신착란이다. 첫째, 우울증의 정신착란은 '우울증 부위'라고 불리는 단 하나의 대상에 한정되어 있다. 둘째, 이 정신착란은 명랑하거나 심각하지만 언제나 온화하다. 이처럼 우울증은 조광증과 적어도 몇 가지 점에서만 다를 뿐이다. 이것이 사실이라면, 여러 우울증 환자가 조광증 환자로 변하고, 반쯤 치유되었거나 조광증 발작의 진정 기간을 맞이한 여러 조광증 환자가 우울하다는 것을 납득할 수 있을 것이다"(p. 575).

(4) 저능

"저능은 겉보기에 광기의 가장 덜 끔찍하고 가장 덜 위험한 단계이지만, 가장 치유하기 어려우므로, 가장 좋지 않은 정신상태로 판단하는 것이 명백히 옳다. 얼간이는 흥분하지도 난폭해지지도 않을 뿐만 아니라 별로 침울하지도 않다. 오히려 어처구니없게도 쾌활한 표정을 내보이고, 즐겁건 괴롭건 간에 거의 변화가 없다. 저능은 너무 오랫동안 치유되지 않은 광란, 조광증, 우울증의 결과이다. 노인의 경우에는 뇌의 건조함으로 인해 저능이 초래되며, 어린이의 경우에는 뇌의 물렁물렁함이나 침윤浸潤 때문에 저능이 유발된다. 부딪히거나 넘어졌을 때의 충격, 독주毒酒의 남용, 수음手淫, 바이러스 감염이 저능의 일상적 원인이다. 그리고 저능은 뇌졸중腦卒症의 아주 일반적인 후유증이다"(p. 580).

〈정신이상자들의 보호시설에서 그들을 감독하고 치유하는 방법에 관한 훈령〉

(In *Journal de médecine*, 1785, pp. 529~583.)

〈정신이상자들을 위한 형무소의 이상적 설계도〉

1. 공기가 맑고 물이 위생적이어야 한다. 대부분의 정신이상자가 고형固形 음식물을 거의 먹지 않고 이를테면 공기와 물만으로 영양을 취하기 때문에 이러한 대비는 그만큼 더 중요하다.

2. 산책이 실천되어야 한다. 정신이상자는 산책을 통해 깨끗한 공기를 마시는 감미로움과 자유를 얻는다 … (p. 542).

3. 영내營內는 여러 본채로 나누어져 있어야 하고 본채마다 안마당이 있어야 한다.

각 본채는 중앙에 안마당이 있는 정사각형 모양이어야 하고, 한 층짜리 건물들이 사방으로 안마당을 에워싸야 하며, 건물의 안쪽 네 면을 따라 지붕이 있는 산책용 복도가 안마당을 빙 두르고 있어야 한다. 이 복도와 숙소는 동일 평면에 놓여야 하지만 안마당보다는 3 피에만큼 높아야 한다.

정사각형의 네 구석에 정신이상자들을 낮 동안 모아놓기 위한 거실과 공동침실이 위치할 것이다. 그리고 건물들의 나머지 부분은 8 제곱피에의 침실로 나누어져야 하고, 각 침실의 둥근 천장에는 창살이 처진 채광창採光窓이 나 있어 거기로 햇빛이 들어오게 되어 있어야 한다.

각 침실에는 벽에 고정된 딱딱한 간이침대, 귀리 짚으로 가득 찬 매트, 동일한 품질의 긴 베개, 그리고 담요가 갖추어진 침상寢牀을 마련해 놓아야 할 것이다. 필요할 경우 몇몇 고리가 침대에 부착되어야 한다.

문 근처에는 긴 돌 의자가 하나 고정되어 있어야 하고, 침실 안에는 더 작은 다른 돌 의자가 설치되어 있어야 한다. 안마당 중앙에는 여러 돌 욕조를 갖춘 건물 한 채가 있어야 하고, 욕조로는 찬물과 따뜻한 물이 흘러들게 되어 있어야 한다(pp. 542~544).

저능한 정신박약자를 구역 또는 본채, 난폭한 광인을 위한 두 구역 또는 본채, 이따금씩 일정한 기간 동안 제정신으로 돌아오고 치유되고 있는 중으로 보이는 광인을 위한 네 번째 구역 또는 본채가 마련되어 있어야 한다(p. 544).

〈정신이상자들의 보호시설에서 그들을 감독하고 치유하는 방법에 관한 훈령〉
(In *Journal de médecine*, 1785년 8월, pp. 529~583.)

〈다양한 정신질환들에 대해 권장되는 치료행위〉

(1) 광란

"이 끔찍한 질환은 뇌의 모든 질환 중에서 치유하기가 가장 쉽다. … 강한 사혈瀉血로 시작해야 한다. 먼저 발의 사혈을 두세 차례 반복해야 한다. 그리고는 측두부側頭部의 사혈로 넘어가서 점점 더 강하게 많은 양을 뽑아내야 한다"(p. 555).

"음료는 풍부하고 차가우며 용해성溶解性과 소염성燒炎性이 있어야 한다. 각 사혈의 사이마다 필요하다면 관장灌腸을 두 차례 실행한다. 한 번은 하제下劑를 쓰고 나머지 한 번은 완화제緩和劑를 쓴다.

질병의 초기 진행기부터 머리를 밀거나 머리털을 잘라내야 한다. 그리고는 히포크라테스의 헝겊모자라고 불리는 붕대를 머리에 감아야 하고, 물과 식초의 차가운 혼합액을 스펀지로 빨아들여 이 붕대를 적심으로써 항상 물기가 마르지 않도록 유의해야 한다"(p. 556).

(2) 조광증

"조광증에서도 사혈이 과감하게 실행되어야 하지만, 매우 급성이고 처음 시작되는 질병인 광란의 경우보다 더 많은 제한을 두어야 한다. 이러한 제한은 질병이 오래된 경우일수록 그만큼 더 필수적이다"(p. 560).
"하제의 처방은 사혈보다 훨씬 더 중요하다. 왜냐하면 피의 감소를 막기 위해, 끈적끈적하고 진한 체액을 묽게 하고 몰아내기 위해 반복적으로 사용되는 하제를 필요로 하지 않는 조광증 환자는 거의 없는 반면에, 피를 뽑지 않고도 치유될 수 있는 조광증 환자는 많기 때문이다"(p. 561). "조광증 환자에게는 목욕과 샤워가 오랫동안 계속되어야 한다. 목욕과 샤워의 실효성을 높이기 위한 방법은 하제와 번갈아 실행하는 것, 다시 말해서 하루는 하제를 쓰고 그 다음 날은 목욕시키는 것이다"(p. 564). "모든 증례에서 소훼제燒燬劑, 배액선排液線, 인위적 궤양이 유용할 것이다. 이용하기 힘든 사출寫出이 이것들로 대체될 수 있다"(p. 565).

(3) 우울증

"발작이 격렬할 때, 환자가 다혈질多血質이거나 피의 역류逆流가 염려되는 상황에 있을 때에는 과감하게 사혈해야 한다. … 그러나 사혈 이후에는 어떤 종류이건 하제의 사용으로 갑자기 넘어가지 않도록 조심해야 한다. 하제를 쓰기 전에 반드시 이 질병의 원인인 그 끈적끈적한 체액을 녹여야 하고 묽게 하여야 하며 용해시키기 시작해야 한다. 이 이후로는 잘 알려져 있는 방법을 쓰면 된다. 가령 식욕을 돋우는 가벼운 탕약, 유장乳漿, 걸쭉한 주석酒石 수프를 몇 차례 복용하기, 따뜻한 물로 목욕하기, 습윤濕潤 요법 등을 이용할 수 있다. 그리고는 더 효력이 강한 용제溶劑, 예컨대 녹즙, 비누성분이 섞인 큰 환약, 아모모크 고무와 걸쭉한 주석 수프와 중독성이 약한 수은을 혼합해 만든 알약으로 넘어가야 하고 마지막으로 체액이 다시 원활하게 흐르게 될 때 하제를 써야 한다"(pp. 577~579).

(4) 저능

"이 상태가 어떤 다른 질병의 여파이거나 마지막 단계일 때에는 희망이 별로 없다. … 맨 먼저 해야 할 것은 좋은 음식으로 체력을 회복시키는 일이다. 다음으로는 인공 온천수溫泉水를 마시게 해야 한다. 화주火酒에 담가놓은 브리오니아 뿌리와 얄라파 뿌리를 하제로 복용시켜야 한다. 찬물 목욕과 샤워로 얻을 수 있는 효과를 노려야 한다"(pp. 580 ~581).

"수음으로 인한 저능은 각성제, 강장제强壯劑, 온천수, 물을 쓰지 않는 피부마찰에 의해서만 극복될 수 있을 뿐이다"(p. 581).

"병균 감염이 저능의 원인이라고 의심되면, 옴을 접종接種하는 것이 가장 좋다. 처음에 가장 효과적이라고 생각된 방법에서 아무런 효험을 보지 못했을 때에는 이 방법을 모든 정신박약자에게 시도할 수 있을 것이다"(p. 582).

〈정신이상자들의 보호시설에서 그들을 감독하고 치유하는 방법에 관한 훈령〉

(In *Journal de médecine*, 1785, pp. 529~583.)

〈대혁명 직전의 파리 '강제 정신병자 보호소' 현황〉

〈시외르 마세 보호소〉, 몽루주.
남자 정신병자 7명, 정신박약자(남자) 9명, 정신박약자(여자) 2명, 광기 발작을 수시로 일으키는 여자 2명
총 20명. 난폭한 미치광이 없음.

〈시외르 바르도 보호소〉, 뇌브 생-주느비에브 가.
미친 여자 4명, 미친 남자 5명, 총 9명. 난폭한 미치광이 없음.

〈노파 로랑 보호소〉, 드 빌쥐이프 로.
　정신박약자(여자) 8명, 정신박약자(남자) 4명
　총 12명. 난폭한 미치광이 없음.

〈드무아젤 래넬 보호소〉, 퀼-드-삭 데 비뉴.
　미친 여자 29명, 정신박약자(여자) 7명
　총 36명. 난폭한 미치광이 여자 없음.

〈시외르 드 게루아 보호소〉, 비에이유 노르트담 가.
　정신장애자(여자) 17명. 난폭한 미치광이 여자 없음.

〈시외르 테농 보호소〉, 쿠포 가.
　정신박약자(여자) 1명, 정신박약자(남자) 3명, 미친 남자 2명
　총 6명. 난폭한 미치광이 없음.

〈마담 마리 드 생트-콜롱브 보호소〉, 르 트론 광장, 픽퓌스 가.
　저능 또는 정신장애 상태의 재소자在所者 28명.
　여자 없음, 난폭한 미치광이 없음.

〈시외르 에스키로스 보호소〉, 르 슈맹-베르 가.
　정신장애자(남자) 12명, 정신장애자(여자) 9명
　간질환자 2명(이 중 한 명은 지병 때문에 때때로 정신장애를 내보임).

〈과부 부키용 보호소〉, 프티 샤롱.
　정신장애자(남자) 10명, 정신장애자(여자) 20명
　난폭한 미치광이 여자 3명.

〈시외르 밸롬 보호소〉, 드 샤롱 가.
　정신장애자(남자) 15명, 정신장애자(여자) 16명
　난폭한 미치광이 2명.

〈시외르 픽크노 보호소〉, 프티 베르시.
　정신장애자(남자) 5명, 난폭한 미치광이 여자 1명
　난폭한 미치광이 1명.

〈노파 마르셀 보호소〉, 프티 베르시.
　정신장애자(남자) 2명, 정신장애자(여자) 2명, 간질환자 1명
　난폭한 미치광이 없음.

〈시외르 베르토 보호소〉, 프티 베르시.
　정신장애자(남자) 2명, 정신장애자(여자) 1명
　난폭한 미치광이 3명.

〈픽퓌스 수도회 보호소〉, 픽퓌스.
　정신장애자(남자) 3명.

〈시외르 코르니요 보호소〉, 샤롱.
　정신장애자(남자) 1명, 정신장애자(여자) 1명.

〈시외르 라스메자스 보호소〉, 드 샤롱 가.
　재소자들만 있음, 정신장애자 없음.

〈생-라자르 보호소〉, 근교 생-드니.
　미친 여자 17명.

〈드무아젤 두애 보호소〉, 드 벨퐁 가.
　미친 여자 15명, 난폭한 미치광이 여자 5명.

〈시외르 위게 보호소〉, 데 마르티르 가.
　미친 남자 6명, 미친 여자 3명.

> In Tenon, *Papiers sur les Hôpitaux*, II, fos 70~72 및 91.
> 이 숫자들은 근교 생-자크, 생-마르셀, 당페르를 맡은 갈
> 레, 근교 생-탕투안을 맡은 조롱, 그리고 몽마르트르 구
> 역을 맡은 위제 등 국민공회 위원들의 보고서에 따라 트농
> 이 옮겨 적은 것이다.

〈구호와 징벌〉

구호제도의 개혁을 논한 최초이자 가장 특징적인 글의 하나가 1765년 보도에 의해 씌어졌다. 자택에서 이루어지게 되어 있고 이 점에서 사적私的 자선의 영역에 속하는 구제와 처벌로서의 감호監護가 이 글에서는 서로 완전히 분리되어 있는데, 처벌로서의 감호에 대해 보도는 죽음과 노동 사이의 엄정하고 거의 수학적인 균형을 제안한다.

　"이제 우리는 공공 양호養護시설을 전적으로 폐기하는 데 망설일 수 없다. 그러한 시설의 수입과 건물 자체가 일반 자선 사무국의 지도 아래 각 교구의 일반 기부물寄附物 공동거래소에 귀속될 것이고, 빈민이 이제는 그곳으로 가서 굴욕적일 뿐만 아니라 고통과 파국으로 이르는

불길한 도움을 받지 않아도 될 것이다. 애국적인 자선에 힘입어, 그리고 여러 가지 점에서 구빈원 제도보다 더 바람직한 자선사업소 제도에 따라, 빈민은 자신의 집에서 가까운 친척의 도움을 받을 것이다."

교정矯正시설로 말하자면 "네덜란드 사람들이 훌륭한 방법을 창안했다. 그것은 노동습관을 길러야 한다고 여겨지는 사람들에게 펌프질을 시키는 것이다. 그리고 그들에게 땅을 경작하고자 하는 욕망을 불어넣고 훨씬 더 힘들지만 하지 않을 수 없는 일을 통해 그들을 경작작업에 맞도록 준비시키는 것이다.

노동에 익숙해지도록 하려는 사람을 혼자 골방에 가둔다. 이 골방은 만일 펌프의 손잡이를 끊임없이 돌리지 않으면 수로의 물이 넘쳐 익사하게 되는 곳이다. 처음 며칠에는 그의 체력이 감당할 수 있을 만큼의 물과 훈련시간을 그에게 부과한다. 그러나 단계적으로 그 양을 늘려나간다.

이것이 바로 우리의 교정시설에 갇힌 죄인에게 가해야 하는 노역勞役이다. 이 노역은 아주 단순하다. 그래서 죄인은 혼자 죽을 고생을 하면서 펌프의 손잡이를 그처럼 지속적으로 돌리는 일에 염증厭症을 느끼게 되고, 오래지 않아 여럿이 함께 땅을 일구는 편이 더 낫겠다는 것을 깨닫고는, 다른 사람들처럼 땅을 경작할 수 있게 해주기를 갈망할 것이다. 조만간 그들의 과오와 그들이 현재 내보이는 자질에 따라 그들에게 경작작업이 부과될 터인데, 그들은 이 경작작업을 은혜로 생각할 것이다."

Baudeau, *Idées d'un citoyen sur les besoins, les droits et les devoirs des vrais pauvres* (Amsterdam et Paris, 1765), t. I, pp. 64~65 및 t. II, pp. 129~130.

〈처벌로 여겨지는 광인들 사이의 수용〉

생-파르고의 르 플르티에가 형법刑法 개혁안에 관한 논의 중에, 누구라
도 결투한 사람에게 갑옷을 완벽하게 갖춰 입혀 그를 2시간 동안 민중
에게 구경거리로 보이고 2년 동안 광인들의 수용시설에 감금할 것을 제
안한다.

"기사수업이 조롱거리였듯이, 결투관행은 기사도의 남용이었소. 이
웃음거리를 끌어내서 남용에 대한 처벌로 만드는 것은 범죄에 대해 언
도되나 아무런 소용이 없는 사형보다 더 효과적인 형벌수단이오. 어찌
사형으로 범죄가 예방되었겠습니까? 더군다나 사형이 실제로 집행된
경우는 또 얼마나 드뭅니까?"

르 플르티에의 제안은 부결되었다.

> (헌법 및 형법 위원회의 이름으로 국민의회에 제출
> 된 형법안刑法案 보고서).

푸코의 《광기의 역사》, 혹은 침묵의 고고학

오생근 | 문학평론가 · 서울대 불문과 명예교수

1

《검은 피부 흰 가면》과 《대지의 저주받은 자》들로 우리에게 친숙한 프란츠 파농은 식민주의 시대의 억압적 질서를 타파하기 위해 투쟁한 지식인이며 혁명가로 알려져 있지만, 본래 정신의학과 신경의학을 전공한 의학도였다. 그는 알제리 민중의 독립투쟁이 시작되던 무렵, 아랍인 정신병 환자를 치료하다가 알제리 인들의 정신장애와 광기狂氣가 식민지 사회의 폭력적 상황에 기인한다는 사실을 깨닫고, 피식민 민족의 정신병 치료란 사회의 완전한 독립과 해방 없이는 불가능하다는 판단으로 알제리의 민족해방투쟁에 뛰어든 것이다. 불평등하고 비인간적인 식민지 사회는 기본적으로 그 사회를 구성하는 개인들의 신경증을 유발하는 정신병적 사회라는 것이 그의 체험적 인식이었다. 파농의 이러한 인식은 정신과 의사가 궁극적으로는 개인에 대한 관심을 넘어서 인간의 해방과 자유를 위해서 일하는 사람이고, 그의 일차적 치료의 대상인 개인의 정신질환은 병적인 사회와 관련시켜 이해해야 한다는 것을 보여주는 좋은 예이다.

군이 파농의 경우를 예로 들지 않더라도 우리는 사회의 규범과 가치관을 떠나서 정상적 인간과 비정상적 인간, 이성의 인간과 광기의 인간을 명확히 구분할 수가 없다. 올바른 가치규범이 확립된 건강한 사회라면 그러한 구별이 쉽겠지만, 식민지 사회나 독재국가, 아니면 병든 사회에서는 사회에 잘 적응한다는 의미에서의 건강한 인간이 그 사회에 잘 적응하지 못하는 비정상인보다 훨씬 더 병들어 있을 수 있다는 가설假設은 얼마든지 가능하다.

물론 건강한 사회라고 하더라도 정상인의 기준을 논의할 때, 그것이 모든 사회구성원들을 만족시키는 정답의 기준이 되는가의 문제는 계속 의문으로 남을 수 있고, 비정상적 광기의 행위로 규정짓는 표현 속에서도 얼마든지 훌륭한 이성의 표현과 진실의 의미를 포착할 수도 있을 것이다. 흔히 감정의 혼란, 감각적 인식의 마비, 자기 정체성의 결핍, 자신의 감각과 타인의 감각을 구별하지 못하는 감각적 인식의 혼란, 헛소리를 빈번히 토로하는 정신착란, 이성적 사고능력의 마비, 이런 여러 가지 증세를 광기의 상태로 볼 수 있다면, 일반적으로 그런 증세를 보이는 사람은 우리 사회에서 정신병원에 수용될 근거가 된다. 그러나 이런 증세들 중에서 어떤 상태를 더 비중 있게 광기로 보고 광인狂人으로 취급하는가의 문제는 시대와 사회에 따라 다른 기준으로 논의될 수 있을 것이다.

미셸 푸코의 《광기의 역사》는 바로 이러한 시각에서 광기의 개념이 만들어지고 변화되는 과정을 방대한 자료에 의존하면서 끈질기게 추적한 책이다. 그에게 광기는 병이 아니다. 그것은 이성 중심의 서구문화가 포용하지 않고, 배척했던 인간적 인식과 특성의 한 요소일 뿐이다. 광인에 대한 사회적 수용의 변화는 바로 침묵 속으로 억압된 광기의 수난사를 보여주는 것이고, 그것은 결국 이성 중심의 사회가 정신과 의사를 대변자로 만들어 광인을 치료의 대상으로 삼아 정상인들의 사회로부터 배제한 과정의 역사이다. 푸코는 그렇게 억압된 광기의 침묵과 침묵의 언어를 옹호하기 위해 이 책을 썼다. 물론 푸코의 언어는 광기의 입장에 서 있으면서도 광기의 언어를 사용할 수는 없었지만, 그가 이성의 기하학적인 언어의 극단에서 광기의 언어와 만나려는 의지에 충실하려 했던 것은 부인하기 어렵다.

2

《고전주의 시대의 광기의 역사》라는 제목의 이 책은 고전주의 시대의 광기의 문제를 집중적으로 검토하지만, 저자의 광기에 대한 시각은 16세기부터 20세기까지의 광범위한 자료를 관통하고 있다. 여기서 저자가 가장 중요한 것으로 파악하고 있는 두 가지 사건은 1656년 파리에서 구빈원 설립과 함께 6천명에 달하는 방탕자와 범죄자들을 광인들과 함께 무차별적으로 수용한 '대감호'Le grand renfermement의 사건과 18세기 중엽부터 광인들만을 치료의 대상으로 삼아 처음으로 근대적 정신병원이 만들어진 사건이다. 이 두 사건을 거쳐 광기에 대한 사회적 인식의 근본적 변화가 이뤄지고, 격리와 수용의 과정을 거쳐, 비이성적인 것일 뿐 질병이 아니었던 광기가 질병으로 낙인찍히게 되었다는 것이다.

본래 중세와 르네상스 시대의 광기는 사회적 지평 안에서 일상적으로 볼 수 있는 모습이었다. 그러한 광기가 중세 말에 나병이 사라지게 되면서, 나병환자들을 격리, 수용하던 빈자리를 채우게 된 것처럼 배척과 감금의 운명을 겪게 되었다는 것이다. 사실, 르네상스 시대의 광기는 한정된 공간에 수용된 대상이 아니라 광기의 사람들을 배에 태워 일정기간 이 도시에서 저 도시로 돌아다니게 한 가벼운 조처의 대상이었다. 15세기 말, 제롬 보슈의 그림 〈광인들의 배La Nef des Fous〉는 바로 그러한 광인들의 삶과 운명을 상징적으로 보여준다.

물론 당시의 광기는 공포와 불안의 징후와 더불어 악마가 깃들인 표정이라거나 세기말의 분위기를 예고하는 모습으로 인식되었다. 그것은 보슈와 브뤼겔의 그림에서처럼 비극적 경험으로 나타나는 경우와 또한 비판적 경험으로 표현되는 경우로 구분될 수 있다. 다시 말해서 그것은 〈광인들의 배〉에서처럼 배에 실린 광포狂暴한 표정의 사람들이 거대한 세계의 절망과 어둠 속에 서서히 함몰해 가는 비극적 풍경을 보여주기도 한 반면, 모든 인간의 결함을 상징해 주는 모습을 비판적으로 보고 지혜의 교훈을 이끌어낼 수 있는 의미의 광기를 나타내주기도 한다. 가령 에라스무스의 《광기의 예찬》에서처럼 어떤 비극적인 경험의 흔적도 보이지 않는다는 것은 바로 두 번째 경우와 일치하는 내용이다. 에라스무스가 광기를 예찬하면서 일깨우고자 한 것은 광기의 힘도 아니고 비이성의 비극적 어둠도 아니다. 그것은 현자의 이성으로 통제해야 할 세계, 즉 멀리 두고 비판적으로 대상화하여 이성의 힘으로 극복해야 할 인간적 결함인 것이다. 이렇게 광기는 이성과의 관련 속에 존재하면서부터 점점 표현영역이 좁혀지고, 이성의 통제를 받게 되고, 이성이 부여하는 의미를 그대로 감수하는 입장이 된다. 이런 점에서 르네상스 시대는 인간성을 확대한 시대가 아니라 오히려 축소한 시대로 이해된다. 그러나 르네상스 시대는 중세말의 비극적 광기의 폭력성을 통제하면서도 광기의 목소리를 억압하여 침묵의 세계 속으로 떨어지게 만들지는 않았다.

17세기의 데카르트는 '사유하는 주체는 미칠 수가 없다'는 가설을 세워 광기와 사유思惟를 대립적으로 보고 결국 광기를 이성적 사고가 중심이 된 사회로부터 추방하고 감금하는 '대감호大監護'의 철학적 논리를 제공하게 되었다는 것이 푸코의 주장이다. 나중에 다시 검토하겠지만, 푸코의 이러한 데카르트 해석은 푸코와 데리다 사이에 벌어진 유명한 논쟁을 야기시킨 근거가 된다. 푸코는 구빈원의 설립을 선언하는 1656

년의 칙령을 검토하면서 결국 광인들이 극빈자나 범죄자, 부도덕한 자, 걸인들과 동일한 범주에서 구빈원에 수용된 까닭을 사회의 질서와 도덕적 규범에 어긋나는 그들의 비이성적 행동 때문이라고 진단한다. 또한 이들을 집단적으로 수용하여 강제적으로 일을 부과함으로써 경제적 효과를 거둔 것은 '대감호'의 대상자들이 비생산성 때문에 감금되었다는 추론의 근거라고 말하기도 한다. 푸코는 그 당시 유럽의 여러 지역에서 이뤄진 '대감호'의 조처가 경제적 위기에 권력이 대응하는 방법이자 동시에 사회질서를 확립하기 위한 억압적 수단으로, 도덕적 의미와 윤리적 중요성을 강화한 조처로 이해한다. 이런 점에서 광인들이 걸인이나 나태한 자들과 함께 수용되어 강제적으로 노동을 하게 된 것은 경제적 이유뿐 아니라 노동의 성스러운 가치를 이념화하는 부르주아 권력과 사회의 윤리적 명분 때문이라는 해석이 가능해진다.

결국 '대감호'를 통해서 광인은 사회의 윤리적 규범을 위반한 악의 무리들과 함께 사회적 타자로 분류되고, 도덕적 심판을 받으면서 공공질서를 해치는 자로 추문의 대상이거나 가족의 수치로 인식된다는 것이다. 광인과 함께 감금된 사람들 중에 동성행위자나 성적 일탈자들이 포함된 것 역시, 광기에 대한 '사회적 인식에서' 가정의 윤리와 규범이 연관되어 나타나는 것을 보여주는 예이다.

이러한 사회적 타자들의 무차별적 수용과 감금을 통해 알 수 있듯이 광기의 감호는 치료를 위한 것도 아니고 광기에 대한 발전된 이해의 표현도 아니었다. 고전주의 시대의 광기는 사회의 도덕적 규범을 따르는 사람인가 아닌가에 따른 평가기준에서 배척되는 대상이었을 뿐이다. 그러한 광기가 다른 부류의 사람들과 무차별적으로 수용됨으로써 마치 동물원의 철창에 갇힌 동물처럼 된 광인들은 더욱 동물성과 야만성을 표현할 수밖에 없었을 것이고, 그와 함께 다른 사람들이 광인에 대해 갖는 공포와 두려움은 커질 수밖에 없었을 것이다. 나중에 구빈원의 정치적 · 경제적 실패로 인해 감금의 제도가 종식되고 대부분 사회적 타자들의 자유는 허용되었지만 광인들만이 별도로 수용된 근거는 그들의 광포한 동물성을 별도로 훈련시키고 순화시켜야 할 명분과 필요성이 제기되었기 때문이다. 이성의 입장에서 동물성의 광기는 비이성적이고 반자연적인 것으로 이성의 지혜와 조화로운 질서를 위험에 빠뜨리는 부정적인 대상이었다. 이 과정에서 탄생한 19세기 정신의학의 실증주의는 고전주의 시대의 이러한 광기의 인식을 그대로 물려받아 광기를 인간의 비정상적이고 반자연적인 정신구조 혹은 정신적 질병으로 이해하고 치료의 대상으로 삼게 되었다.

이러한 푸코의 주장에 따르면, 심리학이나 정신의학은 광기의 진실을 밝히기 위해서 태어난 것이 아니다. 광인들이 범죄자, 극빈자, 방탕한 자들과 함께 수용되었다가 그들만 별도로 수용 · 감금된 까닭은 사회가 그들의 특수성을 존중했기 때문이 아니라, 광인들을 침묵의 상태로 빠뜨린 사회제도 속에서 광기를 더욱 무의미한 것으로 만들어버렸기 때문이다. 광인만을 별도로 수용한 기관이건 요양소이건, 그 공간의 탄생은 비이성의 광기와 질병으로서의 광기 혹은 감금된 광기와 치료의 대상인 광기가 혼합해 있는 상태이며, 바로 여기서 근대적 의미의 정신병이 태어나게 된 것으로 저자는 설명한다.

이 책의 2부는 광기의 성격을 확립한 의학 · 철학의 텍스트를 통해 광기의 이론적 탐구와 광인을 격리수용한 사회적 조처를 연결시켜 광기의 언어를 침묵 속에 빠뜨린 담론과 제도의 상호관련성을 규명하고 있다. 여기서 흥미로운 대목은 고전주의 시대의 광기의 비밀을 연구한 자료에 의하면 가장 단순하고 일반적인 광기의 정의가 '정신착란'delire이라는 것이다. "이 말은 밭고랑을 뜻하는 lira에서 파생된 말이다. 그러니까 deliro는 정확히 말하자면 이성의 밭고랑, 즉 이성의 올바른 길에서 멀리 벗어나 있다는 것을 의미한다."1 광기는 이렇게 이성의 눈먼 상태로서 꿈과 감각적 오류의 접점에 위치한 것으로 이해된다. 그것은 꿈의 비현실적 이미지와 환각적 상태를 포함하고 있으면서 오류로 연결되는 것이다. 또한 그것은 오류의 빈 공간을 꿈의 이미지로 가득 채우고 환각적 상태와 허위의 주장으로 이어지기도 한다. 광기는 이런 점에서 꿈보다 더 문제가 많은 상태이며, 꿈의 이미지들에 오류의 판단을 결합한 것이다. 다시 말해서 광기는 이미지와 환각과 꿈과 판단이 뒤섞여 있는 상태이다. 고전주의 시대의 이러한 광기의 인식은 결국 광기가 아무것도 아닌 허무의 존재라는 논리를 반영한다. 결국 광기는 더 이상 다른 세계의 징후가 아니라 부재하는 것, 오직 부정성의 존재이기 때문이다.

3

푸코에 의하면 광기의 경험에는 '거대한 분리선'이 있다. 한편에서 광기는 설명될 수 없는 어두운 미지 세계의 영역이라면, 다른 한편에서 광기는 설명될 수 있는 오류의 한 조건이다. 이러한 분리선에 따라 동일자와 타자, 초월적인 것과 경험적인 것, 신성한 것과 세속적인 것, 공포와 통제의 구분이 이뤄진다. 한 시대의 기본적 경험은 이와 같은 분리의 형이상학적 구조의 틀에서 표현되고, 그 표현에 따라 광기에 대한 시대적 특징을 설명할 수 있는데, 무엇보다 예술작품의 표현은 이러한 분리를 넘어서 광기의 진실을 보여준다는 점에서 중요시되고 있다.2

푸코는 르네상스의 비이성을 보여주는 작품들로 보슈와 브뤼겔의 그

---

1   M. Foucault, *Histoire de la folie*, Gallimard, coll. Tel, 1972, p. 255.
2   문학과 그림은 한 시대의 기본적 경험의 출현점과 같은 것으로 해석된다. 그렇기 때문에 푸코는 문학 텍스트에 대한 심리학적 해석에 적대적 태도를 보인다.

림을 예로 들고, 고전주의적 비이성에 대해서는 라신의 비극 〈앙드로마크〉를, 근대적 비이성에 대해서는 디드로의 〈라모의 조카〉, 사드, 고야, 네르발, 휠덜린, 니체, 반 고흐, 루셀, 아르토 등을 예로 들어 설명한다. 그의 설명에 의하면 이러한 작품들은 절대적 무의미의 광기, 작품의 부재로서의 광기를 존중하고 생생하게 표현한다는 것이다. 여기서 작품의 부재라는 것은 광기가 작품으로 형상화되면 광기는 더 이상 광기가 아니라는 논리에서이다. 광기의 작품은 존재하면서 부재한다. 작가는 광기를 이성에 의해 대상화하고 이성적 언어의 질서 속에 편입시키기 때문이다. 이런 점에서 광기와 작품은 대립적이고 모순될 수밖에 없다. 위의 작품들은 광기에 대하여 극복의 희망이 없는 모순과 절대적 분열, 고통스러운 대립의 융합, 한계점의 한계경험을 표현하는데, 가령 르네상스 시대의 비이성은 우주적 차원에서의 모순을 나타낸다면, 고전주의 시대의 비이성은 존재론적 차원에서 모순을 보여주고, 근대적 이성은 인간학적 차원에서 모순을 드러낸다는 것이다.

푸코는 모든 시대가 대체로 역사적 차이의 외면 속에서 광기에 대한 4가지 의식의 형태를 내포하고 있는데, 이러한 4가지 의식의 형태란 방어적 입장에서 광기를 이해하려는 특별한 방식이자 동시에 광기를 제한하는 방식으로 설명한다. 3

이러한 것 중 첫 번째는 '비판적 의식'이다. 이것은 이성理性이 광기를 순수한 대립관계로 파악하는 방식으로서, 이성에 대한 절대적 신뢰의 입장으로 광기를 비난하려는 것이다. 물론 이성과 광기 사이의 이러한 원시적 대립관계는 변증법적으로 반전될 수 있지만, 이렇게 되기 위해서는 양자간의 대화가능성이 전제되어야 하는데, 이것은 현실에서 거의 불가능하다.

---

3   앞의 책, pp. 182~186.

두 번째는 '실천적 의식'인데, 이것은 기존의 확립된 사회규범을 위반하고 사회질서를 해치는 사람들이 바로 광인이라는 인식에서, 사회가 그들의 존재를 수용할 수 없다는 의식이다.

또한 세 번째는 언술적 의식으로서 광인에 대해 즉각적으로 판단을 내리고 말하면서 작동하는 의식이다. 여기서는 광기에 대한 이론적 인식도 없고, 가치판단의 확인도 없다. 다만 미친 사람을 보고 "미친 사람이군"이라고 말하는 사람의 내면에는 자기는 미치지 않았다는 의식, 정상적이라는 판단이 내재되어 있다는 것이다.

네 번째는 분석적 의식이다. 이것은 지식과 과학의 영역에서 광기의 종류와 구조를 객관성의 표면 위로 올려놓는 것이다. 여기서 광기는 완전히 무시되고 소외된다. 결국 이러한 의식의 형태들은 독립적이면서 동시에 연대적으로 결합하여 광기에 대한 참다운 이해를 방해한다.

광기의 역사에서 광기에 대한 앎의 의식은 결코 발전되어 가는 것이 아니라 위와 같은 여러 의식들이 변형되어 나타나는 것일 뿐이다. 가령 17세기와 18세기 고전주의 시대에는 광인을 감금하는 실천적 의식이 광인을 타자로 이해하는 비판적 의식에 바탕을 두고, 결합하면서 분석적 의식과 언술적 의식이 동시에 이뤄졌다는 것이다. 그러나 19세기와 20세기의 근대는 광기의 진실만을 제시한다는 분석적 의식의 주장이 지배하게 되었다는 것이다.

이러한 4가지 의식은 두 가지 결과로 정리될 수 있다. 첫 번째는 서양의 역사가 이성/비이성의 분리를 토대로 전개된 것이라는 점, 두 번째는 그러한 분리의 역사가 비이성의 변주와 같은 경험을 하게 되면서 광기의 거부나 제한과 같은 조처를 만들게 되었다는 점이다. 광기의 경험은 위와 같은 4가지 의식들의 결합과 파열로 나타난 여러 국면을 넘어서 결국 '한계로서의 광기'라는 결정적 의미와 '배타적 분리의 수용'이라는 특수한 양상을 이끌어 들인다. 여기서 광기의 의식뿐 아니라 광기의

	르네상스	고전주의 시대	근대
광기의 의식들	변증법적 의식	실천적, 변증법적, 언술적, 분석적 의식	분석적 의식
한계로서의 광기의 의미	다른 세계	순수한 부정성 (동물성과 정신착란)	심리학적 성격
분리의 양상	접촉의 표면	배타적 분리	객관화
지리학	통과의 장소	구빈원	정신병원
사회적 실천	순화	감금	치료
기하학	터진 공간	분리된 공간	빈틈없는 공간
이론적 대립 유형	세속적/신성적	이성/비이성	정상적/병적
종합의 기능	상상력	윤리적 의식	분석적 오성**4**

의미, 분리의 양식, 지리학적 공간, 기하학적 공간, 사회적 실천, 이론적 대립유형, 종합의 기능 등의 주제에 따라 분명한 차이를 드러내는 내용을 명쾌하고 체계적으로 정리한 다음의 분류법은 푸코의 텍스트를 이해하는 데 큰 도움이 될 것으로 보인다.

광기에 대한 위의 4가지 의식들은 어떤 국면으로 나타나건 결국 광기를 올바르게 인식하지 못하게 만든다. 푸코는 이러한 의식들이 바탕을 이뤄 형성된 고전적 정신병 연구의 틀이 불가능한 과학과 계몽주의의 오만함에서 벗어나지 못하고 있으며, 그러한 성격이 오늘날까지 그대로 남아 있다는 것을 암시하고 있다. 그렇다면 정신의학에서 광기는 구체적으로 어떻게 취급된 것일까?

푸코는 광기의 고전적 징후학이 감금監禁의 실천과 일치하고 있으며, 광기의 징후는 과도한 정념이나 정신착란에 의한 이성의 무질서로 형성된다는 것과 그러한 징후들은 식물학자의 식물분류처럼 분류될 수 있는 특정한 신체적 조건에 관련되어 있다는 비과학적 사례를 열거한다. 광

---

4 Frédéric Gros, *Foucault et la folie*, P. U. F. , 1997, p. 43.

기에 대한 이러한 비과학적 인식에 따른 치료법은 광인을 강제적으로 목욕시키고 구토하게 만드는 등의 원시적 조처로서 육체와 영혼의 균형과 상관성을 염두에 두고, 정신을 치료하기 위해 육체의 원인을 개선시키는 방법이다. 푸코는 덧붙여서 대표적인 4가지 유형의 광기, 즉 우울증, 편집증, 히스테리, 히포콘드리아가 어떻게 정의되는지 규명한다. 그것에 따르면 우울증은 신체 안에서 무겁고 탁한 수분의 점도로 생긴 결과라는 것이고, 편집증은 수분이 없이 건조한 신체의 징후이며, 히스테리는 신경조직의 과잉작용이고, 히포콘드리아는 신경조직의 취약성에 원인을 두고 있다는 것이다. 그러니까 우울증 환자를 치료하려면 혼탁한 피를 맑은 피로 대체하기 위해 비누와 같은 물질을 사용하고, 편집증 환자를 치료하려면 환자에게 집중적으로 물을 공급해야 한다는 것이다. 또한 히스테리 환자를 치료하기 위해서는 환자의 운동을 규제하여, 침묵을 유지하게 하거나 걷기와 달리기를 시켜 신체적으로 조절하게 하고, 히포콘드리아 환자에게는 신경조직을 건강하게 만들기 위해 매일 상당한 분량의 철분을 섭취하도록 한다는 것이다.

이러한 광기의 고전적 인식과 원시적 치료법은 근대적 치료법과 단절되어 있지 않고, 오히려 계보학系譜學적 연계성을 갖고 있다고 푸코는 설명한다. 광인이 감시와 심판을 받고, 유폐의 대상이 되는 19세기의 과학적 정신의학은 고전주의 시대의 수용소를 대체한 정신병원의 구조를 통해 결국 광인에 대한 새로운 억압형태를 나타낼 뿐이다. 최초의 정신병원이라고 할 수 있는 '프티트 메종'La Petite Maison과 같은 기관의 책임자가 의사가 아니라는 점은 매우 시사적이다. 그는 광인들을 미성년의 어린아이들처럼 다루면서 절대적 권력을 행사한다. 그는 광인의 진실을 무시하고 광기의 언어를 이해하지 않았다. 대부분 그러한 기관의 책임자들은 자신들의 독선적 언어를 광인에게 강요하고, 광인의 생각과 행동을 부르주아 사회의 가치규범에 맞게 교정시키는 역할에 충실하려고 했을 뿐이다. 물론 프로이트와 같은 의사가 나타나 정신분석학을 만들어 새로운 정신착란의 개념과 환자와의 대화치료요법을 시도한 것은 획기적인 것이지만, 그것이 광기의 진리를 밝히고 광인을 해방시켰다고 볼 수는 없다는 것이다.

광기에 대한 푸코의 연구가 우리에게 감동적인 것은 이성중심적 사회에 의해 억압된 타자, 우리와 전혀 다른 그러한 인간적 실존의 모습과 침묵의 언어를 파악하려는 저자의 철저하고 근본적인 시도 때문이다. 그의 책은 광기의 수난사를 보여주면서 정신의학의 복잡한 역사를 명쾌하게 정리하기 위해 처음부터 우리를 한센병의 쇠퇴와 더불어 시작된 시대로 거슬러 올라가게 한다. 그리하여 이 책은 르네상스 시대와 고전주의 시대를 거쳐 근대적 정신병원이 탄생되는 과정에서 광기가 어떻게 억압되고, 광인이 어떻게 침묵 속에서 자신의 진실을 상실하게 되었는지를 명확히 보여준다. 푸코의 이러한 작업이 가능했던 것은 결국 광기의 진실은 억압되었을 뿐 망각될 수는 없다는 확신 때문이었을 것이다.

4

끝으로 《광기의 역사》를 이해하는 데서 빠뜨릴 수 없는 것은 데카르트의 한 문단을 둘러싼 푸코와 데리다의 해석논쟁이다.[5] 문제가 된 푸코의 데카르트 해석은 600쪽 가까운 이 책 전체의 분량 중에서 3쪽밖에 되지 않는다. 이런 점에서 이 부분은 별로 중요한 것처럼 보이지는 않지

---

5 이 논쟁을 잘 정리한 논문과 책들은 다음과 같다.
  ‣ 김현, "푸코 데리다 논쟁에 대하여", 《시칠리아의 암소》, 문학과 지성사, 1990
  ‣ 박정자, "푸코와 데리다의 논쟁", 《광기의 역사 30년 후》, 시각과 언어, 1997
  ‣ R. Boyne, *Foucault and Derrida*, Unwin Hyman, 1990.

만, 이 책의 제목에 담긴 고전주의 시대라는 시대적 의미와 대감호가 시행된 시대에서 이성의 확립이 이뤄진 것을 고려하면, 이것은 그 어떤 내용보다도 중요성을 갖는 것으로 보인다.

푸코는 데카르트의 '나는 생각한다. 그러므로 나는 존재한다'의 기본 개념이 인간의 사고와 존재의 동일성을 확립하는 한편, 사고와 광기의 상호배제적 대립관계를 만들어 놓아 결국 인간성의 일부를 이루는 광기를 배제하게 만들어 결국 이성과 비이성(광기)의 분할선을 그어 광기를 침묵하게 했다는 것이다. 이러한 결론이라면, 이 주제는 이 책의 가장 핵심적 부분에 닿아 있는 것으로 볼 수밖에 없다. 사실 데카르트는 《제 1성찰》에서 자신이 쌓아올린 지식이 참된 것인가를 알기 위해 그것의 기반이 되는 모든 감각을 의심하기로 하여 꿈과 감각적 오류와 광기의 경우를 하나씩 의심하고 검증해 보는 작업을 한 것으로 잘 알려져 있다. 이 과정에서 사고의 확신을 얻기 위한 방법으로 철저한 방법론적 회의를 추구하다 보니 구체적이고 직접적인 사물의 영역에서 우리의 판단을 속이는 감각적 요소들을 끌어들인 것이다.

그러나 푸코의 관점에서 데카르트가 검토한 꿈과 감각적 오류와 광기는 동일하게 취급되지 않고 있다는 것이다. 가령 꿈과 감각적 오류는 별것이 아닌 허상적인 것으로서 어떤 진실성이나 사실성을 근본적으로 왜곡시키지 않는 반면, 광기의 위험은 꿈과 오류보다 훨씬 근본적인 것으로 비중 있게 취급된다는 것이다. 또한 광기에 대한 데카르트의 철학적 배제는 주체가 진리의 근원임을 의미하는데, 여기서 주체는 신체로서의 주체도 아니고 의지로서의 주체도 아닌 사유하는 합리적 주체라는 점이 주목된다. 그것은 광기와 대립해 있는 존재이기 때문이다.

그러나 데리다는 데카르트의 철학에서 광기가 배제되어 있지도 않고, 이성의 담론에서 완전히 추방되어 있지 않다는 반론을 제시한다. 그의 반론에 따르면, 데카르트는 더 이상 의심할 수 없는 확신에 이르기 위하여 실내복을 입고 종이를 손에 들고 불 옆에 앉아 있는 자신의 모습에서부터 성찰을 시작하다가 미친 사람이 아닌 이상 어떻게 이 손과 나의 몸이 내 것이라는 사실을 부인할 수 있겠는가? 라고 묻게 되었고, 이 과정에서 '다른 목소리'의 가설을 제기하게 되었다는 것이다. 데카르트는 이러한 다른 목소리의 놀라는 반응을 그대로 받아서 자신이 놀라는 것인 양 꾸미며 그 말을 반복하는 단계에 머문 것이었기에, 광기의 예는 심각하고, 근본적인 것이 아니라 어디까지나 감각적 오류의 한 예로 받아들일 수 있다는 것이다. 이처럼 데카르트가 감각적 오류의 하나로 본 것을 푸코는 광기의 배제와 감금, 추방의 논리로 파악한다고 데리다는 비판한다.

푸코는 데리다의 이러한 비판에 대해 데리다가 텍스트의 좁은 틀 속에 갇혀 글자 하나하나의 의미만을 해석하고 있다는 반론을 제시하면서, 데카르트에게는 분명히 광기의 거부가 있으며, 데리다가 데카르트의 텍스트에서 제시한 다른 목소리의 가설은 자의적이라고 주장한다. 그는 '성찰'이라는 제목을 환기시키면서 '성찰'의 주체는 성찰의 흐름에서 끊임없이 자리를 이동해 가며 자기 견해를 강화하고 재검토하면서 생각과 정신을 단련시키는 것이 당연한데, 이 과정에서 성찰의 주체가 의심해 보려는 결심을 할 때 다른 목소리가 개입한다는 가설은 설득력이 없다는 것이다. 이런 반론과 더불어 푸코는 데카르트가 제시한 광기와 꿈의 시험에 따른 불균형적 시각을 데리다가 이해하지 못한다는 것을 언급하기도 한다. 우리는 데카르트의 텍스트에 대한 두 사람의 해석을 재론해 볼 필요성을 별로 느끼지 않고 있다. 그것은 푸코의 입장에 서면 푸코가 옳고, 데리다의 입장에 서면 데리다가 옳게 보이는 문제이기도 하다. 그러나 데리다의 해석이 맞는다고 해서, 푸코의 《광기의 역사》가 부정될 수 있을까? 문제는 누가 옳은가에 있지 않고, 텍스트를 통한 역사적 인식의 차이가 무엇인지를 아는 것이다. 푸코가 데리다의 반론을 '순진한 담론'이라고 일축한 것은 많은 의미를 함축한 것으로 해석된다.

참고문헌

일반 연구서

BERNIER, J. , *Histoire chronologique de la médecine*, Paris, 1717.

BRETT, G. S. , *A History of Psychology*, Londres, 1912.

FLEMMING, C. , *Geschichte der Psychiatrie*, Leipzig, 1859.

KIRCHHOFF, T. , *Geschichte der Psychiatrie*, Leipzig, 1912.

LECLERC, D. , *Histoire de la médecine*, Amsterdam, 1723.

NEUBURGER et PAGEL, *Handbuch der Geschichte der Medizin*, Iéna, 1902.

제1부

ABELLY, L. , *Vie du vénérable Vincent de Paul*, Paris, 1664.

ADNÈS, A. , *Shakespeare et la folie*, Paris, 1935.

ALBOIZE et MAQUET, *Histoire des prisons de Paris*, 8 vol. , Paris, 1846.

ARGENSON, R. -L. D') , *Journal et Mémoires*, 9 vol. , Paris, 1867.

ARGENSON, R. D') , *Notes de René d'Argenson*, Paris, 1891.

BERGHÄUSER, *Die Darstellung des Wahnsinns im englischen Drama bis zum Ende des 18 ten Jahrhunderts*, Francfort, 1863.

BÉZARD, L. et CHAPON, J. , *Histoire de la prison de Saint-Lazare de Moyen Âge à nos jours*, Paris, 1925.

BLÉGNY, N. DE) , *La Doctrine des rapports*, Paris, 1684.

BOISLISLE, A. DE) , *Lettres de Monsieur de Maréville, lieutenant général de police au ministre Maurepas*, Paris, 1896.

BONNAFOUS-SÉRIEUX, H. , *La Charité de Senlis*, Paris, 1936.

BOUCHER, L. , *La Salpêtrière*, Paris, 1883.

BRIÈLE, L. , *Collection de documents pour servir à l'histoire des hôpitaux de Paris*, 4 vol. , Paris, 1881~1887.

BRU, P. , *Histoire de Bicêtre*, Paris, 1882.

BRUN DE LA ROCHETTE, *Les Procès civils et criminels*, Rouen, 1663.

BRUNET, E., *La Charité paroissiale à Paris sous l'Ancien Régime et sous la R
évolution*, Paris, 1897.

BURDETT, H. C., *Hospitals and Asylums of the World*, Londres, 1891.

BURNS, J., *History of the Poor Law*, Londres, 1764.

CAMUS, J.-P., *De la mendicité légitime des pauvres*, Douai, 1634.

CHASSAIGNE, M., *La Lieutenance de police à Paris*, Paris, 1906.

CHATELAIN, P., *Le Régime des aliénés et des anormaux au XVIIe et au
XVIIIe siècle*, Paris, 1921.

CHEVALIER, J.-U., *Notice historique sur la maladrerie Voley-près- Romans*,
Romans, 1870.

COLLET, *Vie de saint Vincent de Paul*, 3 vol., Paris, 1818.

COSTE, P., *Les Détenus de Saint-Lazare aux XVIIe et XVIIIe siècles*, (Revue
des Études historiques, 1926.)

DELAMARE, *Traité de police*, 4 vol., Paris, 1738.

DELANNOY, A., *Note historique sur les hôpitaux de Tournay*, 1880.

DELAUNAY, P., *Le Monde médical parisien au XVIIIe siècle*, Paris, 1906.

DEVAUX, J., *L'Art de faire des rapports en chirurgie*, Paris, 1703.

EDEN, F., *State of the Poor*, 2 vol., Londres, 1797.

ESCHENBURG, *Geschichte unserer Irrenanstalten*, Lubeck, 1844.

ESQUIROL, J., *Des établissements consacrés aux aliénés en France*, 1818.

────── *Mémoire historique et statistique sur la Maison Royale de
Charenton* (1824) ; in *Des maladies mentales*, t. II, Paris, 1838.

FAY, H.-M., *Lépreux et cagots du Sud-Ouest*, Paris, 1910.

FERRIÈRE, Cl.-J. DE, *Dictionnaire de droit et de pratique*, Paris, 1769.

FOSSEYEUX, M., *L'Hôtel-Dieu à Paris au XVIIe et au XVIIIe siècle*, Paris,
1912.

FREGUIER, H.-A., *Histoire de l'administration de la police à Paris depuis
Philippe-Auguste jusqu'aux États généraux de 1789*, 2 vol., Paris,
1850.

FUNCK-BRENTANO, F., *Les Lettres de cachet*, Paris, 1903.

GAZONI, T., *L'Ospital des fols incurables, traduction française*, Paris, 1620.

GENDRY, R., *Les Moyens de bien rapporter en justice*, Angers, 1650.

GERNET, H. B., *Mitteilungen aus alterer Medizin-Geschichte Hamburgs*,
Hambourg, 1882.

GOLHAHN, R., *Spital und Arzt von Einst bis Jetzt*.

GUEVARRE, Dom), *De la Mendicità provenuta*, Aix, 1693.

HENRY, M., *La Salpêtrière sous l'Ancien Régime*, Paris, 1922.

HILDENFINGER, P.-A., *Les Léproseries de Reims du XIIe au XVIIe siècle*, Reims, 1906.

—— *Histoire de l'Hôpital général*, An., Paris, 1676.

—— *Hôpital général* (L'), An., Paris, 1682.

HOWARD, J., *État des prisons, hôpitaux et maisons de force*, traduction française, 2 vol., Paris, 1788.

Institutions et règlements de Charité aux XVIe et XVIIe siècles, réimprimés par Biencourt, Paris, 1903.

JACOBÉ, P., *Un internement sous le Grand Roi: H. Loménie de Brienne*, Paris, 1929.

JOLY, A., *L'Internement des fous sous l'Ancien Régime dans la généralité de Basse-Normandie*, Caen, 1868.

KRIEGK, G., *Heilanstalten und Geistkranke ins mittelalterliche Frankfurt am Main*, Francfort, 1863.

LALLEMAND, L., *Histoire de la Charité*, 5 vol., Paris, 1902~1912.

LANGLOIS, C. V., *La Connaissance de la nature et du monde au Moyen Âge*, Paris, 1911.

LAUTARD, J.-B., *La Maison de fous de Marseille*, Marseille, 1840.

LEGIER-DESGRANGES, H., *Hospitaliers d'autrefois; Hôpital général*, Paris, 1952.

LEGRAND, L., 《Les Maisons-Dieu et léproseries du diocèse de Paris au milieu du XIVe siècles》, *Mémoires de la société d'histoire de Paris*, t. XXIV, 1897 et XXV, 1898.

LEONARD, E. M., *The Early Story of English Poor Relief*, Cambridge, 1900.

LOCARD, E., *La Médecine judiciaire en France au XVIIe siècles*.

LOUIS, 《Questions de jurisprudence du suicide》, *Journal de médecine*, t, XIX, p. 442.

LOYAC, J. DE), *Le Triomphe de la Charité ou la vie du bienheureux Jean de Dieu*, Paris, 1661.

MUYART DE VOUGLANS, *Les Lois criminelles de France dans leur ordre naturel*, 2 vol., Paris, 1781.

NICHOLLS, G., *History of the English Poor Law*, 2 vol., Londres, 1898.

O'DONOGHUE, E. G., *The Story of Bethleem Hospital*, New York, 1915.

PARTURIER, L., *L'Assistance à Paris sous l'Ancien Régime et sous la Révolution*, Paris, 1897.

PAULTRE, Chr., *De la répression de la mendicité et du vagabondage en France sous l'Ancien Régime*, Paris, 1906.

PETIT, 《*Consultation médico-légale sur un homme qui s'était pendu*》, Journal de médecine, t. XXVII, p. 515.

PEUCHET, *Collections de lois, ordonnances et règlements de police depuis le XIIIe jusqu'au XVIIIe siècles*, 2e série, Paris, 1818~1819.

PIGNOT, L.. *Les Origines de l'hôpital du Midi*, Paris, 1885.

PINTARD, R., *Le Libertinage érudit*, Paris, 1943.

PORTES, J., *Dictionnaire des cas de conscience*, Paris, 1741.

RAVAISSON, Fr., *Les Archives de la Bastille*, 19 vol., Paris, 1866~1904.

Règlement de l'hôpital des insensés de la ville d'Aix, Aix, 1695.

Règlements et statuts de l'Hôpital général d'Orléans, Orléans 1692.

ROCHER, J., *Notice historique sur la maladrerie de Saint-Hilaire-Saint-Mesmin*, Orléans, 1866.

SAINTE-BEUVE, J., *Résolution de quelques cas de conscience*, Paris, 1680.

SÉRIEUX, P., *L'Internement par ordre de justice des aliénés et des correctionnaires*, Paris, 1932.

SÉRIEUX et LIBERT, L., *Le Régime des aliénés en France au XVIIIe siècle*, Paris, 1914.

SÉRIEUX et TRÉNEL, M., *L'Internement des aliénés par voie judiciaire*, Recueil Sirey, 1931.

TUKE, D. H., *Chapters on the History of the Insane*, Londres, 1882.

Statuts et règlements de l'Hôpital général de la Charité de Lyon, Lyon, 1742.

VERDIER, F., *La Jurisprudence de la médecine en France*, 2 vol., Paris, 1723.

VIÉ, J., *Les Aliénés et correctionnaires à Saint-Lazare aux XVIIe et XVIIIe siècles*, Paris, 1830.

VINCENT DE PAUL, *Correspondance et Sermons*, éd. Coste, 12 vol., Paris, 1920~1924.

VIVES, J.-L., *L'Aumônerie*, traduction française, Lyon, 1583.

제 2 부

ANDRY, C.-L., *Recherches sur la mélancolie*, Paris, 1785.

────── *Apologie pour Monsieur Duncan.* (An.)

ARNOLD, Th., *Observations on the Nature, Kinds, Causes and Preventions of Insanity, Lunacy and Madness*, 2 vol., Leicester, 1782~1786.

────── *Observations on the Management of the Insane*, Londres, 1792.

BAGLIVI, G., *Tractatus de fibra motrice*, Pérouse, 1700.

BAYLE, F. et GRANGEON, H., *Relation de l'état de quelques personnes prétendues possédées*, Toulouse, 1682.

BEAUCHENE, E.-P. Ch., *De l'influence des affections de l'âme sur les maladies des femmes*, Paris, 1781.

BIENVILLE, J.-D.-T., *De la Nymphomanie*, Amsterdam, 1771.

BLACKMORE, A., *A treatise of the spleen and vapours*, Londres, 1726.

BOERHAAVE, H., *Aphorismes, traduction française*, Paris, 1745.

BOISSIER DE SAUVAGES, F., *Nosologie méthodique*, française, 10 vol., Lyon, 1772.

BOISSIEU, B.-C., *Mémoire sur les méthodes rafraîchissante et échauffante*, Dijon, 1772.

BONET, Th., *Sepulchretum anatomicum*, 3 vol., Paris, 1700.

BRISSEAU, P., *Traité des mouvements sympathiques*, Paris, 1692.

CHAMBON DE MONTAUX, *Des maladies des femmes*, 2 vol., Paris, 1784.

────── *Des maladies des filles*, 2 vol., Paris, 1785.

CHESNEAU, N., *Observationum medicarum libri quinque*, Paris, 1672.

CHEYNE, G., *The English malady, or a Treatise on Nervous Diseases of all kinds*, Londres, 1733.

────── *Méthode naturelle de guérir les maladies du corps et les dérèglements de l'esprit*, traduction française, 2 vol., Paris, 1749.

CLERC, N.-G., *Histoire naturelle de l'homme dans l'état de maladie*, 2 vol., Paris, 1767.

COX, J.-M., *Practical observations on insanity*, Londres, 1804.

CRUGERI, *Casus medicus de morbo litteratorum*, Zittaviæ, 1703.

CULLEN, W., *Institutions de médecine pratique*, traduction française, Paris, 2 vol., 1785.

DAQUIN, J., *Philosophie de la folie*, Paris, 1792.

898

DIEMERBROEK, I., *Opera omnia anatomica et medica*, Utrecht, 1685.

DIONIS, P., *Dissertation sur la mort subite*, Paris, 1710.

DUFOUR, J.-F., *Essai sur les opérations de l'entendement et sur les maladies qui le dérangent*, Amsterdam et Paris, 1770.

DUMOULIN, J., *Nouveau Traité du rhumatisme et des vapeurs*, Paris, 1710.

ETTMÜLLER, M., *Opera medica*, Francfort, 1696.

Examen de la prétendue possession des filles de la paroisse de Laudes, an. 1735.

FALLOWES, S., The best method for the cure of lunatics, Londres, 1705.

FAUCETT, H., *Ueber Melancholie*, Leipzig, 1785.

FERNEL, J., *Universa Medica*, Francfort, 1607.

FERRAND, J., *De la maladie d'amour ou mélancolie érotique*, Paris, 1623.

FLEMYNG, M., *Nevropathia sive de morbis hypochondriacis et hystericis*, Amsterdam, 1741.

FORESTUS, P., *Observationes et curationes*, Rotterdam, 3 vol., 1653.

FOUQUET, F., *Recueil de remèdes faciles et domestiques*, Paris, 1678.

FRIEDREICH, N., *Historisch-kritische Darstellung der Theorien über das Wesen u. den Sitz der psychischen Krankheiten*, 1836.

GAUBIUS, D., *Institutiones pathologiae medicinales*, Leyde, 1758.

HALLER, Alb. von), *Éléments de physiologie*, traduction française, Paris, 1769.

HASLAM, J., *Observations on insanity*, Londres, 1794.

HECQUET, P., *Réflexion sur l'usage de l'opium, des calmants, des narcotiques*, Paris, 1726.

HIGHMORE, N., *Exercitationes duae, prior de passione hysterica, altera de affectione hypochondriaca*, Oxford, 1660.

—— *De passione hysterica, responsio epistolaris ad Willisium*, Londres, 1670.

HOFFMANN, F., *Dissertationes medicae selectiores*, Halle, 1702.

—— *De motuum convulsivorum vera sede et indole*, Halle, 1733.

—— *De morbi hysterici vera indole*, Halle, 1733.

—— *De affectu spasmodico-hypochondriaco-inveterato*, Halle, 1734.

HUNAULD, P., *Dissertation sur les vapeurs et les pertes du sang*, Paris, 1716.

JAMES, R., *Dictionnaire universel de médecine*, traduction française, 6 vol., 1746~1748.

JONSTON, D., *Idée universelle de la médecine*, traduction française, Paris,

1644.

LACAZE, L., *Idée de l'homme physique et moral*, Paris, 1755.

LANCISIUS, J.-M., *Opera omnia*, 2 vol., Genève, 1748.

LANGE, *Traité des vapeurs*, Paris, 1689.

LAURENS, DU, *Opera omnia*, traduction française, Rouen, 1660.

LE CAMUS, A., *La Médecine de l'esprit*, 2 vol., Paris, 1769.

LEMERY, J., *Dictionnaire universel des drogues*, Paris, 1769.

LIÉBAUT, J., *Trois livres sur les maladies des femmes*, Paris, 1649.

LIEUTAUD, J., *Traité de médecine pratique*, 2 vol., Paris, 1759.

LINNÉ, K., *Genera morborum*, Upsala, 1763.

LORRY, A. C., *De melancholia et morbis melancholicis*, 2 vol., Paris, 1765.

MEAD, R., *A treatise concerning the influence of the sun and the moon*, Londres, 1748.

MECKEL, J.-F., *Recherches anatomo-physiologiques sur les causes de la folie*, Mémoire académique, Berlin, vol. XX, 1764. p. 65.

MESNARDIÈRE, H.-J. LA, *Traité de la Mélancolie*, La Flèche, 1635.

MORGAGNI, J. B., *De sedibus et causis morborum*, 2 vol., Venise, 1761.

MOURRE, M., *Observations sur les insensés*, Toulon, 1791.

MURILLO, T. A., *Novissima hypochondriacae melancholiae curatio*, Lyon, 1672.

PERFECT, W., *Methods of cure in some particular cases of insanity*, Londres, 1778.

La Philosophie des vapeurs, ou lettres raisonnées d'une jolie femme sur l'usage des symptômes vaporeux, Paris, 1774.

PINEL, P., *Nosographie philosophique*, 2 vol., Paris, An VI.

Piso, C., *Selectiorum observationum et consiliorum liber singularis*, Lugdunum, 1650.

PITCAIRN, A., *The Whole Works*, Londres, 1777.

PLATER, F., *Praxeos medicae tres tomi*, Bâle, 1609.

POMME, P., *Traité des affections vaporeuses des deux sexes*, Paris, 1760.

PRESSAVIN, J.-B., *Nouveau Traité des vapeurs*, Lyon, 1770.

RAULIN, J., *Traité des affections vaporeuses*, Paris, 1758.

RENOU, J. DE, *Œuvres pharmaceutiques*, traduction française, Lyon, 1638.

REVILLON, C., *Recherches sur la cause des affections hypochondriaques*, Paris, 1779.

ROCHE, D. DE LA, *Analyse des fonctions du système nerveux*, 2 vol., Genève, 1770.

ROSTAING, A., *Réflexions sur les affections vaporeuses*, Paris, 1778.

SCHEIDENMANTEL, F. C. G., *Die Leidenschaften als Heilmittel betrachtet*, Hildburgh, 1787.

SCHENKIUS A GRAFENBERG, J., *Observationes medicorum variorum libri VII*, Francfort, 1665.

SCHWARZ, A., *Dissertation sur les dangers de l'onanisme et les maladies qui en résultent*, Strasbourg, 1815.

SPENGLER, L., *Briefe, welche einige Erfahrungen der elektrischen Wirkung in Krankheiten enthalten*, Copenhague, 1754.

STAHL, G. E., *Dissertatio de spasmis*, Halle, 1702.

—— *Theoria medica vera*, 2 vol., Halle, 1708.

SWIETEN, G. VAN, *Commentaria Boerhaavi Aphorismos*, Paris, 1753.

SYDENHAM, T., *Médecine pratique*, traduction française, Paris, 1784.

TISSOT, S.-A., *Avis aux gens de lettres sur leur santé*, Lausanne, 1767.

—— *Observations sur la santé des gens du monde*, Lausanne, 1770.

—— *Traité des nerfs et de leurs maladies*, Paris, 1778~1780.

VENEL, *Essai sur la santé et l'éducation médicinale des filles destinées au mariage*, Yverdon, 1776.

VIEUSSENS, R., *Traité nouveau des liqueurs du corps humain*, Toulouse, 1715.

VIRIDET, *Dissertation sur les vapeurs*, Yverdon, 1726.

WEICKARD, M. A., *Der philosophische Arzt*, 3 vol., Francfort, 1790.

WHYTT, R., *Traité des maladies nerveuses*, traduction française, 2 vol., Paris, 1777.

WILLIS, T., *Opera omnia*, 2 vol., Lyon, 1681.

ZACCHIAS, P., *Quaestiones medico-legales*, 2 vol., Avignon, 1660~1661.

ZACUTUS LUSITANUS, *Opera omnia*, 2 vol., Lyon, 1657.

ZILBOORG, G., *The medical man and the witch during the Renaissance*, Baltimore, 1935.

제 3 부

ALLETZ, P. -A. , *Tableau de l'humanité et de la bienfaisance*, Paris, 1769.

ARIÈS, Ph. , *L'enfant et la vie familiale sous l'Ancien Régime*, Paris, 1960.

BAUDEAU, N. , *Idées d'un citoyen sur les devoirs et les droits d'un vrai pauvre*, Paris, 1765.

BELLART, N. -F. , *Œuvres*, 6 vol. , Paris, 1827.

BIXLER, E. , *A forerunner of psychiatric nursing : Pussin, Annals of medical history*, 1936, p. 518.

BLOCH, C. , *L'Assistance et l'État à la veille de la Révolution*, Paris, 1908.

BRISSOT DE WARVILLE, J. -P. , *Théorie des lois criminelles*, 2 vol. , Paris, 1781.

CABANIS, P. J. G. , *Œuvres philosophiques*, 2 vol. , Paris, 1956.

CLAVAREAU, N. -M. , *Mémoires sur les hôpitaux civils de Paris*, Paris, 1805.

COQUEAU, C. -P. , *Essai sur l'établissement des hôpitaux dans les grandes villes*, Paris, 1787.

DAIGNAN, G. , *Réflexions sur la Hollande, où l'on considère principalement les hôpitaux*, Paris, 1778.

DESMONCEAUX, A. , *De la bienfaisance nationale*, Paris, 1789.

Détails sur l'établissement du Docteur Willis pour la guérison des aliénés, Bibliothèque britannique, I, p. 759.

DOUBLET, F. , *Rapport sur l'état actuel des prisons de Paris*, Paris, 1791.

DOUBLET, F. et COLOMBIER, J. , 《Instruction sur la manière de gouverner et de traiter les insensés》, *Journal de médecine*, août 1785, p. 529.

DULAURENT, J. , *Essai sur les établissements nécessaires et les moins dispendieux pour rendre le service dans les hôpitaux vraiment utile à l'humanité*, Paris, 1787.

DUPONT DE NEMOURS, P. -S. , *Idées sur les secours à donner aux pauvres malades dans une grande ville*, Philadelphie et Paris, 1786.

DREYFUS, F. , *L'Assistance sous la Législative et la Convention*, Paris, 1905.

ESSARTS, N. DES) , *Dictionnaire universel de police*, 7 vol. , Paris, 1785~1787.

FRANCKE, A. -H. , 《Précis historique sur la vie des établissements de bienfaisance》, *Recueil de mémoires sur les établissements d'humanité*, no 39, Paris, 1804.

GENIL-PERRIN, G., 《La psychiatrie dans l'œuvre de Cabanis》, *Revue de psychiatrie*, octobre 1910.

GENNETÉ, L., *Purification de l'air dans les hôpitaux*, Nancy, 1767.

GRUNER, J.-C., 《Essai sur les vices et les améliorations des établissements de sûreté publique》, *Recueil de Mémoires sur les é tablissements d'humanité*, no 39, Paris, 1804.

HALES, S., *A Description of Ventilators*, Londres, 1743.

IMBERT, J., *Le Droit hospitalier de la Révolution et de l'Empire*, Paris, 1954.

MAC AULIFFE, L., *La Révolution et les hôpitaux*, Paris, 1901.

MARSILLAC, J., *Les Hôpitaux remplacés par des sociétés civiques*, Paris, 1792.

MATTHEY, A., *Nouvelles recherches sur les maladies de l'esprit*, Paris, 1816.

MERCIER, J.-S., *Tableaux de Paris*, 12 vol., Amsterdam, 1782~1788.

MIRABEAU, H., *Observations d'un voyageur anglais*, Paris, 1788.

MIRABEAU, V., *L'Ami des hommes*, 6 vol., Paris, 1759.

MOEHSEN, J. C. N., *Geschichte des Wissenschaften in der Mark Brandeburg*, Berlin et Leipzig, 1781.

MOHEAU, *Recherches sur la population de la France*, Paris, 1778.

MOREL, A., *Traité des dégénérescences*, Paris, 1857.

MUSQUINET DE LA PAGNE, *Bicêtre réformé*, Paris, 1790.

PINEL, P., *Traité médico-philosophique*, Paris, An IX.

PINEL, S., *Traité complet du régime sanitaire des aliénés*, Paris, 1836.

Plaidoyer pour l'héritage du pauvre à faire devant les représentants de la nation, Paris, 1790.

Précis de vues générales en faveur de ceux qui n'ont rien, Lons-le- Saulnier, 1789.

Rapports du comité de mendicité. Procés-verbaux de l'Assemblée nationale, 1790, t. XXI, XXII, XLIV.

RÉCALDE, DE, *Traité sur les abus qui subsistent dans les hôpitaux du royaume*, Paris, 1786.

RÉGNAULD, E., *Du degré de compétence des médecins*, Paris, 1828.

RIVE, DE LA), 《Lettre sur un nouvel établissement pour la guérison des aliénés》, (Bibliothèque britannique, t, VIII, p. 308.)

ROBIN, A., *Du traitement des insensés dans l'hôpital de Bethléem, suivi* d'observations sur les insensés de Bicêtre et de la Salpêtrière, Amsterdam, 1787.

RUMFORD, 《Principes fondamentaux pour le soulagement des pauvres》, (Bibliothèque britannique, I, p. 499 et II, p. 137.)

RUSH, B., *Medical inquiries*, 4 vol., Philadelphie, 1809.

SÉMELAIGNE, R., *Philippe Pinel et son œuvre*, Paris, 1927.

——— *Aliéistes et philanthropes*, Paris, 1912.

SPURZHEIM, J.-G., *Observations sur la folie*, Paris, 1818.

Table alphabétique, chronologique et analytique des règlements relatifs à l'administration des hôpitaux, Paris, 1815.

TENON, J., *Mémoires sur les hôpitaux de Paris*, 1788.

TUETEY, A., *L'Assistance publique à Paris pendant la Révolution*, 4 vol., Paris, 1895~1897.

TUKE, S., *Description of the Retreat*, York, 1813.

TURGOT, A. J., *Œuvres* (éd. Schelle, 5 vol.), Paris, 1913~1919.

WAGNITZ, H. B., *Historische Nachrichten und Bemerkungen Zuchthaüser in Deutschland*, 2 vol., Halle, 1791~1792.

WOOD, 《Quelques détails sur la maison d'industrie de Shrewsbury》 (Bibliothèque britannique, VIII, p. 273).

15세기에서 18세기까지 정신의 질병을 다룬 의학 텍스트들의 완전한 목록은 LAEHR, H., *Die Literatur der Psychiatrie von 1459 bis 1799*, 4 vol., Berlin, 1900에 나와 있다. *Gedenktage der Psychiatrie* (Berlin, 1893) 라는 제목 아래, 동일 저자가 책력(冊曆) 형태로 연대기를 펴냈으나, 이 연대기는 전적으로 신뢰할 수는 없는 것이다.

찾아보기(인명)

ㄱ~ㄷ

가우비우스 327
갈레 875
게랭 드 부스칼 89
게바르 신부 132
고드프리 히긴스 266
고아르 630
고야 75, 834~836, 845, 848~850
그라 723, 725~728
그랑 프레 682, 683
그륀발트 54
그리외 724
기슬랭 379, 535, 821
기요 마르샹 45
네르발 296, 298, 560, 571, 572, 590,
    611, 806, 851
네케르 655
니레우스 68
니체 75, 76, 201, 255, 277, 283, 298,
    412, 560, 561, 569, 572, 590, 611,
    806, 845, 851~854
니콜라 셰노 467
니콜라 주베르 101

니콜라스 폰 쿠에스 81
다뤼 519
다캥 379, 452
데니스 510
데모크리토스 68
데몽소 584
데 제사르 710
데카르트 103~107, 254~256, 283,
    316, 317, 382, 387, 409, 410, 444,
    479, 491, 535, 536, 538, 559, 567,
    813
데커 139
데포르트 265
도몽 347
뙹캉 432, 433, 441
두블레 344, 504, 512, 517, 624, 693,
    695, 696, 867
두슬랭 249
뒤러 63, 70, 73
뒤뷔 822
뒤뷔이송 824
뒤포르-뒤테르트르 679
뒤퐁 드 느무르 668, 672
뒤푸르 376, 388, 403, 418, 431, 440,

452, 458

드 라 리브 454

드 랑크르 41, 524

드 세비녜 500, 507

들라마르 157, 176

들르사르 680

디드로 561, 564, 570

디메르브루크 363, 365, 394~396,
531

디오스쿠리데스 508

디포 142, 761

ㄹ~ㅁ

라 로슈푸코 113, 338, 586, 618, 620,
640, 644, 672, 677, 686

라 메나르디에르 432, 441

라 브뤼에르 338

라신 410, 411

라이트 509

란치시 387

랑거만 798, 821

랑글루아 24

랑주 470, 508

러쉬 605

레뇨 231, 236

레니에 101, 102, 298, 309

레몽 루셀 571, 572

레일 624, 640, 641, 811

로랑스 401

로렌조 살루 222

로리 363, 447

로크 337, 359, 567

로트레아몽 274

로트루 88

로허 69

롤랭 466, 514, 589, 606

롱사르 71

뢰레 172, 379, 506, 821

루소 89, 499, 516, 549, 589, 603,
846, 847, 850

루시타누스 542

루아예-콜라르 204, 205, 247, 264,
729

루이 13세 24, 110

루이 14세 26, 129, 189

루이 8세 23

루이즈 라베 44, 65, 298

루크레티우스 850

루터 122, 124, 126

르 카뮈 525

르 푸아 471, 472

르므리 498~500, 502

르페브르 726

리보 471, 827

리처드 3세 27

린네 332, 334, 349, 462

마르크 821, 829

마리 드 메디시스 24

마리넬로 471, 474

마자랭 138

마테 589, 606

막시밀리안 167

말브랑슈 310, 387, 409

말제르브 261, 640

매튜 패리스 23

매튜 헤일 126, 127
먼로 211
메니포스 70
메디나 128
메르시에 576, 577, 654
멕켈 369~372
모렐 608, 609, 613, 821
모로 179
모르가니 367, 372
모르파 643
몰리에르 177
몽쇼 453
몽테뉴 85, 87, 105~107, 197, 298,
    850
몽테스키외 591, 593
무르너 44
무첼 514
뮈스키네 689~692
므뉘레 452, 453, 517
미드 464
미셸 가이스마이어 124
미챠 821
밀턴 715

ㅂ

바그니츠 108, 164, 242, 640
바니니 189
바레르 431
바르주데 246, 261
바르톨린 365, 429
바벵스키 804, 805
바으이 679

바이크하르트 332, 335, 338, 339
반 고흐 75, 572, 851~854
반 슈비텐 367, 458, 469
반 오이스트보렌 34, 44
반 헬몬트 453, 517
발랑티 101
뱅상 드 폴 114, 129, 155, 809
베르나르댕 548
베르탱 235, 712
베리에 643
벨 189, 310
벨라르 723, 725, 726, 728, 733, 735
보네 369, 371, 428, 431, 451
보셴 349, 529, 604
보쉬에 147
보슈 34, 45, 46, 49, 53, 56, 67,
    70~73, 98, 585, 587, 832, 835,
    836
보탱 431
볼테르 134, 173, 313, 357~361, 567,
    741, 780
부라브 343, 363, 367, 440, 458, 469,
    472, 539, 629
부르달루 148
부셰 160, 253
뷔쇼즈 499
뷔퐁 593, 603, 610
브넬 591
브라스캉빌 101
브랑트 34, 44, 46, 49, 66, 69, 71, 73,
    246, 298
브룅슈빅 611
브루세 821, 822

브뤼겔 29, 45, 55, 70, 73, 835
브르퇴이유 179, 235, 240, 619, 676,
    713
브리소 688, 692, 715
블랙 377
블랙모어 463
블레이크 294
블로일러 636, 822
블뤼에 다르베르 101
비리데 349, 470
비베스 127, 128
비샤 609
비엘 584
비엥빌 396, 501, 502, 529, 537
비외상스 311
비테 338, 339
빔펠링 44

ㅅ ~ ㅇ

사드 74, 166, 193, 194, 201, 205,
    247, 248, 264, 274, 565, 578, 585,
    586, 588, 611, 627, 647, 648, 689,
    845~850
사이든햄 327, 349, 365, 366, 439,
    457, 476, 480, 509, 524
생-테브르몽 177
생포리엥 상피에 34
샤라스 507
샤롱 85, 87, 298
샤르코 506, 637, 803
샤를르 8세 30
샤를르 9세 863

샤를르 도르몽 239
샤이덴만텔 534
성 뱅상 드 폴 24, 135, 172, 225,
    277~280
성 베르나르 170
성 안토니우스 53, 55
세르반테스 89, 92~94
셰익스피어 92~94
셴크 530
소라네즈 516
소바주 312, 314, 324, 327, 334, 339,
    349, 359, 363, 381, 387, 399, 404,
    429, 430, 436, 462, 525, 536, 540,
    593, 629, 808
슈뱅제 759, 761, 763
스위프트 850
스퀴데리 88, 97, 98
스탈 469, 473
스테판 로흐너 54
스트린드베르그 852
스펭글러 460
스푸르츠하임 594~596, 821
스피노자 256
실비우스 517
아놀드 337, 338
아르누 653
아르장송 140, 173, 182, 190, 194,
    225, 238, 247~252, 262, 630
아르토 75, 76, 296, 298, 412, 560,
    561, 564, 571, 572, 806, 845, 851,
    852, 854
아리스토텔레스 274, 440
아슬람 300

아클랜드 671

알베르티 465

알브레흐트 530

암브로시우스 148

앙리 3세 863

앙리 4세 24, 25, 181

앙투안 노디에 681, 682

앨런 510

에라스무스 34, 45, 46, 65~67, 69,
　70, 73, 79, 81, 87, 90, 246, 298,
　309

에로 173

에밀 말 49

에스키롤 160, 237, 268, 343, 345,
　637, 639~642, 811, 821, 822,
　824, 829, 831

에트뮐러 374, 470, 503, 510

에티엔 뱅자맹 데쇼푸르 173

에피다우로스 516

엑케 493, 494

엘리아 레노 821, 829

엘리자베스 1세 27, 118

엘베시위스 191

오댕 루비에르 212

오몽 427, 428, 457

오스몽 682, 683

올바크 남작 191

요도쿠스 갈루스 45

요도쿠스 바디우스(조스 바드) 34, 56

울리히 폰 후텐 32

위그 드 생-빅토르 64

위제 875

윌리스 325, 342~344, 363, 364, 424,

426~428, 435, 443~445, 449,
　456~458, 463~465, 471~473,
　476, 491, 539, 540, 629, 802

유스타슈 데샹 47

유클리드 68

이사야 51

ㅈ ~ ㅌ

자네 555, 611, 811, 822, 827

자크 레노 101

작키아스 230, 231, 236, 237, 239,
　363, 393, 401, 402, 404, 405

장 드 세르 497

장 르누 497

잭슨 811

제임스 398, 433, 446, 448, 460, 495,
　512

조롱 875

조지 폭스 741

조지아스 턱커 661

존 커리 142

존스턴 333

졸리 드 플뢰리 622, 720, 721

주이 552

지로디 345, 377

질 드 레 174, 259

질크리스트 525

찰스 2세 119

체인 468, 518, 591, 594

카르다노 55

카바니스 683, 697, 699, 701, 702,
　704, 706, 709, 733, 735, 749, 816,

827

카텔 24

칸트 231, 236, 798

칼뱅 78, 79, 122, 126, 147

컬렌 348, 372, 403, 432, 433, 461, 462, 732

케네 659

코겔 268

코로스 44

코엘리우스 아우렐리아누스 516

콕스 528

콜롱비에 344, 624, 693, 695, 696, 709, 733

콜베르 134, 143, 144, 648

쿠통 738, 757~759, 762

쿠퍼 653

쿨미에 264

크리스토발 페레스 드 에레라 128

크리크턴 405

클로드 바르뱅 630

클로드 베르나르 611

키케로 318, 320

타데 쿠지니 249

타소 85, 86, 105, 850

톨레르 80

튜크 108, 164, 204, 228, 242, 266, 267, 270, 504, 624, 637, 639, 641, 673, 684, 687, 710, 732, 733, 735, 739, 742, 743, 750, 751, 753, 755, 763~765, 768, 769, 771, 772, 774~780, 784, 797~799, 801~803, 806, 807, 810~812, 831

트농 210, 620, 624, 631, 640, 697~699, 704, 709, 733, 735, 875

트랄리옹 545

티보 드 샹파뉴 115

티소 349, 362, 481, 485, 513, 516, 520, 532, 533, 540, 551, 589, 599, 608, 609, 614, 732

티에리 드 에리 168

티에리 부츠 54, 73

ㅍ ~ ㅎ

파라켈수스 331, 511

파스칼 87, 276, 611

팔로우이즈 511

페랑 467

페르넬 441

펨 433

포데레 268

포레스티에 452

포르크루아 189, 190

포르타 531

폼므 349, 368, 484, 521

퐁샤르트랭 225, 248, 251, 260

퐁타니에 190

퐁트넬 308, 310~312, 318

푸셰 205, 247, 729

프라카스토로 32

프랑크 78, 79, 640

프랑수아 1세 25, 30

프랑수아 콜르테 100

프랑수아-마리 바이이 215

프레사뱅 349, 599

프로이트 75, 283, 354, 506, 555,
    569, 611, 613, 733, 787, 803, 805,
    806, 811, 822, 823
프리차드 825
플라테르 323, 332, 462
플라톤 52, 77, 479, 531
플레더 45
피넬 108, 109, 112, 160, 164, 172,
    204, 222, 241, 242, 258,
    270~272, 300, 338, 345, 438,
    452, 473, 506, 522, 540, 553, 554,
    597, 603, 612, 624, 636, 637, 639,
    640, 673, 675, 683, 684, 687, 710,
    730, 732, 733, 735, 738, 739, 744,
    746, 748~750, 757, 759~765,
    778~781, 783~785, 788,
    790~803, 806, 807, 810, 812,
    817, 819, 824, 831, 832, 835
피에르생 744~746
피추 89
필립 드 에노 125

하비 491
하슬람 345
하워드 120, 141, 156, 164, 214, 215
하이모어 476
하인로트 42, 231, 819, 821
할러 365, 367, 451, 485
헤겔 570, 602, 763, 848
헤라클레이토스 568
헤롯 왕 45
헤르모게네스 68
호이징가 148
호프만 367, 459, 474, 521
호프만, 모리츠 510
횔덜린 567, 572, 590, 611, 806, 851
후케리우스 232
훔볼트 605
휘트 374, 386, 464, 482, 484, 492,
    503, 509, 513, 514, 525
흄 567, 668
히포크라테스 475, 479, 543, 870
힐다누스 431

찾아보기(지명)

ㄱ~ㄹ

겔 24, 37, 38, 223, 551, 552
구르네 37
그레브 광장 173, 191, 829
나바르 859
낭트 114, 268
네덜란드 120, 623, 741, 876
노르망디 26, 136
노위치 119, 141
노트르담 168
누아용 189
뉘른베르크 31, 34, 37, 38, 142, 223
당페르 875
더블린 119
도피네 26
독일 27, 31, 34, 36, 51, 120, 124,
　　141, 164, 207, 222~224, 228,
　　262, 623, 640, 652, 828, 845
두애나 베르네 744
라 로셸 649
라르샹 36
라이펀 27
라이프치히 27

라인란트 33, 37
랭스 25
렌 115, 216, 639
로망 115, 116
로크빈켈 623
루앙 114, 136, 140, 649, 651
뤼벡 36, 125
르 아 216, 639, 681
르 트롱 광장 873
리버풀 623
리옹 98, 113, 114, 117, 136, 140,
　　141, 504, 584, 621, 651, 654
리플링엔 28

ㅁ~ㅂ

마그들렌 620
마노스크 621
마레빌 115
마르세유 115
마인츠 35, 142, 156
맨체스터 623
몽루주 872
몽마르트르 875

뮌헨 27, 141

뮐룅 35

바그다드 221

바스티유 185, 189, 190, 216, 249,
    251, 252, 435, 634, 647, 688, 746,
    830

바젤 118

발라돌리드 222

뱅센 190, 251, 647, 648

베들리헴(베들램) 164, 211, 212, 217,
    218, 223, 227, 228, 233, 262, 266,
    267, 377, 510, 607, 625, 816

베르가모 222

베를린 141, 164

벨기에 37

벨롬 보호소 622, 744

벨보 681

보르도 26, 216, 639

보름스 167

보리외 26

보에티아 426

볼레 26, 115

부르고뉴 33

부르라렌 24

부르주 52

뷔르츠부르크 623

브레멘 141, 623

브레슬라우 118, 141

브룬스비크 141, 641, 642

브리스톨 119, 141, 142

브리크 118, 623

브장송 37

비세트르 110, 112, 131, 138, 144,
    145, 164, 167, 169, 186, 210,
    212~215, 217, 233, 252, 262,
    263, 265, 271, 579, 581, 583, 603,
    607, 618~620, 622, 634, 639,
    647, 649, 679~682, 690, 696,
    721, 738, 743~747, 749,
    757~760, 762, 763, 778, 779,
    785, 789, 791, 816, 831, 861

빈 623

ㅅ

사라고사 222, 553

사본느리 110, 138, 861

살페트리에르 110, 112, 115, 116,
    131, 137, 138, 153, 163, 167, 169,
    185, 210, 266, 268, 436, 584, 586,
    618, 620, 622, 637, 647, 649, 679,
    681, 683, 701, 749, 778, 779, 781,
    791, 798, 824, 831, 864

상리스 114, 215, 227, 238, 250, 618,
    641, 642

생-니콜라 30, 114

생-라자르 24, 26, 114~117, 164,
    172, 176, 182, 189, 190, 215, 225,
    226, 234, 246, 261, 279, 418, 452,
    619, 628, 629, 681, 862

생-뤼크 698, 699, 704, 762

생-미셸 25

생-빅토르 110, 861

생-제르맹-데-프레 30, 168

생-제르맹-앙-레 714, 864

샤랑통 24, 114, 204, 205, 224, 248,

249, 251, 264, 345, 377, 523, 629,
630, 633, 635, 637, 830, 831
샤론 874
샤르트르 52, 176
샤토-티에리 115, 156, 618
샤틀레 36, 173, 176, 234
샹-푸리 24
세브르 가 171
세빌랴 222
세인트 앨번스 27
세인트-류크 228
셰즈-디외 45
소뮈르 621
수아송 655
슈투트가르트 28
슐레스비히 623
슐레스비히-홀스타인 28, 36
스웨덴 847
스코틀랜드 27, 119, 272
스트라스부르 114, 268
스판다우 118
스페이어 자유시 124
시에라 모레나 89
시피옹 138, 861

아르노-베르나르 25
아르망티에르 115
아메리카 138, 521, 605, 649, 650
아미엥 64, 216, 639
아우그스부르크 31
앙제 113, 216, 639, 681

에스파냐 120, 138, 221, 222, 224,
249, 652
에페소스 516
엑스 621
엑시터 119
영국 27, 52, 118~120, 124~126,
138, 139, 141~143, 145, 151,
154, 155, 164, 207, 214, 215, 218,
228, 233, 262, 263, 379, 446, 504,
576, 593, 594, 623, 639,
649~651, 653, 655, 671, 739,
743, 750, 759, 784, 825, 828
오를레앙 26, 114, 115, 435
오수마 90
오스나브뤼크 118
요크 266, 623, 737, 742, 743, 752
우스터 119, 141, 142
웁살라 222
이탈리아 120
잉글랜드 27
쥐라 37
채덤 27

카디악 115
카셀 118
카이로 221
캉 26, 36, 115, 216, 639
켄트 27
코르베이유 24
코르시카 847
쾨니히스베르크 118

ㅇ~ㅊ

ㅋ~ㅎ

크로이츠나흐 35
토르가우 118
톨레도 222
투르 113, 114, 129, 140, 651
툴루즈 24, 26, 114, 639, 671, 679
튈 143
파도바 222
파리 24, 26, 30~32, 35, 37, 45, 64,
108~110, 112~114, 120, 121,
135~137, 140, 141, 143, 144,
162, 167, 168, 173, 207, 209, 210,
212, 217, 218, 233, 234, 261, 262,
314, 356, 577, 581, 600, 604, 621,
625, 630, 652, 655, 677, 681, 686,
701, 704, 711, 745, 760, 763, 797,
829, 857~859, 862, 863, 872
페즈 221
폴란드 847

퐁텐 621
퐁텐블로 215
퐁토르송 115
푸아티에 114, 216, 639
퓨젤 27
프랑크푸르트 35, 118, 223, 622
프티 베르시 874
프티 샤롱 873
플라이마우스 154, 155
플랑드르 33, 43, 55
플리머드 119
픽퓌스 874
하노버 142
하를렘 539
할레 118
함부르크 27, 36, 117, 141, 142, 154,
155, 223
헐 119

찾아보기(용어/사건)

ㄱ

가부장제 가족의 신화 754
가정 도덕 177
가정법원 712, 713
가톨릭 81, 117, 127~129, 131, 147,
    155, 156, 167, 170, 778, 779
감시 191, 254, 283, 284, 588, 631,
    653, 680, 685, 695, 701, 703, 766,
    773, 793, 796, 799, 834
감옥 열병 213, 578, 581
감호 135, 156, 198, 208, 676, 696,
    875
객관성 199, 281, 286, 290, 701, 707,
    709, 731, 734, 749, 799, 803, 804,
    814, 817, 819, 823~826, 831
걸인수용소 653~655
결정론 195, 203, 244, 273, 275, 282,
    284, 382, 384, 385, 424, 431, 535,
    551, 701, 703, 729, 808, 810, 811,
    818, 819, 828
경범죄자 24, 30, 108, 164, 212, 214,
    224, 227, 258, 259, 628, 641, 686,
    688

경험구조 831, 833
계몽주의 240, 577
고전주의 세계 149, 217, 255, 353,
    410, 672, 685, 767
고전주의적 사유 107, 146, 257, 280,
    323, 331, 341, 398, 811
고전주의적 질서 120
공공의식 718, 719, 723
공백 71, 151, 315, 317, 320, 321,
    351~353, 407, 409, 527, 566,
    570, 599, 648, 675, 812, 828, 848,
    851~853
공조(共助)관계 170, 387, 484, 587,
    662, 709, 770, 822
광기와 이성의 차이 292, 321
광기의 결백성 726, 748
광기의 경험 48, 69, 76, 93, 109, 150,
    158, 163, 200, 217, 229, 241, 242,
    245, 246, 252, 253, 285, 290,
    297,~299, 303, 304, 318, 330,
    336~338, 342, 353, 361, 364,
    380, 381, 455, 527, 537, 614, 685,
    731, 807, 821, 822, 829
광기의 고전주의적 경험의 탄생 98

광기의 목소리 853
광기의 시간 295, 538, 590, 706
광기의 언어 808, 813, 815, 853
광기의 역사 220, 281, 329, 516, 603, 607, 611, 691
광기의 이미지 53, 415
광기의 작품 854
광기의 진실 74, 88, 272, 303, 313, 352, 397, 400, 413, 416, 417, 421, 555, 673, 698, 700, 750, 756, 763, 782, 813, 819, 820, 823
광기의 치료 45, 506, 523, 532
광기의 치료법 511, 517, 537, 538
광인들의 배 33~35, 37, 42, 44~46, 49, 56, 71, 72, 99, 198, 247, 561, 626
광인의 자유 356, 357, 698, 807, 809~811
교감성 480, 482~487, 492
교정시설 227, 688, 690, 876
교정의 체제 214, 225
구걸위원회 586, 618, 644, 677, 678
구빈세 125
구빈원 경관 137
구빈원의 내규 152, 169, 212, 236
구빈원의 등록부 227, 233
구빈원의 설립 222, 583, 624, 671
구빈원의 역사 167, 169, 746, 857
구빈원의 조직화 114
구빈원의 창설 119, 135, 137, 148, 743
국외자 162, 198, 244, 296, 762, 764, 772, 773, 812

권력 18, 117, 153, 179, 244, 573, 644, 647, 675, 710~712, 746, 748, 755, 774, 800, 802, 804~806
근대 세계 161, 171, 290, 297, 354, 556, 564, 565, 573, 720, 750, 777, 812, 832, 833, 850~853
근대성 590
근대인 163, 171, 203, 282, 535, 600, 833, 834
기관 장애설 367, 373
기억 29, 99, 102, 106, 173, 201, 231, 295, 296, 328, 332, 335, 338, 343, 347, 363, 384, 402, 403, 425, 438, 525, 583, 587, 588, 608, 609, 626, 706, 744, 755, 778, 781, 783, 827, 835, 859
길버트 법령 120, 656

ㄴ~ㄷ

남색 173~175
낭만주의 시 815
내면성 825, 826
내재성 316, 570, 595, 609, 717, 824
노동 공동체 150
노동윤리 121
담론 18, 19, 44, 45, 73, 74, 195, 200, 219, 301, 314, 315, 322, 392, 393~396, 398~400, 406, 418, 537, 542, 543, 546, 554, 588, 627, 776, 813~815, 830
대감호 127, 129, 153, 163, 204, 621
대상화 734, 770, 826

대혁명 32, 111~113, 115, 145, 150, 160, 224, 240, 261, 262, 517, 576, 607, 612, 618~620, 624, 641, 642, 650, 667, 672, 675, 676, 683, 687, 689, 691, 710, 712, 730, 732, 743~747, 750, 762, 779, 872

도덕 문제 131

도덕규범 158, 180, 253, 256, 554

도덕률 153

도덕성 153, 170, 196, 550, 690, 691

도덕성 장애 248, 730, 824~826, 831

도덕적 배제의 공간 32

독기 348~350, 402, 428, 445, 447, 457, 470, 488, 499, 500, 507, 510, 511, 525, 580, 583, 600, 621

동물 정기 311, 341, 347, 349, 364~366, 383, 425, 426, 443, 446, 447, 449, 450, 456, 465, 470, 476, 477, 478, 508, 511, 513, 591

동물성 54, 82, 267, 269~271, 273, 275, 277, 279~282, 286, 341, 462, 602, 605, 606, 615, 680, 698, 707, 778

동성애 174, 180

동일자 830

ㄹ ~ ㅂ

라시오 107

르네상스 시대 33, 35, 37, 50, 53, 63, 64, 74, 76, 80, 103, 107, 116, 122, 135, 150, 158, 168, 174, 175, 196, 201, 202, 221, 223, 227~229, 237, 248, 253, 259, 262, 264, 265, 276, 280, 297, 298, 308, 312, 317, 410, 530, 563, 587, 592, 622, 675, 787, 813, 815

마법 106, 136, 166, 174, 185~187, 190, 200, 201, 259, 835

망각 43, 65, 99, 200, 260, 333, 335, 438, 614, 693, 706, 734, 812, 834

모랄 인세니티 825, 826

무(無) 82, 407, 410, 417, 527, 541, 566, 819, 826, 835

무역 649, 652~654, 660

무의식 202, 487, 489, 591, 789, 811, 819

문명 123, 516, 593, 599, 606, 607, 776, 818

문화 심리학 611

문화사 255

물질주의 361, 372, 373

미개인 139, 550, 761, 818

미치광이의 수용 109

반성 76, 290, 337, 505, 709, 817, 820

반종교개혁 117, 181

발생장애 324, 325

배심 718

배제의 공간 32, 352, 685

법제 127, 183, 185, 685, 711, 739, 743, 750, 784

변증법적 의식 297

병원성 물질 325

보호소 124, 125, 149, 162, 224, 227, 262, 264, 266, 268, 526,

621~623, 625, 637, 705, 765,
771, 776, 778, 787, 795, 796, 800,
801, 804, 806, 872
보호시설적 인식 636, 637
봉인장 108, 163, 164, 179, 224, 234,
235, 242, 619, 676, 678, 712, 713
부르주아 가정의 재량권 179
부르주아 가족의 조직화 166
부르주아 사회 686, 692, 712, 728,
795, 801
부르주아 윤리 150, 613
부르주아 의식 691, 714, 715, 719
부르주아지 113~116, 153, 154, 159
부정성 274, 275, 317, 320~322, 403,
418, 421, 422, 424, 431, 438, 604,
610, 708, 827, 834
분석론 323, 341
분할선 50, 72, 107, 149, 166, 174,
175, 196, 254, 296
불연속 187, 202, 486, 638, 669, 670
비광기 748
비극의식 75, 76
비이성의 경험 107, 198, 203, 204,
207, 209, 227, 228, 230, 282, 285,
339, 341, 422, 489, 527, 548, 553,
554, 556, 561, 571, 572, 588, 590,
591, 709, 756
비이성의 말 845
비이성의 목소리 806
비존재 303, 317, 353, 390, 407, 412,
413, 417, 418, 431, 489, 527, 541,
546, 547, 565~568, 610, 719,
720, 748, 808, 811~813, 822,

826, 830, 849
비판적 의식 290, 292, 298, 299
비행 713, 714, 782
빈민구제 27, 128, 143, 655, 656,
661, 662, 666, 672, 685, 700

ㅅ

사물화 563, 804
사발 경관 652
사유방식 456
사회공간 134, 199, 662, 663, 669,
670, 676, 683, 687, 781
사회관계 754, 761
사회도덕 613, 755, 781
사회질서 417, 540, 795
사회체 666
사회학 611
30년 전쟁 136
상상력 37, 42, 45, 83, 90, 158, 172,
197, 210, 231, 274, 332~335,
338, 340, 341, 343, 350, 353, 376,
390, 391, 395~397, 404, 409,
424, 435, 446, 449, 466, 471, 486,
487, 497, 501, 516, 527, 529, 541,
550, 585, 588, 591, 593, 645, 668,
669, 673, 699, 719, 725, 770, 808,
836
상상력의 해방 397
상상작용 54, 104, 391, 394, 402,
405, 442, 541, 550, 551, 583, 587
서양 문화 40, 109, 184, 274, 560,
561, 582, 723, 776, 845

서양 세계　23, 107, 275, 301, 758,
　833, 849, 853
서양인　40, 42, 45, 274, 720
선험적 가설　242, 832
선험적 개념　342~344, 346, 350,
　373, 374, 403, 431, 432, 434, 439,
　440, 443, 455, 465, 485, 634, 635,
　730, 825, 827
성병환자　26, 30, 31, 164, 167, 169,
　170, 171, 196, 200, 224, 262, 624
성적 욕망　166, 175, 176, 183, 200
소설 읽기　89, 376, 488, 516
수용의 명소　579, 588
수용의 몰락　730, 732
수용의 악순환　625
시간의 종말　46
시민　36, 38, 128, 154, 552, 661,
　681~683, 688, 697, 710, 711,
　744, 776, 830
시선　46, 50, 53, 72, 73, 77, 99, 199,
　202, 208, 265, 294, 295, 317, 409,
　480, 528, 553, 560, 587, 635, 685,
　701, 705, 707, 708, 715, 719, 732,
　734, 751, 769, 771~774, 786,
　788, 790, 791, 805, 806, 809, 816,
　836, 867
식민지　649~653, 657
신경과민　485, 487, 489, 492
신경증　188, 203, 204, 246, 334, 345,
　346, 363, 473, 486, 602
신경질환　348, 349, 351, 379, 422,
　466, 482~489, 492, 499, 501,
　502, 506, 513, 516, 521, 589, 621

신성동맹　596
신앙　64, 124, 129, 131, 155, 156,
　188, 191, 194, 260, 321, 594, 596,
　597
신화　79, 132, 137, 156, 160, 289,
　327, 336, 439, 450, 454, 471, 491,
　578, 649, 684, 691, 698, 750,
　752~755, 757, 758, 761~764,
　776, 804, 808
심급　352, 353, 503, 714, 717, 718,
　792, 794, 805
심기증　334, 338, 345, 350, 387, 422,
　462~467, 469, 471, 473~475,
　478, 480, 482, 483, 488, 499, 509,
　512, 524, 533, 554, 598, 615, 621
심리학　184, 238, 239, 273, 284, 451,
　489, 535, 554~556, 610, 611,
　702, 703, 717~719, 723, 726,
　728, 773, 823, 826, 827, 833, 854
심술궂은 악마　283, 559, 570
십자군 전쟁　23, 28

ㅇ

아편　428, 429, 431, 492~495
에스파냐 왕위계승 전쟁　249
엑스-라-샤펠 조약　651
여론　661, 709, 716
역사의식　612, 614
연극 관람　376, 488, 516
연속성　46, 187, 259, 314, 457, 475,
　480, 484, 486, 526, 627, 781, 784,
　829, 830, 852, 868

외면성 826

우울증 99, 212, 231, 232, 257, 331,
　　333, 334, 342~344, 346, 347,
　　363, 369, 370, 374, 376, 389, 394,
　　396, 397, 401, 402, 422,
　　439~441, 443, 445, 447~450,
　　453, 455~461, 466, 468, 469,
　　471, 510, 512, 514, 517, 518,
　　524~526, 528, 530, 531, 533,
　　535, 539, 542, 545, 554, 593, 596,
　　605, 635, 746, 765, 779, 827, 850,
　　871

워크하우스 108, 218, 228, 650, 656

유죄성 175, 180, 341, 527

윤리적 선험성 146, 149

은거처 504, 584, 680, 738, 741, 743,
　　750~756, 763, 765~768,
　　770~772, 775, 778, 783, 788,
　　797~799, 858

의료의식 160, 161, 230, 243, 247,
　　302

의료인 582, 796, 797, 799, 801, 805

의학적 사유 323, 328, 336, 337, 342,
　　346, 368, 455, 485, 491, 522, 530,
　　535, 536, 555, 582, 583, 591, 685,
　　701, 796, 805, 811

의학적 인식 170, 456, 805, 832

이념 153

이단 174, 190, 259, 270

이분화 291, 380, 447, 538

이성인 307, 321, 409, 645, 767, 769,
　　775, 776

이성적 동물 274, 275

이원론 239, 310, 536

이원성 64, 230, 318, 537, 538, 820,
　　823

이중화 538

이질성 535

이타성 829, 830

인간조건 83, 279, 285

인간학 184, 244, 275, 536, 561, 570,
　　735, 813, 822~824, 832

인력 142, 143, 659, 660

인본주의 73, 76, 221, 357, 687

ㅈ

자기 동일성 830

자선시설 24, 27, 31, 113, 124, 128,
　　143, 216, 221

자아 104

자연화 329, 353

자유사상 174, 189, 190, 192~197,
　　209

자유주의 240, 596, 655, 672, 777

장세니즘 276

전기 고전주의 문학 97

전신성 마비 822, 823, 826, 831

전환성 29

절대권력 108, 597, 714

정념의 광기 338, 406

정신박약 226, 237, 238, 343, 344,
　　371, 384, 628, 827

정신병 76, 166, 180, 199, 203, 218,
　　219, 220, 238, 240, 242, 245, 284,
　　290, 334, 339, 343, 345, 346, 351,

354, 362, 399, 405, 462, 463, 465,
488, 637, 731, 733, 784, 797, 798,
801~803, 805, 821, 823, 826
정신병리학 180, 237, 241, 242, 244,
258, 555, 822
정신분열증 346
정신의학 108, 109, 161, 172, 188,
196, 219, 237, 241, 286, 345, 361,
362, 421, 489, 506, 629, 636, 637,
684, 698, 735, 737, 753, 764, 802,
803, 805, 823, 824, 831, 852
정신의학적 사유 811
정신이상 165, 166, 202, 205, 212,
220, 230, 232, 236, 237, 238, 240,
241, 243, 248, 251, 259, 285, 320,
333, 337, 356, 363, 371, 391, 403,
404, 438, 462, 496, 598, 602,
611~613, 628~630, 633, 634,
638, 647, 693, 696, 702, 703, 710,
723, 725, 729, 735, 741, 747, 753,
755, 756, 761, 763, 766,
781~784, 796, 803, 805, 806,
830, 833
정신장애 230, 345, 347, 351, 356,
368, 369, 395, 405, 422~431,
434~438, 440, 444, 462, 532,
599, 605, 629, 632, 678, 694, 711,
746, 752, 781, 853, 873
정신질환 237, 341, 362, 363, 397,
423, 464, 466, 612, 629, 685, 695,
746, 773, 867, 870
정신착란 85, 89, 92, 95, 166, 219,
239, 240, 246, 250, 251, 259, 277,

279, 310, 314, 319, 333~335,
337, 340, 341, 343, 344, 346, 347,
353, 355, 360, 362, 364, 381, 387,
394~398, 400, 403, 405, 406,
409, 415, 416, 430, 439, 440, 444,
445, 448, 450, 451, 458, 461, 489,
510, 527, 537~539, 541~545,
547, 554, 566, 568, 577, 597, 598,
708, 725, 752, 763, 779, 786, 787,
789~791, 800, 807, 809, 813,
814, 824, 827, 835, 850, 867, 868
정착법 742
정치체 579
조광증 272, 312, 333, 334, 336,
342~344, 346, 347, 363, 364,
368, 369, 371, 372, 379, 388, 402,
422, 439, 440, 445, 446,
448~452, 454, 456, 457, 459,
460~462, 466, 469, 471, 495,
500, 506, 512, 514, 516~518,
526, 528, 533, 540, 541, 554, 596,
605, 612, 624, 695, 746, 768, 773,
785, 789, 794, 798, 831, 867, 868,
870, 871
종교개혁 27, 124, 125, 127, 181
종교전쟁 135
죄의식 132, 171, 188, 200, 202, 237,
244, 284, 488, 489, 535, 536, 640,
748, 769, 772, 784, 786, 787, 793,
811, 822, 831, 853
주관 107, 847
주관성 527, 790, 814, 816, 826, 831
주체 105, 107, 237, 239~244, 251,

254, 256, 316, 318, 401, 535, 647, 709, 732, 775, 788~790, 806, 808, 826, 834

주체성 243, 814, 849

죽음의 무도 45

죽음의 주제 46, 47, 49

중농주의 655, 659

중상주의 134, 304, 658

중세의 광인 132, 133

지각장애 406

지고성 406, 587, 790, 847, 849

지하감옥 152, 164, 213

진리 63, 64, 68, 104, 105, 107, 161, 190, 191, 194, 200, 202, 254, 273, 283, 296, 310, 391, 402, 549, 594, 595, 699, 808, 813, 814, 822, 830, 832, 833

진보 218, 220, 228, 229, 417, 583, 594, 606, 607, 613, 642, 684, 704, 784

진화론 195, 270, 591, 611, 613

ㅊ ~ ㅎ

체액의 움직임 382

추문 174, 182, 196, 235, 243, 259, 260~262, 264, 265, 272, 275~281, 285, 286, 639, 642, 644, 714~716, 718, 824, 827, 828

추흐트하우스 108, 228

칙령 25, 26, 109, 112, 113, 116, 135, 137, 148, 151, 163, 185, 186, 625, 859, 860

침투력 593, 603

코기토 256, 283, 538

콩코르다 협약 779

타자 244, 316, 317, 320, 602, 702, 769, 770, 772, 791, 830, 847

타자성 316, 317

테르미도르 쿠데타 749

통치 67, 89, 111, 117, 126, 133, 134, 156, 162, 196, 209, 227, 657, 859, 860

트리엔트 공의회 127, 128

특이성 486

파리 고등법원 26, 135, 140, 192, 204, 225, 356, 721, 859

편집증 245, 246, 345, 346, 363, 629, 636, 827~831

평결 718

폭력성 103, 250, 267, 274, 523, 612

표상 389, 405, 525

프레시오지테 177

프롤레타리아 654

프티트-메종 171, 226, 233, 559, 622

하층계급 665, 783

합리성 311, 318, 322, 323, 329, 335, 421, 577, 687

합리주의 107, 171, 172, 192, 193, 244, 247, 283, 284, 496

항해조례 142

허구 89, 100, 777

환각 95, 98, 100, 105, 106, 186, 187, 218, 254, 298, 303, 314, 329, 333, 334, 338, 340, 360, 394, 397, 402, 404~406, 415, 423, 430, 462,

538, 542, 544~548, 566, 568,
596, 597, 601, 632, 725, 770, 779,
812

환경 190, 380, 592, 594, 596~604,
606, 608~610, 613, 626, 671,
692, 699, 765~767, 769, 775,
777, 808

환상성 53

회의주의 87, 192, 312, 733

획일화 781, 783, 795

훈련 344, 504, 512, 517, 624, 693,

696, 868, 870, 872

흔적 19, 35, 38, 73, 74, 95, 155, 170,
171, 224, 254, 325, 335, 357, 383,
396, 456, 475, 522, 564, 577, 592,
602, 612, 632, 639, 727, 761, 778,
781, 788, 822, 849

히스테리 257, 349, 363, 376, 387,
399, 422, 462~467, 469~474,
476~480, 482, 483, 487~489,
499, 502, 555, 602, 621, 780, 803,
811, 823